本书的出版得到
国家重点文物保护专项补助经费资助

考古领队	林留根			
考古发掘	周润垦	原　丰	马永强	朱晓汀
	井浩然	贾庆华	张浩林	周恒明
	花纯强	魏高哲	张宏伟	魏云花
	张发雷	李保国	齐　军	
器物修复	周恒明	花纯强	李保国	
人骨鉴定	朱晓汀			
动物鉴定	宋艳波			
摄　　影	周润垦	原　丰		
绘　　图	原　丰	朱晓汀	胡颖芳	花纯强
执　　笔	林留根	周润垦	原　丰	胡颖芳
英文翻译	董宁宁			
日文翻译	黄建秋			
封面题签	林留根			

梁王城遗址发掘报告

史前卷

（上）

南京博物院 徐州博物馆 邳州博物馆 编著

主　编　林留根

副主编　周润垦　原　丰　胡颖芳

文物出版社

北京·2013

责任印制　陆　联
责任编辑　谷艳雪

图书在版编目（CIP）数据

梁王城遗址发掘报告．史前卷／南京博物院，徐州博物馆，邳州博物馆编著．—北京：文物出版社，2013．10

ISBN 978－7－5010－3849－7

Ⅰ．①梁…　Ⅱ．①南…②徐…③邳…　Ⅲ．①都城（遗址）－发掘报告－中国－上古　Ⅳ．①K878．05

中国版本图书馆 CIP 数据核字（2013）第238070号

梁王城遗址发掘报告·史前卷

南京博物院　徐州博物馆　邳州博物馆　编著

*

文物出版社出版发行

（北京市东城区东直门内北小街2号楼）

http：//www．wenwu．com

E-mail：web@wenwu．com

北京鹏润伟业印刷有限公司印刷

新　华　书　店　经　销

889×1194　1/16　印张：62．5　插页：5

2013年10月第1版　2013年10月第1次印刷

ISBN 978－7－5010－3849－7　定价（全二册）：880．00元

The Archaeological Excavation Report of the Liangwangcheng Site

A Volume for Prehistory Remains

(I)

(With Abstracts in English and Japanese)

by

Nanjing Museum　Xuzhou Museum　Pizhou Museum

Cultural Relics Press

Beijing · 2013

序　言

江苏地跨长江、淮河，以地理位置区划，可以分为苏北的黄淮地区、苏中的江淮地区、苏南的宁镇地区和太湖地区。黄淮地区位于江苏徐州、连云港一带，又称徐海地区，是江苏考古最早起步的地方，也是中国史前考古的重要区域之一。上世纪五六十年代，南京博物院发掘了邳州刘林遗址、大墩子遗址和新沂花厅遗址等，在徐海地区建立了北辛文化—大汶口文化刘林期—大汶口文化花厅期—龙山文化的文化发展序列，证明徐海地区有着绚烂的史前东夷文明，在中国新石器时代考古中具有重要的地位和影响力。

本世纪初，“黄淮地区史前聚落考古”成为南京博物院在苏北地区重要学术课题，新沂小徐庄遗址、连云港藤花落遗址、邳州梁王城遗址的发掘成果，都是这一课题的重大收获，《梁王城遗址发掘报告·史前卷》的问世是这一课题阶段性成果之一。

梁王城遗址文化堆积特别深厚，从大汶口文化、龙山文化、岳石文化到商周、北朝、宋元、明清时期的文化遗存都非常丰富。其史前遗存主要为大汶口文化和龙山文化。大汶口文化时期的遗存，包括墓地、作坊、居住址、道路等遗迹，显示了较为完整的聚落布局。其墓地范围南北长约100米、东西宽约40米，共发现墓葬139座。整个墓地可以分为四区，每区内可分若干组，每组墓葬均呈南北向排列，应是家族关系在墓地中的反映。出土随葬器物约1170件，陶器主要有鼎、鬶、豆、背壶、壶、罐、盆、筒形杯、圈足杯、高柄杯等；骨角器有獐牙、蚌刀、蚌镰、骨镞、骨簪、骨针、骨匕等；玉石器包括有玉环、玉佩、玉坠、玉蝉、玉珠、石钺、石锛等。墓地出土的实足鬶形式多样，有自身发展演变序列，且与薄胎高柄杯形成有特色的组合，而所有墓葬中几乎不见有袋足鬶出现，具有明显的区域特征。墓地的年代处于大汶口文化晚期阶段，填补了苏北地区本时期及向龙山文化过渡阶段考古学文化空白，为研究黄淮地区大汶口文化谱系和类型提供了新资料，对研究黄淮地区史前文明和古代社会文明化进程具有重要意义。

梁王城遗址的发掘，是在国家大型基本工程——南水北调东线先导工程之沂、沭、泗河洪水东调南下工程建设过程中进行的，时间要求紧、任务数量大。由于考古工作提前二年开始介入，通过试掘了解了遗址堆积情况及重要价值，并做好了文物保护规划，才有后来工程建设的顺利进行和考古工作的重大收获。如果按照常例实施，可能会出现数千平方米遗址因为中运河扩挖工程而消失。在院考古所的统筹安排和项目领队的宏观布局下，梁王城的抢救性发掘历时5年，勘探遗址100多万平方米，发掘一座深埋于地下4~10米地下黄泛层中的东周时期城址，抢救出土2000多件各类珍贵文物，获取了史前和商周时期200多座墓葬及大量遗迹完整的考古资料，切实有效地保护了梁王城遗址。梁王城遗址曾先后入围2007年度和2008年度全国十大考古新发现的终评项目，获得了国家文物局2007~2008年度田野考古三等奖。2013年，梁王城遗址被国务院公布为第七批全国重点文物保护单位。

将抢救性考古发掘与探索地域文明相结合、将考古工作与文化遗产保护相结合，已经成为南京博物院近年来考古工作的理念和要求，梁王城遗址就是一次成功的实践。从这个意义来说，《梁王城遗址发掘报告·史前卷》的问世，是考古科研的重要成果，也是江苏文化遗产保护的重要成果。

是为序。

南京博物院院长　龚良

2013年9月26日

目　　录

插图目录

表格目录

第一章　概　述

第一节　地理环境与历史沿革

一　地理环境

邳州原称邳县，位于江苏省北陲，北与山东省接壤，陇海铁路横贯东西，京杭运河纵贯南北，境内地势西北高，东南低，海拔20～33米，西北、西南部山区有大小山丘61个，以岠山为最高，海拔204米。邳地向为兵家所必争，境内“水陆辐辏，山川连络……溯沂水而上青冀，渡泗水而指彭城”，史称“南北襟喉”①。（图版一，1）

邳州属沂、沭、泗水流域。明代以前境内干河为泗水，泗水发源于山东沂蒙山西麓，流经曲阜、兖州，沿南阳、独山、昭阳、微山四湖南下至徐州折向东，经古邳淮阴附近入淮河。西汉前流经境内的沂、武、祠、武原四水均为泗水支流。南北朝时祠水湮没，随后武原水易名为泇水。南宋以前，泗水为南北漕运通道。南宋绍熙五年（1194），黄河夺泗入淮，成为黄河入海河道之一，河床逐渐淤积。明弘治八年（1495）堵塞黄陵冈，黄河北股断流，泗水变成黄河入海的唯一河道，河道淤积日甚。19世纪后期，沂、泗水下段全部淤平。清咸丰五年（1855），黄河在河南铜瓦厢北决口夺大清河，泗水变为黄河故道。

16世纪后期，泗水河床抬高，漕运风险极大。明万历三十二年（1604），总河李化龙开通泇河（即中运河），从沛县夏镇起，引湖水迂东南会彭河、水河至泇口会泇河（西泇河）抵直河口。泇河纵穿邳境，截断沂、武、泇水，打乱泗水体系，沂水失去入泗通道，遂流向骆马湖。崇祯十四年（1641），因运河水源不足，总河张国维引沂济运，先后从芦口（今沟上石坝窝）、江风口开口流，分别从官湖河、武河注入中运河。自此，沂、运相通，沂水横夺武、艾、燕子等河道，汛期洪水漫流，行洪区宽数十里，境内成为“洪水走廊”。

中运河自明代开通至今，成为邳州境内主要干河，自车辐山镇黄楼村入境，至新沂市窑湾入骆马湖，境内长56.1千米。上承南四湖、邳苍地区和分洪道来水，沿岸有陶沟河、京杭运河（不牢河）、西泇河（原道）、分洪道、城河、官湖河、六保河、房亭河等支流。

---

① 邳州市地方编纂委员会编：《邳县志》，中华书局，1995年。

二 历史沿革

邳州建置悠久。夏、商为邳国，秦建下邳县，汉魏两晋置国、郡，至唐爵封20余次。南北朝始建州，后历代置州、军、县，辛亥革命始称邳县。其治所由今睢宁古邳迁至邳城，再迁至运河镇。其境域，历代国、郡、军、州所辖下邳县均大于今境；清至民国，境域小于今境。

夏，中康时，薛国始祖奚仲（官为车正）将国自薛迁邳，以邳为都，遂建邳国。

商，汤封左相仲虺（奚仲裔孙）于邳，为诸侯国，至河亶甲时亡。

周，武王封奚仲后人于邳，为侯国。境内有下邳邑、良邑、武原。下邳邑初属薛，后属齐。周赧王三十一年（前284），楚取齐淮北，地属楚。良邑曾为晋、吴两国会盟处，属良国。武原在境西北。

秦，置下邳县，属东海郡（因郡治在郯，故又曰郯郡），部分地区属泗水郡、薛郡。秦末一度置为东阳郡，项梁渡淮，县境尽入楚地。

汉，高祖五年（前202），置楚国，封韩信为楚王，都下邳。翌年，降韩信为侯，改封刘交为楚王。后废楚国，复属东海郡。七年，封靖侯卫胠于武原。新莽一度改下邳为闰俭，领17城：下邳、徐、僮、睢陵、下相、淮阴、高山、盱眙、潘旌、取虑、东称、司吾、良城、武原、淮浦、泗阳、淮陵，治所在下邳。

三国，陶谦领徐州牧，据下邳为郡治所，后相继为吕布、曹操所据，魏建国后邳为徐州治所。

晋，太康三年（282），改置下邳国，领7县，仍治下邳县，良城属之。东晋太宁元年（323），改置下邳郡。县境一度属后赵。

南北朝，南朝刘宋置下邳郡，隶属徐州，治下邳。萧齐时县境入北魏。北魏孝昌元年（525）置东徐州，治下邳；永安三年（530）归萧梁王朝。梁中大通五年（533），置武州，治下邳，改下邳县为归政县；太清二年（548），入魏，复置东徐州，北齐因之。南陈太建七年（575），县境入南朝，复为武州治所；十一年地入北周，始建邳州。

隋，开皇初，置邳州属徐州行台，辖下邳、良城2县。大业三年（607），改州为郡，移治宿豫（今宿迁），下邳属之。

唐，武德四年（621），废郡复置邳州，下邳、郯、良属之。贞观元年（627），废良城，置下邳，属泗州。天宝元年（742），改属临淮郡。元和四年（809），改属徐州。五代时期因之。

宋，太平兴国七年（982），置淮阳军，领下邳、宿迁2县，治下邳。南宋建炎三年（1129），为金所占。金贞祐三年（1215），复置邳州。

元，省县入州，仍称邳州，领宿迁、睢宁二县，属汴梁路。至元八年（1271），改属归德府；十二年改属淮安府；十五年升为直隶州。

明，洪武元年（1368），邳州属南京中书省；四年，属中都；十五年，改属淮安府。

清，康熙六年（1667），建江苏省，邳州隶属江苏省淮安府；二十八年，移治于新邳城（今邳城镇）。雍正三年（1725），邳州领宿迁、睢宁2县；十一年一并改属徐州府，直至清末。

1949年10月至1953年1月，邳县属山东省临沂地区；邳睢县属淮阴行政区。1953年1

月后，撤销邳睢县建制，邳睢县原属邳县地区划归邳县，邳县与邻县调整边境恢复原制，属徐州地区。1983年，实行市管县体制，邳县属徐州地区。1992年7月，改邳县为邳州市。

第二节 工作经过

一 遗址概况

梁王城遗址位于邳州市西北的戴庄镇李圩村西，南距邳州市区37千米，顺运河北约3千米即为山东省枣庄市。遗址主体即处在京杭运河（明万历三十二年开通的中运河）东岸，运河行洪区内，中运河河道从遗址西部穿过，1958年修筑的中运河防洪大堤破坏了遗址东部。遗址东南约1千米为胜阳山和禹王山，西南2千米为望母山。中心地理坐标为北纬34°30′713″，东经117°47′629″；高程23～28米。遗址向北约1千米即为同处在中运河行洪区内的刘林遗址，西北面约500米的中运河西岸为小郭湾遗址（该遗址为梁王城遗址的一部分），东北约15千米为大墩子遗址。周围还有鹅鸭城遗址、山头遗址、闸上遗址、九女墩春秋墓、山头墓地、梁王城汉代墓地等各个时期的众多文物点。（图一；图版一，2）

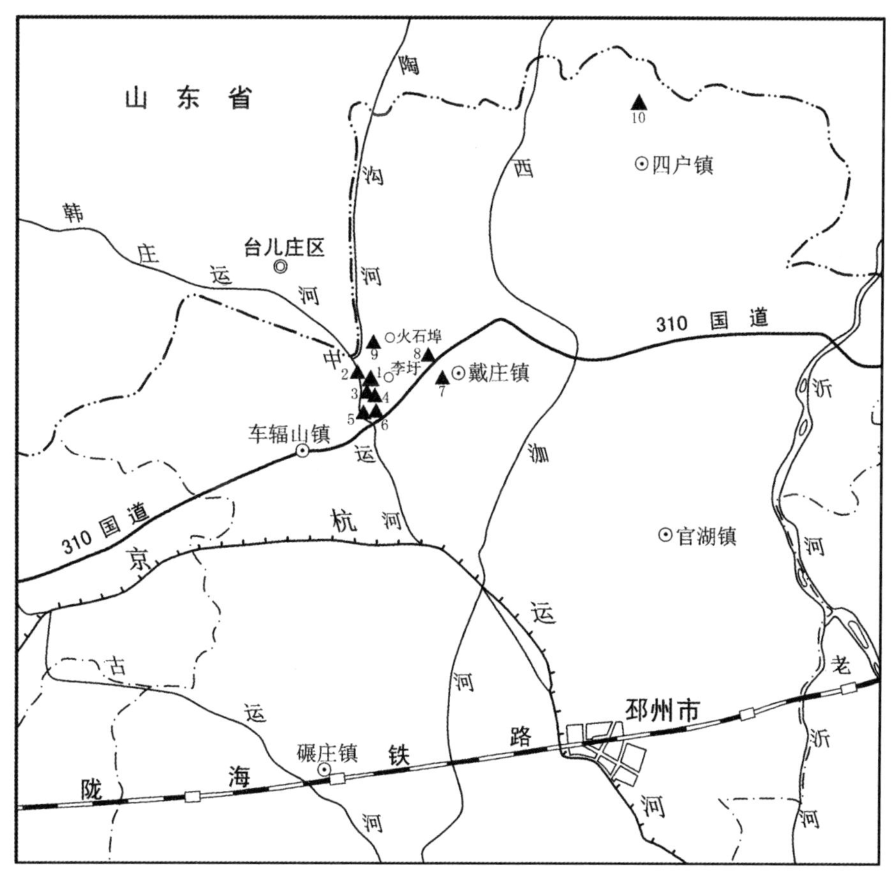

图一 梁王城遗址地理位置示意图

1. 梁王城遗址 2. 小郭湾遗址 3. 梁王城汉代墓地 4. 闸上遗址 5. 山头遗址 6. 山头墓地 7. 鹅鸭城遗址 8. 九女墩春秋墓 9. 刘林遗址 10. 大墩子遗址

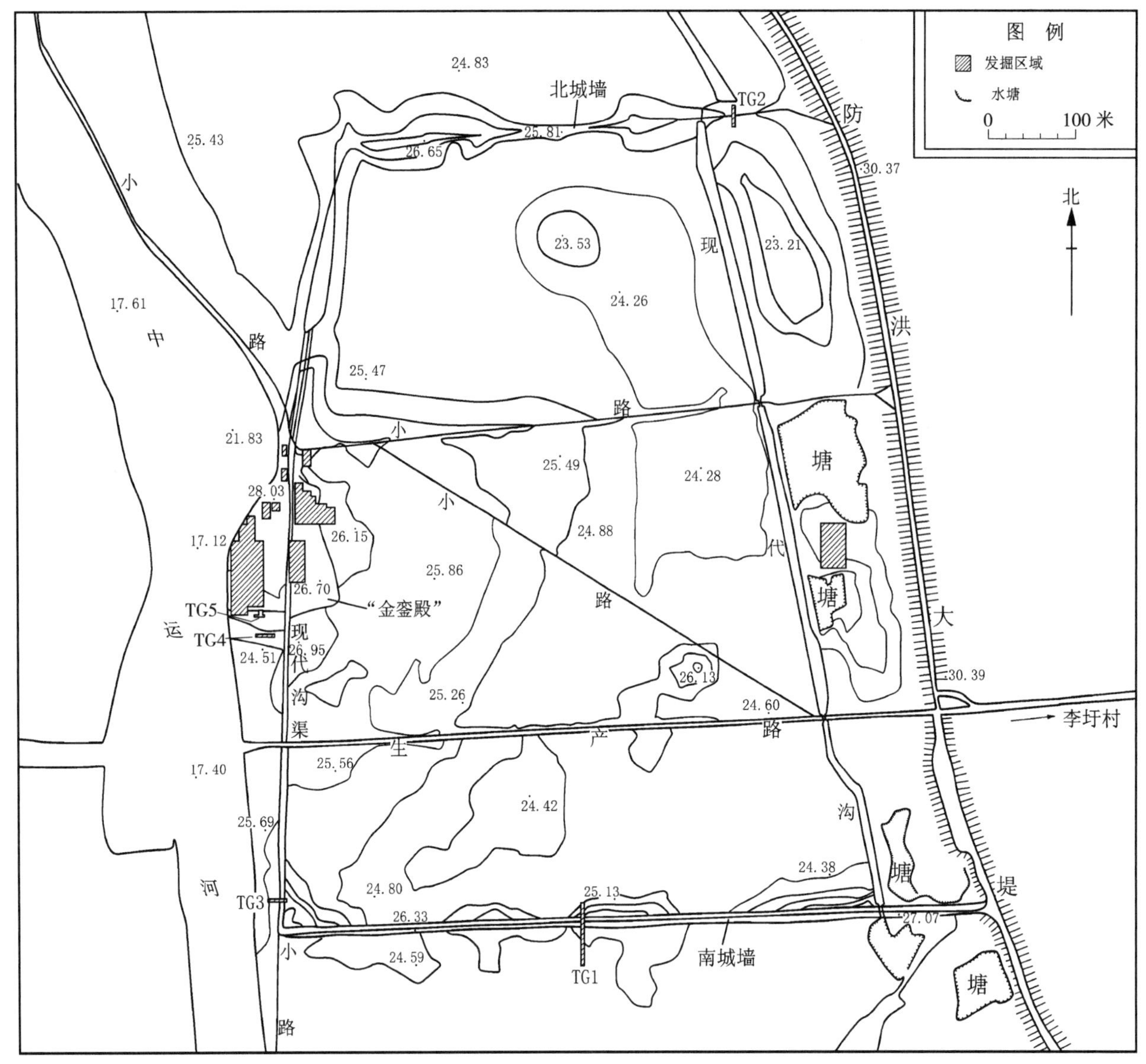

图二 梁王城遗址发掘区位置图

梁王城遗址平面近长方形，地表保存有高出周围农田 1～2 米的城墙，其中南、北城墙保存较好，东、西城墙从地表看已不明显，钻探及解剖表明，东、西城墙相距约 900 米，南、北城墙相距约 1100 米，距城墙约 15～20 米有宽约 50 米的护城河，遗址总面积超过 100 万平方米。城内遗址现地表多为农田，地势较为平坦，西部正中有一高出周围地表约 1.5 米的高台，当地居民俗称为“金銮殿”（图二，图版二，1）。其平面形状近南北向梯形，南宽北窄，南北长约 175 米，东西最宽约 130 米，总面积约 20000 平方米。“金銮殿”西侧被中运河河道破坏，河岸断崖上发现有大量的扁凿形鼎足、鬲足、罐口沿、豆柄 、板瓦、筒瓦等陶片，从断面观察文化层堆积最厚超过 5 米（图版二，2）。高台中部有一南北向现代沟渠将其分为东西两部分。城内东南部有一高出周围地表 0.5～1 米的近圆形土包，当地居民称之为“梁武庙”，上世纪 90 年代中运河东调南下河道取直工程之前，此处还是当地居民的庙会场所，钻探知其下有大量的砖头、石块，应有建筑遗存。

遗址最早于1959年由南京博物院调查发现，当时认为“上部堆积有垒垒的汉代砖瓦、大缸、细柄豆以及少数几何印纹硬陶等。下层有灰绳纹陶鬲和罐，有弦纹的黑陶豆，还有鹿角、蚌壳、穿孔扁石斧，明显地表现着商代遗物特征”①。1995年东调南下一期工程中运河河道取直建设工程中，徐州博物馆、邳州博物馆联合对遗址“金銮殿”进行了小面积发掘（资料现存徐州博物馆）。无论是1959年的考古调查还是1995年的发掘工作，主要工作及认识都是基于“金銮殿”高台。

二　2003年以来的考古工作

从2002年起，南水北调东线工程陆续启动，作为工程的一部分，沂、沭、泗河洪水东调南下中运河扩大工程拟在原有基础上进行扩挖。按照规划，梁王城遗址西部将有50～70米的宽度扩挖为中运河河道，并开挖一条导流河从遗址东侧穿过，也就是说梁王城遗址的重要组成部分“金銮殿”高台将会在施工完成后有一半左右在河道内。为此，受江苏省文物局委托，南京博物院考古研究所对梁王城遗址进行全面调查并制订了详细的抢救性考古钻探及发掘计划，从2004年4月至2009年1月，对梁王城遗址进行了6次考古发掘。发掘领队林留根。

发掘地点主要位于遗址“金銮殿”高台之上及遗址东部，另外对南、北、西三面城墙进行探沟解剖，揭露总面积9505平方米（图三；图版三、四）。发掘期间，在2005年11～12月，对梁王城遗址进行了全面钻探。兹将各次发掘的简况记述如下：

第一次发掘于2004年4月上旬～7月初进行。参加发掘的人员有南京博物院考古研究所林留根、周润垦、周恒明，徐州博物馆原丰，邳州博物馆魏高哲，新沂博物馆张浩林。

本次发掘的主要目的是搞清梁王城遗址的地层堆积情况，发掘位置选择在“金銮殿”高台北部，共布15×7米探方1个，10×10米探方2个，依次编号为T1～T3，共揭露面积305平方米。发掘主要收获是基本搞清了“金銮殿”高台的地层堆积情况，并发现灰坑26个（H1～H26）、墓葬7座（M1～M7）、房址4座（F1～F4），水井2座（J1、J2），其中T2内发现M2～M7一组6座大汶口文化瓮棺葬。

第二次发掘于2004年9月初～2005年2月初进行。参加发掘的人员有南京博物院考古研究所林留根、周润垦、周恒明，徐州博物馆原丰，邳州博物馆魏高哲，新沂博物馆张浩林，南京大学考古专业黄建秋老师及01级陈刚、李飞、王园园、申宜欣、丁华军、陶宇琼等6位学生。

本次发掘主要位于2004年上半年发掘探方的南部，在现代沟渠西侧布10×10米探方2个，东侧布10×10米探方4个，依次编号为T4～T9。另外在遗址南城墙中部偏西处进行解剖发掘，布47×3米探沟一条，编号TG1（参见图二）。加上扩方，共揭露面积约790平方米。主要收获一是在T7、T9内发现东周时期的大型石柱础建筑基址F5，并在T7、T9南壁上发现了东周时期夯土台基（TJ1），为接下来的发掘提供了方向；二是发现龙山时期的房址一处（F7）；三是通过城墙解剖搞清了梁王城遗址城址的时代及性质。

第一、二次梁王城遗址的发掘成果入选了2005年中国重要考古发现。

---

①　南京博物院：《1959年冬徐州地区考古调查》，《考古》1960年第3期。

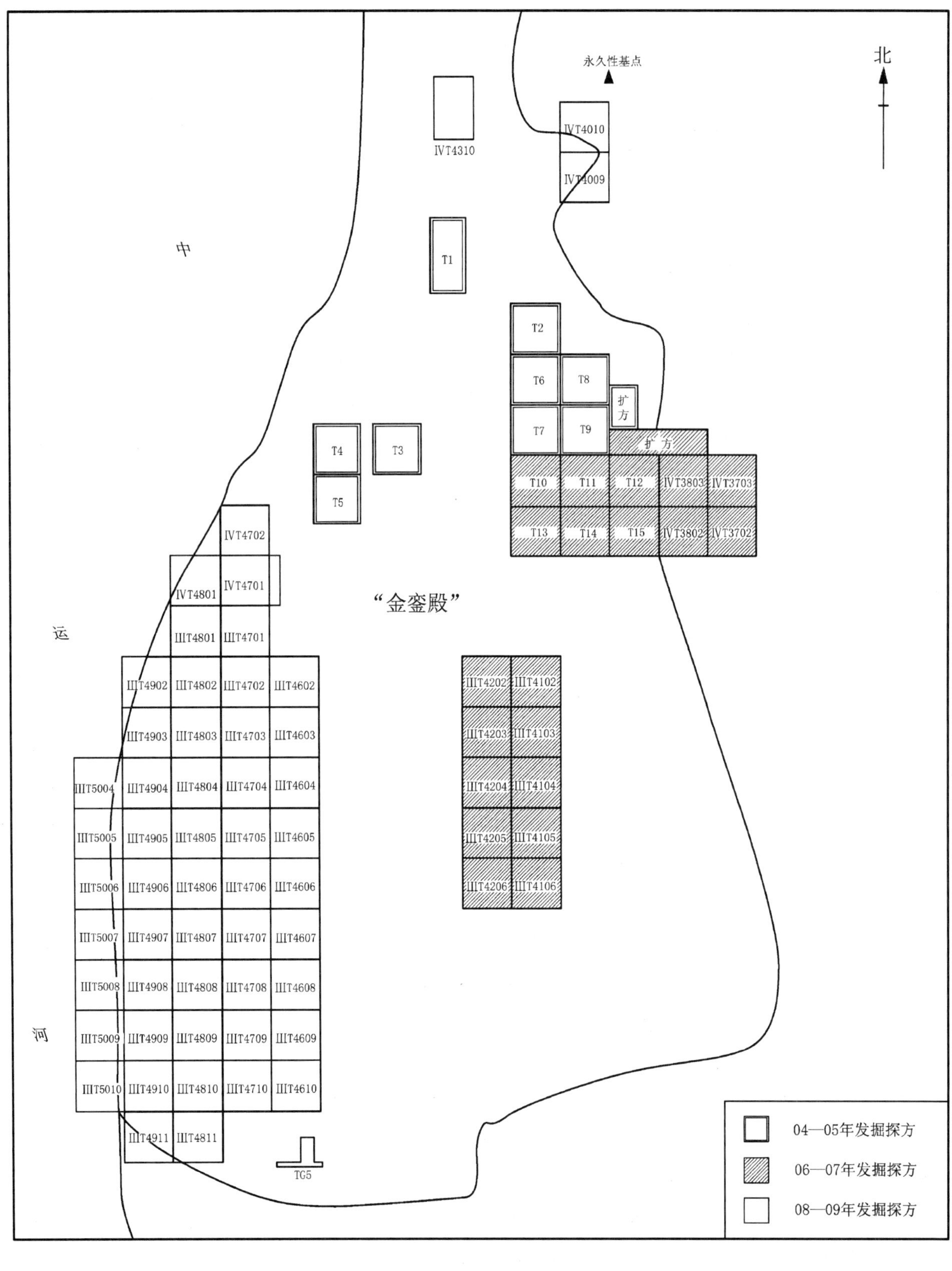

图三 梁王城遗址“金銮殿”区域布方图

第三次发掘于2006年3月下旬~10月底进行。参加发掘的人员有南京博物院考古研究所林留根、周润垦、王华、马永强、周恒明，徐州博物馆原丰，邳州博物馆贾庆华，外聘技术工人刘锁才、刘福刚、郗安红、钱松浦、花纯强，南京师范大学社会发展学院02级学生胡颖芳、周璞、贾漫。

本次发掘位于04年发掘探方南侧，处在现代沟渠东侧，共布10×10米探方10个，依次编号为T10~T15，ⅣT3703、ⅣT3803、ⅣT3702、ⅣT3802，加上扩方，实际共揭露面积1050平方米。发掘取得了较为重要的收获：一是揭露出一处东周时期的夯土台基TJ1，即04年在T7、T9南壁上发现的夯土台基；二是发现了一处西周时期的墓地，计有各类墓葬32座，包括土坑墓葬25座、马坑5座、牛坑1座、狗坑1座；三是清理了一处大汶口时期的作坊遗迹，面积约400平方米，包括有两座窑址（Y1、Y2）及排水沟、房址等，该处作坊遗迹紧靠“金銮殿”高台的东部断崖，同2004年发掘的F8、F9、F10等红烧土房址相距不远，关系密切。

考虑到梁王城遗址面积较大，今后几年还将配合南水北调工程进行发掘，从长远考虑，对遗址进行统一布方规划，以遗址中心为坐标原点，按四象限法将遗址分为Ⅰ、Ⅱ、Ⅲ、Ⅳ四个区进行布方，“金銮殿”高台位于遗址的Ⅲ、Ⅳ两区。

第四次发掘于2006年11月初~2007年5月底进行。参加发掘的人员有南京博物院考古研究所林留根、周润垦、周恒明，徐州博物馆原丰，邳州博物馆贾庆华，新沂博物馆张浩林，外聘技术工人刘锁才、齐纪绪、齐军、花纯强等。本次发掘工作情况稍特殊，跨06、07两个年度分两次进行，2006年下半年梁王城的发掘工作刚进入状态即被另外一件事情打断——南水北调东线一期工程江苏段骆马湖水资源邳州支河控制闸施工过程中发现大量东汉时期的古墓葬（《邳州山头东汉墓地》，科学出版社，2010年）。此时已经是11月底，任务紧迫，且临近春节，受江苏省文物局委托，梁王城考古队在林留根所长组织下临时决定抽调大部分力量组成山头墓地考古队入场清理汉墓，这样梁王城遗址的考古工作就暂时停了下来，一小部分人员留下对发掘现场扫尾，局部区域进行回填，以备明年的继续发掘。直到2007年3月下旬，梁王城考古队重新组建，接2006年下半年所布探方继续向下发掘。

本次发掘共布10×10米探方10个，依次编号为ⅢT4102、ⅢT4202、ⅢT4103、ⅢT4203、ⅢT4104、ⅢT4204、ⅢT4105、ⅢT4205、ⅢT4106、ⅢT4206，揭露面积1000平方米。发掘揭露出东周时期的一座大型石墙建筑（F18）及石砌水沟（G15），这两处遗迹同以往发现的大型夯土台基（TJ1）、大型石柱础建筑基址（F5）时代一致，都是梁王城城址内主要建筑，为保留建筑的完整性，发掘工作仅在ⅢT4102、ⅢT4206两个探方局部向下解剖，后全部原址回填。

第五次发掘于2008年1月初~7月初进行。参加发掘的人员有南京博物院考古研究所林留根、周润垦、周恒明，徐州博物馆原丰，邳州博物馆张宏伟、魏高哲、魏云花，外聘技术工人刘锁才、齐纪绪、李保国、花纯强、刘秀秀、牛秋英、朱葡萄，南京师范大学社会发展学院06级研究生胡颖芳、周璞、毕蓉、田二卫等4人。

本次发掘主要位于现代沟渠西侧，共布10×10米探方15个，依次编号为ⅢT4602~ⅢT4605，ⅢT4702~ⅢT4705，ⅢT4802~ⅢT4805，ⅣT4009、ⅣT4010、ⅣT4310。当年5月

初，首先在ⅢT4804、ⅢT4805等探方第8层下发现了大汶口文化的墓葬，墓葬分布较为集中，当时考虑对墓葬进行全面揭露，便将工作重心放在对墓葬的清理上，打掉探方隔梁并陆续完成ⅢT4902～ⅢT4905、ⅢT4606～ⅢT4906等探方的扩方发掘工作，共揭露大汶口文化墓葬75座。

同时，配合南水北调东线工程中运河拓宽、导流河开挖等工程，为了解梁王城城址及城内布局等情况，在北城墙开25×2米探沟1条，编号为TG2，在西城墙开20×2米探沟2条，分别编号为TG3、TG4（参见图二），并在导流河工程施工部位随工清理500平方米。本次累计发掘面积2900平方米。

第六次发掘于2008年10月初～2009年1月下旬进行。参加发掘的人员有南京博物院考古研究所林留根、周润垦、朱晓汀、周恒明，徐州博物馆原丰，邳州博物馆张宏伟、魏高哲，外聘技术工人刘锁才、齐纪绪、李保国、花纯强等。

本次发掘工作开始之前，南水北调工程建设正在快速推进，甚至遗址上有1.5～2米的文化堆积被施工挖掉，因此发掘多从遗址堆积的第7层开始。发掘位置处在“金銮殿”高台西部南侧和北侧，共布10×10米探方19个，依次编号为ⅢT4608～ⅢT4610，ⅢT4708～ⅢT4710，ⅢT4808～ⅢT4811，ⅢT4908～ⅢT4911，ⅢT4701、ⅢT4801、ⅣT4701、ⅣT4702，ⅣT4801。此外上半年TG3、TG4内虽已发现西城墙的具体位置，但其与“金銮殿”高台的关系仍不清楚，故在两者交接处布TG5。TG5的发掘揭示了梁王城西城墙的走向及其与“金銮殿”高台的关系，证明梁王城城址是由大城和小城组成的。为进一步了解西城墙的面貌，借助于施工断面，考古人员对西城墙进行了比较大面积的揭露，揭露面积960平方米。加上扩方，实际揭露面积3460平方米。此次发掘，将大汶口文化墓地比较完整地揭露出来，新发现大汶口文化墓葬56座；另外解决了梁王城遗址西城墙的走向问题，搞清了西城墙与“金銮殿”高台的关系。

至此，梁王城遗址的田野发掘工作告一段落，基本搞清了遗址的文化内涵及文化面貌。梁王城遗址的发掘获得了国家文物局2007～2008年度田野考古三等奖，并于2007年和2008年连续两年入围全国十大考古新发现的终评项目。

梁王城遗址发掘期间，国家文物局专家组李伯谦、刘庆柱、赵福生等先生，中国文化遗产研究院张廷浩、孟宪民等先生，淮河水利委员会专家组，江苏省文物局龚良局长、博物馆处李民昌处长，南京博物院考古研究所邹厚本先生以及徐州、邳州等市县领导都曾到工地检查和指导考古工作。（图版五～图版八）

三 资料整理与报告编写

作为沂、沭、泗河洪水东调南下工程的文物保护项目，梁王城遗址近年来一直是江苏省文物局、南京博物院重要的抢救性考古发掘项目之一。因此，田野发掘工作结束后，尽快将发掘材料整理出版成为考古人员的重要工作，也是南京博物院2010年的院重点工作之一。

2009年春节过后，林留根所长将梁王城考古队的主要成员召集于邳州开会，首先梳理遗址发掘材料的整理情况，2008年以前资料在发掘间隙都进行了不同程度的整理，2008年以后的发掘资料多未系统整理。之后讨论梁王城遗址报告的编写工作，初步确定报告分两卷编写，第一卷为史前卷，主要刊布梁王城遗址大汶口文化、龙山文化时期的遗存，主体是大汶口文化史前聚落，包括居住区、作坊区及墓地。第二卷为历史卷，涵盖内容包括西周墓地、东周城址及六朝时期的各类遗存等，该部分内容相对庞杂，西周墓地和东周时期城址是其主要内容。

确定编写计划后，梁王城遗址报告整理工作正式开始。首先整理史前卷报告，计划于2011年10月份完成史前卷报告的初稿。整理工作大体上分两个阶段进行。

第一阶段为2009年3～5月和2010年4～10月。2009年度主要是初步整理梁王城遗址的主要发掘材料，为当年参评十大考古新发现做准备。2010年度主要是确定史前卷报告编写体例，整理各项基础材料。具体分工如下：

周润垦、原丰梳理史前时期的各类遗存，对于一些重要的遗迹现象根据出土遗物重新加以判断分析，并与林留根所长商量拟定史前卷报告大纲。

周恒明、李保国、花纯强修复大汶口文化墓葬、灰坑及房址内的出土遗物。

朱晓汀整理修复大汶口文化墓葬中出土的人骨标本，并进行初步鉴定。

胡颖芳、朱晓汀、周璞、朱雪菲（中山大学10级硕士研究生）、宋学娣（南京师范大学社会发展学院08级硕士研究生）、高伟（中国人民大学08级硕士研究生）等对史前时期出土遗物标本进行核对并绘制器物底图。

原丰、胡颖芳分头完成报告所需总平面图，各遗迹单位平面图以及相关器物底图的清绘、排版工作，并做好各类遗迹的登记表。

第一阶段的准备工作为编写报告奠定了良好的基础。

第二阶段整理工作集中在2011年3～6月，至报告送交出版社前又陆续进行了修改。这一阶段工作主要由周润垦、原丰、胡颖芳分头进行，主要完成了以下工作：一是报告文字资料的汇总撰写及对史前遗存的研究；二是器物拍照及遗迹照的挑选；三是文字内容与线图、照片之间的核对。

报告最后由林留根统稿完成。

四　关于本报告的说明

本史前卷报告包括大汶口文化和龙山文化两部分内容。其中大汶口文化时期遗存是本报告的主体，龙山文化遗存由于后期破坏较为严重，资料相对略少。

为客观系统地反映出梁王城遗址史前时期的聚落结构及面貌，将生产生活遗存和墓地分开叙述。房址、墓葬全部介绍，灰坑只选择了部分典型单位。内容首先以遗迹为单位组织，详细介绍遗迹及其出土器物情况，充分反映各遗迹的整体面貌；之后，再对各类遗迹的主要出土器物进行初步研究。研究部分，选做典型标本的器物绝大部配有线图，以期完整展现遗物的序列，对器物的描述则只涉及其主要的型式特征及测量数据，照片则以不重复出现为选配原则。

第二章　地层堆积

一　堆积形成过程

自南宋绍兴五年（1194年）黄河夺泗入淮后，徐州地区水患频仍，漕运风险极大，明万历三十二年（1604年），开通中运河（即泇河运河），然水患依然不断，形成了大片的黄泛区。时至今日，每年夏秋之时，为排泄上游洪水，行洪区内依然汪洋一片。

梁王城遗址正处在中运河行洪区内，经年排洪，除“金銮殿”高台及少数几个地势较高的地方外，其上多有厚度不等的黄淤泥层，据钻探知，淤泥厚度一般在1~2米之间，最厚处超过3米，“金銮殿”高台上基本不见淤泥，“梁武庙”上有约0.6米厚的淤泥。

“金銮殿”高台西靠中运河，一部分已被开挖河道所破坏，是历年来遗址发掘的主要区域。该处文化层堆积较厚，内涵最为丰富，一般厚2.5~4米，最深处超过5米，堆积从早到晚依次为大汶口文化、龙山文化、西周、东周、北朝—隋、宋、明清等各个时期的文化遗存。根据发掘情况，该遗址主要遗存有三：一是史前时期的大汶口文化聚落，即本报告的刊布内容；二是两周时期遗存，包括梁王城城址；三是东周以后各历史时期的遗存。由于梁王城延续时间较长，人类活动频繁，发掘过程中经常会在晚期地层中发现大量早期遗物。

梁王城遗址史前时期人类活动遗存主要集中在“金銮殿”高台区域，高台之外没有或仅有少量人类活动的遗物，对高台以外地区的钻探及09年对小郭湾遗址（中运河西岸，高台西北面，距离约500米）的抢救性试掘均证实这一点（小郭湾遗址文化层堆积仅有东周及北朝—隋两层，向下即为生土，且东周层中出土遗物包括有宽平沿罐、折腹浅盘豆、几何印纹硬陶片，均同梁王城遗址东周时期文化层内出土遗物一致）。“金銮殿”高台自然的地理优势应该是其主要原因。东周时期，以“金銮殿”高台为中心，四面筑城，形成了面积超过100万平方米的梁王城城址，经钻探，这一时期城内黄淤泥下多有0.5~1.5米的灰土遗存，应为城内生活遗存。

史前时期人类活动遗存包括有大汶口文化、龙山文化两部分。从出土遗物看，两个文化遗存紧密相连，前者年代为大汶口文化晚期，后者年代为龙山文化早期，龙山文化堆积叠压于大汶口文化堆积之上，在大汶口文化墓葬M136中出土的一件黑陶高柄杯几已进入龙山文化时期。从发掘情况看，大汶口文化遗存保存较好，显示出较为完整的聚落形态，而龙山文化遭晚期地层破坏严重，地层堆积在局部断续残存，仅清理了一些属于龙山文化的遗迹单位，如 F7、M20 等。从 F7 的情况看，龙山文化时期当有比较丰富的遗存。

岳石文化的典型器物蘑菇形纽器盖、突棱尊等在遗址中经常发现，且清理了少量的灰坑遗存，零散分布于高台之上，如 H77、H410 等。在 H500 出土陶片中复原两件陶斝，陶器特征具有中原二里头文化的特点。但岳石文化的地层在遗址上没有发现。

西周时期文化层堆积最厚，多在 1.5 米以上，主要包括 7、8 两层，08 年发掘时又将第 7 层堆积分为 a、b、c 三小层，该期遗存延续时间较长，从西周墓葬内出土的部分随葬品来看，一些墓葬可能要早到商代晚期。总体上看这一时期文化堆积呈灰绿色，有明显水沁的淤沙、淤泥痕迹，堆积内多含有草木灰颗粒，土质疏松，发现有较多的人类活动遗存，包括有墓葬及大量的灰坑。无论是地层堆积还是各类遗迹单位内，经常会出土大量的蚌壳、贝壳等遗物，且用来作为装饰品或生产工具，如 M31 墓主人以贝壳串饰挂在身上，M174 墓主人随葬蚌刀等。可以看出这一时期人类活动与水关系密切，可能经常会遭到水的侵扰。

东周时期梁王城城址是以“金銮殿”高台为中心四面筑城形成的。城址由大城和小城组成，平面形状呈“凸”字形。小城，即宫城，为现“金銮殿”高台，其上发现有大型夯土台基（TJ1）、石础建筑（F5）、排水设施、水井等遗迹。正是因为有了城的保护，这一时期发掘的地层堆积内基本不见水沁痕迹。

城址废弃之后，又有各时期的人类活动遗存，大致包括有北朝—隋、宋、明清等三个时期，其中以北朝—隋时期的堆积和遗物最为丰富，出土有大量的青瓷碗、盘、豆等。这一阶段，人类生活方式有了很大变化，各类遗迹由于后期扰乱较甚多没有保留下来，仅发现有少量灰坑、道路等遗迹。

二　地层堆积

梁王城遗址发掘历时较长，发掘初期曾试图对各探方地层进行统一编号，但由于历次发掘位置不同，地层堆积层数及内涵也不尽相同，为避免发掘期间造成混乱，除确定可以对应的地层，其余均采用分别编号的方法。根据各地层包含遗物情况，各探方地层对应关系列表如下（表 2－0－1）：

表 2－0－1　梁王城遗址各探方地层关系对应表

探　方	耕土层	明清文化层	宋元文化层	北朝—隋文化层	东周文化层	西周文化层	龙山文化层	大汶口文化层
T1	①		②	③	④⑤	⑥		⑦
T2	①		②	③	④⑤	⑥	⑦	⑧⑨
T3	①		②	③	④⑤	⑥		⑦
T4	①		②	③	④⑤	⑥⑦	⑧	⑨
T5	①		②	③	④⑤	⑥⑦	⑧	⑨⑩
T6	①	②	③	④⑤	⑥	⑦⑧⑨	⑩	⑪⑫
T7	①	②	③	④⑤	⑥	⑦⑧⑨	⑩	⑪⑫

续表2-0-1

探　方	耕土层	明清文化层	宋元文化层	北朝—隋文化层	东周文化层	西周文化层	龙山文化层	大汶口文化层
T8	①	②	③	④⑤	⑥	⑦⑧⑨	⑩	⑪⑫
T9	①	②	③	④⑤	⑥	⑦⑧⑨	⑩	⑪⑫
T10	①	②b	③	④⑤	⑥	⑦⑧	⑨	⑩
T11	①	②a ②b	③	④⑤		⑦⑧		⑨⑩
T12	①	②a ②b	③	④⑤	⑥	⑦⑧		⑨⑩
T13	①	②b	③	④⑤	⑥	⑦⑧	⑨	⑩
T14	①	②a ②b	③	④⑤	⑥	⑦⑧	⑨	⑩
T15	①	②a ②b	③	④⑤	⑥	⑦⑧		⑨⑩
ⅣT3702	①	下为黄淤泥层						
ⅣT3802	①	②a ②b	③	④⑤	⑥	⑦⑧		⑨⑩
ⅣT3703	①	下为黄淤泥层						
ⅣT3803	①	②a ②b	③	④⑤	⑥	⑦⑧		⑨⑩
ⅢT4202	①	②	③	④⑤	⑥	⑦	以下未发掘	
ⅢT4203	①	②	③	④⑤	⑥	以下未发掘		
ⅢT4204	①	②	③	④⑤	⑥	以下未发掘		
ⅢT4205	①	②	③	④⑤	⑥	以下未发掘		
ⅢT4206	①	②	③	④⑤	⑥	以下未发掘		
ⅢT4102	①	②	③	④⑤	⑥	以下未发掘		
ⅢT4103	①	②	③	④⑤	⑥	以下未发掘		
ⅢT4104	①	②	③	④⑤	⑥	⑦	以下未发掘	
ⅢT4105	①	②	③	④⑤	⑥	以下未发掘		
ⅢT4106	①	②	③	④⑤	⑥	以下未发掘		
ⅢT4602	①	②	③	④	⑥	⑦a ⑦b ⑦c ⑧		⑨⑩
ⅢT4603	①	②	③	④	⑥	⑦a ⑦b ⑦c⑧		⑨⑩
ⅢT4604	①	②	③	④⑤	⑥	⑦a ⑦b ⑦c ⑧		⑨⑩
ⅢT4605	①	②	③	④⑤	⑥	⑦c ⑧		⑨⑩
ⅢT4702	①	②	③	④⑤	⑥	⑦c ⑧		⑨⑩
ⅢT4703	①	②	③	④⑤	⑥	⑦b ⑦c ⑧		⑨⑩
ⅢT4704	①	②	③	④⑤	⑥	⑦b ⑦c ⑧		⑨⑩
ⅢT4705	①	②	③	④⑤	⑥	⑦b ⑦c ⑧		⑨⑩
ⅢT4802	①	②	③	④⑤	⑥	⑦b ⑦c ⑧		⑨⑩
ⅢT4803	①	②	③	④⑤	⑥	⑦c		⑨⑩

续表 2－0－1

探　方	耕土层	明清文化层	宋元文化层	北朝—隋文化层	东周文化层	西周文化层	龙山文化层	大汶口文化层
ⅢT4804	①	②	③	④⑤	⑥	⑦c ⑧		⑨⑩
ⅢT4805	①	②	③	④⑤	⑥	⑦c ⑧		⑨⑩
ⅣT4009	①	②a ②b ②c ③	④	以下未发掘				
ⅣT4010	①	②a ②b ②c ③	④	以下未发掘				
ⅣT4310	①	②a ②b ②c ③	④	以下未发掘				
ⅢT4608	以上未进行正式发掘				⑥	⑦a ⑦b ⑦c ⑧		⑨⑩
ⅢT4609	以上未进行正式发掘				⑥	⑦a ⑦b ⑦c ⑧		⑨⑩
ⅢT4610	以上未进行正式发掘				⑥	⑦a ⑦b ⑦c ⑧		⑨⑩
ⅢT4708	以上未进行正式发掘				⑥	⑦a ⑦b ⑦c ⑧		⑨⑩
ⅢT4709	以上未进行正式发掘				⑥	⑦a ⑦b ⑦c ⑧		⑨⑩
ⅢT4710	以上未进行正式发掘				⑥	⑦a ⑦b ⑦c ⑧		⑨⑩
ⅢT4808	以上未进行正式发掘				⑥	⑦a ⑦b ⑦c ⑧		⑨⑩
ⅢT4809	以上未进行正式发掘				⑥	⑦a ⑦b ⑦c ⑧		⑨⑩
ⅢT4810	以上未进行正式发掘				⑥	⑦a ⑦b ⑦c ⑧		⑨⑩
ⅢT4811	以上未进行正式发掘				⑥	⑦a ⑦b ⑦c ⑧		⑨⑩
ⅢT4908	以上未进行正式发掘				⑥	⑦a ⑦b ⑦c ⑧		⑨⑩
ⅢT4909	以上未进行正式发掘				⑥	⑦a ⑦b ⑦c ⑧		⑨⑩
ⅢT4910	以上未进行正式发掘				⑥	⑦a ⑦b ⑦c ⑧		⑨⑩
ⅢT4911	以上未进行正式发掘				⑥	⑦a ⑦b ⑦c ⑧		⑨⑩

续表 2-0-1

探　方	耕土层	明清文化层	宋元文化层	北朝—隋文化层	东周文化层	西周文化层	龙山文化层	大汶口文化层
ⅢT4701	以上未进行正式发掘			⑤	⑥	⑧		⑨⑩
ⅢT4801	以上未进行正式发掘			⑤	⑥	⑦⑧		⑨⑩
ⅣT4701	以上未进行正式发掘			⑤	⑥	⑦⑧		⑨⑩
ⅣT4702	以上未进行正式发掘				⑥	⑦⑧		⑨⑩
ⅣT4801	以上未进行正式发掘				⑥	⑦⑧		⑨⑩

说明：ⅢT4902～ⅢT4907、ⅢT4806、ⅢT4807、ⅢT4706、ⅢT4707、ⅢT4606、Ⅲ4607 等 12 个探方是作为扩方发掘的，其地层堆积情况参考邻方。

为比较全面地反映“金銮殿”高台的地层堆积情况，以下从发掘区的不同部位，选择一些有代表性的探方剖面，逐一叙述其文化层堆积情况。

1. T6、T8 北壁剖面（图四）

发掘时间为 2004 年下半年。地表地势东部略高。可分为 12 层。

第 1 层　耕土层，灰黄褐色土，厚 0.1～0.15 米。

第 2 层　灰褐色土，土质略硬，厚 0.15～0.25 米。探方内分布较为均匀，出土遗物主要包括有青花瓷片、绳纹瓦片、铁器残片等。文化层属于明代。G5 开口于该层下，向下打破 G1。

第 3 层　灰黄色土，土质疏松，厚 0.25～0.4 米。该层堆积分布不均，由东向西渐薄，T8 东部被 G5 打破，T6 北部不见。遗物较少，主要包括有施酱釉花纹饰的白瓷片、酱釉瓷碗、砂缸残片、砖块等。该层属于宋代。

第 4 层　深灰色土，土质较硬，夹杂有大量的草木灰及红烧土颗粒，厚 0.57～0.7 米。出土遗物较杂乱，包括有大量的砖、瓦残片，瓷片主要为青瓷，釉多不及底，且多有流釉现象，器形有碗、豆、盆等；陶器多素面灰陶，可辨器形有四系罐、盆等。

第 5 层　浅灰色土，土质略硬，含少量红烧土颗粒，厚 0.4～0.91 米，由西向东渐薄，T6 内该层堆积较厚，最厚处接近 1 米。出土遗物同第 4 层出土遗物接近，只是该层中发现有更多的板瓦、筒瓦及瓦当残片，多素面，瓦当多莲瓣纹。

第 4、5 层堆积为北朝—隋时期。

第 6 层　灰绿色土，土质疏松，厚 0.25～0.45 米，水平分布，较为均匀。出土遗物中多为夹细砂灰陶，可辨器形有折腹浅盘灰陶豆、直口钵、锥状足鬲、宽平沿敞口罐、盆、盂等，另外有大量的绳纹板瓦、筒瓦残片及一些云纹瓦当残片。该层属于东周时期。

第 7 层　浅灰绿色土，土色发白，夹杂少量炭屑颗粒，土质疏松，多有板结现象，厚 0.3～0.82 米，分布均匀。陶片以夹砂灰陶为主，多有绳纹装饰，器类有袋足鬲、弧腹豆、罐等，另有较多的板瓦、筒瓦残片。

第 8 层　深灰褐色土，夹杂有炭屑及少量红烧土颗粒，土质略硬，厚 0.2～0.52 米，水平分布，较为均匀。陶片以灰陶、灰褐陶为多，器形有鬲、豆、罐、簋、盆、器盖等。

第 9 层　青灰色土，夹杂较多草木灰，土质疏松，厚 0.30～0.94 米，T8 内略厚。出土陶

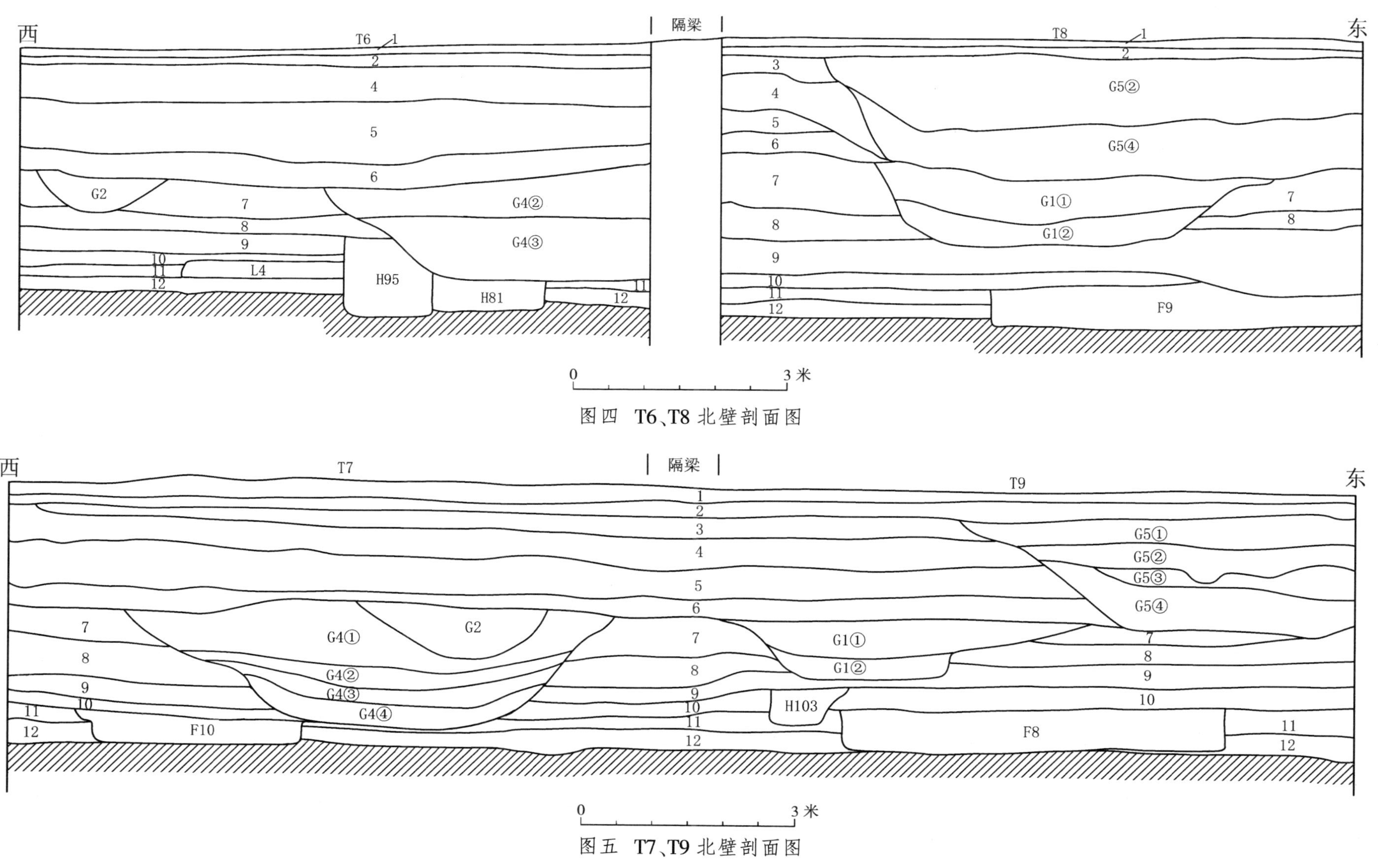

图四　T6、T8北壁剖面图

图五　T7、T9北壁剖面图

片较少，器形有绳纹鬲、深腹盆等。

第7～9层均为西周时期的文化堆积。第7、8两层下发现有较多的圆形灰坑，多袋状。

第10层　黄褐色土，杂较多的红烧土颗粒，土质较硬，厚0～0.22米，该层堆积分布不普遍。出土陶片较少，可辨器形有鼎、罐、杯等。该层堆积为龙山文化时期堆积，大汶口文化遗迹L4、F9等开口于该层下。

第11层　灰黄色土，夹杂红烧土颗粒，土质较硬，厚0.15～0.22米。出土陶片以夹砂红陶和红褐陶为主，器形有鼎、罐、杯、器盖、壶等。

第12层　灰黄色，土质坚硬，夹少量红烧土颗粒，厚0.18～0.27米。出土陶片较少，多为夹砂红褐陶片，器形有凿形鼎足、篮纹缸片。

第11、12层为大汶口文化时期堆积。

2. T7、T9北壁剖面（图五）

发掘时间为2004年下半年。地表基本平整，中间略高。可分为12层。

第1层　耕土层，灰黄褐色土，厚0.18～0.35米。

第2层　灰褐色土，土质略硬，均匀分布，厚0.15～0.25米。出土有青花瓷片、白瓷片、瓦片，另外出土有零星的铁器。该层属于明代。

第3层　黄灰色土，土质疏松，该层在探方内分布不均，由东向西渐薄至消失，厚0～0.30米。出土有白瓷片，上饰酱色釉花纹图案，另有灰陶罐残片、瓦片等。此文化层属宋代。

第4层　浅灰色土，含黄沙颗粒，土质较疏松，由东向西略呈斜坡状堆积，厚0.33～0.54米。出土遗物包括有青瓷片，可辨器形有青瓷碗、青瓷盘、青瓷豆等；另出土有较多的灰陶片，可辨器形有四系罐、缸等，器表多素面。

第5层　灰褐色土，土质略硬，该层堆积较厚，在探方内均匀分布，厚0.38～0.71米。出土遗物中包括有青瓷片、灰陶罐等，另外有较多的素面板瓦、筒瓦等。

第4、5文化层属北朝—隋时期。

第6层　灰绿色土，土质略疏松，水平分布，厚0.13～0.38米。出土遗物中包含有大量的绳纹板瓦、筒瓦残片及一些云纹瓦当残片，另外出土有印纹硬陶片、灰陶片，可辨器形有高柄折腹浅盘豆、高领罐、宽平沿盆等。文化层属东周时期，大型石础建筑F5开口于该层下。

第7层　深灰褐色土，土质较硬，夹杂有炭屑等，厚0.22～0.57米。出土陶片较多，以夹砂灰陶为主，可辨器形鬲、盆、豆、罐、钵等；纹饰以绳纹为主，素面次之，有少量的弦纹。

第8层　灰褐色土，土质坚硬，夹杂有炭屑、红烧土颗粒，厚0.2～0.59米。出土陶片多为夹砂灰褐陶片，可辨器形中鬲的数量最多，另有罐、簋、豆等；纹饰以绳纹为主，有少量的弦纹、方格纹等。

第9层　灰黄色土，土质略疏松，夹杂少量的红烧土颗粒，厚0.22～0.35米，分布较为均匀，出土陶片多为夹砂陶，可辨器形有鬲、罐等，器表以绳纹为主。

第7～9层为西周时期堆积。

第10层　灰黄褐色土，夹杂大量红烧土颗粒，土质略硬，厚0.13～0.36米。出土陶片中以夹砂灰褐陶为主，器表多素面，纹饰以篮纹为多，可辨器形有鼎、壶、罐、杯等。该层为龙山时期堆积。F8、F10等开口于该层下。

第11层　灰黄褐色土，杂有少量的红烧土颗粒，土质坚硬，厚0.15～0.37米，水平分布。出土陶片较多，夹砂红陶数量明显增多，器形有鼎、罐、杯、器盖等。

第12层　黄褐色土，含有少量的红烧土颗粒，土质坚硬，厚0.2～0.35米。仅包含有少量夹砂红陶片。

第11、12层为大汶口文化时期堆积。

3. T11、T12、ⅣT3803北壁剖面（图六）

2006年上半年发掘。地表西高东低。共可分为10层。

第1层　耕土层，厚0.1～0.25米。

第2层　明清时期堆积。又分为2a、2b两小层。

2a层主要分布于T12东部及ⅣT3803内，为黄色淤土，由东向西呈斜坡状堆积，东部淤泥最厚处超过3米。无包含物。

2b层分布较为普遍，黄褐色土，含沙量较大，土质较硬，厚0.15～0.35米。内出土有青灰色残砖块、石块、料姜石块、青灰色外素内布纹的瓦片。

第3层　深灰褐色土，土质略硬，厚0.15～0.45米，分布不均匀，局部不存。出土遗物包括石块、砖块、白瓷片、酱釉瓷片、素面瓦片及一些铁器，包括有铁环、铁镞等。该层为宋代堆积。

第4层　灰褐色土，土质略硬，厚0.2～0.65米，局部厚达1米，该层分布于探方的大部分区域。出土遗物包括有灰陶罐、青瓷器盖、青瓷碗、青瓷豆及较多的青灰色素面及绳纹筒、板瓦片。

第5层　浅灰褐色土，夹有细红烧土颗粒及炭屑，土质略硬，厚0～0.42米，该层主要分布于T11西部和T12东部。出土遗物同第4层接近。

第4、5层属北朝—隋时期堆积。

第6层　深灰色土，夹少量红烧土颗粒，土质略疏松，厚0.3～0.91米，该层堆积分布于T12大部，T11内仅存于局部。出土陶片较为丰富，以灰陶为主，可辨器形有宽平沿深腹罐、折腹豆、盆，另外有几何印纹硬陶片、绳纹瓦片等。该层为东周时期堆积，开口该层下的遗迹比较多，多为灰坑，一个很重要的发现是开口于该层下的TJ1（夯土台基），TJ1保存状况不一，该剖面上显示保存最好的地方尚有7层，最高处约有1.2米。

第7层　灰绿色土，土质疏松，该层堆积在探方内普遍存在，厚0.2～0.55米。出土陶片较多，器形有鬲、簋、豆、罐、盆等，另外板瓦、筒瓦片多饰以细绳纹。

第8层　灰褐色土，结构致密，有板结现象，土质略硬，在探方内普遍存在，厚0.3～0.6米。出土陶片以灰陶为主，器形有罐、鬲、盆等，还发现有兽骨、鹿角及较多的贝壳。

第7、8层为西周时期的堆积。

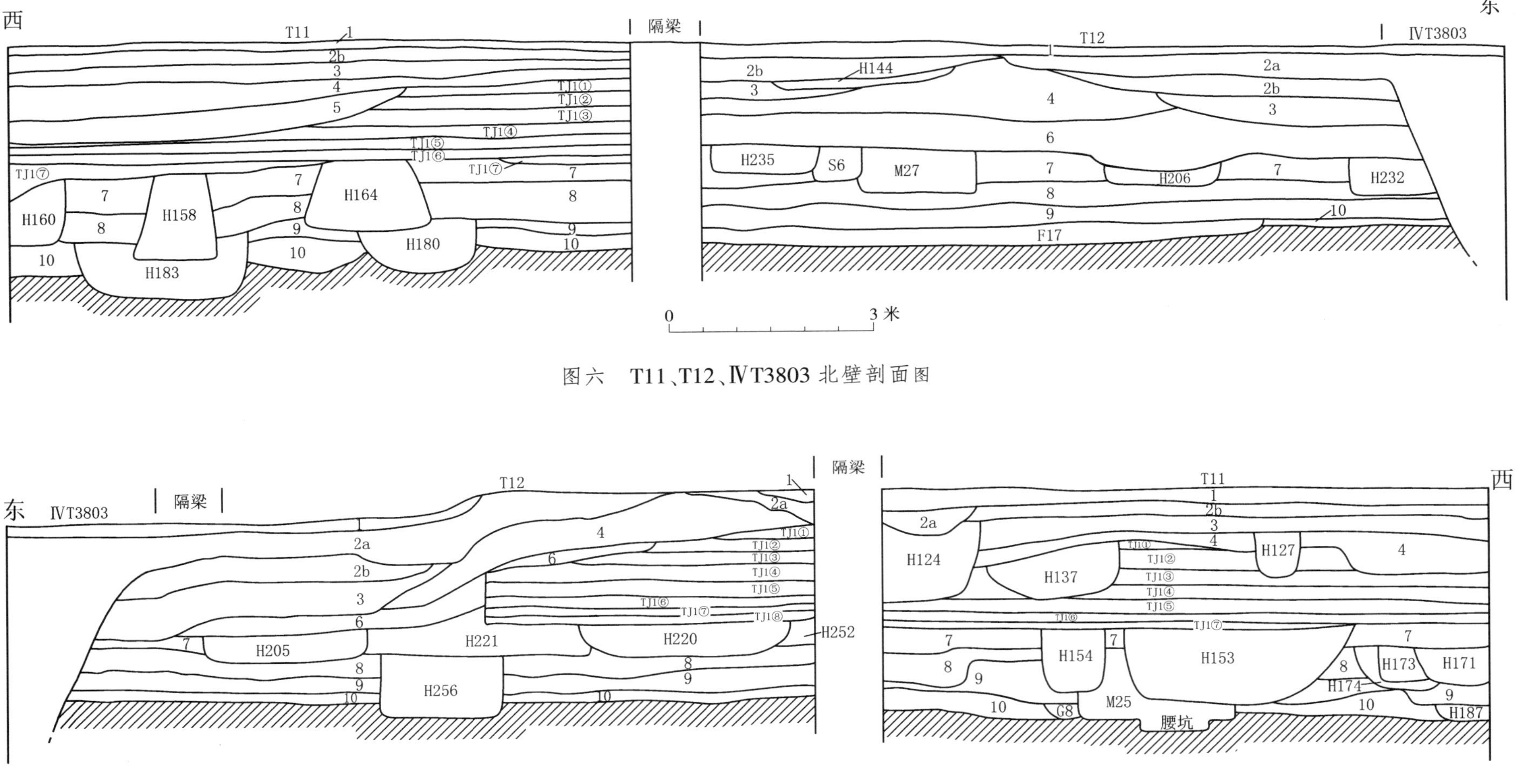

图六 T11、T12、ⅣT3803 北壁剖面图

图七 T11、T12、ⅣT3803 南壁剖面图

第9层　灰黄褐色土，夹杂大量红烧土颗粒，土质坚硬，该层堆积普遍存在，厚0.2～0.4米。出土陶片以夹砂红褐陶为主，少量泥质陶，器形有鼎、豆、杯、盆、器盖，鼎足多为凿形鼎足，少量锥状足；器表多素面，纹饰以篮纹为主，少量弦纹、附加堆纹、刻划纹等。大汶口文化时期的作坊遗迹F17等开口于此层下。

第10层　浅黄褐色土，夹杂少量红烧土颗粒，土质坚硬，厚0.1～0.5米。出土陶片较少，多为夹砂红陶。

第9、10层为大汶口文化堆积。

4. T11、T12、ⅣT3803南壁剖面（图七）

2006年上半年发掘。堆积特征同T11、T12、ⅣT3803北壁剖面基本一致。为能更清楚反映东周时期夯土台基及西周墓葬的开口层位、堆积特征，将其图列出来，具体堆积不再详述。

5. T15、T12西壁剖面（图八）

2006年下半年发掘。地表地势南部略高。堆积共可分10层。

第1层　耕土层，厚0.15～0.30米。

第2层　又可分为2a、2b两小层。该层为明清时期堆积。

2a层主要分布于T12南部，为黄色淤土，呈坑状堆积，最厚处0.6米。无包含物。

2b层分布较为普遍，T15南部该层堆积较厚，黄褐色土，含沙量较大，土质较硬，厚0.1～1.9米。堆积内出土大量瓦片，另有青砖、石块、料姜石块等。

第3层　深灰褐色土，结构致密，土质略硬，该层堆积主要分布于T12内及T15东部，厚0.2～0.25米。出土遗物包括有石块、砖头、素面瓦片、白瓷片等。该层为宋代堆积。

第4层　灰褐色土，土质较硬，该层堆积多分布于TJ1外围，T15西壁上没有该层堆积，主要分布于探方东部，堆积呈坡状，厚0～0.35米。出土遗物包括有灰陶罐、青瓷碗、青瓷盘及素面瓦片（内多有麻布纹痕迹）。

第5层　浅灰褐色土，该层堆积分布于T12及T15东部，西壁剖面上不显示，出土遗物同第4层基本一致。

第4、5层为北朝—隋时期的堆积。

第6层　深灰色土，土质略疏松，分布于TJ1的外围，厚0.25～0.5米。出土陶片较多，器形有豆、鬲、罐，另外有大量的绳纹板瓦、筒瓦片。该层属东周时期文化堆积。TJ1即开口于该层下。

第7层　灰绿色土，土质疏松，该层堆积在探方内分布比较普遍，被开口于TJ1下的多个灰坑打破，厚0.4～0.68米。出土陶片多为夹砂灰陶，器表多饰纵向绳纹，器形有罐、鬲、豆等，另外该层堆积内发现有大量的螺壳、蚌壳等遗物。该层下及层面上发现有较多的西周时期墓葬。

第8层　灰褐色土，内夹杂有较多的草木灰颗粒，土质略疏松，局部有板结现象，该层在探方内普遍存在，厚0.3～0.6米。出土遗物同第7层堆积。

第7、8层为西周时期堆积。

第9层　灰黄褐色土，夹杂大量的红烧土颗粒，土质坚硬，探方内普遍存在，厚0.1～0.55

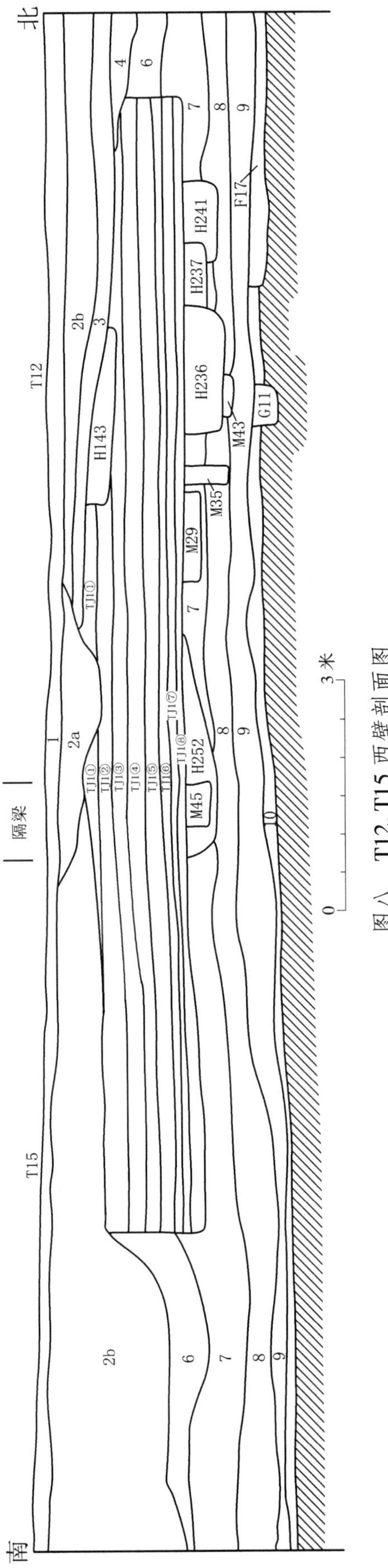

图八 T12、T15西壁剖面图

米。出土陶片较多，以夹砂红褐陶为多，泥质陶次之，少量白陶片，器形有鼎、豆、壶、罐、器盖、缸腹片等。F17、G11 等开口于该层下。

第 10 层　浅黄褐色土，夹少量红烧土颗粒，探方内普遍存在，厚 0.06～0.15 米，出土遗物较少，主要为夹砂红陶片。

第 9、10 层为大汶口文化堆积。

6. ⅣT4009 南壁剖面（图九）

2008 年上半年发掘。位于发掘区北部，地表西高东低。揭露部分堆积共可分为 4 层。

第 1 层　耕土层，厚 0.1～0.15 米。

第 2 层　总体上均为河水泛滥淤积而成，又可分为 2a、2b、2c 等三小层。

2a 层　灰黄色土，土质较软，厚 0.9～1.05 米。堆积内有较多的石块，无其他包含物。

2b 层　黄褐色土，含大量淤沙，厚 0.45～0.75 米。无包含物。

2c 层　黄淤泥，含少量沙粒，由东向西呈坡状堆积，近西壁处消失，厚 0～1.1 米。堆积内除料姜石外，无其他包含物。

第 3 层　灰褐色土，杂有较多炭屑，土质略硬，仅分布于探方西部，堆积呈坡状，最厚处 0.55 米。出土遗物中包括有内饰麻布纹、外表素面的板瓦及筒瓦，还有砖块及青花瓷片。

第 2、3 层为明清时期堆积。

第 4 层　深灰褐色土，土质略硬，分布探方西部，厚 0.4～0.5 米。出土遗物有灰陶罐残片、酱釉瓷片、白瓷片及小薄青砖。为宋代文化层。

4 层以下未发掘

7. ⅢT4702、ⅢT4703、ⅢT4704 东壁剖面（图一〇）

2008 年上半年发掘。地表平坦。堆积共可分为 10 层。

第 1 层　耕土层，厚 0.10～0.15 米。

第 2 层　黄褐色土，土质略疏松，水平分布，厚 0.15～0.2 米。出土遗物较少，有砖头、石块、瓦片及少量青花瓷片等。该层属于明清时期。

第 3 层　灰褐色，土质较硬，水平分布，探方内普遍存在，ⅢT4703 内略厚，厚 0.45～0.7 米。出土遗物中有较多瓷片，包括青釉、酱釉、白釉、酱黄釉、黑釉等多类瓷片，另外有素面瓦片及铜钱、铁镞等。该层属宋代堆积。

第 4 层　深灰褐色土，含少量沙粒，土质较硬，该层分布较为普遍，厚 0.55～0.91 米。出土有较多青砖、瓦片、青釉瓷器，可辨器形有碗、豆、盏、盂等，另外发现有一些莲瓣纹瓦当及铜镜残片。

第 5 层堆积，主要分布三探方西部，出土遗物与第 4 层接近。

第 4、5 层属北朝—隋的文化堆积。

第 6 层　浅灰褐色土，土质略硬，分布较为普遍，厚 0.4～0.95 米。出土遗物有绳纹板瓦、筒瓦、灰陶罐、浅盘折腹豆、钵、器盖等，另外有纺轮、网坠等遗物。此层为东周时期堆积。

第 7 层　地层可与ⅢT4602、ⅢT4603、ⅢT4604 对应，分为 7a、7b、7c 三小层，其中 7a 层在三个探方内均没有分布。

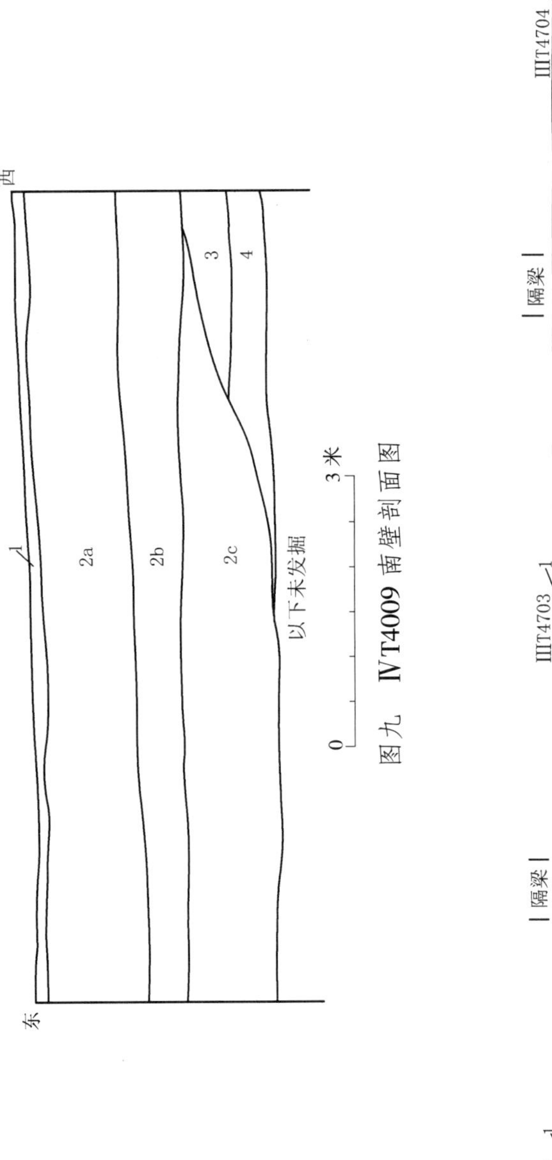

图九　ⅣT4009南壁剖面图

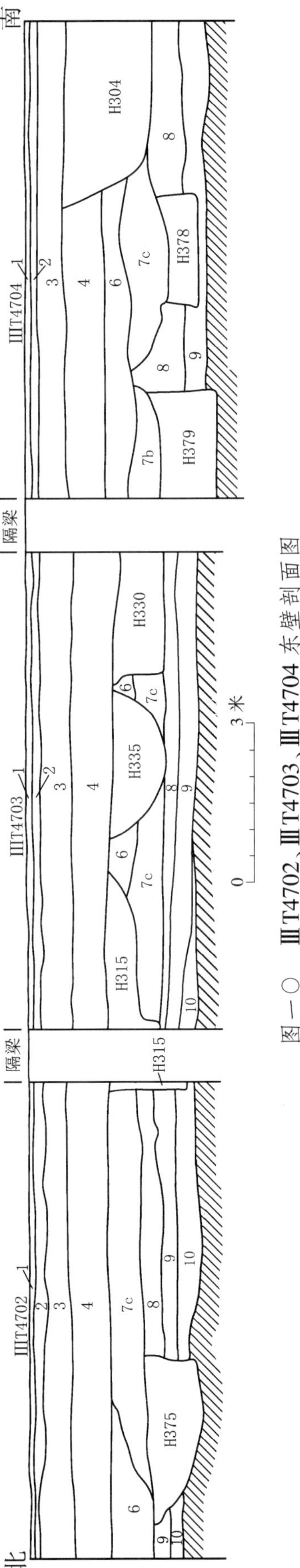

图一〇　ⅢT4702、ⅢT4703、ⅢT4704东壁剖面图

7b 层　深灰色土，夹大量淤沙，土质疏松，分布不均，仅在ⅢT4704 东部和ⅢT4703 中部存在，厚 0 ~ 0.62 米。该层堆积内出土陶片以夹砂灰陶为主，可辨器形有鬲、盆等，器表多绳纹。

7c 层　黑褐色土，夹杂有大量的草木灰颗粒，土质疏松，分布较为均匀，堆积分布较为普遍，厚 0 ~ 0.92 米。出土陶片较多，以夹砂灰陶为主，可辨器形有鬲、簋、罐等，器表多绳纹。

第 8 层　浅灰褐色土，含烧土颗粒，土质较硬，该层堆积分布普遍，厚 0.12 ~ 1.03 米。陶片不多，器形有鬲足、豆圈足、豆柄、罐等。

第 7、8 层属西周时期的堆积。

第 9 层　灰褐色土，夹杂大量红烧土颗粒，土质坚硬，厚 0.3 ~ 0.5 米。陶片较多，以夹砂红褐陶为多，器形有凿形鼎足、筒形杯、圈足杯、高领弧腹瓶等。大汶口文化墓葬多发现在该层面上或开口于该层下。

第 10 层　黄褐色土，夹少量红烧土颗粒，土质略硬，该层堆积分布不均，主要分布于ⅢT4702 大部及ⅢT4703 北部，ⅢT4704 内基本不见，厚 0 ~ 0.46 米。出土陶片较少，主要器类有鼎、罐等。

第 9、10 层为大汶口文化时期堆积。

8. ⅢT4605、ⅢT4705、ⅢT4805 北壁剖面（图一一）

2008 年上半年发掘。地表基本平坦，东部略低。堆积共可分为 10 层。

第 1 层　耕土层，厚 0.10 ~ 0.15 米。

第 2 层　黄褐色土，土质略硬，厚 0.15 ~ 0.2 米，陶片较少，有一些青花瓷片及少量青砖。为明清文化层。

第 3 层　浅灰褐色土，土质略硬，厚 0.36 ~ 0.77 米。出土遗物有青瓷片、白瓷片，陶器可辨器形有碗、罐等，铁器有镞、马镫、铠甲片等。该层属宋代堆积。

第 4 层　深灰褐色土，土质坚硬，杂烧土颗粒、炭屑等，探方内普遍存在，东部略厚，厚 0.3 ~ 0.7 米。出土遗物有碗、盘、罐等青瓷片，青釉多不及底，铁器有铁钉，铜器有铜镜残片、铜簪等。

第 5 层　灰褐色土，杂红烧土颗粒，土质略疏松，由西向东倾斜坡状堆积，ⅢT4605 东部亦有分布，厚 0.4 ~ 1.2 米。出土遗物有碗、罐等青瓷残片，还有砖块、素面板瓦、筒瓦、莲瓣纹瓦当等。

第 4、5 层为北朝—隋的文化堆积。

第 6 层　浅灰褐色土，含较多黄土块，烧土颗粒等，分布较为普遍，厚 0.25 ~ 0.7 米。出土遗物包括有大量的绳纹板瓦、筒瓦，陶器可辨器形有宽平沿罐、折腹豆、直口钵、盆、纺轮、网坠等，器表多有绳纹。该层属东周时期堆积。

第 7 层　地层可与ⅢT4604、ⅢT4704、ⅢT4804 对应，分为 7a、7b、7c 三小层。其中 7a 层在三个探方内没有分布。

7b 层　深灰褐色土，有大量淤沙，土质疏松，分布于ⅢT4705 内，厚 0.16 ~ 0.71 米。该

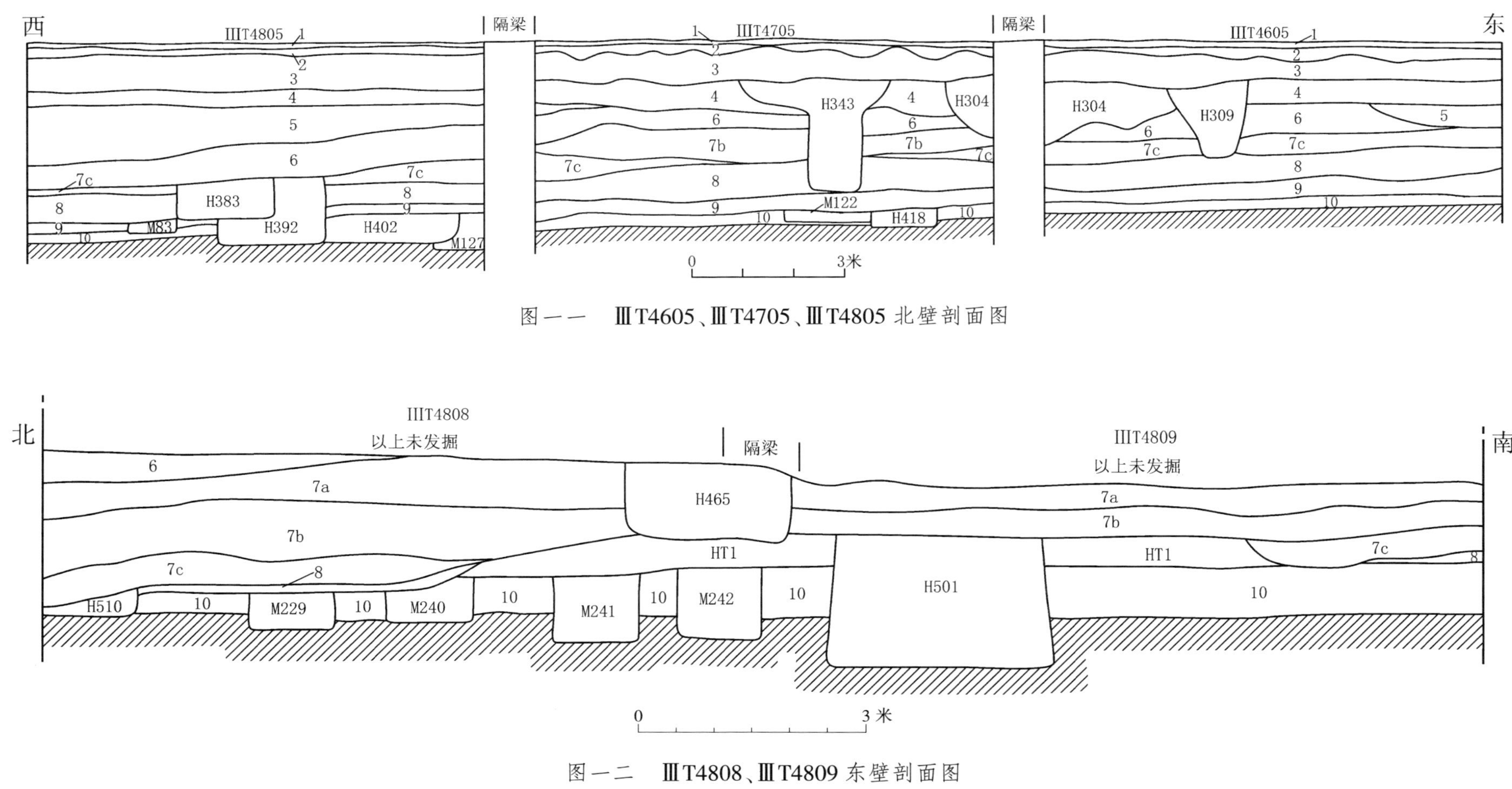

图一一 ⅢT4605、ⅢT4705、ⅢT4805 北壁剖面图

图一二 ⅢT4808、ⅢT4809 东壁剖面图

层堆积内有大量的蚌壳、螺壳，出土陶片较少，主要为夹砂灰陶，可辨器形有鬲、盆、罐等。

7c 层　黑褐色土，夹杂有大量的草木灰颗粒，土质疏松，堆积分布较为普遍，厚 0～0.46 米。出土陶片较多，以夹砂灰陶为主，可辨器形有鬲、豆、罐等，器表多绳纹。

第 8 层　灰褐色土，杂较多的草木灰及红烧土颗粒，该层堆积在探方内普遍存在，厚 0.4～0.8 米。出土陶片较多，以夹砂陶居多，器形有鬲、豆、罐、簋等，器表多绳纹。M83 开口于该层下。

第 7、8 层为西周时期的堆积。

第 9 层　黄褐色土，含有大量的红烧土颗粒，土质较硬，分布较为普遍，厚 0.15～0.35 米。出土陶片以夹砂红褐陶为主，器形有鼎、罐、杯、豆，器表多素面，纹饰以篮纹、弦纹多见；石器有铲、斧、钺等。该层为大汶口文化堆积。H402、H418、M127、M122 等开口于该层下。

第 10 层　黄褐色土，夹杂少量红烧土颗粒，分布均匀，厚 0.23～0.29 米。出土陶片较少，以夹砂褐陶为主，可辨器形有鼎、盆。

9. ⅢT4808、ⅢT4809 东壁剖面（图一二）

2008 年下半年发掘。堆积共分 10 层，第 6 层以上未进行正式发掘，对第 7 层西周时期堆积进行了细致划分。

第 6 层　黑褐色，含有较多炭屑颗粒，厚约 0.3 米，出土陶片中有较多的绳纹瓦片，器形有罐、豆、盆、钵等，另外出土有铜、铁器的小构件。该层属东周时期堆积。

第 7 层　又分为 7a、7b、7c 三小层。

7a 层　灰褐色土，含少量草木灰颗粒，土质疏松，分布较为普遍，厚 0.25～0.7 米。出土陶片以夹砂灰陶、黑陶为主，可辨器形有乳袋足鬲、罐、钵等，器表多为纵向绳纹，另外出土有兽骨、鹿角等遗物。

7b 层　深灰褐色，含沙量大，有淤积痕迹，夹杂大量的草木灰颗粒，土质疏松，探方内普遍存在，由北向南渐薄，厚 0.3～0.8 米。该层堆积中包含有大量的蚌壳，出土陶片较少，主要器形有鬲、簋、双耳罐、豆等。

7c 层　黑褐色土，含有较多草木灰颗粒，土质疏松，该层分布不均，仅在局部存在，厚 0.3～0.4 米。出土陶片较多，仍以夹砂灰陶为主，主要器形有鬲、罐、簋、瓮、盆、器盖等，器表多绳纹；泥质陶器形包括有碗、钵、豆等，多素面。

第 8 层　灰褐色土，土质疏松，该层堆积被破坏严重，仅在ⅢT4808 北部和ⅢT4809 东南部有保存，厚 0.1 米。出土遗物较少。M229、M240、HT1、M241、M242 等开口于该层下。

第 7、8 层为西周时期堆积。

第 9 层　灰黄褐色土，该层堆积主要分布于ⅢT4808 西部和北部，夹杂有较多的红烧土颗粒，土质略硬。出土陶片较少，可辨器形有鼎、罐、豆、壶等。

第 10 层　黄褐色土，夹杂少量红烧土颗粒，土质略硬，厚 0.3～0.7 米。出土陶片较少，以夹砂红褐陶为主，主要器形有鼎、鬶、豆、盆等。

第 9、10 层为大汶口文化时期堆积。

第三章　大汶口文化生活遗存

大汶口文化堆积是梁王城遗址中时代最早的文化堆积，该堆积在“金銮殿”高台上普遍存在，其上叠压着龙山文化堆积，其下即为生土。除2006～2007年为保护东周时期的建筑遗迹未发掘至底外，其余探方均清理至生土。共清理出大汶口文化房址12座、道路1条、作坊遗迹1处（包括窑址2座、房址1座及灰沟5条）、红烧土台1座、灰坑67座、墓葬139座。揭露出了一处比较完整的大汶口文化聚落遗址。（图一三；参见图一〇八）

大汶口文化生活遗存（墓葬以外遗存）多分布在“金銮殿”高台东部及东北部，有房址、灰坑及作坊遗迹等，其间杂有少量瓮棺葬（多在房址周围）。墓葬则多集中分布在“金銮殿”高台西侧，其间杂有零星的房址。整体上看，高台东北部应为居住区和作坊区，西部应为墓地。

第一节　房屋建筑遗迹

一　概况

共发现房屋遗迹12座，分别编号为F3、F4、F8、F9、F10、F15、F20、F21、F24、F25、F26、F27。另有道路1条，编号为L4。道路作为房址之间的重要组成部分，与房址放在一起叙述。另外还发现有一些零散分布的柱洞和柱坑，当是房基被破坏后的遗留，平面形状不明。较为完整及看得出形状的房址，主要分布于T2、T7、T8、ⅢT4710、ⅢT4902和ⅣT4701等探方内。从分布情况看，高台东北部房址较为集中，排列比较有序，应为居住区；西部房址较为零散，从清理情况分析，这些零星的房址有的也可能是与修筑墓地有关的临时性建筑。

“金銮殿”高台东北部发掘区共发现有大汶口文化房址6座，其中F3、F4位于最北侧，相距约2米。F4向南即为保存长度约8米的红烧土道路L4，从其走向可以看出，F4、F10、F8、F9之间关系密切，而F8、F9、F10建筑结构基本一致，均为长方形浅地穴式房址，如果不是遭到晚期遗迹的破坏，原来相互之间应该有道路相连接。这几座房址规划有序，紧密联系在一起，再向南约6米即为大汶口文化的作坊遗迹，即北为居住区，南为作坊区。

“金銮殿”高台西部发掘区主要为大汶口文化墓葬，其内发现有房址6座，包括F20、F21、F24、F25、F26和F27，其中F20、F21、F24和F25位于北侧，F26和F27位于南侧。

二　建筑结构与技术

大汶口文化的居住遗迹被破坏得较为严重，墙体、屋顶、居住面等均已不存，残存部分多为房基底部和大面积的红烧土倒塌堆积。根据发掘情况，对梁王城遗址大汶口文化房址的建筑结构和技术做如下分析。

房址平面形状多为长方形或圆角长方形，除 F15 为三间外，其余房址均为单间，建筑面积一般在 10～20 平方米。房址分为浅地穴和地面上建筑两类，除 F4、F15 两座房址为地面建筑外，其余房址均为浅地穴式建筑。

浅地穴式建筑选址完成后，先挖一深 45～60 厘米的浅坑，坑底铺一层垫土或稍加平整，垫土多为细红烧土或较细腻的灰黄土，一些垫土内夹少量炭屑颗粒，土质略硬，厚 15～30 厘米，在垫土之上或浅坑四周立柱建房，形成此类浅地穴式房址。墙体及屋顶结构不详，发掘时在这类浅地穴式建筑基址上多会发现大面积的红烧土堆积，应为房屋倒塌后堆积。这些红烧土堆积中的红烧土块颗粒多比较大，由于晚期人类活动的频繁，倒塌堆积大部分已被平整破坏，多集中于浅坑内，局部蔓延出坑外。多数烧土块上清晰留有植物茎条或稻草颗粒痕迹，说明当时使用的是草拌泥。有些红烧土块一面光滑平整，有些烧土块两面都抹有 2～3 毫米厚的白灰面。另外在地层及灰坑清理过程中发现有圆形柱子，中间木柱已朽中空，残剩外围红烧土表壳，柱子不甚规整，上下粗细不一，直径 3～5 厘米。这些现象说明大汶口文化房址墙体应为木骨泥墙，墙体中间立柱，外以掺杂稻草或植物茎秆的草拌泥涂抹，其外再涂白灰，使墙面平整光滑。（参见图版一四，1、2；参见图版一五，2）

地面式建筑不做浅坑，选址后，对地表进行平整，局部垫土，垫土多夹杂有细小红烧土颗粒，然后挖基槽或直接立柱构筑房址。这类房址高出地面，发掘时倒塌堆积不见，仅能看到基槽、柱洞及保存不好的居住面，推测墙体及屋顶结构同浅地穴式房屋应大体相同。

门道及居住面　12 座房址门道位置明确的仅有 F21、F25、F26、F27 等四座，其中 F21、F25 门道设在房址西南部，而 F26、F27 门道设在房址北侧，门道均伸出房外，呈长方形的斜坡状，与室内居住面连成一体，但门道部位未发现有柱洞等建筑设施。其余房址门道位置不清，门的方向只能依据柱洞的排列和间距来判断，多南向或西南向。一般来说，浅地穴式房址的红烧土倒塌堆积下应为居住面，但多没有经过特意的加工处理，没有明显的硬面痕迹，仅是在垫土之上做了简单处理。室内居住面分两种情况，一类比较平整，另一类房内中间由于长期踩踏略呈圜底状。有六座房址室内居住面或室外发现有陶、石器，其余房址内没有发现遗物。除 F26 室内发现有 19 件陶鼎外，一般器物 1～6 件，多为陶鼎，另有陶罐、壶、杯、豆等。

柱洞　除 F3、F27 等三座房址没有发现柱洞外，其余多数房子四周均发现数量不等的柱洞，通常房屋拐角处柱子分布较为密集，室内居住面上或灶周围也发现有柱洞。有的柱洞出现打破的现象，应是为加固墙体或整修房子，在原来柱子边上重新立柱形成。一般房内中间多有一个柱洞，这类柱洞一般直径较大，亦较深。所有柱洞多呈圆形，少数椭圆形，平底或尖圜底。柱洞底部发现有石块或碎陶片铺垫而成的柱础，如在 F4 柱洞底部发现有用碎陶片夹红烧土加工而成的柱窝痕迹，柱窝呈圜底锥状，周围施以多层陶片，坚固结实（参见图版一〇，2）。

室内设施　房内居住面一侧多设有灶，灶坑平面呈圆形或椭圆形，弧壁浅圜底，由于长期使用，坑内及坑底多被烧成深红色，填土呈橘红色，夹炭屑颗粒。

房址奠基　在F8、F26房外发现有瘗埋陶鼎的现象，均被压在房屋红烧土倒塌堆积下，呈站立状，其中F8陶鼎位于房外西北部，F26陶鼎位于房外东侧。在对F26房外堆积解剖发掘时发现，陶鼎瘗埋于浅黄色生土中，上面被蔓延到房外的红烧土倒塌堆积掩埋。这些陶鼎有的挖一小浅坑，坑内填土呈灰黄色。推测可能是房址建造前奠基之用。

三　分述

按浅地穴式建筑和地面式建筑两类分别叙述。

1. 浅地穴式房址

共10座。

F3

位于T2北部，叠压于第8层下，向下打破第9层，被开口第7层下的H14打破。平面近似圆角长方形，西部略弧，东西长6.1米，南北宽3.8米，建筑面积约23平方米，门道方向不明，没有发现柱洞痕迹。F3为浅地穴式建筑，坑深约0.6米。坑内堆积分为两层，上层为红烧土堆积，烧土颗粒中间大而周围略细腻，堆积厚度超过0.4米，且蔓延出浅坑外，应为房址倒塌堆积；下层呈黄褐色，较细腻，夹杂少量炭屑颗粒，属房址垫土，垫土层厚0.13～0.25米，居住面情况不详。房内西南部有一椭圆形浅灶坑，长径1.57、短径1.28米，弧壁、圜底，最深处0.1米。灶坑南侧有陶鼎两件。F3的红烧土倒塌堆积中，出土陶片较多，以夹砂红陶、红褐陶为主，泥质红陶次之，纹饰有篮纹、附加堆纹等，可辨器形有鼎、罐、豆等。（图一四；图版九，1）

F3∶1，陶鼎，夹砂灰褐陶，侈口，尖圆唇，宽折沿，沿面内凹，折腹，圜底，三长方形宽扁状足，足面饰两组三道刻槽。口径31.2、高23.8厘米。（图一四，1；图版九，2）

F3∶2，陶鼎，夹砂灰褐陶，侈口，方唇，宽折沿，弧腹略下垂，圜底，三凿形足，足面饰有两个捺窝。口径22.6、高18.6厘米。（图一四，2；图版九，3）

F8

主体部分位于T8南部，向南延伸至T9内，开口于第10层下，被开口在第9层下的F7打破。平面形状呈圆角长方形，东西长5.4米，南北宽3.24米，深入地下0.45米，面积约17.5平方米。房内发现有中心柱洞1个、边柱8个。其中D9位于房外北侧，该柱洞平面椭圆形，略向南倾斜，其余柱洞平面形状均为圆形。中心柱较大且深，直径0.43米，深0.68米，其余柱洞略小，直径多在0.20米左右。浅坑内堆积分两层，下层堆积呈黄褐色，土质细腻，厚0.16米，为房址垫土；上层为红烧土堆积，颗粒较大，主要分布于浅坑内，局部蔓延出坑外，

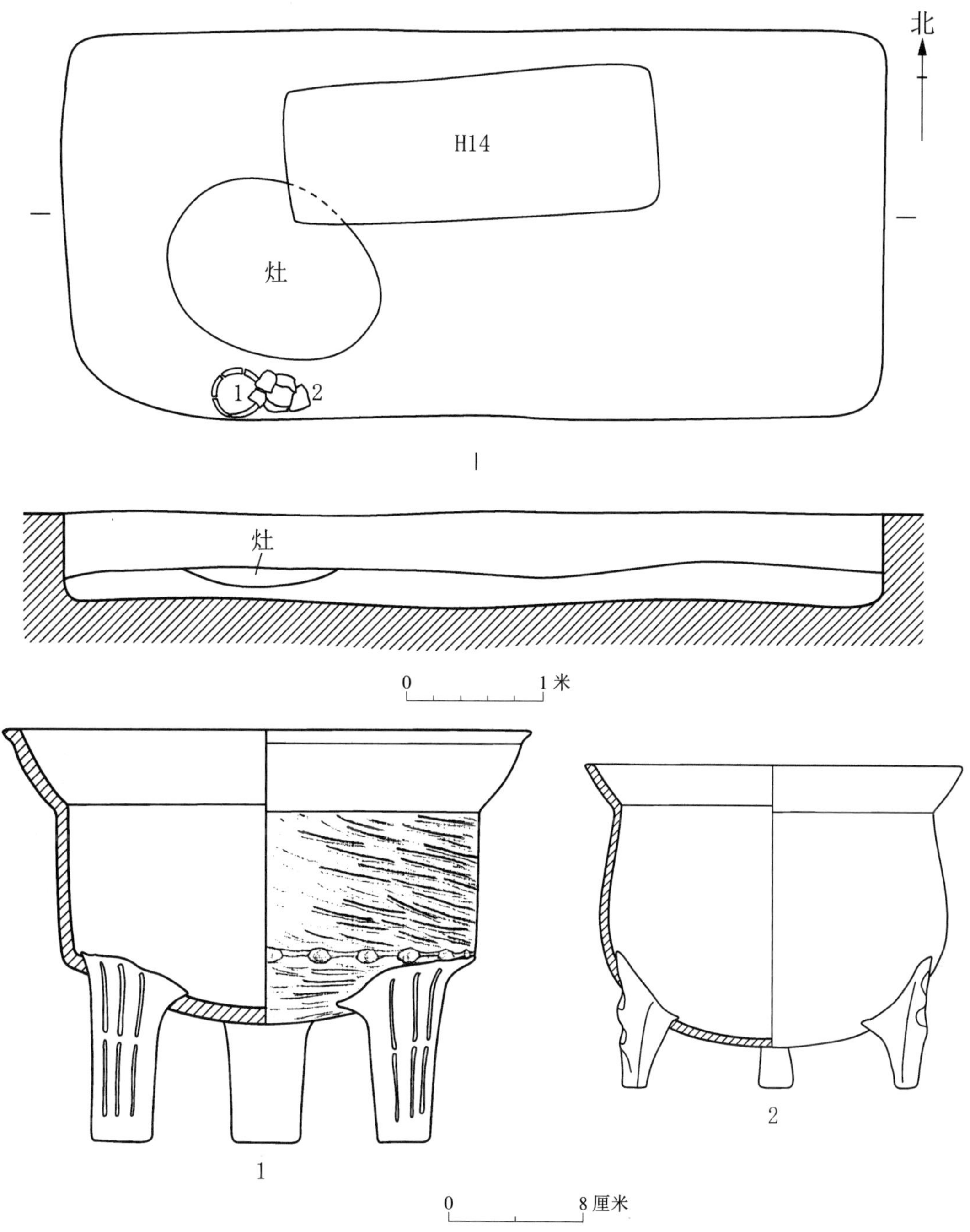

图一四　大汶口文化F3平、剖面图及其出土器物
1、2. 陶鼎

属房址倒塌堆积。房内东部发现有一灶，呈长圆形，不甚规则，长径0.78、短径0.46、深0.25米，坑内填土较为疏松，夹杂细小红烧土颗粒和少量炭屑。（图一五；图版一〇，1）

房外西北侧及房内北部各发现一直立的夹砂红褐陶鼎，均叠压于红烧土倒塌堆积下，鼎内没有其他遗物及遗迹现象。

F8∶1，陶鼎。夹砂红褐陶，侈口，方唇，折沿，沿面稍内凹，束颈，深弧腹，圜底，三凿形足，足根部有两个捺窝，足侧有一道刻槽，腹部饰绳纹。口径21.9、通高27.3厘米。（图

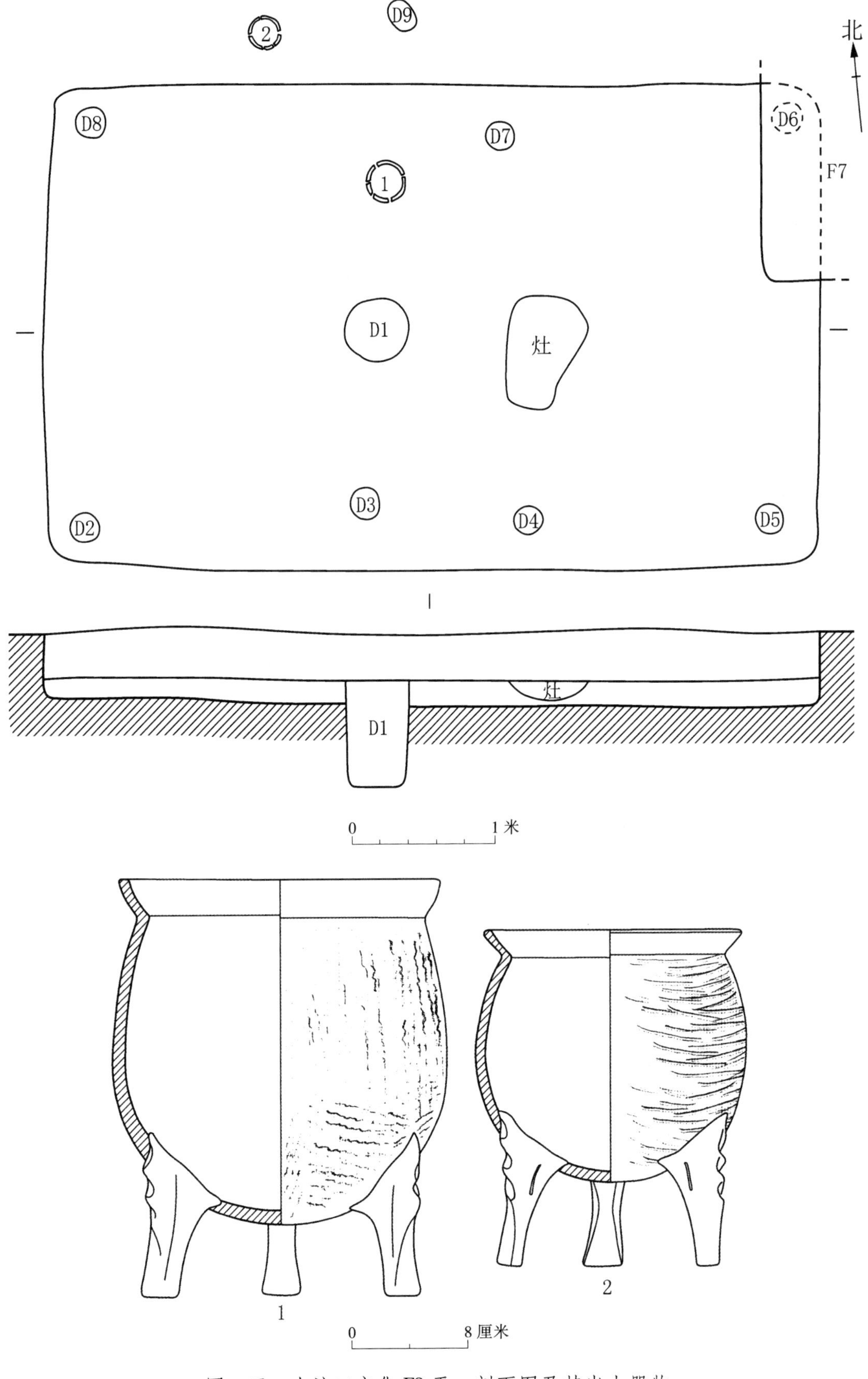

图一五　大汶口文化F8平、剖面图及其出土器物

1、2. 陶鼎

一五，1；图版一〇，3）

F8∶2，陶鼎。夹砂红褐陶，侈口，圆唇，斜折沿，束颈，圆鼓腹，圜底，三凿形足，足根部有三个捺窝，足侧饰一道刻槽，器表通体饰篮纹。口径17.2、通高22.1厘米。（图一五，2；图版一〇，4）

F9

位于T8东北部，向东、北延伸出探方外，平面形状未完全揭露出来，该房址开口于第10层下，被H111打破。从揭露出来的情况看，平面形状为圆角长方形，揭露部分东西长5.3、南北宽近2.6米，面积约13.8平方米。浅坑深入地下0.5～0.6米，坑内堆积分两层，上层为房屋倒塌后的红烧土堆积，颗粒略大，直径5～20厘米，厚约32厘米，下层堆积呈灰黄色，夹少量红烧土颗粒，厚约18厘米，该层垫土稍加平整即作为房址的居住面，但未发现踩踏的硬面痕迹。F9没有发现基槽和墙体痕迹，门道位置亦不详，仅在红烧土倒塌堆积下发现柱洞7个，其中5个位于房内南部，居住面上有2个。柱洞均为圆形，直壁，圜底，大小不一，直径20～45厘米，填土多为浅灰色，夹红烧土颗粒。房内西南部D4、D5之间发现一椭圆形浅坑，弧壁，圜底，长径1.05、短径0.75、深0.35米，填土为灰黑色，包含有较多的炭屑及烧土颗粒，推测为灶。（图一六；图版一一，1）

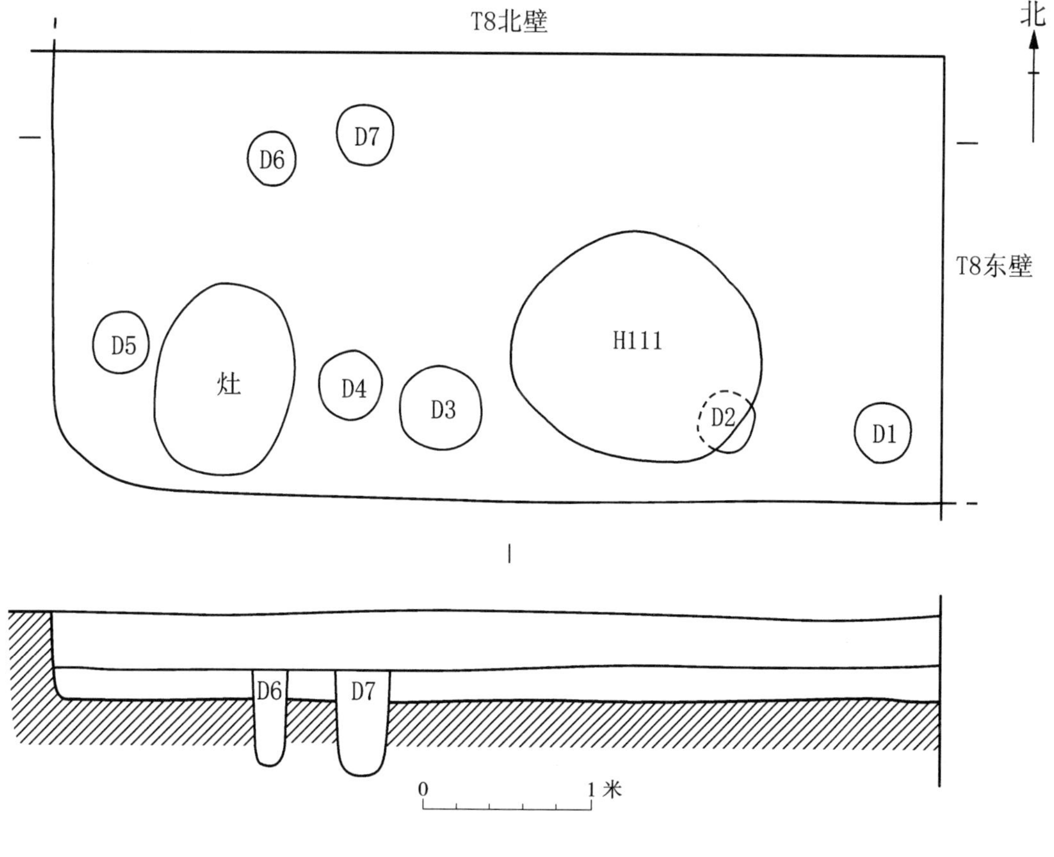

图一六　大汶口文化F9平、剖面图

F10

位于T7西北部，向东约7米即为F8，开口于第10层下，被开口于第8层下的H82和第9层下的H91打破。平面形状呈方形，南北长约3.22米，东西长3.42米，面积10.8平方米，浅坑深约0.4米。坑内堆积分两层，上层为房屋倒塌后的红烧土堆积，厚约0.3米，不仅分布于浅坑内，而且蔓延出坑外，倒塌堆积内包含有较多的红烧土块及夹砂红褐陶片，器形有鼎、器盖等，红烧土块大小不一，直径20~40厘米之间；下层堆积呈黄褐色，较为细腻，包含有细小的红烧土颗粒，厚约0.12米。该层堆积上有一略经加工的居住面，但没有发现明显的踩踏面痕迹。门道位置不详，共发现柱洞11个，包括1个中心柱和10个边柱，柱洞多圆形，个别柱洞为椭圆形，中心柱略大，直径达0.46米，其余柱洞尺寸基本一致，直径约0.2米。房内南部有一椭圆形灶坑，长径0.95、短径0.5米，深0.25米，弧壁、底近平，填土为灰褐色，土质略疏松。（图一七；图版一一，2）

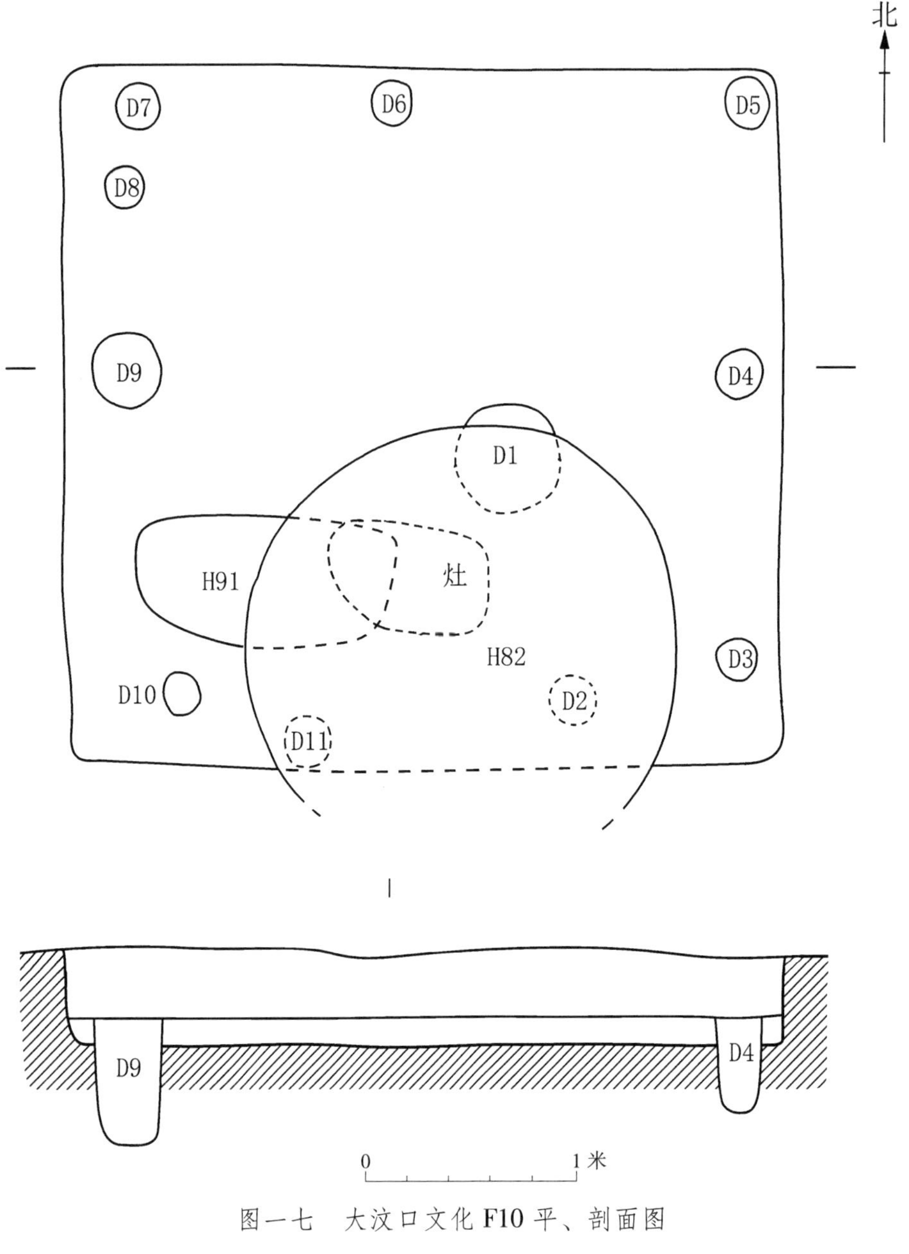

图一七 大汶口文化F10平、剖面图

F20

位于ⅢT4602西部，向西延伸入ⅢT4702内，开口于第9层下，向下打破第10层，被H315、H316、H344、H355等多个晚期灰坑打破。残存红烧土堆积形状近长方形。该房址未向下发掘，从打破F20的H355剖面上看，房屋为浅地穴式，红烧土堆积为房屋倒塌堆积，东西残长约3米，南北残长约4.5米。红烧土块大小不一，最大烧土块直径约13厘米。浅坑、居住面以及门道的情况均不详。

F21

位于ⅢT4902东部，开口于第9层下，被开口在第8层下的H407打破房址东南角。平面形状近方形，东西长约2.8米，南北宽度不一，西部略宽，约2.9米，东部稍窄，约2.4米，面积约7.3平方米，浅坑深0.32米。浅坑周围共发现柱洞16个，自西墙始依次编号为D1～D16。房址东北角的柱洞D10和再北侧的柱洞D9，从发掘情况看，可能为加固北墙之用。所有的柱洞均呈圆形，大小不一，直径0.15～0.4米，深0.18～0.4米。柱洞内填土多呈灰褐色，夹少量红烧土颗粒。门道位于房子西南角，为一伸出房外的长方形斜坡门道，长0.85米，宽约0.74米，坡度8°。（图一八）

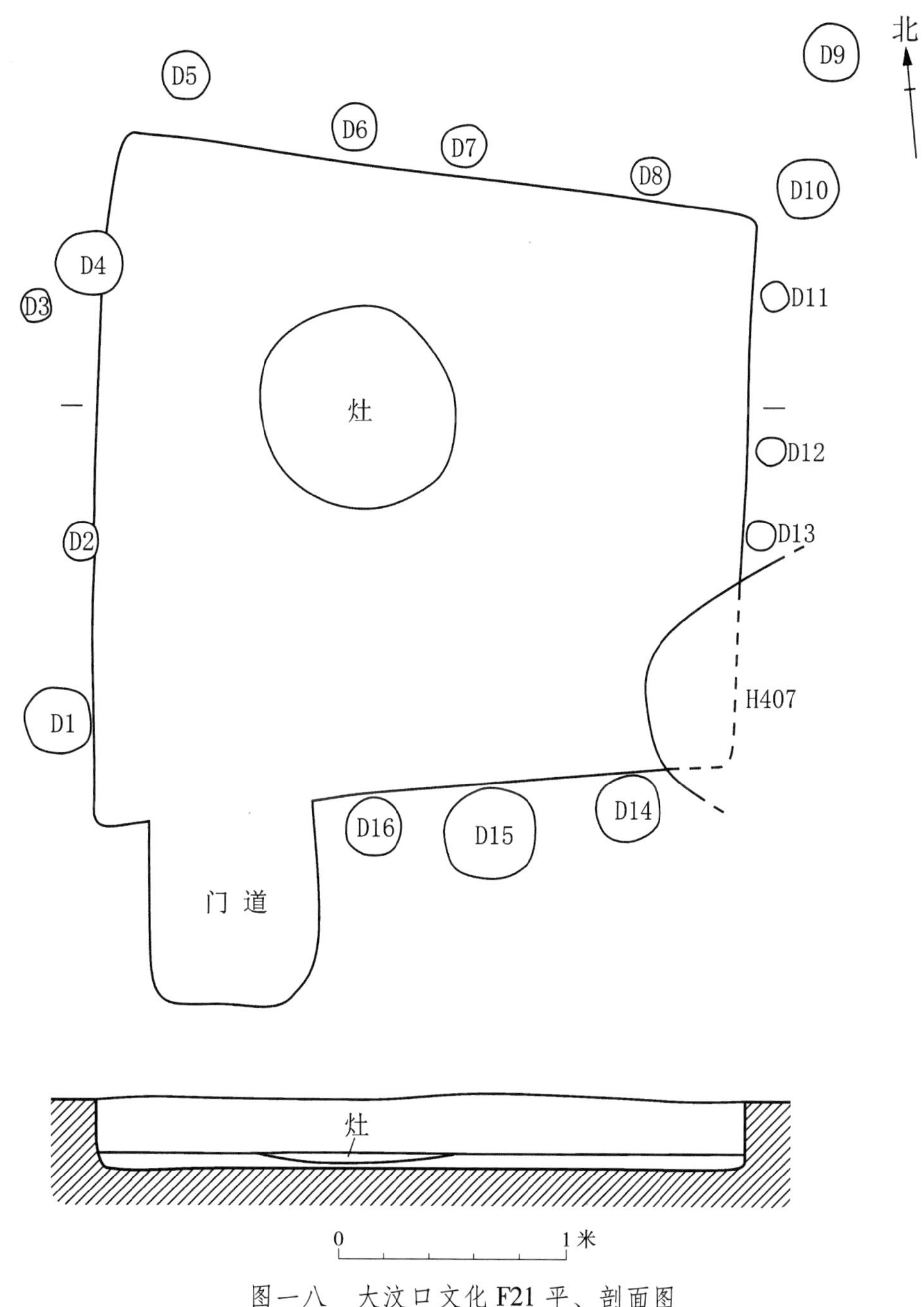

图一八　大汶口文化F21平、剖面图

房内堆积可分为两层，上层为房屋倒塌的红烧土堆积，颗粒较大，厚0.24米，倒塌堆积内含有少量夹砂红褐陶片；下层为黄褐色垫土，包含有较多的细小红烧土颗粒，厚8厘米。垫土之上有一层略经加工的房址居住面，较为细腻，平坦光滑，有长期踩踏形成的硬面。房内北部设有一圆形灶坑，直径0.85米，深3～5厘米，弧壁圜底，由于长期使用，灶坑内填土呈深红色，土质略硬，填土内无包含物。

F24

位于ⅣT4701南部，向南延伸出探方外，开口于第8层下，叠压于M248、M249、M251墓葬之上。平面形状近长方形，东西长约4.6米，宽2.0～2.8米，面积约11.5平方米，浅地穴深约0.2米。共发现柱洞17个，其中13个柱洞分布于浅坑四周，另外4个柱洞位于房内灶坑四周。房址西部残剩柱洞3个，房址向南延伸入隔梁中，未进行发掘，情况不明。东北部柱洞排列有序且较为密集。柱洞均为圆形，直壁，近平底，直径0.11～0.32米，深0.1～0.45米，柱洞内填土多为灰褐色，夹少量红烧土颗粒，一些柱洞如D3内发现有石柱础。房内东部有一椭圆形灶坑，长径0.82、短径0.58、深0.08米，弧壁平底，灶坑内填土为浅灰色，夹少量细烧土和炭屑颗粒。（图一九；图版一二）

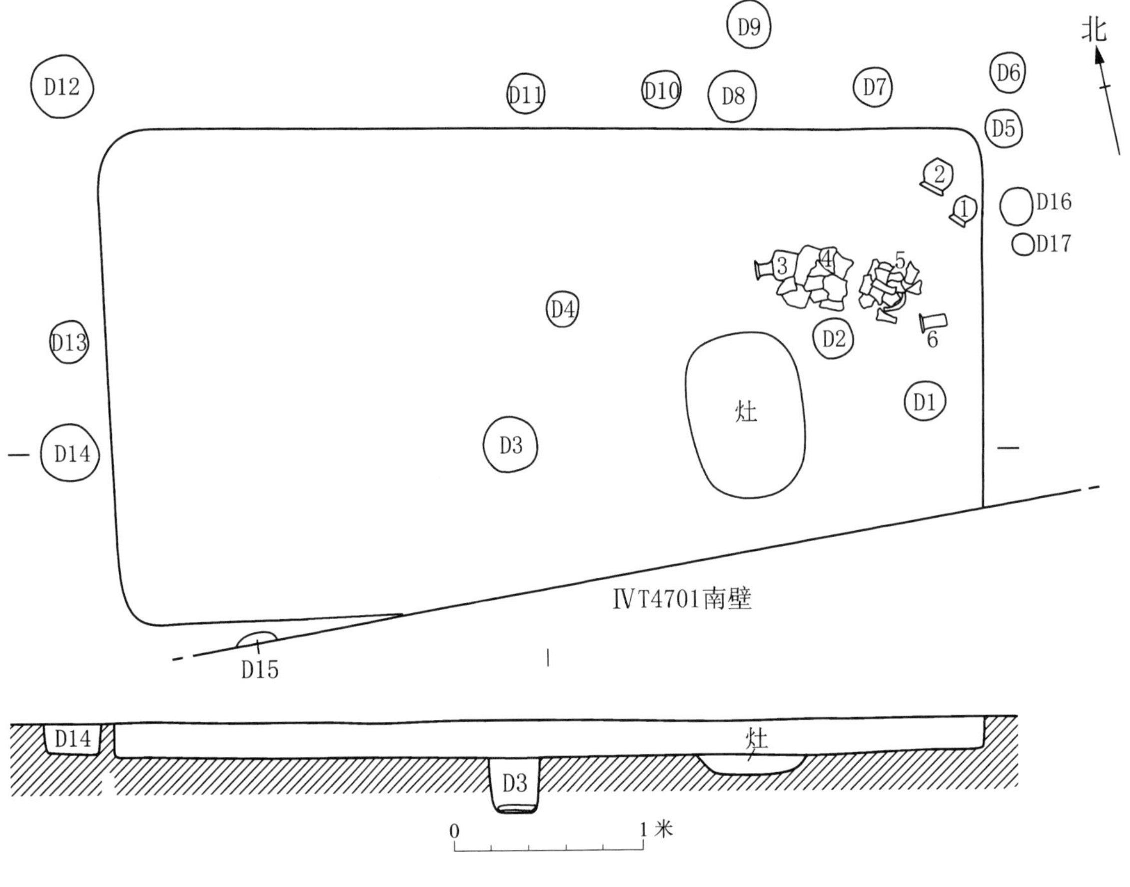

图一九　大汶口文化F24平、剖面图

1、3. 陶壶　2. 陶罐　4. 陶豆　5. 陶鬶　6. 陶筒形杯

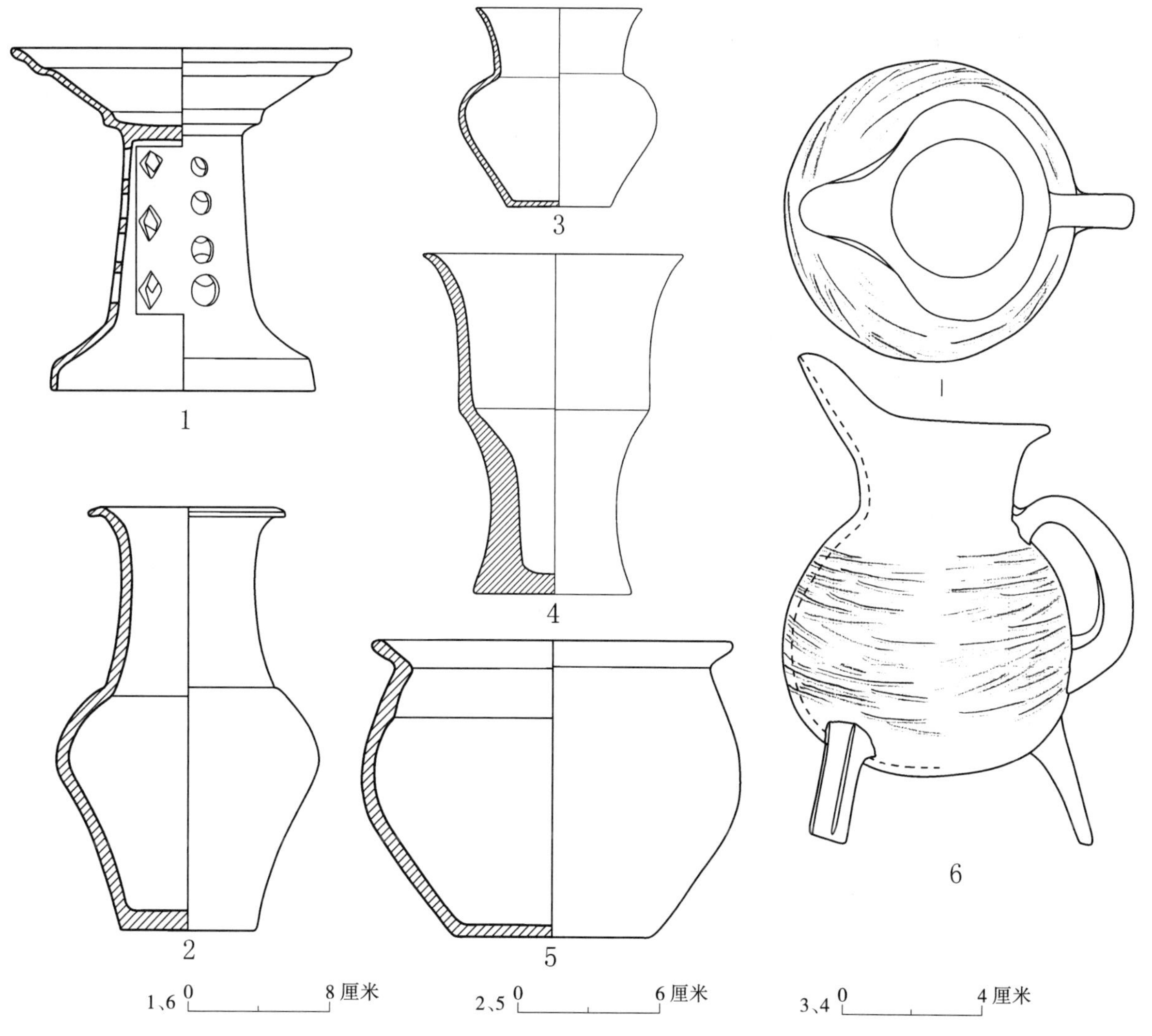

图二〇　大汶口文化F24出土器物

1. 陶豆（F24:4）　2、3. 陶壶（F24:3、1）　4. 陶筒形杯（F24:6）　5. 陶罐（F24:2）　6. 陶鬶（F24:5）

房内堆积仅一层，为大量房址倒塌形成的红烧土堆积，堆积内夹杂有少量陶片，发掘发现倒塌红烧土块上多清晰留有稻草或植物茎秆痕迹，一些烧土块一面十分平整光滑，且光滑的一面多朝下，应为墙面倒塌堆积。倒塌堆积下浅坑底部为房屋居住面，居住面经过简单加工，局部高低不平，没有活动硬面。居住面上发现有6件器物，包括陶壶2件，陶豆、陶杯、陶鬶、陶罐等各1件。

F24:1，陶壶。泥质黑陶，侈口，尖圆唇，小高领，鼓肩，弧腹，下腹内收，平底。口径4.6、底径2.9、高5.4厘米。（图二〇，3；图版一三，1）

F24:2，陶罐。泥质灰黑陶，侈口，圆唇，小折沿，鼓腹，平底。口径15、底径8.2、高12.2厘米。（图二〇，5；图版一三，2）

F24:3，陶壶。泥质黑陶，侈口，圆唇外翻，高领，鼓肩，弧腹，平底。口径7.4、底径5.6、高17.4厘米。（图二〇，2；图版一三，4）

F24:4，陶豆。泥质黑陶，敞口，圆唇，折腹，浅盘，粗高柄，圈足出台，柄上饰圆形、菱形镂孔。口径19.1、圈足径14.9、高18.8厘米。（图二〇，1；图版一三，5）

F24:5，陶鬶。夹砂红褐陶，高流，束颈，圆腹，三凿形足，足面饰两道刻槽，半环形把手，通体饰篮纹。通高26.6厘米。（图二〇，6；参见图版三九，2）

F24:6，陶筒形杯。泥质灰陶，侈口，尖圆唇，折腹内弧，平底。口径7.3、底径4.4、高9.3厘米。（图二〇，4；图版一三，3）

F25

位于ⅣT4701东北部，向东伸出探方外，叠压于第8层下，向下打破第9层、第10层至生土，西南角被H468打破，东南角被H514打破。平面近长方形，西北拐角内缩呈圆弧状，东西长3.5~4.0米，南北宽1.4~1.6米，面积5.6平方米，浅坑深约0.2米。仅在房屋西北角发现柱洞3个，柱洞平面均近圆形，直径0.2~0.25、深0.3~0.4米。柱洞内填土呈浅黄色，夹有少量红烧土颗粒。房内堆积只有一层，为房屋墙面倒塌形成的红烧土堆积，土质较硬，浅坑底部有稍经加工形成的居住面痕迹，但没有明显的踩踏面。房内中部居住面有一近圆形灶坑，直径0.45~0.5、深0.15米，灶坑内填土呈浅灰色，土质略硬，夹杂少量木炭颗粒，房内西部居住面上发现1件残陶鼎。（图二一A；图版一四，1、2）

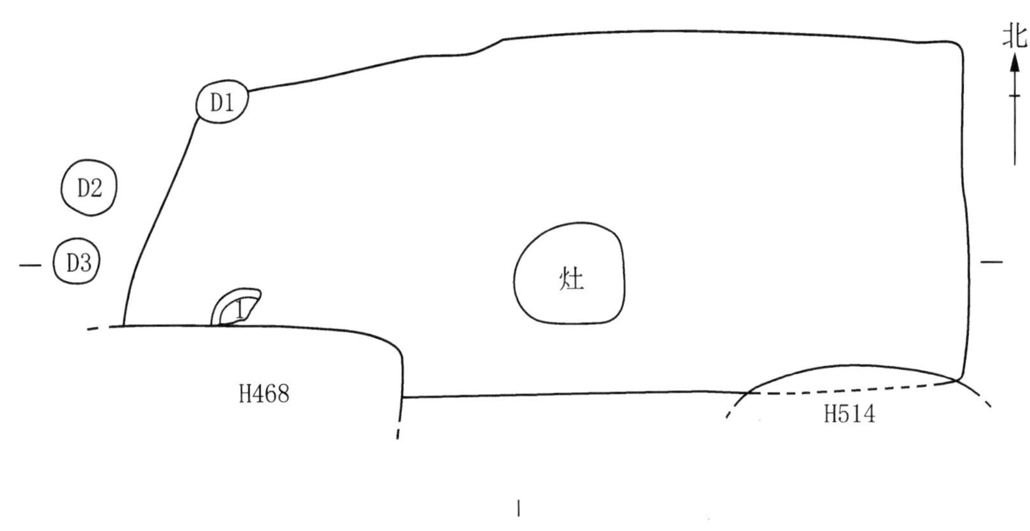

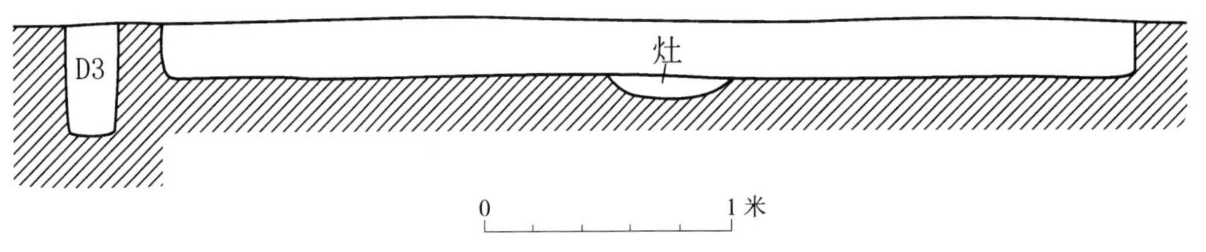

图二一A 大汶口文化F25平、剖面图

1. 陶鼎

F25∶1，陶鼎。夹砂红褐陶，侈口，圆唇，折沿，沿面内凹，深弧腹略垂，圜底，三凿形足，足面饰两捺窝。口径22.2、高29.2厘米。（图二一B；图版一四，3）

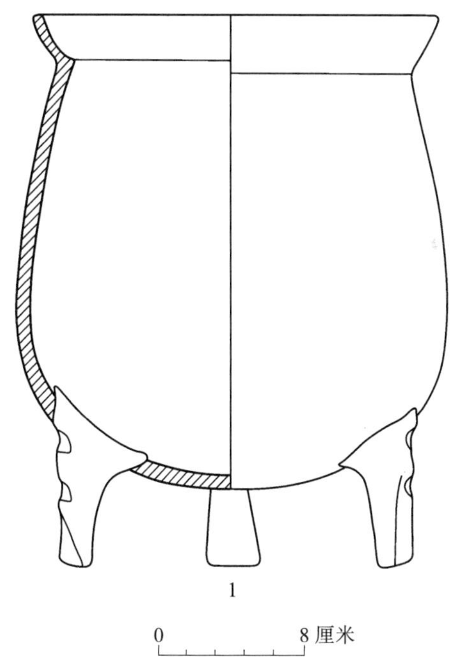

图二一B　大汶口文化F25出土器物
1. 陶鼎（F25∶1）

F26

位于ⅢT4709南部，开口于红烧土台HT1下，向下打破第9、第10层至生土，南、北部均被晚期灰坑破坏。平面形状呈长圆形，弧壁，圜底，南北长约5.2米，东西最宽约4米，面积约20平方米，最深0.55米。门道设在房址西北部，呈长方形伸出房外，方向300°，门道长1.2、宽0.8米。房址周围共发现柱洞3个，分别编号为D1～D3，均为圆形柱状，D1位于房址东南部，直径0.2、深0.15米，D2位于房址西南部，直径0.15、深0.2米，D3位于房址西北部门道北侧，直径0.16、深0.18米。房内堆积仅一层，即房屋倒塌的红烧土堆积，颗粒较大，土质较硬，清理倒塌堆积时发现红烧土块上多留有清晰的稻草痕迹，一些烧土块上发现有涂抹的白灰面，倒塌堆积不仅分布于浅坑内，且蔓延出坑外。浅坑底部为居住面，直接在生土上加工而成，居住面呈四周高，中间略低的圜底状。居住面上共发现器物11件，均为陶鼎，呈站立状，多分布于房内东部。房外东部及东南部发现有器物8件，亦为陶鼎。室内未见灶。（图二二；图版一五，1、2）

共发现鼎19件，可复原17件。

F26∶1，夹砂灰褐陶，口部残，鼓腹，圜底，三凿形足，足尖残，足根处饰一个捺窝，腹部饰横向篮纹。残高15.0厘米。（图二三，2）

F26∶2，夹砂灰褐陶，侈口，圆唇，宽折沿，沿面内凹，直腹略弧，圜底，三足残，下腹部饰一周附加堆纹。口径17.0、残高11.3厘米。（图二三，3；图版一六，1）

F26∶3，夹砂灰陶，侈口，方唇，折沿，圆鼓腹，圜底，三凿形足。腹部饰篮纹。口径18.7、高21.4、最大腹径19.0厘米。（图二三，4；图版一六，2）

F26∶4，夹砂灰褐陶，口部残，深弧腹，圜底，三凿形足，足根部饰三个捺窝，足侧饰一道刻槽。残高22.0、最大腹径19.2厘米。（图二三，5）

F26∶5，夹砂红褐陶，残剩底部，圜底，三凿形足，足根部饰两个捺窝，足侧有一道刻槽，器表饰篮纹。残高15.8厘米。（图二四，6；图版一六，3）

F26∶6，夹砂红褐陶，残剩底部，圜底，三凿形足，近足根处有两个捺窝，腹部饰横向篮纹。残高13.0厘米。（图二四，5；图版一六，4）

F26∶7，夹砂红褐陶，侈口，圆唇，宽折沿，沿面微内凹，深弧腹下垂，圜底，三凿形

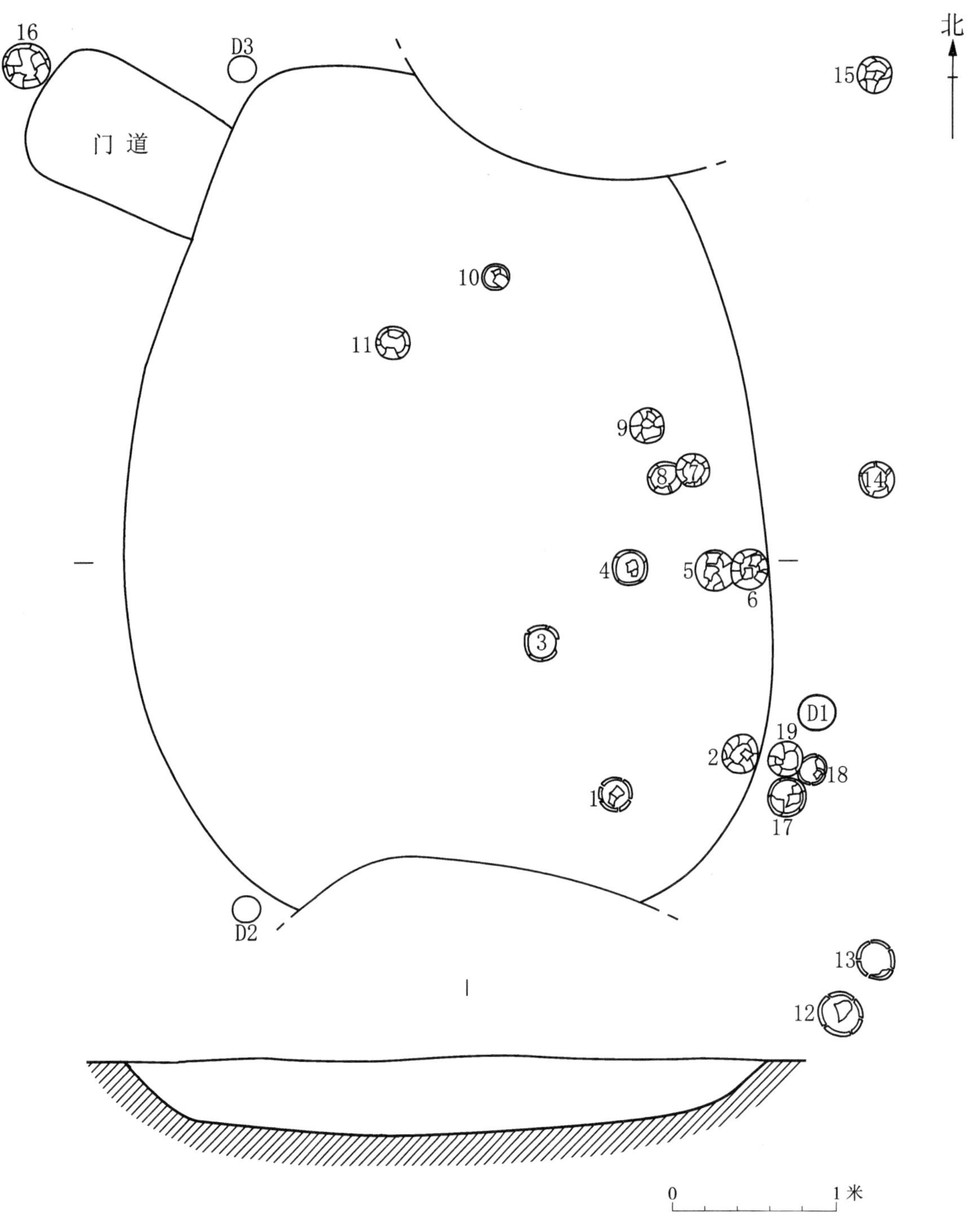

图二二　大汶口文化 F26 平、剖面图

1～19. 陶鼎

足，足根部饰两个捺窝，通体饰斜向篮纹。口径 22.6、通高 28.5 厘米。（图二三，8；图版一七，1）

F26∶8，夹砂灰褐陶，侈口，斜方唇，折沿，沿面内凹，垂腹，圜底，三个凿形足，足尖残，足根处饰两个捺窝，腹部饰横向篮纹。口径 18.3、残高 18.8 厘米。（图二四，8）

F26∶9，夹砂褐陶，侈口，方唇，折沿，沿面微凹，深弧腹，圜底，三凿形足。口径

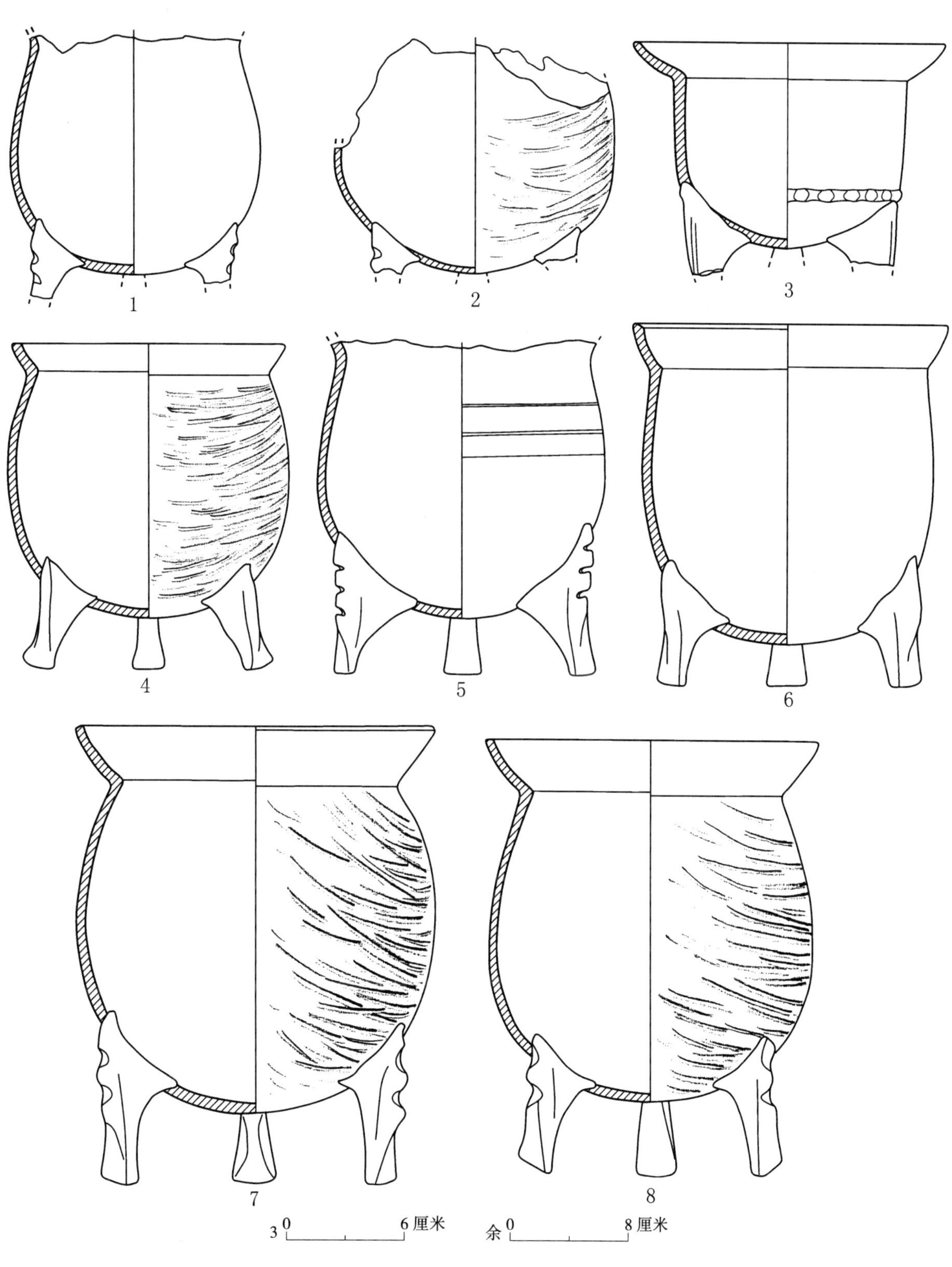

图二三　大汶口文化 F26 出土陶鼎

1～8. 陶鼎（F26∶10、1、2、3、4、9、19、7）

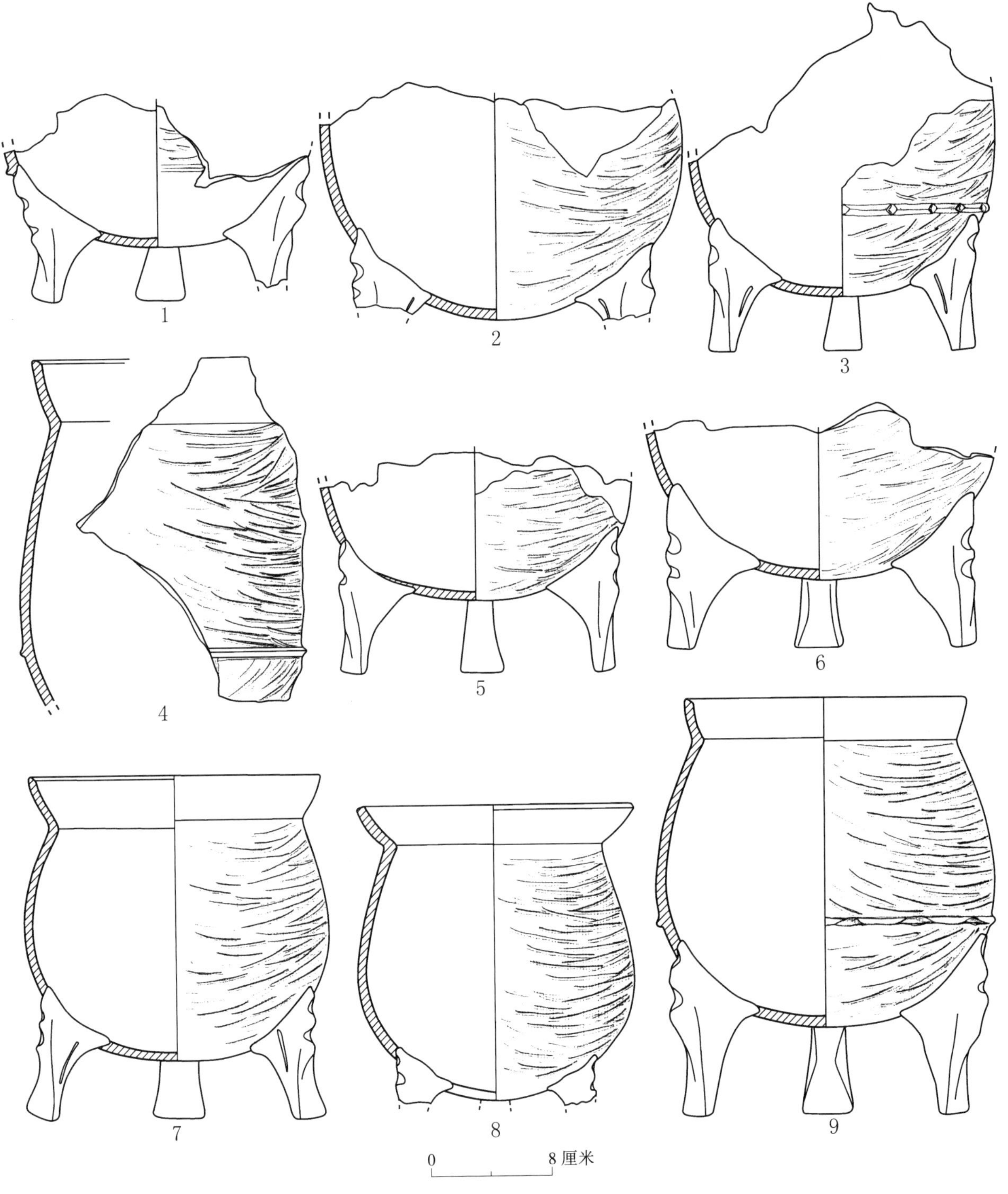

图二四 大汶口文化 F26 出土陶鼎

1～9. 陶鼎（F26∶13、18、16、12、6、5、17、8、11）

22.6、最大腹径 21.6、高 23.8 厘米。（图二三，6；图版一七，2）

F26∶10，夹砂灰黑陶，口部残，深弧腹下垂，圜底，三凿形足，足尖残，足根部饰两个捺窝。残高 17.0 厘米。（图二三，1）

F26∶11，夹砂灰陶，侈口，斜方唇，折沿，沿面微凹，深弧腹下垂，圜底，三凿形足，足根部饰两圆形捺窝，下腹部有一周附加堆纹，器表通体饰篮纹。口径 18.2、最大腹径 22.2、

高 26.4 厘米。（图二四，9；图版一七，3）

F26:12，夹砂灰褐陶，残，侈口，方唇，折沿，深弧腹，下部残，腹部有一道突棱，通体饰篮纹。残高 22.0 厘米。（图二四，4）

F26:13，夹砂夹蚌灰褐陶，残剩底部，圜底，三凿形足，足根部有两个圆形捺窝，足侧有一道浅刻槽。残高 12.5 厘米。（图二四，1）

F26:16，夹砂红褐陶，残剩底部，鼓腹，圜底，三凿形足，足根部饰一圆形捺窝，下腹部饰一道附加堆纹，通体饰篮纹。残高 22.5 厘米。（图二四，3；图版一六，5）

F26:17，夹砂红褐陶，侈口，方唇，宽折沿，沿面微凹，鼓腹，圜底，三凿形足，足根部饰两个捺窝，足两侧各饰一道浅凹槽，腹部饰篮纹。口径 19.2、最大腹径 22.0、高 21.8 厘米。（图二四，7；图版一六，6）

F26:18，夹砂黑褐陶，残剩底部，鼓腹，圜底，三凿形足，足尖残，足根部饰一圆形捺窝。腹部饰篮纹。残高 15.6 厘米。（图二四，2）

F26:19，夹砂褐陶，侈口，斜方唇，宽折沿，沿面内凹，圆鼓腹，圜底，三凿形足，足根部饰两个圆形捺窝，器表饰篮纹。口径 23.6、最大腹径 24.2、高 29.8 厘米。（图二三，7；图版一七，4）

F27

位于ⅢT4810 北部，向北延伸入ⅢT4809 内，开口于红烧土台 HT1 下，向下打破第 9 层、第 10 层至生土。平面形状呈长圆形，弧壁，底近平，东西长约 5.7、南北宽约 2.8 米，面积约 16 平方米，坑深约 0.38 米。门道两个，均设在房址北侧，伸出房外，西侧门道略大，呈长方形，长 1.4、宽约 1.04 米，另一门道位于房址东北部，呈圆纽状突出房外，长 0.7 米。房子周围没有发现柱洞。坑内堆积仅一层，即房址倒塌的红烧土块，土质略硬。居住面直接在生土上加工而成。房内居住面有遗物 2 件，1 件为陶鼎，位于房内西南部，另 1 件为石斧，处在房内中间。房外西部及南部有遗物 7 件，均为陶鼎。所有陶鼎同 F26 一样，均呈站立状。室内未见灶坑遗迹。（图二五 A）

共发现遗物 9 件，包括陶鼎 8 件，石斧 1 件。F27:4 残碎。

F27:1，陶鼎。夹砂灰黑陶，侈口，圆唇，折沿，深弧腹，圜底，三凿形足，通体饰篮纹，足根部饰捺窝。口径 21.8、通高 31 厘米。（图二五 B，8；图版一八，1）

F27:2，陶鼎。夹砂红褐陶，口部残，鼓腹，圜底，三凿形足，通体饰篮纹。足根部饰两个捺窝。残高 22.6 厘米。（图二五 B，5）

F27:3，陶鼎。夹砂灰陶，侈口，方唇，宽斜折沿，沿面内凹，深弧腹，圜底，三凿形足，下腹部饰一周凸弦纹。口径 23.3、高 31.5 厘米。（图二五 B，7；图版一八，2）

F27:5，陶鼎。夹砂灰陶，侈口，圆唇，宽斜折沿，沿面内凹，鼓腹略浅，圜底，三凿形足外撇，足根部饰两捺窝。口径 23.7、高 20.6 厘米。（图二五 B，4；图版一八，3）

F27:6，陶鼎。夹砂红褐陶，口部残，球状腹，圜底，三凿形足，通体饰篮纹。高 21.6 厘米。（图二五 B，2；图版一八，4）

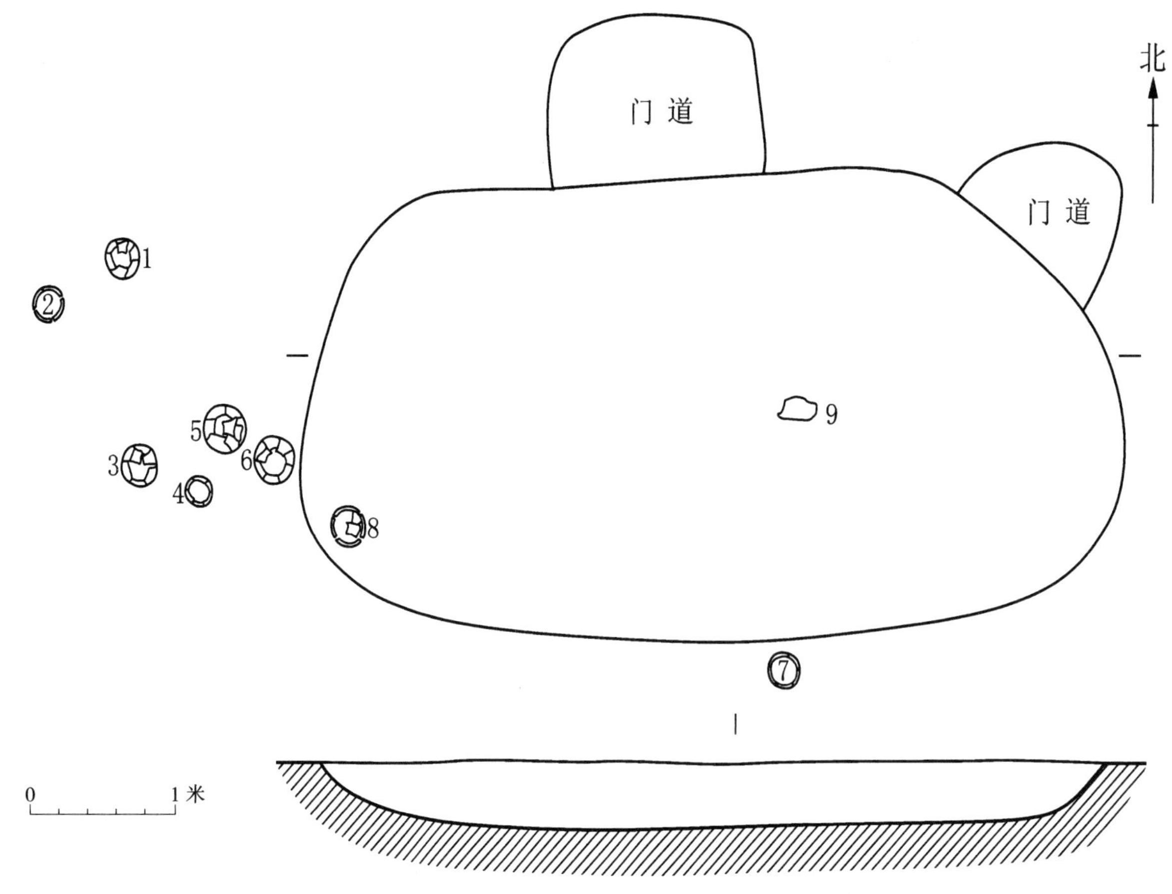

图二五 A　大汶口文化 F27 平、剖面图

1～8. 陶鼎　9. 石斧

F27∶7，陶鼎。夹砂红褐陶，侈口，方唇，折沿，鼓腹，圜底，三凿形足，下腹部饰一周附加堆纹，上饰捺窝。口径 20.3、高 22.4 厘米。（图二五 B，3；图版一八，5）

F27∶8，陶鼎。夹砂红褐陶，侈口，方唇，窄折沿，鼓腹，圜底，三凿形足，通体饰浅篮纹，足根部饰捺窝。口径 16.4、高 21.8 厘米。（图二五 B，1；图版一八，6）

F27∶9，石斧。平顶，两面平整，刃部残，上有疤痕。残长 10.8、宽 5.1、厚 4.8 厘米。（图二五 B，6）

F26 与 F27 均为浅地穴式房址，上覆有大片的红烧土堆积，烧土颗粒较大，上发现有清晰的稻草痕迹，并有清楚的涂抹白灰面的情况，因此判断红烧土应为房屋倒塌堆积。但这两座房址的形制结构却比较特殊：第一，两房址平面形状为长圆形，浅坑弧壁圜底或近平底，带有长方形或长圆形门道；第二，红烧土倒塌堆积下的浅坑内居住面上及浅坑外均发现有大量器物，特别的是站立状的陶鼎，鼎身未被压碎或压瘪，鼎内亦没有发现其他遗物；第三，浅坑外陶鼎未发现有明显的挖坑痕迹，可能是平地掩埋；第四，F26、F27 均叠压于红烧土台 HT1 下，同位于其北侧的大汶口文化墓葬 M240、M241 等叠压关系一致，房址南侧不见有墓葬，而且两座房址与大汶口墓葬之间没有打破关系，也就是说房址与 M240、M241 等大汶口文化墓葬同时存在，可能关系紧密。

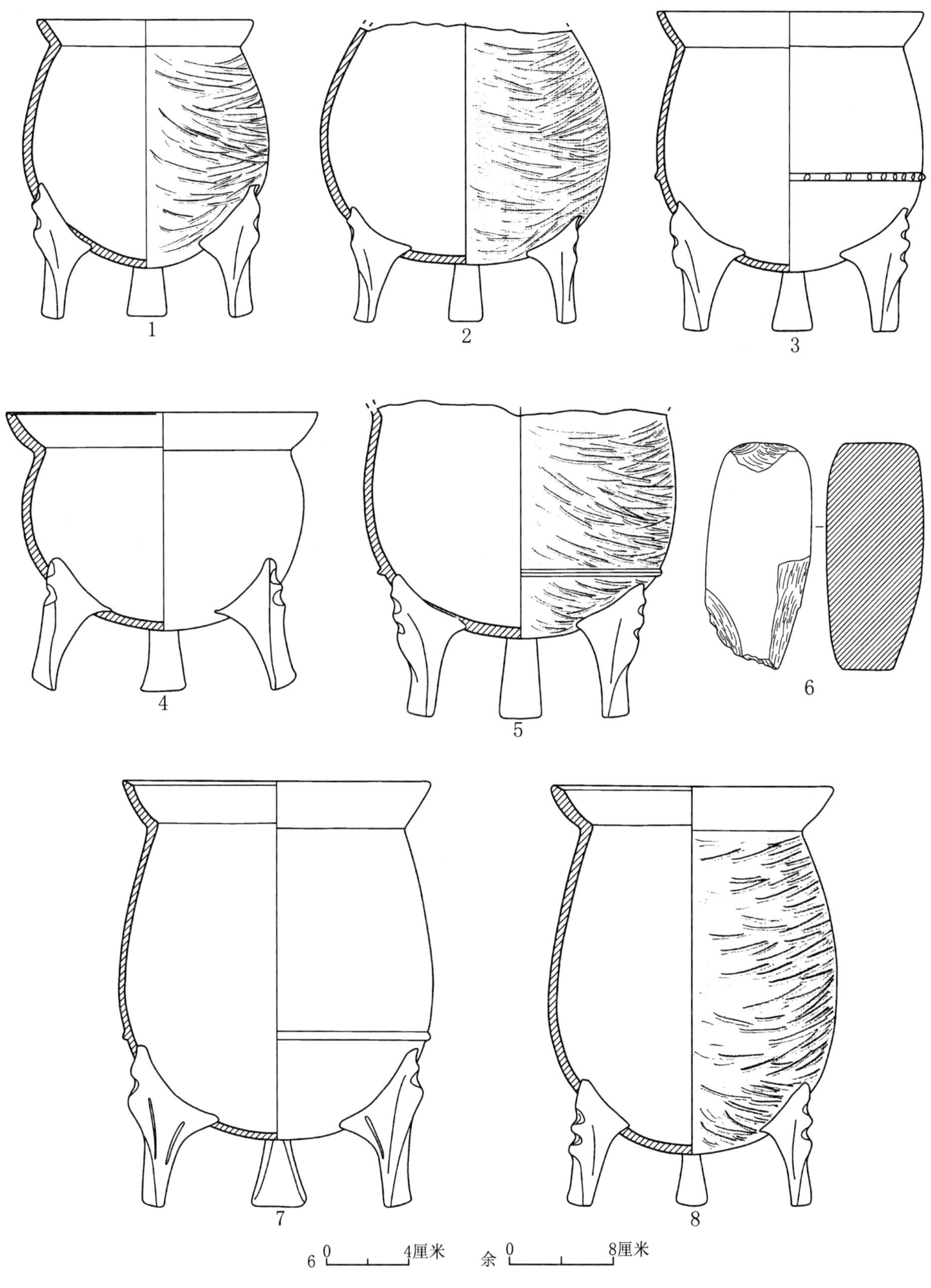

图二五B　大汶口文化F27出土陶鼎

1～5、7、8. 陶鼎（F27：8、6、7、5、2、3、1）　6. 石斧（F27：9）

由此推断，F26、F27可能不做居住之用，而为修筑墓地时的临时建筑，为整个墓地的一部分，房外发现的陶鼎平地掩埋，可能为房址的奠基。

2. 地面式房址

共2座。

F4

位于T2南部，开口于第8层下，打破第9层。平面为长方形，东西长5.4米，南北宽3.4米，面积约18平方米。残存柱洞较为清楚。共发现柱洞19个，排列有序，多位于房址四周，拐角处柱洞稍密集，房内西北部有两个柱洞相连，可能为房内灶址。柱洞平面均呈圆形或椭圆形，多比较规整，口径0.2~0.52米，剖面形状可分为两种，一种呈圆柱状，另一种呈圜底锥状。柱洞内填土多为灰褐色，其中在D8、D10底部发现了人工加工的柱窝，是由碎陶片夹红烧土颗粒火烧而成，柱窝呈圜底锥状，周围有3~4层碎陶片，坚固结实，其他一些柱洞底部亦发现有碎陶片、石块等做柱础之用。居住面平整光滑，呈灰黄色，土质细腻，包含少许红烧土颗粒，土质略硬，没有发现烧烤和明显的踩踏面。（图二六；图版一〇，2）

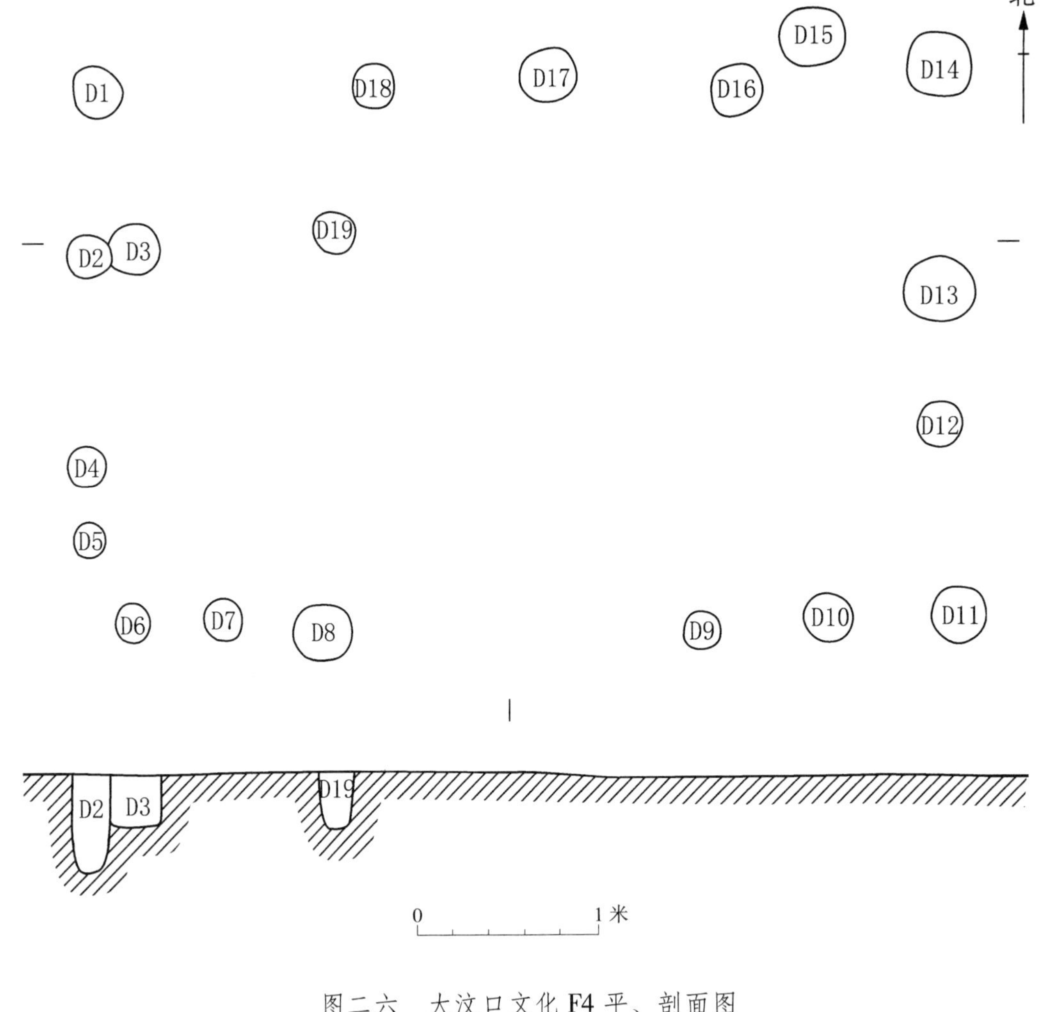

图二六　大汶口文化F4平、剖面图

F15

位于T13南部，开口第9层下，北、西、南分别被H147、H253、H254、H255、H261等打破，东北部被地层破坏。因破坏严重，形状不明，从残存部分看，是至少由3间房屋组成的长方形地面建筑，四周挖有基槽。基槽直壁平底，填土呈红褐色，包含大小不等的红烧土块，土质较硬，内几乎无包含物。三间房子分别编号为F15－1、2、3。（图二七；图版一九，1）

F15－1位于西北部，平面形状呈长方形，除西侧基槽遭破坏不存外，其余三面保存较好，南北长2.6、东西残长2.4米，基槽宽度基本一致，约0.2米。基槽内共发现柱洞9个，其中南基槽残长2.1、宽0.28、深0.04米，内柱洞排列有序，较为密集，基槽内有5个柱洞，自西向东编号为D3～D7。东基槽残长1.6、宽0.2～0.3、深0.04米，基槽内发现柱洞3个，编号为D8～D10，该段基槽两侧各有一柱洞，编号D11、D12，这两个柱洞不完全在基槽内，应是加固墙体的柱子的遗留。房内西北部居住面上亦发现有一柱洞，可能为灶坑所在。F15－2位

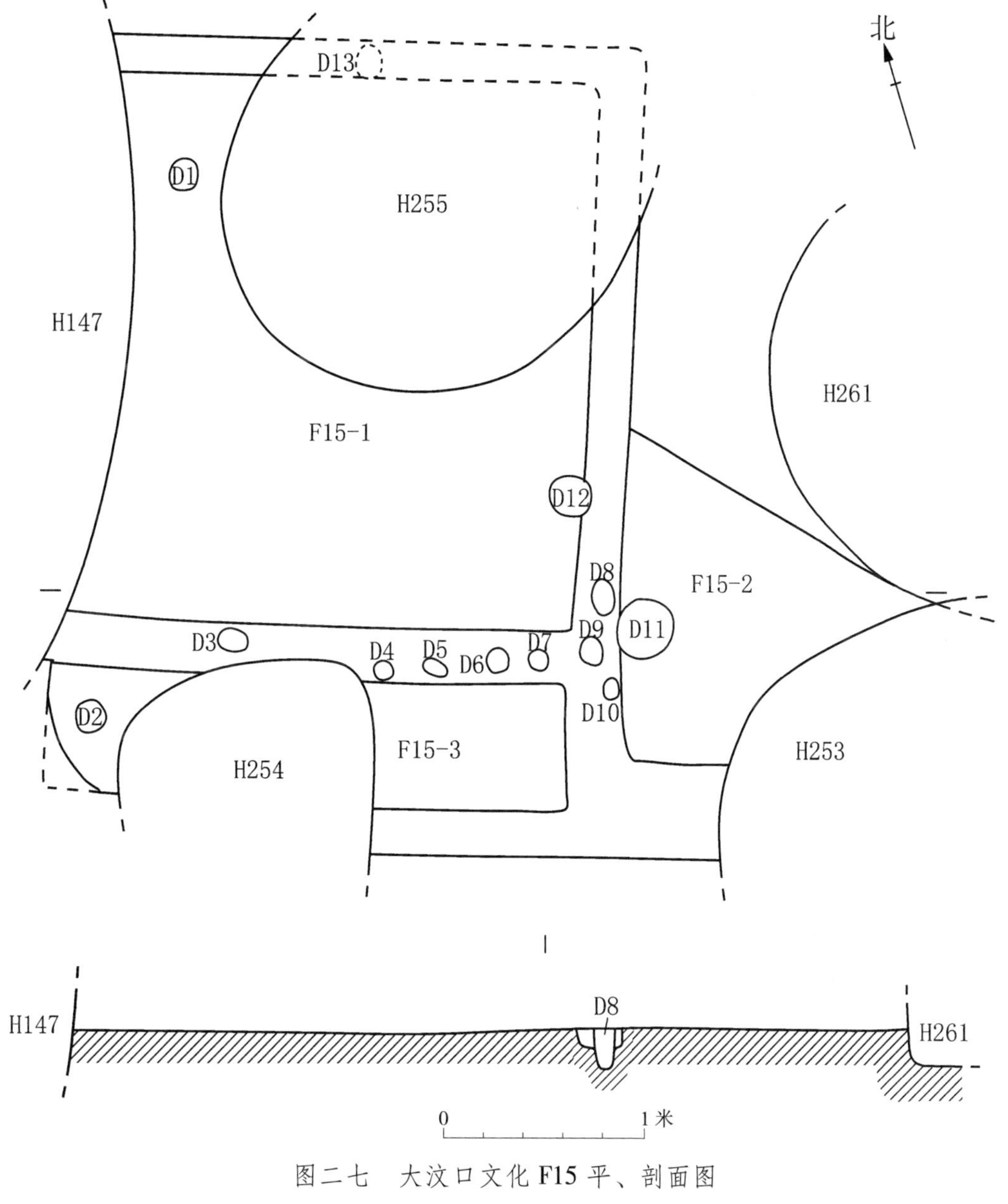

图二七　大汶口文化F15平、剖面图

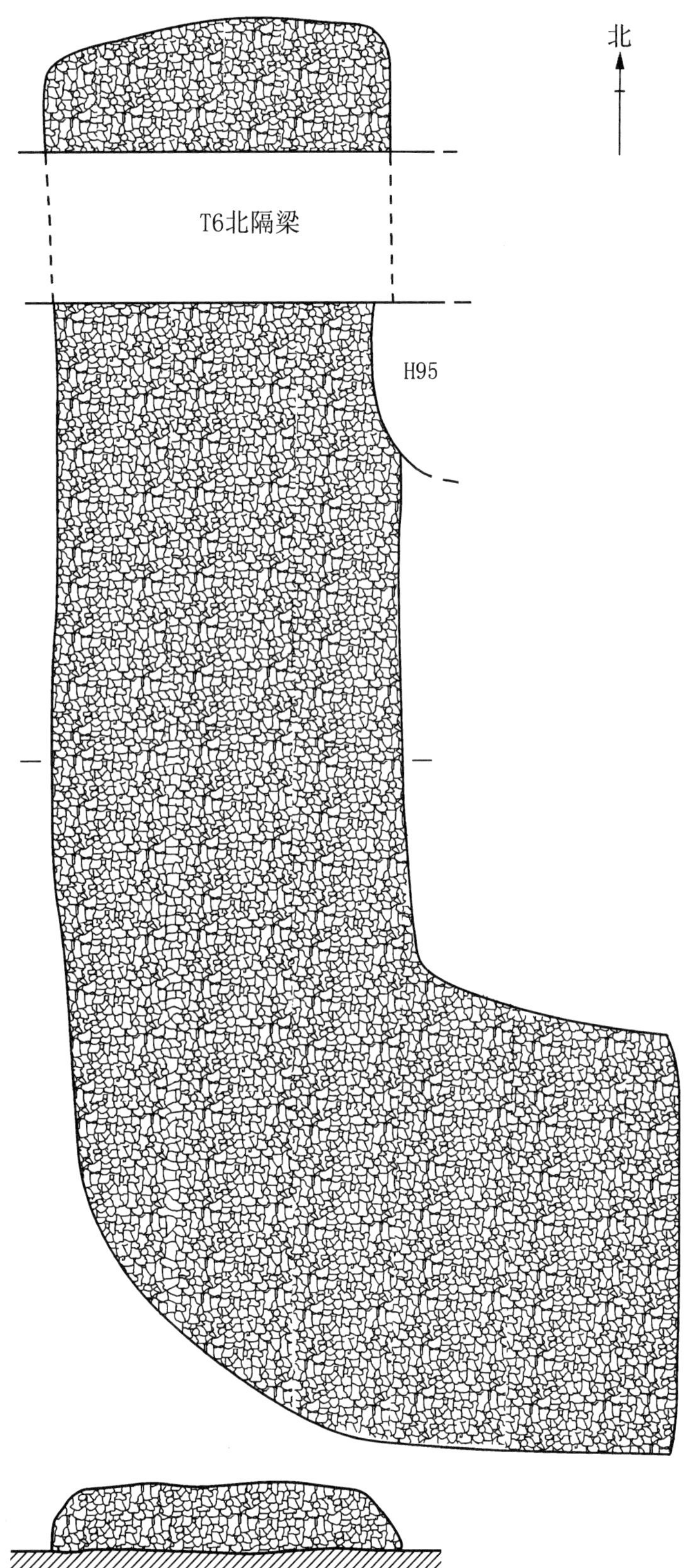

图二八 大汶口文化 L4 平、剖面图

于东部，该房间残剩西南角一部，残存平面形状略呈三角形，南北长 1.6、东西宽 1.5 米。西墙与 F15－1 共用一道隔墙，南基槽残长 0.8、宽 0.45、深 0.3 米，基槽内没有发现柱洞。F15－3位于南部，西墙被破坏，该房间北、东分别与 F15－1、F15－2 共用隔墙，南基槽残长 1.0、残宽 0.35～0.5、深0.3 米，基槽内未发现柱洞，该房间跨度较小，东西残长 2.5、南北宽仅 0.64 米。

F15 共发现柱洞 13 个，多为圆形或椭圆形，直径 0.1～0.3、深 0.07～0.12 米，柱洞内填土颜色为灰褐色，包含有红烧土颗粒。居住面略高于室外地面，平坦规整，浅黄褐色，包含少许红烧土颗粒，质地较硬，没有发现烧烤和明显的踩踏痕迹。室内未发现灶，亦无其他遗物。

3. 道路

L4

位于 T6 中部，向北延伸入 T2 内，叠压于第 10 层下，东北角被开口于第 8 层下的 H95 及其他一些小坑打破，向东被晚期地层破坏不存。路基直接铺筑在生土面上，距地表 3.15 米。

L4 平面形状呈“L”状的长条形，南北长 9.3 米，向东拐出部分约 1.8 米，路面宽约 2.3～2.5 米。路基由红烧土块铺筑而成，厚约 0.3 米，烧土颗粒大小不一，大的直径约 20 厘米，路面中间略高，两侧稍低，表面不甚平整。（图二八；图版一九，2）

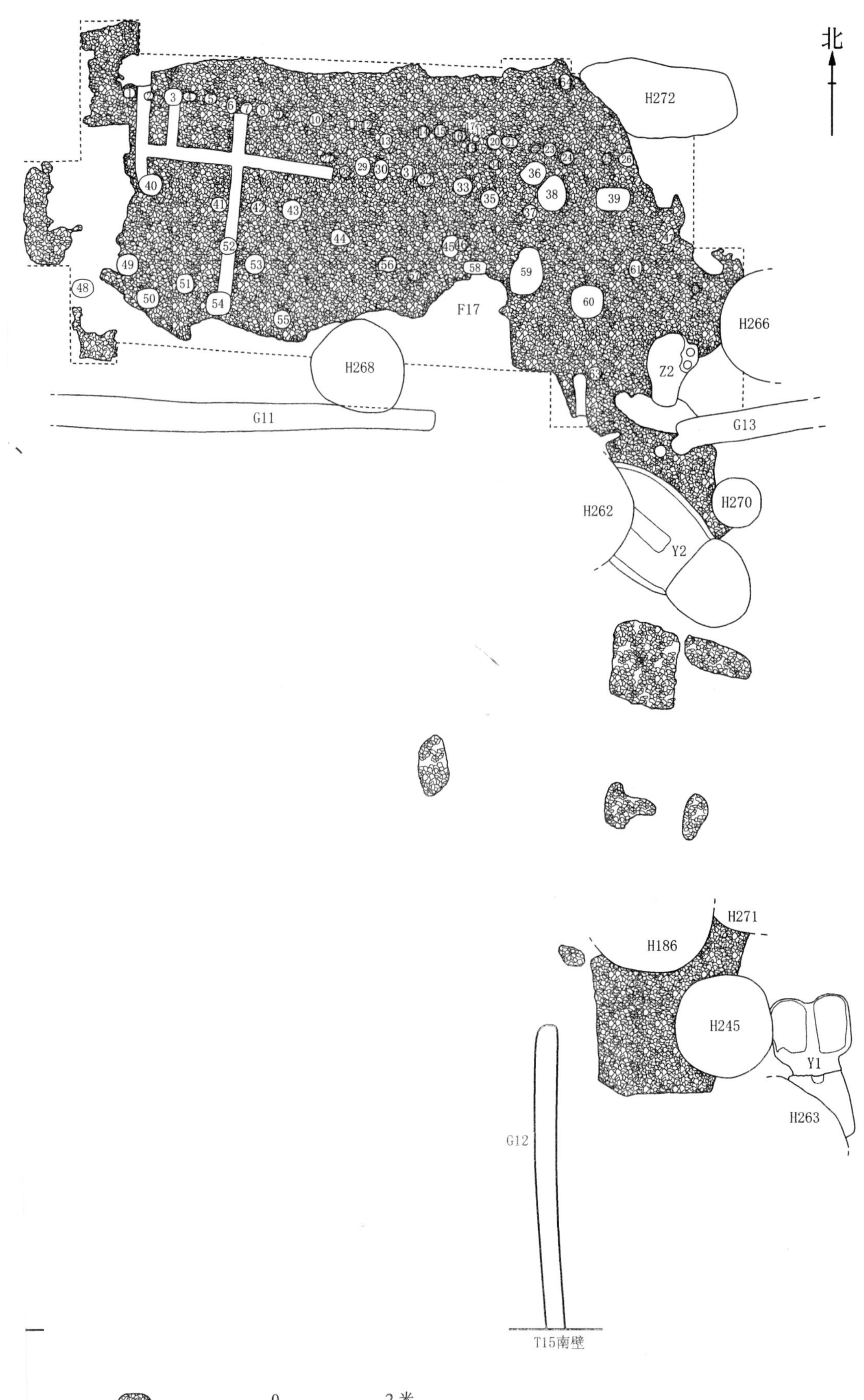

图二九　大汶口文化作坊遗迹总平面图

第二节　作坊遗迹

位于居住区的北侧，“金銮殿”高台的东北部，东临高台断崖，分布于T11、T12、T14、T15大部以及ⅣT3802、ⅣT3803的西部，开口于第9层下，打破第10层，被开口于同层下的H268、H270、H272等灰坑和H86、H245、H262、H263、H266等晚期灰坑打破。

该遗迹包括窑址（Y1、Y2）、房址（F17）、灶（Z2）、灰沟（G8、G10、G11、G12、G13）等一组遗迹，最北侧为F17、Y2，Y1位于南侧，灰沟等分布在其间，总面积约400平方米。（图二九；图版二〇）

（一）窑址

1. Y1

位于ⅣT3802西部，处在作坊遗迹的最南部，南部、西部分别被H263、H245打破。双室窑，保存相对较好，平面形状略呈南北向长条形，由火口、火膛、窑室等三部分组成，南北总长约2.5米，东西宽约1.4米，残高0.45米。火口向南，火口南侧有一椭圆形浅坑与之相连，应是为方便烧陶而挖的小浅坑。东侧火口呈圆角梯形，上宽0.3、下宽0.26、高0.36米。西侧火口近圆角方形，宽0.34、高0.36米。火口往里即是火膛，经过火膛分别进入两个窑室。窑室平面形状均呈圆角长方形，左右对称，窑室内南北长约0.95、东西宽0.31～0.56米，面积约0.5平方米左右。两窑室之间有厚约0.35米的隔墙。窑顶已坍塌不存，两窑室内填满了窑顶倒塌以后的红烧土堆积。窑壁规整，其上部向内微收略呈弧顶状，以便于封窑，由于长期使用，窑壁形成一层深红色致密的红烧土层，厚0.02～0.11米。在西窑室底部清理时发现一块磨光黑陶残片。从Y1规模及其内发现的陶器残片推测，该窑可能用于烧制一些小型的精致陶器。（图三〇；图版二一）

2. Y2

位于Y1北约6米，在T12东部，同Y1一样，亦为双室窑。由于被H262破坏，残存双火膛下部、部分隔墙及窑室底面。整体形状呈东南西北向的椭圆形，残长3.3、宽1.44米，窑室残深0.2米。窑门朝东南，门前有一椭圆形坑与之相接。窑室地面略高于火口约0.2米，为左右对称的双室，窑室呈椭圆形，长2.1、宽0.6米。两室之间有隔墙，长1.6、宽0.3、高0.2米。窑壁由于长期烧烤形成较为致密的烧结面，窑壁厚10～30厘米。Y2内堆积为灰黑色土夹大量红烧土颗粒及炭屑，出土少量夹砂红陶片，可辨器形有鸭嘴形鼎足等。（图三一）

（二）房址

F17

位于作坊遗迹的最北侧，从局部解剖知F17为一浅地穴式红烧土建筑，地面以上部分被破坏不存。平面形状近长方形，东西长11.4、南北宽5.2米，面积约60平方米，深入地下0.2米，浅坑因遭破坏，一些地方范围不甚明确。为防潮，坑内垫一层红烧土堆积作为基础，

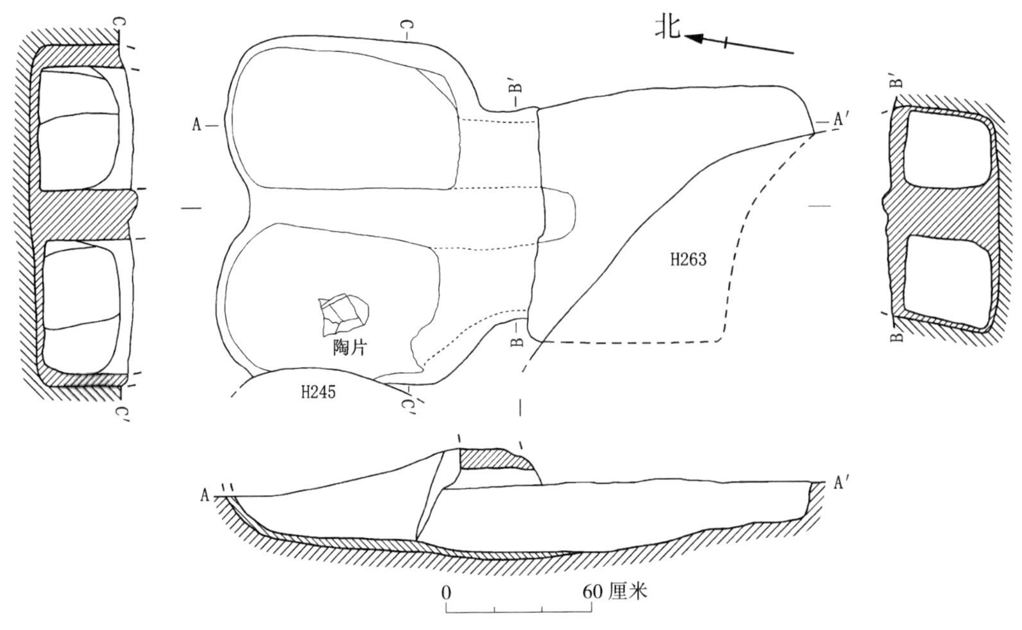

图三〇　大汶口文化 Y1 平、剖面图

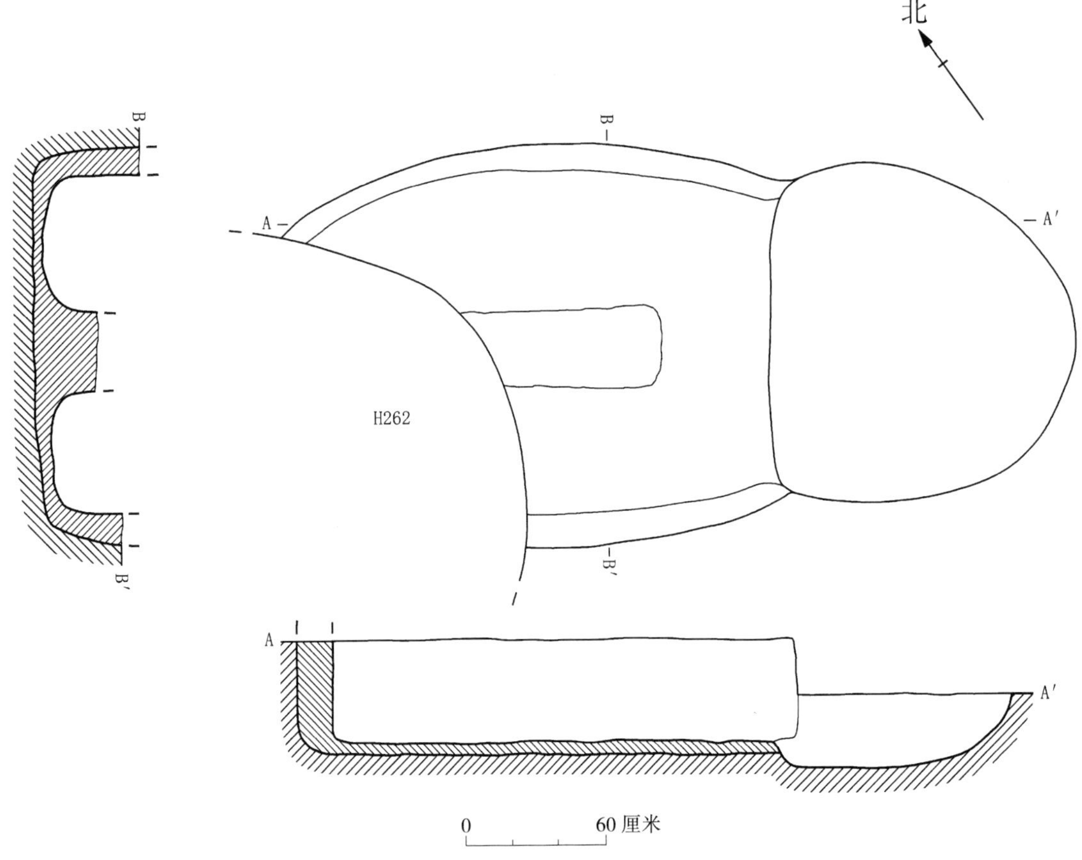

图三一　大汶口文化 Y2 平、剖面图

红烧土质地坚硬，颗粒大小不一，直径 8～25 厘米，因被后期堆积扰乱而参差不齐。红烧土堆积除铺满浅坑外，东部向南亦有零星发现。堆积中出有少量篮纹陶鼎腹片、鸭嘴形鼎足等陶片。

垫土上共发现柱洞 64 个，D64 在最北，余由北向南依次编号为 D1～D63，平面形状均为圆形或椭圆形，直壁圜底，柱洞大小不一，直径 10～20 厘米，深 12～38 厘米。柱洞填土多为灰褐色，夹零星红烧土颗粒，少数柱洞底部发现有碎陶片或石块，做柱础之用。柱洞大致分为四排，第一排和第二排柱洞较为整齐，排列有序，第一排共 26 个，编号为 D1～D26，其中 D16 打破 D17，第二排共 12 个，编号为 D27～D39，与第一排相距 0.5～0.7 米之间，第三、四排柱洞较乱，没有规律，共发现 24 个，依次编号为 D40～D63。（图二九；参见图版二〇）

F17 是在红烧土垫土堆积上立柱开始构筑形成的，由于地面建筑不存，具体情况已不详。但 F17 面积较大，接近 60 平方米，从柱洞的分布情况可以看出，该建筑柱子密集，空间比较狭窄，似不宜作居住之用，红烧土垫土上亦没有经过特别的加工处理形成比较平整的居住面。从房址南侧的窑址情况推测，其性质应是作坊遗迹。

（三）灶

Z2

位于 T12 东部，F17 东南部，修建在 F17 的红烧土垫土堆积上。平面形状呈不规则椭圆形，南北通常 1.1 米，由火道和灶室两部分组成，火道朝南，灶室在北。火道呈长条形，南侧被破坏，深 0.1 米。灶室呈圆形，直径 0.46、深 0.1 米，灶室中间有一向上突起的土台，呈椭圆形，长 0.5、高 0.1 米，应为放置炊器的地方，土台四周为火膛。灶室东北部有两个圆形小坑，直径 0.16 米，应为放置盛器所用。灶壁较为规整，由于长期使用形成了一层厚 4～6 厘米的烧结面。灶坑内填土呈深灰褐色，夹杂有较多的炭屑及红烧土颗粒，土质疏松，内出土有少量的夹砂红陶片。（图二九）

（四）沟

在作坊遗迹南面和西面，发现有多条沟状遗迹，编号为 G8、G10～G13，其中 G11、G13 为东西向，G10、G12 为南北向，G8 由多段组成。所有沟均长条形，弧壁，底近平。沟内包含物极少，从整体布局看，这些沟应为作坊的附属设施，可能为供水和排水之用。分述如下：

G8

位于 T11 内，向西、向南均延伸出探方外，被 H168、H180、H183、M25、J6 等遗迹打破，向下打破大汶口文化灰坑 H187、H188 等。可分为三段，形状均为长条形，宽窄深浅不均，宽 0.3～0.6、深 0.12～0.26 米，弧壁，底近平。沟内堆积呈浅灰色，土质略疏松。出土有少量泥质灰陶、夹砂灰陶碎陶片，器形不可辨。

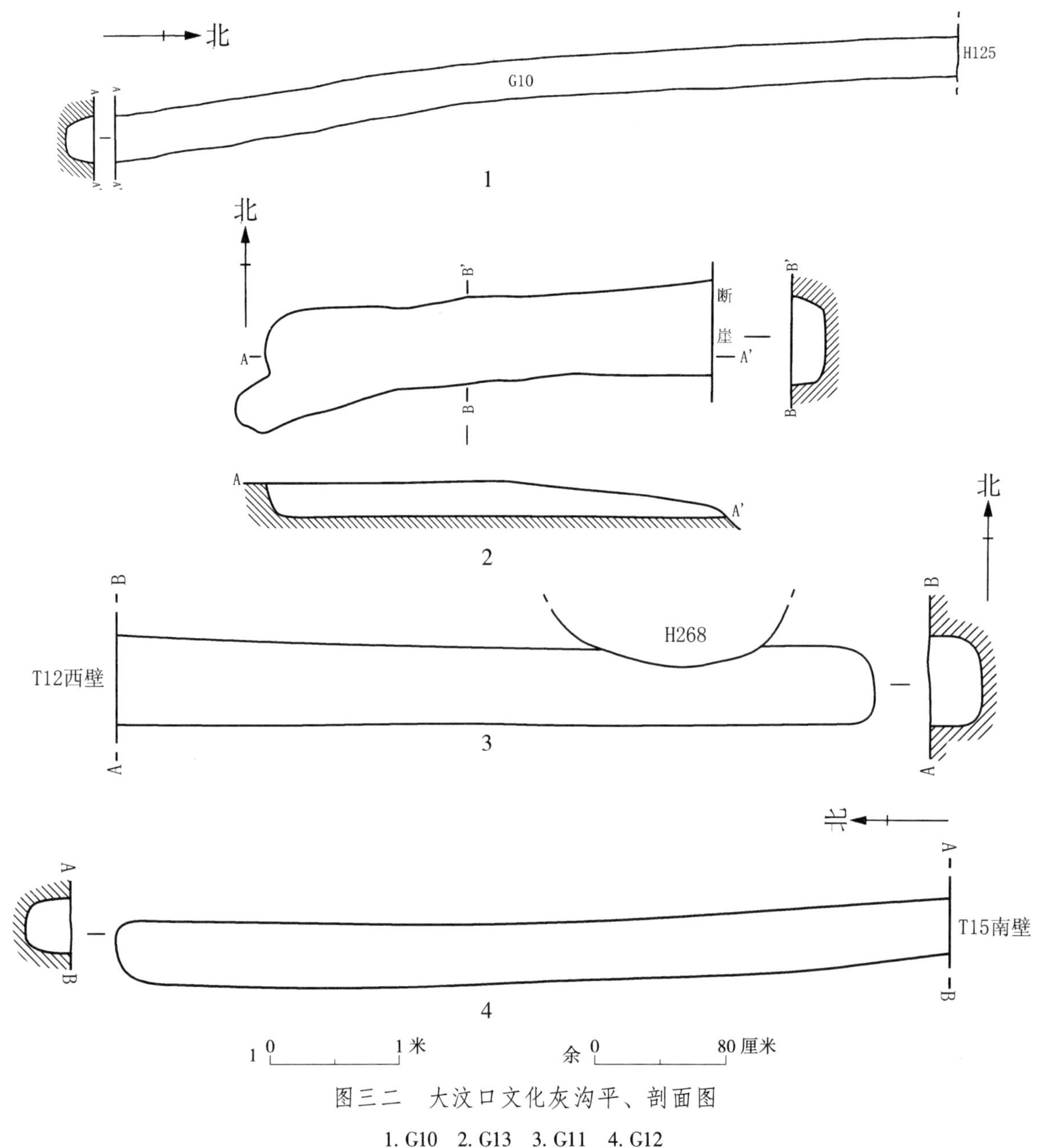

图三二 大汶口文化灰沟平、剖面图

1. G10 2. G13 3. G11 4. G12

G10

位于T14内，向南延伸出探方外，北部被H125打破。平面形状呈长条形，略呈西北—东南走向，弧壁，圜底，揭露部分长6.5、宽0.25～0.3、深0.22米。沟内堆积呈深灰色，土质疏松。出土陶片较少，可辨器形有鼎、罐等。（图三二，1）

G11

位于T12中部，向西延伸出探方外，被H268打破。平面形状为东西向长条形，弧壁，圜底，东端略窄，长4.6、宽0.45～0.5、深0.3米。填土呈青灰色，夹细小红烧土颗粒及炭屑，土质疏松。无包含物。（图三二，3）

G12

位于 T15 南部，向南伸出探方外。平面形状为南北向长条形，弧壁，圜底，宽窄基本一致，长 5.08、宽 0.32、深 0.27 米。填土为青灰色，土质略疏松。出土有碎陶片，无可辨器形。（图三二，4）

G13

位于 T12 东部，向东伸入ⅣT3803 内，并通向高台断崖。平面为东西向长条形，弧壁，平圜底，长 2.9、宽 0.54、深 0.2 米。填土呈青灰色。无包含物。（图三二，2）

第三节　红烧土台

红烧土台是 2008 年下半年发掘发现的。最先出现在ⅢT4809 内，在西周文化层及晚期遗迹清理后刮平面时，发现有大片的浅红褐色土堆积，夹杂分布均匀的细小红烧土颗粒，颗粒细腻，当时的判断是该堆积不是地层堆积，可能为一遗迹，故暂且保留，并注意观察邻方的发掘情况，后在周围探方内也陆续出现了该遗迹，遂引起注意。待扩方将该遗迹完整揭露出来后，发现该遗迹分布范围较广，跨 9 个探方，包括有ⅢT4809 的全部，ⅢT4908、ⅢT4808、ⅢT4708 的南部，ⅢT4709 的西部，ⅢT4909 的东部，ⅢT4910、ⅢT4810、ⅢT4710 北部。为方便叙述，编号为 HT1。（图三三）

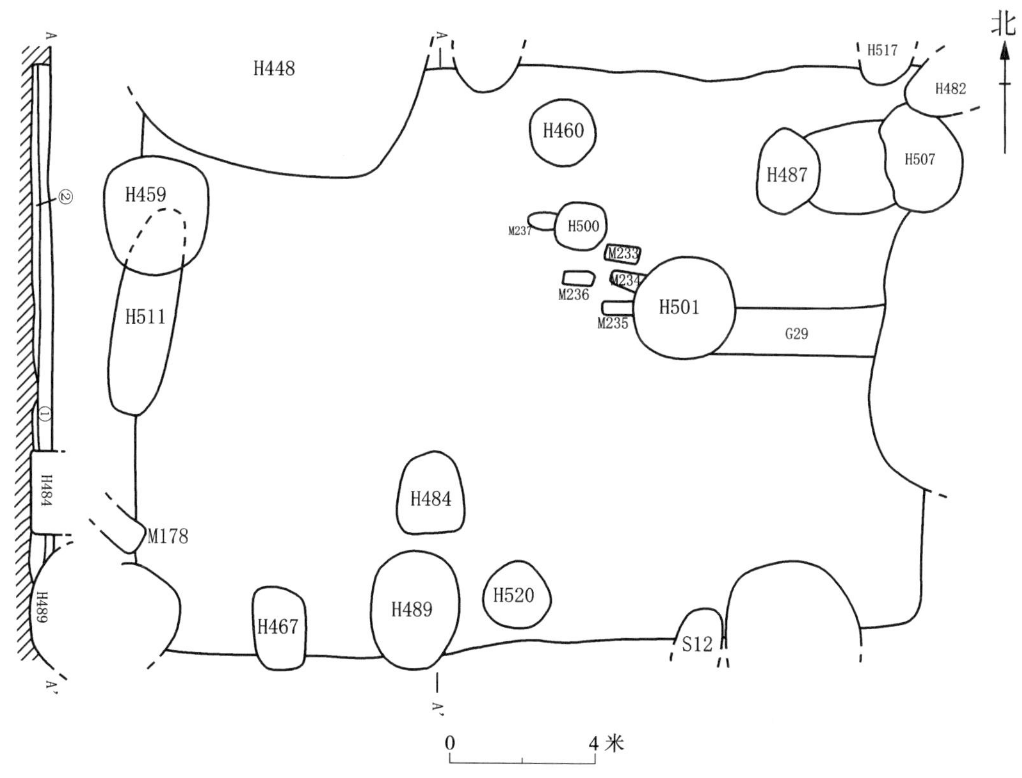

图三三　大汶口文化红烧土台 HT1 平、剖面图

HT1叠压于第8层下，向下打破第9层、第10层，台表面被西周和龙山的灰坑H448、H459、H460、H467、H482、H484、H487、H489、H500、H501、H511、H517、H520等打破，并被大汶口文化灰坑H507和墓葬M233、M234、M235、M236、M237等打破；HT1向下叠压在大汶口文化房址F26、F27之上，并叠压在M240、M241、M242、M245等大汶口文化墓葬之上。该遗迹保存较好，平面形状略呈长方形，东北部、西南部被破坏的较为严重，东西长21.7米，南北宽15米，总面积约325平方米，保存最好的地方高约0.65米。（图三三；图版二二）

HT1为堆筑形成。营建时，先下挖一浅坑，似基坑性质，浅坑深0.1~0.5米。坑内堆积分两层，第1层堆积呈浅红褐色，土质坚硬，内夹细密的红烧土颗粒，颗粒分布均匀，堆积多蔓延出浅坑外，厚20~40厘米；堆积内出土陶片较多，以夹砂红陶、红褐陶为主，灰陶次之，泥质陶略少，可辨器形有鼎口沿、凿形鼎足、罐口沿、器盖等。第2层为红烧土堆积，颗粒较大，堆积较为松散，主要分布于HT1西部，分布不均匀，局部不存在，多是用作垫土，最厚处约30厘米，堆积内包含物极少。

从发掘情况看，台子中间红烧土颗粒细腻，分布均匀，而且十分平整，应是经过筛选堆筑的，而向台子外围红烧土颗粒较大，甚或没有烧土堆积。台面上没有发现夯打的痕迹，台子上及周围也没有发现柱洞等建筑遗迹或其他祭祀遗迹。

堆筑如此大规模的红烧土台，不像是个人所为，而是集体行为。由于台表面被破坏严重，没有发现其他遗迹和遗物，其性质无法确定。打破HT1和被HT1叠压的均有大汶口文化墓葬，打破HT1的主要为瓮棺葬，被HT1叠压均为竖穴土坑墓。目前倾向于认为HT1是一处祭祀场所，与大汶口文化墓葬的关系密切。

HT1堆积内包含遗物：

HT1①:1，陶器盖。夹砂灰褐陶，覆杯形，圆饼形捉手，平顶，弧壁，敞口，圆唇。口径8.2、高5.4厘米。（图三四，4；图版二三，1）

HT1①:2，石锤。器体厚重，顶部残，弧刃，两面略弧，有崩裂痕迹。残长11.5、最宽6.0、厚4.2厘米。（图三四，8；图版二三，8）

HT1①:3，砺石。近长方形，两端圆弧。残长8.2、宽4.1、厚3.2厘米。（图三四，9）

HT1①:4，陶豆。泥质黑陶，豆盘残，高柄，喇叭状圈足，圈足上饰有三角形与圆形镂孔组成的纹饰。残高17.2、圈足径14.4厘米。（图三四，7；图版二三，5）

HT1①:5，陶器盖。夹砂灰褐陶，圆饼状捉手，斜直壁略弧，斜方唇，敞口。捉手径5.3、口径16.8、高6.3厘米。（图三四，5）

HT1①:6，石斧。平面呈方形，顶部残，双面弧刃，有使用的崩裂疤痕。宽8.0、残长5.1厘米。（图三四，10）

HT1①:8，圆陶片。夹砂黑陶，陶杯底改制打磨而成，中间内凹。直径5.7、厚0.7厘米。（图三四，6；图版二三，7）

HT1①:10，陶网坠，长圆形，两面中间各一道凹槽。长2.3厘米。（图三四，14；图版二三，6）

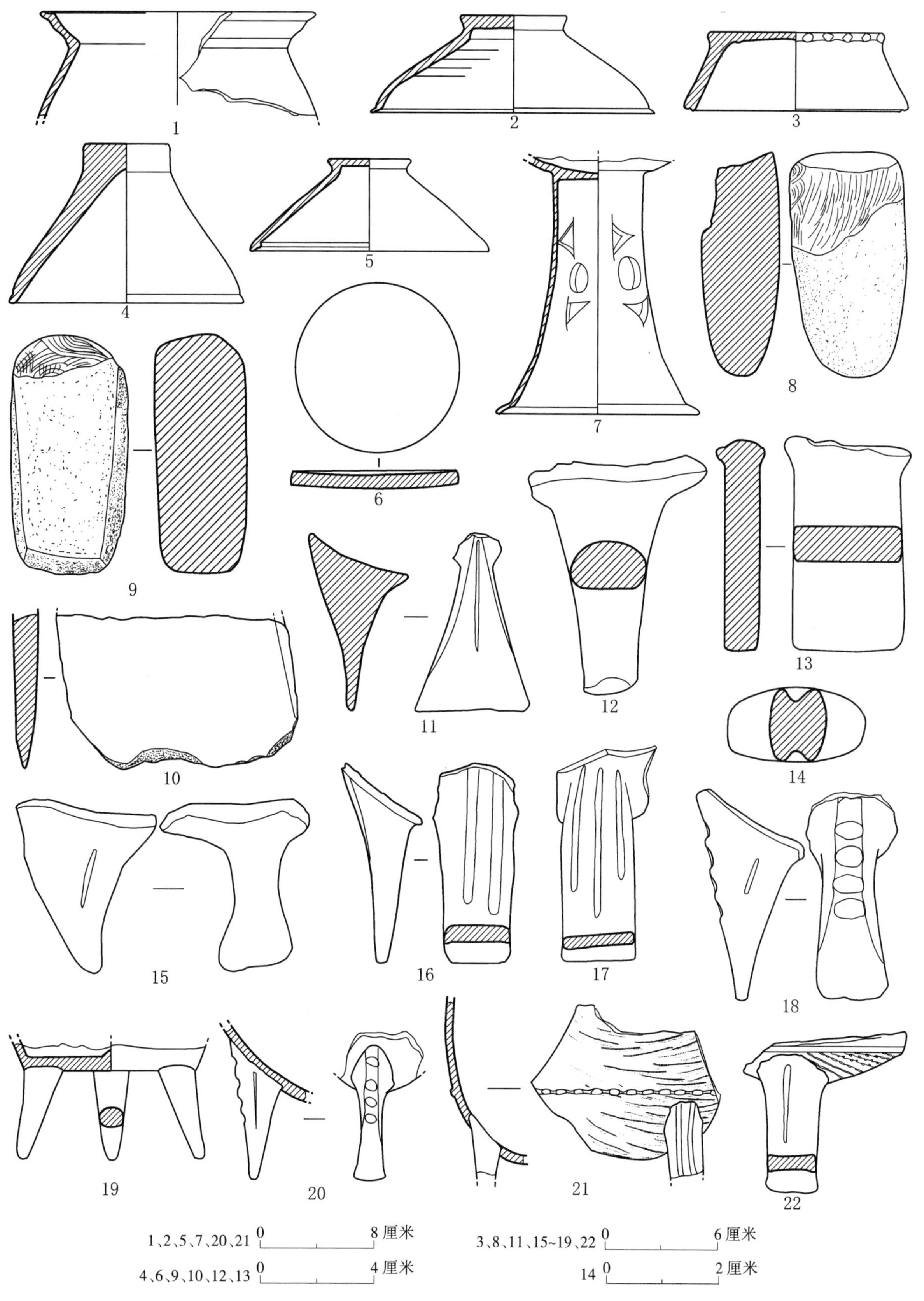

图三四　大汶口文化红烧土台 HT1 出土器物

1、19. 陶鼎（HT1①:22、11）　2~5. 陶器盖（HT1①:13、12、1、5）　6. 圆陶片（HT1①:8）　7. 陶豆（HT1①:4）　8. 石锤（HT1①:2）　9. 砺石（HT1①:3）　10. 石斧（HT1①:6）　11、12、15~18、20~22. 陶鼎足（HT1②:2、HT1①:16、19、18、20、17，HT1②:1，HT1①:21、14）　13. 陶器足（HT1①:15）　14. 陶网坠（HT1①:10）

HT1①:11，陶鼎。夹砂褐陶，残剩底部，平底，三圆锥状足。残高5.8厘米。（图三四，19）

HT1①:12，陶器盖。夹砂褐陶，覆盆形，圆饼形捉手，捉手上饰有一周捺窝，斜壁，敞口，圆唇，唇面有一周凹弦纹。捉手径9.0、口径12.0、高4.0厘米。（图三四，3；图版二三，2）

HT1①:13，陶器盖。泥质灰陶，覆碗形，圆饼形捉手，弧壁，敞口，尖唇，小折沿。捉手径7.2、口径19.6、高6.5厘米。（图三四，2；图版二三，3）

HT1①:14，陶鼎足。夹砂灰陶，弧腹，长方形宽扁状足，鼎足与鼎身连接处有修抹痕迹，足面有一道短刻槽。残高8.0厘米。（图三四，22；图版二四，1）

HT1①:15，陶鼎足。夹砂褐陶，宽扁状足。高7.2厘米。（图三四，13；图版二四，2）

HT1①:16，陶鼎足。夹砂夹蚌褐陶，锥状足，高8.0厘米。（图三四，12；图版二四，3）

HT1①:17，陶鼎足。夹砂红褐陶，凿形足，足面饰有四个圆形捺窝，两侧各有一道刻槽。高10.5厘米。（图三四，18；图版二四，4）

HT1①:18，陶鼎足。夹砂褐陶，凿形足，足面正中有两道刻槽。高10.3厘米。（图三四，16；图版二四，5）

HT1①:19，陶鼎足。夹砂红褐陶，凿形足，足两侧各饰有一道刻槽。高9.0厘米。（图三四，15；图版二四，6）

HT1①:20，陶鼎足。夹砂褐陶，宽扁状长方形足，足面有三道刻槽，高11.0厘米。（图三四，17；图版二四，7）

HT1①:21，陶鼎。夹砂褐陶，残剩底部，弧腹，圜底，凿形足，下腹部有一周附加堆纹，通体饰有篮纹，足面有两道刻槽，足尖残。残高11.6厘米。（图三四，21）

HT1①:22，陶罐。夹砂黑陶，残剩口部，侈口，圆唇，斜折沿，沿面内凹，弧腹。口径19.0、残高7.0厘米。（图三四，1；图版二三，4）

HT1②:1，陶鼎足。夹砂红褐陶，凿形足，足面有四个近圆形捺窝，足两侧各有一道刻槽。高10.0厘米。（图三四，20；图版二四，8）

HT1②:2，陶鼎足。陶夹砂褐陶，铲形足，足面有一道刻槽。高8.5厘米。（图三四，11；图版二四，9）

第四节 灰 坑

共发现大汶口文化时期的灰坑67座，在整个“金銮殿”高台上都有分布，除东区居住址外，西区墓地也发现有灰坑遗存。按坑口平面形状可分为圆形、椭圆形、不规则形三类，以圆形和椭圆形灰坑居多，坑壁有直壁、斜壁和弧壁三类，底有平底、圜底之分。口径一般在1.5~3米之间，大的灰坑口径超过6米，小的约0.8米，深度多在0.6米以内，最浅者仅0.16米。

灰坑内填土有灰褐色、灰黄色及红烧土坑等，以灰褐色居多。从发掘情况看，一般灰黄色填土的灰坑坑壁较清晰，出土遗物多比较少，红烧土坑内包含物通常极少。除红烧土坑外，填土土质都较疏松，常夹杂有炭屑、红烧土颗粒及草木灰烬，有些灰坑内发现有动物骨骼和牙齿，大部分灰坑内出土陶片不是太多，部分器物完整或能够进行复原。

从发掘情况看，大汶口文化时期灰坑保存较差，多数仅残剩坑底。从灰坑形制和包含物推断，其性质大体上可分为三类：第一类是废弃的窖穴，填土多为灰黄色，这类灰坑均较为规整，坑底、坑壁多经过加工；第二类是生活垃圾坑，这些灰坑多不规整，一些灰坑是利用原地表的凹坑或洼地作为垃圾倾倒场所；第三类是建筑垃圾坑，这类灰坑形状比较规则，坑内堆积多为大颗粒的红烧土块。

圆形灰坑共 28 个，包括有 H16、H25、H104、H105、H109、H110、H113、H115、H188、H268、H270、H413、H414、H420、H425、H433、H434、H504、H514、H518、H519、H523、H527、H529、H532、H533、H534、H535 等。

椭圆形灰坑共 29 个，包括有 H20、H26、H88、H102、H108、H114、H116、H261、H272、H391、H394、H395、H402、H405、H411、H412、H415、H419、H421、H426、H428、H429、H431、H515、H516、H522、H524、H530、H536 等。

不规则形灰坑共 10 个，包括有 H93、H187、H373、H409、H416、H417、H422、H436、H498、H509 等。

2. 举例

1）椭圆形

H20

位于 T3 西北部，开口于第 6 层下，打破第 7 层，同时被 H18、H19 打破。坑口形状呈椭圆形，直壁，近平底。坑口长径 2.88、短径 2.18 米，坑深 0.62 米。坑内堆积呈灰黑色土，土质疏松，含较多草木灰颗粒。出土陶片较多，以夹砂红褐陶居多，有少量夹蚌陶，可辨器形有高领罐、敞口盆、筒形杯、凿形鼎足、纺轮等。（图三五）

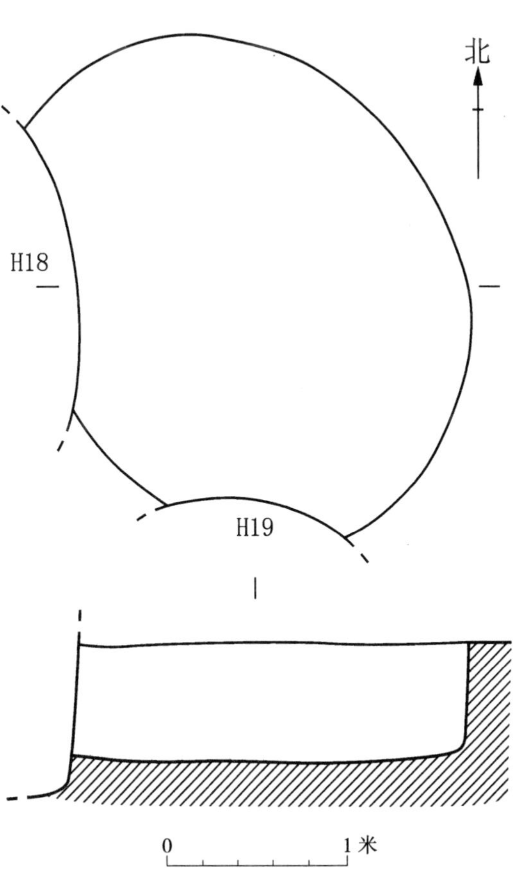

图三五　大汶口文化 H20 平、剖面图

H20∶1，石斧。平面呈上部略窄下部略宽的梯形，平顶，刃部残断，两面平整。残长 6.9、最宽处 5.2 厘米。（图三六，15）

H20∶2，陶纺轮。夹砂灰褐陶，平面近圆形，剖面呈长方形，两侧较直，中有一孔，正面有一圈浅划纹。直径 4.2、孔径 0.5、厚 1.3 厘米。（图三六，8）

H20∶3，陶盆。泥质灰陶，敞口，斜方唇，宽折沿，沿面微内凹，双折腹，平底。口径 18.8、底

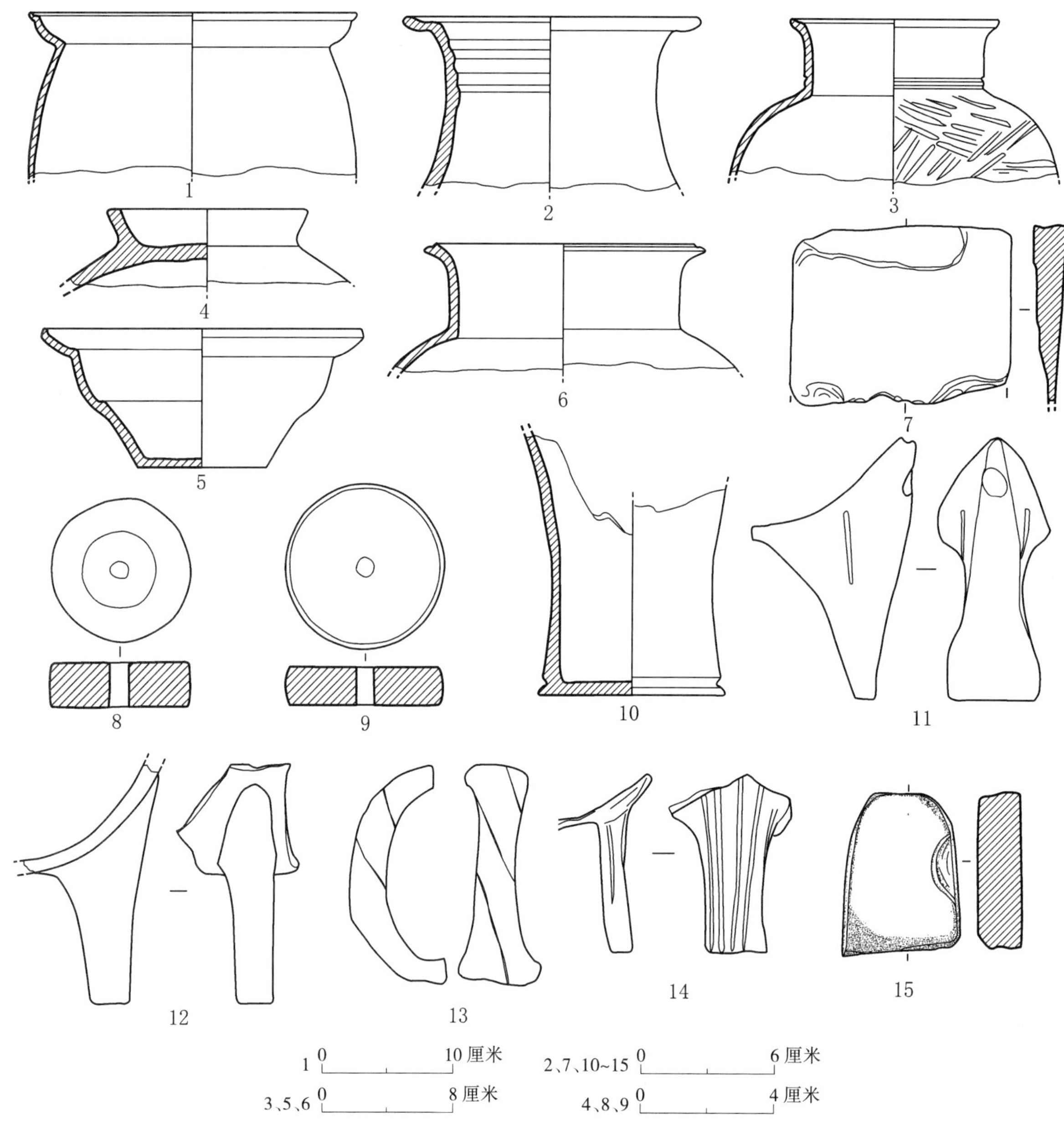

图三六　大汶口文化H20出土器物

1. 陶鼎口沿（H20∶7）　2、3、6. 陶罐口沿（H20∶10、8、6）　4. 陶器盖（H20∶15）　5. 陶盆（H20∶3）　7. 石斧（H20∶5）　8、9. 陶纺轮（H20∶2、4）　10. 陶杯底（H20∶14）　11、12、14. 陶鼎足（H20∶11、12、13）　13. 陶器把（H20∶16）　15. 石斧（H20∶1）

径7.6、高8.0厘米。（图三六，5）

H20∶4，陶纺轮。泥质红褐陶，平面圆形，剖面呈长方形，两侧微弧，中间一圆孔。直径4.8、孔径0.5、厚1.1厘米。（图三六，9）

H20∶5，石铲。平面近长方形，体形较薄，平顶，刃部残。长9.8、宽7.8、最厚处1.5厘米。（图三六，7）

H20∶6，陶罐。残剩口沿，泥质灰陶，圆唇，唇面有一周凹弦纹，高领，直颈，溜肩，肩

部以下残。口径16.8、残高7.2厘米。(图三六，6)

H20:7，陶鼎。残剩口沿，夹砂红褐陶，侈口，尖圆唇，折沿，沿面内凹，弧腹。口径24.4、残高12.5厘米。(图三六，1)

H20:8，陶罐。残剩口沿，夹砂红褐陶，侈口，圆唇，高领，弧肩，鼓腹，以下残。颈部饰一周凹弦纹，腹部饰浅篮纹。口径12.4、残高9.6厘米。(图三六，3)

H20:10，陶罐。残剩口沿，夹砂红褐陶，侈口，圆唇，小折沿，沿面内凹，高领，沿内有轮制痕迹。口径13.4、残高7.4厘米。(图三六，2)

H20:11，陶鼎足。夹砂红褐陶，凿形，足根部饰一圆形捺窝，两侧各饰一道刻槽。残长11.5厘米。(图三六，11)

H20:12，陶鼎足。夹砂红褐陶，柱状足。高11.5厘米。(图三六，12)

H20:13，陶鼎足。夹砂红褐陶，宽扁状长方形足，足面饰4道刻槽，足侧饰有一道刻槽。残长7.4厘米。(图三六，14)

H20:14，陶筒形杯。泥质黑陶，口部残，杯身内收为平底，近底部饰一周凹弦纹。底径8.2、残高11.2厘米。(图三六，10)

H20:15，陶器盖。夹砂红褐陶，矮喇叭形圈足捉手，弧壁，口部残。捉手径6.0、残高2.5厘米。(图三六，4)

H20:16，陶把手。绹索状，素面。残长9.4厘米。(图三六，13)

H26

位于T2北部，开口于F3下，向下打破生土。灰坑平面呈椭圆形，近直壁，不甚规整，平底。坑口长径2.14、短径1.58米，坑深0.22米。坑内堆积为灰黑色土，土质疏松，夹有红烧土颗粒及炭屑。出土陶片较少，以夹砂陶为主，泥质陶次之，少量的夹蚌陶，器类有折沿鼎、筒形杯、凿形鼎足等。(图三七)

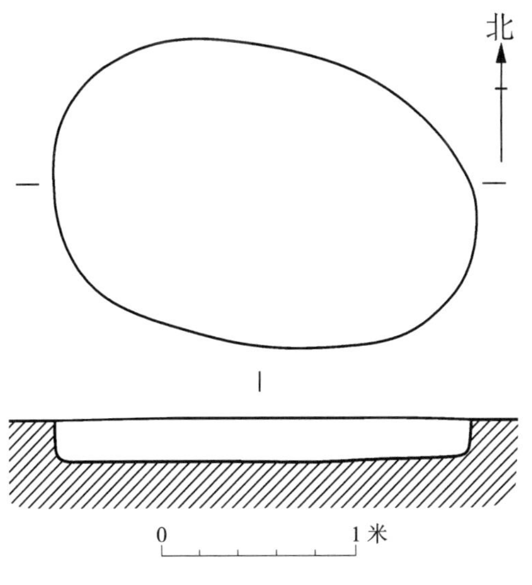

图三七　大汶口文化H26平、剖面图

H26:2，陶鼎足。夹砂红褐陶，凿形足，足根部饰有两个圆形捺窝，鼎足与腹部连接处有修抹痕迹，腹部饰篮纹。残高15.6厘米。(图三八，1)

H26:3，陶鼎。残剩口部，夹砂红褐陶，侈口，圆唇，折沿，沿面内凹，弧腹。残高12.8厘米。(图三八，3)

H26:4，陶鼎。残剩口部，夹砂红褐陶，侈口，圆唇，折沿。残高11.6厘米。(图三八，4)

H26:5，陶鼎足。夹砂红褐陶，宽扁状足。高9.6厘米。(图三八，2)

H26:6，陶筒形杯。残剩杯底，泥质灰陶，直腹，平底，近底部处有一周凹弦纹。底径5.7、残高1.6厘米。(图三八，5)

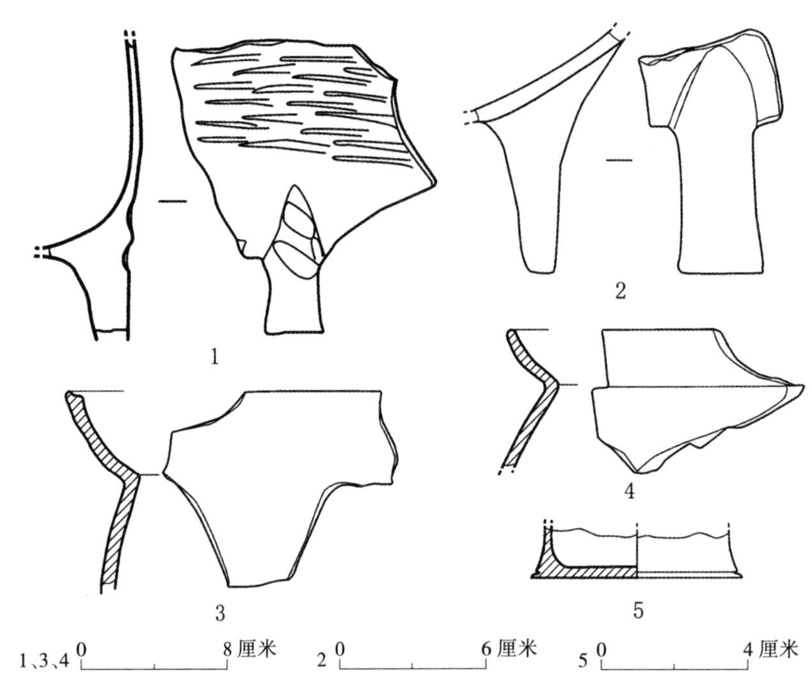

图三八 大汶口文化 H26 出土器物

1、2. 陶鼎足（H26∶2、5） 3、4. 陶鼎口沿（H26∶3、4） 5. 陶筒形杯底（H26∶6）

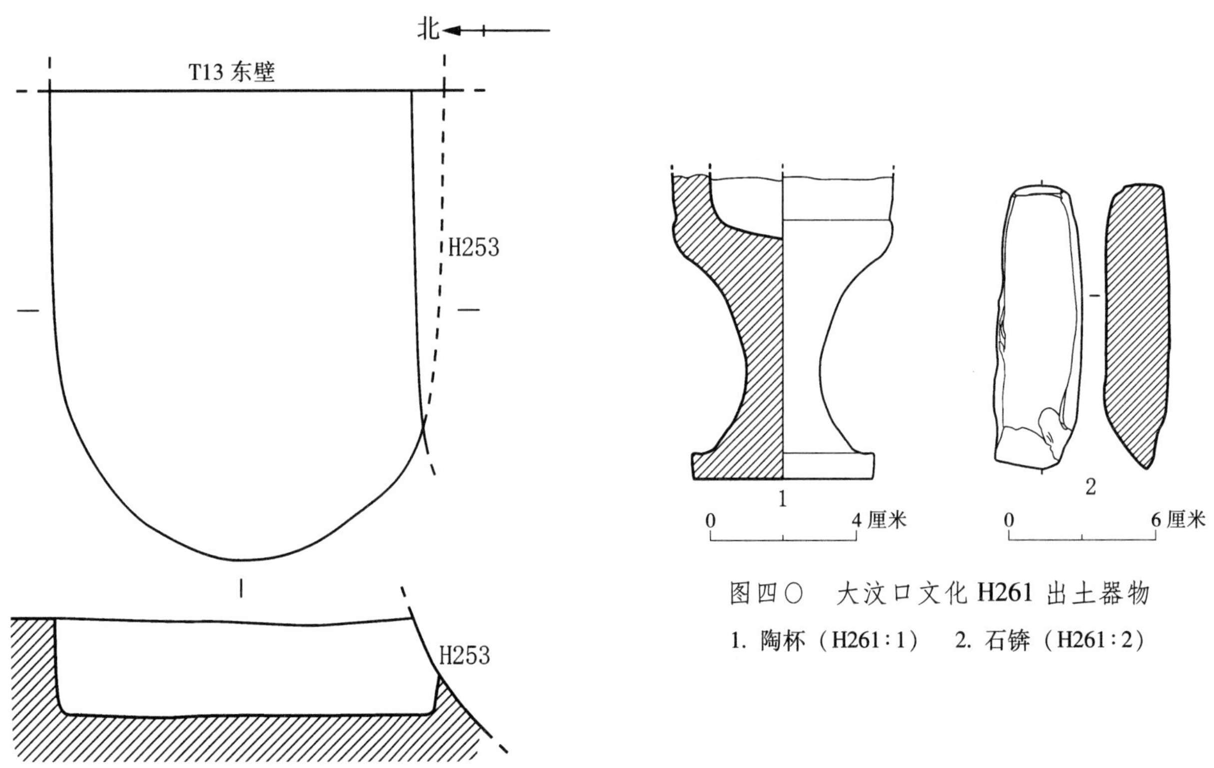

图四〇 大汶口文化 H261 出土器物

1. 陶杯（H261∶1） 2. 石锛（H261∶2）

图三九 大汶口文化 H261 平、剖面图

H261

位于T13东壁下，向东延伸出探方外，开口于第9层下，向下打破生土，同时被H253打破。坑口平面形状呈椭圆形，较规整，直壁，平底。坑口揭露部分长径2.49、短径2.0米，坑深0.51米。坑内堆积为黑灰土，土质疏松。出土遗物较多，陶器有厚胎高柄杯、罐等，石器有锛等。（图三九；图版二五，1）

H261∶1，陶厚胎高柄杯。泥质灰陶，口部残，浅弧腹，小高柄，平底，底部出台。底径4.8、残高8.0厘米。（图四〇，1；图版二五，2）

H261∶2，石锛。平面呈长条形，弧顶，两面平整，单面斜直刃，刃部有使用时留下的崩疤痕迹。长11.2、最宽3.6、最厚2.6厘米。（图四〇，2；图版二五，3、4）

H391

位于ⅢT4702西北部，向北延伸至北隔梁内，开口于第9层下，向下打破第10层至生土，同时被开口于第6层下的H377打破。坑口平面形状呈椭圆形，近直壁，坑底近平不甚规整。揭露部分长径1.66、短径0.8、深0.42米。坑内堆积为灰褐色土，土质疏松，夹杂大量草木灰烬。出土遗物较少，器类有陶罐、杯、鼎等。（图四一；图版二六，1）

H391∶1，陶瓮。夹砂黄褐陶，侈口，圆唇，尖圆唇，小高领，圆肩，深弧腹，平底，肩腹部饰有一周附加堆纹。口径23.0、底径17.5、高45.0厘米。（图四二，1；图版二六，2）

H391∶2，陶鼎。夹砂灰黑陶，侈口，尖圆唇，折沿，鼓腹，圜底，三足残剩足根，腹部饰浅篮纹。口径

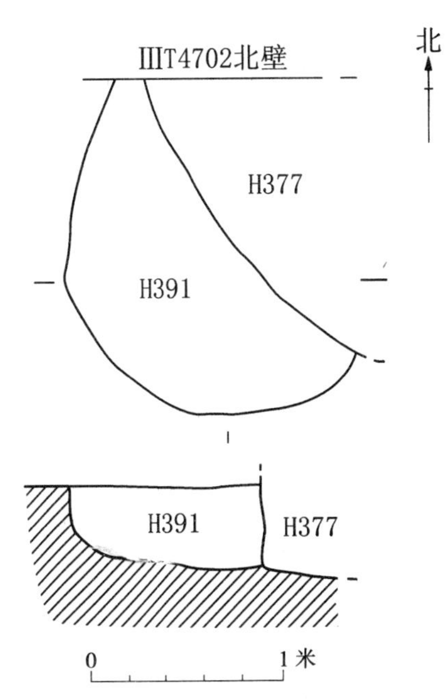

图四一 大汶口文化H391平、剖面图

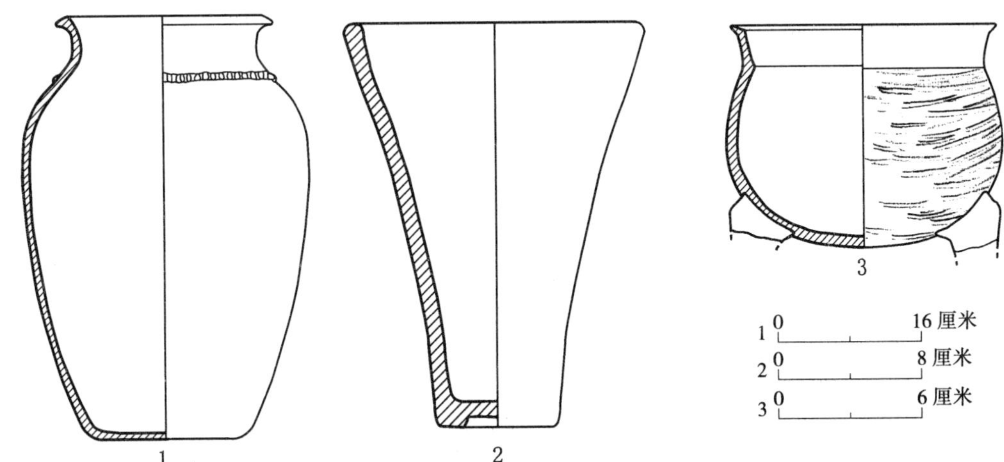

图四二 大汶口文化H391出土器物

1. 陶瓮（H391∶1） 2. 陶大口尊形器（H391∶3） 3. 陶鼎（H391∶2）

11.5、残高9.0厘米。(图四二，3；图版二六，3、4)

H391:3，陶大口尊形器。夹砂红褐陶，敞口，圆唇，斜直腹略弧，平底内凹。口径16.4、底径6.6、高21.6厘米。(图四二，2；图版二六，5)

H402

位于Ⅲ区T4805东北部，向北延伸至北隔梁内，开口于第9层下，向下打破第10层至生土，打破M127，同时被H392打破。揭露部分坑口呈半圆形，弧壁，平底。长径3.15、短径2.68、深0.48米。坑内堆积灰褐色土夹杂红烧土块及炭屑，土质较硬。出土遗物包括陶片及大量的蚌壳，陶器可辨器类有鼎、罐、器盖等。(图四三)

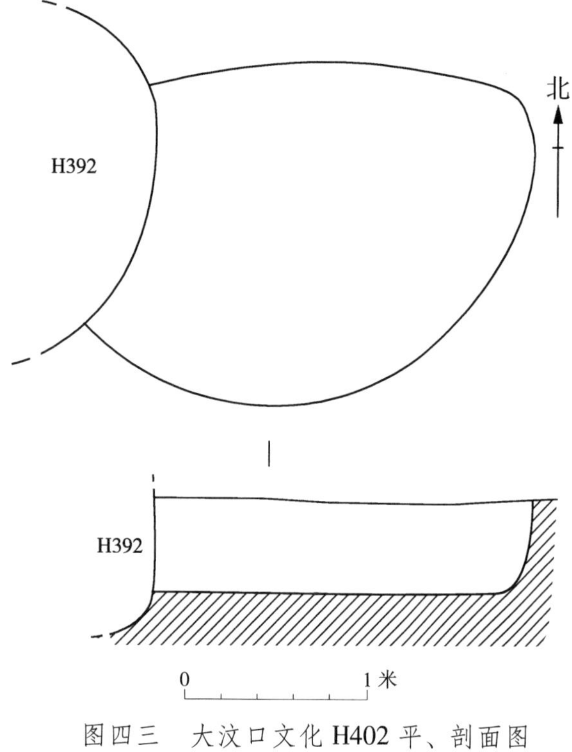

图四三 大汶口文化H402平、剖面图

H402:1，陶罐。夹细砂褐陶，残剩口部，侈口，圆唇，小高领，鼓肩。口径17.8、残高10.1厘米。(图四四，4)

H402:2，陶罐。残，斜腹，平底，腹部饰篮纹。底径20.4、残高8.0厘米。(图四四，2)

H402:3，陶鼎。夹砂灰黑陶，残剩口部，侈口，圆唇，折沿，沿面有一周弦纹，弧腹，腹部饰篮纹。残高11.8厘米。(图四四，1)

H402:4，陶器盖。夹砂褐陶，覆碗状，平顶略内凹，弧壁，敞口，圆唇。捉手径5.8、口径9、高2.1厘米。(图四四，3)

H402:5，陶鼎足。夹砂灰褐陶，凿形，足根部饰一圆捺窝。高8.9厘米。(图四四，5)

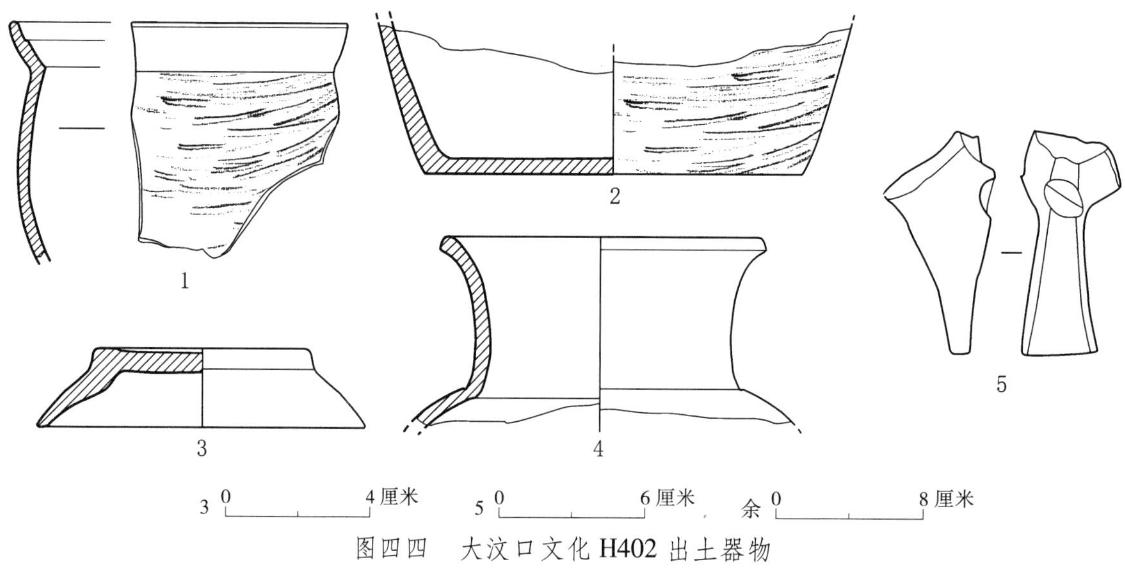

图四四 大汶口文化H402出土器物

1. 陶鼎(H402:3) 2、4. 陶罐(H402:2、1) 3. 陶器盖(H402:4) 5. 陶鼎足(H402:5)

H415

位于ⅢT4802西南部，开口于第9层下，打破第10层直至生土。坑口平面形状呈椭圆形，口大底小，斜壁，底近平。坑口长径1.56、短径1.4米，坑深约0.5米。坑内堆积为红烧土，土质坚硬，结构致密，烧土颗粒大小不一，直径约3~20厘米，内夹杂印痕清晰的稻草痕。填土内陶片以夹砂灰陶为多，泥质红陶次之，器类有罐、杯、篮纹缸腹片等。（图四五；图版二七，1）

H419

位于ⅢT4805东部，开口于第9层下，打破M126，被M90打破。坑口椭圆形，弧壁，圜底不规整。坑口长径2.5、短径1.67米，坑深0.54米。坑内堆积灰褐色土夹杂红烧土颗粒及草木灰，土质疏松。出土遗物以泥质灰陶为主，有厚胎筒形杯、凿形鼎足、垂腹罐等。（图四六）

H419:1，陶筒形杯。泥质红陶，厚胎，直口微侈，圆唇，浅直腹，平底。口径4.0、底径3.5、高3.3厘米。（图四七，1）

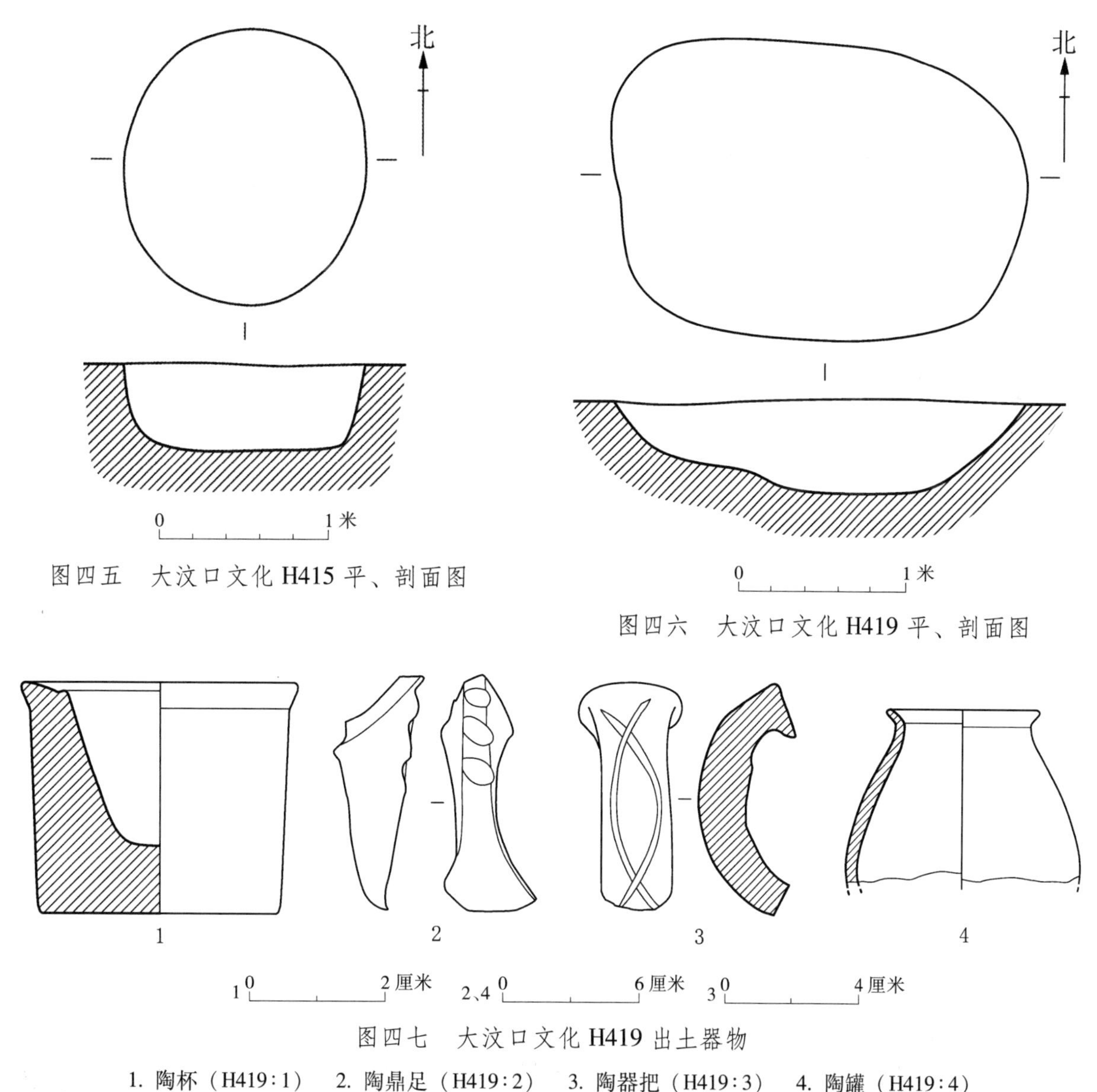

图四五　大汶口文化H415平、剖面图

图四六　大汶口文化H419平、剖面图

图四七　大汶口文化H419出土器物

1. 陶杯（H419:1）　2. 陶鼎足（H419:2）　3. 陶器把（H419:3）　4. 陶罐（H419:4）

H419∶2，陶鼎足。夹砂灰褐陶，凿形足，足尖略外撇，足根部有三个圆形捺窝。高10.1厘米。（图四七，2）

H419∶3，陶器把。夹砂红褐陶，半环形，饰两道交叉刻槽。残长6.6厘米。（图四七，3）

H419∶4，陶罐。泥质灰陶，残剩口部，小侈口，圆唇，窄折沿，弧腹下垂，素面。口径4.5、残高5.0厘米。（图四七，4）

H426

位于ⅢT4904西南部，开口于第9层下，打破第10层直至生土，北部被H425打破。坑口平面形状呈椭圆形，弧壁，底近平。坑口长径1.5、短径1.15米，坑深0.3米。坑内堆积为灰褐色，夹杂有烧土块，土质较硬。出土有凿形鼎足、豆柄、罐等陶片。（图四八）

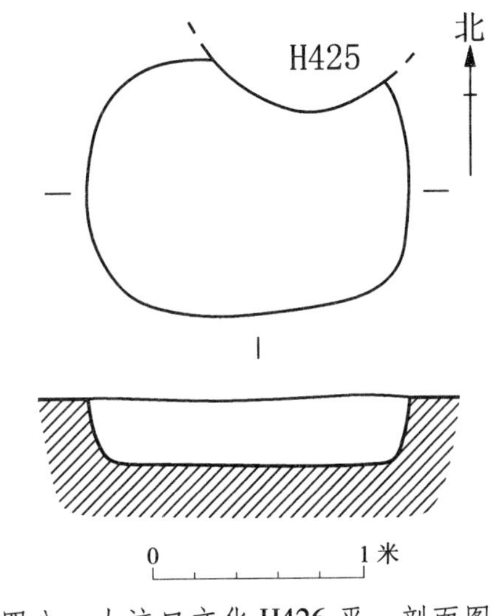

图四八　大汶口文化H426平、剖面图

H426∶1，陶鼎足。夹砂红褐陶，凿形足，足尖残，足根部饰一圆形捺窝。残高9.5厘米。（图四九，1）

H426∶2，陶罐。夹砂红褐陶，残剩口部，直口，方唇，直腹略弧，腹部饰有一周附加堆纹，通体饰横向篮纹。残高9.6厘米。（图四九，2）。

H426∶3，陶豆。残剩豆柄，夹砂黑陶，细长柄，上饰有三角形、圆形镂孔组成的纹饰。残高6.9厘米。（图四九，3）

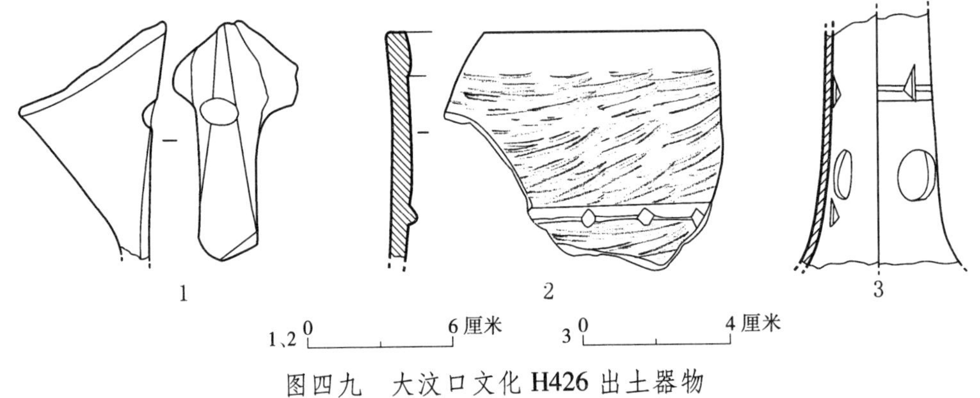

图四九　大汶口文化H426出土器物

1. 陶鼎足（H426∶1）　2. 陶罐口沿（H426∶2）　3. 陶豆柄（H426∶3）

H429

位于ⅢT4805东南部，开口于第9层下，向下打破第10层直至生土，并打破开口于同一层下的H434。坑口平面形状呈椭圆形，直壁平底。长径1.84、短径1.62、深0.33米。坑内堆积为灰褐色土夹杂烧土颗粒及草木灰，土质较硬。出土陶片以泥质灰陶较多，纹饰以篮纹为主，器类有鼎、罐、盆等。（图五〇；图版二七，2）

H429∶1，陶鼎。夹细砂黑陶，侈口，圆唇，残折沿，沿面内凹，束颈，弧鼓腹，平底，

三凿形足，上腹部饰有一道凹弦纹。口径15.6、残高14.8厘米。（图五一，1；图版二七，3）

H429:2，陶罐。夹砂黑陶，残剩口部，侈口，圆唇，沿微外卷，沿面内凹，小高领，弧肩，肩部有一对称绞索状耳。口径37.0、残高13.0厘米。（图五一，3；图版二七，4）

H429:3，陶鬶。夹砂灰褐陶。残高13.2厘米。（图五一，2；图版二七，5）

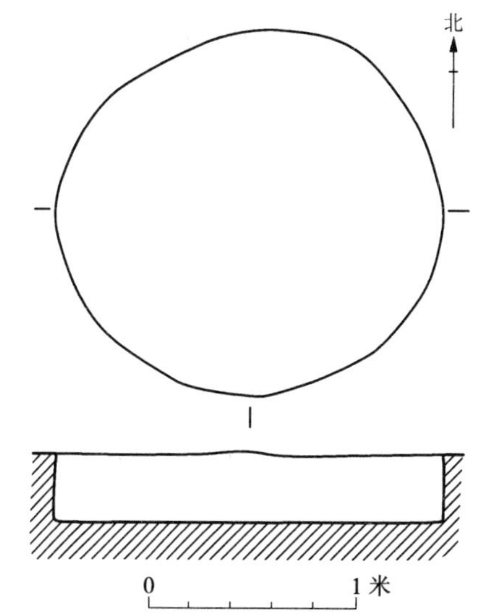

图五〇　大汶口文化H429平、剖面图

H431

位于ⅢT4906西南部，开口于第8层下，向下打破第9层及M134。坑口平面形状呈椭圆形，坑壁为弧壁，底近平。长径1.57、短径1.26、深0.42米。坑内堆积为灰褐色土，夹杂红烧土颗粒，土质略硬。出土遗物较少，器类有陶鼎、罐、甗足等。（图五二；图版二八，1）

H431:1，陶鼎。夹砂灰褐陶，侈口，方唇，唇面内凹，斜折沿，鼓腹，圜底，三凿形足，足尖残，足根部饰两个圆形捺窝。口径18.6、残高14.0厘米。（图五三，1；图版二八，2）

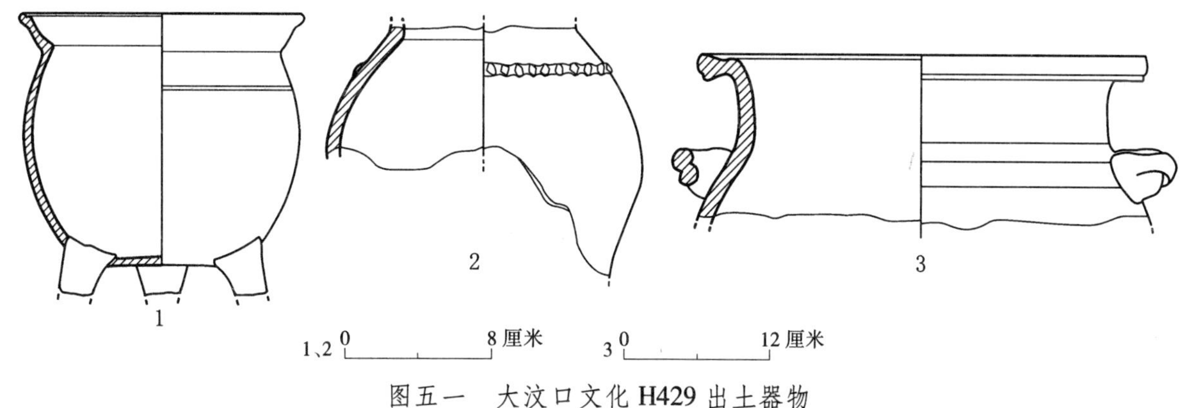

图五一　大汶口文化H429出土器物

1. 陶鼎（H429:1）　2. 陶鬶（H429:3）　3. 陶罐（H429:2）

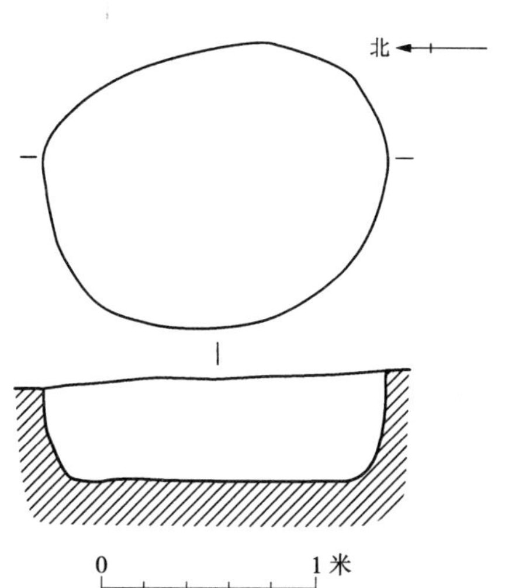

图五二　大汶口文化H431平、剖面图

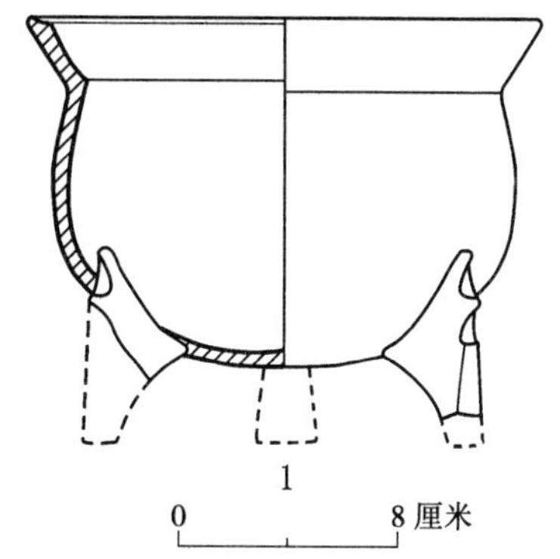

图五三　大汶口文化H431出土器物

1. 陶鼎（H431:1）

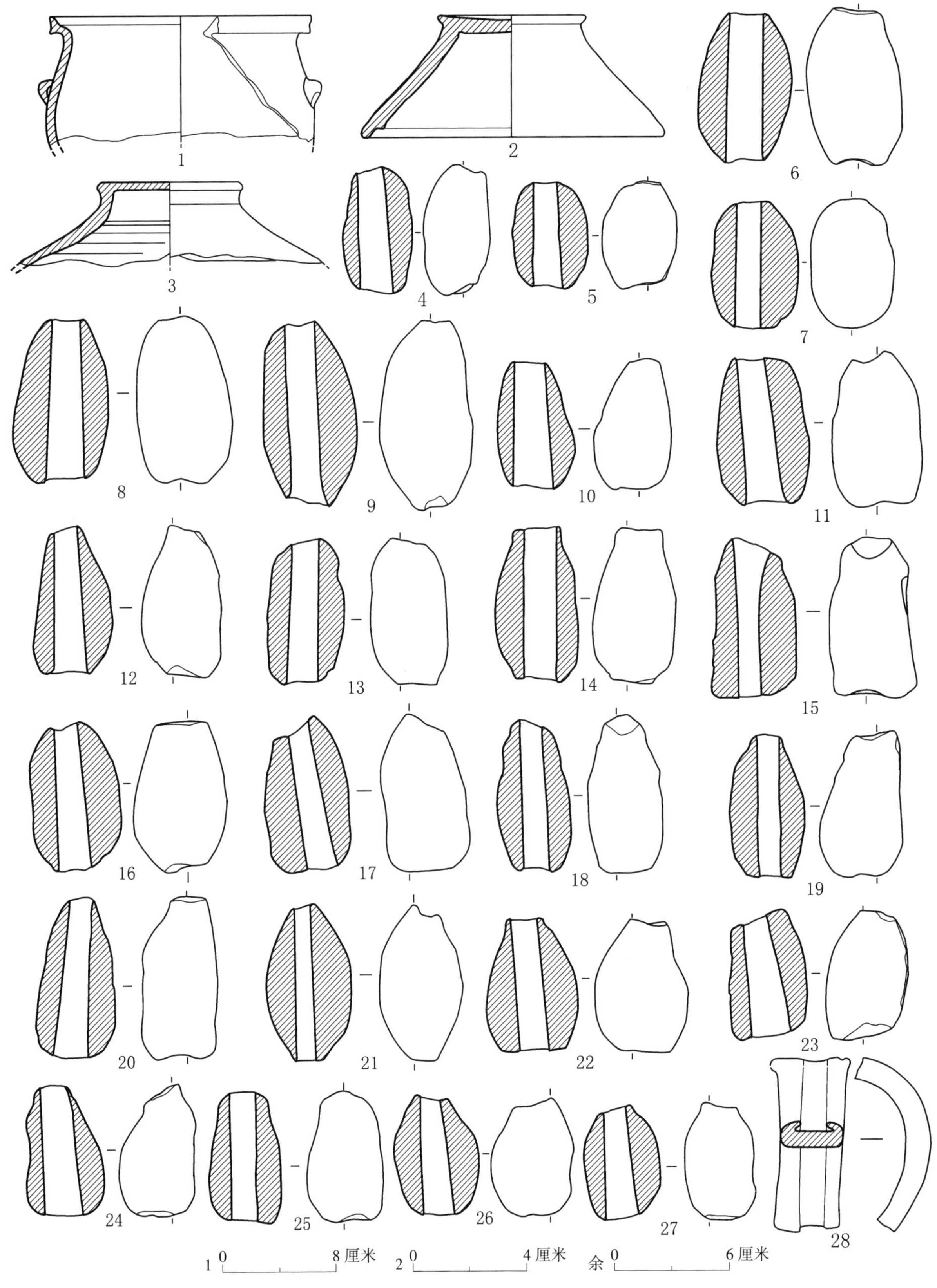

图五四　大汶口文化 H515 出土器物

1. 陶罐（H515:28）　2、3. 陶器盖（H515:2、29）　4～27. 陶网坠（H515:3、26、24、6、18、17、13、4、12、11、5、16、9、20、10、25、14、23、22、15、8、21、19、7）　28. 陶器把（H515:27）

H515

位于ⅢT4808东南部，开口于HT1下，向下打破第9层及M243等。坑口平面呈椭圆形，弧壁，近平底。坑口长径1.97、短径1.12米，坑深0.14～0.3米。坑内堆积为颗粒较大的红烧土堆积，土质较硬。出土陶片以夹砂黑陶和灰陶为主，少量的泥质陶，器类有罐、器盖、凿形鼎足、壶、篮纹缸腹片及20余件陶网坠。（图五四、五五；图版二九，1）

H515:1，骨针。通体光滑，尾端有一圆孔。长9.7厘米。（图版二九，2、3）

H515:2，陶器盖。夹砂黑陶，覆碗形，平顶略内凹，斜直壁略弧，圆唇，凹沿，敞口。捉手径5.1、口径10.4、高4.1厘米。（图五四，2；图版二九，4）

H515:3～26，均为陶网坠。夹砂陶手制而成，形制接近，长椭圆形，中纵穿一圆孔。长5.2～6厘米。（图五四，4～27；图版三〇～三二）

H515:27，陶器把。夹砂灰褐陶，半环形条带状。残高8.8厘米（图五四，28；图版二九，5）

H515:28，陶罐。夹砂黑陶，残剩口部，直口略外侈，方唇，唇面内凹，弧腹，上腹部饰有一对称耳。口径18.2、残高8.4厘米。（图五四，1；图版二九，6）

H515:29，陶器盖。夹砂黑陶，口部残，覆碗形，柄形捉手，弧壁，内壁有轮制痕迹。捉手径7.6、残高4.4厘米。（图五四，3）

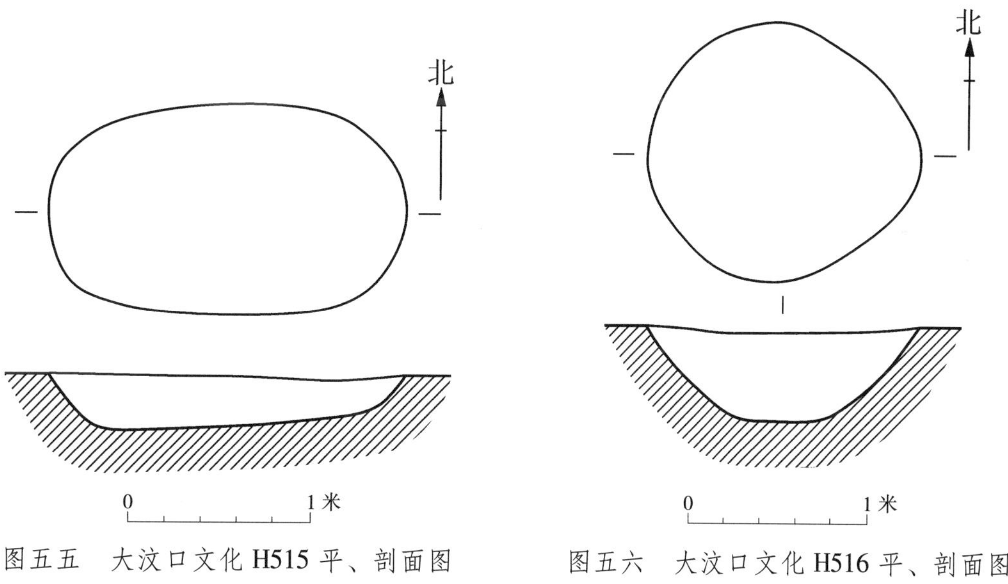

图五五　大汶口文化H515平、剖面图　　图五六　大汶口文化H516平、剖面图

H516

位于ⅢT4708西北部，开口于第8层下，打破第9层。坑口形状近椭圆形，斜壁略弧，底近平。长径1.5、短径1.38、深0.46米。坑内堆积为浅灰色土夹杂烧土颗粒及草木灰烬，土质疏松。出土陶片以夹砂红褐陶为主，夹砂灰陶次之，器表多饰有篮纹，陶器器类有鼎、壶、纺轮、箅子等，石器有石斧等。（图五六；图版三三，1）

H516:1，陶纺轮。夹砂灰黑陶，平面圆形，剖面呈梯形，顶部内凹，中有一圆孔，器表光滑。直径3.9～4.8、孔径0.5、厚1.1厘米。（图五七，7；图版三三，2）

H516:2，陶箅。夹砂灰陶，敞口，圆唇，弧腹内曲，平底，底上有多个圆形箅孔，底部

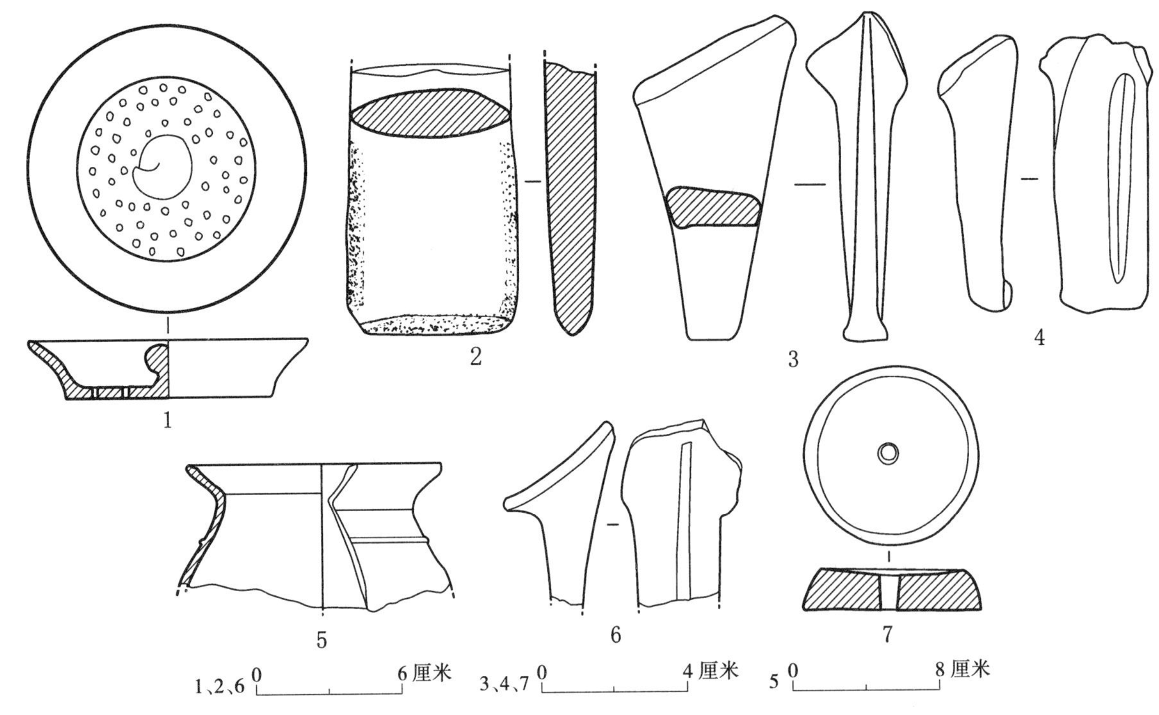

图五七 大汶口文化H516出土器物

1. 陶箅（H516:2） 2. 石斧（H516:3） 3、4、6. 陶鼎足（H516:7、6、5） 5. 陶鼎（H516:4） 7. 陶纺轮（H516:1）

正中有一突起圆形捉手。口径11.4、底径8.4、高2.3厘米。（图五七，1；图版三三，3）

H516:3，石斧。平面呈上窄下宽的梯形，顶残，双面直刃，两面光滑。残长10.5、宽7.0、厚2.2厘米。（图五七，2；图版三三，4）

H516:4，陶鼎。夹砂褐陶，残剩口部，侈口，圆唇，斜折沿，弧腹，腹部饰一周凸弦纹。口径13.8、残高7.8厘米。（图五七，5）

H516:5，陶鼎足。夹砂红褐陶，凿形足，足尖残，足面饰一道刻槽。高6.7厘米。（图五七，6）

H516:6，陶鼎足。夹砂红褐陶，宽扁状足，足尖外撇，足面有两道刻槽。残高7.3厘米。（图五七，4）

H516:7，陶鼎足。夹砂红褐陶，侧三角形足。高8.7厘米。（图五七，3）

H522

位于ⅢT4809南壁下，向南延伸至ⅢT4810内。开口于HT1下，向下打破第10层。坑口形状近椭圆形，弧壁圜底。长径2.9、短径2.5、深0.16米。坑内填土为颗粒大小不一的烧土堆积，土质坚硬。出土陶片较少，主要为夹砂红陶，少量泥质陶，器类有厚胎高柄杯、鼎足等。（图五八）

H522:1，陶鼎足。夹砂褐陶，弧腹，宽扁状铲形足，足尖残，腹部饰一周附加堆纹，并

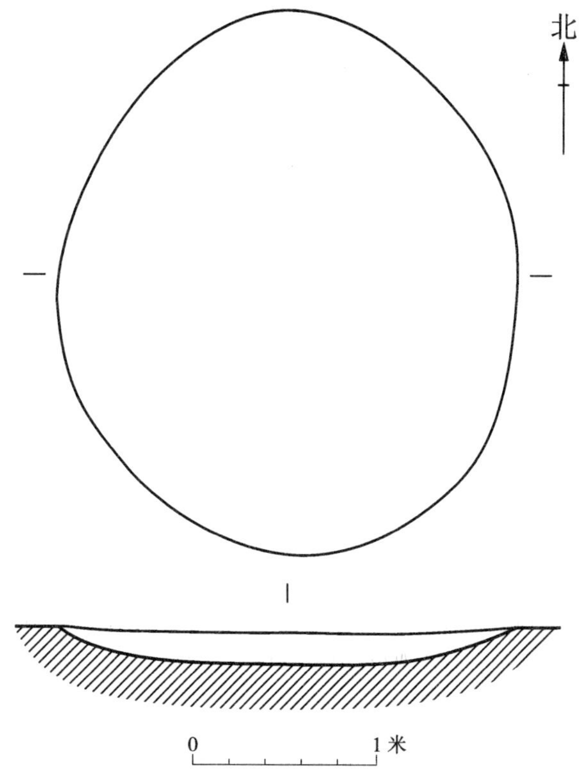

图五八　大汶口文化 H522 平、剖面图

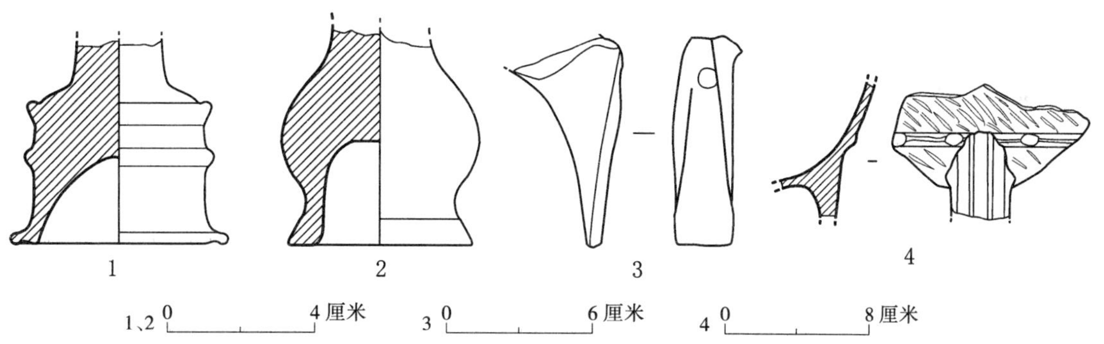

图五九　大汶口文化 H522 出土器物

1、2. 陶杯（H522∶3、4）　3、4. 陶鼎足（H522∶2、1）

有斜向篮纹，足面正中饰两道刻槽。残高 7.0 厘米。（图五九，4）

H522∶2，陶鼎足。夹砂褐陶，凿形，足根部有一圆形浅捺窝。高 8.4 厘米。（图五九，3）

H522∶3，陶杯。夹砂褐陶，残存底部，实心细柄，矮圈足，圈足上两道突棱。底径 6.0、残高 5.4 厘米。（图五九，1）

H522∶4，陶杯。夹砂红褐陶，残剩底部。残高 5.7 厘米。（图五九，2）

H524

位于ⅢT4809 中部，开口于 HT1 下，向下打破第 10 层，并被同样开口在 HT1 下的 H523

打破。坑口形状近椭圆形，弧壁，底近平。坑口长径 1.7、短径 0.9 米，坑深 0.64 米。坑内堆积为灰褐色土，土质疏松，夹杂草木灰烬。出土有少量陶片及大量蚌壳、兽骨等，陶片多碎小，可辨器形有鼎、罐等。（图六〇）

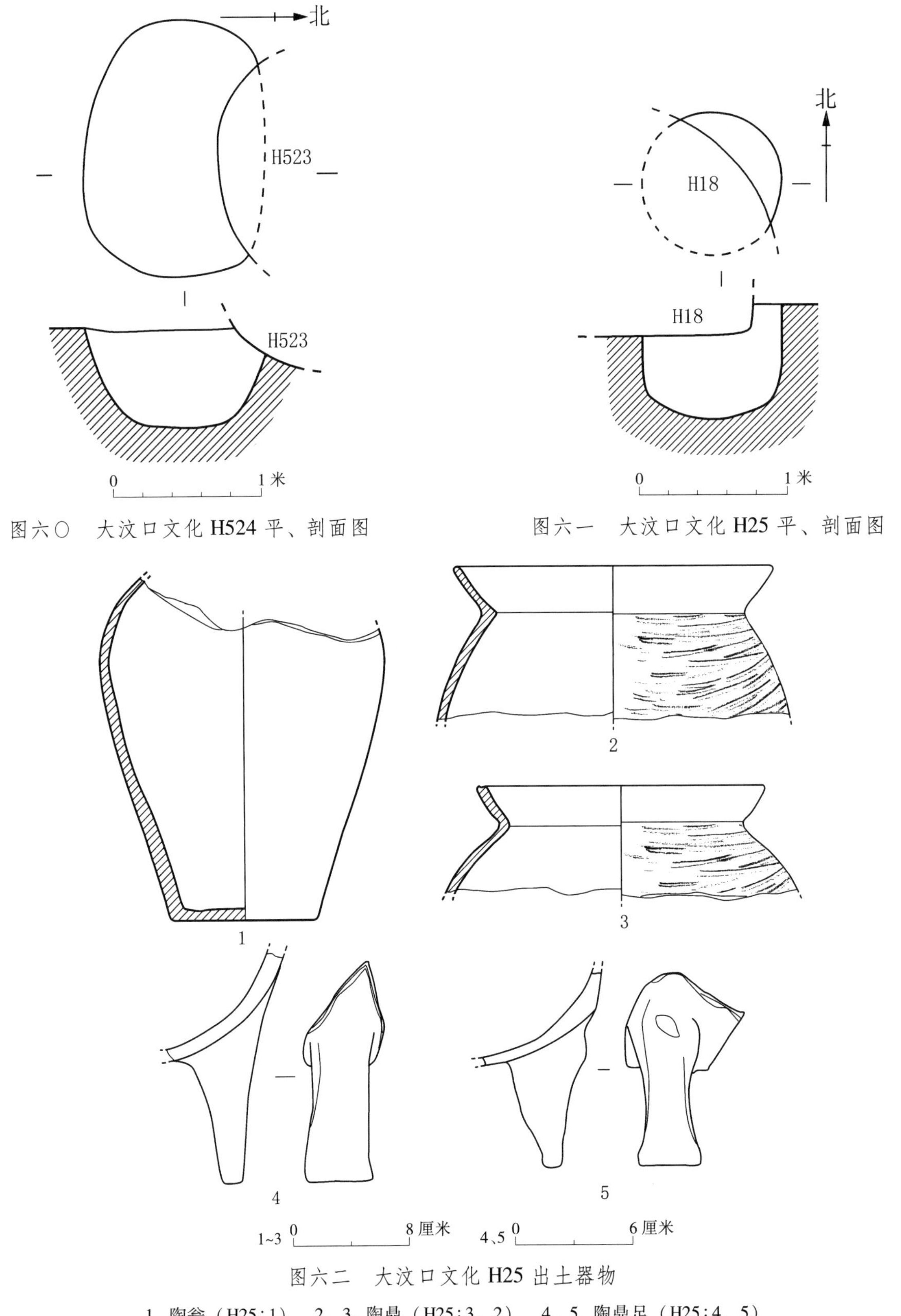

图六〇　大汶口文化 H524 平、剖面图

图六一　大汶口文化 H25 平、剖面图

图六二　大汶口文化 H25 出土器物

1. 陶瓮（H25∶1）　2、3. 陶鼎（H25∶3、2）　4、5. 陶鼎足（H25∶4、5）

2）圆形

H25

位于 T3 西北部，开口于第 7 层下，向下打破生土，同时被 H18 打破。平面形状呈圆形，直壁，圜底，坑壁较规整。直径 0.94、深 0.73 米。坑内堆积为灰黑色土，土质疏松，夹红烧土颗粒及炭屑。出土陶片较少，器类有鼎、罐、壶等。（图六一）

H25∶1，陶瓮。泥质灰陶，口部残，弧肩，深弧腹，平底。底径 10.2、残高 22.8 厘米。（图六二，1）

H25∶2，陶鼎。残剩口部，夹砂褐陶，侈口，方唇，唇面有一周凹槽，折沿，弧腹，腹部饰横向篮纹。口径 19.4、残高 7.2 厘米。（图六二，3）

H25∶3，陶鼎。残剩口部，夹砂红褐陶，侈口，圆唇，折沿，弧腹，腹部饰篮纹。口径 21.6、残高 10.4 厘米。（图六二，2）

H25∶4，陶鼎足。夹砂红褐陶，宽扁长方形足，高 10.8 厘米。（图六二，4）

H25∶5，陶鼎足。夹砂红褐陶，凿形足，足根部有一圆形浅捺窝。残高 9.4 厘米。（图六二，5）

H104

位于 T7 南壁下，向南伸出探方外，未完全揭露，开口于第 10 层下，打破第 11、12 层至生土，同时被 H83 打破。揭露部分坑口形状呈半圆形，斜壁平底。坑口直径约 6.6 米，深 0.42 米。坑内堆积为灰黑色，夹较多的红烧土颗粒及少量炭屑，土质略硬。出土遗物较多，可辨器类有折沿鼎、器盖、纺轮等。（图六三）

H104∶1，陶纺轮。泥质灰陶，平面近圆形，剖面呈上略窄下略宽的梯形，薄厚不一，中间有一圆孔。直径 4.7、孔径 0.4、厚 1.2～1.4 厘米。（图六四，4）

H104∶2，陶器盖。夹砂红陶，覆碗形，柄形捉手，平顶，弧壁，敞口，圆唇，捉手上饰有一周捺窝。捉手径 8.8、口径 14.4、高 6.3 厘米。（图六四，1）

H104∶3，夹砂黑陶腹片。上刻有一“⌛”字符号。（图六四，3）

H104∶4，陶鼎足。夹砂红褐陶，凿形，足面有五个圆形捺窝，两侧各有一道刻槽。高 9.8 厘米。（图六四，5）

H104∶5，陶器盖。夹砂红褐陶，平顶，弧壁，口部残。残高 5.2 厘米。（图六四，2）

H104∶6，陶鼎足。夹砂红褐陶，柱形。高 7.5 厘米。（图六四，6）

H188

位于 T11 西南角，开口于第 10 层下，向下打破生土，被 G8 打破。坑口平面形状近圆形，较为规整，斜直壁，底近平。直径 1.7～1.8、深 0.3 米。坑内堆积为深灰褐色，土质疏松。出土遗物较多，包括有陶片、兽骨、蚌壳等，陶器有侈口小高领鼓肩深腹罐、侈口折沿深腹鼎、深腹罐等。（图六五；图版三四，1）

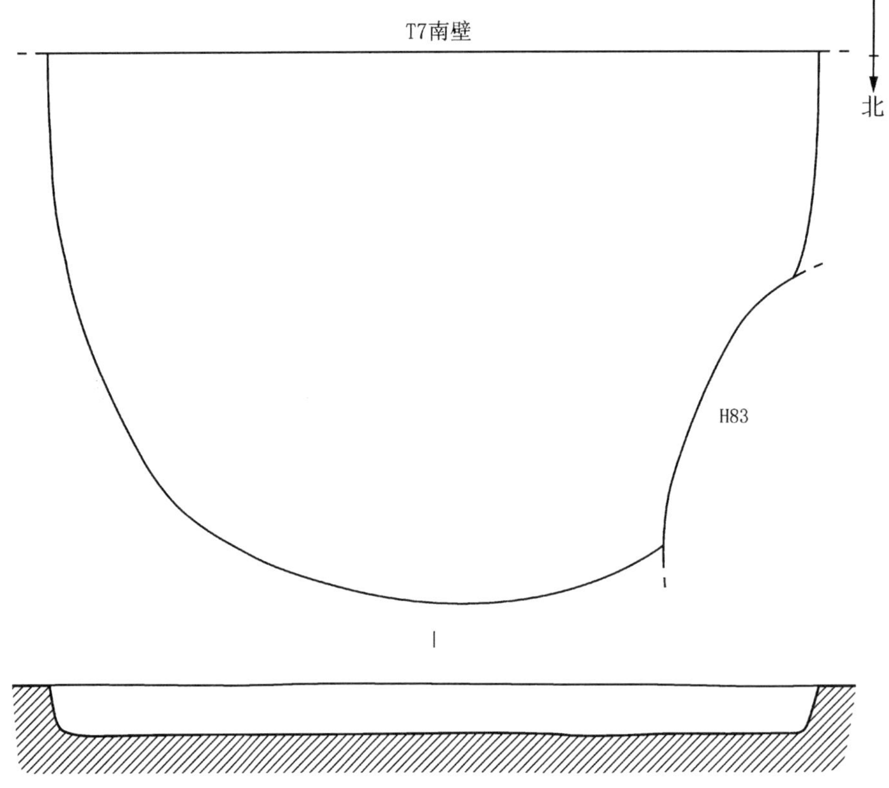

图六三　大汶口文化H104平、剖面图

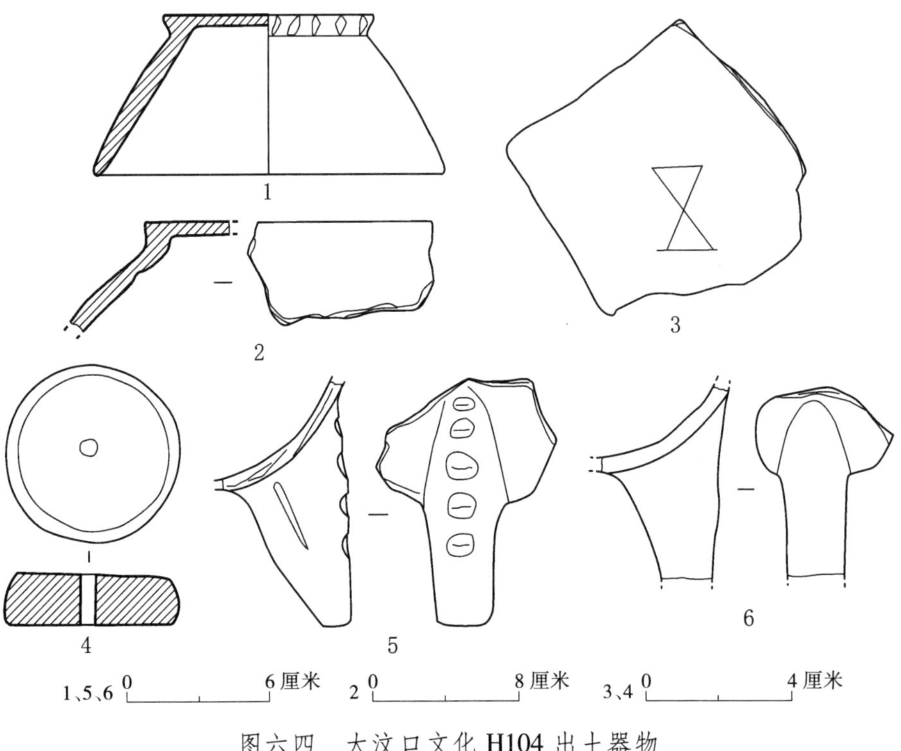

图六四　大汶口文化H104出土器物

1、2. 陶器盖（H104:2、5）　3. 刻符陶片（H104:3）　4. 陶纺轮（H104:1）
5、6. 陶鼎足（H104:4、6）

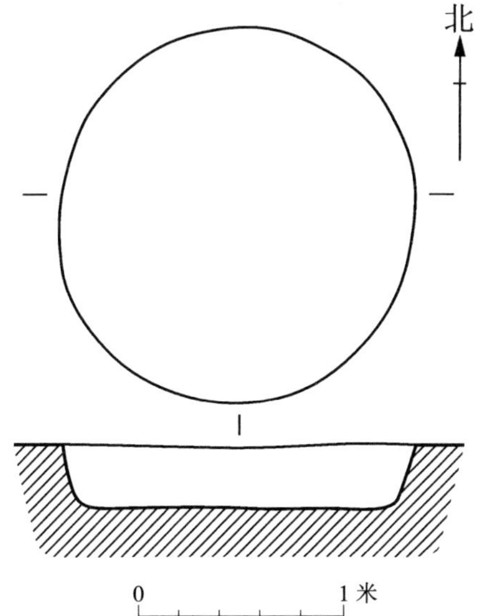

图六五　大汶口文化H188平、剖面图

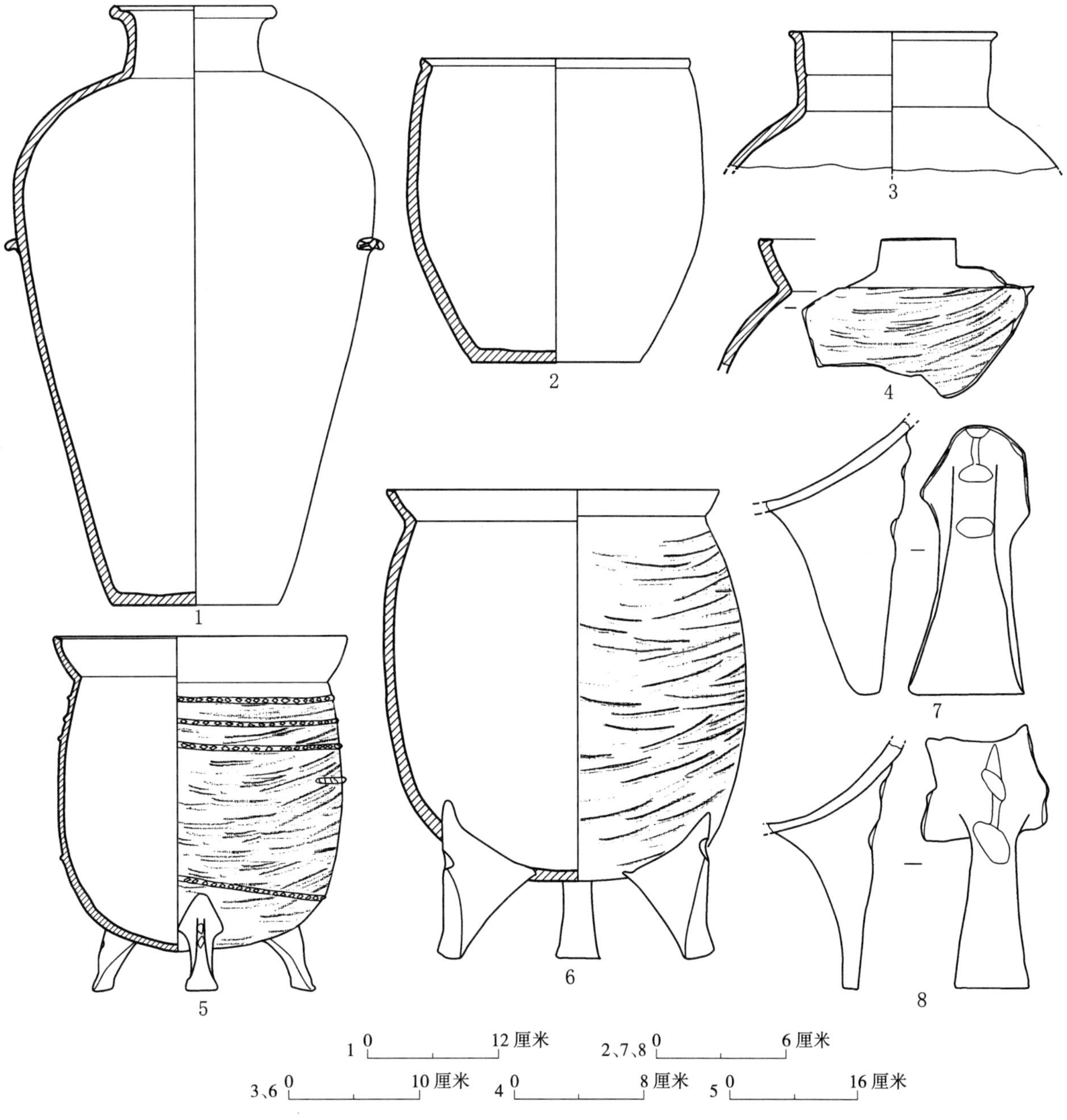

图六六　大汶口文化H188出土器物

1. 陶瓮（H188：4）　2、3. 陶罐（H188：1、7）　4～6. 陶鼎（H188：8、3、2）　7、8. 陶鼎足（H188：6、5）

H188∶1，陶罐。泥质红褐陶，侈口，尖唇，窄折沿，深弧腹，平底，素面。口径 12.3、底径 7.8、高 13.5 厘米。（图六六，2；图版三五，1）

H188∶2，陶鼎。夹砂褐陶，侈口，尖圆唇，折沿，深弧腹，圜底，凿形足，足根部饰一圆形捺窝，腹部饰篮纹。口径 25.4、高 35.0 厘米。（图六六，6；图版三五，2）

H188∶3，陶鼎。夹砂红褐陶，侈口，圆唇，折沿，沿面内凹，深弧腹，圜底，下附三扁凿形足，足根部有两个圆形捺窝，腹部有四周附加堆纹，通体饰篮纹，腹中部饰一对鸡冠形小纽。口径 36.0、高 42.0 厘米。（图六六 ，5；图版三五，3）

H188∶4，陶瓮。泥质灰陶，侈口，圆唇，凹沿，小高领，鼓肩，深弧腹，平底，上腹部饰一对称鸡冠状鋬手。口径 14.4、底径 15.0、高 53.4 厘米。（图六六，1；图版三五，4）

H188∶5，陶鼎足。夹砂红褐陶，铲形足，足根部饰两个圆形捺窝。高 11.7 厘米。（图六四，8）

H188∶6，陶鼎足。夹砂红褐陶，铲形足，足根处饰两圆形捺窝。高 12.0 厘米。（图六六，7）

H188∶7，陶罐。残剩口部，夹砂灰陶，直口，方唇，小高领，溜肩。口径 16、残高 10.0 厘米。（图六六，3）

H188∶8，陶鼎。残剩口部，夹砂红褐陶，侈口，圆唇，唇面饰一周凹槽，折沿，弧腹，腹部饰横向篮纹。残高 9.3 厘米。（图六六，4）

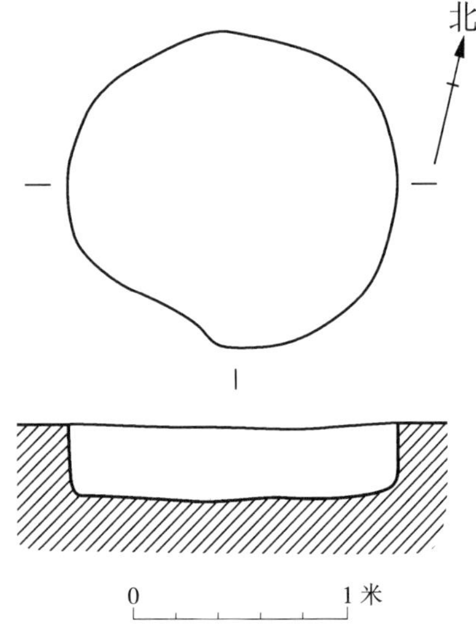

图六七　大汶口文化 H268 平、剖面图

H268

位于 T12 中部，开口于第 9 层下，向下打破第 10 层及 G11、F17，坑口形状近圆形，西南部略内凹，直壁，底近平。坑口直径 1.54、深 0.3 米。坑内堆积为灰黑色，夹少量红烧土颗粒，土质疏松。出土遗物较少。（图六七）

H268∶1，陶罐。夹砂灰陶，侈口，圆唇，折沿，鼓腹，平底。口径 9.4、底径 5.8、高 10.0 厘米。（图六八，7；参见图版三八，3）

H268∶2，陶罐。残剩口部，侈口，尖圆唇，窄折沿，弧鼓腹，腹部饰多道突棱。残高 13.6 厘米。（图六八，1）

H268∶3，陶罐。夹砂灰陶，口部残，鼓腹，下腹内收为平底。底径 6.7、残高 11.6 厘米。（图六六，2）

H268∶4，陶盆。泥质黑陶，残剩口部，敞口，尖圆唇，折腹。残高 5.5 厘米。（图六八，5）

H268∶5，陶罐。泥质灰陶，残剩口部，小直口，圆唇，弧腹。残高 5.4 厘米。（图六八，4）

H268∶6，陶盆。泥质黑陶，残剩口部，敞口，圆唇，斜折沿，折腹，素面。残高 6.3 厘米。（图六八，3）

H268∶7，陶器足。夹砂红褐陶，圆锥状，可能为鼎或鬶足。高 3.4 厘米。（图六八，6）

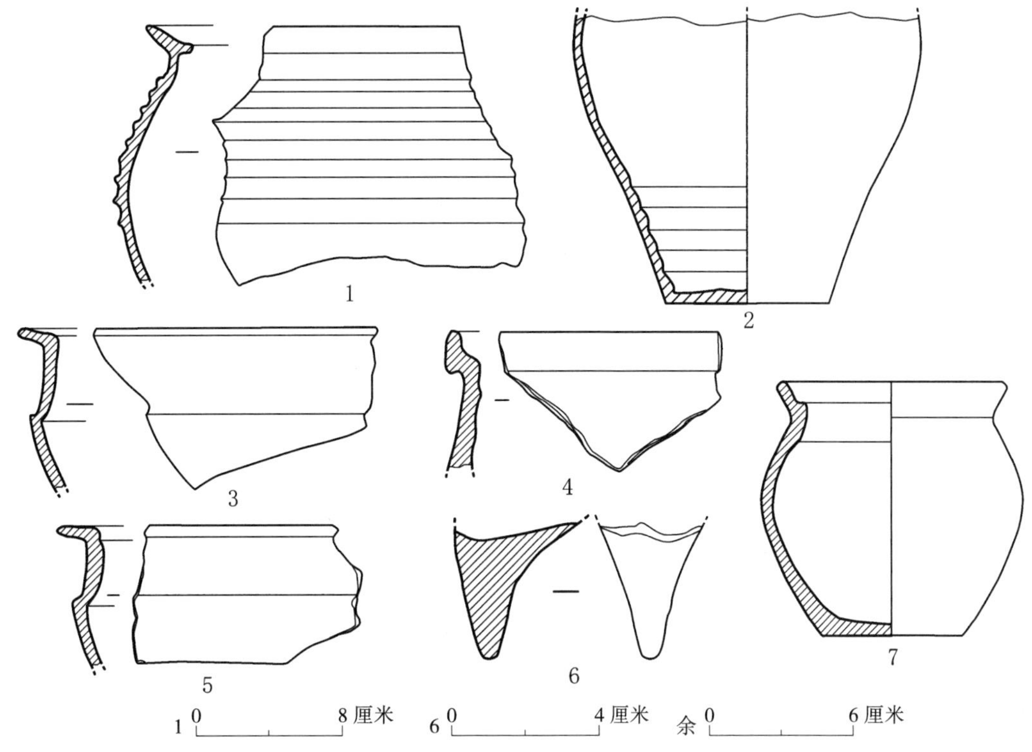

图六八　大汶口文化 H268 出土器物

1、2、4、7. 陶罐（H268∶2、3、5、1）　3、5. 陶盆（H268∶6、4）　6. 陶器足（H268∶7）

H504

位于ⅢT4708 北部，开口于第 8 层下，向下打破第 9 层及 M246。坑口形状呈圆形，弧壁，底近平。坑口直径约 2.6 米，坑底直径约 2.2 米。坑内堆积分两层，第 1 层为烧土块堆积，结构紧密，土质较硬，厚度 0.1～0.22 米，该层堆积内包含物极少；第 2 层堆积呈浅灰色，土质疏松，厚度 0.16～0.26 米。出土陶片相对较多，以夹砂红陶、红褐陶为主，泥质陶少量，多素面，纹饰以篮纹为主，器类主要包括有鼎足、壶口沿、鼎口沿、罐口沿等。（图六九；图版三四，2）

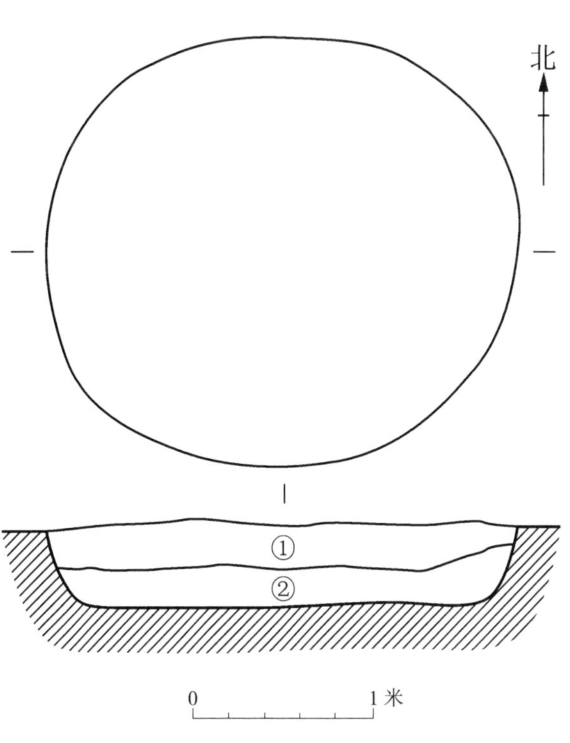

图六九　大汶口文化 H504 平、剖面图

H504②∶1，陶鼎足。夹砂红褐陶，铲形，足根部饰有一圆形捺窝。高 11.0 厘米。（图七〇，1）

H504②∶2，陶鼎足。夹砂红褐陶，凿形，足面上饰有一圆形捺窝。高 8.2 厘米。（图七〇，5）

H504②∶3，陶鼎足。夹砂红褐陶，锥状，

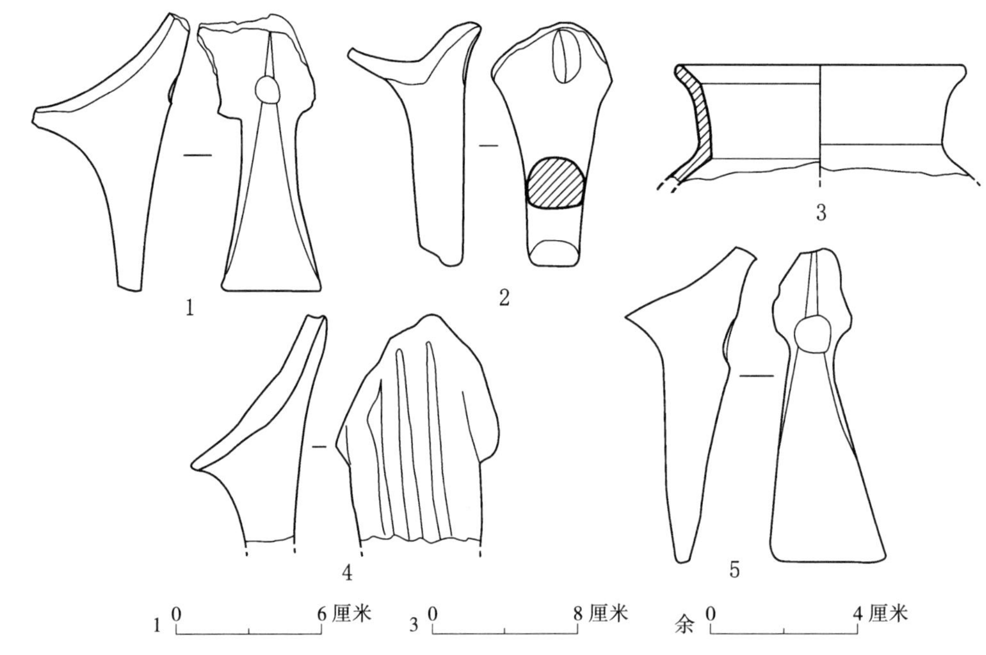

图七〇　大汶口文化H504出土器物

1、2、4、5. 陶鼎足（H504②:1、3、5、2）　3. 陶罐（H504②:7）

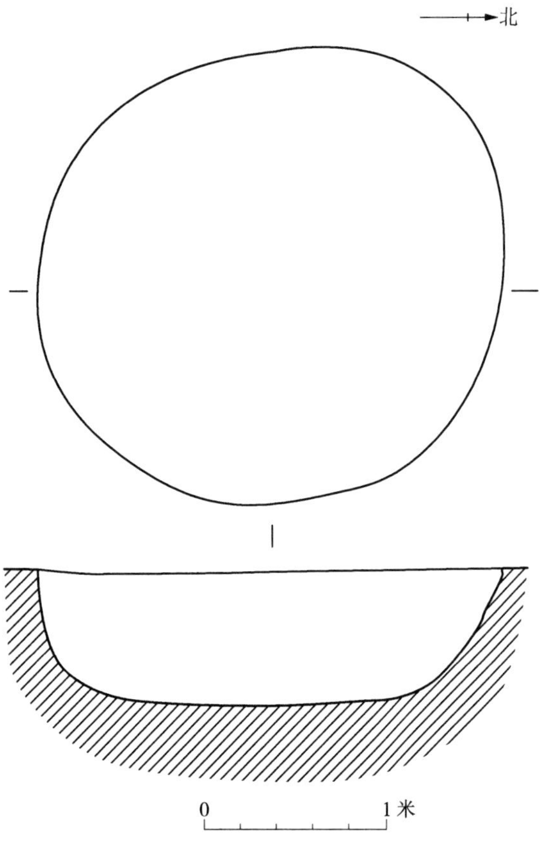

图七一　大汶口文化H527平、剖面图

足根部有一圆形捺窝。高6.4厘米。（图七〇，2）

H504②:5，陶鼎足。夹砂黄褐陶，凿形，足尖残，足面有三道刻槽。残高6.0厘米。（图七〇，4）

H504②:7，陶罐。夹砂褐陶，侈口，圆唇，小高领，弧肩。口径15.8、残高6.0厘米。（图七〇，3）

H527

位于ⅢT4908西壁下，向西延伸出探方外，开口于第8层下，向下打破第9层及M264、M265。揭露部分平面形状呈近圆形，弧壁，底近平。直径2.56、深0.7米。坑内堆积为灰褐色，夹杂有红烧土块及草木灰颗粒，土质略硬。填土内出土遗物较少，主要为陶片，器类有鼎、鼎足、豆、杯等，石器有石铲等。（图七一）

H527:1，石铲。呈上窄下宽的长梯形，平顶略残，弧刃，两面平整，刃部及两侧有使用疤痕。长12.6、宽4.1~6.9、厚0.6厘米。（图七二，1）

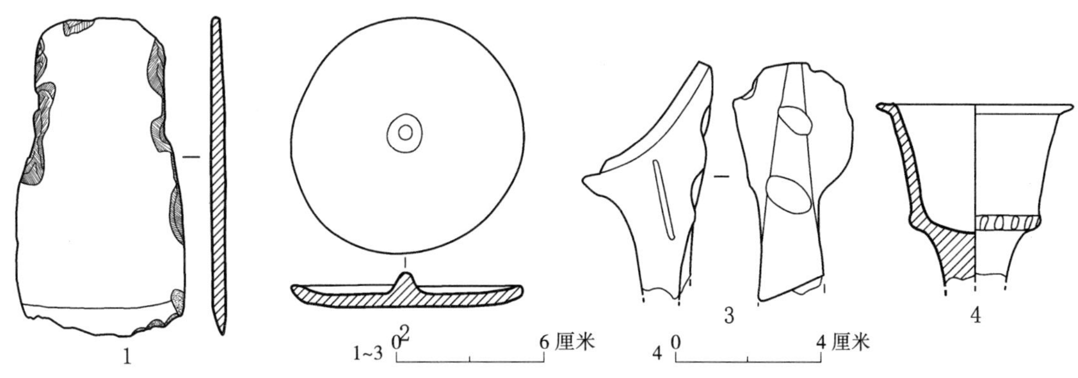

图七二　大汶口文化 H527 出土器物

1. 石铲（H527:1）　2. 陶器盖（H527:4）　3. 陶鼎足（H527:2）　4. 陶杯（H527:3）

H527:2，陶鼎足。夹砂红褐陶，凿形，足尖残，足根部饰有两个圆形捺窝，两侧各有一道刻槽。高9.5厘米。（图七二，3）

H527:3，陶杯。夹砂红褐陶，残剩圈足，实心细柄，高圈足略外撇，圈足上饰有一周附加堆纹。圈足径5.4、残高4.6厘米。（图七二，4）

H527:4，陶器盖。夹细砂黑陶，平面圆形，四周略上翘，中间一乳丁状圆捉手。直径9.4厘米。（图七二，2）

H532

位于ⅢT4907东南角，开口于第7c层下，打破第9层。坑口平面近圆形，直壁平底。直径约2.56、深0.18米。坑内堆积为灰褐色土，杂少量烧土颗粒及草木灰烬，土质略硬。出土陶片不多，以夹砂红褐陶居多，器类有鼎、壶、罐、器盖等。（图七三）

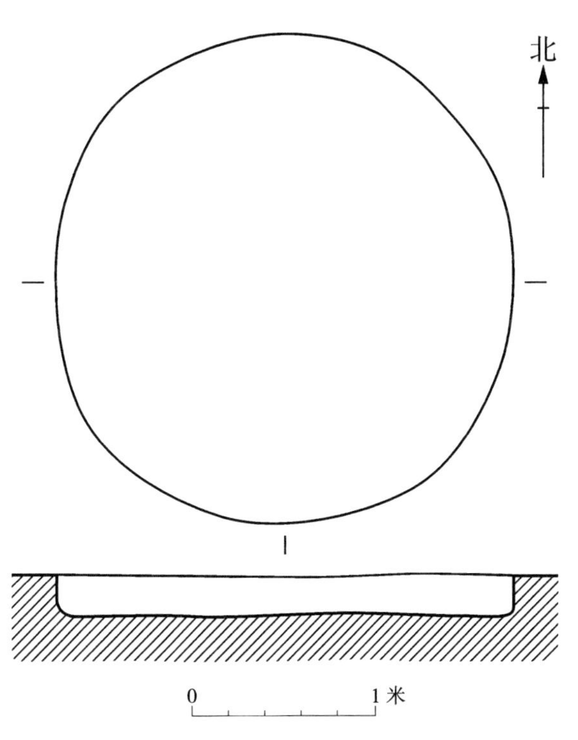

图七三　大汶口文化 H532 平、剖面图

H532:1，陶壶。泥质灰黑陶，肩部以上残，弧肩，鼓腹，下腹内收，平底。腹部有一道弦纹。底径8.6、残高15.6厘米。（图七四，1）

H532:2，陶器盖。泥质灰褐陶，覆碗形，矮喇叭圈足捉手，弧壁，敞口，圆唇，近口沿处有一小圆孔。捉手径4.5、口径11.6、高4.4厘米。（图七四，3）

H532:3，陶鼎。夹砂红褐陶，残剩口部，侈口，尖唇，折沿，沿面略内凹，弧腹，以下残，腹部饰横向篮纹。口径21.6、残高7.4厘米。（图七四，2）

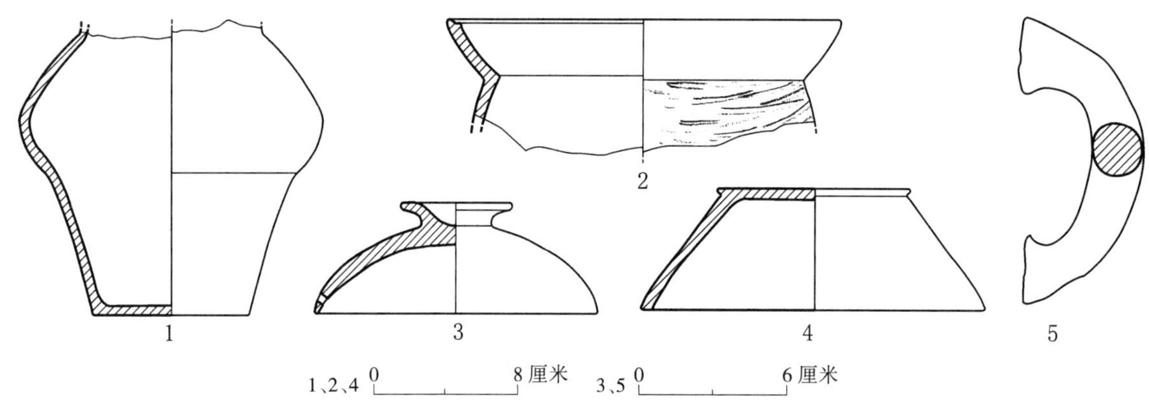

图七四　大汶口文化H532出土器物

1. 陶壶（H532∶1）　2. 陶鼎（H532∶3）　3、4. 陶器盖（H532∶2、5）　5. 陶器把（H532∶4）

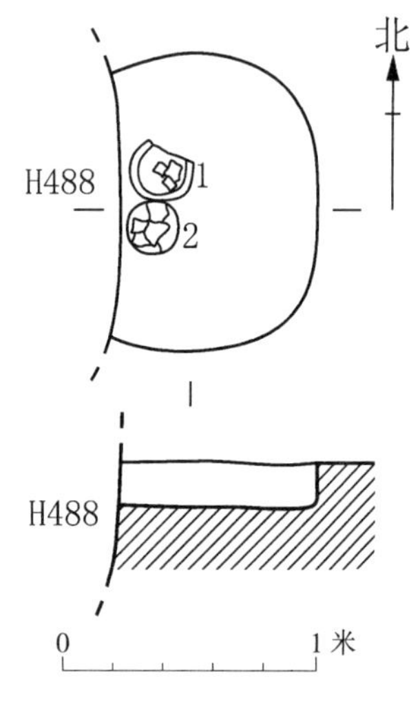

图七五　大汶口文化H533平、剖面图

1. 陶盆　2. 陶鼎

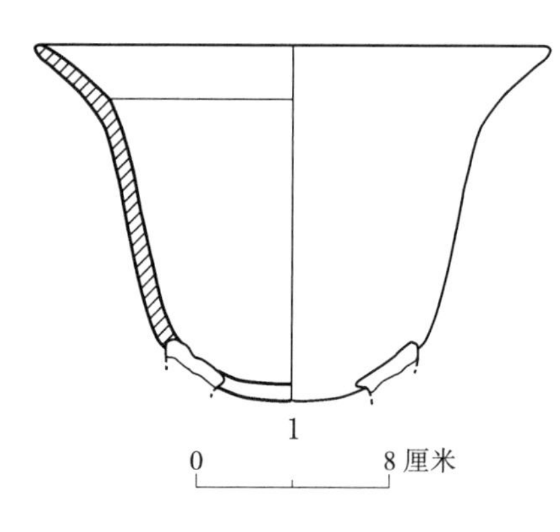

图七六　大汶口文化H533出土器物

1. 陶鼎（H533∶1）

H532∶4，陶器把，夹砂红褐陶，半环形。残长11.6厘米。（图七四，5）

H532∶5，陶器盖。夹砂褐陶，覆碗形，平顶，斜壁，敞口，方唇。捉手径10.2、口径17.6、高6.2厘米。（图七四，4）

H533

位于ⅢT4709东南部，开口于HT1下，打破第9层，且西部被开口于第7c层下的H488打破。坑口形状呈圆形，直壁平底。直径1.15、深0.17米。坑内堆积为浅黄色土，土质略硬，夹杂少量烧土颗粒。坑底西部放置有2件器物，分别是盆、鼎。盆残，无法复原。（图七五；图版三四，2）

H533∶1，陶鼎。夹砂灰陶，敞口，圆唇，宽沿略折，深弧腹，圜底，三足残剩足根部。口径21.0、残高14.2厘米。（图七六，1；图版三五，5）

H535

位于ⅢT4908西北部，开口于第7c层下，向下打破第9层。坑口平面形状近圆形，弧壁圜底。坑口直径约1.28、深0.42米。坑内堆积为褐色花土，夹杂有较多的烧土颗粒，土质略硬。出土少量陶片，可辨器形有罐、钵等。（图七七）

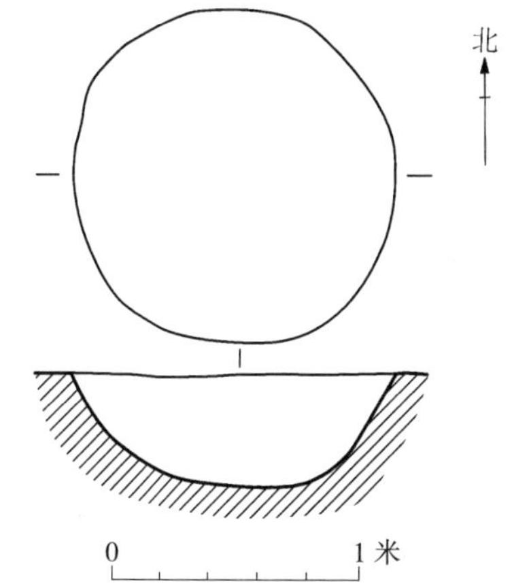

图七七　大汶口文化H535平、剖面图

H535∶1，陶罐。夹砂褐陶，残存底部，弧腹，平底，器内壁有轮制痕迹。底径5.4、残高8.4厘米。（图七八，2）

H535∶2，陶罐。夹砂黑陶，残剩口部，直口略外侈，圆唇，小高领，以下残。残高10.4厘米。（图七八，1）

H535∶3，陶钵。夹砂灰黑陶，残剩口部，勾口，圆唇，弧腹。残高6.5厘米。（图七八，3）

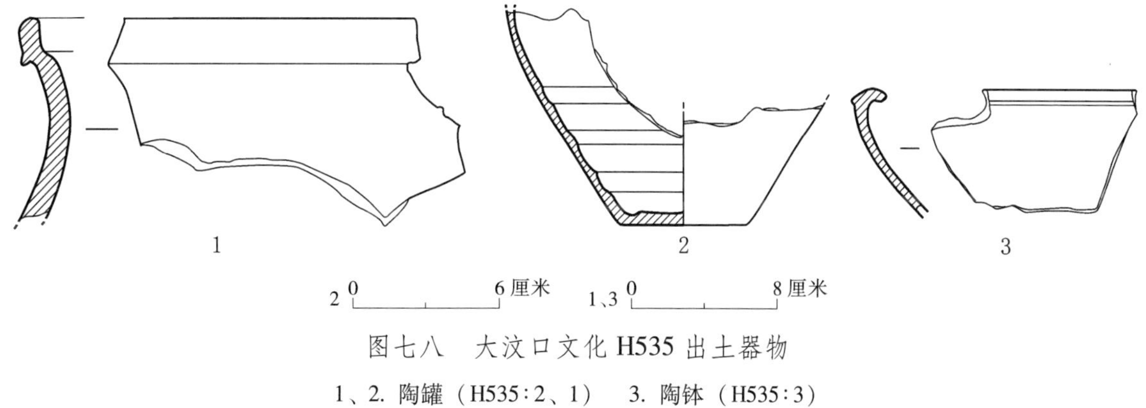

图七八　大汶口文化H535出土器物

1、2. 陶罐（H535∶2、1）　3. 陶钵（H535∶3）

3）不规则形

H187

位于T11西南角，向西、向南均延伸出探方外，开口于第10层下，打破第11层，被G8打破。揭露部分仅灰坑一角，呈不规则形，坑壁不甚规整，坑壁由上及下呈斜坡状，坑底不平整，南北两端较高，中间较低。坑口东西宽0.2～0.92、南北长3.2米，坑深0.2～0.54米。坑内堆积为灰褐色土，土质疏松，夹杂较多的烧土块。出土少量陶片，器类有折沿鼎、凿形鼎足、鬶足、器盖等。（图七九）

H187∶1，陶鼎足。夹砂红褐陶，凿形，足尖残，足面有三道刻槽。残高6.3厘米。（图八〇，3）

H187∶2，陶鬶足。夹砂灰陶，锥状。残高5.1厘米。（图八〇，4）

H187∶3，陶鼎。残剩口部，夹砂红褐陶，侈口，圆唇，折沿，弧腹，腹部饰横向篮纹。残高3.6厘米。（图八〇，1）

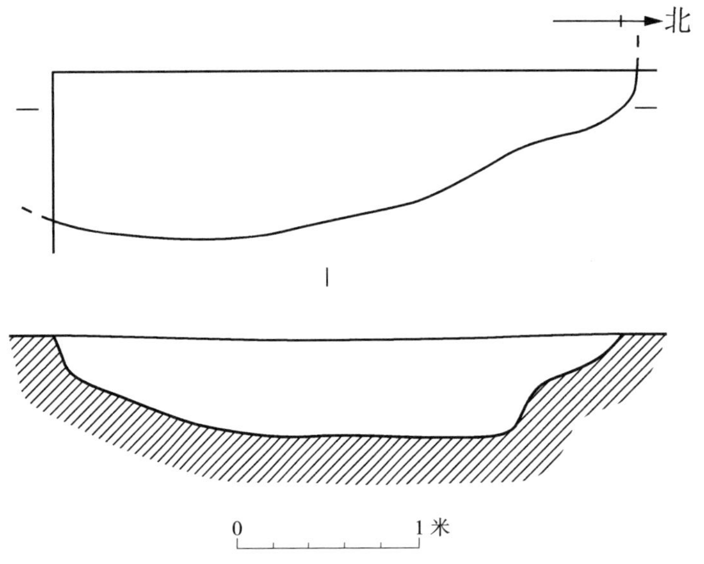

图七九　大汶口文化H187平、剖面图

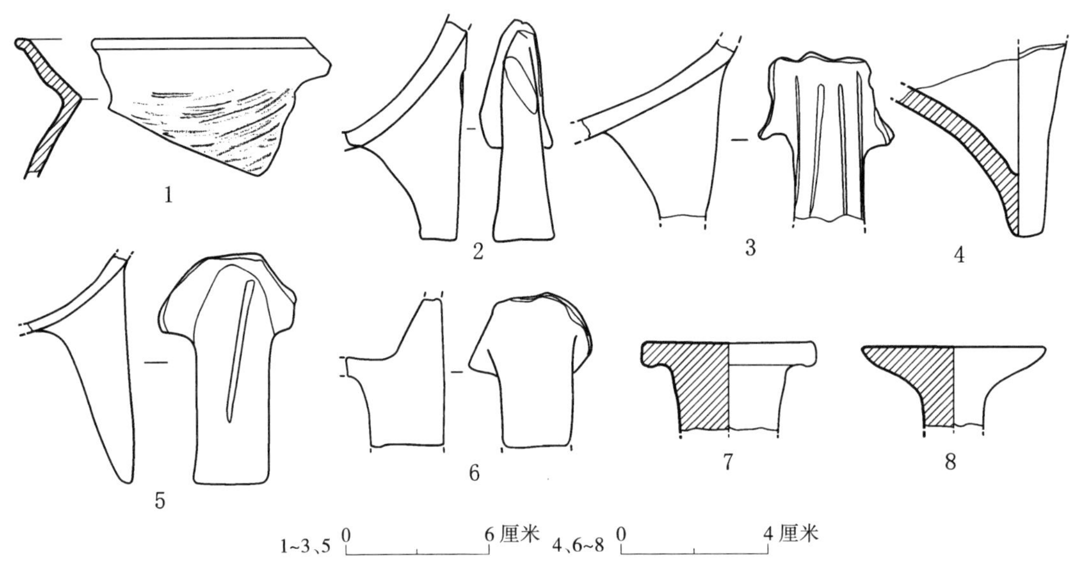

图八〇　大汶口文化H187出土器物

1. 陶鼎（H187:3）　2、3、5、6. 陶鼎足（H187:7、1、4、6）　4. 鬶足（H187:2）　7、8. 陶器盖纽（H187:8、5）

H187:4，陶鼎足。夹砂红褐陶，凿形，足面有一道刻槽。高9.0厘米。（图八〇，5）

H187:5，陶器盖纽。夹砂红褐陶，残，柄形捉手，平顶。残高2.2厘米。（图八〇，8）

H187:6，陶鼎足。夹砂红褐陶，凿形，足尖残。高4.0厘米。（图八〇，6）

H187:7，陶鼎足。夹砂红褐陶，凿形，足根部饰有一圆形捺窝。高8.6厘米。（图八〇，2）

H187:8，陶器盖纽。夹砂灰褐陶，平顶。残高2.3厘米。（图八〇，7）

H272

位于T12北壁下，向北延伸入扩方内，开口于第9层下，向下打破第10层至生土，并打破F17。坑口形状不规则，弧壁，底近平。坑口长径2.76、短径1.28米，坑深0.33米。坑内堆积为黑灰土，夹有少量红烧土颗粒，土质疏松。坑内出土遗物较少，有陶器及少量骨角器，器类有大袋足陶甗、浅腹陶盆、陶器盖等以及经过加工的骨角器等。（图八一）

H272:1，陶盆。夹砂红褐陶，敞口，尖圆唇，斜腹内弧，平底。器形不规整，器表留有制器时的手指捺窝。口径16.2、底径8.6、高6.9厘米。（图八二，3）

H272:2，陶厚胎高柄杯。泥质黑皮陶，杯身直口略外侈，圆唇，直腹，下腹部有两周凹弦纹，并饰一泥饼。口径16.4、残高7.2厘米。（图八二，2）

H272:3，骨器。由动物肢骨加工而成，一端磨出三角刃，顶端残断。残长18.0厘米。（图八二，4）

H272:4，陶甗。夹砂褐陶，口部残，束腰，分裆，三高乳状袋足，上腹部及袋足饰绳纹，腰中部饰一周附加堆纹。残高28厘米。（图八二，1）

H272:5，鹿角。呈“V”字形，通体打磨光滑，断面经磨制。长10.2厘米。（图八二，5）

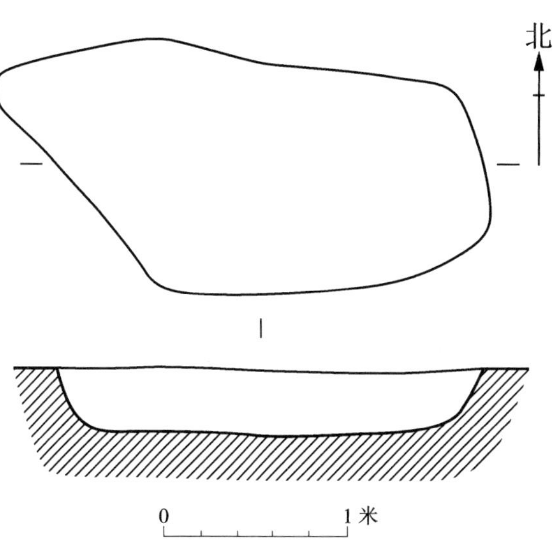

图八一　大汶口文化H272平、剖面图

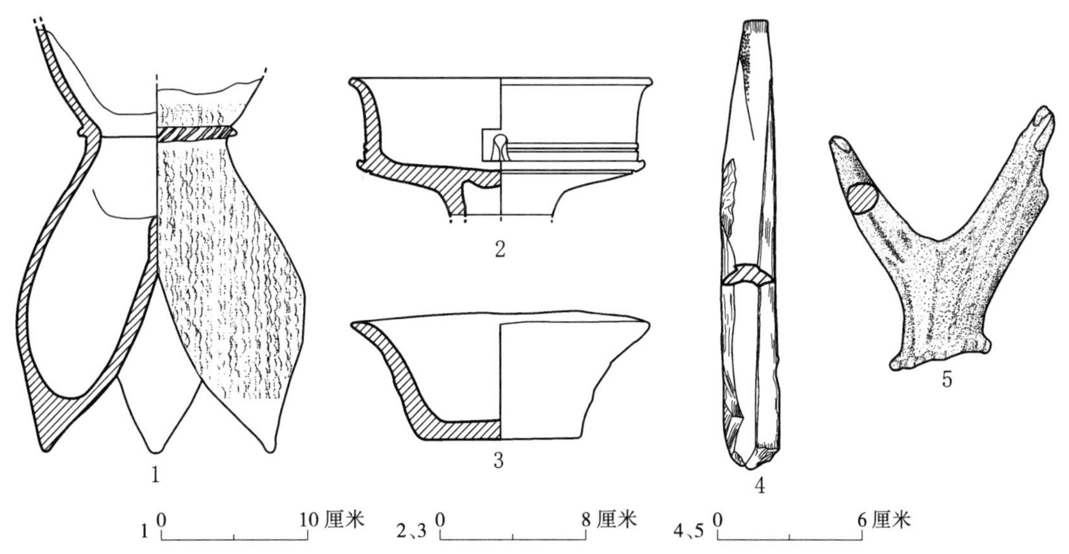

图八二　大汶口文化H272出土器物

1. 陶甗（H272:4）　2. 陶厚胎高柄杯（H272:2）　3. 陶盆（H272:1）　4. 骨器（H272:3）　5. 鹿角（H272:5）

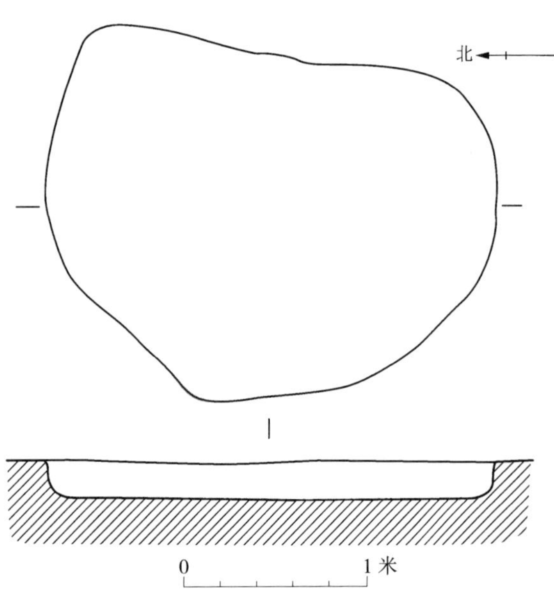

图八三　大汶口文化 H409 平、剖面图

H409

位于ⅢT4803西南部，开口于第9层下，向下打破第10层及M111。坑口平面形状呈不规则形，斜壁，平底。坑口东西长2.44、南北长1.8米，坑深0.2米。坑内堆积为深灰色土，土质疏松。出土陶片较少，器类有敞口盆、豆等。（图八三）

H409:1，陶豆。残剩豆盘，泥质灰陶，敞口，斜方唇，弧腹，浅盘，细柄，柄上有圆形镂孔。口径18.4、残高5.4厘米。（图八四，3）

H409:2，陶器把。泥质褐陶，桥形，上饰以凹弦纹。残高8.0厘米。（图八四，1）

H409:3，陶盆。泥质褐陶，厚胎，残剩口部，敞口，圆唇，弧腹。残高8.0厘米。（图八四，2）

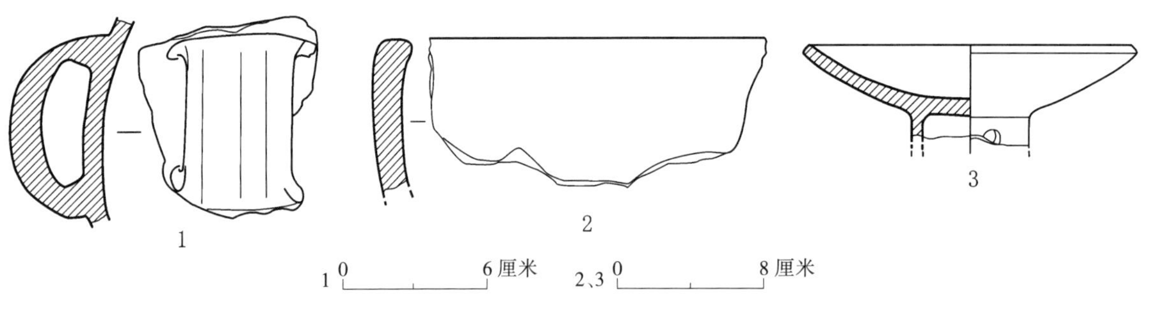

图八四　大汶口文化 H409 出土器物

1. 陶器把（H409:2）　2. 陶盆（H409:3）　3. 陶豆（H409:1）

H498

位于ⅣT4701西北部，开口于第8层下，向下打破第9层及M219。坑口形状不规则，斜直壁平底。坑口长径3.7、短径2.6米，坑底长径3.1、短径2.1米，坑深0.42米。坑内堆积不分层，呈深灰色，土质疏松，夹草木灰颗粒。出土陶片较少，以泥质陶为主，器类有豆、器盖、圈足杯等。（图八五）

H498:1，陶豆。泥质灰陶，残剩部分豆盘及豆柄，浅盘，弧腹，细长柄残。残高4.7厘米。（图八六，1）

H498:2，陶杯。泥质黑陶，残，弧腹，矮圈足。圈足径5.4、残高3.6厘米。（图八六，2）

H498:3，陶器盖。夹砂红褐陶，覆豆状，喇叭形捉手，高柄，弧壁，敞口，圆唇。捉手径3.7、口径7.1、高5.0厘米（图八六，3）。

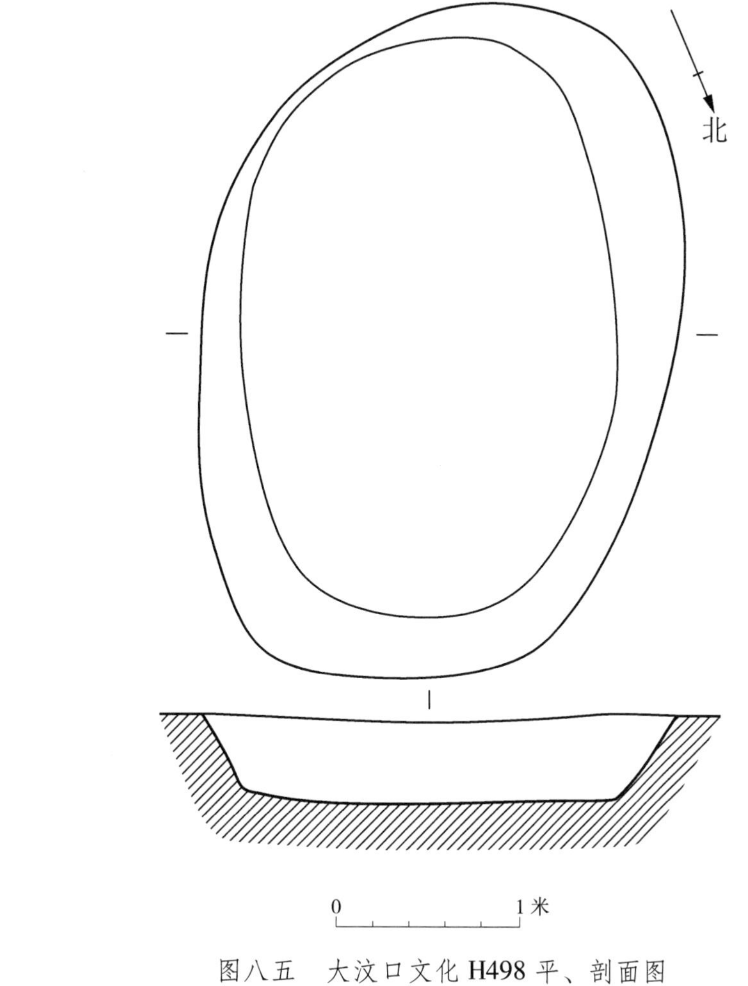

图八五　大汶口文化 H498 平、剖面图

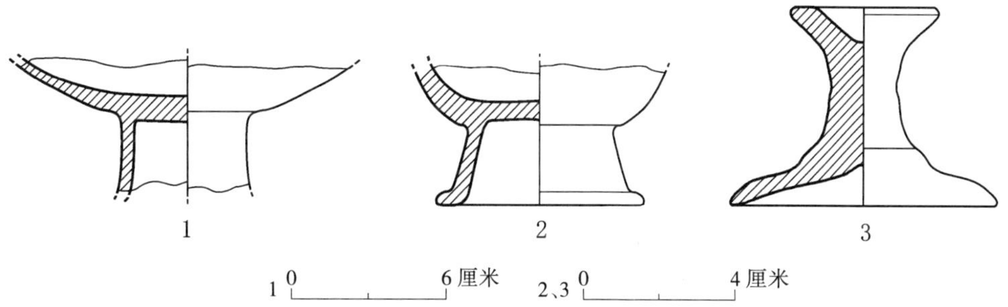

图八六　大汶口文化 H498 出土器物

1. 陶豆（H498∶1）　2. 陶杯（H498∶2）　3. 陶器盖（H498∶3）

第五节　出土遗物分析

梁王城遗址出土大汶口文化遗物比较丰富，按质地分有陶器、石器及骨、角、牙器等。其中绝大部分为陶器，分别出自地层、灰坑和房址中，地层中发现的一些完整陶器，与墓葬出土器物基本相同，可能原是墓葬中的随葬品，后因种种原因被扰入文化层中；多数灰坑中出土陶片数量不是太多，多者也仅有数百片，可复原器物有限，故陶片统计数据（表3－5－1～

3－5－4）不能完全代表大汶口文化的特征。以下按质料类别分述如下。

一　陶器

陶器按用途分生活用器、生产工具和其他三类。

陶质分夹砂、泥质和夹蚌三大类，夹砂陶数量最多，泥质陶次之，夹蚌陶最少。泥质陶又分为粗泥和细泥两种，后者陶土在前者基础上经过多次筛选、淘洗，质地较细腻，纯净，用

表3－5－1　T11⑩、ⅣT4701⑨出土陶片陶质陶色统计表

单位 \ 统计 \ 陶质/陶色		夹砂陶					泥质陶				夹蚌陶	合计
		红	红褐	灰	灰褐	黑	红	灰	灰褐	红褐	白陶	
T11⑩	数量	21	141	144	79	46	5	38	17			491
	百分比	4.28	28.72	29.33	16.09	9.37	1.02	7.74	3.46			
		87.78					12.22					100
ⅣT4701⑨	数量		67		32	44		5	25	9	5	187
	百分比		35.83		17.11	23.53		2.67	13.37	4.81	2.67	
		76.47					20.86				2.67	100

表3－5－2　T11⑩、ⅣT4701⑨出土陶片纹饰统计表

单位 \ 统计 \ 纹饰		素面	篮纹	凸弦纹	凹弦纹	附加堆纹	绳纹	突棱	刻槽	方格纹	捺窝	合计
T11⑩	数量	369	47	10	39	1	6		4	7	6	489
	百分比	75.46	9.61	2.04	7.98	0.20	1.23		0.82	1.43	1.23	100
ⅣT4701⑨	数量	152	11	3		1	13	2	5			187
	百分比	81.28	5.88	1.60		0.53	6.95	1.07	2.67			100

表3－5－3　H104、H188、H261、H402出土陶片陶质陶色统计表

单位 \ 统计 \ 陶质/陶色		夹砂陶					泥质陶				夹蚌陶	合计
		红	红褐	灰	灰褐	黑	黑	灰	灰褐	红褐	红褐	
H188	数量		199	15	121	3	2	20	35	5		400
	百分比		49.75	3.75	30.25	0.75	0.50	5.00	8.75	1.25		100
		84.5					15.5					100
H261	数量		50	186	37	3	25	23	8	3	30	365
	百分比		13.70	50.96	10.14	0.82	6.85	6.30	2.19	0.82	8.22	100
		75.62					16.16				8.22	100
H402	数量	5	148	38	96	30		5	7	2		331
	百分比	1.51	44.71	11.48	29.00	9.06		1.51	2.11	0.60		100
		95.77					4.23					100

表 3－5－4　H188、H261、H402 出土陶片纹饰统计表

单位　　纹饰　统计		素面	篮纹	凸弦纹	凹弦纹	附加堆纹	绳纹	突棱	刻槽	方格纹	捺窝	合计
H188	数量	288	69	10	3	4		1	3	5	17	400
	百分比	72.00	17.25	2.50	0.75	1.00		0.25	0.75	1.25	4.25	100
H261	数量	242	100	1		7	3	2	1		9	365
	66.30	27.39	0.27		1.92	0.82	0.55	0.27		2.47	100	
H402	数量	131	171	1	2	14		3	3		6	331
	百分比	39.58	51.66	0.30	0.60	4.23		0.91	0.91		1.81	100

于制作精巧的器物，如薄胎高柄杯、薄胎灰陶罐等。夹砂陶亦可分为夹粗砂、夹细砂两类，不同的器形以及同一件器物的不同部位，夹砂情况亦有所区别。一般瓮、缸、鼎等器形较大的器物，多为夹粗砂陶，而多数陶器则为夹细砂陶，一些陶器下部夹砂，上部为泥质陶。以蚌作为掺和料应和当时人们的居住环境有关，但夹蚌陶数量较少，主要是陶鼎，这种陶器较为轻巧，气孔较多，吸水性好。总体上看，夹砂陶主要有鼎、鬶、罐、器盖、盆、厚胎高柄杯、筒形杯及一些灰陶豆，泥质陶有豆、壶、背壶、高柄杯、圈足杯、钵、碗等。

陶色有灰、褐、黑、红、白等五种，以前三种占绝大多数。褐色包括有红褐、灰褐等，此类陶色器物主要为炊器类的鼎、鬶、盆等，器表颜色多较杂乱，除由于烧制方法和火候等原因外，长期使用亦有一定关系。如器表呈红褐色的陶鼎，常见有氧化形成的灰黑、灰褐等色杂斑驳现象，而内壁则往往呈灰黑色，一些陶鼎内底有黑色烟炱，三足颜色亦各不相同。器表呈红褐色的陶鬶，流口部位多为灰黑色。多数陶器器表以灰、黑为主色，灰陶器表内外颜色一致，而器表呈黑色的泥质黑皮陶，多为红胎。火候较高的黑陶高柄杯，内外颜色均为黑色，陶质坚硬。红陶数量较少，有深红、浅红之分，一些陶豆、背壶为此类。白陶数量最少，质地较为细腻，色泽纯正，主要为一些圈足杯。

器表以素面为主，部分陶器器表磨光，主要见于薄胎高柄杯、豆、背壶、壶等，有的施一层灰色或黑色陶衣，在陶罐、筒形杯等器物口沿或腹部发现有红色彩绘的现象，彩绘多已脱落，从残存痕迹看主要是一些条带纹，图案多模糊不清。常见的纹饰有篮纹、绳纹、凹凸弦纹、附加堆纹、镂孔、刻划纹、指甲纹、捺窝、刻槽、方格纹以及鸡冠耳、盲鼻等。(图八七)

篮纹是大汶口文化陶器的常见纹饰，在所有纹饰中，所占比例最高，均为直接拍印，常见于鼎、鬶、盆、罐等夹砂类陶器的腹部，多横向篮纹，斜向篮纹较少，少见竖向篮纹，器底圜底处有交错篮纹的现象。篮纹本身分为粗、细两种，从拍印方式看有深浅之分，一些篮纹拍印之后又在器表进行了修抹，故纹饰不太清晰。

绳纹数量较少，多施于鼎、罐的腹部，均为竖向细绳纹。

附加堆纹是一种较为普遍的辅助性纹饰，多粘贴而成，出现在鼎、鬶、盆、壶、背壶等器物的腹部，有时与篮纹同饰在一件器物上。常见的纹样是在条带状泥条上饰以连续捺窝或指甲纹，另有鸡冠耳、盲鼻及突棱等。

凹凸弦纹也是一种常见的辅助装饰，常出现在高柄杯、豆的柄部或背壶、壶的颈部以及

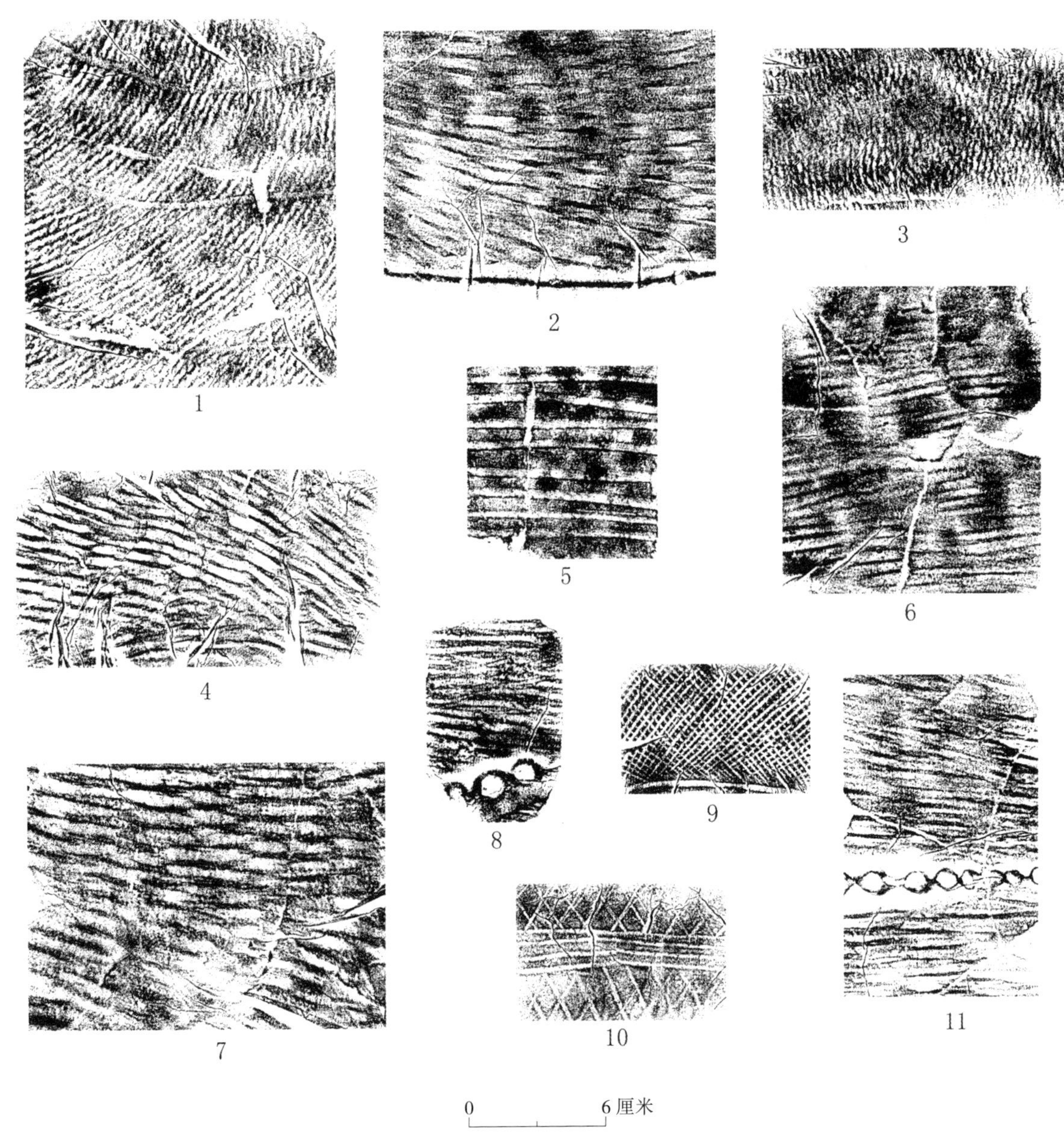

图八七　大汶口文化地层出土陶片纹饰拓片

一些器盖的腹壁。

镂孔是大汶口陶器上常见的纹饰之一，常见于高柄杯、豆等器物柄部，一些器盖盖面上亦有镂孔。镂孔有圆形、长圆形、三角形、半月形、菱形、长方形、长条形等多类，常组合出现，丰富多彩，有些镂孔尚未完全穿透。有些薄胎高柄杯、陶豆的柄部几乎满饰镂孔。

捺窝常见于三足器足根部，一般一至三个不等，另外器盖捉手一周亦常施以捺窝。纹样多为圆形或椭圆形，应为手指按压而成。

刻划纹、刻槽等纹饰数量较少，前者见于杯底、陶纺轮等器物上，后者多出现在鼎足足面或足侧。

陶器的制作方法以轮制为主，包括罐、高柄杯、筒形杯、圈足杯、壶、豆等器类，不少陶器器表或内壁留有清晰的轮旋痕迹，少数器物的底部还发现有切割的痕迹，因而大部分器物比较规整、匀称。形制较为复杂的器物，如三足器、圈足器以及带耳、流、鋬等附件的器物，一般是分别成型后再粘接复合而成。如陶豆豆盘和豆圈足均分别轮制而成，拼接时为增大粘合力，常将接触面刻划出多道方向不同的凹槽，并在拼接处外侧再施以泥条或泥片修抹。陶鼎鼎足、背壶耳等与器身拼接周围均可发现明显的修抹加固痕迹，这也是遗址中常会发现大量脱落的鼎足、耳等的缘故。鼎、瓮、盆等形体较大的器物，器壁厚薄不均，内壁常有陶垫或手指按压痕，没有发现轮制痕迹，这类器物应是采用泥条盘筑法制成，外壁拍打纹饰，并采用轮修的方法对器物进行修整。一些小器物直接用手捏制而成，器形不规整。

器物造型多样，以三足器、平底器、圈足器为主，圜底器少见。主要器类有鼎、罐、鬶、豆、壶、厚胎高柄杯、薄胎高柄杯、筒形杯、圈足杯、瓶、盆、瓮、大口尊形器、器盖、箅子、陶拍、纺轮、网坠等。在遗址中发现有大量器盖，表明带盖器物在当时普遍使用，这一点在墓葬的随葬器物中也得到了证实。

1. 生活用器

共152件。器类有鼎、罐、鬶、豆、厚胎高柄杯、圈足杯、壶、筒形杯、盆、瓮、大口尊形器、器盖、钵、箅。

1）鼎

63件。根据腹部特征的不同，分六型。

A型 3件。盆形鼎。分二式。

Ⅰ式 2件。敞口，弧腹，圜底。

ⅢT4801⑨:1，夹砂红褐陶，方唇，宽折沿，沿面内凹，三凿形足，腹部近底处有一周附加堆纹，足根部饰两捺窝。口径22.2、腹径18.0、高18.1厘米。（图八八，1；图版三六，1）

Ⅱ式 1件。敞口，鼓腹，圜底。

F27:5，夹砂灰陶，侈口，圆唇，宽斜折沿，沿面有一道凹弦纹，三凿形足外撇，足根部有两捺窝。口径23.7、高20.6厘米。（图八八，3；参见图版一八，3）

B型 12件。垂腹鼎。分二式。

Ⅰ式 7件。口径小于腹径。

T2⑨:1，夹砂黑陶，尖圆唇，折沿，大圜底略平，下附三矮凿形足，足上饰三个捺窝，凿形足足尖内撇，腹部饰竖向绳纹。口径12.4、高14.0厘米。（图八八，2；图版三六，2）

T4⑨:2，夹砂黑陶，侈口，方唇，微折沿，鼓腹下垂，凿形足，足两侧各饰一道刻槽，通体饰篮纹。口径19. 高27.4厘米。（图八八，4；图版三六，4）

ⅢT4702⑨:2，夹砂灰褐陶，侈口，尖唇，短折沿内凹，束颈，圜底，三凿形足较高，通体饰横向篮纹，足根部有两个捺窝，足侧饰一道刻槽。口径15.6、高23.6厘米。（图八八，5；图版三六，3）

F26:11，夹砂灰陶，侈口，斜方唇，窄折沿，鼓腹下垂，三凿形足，通体饰横向篮纹，下腹饰一周附加堆纹，足根饰两圆形捺窝。口径18.2、高26.4厘米。（图八八，6；图版一七，3）

Ⅱ式 5件。口径与腹径相当。

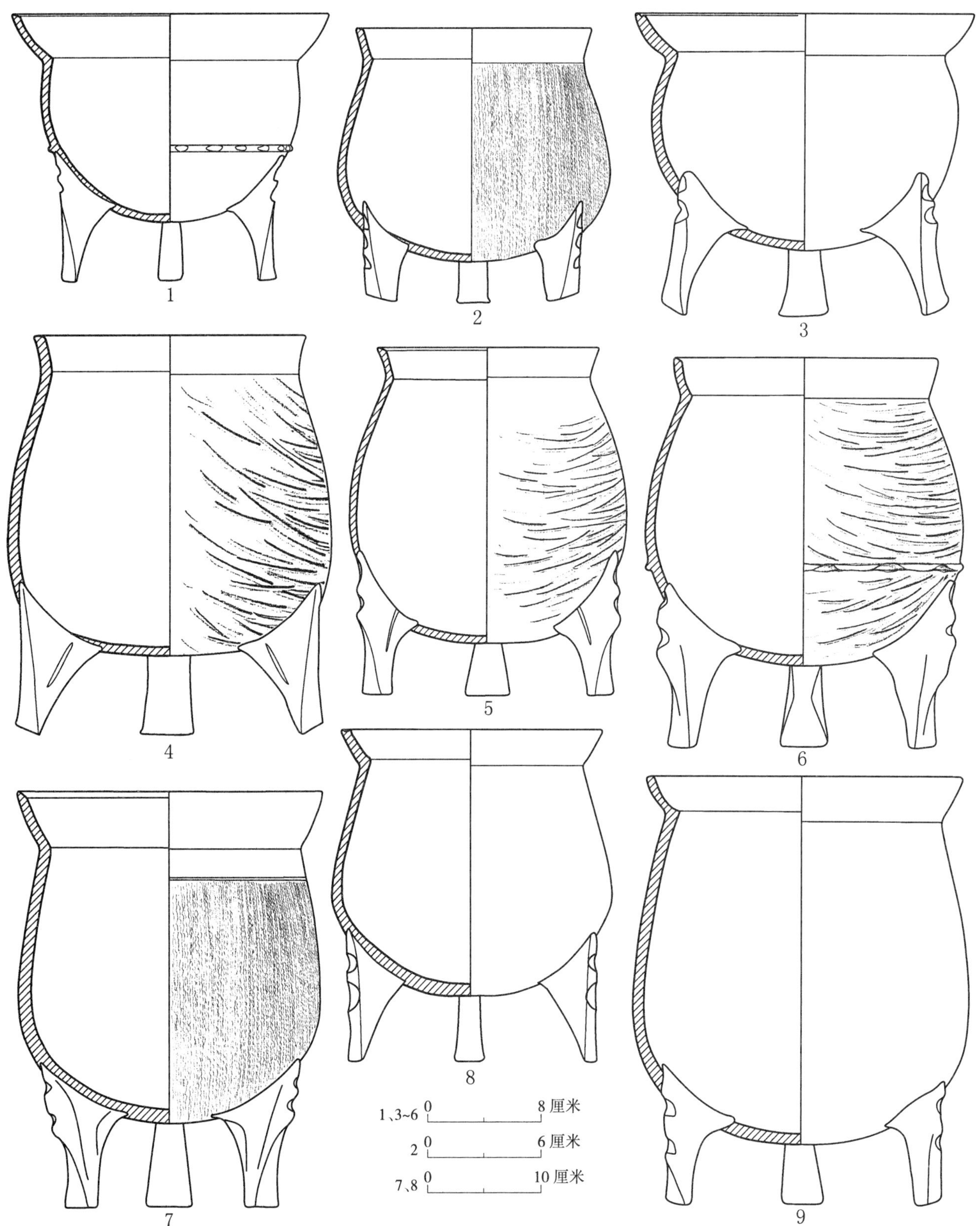

图八八 大汶口文化地层及房址出土陶鼎

1. A型Ⅰ式（ⅢT4801⑨:1） 3. A型Ⅱ式（F27:5） 2、4~6. B型Ⅰ式（T2⑨:1、T4⑨:2、ⅢT4702⑨:2、F26:11）
7~9. B型Ⅱ式（T5⑨:1、T4⑨:1、F25:1）

T4⑨:1，侈口，方唇，唇面有一周凹弦纹，折沿，垂腹近折，三凿形足，足根部有两捺窝。口径23、高28.2厘米。（图八八，8；图版三六，5）

T5⑨:1，夹砂红褐陶，侈口，尖圆唇，斜折沿，圜底，三凿形足，足面饰两捺窝，足侧饰刻槽，通体饰细绳纹。口径26.8、高35.3厘米。（图八八，7）

F25:1，夹砂红褐陶，侈口，圆唇，折沿，沿面内凹，弧腹略垂，圜底，三凿形足，足面饰两捺窝。口径22.2、高29.2厘米。（图八八，9；参见图版一四，2）

T2⑧:3，夹砂灰陶，圆唇，折沿，垂腹，圜底近平，下附三矮凿形足，上饰有两个捺窝，通体饰竖向细绳纹。口径17.2、高16.2厘米。（图八九，1；图版三七，1）

C型　32件。圆腹鼎。分二亚型。

Ca型　3件。平底。

ⅢT4808⑨:8，夹砂红褐陶，侈口，圆唇，折沿内凹，弧鼓腹，平底，三凿形足，足尖残，足面饰一条刻槽。口径12.8、残高11.6厘米。（图八九，2；图版三七，2）

H429:1，夹细砂黑陶，侈口，圆唇，折沿，沿面内凹，平底，三柱状足，腹上饰有一道细凹弦纹。口径15.6、高14.8厘米。（图八九，3）

Cb型　29件。圜底。分四式。

Ⅰ式　15件。腹部略深，呈椭圆形。

ⅢT4809⑩:1，夹砂、夹蚌红褐陶，侈口，方唇，斜折沿，沿面微凹，三凿形足，足面饰两捺窝，足尖残，通体饰有斜向篮纹。口径16.4、高17.8厘米。（图八九，4；图版三七，3）

F26:3，夹砂灰陶，侈口，方唇，窄折沿，圆鼓腹，圜底，三凿形足外撇，通体饰横向篮纹。口径18.7、通高21.4厘米。（图八九，8；参见图版一六，2）

F26:7，夹砂红褐陶，大侈口，圆唇，折沿，沿面内凹，三凿形足，通体饰篮纹。口径22.6、通高28.5厘米。（图九〇，1）

F26:19，夹砂褐陶，侈口，斜方唇，折沿，沿面微凹，深圆鼓腹，三凿形足，足根部饰两圆形捺窝，足侧饰一道刻槽，通体饰斜向篮纹。口径23.6、通高29.8厘米。（图九〇，2；参见图版一七，4）

F8:1，夹砂红褐陶，侈口，方圆唇，折沿，深腹，三凿形足外撇，通体饰浅绳纹，足根部饰捺窝，足侧饰刻槽。口径21.9、高27.3厘米。（图九〇，3）

Ⅱ式　6件。球状腹。

F8:2，夹砂红陶，侈口，圆唇，窄折沿，三凿形足较高，足面饰三个圆形捺窝，足侧饰一道短刻槽，通体饰横向浅篮纹。口径17.2、高22.1厘米。（图八九，5；参见图版一〇，4）

F27:8，夹砂红褐陶，侈口，方唇，折沿，三凿形足，足根部饰捺窝，通体饰浅篮纹。口径16.4、通高21.8厘米。（图八九，6；参见图版一八，6）

F26:17，夹砂红褐，侈口，方唇，折沿，三凿形足，足根部饰捺窝，足侧饰以刻槽，通体饰篮纹。口径19.2、高21.8厘米。（图八九，7；参见图版一六，6）

Ⅲ式　7件。浅腹。

ⅢT4804⑨:1，夹砂红褐陶，侈口，方唇，唇面内凹，斜折沿，弧腹，圜底，三凿形足，

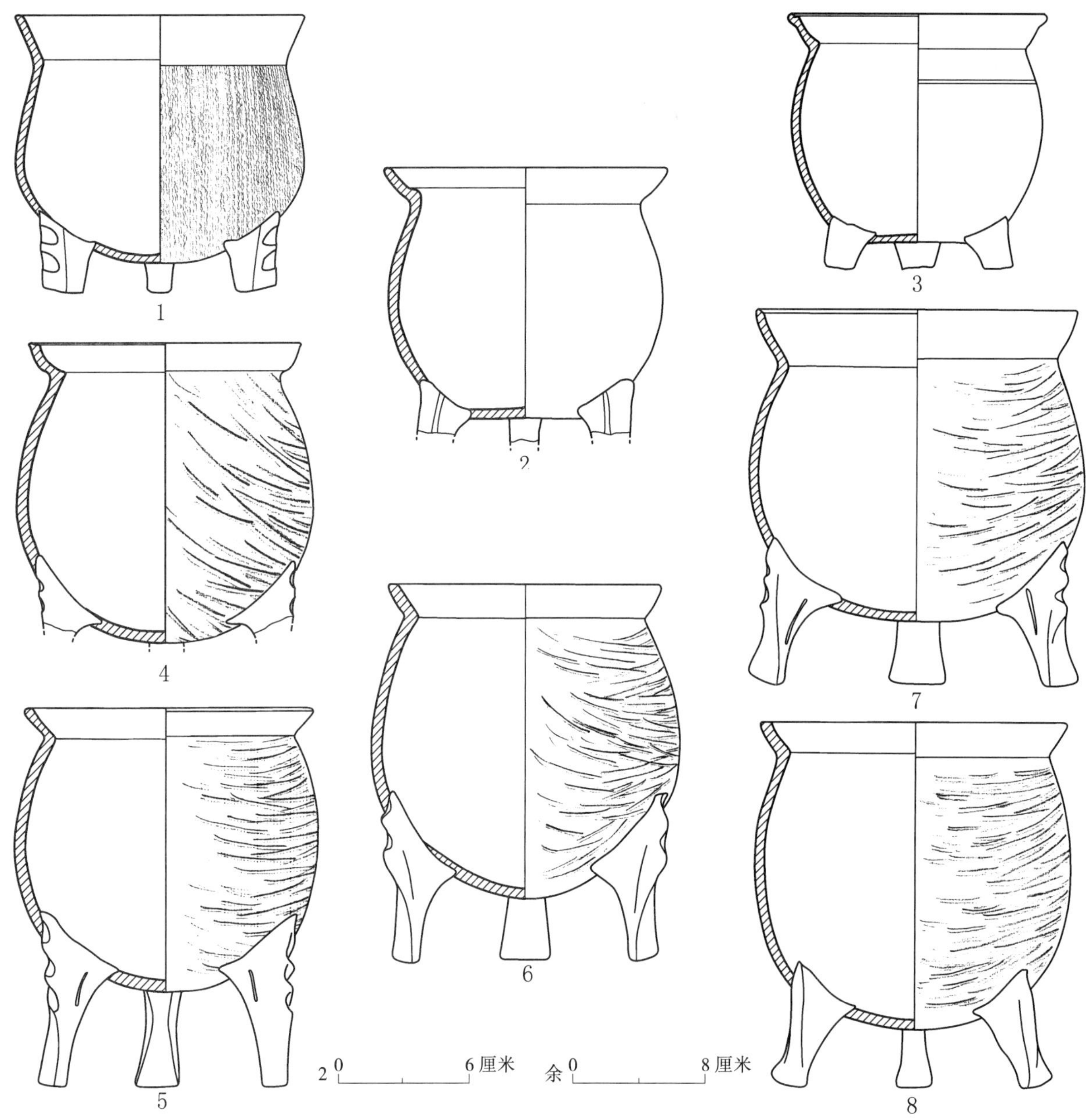

图八九　大汶口文化地层、灰坑及房址出土陶鼎

1. B型Ⅱ式（T2⑧：3）　2、3. Ca型（ⅢT4808⑨：8、H429：1）　4、8. Cb型Ⅰ式（ⅢT4809⑩：1、F26：3）　5～7. Cb型Ⅱ式（F8：2、F27：8、F26：17）

足尖残，足根部饰捺窝，通体饰篮纹。口径17.6厘米，残高14.8厘米。（图九一，1；图版三七，5）

H431：1，夹砂灰褐陶，侈口，方唇，唇面内凹，斜折沿，弧腹，三凿形足，足根部饰两圆形捺窝，足尖残。口径18.6、残高14.0厘米。（图九一，2；参见图版二八，2）

H435：3，夹砂灰褐陶，侈口，尖圆唇，小折沿，沿面内凹，束颈，弧鼓腹，圜底，足部残，下腹部饰纵向篮纹。口径19.2、残高14.8厘米。（图九一，3；图版三七，6）

Ⅳ式　1件。扁腹。

ⅣT4802⑨：4，夹砂黑陶，侈口，圆唇，小高领，圜底，三圆柱形足，足尖残。口径9.6、

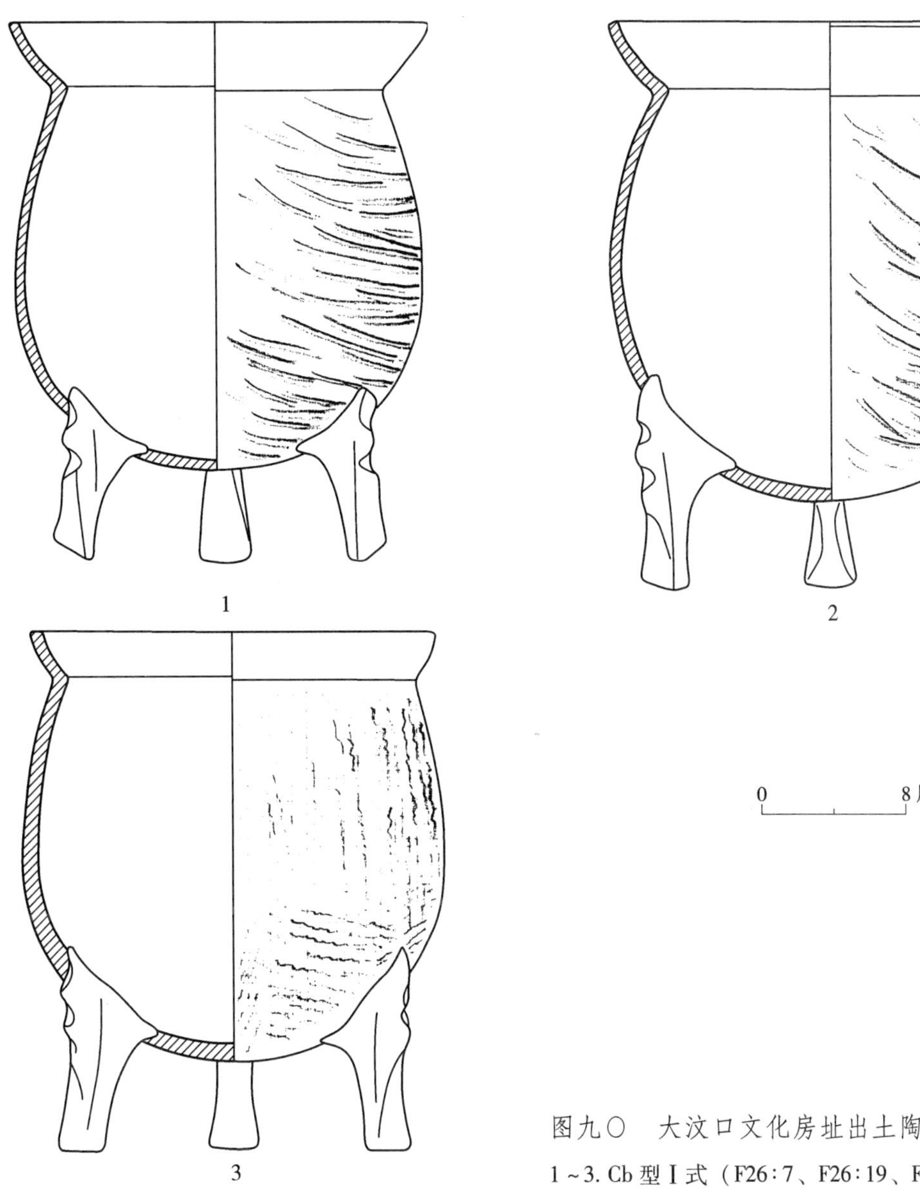

图九〇　大汶口文化房址出土陶鼎
1～3. Cb型Ⅰ式（F26∶7、F26∶19、F8∶1）

残高10.0厘米。（图九一，4）

D型　2件。折腹鼎。

F26∶2，夹砂灰褐陶，侈口，圆唇，宽折沿，沿面内凹，直腹略弧，圜底，侧三角形足，足尖残，下腹饰一周附加堆纹。口径17、高11.5厘米。（图九一，5；参见图版一六，1）

F3∶1，夹砂灰褐陶，侈口，尖圆唇，宽折沿，沿面内凹，圜底，三长方形宽扁状足，足面饰两组三道刻槽。口径31.2、高23.8厘米。（图九一，6；参见图版九，2）

E型　10件。深弧腹。分二式。

Ⅰ式　6件。直腹略弧。

ⅢT4801⑨∶3，夹砂灰黑陶，侈口，方唇，唇面有一周凹弦纹，折沿，沿面内凹，圜底，三凿形足略外撇，足面饰一道刻槽，通体饰篮纹。口径35.9、残高40.5厘米。（图九二，1）

F26∶9，夹砂褐陶，侈口，斜方唇，折沿，沿面内凹，弧腹略鼓，三凿形足。口径22.6、高23.8厘米。（图九二，3）

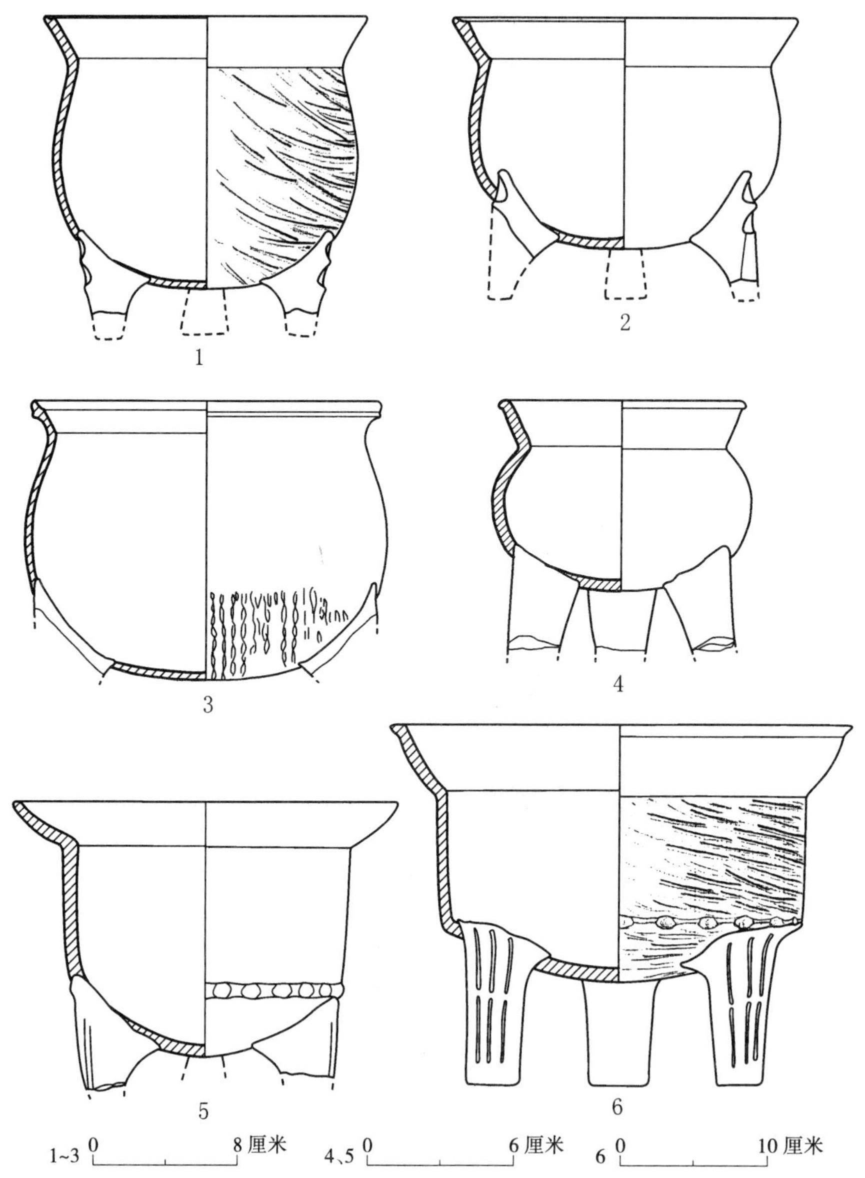

图九一　大汶口文化地层、灰坑及房址出土陶鼎

1. Cb型Ⅲ式（ⅢT4804⑨:1）　2、3. Cb型Ⅲ式（H431:1、H435:3）　4. Cb型Ⅳ式（ⅣT4802⑨:4）　5、6. D型（F26:2、F3:1）

H188:2，夹砂褐陶，器形不规整，侈口，尖圆唇，窄折沿，圜底，三凿形足略外撇，足根部饰一圆形捺窝，通体饰横向篮纹。口径25.4、高35.0厘米。（图九二，2；参见图版三五，2）

Ⅱ式　4件。弧腹略垂。

F27:1，夹砂灰黑陶，侈口，圆唇，折沿，沿面内凹，圜底，三凿形足略外撇，足面饰两个圆形捺窝，足侧饰一道浅刻槽，通体饰横向篮纹。口径21.8、高31厘米。（图九二，4；参见图版一八，1）

F27:3，夹砂灰陶，侈口，斜方唇，折沿，沿面微凹，圜底，三凿形足，足根部饰一圆形捺窝，足侧饰两道刻槽，下腹部饰一周凸弦纹。口径23.3、高31.5厘米。（图九二，5；参见

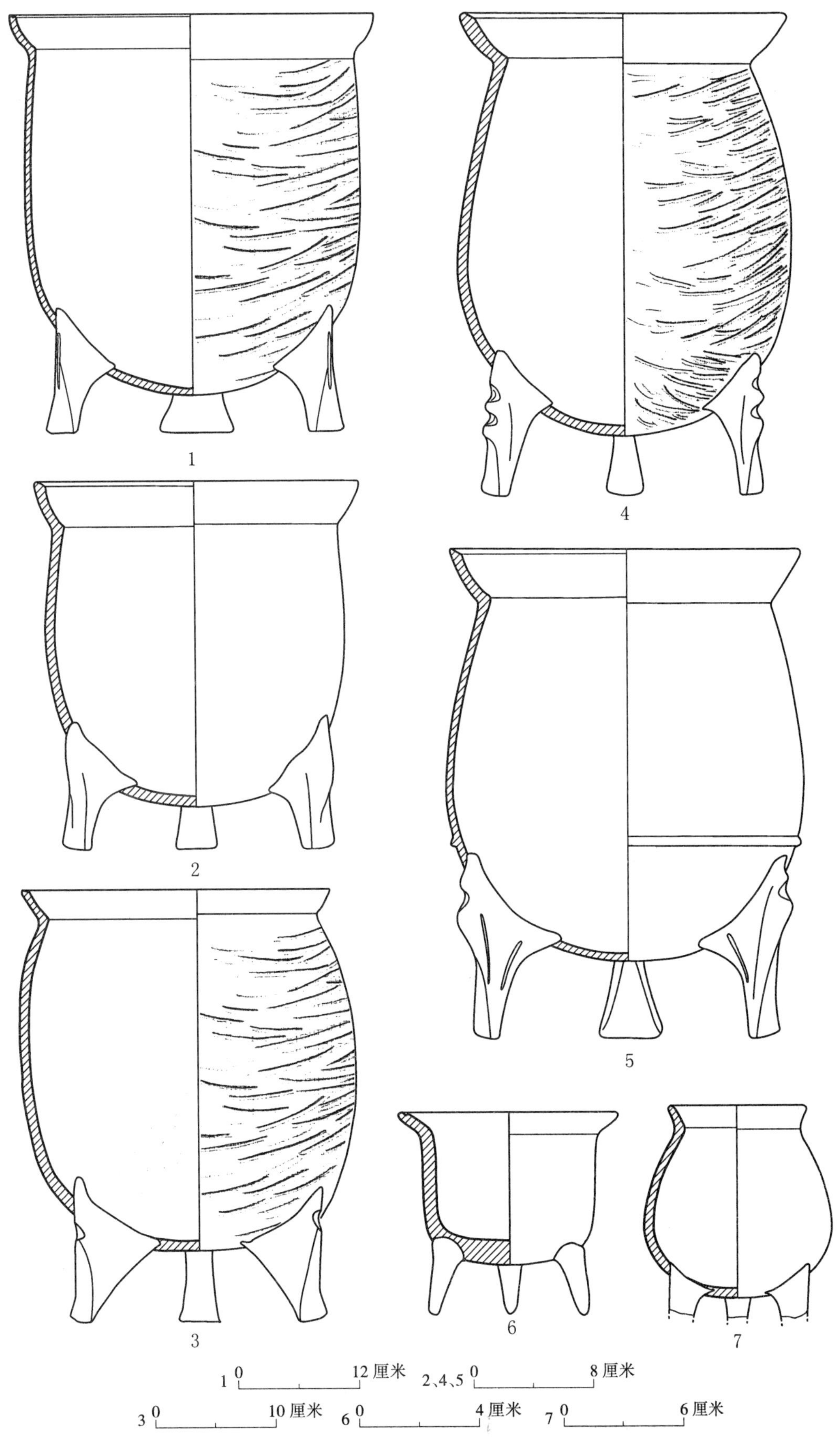

图九二　大汶口文化地层、灰坑及房址出土陶鼎

1～3. E型Ⅰ式（ⅢT4801⑨:3、H188:2、F26:9）　4、5. E型Ⅱ式（F27:1、3）　6、7. F型（采集：2、H518:1）

图版一八，2）

F型　4件。小鼎。

采集∶2，夹砂黑陶，侈口，圆唇，斜折沿，直腹略弧，圜底近平，三锥状鼎足。口径7.2、高6.5厘米。（图九二，6）

H518∶1，夹砂夹蚌红褐陶，小侈口，圆唇，窄折沿，垂腹，圜底，三凿形足，足尖残。口径6.8、最大腹径9.4、残高10.3米。（图九二，7；图版三七，4）

另外，还发现有大量鼎足，包括有侧三角形足、铲形足、宽扁状长方形足、锥状足、凿形足等。

侧三角形足

T2⑨∶11，夹砂灰褐陶，足根部有一圆形捺窝，足侧有三道刻槽。高11.8厘米。（图九三，1）

T2⑨∶9，夹砂红褐陶，足面有一道刻槽，足侧饰三道短刻槽。高7.2厘米。（图九三，2）

铲形足

H504②∶1，夹砂红褐陶，足根部饰一圆形捺窝，高11.0厘米。（图九三，3）

HT1②∶2。夹砂褐陶，足面有一道刻槽。残高8.5厘米。（图九三，4；参见图版二四，9）

宽扁状长方形足

ⅢT4803⑨∶6，夹砂灰褐陶，足面有一道刻槽。高8.3厘米。（图九三，5）

H25∶4，夹砂红褐陶。高10.8厘米。（图九三，6）

H516∶6，夹砂红褐陶，足面有一道刻槽，足尖外撇。高7.3厘米。（图九三，7）

H395∶2，夹砂红褐陶，足面饰有三道凹弦纹。高10.5厘米。（图九三，8）

ⅣT4801⑨∶4，夹砂灰褐陶，足面梯形，背面平整。高9.9厘米。（图九三，9）

HT1①∶20，夹砂褐陶，足面有三道刻槽。高11.0厘米。（图九三，10；参见图版二四，7）

ⅢT4803⑨∶5，夹砂红褐陶，足面有两道刻槽。高8.0厘米。（图九三，11）

HT1①∶15，夹砂褐陶。高7.2厘米。（图九三，12；参见图版二四，2）

HT1①∶18，夹砂褐陶，足面上有两道刻槽。高10.3厘米。（图九三，13；参见图版二四，5）

圆锥状足

H504②∶3，夹砂红褐陶，足根部有一捺窝。高6.4厘米。（图九三，14）

凿形足

ⅢT4708⑨∶8，夹砂黄褐陶，凿形足，足根部有一圆形捺窝。高11.1厘米。（图九三，16）

ⅢT4708⑨∶9，夹砂红褐陶，足面饰有四个近圆形捺窝，足侧饰两道刻槽。高10.2厘米。（图九三，15）

H104∶4，夹砂红褐陶，足面饰五个圆形捺窝，足侧饰一道浅刻槽。高9.8厘米。（图九四，1）

HT1①∶17，夹砂灰褐陶，足面饰有四个近圆形捺窝，两侧各有一道刻槽。高10.5厘米。

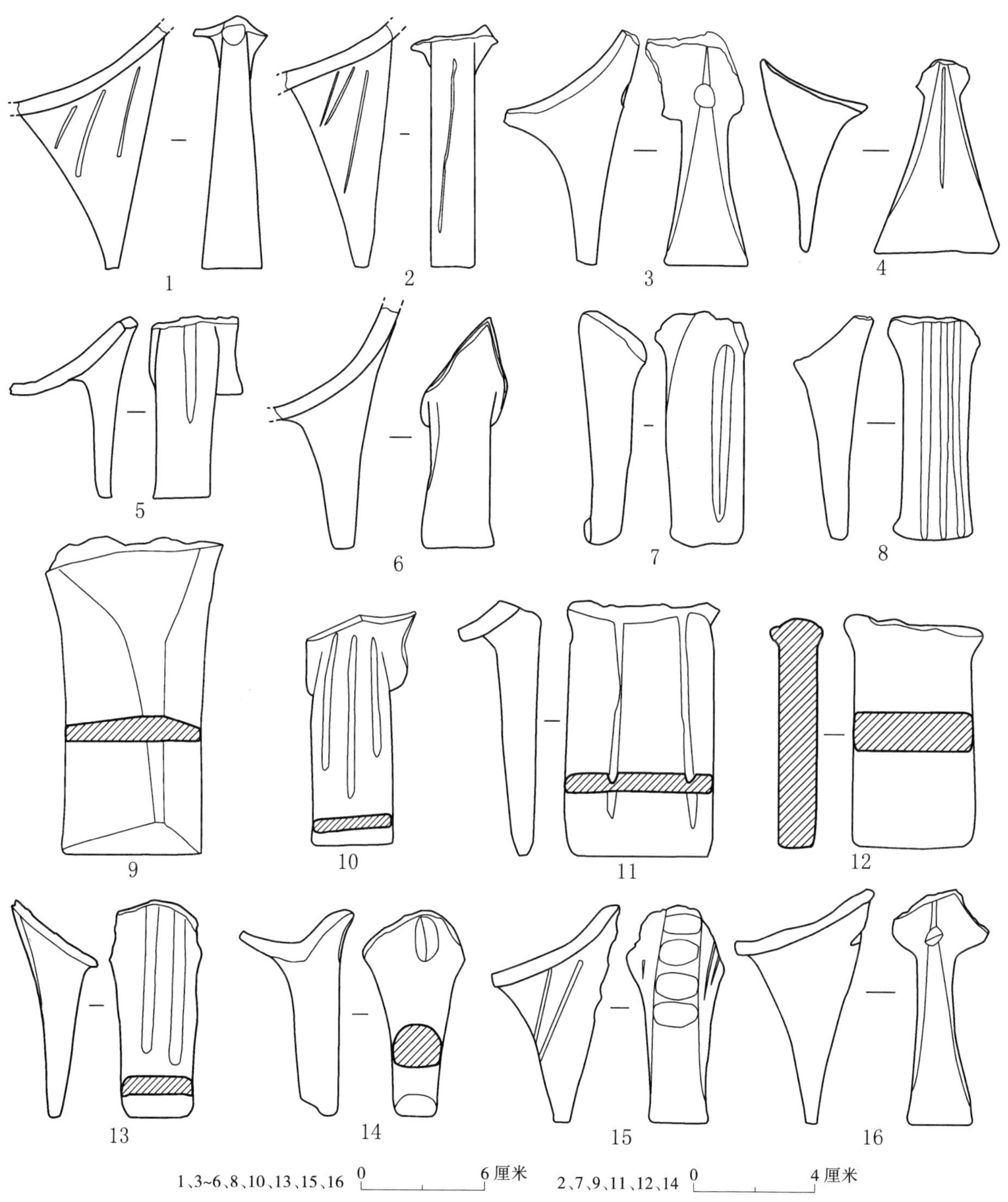

图九三　大汶口文化地层、灰坑及红烧土台出土陶鼎足

1、2. 侧三角形鼎足（T2⑨:11、T2⑨:9）　3、4. 铲形足（H504②:1、HT1②:2）　5～13. 宽扁状长方形足（ⅢT4803⑨:6、H25:4、H516:6、H395:2、ⅣT4801⑨:4、HT1①:20、ⅢT4803⑨:5、HT1①:15、HT1①:18）14. 圆锥形足（H504②:3）　15、16. 凿形足（ⅢT4708⑨:9、ⅢT4708⑨:8）

图九四　大汶口文化灰坑、红烧土台及地层出土陶鼎足

1～14. 凿形足（H104∶4、HT1①∶17、H187∶7、H419∶2、HT1①∶19、H25∶5、H188∶5、T2⑨∶10、H188∶6、H516∶7、H187∶4、HT1②∶1、H402∶5、ⅢT4808⑨∶12）

（图九四，2；参见图版二四，4）。

H187∶7，夹砂红褐陶，足面饰一椭圆形捺窝。高8.6厘米。（图九四，3）

H419∶2，夹砂灰褐陶，足根部饰三个圆形捺窝，足尖外撇。高10.1厘米。（图九四，4）

HT1①∶19，夹砂红褐陶，足两侧各有一道刻槽。高9.0厘米。（图九四，5；参见图版二四，6）

H25∶5，夹砂红褐陶，足根部有一近圆形捺窝。高9.4厘米。（图九四，6）

H188∶5，夹砂红褐陶，足根部饰两个近圆形捺窝。高11.7厘米。（图九四，7）

H188∶6，夹砂红褐陶，足面饰两个圆形捺窝。高12厘米。（图九四，9）

H516∶7，夹砂红褐陶。高8.7厘米。（图九四，10）

T2⑨∶10，夹砂红褐陶，正面有一道刻槽。高8.6厘米。（图九四，8）

H187∶4，夹砂灰褐陶，足面饰一道刻槽。高9.0厘米。（图九四，11）

HT1②∶1，夹砂褐陶，足面有四个近圆形捺窝，足侧有一道刻槽。高10.0厘米。（图九四，12；参见图版二四，8）

H402∶5，夹砂灰褐陶，足根部饰有一圆形捺窝。高8.9厘米。（图九四，13）

ⅢT4808⑨∶12，夹砂红褐陶，足根部饰有两个捺窝。高12.5厘米。（图九四，14）

2）罐

11件。据腹部特征的不同，分三型。

A型　2件。垂腹。分二式。

Ⅰ式　1件。侈口，折沿。

H419∶4，泥质灰陶，圆唇，小折沿，弧腹下垂。口径4.5、残高5.0厘米。（图九五，1；图版三八，1）

Ⅱ式　1件。小直口，高领。

采集∶7，夹细砂黑褐陶，直口微侈，尖圆唇，小高领，弧鼓腹下垂，平底，肩部饰有三条细凹弦纹，一侧宽把手已残。口径6.0、底径6.4、高10.2厘米。（图九五，2）

B型　4件。深弧腹。

ⅢT4702⑨∶4，夹砂红褐陶，侈口，小折沿，尖圆唇，束颈，平底略内凹。口径11.0、底径6.8、高16.0厘米。（图九五，7）

H188∶1，泥质红褐陶，侈口，尖圆唇，窄折沿，平底。口径12.3、底径7.8、高13.5厘米。（图九五，3；参见图版三五，1）

C型　5件。鼓腹。

F24∶2，泥质灰黑陶，侈口，圆唇，窄折沿，鼓腹，平底。口径15、底径8.2、高12.2厘米。（图九五，5；参见图版一三，2）

ⅢT4808⑨∶2，泥质灰陶，侈口，圆唇，窄折沿，弧腹，底部残。口径8.8、残高6.3厘米。（图九五，4；图版三八，2）

H268∶1，夹砂灰陶，侈口，圆唇，折沿，鼓腹，平底。口径9.4、底径5.8、高10.0厘米。（图九五，6；图版三八，3）

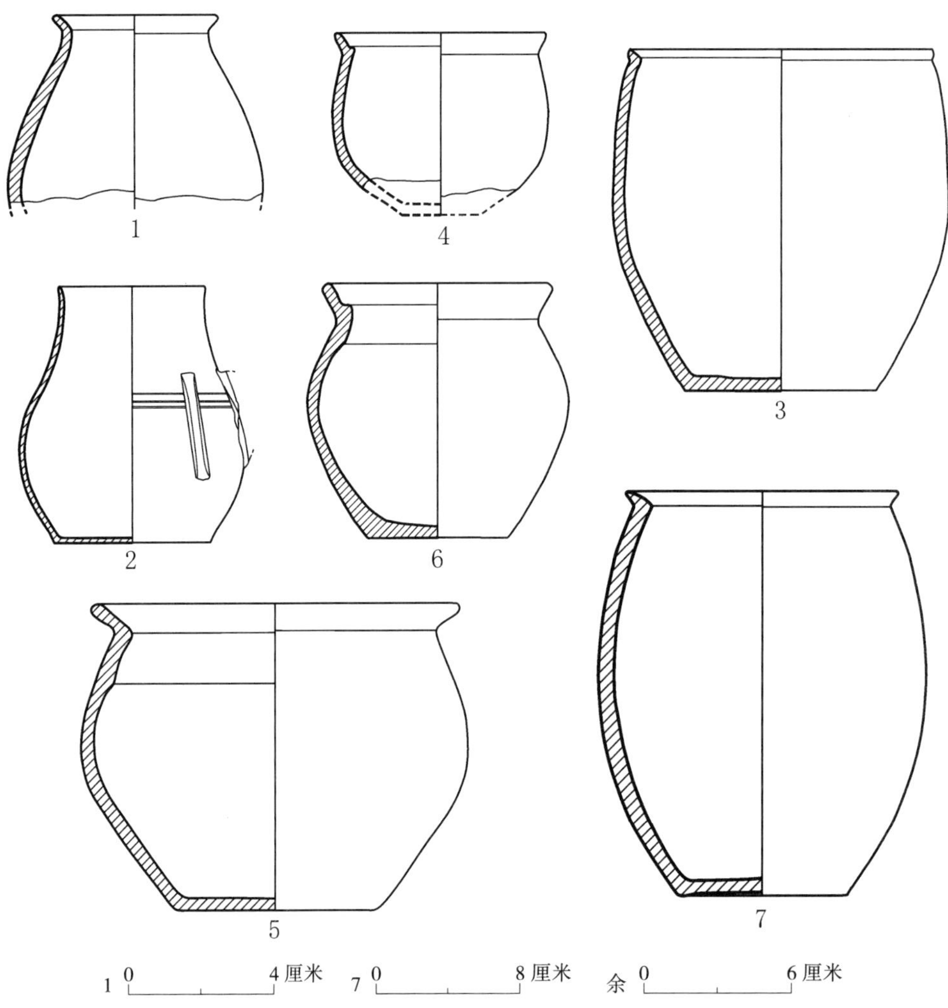

图九五　大汶口文化灰坑、地层及房址出土陶罐

1. A型Ⅰ式（H419:1）　2. A型Ⅱ式（采集:7）　3、7. B型（H188:1、ⅢT4702⑨:4）
4~6. C型（ⅢT4808⑨:2、F24:2、H268:1）

3）鬶

4件。分实足和袋足两类。

①实足鬶

2件。分二型。

A型　1件。扁椭圆形腹。

ⅢT4808⑩:1，夹砂黑褐陶，斜流前倾，喇叭形矮颈，腹部有一道折棱，圜底，三凿形足，宽带状把。高19.8厘米。（图九六，1；图版三九，1）

B型　1件。圆腹。

F24:5，夹砂红褐陶，斜高流，喇叭形矮颈，圆鼓腹，三凿形足，足面饰一道刻槽。高26.6厘米。（图九六，2；图版三九，2）

②袋足鬶

2件。

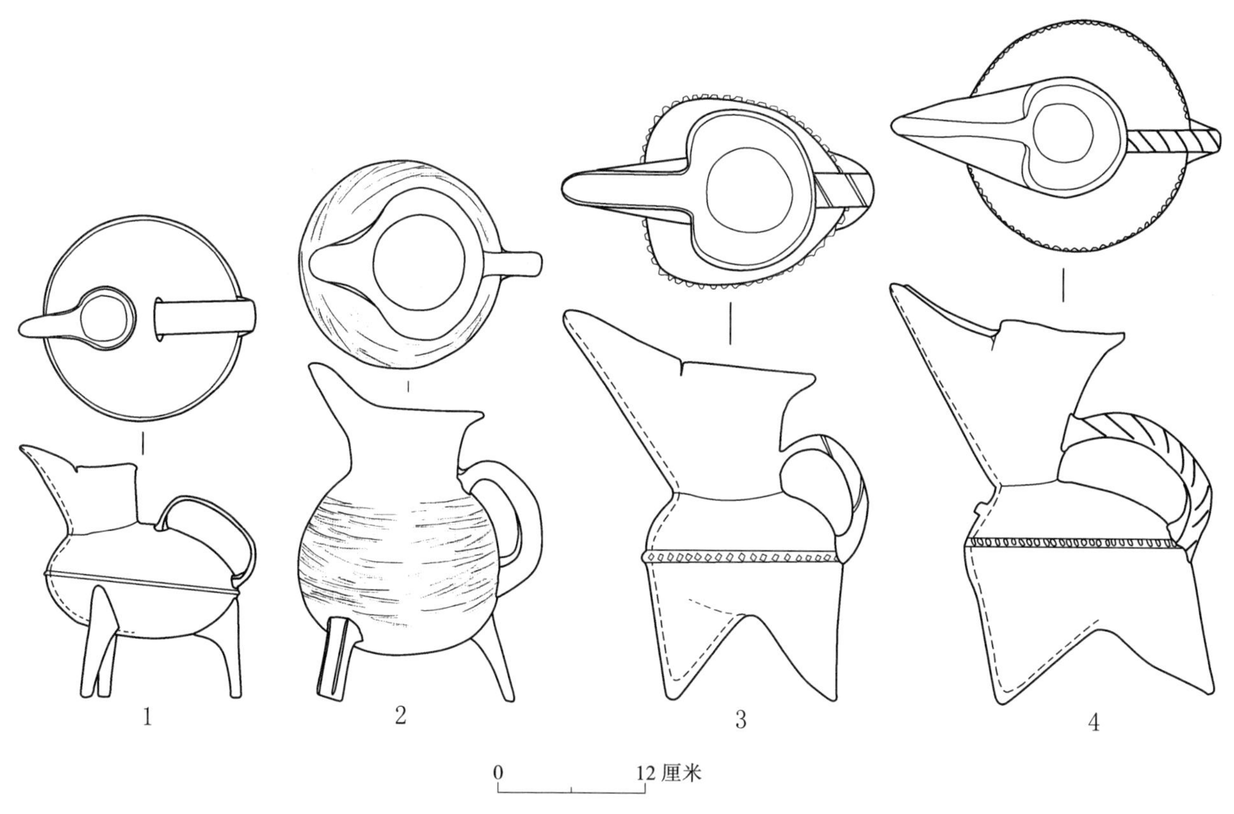

图九六　大汶口文化地层及房址出土陶鬶

1. A 型实足鬶（ⅢT4808⑩:1）　2. B 型实足鬶（F24:5）　3、4. 袋足鬶（ⅢT5005⑨:3、ⅢT5005⑨:1）

ⅢT5005⑨:1，夹砂灰陶，仰天式高流，喇叭形长颈，束颈，三乳袋足，绳索状环形把手，对应一侧肩部有一盲鼻，腹部饰一周附加堆纹。高 33.3 厘米。（图九六，4；图版三九，3）

ⅢT5005⑨:3，泥质褐陶，高斜流，喇叭形长颈，三乳状大袋足，绞索状环形把手，腹部饰有一周附加堆纹。高 30.8 厘米。（图九六，3；图版三九，4）

4）豆

10 件。大汶口文化常见器物之一。按豆盘特征不同分为 A、B、C 三型。

A 型　2 件。折腹或折沿。

F24:4，泥质黑陶，敞口，圆唇，浅盘，细高柄，圈足出台，柄上饰圆形、菱形镂孔。口径 19.1、底径 14.9、高 18.8 厘米。（图九七，1；参见图版一三，5）

ⅣT4701⑩:1，泥质灰陶，敞口，圆唇，喇叭形高圈足，柄上饰有三角形及圆形镂孔各一组，每组三个。口径 19.1、底径 12.1、高 15.8 厘米。（图九七，7；图版四〇，1）

B 型　5 件。弧腹。分三式。

Ⅰ式　1 件。敛口。

ⅢT4802⑨:1，夹砂黑陶，豆盘较浅，弧腹，豆柄粗矮，喇叭形圈足，柄上饰三个圆形镂孔，镂孔未穿透。口径 15.8、底径 10.2、高 10.2 厘米。（图九七，2；图版四〇，2）

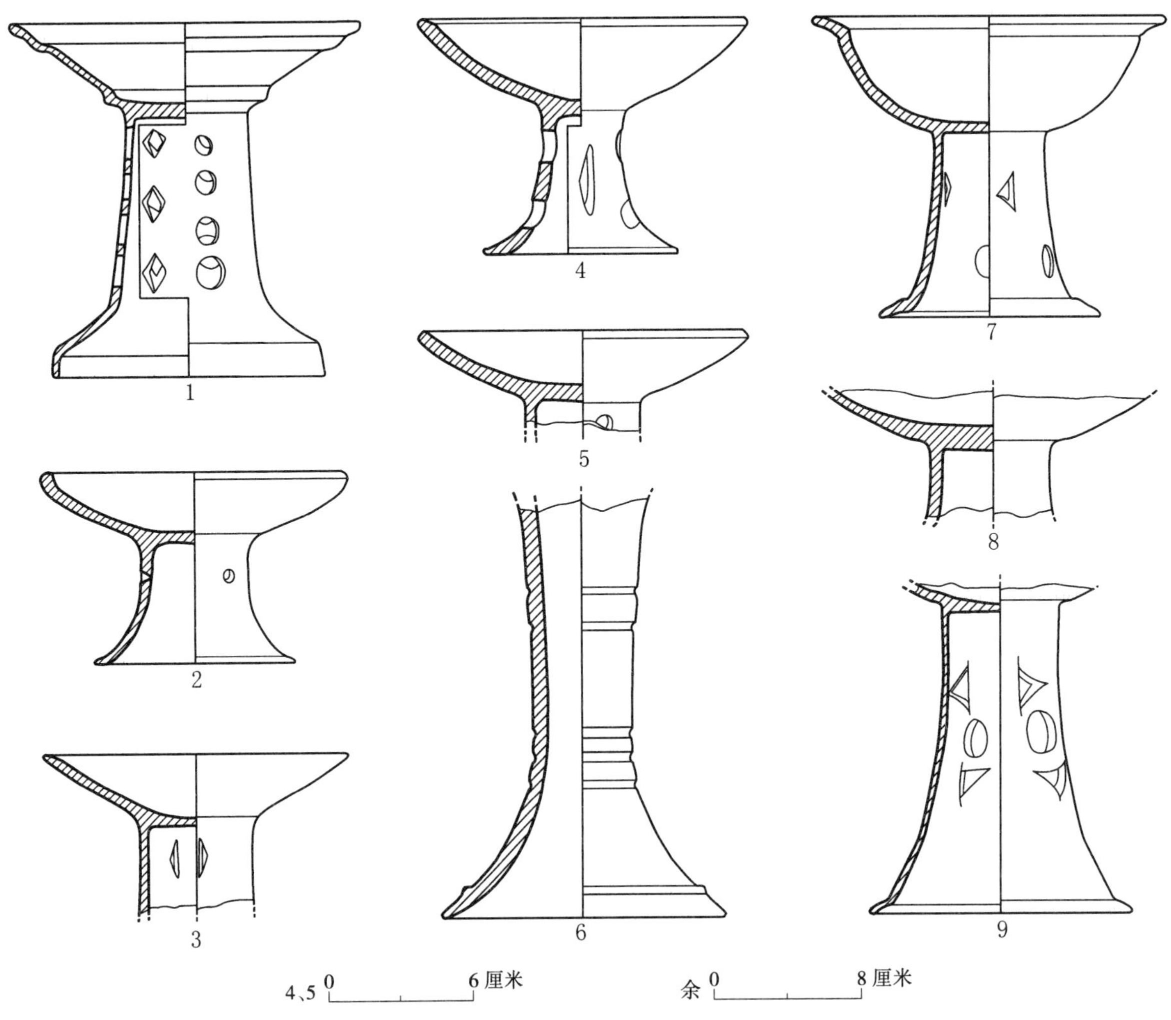

图九七　大汶口文化房址、地层、灰坑及红烧土台出土陶豆

1、7. A型（F24:4、ⅣT4701⑩:1）　2. B型Ⅰ式（ⅢT4802⑨:1）　3. B型Ⅲ式（ⅢT4808⑨:13）　4、5. B型Ⅱ式（ⅢT4808⑨:7、H409:1）　6、8、9. C型（ⅢT4909⑨:9、H498:1、HT1①:4）

Ⅱ式　3件。敞口弧腹。

ⅢT4808⑨:7，泥质灰陶，圆唇，深盘，喇叭状矮圈足，柄部饰有对称的圆形和三角形镂孔。口径13.6、底径8.2、高9.4厘米。（图九七，4；图版四〇，3）

H409:1，泥质灰陶，敞口，斜方唇，浅盘，圈足残。口径18.4、残高5.4厘米。（图九七，5）

Ⅲ式　1件。敞口斜直腹。

ⅢT4808⑨:13，夹细砂黑陶，敞口，圆唇，盘壁斜直，粗柄，上有三角形镂孔。口径16.8、残高8.6厘米。（图九七，3；图版四〇，4）

C型　3件。残剩圈足或豆盘。

ⅢT4909⑨:9，残剩圈足，泥质黄褐陶，细高柄，喇叭形圈足，柄上饰五道凹弦纹，圈足底部有一周凸弦纹。底径15.6、残高22.0厘米。（图九七，6；图版四〇，5）

HT1①:4，残剩圈足，泥质黑陶，细高柄，喇叭状圈足，圈足上饰有三角形、圆形镂孔。

底径 14.4、残高 17.2 厘米。（图九七，9；参见图版二三，5）

H498:1，泥质灰陶，浅盘，弧腹，圈足残。残高 4.7 厘米。（图九七，8）

5）厚胎高柄杯

11 件。据圈足特征的不同分三型。

A 型　2 件。空心柄。

ⅢT4708⑨:3，泥质灰陶，敞口，圆唇，腹部内弧，柄部残。口径 8.2、残高 4.8 厘米。（图九八，1）

H272:2，泥质黑皮陶，杯身直口略外侈，圆唇，直腹，下腹部有两周凹弦纹，并饰有一小泥饼。口径 16.4、残高 7.2 厘米。（图九八，2）

B 型　4 件。实心柄，假圈足。

ⅢT4808⑩:2，夹砂灰褐陶，敞口，圆唇，小平沿，沿面有一周凹弦纹，浅盘，折腹，细高实心柄，平底。口径 5.5、底径 5.9、高 8 厘米。（图九八，4）

H261:1，泥质灰陶，口部残，直腹，腹部有一道凹弦纹，细腰形柄，平底，底部出台。底径 4.8、残高 8.0 厘米。（图九八，5）

C 型　5 件。喇叭形圈足，实心柄。分二式

Ⅰ式　1 件。浅盘。

ⅢT4808⑨:14，夹砂红褐陶，敞口，尖圆唇，平沿，斜直腹，细高柄，喇叭状圈足。口径 6.8、底径 5.0、高 9.0 厘米。（图九八，3；图版四一，1）

Ⅱ式　1 件。深腹。

ⅢT4808⑨:9，夹砂灰褐陶，侈口，弧腹，矮柄，矮圈足。口径 4.3、底径 3.8、高 9.2 厘米。（图九八，6；图版四一，2）

其他　3 件。残剩圈足。

ⅢT4708⑨:7，泥质黑陶，喇叭形圈足。底径 7.8、残高 5.4 厘米。（图九八，9）

H522:3，夹砂褐陶，实心柄，喇叭形圈足出台，台上有两道突棱。底径 6.0、残高 5.4 厘米。（图九八，10）

6）圈足杯

3 件。

ⅢT4805⑨:12，泥质黑陶，侈口，尖圆唇，窄折沿，弧腹略下垂，喇叭状矮圈足。口径 5.5、底径 3.6、高 7.8 厘米。（图九八，7；图版四一，3）

H498:2，泥质黑陶，口部残，弧腹，矮圈足。底径 5.4、残高 3.6 厘米。（图九八，8）

ⅣT4701⑩:2，泥质灰褐陶，直口微侈，尖圆唇，弧腹，矮圈足略外撇，一侧饰有一牛角状把手。口径 9.2、底径 5.5、高 8.7 厘米。（图九八，11；图版四一，4）

7）壶

5 件。分二型

A 型　3 件。高领深腹。

F24:3，泥质黑陶，侈口，圆唇，细高领，鼓肩，弧腹，平底。口径 7.4、底径 5.6、高

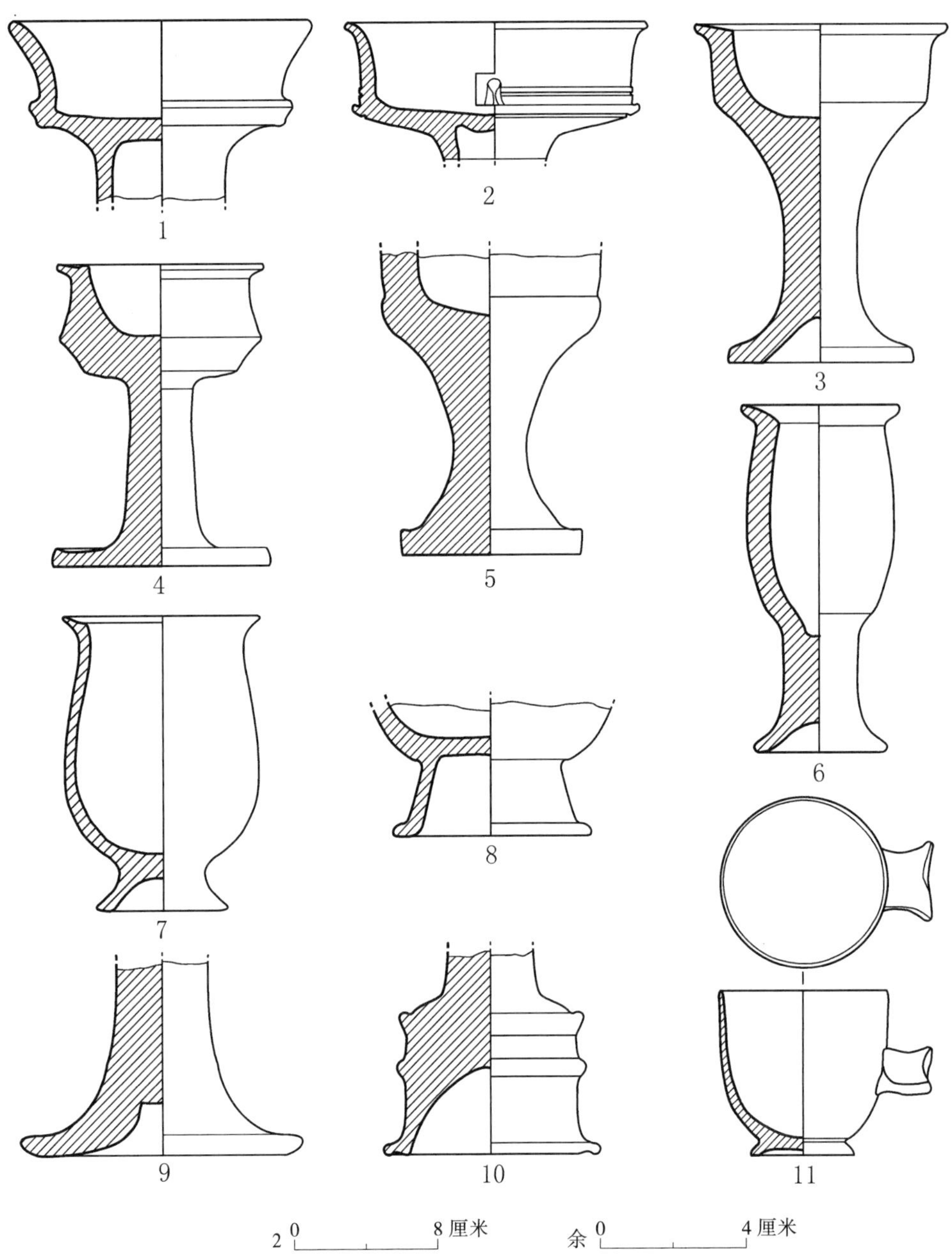

图九八 大汶口文化地层及灰坑出土陶厚胎高柄杯、圈足杯

1、2. A 型厚胎高柄杯（ⅢT4708⑨:3、H272:2） 3. C 型Ⅰ式厚胎高柄杯（ⅢT4808⑨:14） 4、5. B 型厚胎高柄杯（ⅢT4808⑩:2、H261:1） 6. C 型Ⅱ式厚胎高柄杯（ⅢT4808⑨:9） 7、8、11. 圈足杯（ⅢT4805⑨:12、H498:2、ⅣT4701⑩:2） 9、10. 厚胎高柄杯残件（ⅢT4708⑨:7、H522:3）

17.4 厘米。（图九九，1；参见图版一三，4）

ⅢT4801⑨:2，泥质褐陶，口部残，高领，鼓腹，平底。底径 5.8、残高 12.2 厘米。（图九九，2；图版四二，1）

H532:1，泥质灰黑陶，肩部以上残，弧肩，鼓腹，平底。底径 8.6、残高 15.6 厘米。（图九九，10；图版四二，2）

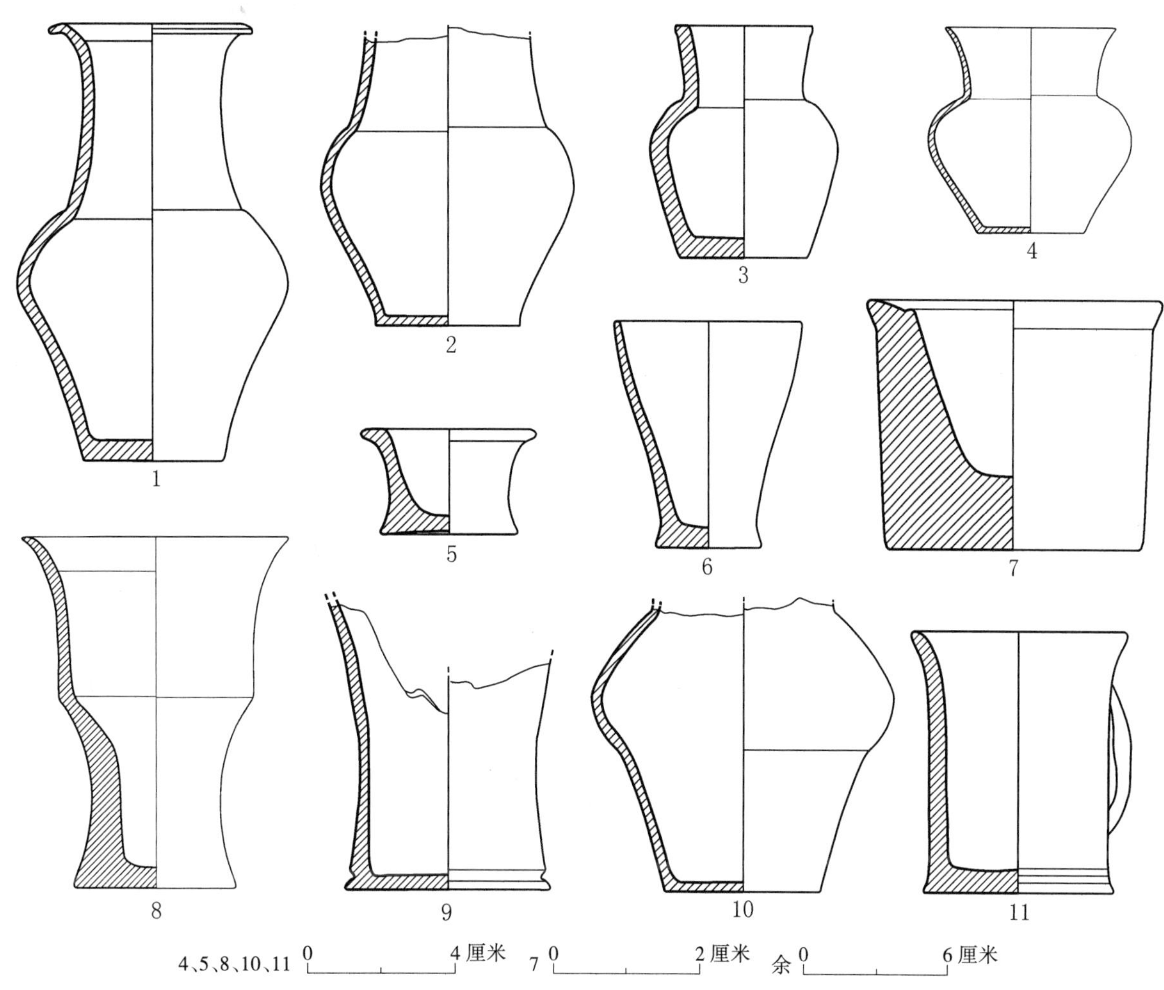

图九九　大汶口文化房址、地层及灰坑出土陶壶、筒形杯

1、2、10. A 型壶（F24∶3、ⅢT4801⑨∶2、H532∶1）　3、4. B 型壶（ⅢT4802⑨∶3、F24∶1）　5、7、11. B 型筒形杯（ⅢT4808⑨∶4、H419∶1、ⅢT4808⑨∶3）　6. A 型筒形杯（H410∶1）　8. C 型Ⅱ式筒形杯（F24∶6）　9. C 型Ⅰ式筒形杯（H20∶14）

B 型　2 件。矮领鼓腹。

ⅢT4802⑨∶3，夹砂红褐陶，斜直口外侈，方唇，圆肩，鼓腹，平底。口径 5.6、底径 5.2、高 9.2 厘米。（图九九，3；图版四二，3）

F24∶1，泥质黑陶，侈口，尖圆唇，小高领，鼓腹，平底。口径4.6、底径2.9、高5.4 厘米。（图九九，4；参见图版一三，1）

8）筒形杯

7 件。据腹部特征的不同，分三型。

A 型　1 件。斜直腹。

H410∶1，夹砂灰褐陶，手制，不甚规整，直口，圆唇，平底。口径 7.6、底径 4.5、高 9.0 厘米。（图九九，6；图版四一，5）

B 型　3 件。直腹，器形较小。

ⅢT4808⑨:4，泥质黑陶，器形较小，直口外侈，圆唇，腹部略内弧，平底略内凹。口径4.5、底径3.6、高2.8厘米。（图九九，5；图版四一，6）

H419:1，泥质红陶，厚胎，直口微侈，小折沿，直腹，平底。口径4.0、底径3.5、高3.3厘米。（图九九，7；图版四一，7）

ⅢT4808⑨:3，泥质灰黑陶，直口略外侈，圆唇，直腹，平底，底部外撇，腹部有一环状把手。口径5.8、底径5.2、高6.9厘米。（图九九，11；图版四一，8）

C型　3件。弧腹。分二式。

Ⅰ式　2件。内弧腹。

H20:14，泥质褐陶，口部残，平底，底部有一周凹弦纹。底径8.2、残高11.2厘米。（图九九，9）

Ⅱ式　1件。弧腹内折。

F24:6，泥质灰陶，侈口，尖圆唇，平底。口径7.3、底径4.4、高9.3厘米。（图九九，8；参见图版一三，3）

9）盆

6件。分三型。

A型　2件。折腹。

ⅢT4802⑨:2，泥质灰陶，敞口，方圆唇，斜折沿，折腹，小平底。口径19.4、底径7.0、高8.8厘米。（图一〇〇，1；图版四三，1）

H20:3，泥质灰陶，敞口，圆唇，平底。口径18.8、底径7.6、高8.0厘米。（图一〇〇，2）

B型　3件。斜直腹。分二式。

Ⅰ式　1件。敞口。

H272:1，夹砂红褐陶，尖圆唇，斜直腹内弧，平底，不甚规整。口径16.2、底径8.6、高6.9厘米。（图一〇〇，4）

Ⅱ式　2件。敛口。

H530:1，夹砂黑陶，圆唇，斜直腹略弧，平底，腹部饰一对称鸡冠状鋬手，内壁有刻槽。口径38、底径9.7、高20.0厘米。（图一〇〇，5；图版四三，2）

C型　1件。圈足盆。

T9⑨:1，夹砂黑皮陶，敞口，圆唇，弧腹浅盘，矮圈足，足上饰一周凹弦纹，器表磨光。口径15.2、底径12.0、高4.8厘米。（图一〇〇，3）

10）瓮

2件。

H391:1，夹砂黄褐陶，侈口，尖圆唇，束颈，圆肩，弧腹，平底，肩部饰一周附加堆纹。口径23.0、底径17.5、高45.0厘米。（图一〇〇，7；参见图版二六，2）

H188:4，泥质灰陶，侈口，圆唇，小高领，圆肩，深弧腹，平底，肩下饰一对称小纽。口径14.4、底径15、高53.4厘米。（图一〇〇，8；参见图版三五，4）

11）大口尊形器

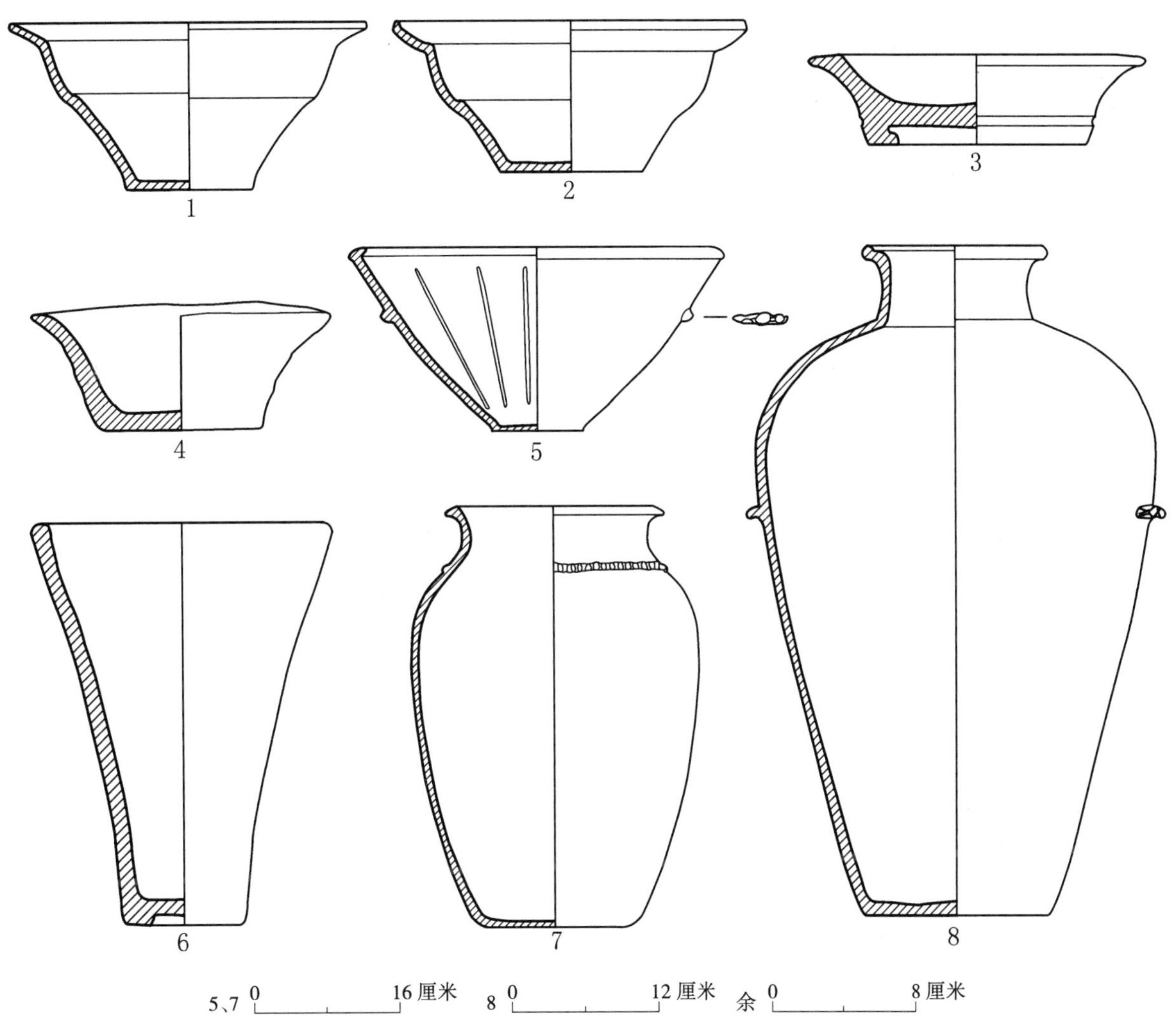

图一〇〇　大汶口文化地层及灰坑出土陶盆、大口尊形器、瓮

1、2. A型盆（ⅢT4802⑨:2、H20:3）　3. C型盆（T9⑨:1）　4. B型Ⅰ式盆（H272:1）　5. B型Ⅱ式盆（H530:1）　6. 大口尊形器（H391:3）　7、8. 瓮（H391:1、H188:4）

1件。

H391:3，夹砂红褐陶，敞口，圆唇，斜直壁，平底内凹。口径16.4、底径6.6、高21.6厘米。（图一〇〇，6；参见图版二六，5）

12）器盖

25件。据整体特征的不同，分四型。

A型　15件。覆盆形。分二式

Ⅰ式　6件。平顶，圆饼形捉手。

ⅢT4708⑨:2，夹砂灰褐陶，平顶，弧壁，敞口，圆唇。捉手径8.8、口径13.0、高5.0厘米。（图一〇一，1；图版四三，3）

ⅢT4708⑨:1，夹砂红褐陶，斜直壁略弧，圆唇，敞口。捉手径6.0、口径11、高3.2厘米。（图一〇一，2；图版四三，4）

ⅣT4801⑨:2，夹砂灰褐陶，顶面略内凹，弧壁，圆唇，敞口，内壁有轮制痕。捉手径7.6、口径20.4、高5.2厘米。（图一〇一，3）

ⅢT4805⑨:10，夹砂黑陶，斜壁略弧，敞口，圆唇，内壁有轮制痕。捉手径8.8、口径22.6、高9.6厘米。（图一〇一，6；图版四三，5）

Ⅱ式　9件。平顶，圆饼形捉手外突。

F10:1，夹砂红褐陶，弧壁，圆唇，敞口，捉手上饰一周捺窝。捉手径7.7、口径13.4、

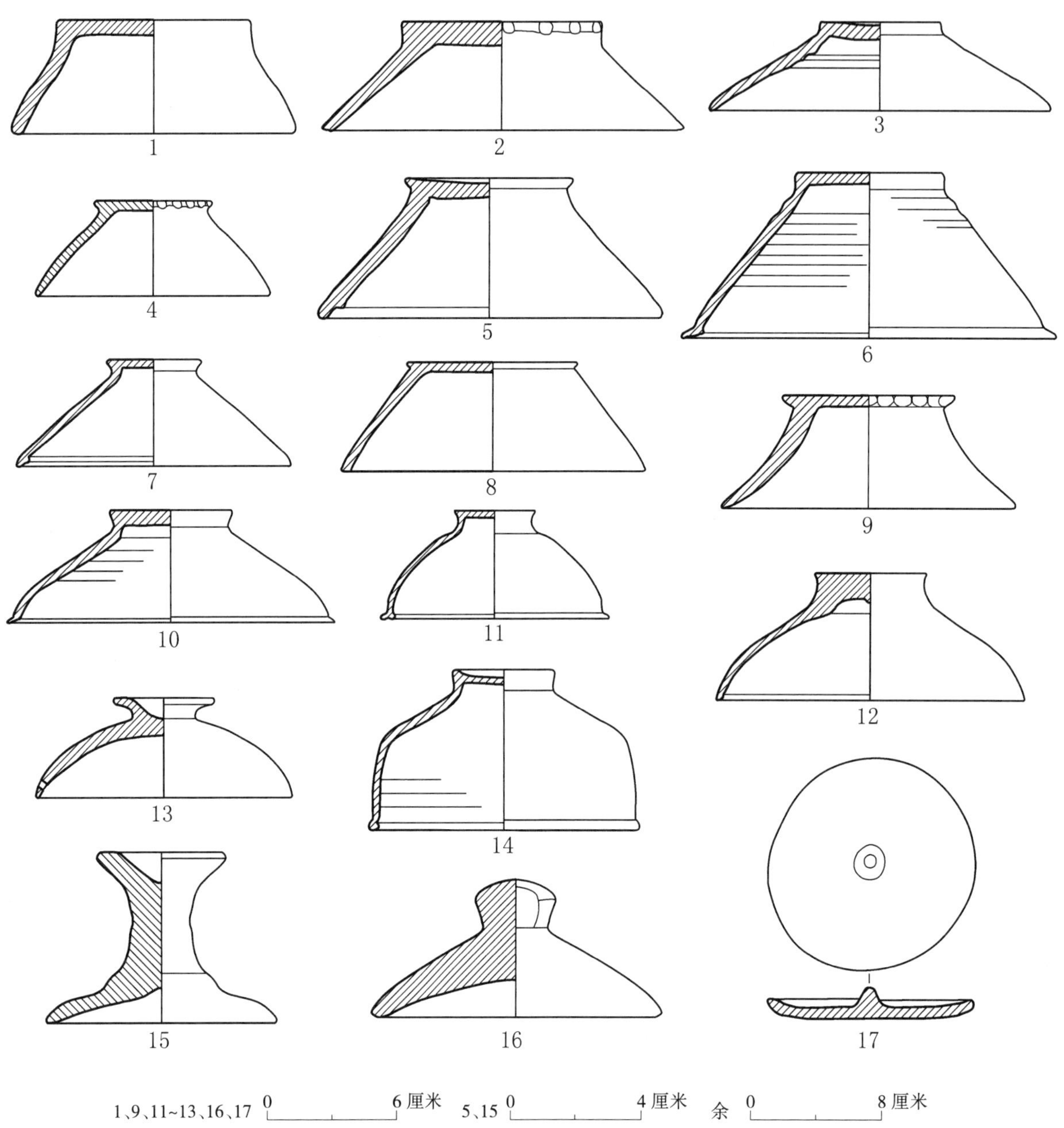

图一〇一　大汶口文化地层、灰坑及房址出土陶器盖

1～3、6. A型Ⅰ式（ⅢT4708⑨:2、ⅢT4708⑨:1、ⅣT4801⑨:2、ⅢT4805⑨:10）　4、5、7～9. A型Ⅱ式（ⅢT4807⑩:1、H515:2、HT1①:5、H532:5、F10:1）　10～12. B型Ⅰ式（HT1①:13、ⅣT4702⑨:1、ⅣT4702⑨:2）　13、14. B型Ⅱ式（H532:2、H435:2）　15. C型（H498:3）　16. D型（H405:1）　17. E型（H527:4）

高4.9厘米。（图一〇一，9）

H515:2，夹砂黑陶，平顶微内凹，斜直腹略弧，圆唇，敞口。捉手径5.1、口径10.4、高4.1厘米。（图一〇一，5；参见图版二九，4）

HT1①:5，夹砂灰褐陶，斜直壁略弧，圆唇，敞口。捉手径5.3、口径16.8、高6.3厘米。（图一〇一，7）

ⅢT4807⑩:1，夹砂褐陶，弧壁，圆唇，敞口，捉手上饰有一周捺窝。捉手径14.2、口径17.0、高5.6厘米。（图一〇一，4；图版四三，6）

H532:5，夹砂褐陶，弧壁，敞口，方唇。捉手径10.2、口径17.6、高6.2厘米。（图一〇一，8；图版四四，1）

B型　7件。覆碗形。分二式。

Ⅰ式　5件。假圈足捉手。

ⅣT4702⑨:1，夹砂灰黑陶，平顶，矮假圈足纽，弧壁，敞口，圆唇，唇面有一道凹弦纹。捉手径3.8、口径10.5、高4.8厘米。（图一〇一，11；图版四四，2）

ⅣT4702⑨:2，夹砂黑陶，平顶，弧壁，圆唇，敞口。捉手径4.8、口径14.0、高5.5厘米。（图一〇一，12；图版四四，3）

HT1①:13，泥质灰陶，弧壁，敞口，尖圆唇，小折沿，内壁有轮制痕。捉手径7.2、口径19.6、高6.5厘米。（图一〇一，10；参见图版二三，3）

Ⅱ式　2件。喇叭形矮圈足纽。

H435:2，泥质黑陶，折腹，圆唇，近直口，口内侧有一周凹弦纹。捉手径6、口径16.7、高9.4厘米。（图一〇一，14；图版四四，4）

H532:2，泥质灰褐陶，弧壁，圆唇，敞口，近口沿处有一小圆孔。捉手径4.5、口径11.6、高4.4厘米。（图一〇一，13；图版四四，5）

C型　1件。覆杯形。

H498:3，夹砂红褐陶，喇叭形圈足捉手，细长柄，弧壁，圆唇，敞口，浅盘。捉手径3.7、口径7.1、高5.0厘米。（图一〇一，15；图版四四，6）

D型　1件。圆形小捉手。

H405:1，夹砂黑陶，捉手上有两捏窝，弧壁，敞口，圆唇。口径13.0、高6.0厘米。（图一〇一，16；图版四五，1）

E型　1件。异型。

H527:4，夹细砂黑陶，平面圆形，四周上翘，中间一乳丁状圆纽。直径9.4、厚0.5~0.7厘米。（图一〇一，17；图版四五，2）

13）钵

3件。

T6⑪:1，泥质红褐陶，敞口，圆唇，浅弧腹，平底，内壁留有轮修痕。口径11.4、底径4.5、高3.6厘米。（图一〇二，1；图版四二，5）

ⅢT4708⑨:1，泥质黑陶，敛口，圆唇，弧腹，平底。口径15.6、底径7.8、高8.1厘米。

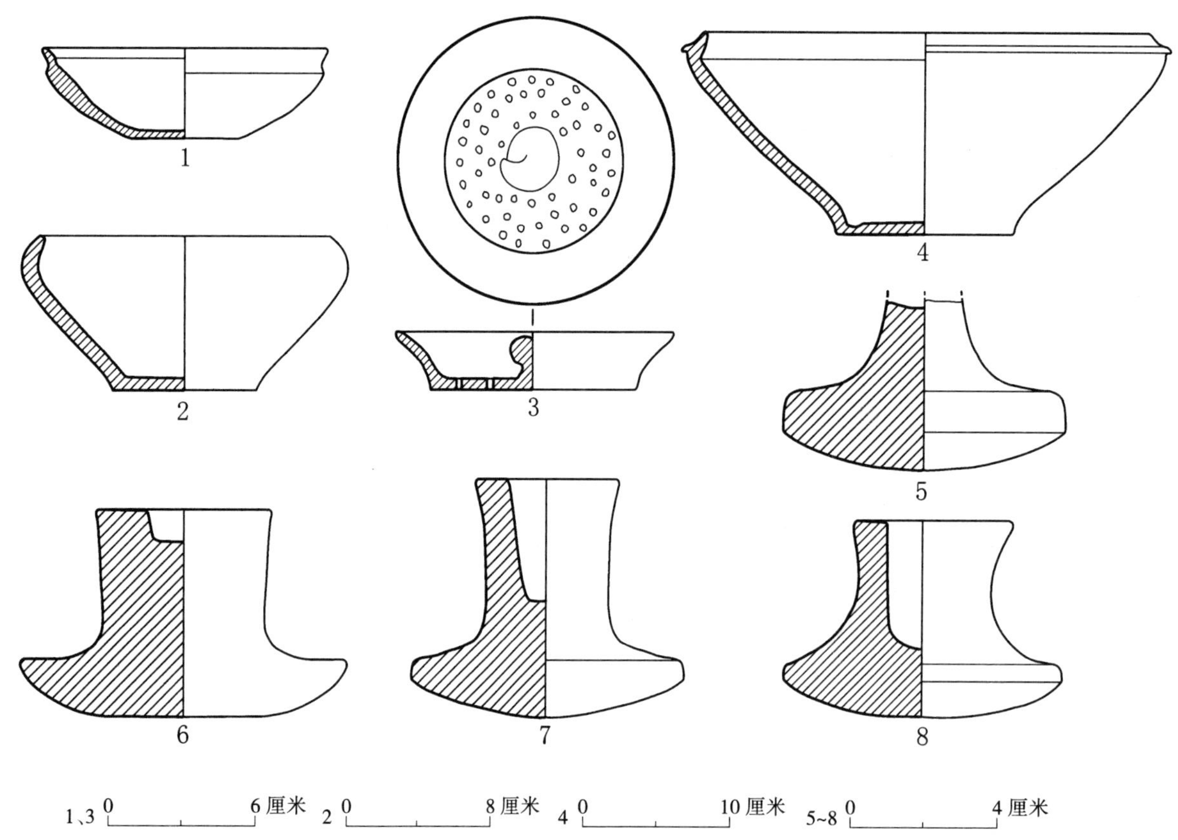

图一〇二 大汶口文化地层及灰坑出土陶钵、箅、拍

1、2、4. 钵（T6⑪:1、ⅢT4708⑨:1、T9⑩:2） 3. 箅（H516:2） 5、6. A型拍（ⅢT4805⑨:5、H436:1） 7、8. B型拍（ⅢT4805⑨:4、ⅢT4805⑨:8）

（图一〇二，2；图版四二，4）

T9⑩:2，泥质灰陶，敛口，圆唇，弧腹，平底。口径30、底径12、高13.5厘米。（图一〇二，4；图版四二，6）

14）箅

1件。

H516:2，夹砂灰陶，敞口，圆唇，曲腹，平底，上有圆形箅孔，底部正中有一圆形捉手。口径11.4、底径8.4、高2.3厘米。（图一〇二，3；参见图版三三，3）

2. 生产工具

27件。有陶拍、纺轮和网坠。

1）陶拍

4件。均呈蘑菇状。分二型。

A型 2件。平顶稍内凹。

ⅢT4805⑨:5，夹砂夹蚌红褐陶，拍面圆形，厚重，中间弧突，顶部残。拍面直径7.4、残高4.5厘米。（图一〇二，5；图版四五，3）

H436:1，夹砂灰褐陶，拍面圆形近平，周缘上翘，拍柄粗直，顶端内凹。拍面直径8.7、高5.6厘米（图一〇二，6；图版四五，4）

B型　2件。空心长柄。

ⅢT4805⑨:4，夹砂灰褐陶，拍面圆形，细长空心柄。顶径4.0、拍面直径7.4、高6.3厘米。（图一〇二，7；图版四五，5）

ⅢT4805⑨:8，夹砂红褐陶，呈蘑菇状，拍面圆形弧突，长柄略内弧。拍面直径7.5、高5.2厘米。（图一〇二，8；图版四五，6）

2）纺轮

14件。圆形，中间一孔。据剖面形状的不同，分五型。

A型　5件。剖面呈长方形，两面平整，两侧平直或略弧。

T14⑨:2，泥质灰陶，中心圆孔脱落，近椭圆形。直径4.3、孔径0.86～0.9、厚1.2厘米。（图一〇三，1）

H20:2，夹砂褐陶，顶面有一周细凹弦纹。直径4.2、孔径0.5、厚1.3厘米。（图一〇三，2；图版四六，1）

H20:4，泥质红褐陶，两侧略弧。直径4.8、孔径0.5、厚1.1厘米。（图一〇三，3）

B型　5件。剖面呈梯形。

H516:1，夹砂灰黑陶，顶面内凹，两侧斜直略弧，单面钻孔。直径3.9～4.8、孔径0.6、厚1厘米。（图一〇三，5；参见图版三三，2）

T6⑪:2，夹细砂红陶。直径3.9～4.3、孔径0.5、厚0.9厘米。（图一〇三，4；图版四六，2）

C型　2件。剖面呈半月形，底面平直。

ⅢT4803⑨:1，夹砂褐陶，顶面外围饰两道细凹弦纹，中饰互相缠绕的卷云纹，背面中心饰有四分弧线纹，外侧有五道凹弦纹，磨制光滑，制作精美。直径5.8、厚1.1厘米。（图一〇三，7；图版四六，3、4）

采集:24，泥质黑陶，顶面弧突。直径5.2、孔径0.5、厚1.0厘米。（图一〇三，8）

D型　1件。剖面呈椭圆形。

ⅢT5005⑨:2，泥质灰陶，不甚规整。直径3.3、孔径0.5、厚1.5厘米。（图一〇三，6；图版四六，5）

E型　1件。

ⅢT4805⑨:2，夹砂褐陶，平面近圆形，中有一个圆形钻孔，横剖面呈不规则的长条形。直径4.4、孔径0.7、厚0.7～1.1厘米。（图一〇三，9；图版四六，6）

3）网坠

9件。按用法的不同，分为三型。

A型　5件。长椭圆形，中部纵穿一圆孔。

采集:27，夹砂夹蚌黑陶。长7.8、直径2.8厘米。（图一〇三，13）

ⅢT4809⑨:1，夹砂褐陶，中孔偏。长7.0、直径3.5厘米。（图一〇三，14；图版四七，1）

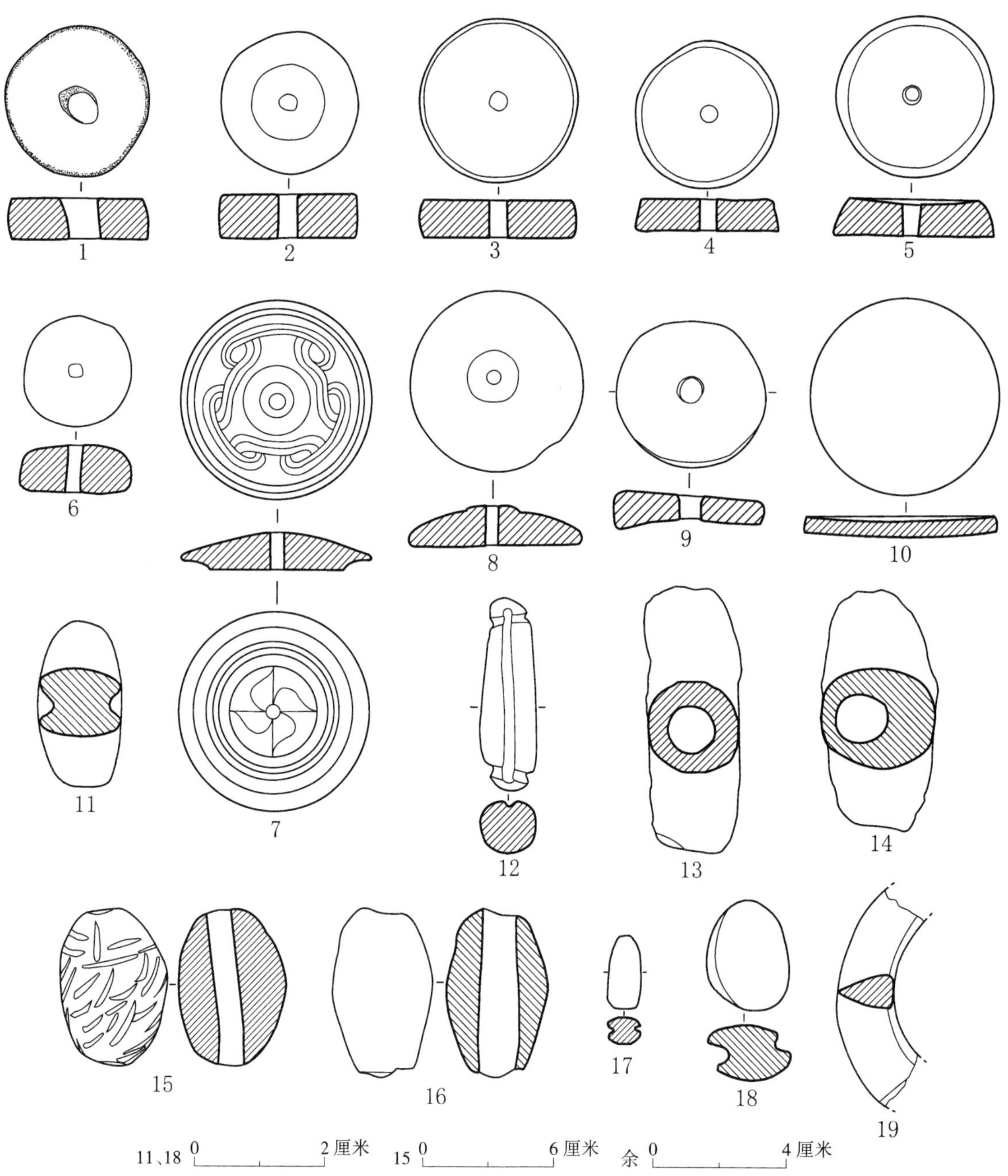

图一〇三　大汶口文化地层及灰坑出土陶纺轮、网坠、圆陶片、环

1～3. A型纺轮（T14⑨:2、H20:2、H20:4）　4、5. B型纺轮（T6⑪:2、H516:1）　6. D型纺轮（ⅢT5005⑨:2）　7、8. C型纺轮（ⅢT4803⑨:1、采集:24）　9. E型纺轮（ⅢT4805⑨:2）　10. 圆陶片（HT1①:8）　11、17、18. B型网坠（HT1①:10、T15⑨:2、ⅢT4810⑨:1）　12. C型网坠（T15⑨:1）　13～16. A型网坠（采集:27、ⅢT4809⑨:1、T2⑧:4、T8⑪:2）　19. 环（T2⑨:2）

T2⑧:4，泥质黑陶，通体饰篮纹。长6.9、直径4.8厘米。（图一〇三，15；图版四七，2）

T8⑪:2，泥质褐陶。长4.8、直径3.1厘米。（图一〇三，16；图版四七，3）

B型　3件。椭圆形实心，器表刻凹槽。

HT1①:10，夹砂灰褐陶。长2.3厘米（图一〇三，11；参见图版二三，6）

T15⑨:2，夹砂红褐陶。长2.1厘米。（图一〇三，17）

ⅢT4810⑨:1，夹砂灰陶。长1.6厘米。（图一〇三，18；图版四七，4）

C型　1件。

T15⑨:1，夹砂褐陶，长条形，器表一纵向凹槽，两端各饰一道凹槽。长5.6厘米。（图一〇三，12；图版四七，5）

3. 其他

1）陶环

1件。

T2⑨:2，泥质灰陶，残，中间厚，四周薄。残长6.2厘米。（图一〇三，19；图版四七，6）

2）圆陶片

1件。

HT1①:8，夹砂黑陶，顶面内凹，由杯底改制而成。直径5.7、厚0.5厘米。（图一〇三，10；参见图版二三，7）

二　石器

共43件。多数已残。主要器形有斧、铲、锛、钺、刀、镰、纺轮、镞、锤、砺石等。

1）斧

8件。多较为厚重。据平面特征，分二型。

A型　4件。上窄下宽的梯形。

T2⑧:5，平顶，两面光滑，刃部残。残长3.7、宽4.3、厚2.4厘米。（图一〇四，1；图版四八，1）

H20:1，平顶，刃部残断，两面平整，两侧略残。残长6.9、宽5.2、厚1.8厘米。（图一〇四，2；图版四八，2）

ⅢT4910⑨:2，顶部残，双面弧刃。残长8.1、宽6.1、厚4.2厘米。（图一〇四，3；图版四八，3）

B型　4件。近长方形。

H516:3，顶残，两面光滑，双面平刃。残长10.5、宽7.0、厚2.2厘米。（图一〇四，4；参见图版三三，4）

F27:9，平顶，两面平整，刃部残，底部有疤痕。残长10.8、宽5.1、厚4.8厘米。（图一〇四，5；图版四八，4）

2）铲

9件。体形扁薄，加工精致。据平面形状特征分二型。

A型　5件。长梯形。

ⅢT4908⑨:4，斜平顶，两面光滑，单面弧刃。长8.3、宽4.2～5.9、最厚1.3厘米。（图一〇四，6；图版四九，1）

ⅢT4909⑨:2，顶部略残，单面弧刃，刃部残。残长13.2、宽7.8、厚0.7厘米。（图一

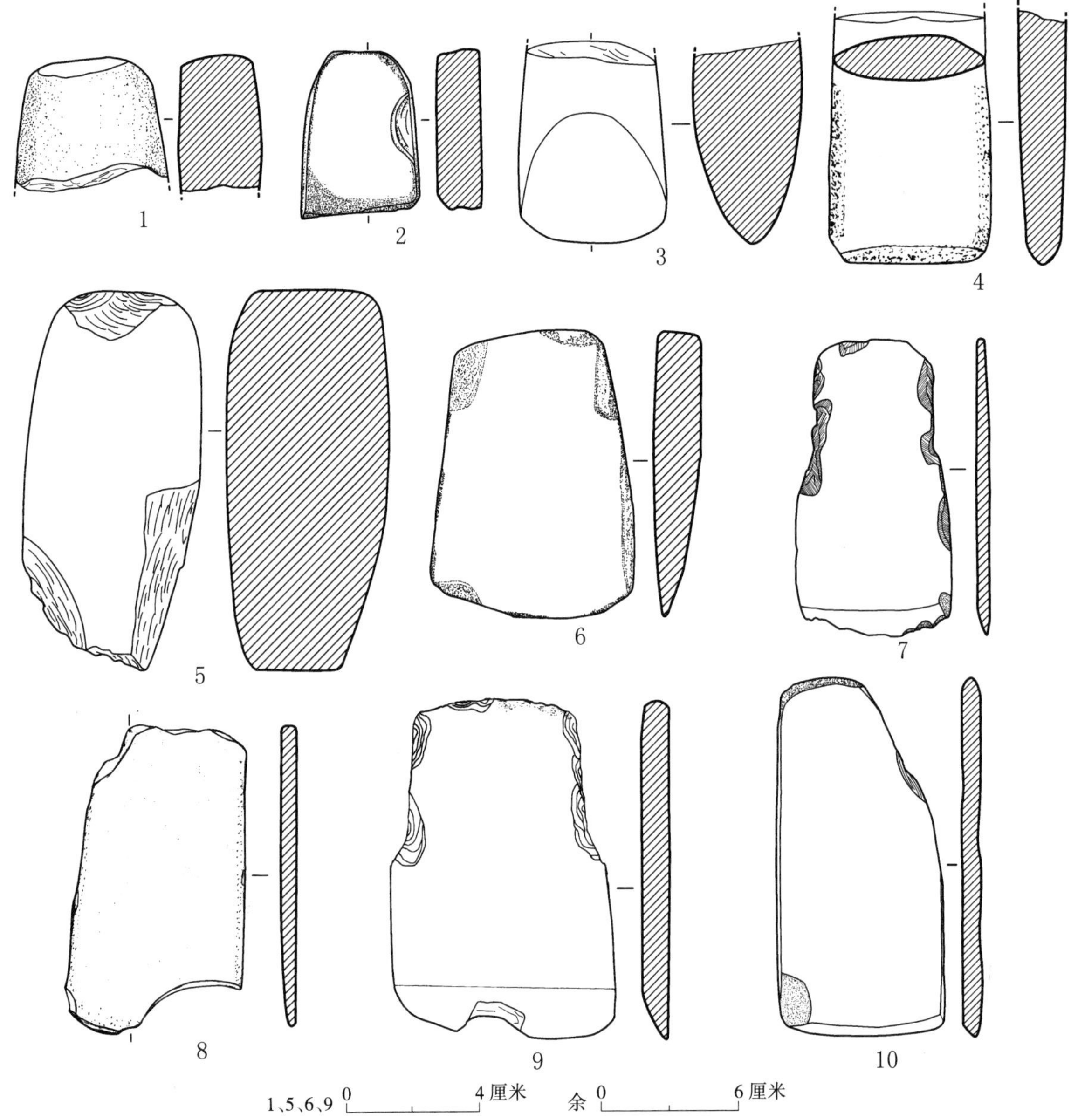

图一〇四　大汶口文化地层、灰坑及房址出土石斧、铲

1～3. A型斧（T2⑧:5、H20:1、ⅢT4910⑨:2）　4、5. B型斧（H516:3、F27:9）　6～8. A型铲（ⅢT4908⑨:4、H527:1、ⅢT4909⑨:2）　9. B型Ⅰ式铲（采集:19）　10. B型Ⅱ式铲（T13⑩:1）

〇四，8；图版四九，3）

H527:1，平顶，弧刃，顶端及两侧均有使用疤痕。长12.6、宽4.1～6.9、厚0.6厘米。（图一〇四，7；图版四九，2）

B型　4件。长方形。据肩部特征的不同分二式。

Ⅰ式　1件。有肩。

采集:19，平顶，两面平整光滑，有肩，弧刃，刃部有使用疤痕。长9.5、最宽6.6、厚0.8厘米。（图一〇四，9）

Ⅱ式　3件。无肩。

T13⑩:1，平顶，顶部残，两面平整，单面弧刃。长15.2、宽7.5、厚0.8厘米。（图一○四，10；图版四九，4）

3）锛

8件。据平面形状特征分三型。

A型　5件。长方形。分二式。

Ⅰ式　2件。有段。

T14⑩:1，不甚规整，平顶，两侧略弧，两面平整，刃部残。残长6.4、宽3、厚2.6厘米。（图一○五，1；图版五○，1）

ⅢT4805⑨:6，器体厚重，平顶，刃部残，两面平整光滑。残长7.7、宽3.2、厚2.5厘米。（图一○五，2）

Ⅱ式　3件。无段。

T9⑪:3，斜平顶，两面平整，单面弧刃，两侧略残。长6.4、宽3.1、厚2.4厘米。（图一○五，3；图版五○，2）

采集:6，平顶略残，两面平整，单面弧刃，刃部有使用崩裂痕迹。长7.4、宽4.7、厚1.6厘米。（图一○五，4）

B型　1件。长条形。

H261:2，弧顶，两侧略弧，两面平整，单面弧刃，顶面有使用疤痕。长11.2、宽3.6、厚2.4厘米。（图一○五，5；参见图版二五，3、4）

C型　2件。方形。

ⅢT4704⑨:1，平顶，单面直刃，刃部锋利，磨制光滑。长6.5、最宽4.1、最厚2.1厘米。（图一○五，6；图版五○，3）

采集:22，平顶，单面直刃，两面平整，刃部有使用疤痕。长4.7、宽3.6、厚1.6厘米。（图一○五，9）

4）钺

4件。

ⅢT4805⑨:1，平面呈长梯形，平顶，两面平整，双面弧刃，刃部有使用疤痕，器体中上部有一对钻圆孔。长12.5、宽5.3~7.3、孔径2.3、最厚1.5厘米。（图一○五，7；图版四八，5）

ⅢT4709⑨:1，长方形，平顶，双面弧刃，刃部残，中有一对钻圆孔。残长11.7、宽5.3~5.9、孔径0.9、最厚1.5厘米（图一○五，8；图版四八，6）

ⅢT4809⑨:3，残，平面长方形，平顶，两侧略弧，刃部残，上有一长方形孔。残长12.0、宽9.6、厚1.2厘米。（图一○五，10）

5）刀

7件。据平面形状的不同分二型。

A型　5件。半月形。

采集:10，残，弧背，单面平刃，上残存两对钻圆孔，通体磨制光滑。残长7.4、宽4.6、

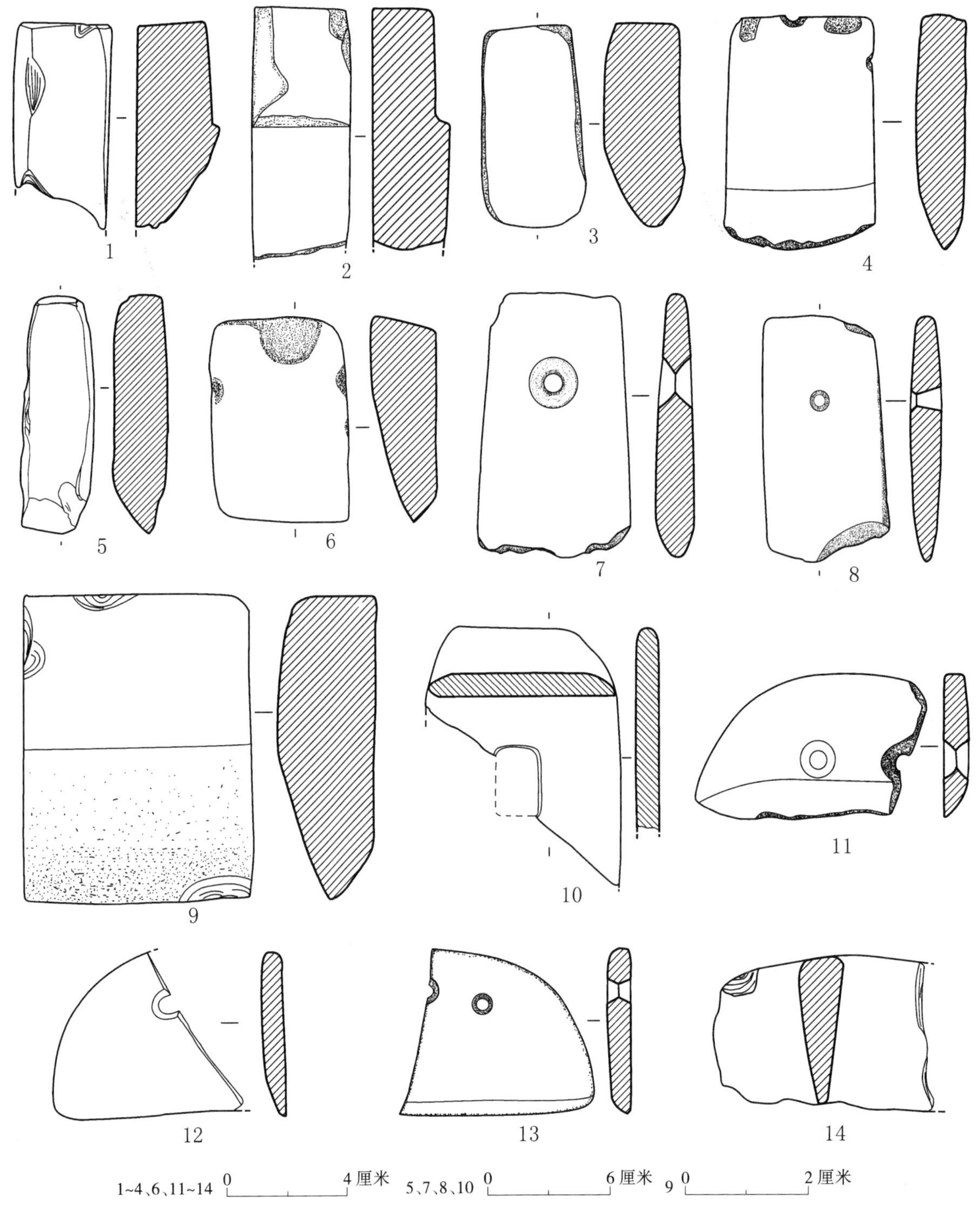

图一〇五 大汶口文化地层及灰坑出土石锛、钺、刀

1、2. A型Ⅰ式锛（T14⑩:1、ⅢT4805⑨:6） 3、4. A型Ⅱ式锛（T9⑪:3、采集:6） 5. B型锛（H261:2） 6、9. C型锛（ⅢT4704⑨:1、采集:22） 7、8、10. 钺（ⅢT4805⑨:1、ⅢT4709⑨:1、ⅢT4809⑨:3） 11～13. A型刀（采集:10、ⅢT4909⑨:6、T9⑪:2） 14. B型刀（采集:13）

厚0.8厘米。（图一〇五，11）

ⅢT4909⑨:6，残，弧背，单面平刃，两面磨制光滑，存有一孔，系单面钻孔。残长6.2、宽5、厚0.8厘米。（图一〇五，12）

T9⑪:2，弧背，单面直刃，残存部分可见双孔，磨制较为精细。残长6.3、宽5.2、厚0.8厘米。（图一〇五，13；图版四九，5）

B型　2件。长条形。

采集:13，弧顶，直刃，刃部有使用疤痕。残长6.7、厚0.1～1.5厘米。（图一〇五，14）

6）镰

1件。

T12⑨:1，残，直背略弧，弧刃，刃部有使用疤痕。长12.3、厚0.5厘米。（图一〇六，4；图版四九，6）

7）纺轮

1件。

采集:21，平面圆形，中有一圆孔，磨制光滑。直径4.9、孔径0.8、厚0.7～0.8厘米。（图一〇六，5）

8）镞

1件。

ⅢT4804⑨:2，平面柳叶形，中有双脊，圆铤残，镞尖残。残长6.7、最宽处2.3、厚0.6

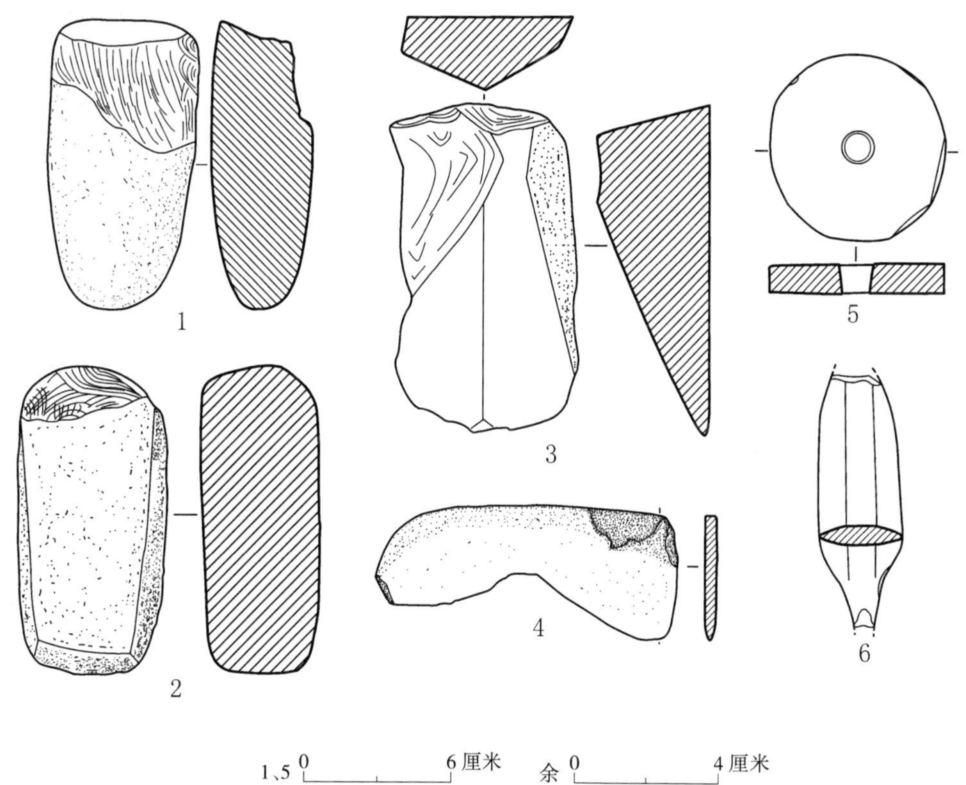

图一〇六　大汶口文化红烧土台及地层出土石锤、砺石、镰、纺轮、镞

1. 锤（HT1①:2）　2、3. 砺石（HT1①:3、T9⑪:4）　4. 镰（T12⑨:1）　5. 纺轮（采集:21）　6. 镞（ⅢT4804⑨:2）

厘米。（图一〇六，6；图版五〇，4）

9）锤

1件。

HT1①:2，器体厚重，顶部残，弧刃，两面略弧，有崩裂痕迹。残长11.5、最宽6.0、最厚4.2厘米。（图一〇六，1；参见图版二三，8）

10）砺石

3件。

HT1①:3，近长方形，两端圆弧，两侧略弧，有使用痕迹。残长8.2、宽4.1、厚3.2厘米。（图一〇六，2）

T9⑪:4，整体呈多面体，弧顶，平底，由于多次使用在其上形成两个平滑的棱面。长8.6、宽4.7厘米。（图一〇六，3；图版五〇，5）

三　骨角牙器

共15件。多选用动物骨骼，经刮削、磨制而成。器形有锥、镖、镞等。

1）锥

4件。

T2⑧:1，鹿角磨制而成，横断面呈椭圆形。长10.4厘米。（图一〇七，1；图版五〇，7）

T8⑪:1，长条形。长9.4厘米。（图一〇七，2）

2）镖

1件。

ⅢT4906⑨:1，平面柳叶状，一侧带有倒刺，上有圆形穿孔。长13.7、最宽3.2厘米。（图一〇七，6；图版五一，1）

3）镞

3件。

ⅢT4809⑨:2，长柳叶形单面脊，圆铤，镞尖残。残长7.6厘米。（图一〇七，3）

T6⑪:3，长梭形，两端细尖，截面近三角形。长5.4厘米。（图一〇七，4；图版五一，2）

4）不明骨器

1件。

H272:3，长条形，一端有刃，磨制不光滑。长18厘米。（图一〇七，10；图版五一，3）

5）鹿角形器

5件。

ⅣT4801⑨:3，残长13.6厘米。（图一〇七，7）

H405:2，残长18.0厘米。（图一〇七，9；图版五一，5）

H534:1，残长24.0厘米。（图一〇七，8；图版五一，6）

H272:5，残长10.2厘米。（图一〇七，11）

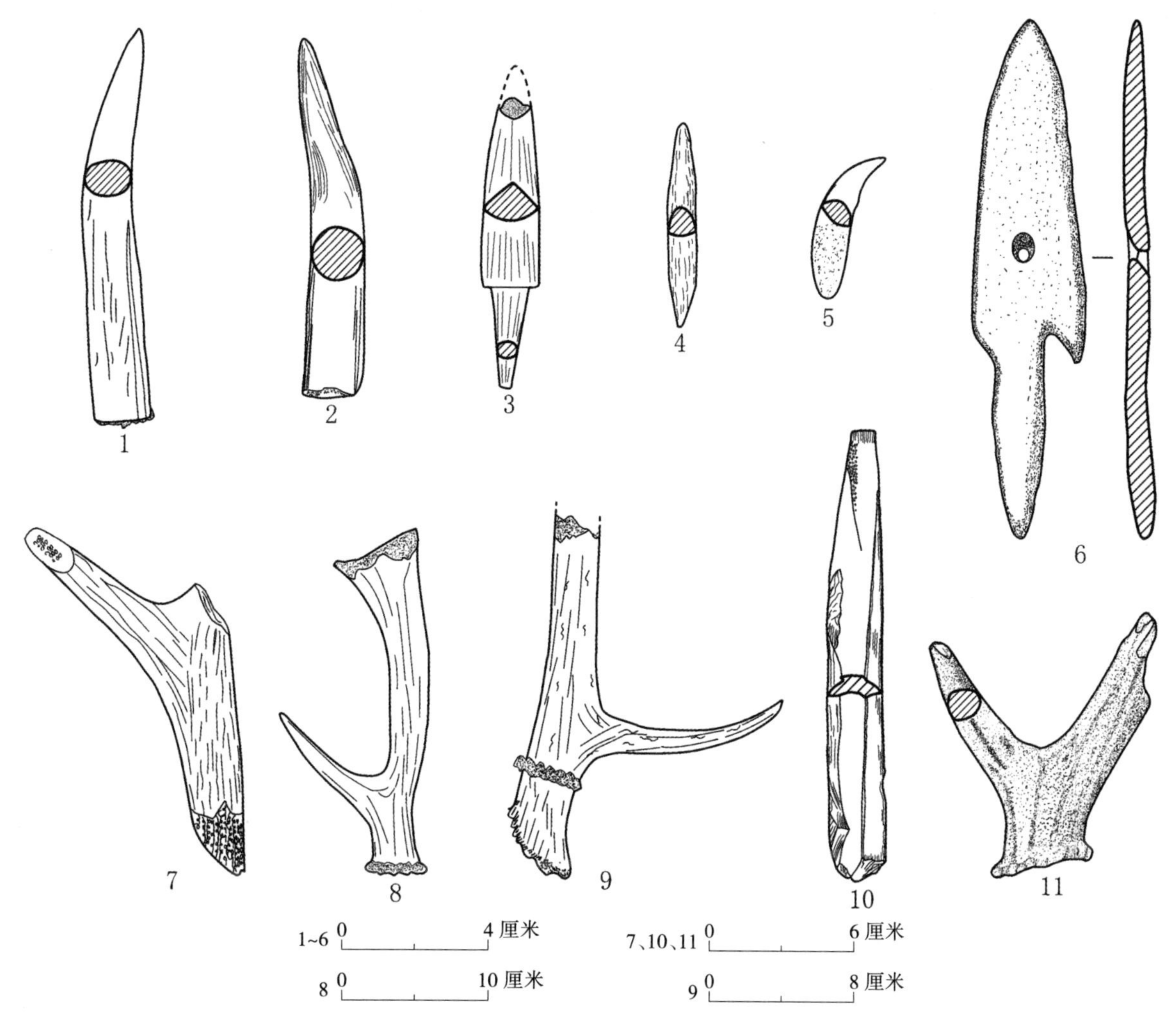

图一〇七　大汶口文化地层及灰坑出土骨、牙角器

1、2. 骨锥（T2⑧:1、T8⑪:1）　3、4. 骨镞（ⅢT4809⑨:2、T6⑪:3）　5. 獐牙（ⅢT4808⑨:6）　6. 骨镖（ⅢT4906⑨:1）　7～9、11. 鹿角形器（ⅣT4801⑨:3、H534:1、H405:2、H272:5）　10. 骨器（H272:3）

6）獐牙

1件。

ⅢT4808⑨:6，月牙状，一端尖锐，一端圆钝。长5.1厘米。（图一〇七，5；图版五一，4）

第六节　小　结

前文对梁王城遗址大汶口文化生活遗存进行了详细叙述，在此基础上，现将分期研究及各期的文化面貌特征小结如下。

一 分期依据

由表2-0-1可知，大汶口文化堆积在遗址“金銮殿”高台历次的考古发掘中均有发现，主要为遗址最底部的一二层。虽然梁王城遗址的地层堆积未进行全面统一，但每次布方发掘的地层堆积大致可以对应，因此以单元发掘区的地层堆积为线索，依据遗迹之间的叠压打破关系、遗迹之间特征的横向比较，再借助于出土器物特征的演变规律，可对大汶口文化生活遗存进行初步的分期研究。同时，还有一部分遗迹与大汶口文化墓葬之间存在叠压打破关系，由于多数墓葬内出土有随葬陶器，且演变特征比较明确，将同类器物进行比较也是分期时考虑的重要因素之一。

首先，对房屋建筑、作坊、道路及红烧土台HT1等遗迹进行研究，有几组关系阐述如下：

1）F3、F4开口层位一致，同位于T2⑧层下；

2）F8、F9、F10、L4开口层位一致；

3）F20、F21开口层位一致；

4）F24、F25开口层位一致，同位于ⅣT4701⑧层下，其中F24叠压在A区墓地M248、M249、M251等墓葬之上；

5）F26、F27开口层位一致，两者与大汶口墓地D区部分墓葬同被HT1叠压。

由于房址内多没有发现遗物，利用陶器进行系统比较几不可能。我们只能根据建筑形态及布局来分析，发现浅地穴式房址形状结构基本一致，房址上多有大片的红烧土倒塌堆积，可以将其归入第一组。该组包括F3、F8、F9、F10、F20、F21、L4，与F3开口层位一致的F4可归入该组，另外东区发现的作坊遗迹亦为浅地穴式，与F8、F9、F10等处在同一个面上，建筑特征一致，同可归入该组。F24、F25、F26、F27与大汶口墓葬关系密切，其出土陶器特征与第一组相比明显偏晚，可归入第二组。叠压F26、F27的HT1为第三组。除此之外，F15为地面式建筑，其结构与F4虽稍有别，但考虑到打破该房址的H261出土器物的特征，暂将其归入第一组。

第二，生活遗存之间的叠压打破关系有如下11组。

1）F3叠压H26；

2）H111打破F9；

3）H272打破F17；

4）G8打破H187、H188；

5）H268打破G11；

6）H261打破F15；

7）H514打破F25；

8）HT1叠压H518、H519、H522、H523、H524、H529、H530、H533、F26、F27；

9）H425打破H426；

10）H429打破H434；

11）H523打破H524。

第三，生活遗存和墓葬之间的叠压打破关系有20组：

1）F4叠压M2～M7等一组瓮棺葬；

2）F24叠压M249、M250、M251；

3）M233～M237打破HT1；

4）HT1叠压M240～M245；

5）H402打破M127；

6）H409打破M111；

7）H412打破M104；

8）H413打破M124；

9）H414打破M110；

10）H416打破M112；

11）H419打破M126；

12）M90打破H419；

13）H421打破M130；

14）H433打破M144；

15）H434打破M145；

16）H436打破M141；

17）H498打破M219；

18）H504打破M246；

19）H515打破M243；

20）H536打破M258、M269。

二　分期及各期特征

经过对上述遗迹之间叠压打破关系和出土遗物的比较分析，以房址分组为基础，并借助于后文墓葬分期的材料，将大汶口文化生活遗存可分期遗迹分成具有相对早晚关系的四期。

第一期，主要遗迹为灰坑，仅有3座（H26、H187、H188）。

该期遗存较少，零散分布于东区，尚未发现房址等建筑遗迹。出土陶器以夹砂红褐陶最为常见，主要为鼎、罐、瓮、杯等，典型器物有E型Ⅰ式鼎、B型罐，鼎口沿多为宽折沿、沿面内凹，鼎足为凿形；流行小窄折沿、深弧腹的陶罐；直口小高领圆肩深腹的陶瓮在该期遗存中有发现。

第二期，主要遗迹为房址、作坊和部分灰坑，包括房址8座（F3、F4、F8、F9、F10、F15、F20、F21），道路1条（L4），作坊遗迹一处（F17、Y1、Y2、Z2、G8、G10～G13），灰坑18座（H25、H88、H93、H102、H104、H105、H109、H110、H114、H115、H116、H395、H402、H409、H413、H415、H416、H532、）。

该期遗存较为丰富，聚落已经初具规模，主要集中在东区中部和西区北部，房址有浅地穴式和地面式建筑两类，一般为单间，面积10～20平方米，房内多设有一灶坑。发现的门道多朝南，居住面没有明显的加工痕迹，多数房内未发现有器物遗存。从整体布局上看，东区房址相对集中，大致可分为东西两排，其中F3、F4、F10、F15位于西侧一排，F8、F9位于东侧一排，两排房址相距约8米，房址之间有红烧土铺设的道路相连，从L4的走向可以看出，其北连F3、F4，南通F10，向东可至F8、F9。作坊遗迹集中在东区约400平方米的范围内，东临“金銮殿”的高台断崖，是梁王城遗址大汶口文化的重要发现之一。包括有窑址、灶坑、房址、灰沟等功能齐全的各类遗迹，这在已发掘的大汶口文化遗址中较为少见。作坊遗迹北侧的F17在大片红烧土堆积上发现有排列密集的柱洞，或是专门用来晾晒陶器或供工人休息的工棚；南侧的Y1、Y2均为双室窑，窑口南向；发现的G8、G10～G13等5条水沟均为长条形，弧壁、圜底，为一处完整的给排水体系，以保证作坊的正常生产。如此布局，既保证了工作效率，也有利于遗址的环境保护。以房址和作坊为中心，周围分布着一些圆形和椭圆形灰坑，坑口形状没有规律，一些红烧土坑常出现在房址附近，如H114位于F8南侧，H415位于F21东侧。

出土陶器以夹砂陶为主，占比超过80%，其中红褐、灰褐陶数量较多，灰、黑陶较少，泥质陶中以灰、灰褐陶较多见。器表以素面为主，纹饰中常见篮纹、弦纹等。典型陶器有A型Ⅰ式、Cb型Ⅰ式、Cb型Ⅱ式、D型、E型Ⅰ式、E型Ⅱ式鼎，B型、C型Ⅰ式罐，B型Ⅰ式、B型Ⅱ式豆，C型Ⅰ式筒形杯，A型Ⅰ式、A型Ⅱ式器盖，B型陶拍等。这一时期主要器形为鼎、罐、豆、瓮、器盖等，以鼎最为常见，基本不见厚胎的高柄杯、筒形杯。流行凿形足鼎，多为敞口浅腹的盆形鼎和深圆腹鼎，其中前者常作为瓮棺葬的葬具出现；陶罐多深腹、小折沿；陶豆器形较小，豆盘口稍内敛，弧壁或斜直壁，豆柄矮小，其上镂孔装饰较为简单；器盖常见覆盆形；陶钵多敛口弧腹。

第三期，主要遗迹为房址和灰坑，包括房址4座（F24、F25、F26、F27），灰坑19座（H16、H20、H270、H412、H414、H419、H421、H426、H433、H434、H436、H504、H518、H519、H522、H523、H524、H532、H533）。

该期遗存主要分布于西区，东区为少量的灰坑。这一时期，东区未发现新修建房址，西区则发现有两组房址，其中F24、F25位于北侧，F24内居住面上发现有6件生活用器，尤其是A型实足鬶年代特征明显。F26、F27位于南侧，前文已经推断这两座房址应该不属于居住址，可能作为墓地的临时建筑，房内出土的E型Ⅱ式鼎常被用于作为陶棺葬葬具。该期灰坑分布范围广，数量多，一些灰坑破坏了大汶口墓地B区的部分墓葬。

出土陶器仍以夹砂为主，泥质陶比重略有上升，黑陶在夹砂和泥质陶中所占比例均有所增加，器表仍多素面，纹饰中篮纹的使用频率增多，镂孔装饰开始大量出现。典型陶器有A型Ⅱ式、B型Ⅰ式、Cb型Ⅰ式、Cb型Ⅱ式、E型Ⅱ式鼎，A型鬶，C型Ⅱ式罐，A型、B型Ⅱ式、B型Ⅲ式、C型豆，A型、C型Ⅰ式厚胎高柄杯，A型、B型壶，A型盆，A型Ⅰ式、A型Ⅱ式、B型Ⅰ式器盖，A型陶拍等。这一时期陶器器类和器形都有所增加，陶鼎除沿用一期罐形鼎、圆腹鼎之外，新出现垂腹鼎、折腹鼎，一期的深弧腹鼎最大腹径也开始下移，鼎足仍以凿形足为主，宽扁状长方形足、侧三角形足增多；陶罐器形变小，窄折沿演变为宽折沿，沿面多有内凹；陶豆豆盘开始流行敞口，腹部斜直，豆柄开始加高，圈足上镂孔增多；

厚胎高柄杯、圈足杯开始出现并逐渐流行；折腹盆仍为主要的生活用器；覆盆状器盖平顶捉手向外突出，更加方便使用，圈足捉手的覆碗状器盖及覆杯状器盖开始流行。

第四期，主要遗迹为灰坑，包括灰坑 14 座（H111、H261、H268、H272、H391、H425、H429、H431、H435、H498、H514、H515、H530、H536），另外有红烧土台 1 处（HT1）。

该期遗存主要为灰坑，在东西两区均有分布，其中有三组打破关系非常重要，即 H111 打破 F9、H261 打破 F15、H268 和 H272 打破作坊遗迹，这一现象表明，二期、三期时使用的房址、作坊遗迹已经开始废弃，人们原来的生活中心转移了。西区发现的 HT1 叠压在墓地 D 区墓葬之上，其上被一组瓮棺葬打破，但由于台上没有发现任何跟其使用有关的痕迹，对其性质的判断造成困难，我们初步推断该遗迹是一集体行为，可能与墓地有关，或为祭祀场所。

出土陶器中夹砂灰陶、黑陶的数量明显增多，泥质陶所占比例基本不变，器表仍以素面为主，纹饰的主要变化是镂孔装饰减少。典型陶器有 B 型Ⅱ式、Ca 型、Cb 型Ⅲ式鼎，C 型罐，B 型鬶，A 型、C 型豆，A 型、B 型厚胎高柄杯，C 型器盖，C 型Ⅱ式筒形杯，B 型Ⅰ、B 型Ⅱ式盆。这一时期陶器开始出现折沿圆腹平底的罐形鼎，垂腹鼎继续使用，深弧腹鼎逐渐消失，铲形、宽扁状长方形鼎足逐渐增多，并出现了锥状小鼎足；陶鬶有圆腹圜底、器身满饰篮纹的实足鬶和高流、束颈的袋足鬶；陶罐器形矮小，陶胎变厚；厚胎高柄杯、筒形杯继续出现在生活遗存中；覆杯状器盖成为主流，新出现敞口斜直腹陶盆、大口尊形器等器类。

从以上分期研究中可以看出，梁王城遗址大汶口文化生活遗存是一脉相承的。第一期发现遗迹较少，尚未发现房屋、作坊等；第二期为遗址的繁荣阶段，不但出现规划有序的居住区，而且形成了颇具规模的作坊区；第三期为遗址的鼎盛阶段，房屋建筑范围进一步扩大，甚至已经扩建于墓地范围；第四期人们的生活中心转移，原来的作坊遗迹和部分房址已经废弃，或许遗址进入衰落阶段。

附表 3－1－1　大汶口文化房址登记表

房址号	所在探方	层位	形状	尺寸（长×宽－深；单位：米）	方向	结构	与周围遗迹关系	出土遗物	用途
F3	T2	⑧	长方形	6.1×3.8－0.6	不详	浅地穴式	被 H14 打破	陶鼎 2	居住
F4	T2	⑧	长方形	5.4×3.4	不详	地面式	叠压于 M2～M7 瓮棺葬之上		居住
F8	T8	⑩	长方形	5.4×3.24－0.45	不详	浅地穴式	被 F7 打破	陶鼎 2	居住
F9	T8	⑩	揭露部分为长方形	5.3×2.6－0.5～0.6	不详	浅地穴式	被 H111 打破		居住
F10	T7	⑩	长方形	3.22× 3.42－0.4 米。	不详	浅地穴式	被 H82、H91 打破		居住
F15	T13	⑨	长方形	F15－1，2.6×2.4（残）； F15－2，1.6×1.5； F15－3，2.5（残）×0.64（残）	不详	地面式	被 H147、H253、H254、H255、H261 等打破		居住
F17	T12、T15	⑨	长方形	11.4×5.2－0.2	不详	浅地穴式	被 H266、H268、H270、H272 等打破		作坊
F20	ⅢT4602	⑨	残存部分近长方形	4.5×3	不详	浅地穴式	被 H344 等灰坑打破		居住
F21	ⅢT4902	⑨	长方形	2.8×2.4～2.9－0.32	西南	浅地穴式	被 H407 打破		居住
F24	ⅣT4701	⑧	长方形	4.6×2.0～2.8－0.2 米	不详	浅地穴式	叠压于 M248、M249、M251 等墓葬之上	陶鬶 1、壶 1、筒形杯 1、罐 2、豆 1	居住
F25	ⅣT4701	⑧	不规则长方形	3.35～4.0×1.4～1.6－0.2	不详	浅地穴式	被 H468、H514 等打破	陶鼎 1	居住
F26	ⅢT4709	HT1	长圆形	5.2×4－0.55	西北	浅地穴式		陶鼎 19	临时建筑
F27	ⅢT4810	HT1	长圆形	5.7×2.8－0.38	北	浅地穴式		陶鼎 8、石斧 1	临时建筑

附表 3-4-1　大汶口文化灰坑登记表

编号	探方	层位	形状	结构	尺寸（米）（长×宽-深）	与周围遗迹关系	时代	备注
H16	T2	⑦	圆形	弧壁、圜底	1.56-0.6	无	大汶口	
H20	T3	⑥	椭圆形	直壁、平底	2.88×2.18-0.62	被 H18、H19 打破	大汶口	
H25	T3	⑦	圆形	直壁、圜底	0.94-0.73	被 H18 打破	大汶口	
H26	T2	F3	椭圆形	直壁、平底	2.14×1.58-0.22		大汶口	
H88	T8	⑩	椭圆形	直壁、平底	1.5×1.4-0.2	被 H87 打破	大汶口	
H93	T7	⑨	揭露部分形状不规则	直壁、平底	2.15×1.65-0.24	无	大汶口	
H102	T8	⑩	椭圆形	斜壁、平底	2.3×2.1-0.6	被 H84、H100 打破	大汶口	
H104	T7	⑩	揭露部分为半圆形	斜壁、平底	6.6-0.42	被 H83 打破	大汶口	
H105	T7	⑩	圆形	直壁、平底	0.94-0.6	被 H98 打破	大汶口	
H108	T5	⑧	椭圆形	弧壁、圜底	2.18×1.2-0.34		大汶口	
H109	T5	⑧	圆形	弧壁、圜底	3.2-0.5	被 J5、H107 打破	大汶口	
H110	T7	⑩	圆形	直壁、平底	1.7-0.46	无	大汶口	
H113	T5	⑧	揭露部分呈扇形	弧壁、圜底	最大径 3.16 -0.7	被 H97 打破	大汶口	
H114	T9	⑩	椭圆形	直壁、平底	2.1×1.5-0.4	无	大汶口	
H115	T9	⑨	圆形	直壁、平底	3.1-0.6		大汶口	
H116	T9	⑩	椭圆形	直壁、平底	2.72×2.5-0.4	无	大汶口	
H187	T11	⑩	揭露部分为扇形	弧壁，底不平	3.2×0.2~0.92 -0.2~0.54	被 G8 打破	大汶口	
H188	T11	⑩	圆形	斜直壁、平底	1.7~1.8-0.3	被 G8 打破	大汶口	
H261	T13	⑨	揭露部分为半椭圆形	直壁、平底	2.49×2.0-0.51	被 H253 打破	大汶口	
H268	T12	⑨	圆形	直壁、平底	1.54-0.3	打破 G11、F17	大汶口	
H270	T12	⑨	圆形	直壁、平底	0.85-0.65	无	大汶口	
H272	T12 及北扩方	⑨	不规则	弧壁、平底	2.76×1.28-0.33	打破 F17	大汶口	
H373	ⅢT4702、ⅢT4802	⑨	不规则	弧壁、圜底	1.5×0.72-1.0	被 H365 打破	大汶口	
H391	ⅢT4702	⑨	椭圆形	直壁、底不平	1.66×0.8-0.42	被 H377 打破	大汶口	
H394	ⅢT4804	⑧	椭圆形	直壁、平底	2.2×2.1-0.35	无	大汶口	
H395	ⅢT4702	⑨	椭圆形	弧壁、平底	2.55×1.75-0.52	被 H376 打破	大汶口	
H402	ⅢT4805	⑨	椭圆形	弧壁、平底	3.15×2.68-0.48	被 H392 打破，打破 M127	大汶口	
H405	ⅢT4803 ⅢT4703	⑨	椭圆形	弧壁、圜底	2.7×1.98-0.18	无	大汶口	

续附表3－4－1

编号	探方	层位	形状	结构	尺寸（米）（长×宽－深）	与周围遗迹关系	时代	备注
H409	ⅢT4803	⑨	不规则	斜壁、平底	2.44×1.8－0.2	打破M111	大汶口	
H411	ⅢT4707 ⅢT4807	⑨	椭圆形	斜壁、平底	2.06×1.82－0.3	无	大汶口	
H412	ⅢT4706 ⅢT4806	⑨	椭圆形	斜壁、平底	3.24×3.0－0.46	打破M104	大汶口	
H413	ⅢT4904	⑨	圆形	斜壁、平底	2.45－0.3	打破M124	大汶口	
H414	ⅢT4805 ⅢT4705	⑨	圆形	弧壁、圜底	1.05－0.46	打破M110	大汶口	
H415	ⅢT4802	⑨	椭圆形	斜壁、近平底	1.56×1.4－0.5		大汶口	
H416	ⅢT4803	⑨	不规则	弧壁、平底	2.14×0.76－0.2	打破M112	大汶口	
H417	ⅢT4806	⑨	不规则	斜壁、凹圜底	3.56×3.7－0.4	无	大汶口	
H419	ⅢT4805	⑨	椭圆形	弧壁、圜底	2.5×1.67－0.54	打破M126，被M90打破	大汶口	
H420	ⅢT4704	⑨	圆形	斜壁、平底	2.1×1.92－0.2	无	大汶口	
H421	ⅢT4905	⑨	椭圆形	弧壁、圜底	0.9×0.74－0.4	打破M130	大汶口	
H422	ⅢT4704	⑨	不规则	直壁、平底	2.7×2.24－0.3	无	大汶口	
H425	ⅢT4904	⑨	圆形	弧壁、圜底	1.2－0.25	打破H426	大汶口	
H426	ⅢT4904	⑨	椭圆形	弧壁、平底	1.5×1.15－0.3	被H425打破	大汶口	
H428	ⅢT4805 ⅢT4905	⑧	椭圆形	弧壁、平底	2.1×1.2－0.35	被M91打破	大汶口	
H429	ⅢT4805	⑨	椭圆形	直壁、平底	1.84×1.62－0.33	打破H434	大汶口	
H431	ⅢT4906	⑧	椭圆形	弧壁、平底	1.57×1.26－0.42	打破M134	大汶口	
H433	ⅢT4905	⑨	圆形	弧壁、平底	1.76－0.4	打破M144，被M114打破	大汶口	
H434	ⅢT4805	⑨	圆形	弧壁、平底	2.28－0.42	打破M145、被H429打破	大汶口	
H436	ⅢT4806	⑨	不规则	弧壁、平底	3.7×3.23－0.3	被H432打破，打破M141	大汶口	
H498	ⅣT4701	⑧	不规则	斜直壁、平底	3.7×2.6－0.42	打破M219	大汶口	
H504	ⅢT4708	⑧	圆形	弧壁、平底	2.6－0.48	打破M246	大汶口	
H509	ⅢT4801	⑧	不规则	斜壁、平底	2.02×1.4－0.2	被H540打破	大汶口	
H514	ⅣT4701	⑧	半圆形	直壁、平底	1.8－0.3	被扰坑打破	大汶口	
H515	ⅢT4808	HT1	椭圆形	弧壁、平底	1.97×1.12－0.14～0.3	打破M243	大汶口	
H516	ⅢT4708	⑧	椭圆形	弧壁、平底	1.5×1.38－0.46		大汶口	
H518	ⅢT4709 ⅢT4809	HT1	圆形	斜壁、平底	1.4－0.4		大汶口	
H519	ⅢT4709 ⅢT4809	HT1	圆形	斜壁、平底	1.48－0.3	无	大汶口	

续附表 3-4-1

编号	探方	层位	形状	结构	尺寸（米）（长×宽-深）	与周围遗迹关系	时代	备注
H522	ⅢT4809	HT1	椭圆形	弧壁、圜底	2.9×2.5-0.16		大汶口	
H523	ⅢT4809	HT1	圆形	弧壁、圜底	1.84-0.27	打破 H524	大汶口	
H524	ⅢT4809	HT1	椭圆形	弧壁、平底	1.7×0.9-0.64	被 H523 打破	大汶口	
H527	ⅢT4908	⑧	半圆形	弧壁、平底	2.56-0.7	打破 M264、M265	大汶口	
H529	ⅢT4809	HT1	圆形	弧壁、平底	0.8-0.3	被 H520 打破	大汶口	
H530	ⅢT4809	HT1	椭圆形	弧壁、圜底	1.3×1.07-0.3	无	大汶口	
H532	ⅢT4907 ⅢT4807	⑦c	圆形	直壁、平底	2.56-0.18		大汶口	
H533	ⅢT4709	HT1	圆形	直壁、平底	1.15-0.17	被 H488 打破	大汶口	
H534	ⅢT4708 ⅢT4707	⑧	圆形	直壁、平底	1.9-0.3	无	大汶口	
H535	ⅢT4908	⑦c	圆形	弧壁、圜底	1.28-0.42	无	大汶口	
H536	ⅢT4908	⑧	椭圆形	弧壁、平底	1.6×1.1-0.43	打破 M258、M269	大汶口	

第四章　大汶口文化墓地

第一节　墓地概述

梁王城遗址大汶口文化墓葬共揭露139座，其中M2、M3、M4、M5、M6、M7、M21、M30等8座（参见图一三）是在2004～2007年的发掘中发现的，它们主要分布在梁王城遗址“金銮殿”高台东北部的居住区内。2008年，在紧邻中运河河道东侧约4000平方米的范围内，共清理发现131座大汶口文化时期的墓葬。至此，梁王城遗址大汶口文化墓葬共发现139座。（图一〇八）

除M2等8座墓葬分布于遗址的居住区外，另外131座墓葬集中分布于居住区西南约40米处的墓葬区内。墓葬区的南北长约100米，东西宽约40米，面积约4000平方米。整个墓葬区内可分为四个小区，每个小区内又可分为若干组，每组墓葬基本呈南北向排列，墓葬之间的打破现象较少（为叙述方便，四个小区从北至南分别编为A、B、C、D区）。（图版五四～五七）

A区，位于墓葬区的北部，包括ⅢT4701、ⅣT4701、ⅢT4801、ⅣT4801四个探方，其东部未清理，不清楚是否东延。共有M216～M219、M222等13座墓葬，集中分布在Ⅳ4701内。这13座墓葬均位于第9层面上，其中M248、M249和M251被F24打破。

B区，位于墓葬区的中部，包括ⅢT4702～ⅢT4707北部、ⅢT4802～ⅢT4806、ⅢT4902～ⅢT4906、ⅢT5004、ⅢT5005等探方。B区的墓葬全部揭露，是一处完整的墓地。共有M110、M118、M125、M141等80座墓葬，是整个墓区内面积最大的一处。其中，M81、M82、M85、M87、M88、M92、M94～M99、M101、M103、M104、M107～M113、M115～M124、M126～M130、M132、M138～M140、M143～M154、M156～M160、M271、M272等52座墓葬开口于第9层下，其余28座墓则位于第9层面上。

C区，位于墓葬区的西南部，包括ⅢT4907～ⅢT4909等探方。共有M252～M254等12座墓葬，集中分布于ⅢT4908探方内。其中，M252～M254、M256、M264、M267、M268等7座墓葬开口于第9层下，其余5座墓葬则位于第9层面上。

D区，位于墓葬区的南部，包括ⅢT4807～ⅢT4809、ⅢT4707南部～ⅢT4709、ⅢT4607～ⅢT4609等探方。共有M227、M228、M230、M231等26座墓葬，集中分布于ⅢT4807东南和

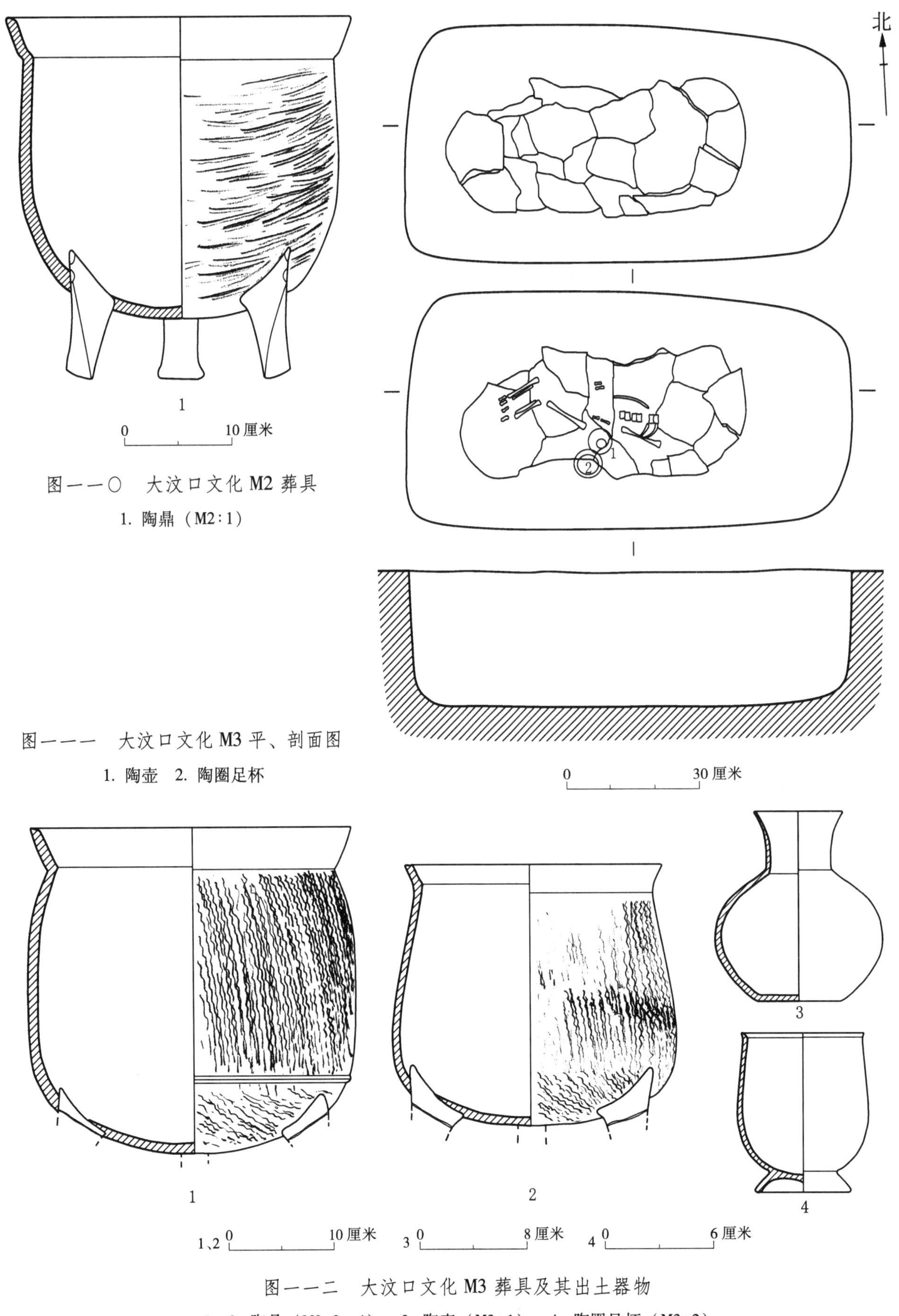

图一一〇　大汶口文化M2葬具

1. 陶鼎（M2∶1）

图一一一　大汶口文化M3平、剖面图

1. 陶壶　2. 陶圈足杯

图一一二　大汶口文化M3葬具及其出土器物

1、2. 陶鼎（M3∶3、4）　3. 陶壶（M3∶1）　4. 陶圈足杯（M3∶2）

层下，被 F4 叠压，打破第 9 层。瓮棺葬，墓坑长 0.92 ~ 1.0、最宽 0.52、深 0.3 米。方向为 93°。填土呈五花土，土质疏松，含少量炭屑。葬具为陶鼎，鼎内人骨侧身屈肢，骨架保存状况差。经鉴定，墓主为 3 ~ 5 岁的儿童，性别不详。随葬品 2 件，为壶、杯各 1 件，置于墓主左侧下腹部。修复葬具陶鼎 2 件。（图一一一）

M3∶1，陶壶。泥质灰褐陶，侈口，尖圆唇，直颈，圆鼓腹，平底。口径 6.4、底径 6.2、高 13.7 厘米。（图一一二，3；图版五八，4）

M3∶2，陶圈足杯。泥质灰陶，口微侈，尖圆唇，深弧腹，矮圈足。口径 6.8、足径 5.3、高 8.7 厘米。（图一一二，4；图版五八，5）

M3∶3，陶鼎。葬具。夹砂灰褐陶，敞口，尖唇，深弧腹，圜底，三足残。腹下部饰凸棱一道，凸棱上部饰方向较一致的细绳纹，凸棱下绳纹方向不尽一致，显得较凌乱。口径 29.7、残高 29.5 厘米。（图一一二，1；图版五八，2）

M3∶4，陶鼎。葬具。夹砂灰褐陶，敞口，尖圆唇，唇面微凹，深弧腹，圜底，三足残。腹部饰方向一致的细绳纹。口径 24.2、残高 23.5 厘米。（图一一二，2；图版五八，3）

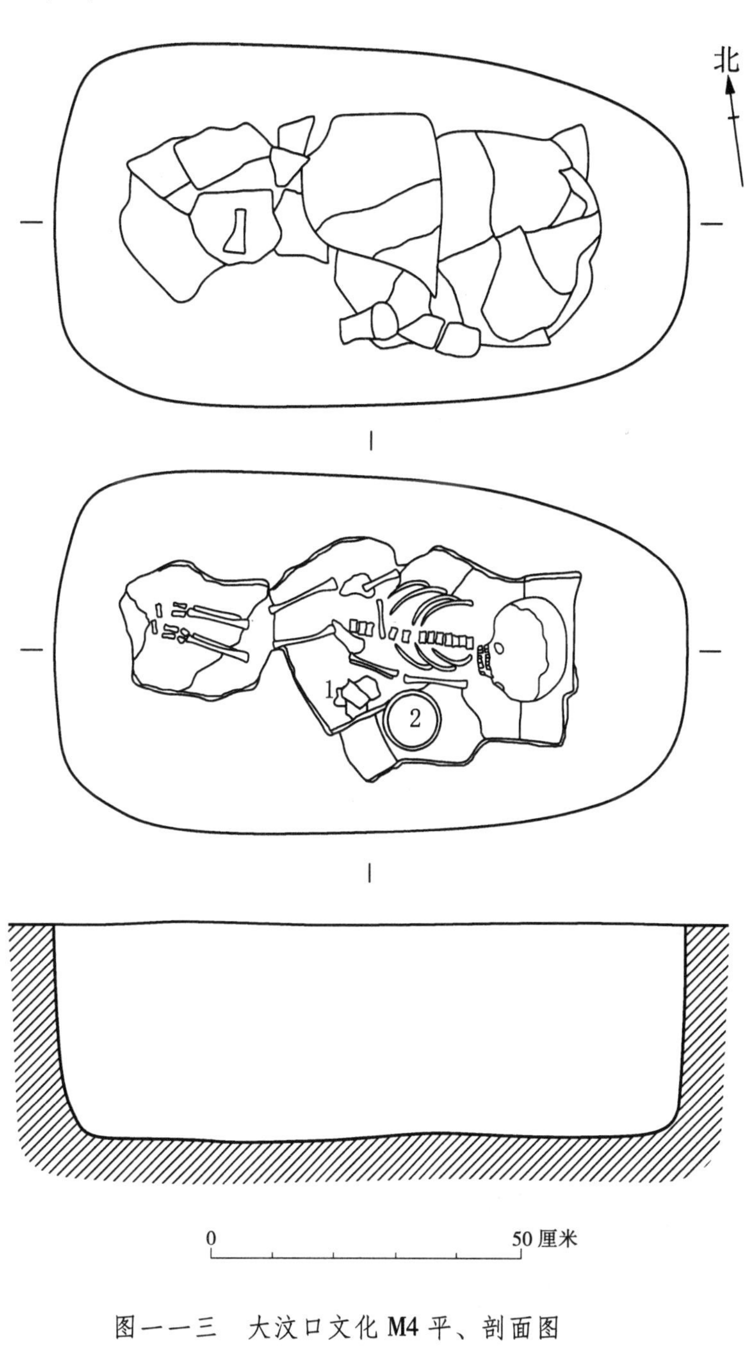

图一一三　大汶口文化 M4 平、剖面图
1. 陶筒形杯　2. 陶钵

M4

位于 T2 的南部，开口于第 8 层下，被 F4 叠压，打破第 9 层。瓮棺葬，墓坑长 1.02、最宽 0.56、深 0.35 米。方向为 98°。填土呈五花土，土质疏松。以鼎等陶器为葬具，鼎内人骨侧身屈肢。人骨架保存基本完好。墓主的年龄、性别不详。随葬品 2 件，为陶筒形杯、红陶钵各 1 件，置于墓主左侧腹部。（图一一三；图版五九，1、2）

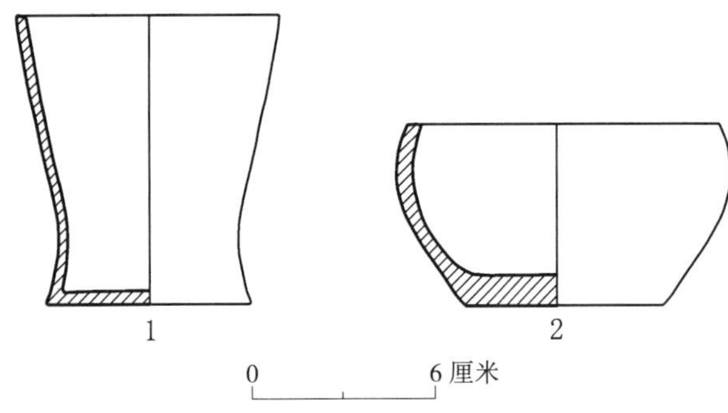

图一一四　大汶口文化 M4 出土器物
1. 陶筒形杯（M4∶1）　2. 陶钵（M4∶2）

M4∶1，陶筒形杯。泥质灰褐陶，直口微侈，尖唇，弧腹至底部内收，平底。口径 8.7、底径 6.8、高 9.0 厘米。（图一一四，1；图版五九，3）

M4∶2，陶钵。泥质红陶，敛口，圆唇，弧腹，平底。口径 10.2、底径 6.5、高 5.7 厘米。（图一一四，2；图版五九，4）

M5

位于 T2 的中部，开口于第 8 层下，被 F4 叠压，打破第 9 层。瓮棺葬，墓坑长 0.74、最宽 0.53、深 0.25 米。方向为 103°。填土呈五花土，土质较硬，含少量红烧土块。葬具为陶鼎等，鼎内人骨侧身屈肢。骨架保存状况差，经鉴定，为 0~2 岁的婴儿，性别不详。未发现随葬品。葬具无法复原。（图一一五；图版六〇，1）

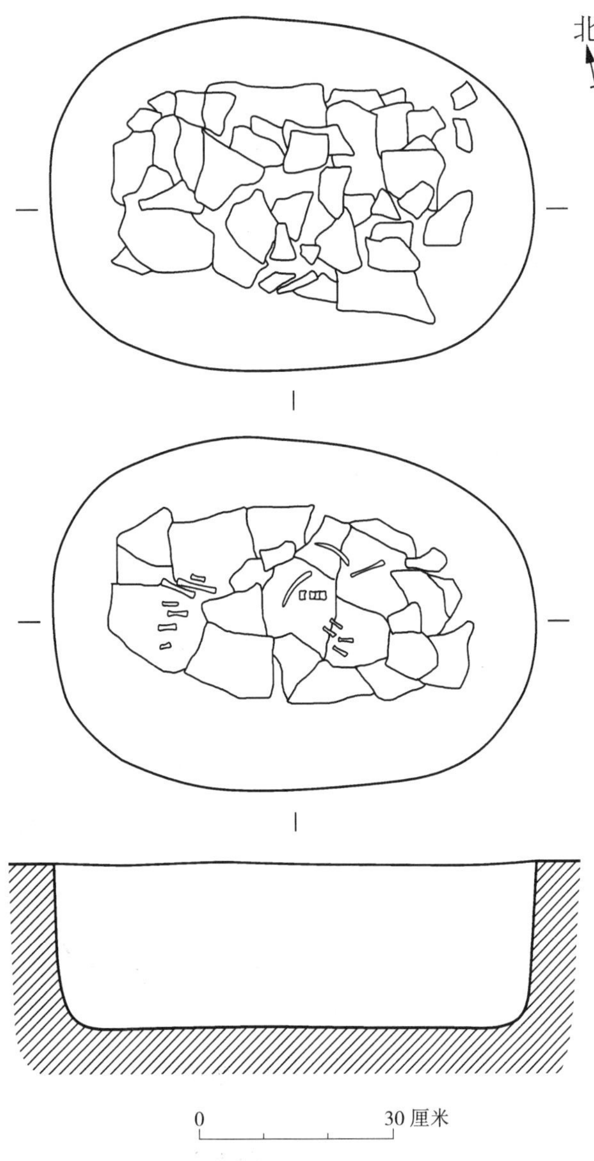

图一一五　大汶口文化 M5 平、剖面图

M6

位于 T2 的中部靠东壁，开口于第 8 层下，被 F4 叠压，打破第 9 层，被 H13 打破。瓮棺葬，墓坑长 1.0、宽 0.5、深 0.35 米。方向 116°。填土呈五花土，土质较硬，含少量红烧土块。以鼎等陶器为葬具，鼎内人骨侧身屈肢，骨架保存状况差。经鉴定，墓主为 1 岁左右的婴儿，性别不详。随葬品仅 1 件器盖，置于墓主左侧的腰部。修复葬具陶鼎 2 件。（图一一六；图版六〇，2、3；图版六一，1）

M6∶1，陶器盖。覆碗形，夹砂红褐陶，圆形捉手，边缘加工成花边状，斜直壁。捉手径 3.3、口径 10.8、高 4.0 厘米。（图一一七，2；图版六一，2）。

M6∶2，陶鼎。葬具。夹砂红褐陶，敞口，折沿，弧鼓腹，圜底，三凿形足。通体饰篮纹。每个足的根部饰捺窝 2 个。口径 25.3、通高 29.4 厘米。（图一一七，3；图

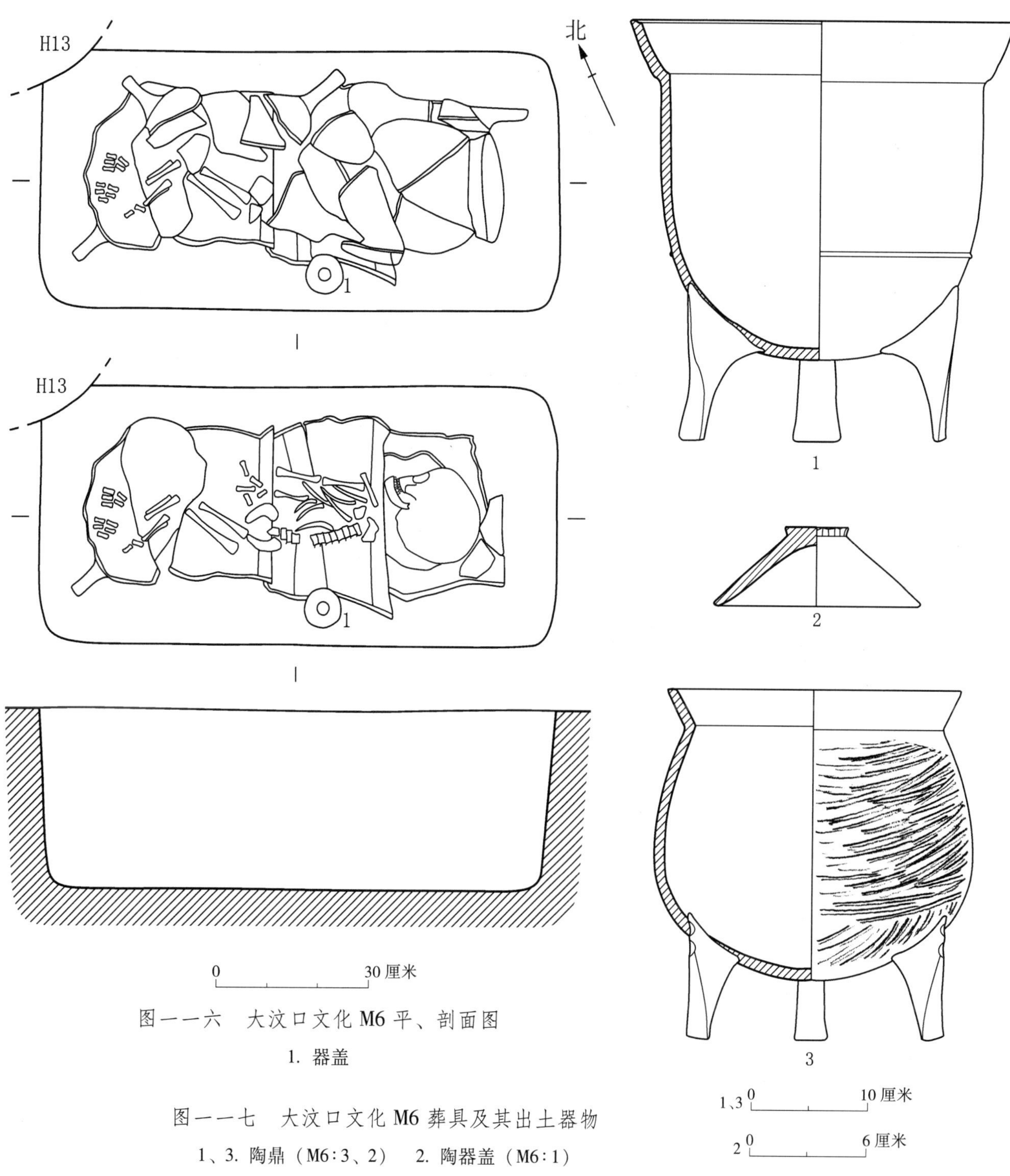

图一一六　大汶口文化M6平、剖面图
1. 器盖

图一一七　大汶口文化M6葬具及其出土器物
1、3. 陶鼎（M6:3、2）　2. 陶器盖（M6:1）

版六一，3）

M6:3，陶鼎。葬具。夹砂红褐陶，敞口，方唇，折沿，深弧腹，圜底，三凿形足。口径33.1、通高35.0厘米。（图一一七，1；图版六一，4）

M7

位于T2的中部靠东壁，开口于第8层下，被F4叠压，打破第9层。陶棺葬，墓坑长

1.4～1.5、宽0.53～0.59、深0.5米。方向95°。填土呈五花土，土质较硬，含少量红烧土块。将陶鼎打碎后铺于墓底及盖于骨架上用作葬具。单人侧身屈肢葬，头向东，面向南，骨架保存状况差。经鉴定，墓主为3～5岁的儿童，性别不详。随葬品5件，置于墓主颈部及身体左侧，计有陶圈足杯、壶、豆各1件，玉管2件，另在墓主左侧胯部置狗下颌骨1块。修复葬具陶鼎1件。（图一一八；图版六二，1、2）

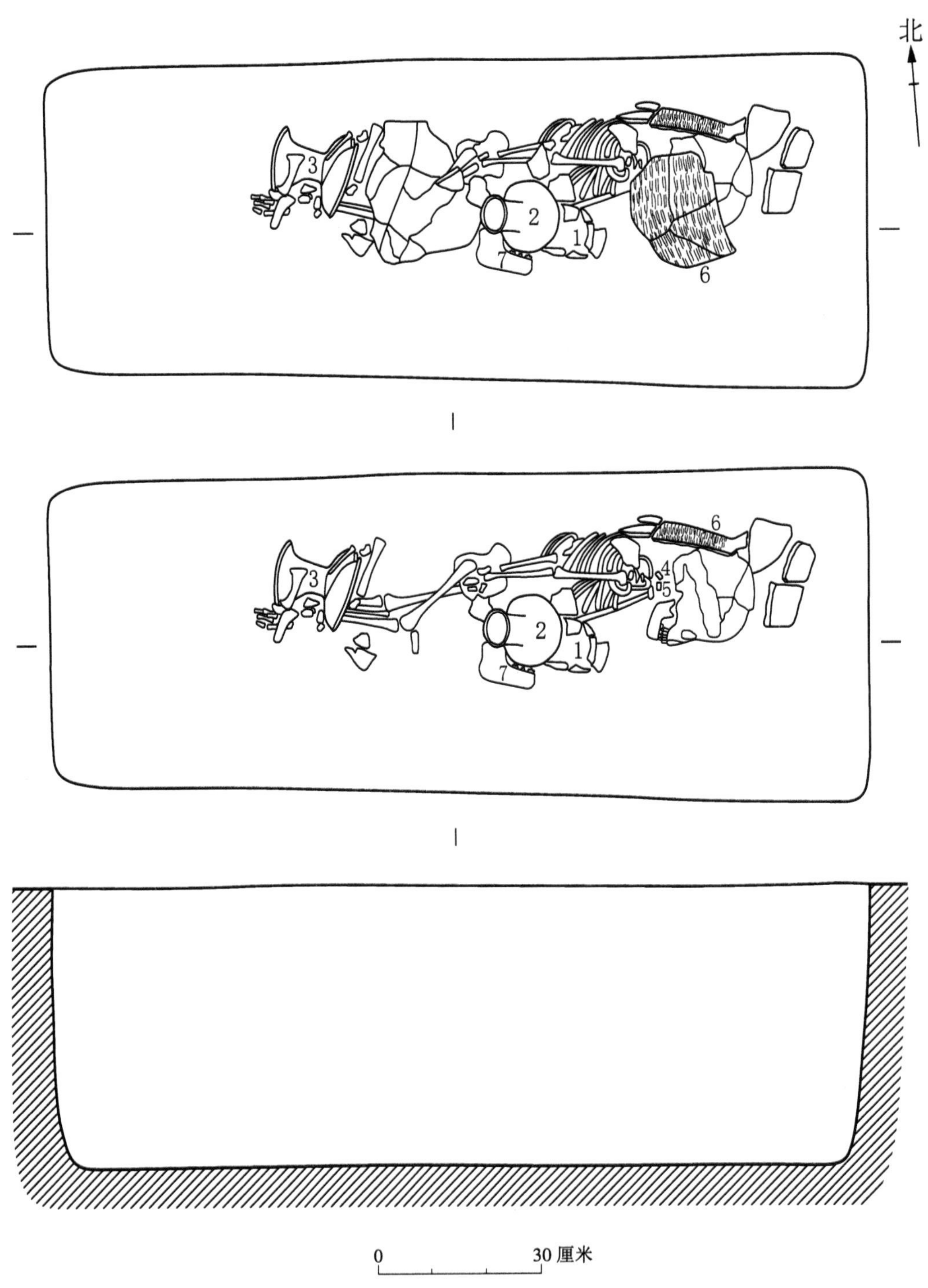

图一一八　大汶口文化M7平、剖面图

1. 陶圈足杯　2. 陶壶　3. 陶豆　4、5. 玉管　6. 陶鼎　7. 狗下颌骨

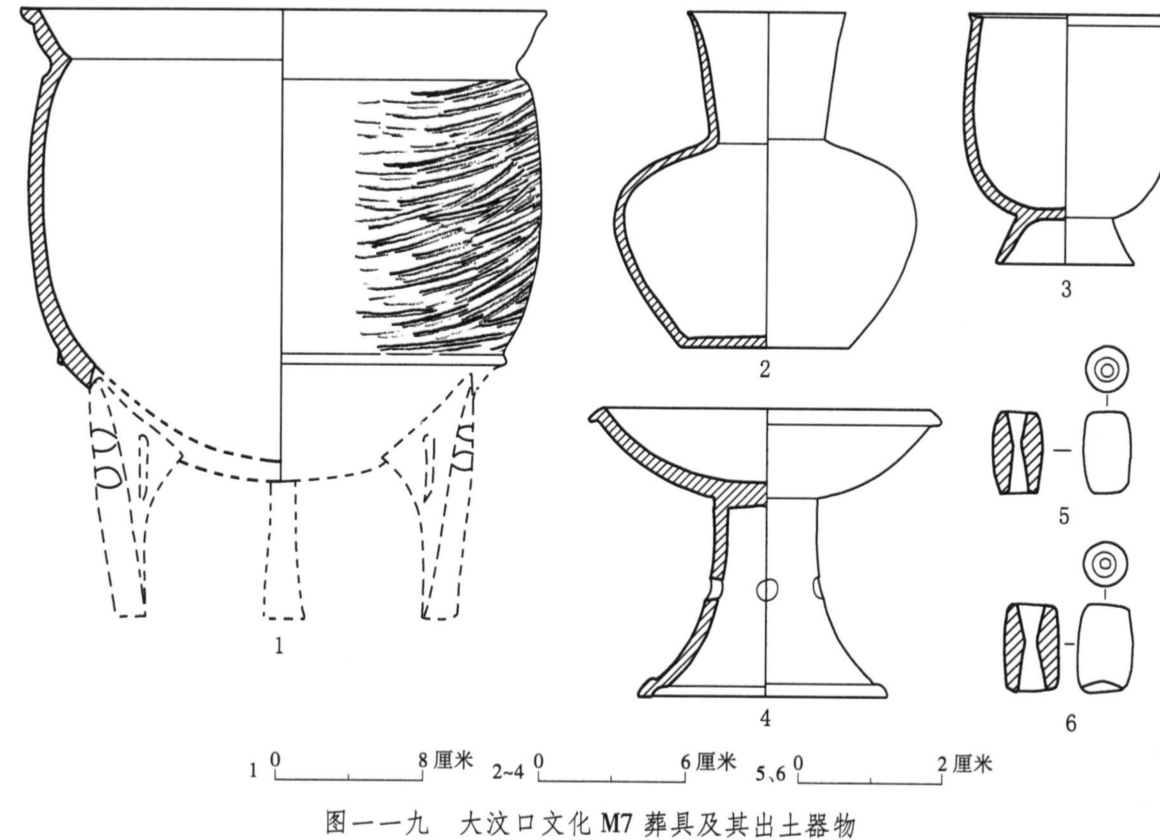

图一一九　大汶口文化M7葬具及其出土器物

1. 陶鼎（M7:6）　2. 陶壶（M7:2）　3. 陶圈足杯（M7:1）　4. 陶豆（M7:3）　5、6. 玉管（M7:4、5）

M7:1，陶圈足杯。泥质灰陶，尖圆唇，短折沿，沿面微凹，深弧腹，喇叭形圈足。口径8.2、足径5.8、高10.0厘米。（图一一九，3；图版六三，1）

M7:2，陶壶。泥质黑陶，侈口，尖圆唇，高颈，圆肩，弧腹，小平底。口径6.5、底径6.8、高13.3厘米。（图一一九，2；图版六三，2）

M7:3，陶豆。泥质灰陶，敞口，沿外折，弧壁，柄较矮，喇叭形圈足。柄部饰有4个对称分布的圆形镂孔。口径13.5、足径10.3、高11.3厘米。（图一一九，4；图版六三，3）

M7:4，玉管。圆柱状，竖穿一孔。孔径0.1~0.2、通高1.1厘米。（图一一九，5）

M7:5，玉管。圆柱状，竖穿一孔。孔径0.2~0.3、通高1.2厘米。（图一一九八，6）

M7:6，陶鼎。葬具。夹砂褐陶，侈口，宽折沿，束颈，弧腹，底与足残缺。通体饰有篮纹，下腹部有一周突棱。口径28.8、残高20.0厘米。（图一一九，1；图版六三，4）

M21

位于T5的西南部，开口于第10层下，打破生土。瓮棺葬，墓坑平面呈圆形，弧壁，平底。墓口直径0.3、墓底直径0.29、深0.32米。葬具为一鼎，保存完整，直立于墓坑中。人骨架在鼎内，单人屈肢葬。骨架保存状况较差。经鉴定，墓主为婴儿，性别不详。未发现有其他随葬品。修复葬具陶鼎一件。（图一二〇；图版六四，1~3）

M21:1，陶鼎。葬具。夹砂红褐陶，敞口，斜方唇，唇面微凹，宽折沿，深弧腹，圜底，三凿形足。素面。口径20.6、最大腹径23.5、高31.1厘米。（图一二一，1；图版六四，2）

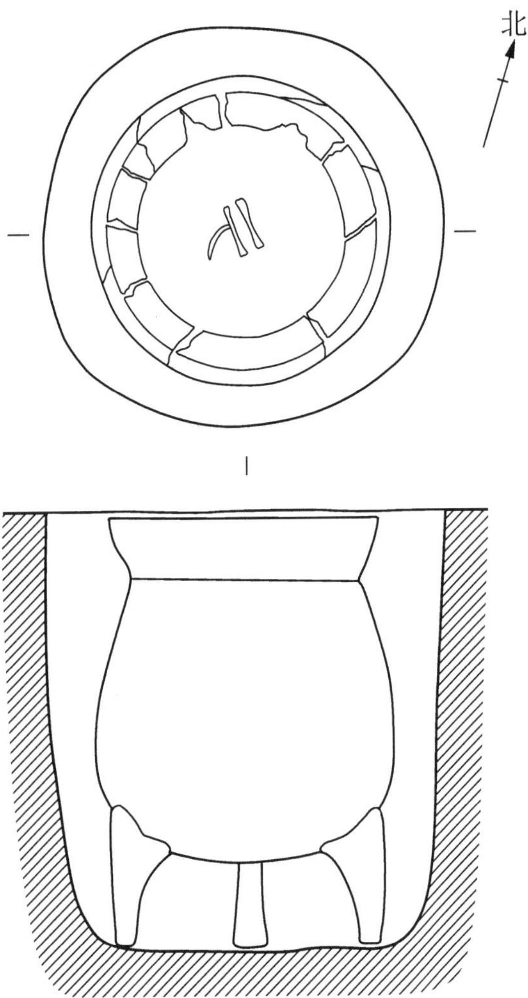

图一二〇　大汶口文化 M21 平、剖面图

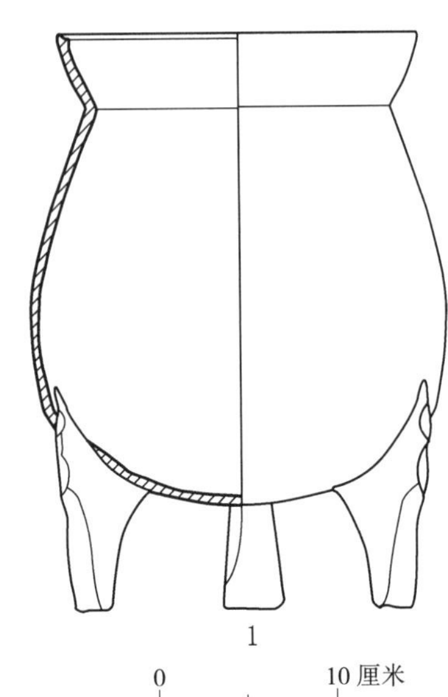

图一二一　大汶口文化 M21 葬具

1. 陶鼎（M21∶1）

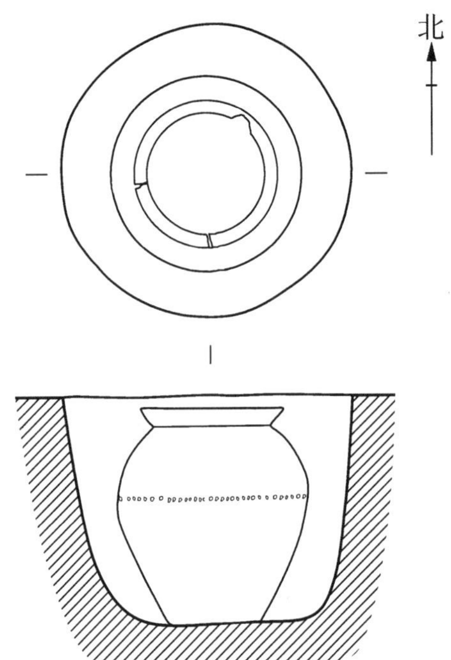

图一二二　大汶口文化 M30 平、剖面图

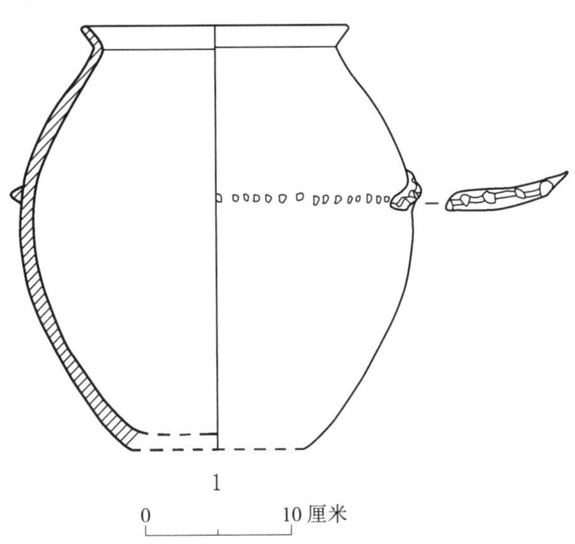

图一二三　大汶口文化 M30 葬具

1. 陶罐（M30∶1）

M30

位于 T11 近南壁处，开口于第 10 层下，打破生土层。瓮棺葬，墓坑平面呈圆形，四壁略弧，平底。墓口直径约 0.4、墓底直径约 0.22、深 0.3 米。葬具为一罐，底部被打掉不存，直立于墓坑中。人骨架在罐内，单人屈肢葬。骨架保存状况较差，仅残存几块人骨。经鉴定，墓主为 0 ~ 2 岁的婴儿，性别不详。未发现有其他随葬品。修复葬具陶罐一件。（图一二二；图版六五，1）

M30∶1，陶罐。葬具。夹砂红褐陶，侈口，短折沿，圆弧腹，底残。肩腹部饰一周米粒状附加堆纹，堆纹上饰一对鸡冠形錾手。口径 17.8、残高 27.8 厘米（图一二三，1；图版六五，2）。

二　A 区

共 13 座墓葬，其中 M217 为瓮棺葬，M218 和 M250 为二层台墓，余均为没有二层台的竖穴土坑墓。

M216

位于ⅣT4701 略偏东北处，墓坑开口于第 8 层下，打破第 10 层，其西部被晚期灰坑破坏。长方形竖穴土坑墓，墓坑残长 1.22 ~ 1.41、宽 0.5、深 0.18 米。方向 90°。填土呈黄褐色，土质较硬。单人仰身直肢葬，头向东，面向上，头骨保存较好，肢骨不全。经鉴定，墓主为年龄 27 ~ 28 岁的男性。墓内未发现随葬品及葬具。（图一二四；图版六六，1）

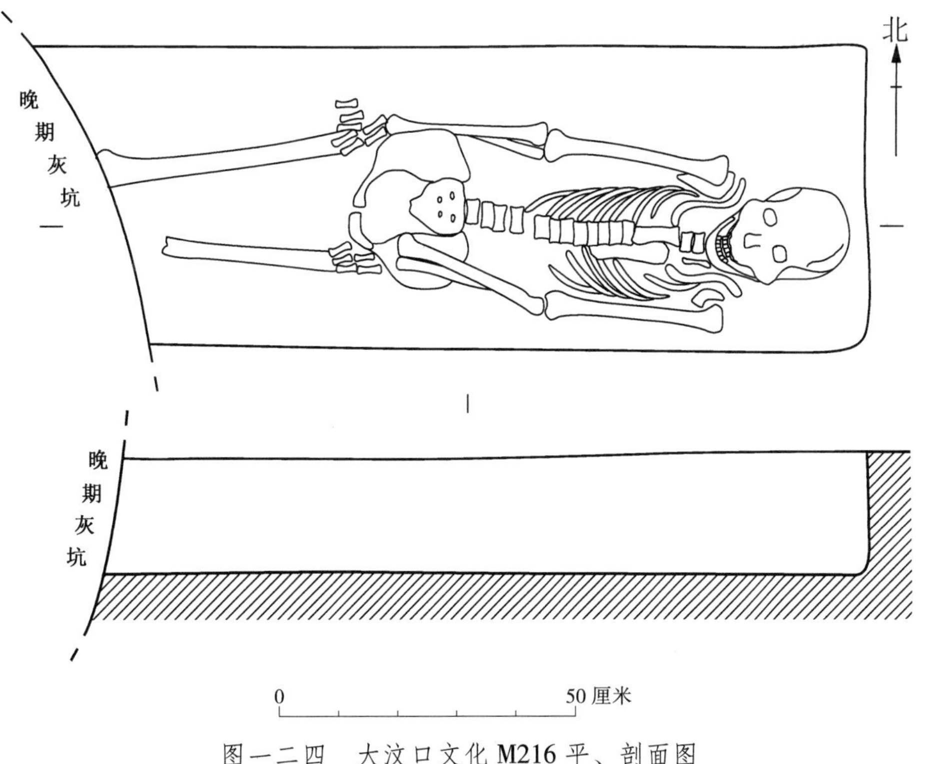

图一二四　大汶口文化 M216 平、剖面图

M217

位于Ⅳ T4701西部，部分进入Ⅳ T4801，开口于第8层下，打破第10层。陶棺葬，墓坑残长0.7～0.8、宽0.6、深0.15米。方向100°。填土呈灰褐色，土质较硬。将陶罐、陶鼎等打碎铺于墓底及盖于骨架之上用作葬具。单人仰身直肢葬，胸椎以下被破坏，头向东，面向南。骨架保存状况不佳。经鉴定，墓主年龄9～12岁，性别不详。墓内未发现随葬品。修复葬具陶鼎、瓮各1件。（图一二五；图版六七，1、2）

M217∶1，陶鼎。葬具。夹砂灰陶，侈口，方唇，唇面微凹，宽折沿，深弧腹，圜底，三凿形足。通体饰有篮纹。口径25.2、高38.4厘米。（图一二六，1；图版六七，3）

M217∶2，陶瓮。葬具。泥质黑陶，口、肩残，深弧腹，平底。腹两侧饰有一对鸡冠状鋬手。底径16.8、残高44.0厘米。（图一二六，2；图版六七，4）

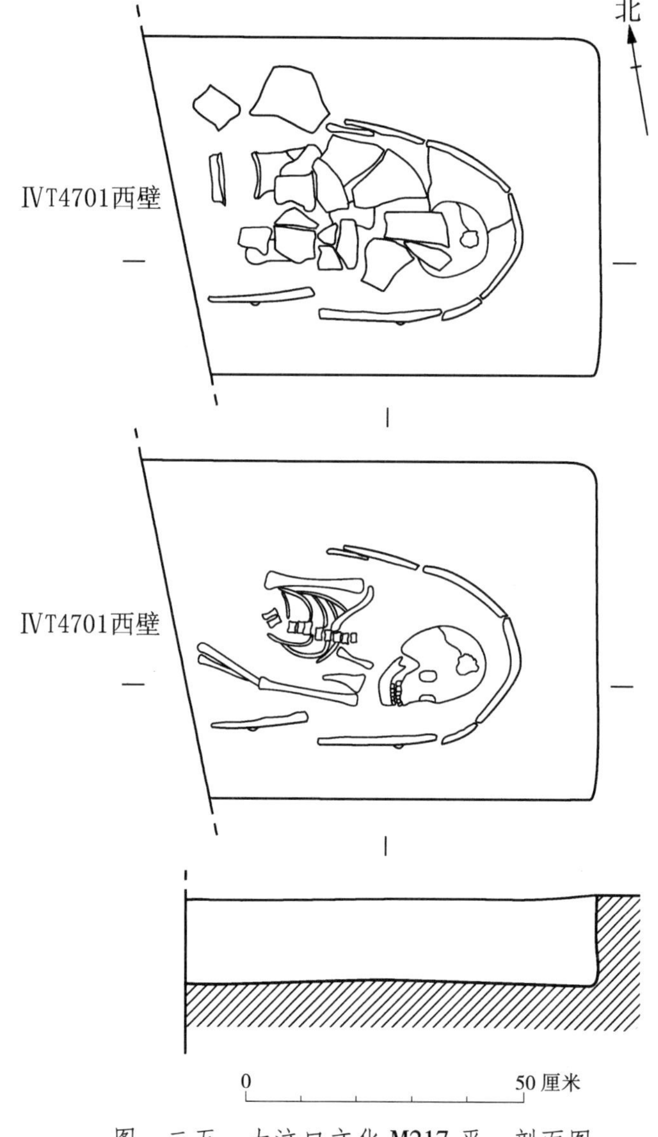

图一二五　大汶口文化M217平、剖面图

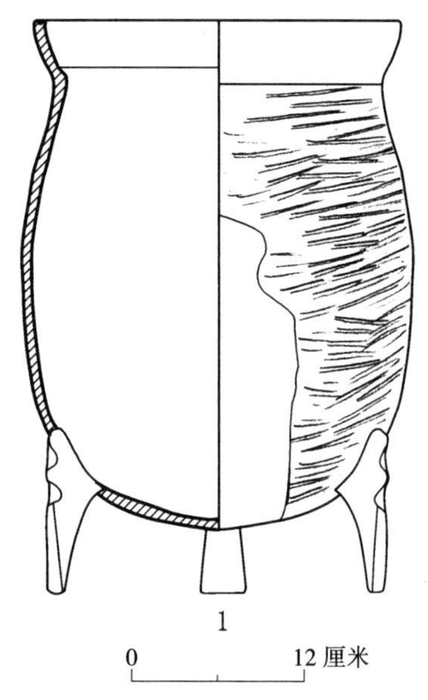

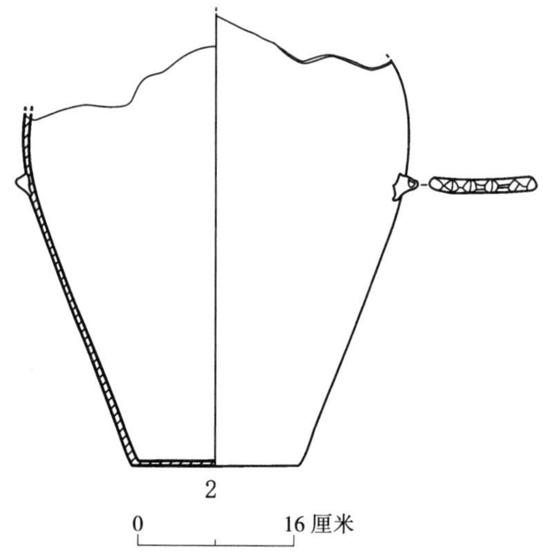

图一二六　大汶口文化M217葬具

1. 陶鼎（M217∶1）　2. 陶瓮（M217∶2）

M218

位于ⅣT4701中部略偏西处，开口于第8层下，打破第10层，其西端被晚期灰坑破坏。长方形竖穴土坑墓，墓坑残长1.0～1.2、宽0.9、深0.56米。方向105°。南侧有熟土二层台，宽0.25、高0.3米。填土呈浅灰色花土，土质较硬。未见葬具。单人葬，仅头骨和部分肢骨保存较好，葬式不详，头向东南，面向上。经鉴定，墓主的年龄约40岁，性别不详。随葬品5件（套），多置于墓主头部及南侧的二层台上，计有陶盆、厚胎高柄杯各2件（套），陶器盖1件。（图一二七；图版六八）

完整及可修复器物5件（套）。

M218∶1，陶盆。夹砂红陶，敞口，圆唇，斜弧腹，平底。腹部饰有篮纹。口径17.2、底径8.8、高7.4厘米。（图一二八，2；图版六九，1）

M218∶2，陶盆。夹细砂红褐陶，敞口，圆唇，唇面有一凹槽，斜弧腹，平底。器腹饰有篮纹。口径16.6、底径8.8、高6.0厘米。（图一二八，3；图版六九，2）

M218∶3，陶器盖。泥质黑陶，喇叭形捉手，弧壁，盖口微敛。捉手径4.6、口径6.8、高3.6厘米。（图一二八，4；图版六九，3）

M218∶4，陶厚胎高柄杯，带盖。夹砂褐陶，侈口，尖圆唇，沿近平，浅腹，细柄较矮，矮圈足。覆杯状器盖，喇叭形细高纽，盖壁斜直。杯口径7.0、足径5.3、高8.3厘米；盖捉手径3.8、口径6.5、高5.7厘米。（图一二八，1；图版六九，4、6）

M218∶5，陶厚胎高柄杯，无盖。夹砂褐陶，侈口，尖圆唇，平沿略内凹，浅腹，矮细柄，平底。口径7.2、底径5.5、高8.7厘米。（图一二八，5；图版六九，5）

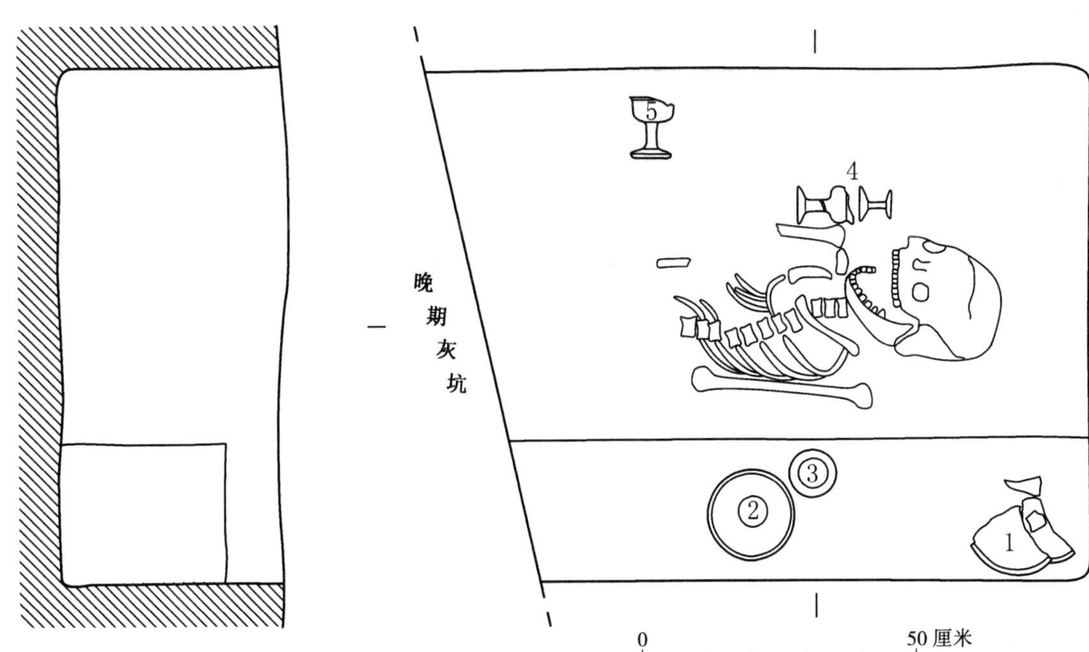

图一二七 大汶口文化M218平、剖面图

1、2. 陶盆 3. 陶器盖 4、5. 陶厚胎高柄杯

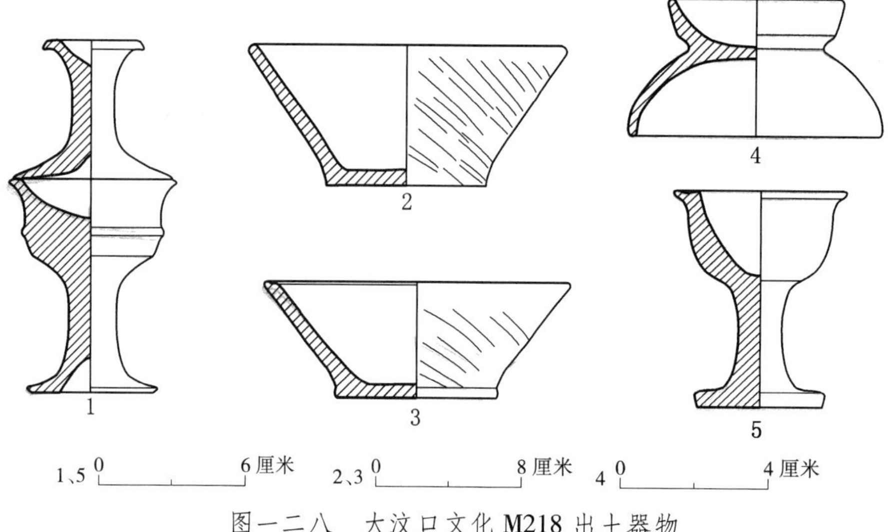

图一二八 大汶口文化M218出土器物

1、5. 陶厚胎高柄杯（M218:4、5） 2、3. 陶盆（M218:1、2） 4. 陶器盖（M218:3）

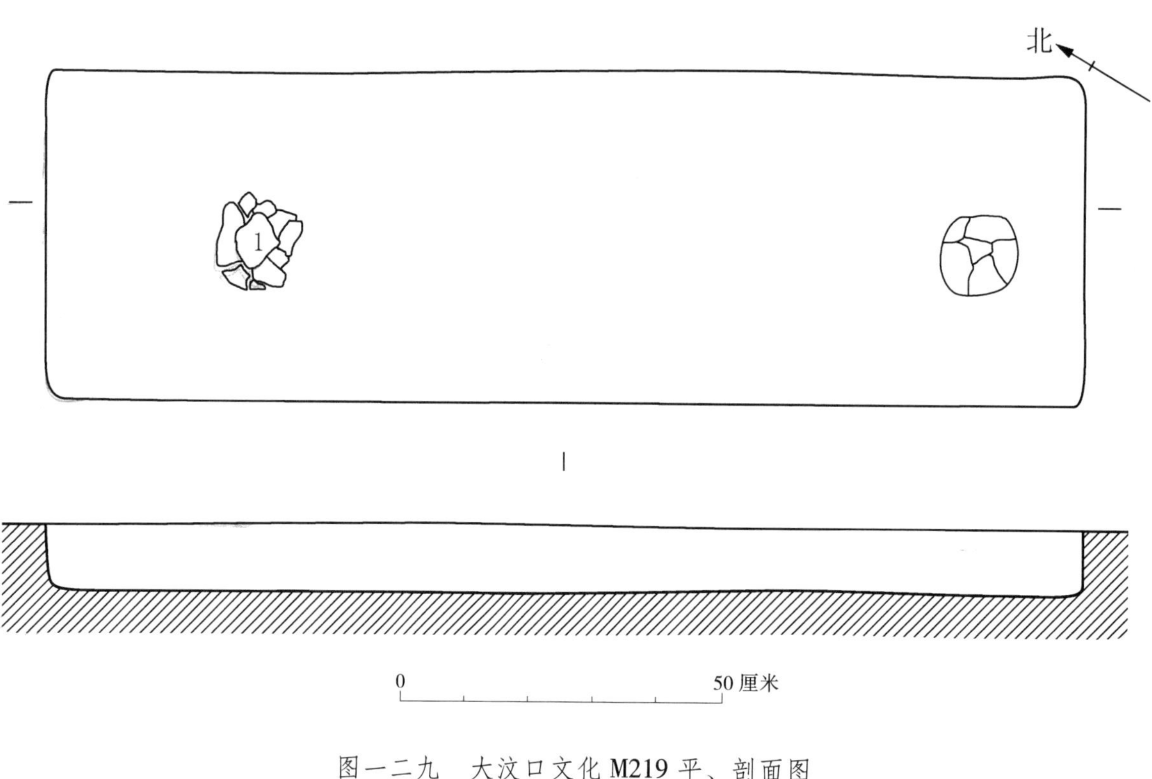

图一二九 大汶口文化M219平、剖面图

1. 陶罐

M219

位于ⅣT4701略偏西北处，开口于第8层下，打破第10层及生土。长方形竖穴土坑墓，墓坑长1.6、宽0.5、深0.1米。方向150°。填土呈黄褐色，土质较硬。墓坑内仅残留墓主头骨。墓主年龄性别无法判断。随葬品仅1件陶罐。（图一二九；图版六六，2）

M219∶1，陶罐。泥质红褐陶，侈口，折沿，弧腹折收为平底。口径10.2、底径5.8、高9.7厘米。（图一三〇，1；图版六六，3）

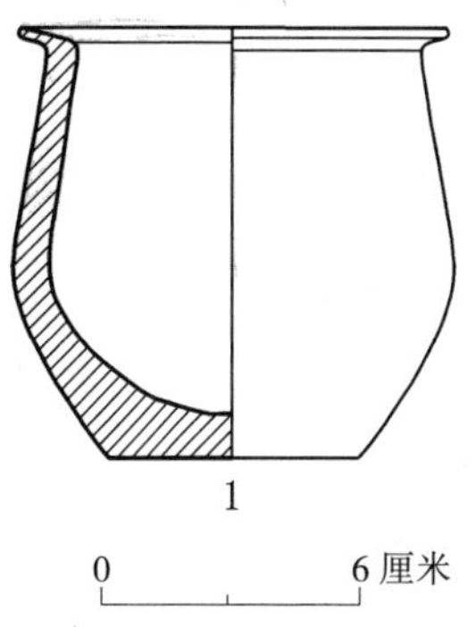

图一三〇　大汶口文化M219出土器物
1. 陶罐（M219∶1）

M222

位于ⅣT4701略偏东南处，开口于第8层下，打破开口于同一层位下的M223，且北部和东南角分别被开口于第5层下的H468和晚期灰坑打破。长方形竖穴土坑墓，墓坑长1.7、宽0.8、深0.22米。方向95°。填土呈浅灰色，土质较硬，含烧土颗粒。单人仰身直肢葬，身体上部歪向东南方。头骨被破坏无存。经鉴定，墓主为年龄40～44岁的男性。墓内未发现随葬品及葬具。（图一三一；图版七〇，1）

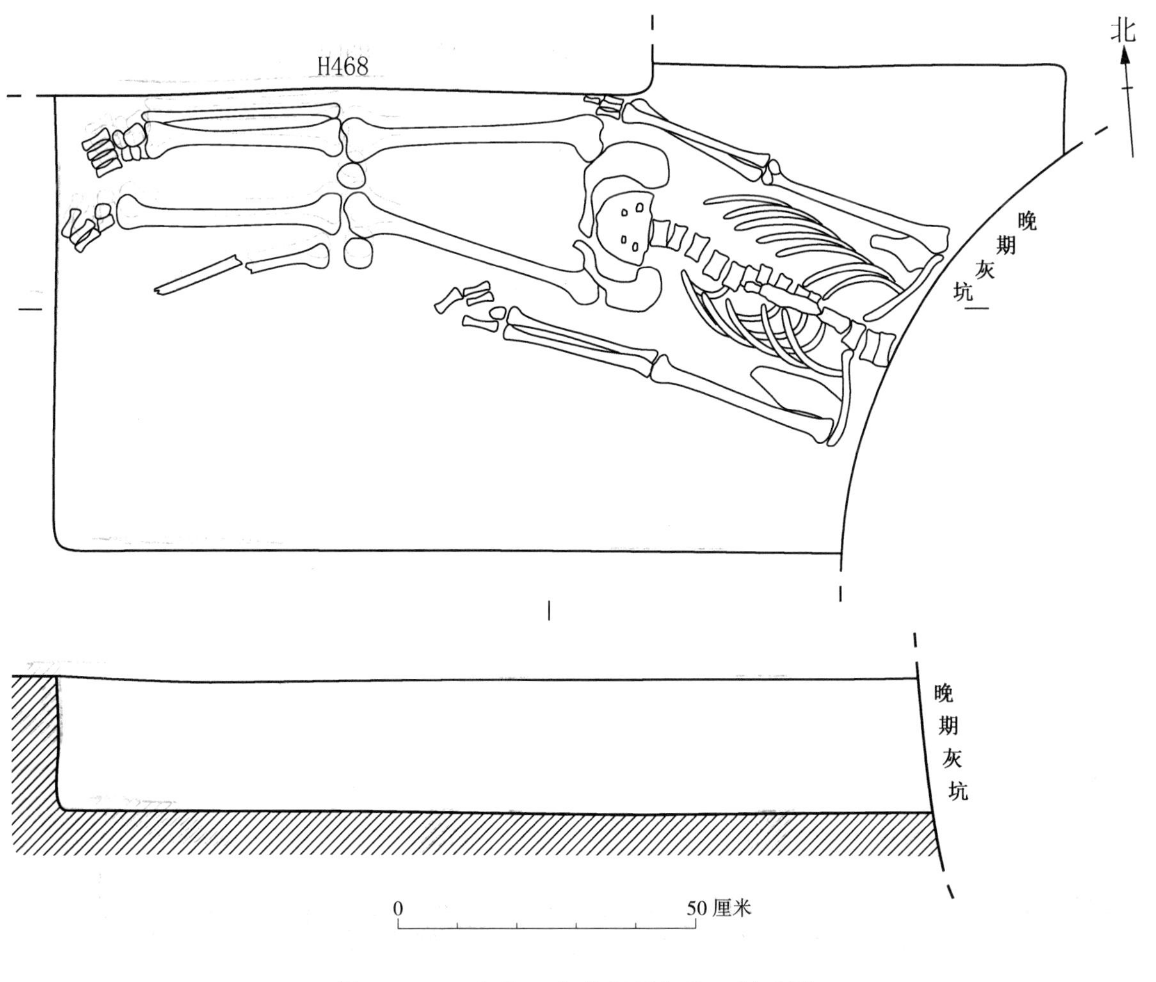

图一三一　大汶口文化M222平、剖面图

M223

位于ⅣT4701略偏东南，开口于第8层下，打破第9、10层，且被开口于同一层位下的M222打破。长方形竖穴土坑墓，墓坑残长1.4、宽0.5、深0.2～0.22米。方向90°。填土呈灰色，土质较硬，含有烧土颗粒。单人仰身直肢葬，头向东。头骨及部分肢骨被破坏无存。经鉴定，墓主为年龄40～44岁的女性。随葬品5件，多置于墓主身体左侧下肢骨处，计有陶钵、薄胎高柄杯、罐、筒形杯各1件，石刀1件。（图一三二；图版七〇，2）

完整及修复器物5件。

M223:1，陶钵。夹细砂灰陶，敛口，圆唇，弧腹，平底。口径15.1、底径6.7、高5.8厘米。（图一三三，2；图版七一，1）

M223:2，陶薄胎高柄杯。泥质黑陶，侈口，尖圆唇，杯身上腹弧凹，底部鼓突，高柄，两端较细，中部略鼓，台式圈足。柄部交错饰有3竖排圆形镂孔和3竖排三角形镂孔。口径9.3、足径8.0、高22.2厘米。（图一三三，1；图版七一，4）

M223:3，陶罐。夹砂灰陶，侈口，尖圆唇，鼓腹，平底。口径11.1、底径6.7、高9.6厘米。（图一三三，3；图版七一，2）

M223:4，陶筒形杯。泥质黑陶，侈口，尖唇，斜腹，腹壁不甚规整，平底。口径6.7、底径4.2、高7.2厘米。（图一三三，4；图版七一，3）

M223:5，石刀。尾端残。残长7.8、最宽3.3、最厚0.6厘米。（图一三三，5；图版七一，5）

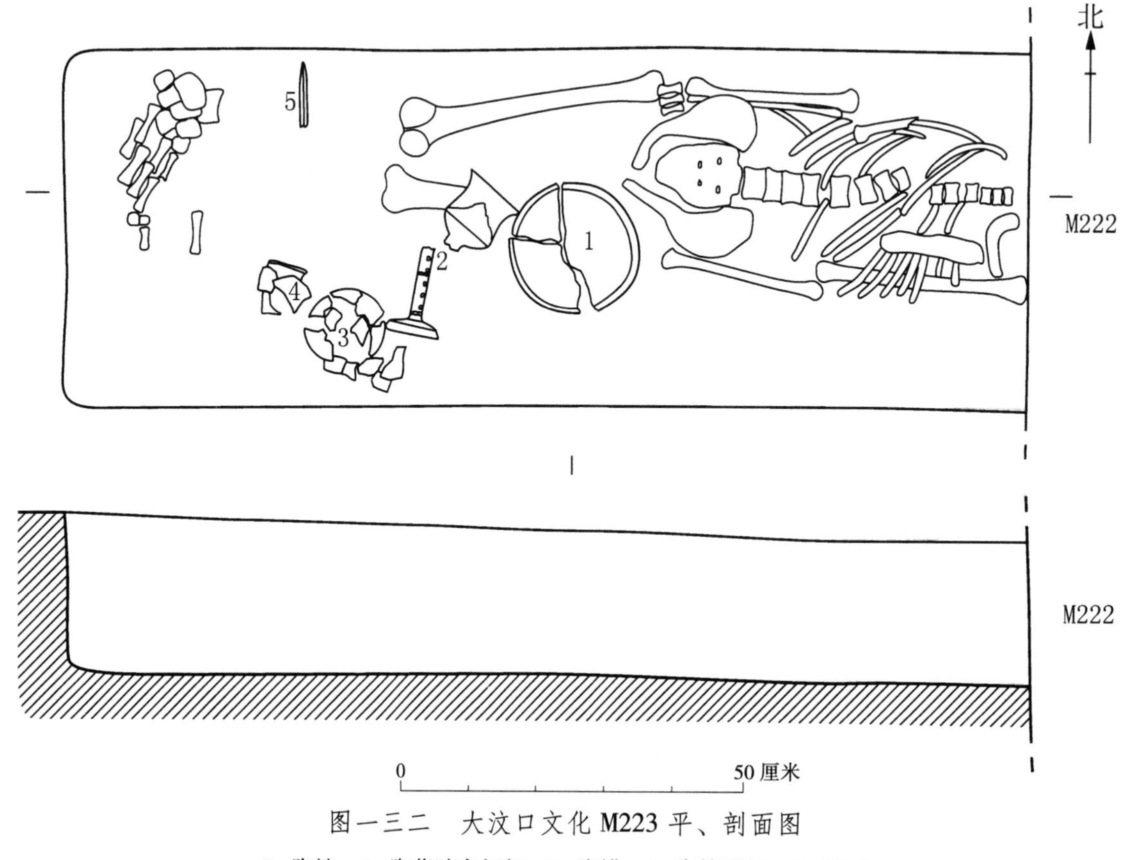

图一三二 大汶口文化M223平、剖面图

1. 陶钵 2. 陶薄胎高柄杯 3. 陶罐 4. 陶筒形杯 5. 石刀

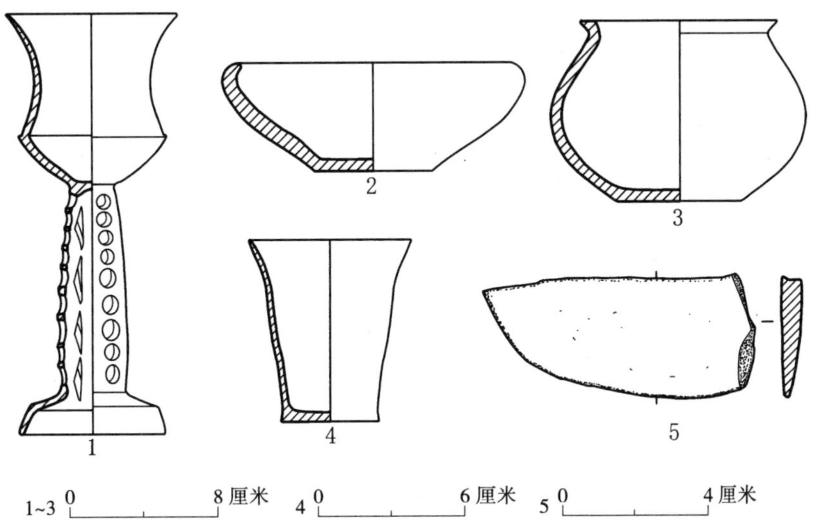

图一三三　大汶口文化 M223 出土器物

1. 陶薄胎高柄杯（M223:2）　2. 陶钵（M223:1）　3. 陶罐（M223:3）
4. 陶筒形杯（M223:4）　5. 石刀（M223:5）

M225

位于ⅣT4701 东南角，部分进入东隔梁和南壁。墓坑开口于第 8 层下，打破第 9、10 层至生土。长方形竖穴土坑墓，墓坑长 2.4、宽 0.9、深 0.46 米。方向 100°。填土呈浅黄色，土质较硬，含有烧土颗粒。单人侧身直肢葬，头向东南，面向西南。头骨不全，肢骨保存状况较好。经鉴定，墓主为年龄 35 ~39 岁的男性。随葬品 26 件，多集中摆放于墓主身体左侧盆骨以下部位，计有陶厚胎高柄杯 11 件，陶器盖、壶各 3 件，陶筒形杯 2 件，陶器捉手、盆、薄胎高柄杯、鬶、罐、豆各 1 件，猪牙 1 件。（图一三四；图版七二，1、2）

完整及可修复器物 25 件。

M225:1，陶盖纽。泥质灰陶，蘑菇状，实心。捉手径 3.9、残高 2.9 厘米。（图一三五，1；图版七三，1）。

M225:2，陶盆。泥质黑褐陶，敛口，方唇，斜弧腹，平底。口径 14.4、底径 8.0、高 6.9 厘米。（图一三六，1；图版七五，1）

M225:3，陶厚胎高柄杯，带盖。侈口，圆唇，平沿，圆鼓腹，细高柄，喇叭形圈足。杯腹饰有 3 道凹弦纹。覆豆形盖，喇叭形捉手，细柄，弧壁。杯口径 6.5、足径 5.5、高 11.3 厘米；捉手径 6.3、口径 6.0、高 7.3 厘米。（图一三五，2；图版七三，7）

M225:4，陶厚胎高柄杯，带盖。侈口，圆唇，平沿，圆鼓腹，细高柄，喇叭形圈足。腹下部饰有一周凹弦纹。覆豆形盖，喇叭形捉手，细柄，弧壁。杯口径 7.0、足径 6.3、高 14.0 厘米；盖捉手径 7.2、口径 7.2、高 7.5 厘米。（图一三五，3；图版七三，8）

M225:5，陶豆。泥质黑陶，敞口，圆唇，弧壁，高柄，喇叭形圈足。柄、足部饰有圆形镂孔及细弦纹组成的纹饰。口径 21.8、足径 14.4，高 19.3 厘米。（图一三六，2；图版

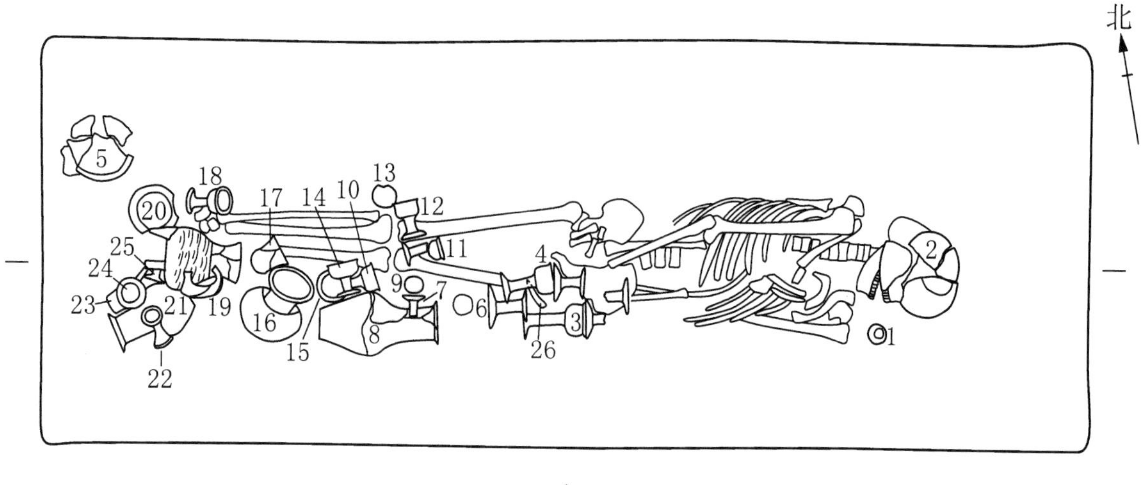

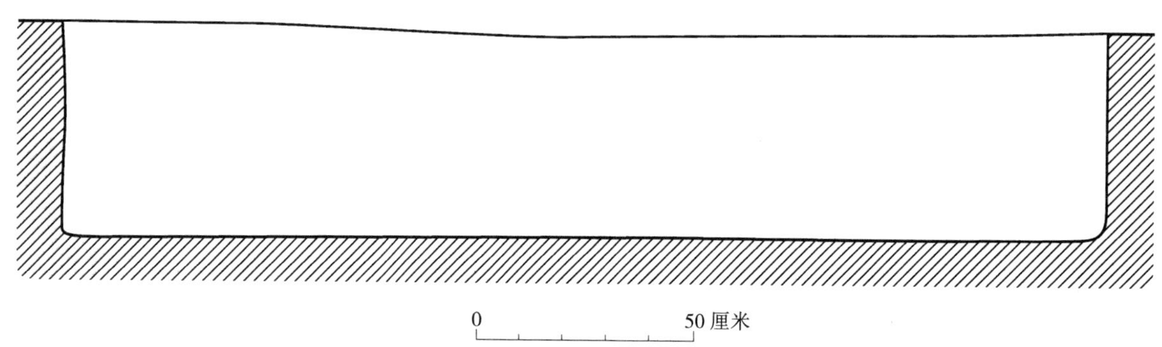

图一三四　大汶口文化M225平、剖面图

1. 陶盖纽　2. 陶盆　3、4、10～15、18、22、24. 陶厚胎高柄杯　5. 陶豆　6、7、25. 陶器盖　8、16、21. 陶壶　9、23. 陶筒形杯　17. 陶薄胎高柄杯　19. 陶鬶　20. 陶罐　26. 猪牙

七六，1）

M225∶6，陶器盖。泥质黑褐陶，喇叭形捉手，细柄，弧壁。捉手径7.5、口径8.3、高8.7厘米。（图一三五，13；图版七三，2）

M225∶7，陶器盖。泥质红陶，喇叭形捉手，细柄，弧壁。捉手径5.2、口径7.0、高7.7厘米。（图一三五，14；图版七三，4）

M225∶8，陶壶。泥质黑褐陶，侈口，圆唇，沿面微凹，粗高颈，圆肩，弧腹内收为平底。口径9.1、底径6.9、高24.4厘米。（图一三六，5；图版七六，2）

M225∶9，陶筒形杯。泥质黑陶，敞口，圆唇，斜弧壁，杯壁不甚规整，平底。口径6.9、底径4.1、高8.1厘米。（图一三六，3；图版七三，5）

M225∶10，陶厚胎高柄杯。泥质红褐陶，侈口，平沿，沿面微凹，弧腹，细柄，平底。口径7.2、底径5.0、高9.0厘米。（图一三五，4；图版七四，1）

M225∶11，陶厚胎高柄杯。夹细砂红陶，平沿，鼓腹，细高柄，平底。腹中部饰有一周凹弦纹。口径5.7、底径5.3、高9.0厘米。（图一三五，5；图版七四，2）

M225∶12，陶厚胎高柄杯。夹砂红褐陶，侈口，圆唇，腹壁较直，细柄，平底微凹。口径

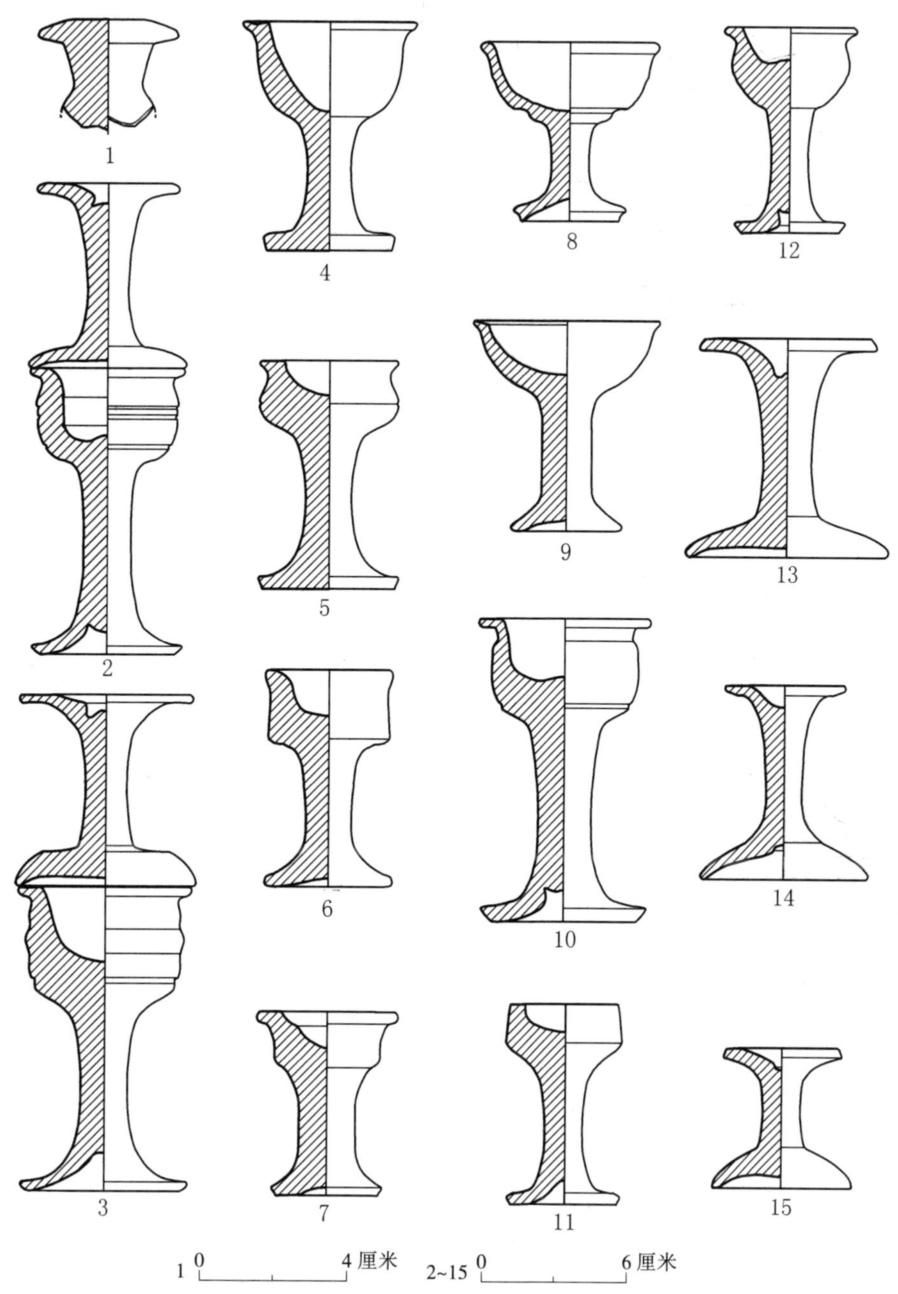

图一三五　大汶口文化 M225 出土器物

1. 陶盖纽（M225∶1）　2～12. 陶厚胎高柄杯（M225∶3、4、10、11～15、18、22、24）　13～15. 陶器盖（M225∶6、7、25）

5.2、底径 5.2、高 8.7 厘米。（图一三五，6；图版七四，3）

M225∶13，陶厚胎高柄杯。夹砂黑陶，侈口，圆唇，平沿，腹壁较直，柄较粗，底微凹。口径 5.8、底径 4.2、高 7.3 厘米。（图一三五，7；图版七四，4）

M225∶14，陶厚胎高柄杯。泥质灰陶，胎质较薄，侈口，圆唇，弧腹，细柄，喇叭形圈足。口径 7.5、足径 4.0、高 7.2 厘米。（图一三五，8；图版七四，5）

M225∶15，陶厚胎高柄杯。夹细砂红褐陶，侈口，尖圆唇，短折沿，弧壁，细柄，喇叭形

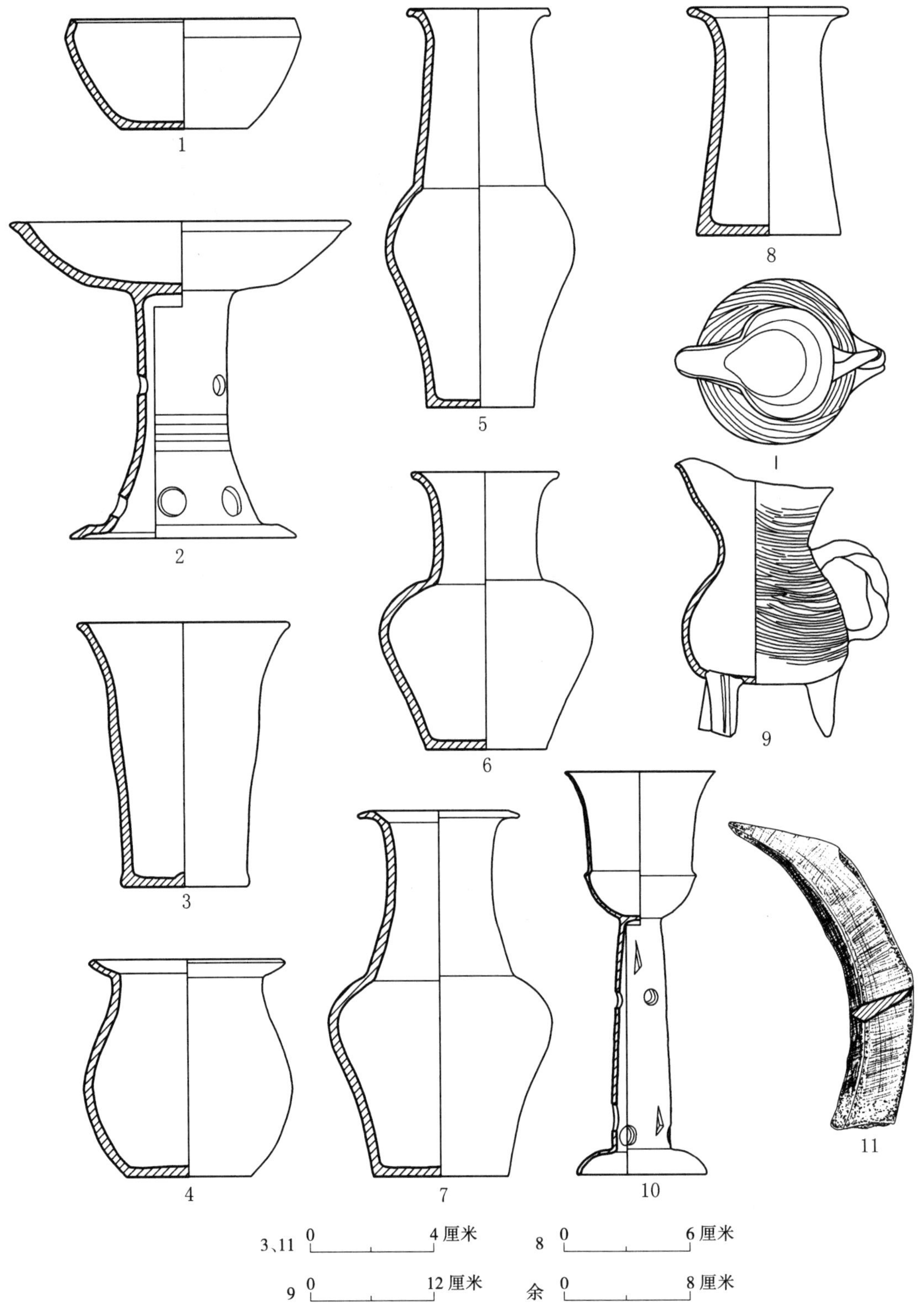

图一三六　大汶口文化M225出土器物

1. 陶盆（M225:2）　2. 陶豆（M225:5）　3、8. 陶筒形杯（M225:9、23）　4. 陶罐（M225:20）　5~7. 陶壶（M225:8、16、21）　9. 陶鬶（M225:19）　10. 陶薄胎高柄杯（M225:17）　11. 猪牙（M225:26）

圈足。口径7.8、足径4.7、高8.3厘米。(图一三五，9)

M225:16，陶壶。泥质灰陶，侈口，圆唇，高颈，鼓肩，弧腹，平底。口径9.6、底径7.8、高16.8厘米。(图一三六，6；图版七六，3)

M225:17，陶薄胎高柄杯。泥质黑陶，侈口，尖唇，杯身上部略弧凹，下部圆鼓，细高柄，上端较细，下端较粗，矮喇叭形圈足。柄部饰有圆形及三角形镂孔组成的纹饰。口径9.6、足径8.2、高24.7厘米。(图一三六，10；图版七七)

M225:18，陶厚胎高柄杯。泥质黑陶，侈口，平沿，鼓腹，细高柄，喇叭形圈足。口径7.2、足径5.8、高12.0厘米。(图一三五，10；图版七四，6)

M225:19，陶鬶。夹砂红褐陶，侈口，流略向上斜，束颈，圆腹，底近平，凿形足绳索状环形把手。颈、腹部饰有篮纹，每只足的足面饰有2道刻槽。最大腹径15.7、高25.3厘米。(图一三六，9；图版七五，3)

M225:20，陶罐。泥质灰陶，侈口，方唇，折沿，弧腹，平底。口径12.7、底径8.0、高13.3厘米。(图一三六，4；图版七五，2)

M225:21，陶壶。泥质灰褐陶，侈口，尖圆唇，沿外折，粗高颈，鼓肩，弧腹内收，平底。口径10.4、底径8.7、高22.7厘米。(图一三六，7；图版七六，4)

M225:22，陶厚胎高柄杯。夹砂灰褐陶，直口微敛，平沿，直腹，细柄，喇叭形圈足。口径4.7、足径4.5、高8.0厘米。(图一三五，11；图版七四，7)

M225:23，陶筒形杯。泥质灰陶，侈口，圆唇，折沿，斜直腹，平底。口径7.8、底径7.0、高10.5厘米。(图一三六，8；图版七三，6)

M225:24，陶厚胎高柄杯。泥质灰陶，胎质较厚，侈口，尖圆唇，平沿，弧鼓腹，细柄，喇叭形圈足。口径5.5、足径4.2、高8.0厘米。(图一三五，12；图版七四，8)

M225:25，陶器盖。泥质灰陶，喇叭形捉手，细柄，弧壁。捉手径5.0、口径5.7、高5.7厘米。(图一三五，15；图版七三，3)

M225:26，猪牙。周身打磨光滑。长约9.5厘米。(图一三六，11；图版七四，9)

M226

位于ⅣT4701东南角，部分进入东隔梁，开口于第8层下，打破开口于同一层位下的M238。长方形竖穴土坑墓，墓坑长2.3、宽0.8～0.9、深0.43米。方向100°。填土呈浅黄色，土质较硬，含有烧土颗粒。单人俯身直肢葬，头向东南，面向西南。骨架保存状况较好。经鉴定，墓主为年龄24～26岁的男性。随葬品19件(组)，主要集中在骨盆及其以下部位，墓主头部置一陶盆，石斧置于左胸偏下，獐牙在手部。计有陶厚胎高柄杯3件，陶罐、器盖、壶各2件，陶盆、筒形杯、鬶、圈足杯、薄胎高柄杯各1件，獐牙4件，石斧1件。(图一三七；图版七八，1、2)

完整及可修复器物17件。

M226:1，陶盆。器身变形。泥质灰陶，敞口，圆唇，宽折沿，弧折腹，平底。口径21.3、底径8.2、高7.6厘米。(图一三八，19；图版八〇，1)。

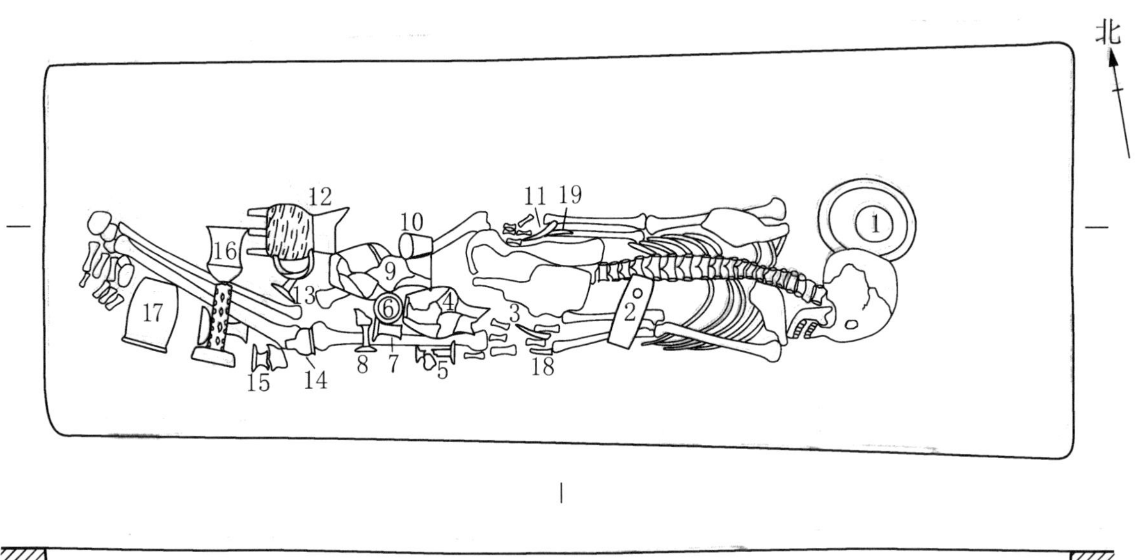

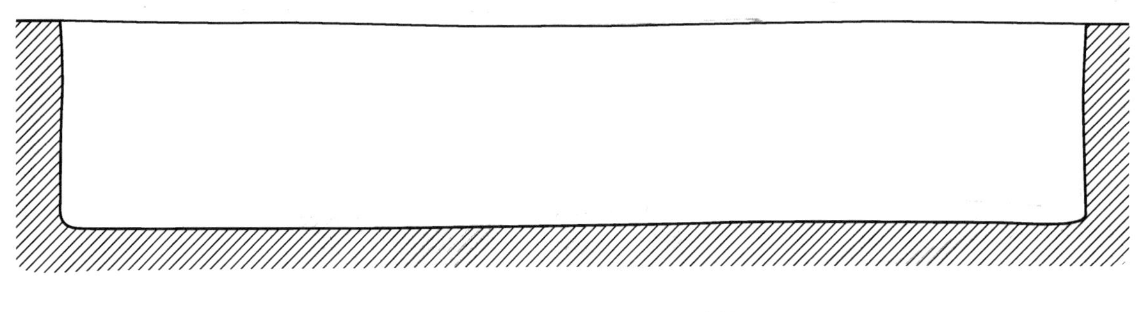

图一三七 大汶口文化 M226 平、剖面图

1. 陶盆 2. 石斧 3、18. 獐牙（一对） 4、9. 陶壶 5、13. 陶器盖 6、17. 陶罐 7、8、14. 陶厚胎高柄杯 10. 陶筒形杯 11、19. 獐牙（一对） 12. 陶鬶 15. 陶圈足杯 16. 陶薄胎高柄杯

M226∶2，石斧。长条形，双面刃，中部偏上有一对钻而成的圆孔。长 14.2、最宽 5.8、最厚 1.1、孔径 0.7～1.1 厘米。（图一三八，13；图版八一，3）。

M226∶3，獐牙。尖、尾部残，磨制光滑。残长 5.6 厘米。（图一三八，17；图版八一，4）

M226∶4，陶壶。泥质黑陶，侈口，尖圆唇，沿外折，高颈，圆肩，弧腹内收，平底。通体磨光。口径 9.7、底径 6.6、高 21.0 厘米。（图一三八，12；图版七九，1）

M226∶5，陶器盖。泥质黑陶，喇叭形捉手，细柄，弧壁。捉手径 3.8、口径 6.5、高 6.7 厘米。（图一三八，7；图版八〇，3）

M226∶6，陶罐。泥质黑褐陶，侈口，圆唇，颈略收，鼓腹，平底。肩部有一道凹棱。口径 5.8、底径 3.8、高 6.0 厘米。（图一三八，4；图版八一，1）

M226∶7，陶厚胎高柄杯。泥质黑陶，直口，尖圆唇，短折沿，弧鼓腹，细柄，矮喇叭形圈足。腹部饰 4 道凹弦纹。口径 6.8、足径 5.0、高 9.5 厘米。（图一三八，9；图版八〇，6）

M226∶8，陶厚胎高柄杯。泥质黑陶，直口微敛，尖圆唇，沿近平，直腹，细柄，矮喇叭形圈足。口径 6.8、足径 5.2、高 9.0 厘米。（图一三八，10；图版八〇，7）

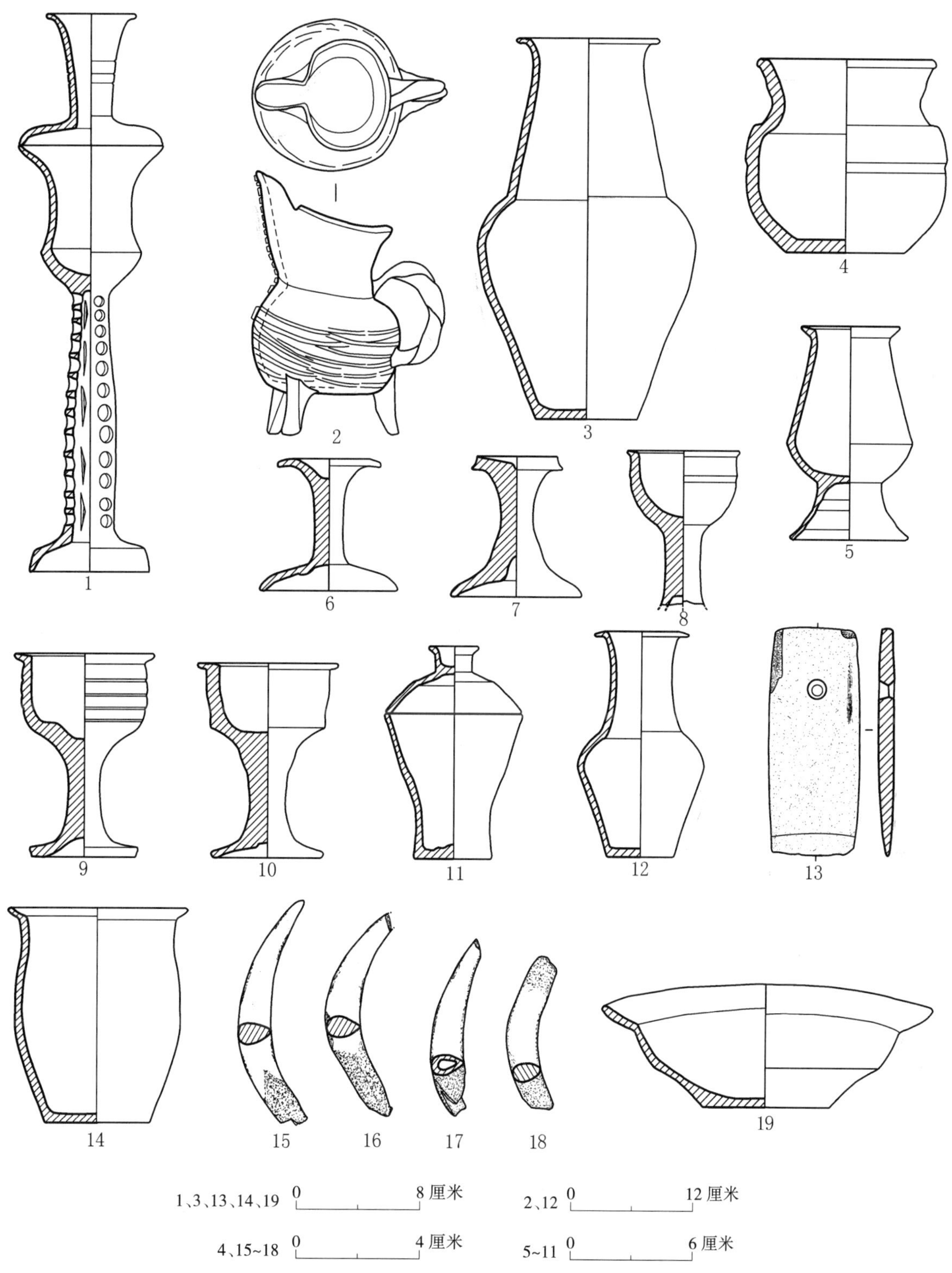

图一三八　大汶口文化M226出土器物

1. 陶薄胎高柄杯（M226∶16）　2. 陶鬶（M226∶12）　3、12. 陶壶（M226∶9、4）　4、14. 陶罐（M226∶6、17）　5. 陶圈足杯（M226∶15）　6、7. 陶器盖（M226∶13、5）　8～10. 陶厚胎高柄杯（M226∶14、7、8）　11. 陶筒形杯（M226∶10）　13. 石斧（M226∶2）　15～18. 獐牙（M226∶11、19、3、18）　19. 陶盆（M226∶1）

M226:9，陶壶。泥质黑陶，侈口，圆唇，平沿，粗高颈，鼓肩，弧腹，平底。通体磨光。口径9.6、底径6.4、高23.8厘米。（图一三八，3；图版七九，2）

M226:10，陶筒形杯，带盖。泥质黑陶，敞口，圆唇，弧壁斜直，下腹部内收，平底。口径6.7、底径3.8、高6.7厘米，盖捉手径2.5、口径6.3、高3.2厘米。（图一三八，11；图版八〇，2）

M226:11，獐牙。尾部略残，尖部磨制光滑。残长6.9厘米。（图一三八，15；图版八一，6）

M226:12，陶鬶。夹砂红褐陶，冲天式短流，粗颈，球形腹，平底，凿形足，绳索状环形把。腹部饰有稀疏的篮纹，流下部饰一道附加堆纹，正对流口的腹部贴有一个圆形小泥片。最大腹径14.7、高24.7厘米。（图一三八，2；图版七九，3）

M226:13，陶器盖。泥质黑陶，喇叭形捉手，盖壁斜弧，细高柄。捉手径5.2、口径6.7、高6.2厘米。（图一三八，6；图版八〇，4）

M226:14，陶厚胎高柄杯。夹砂灰陶，侈口，尖圆唇，弧壁，细柄，足残。口径5.5、残高7.5厘米。（图一三八，8；图版八〇，8）

M226:15，陶圈足杯。泥质黑陶，侈口，尖圆唇，折沿，折腹，喇叭形圈足。口径4.8、足径5.8、高10.0厘米。（图一三八，5；图版八〇，5）

M226:16，陶薄胎高柄杯。带盖。泥质黑陶，敞口，尖圆唇，杯身上腹弧凹，杯底鼓突，细高柄，两端较细，中部鼓突，台式圈足。覆豆形盖，空心喇叭状捉手，浅盘。杯盖捉手处饰有细弦纹，杯柄满饰圆形及三角形镂孔。杯口径9.3、足径7.8、高26.7厘米；盖捉手径5.8、口径9.3、高8.2厘米。（图一三八，1；图版七九，4）

M226:17，陶罐。泥质红褐陶，侈口，圆唇，折沿，沿面微凸，深弧腹，平底。口径11.6、底径6.9、高13.3厘米。（图一三八，14；图版八一，2）。

M226:18，獐牙。尖、尾部残。残长4.7厘米。（图一三八，18；图版八一，5）

M226:19，獐牙。尖部磨制光滑，略残。残长6.2厘米。（图一三八，16；图版八一，7）。

M238

位于ⅣT4701东南角，部分进入东隔梁，开口于第8层下，打破第9、10层直到生土，且被开口于同一层位下的M226打破。长方形竖穴土坑墓，墓坑长2.0、宽0.8、深0.8米。方向100°。填土呈浅黄色，土质较硬，含有烧土颗粒。单人仰身直肢葬，头向东南，面向西南。头骨破碎，肢骨保存状况较好。经鉴定，墓主为年龄50~60岁的女性。随葬品10件，多置于墓主身体左侧的头部及下肢骨处，计有陶厚胎高柄杯、罐各2件，陶盆、壶、豆各1件，獐牙2件，兽牙1件。（图一三九；图版八二，1）

完整及修复器物10件。

M238:1，陶盆。泥质灰褐陶，敞口，圆唇，折沿，折腹，下腹内收，平底。口径20.7、底径7.3、高8.9厘米。（图一四〇，3；图版八三，5）

M238:2，陶罐。泥质黑陶，侈口，圆唇，束颈，鼓肩，弧腹，平底。口径6.5、底径

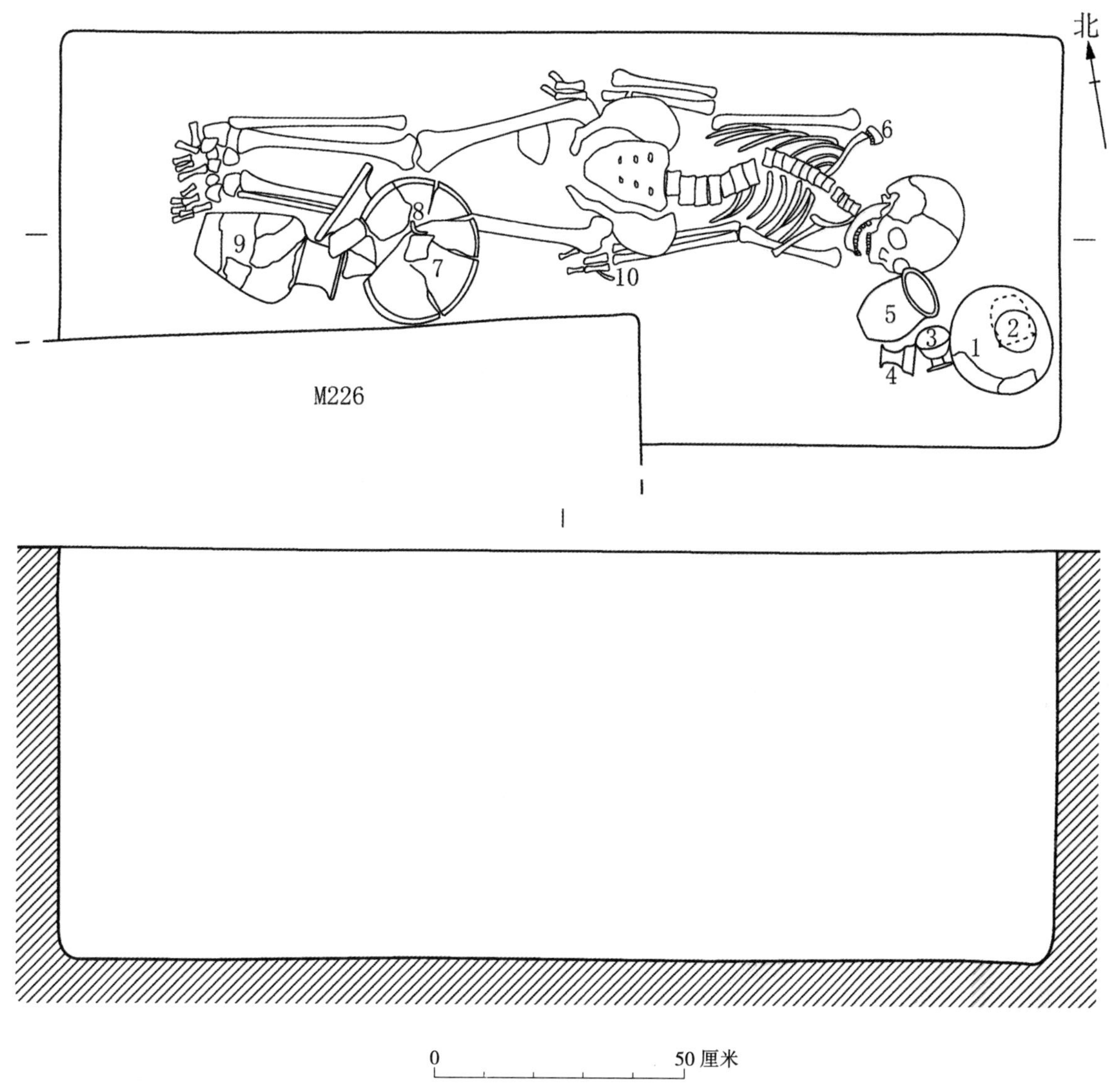

图一三九　大汶口文化 M238 平、剖面图

1. 陶盆　2、5. 陶罐　3、4. 陶厚胎高柄杯　6. 兽牙　7. 陶豆　8、10. 獐牙　9. 陶壶

4.8、高9.7厘米。（图一四〇，4；图版八三，1）

M238∶3，陶厚胎高柄杯。夹砂红褐陶，侈口，圆唇，平沿，弧鼓腹，矮柄，平底。口径6.0、足径4.0、高7.0厘米。（图一四〇，6；图版八三，3）

M238∶4，陶厚胎高柄杯。泥质红褐陶，侈口，圆唇，平沿，弧腹，细柄分节，平底，底中部略凹。口径6.0、底径3.2、高7.1厘米。（图一四〇，7；图版八三，4）

M238∶5，陶罐。泥质黑褐陶，侈口，方唇，短折沿，弧腹，平底。唇面有一道凹弦纹。口径9.8、底径6.5、高12.5厘米。（图一四〇，5；图版八三，2）

M238∶6，兽牙。两端残断，磨制较光滑。残长3.9厘米。（图一四〇，10）

M238∶7，陶豆。泥质黑陶，敞口，方圆唇，弧壁，浅盘，高柄，喇叭形圈足。柄部饰有圆形及三角形镂孔。口径24.7、足径15.6、高22.2厘米。（图一四〇，1；图版八二，2）。

M238∶8，獐牙。尖部略残，磨制光滑。残长6.8厘米。（图一四〇，8；图版八三，6）

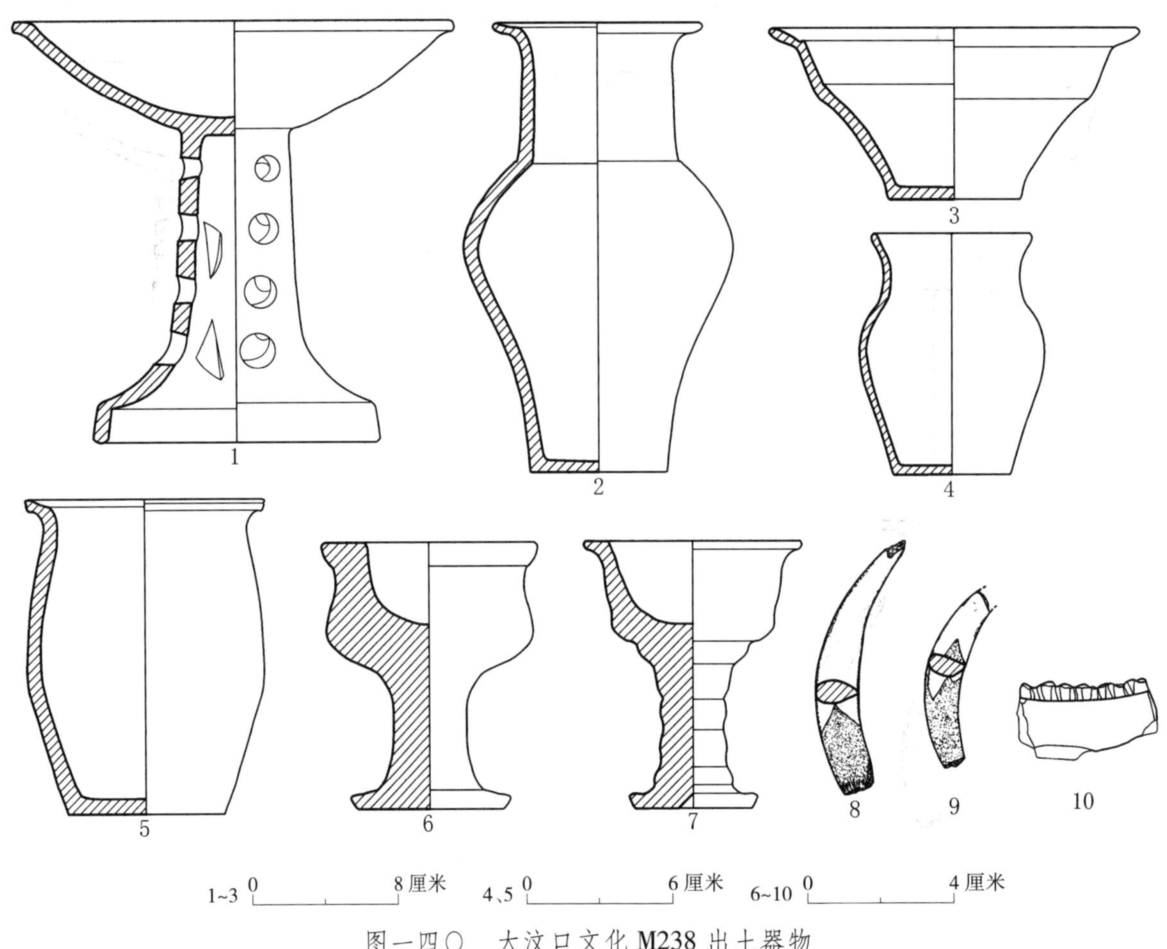

图一四〇 大汶口文化M238出土器物

1. 陶豆（M238:7） 2. 陶壶（M238:9） 3. 陶盆（M238:1） 4、5. 陶罐（M238:2、5） 6、7. 陶厚胎高柄杯（M238:3、4） 8、9. 獐牙（M238:8、10） 10. 兽牙（M238:6）

M238:9，陶壶。泥质黑陶，侈口，圆唇，折沿，沿面微凹，粗颈，鼓肩，深弧腹，下腹弧收，平底。口径11.2、底径7.6、高23.8厘米.（图一四〇，2；图版八二，3）

M238:10，獐牙。尖部残，磨制光滑。残长4.8厘米。（图一四〇，9；图版八三，7）

M248

位于ⅣT4701南部，墓坑开口于第8层下，打破第9、10层，同时又被晚期灰坑与F24打破。长方形竖穴土坑墓，墓坑残长1.77、宽0.7、残深0.11~0.15米。方向110°。填土呈浅黄色花土，土质较硬，含烧土颗粒。单人仰身直肢葬，头向东南，面向西南。肢骨保存状况较好，头骨仅存下颌。经鉴定，墓主为年龄约30岁的女性。随葬品6件，大多置于下肢骨附近，左右手部各置一獐牙，计有陶薄胎高柄杯、厚胎高柄杯、罐、盆各1件，獐牙2件。（图一四一；图版八四）

完整及可修复器物6件。

M248:1，獐牙。磨制光滑。长5.6厘米。（图一四二，5；图版八五，5）

M248:2，獐牙。磨制光滑。长4.2厘米。（图一四二，6；图版八五，6）

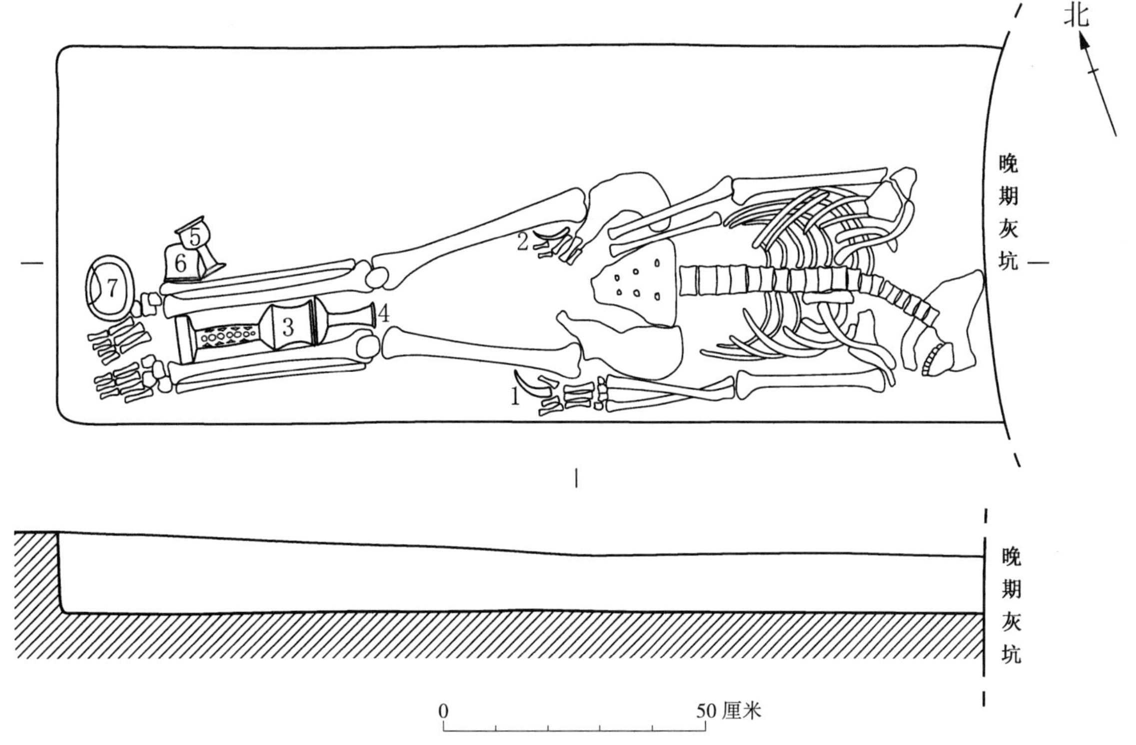

图一四一　大汶口文化 M248 平、剖面图

1、2. 獐牙　3. 陶薄胎高柄杯　4. 陶盆　5. 陶厚胎高柄杯　6. 陶罐

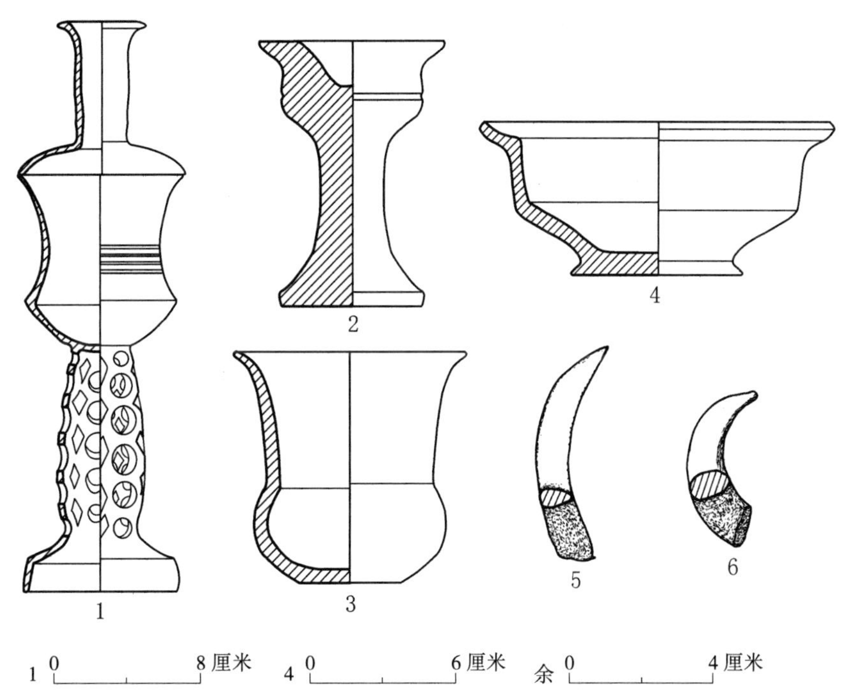

图一四二　大汶口文化 M248 出土器物

1. 陶薄胎高柄杯（M248∶3）　2. 陶厚胎高柄杯（M248∶5）　3. 陶罐（M248∶6）
4. 陶盆（M248∶4）　5、6. 獐牙（M248∶1、2）

M248∶3，陶薄胎高柄杯，带盖。泥质黑陶，敞口，尖圆唇，杯身上腹弧凹，底部鼓突，高柄，两端较细，中部鼓突，台式圈足。柄部满饰圆形及菱形镂孔。盖空心喇叭形捉手，弧壁。杯口径9.0、足径8.4、高21.9厘米；盖捉手径5.1、口径9.0、高8.1厘米。（图一四二，1；图版八五，1）

M248∶4，陶盆。泥质黑陶，敞口，圆唇，折沿，沿面微凹，上腹较直，下腹弧凹，饼形底。口径14.7、底径7.0、高6.0厘米。（图一四二，4；图版八五，3）

M248∶5，陶厚胎高柄杯。夹砂黑陶，侈口，尖圆唇，平沿，弧鼓腹，细高柄，平底。腹部饰有一道凹弦纹。口径5.0、底径3.8、高7.0厘米。（图一四二，2；图版八五，2）

M248∶6，陶罐。泥质黑陶，侈口，尖圆唇，粗高颈，扁鼓腹，平底。口径6.3、底径2.6、高6.1厘米。（图一四二，3；图版八五，4）

M249

位于ⅣT4701南部，墓坑开口于第8层下，打破第9、10层，且被晚期灰坑与F24打破。长方形竖穴土坑墓，墓坑残长1.7、宽0.6、残深0.14米。方向100°。填土呈浅黄色花土，土质较硬，含烧土颗粒。单人仰身直肢葬，头向东，面向不详。除头骨被破坏外其余骨架保存状况较好。经鉴定，墓主为年龄19～23岁的女性。随葬品8件，器物大多置于足部，左右手部各置一獐牙，右手处还有1件猪獠牙，计有陶壶2件，陶薄胎高柄杯（带盖）、厚胎高柄杯（带盖）、圈足杯各1件，獐牙2件，猪犬齿1件。（图一四三；图版八六，1）

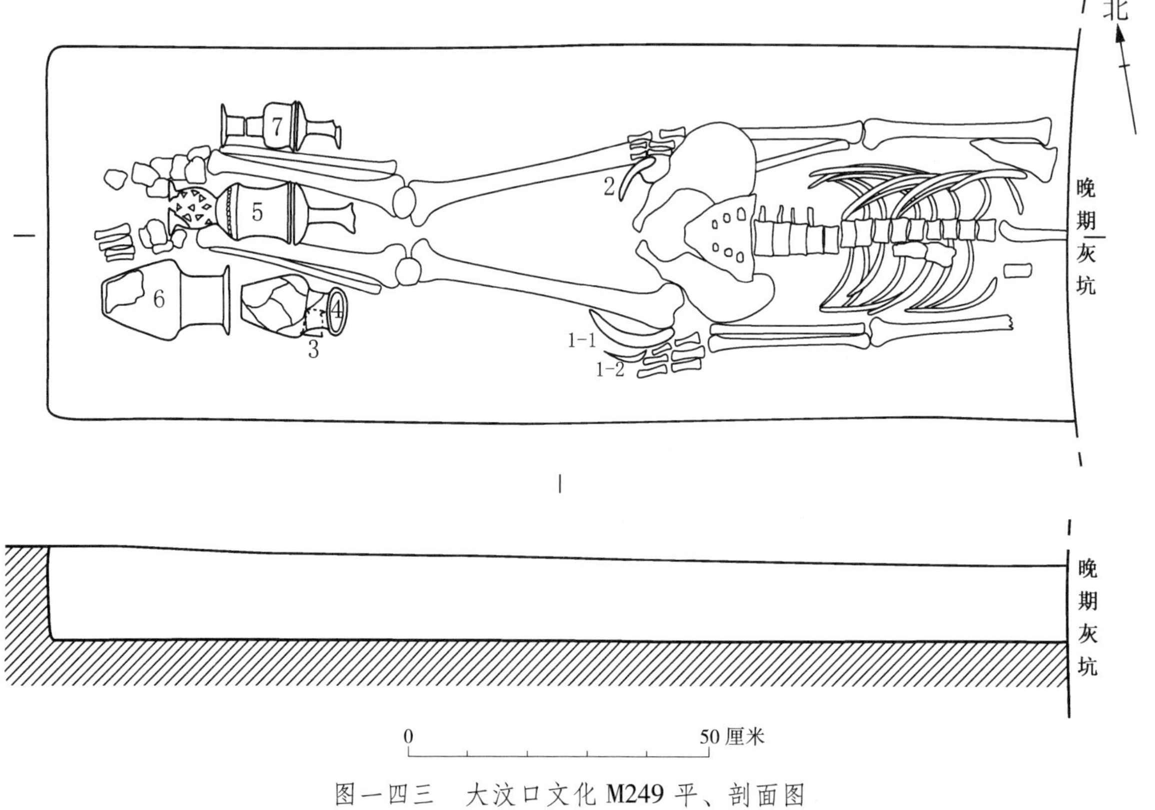

图一四三　大汶口文化M249平、剖面图

1、2. 獐牙　3. 陶圈足杯　4、6. 陶壶　5. 陶薄胎高柄杯　7. 陶厚胎高柄杯　8. 猪犬齿

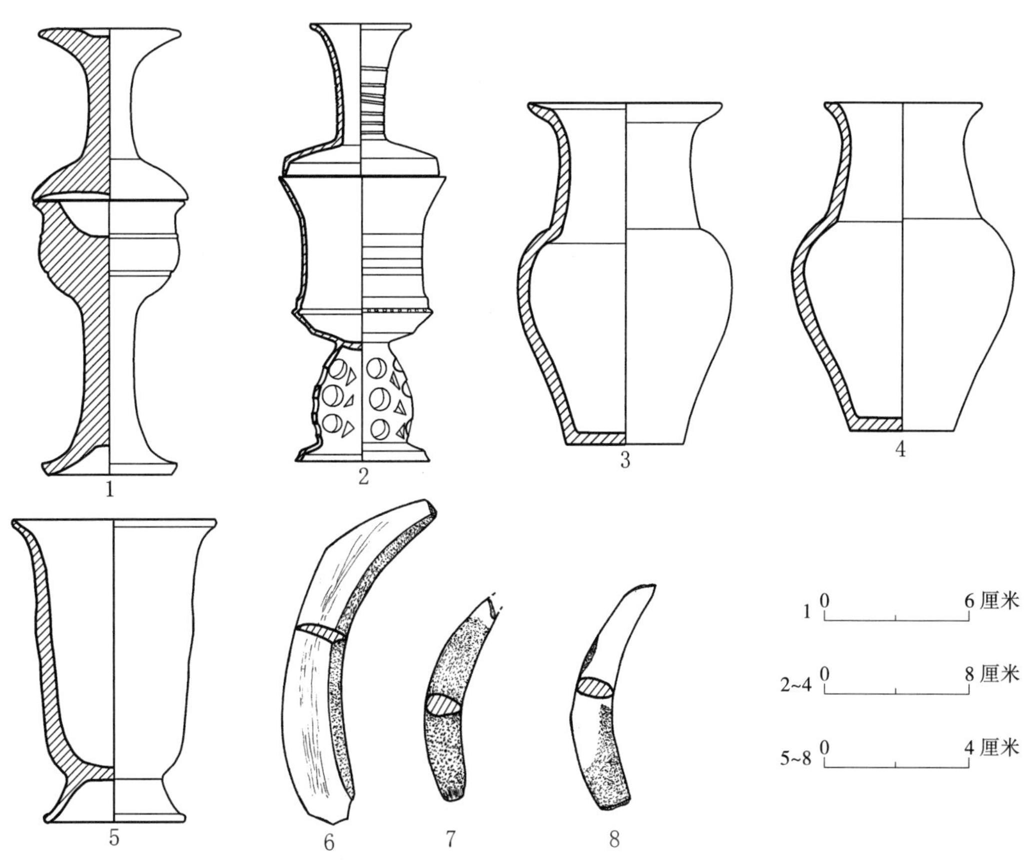

图一四四　大汶口文化 M249 出土器物

1. 陶厚胎高柄杯（M249:7）　2. 陶薄胎高柄杯（M249:5）　3、4. 陶壶（M249:6、4）　5. 陶圈足杯（M249:3）　6. 猪犬齿（M249:8）　7、8. 獐牙（M249:1、2）

完整及可修复器物 7 件（组）。

M249:1，獐牙。尖部略残，未通体磨光。残长 5.6 厘米。（图一四四，7；图版八六，3）

M249:2，獐牙。尖部磨制光滑。长 6.1 厘米。（图一四四，8；图版八六，4）。

M249:3，陶圈足杯。泥质黑陶，侈口，圆唇，深弧腹，矮圈足。口径 5.7、足径 3.9、高 8.0 厘米。（图一四四，5；图版八六，5）

M249:4，陶壶。泥质灰褐陶，侈口，尖圆唇，粗颈，鼓肩，弧腹内收，平底。口径 8.8、底径 5.6、高 17.2 厘米。（图一四四，4；图版八七，1）

M249:5，陶薄胎高柄杯，带盖。泥质黑陶，敞口，杯身上腹弧凹，底部鼓突，球状矮柄，喇叭形圈足。杯腹饰有细凹弦纹，折棱处饰一周小圆圈纹，杯柄满饰三角形镂孔及圆形镂孔。盖，泥质黑陶，空心喇叭形捉手，高柄，盖壁斜弧。盖柄处饰有凹弦纹。杯口径 8.8、足径 7.2、高 15.2 厘米；盖捉手径 5.6、口径 8.4、高 8.0 厘米。（图一四四，2；图版八七，3）

M249:6，陶壶。泥质黑褐陶，侈口，折沿，沿面微凹，粗颈，鼓肩，弧腹内收，平底。口径 10.9、底径 6.5、高 18.0 厘米。（图一四四，3；图版八七，2）

M249:7，陶厚胎高柄杯，带盖。夹砂红褐陶，直口微侈，尖圆唇，平沿，弧鼓腹，细高

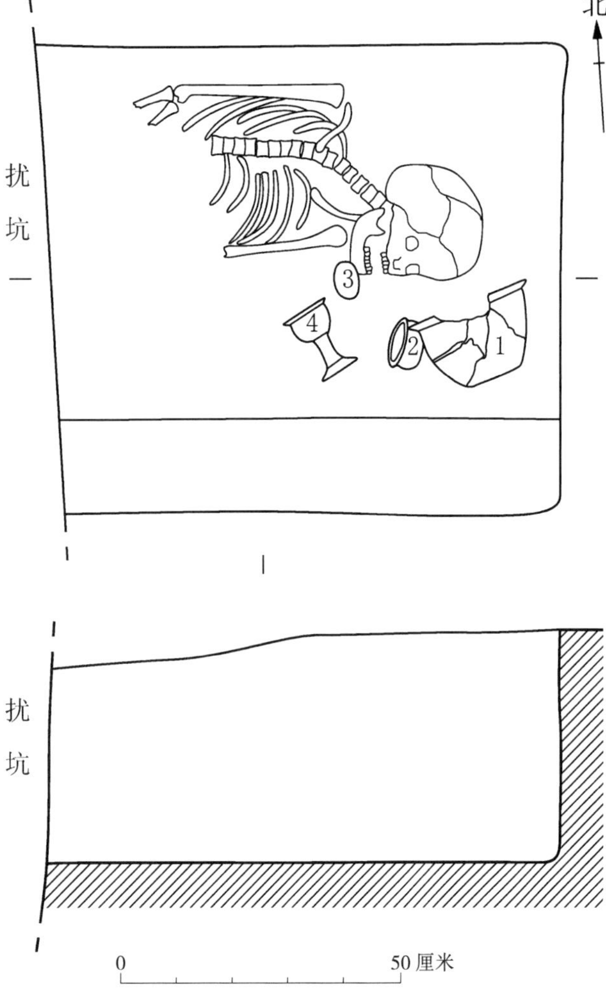

图一四五 大汶口文化 M250 平、剖面图
1. 陶盆 2、4. 陶厚胎高柄杯 3. 陶器盖

柄，矮圈足。覆豆形盖，喇叭形捉手，细高柄，弧壁。杯口径 6.0、足径 5.0、高 10.8 厘米；盖口径 6.2、捉手径 5.7、高 6.8 厘米。（图一四四，1；图版八七，4）

M249∶8，猪犬齿。磨制光滑。残长 8.8 厘米。（图一四四，6；图版八六，2）

M250

位于ⅣT4701 西南部，开口于第 8 层下，打破第 10 层，其西部被灰坑扰乱严重。从残存部分看应为长方形竖穴土坑墓，墓坑残长 0.9～0.94、宽 0.8、深 0.34～0.4 米。南侧有熟土二层台，宽 0.16、高 0.1 米。未见棺痕。方向 94°。填土呈浅黄色土，土质较硬。单人侧身直肢葬，头骨破碎，肢骨不存，头向东，面向南。经鉴定，墓主年龄约 40 岁，性别不详。随葬品 4 件，置于墓主头部左侧，计有陶厚胎高柄杯 2 件，陶盆、器盖各 1 件。（图一四五；图版八八，1）

完整及可修复器物 4 件。

M250∶1，陶盆。泥质黄陶，敞口，圆唇，折沿，弧腹，平底。口径 22.0、底径 9.0、高 10.4 厘米。（图一四六，1；图版八八，2）

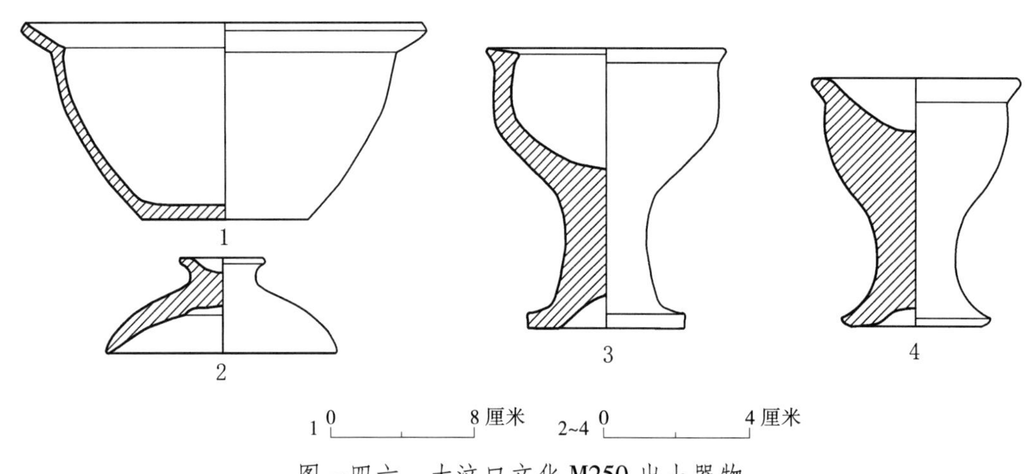

图一四六 大汶口文化 M250 出土器物
1. 陶盆（M250∶1） 2. 陶器盖（M250∶3） 3、4. 陶厚胎高柄杯（M250∶2、4）

M250∶2，陶厚胎高柄杯。夹砂褐陶，侈口，尖圆唇，短折沿，弧鼓腹，短柄，矮圈足。口径6.4、足径4.2、高7.4厘米。（图一四六，3；图版八八，4）。

M250∶3，陶器盖。泥质黑陶，小喇叭形捉手，弧壁，素面。捉手径2.3、口径6.4、高2.5厘米。（图一四六，2；图版八八，3）

M250∶4，陶厚胎高柄杯。夹砂红陶，侈口，平沿，弧腹，粗矮柄，矮喇叭形圈足。口径5.6、底径3.8、高6.5厘米。（图一四六，4；图版八八，5）

M251

位于ⅣT4701西南部，墓坑开口于第8层下，打破第10层直到生土，且被灰坑与F24打破。长方形竖穴土坑墓，墓坑长1.9、宽0.8、残深0.3米。方向110°。填土呈浅黄色花土，土质较硬，含大量红烧土块。墓坑内发现人骨架两具，西侧人骨位于东侧人骨的盆骨下方，残存头骨和数根肋骨。东侧人骨保存较好，葬式为仰身直肢葬，头向东南，面向西南；西侧人骨葬式亦为仰身直肢，头向东南，面向东北。经鉴定，东侧人骨为一年龄40～44岁的女性，西侧人骨为一年龄1～2岁的儿童，性别不详。随葬品5件，多置于墓主的足部，东侧人骨头部处置一陶匜，獐牙置于左手处，计有陶匜、厚胎高柄杯、壶、圈足杯各1件，獐牙1件。（图一四七；图版八九，1）

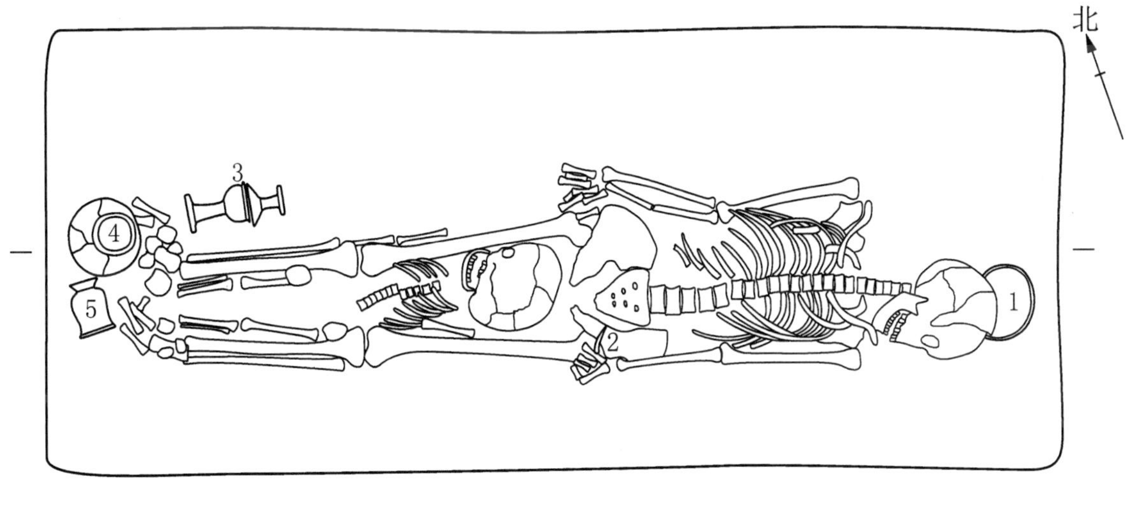

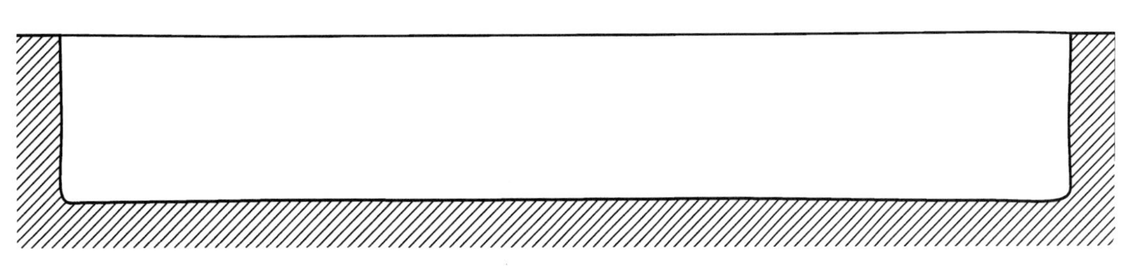

图一四七　大汶口文化M251平、剖面图

1. 陶匜　2. 獐牙　3. 陶厚胎高柄杯　4. 陶壶　5. 陶圈足杯

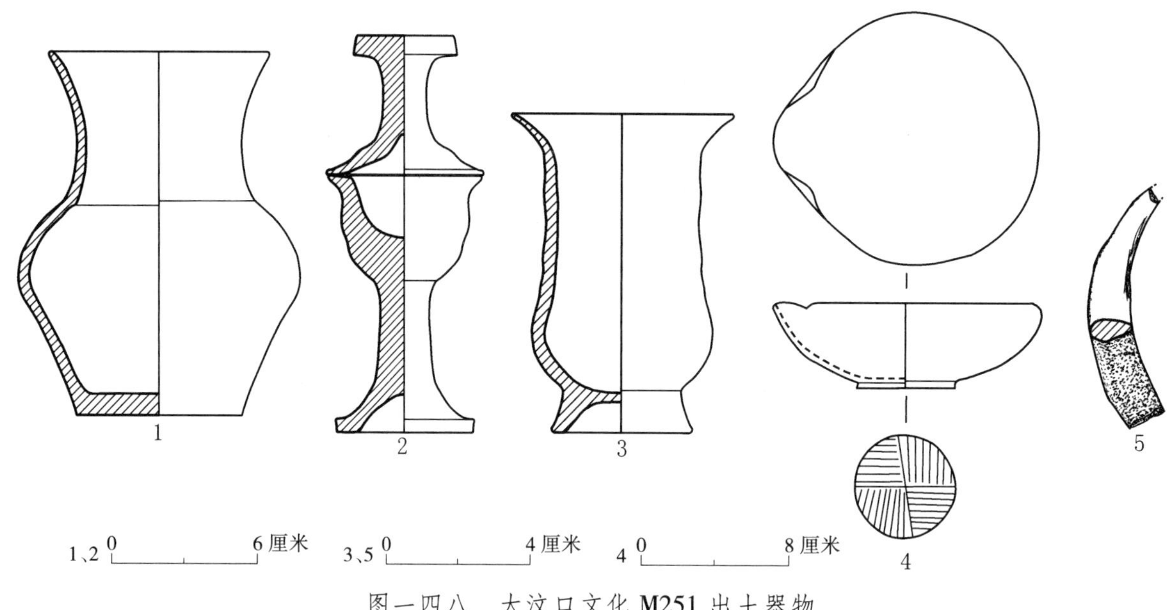

图一四八 大汶口文化M251出土器物

1. 陶壶（M251∶4） 2. 陶厚胎高柄杯（M251∶3） 3. 陶圈足杯（M251∶5） 4. 陶匜（M251∶1） 5. 獐牙（M251∶2）

完整及可修复器物5件。

M251∶1，陶匜。泥质黑陶，敛口，圆唇，短流，弧腹，饼形底，底部有竖线刻划纹。口径13.3～14.7、底径5.6、高4.5厘米（图一四八，4；图版八九，2、3）

M251∶2，獐牙。尖部残断，磨制光滑。残长6.4厘米（图一四八，5）。

M251∶3，陶厚胎高柄杯，带盖。侈口，尖圆唇，弧腹，细柄，喇叭形圈足。覆豆形盖，圆形捉手，细柄，弧壁略折。杯口径6.2、足径5.6、高10.3厘米；盖捉手径4.0、口径6.4、高5.4厘米。（图一四八，2；图版八九，4）

M251∶4，陶壶。泥质黑陶，侈口，尖圆唇，高颈，鼓肩，弧腹，平底。口径9.0、底径6.8、高14.4厘米。（图一四八，1；图版九〇，1）

M251∶5，陶圈足杯。泥质黑陶，敞口，尖唇，深弧腹，矮圈足。口径6.0、足径3.7、高8.4厘米。（图一四八，3；图版九〇，2）

三 B区

有墓葬80座，其中M83、M95、M109、M115、M130、M142、M144、M145、M158及M273这10座墓为陶［瓮］棺葬，M110、M114、M118、M125、M126、M127、M128、M136、M141、M154和M270这11座为二层台墓，M274因遭破坏无法得知其形制，其余均为没有二层台的竖穴土坑墓。

M81

位于ⅢT4804东南处，墓坑开口于第9层下，打破10层及生土，东南角被开口于第6层

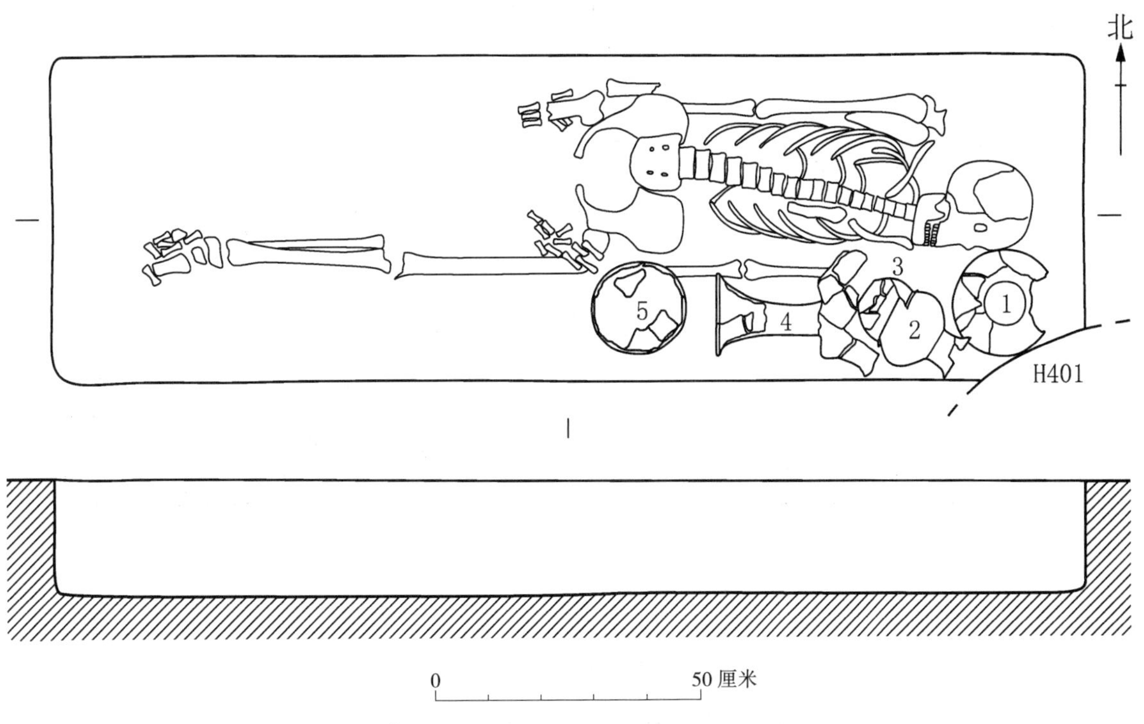

图一四九　大汶口文化 M81 平、剖面图

1. 陶钵　2. 陶壶　3、5. 陶罐　4. 陶豆

下的 H401 打破。长方形竖穴土坑墓，墓坑长 1.96、宽 0.6、深 0.21 米。方向 90°。填土呈灰褐色，土质较硬。单人仰身直肢葬，头向东，面向南，墓主人右下肢骨不存。经鉴定，墓主人为年龄约 35 岁的男性。随葬品 5 件，为陶罐 2 件，陶钵、豆、壶各 1 件。（图一四九；图版九〇，3）

完整及修复器物 5 件。

M81∶1，陶钵。夹细砂黑褐陶，口微敛，短沿，弧腹略内收，平底。口径 20.0、底径 7.8、高 6.6 厘米。（图一五〇，5；图版九一，1）

M81∶2，陶壶。泥质灰陶，侈口，圆唇，高颈略内收，圆鼓腹，平底。口径 9.6、底径 5.6、高 16.4 厘米。（图一五〇，3；图版九一，4）

M81∶3，陶罐。泥质灰陶，侈口，薄圆唇，折沿，沿面内凹，上腹微鼓，下腹弧收，平底。口径 12.2、底径 6.2、高 11.0 厘米。（图一五〇，4；图版九一，3）

M81∶4，陶豆。泥质灰陶，敞口，圆唇，宽折沿，弧壁，高颈，喇叭形圈足。圈足上饰有 5 个不甚对称的弧线三角形镂孔。口径 26.0、底径 15.4、高 26.4 厘米。（图一五〇，1；图版九一，5）

M81∶5，陶罐。泥质灰陶，侈口，薄圆唇，折沿，束颈，上腹微鼓，下腹弧收，平底。口径 15.3、底径 7.6、高 14.4 厘米。（图一五〇，2；图版九一，2）

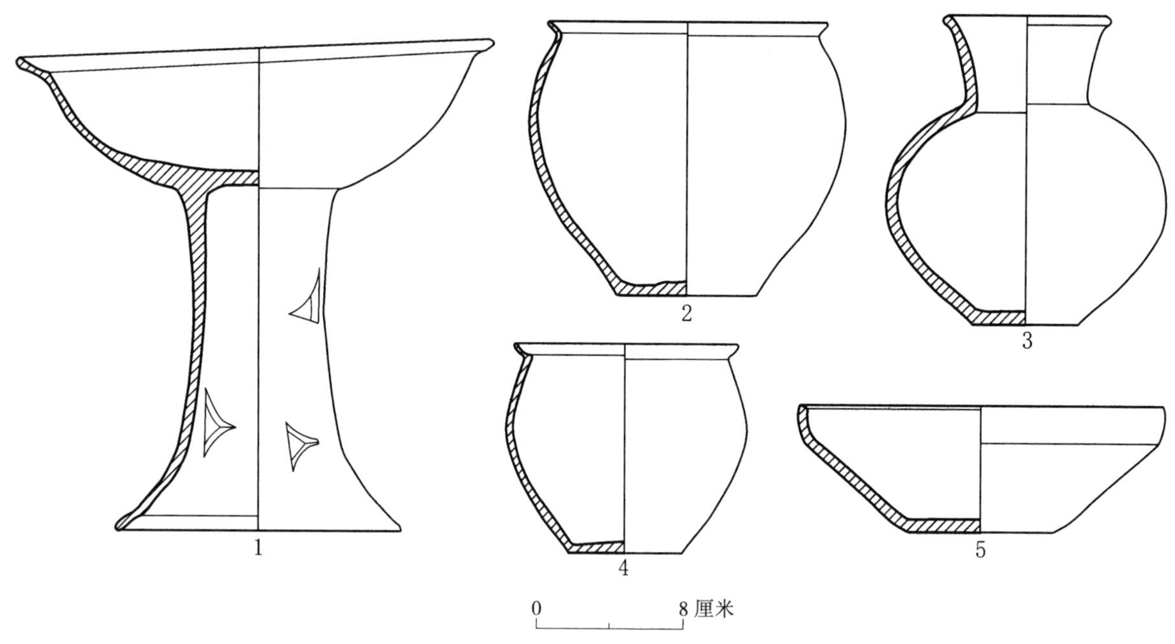

图一五〇 大汶口文化M81出土器物

1. 陶豆（M81:4） 2、4. 陶罐（M81:5、3） 3. 陶壶（M81:2） 5. 陶钵（M81:1）

M82

位于ⅢT4804中部略偏西，开口于第9层下，打破第10层及同开口于第9层下的M143。长方形竖穴土坑墓，墓坑长1.8、宽0.8、深0.1米。方向100°。填土呈浅灰褐色，土质较硬。双人葬，均为头向东南，面向西南，北侧人骨为侧身直肢葬，南侧人骨为仰身直肢葬。骨架保存状况较差。经鉴定，北侧为年龄29~30岁女性，南侧为年龄约35岁的男性。随葬品5件，置于南侧人骨身体左侧，陶豆3件，陶壶、筒形杯各1件。（图一五一；图版九二，1）

完整及可修复器物5件。

M82:1，陶豆。泥质灰陶，敞口，圆唇，宽折沿，弧壁，深盘，高柄，喇叭形圈足。柄部饰有3竖排对称分布的圆形大镂孔。口径21.6、足径14.2、高22.9厘米。（图一五二，1；图版九二，2）

M82:2，陶豆。泥质灰陶，敞口，圆唇，宽折沿，弧壁，深盘，高柄，喇叭形圈足。柄部饰有3竖排对称分布的镂孔。口径19.6、足径14.4、高24.0厘米。（图一五二，2；图版九二，3）

M82:3，陶豆。泥质灰陶，残剩喇叭形圈足，足上残留3个不甚对称的圆形镂孔。足径14.4、残高12.2厘米。（图一五二，4；图版九二，6）

M82:4，陶筒形杯。泥质灰陶，口微侈，圆唇，壁略直，平底。口径8.6、底径6.9、高9.6厘米。（图一五二，5；图版九二，4）

M82:5，陶壶。夹砂黑陶，侈口，圆唇，沿面内凹，直颈略向内收，圆肩，弧腹，平底。口径7.6、底径6.0、高11.6厘米。（图一五二，3；图版九二，5）

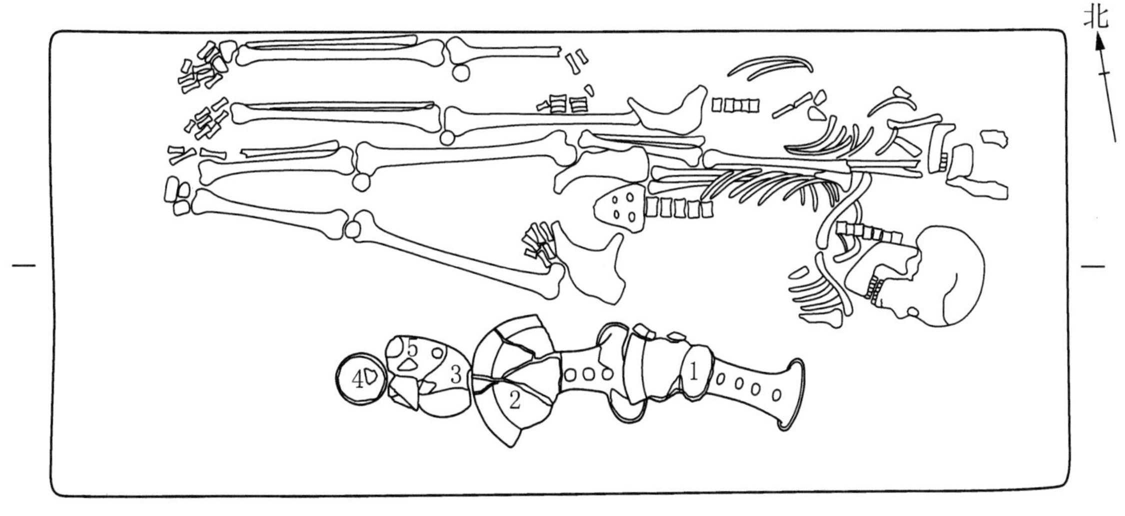

图一五一　大汶口文化 M82 平、剖面图

1～3. 陶豆　4. 陶筒形杯　5. 陶壶

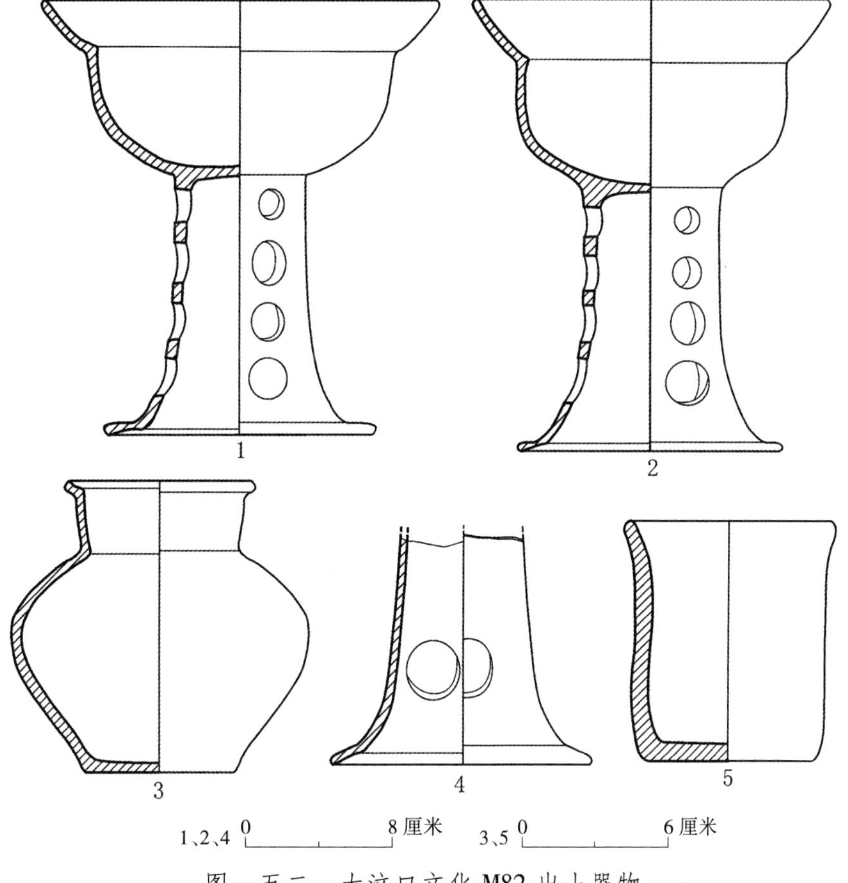

图一五二　大汶口文化 M82 出土器物

1、2、4. 陶豆（M82:1～3）　3. 陶壶（M82:5）　5. 陶筒形杯（M82:4）

M83

位于ⅢT4805西北角，墓坑开口于第8层下，打破第9、10层及生土。陶棺葬，墓坑长1.58、宽0.6、深0.03～0.15米。方向125°。填土呈黄褐色，土质较硬，含烧土块。将陶釜打碎后铺于墓底及盖于骨架上用作葬具。单人仰身直肢葬，头向东南，面向西南。骨架保存状况较差。经鉴定，墓主为年龄为14～16岁的少年，性别无法判断。墓葬填土内发现陶器2件，为小陶罐、器盖各1件。修复葬具陶釜一件。（图一五三；图版九三，1）

M83∶1，陶釜。葬具。夹细砂红陶，敛口，圆唇，弧腹，平底。器腹两侧各有一鸡冠形耳鋬。腹部满饰浅篮纹。口径39.1、足径18.0、高32.4厘米。（图一五四，3；图版九三，2）

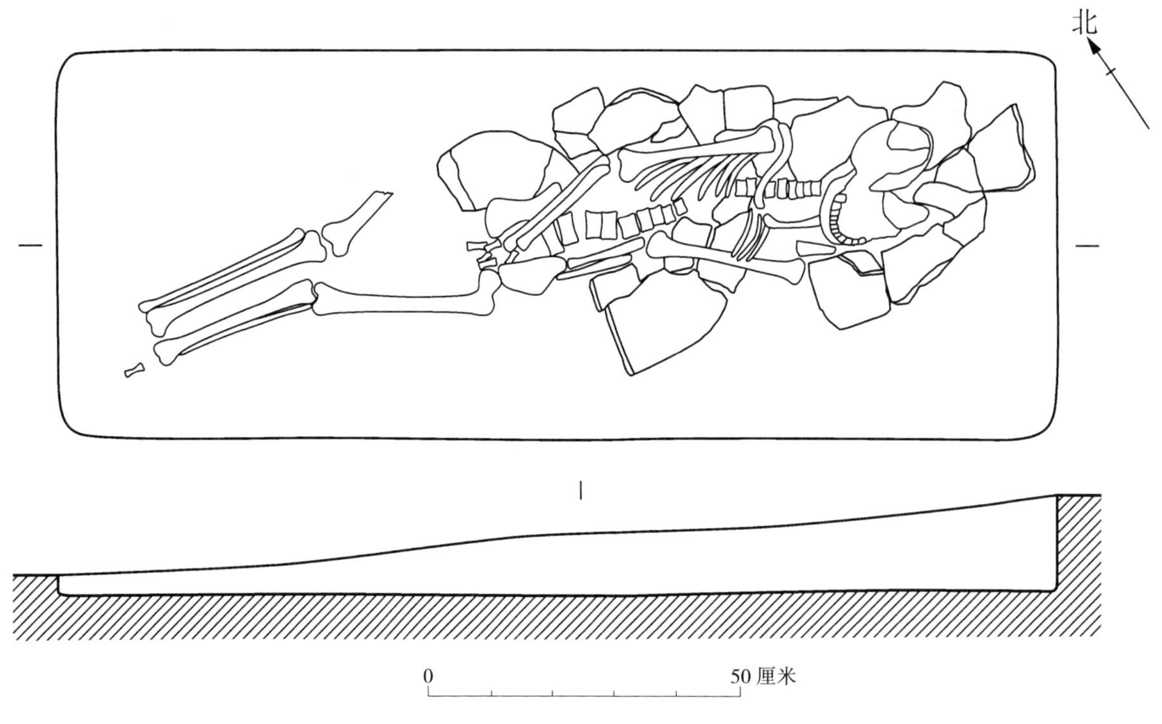

图一五三　大汶口文化M83平、剖面图

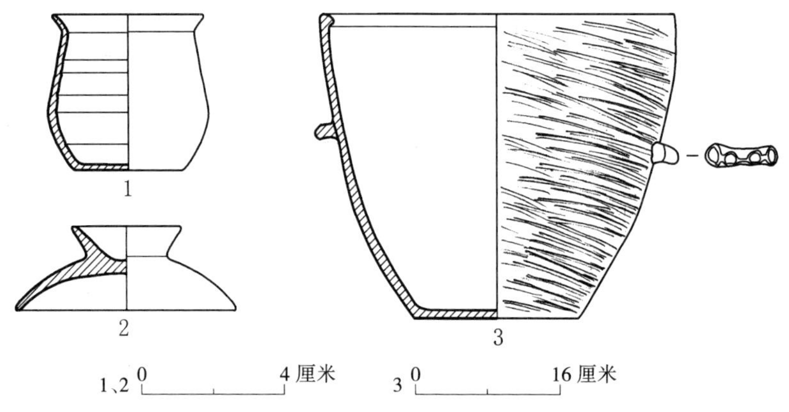

图一五四　大汶口文化M83葬具及其出土器物

1. 小陶罐（M83∶01）　2. 陶器盖（M83∶02）　3. 陶釜（M83∶1）

M83∶01，小陶罐。泥质黑陶，内壁有轮制痕迹，侈口，尖圆唇，束颈，弧折腹，平底。口径4.1、底径2.9、高4.1厘米（图一五四，1；图版九三，3）。

M83∶02，陶器盖。覆碟形，泥质灰陶，喇叭形捉手，盖壁斜弧。捉手径3.0、口径6.0、高2.2厘米（图一五四，2；图版九三，4）。

M84

位于ⅢT4804南壁，部分进入ⅢT4805北隔梁，开口于第8层下，打破M148、M160，且被第6层下开口的H401打破。长方形竖穴土坑墓，墓坑长1.2、宽0.29、深0.16米。方向90°。填土呈灰褐色，土质疏松，含有烧土粒。单人侧身直肢葬，头向东，面向南。骨架保存状况差。经鉴定，墓主为一儿童，年龄约10岁，性别不详。墓内无随葬品。（图一五五）

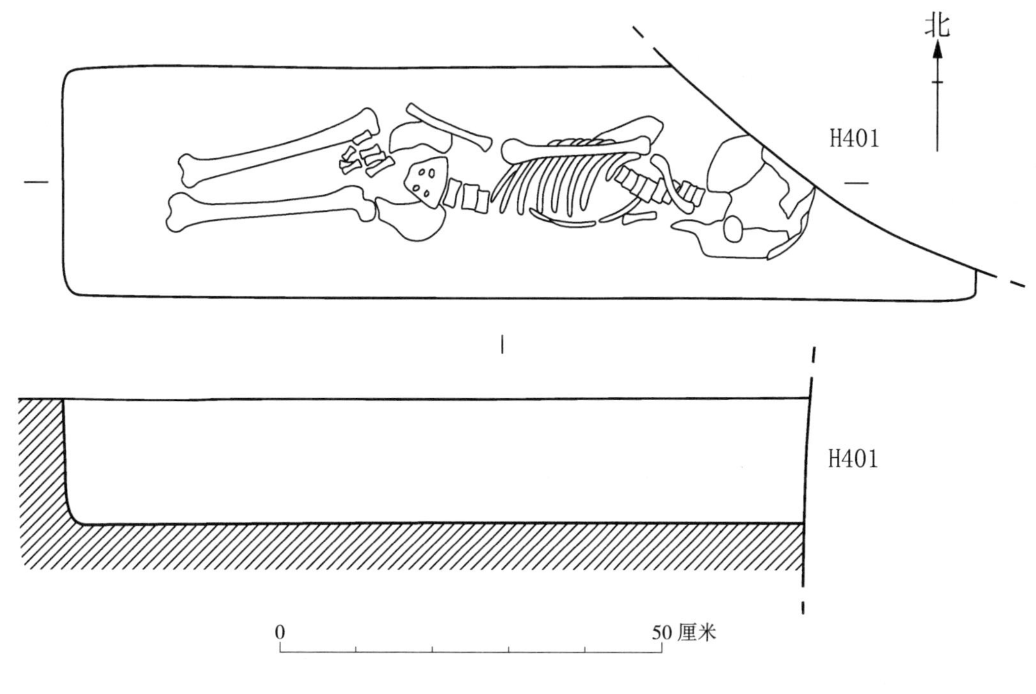

图一五五　大汶口文化M84平、剖面图

M85

位于ⅢT4804西南部，开口于第9层下，打破第10层及生土。长方形竖穴土坑墓，墓坑长1.74、宽0.5、深0.02～0.4米。方向105°。填土呈灰褐色，土质较硬。单人仰身直肢葬，头向东南，面向西南。骨架保存状况较好。经鉴定，墓主为年龄40～44的女性。随葬品4件，陶罐、豆、壶、鬶各1件。（图一五六；图版九四，1）

完整及可修复器物2件。

M85∶1，陶罐。泥质黑陶，侈口，圆唇，折沿，沿面微凹，弧腹，平底。口径11.4、底径6.3、高10.5厘米。（图一五七，2；图版九四，2）

M85∶2，陶豆。泥质黑褐陶，口微敛，圆唇，弧壁，浅盘，高柄，喇叭形圈足。柄部饰有2个对称的圆形镂孔。口径21.0、足径12.2、高18.0厘米。（图一五七，1；图版九四，3）

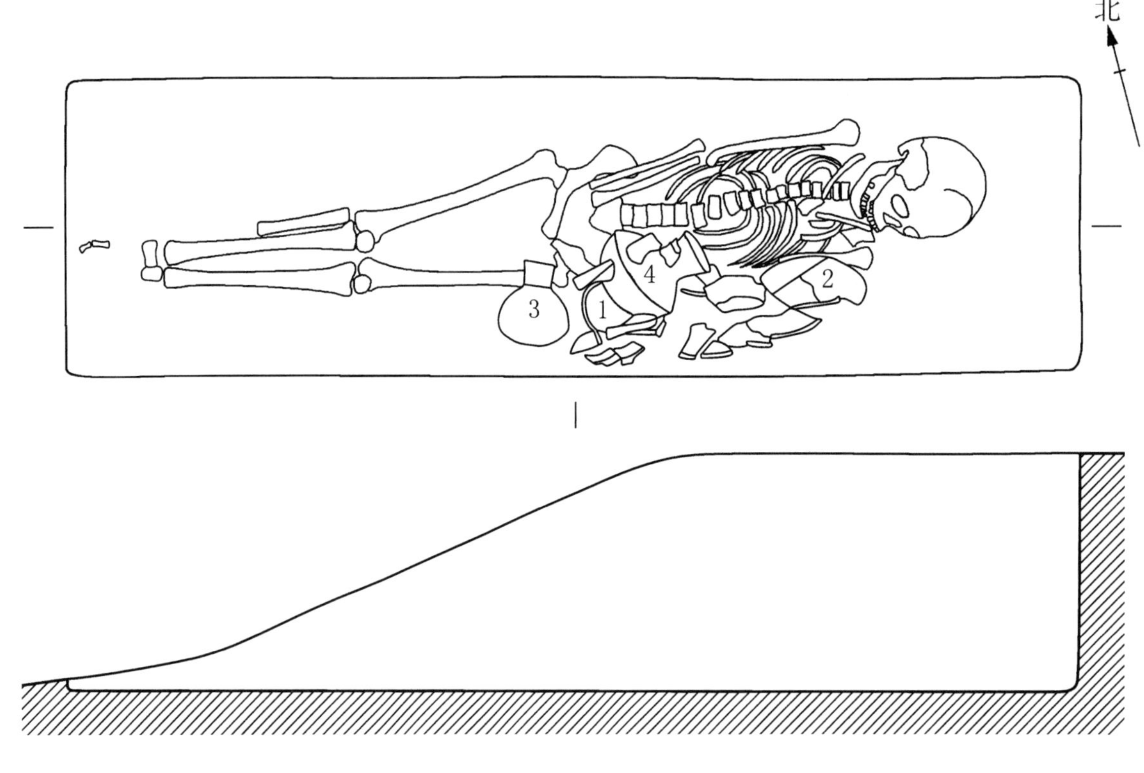

图一五六　大汶口文化M85平、剖面图

1. 陶罐　2. 陶豆　3. 陶壶　4. 陶鬶

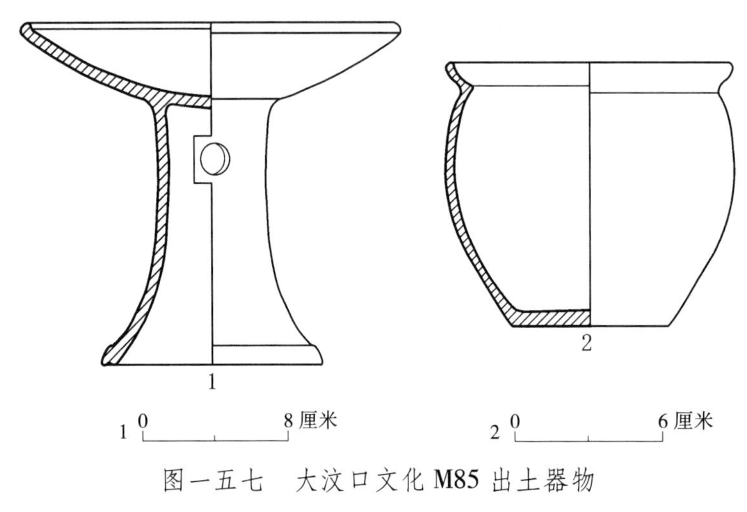

图一五七　大汶口文化M85出土器物

1. 陶豆（M85∶2）　2. 陶罐（M85∶1）

M87

位于ⅢT4804中部偏北处，开口于第9层下，打破10层及生土，且被开口于第8层下的H398打破。长方形竖穴土坑墓，墓口长0.9～1.1、墓底长1.9、宽0.5、深0.04～0.3米。方向85°。填土呈灰褐色，土质较硬。单人仰身直肢葬，因被H398打破故仅保存盆骨以上部分，头骨亦不存，头向东，面向不详。骨架保存状况差。经鉴定，墓主为一成年女性。随葬品 3 件，陶鼎、豆、盆各 1 件。另在墓葬填土内出土 2 件器物，陶纺轮 1 件、骨针 1 件。（图一五八；图版九五，1）

完整及可修复器物 3 件。

M87:1，陶鼎。夹砂红陶，侈口，圆唇，折沿，沿面微凹，鼓腹，圜底，凿形足。腹部饰篮纹。口径 9.0、最大腹径 10.7、高 12.9 厘米。（图一五九，1；图版九五，2）

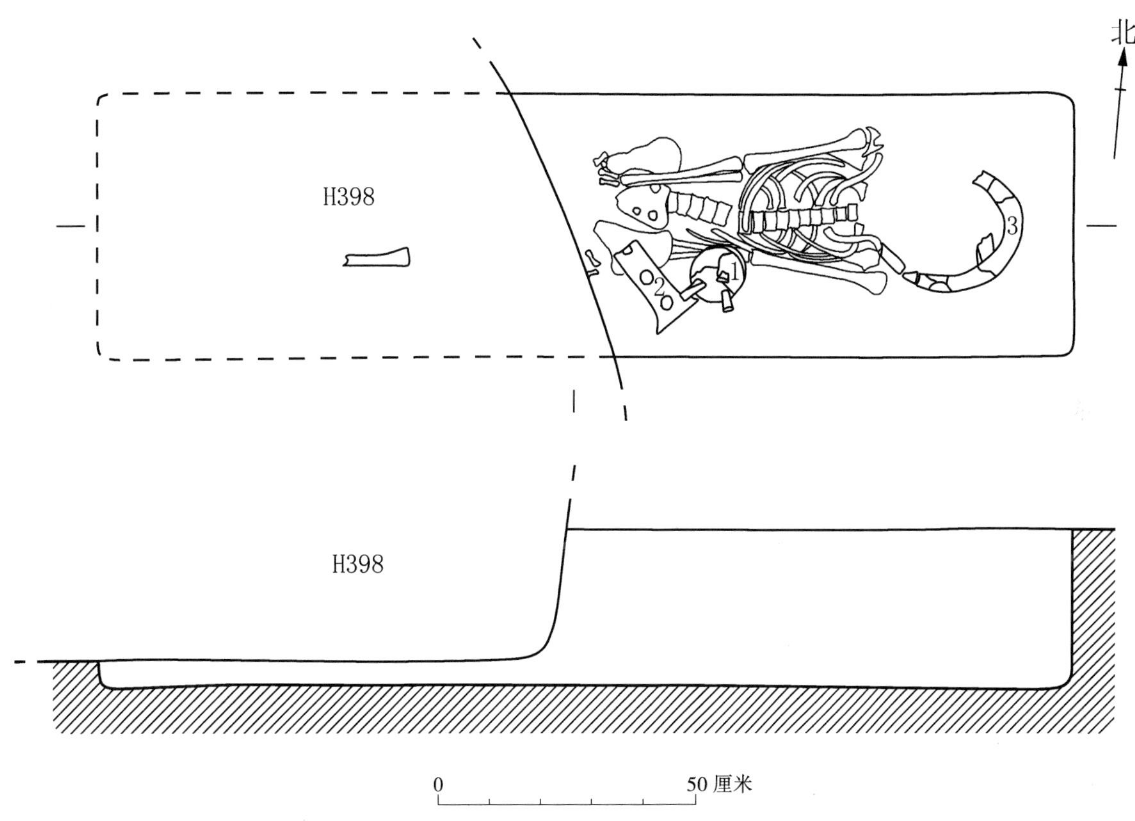

图一五八　大汶口文化 M87 平、剖面图

1. 陶鼎　2. 陶豆　3. 陶盆

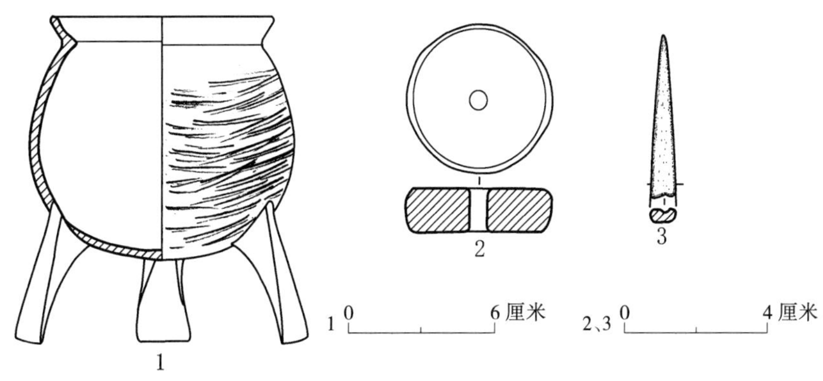

图一五九　大汶口文化 M87 出土器物

1. 陶鼎（M87:1）　2. 陶纺轮（M87:02）　3. 骨针（M87:01）

M87∶01，骨针。中部有一凹槽，下部残。残长4.2厘米。（图一五九，3；图版九五，3）

M87∶02，陶纺轮。夹砂灰褐陶，平面呈圆形，剖面呈矩形，两面平整，两侧微圆弧。直径3.9、孔径0.45、厚1.1厘米。（图一五九，2；图版九五，4）

M88

位于ⅢT4804西北部，开口于第9层下，打破10层及生土。长方形竖穴土坑墓，墓坑长1.7、宽0.54、深0.18米。方向105°。填土呈灰褐色，土质较硬。单人仰身直肢葬，头向东南，面向西南。骨架保存状况较好。经鉴定，墓主人年龄约35岁，性别不详。随葬品6件，为陶壶2件，陶圈足杯、鼎、豆、盆各1件。（图一六〇；图版九六，1）

完整及可修复器物4件。

M88∶1，陶壶。夹砂红褐陶，侈口，圆唇，直颈略收，鼓肩，弧腹，平底。口径6.3、底径5.1、高10.4厘米。（图一六一，4；图版九六，2）

M88∶2，陶圈足杯。泥质灰褐陶，侈口，尖圆唇，折沿，沿面略内凹，腹壁较直，喇叭形圈足。口径8.1、足径6.0、高9.9厘米（图一六一，2；图版九六，3）

M88∶5，陶豆。泥质灰陶，敞口，圆唇，折壁，粗矮柄，喇叭形圈足。柄部饰有2个对称的圆形镂孔。口径20.8、足径11.8、高15.2厘米。（图一六一，3；图版九六，4）

M88∶6，陶盆。泥质灰陶，敞口，尖圆唇外折，折腹，平底。口径29.2、底径9.6、高13.2厘米。（图一六一，1；图版九六，5）

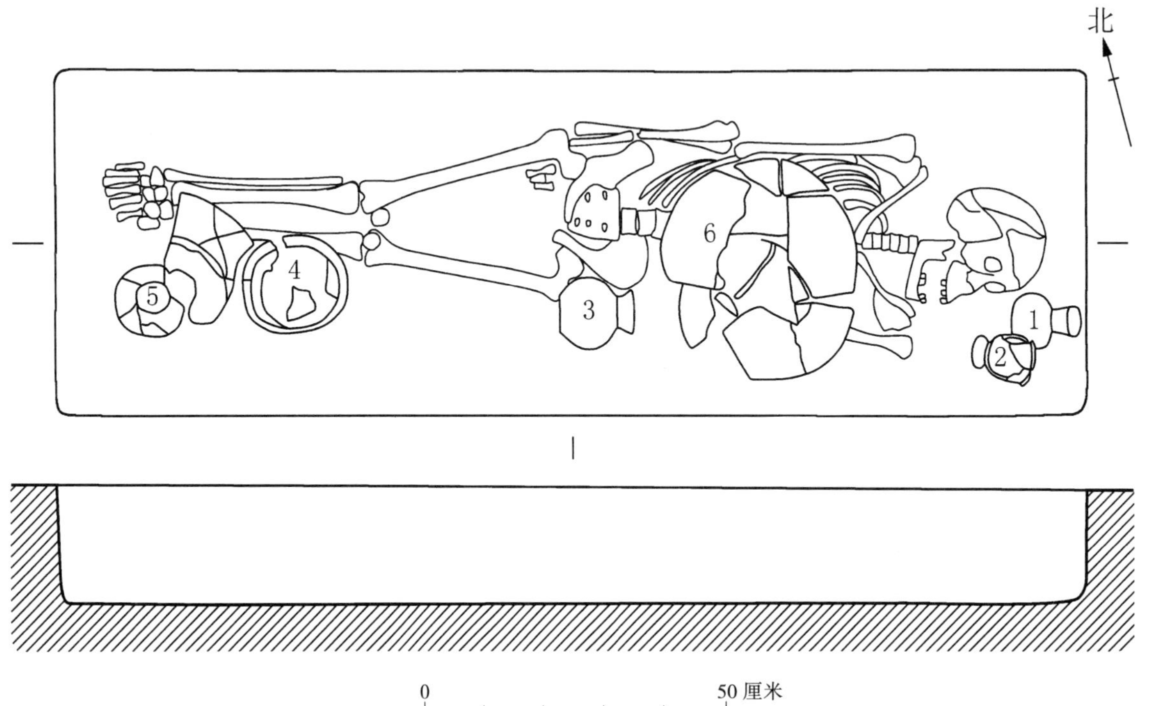

图一六〇 大汶口文化M88平、剖面图

1、3. 陶壶 2. 陶圈足杯 4. 陶鼎 5. 陶豆 6. 陶盆

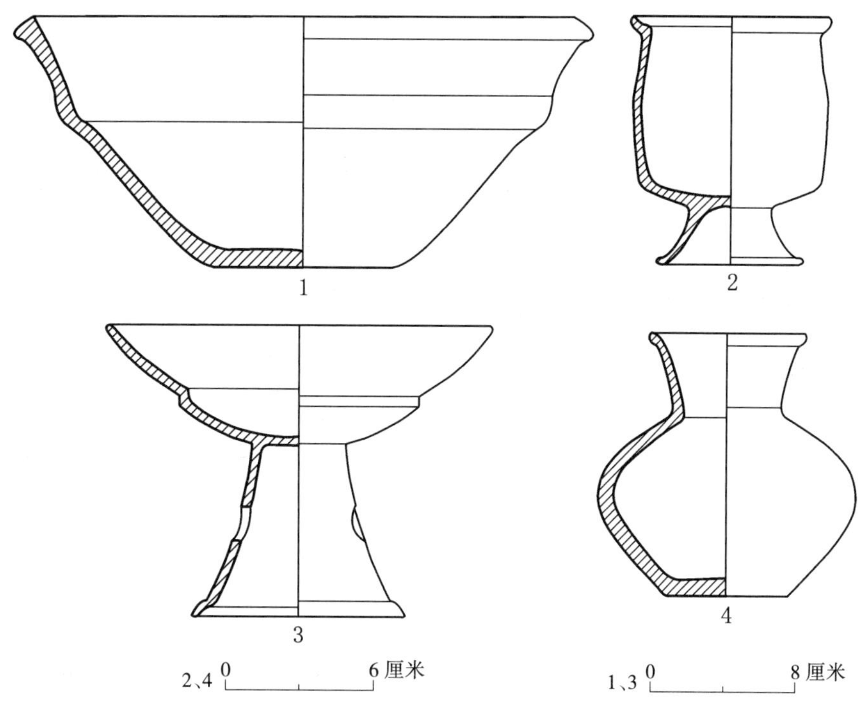

图一六一　大汶口文化 M88 出土器物

1. 陶盆（M88∶6）　2. 陶圈足杯（M88∶2）　3. 陶豆（M88∶5）　4. 陶壶（M88∶1）

M89

位于ⅢT4804 中部，开口于第 9 层下，打破开口于同一层位下的 M146，且被开口于第 5 层下的 H354 及开口于第 8 层下的 H398 打破。长方形竖穴土坑墓，墓坑残长 0.94 ~ 1.42、宽 0.59、深 0.18 ~ 0.39 米。方向 105°。填土呈灰褐色，土质较硬。单人仰身直肢葬，头向东，面向南，骨架保存状况较好。经鉴定，墓主人为年龄 40 ~ 44 岁的男性。随葬品 23 件，集中摆放于墓主身体的左侧，在头部倒扣陶匜一件。共计有陶筒形杯、豆各 5 件，陶罐 2 件，陶匜、鬶、背壶、器座、壶、薄胎高柄杯、厚胎高柄杯、器纽、鼎各 1 件，石钺 1 件，骨器 1 件。（图一六二；图版九七；图版九八，1）

M89∶1，陶筒形杯。泥质黑陶，平底。底径 4.3、残高 2.5 厘米。（图一六四，5；图版九八，2）

M89∶2，陶罐。泥质灰褐陶，侈口，尖圆唇，短折沿，深弧腹，平底。口径 8.4、底径 4.6、高 9.8 厘米。（图一六四，6；图版九九，1）

M89∶3，陶匜。夹砂红褐陶，器形不规整，敞口，短流，腹部饰一对鸡冠形鋬，深弧腹，平底。口径 28.3 ~ 30.3、底径 12.6、高 18.3 厘米。（图一六三，1；图版一〇〇，1）

M89∶4，陶筒形杯。泥质灰陶，侈口，折沿，尖唇，直壁，平底。口径 4.8、底径 3.6、高 3.1 厘米。（图一六四，4；图版九八，3）

M89∶5，陶鬶。夹砂红褐陶，冲天式流，长颈，扁椭圆形腹，背部有一平环形把手，底近平，三凿形实足。器腹有一道突棱。最大腹径 15.0、通高 25.7 厘米。（图一六三，2；图版一

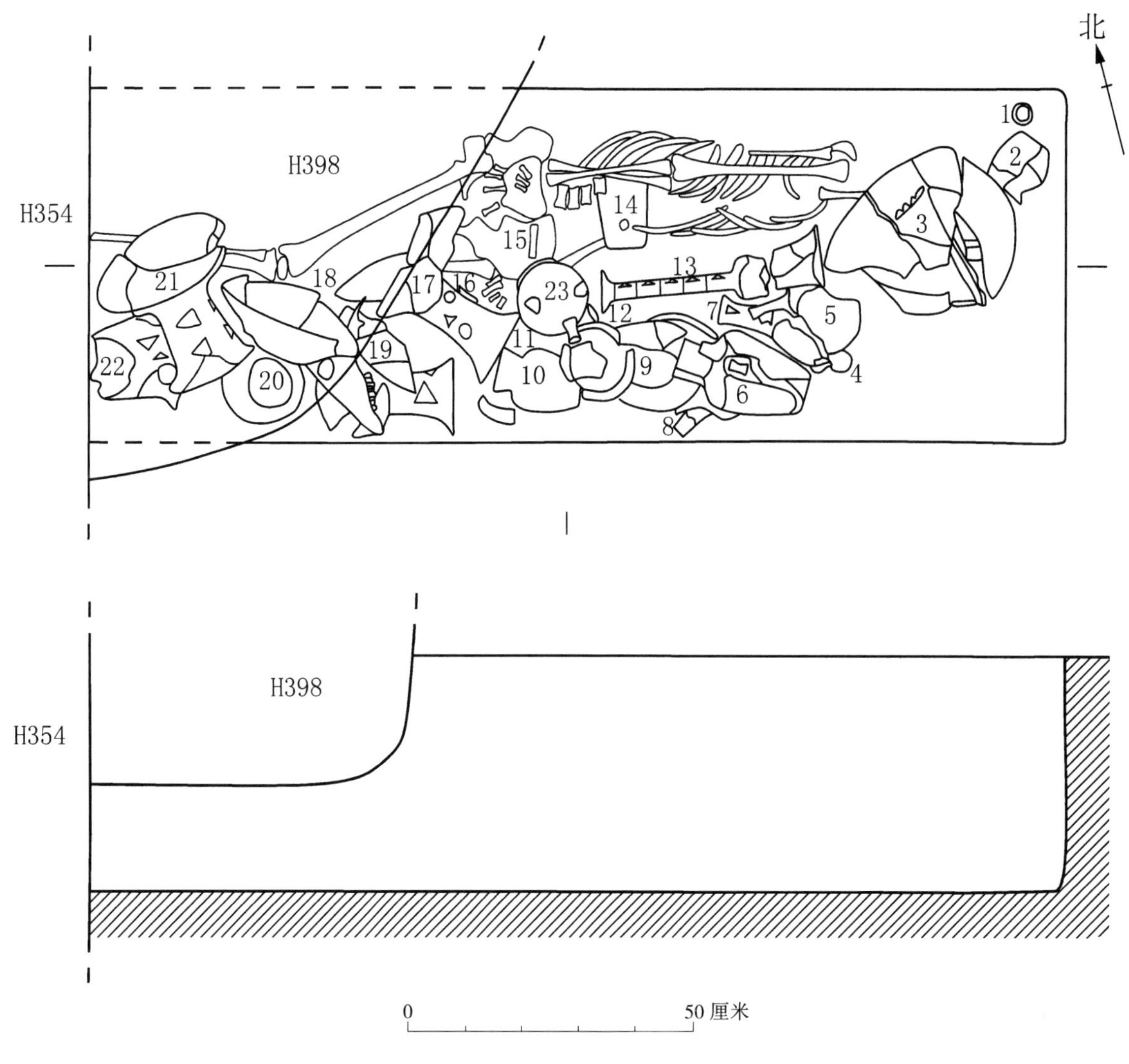

图一六二 M89 平、剖面图

1、4、8、11、12. 陶筒形杯 2、9. 陶罐 3. 陶匜 5. 陶鬶 6. 陶背壶 7. 陶器座 10. 陶壶 13. 陶薄胎高柄杯 14. 石钺 15. 骨器 16. 陶厚胎高柄杯 17、19～22. 陶豆 18. 陶盖纽 23. 陶鼎

〇〇，2）

M89∶6，陶背壶。泥质灰陶，口近直，粗高颈，肩部有一对半环形小耳，正对两耳略偏下处的腹部另一侧有一鸟喙状突纽，弧腹内收，平底。口径 9.2、底径 8.0、高 24.8 厘米。（图一六三，7；图版一〇〇，3）

M89∶7，陶器座。泥质灰陶，直口折沿，沿近平，浅盘，高柄，高圈足。柄上饰有大三角形镂孔。口径 6.6、足径 7.0、高 12.8 厘米。（图一六三，9；图版九九，4）

M89∶8，陶筒形杯。泥质灰褐陶，侈口，短沿，弧腹至底部内收，平底。口径 7.8、底径 5.6、高 9.4 厘米。（图一六四，7；图版九八，5）

M89∶9，陶罐。泥质黑陶，敞口，圆唇，宽折沿，斜直腹至底部折收为平底。口径 14.4、底径 8.0、高 18.8 厘米。（图一六三，8；图版九九，2）

图一六三　大汶口文化 M89 出土器物

1. 陶匜（M89：3）　2. 陶鬶（M89：5）　3～5、11. 陶豆（M89：17、21、20、19）　6. 陶薄胎高柄杯（M89：13）　7. 陶背壶（M89：6）　8. 陶罐（M89：9）　9. 陶器座（M89：7）　10. 陶厚胎高柄杯（M89：16）　12. 陶盖纽（M89：18）

M89∶10，陶壶。夹砂黑陶，侈口，圆唇，束颈，圆肩，弧腹，平底。口径 8.4、底径 6.4、高 14.5 厘米。（图一六四，1；图版九九，3）

M89∶11，陶筒形杯。泥质灰陶，直口，平沿，腹壁斜直，平底。口径 5.4、底径 5.0、高 4.2 厘米。（图一六四，9；图版九八，4）

M89∶12，陶筒形杯。泥质灰陶，侈口，尖唇，折沿，沿面微内凹，腹壁斜直，平底。近底处饰有 1 道凹弦纹。口径 5.2、底径 5.2、高 5.5 厘米。（图一六四，8；图版九八，6）

M89∶13，陶薄胎高柄杯。泥质黑陶，敞口，杯身上腹弧收，下部鼓突，细高柄，矮圈足。柄部被 6 道凹弦纹分作 5 节，每节对称分布 2 个三角形镂孔。口径 10.0、足径 6.8、高 26.8 厘米。（图一六三，6；图版一〇〇，4）

M89∶14，石钺。呈上部略窄下部略宽的梯形，体略厚，顶部有敲击痕迹，中部偏上有两面对钻的钻孔一个，刃部残损，有石片剥落痕迹。残长 11.4、最宽 8.1、最厚 1.2、孔径 0.9 ~1.5 厘米。（图一六四，3；图版九九，7）

M89∶15，骨器。棒状，根部横截面为圆形，近尖端处削成四棱装，尖端残。残长 7.4 厘米。（图一六四，10；图版九九，6）

M89∶16，陶厚胎高柄杯。夹砂黑灰陶，口微侈，尖唇，短沿，折腹，细柄，足残。口径 6.0、残高 7.0 厘米。（图一六三，10；图版九八，7）

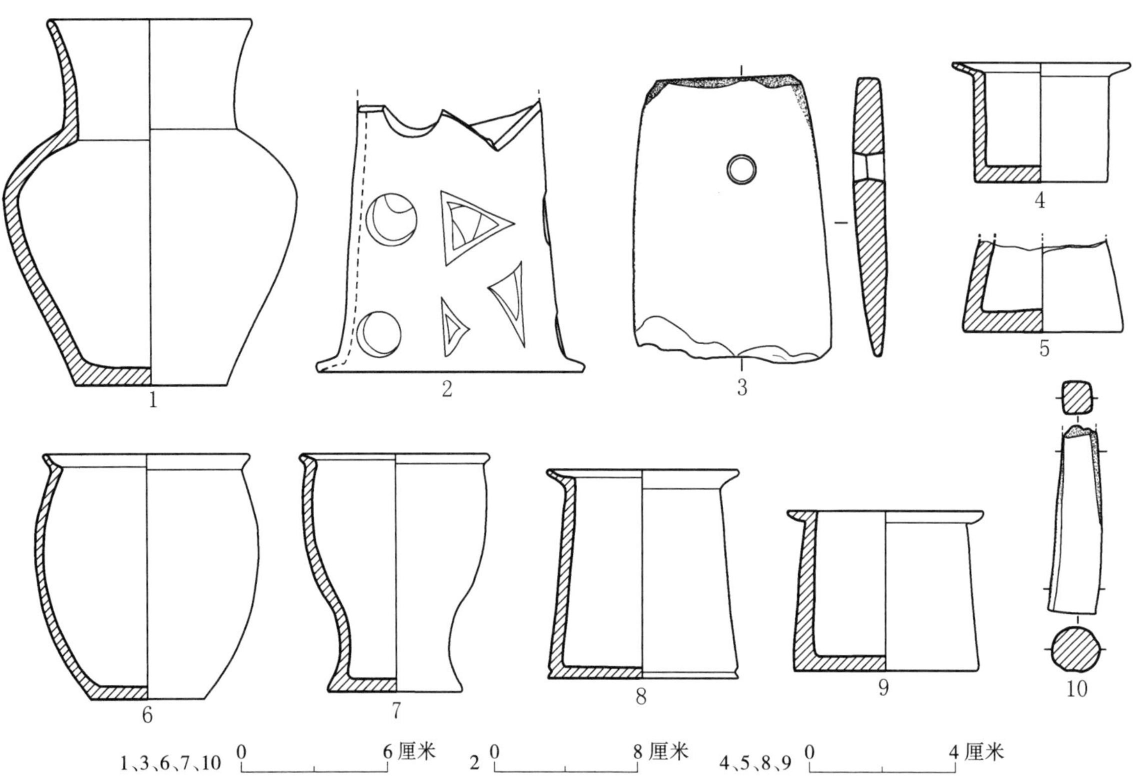

图一六四 大汶口文化 M89 出土器物

1. 陶壶（M89∶10） 2. 陶豆（M89∶22） 3. 石钺（M89∶14） 4、5、7 ~ 9. 陶筒形杯（M89∶4、1、8、12、11） 6. 陶罐（M89∶2） 10. 骨器（M89∶15）

M89:17，陶豆。泥质灰陶，敞口，宽折沿微凹，折壁，高柄，喇叭形圈足。豆柄上饰有圆形及弧边三角形镂孔。口径22.4、足径16.8、高24.4厘米。（图一六三，3；图版一〇一，1）

M89:18，陶盖纽。泥质灰陶，喇叭形捉手。捉手径4.2、残高2.2厘米。（图一六三，12；图版九九，5）

M89:19，陶豆。泥质灰陶，残存豆盘，敞口，圆唇，弧壁，浅盘。口径23.7、残高3.9厘米。（图一六三，11；图版一〇一，4）

M89:20，陶豆。泥质灰陶，敞口，宽斜沿，弧壁，高柄，喇叭形圈足。豆柄饰有3竖排对称分布的圆形镂孔。口径22.4、足径15.2、高20.6厘米。（图一六三，5；图版一〇一，2）

M89:21，陶豆。夹砂灰陶，敞口，方唇，弧壁，豆盘较浅，粗柄，喇叭形圈足。柄部饰有大三角形镂孔。口径22.7、足径16.0、高17.2厘米。（图一六三，4；图版一〇一，3）

M89:22，陶豆，残剩豆柄。泥质灰陶，粗柄，喇叭形圈足。柄部饰有圆形和三角形镂孔。足径14.8、残高14.0厘米。（图一六四，2；图版一〇一，5）

M90

位于ⅢT4805东部，墓坑开口于第8层下，打破开口于第8层下的M126和开口于第9层下的H419。长方形竖穴土坑墓，墓坑长1.75、宽0.45～0.6、深0.2米。方向110°。填土呈灰褐色，土质疏松。单人仰身直肢葬，头向东南，面向北。骨架基保存状况较差，墓主的性别、年龄均无法判断。墓葬内未发现随葬品及葬具。（图一六五）

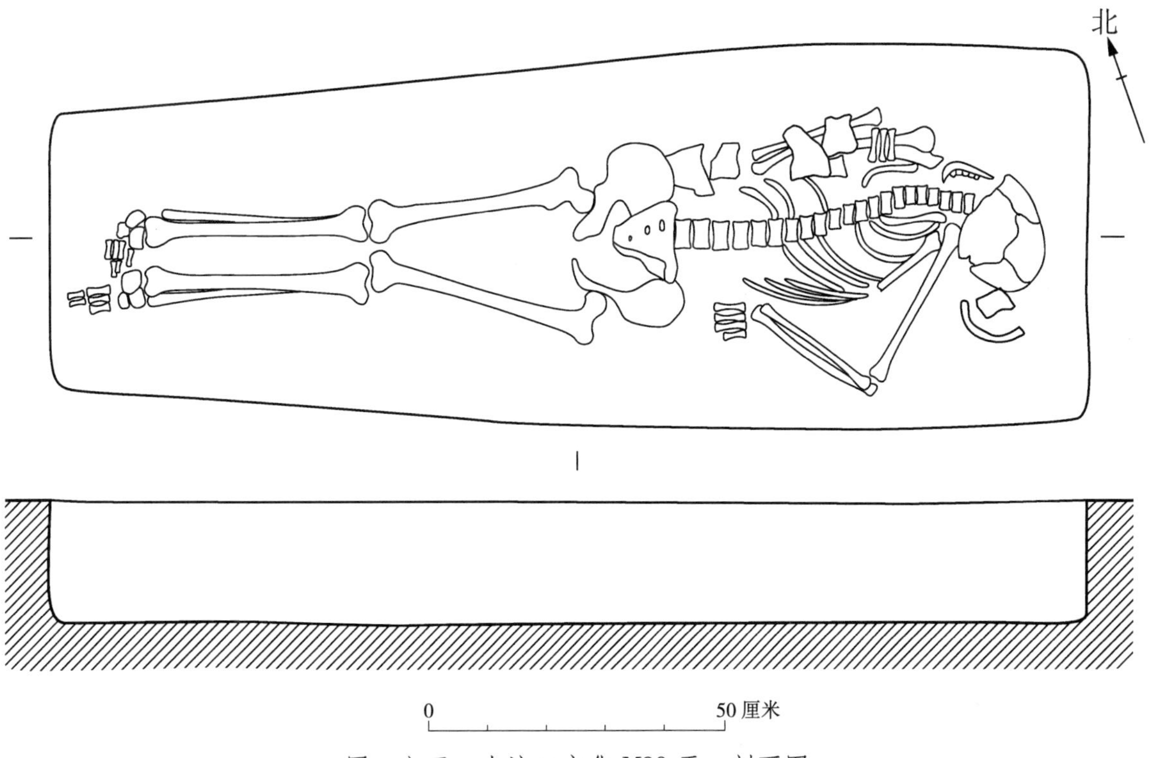

图一六五　大汶口文化M90平、剖面图

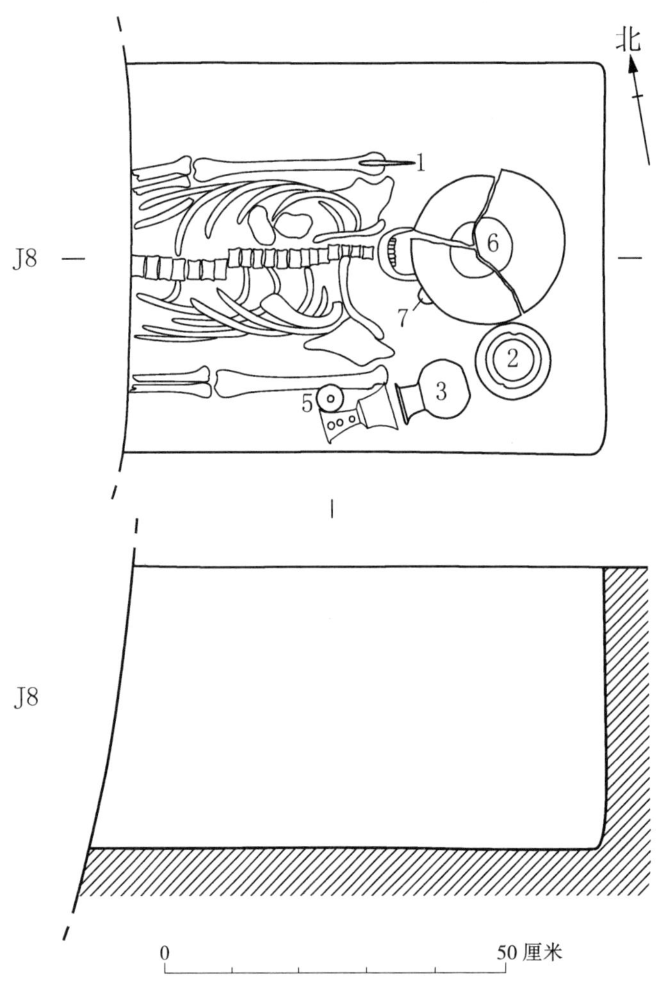

图一六六　大汶口文化 M92 平、剖面图

1. 骨针　2. 陶鼎　3. 陶壶　4. 陶薄胎高柄杯　5. 陶纺轮
6. 陶盆　7. 陶环

M92

位于ⅢT4804 西北角，开口于第 9 层下，打破 10 层，且被开口于第 4 层下的 J8 打破。长方形竖穴土坑墓，墓坑残长 0.7、宽 0.55、深 0.39 米。方向 100°。填土呈灰褐色，土质疏松。单人仰身直肢葬，头向东南，面向上。骨架保存状况较差，骨盆及以下部分不存。经鉴定，墓主人为年龄约 30 岁的女性。随葬品 7 件，头骨上盖有陶盆一件，余置于墓主的左侧肩部，共计有陶鼎、壶、薄胎高柄杯、纺轮、盆、环各 1 件，骨针 1 件。（图一六六；图版一〇二）

完整及可修复器物 7 件。

M92∶1，骨针。尖部较锋锐，针尾磨制出一小平面。长 9.7 厘米。（图一六七，6；图版一〇三，7）

M92∶2，陶鼎。夹砂红褐陶，侈口，尖圆唇，折沿，鼓腹，圜底，三足残。口径 8.7、残高 9.0 厘米。（图一六七，2；图版一〇三，3）

M92∶3，陶壶。泥质灰褐陶，侈口，折沿，沿面微凹，粗高颈，扁鼓腹，平底。口径

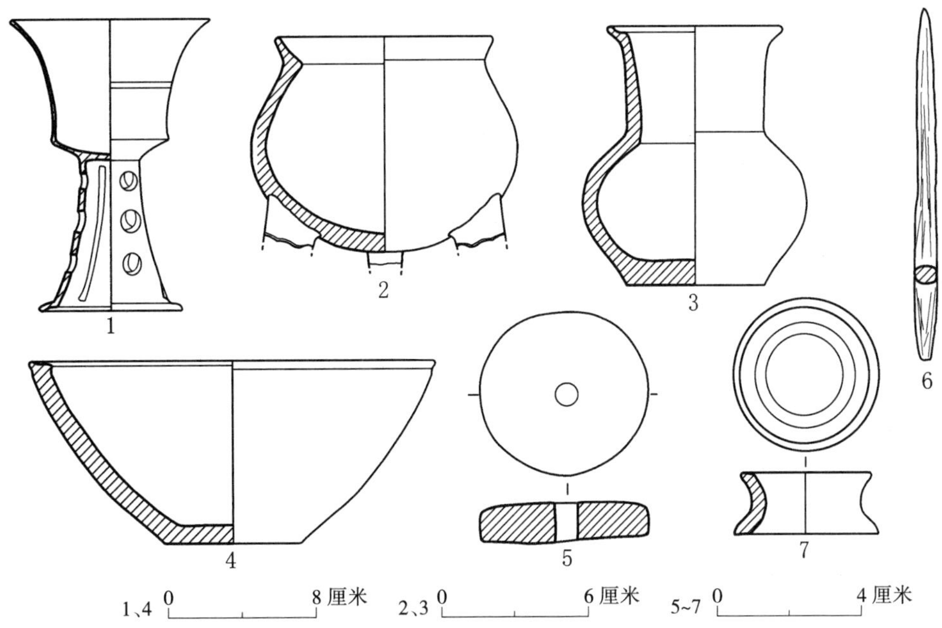

图一六七　大汶口文化 M92 出土器物

1. 陶薄胎高柄杯（M92∶4）　2. 陶鼎（M92∶2）　3. 陶壶（M92∶3）　4. 陶盆（M92∶6）　5. 陶纺轮（M92∶5）　6. 骨针（M92∶1）　7. 陶环（M92∶7）

7.0、底径5.7、高10.2厘米。（图一六七，3；图版一〇三，2）

M92∶4，陶薄胎高柄杯。泥质黑陶，大敞口，尖圆唇，杯身上腹弧收，杯底略鼓突，矮柄，喇叭形圈足。杯身饰有2道弦纹，柄部饰有3竖排小圆孔，每2排之间有一长条形镂孔。口径10.8、足径8.0、高15.4厘米。（图一六七，1；图版一〇三，1）

M92∶5，陶纺轮。泥质黑褐陶，手制，圆饼状，剖面呈不规则矩形，两面不甚平整，两侧较直。直径4.5、孔径0.6、厚约1.0厘米。（图一六七，5；图版一〇三，6）

M92∶6，陶盆。泥质灰陶，口微敛，弧腹，平底。口径22.0、底径7.4、高9.6厘米。（图一六七，4；图版一〇三，4）

M92∶7，陶环。泥质黑陶，亚腰状。直径3.7～4.1、高1.6厘米。（图一六七，7；图版一〇三，5）

M93

位于ⅢT4804中部近西壁处，开口于第9层下，打破10层及生土。长方形竖穴土坑墓，墓坑长1.7、宽0.5、深0.23米。方向90°。填土呈灰褐色，土质较硬。单人仰身直肢葬，头向东，面向南。骨架保存状况一般。经鉴定，墓主人为年龄约35岁的女性。随葬品4件，陶壶2件，陶罐、豆各1件。（图一六八；图版一〇四，1）

完整及可修复器物4件。

M93∶1，陶罐。泥质灰陶，侈口，尖圆唇，短折沿，弧腹，平底。口径11.0、底径7.0、高10.0厘米。（图一六九，3；图版一〇四，2）

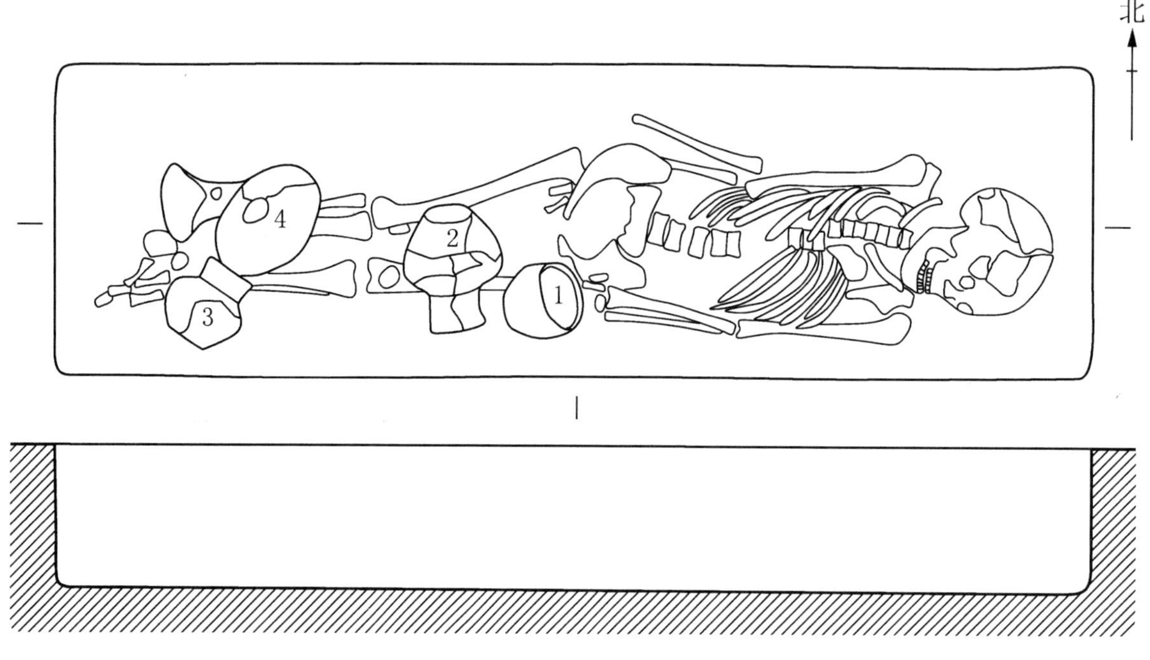

图一六八　大汶口文化 M93 平、剖面图

1. 陶罐　2、3. 陶壶　4. 陶豆

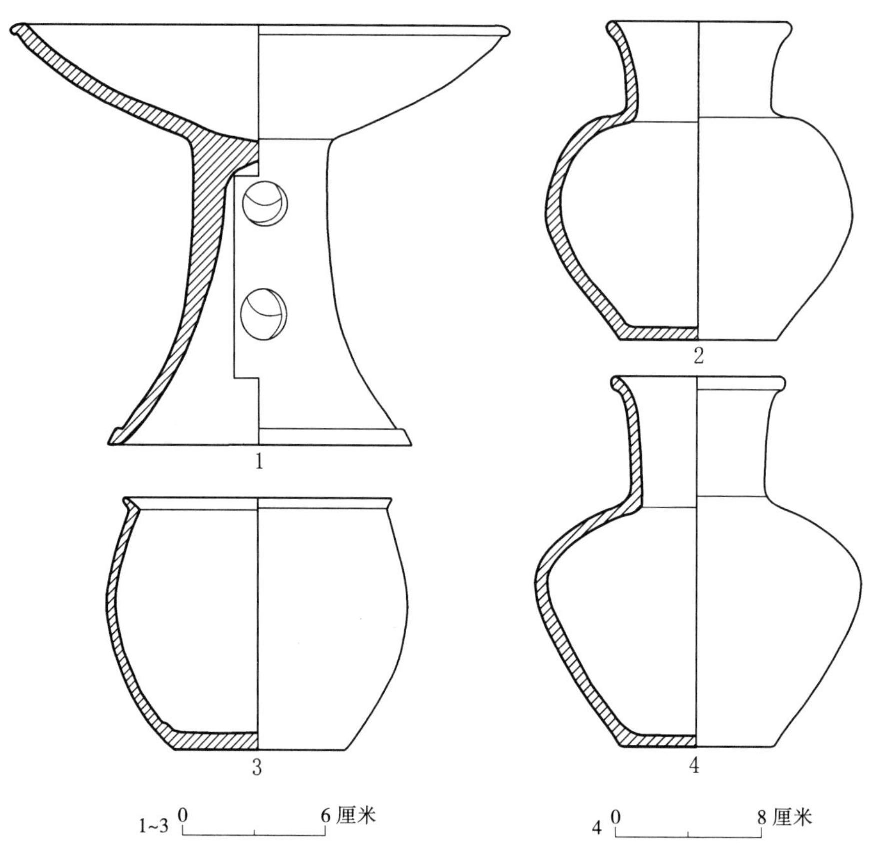

图一六九　大汶口文化 M93 出土器物

1. 陶豆（M93:4）　2、4. 陶壶（M93:3、2）　3. 陶罐（M93:1）

M93∶2，陶壶。泥质黑褐陶，侈口，圆唇，直颈，圆肩，弧腹，平底。口径 9.0、底径 8.2、高 19.6 厘米。（图一六九，4；图版一〇四，4）。

M93∶3，陶壶。泥质灰黑陶，侈口，圆唇，直颈微收，鼓肩，弧腹，平底。口径 7.1、底径 6.3、高 12.6 厘米。（图一六九，2；图版一〇四，5）

M93∶4，陶豆。泥质灰陶，敞口，圆唇外翻，弧壁，浅盘，高柄，喇叭形圈足。柄部饰有 2 排对称的圆形镂孔。口径 20.4、足径 12.8、高 16.6 厘米。（图一六九，1；图版一〇四，3）

M94

位于ⅢT4804 中部近北壁处，开口于第 9 层下，打破生土。长方形竖穴土坑墓，墓坑长 1.39、宽 0.5、深 0.07～0.22 米。方向 115°。填土呈灰褐色，土质较硬。单人侧身直肢葬，头向东南，面向西南。骨架保存状况差。经鉴定，墓主人为年龄约 24～26 岁的女性。墓内未发现随葬品及葬具。（图一七〇；图版一〇五，1）

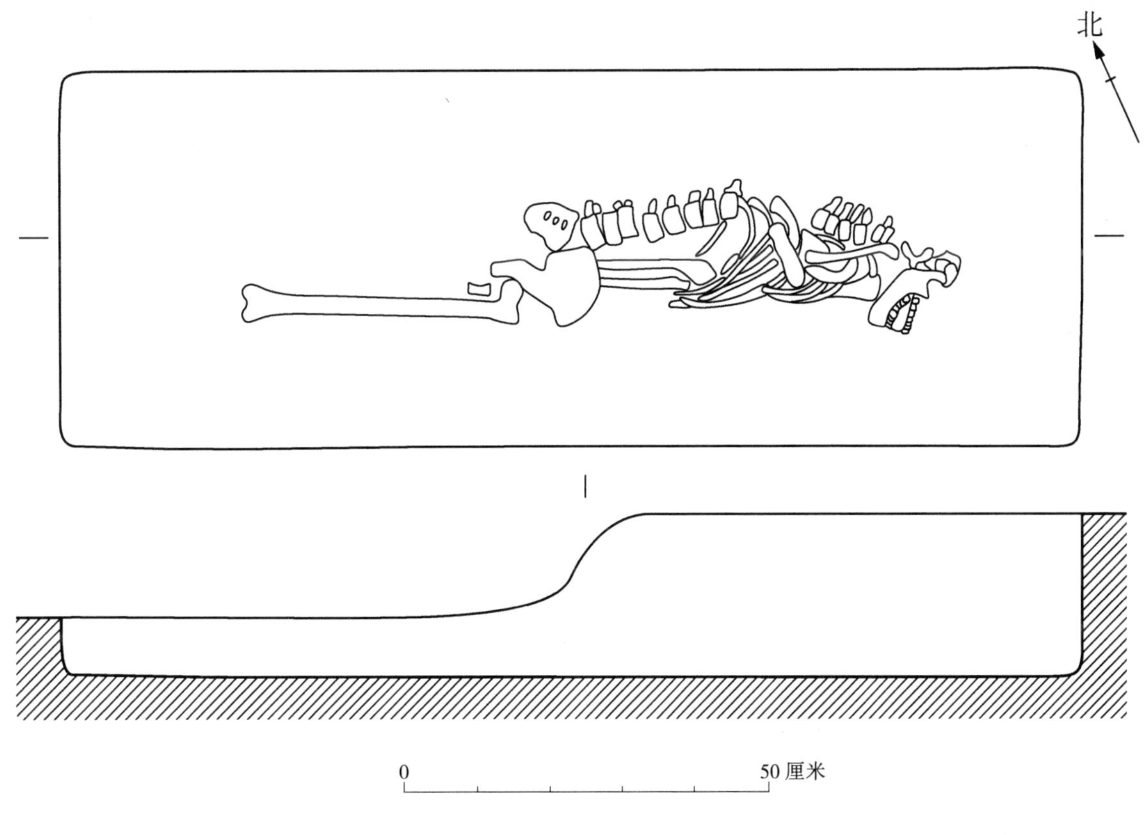

图一七〇　大汶口文化 M94 平、剖面图

M95

位于ⅢT4905 南部近东壁处，墓坑开口于第 9 层下，打破 10 层。陶棺葬，墓坑长 1.45、宽 0.36、深 0.17 米。方向 92°。填土呈灰褐色，土质较硬，含红烧颗粒。将陶器打碎后铺于墓底及盖于骨架上用作葬具。单人仰身直肢葬，头向东，面向北。骨架保存状况较差。经鉴定，墓主为年龄为 9～10 岁的少年，性别无法判断。墓内未发现随葬品。修复葬具陶鼎 2 件、

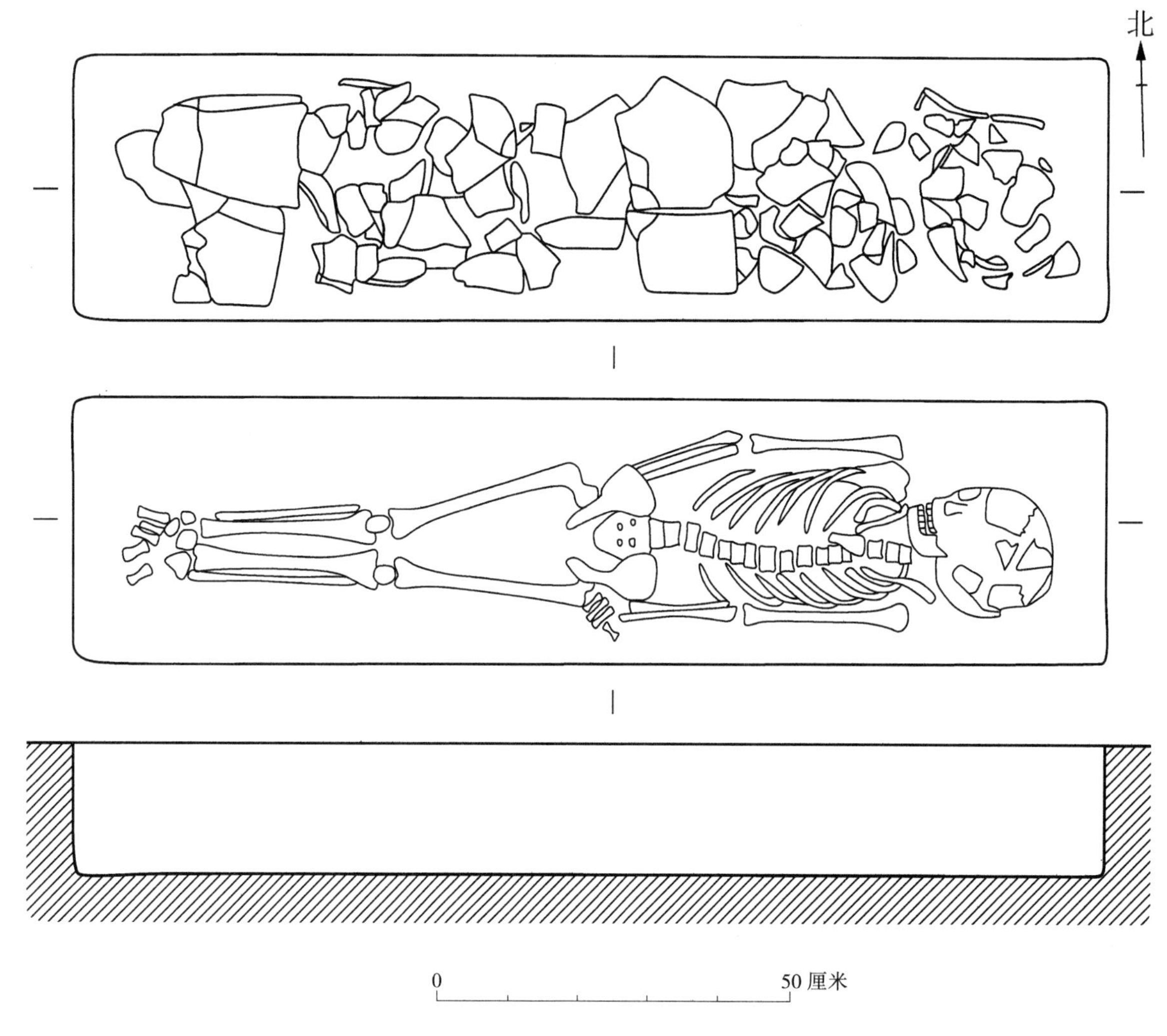

图一七一　大汶口文化 M95 平、剖面图

瓮 1 件。（图一七一；图版一〇六，1）

M95∶1，陶鼎。葬具。夹砂夹蚌红褐陶，侈口，唇面内凹，宽折沿，弧腹，底及三足残。口径 28.0、残高 20.5 厘米。（图一七二，3；图版一〇六，2）

M95∶2，陶鼎。葬具。夹砂红褐陶，侈口，方唇，折沿，深弧腹，圜底，三足残。通体饰篮纹。口径 30.2、残高 27.5 厘米。（图一七二，2；图版一〇六，3）

M95∶3，陶瓮。葬具。泥质红陶，口残，深弧腹，平底。腹部有一对鸡冠形錾手。残高 32.0、底径 15.3 厘米。（图一七二，1；图版一〇六，4、5）

M96

位于ⅢT4905 南部近东壁处，开口于第 9 层下，打破 10 层。长方形竖穴土坑墓，墓坑长 1.6、宽 0.41、深 0.07 米。方向 102°。填土呈灰褐色，土质略硬。单人仰身直肢葬，头向东南，面向西南。骨架保存状况较一般。经鉴定，墓主人为年龄约 35 岁的女性。随葬品仅 1 件陶罐，未能复原。（图一七三；图版一〇五，2）

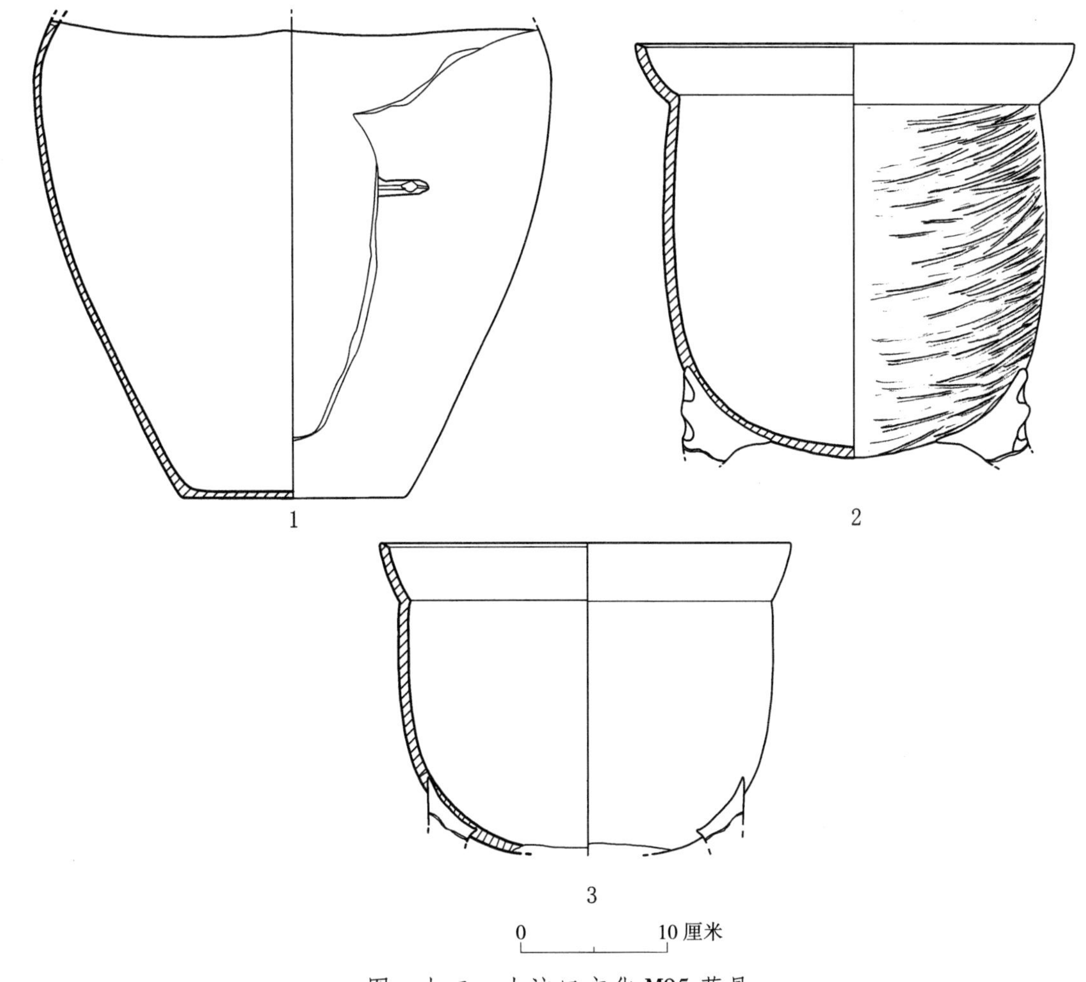

图一七二　大汶口文化M95葬具

1. 陶瓮（M95∶3）　2、3. 陶鼎（M95∶2、1）

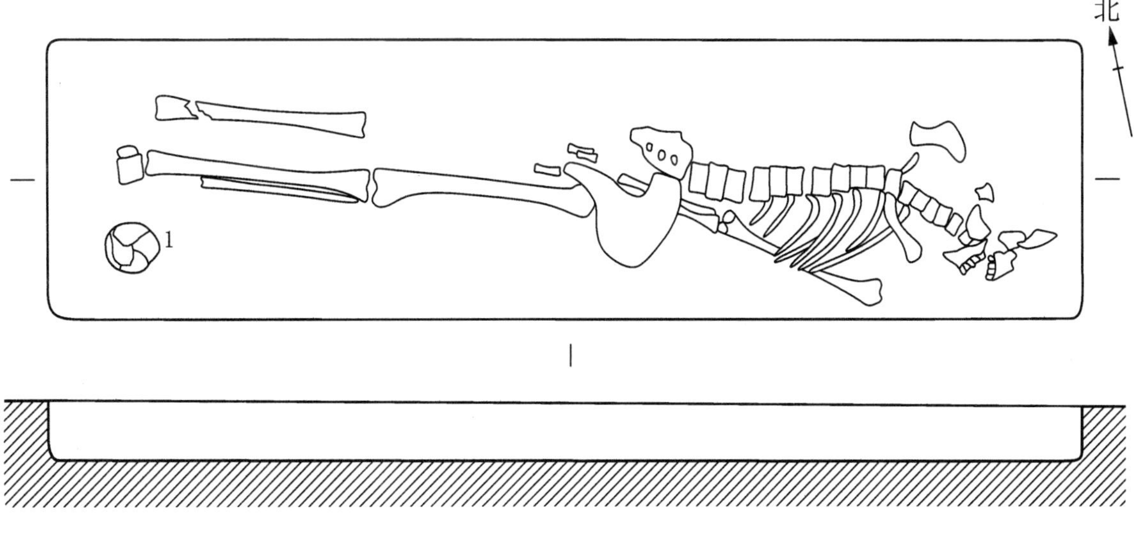

图一七三　大汶口文化M96平、剖面图

1. 陶罐

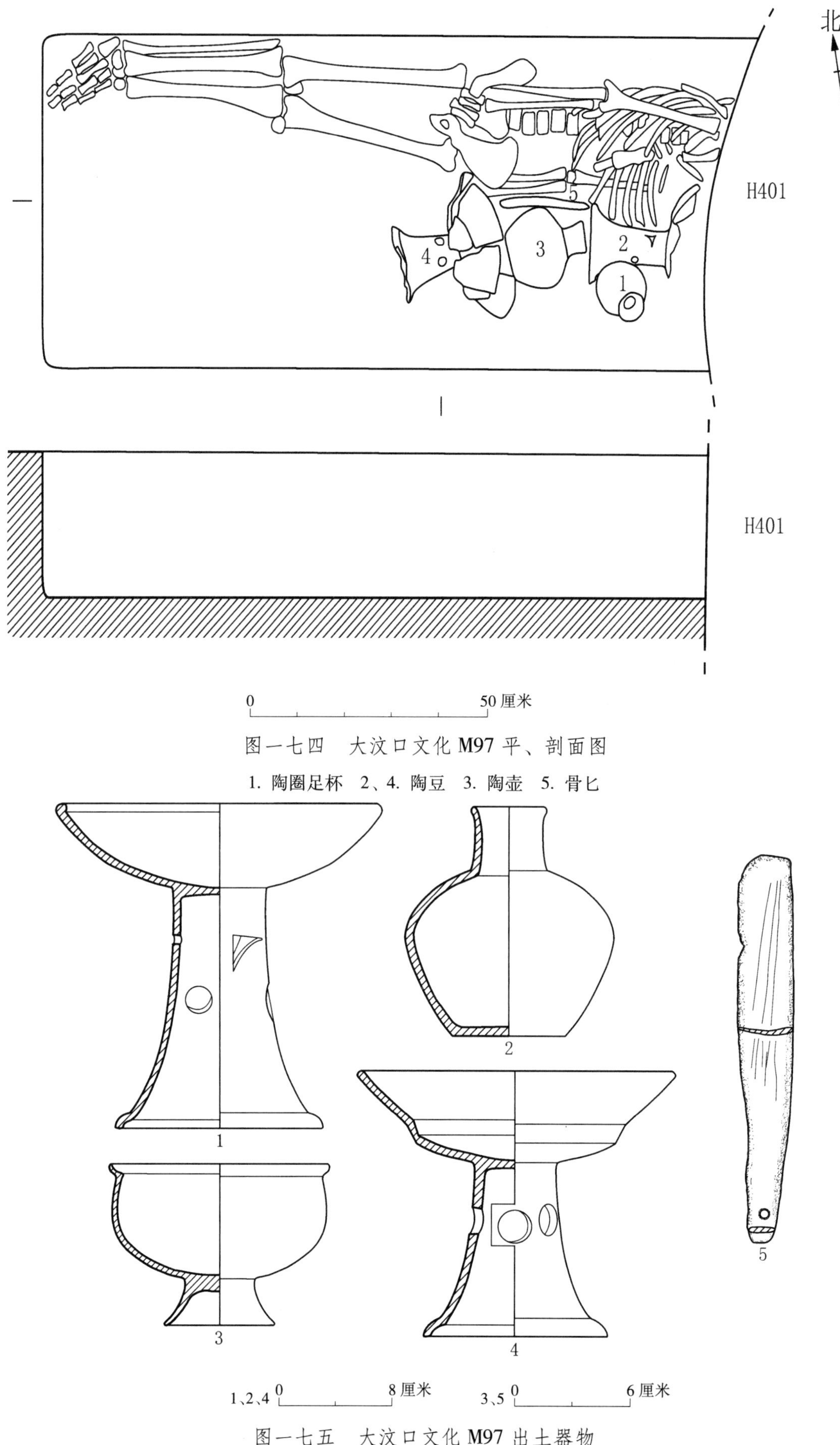

图一七四　大汶口文化 M97 平、剖面图

1. 陶圈足杯　2、4. 陶豆　3. 陶壶　5. 骨匕

图一七五　大汶口文化 M97 出土器物

1、4. 陶豆（M97∶2、4）　2. 陶壶（M97∶3）　3. 陶圈足杯（M97∶1）　5. 骨匕（M97∶5）

M97

位于ⅢT4804东南角，开口于第9层下，打破10层及生土，且被开口于第6层下的H401打破。长方形竖穴土坑墓，墓坑残长1.39～1.49、宽0.61、深0.26米。方向100°。填土呈灰褐色，土质较硬。单人仰身直肢葬，头向东南，面向不详。骨架保存状况较差。经鉴定，墓主人为年龄40～44岁的男性。随葬品5件，为陶豆2件，陶壶、圈足杯各1件，骨匕1件。（图一七四；图版一〇七，1）

完整及修复器物5件。

M97∶1，陶圈足杯。泥质白陶，侈口，尖圆唇，折沿，沿面内凹，弧腹，喇叭形圈足。口径11.7、足径5.8、高8.1厘米。（图一七五，3；图版一〇八，3）

M97∶2，陶豆。泥质灰黑陶，敛口，圆唇，弧壁，高柄，喇叭形圈足。柄部饰有圆形和弧边三角形镂孔。口径22.0、足径14.8、高21.2厘米。（图一七五，1；图版一〇八，1）

M97∶3，陶壶。泥质灰黑陶，口微侈，直颈，圆肩，弧腹，平底。口径5.1、底径7.6、高15.6厘米。（图一七五，2；图版一〇八，4）

M97∶4，陶豆。泥质灰黑陶，敞口，圆唇，折壁，柄较矮，喇叭形圈足。柄部饰有4个对称分布的圆形镂孔。口径22.2、足径12.6、高17.8厘米（图一七五，4；图版一〇八，2）

M97∶5，骨匕。柄部较厚，有钻孔，刃部较薄，横截面呈弧形，表面磨光。长19.6、最宽2.9、最厚0.3厘米。（图一七五，5；图版一〇八，5）

M98

位于ⅢT4803近南壁处，开口于第9层下，打破10层及生土。长方形竖穴土坑墓，墓坑残长1.52、宽0.46～0.59、深0.12米。方向105°。填土呈黄褐色花土，土质较硬。单人仰身直肢葬，头向东南，面向西南。骨架保存状况较好。经鉴定，墓主人为年龄约35岁的女性。随葬品仅1件陶罐。（图一七六；图版一〇七，2）

M98∶1，陶罐。泥质灰褐陶，侈口，尖圆唇，折沿，深弧腹，平底。口径9.0、底径5.6、高9.9厘米。（图一七七，1；图版一〇八，6）

M99

位于ⅢT4903近东隔梁处，部分进入东隔梁内，开口于第9层下，打破10层，且被开口于第8层下的G27打破。长方形竖穴土坑墓，墓坑长1.9、宽0.69、深0.27米。方向105°。填土呈黄褐色，土质较硬。单人仰身直肢葬，头向东南，面向西南。骨架保存状况好。经鉴定，墓主人为年龄29～30岁的女性。随葬品19件，为陶豆5件，陶罐、圈足杯、环各2件，陶背壶、壶、鼎、盆、纺轮各1件，獐牙1件，玉环1件，蚌镰1件。（图一七八；图版一〇九，1～4）

完整及可修复器物18件。

M99∶1，陶盆。泥质黑褐陶，口微敛，圆唇，弧壁，饼形底。口径23.6、底径11.0、高8.8厘米。（图一七九，3；图版一一〇，1）

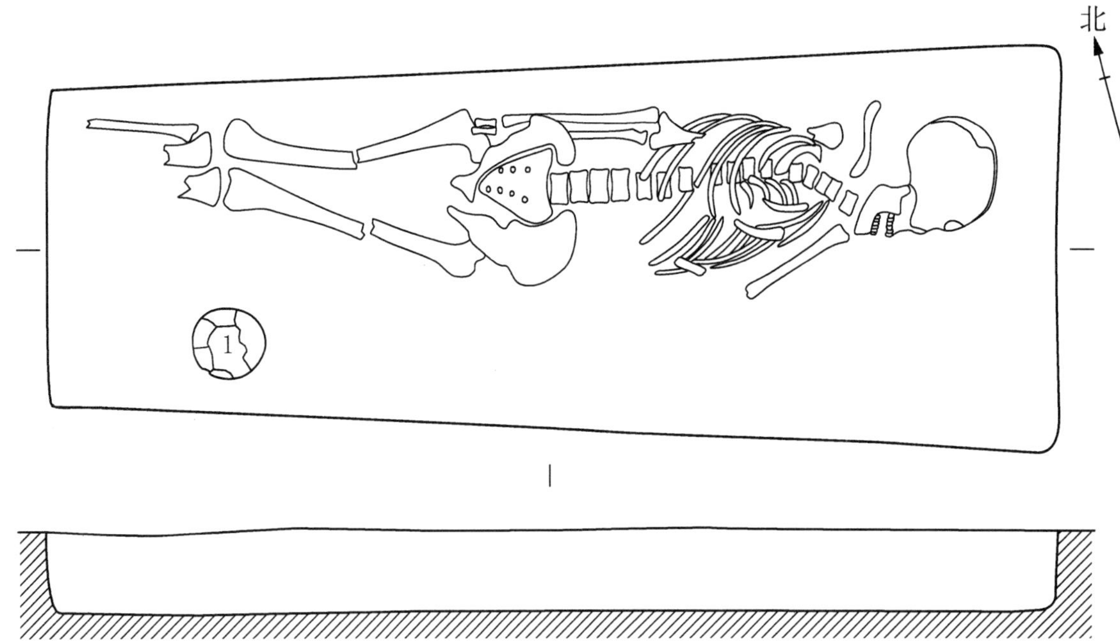

图一七六　大汶口文化 M98 平、剖面图

1. 陶罐

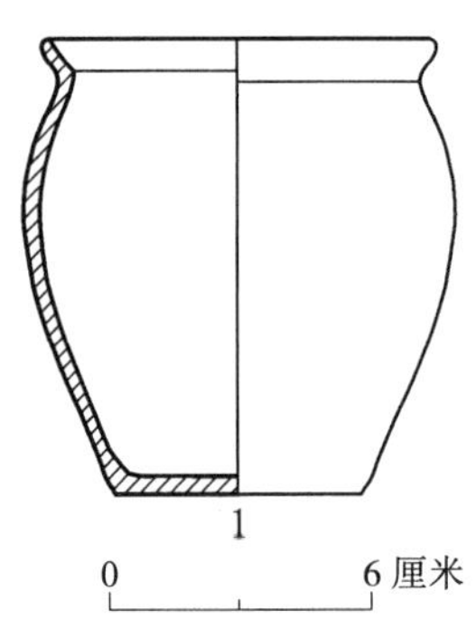

图一七七　大汶口文化 M98 出土器物

1. 陶罐（M98:1）

M99:2，陶环。亚腰形，上直径 1.8、下直径 2.3、高 1.0 厘米。（图一七九，5；图版一一一，6）

M99:3，陶环。亚腰形，上直径 1.9、下直径 2.4、高 1.2 厘米。（图一七九，6；图版一一一，5）

M99:4，玉环。主要矿物成分为白色的方解石。环状，中孔对钻而成。直径 3.6～3.8，孔径 1.3～1.5、厚 0.1～0.3 米。（图一八〇，10；图版一〇九，6）

M99:5，陶罐。泥质灰陶，侈口，尖圆唇，折沿，沿面有一凹槽，折腹，平底。口径 3.5、底径 2.2、高 3.4 厘米。（图一七九，4；图版一一一，4）

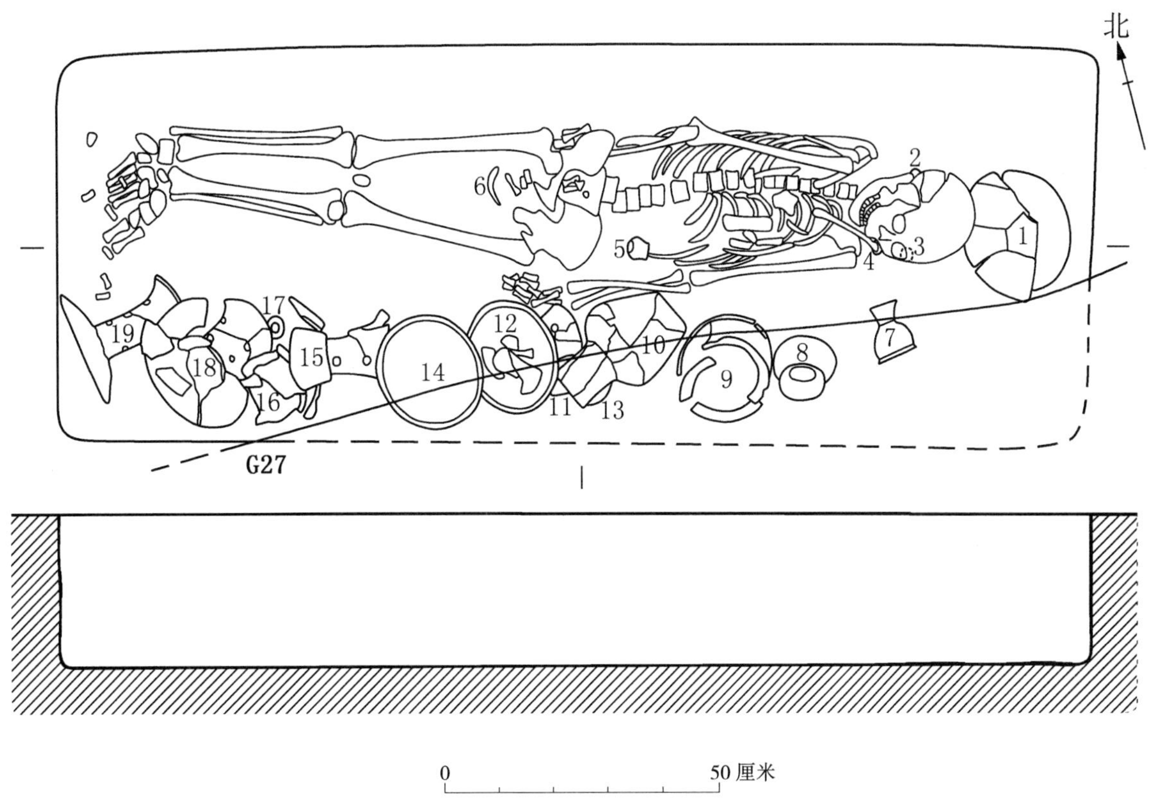

图一七八　大汶口文化 M99 平、剖面图

1. 陶盆　2、3. 陶环　4. 玉环　5、9. 陶罐　6. 獐牙　7、11. 陶圈足杯　8. 陶壶　10. 陶背壶　12、14、15、18、19. 陶豆　13. 蚌镰　16. 陶鼎　17. 陶纺轮

M99:6，獐牙。尖部磨制光滑。长 6.9 厘米。（图一八〇，8；图版一〇九，5）

M99:7，陶圈足杯。泥质红陶，侈口，折沿，沿面微凹，弧腹，喇叭状圈足较高。口径 7.2、足径 5.6、高 9.8 厘米。（图一七九，8；图版一一〇，2）

M99:8，陶壶。泥质灰陶，侈口，圆唇，粗高颈，圆肩，弧腹内收为平底。口径 8.0、底径 5.0、高 13.4 厘米。（图一七九，2；图版一一〇，4）

M99:9，陶罐。泥质灰陶，侈口，圆唇，折沿，深弧腹，下腹折收，器腹及口沿内侧有红色彩绘，平底。口径 14.7、底径 7.6、高 16.0 厘米。（图一八〇，7；图版一一一，1～3）

M99:10，陶背壶。泥质灰陶，直口微侈，尖圆唇，高直颈，鼓肩，弧腹，肩腹部饰有一对半环形耳，正对两耳的腹另一侧有一鸟喙状突纽，平底。口径 8.8、底径 8.0、高 24.6 厘米。（图一七九，1；图版一一〇，5）

M99:11，陶圈足杯。泥质红陶，侈口，尖圆唇，折沿，沿面微凹，深弧腹，喇叭状圈足较高。口径 7.2、足径 5.7、高 9.8 厘米。（图一七九，7；图版一一〇，3）

M99:12，陶豆。泥质灰陶，敞口，平沿微折，尖圆唇，弧壁，浅盘，高柄，喇叭形圈足。柄部饰有 3 竖排对称分布的圆形镂孔。口径 20.4、足径 11.6、高 17.1 厘米。（图一八〇，3；图版一一二，1）

M99:14，陶豆。泥质黄褐陶，直口，平沿，弧壁，浅盘，高柄，喇叭形圈足。柄部饰有

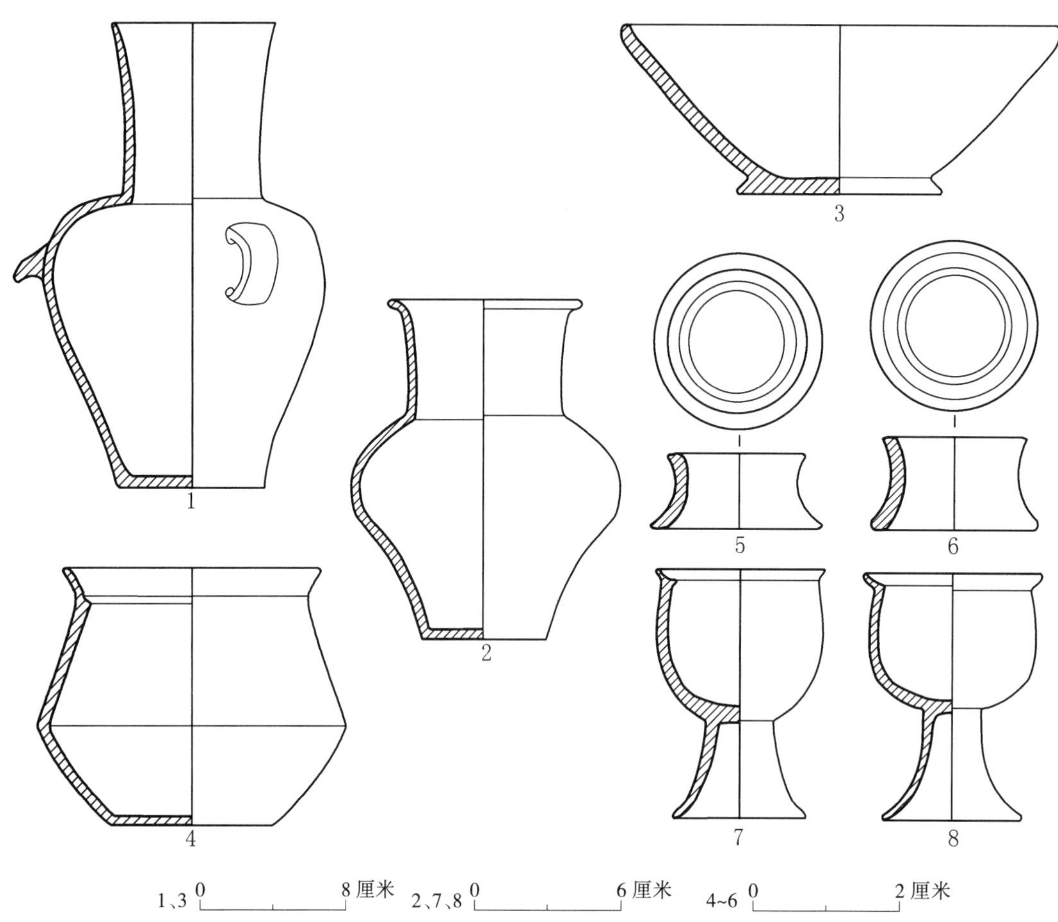

图一七九　大汶口文化M99出土器物

1. 陶背壶（M99∶10）　2. 陶壶（M99∶8）　3. 陶盆（M99∶1）　4. 陶罐（M99∶5）　5、6. 陶环（M99∶3、2）　7、8. 陶圈足杯（M99∶11、7）

3竖排对称分布的圆形镂孔。口径19.6、足径12.3、高18.4厘米。（图一八〇，2；图版一一二，2）

M99∶15，陶豆。泥质黑褐陶，敞口，厚圆唇，弧壁略折，浅盘，高柄，喇叭形圈足。柄部饰有3竖排均匀分布的圆形镂孔。口径18.9、足径12.9、高16.4厘米。（图一八〇，5；图版一一二，3）

M99∶16，陶鼎。夹砂红褐陶，侈口，圆唇，折沿，深弧腹，底近平，凿形足。口径10.6、高13.0厘米（图一八〇，6；图版一一二，6）

M99∶17，陶纺轮。泥质黑褐陶，圆饼状，剖面一面弧凸，一面较平整，两端近直。直径4.0、孔径0.5、厚0.6～1.0厘米。（图一八〇，9；图版一〇九，7）

M99∶18，陶豆。夹砂红褐陶，敞口，圆唇，弧腹略折，高柄，喇叭状圈足。柄部饰有3竖排对称分布的圆形镂孔。口径20.0、足径12.2、高16.8厘米。（图一八〇，4；图版一一二，4）

M99∶19，陶豆。夹砂黑褐陶，敞口，圆唇，折壁，高柄，喇叭状圈足。柄部饰有3竖排对称分布的圆形镂孔。口径19.2、足径12.8、高19.6厘米。（图一八〇，1；图版一一二，5）

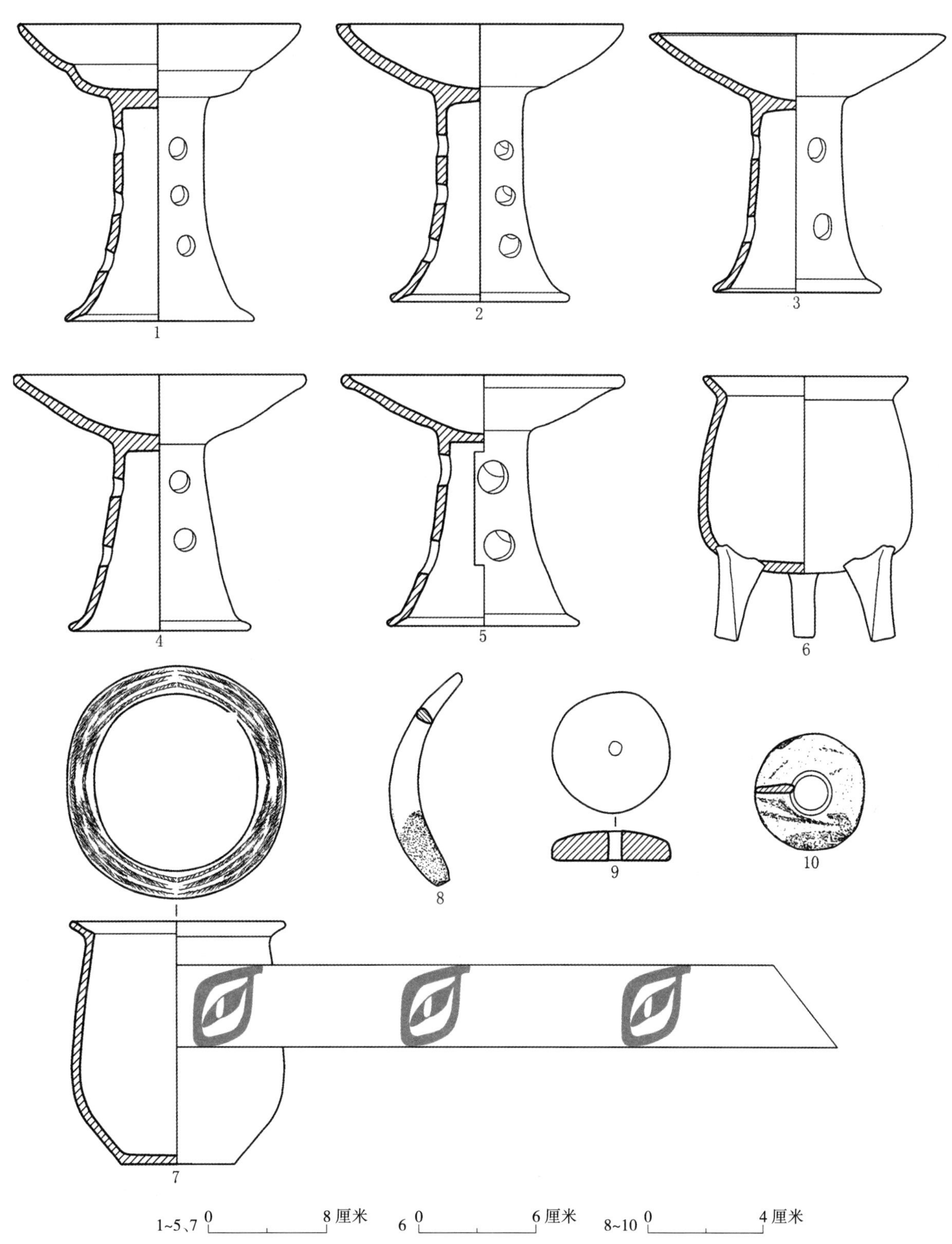

图一八〇　大汶口文化 M99 出土器物

1～5. 陶豆（M99∶19、14、12、18、15）　6. 陶鼎（M99∶16）　7. 陶罐（M99∶9）　8. 獐牙（M99∶6）　9. 陶纺轮（M99∶17）　10. 玉环（M99∶4）

M101

位于ⅢT4904东隔梁中部，开口于第9层下，打破10层，且被开口于第5层下的H403打破。长方形竖穴土坑墓，墓口残长0.6～1.0、宽0.5～0.6米，墓底长2.0，宽0.49～0.6米，墓深0.09～0.3米。方向95°。填土呈灰褐色，土质较硬。单人仰身直肢葬，头向东南，面向不详。骨架保存状况一般。经鉴定，墓主人为一成年女性。随葬品16件，多置于墓主的头部及身体的左侧，计有陶豆、罐各3件，陶盆、薄胎高柄杯、圈足杯、鬶、鼎、纺轮各1件，圆陶片2件，獐牙1件，玉佩1件。（图一八一；图版一一三，1）

修复器物13件。

M101∶1，玉佩。浅黄绿色，矿物成分为蛇纹石，半透明。长方形，上有2个两面对钻的圆孔。长4.5、宽2.3、厚0.3、孔径0.9～1.1厘米。（图一八二，11；图版一一三，2）

M101∶3，圆陶片。略残。夹砂灰褐陶，圆饼状，剖面呈矩形，一面较平整，另一面残留4道凹槽，两侧略弧。直径4.8、厚0.7厘米。（图一八二，12；图版一一三，5）

M101∶4，陶豆。夹砂灰褐陶，敞口，尖圆唇，沿外折，弧壁，浅盘，高柄，喇叭形圈足。柄部饰有3个对称分布的圆形镂孔。口径18.0、足径12.0、高16.4厘米。（图一八二，3；图版一一四，1）

M101∶5，陶薄胎高柄杯。泥质黑陶，口沿部分残，杯身上腹弧收，下腹弧鼓，喇叭形矮

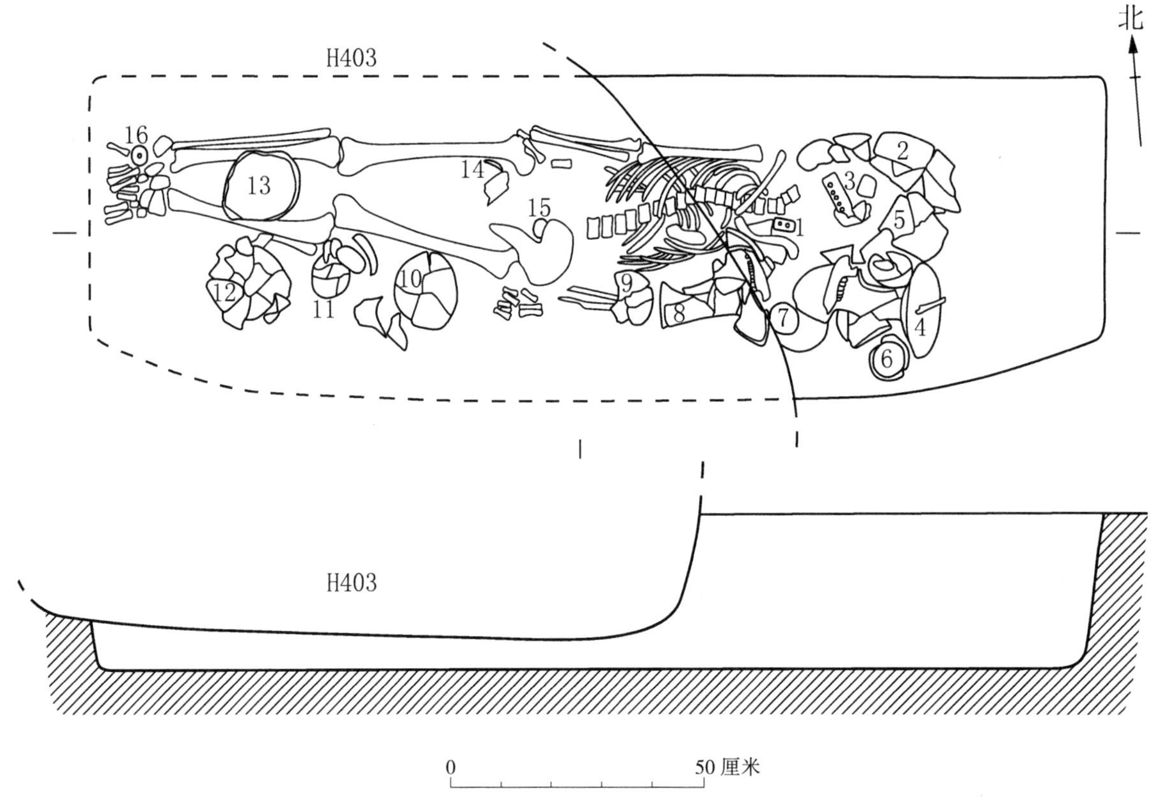

图一八一　大汶口文化M101平、剖面图

1. 玉佩　2. 陶盆　3、15. 圆陶片　4、7、8. 陶豆　5. 陶薄胎高柄杯　6. 陶圈足杯　9、10、12. 陶罐　11. 陶鬶　13. 陶鼎　14. 獐牙　15. 陶纺轮

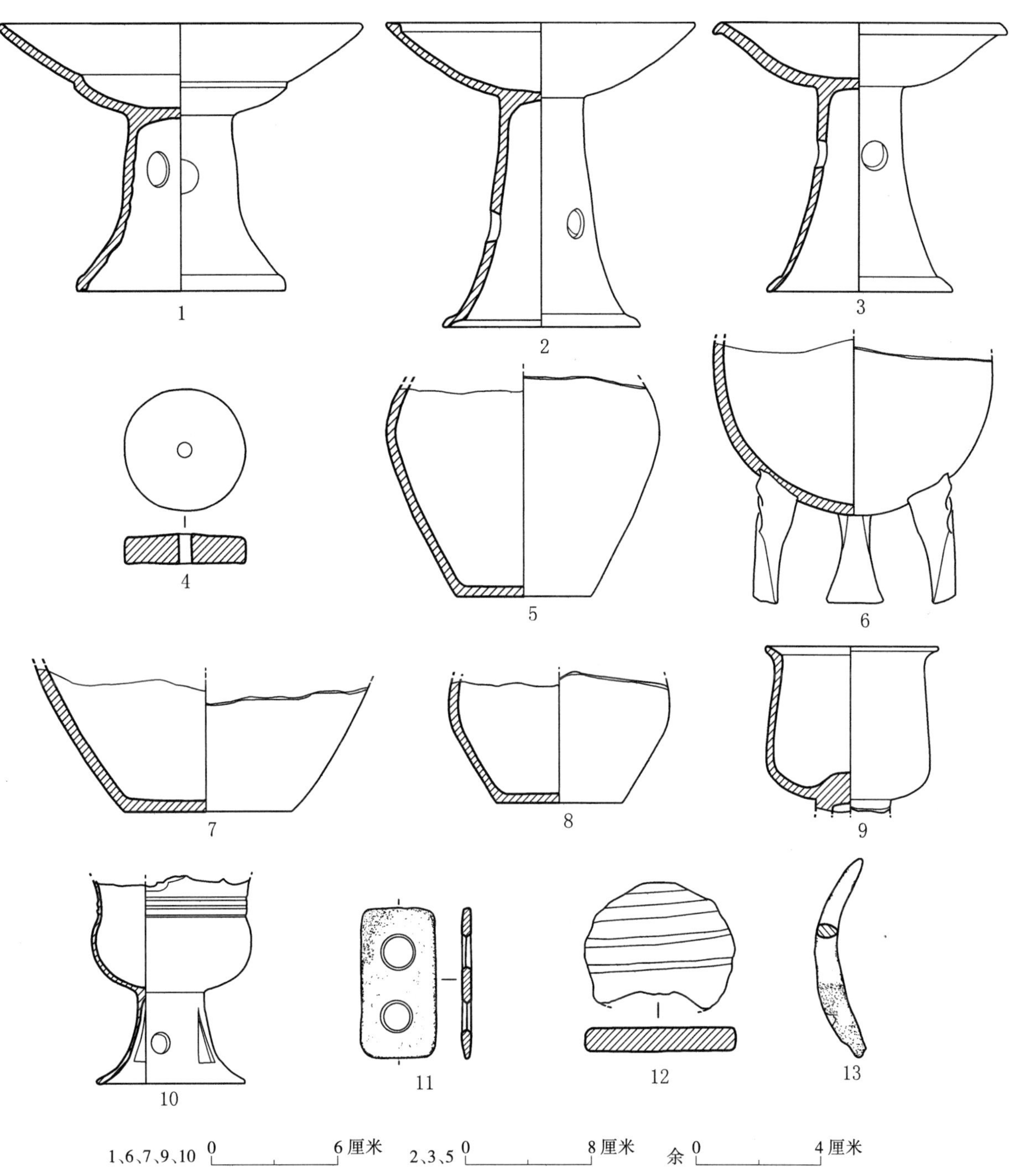

图一八二　大汶口文化M101出土器物

1～3. 陶豆（M101∶7、8、4）　4. 陶纺轮（M101∶15）　5、7、8. 陶罐（M101∶12、10、9）　6. 陶鼎（M101∶13）　9. 陶圈足杯（M101∶6）　10. 陶薄胎高柄杯（M101∶5）　11. 玉饰（M101∶1）　12. 圆陶片（M101∶3）　13. 獐牙（M101∶14）

圈足。上腹部饰有 3 道凹弦纹，圈足上饰有 2 个圆形镂孔和三角形镂孔。足径 7.0、残高 9.7 厘米。（图一八二，10；图版一一四，4）

M101:6，陶圈足杯。泥质黑陶，侈口，圆唇，折沿，垂弧腹，底近平，圈足残。口径 8.2、残高 7.2 厘米。（图一八二，9；图版一一四，5）

M101:7，陶豆。泥质灰陶，敞口，圆唇，折壁，柄较矮，喇叭形圈足。圈足上饰有 2 个圆形镂孔。口径 17.2、足径 9.8、高 12.5 厘米。（图一八二，1；图版一一四，2）

M101:8，陶豆。泥质黑陶，口微敛，平沿微内凹，尖圆唇，弧壁，浅盘，高柄，喇叭形圈足。柄部饰有 3 个对称分布的圆形镂孔。口径 19.6、足径 12.7、高 18.8 厘米。（图一八二，2；图版一一四，3）

M101:9，陶罐。夹砂灰陶，口残，圆肩，弧腹，平底。底径 4.0、残高 4.0 厘米。（图一八二，8）

M101:10，陶罐。泥质灰陶，口沿及上腹部残，下腹弧收，平底。底径 7.8、残高 7.2 厘米。（图一八二，7）

M101:12，陶罐。泥质灰陶，口残，圆肩，弧腹，平底。底径 8.6、残高 13.3 厘米。（图一八二，5；图版一一三，6）

M101:13，陶鼎。夹砂灰陶，口沿及上腹部残，深腹，圜底，凿形足。每个足的根部饰有 2 个捺窝纹。残高 12.0 厘米。（图一八二，6；图版一一四，6）

M101:14，獐牙。尖部磨制光滑。长 6.0 厘米.（图一八二，13；图版一一三，3）

M101:15，陶纺轮。夹砂红褐陶，圆饼状，剖面呈矩形，一面略弧凸，一面较平整，两侧较直。直径 3.8、孔径 0.15、厚约 0.8 厘米。（图一八二，4；图版一一三，4）

M103

位于ⅢT4704 内，开口于第 9 层下，打破生土。长方形竖穴土坑墓，墓坑长 2.0、宽 0.42、深 0.11 米。方向 110°。填土呈黄褐色，土质较硬。单人仰身直肢葬，头向东南，面向不明。骨架保存状况不佳。经鉴定，墓主人为年龄约 20 岁的男性。随葬品 2 件，为陶鼎、盆各 1 件，均残碎，无法修复。（图一八三；图版一一五，1）

M104

位于ⅢT4806 东北角，开口于第 9 层下，打破生土，且被开口于同一层位下的 H412 打破。长方形竖穴土坑墓，墓坑残长 1.33 ~ 1.42、宽 0.4 ~ 0.5、深 0.13 米。方向 110°。填土呈灰褐色，土质略硬。单人仰身直肢葬，头向东南，面向不明。除头骨被破坏，其余骨架保存状况较好。经鉴定，墓主人为年龄约 20 岁的女性。随葬品仅 1 件玉环，置于墓主颈部。（图一八四；图版一一五，2）

M104:1，玉环。略残，环状，中孔对钻而成。直径 1.6 ~ 1.9、孔径 0.6、厚 0.1 ~ 0.15 厘米。（图一八五，1；图版一一五，3）

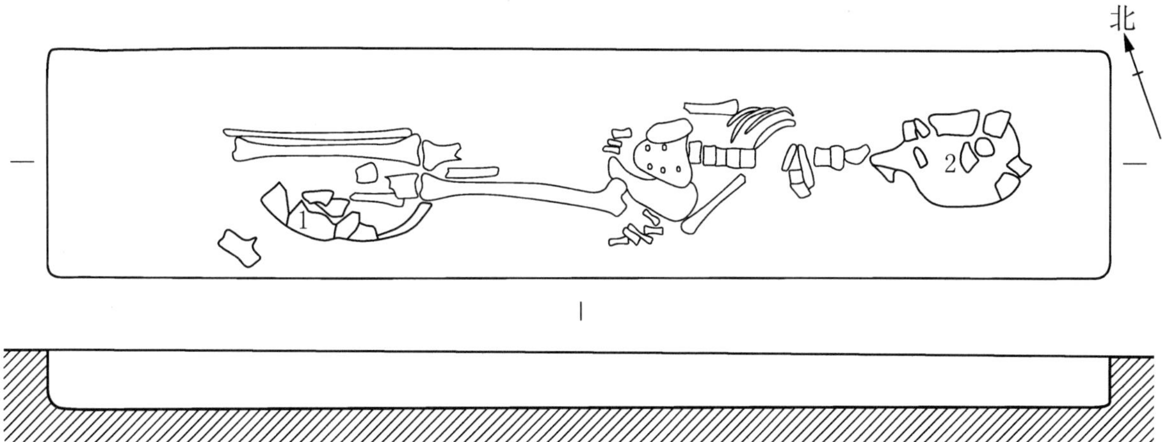

图一八三　大汶口文化M103平、剖面图
1. 陶鼎　2. 陶盆

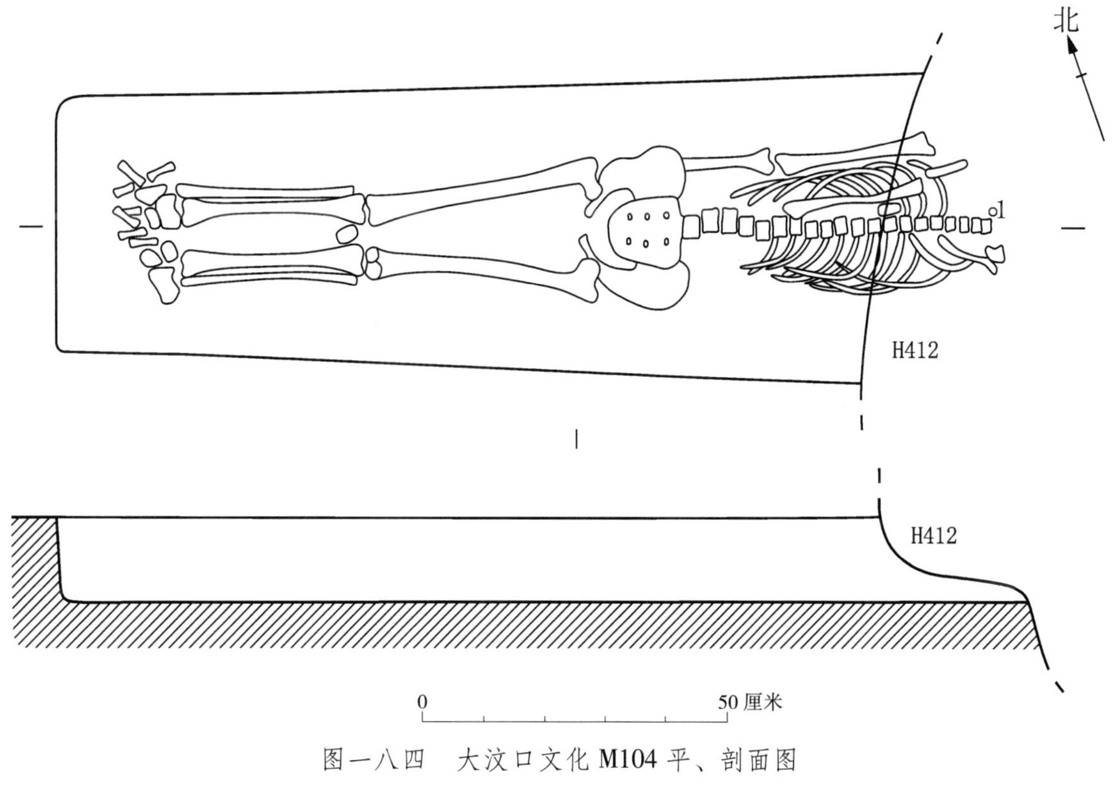

图一八四　大汶口文化M104平、剖面图
1. 玉环

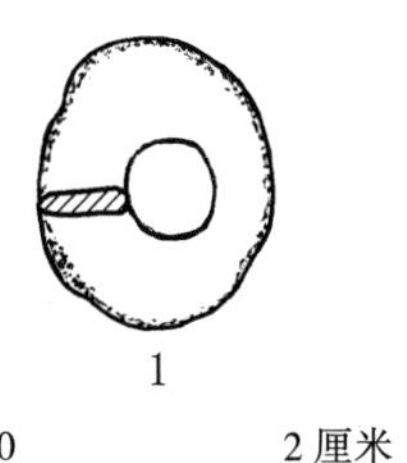

图一八五　大汶口文化M104出土器物
1. 玉环（M104:1）

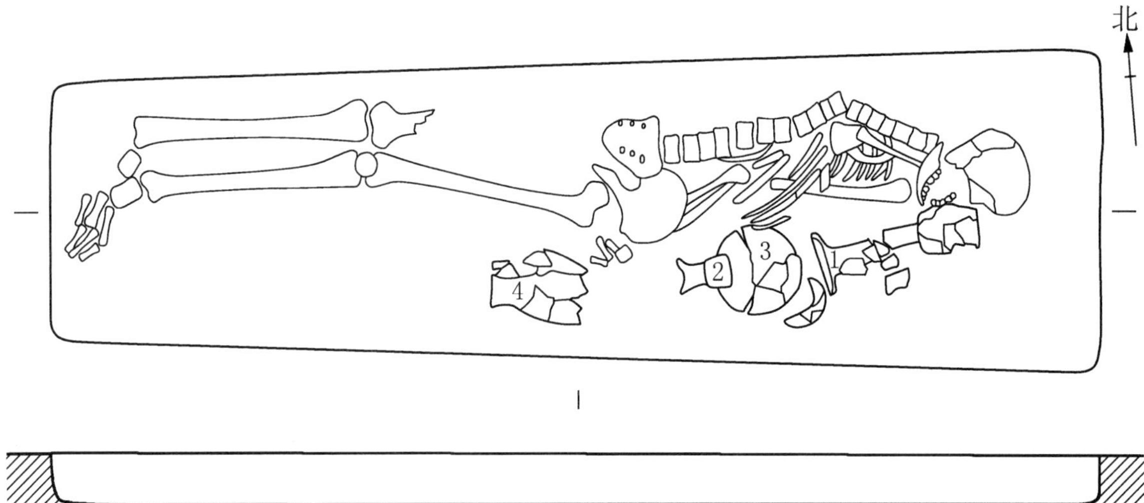

图一八六　大汶口文化 M105 平、剖面图

1. 陶薄胎高柄杯　2. 陶厚胎高柄杯　3. 陶豆盘　4. 陶壶

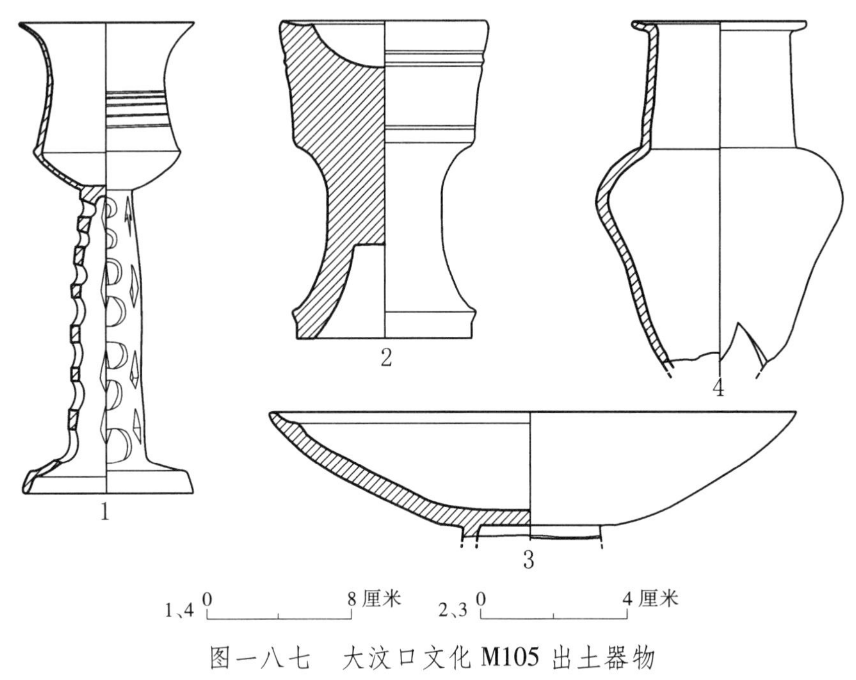

图一八七　大汶口文化 M105 出土器物

1. 陶薄胎高柄杯（M105∶1）　2. 陶厚胎高柄杯（M105∶2）　3. 陶豆盘（M105∶3）　4. 陶壶（M105∶4）

M105

位于ⅢT4706 南部，开口于第 9 层下，打破 10 层。长方形竖穴土坑墓，墓坑长 1.71、宽 0.4～0.5、深 0.08 米。方向 95°。填土呈灰褐色，土质略硬。单人侧身直肢葬，头向东，面向南。骨架保存状况轻差。经鉴定，墓主的年龄约 30 岁，性别不详。随葬品 4 件，均置于墓主身体左侧，为陶薄胎高柄杯、厚胎高柄杯、豆、壶各 1 件。（图一八六；图版一一六，1）

完整及可修复器物4件。

M105∶1，陶薄胎高柄杯。泥质黑陶，侈口，尖唇，杯身弧凹，下部弧收，高柄，浅盘式圈足。柄上饰有3竖排圆形镂孔与3竖排菱形镂孔相间分布的纹饰。口径9.5、底径9.4、高24.8厘米。（图一八七，1；图版一一六，2）

M105∶2，陶厚胎高柄杯。夹砂红陶，直口微侈，平沿微凹，沿下饰有两道凹弦纹，杯壁斜直，粗柄，腹部饰有一道凹弦纹，覆盘式圈足。口径5.6、底径4.9、高8.4厘米。（图一八七，2；图版一一六，4）

M105∶3，陶豆盘。泥质黑陶，敞口，折沿微凹，尖圆唇，弧壁，浅盘，柄部及以下残缺。口径14.4、残高3.0厘米。（图一八七，3；图版一一六，5）

M105∶4，陶壶。泥质黑陶，侈口，圆唇，折沿，沿面微凹，高直颈，鼓肩，弧腹略内收，肩部有两耳，残，底残。口径9.3、残高17.8厘米。（图一八七，4；图版一一六，3）

M106

位于ⅢT4707北部，部分进入北隔梁，开口于第9层下，打破10层。长方形竖穴土坑墓，墓坑长1.95、宽0.5～0.6、深0.14～0.16米。方向95°。填土呈灰褐色，土质较疏松。墓坑内发现人骨架两具，北侧的一具为侧身直肢葬，头向东南，面向西南，经鉴定，为年龄约40岁的女性；南侧的一具置于北侧骨骸的左下肢骨处，盆骨以下部分缺失，经鉴定，为年龄约4～5岁的儿童。随葬品16件，多置于女性墓主的身体左侧，分别为陶厚胎高柄杯6件，陶壶3件，陶盆、器盖、纺轮、薄胎高柄杯、豆各1件，獐牙1件，玉锥1件。（图一八八；图版一一七，1、2）

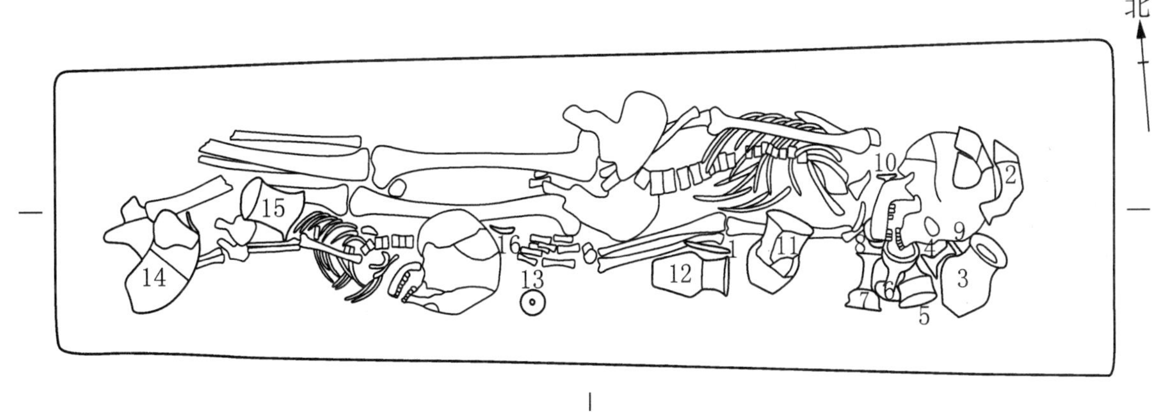

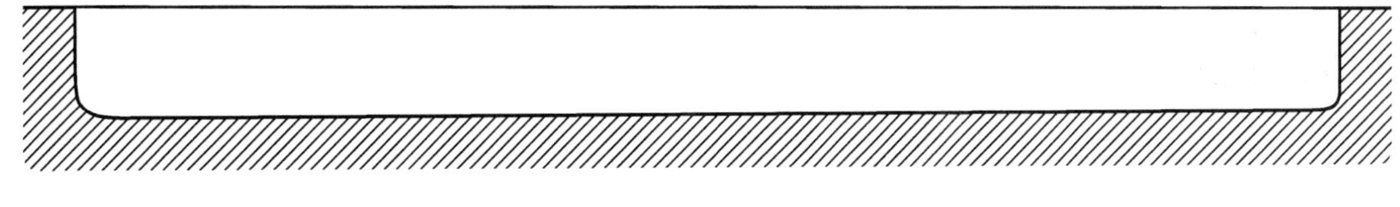

图一八八　大汶口文化M106平、剖面图

1. 玉锥　2. 陶盆　3、11、12. 陶壶　4. 陶器盖　5～10. 陶厚胎高柄杯　13. 陶纺轮　14. 陶薄胎高柄杯　15. 陶豆　16. 獐牙完整及可修复器物16件。

M106∶1，玉锥。青玉，主要成分为透闪石，少量阳起石。长9.2、最宽0.8、最厚0.7厘米。（图一八九，8；图版一一八，9）

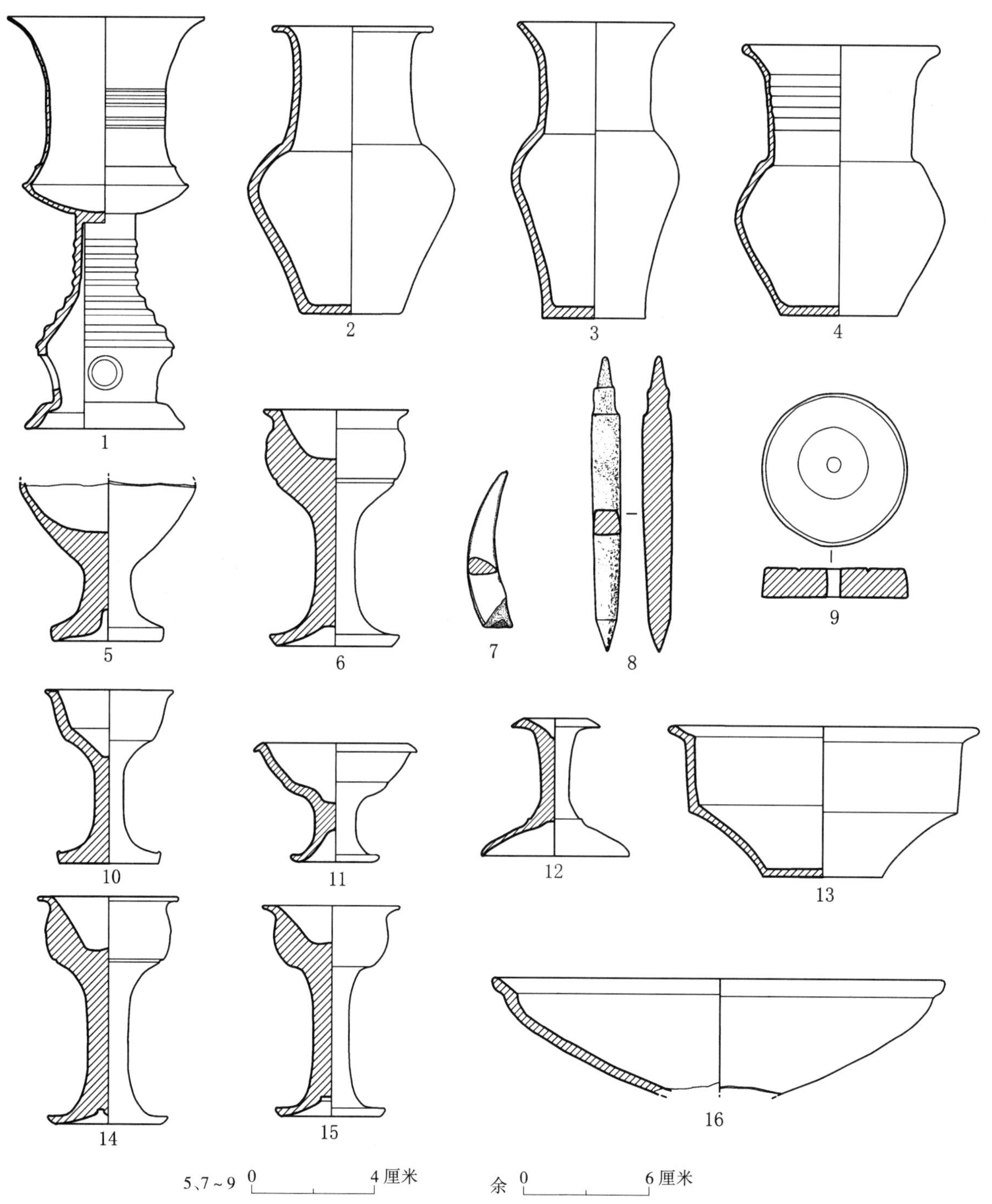

图一八九　大汶口文化M106出土器物

1. 陶薄胎高柄杯（M106∶14）　2～4. 陶壶（M106∶3、12、11）　5、6、10、11、14、15. 陶厚胎高柄杯（M106∶9、7、8、10、5、6）　7. 獐牙（M106∶16）　8. 玉锥（M106∶1）　9. 陶纺轮（M106∶13）　12. 陶器盖（M106∶4）　13. 陶盆（M106∶2）　16. 陶豆（M106∶15）

M106:2，陶盆，夹细砂黑褐陶，敞口，圆唇，折沿，上腹壁较直，下腹弧收，平底。口径15.0、底径5.7、高7.0厘米。（图一八九，13；图版一一九，1）

M106:3，陶壶。泥质黑褐陶，侈口，圆唇，平沿，粗直颈，圆肩，弧腹略内收，平底。口径7.7、底径4.8、高13.5厘米。（图一八九，2；图版一一九，3）

M106:4，陶器盖。泥质红陶，喇叭形捉手，细柄，弧壁略折。捉手径3.0、口径7.0、高6.4厘米。（图一八九，12；图版一一八，7）

M106:5，陶厚胎高柄杯。夹砂黑陶，侈口，平沿，鼓腹，细柄，矮圈足。杯身下部饰凹弦纹一道。口径6.8、足径5.1、高10.6厘米。（图一八九，14；图版一一八，1）

M106:6，陶厚胎高柄杯。夹砂黑陶，口微侈，平沿，尖圆唇，鼓腹，细柄，矮圈足。口径6.6、足径4.8、高9.8厘米。（图一八九，15；图版一一八，2）

M106:7，陶厚胎高柄杯。夹砂红褐陶，侈口，平沿，鼓腹，高柄，矮圈足。杯身下腹饰凹弦纹一道。口径7.0、足径5.7、高10.9厘米。（图一八九，6；图版一一八，3）

M106:8，陶厚胎高柄杯。夹砂灰褐陶，侈口，平沿，沿面微凹，折腹，细柄，平底。口径6.1、底径4.8、高8.1厘米。（图一八九，10；图版一一八，4）

M106:9，陶厚胎高柄杯。泥质红褐陶，口残，弧腹，矮柄，矮圈足。底径3.5、残高4.9厘米。（图一八九，5；图版一一八，5）

M106:10，陶厚胎高柄杯。泥质灰陶，侈口，沿外折，尖圆唇，弧腹略折，矮柄，喇叭形圈足。杯身饰有弦纹一道。口径7.2、足径3.6、高5.5厘米。（图一八九，11；图版一一八，6）

M106:11，陶壶。泥质灰褐陶，口微侈，圆唇，粗直颈，圆肩弧腹，平底。颈内侧有轮修痕迹。口径9.3、底径5.4、高12.6厘米。（图一八九，4；图版一一九，4）

M106:12，陶壶。泥质灰褐陶，侈口，尖圆唇，高直颈，鼓肩，弧腹内收，平底。口径7.4、底径4.8、高13.8厘米。（图一八九，3；图版一一九，5）

M106:13，陶纺轮。泥质黑褐陶，圆饼状，剖面略呈梯形，两面较平整，两侧斜直。正面饰有凹弦纹一道。直径4.6、孔径0.4、厚约0.9厘米。（图一八九，9；图版一一八，8）

M106:14，陶薄胎高柄杯。泥质黑陶，侈口，尖唇，杯身上腹弧凹，底部略鼓突，杯柄上半部较细，下部圆弧，台式圈足。杯身饰有数道凹弦纹，杯柄饰有数道圆滑的突棱，近底部有2个对称的圆形镂孔。口径9.6、足径7.8、高19.2厘米。（图一八九，1；图版一一九，2）

M106:15，陶豆。泥质黑陶，敞口，圆唇，折沿，浅盘，盘底及柄部残缺。口径21.6、残高5.4厘米。（图一八九，16）

M106:16，獐牙。尾端残断，尖部磨制光滑。残长4.8厘米。（图一八九，7）

M107

位于ⅢT4805中部略偏东北，墓坑开口于第9层下，打破10层及生土。长方形竖穴土坑墓，墓坑长1.9、宽0.6、深0.07～0.1米。方向105°。填土呈灰褐色，土质较硬，含烧土粒。二次葬，墓内人骨遗骸凌乱。经鉴定，人骨为成年人，性别、年龄不详。随葬品亦被打碎散乱于墓坑内，可修复的器物有陶豆、筒形杯各1件。（图一九〇；图版一二〇，1）

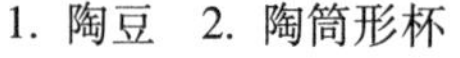

图一九〇　大汶口文化 M107 平、剖面图

1. 陶豆　2. 陶筒形杯

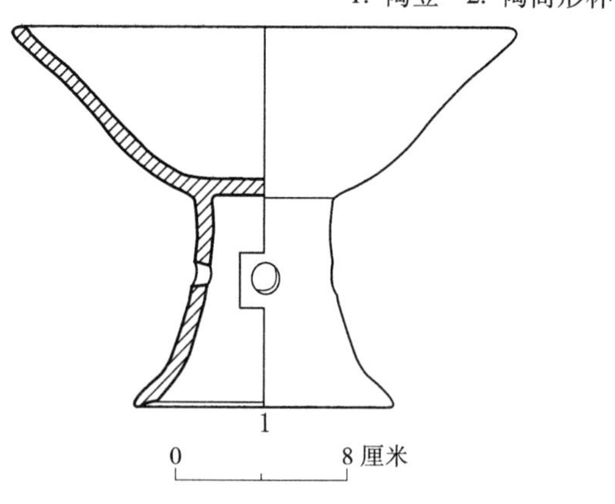

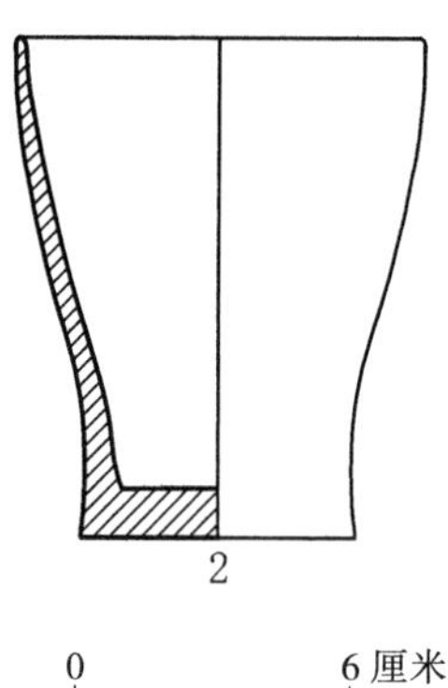

图一九一　大汶口文化 M107 出土器物

1. 陶豆（M107:1）　2. 陶筒形杯（M107:2）

M107:1，陶豆。泥质黄褐陶，敞口，圆唇，弧壁，矮柄，喇叭形圈足。柄部饰有 4 个对称的圆形镂孔。口径 23.2、足径 12.0、高 16.8 厘米。（图一九一，1；图版一二〇，3）

M107:2，陶筒形杯。夹细砂灰褐陶，直口微敛，直腹至底部弧收为平底。口径 8.7、底径 6.0、高 10.5 厘米。（图一九一，2；图版一二〇，4）

M108

位于ⅢT4605 东北部，开口于第 9 层下，打破第 10 层，其西部被晚期灰坑破坏。长方形竖穴土坑墓，墓坑残长 0.7 ~ 0.78、宽 0.4、深 0.1 米。填土呈灰褐色，土质较硬。方向 105°。单人仰身直肢葬，头向东南，面向西南。头部覆两块陶片，盆骨及以下部位被破坏。经鉴定，墓主人为年龄 14 ~ 16 岁的少年，性别不详。墓内未发现随葬品。（图一九二；图版一二〇，2）

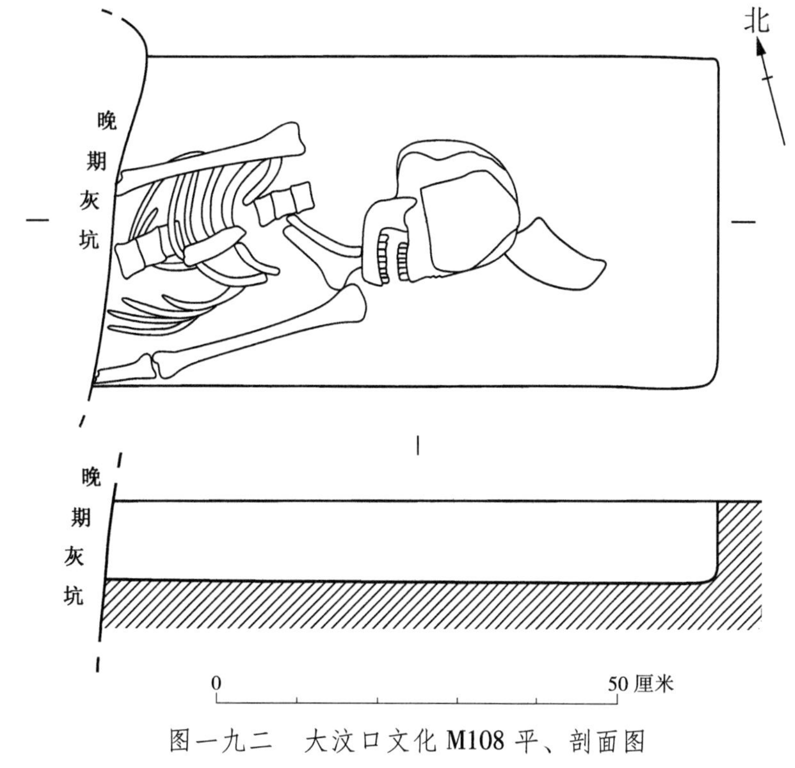

图一九二　大汶口文化 M108 平、剖面图

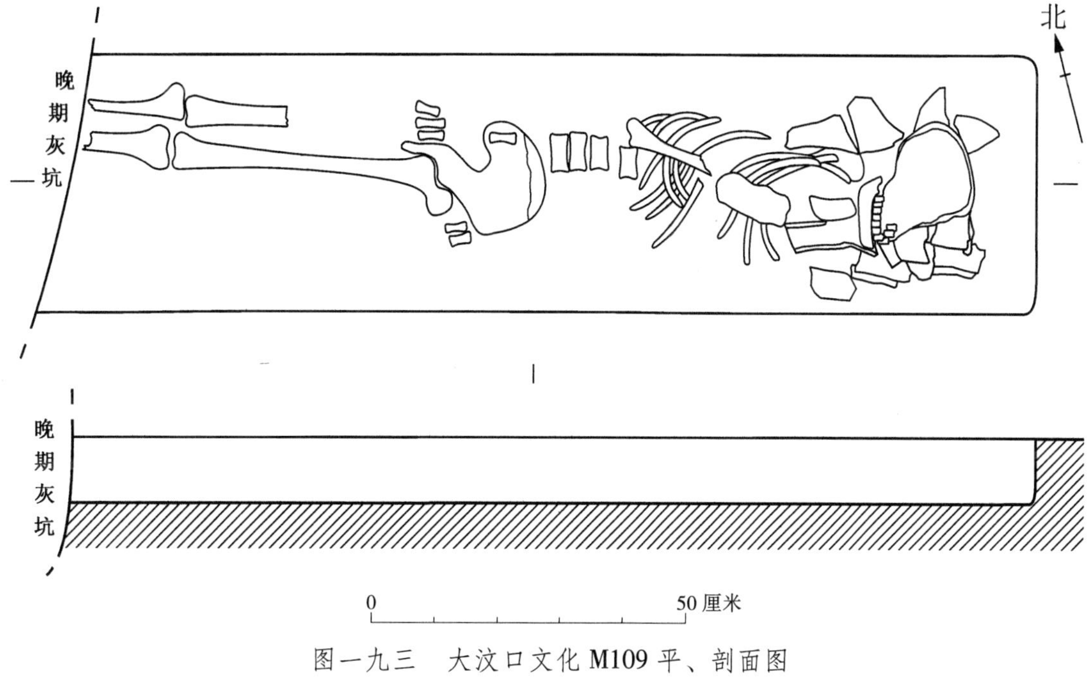

图一九三　大汶口文化 M109 平、剖面图

M109

位于ⅢT4605 西北部，墓坑开口于第 9 层下，打破第 10 层，西部被晚期灰坑破坏。陶棺葬，墓坑残长 1.51～1.6、宽 0.4、深 0.08 米。方向 105°。填土呈灰褐色，土质较硬。将陶器碎片铺于墓底用作葬具。单人仰身直肢葬，头向东南，面向西南。骨架保存状况较差。经鉴定，墓主人年龄约 30 岁，性别不详。墓内未发现随葬品。修复葬具陶鼎 1 件。（图一九三；图版一二一，1）

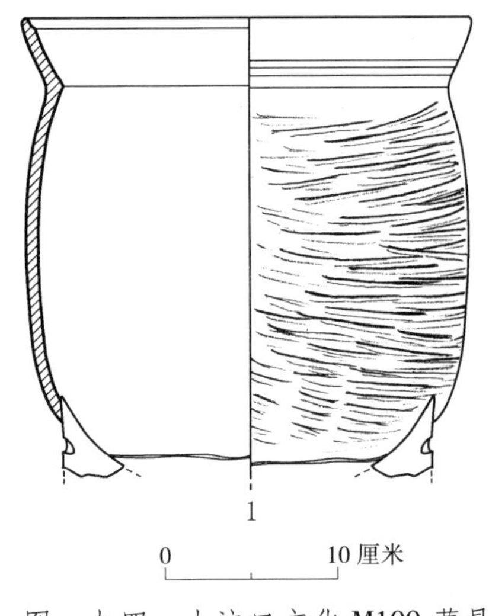

图一九四 大汶口文化 M109 葬具
1. 陶鼎（M109:1）

M109:1，陶鼎。葬具。夹砂灰褐陶，侈口，圆唇，宽折沿，深弧腹，底及三足残。腹部满饰篮纹，沿下饰有 2 道弦纹。口径 25.5、残高 24.7 厘米。（图一九四，1；图版一二一，2）

M110

位于ⅢT4805 东壁下，开口于第 9 层下，打破 10 层及生土，且被开口于同一层位下的 H414 打破。墓坑长 2.9、宽 1.48～1.64、深 0.5 米。方向 100°。填土呈黄褐色，土质较疏松，含少量烧土颗粒。墓坑四面有熟土二层台，东、南、西、北侧宽分别为 0.49、0.41～0.5、0.44、0.36～0.43 米，高 0.26～0.35 米。葬具为一棺一椁，均已腐朽，朽痕长 1.96、宽 0.61～0.7、高 0.36 米；棺长 1.86、宽 0.53～0.65、高 0.26 米。单人仰身直肢葬，头向东南，面向上。骨架保存较差。经鉴定，墓主的年龄约 40 岁，性别不详。随葬器物 28 件，多置于墓主人身体的左侧。计有陶豆 7 件，陶鼎、壶各 3 件，陶罐、背壶各 2 件，陶钵、纺轮、鬶各 1 件，玉环、锥各 1 件，骨器 2 件，蚌器 2 件，獐牙 1 件，猪下门齿 1 件。（图一九五；图版一二二；图版一二三，1、2；图版一二四，1～4）

完整及可修复器物 24 件。

M110:1，玉环。主要矿物成分为白色方解石。环状，中孔对钻而成。直径 4.2～4.4、孔径 1.8、厚 0.2 厘米。（图一九六，10；图版一二五，1）

M110:2，陶钵。夹砂灰陶，口微敞，圆唇，弧腹略折，平底。口径 18.8、底径 8.8、高 7.6 厘米。（图一九六，9；图版一二五，5）

M110:3，陶豆。泥质黑褐陶，口微敛，圆唇，弧壁，浅盘，柄较高，喇叭形圈足。柄部饰有 4 个对称分布的圆形镂孔。口径 21.8、足径 15.2、高 19.2 厘米。（图一九七，4；图版一二六，1）

M110:4，陶鼎。夹砂红褐陶，敞口，方唇，折沿，折腹，圜底，三足残。口径 14.0、残高 11.2 厘米。（图一九六，6；图版一二八，3）

M110:5，陶壶。泥质红陶，侈口，圆唇，矮颈略向内收，圆肩，鼓腹，平底。颈部近口沿处饰 2 个对称的圆形小镂孔。口径 7.6、底径 6.7、高 11.6 厘米。（图一九六，8；图版一二七，4）

M110:6，猪下门齿。两端略残。残长 6.6 厘米（图一九六，11；图版一二五，3）

M110:8，陶豆。泥质黑陶，敛口，圆唇，弧壁，细柄较高，喇叭形圈足。柄部饰有 4 个对称分布的圆形镂孔。口径 18.9、足径 15.6、高 16.8 厘米。（图一九七，7；图版一二六，2）

M110:9，陶豆。泥质黑陶，口微敛，圆唇，弧壁，浅盘，粗柄，喇叭形圈足。柄部饰有 5 道凹弦纹。口径 18.4、足径 14.0、高 16.0 厘米。（图一九七，8；图版一二六，3）

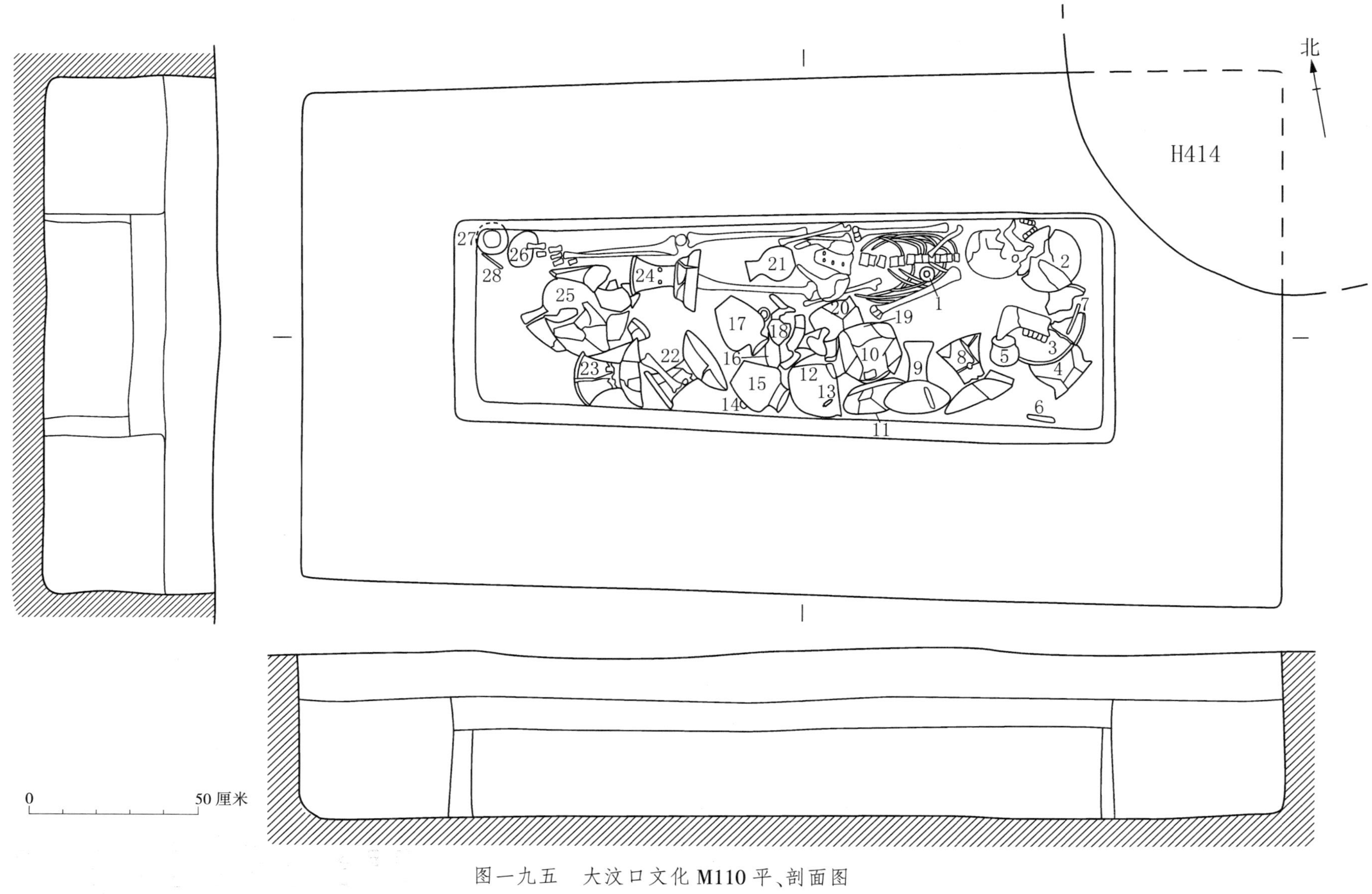

图一九五　大汶口文化M110平、剖面图

1.玉环　2.陶钵　3、8、9、11、22~24.陶豆　4、25、27.陶鼎　5、15、21.陶壶　6.猪下门齿　7.骨器　10、17.陶背壶　12、20.陶罐　13.玉锥　14.陶纺轮　16.蚌刀　18.陶鬶　19.獐牙　26.蚌器　28.骨针

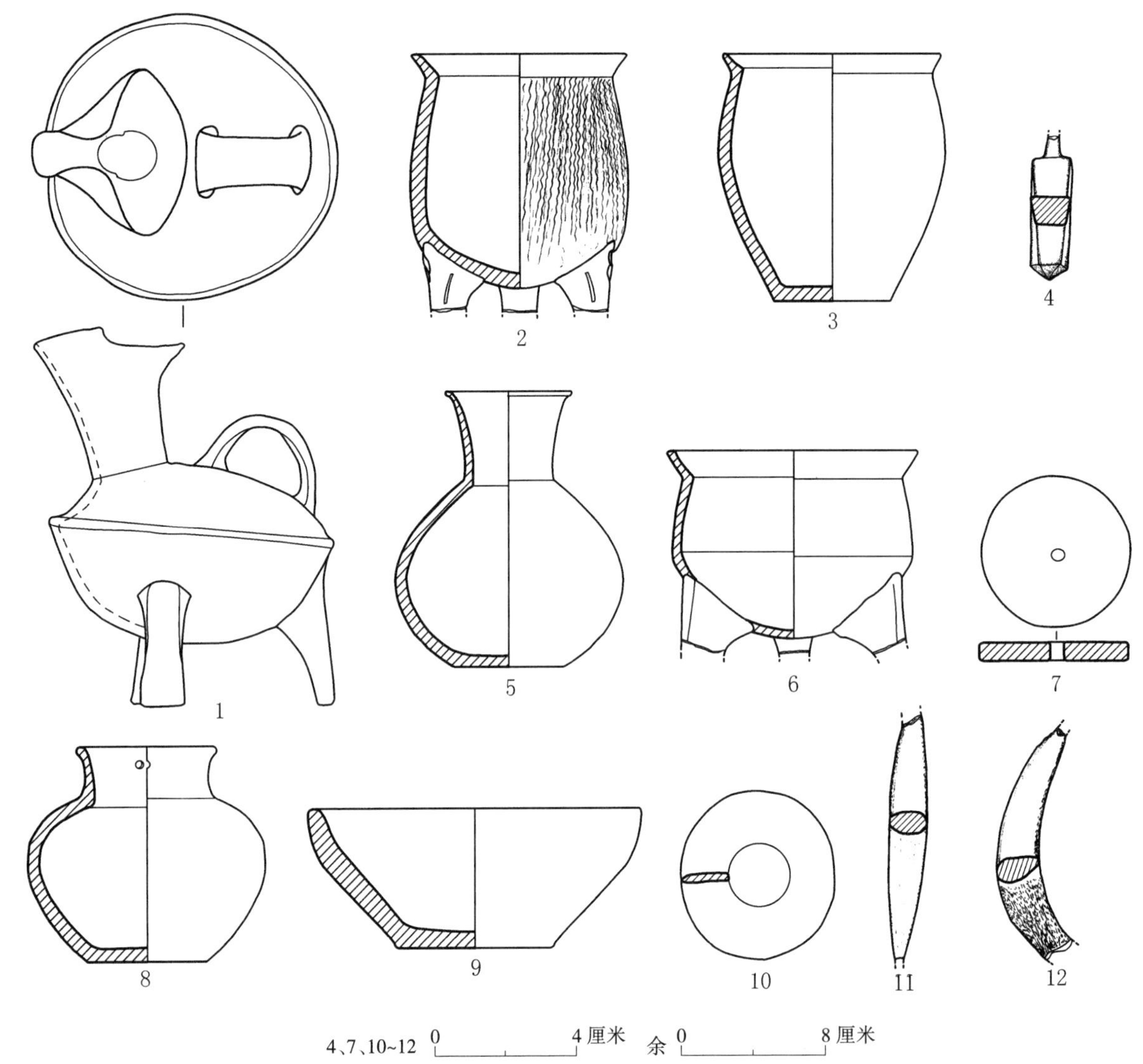

图一九六　大汶口文化M110出土器物

1. 陶鬶（M110∶18）　2、6. 陶鼎（M110∶27、4）　3. 陶罐（M110∶20）　4. 玉锥（M110∶13）　5、8. 陶壶（M110∶21、5）　7. 陶纺轮（M110∶14）　9. 陶钵（M110∶2）　10. 玉环（M110∶1）　11. 猪下门齿（M110∶6）　12. 獐牙（M110∶19）

M110∶10，陶背壶。泥质白陶，侈口，尖圆唇，高直颈略收，鼓肩，弧腹，肩腹部两侧有一对半环形宽耳，两耳间器壁不甚平整，正对两耳的腹另一侧有一鸟喙状突纽，平底。口径7.0、底径6.9、高17.8厘米。（图一九七，11；图版一二七，2）

M110∶11，陶豆。泥质灰陶，敞口，圆唇，折壁，直柄较矮，喇叭形圈足。口径19.3、足径12.4、高15.4厘米。（图一九七，9；图版一二六，4）

M110∶12，陶罐。泥质黑褐陶，侈口，尖圆唇，短折沿，深弧腹，平底。口径16.6、足径8.0、高16.7厘米。（图一九七，3；图版一二八，5）

M110∶13，玉锥。主要成分为白色方解石。铤部略残。残长3.7、厚0.7厘米。（图一九六，4；图版一二五，2）

图一九七　大汶口文化M110出土器物

1、2、4、5、7～9. 陶豆（M110∶22、24、3、23、8、9、11）　3. 陶罐（M110∶12）　6. 陶壶（M110∶15）　10、11. 陶背壶（M110∶17、10）　12. 陶鼎（M110∶25）

M110:14，陶纺轮。泥质红陶，平面呈圆形，截面呈矩形，两面平整，两端较直，中间有一圆孔。直径4.1、孔径0.3、厚约0.4厘米。（图一九六，7；图版一二五，5）

M110:15，陶壶。泥质红褐陶，侈口，圆唇，短颈，鼓肩，深弧腹，平底。口径8.4、底径8.4、高18.6厘米。（图一九七，6；图版一二七，5）

M110:17，陶背壶。泥质灰陶，侈口，圆唇，矮颈，肩部饰有一对半环形耳，两耳间肩部较扁平，正对两耳略偏下的腹另一侧饰一鸟喙式突纽，平底。口径7.5、底径8.9、高19.1厘米。（图一九七，10；图版一二七，3）

M110:18，陶鬶。泥质黑陶，短流近平，细颈，椭圆形腹，半环形把手在背上，三个凿形足。最大腹径15.6、通高20.6厘米。（图一九六，1；图版一二八，1）

M110:19，獐牙。尖部略残，磨制光滑。残长6.2厘米。（图一九六，12；图版一二五，4）

M110:20，陶罐。泥质灰白陶，侈口，尖圆唇，短折沿，深弧腹，平底。口径12.0、底径6.4、高13.2厘米。（图一九六，3；图版一二八，6）

M110:21，陶壶。泥质灰陶，侈口，尖圆唇，高颈内收，溜肩，扁鼓腹，平底。口径7.2、底径6.2、高14.8厘米。（图一九六，5；图版一二七，6）

M110:22，陶豆。泥质黑陶，敞口，圆唇，折壁，直柄，喇叭形圈足。柄部饰有3个对称分布的圆形镂孔。口径22.6、足径13.2、高18.2厘米。（图一九七，1；图版一二六，5）

M110:23，陶豆。泥质黑陶，敛口，圆唇，弧壁，直柄，喇叭形圈足。柄部饰有4个对称分布的圆形镂孔。口径22.0、足径14.6、高17.2厘米。（图一九七，5；图版一二六，6）

M110:24，陶豆。泥质黑陶，敞口，圆唇，折壁，直柄，喇叭形圈足。柄部饰有4个对称分布的圆形镂孔。口径21.6、足径13.4、高17.8厘米。（图一九七，2；图版一二七，1）

M110:25，陶鼎。夹砂红褐陶，敞口，宽折沿，弧腹，圜底，三凿形足。口径27.6、最大腹径21.8、高21.7厘米。（图一九七，12；图版一二八，2）

M110:27，陶鼎。夹砂红褐陶，敞口，尖圆唇，折沿，深弧腹，圜底，三足足尖残。每只足的根部饰有2个捺窝，侧面各饰有1道刻槽，腹部饰有稀疏的绳纹。口径12.0、最大腹径12.0、残高13.8厘米。（图一九六，2；图版一二八，4）

M111

位于ⅢT4803东南部，开口于第9层下，打破10层及生土，且被开口于同一层位下的H409打破。长方形竖穴土坑墓，墓口残长1.9~2.0、墓底长2.12、宽0.82~0.85、深0.1米。方向105°。填土呈灰褐色，土质较硬。单人侧身直肢葬，头向东南，面向西南。骨架保存基本完好。经鉴定，墓主人为年龄40~44岁的男性。随葬品21件，多置于墓主人头部及身体左侧，计有陶豆5件，陶筒形杯3件，陶背壶、纺轮、器盖、罐各2件，陶薄胎高柄杯、盆各1件，石镞、钺各1件，骨镞1件。（图一九八；图版一二九，1）

完整及可修复器物21件。

M111:1，石钺。宽体略呈长方形，四角圆钝，顶端平整，双面刃，中部偏上有一对钻而成的圆孔。长7.6~10.3、最宽处8.8、最厚处0.9、孔径1.2~2.1厘米。（图一九九，9；图

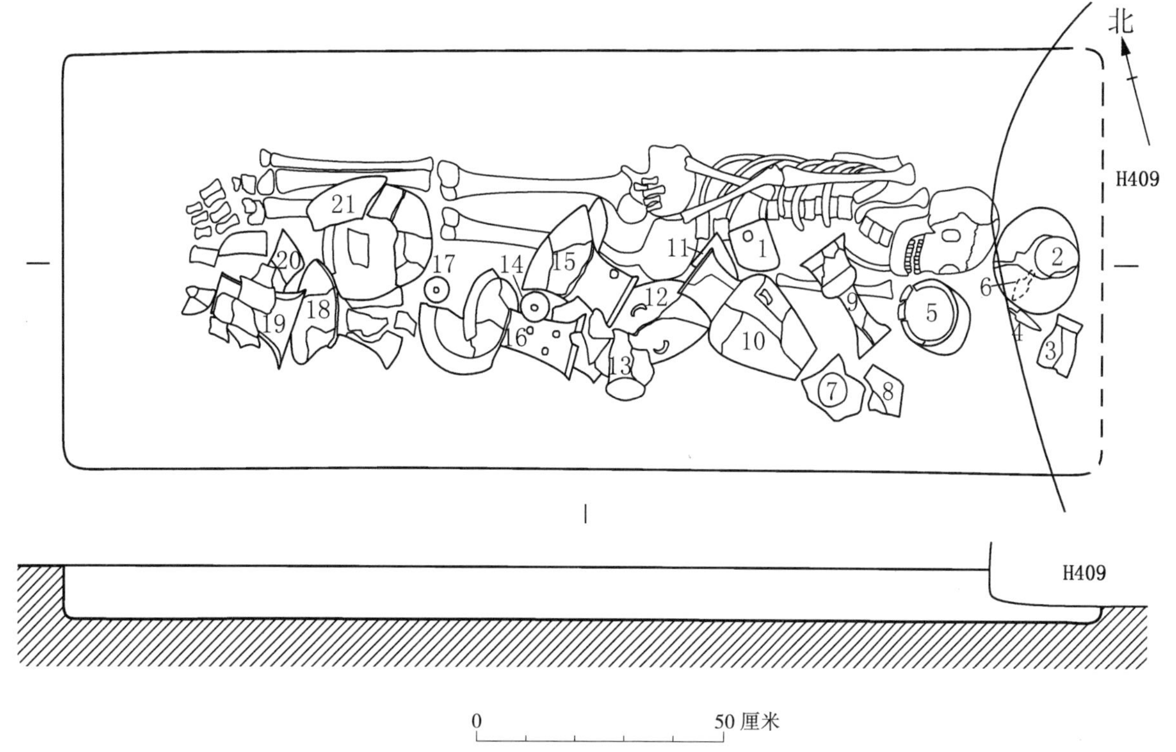

图一九八　大汶口文化 M111 平、剖面图

1. 石钺　2、7. 陶器盖　3、11、13. 陶筒形杯　4. 骨镞　5、20. 陶罐　6. 石镞　8. 陶盆　9. 陶薄胎高柄杯　10、12. 陶背壶　14、17. 陶纺轮　15、16、18、19、21. 陶豆

版一二九，2）

M111∶2，陶器盖。覆盆式，泥质黑褐陶，圆形捉手，边缘有一周捺窝，斜直壁。捉手径 10.0、口径 21.1、高 9.2 厘米。（图一九九，1；图版一三〇，1）

M111∶3，陶筒形杯。泥质灰陶，直口，尖唇，直腹至腹下部弧收为平底。近底部饰有一周凹弦纹。口径 7.8、底径 5.1、高 9.6 厘米。（图二〇〇，11）

M111∶4，骨镞，圆锥状铤，无脊，横截面近椭圆形。长 8.0、最宽处 1.4 厘米。（图一九九，8；图版一二九，4）

M111∶5，陶罐。泥质灰褐陶，侈口，尖圆唇，折沿微凹，深弧腹，平底。口径 14.2、底径 8.0、高 14.9 厘米。（图一九九，5；图版一三一，1）

M111∶6，石镞。平面呈菱形，剖面一端略呈梯形，一端略呈菱形。长 5.7、最宽 2.3、最厚 0.4 厘米。（图一九九，7；图版一二九，3）

M111∶7，陶器盖。泥质黑褐陶，覆碗式，圆形捉手，弧壁，口残。捉手径 5.0、残高 4.3 厘米。（图一九九，3；图版一三〇，2）

M111∶8，陶盆。夹砂黑褐陶，残剩平底。底径 12.0、残高 5.2 厘米。（图一九九，4）

M111∶9，陶薄胎高柄杯。泥质黑陶，敞口，尖唇，杯身上腹弧凹，杯底圆鼓，高柄，上端细，至下端形成喇叭状圈足。杯柄饰有圆形、三角形镂孔及 6 道凹弦纹。口径 10.0、足径 7.6、高 20.8 厘米。（图二〇〇，3；图版一三〇，3）

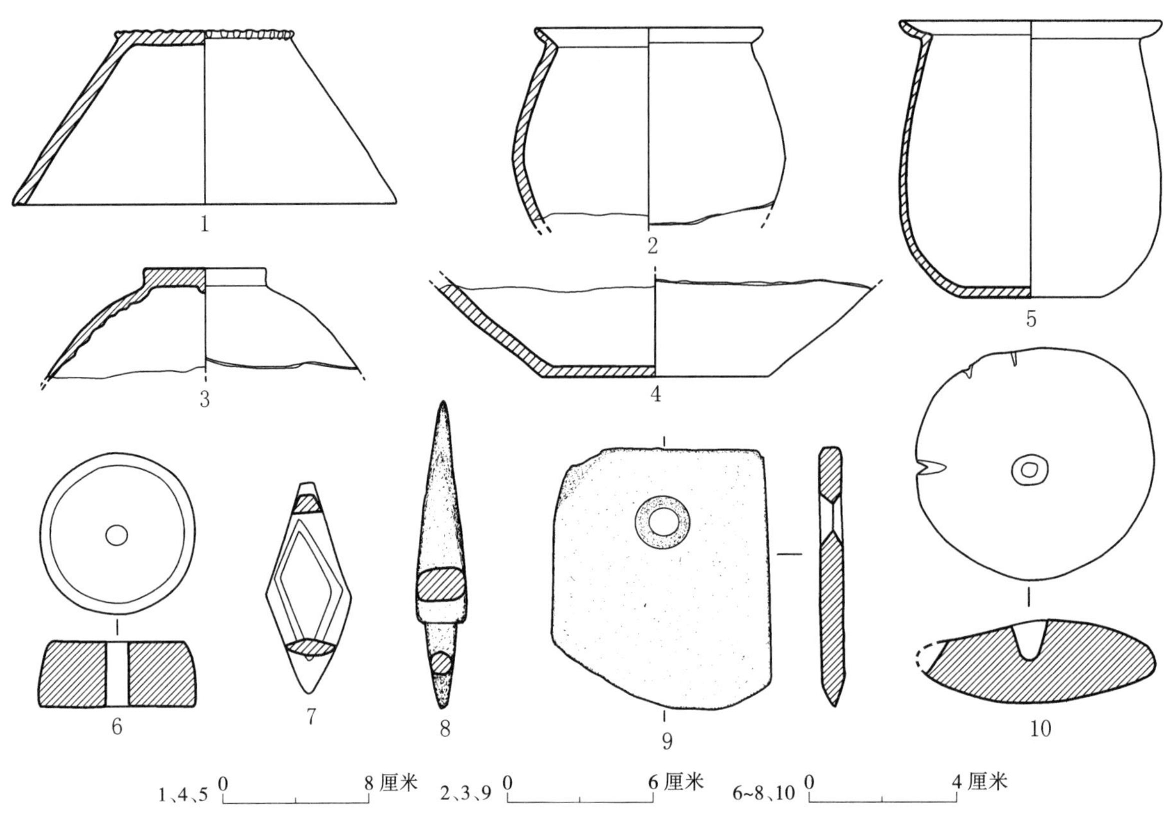

图一九九 大汶口文化M111出土器物

1、3. 陶器盖（M111:2、7） 2、5. 陶罐（M111:20、5） 4. 陶盆（M111:8） 6、10. 陶纺轮（M111:17、14） 7. 石镞（M111:6） 8. 骨镞（M111:4） 9. 石钺（M111:1）

M111:10，陶背壶。泥质黑褐陶，侈口，圆唇，高颈，肩腹部有一对半环形耳，正对两耳的腹另一侧饰一鸟喙状突纽，弧腹，平底。口径10.0、底径8.0、高29.2厘米。（图二〇〇，4）

M111:11，陶筒形杯。泥质灰陶，直口，尖唇，直腹至底部弧收为平底。杯腹饰2道弦纹，近底部凹槽一道。口径7.4、底径4.8、高9.8厘米。（图二〇〇，7）

M111:12，陶背壶。泥质黑陶，侈口，尖圆唇，高颈，肩腹部有半环形耳一对，正对两耳的另一侧饰一鸟喙状突纽，弧腹，平底。口径8.4、底径8.9、高28.4厘米。（图二〇〇，5；图版一三〇，4）

M111:13，陶筒形杯。泥质灰陶，直口，尖唇，直腹至底部弧收为平底。杯腹饰3道弦纹，近底部凹槽一道。口径7.5、底径4.5、高9.6厘米。（图二〇〇，8；图版一三一，3）

M111:14，陶纺轮。夹砂红褐陶，圆饼状，中有一孔，孔未穿透，剖面呈不甚规则的椭圆形，两面圆弧，两侧圆钝，表面有崩裂痕迹。直径6.1～6.4、孔径0.4～1.0、最厚处2.1厘米。（图一九九，10；图版一二九，5）

M111:15，陶豆。泥质灰陶，敞口，圆唇，折壁，浅盘，豆柄粗直，喇叭形圈足。柄部饰有对称分布的3竖排圆形镂孔。口径23.1、足径12.7、高15.2厘米。（图二〇〇，10）

M111:16，陶豆。泥质灰褐陶，直口，尖圆唇，宽折沿，折壁，浅盘，高柄，喇叭形圈足。柄部圆形镂孔和弧线三角形镂孔交错分布。口径23.2、足径16.0、高22.4厘米。（图二

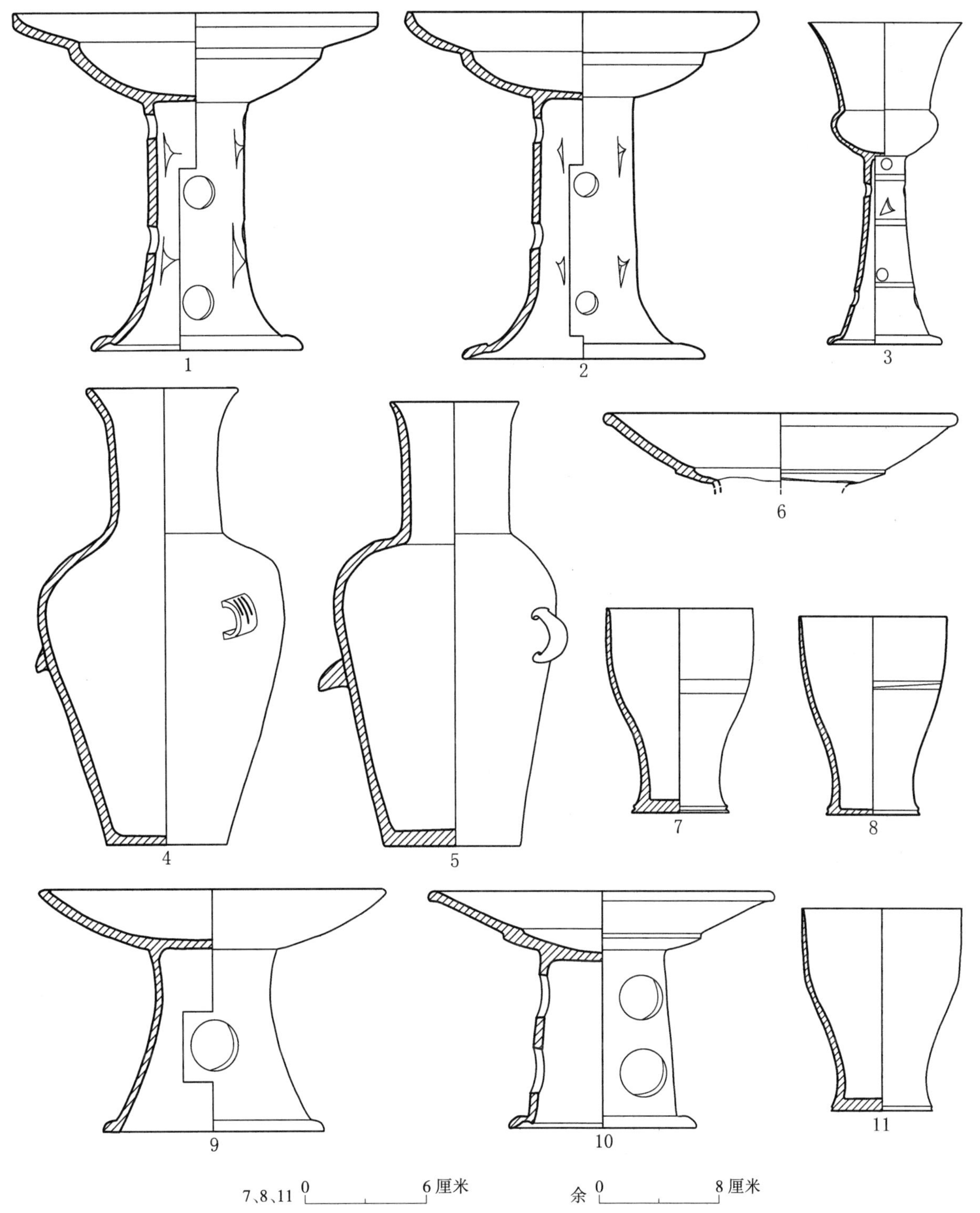

图二〇〇　大汶口文化M111出土器物

1、2、6、9、10. 陶豆（M111:19、16、21、18、15）　3. 陶薄胎高柄杯（M111:9）　4、5. 陶背壶（M111:10、12）　7、8、11. 陶筒形杯（M111:11、13、3）

〇〇，2；图版一三一，4）

M111:17，陶纺轮。夹砂红褐陶，圆饼状，两面平整，剖面呈梯形，两侧略弧。直径3.7~4.2、孔径0.5、厚约1.7厘米。（图一九九，6；图版一二九，6）

M111∶18，陶豆。泥质灰陶，敞口，圆唇，弧壁，浅盘，矮柄，喇叭形圈足。柄部饰有2个对称的圆形大镂孔。口径22.8、足径12.7、高15.6厘米。（图二〇〇，9）

M111∶19，陶豆。泥质灰陶，直口，尖圆唇，宽折沿，折壁，高柄，喇叭形圈足。柄部圆形镂孔和弧线三角形镂孔交错分布。口径24.0、足径14.0、高21.6厘米。（图二〇〇，1；图版一三一，5、6）

M111∶20，陶罐。泥质黑陶，侈口，尖圆唇，折沿，深弧腹，底残。口径9.3、残高7.8厘米。（图一九九，2；图版一三一，2）

M111∶21，陶豆。残剩豆盘。泥质灰陶，敞口，圆唇，弧壁略折，盘底及足部残。口径23.6、残高5.2厘米。（图二〇〇，6）

M112

位于ⅢT4803中部略偏西南，开口于第9层下，打破10层及生土，且被开口于同一层位下的H416打破。长方形竖穴土坑墓，墓坑口残长1.12～1.4、底长1.7、宽0.5、深0.3米。方向105°。填土呈黄褐色，土质较硬。单人仰身直肢葬，头向东南，面向不详。骨架保存状况一般，头骨不存。经鉴定，墓主人为年龄40～44岁的女性。随葬品19件，多置于墓主头部、身体左侧及身上，分别有陶豆7件，陶罐、背壶、圈足杯各2件，陶鼎、盉、鬶、纺轮各1件，獐牙2件。（图二〇一；图版一三二；图版一三三，1、2）

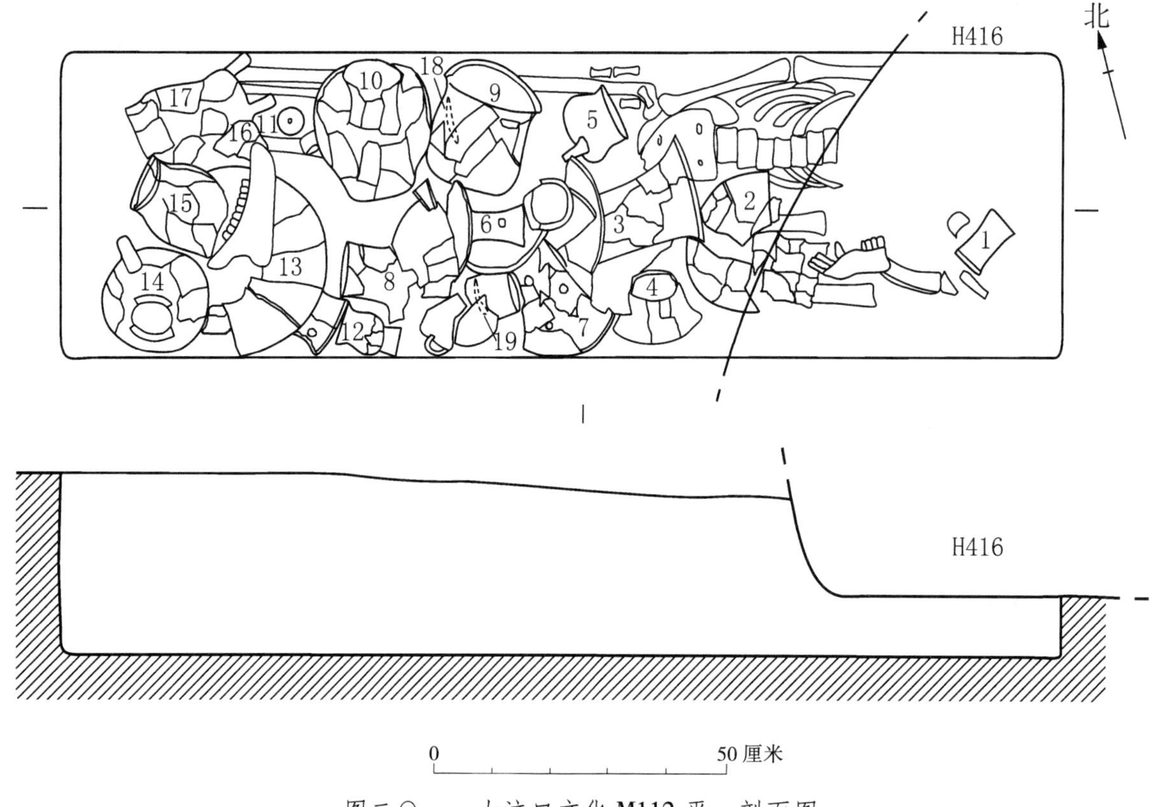

图二〇一　大汶口文化M112平、剖面图

1～4、6、7、13. 陶豆　5. 陶鼎　8、10. 陶背壶　9、15. 陶罐　11. 陶纺轮　12、16. 陶圈足杯　14. 陶盉　17. 陶鬶　18、19. 獐牙

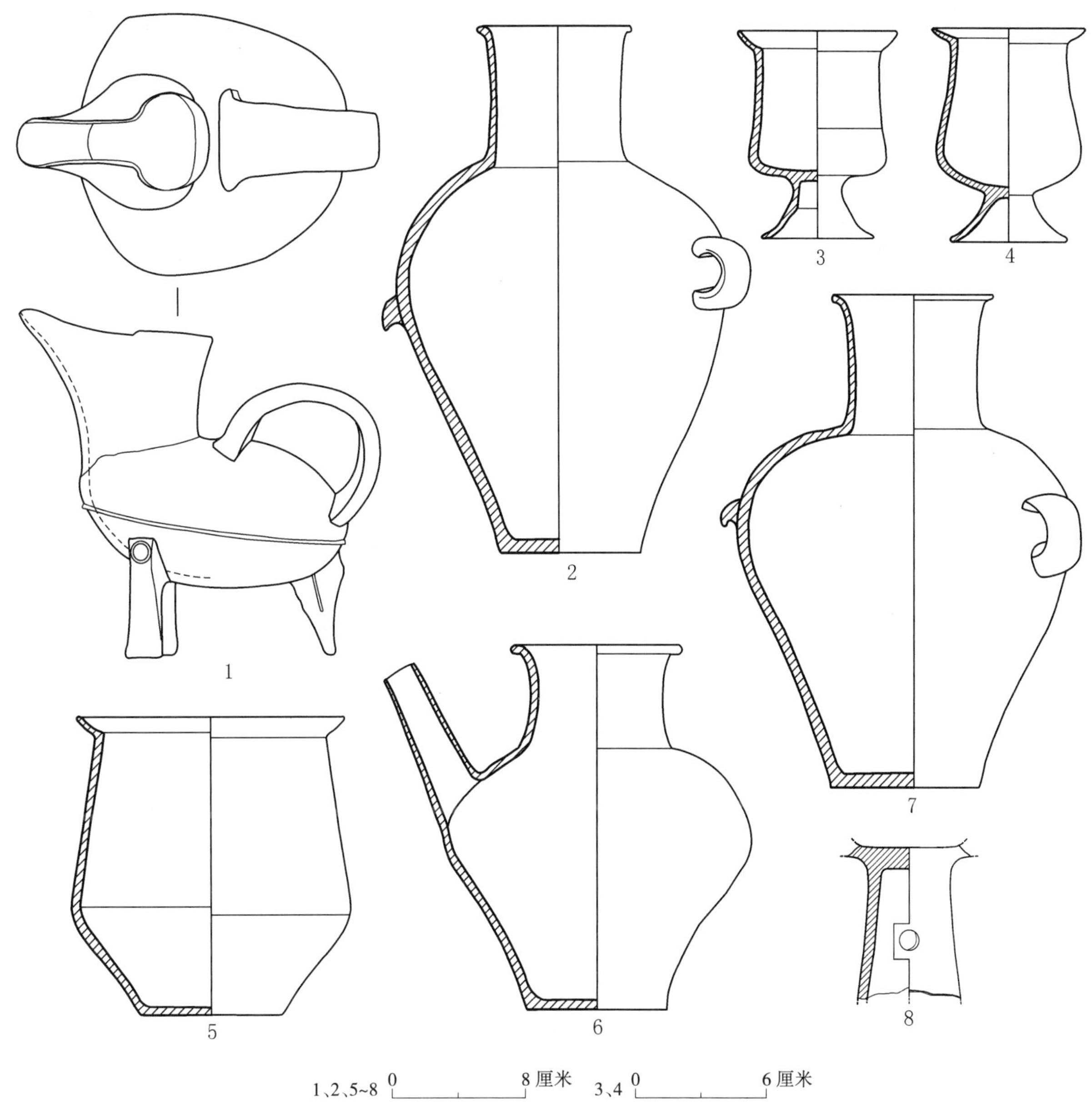

图二〇二　大汶口文化 M112 出土器物

1. 陶鬶（M112：17）　2、7. 陶背壶（M112：8、10）　3、4. 陶圈足杯（M112：12、16）　5. 陶罐（M112：9）
6. 陶盉（M112：14）　8. 陶豆（M112：1）

完整及可修复器物 19 件。

M112：1，陶豆。残存豆柄，泥质黑陶。柄部残留 2 个对称的圆形镂孔。残长 9.3 厘米。（图二〇二，8）

M112：2，陶豆。泥质黑陶，敞口，沿外折，尖圆唇，浅盘，高柄，喇叭形圈足。柄部饰有 3 竖排对称分布的圆形镂孔。口径 20.4、足径 12.4、高 19.6 厘米。（图二〇三，9；图版一三四，1）

M112：3，陶豆。泥质灰褐陶，敞口，沿外折，尖圆唇，弧壁，浅盘，高柄，喇叭形圈足。柄部饰有 3 竖排对称分布的圆形镂孔。口径 19.2、足径 12.4、高 19.6 厘米。（图二〇三，10；

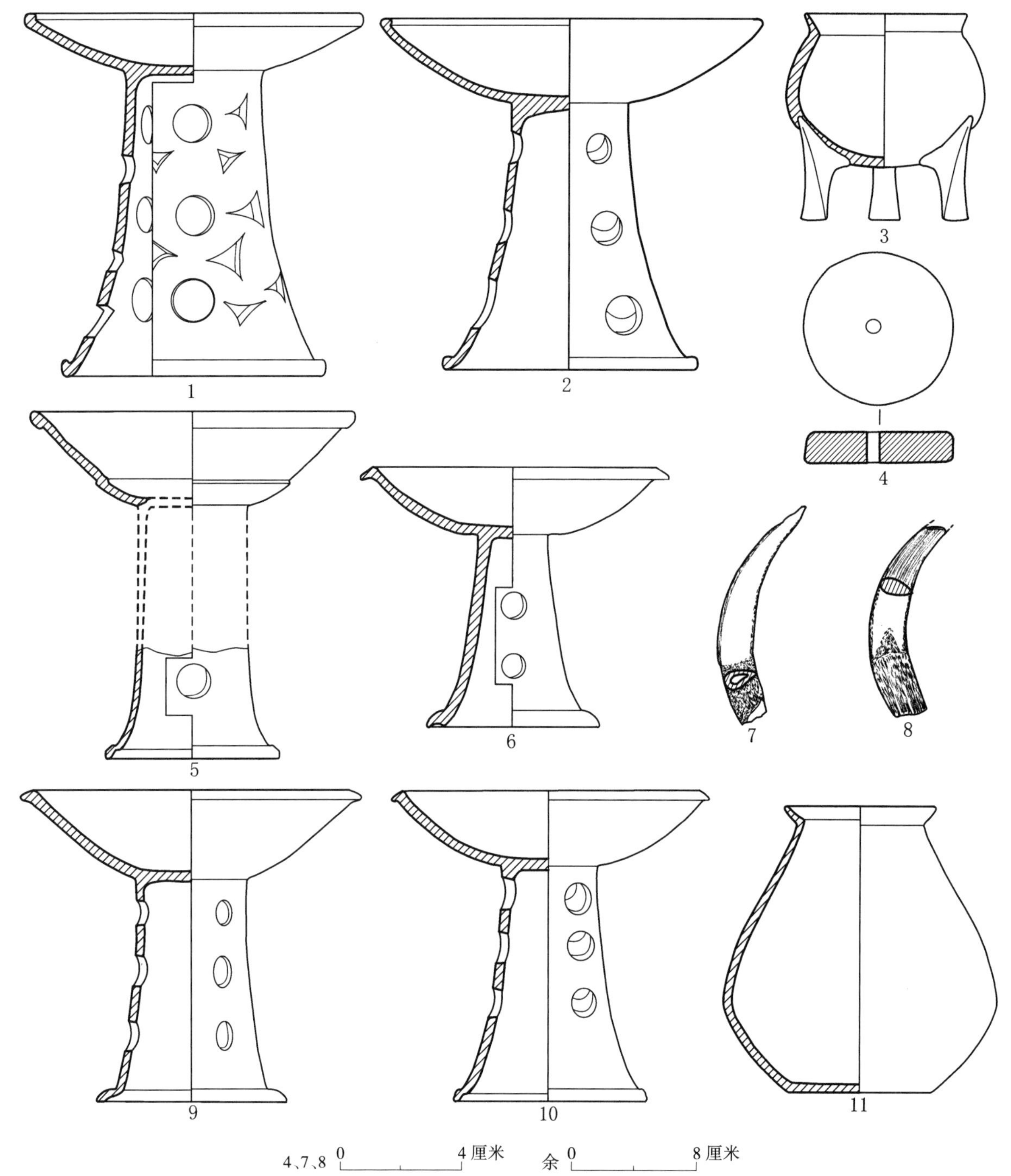

图二〇三 大汶口文化M112出土器物

1、2、5、6、9、10. 陶豆（M112∶7、13、4、6、2、3） 3. 陶鼎（M112∶5） 4. 陶纺轮（M112∶11） 7、8. 獐牙（M112∶19、18） 11. 陶罐（M112∶15）

图版一三四，2）

M112∶4，陶豆。泥质红陶，敞口，圆唇，折壁，柄残，喇叭形圈足。足上残留2个对称的圆形镂孔。口径20.6、足径11.1厘米。（图二〇三，5；图版一三四，6）

M112∶5，陶鼎。夹砂红褐陶，侈口，尖圆唇，折沿，弧腹，圜底，三凿形足。口径10.4、高12.8厘米。（图二〇三，3；图版一三五，1）

M112:6，陶豆。泥质黑褐陶，敞口，沿外折，尖圆唇，弧壁，浅盘，高柄，喇叭形圈足。柄部饰有2竖排对称分布的圆形镂孔。口径18.2、足径11.0、高16.2厘米。（图二〇三，6；图版一三四，3）

M112:7，陶豆。泥质红褐陶，口微敛，圆唇，弧壁，浅盘，粗高柄，喇叭形圈足。柄部满饰圆形及弧边三角形的大镂孔。口径21.3、足径16.4、高22.8厘米。（图二〇三，1；图版一三四，4）

M112:8，陶背壶。泥质黑陶，侈口，圆唇，高直颈，宽圆肩，弧腹，肩腹处有一对半环形耳，正对两耳的腹另一侧有一鸟喙形突纽，平底。口径9.2、底径8.4、高30.8厘米。（图二〇二，2；图版一三六，1）

M112:9，陶罐。泥质灰陶，敞口，尖圆唇，折沿，深弧腹，至底部折收成小平底。口径16.0、底径8.4、高17.4厘米。（图二〇二，5；图版一三六，3）

M112:10，陶背壶。泥质黑褐陶，侈口，圆唇，高直颈，宽圆肩，弧腹略内收，肩腹处有一对半环形耳，正对两耳的腹另一侧有一鸟喙形突纽，平底。口径9.6、底径8.8、高28.8厘米。（图二〇二，7；图版一三六，2）

M112:11，陶纺轮。泥质红褐陶，平面呈圆形，剖面呈矩形，两面平整，两端较直。直径4.8、孔径0.4、厚约1.0厘米。（图二〇三，4；图版一三三，4）

M112:12，陶圈足杯。泥质黑陶，侈口，尖圆唇，折沿，直腹至底部折收为平底，喇叭形圈足。器身饰有一道细弦纹。口径7.2、足径5.1、高9.0厘米。（图二〇二，3；图版一三三，5）

M112:13，陶豆。泥质灰陶，口微敛，圆唇，弧壁，浅盘，粗高柄，大喇叭形圈足。柄部饰有3竖排对称分布的圆形镂孔。口径24.4、足径15.8、高22.0厘米。（图二〇三，2；图版一三四，5）

M112:14，陶盉。泥质黑褐陶，侈口，圆唇，高颈，鼓肩，弧腹内收，平底，肩部有一管状流。口径10.2、底径8.4、高21.2、流口宽1.9厘米。（图二〇二，6；图版一三五，2）

M112:15，陶罐。泥质灰陶，侈口，尖圆唇，折沿，深垂腹，平底。口径9.6、底径8.9、高17.8厘米。（图二〇三，11；图版一三六，4）

M112:16，陶圈足杯。泥质黑陶，侈口，尖圆唇，折沿，弧腹至下部略呈垂腹状，喇叭形圈足。口径6.9、底径5.2、高9.3厘米。（图二〇二，4；图版一三三，6）

M112:17，陶鬶。泥质陶，陶色不均，红褐、黑褐参半，流略向上斜，颈部粗短，扁腹，凿形足，宽带状环形把手安于背部。腹中部有一道突棱，凿形足每个足的根部各有一个圆形捺窝，足两侧各有一道刻槽。最大腹径16.0、通高20.4厘米。（图二〇二，1；图版一三五，3、4）

M112:18，獐牙。尖部磨制光滑。残长6.2厘米。（图二〇三，8）

M112:19，獐牙。尖部磨制光滑。长6.7厘米。（图二〇三，7；图版一三三，3）

M113

位于ⅢT4903东南部，部分进入东隔梁内，开口于第9层下，打破生土。长方形竖穴土坑

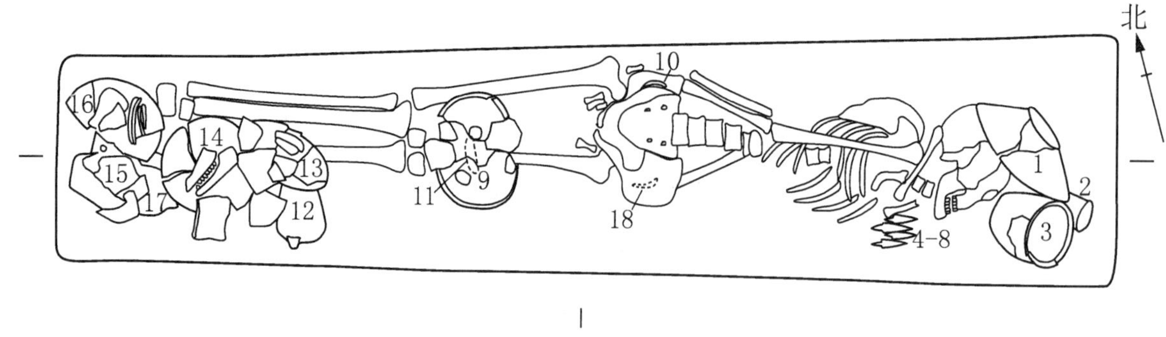

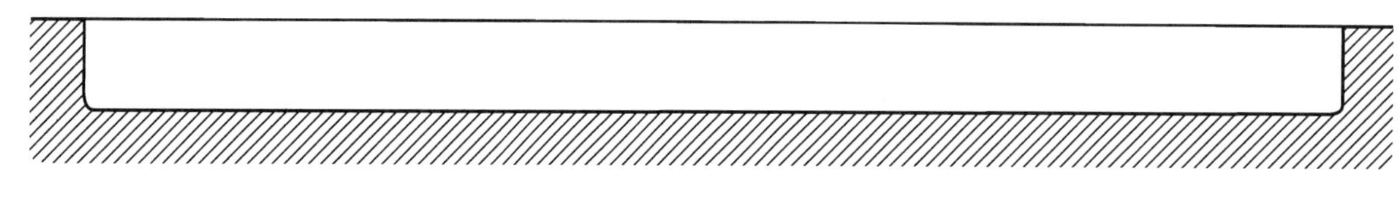

图二〇四　大汶口文化 M113 平、剖面图

1. 陶器盖　2. 陶筒形杯　3、17. 陶罐　4~8. 骨镞　9、12. 陶鼎　10、18. 獐牙　11. 蚌器　13、14、16. 陶豆　15. 陶背壶

墓，墓坑长 2. 16、宽 0. 42 ~0. 5、深 0. 15 米。方向 105°。填土呈灰褐色，土质较硬。单人侧身直肢葬，头向东南，面向西南。骨架基本保存完好。经鉴定，墓主人为年龄 45 ~50 岁的男性。随葬品 18 件，多置于墓主人的头、足部，分别有陶豆 3 件，陶鼎、罐各 2 件，陶器盖、筒形杯、背壶各 1 件，骨镞 5 件，獐牙 2 件，蚌器 1 件。（图二〇四；图版一三七，1 ~3）

完整及可修复器物 16 件。

M113:1，器盖。夹砂褐陶，覆碗状，圆形捉手，边缘加工成花边状，弧壁。捉手径 8. 6、口径 18. 8、高 8. 0 厘米。（图二〇五，1；图版一三八，1）

M113:2，陶筒形杯。泥质灰陶，直口微侈，斜直腹，平底，近底部有一周凹弦纹。口径 6. 9、底径 5. 1、高 7. 2 厘米。（图二〇五，7；图版一三八，2）

M113:3，陶罐。泥质灰陶，侈口，尖圆唇，折沿，沿面微凸，深弧腹，平底。口沿下有细弦纹。口径 13. 2、底径 6. 5、高 14. 4 厘米（图二〇五，5；图版一三八，3）。

M113:4，骨镞。柳叶形，横截面呈三角形，单面起脊，铤部截面近半圆形。长 7. 8、最宽处 1. 4 厘米。（图二〇五，10；图版一三七，4）

M113:5，骨镞。柳叶形，横截面呈三角形，单面起脊，铤部截面近半圆形。长 7. 2、最宽处 1. 2 厘米。（图二〇五，11；图版一三七，5）

M113:6，骨镞。柳叶形，横截面呈三角形，单面起脊，铤部截面近半圆形。长 7. 7、最宽处 1. 6 厘米. （图二〇五，12；图版一三七，6）

M113:7，骨镞。柳叶形，横截面呈菱形，两面起脊，铤部截面近半圆形。长 8. 6、最宽处 1. 4 厘米。（图二〇五，13；图版一三七，7）

M113:8，骨镞。柳叶形，横截面呈菱形，两面起脊，铤部截面近半圆形。长 8. 4、最宽

处1.6厘米。（图二〇五，14；图版一三七，8）

M113∶9，陶鼎。夹砂红褐陶，敞口，折沿，沿面微凹，弧腹，平底，凿形足。口径14.8、通高13.65厘米。（图二〇五，6；图版一三八，4）

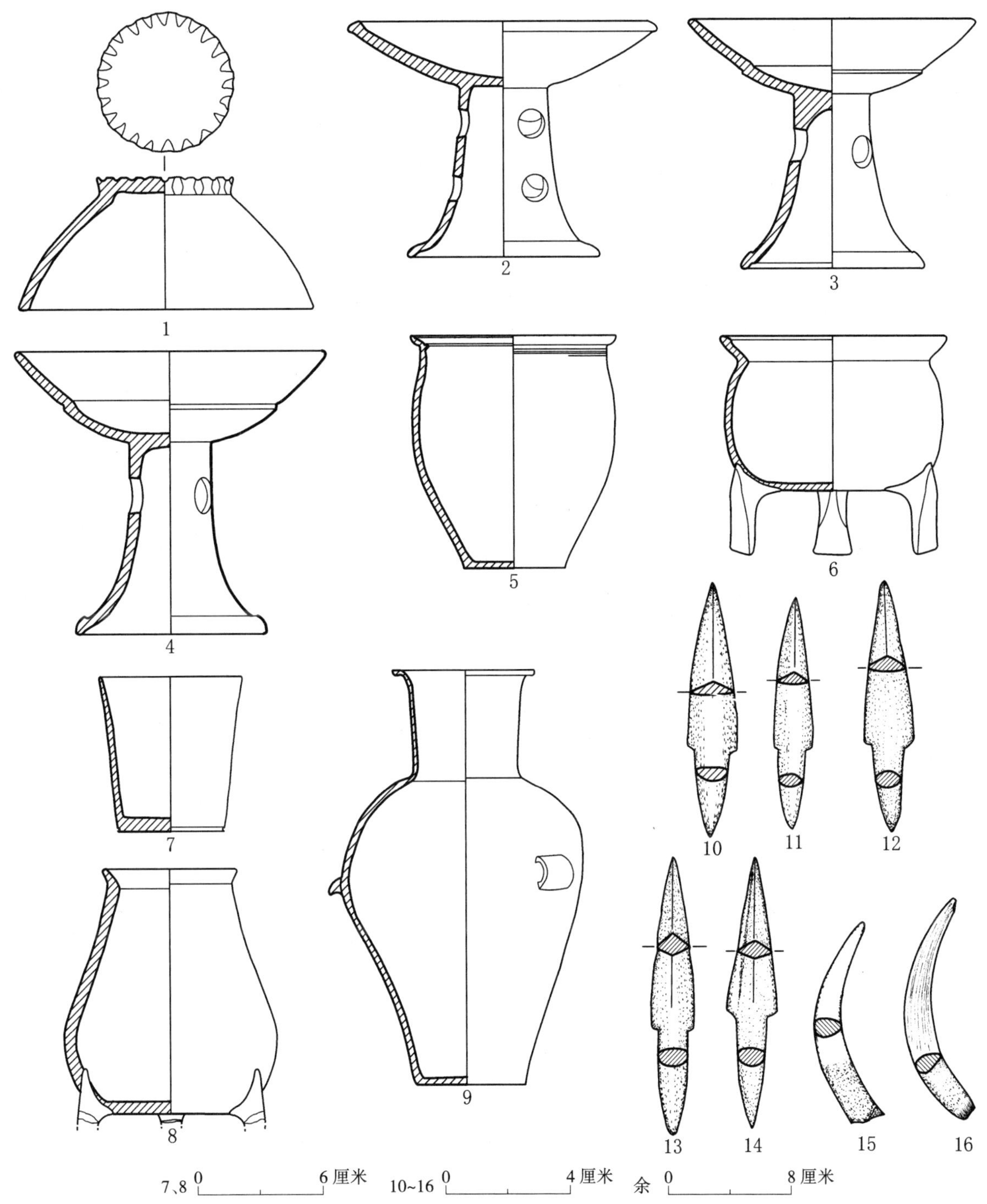

图二〇五　大汶口文化M113出土器物

1. 陶器盖（M113∶1）　2～4. 陶豆（M113∶16、14、13）　5. 陶罐（M113∶3）　6、8. 陶鼎（M113∶9、12）　7. 陶筒形杯（M113∶2）　9. 陶背壶（M113∶15）　10～14. 骨镞（M113∶4～8）　15、16. 獐牙（M113∶10、18）

M113:10，獐牙。尖部磨制光滑。长6.2厘米。（图二〇五，15；图版一三七，9）

M113:12，陶鼎。夹砂红褐陶，侈口，尖圆唇，折沿，深垂腹，平底，三足残。口径6.4、残高11.6厘米。（图二〇五，8；图版一三八，5）

M113:13，陶豆。泥质黑陶，敞口，尖圆唇，折壁，高柄，喇叭形圈足。柄部饰有2个圆形镂孔。口径19.6、足径12.0、高17.4厘米。（图二〇五，4；图版一三九，1）

M113:14，陶豆。泥质灰陶，敞口，圆唇，折壁，高柄，喇叭形圈足。柄部饰有2个圆形镂孔。口径18.4、足径11.6、高15.6厘米。（图二〇五，3；图版一三九，2）

M113:15，陶背壶。泥质灰陶，侈口，沿近平，高直颈，前腹饱满鼓突，后腹较平直，肩腹处有一对半环形耳，正对两耳的腹另一侧有一鸟喙形突纽，平底。口径9.0、底径7.0、高25.6厘米。（图二〇五，9；图版一三九，4）

M113:16，陶豆。泥质灰褐陶，敞口，方圆唇，弧壁，浅盘，高柄，喇叭形圈足。柄部饰有3竖排圆形镂孔。口径18.4、足径12.2、高14.6厘米。（图二〇五，2；图版一三九，3）

M113:18，獐牙。略残，尖部磨制光滑。残长6.9厘米。（图二〇五，16；图版一三七，10）

M114

位于ⅢT5005东北部，部分叠压在东隔梁下，开口于第8层下，打破第9层及开口于第9层下的H433。长方形竖穴土坑墓，墓坑长2.48、宽0.95～1.1、深0.63米。方向92°。填土呈灰褐色，土色为灰褐色，含少量烧土颗粒。四面有熟土二层台，东、南、西、北侧宽分别为0.25～0.3、0.18～0.29、0.23～0.27、0.22米，高0.38米。未发现葬具。单人仰身直肢葬，颈部似被折断，头横置于一侧，头向南，面向上。骨架保存状况较好。经鉴定，墓主为年龄约35岁的女性。随葬品17件，集中摆放于二层台的北、东、南三面以及西南角处，计有陶壶3件，陶罐、鼎各2件，陶薄胎高柄杯、厚胎高足杯、圈足杯、筒形杯、豆、器座、盆、瓮各1件，獐牙1件，猪犬齿1件。（图二〇六；图版一四〇；图版一四一，1、2）

完整及可修复器物15件。

M114:1，陶罐。泥质黑陶，侈口，尖圆唇，束颈，腹部微鼓至底部略折，平底。口径5.0、底径3.2、高5.0厘米。（图二〇七，6；图版一四四，1）

M114:2，陶薄胎高柄杯。泥质黑陶，敞口，尖唇，杯身上腹较直，下腹圆鼓，高柄，上端较细，下端渐粗，矮喇叭形圈足。杯身下腹部饰一周附加堆纹，柄部近底处圆形镂孔和三角形镂孔交错分布。口径8.6、足径7.8、高24.0厘米。（图二〇七，2；图版一四二，1）

M114:3，陶豆。泥质黑陶，直口微侈，圆唇，折壁，直柄略外撇，台式圈足。柄部饰有对称分布的圆形和菱形镂孔。口径15.3、足径12.0、高15.2厘米。（图二〇七，8；图版一四三，1）

M114:5，陶器座。泥质黑陶，整体呈亚腰状，侈口，沿近平，沿面微凹，高喇叭形圈足。圈足上饰有3个不对称的三角形镂孔。口径5.8、底径5.2、高8.1厘米。（图二〇七，3；图版一四四，6）

图二〇六　大汶口文化 M114 平、剖面图

1、9. 陶罐　2. 陶薄胎高柄杯　3. 陶豆　4、10. 陶鼎　5. 陶器座　6. 陶厚胎高柄杯　7. 陶筒形杯　8. 陶盆　11. 陶瓮　12～14. 陶壶　15. 陶圈足杯　16. 獐牙　17. 猪犬齿

M114∶6，陶厚胎高柄杯。夹砂灰陶，侈口，圆唇，细高柄，平底。口径 6.2、底径 5.2、高 10.0 厘米。（图二〇七，7；图版一四四，5）

M114∶7，陶筒形杯。泥质黑陶，侈口，尖唇，宽长颈，鼓肩，弧腹内收，平底。口径 6.2、底径 3.8、高 8.2 厘米。（图二〇七，4；图版一四四，3）

M114∶8，陶盆。夹砂灰陶，敞口，圆唇，折沿，折腹内收，平底。口径 18.2、底径 8.0、高 7.8 厘米。（图二〇八，3；图版一四三，2）

M114∶9，陶罐。泥质灰褐陶，侈口，圆唇，折沿，沿面微凸，扁腹，平底。口径 10.2、底径 7.2、高 9.8 厘米。（图二〇八，2；图版一四四，2）

M114∶10，陶鼎。夹砂红褐陶，侈口，圆唇，折沿，沿面微凹，弧腹，底微圜，凿形足。每只足的足面上各饰有 2 道凹槽。口径 9.9、通高 10.5 厘米。（图二〇七，9；图版一四三，3）

M114∶11，陶瓮。泥质灰陶，侈口，圆唇，高颈内收，鼓肩，弧腹略收。腹部饰有一对鸡冠形鋬手。口径 15.0、底径 10.8、高 40.8 厘米。（图二〇七，5；图版一四三，4）

M114∶13，陶壶。泥质灰陶，侈口，圆唇，折沿，沿面微凹，高颈，鼓肩，弧腹，平底。口径12.0、底径8.6、高25.6厘米。（图二〇七，1；图版一四二，2）

M114∶14，陶壶。夹砂黑陶，侈口，圆唇，直颈，圆肩，弧腹，平底。口径7.7、底径5.0、高11.8厘米。（图二〇七，10；图版一四二，3）

M114∶15，陶圈足杯。泥质黑陶，侈口，圆唇，平沿，腹略垂，喇叭形矮圈足。口径5.6、底径3.4、高7.8厘米。（图二〇八，1；图版一四四，4）

图二〇七　大汶口文化M114出土器物

1、10. 陶壶（M114∶13、14）　2. 陶薄胎高柄杯（M114∶2）　3. 陶器座（M114∶5）　4. 陶筒形杯（M114∶7）　5. 陶瓮（M114∶11）　6. 陶罐（M114∶1）　7. 陶厚胎高柄杯（M114∶6）　8. 陶豆（M114∶3）　9. 陶鼎（M114∶10）

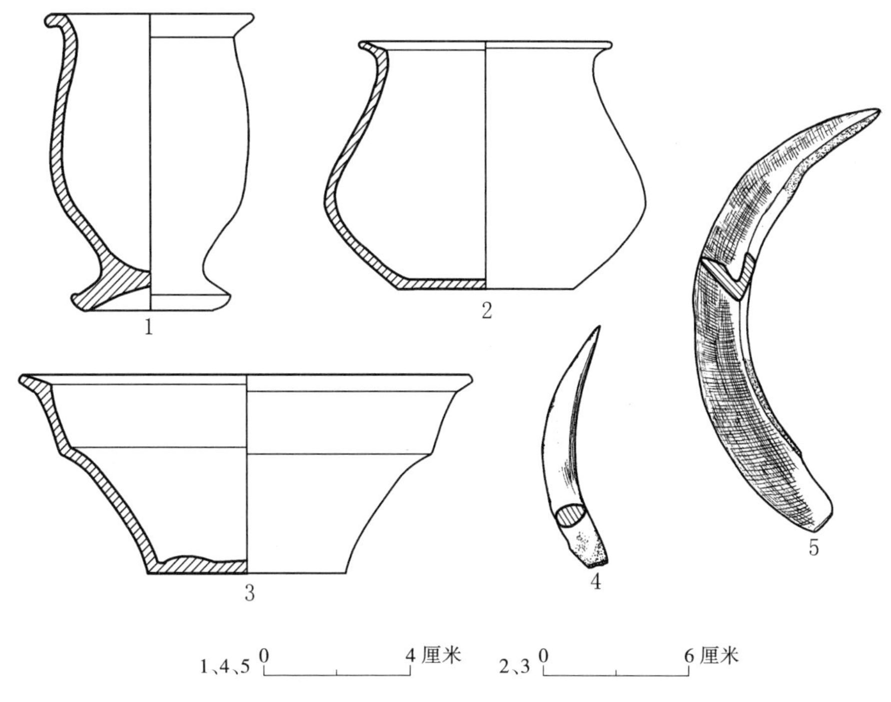

图二〇八　大汶口文化 M114 出土器物

1. 陶圈足杯（M114:15）　2. 陶罐（M114:9）　3. 陶盆（M114:8）　4. 獐牙（M114:16）　5. 猪犬齿（M114:17）

M114:16，獐牙。尖部磨制光滑。长 6.4 厘米（图二〇八，4；图版一四一，3）。

M114:17，猪犬齿。劈开磨制而成，表面有纵横交错的纹理。残长 11.0 厘米（图二〇八，5；图版一四一，4）

M115

位于ⅢT4805 西北部，开口于第 9 层下，打破第 10 层至生土，且被开口于第 5 层下的 M100 所打破。陶棺葬，墓口残长 1.8、宽 0.45、深 0.21 米。方向 110°。将罐、鼎等陶器打碎后铺于墓底及盖于骨架上用作葬具。单人仰身直肢葬，头向东南，面向不详。骨架保存状况较差。经鉴定，墓主为年龄为 20 岁的男性。无随葬品。修复葬具陶鼎 2 件、陶罐 1 件。（图二〇九；图版一四五，1、2）

M115:1，陶鼎。葬具。夹砂红褐陶，敞口，方唇，宽折沿，沿面内凹，深弧腹，圜底，三凿形足。每个足根部饰有 2 个捺窝，腹部饰有斜向篮纹。口径 29.3、最大腹径 25.2、高 34.8 厘米。（图二一〇，1；图版一四六，1）

M115:2，陶鼎。葬具。夹砂红褐陶，敞口，方唇，折沿，沿面内凹，深弧腹，圜底，三凿形足。每个足的根部饰有 3 个捺窝，腹部饰有斜向捺窝。口径 31.0、最大腹径 26.4、高 33.9 厘米。（图二一〇，2；图版一四六，2）

M115:3，陶罐。葬具。泥质黑陶，敞口，圆唇，折沿，弧腹，平底。腹部饰有一对鸡冠状鋬手及 5 道凹弦纹。口径 30.3、底径 12.0、高 29.8 厘米。（图二一〇，3；图版一四六，3）

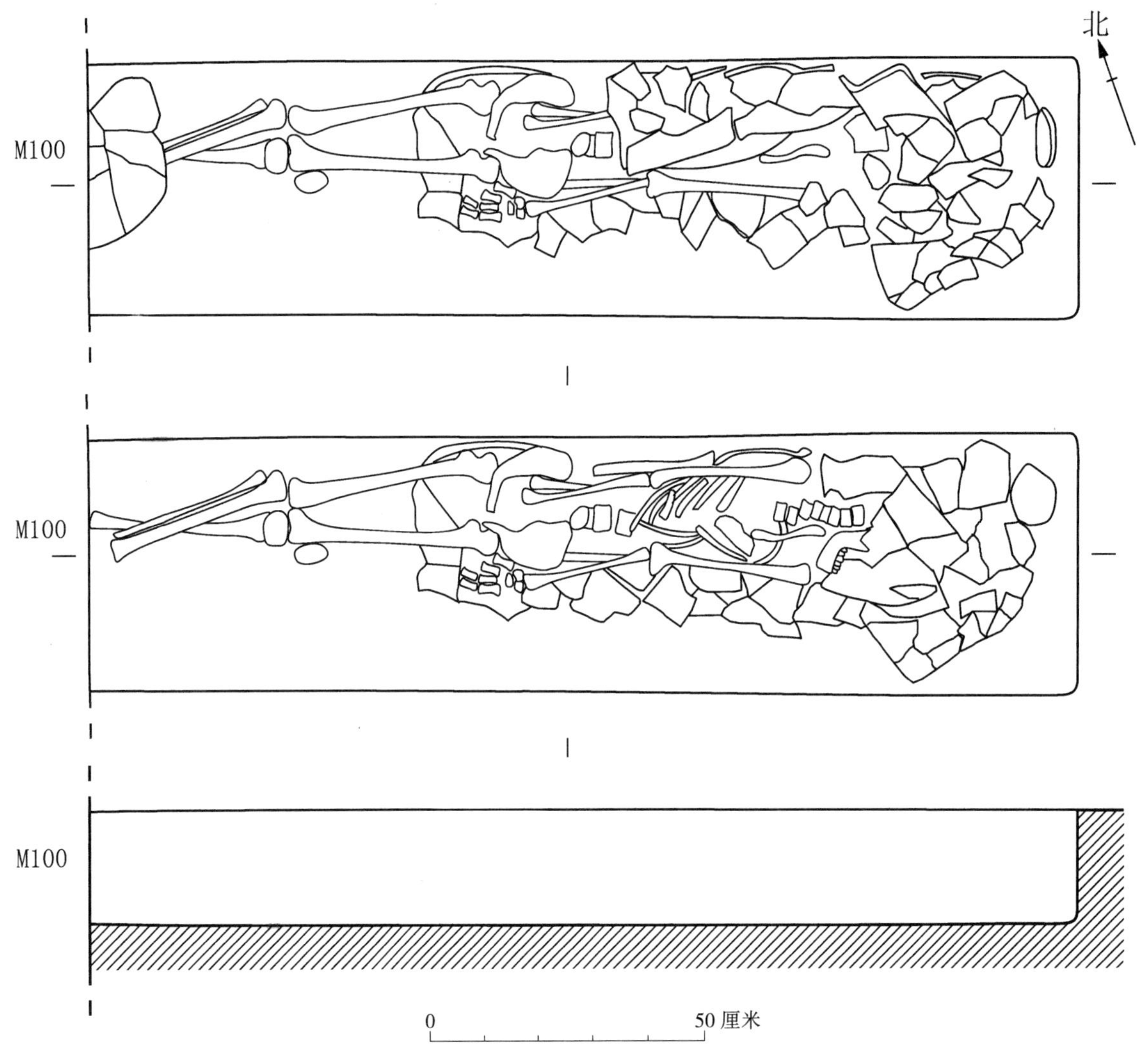

图二〇九 大汶口文化 M115 平、剖面图

M116

位于ⅢT4805 西南角，部分进入西壁和南壁，开口于第 9 层下，打破 10 层。长方形竖穴土坑墓，墓坑长 2.06、宽 0.61、深 0.1 米。方向 110°。填土呈黄褐色，土质较硬。单人仰身直肢葬，头向东南，面向西南。骨架保存状况较好。经鉴定，墓主人为年龄 27～28 岁的男性。随葬品 4 件，置于墓主身体左侧，分别为陶器盖 2 件，陶豆、筒形杯各 1 件。（图二一一；图版一四七，1）

完整及修复器物 4 件。

M116∶1，陶器盖。夹砂红陶，覆碟形，圆形捉手，弧壁。捉手径 6.0、口径 10.0、高 3.0 厘米。（图二一二，3；图版一四七，2）

M116∶2，陶器盖。泥质灰陶，覆碟形，喇叭形捉手残，弧壁。口径 6.4、残高 1.6 厘米。（图二一二，4）

M116∶3，陶筒形杯。泥质黑陶，直口微侈，斜直壁，平底。杯身饰凹弦纹一道。口径

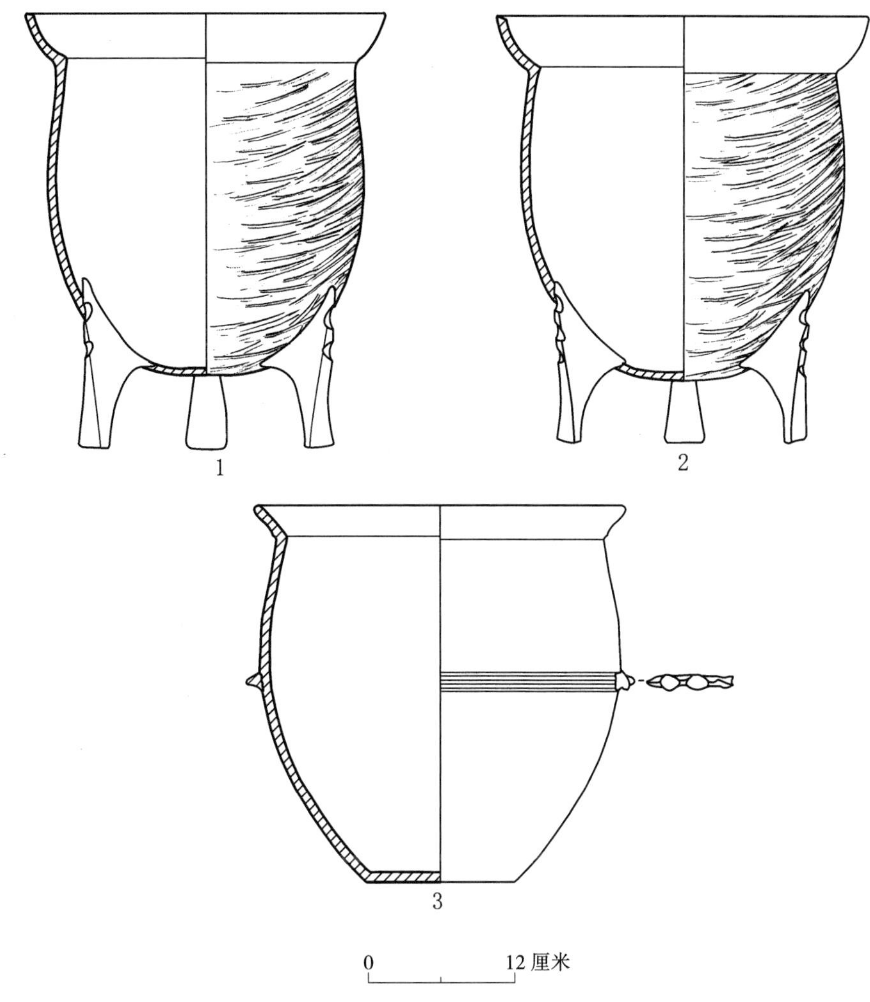

图二一〇　大汶口文化 M115 葬具

1、2. 陶鼎（M115∶1、2）　3. 陶罐（M115∶3）

8.4、底径 6.3、高 10.3 厘米。（图二一二，1；图版一四七，4）

M116∶4，陶豆。泥质黑陶，敞口，圆唇，沿内凹，弧壁，盘底残。口径 17.4、残高 3.1 厘米。（图二一二，2；图版一四七，3）

M117

位于ⅢT4904 东北角，开口于第 9 层下，打破 10 层，且被开口于第 4 层下的 J8 和开口于第 8 层下的 H410 打破。长方形竖穴土坑墓，墓口残长 0.21～0.49、墓底长 1.44、宽 0.5、深 0.12～0.2 米。方向 115°。填土呈灰褐色，土质较硬。单人仰身直肢葬，头向东南，面向不详。骨架保存状况一般。经鉴定，墓主人为年龄 27～28 岁的男性。随葬品 7 件，多置于墓主身体左侧，分别为陶豆、壶、罐、鼎各 1 件，蚌刀 1 件，獐牙 2 件。（图二一三；图版一四八，1）

完整及可修复器物 5 件。

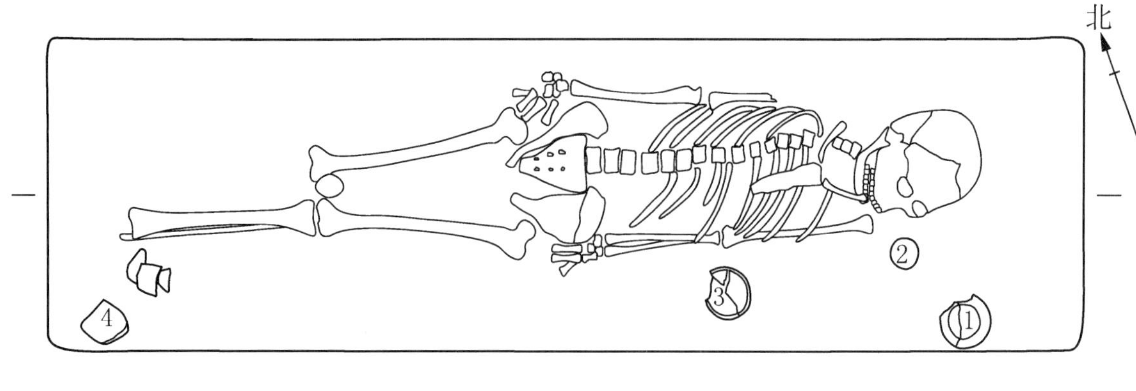

图二一一　大汶口文化 M116 平、剖面图

1、2. 陶器盖　3. 陶筒形杯　4. 陶豆

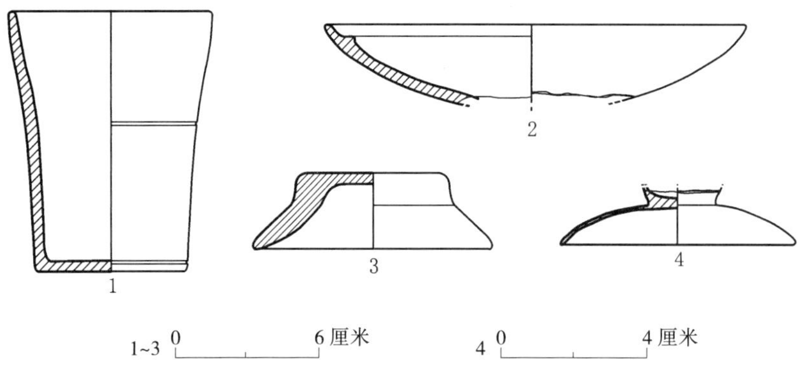

图二一二　大汶口文化 M116 出土器物

1. 陶筒形杯（M116:3）　2. 陶豆（M116:4）　3、4. 陶器盖（M116:1、2）

M117:2，陶壶。夹砂红褐陶，侈口，圆唇，直颈内收，鼓腹，平底。口径 6.0、底径 4.0、高 8.0 厘米。（图二一四，3；图版一四八，2）

M117:3，陶罐。泥质灰陶，侈口，尖圆唇，折沿，弧鼓腹，平底。口径 13.2、底径 7.2、高 12.0 厘米。（图二一四，1；图版一四八，3）

M117:4，陶鼎。夹砂红陶，侈口，圆唇，折沿，沿面内凹，鼓腹，圜底，凿形足。腹部饰有浅篮纹，每个足的根部各饰 3 个圆形捺窝。口径 12.8、通高 14.4 厘米。（图二一四，2；图版一四八，4）

M117:6，獐牙。尖部磨制光滑。长 6.7 厘米。（图二一四，4；图版一四八，5）

M117:7，獐牙。尖部磨制光滑。长 6.8 厘米。（图二一四，5；图版一四八，6）

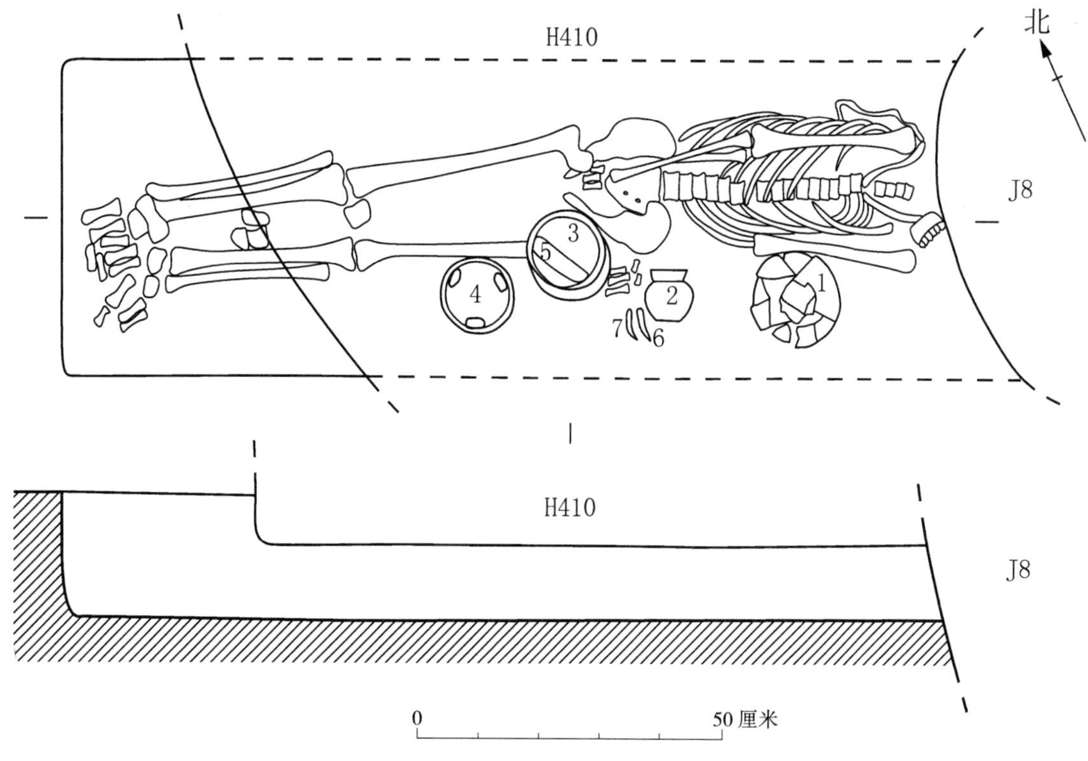

图二一三　大汶口文化M117平、剖面图

1. 陶豆　2. 陶壶　3. 陶罐　4. 陶鼎　5. 蚌器　6、7. 獐牙

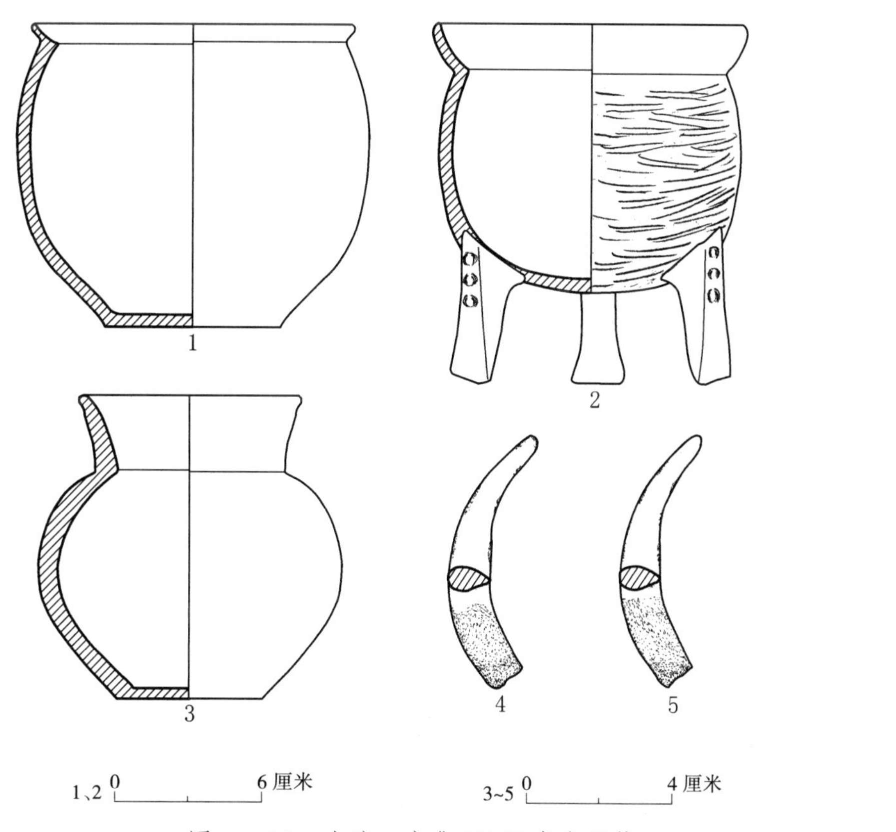

图二一四　大汶口文化M117出土器物

1. 陶罐（M117:3）　2. 陶鼎（M117:4）　3. 陶壶（M117:2）　4、5. 獐牙（M117:6、7）

M118

位于ⅢT4705西北部，开口于第9层下，打破10层及生土层。长方形竖穴土坑墓，墓坑长2.7、宽1.3～1.41、深0.49米。方向105°。填土呈灰褐色，土质较硬，含烧土颗粒。四面有熟土二层台，东、南、西、北宽分别为0.3、0.3～0.4、0.25、0.22～0.39米，高0.4米。未发现葬具。单人仰身直肢葬，头向东南，面向西南。骨架保存状况基本完好。经鉴定，墓主为年龄40～44岁的女性。随葬品16件，集中摆放于墓室内墓主的头部及身体的左侧，计有陶豆4件，陶圈足杯2件，陶盆、背壶、壶、罐、鬶、鼎、纺轮各1件，玉环1件，獐牙2件。（图二一五；图版一四九，1～3）

完整及修复器物14件（对）。

M118∶1，陶盆。泥质红陶，敞口，方唇，斜直壁，平底。口径32.9、底径10.7、高13.2厘米。（图二一六，2；图版一五〇，1）

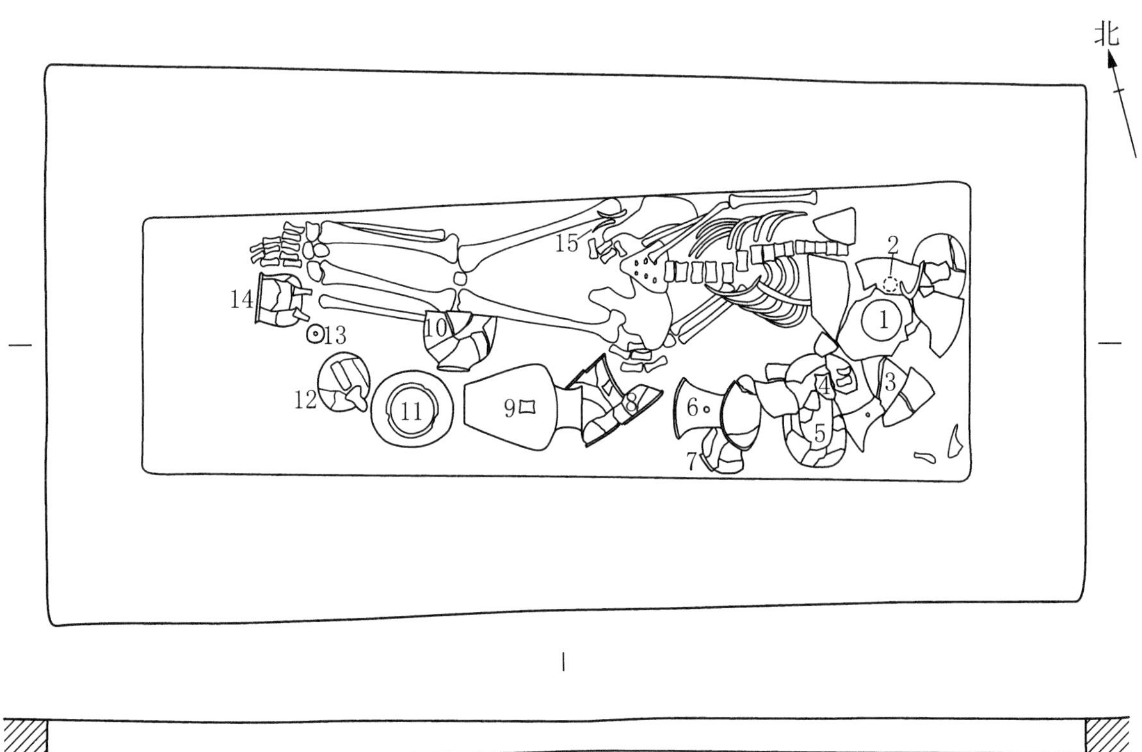

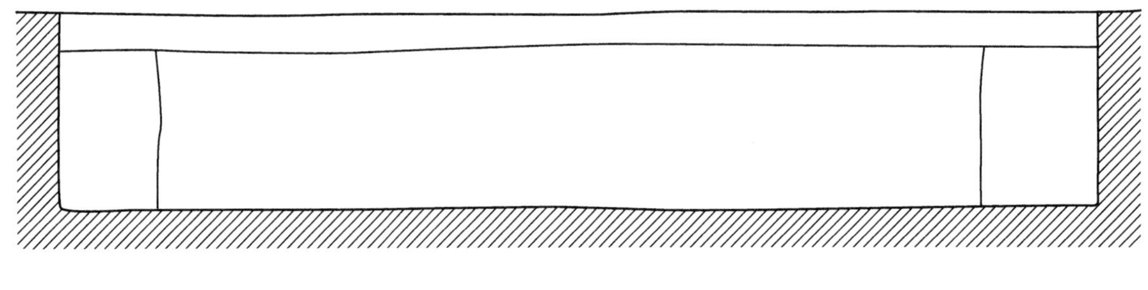

图二一五　大汶口文化M118平、剖面图

1. 陶盆　2. 玉环　3、4、6、8. 陶豆　5. 陶壶　7、10. 陶圈足杯　9. 陶背壶　11. 陶罐　12. 陶鬶　13. 陶纺轮　14. 陶鼎　15、16. 獐牙

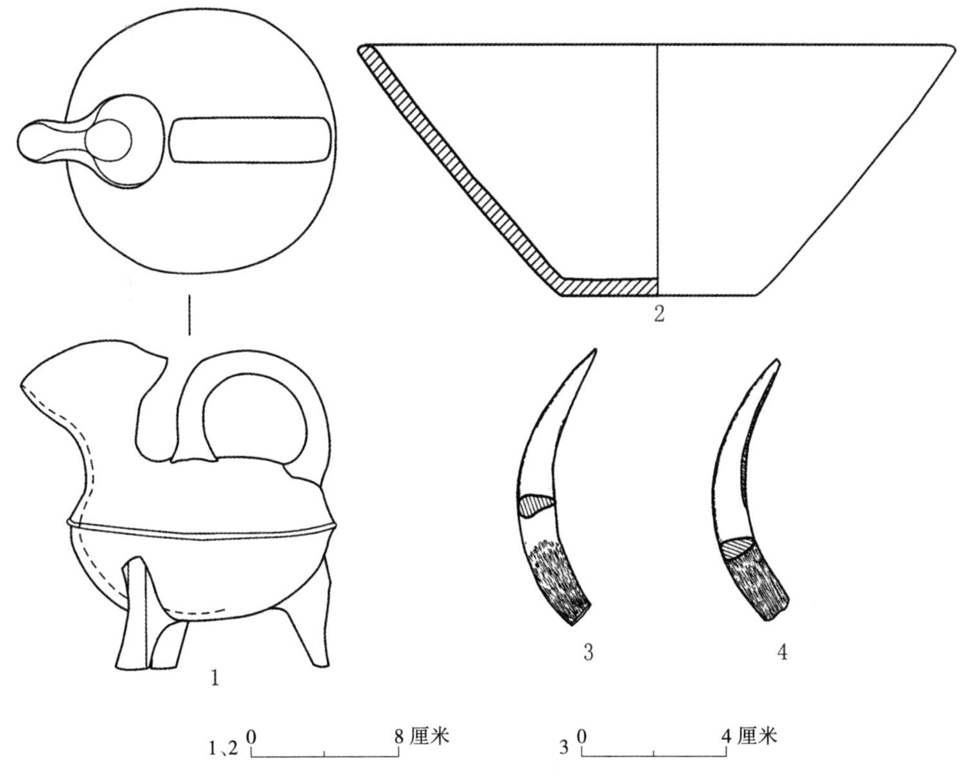

图二一六　大汶口文化M118出土器物

1. 陶鬶（M118∶12）　2. 陶盆（M118∶1）　3、4. 獐牙（M118∶15、16）

M118∶2，玉环。主要成分为白色方解石。环状，中孔对钻而成，边缘略薄，直径4.1～4.3、孔径1.8、厚0.1～0.3厘米。（图二一七，12；图版一四九，4）

M118∶3，陶豆。泥质红褐陶，敞口，圆唇，弧壁，浅盘，直柄，喇叭形圈足。豆柄上饰有3个对称分布的圆形镂孔。口径21.2、足径12.4、高18.0厘米。（图二一七，5；图版一五一，1）

M118∶4，陶豆。泥质红褐陶，敞口，圆唇，弧壁，浅盘，直柄，喇叭状圈足。柄部饰有3个对称分布的圆形镂孔。口径20.2、足径13.8、高16.4厘米。（图二一七，1；图版一五一，2）

M118∶5，陶壶。泥质黑褐陶，侈口，圆唇，直颈内收，溜肩，鼓腹，平底。肩部有一刻划符号“⏳”。口径6.8、底径6.0、高17.8厘米。（图二一七，6；图版一五〇，3）

M118∶6，陶豆。泥质灰陶，敞口，方圆唇，折壁，矮柄，喇叭状圈足。柄部饰有3个对称的圆形镂孔。口径20.4、足径14.8、高17.4厘米。（图二一七，2；图版一五一，3）

M118∶7，陶圈足杯。泥质灰陶，侈口，尖圆唇，折沿微凹，深弧腹，矮圈足。口径11.8、足径5.6、高10.2厘米。（图二一七，9；图版一五〇，5）

M118∶8，陶豆。泥质灰陶，敛口，圆唇，弧壁，直柄，喇叭形圈足。柄部饰有4个对称分布的圆形镂孔。口径20.4、足径13.2、高18.8厘米。（图二一七，4；图版一五一，4）

M118∶9，陶背壶。泥质红陶，侈口，圆唇，矮颈，肩部有一对半环形耳，正对两耳的腹另一侧饰有一鸟喙状突纽，深弧腹，平底。颈部饰凸弦纹一道。口径10.8、底径9.6、高

图二一七　大汶口文化 M118 出土器物

1、2、4、5. 陶豆（M118:4、6、8、3）　3、9. 陶圈足杯（M118:10、7）　6. 陶壶（M118：5）　7. 陶背壶（M118:9）　8. 陶罐（M118:11）　10. 陶鼎（M118:14）　11. 陶纺轮（M118:13）　12. 玉环（M118:2）

30.0 厘米。（图二一七，7；图版一五〇，4）

M118∶10，陶圈足杯。泥质灰陶，侈口，尖唇，折沿微凹，深弧腹，矮圈足。口径 14.8、足径 7.8、高 13.2 厘米（图二一七，3；图版一五〇，6）

M118∶11，陶罐。泥质灰陶，侈口，尖圆唇，短折沿，鼓肩，弧腹，平底。口径 15.2、底径 10.0、高 20.0 厘米。（图二一七，8；图版一五〇，2）

M118∶12，陶鬶。泥质黑褐陶，短流略向下倾斜，细颈，扁球状腹，宽带状环形把，三个凿形足。腹中部有一道突棱。最大腹径 14.4、高 17.2 厘米。（图二一六，1；图版一五一，6）

M118∶13，陶纺轮。夹砂红褐陶，圆饼状，两面略内凹，两端斜直，剖面呈梯形。外径 4.2、内径 2.8、孔径 0.4、最厚处 1.0 厘米。（图二一七，11；图版一四九，5）

M118∶14，陶鼎。夹砂褐陶，侈口，折沿，深弧腹，圜底，凿形足。每只足的根部有 2 个较浅的捺窝。口径 8.8、最大腹径 10.4、高 12.4 厘米。（图二一七，10；图版一五一，5）

M118∶15，獐牙。尖部磨制光滑。长 7.2 厘米。（图二一六，3；图版一四九，6）

M118∶16，獐牙。尖部磨制光滑。长 6.8 厘米。（图二一六，4；图版一四九，7）

M119

位于ⅢT4904 东北角，开口于第 9 层下，打破 10 层，且被开口于第 8 层下的 H410 打破。长方形竖穴土坑墓，墓口残长 0.9～1.7、墓底长 1.7、宽 0.21～0.76、深 0.15～0.23 米。方向 105°。填土呈灰褐色，土质较硬。单人仰身直肢葬，头向东南，面向西南。骨架保存状况一般。经鉴定，墓主为年龄 40～44 岁的女性。随葬品 10 件，多置于墓主身体左侧，分别为陶豆 3 件，陶壶 2 件，陶筒形杯、圈足杯、盆、鼎、罐各 1 件。（图二一八；图版一五二，1）

完整及可修复器物 10 件。

M119∶1，陶盆。夹砂灰陶，敞口，圆唇，弧腹，平底。口径 22.7、底径 8.4、高 7.1 厘米。（图二一九，5；图版一五二，2）

M119∶2，陶罐。泥质灰陶，侈口，尖圆唇，短折沿，深弧腹，平底。口径 12.0、底径 6.6、高 13.0 厘米。（图二一九，10；图版一五二，3）

M119∶3，陶豆。夹砂黑褐陶，口微敛，圆唇，弧壁，浅盘，高柄，喇叭形圈足。柄部饰有 3 个对称的圆形镂孔。口径 18.0、足径 10.2、高 15.8 厘米。（图二一九，1；图版一五三，1）

M119∶4，陶豆。泥质灰褐陶，敞口，圆唇，短平沿，弧壁，柄较高，喇叭形圈足。柄部饰有 2 个对称的圆形镂孔。口径 19.2、足径 11.6、高 16.0 厘米。（图二一九，2；图版一五三，2）

M119∶5，陶壶。泥质黑陶，侈口，圆唇，高颈弧收，折肩，斜直腹，平底。口径 11.2、底径 8.8、高 18.8 厘米。（图二一九，7；图版一五三，4）

M119∶6，陶筒形杯。泥质红褐陶，直口，斜直腹，平底。口径 9.3、底径 6.5、高 6.6 厘米。（图二一九，6；图版一五二，4）

M119∶7，陶鼎。夹砂红褐陶，侈口，尖圆唇，折沿，垂鼓腹，圜底，凿形足。每个足的根部均饰有 3 个捺窝，足两侧各有一道刻槽。口径 8.8、最大腹径 12.0、高 12.9 厘米。（图二一九，9；图版一五三，6）

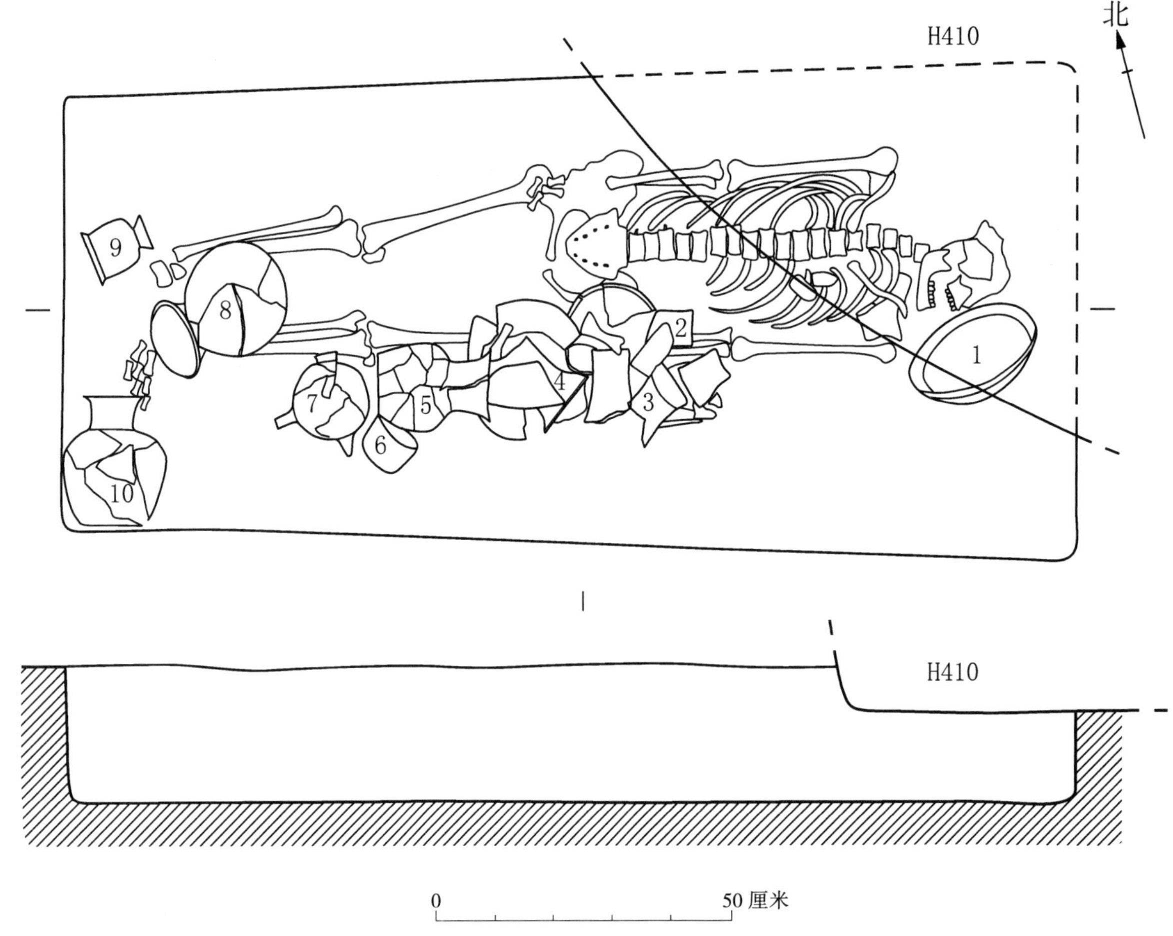

图二一八　大汶口文化 M119 平、剖面图

1. 陶盆　2. 陶罐　3、4、8. 陶豆　5、10. 陶壶　6. 陶筒形杯　7. 陶鼎　9. 陶圈足杯

M119∶8，陶豆。泥质黑褐陶，敞口，圆唇，平沿，折壁，高柄，喇叭状圈足。柄部饰有 2 个对称的圆形镂孔。口径 19.2、足径 11.4、高 14.8 厘米。（图二一九，3；图版一五三，3）

M119∶9，陶圈足杯。泥质灰陶，侈口，圆唇，折沿，沿面内凹，弧鼓腹，矮喇叭形圈足。口径 10.0、足径 5.6、高 9.5 厘米。（图二一九，8；图版一五二，5）

M119∶10，陶壶。泥质红陶，侈口，圆唇，高颈弧收，鼓肩，弧腹，底残。口径 10.0、残高 18.2 厘米.（图二一九，4；图版一五三，5）

M120

位于ⅢT4904 东北部，部分进入东隔梁，开口于第 9 层下，打破 10 层。长方形竖穴土坑墓，墓坑长 1.85～1.9、宽 0.65、深 0.6～0.7 米。方向 95°。填土呈灰褐色，土质湿软。单人仰身直肢葬，头向东，面向南。骨架保存状况较好。经鉴定，墓主人为年龄 45～50 岁的女性。随葬品 20 件，多置于墓主身体左侧及头部，计有陶豆 6 件，陶鼎 3 件，陶罐 2 件，陶背壶、壶、盆、鬶、圈足杯、盉、纺轮各 1 件，獐牙 1 件，蚌刀 1 件。（图二二〇；图版一五四，1、2）

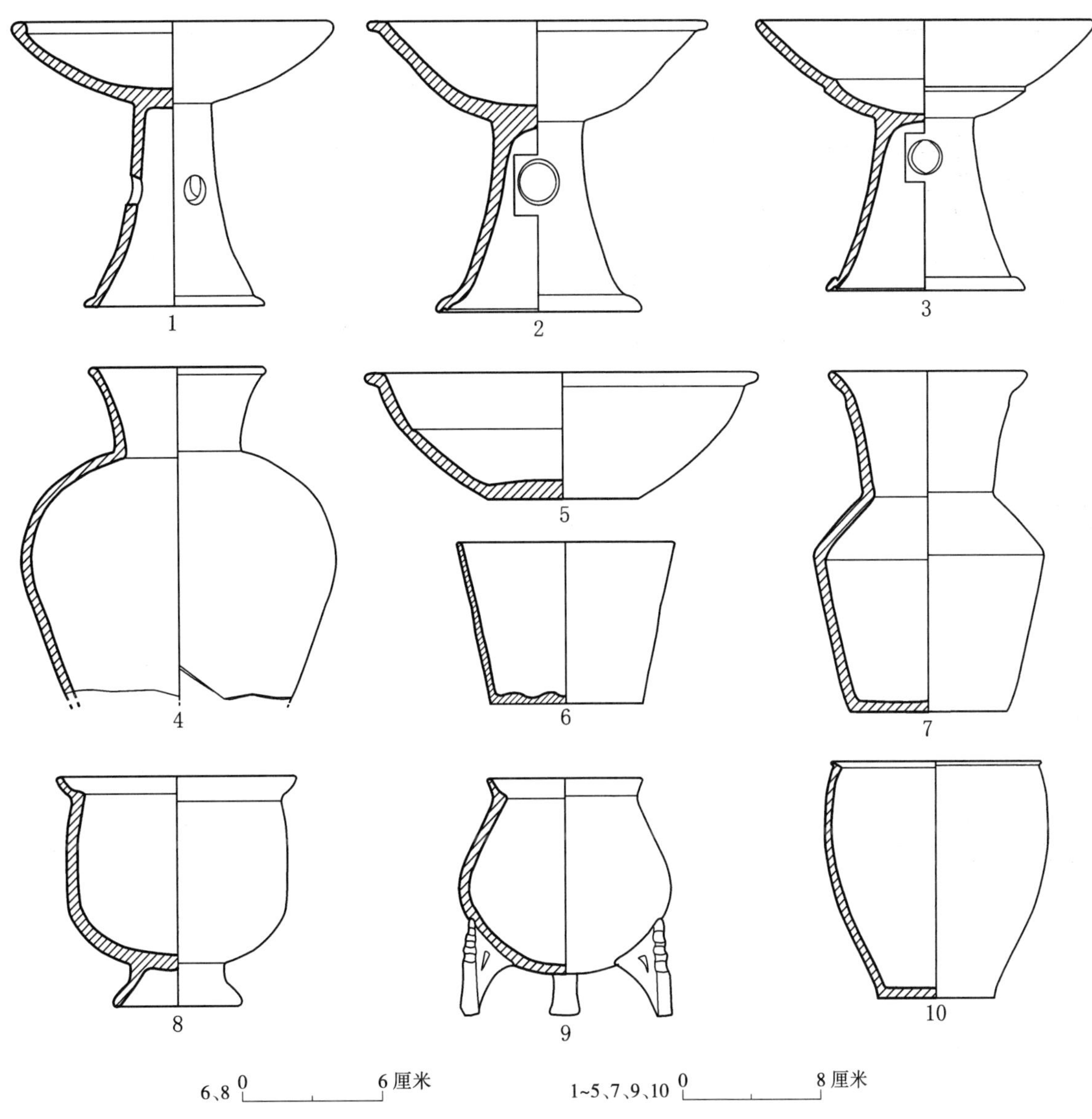

图二一九　大汶口文化 M119 出土器物

1～3. 陶豆（M119:3、4、8）　4、7. 陶壶（M119:10、5）　5. 陶盆（M119:1）　6. 陶筒形杯（M119:6）　8. 陶圈足杯（M119:9）　9. 陶鼎（M119:7）　10. 陶罐（M119:2）

完整及可修复器物 19 件。

M120:1，陶盆。泥质黑陶，敞口，窄沿外折，折腹，平底。口径 22.4、底径 8.0、高 8.8 厘米。（图二二一，12；图版一五五，1）

M120:2，陶豆。泥质灰褐陶，口微敛，圆唇，弧壁，浅盘，高柄，喇叭状圈足。柄部有圆形及三角形镂孔。口径 18.1、足径 12.0、高 17.6 厘米。（图二二一，2；图版一五六，1）

M120:3，陶豆。泥质黑褐陶，敞口，圆唇，折壁，豆盘较深，柄较矮，喇叭形圈足。柄部饰有圆形及弧线三角形的镂孔。口径 20.6、足径 12.4、高 18.0 厘米。（图二二一，1；图版一五六，2）

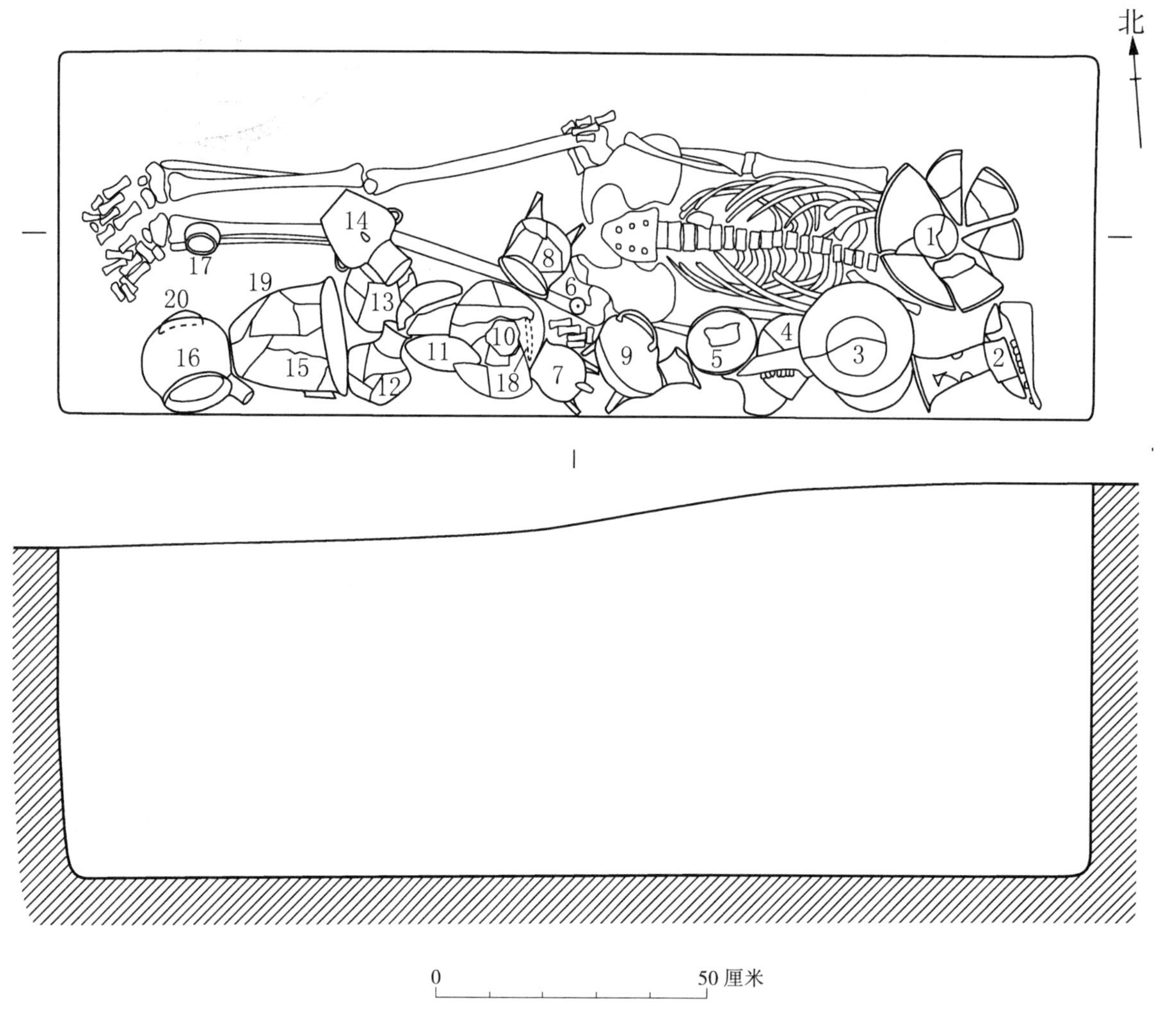

图二二〇 大汶口文化 M120 平、剖面图

1. 陶盆 2～5、10、11. 陶豆 6. 陶鬶 7、8、17. 陶鼎 9. 陶纺轮 12. 陶壶 13、15. 陶罐 14. 陶背壶 16. 陶盉 18. 獐牙 19. 陶圈足杯 20. 蚌刀

M120:4，陶豆。泥质红陶，敞口，圆唇弧壁，浅盘，柄较矮，喇叭状圈足。口径 14.6、足径 10.2、高 12.4 厘米。（图二二一，4；图版一五六，3）

M120:5，陶豆。夹蚌陶，陶色不均，红褐、黑褐色混杂，口微敛，圆唇，弧壁，柄较矮，喇叭形圈足。柄部饰有 3 个对称分布的圆形小镂孔。口径 14.6、足径 11.0、高 13.8 厘米。（图二二一，5；图版一五六，4）

M120:6，陶鬶。夹砂灰黑陶，短流，细颈，扁腹，圜底，三个凿形足，宽带形把手安于腹上。腹中部有一条突棱。最大腹径 14.4、通高 18.0 厘米。（图二二二，1；图版一五五，2）

M120:7，陶鼎。夹砂灰陶，侈口，折沿，深弧腹，圜底，三个凿形足残。口径 9.6、残高 10.0 厘米。（图二二一，11；图版一五七，1）

M120:8，陶鼎。夹砂红陶，侈口，折沿，深弧腹，圜底，三凿形足较高。口径 10.4、高 14.2 厘米。（图二二一，6；图版一五七，2）

M120:9，陶纺轮。泥质红褐陶，圆饼状，剖面略呈梯形，两面略凹，两端斜直。直径 3.6～

3.9、孔径0.5、厚0.6～0.8厘米。（图二二二，4；图版一五五，6）

M120∶10，陶豆。泥质红陶，敞口，直壁，浅盘，柄较矮，喇叭形圈足。口径18.0、足径12.0、高14.8厘米。（图二二一，3；图版一五六，5）

M120∶11，陶豆。泥质红陶，敞口，弧壁，浅盘，柄较矮，喇叭形圈足。口径14.4、足径10.4、高12.2厘米。（图二二二，7；图版一五六，6）

M120∶12，陶壶，带盖。泥质灰陶，侈口，圆唇，高颈，扁鼓腹，平底。覆碟形盖，圆形捉手，斜直壁，盖面上近边缘处饰一圆形小孔。壶口径8.0、底径6.2、高14.2厘米，盖捉手

图二二一　大汶口文化M120出土器物

1～5. 陶豆（M120∶3、2、10、4、5）　6、10、11. 陶鼎（M120∶8、17、7）　7. 陶圈足杯（M120∶19）　8. 陶罐（M120∶15）　9. 陶背壶（M120∶14）　12. 陶盆（M120∶1）

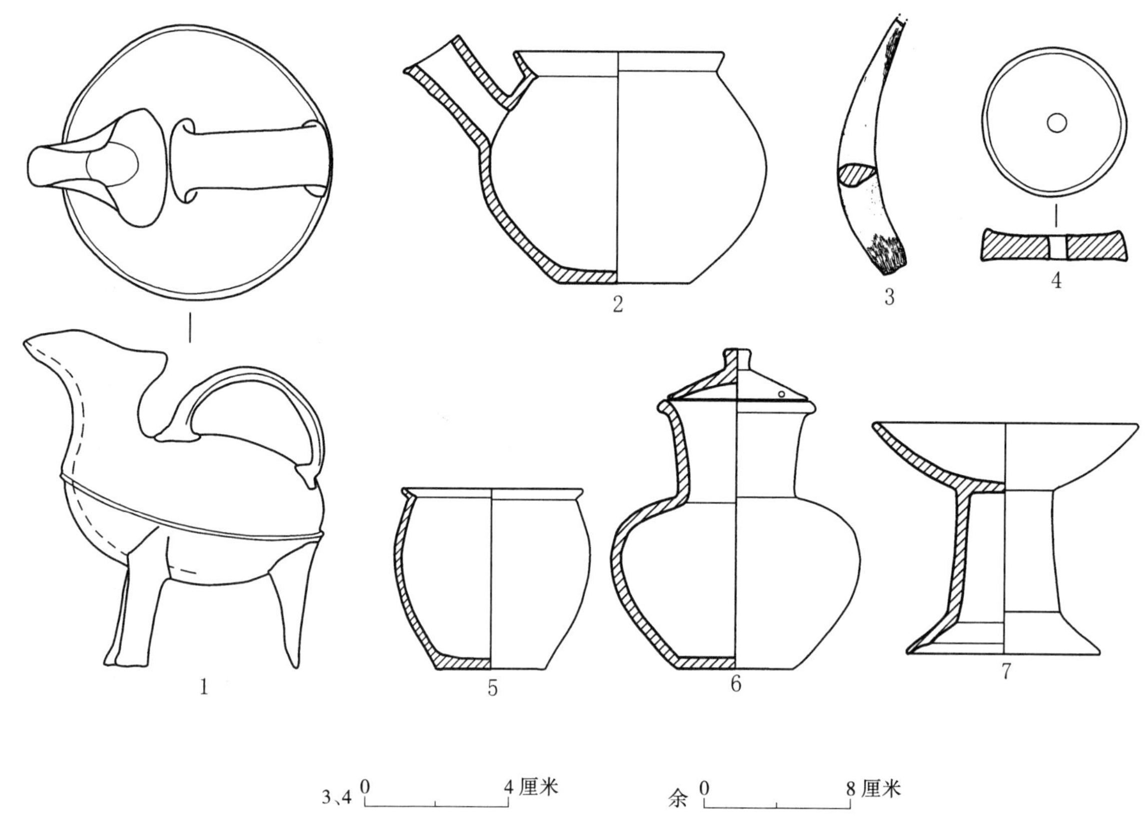

图二二二　大汶口文化M120出土器物

1. 陶鬶（M120：6）　2. 陶盉（M120：16）　3. 獐牙（M120：18）　4. 陶纺轮（M120：9）　5. 陶罐（M120：13）　6. 陶壶（M120：12）　7. 陶豆（M120：11）

径1.3、口径8.0、高2.7厘米。（图二二二，6；图版一五七，4）

M120：13，陶罐。泥质灰陶，侈口，短折沿，深弧腹，平底。口径9.8、底径6.0、高9.2厘米。（图二二二，5；图版一五五，3）

M120：14，陶背壶。泥质灰褐陶，侈口，尖唇，高颈略内收，肩部一侧圆弧，另一侧略平，肩部饰一半环形耳，正对两耳的腹另一侧饰一鸟喙状突纽，弧腹，平底。颈部饰数道细弦纹。口径6.8、底径6.8、高19.2厘米。（图二二一，9；图版一五七，5）

M120：15，陶罐。泥质黑陶，侈口，短折沿，深弧腹，平底。口径16.4、底径9.0、高18.2厘米。（图二二一，8；图版一五五，4）

M120：16，陶盉。泥质红陶，侈口，折沿，弧鼓腹，平底，近口沿一侧有一流口略宽的管状流。口径11.2、底径7.0、高12.2、流口宽3.8厘米。（图二二二，2；图版一五七，6）

M120：17，陶鼎。泥质红陶，侈口，尖唇，短折沿，弧腹，圜底，短凿形足。口径3.7、最大腹径5.3、高4.0厘米。（图二二一，10；图版一五七，3）

M120：18，獐牙。尖部略残，磨制光滑。长6.8厘米。（图二二二，3；图版一五五，7）

M120：19，陶圈足杯。泥质黑陶，侈口，短折沿，弧腹略重、矮圈足。口径7.2、足径5.1、高11.1厘米。（图二二一，7；图版一五五，5）

M121

位于ⅢT4904南部近东隔梁处，开口于第9层下，打破10层。长方形竖穴土坑墓，墓坑长2.1、宽0.9、深0.12～0.21米。方向105°。填土呈灰褐色，土质较硬。单人侧身屈肢葬，头向东南，面向西南。骨架保存状况较差。经鉴定，墓主人为年龄约40岁的男性。随葬品16件，多置于墓主身体左侧，计有陶筒形杯4件，陶豆3件，陶圈足杯2件，陶薄胎高柄杯、背壶、鼎、器盖、纺轮各1件，骨簪1件，獐牙1件。（图二二三；图版一五八，1）

完整及可修复器物16件。

M121∶1，陶薄胎高柄杯。泥质黑陶，侈口，尖唇，杯上腹内收，底部弧鼓，细高柄，喇叭状圈足。杯身上下腹之间饰有一道弦纹，柄上中下部各饰有弦纹一组，间饰以三角形和圆形的镂孔。口径8.6、足径7.6、高22.0厘米。（图二二四，3；图版一五八，2）

M121∶2，陶筒形杯。泥质黑陶，侈口，尖圆唇，折沿，束颈，斜直腹，平底。近底部饰有一道凹弦纹。口径4.4、底径4.6、高4.2厘米。（图二二四，15；图版一五九，1）

M121∶3，陶筒形杯。泥质红褐陶，侈口，尖圆唇，沿外折，粗颈，折腹，平底。肩部饰有3道凹弦纹。口径4.6、底径3.0、高7.0厘米。（图二二四，7；图版一五九，4）

M121∶4，骨簪。两端残断，中空，断面为扁圆形。残长6.3厘米。（图二二四，13；图版

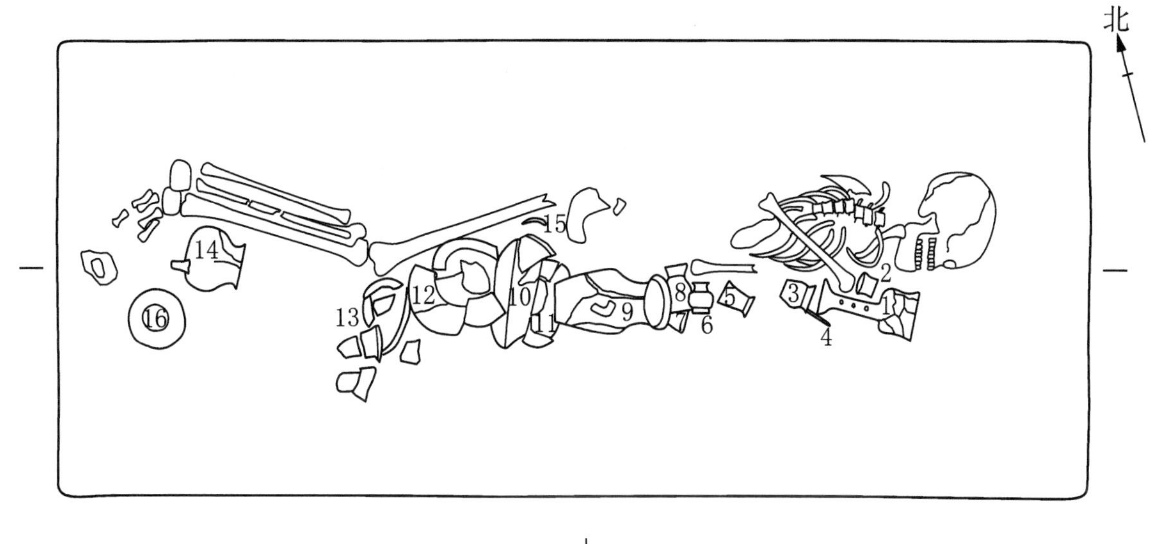

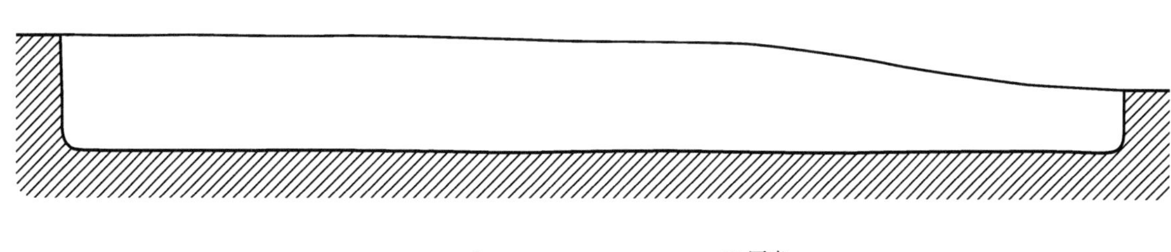

图二二三　大汶口文化M121平、剖面图

1. 陶薄胎高柄杯　2、3、5、7. 陶筒形杯　4. 骨簪　6、8. 陶圈足杯　9. 陶背壶　10～12. 陶豆　13. 陶纺轮　14. 陶鼎　15. 獐牙　16. 陶器盖

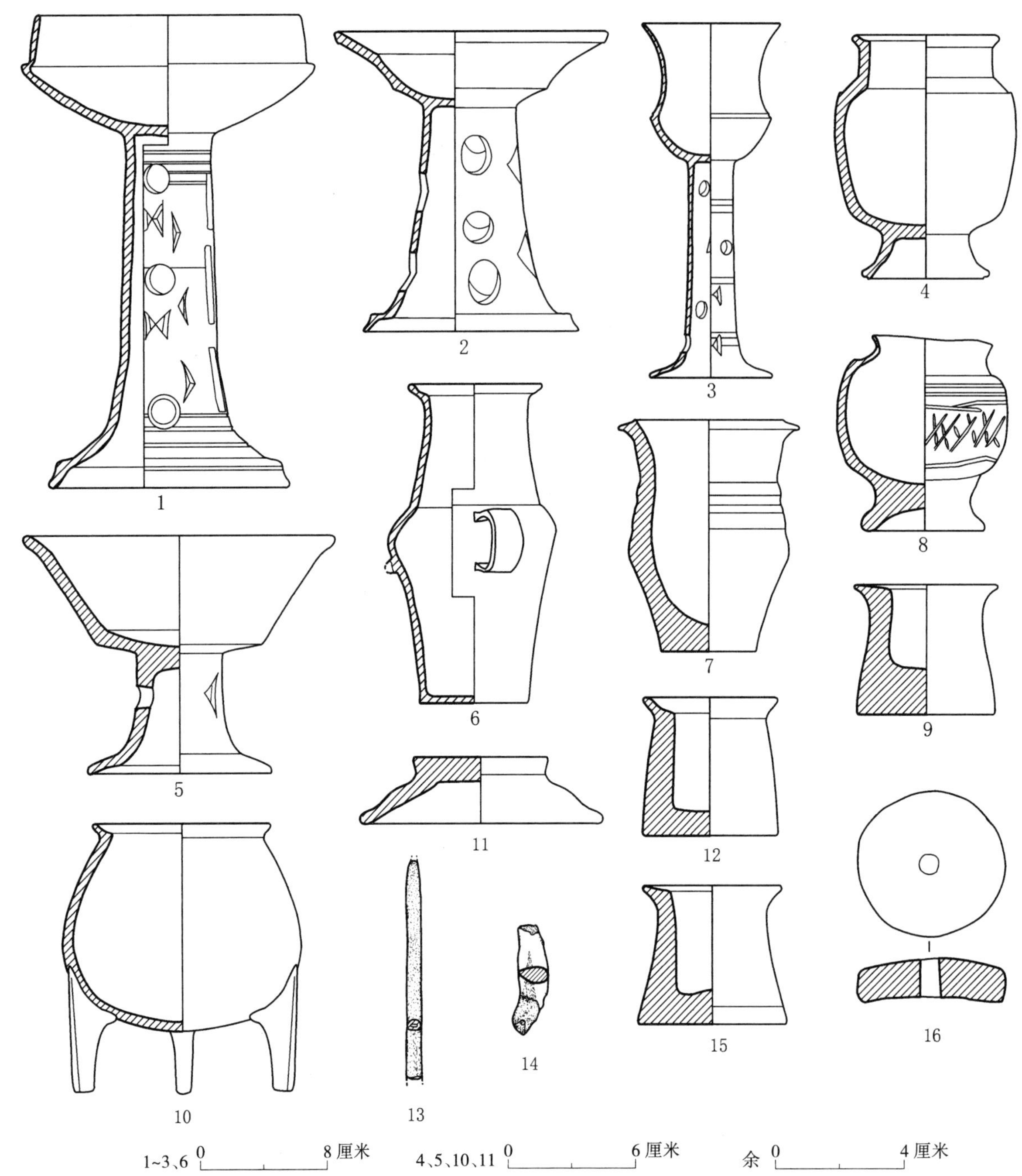

图二二四　大汶口文化 M121 出土器物

1、2、5. 陶豆（M121∶11、12、10）　3. 陶薄胎高柄杯（M121∶1）　4、8. 陶圈足杯（M121∶8、6）　6. 陶背壶（M121∶9）　7. 陶杯（M121∶3）　9、12、15. 陶筒形杯（M121∶7、5、2）　10. 陶鼎（M121∶14）　11. 陶器盖（M121∶16）　13. 骨簪（M121∶4）　14. 獐牙（M121∶15）　16. 陶纺轮（M121∶13）

一五八，4）

M121∶5，陶筒形杯。泥质黑陶，侈口，尖圆唇，折沿，斜直壁，平底。口径 4.2、底径 4.2、高 4.2 厘米。（图二二四，12；图版一五九，2）

M121∶6，陶圈足杯。手制，器形不甚规整，泥质黑陶，侈口，尖唇，束颈，鼓肩，弧腹，

近底处内收，矮圈足。杯腹饰不规则的弦纹及网格纹。口径3.8、足径3.8、高5.9厘米。（图二二四，8；图版一五九，5）

M121:7，陶筒形杯。泥质黑陶，侈口，尖圆唇，折沿，颈微束，斜直腹，平底。口径4.4、底径4.3、高3.9厘米。（图二二四，9；图版一五九，3）。

M121:8，陶圈足杯。泥质黑陶，侈口，圆唇，短折沿，粗颈，深弧腹，矮圈足。口径6.6、足径6.0、高11.0厘米。（图二二四，4；图版一五九，6）

M121:9，陶背壶。夹砂灰褐陶，侈口，圆唇，折沿，高颈，窄肩，颈肩处有一对半环形耳，正对两耳的腹另一侧的鸟喙状突纽残，弧腹，平底。口径8.2、底径6.6、高19.2厘米。（图二二四，6；图版一六〇，1）。

M121:10，陶豆。泥质黑陶，敞口，圆唇，弧壁，深盘，矮柄，喇叭状圈足。柄部饰有3个不对称的三角形镂孔。口径14.6、足径8.6、高10.8厘米。（图二二四，5；图版一六〇，3）

M121:11，陶豆。泥质黑陶，高直口微敛，方圆唇，弧壁，高柄，喇叭状圈足。柄部饰有圆形、长方形、弧边三角形等镂孔组成的纹饰，圈足上饰有数道凹弦纹。口径16.4、足径15.0、高28.8厘米。（图二二四，1；图版一六〇，2）

M121:12，陶豆。泥质黑陶，敞口，方圆唇，宽折沿，折壁，豆柄粗直，台状圈足。柄部2竖排圆形镂孔与2竖排三角形镂孔交错分布。口径16.8、足径14.0、高18.2厘米。（图二二四，2；图版一六〇，4）

M121:13，陶纺轮。夹砂红褐陶，圆饼状，剖面一面外凸，一面内凹，两侧略弧。直径约4.6、孔径0.6、厚约1.2厘米。（图二二四，16；图版一五八，3）

M121:14，陶鼎。夹砂红褐陶，侈口，尖圆唇，短折沿，深垂腹，圜底，凿形足。口径8.2、最大腹径11.1、通高12.3厘米。（图二二四，10；图版一六〇，5）

M121:15，獐牙。首尾皆残断。残长3.3厘米。（图二二四，14；图版一五八，5）

M121:16，陶器盖。夹砂褐陶，覆碟形，圆形捉手，盖壁弧折。捉手径6.4、口径11.4、通高3.0厘米。（图二二四，11；图版一六〇，6）

M122

位于ⅢT4705北隔梁下，部分进入北隔梁内，开口于第9层下，打破10层及生土，且被开口于同一层位下的H418所打破。长方形竖穴土坑墓，墓坑残长1.68、宽0.46~0.5、深0.14米。方向105°。填土呈灰褐色，土质较硬。单人仰身直肢葬，头向东南，面向上。骨架保存状况较差。经鉴定，墓主人年龄约50岁，性别不详。随葬品11件，多置于墓主身体左侧及足部，计有陶豆4件，陶鼎、罐各2件，陶圈足杯、纺轮、壶各1件。（图二二五；图版一六一，1）

完整及可修复器物10件。

M122:1，陶鼎。夹砂褐陶，侈口，方唇，折沿，弧鼓腹，圜底，三足残。口径7.3、残高8.3厘米。（图二二六，7；图版一六一，2）

M122:2，陶圈足杯。泥质白陶，侈口，尖圆唇，鼓腹，喇叭形圈足。口径11.0、足径5.4、高9.6厘米。（图二二六，3；图版一六一，4）

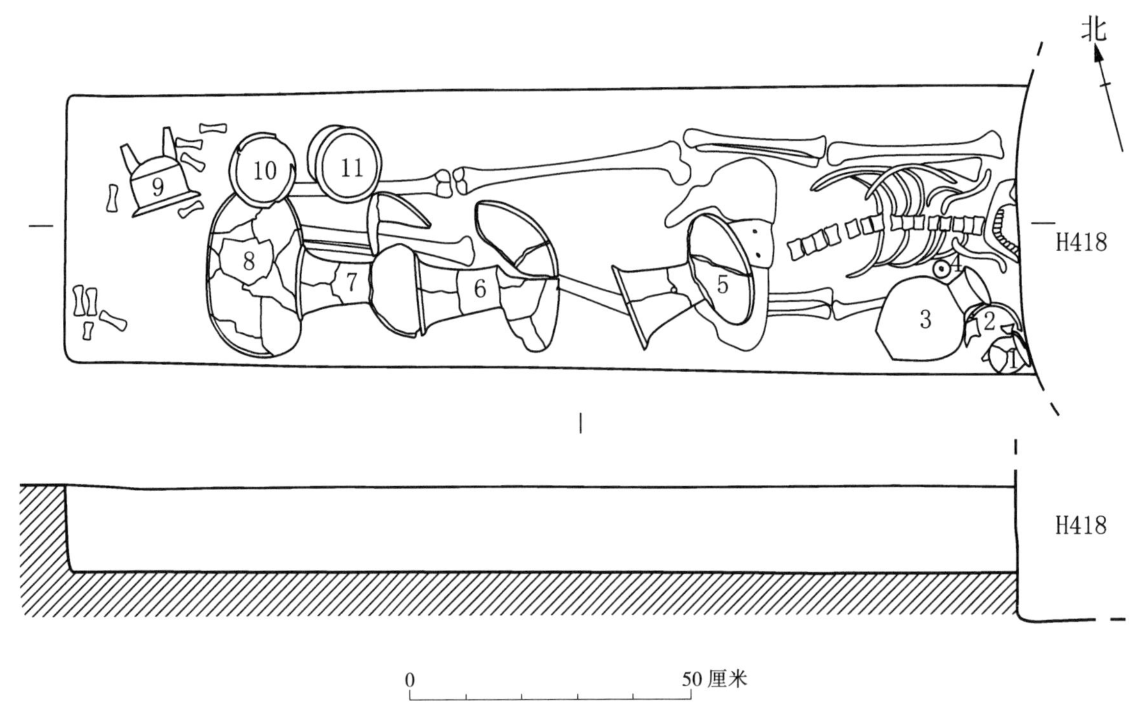

图二二五　大汶口文化M122平、剖面图

1、9. 陶鼎　2. 陶圈足杯　3. 陶壶　4. 陶纺轮　5～8. 陶豆　10、11. 陶罐

M122:3，陶壶。泥质灰褐陶，侈口，圆唇，直颈内收，圆鼓腹，平底。口径7.3、底径7.6、高14.8厘米。（图二二六，6；图版一六二，1）

M122:4，陶纺轮。夹砂红褐陶，圆饼状，剖面呈不规则的梯形，两面平整，两端略弧，钻孔处略向外凸。直径3.4～4.0、孔径0.2～0.4、厚0.6～0.8厘米。（图二二六，10；图版一六一，5）

M122:5，陶豆。泥质灰陶，口微敛，圆唇，弧壁，高柄，喇叭状圈足。柄部饰有3个对称分布的圆形镂孔。口径22.0、足径14.0、高18.4厘米。（图二二六，2；图版一六二，4）

M122:6，陶豆。泥质黑褐陶，敞口，沿外卷，弧壁，高柄，喇叭状圈足。柄部饰有3个对称分布的圆形镂孔。口径20.0、足径13.2、高18.0厘米。（图二二六，1；图版一六二，5）

M122:7，陶豆。泥质灰陶，敞口，圆唇，弧壁，高柄，喇叭状圈足。柄部饰有半圆形及弧边三角形的镂孔。口径20.9、足径12.9、高19.2厘米。（图二二六，4；图版一六二，6）

M122:9，陶鼎。夹砂红褐陶，侈口，圆唇，宽折沿，腹近直，圜底，凿形足。腹部饰有一周附加堆纹，每只足的正面饰有3道竖划纹。口径13.5、高10.8厘米。（图二二六，8；图版一六一，3）

M122:10，陶罐。泥质灰陶，侈口，尖圆唇，折沿，沿面微凹，上腹圆鼓，下腹弧收，平底。口径13.2、底径6.6、高11.4厘米。（图二二六，5；图版一六二，2）

M122:11，陶罐。泥质灰陶，侈口，尖圆唇，折沿，上腹圆鼓，下腹弧收，平底。口径11.4、底径6.4、高11.4厘米。（图二二六，9；图版一六二，3）

图二二六　大汶口文化 M122 出土器物

1、2、4. 陶豆（M122∶6、5、7）　3. 陶圈足杯（M122∶2）　5、9. 陶罐（M122∶10、11）　6. 陶壶（M122∶3）　7、8. 陶鼎（M122∶1、9）　10. 陶纺轮（M122∶4）

M123

位于ⅢT4704 北部，部分进入北隔梁及ⅢT4703 中，开口于第 9 层下，打破 10 层及生土。长方形竖穴土坑墓，墓坑长 1.8、宽 0.51～0.6、深 0.1 米。方向 198°。填土呈灰褐色，土质较硬。人骨仅残存部分肢骨。葬式不明。经鉴定，墓主人已成年，但性别不详。随葬品仅 2 件，为陶筒形杯 1 件，陶鬶足 1 只。（图二二七；图版一六三，1）

完整及可修复器物共 2 件。

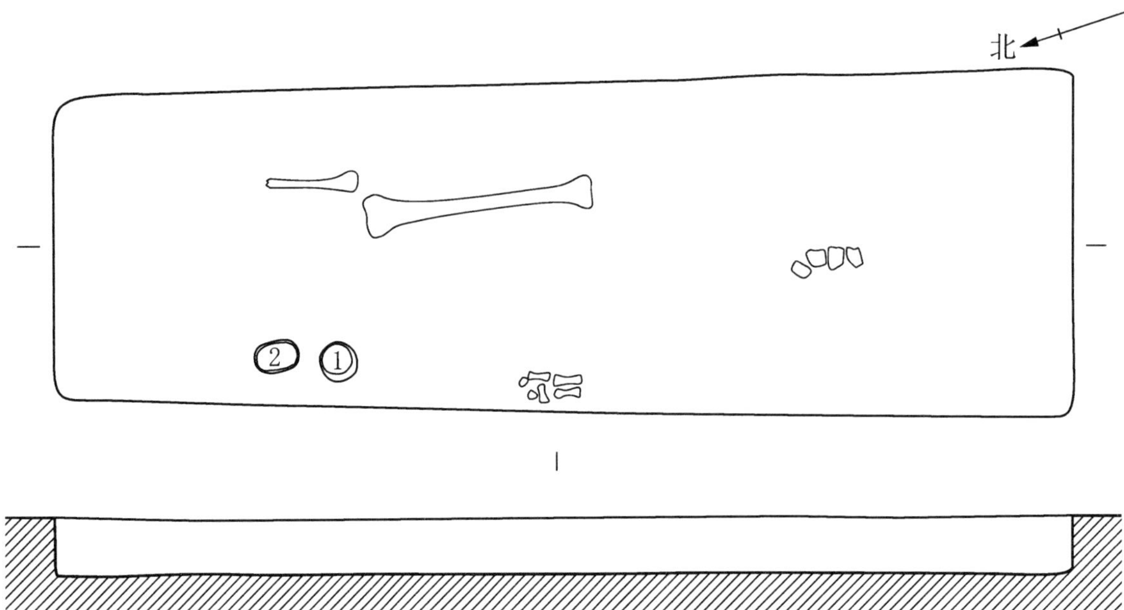

图二二七　大汶口文化 M123 平、剖面图

1. 陶筒形杯　2. 陶鬶足

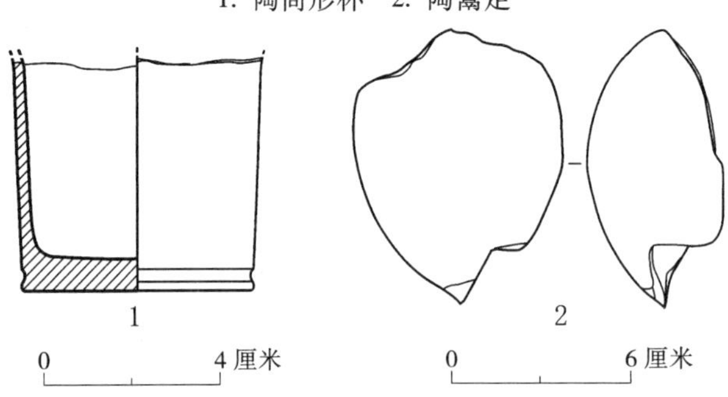

图二二八　大汶口文化 M123 出土器物

1. 陶筒形杯（M123∶1）　2. 陶鬶足（M123∶2）

M123∶1，陶筒形杯。泥质灰陶，直壁，平底。近底部有一道凹槽。底径 5.1、残高 5.0 厘米。（图二二八，1；图版一六三，4）

M123∶2，陶鬶足。夹砂红陶，仅残留半个。残长 9.0 厘米。（图二二八，2；图版一六三，3）

M124

位于ⅢT4904 中部近西壁处，墓坑开口于第 9 层下，打破 10 层，且被开口于同一层为下的 H413 打破。长方形竖穴土坑墓，墓坑长 2.0、宽 0.8～0.9、深 0.2 米。方向 95°。填土呈灰褐色，土质较硬。单人仰身直肢葬，头向东，面向南。骨架保存状况较好。经鉴定，墓主人为年龄约 40 岁的男性。随葬品 3 件，为薄胎高柄杯 1 件，獐牙 1 件，骨针 1 件。（图二二九；图版一六三，2）

M124∶1，陶薄胎高柄杯。泥质黑陶，口沿残，杯身下腹鼓突，圈足残。足上饰有圆形和菱形镂孔。残高5.7厘米。（图二三〇，1；图版一六三，5）

M124∶2，獐牙。尖部磨制光滑。残长5.5厘米。（图二三〇，2；图版一六三，6）

M124∶3，骨针。两端残断，通体磨光。残长2.9厘米。（图二三〇，3）

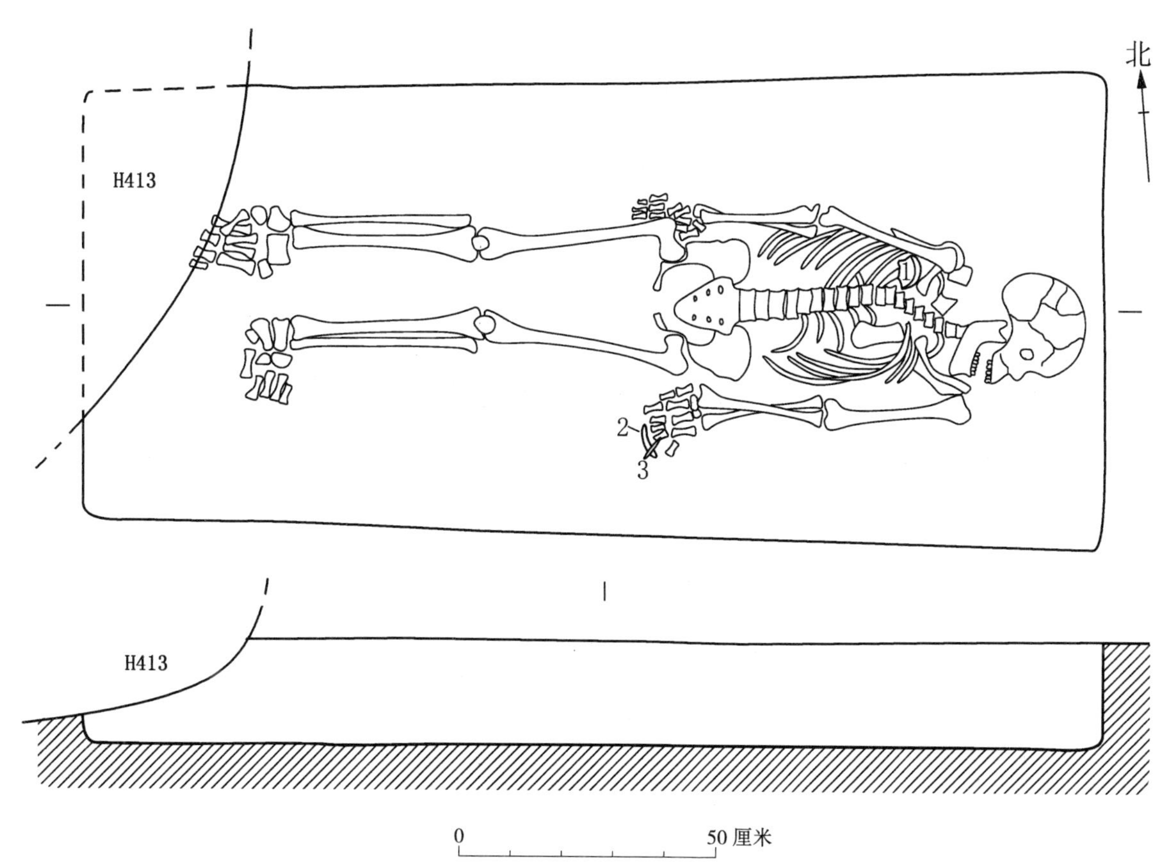

图二二九　大汶口文化M124平、剖面图

1. 陶薄胎高柄杯　2. 獐牙　3. 骨针

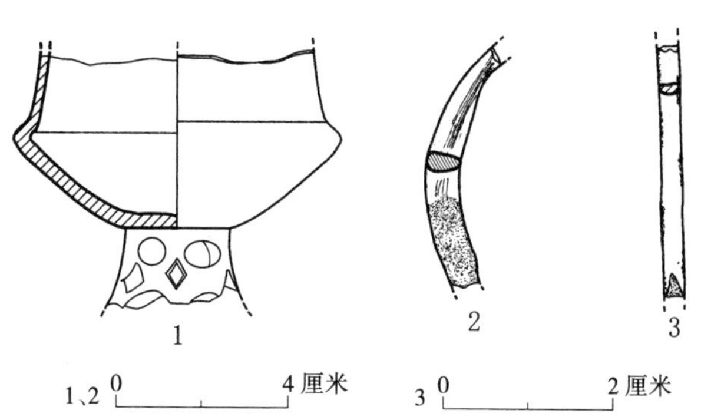

图二三〇　大汶口文化M124出土器物

1. 陶薄胎高柄杯（M124∶1）　2. 獐牙（M124∶2）　3. 骨针（M124∶3）

M125

位于ⅢT4905西南角，开口于第9层下，打破10层。长方形竖穴土坑墓，墓坑长2.5、宽0.8～0.95米、深0.67米。方向95°。四面有熟土二层台和生土二层台，熟土二层台在生土二层台之上，东、南、西、北侧宽分别为0.32、0.19、0.21、0.2米，熟土二层台高0.36、生土二层台高0.14米。填土呈灰褐色，土质较硬。未发现葬具。单人仰身直肢葬，头向东，面向南。头骨保存较差，肢骨保存状况较好。经鉴定，墓主为年龄约35岁的女性。随葬品11件，集中摆放于墓室内墓主的头、足部及身体的左侧，计有陶厚胎高柄杯、豆各2件，陶盆、高颈弧腹瓶、壶、鬶、薄胎高柄杯、筒形杯各1件，玉环1件。（图二三一；图版一六四，1）

完整及可修复器物11件。

M125∶1，陶盆。泥质灰褐陶，敞口，圆唇，折沿，折腹内收，平底。口径19.2、底径7.0、高9.0厘米。（图二三二，6；图版一六五，1）

M125∶2，陶薄胎高柄杯。泥质黑陶，侈口，尖唇，杯身上腹弧收，下部鼓突，细高柄，中部略鼓，台式圈足。柄部饰有3竖排圆形镂孔，每组镂孔之间饰有3～5个竖行排列的弧线

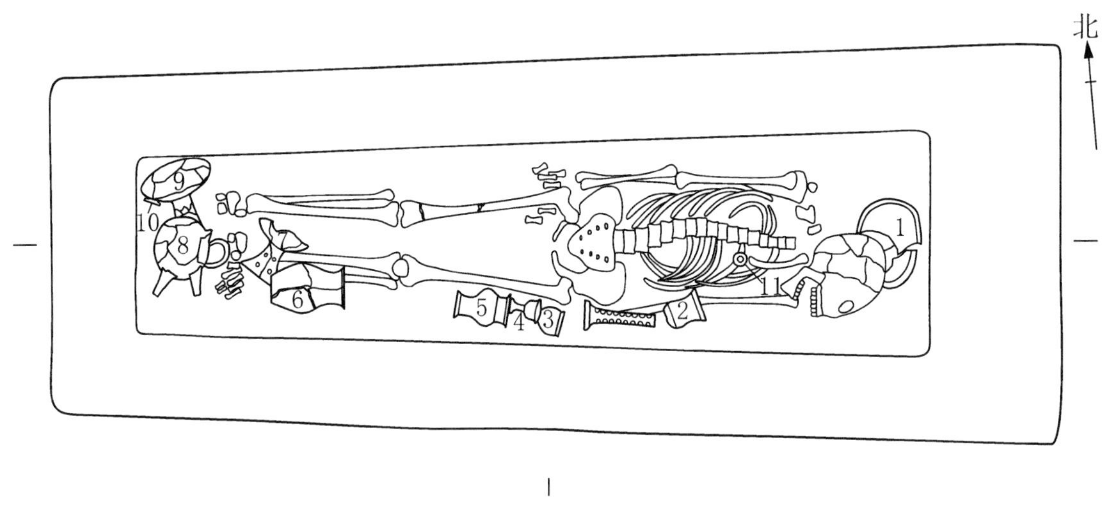

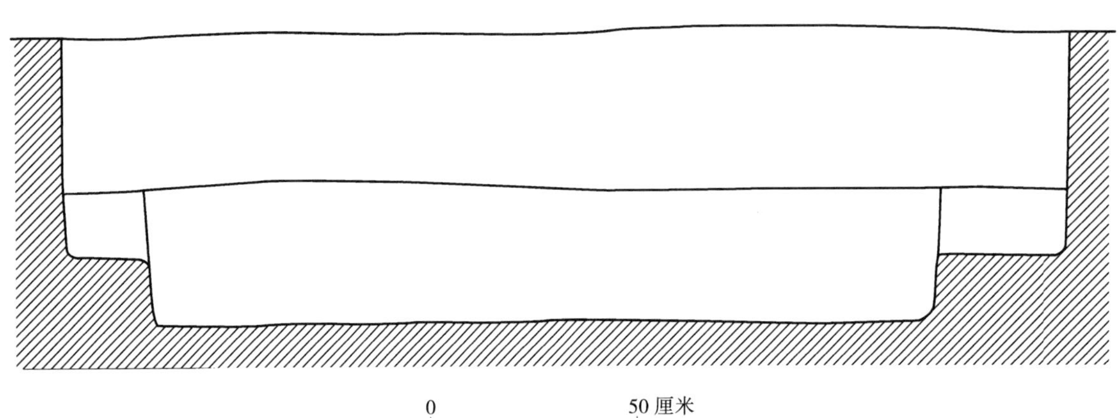

图二三一　大汶口文化M125平、剖面图

1. 陶盆　2. 陶薄胎高柄杯　3、4. 陶厚胎高柄杯　5. 陶高颈弧腹瓶　6. 陶壶　7、9. 陶豆　8. 陶鬶　10. 陶筒形杯　11. 玉环

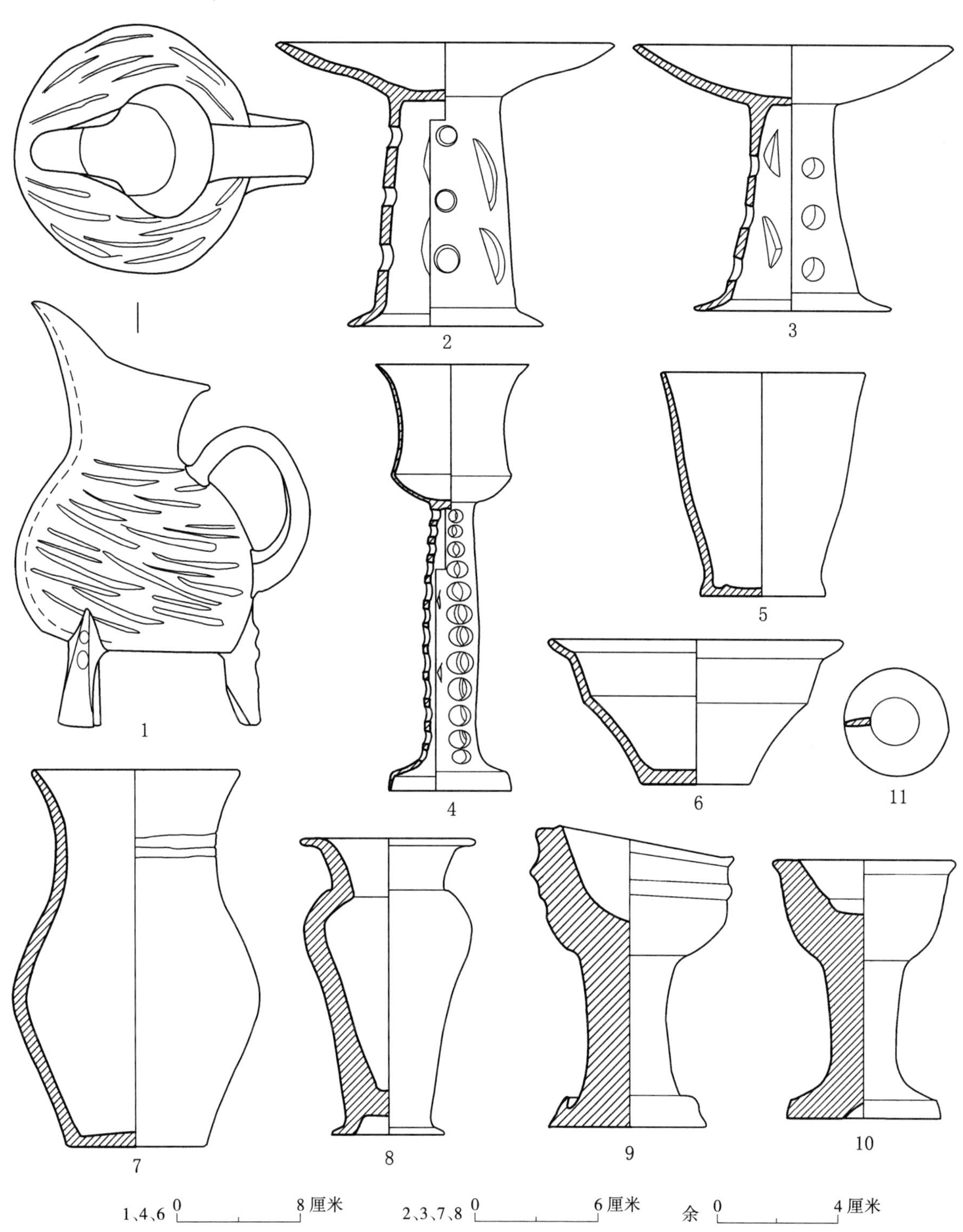

图二三二　大汶口文化M125出土器物

1. 陶鬶（M125:8）　2、3. 陶豆（M125:9、7）　4. 陶薄胎高柄杯（M125:2）　5. 陶筒形杯（M125:10）　6. 陶盆（M125:1）　7. 陶壶（M125:6）　8. 陶高颈弧腹瓶（M125:5）　9、10. 陶厚胎高柄杯（M125:4、3）　11. 玉环（M125:11）

三角镂孔。口径10.0、足径8.0、高27.0厘米。（图二三二，4；图版一六四，2）

M125:3，陶厚胎高柄杯。夹砂灰陶，侈口，平沿，弧腹，柄上部较粗，下部较细直，平底内凹。口径5.8、底径5.0、高8.2厘米。（图二三二，10；图版一六四，3）

M125:4，陶厚胎高柄杯。夹砂灰陶，器形不规整，侈口，弧腹，粗直柄，平底。杯腹饰1道突棱。口径6.4、底径5.2、高9.5厘米。（图二三二，9；图版一六四，4）

M125:5，陶高颈弧腹瓶。夹砂黑褐陶，侈口，平沿，圆唇，短颈内收，鼓肩，斜直腹略内弧，小喇叭形圈足。口径8.5、足径5.4、高13.8厘米。（图二三二，8；图版一六五，2）

M125:6，陶壶。夹细砂灰褐陶，侈口，尖圆唇，粗颈微束，溜肩，弧腹，平底。颈部饰有3道不规则的细凹弦纹。口径10. 2、底径7.0、高17.8厘米。（图二三二，7；图版一六五，3）

M125:7，陶豆。泥质黑陶，敞口，圆唇，弧壁，浅盘，高柄，喇叭形圈足。柄部饰有圆形及半月形镂孔。口径15.6、足径9.6、高12.6厘米。（图二三二，3；图版一六五，5）

M125:8，陶鬶。夹砂红陶，侈口，冲天式流，圆鼓腹，平底，三凿形足。腹部满饰篮纹，每个足的根部饰有两个捺窝。最大腹径15.4、通高26.8厘米。（图二三二，1；图版一六五，4）

M125:9，陶豆。泥质灰陶，敞口，弧壁，浅盘，粗高柄，喇叭形圈足。柄部饰有圆形及半月形镂孔。口径16.5、足径9.6、高13.4厘米。（图二三二，2；图版一六五，6）

M125:10，陶筒形杯。泥质黑陶，直口略侈，斜直腹至底部略弧收，平底。口径6.6、底径4.1、高7.3厘米。（图二三二，5；图版一六四，5）

M125:11，玉环。矿物成分为蛇纹石，半透明。直径3.4、孔径1.5、厚0.1～0.2厘米。（图二三二，11；图版一六四，6）

M126

位于ⅢT4805中部近东壁处，开口于第9层下，且被开口于第9层下的H419打破。长方形竖穴土坑墓，墓口残长0.8～1.48、墓底残长1.52～1.69、宽1.1、深0.36米。方向105°。仅存西、北、南三面留有熟土二层台，西、北、南侧宽分别为0.33、0.24、0.22米，高0.2米。填土呈黄褐色，土质密硬，含少量红烧土块。未发现有葬具。墓坑内发现人骨架一具，骨架保存状况较差，葬式、面向不详。已成年，但性别不详。随葬品10件，置于墓主身体左侧的下肢骨处，计有陶豆、罐各2件，陶圈足杯、钵、鼎、鬶、背壶、纺轮各1件。（图二三三；图版一六六，1、2）

完整及可修复器物10件。

M126:1，陶圈足杯。泥质黑陶，敞口，尖唇，弧腹，矮圈足。圈足中部饰有3个对称分布的圆形镂孔。口径9.9、足径6.3、高10.8厘米。（图二三四，6；图版一六七，1）

M126:2，陶罐。泥质黄褐陶，侈口，尖圆唇，折沿内凹，弧腹，平底。口径12.0、底径6.5、高9.2厘米。（图二三四，9；图版一六八，1）

M126:3，陶豆。泥质黑陶，敞口，圆唇，弧壁，浅盘，高柄，喇叭形圈足。柄部饰有三角形镂孔和圆形镂孔组成的纹饰。口径21.1、足径14.7、高18.6厘米。（图二三四，2；图版

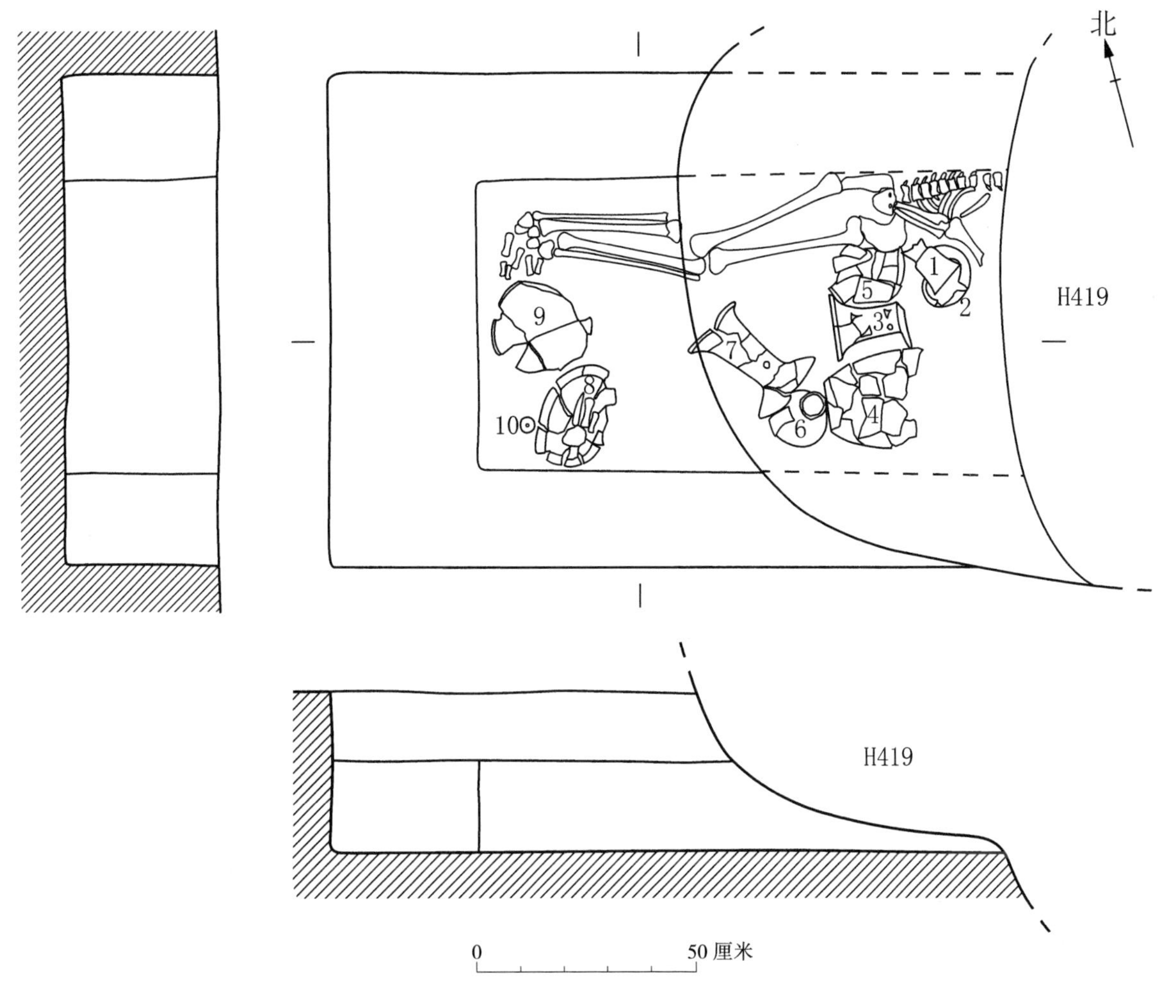

图二三三　大汶口文化M126平、剖面图

1. 陶圈足杯　2、5. 陶罐　3、7. 陶豆　4. 陶背壶　6. 陶鬶　8. 陶鼎　9. 陶钵　10. 陶纺轮

一六八，3）

M126∶4，陶背壶。泥质黑褐陶，口残，圆肩，深腹，肩腹处有半环形竖耳一对，两耳间腹壁一侧圆弧，另一侧较平直，平底。底径10.6、残高22.2厘米。（图二三四，5；图版一六七，3）

M126∶5，陶罐。泥质灰白陶，侈口，尖圆唇，折沿内凹，深弧腹，平底。口径15.0、底径6.8、高14.8厘米。（图二三四，3；图版一六八，2）

M126∶6，陶鬶。泥质红陶，口残，粗颈，半环形把手，空心袋足。最大腹径11.6、残高15.5厘米。（图二三四，4；图版一六八，5）

M126∶7，陶豆。泥质黑褐陶，敞口，圆唇，弧壁，浅盘，高柄，喇叭形圈足。柄部饰有弦纹、三角形镂孔及圆形镂孔组成的纹饰。口径20.7、足径15.2、高24.4厘米。（图二三四，1；图版一六八，4）

M126∶8，陶鼎。夹砂红褐陶，敞口，方唇，折沿，上腹壁较直，下腹壁弧收，圜底，凿

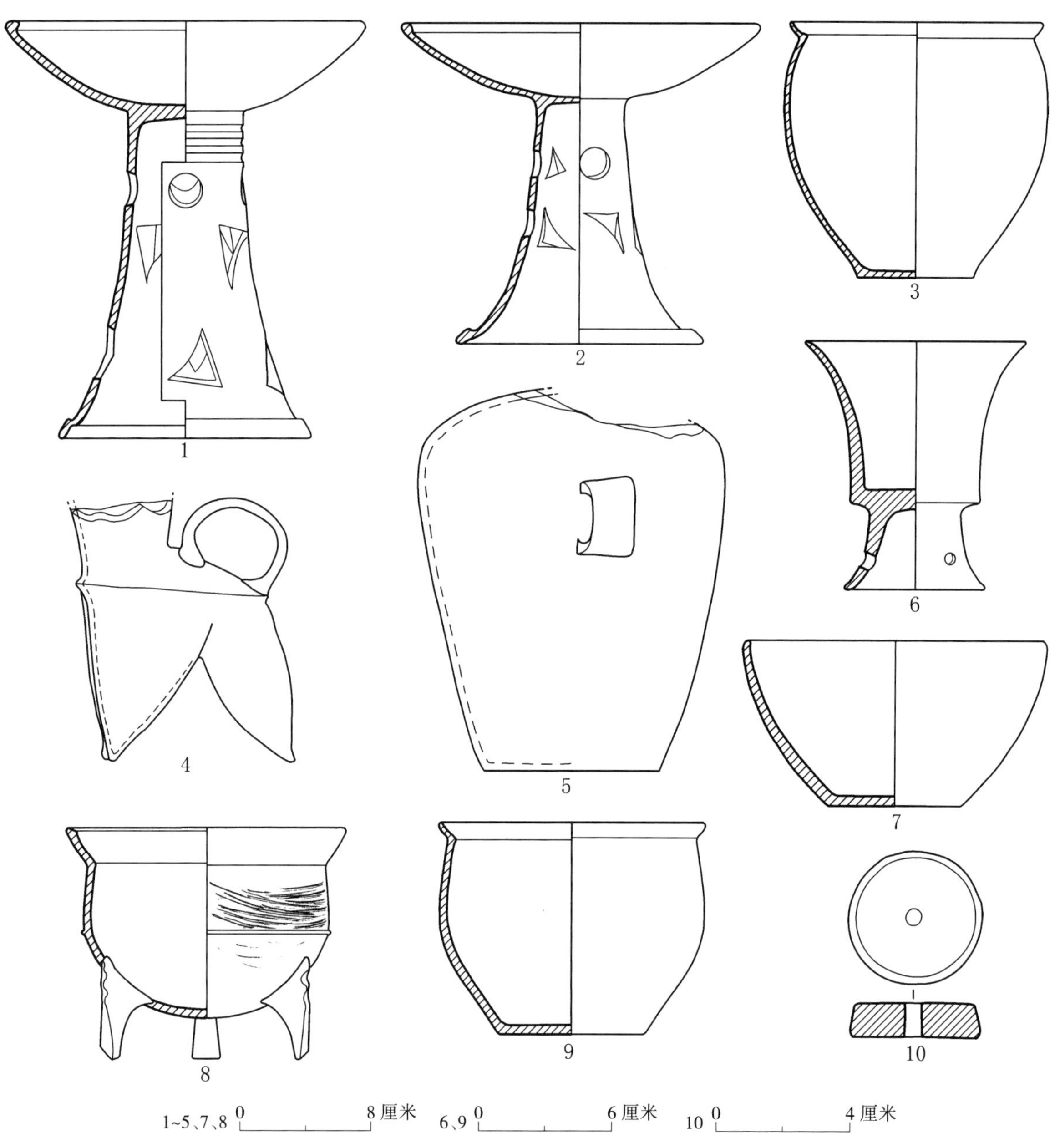

图二三四 大汶口文化 M126 出土器物

1、2. 陶豆（M126:7、3） 3、9. 陶罐（M126:5、2） 4. 陶鬶（M126:6） 5. 陶背壶（M126:4） 6. 陶圈足杯（M126:1） 7. 陶钵（M126:9） 8. 陶鼎（M126:8） 10. 陶纺轮（M126:10）

形足。腹部饰有一道突棱，每只足的根部均饰有 2 个捺窝，器腹饰有细篮纹。口径 16.8、高 10.0 厘米。（图二三四，8；图版一六七，4）

M126:9，陶钵。夹砂红褐陶，口微敛，圆唇，弧腹，平底。口径 18.0、底径 8.0、高 9.6 厘米。（图二三四，7；图版一六八，6）

M126:10，纺轮。夹砂红褐陶，圆饼状，剖面呈梯形，两面平整，两侧略弧。直径 3.5 ~ 3.9、孔径 0.5、厚 1.0 厘米（图二三四，10；图版一六七，2）

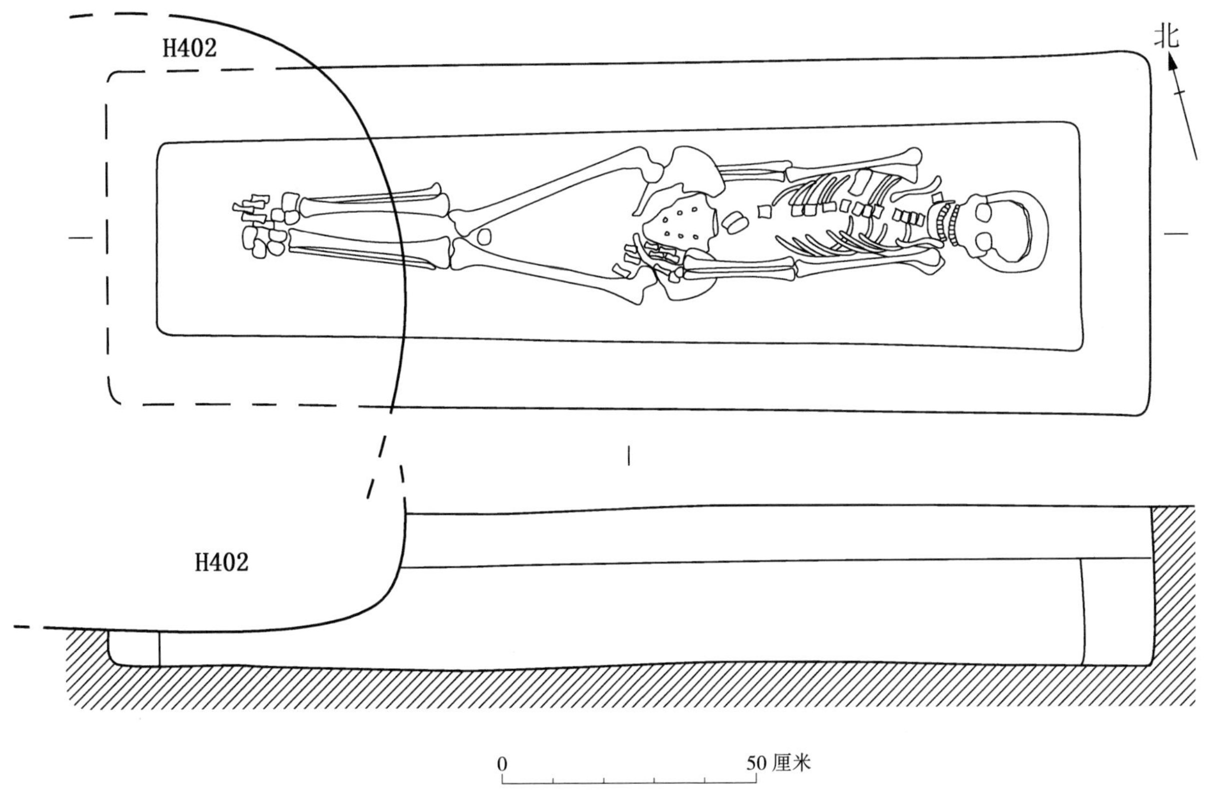

图二三五　大汶口文化M127平、剖面图

M127

位于ⅢT4805东北角，开口于第9层下，且被开口于同一层位下的H402打破。长方形竖穴土坑墓，墓口残长1.47～1.6、墓底长2.1、宽0.63～0.69、深0.3米。方向105°。四周有熟土二层台，东、南、西、北侧宽分别为0.14、0.13、0.1、0.13米，高0.2米。填土呈黄褐色，土质坚硬。未发现有葬具。单人仰身直肢葬，头向东南，面向上。头骨保存较差，肢骨保存较好。经鉴定，墓主为年龄29～30岁的女性。墓内未发现有随葬品。（图二三五；图版一六九，1）

M128

位于ⅢT4903中部近南壁处，开口于第9层下，且打破开口于同一层位下的M129和M140。长方形竖穴土坑墓，墓坑长2.3、宽1.83、深0.4米。方向195°。双人异穴合葬墓，有熟土二层台，台高0.08米。双棺，棺木已朽，有朽痕。东侧棺长1.92、宽0.45米；西侧棺长2.04、宽0.47米。两位墓主均为侧身直肢，头向南，东侧人骨颈部似被折断。面向南，西侧人骨面向东。骨架保存状况较好。经鉴定，东侧墓主为年龄约30岁的男性，西侧墓主为年龄45～50岁的男性。墓内未发现有随葬品。（图二三六；图版一六九，2）

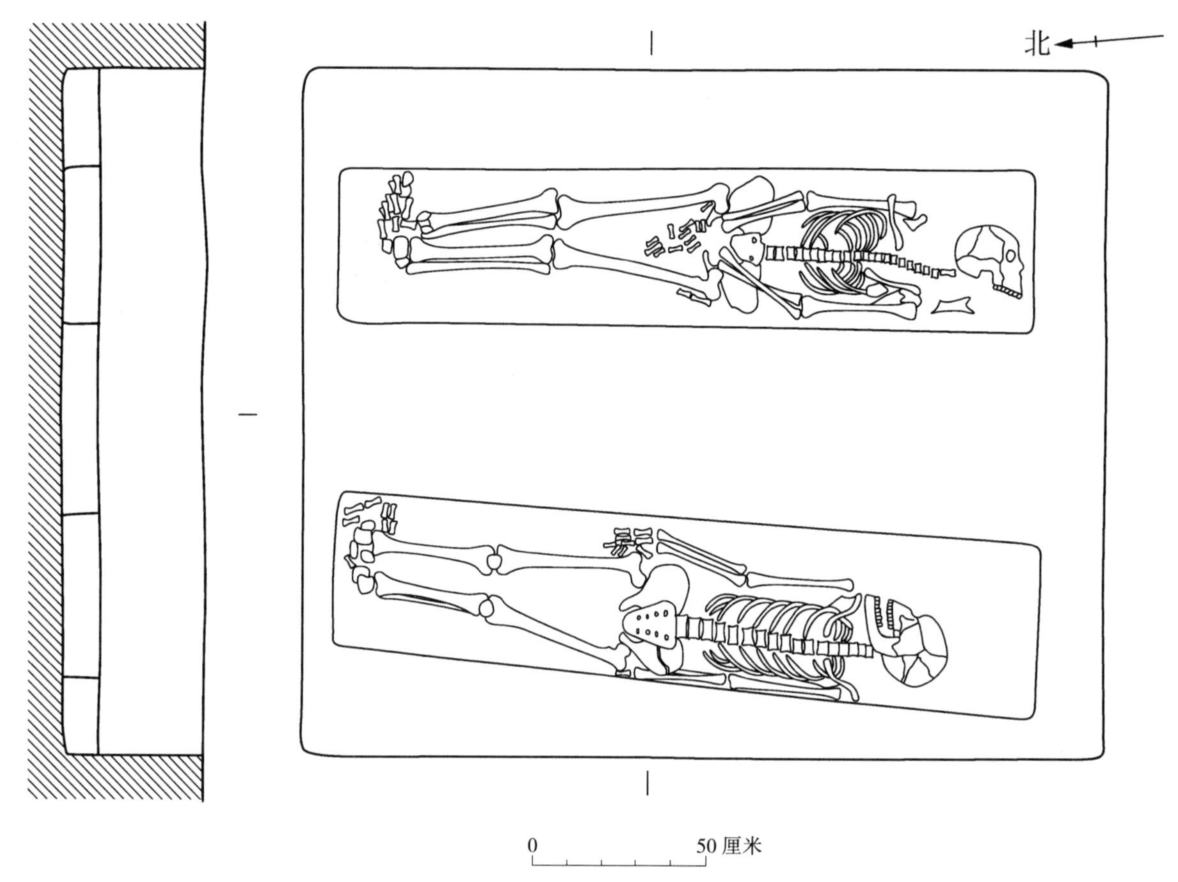

图二三六　大汶口文化 M128 平、剖面图

M129

位于ⅢT4903 中部偏南，开口于第 9 层下，且被开口于同一层位下的 M128 打破。长方形竖穴土坑墓，墓底长 2.0、宽 0.53～0.69、深 0.23～0.64 米。方向 98°。填土呈黄褐色，土质较硬。单人侧身直肢葬，头向东，面向南。骨架保存状况完好。经鉴定，墓主人为年龄 45～50 岁的男性。随葬品 18 件，集中摆放于墓主身体左侧，计有陶豆 7 件，陶鼎、罐各 2 件，陶盆、钵、壶、盉、鬶、背壶各 1 件，猪犬齿 1 件。（图二三七；图版一七〇，1、2）

完整及可修复器物 18 件。

M129∶1，陶豆。泥质灰陶，敞口，圆唇，弧壁，浅盘，高柄，喇叭形圈足。柄部饰有 3 个对称分布的圆形镂孔。口径 20.4、足径 14.0、高 17.6 厘米。（图二三八，8；图版一七一，1）

M129∶2，陶豆。泥质灰陶，口微敛，圆唇，弧壁，柄较矮，喇叭形圈足。柄部饰有 3 个对称分布的圆形镂孔。口径 20.5、足径 12. 0、高 15.4 厘米。（图二三八，3；图版一七一，2）

M129∶3，陶豆。泥质灰陶，口微敛，圆唇，弧壁，浅盘，高柄，喇叭形圈足。柄部饰有 3 个对称的圆形镂孔，足上饰 2 道凹弦纹。口径 20.8、足径 12.4、高 16.6 厘米。（图二三八，2；图版一七一，3）

M129∶4，陶鼎。夹砂红褐陶，侈口，短折沿，弧腹，圜底，三足残。口径 8.8、最大腹径 9.1、残高 7.6 厘米。（图二三八，12；图版一七三，1）

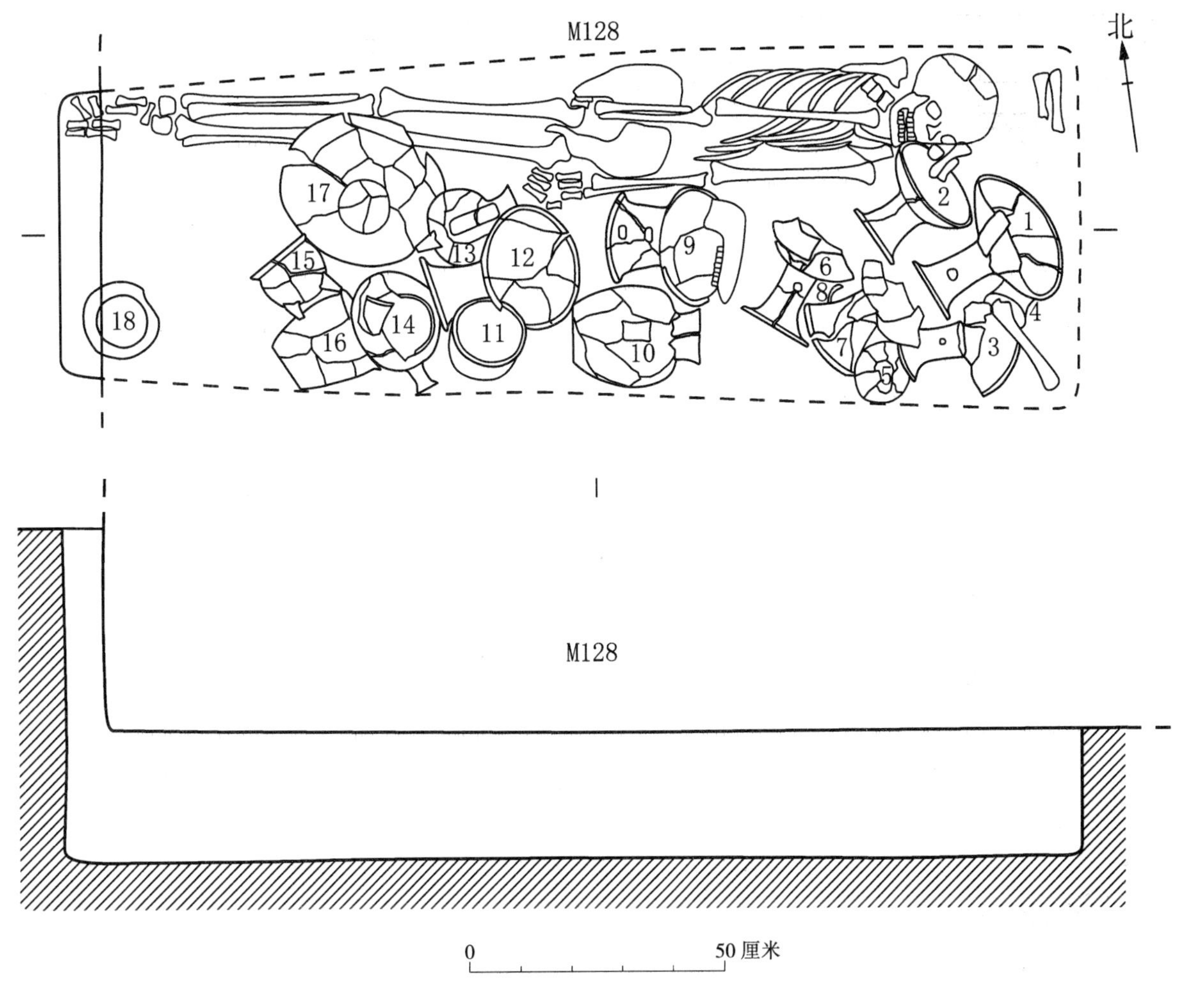

图二三七 大汶口文化 M129 平、剖面图

1~3、6、7、9、12. 陶豆 4、15. 陶鼎 5. 陶壶 8. 猪犬齿 10. 陶背壶 11、16. 陶罐 13. 陶鬶 14. 陶盉 17. 陶盆 18. 陶钵

M129:5，陶壶。泥质黑陶，口残，扁鼓腹，平底。底径 5.8、残高 8.1 厘米。（图二三九，5；图版一七三，5）

M129:6，陶豆。泥质灰陶，敞口，圆唇，折壁，高柄，喇叭形圈足。柄部饰有 3 个对称的圆形镂孔。口径 22.4、足径 14.8、高 20.2 厘米。（图二三八，4；图版一七一，4）

M129:7，陶豆。泥质灰陶，敞口，尖圆唇，折壁，高柄，喇叭形圈足。柄部饰有 3 个对称的圆形镂孔。口径 20.0、足径 12.2、高 17.6 厘米。（图二三八，1；图版一七一，5）

M129:8，猪犬齿。残长 6.2 厘米。（图二三九，6；图版一七三，6）

M129:9，陶豆。泥质灰陶，口微敛，圆唇，弧壁，矮柄，喇叭形圈足。豆盘内侧口沿处有 2 道凹弦纹，柄部饰有圆形镂孔和凹弦纹组成的纹饰。口径 21.3、足径 14.8、高 16.2 厘米。（图二三八，5；图版一七一，6）

M129:10，陶背壶。泥质灰陶，侈口，尖圆唇，短颈，鼓肩，弧腹，肩腹处有一对半环形耳，正对两耳的腹另一侧有一鸟喙状突纽，平底。口径 8.8、底径 11.0、高 21.8 厘米。（图二三八，9；图版一七二，5）

图二三八　大汶口文化M129出土器物

1～5、7、8. 陶豆（M129：7、3、2、6、9、12、1）　6. 陶钵（M129：18）　9. 陶背壶（M129：10）　10. 陶盆（M129：17）　11、12. 陶鼎（M129：15、4）

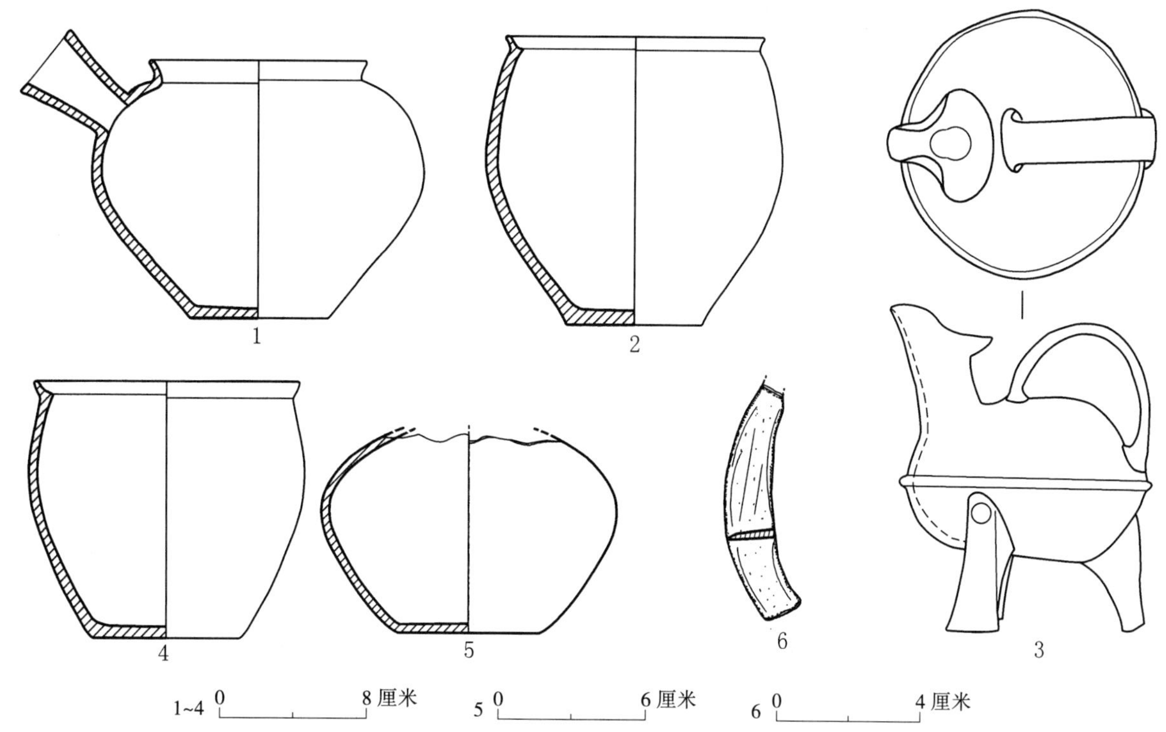

图二三九　大汶口文化M129出土器物

1. 陶盉（M129∶14）　2、4. 陶罐（M129∶16、11）　3. 陶鬶（M129∶13）　5. 陶壶（M129∶5）　6. 猪犬齿（M129∶8）

M129∶11，陶罐。泥质灰陶，侈口，尖唇，折沿，弧腹，平底。口径14.2、底径8.0、高13.6厘米。（图二三九，4；图版一七二，3）

M129∶12，陶豆。泥质灰陶，敞口，沿外折，弧腹，浅盘，高柄，喇叭形圈足。柄部饰有3个对称的圆形镂孔。口径20.4、足径14.4、高19.4厘米。（图二三八，7；图版一七二，1）

M129∶13，陶鬶。泥质红褐陶，短流，细高颈，扁圆形腹，底近平，凿形足，宽带状把手在背上。腹中部突棱一道，每只足的根部各有1个捺窝。最大腹径13.8、通高17.2厘米。（图二三九，3；图版一七二，2）

M129∶14，陶盉。泥质灰陶，侈口，短颈，鼓肩，弧腹，平底，沿下一侧有一管状流。口径11.6、底径7.4、高14.0、流口宽4.2厘米。（图二三九，1；图版一七二，6）

M129∶15，陶鼎。夹砂红褐陶，敞口，折沿，弧腹，圜底，凿形足。每只足的两侧各有一道刻槽，器腹饰有浅篮纹。口径11.2、高11.4厘米。（图二三八，11；图版一七三，2）

M129∶16，陶罐。泥质灰陶，侈口，尖圆唇，短折沿，深弧腹，平底。口径14.0、底径7.2、高15.2厘米。（图二三九，2；图版一七二，4）

M129∶17，陶盆。夹砂黑褐陶，敞口，折腹，平底。口径31.6、底径10.8、高12.8厘米。（图二三八，10；图版一七三，3）

M129∶18，陶钵。夹砂黑褐陶，敞口，圆唇，斜直腹，平底。口径17.8、底径10.8、高8.2厘米。（图二三八，6；图版一七三，4）

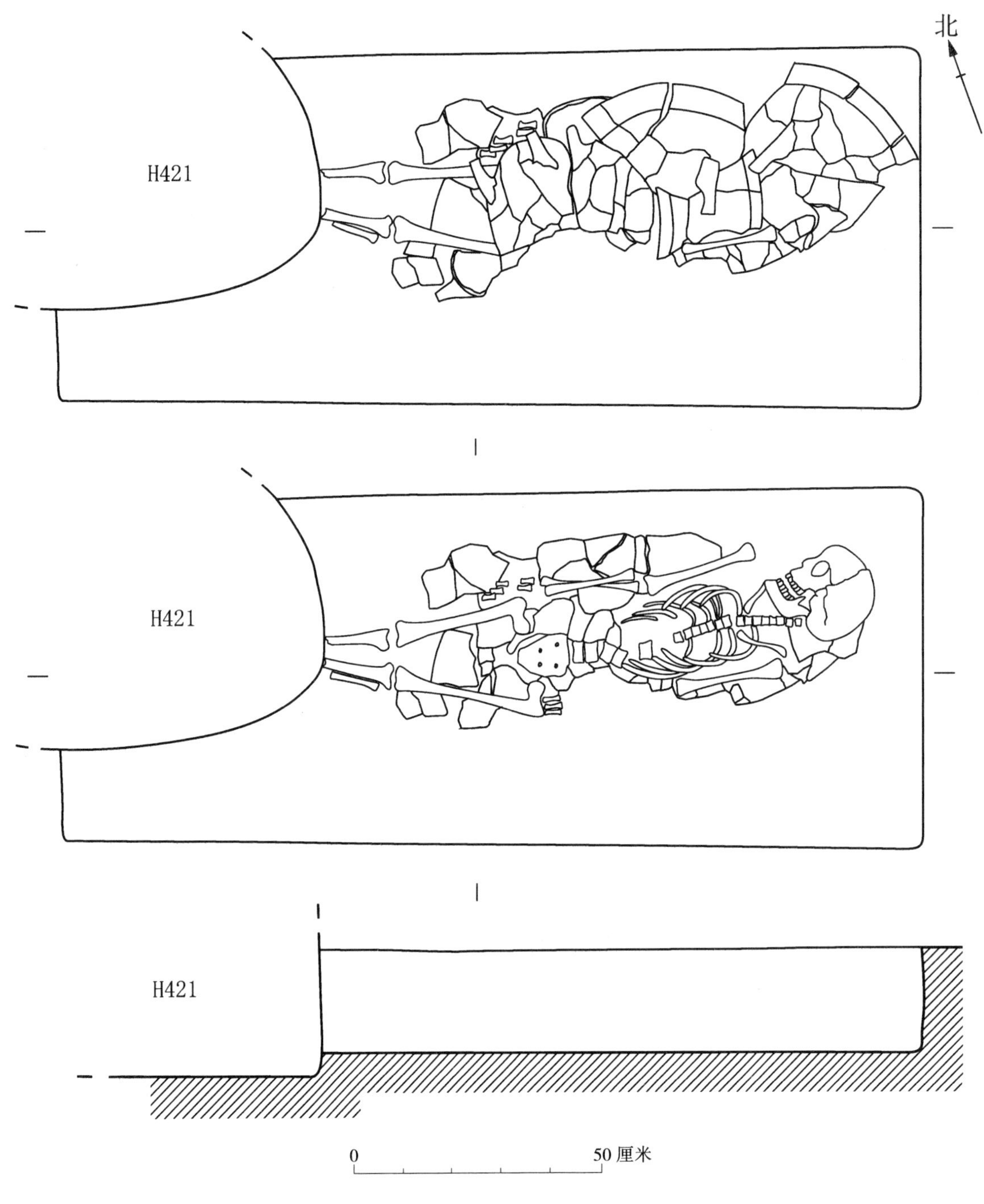

图二四〇 大汶口文化 M130 平、剖面图

M130

位于ⅢT4905 东北部，部分进入东隔梁，开口于第 9 层下，打破 10 层，且被开口于同一层位下的 H421 打破。陶棺葬，墓坑长 1.73、最宽 0.7、深 0.2 米。方向 110°。填土呈黄褐色，土质较硬，含烧土粒。将陶器打碎后铺于墓底及盖于骨架上用作葬具。单人仰身直肢葬，头向东南，面向西北。头骨及部分肢骨保存较好。经鉴定，墓主人为年龄 15 ~ 17 岁的青少年，性别不详。墓内未发现随葬品。修复葬具陶鼎 5 件。（图二四〇；图版一七四，1、2）

M130:1，陶鼎。葬具。夹砂褐陶，敞口，方唇，宽折沿，深弧腹，圜底，三凿形足。每个足的根部饰有2个捺窝，下腹部饰细绳纹。口径20.8、最大腹径21.4、高26.5厘米。（图二四一，1；图版一七五，1）

M130:2，陶鼎。葬具。夹砂灰褐陶，大敞口，方唇，唇面有一周凹槽，宽折沿，弧腹较浅，圜底，三凿形足。通体饰篮纹。口径31.0、最大腹径26.4、高23.8厘米。（图二四一，5；图版一七五，3）

M130:3，陶鼎。葬具。夹砂灰褐陶，敞口，尖圆唇，宽折沿，腹壁较直，圜底，三凿形足，足底被磨平。腹饰篮纹，每个足的根部各饰有3个捺窝，足两侧各有一道刻槽。口径

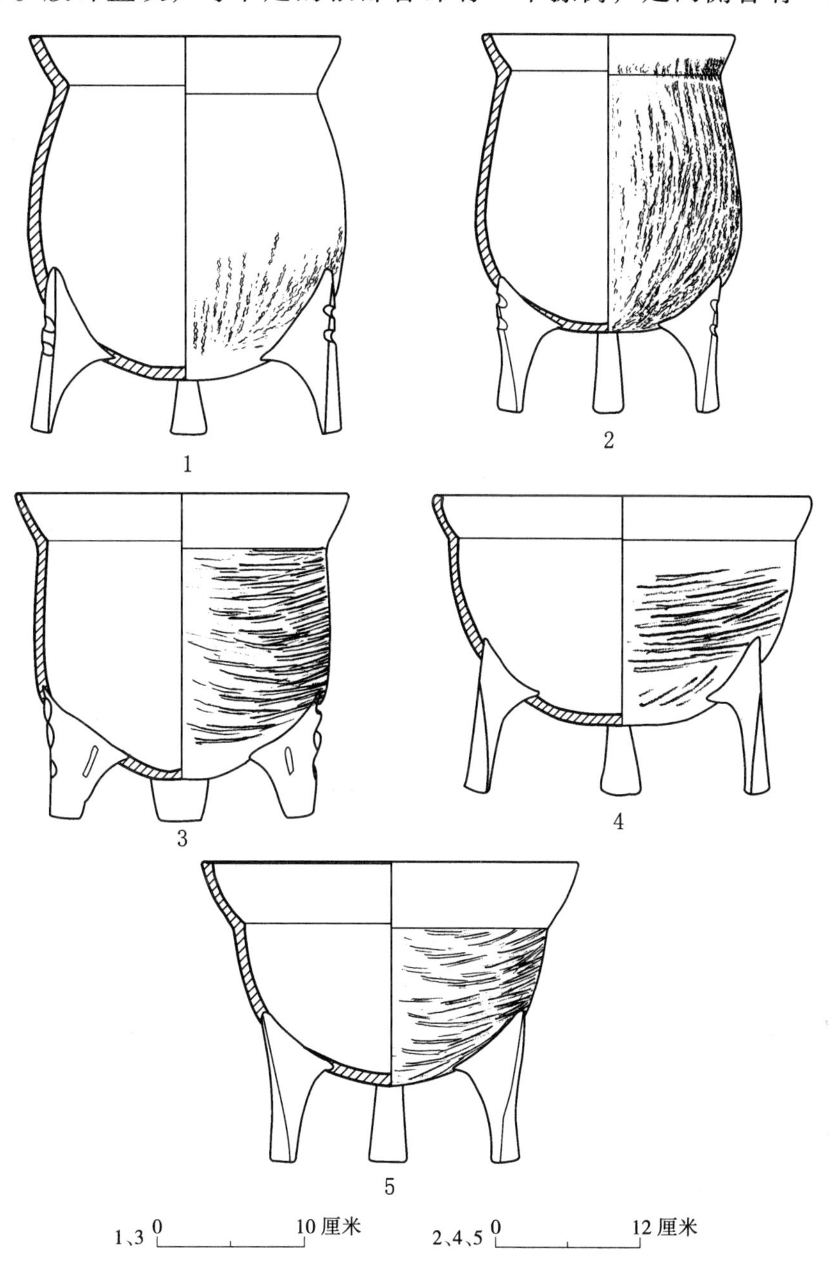

图二四一　大汶口文化M130葬具

1~5. 陶鼎（M130:1、5、3、4、2）

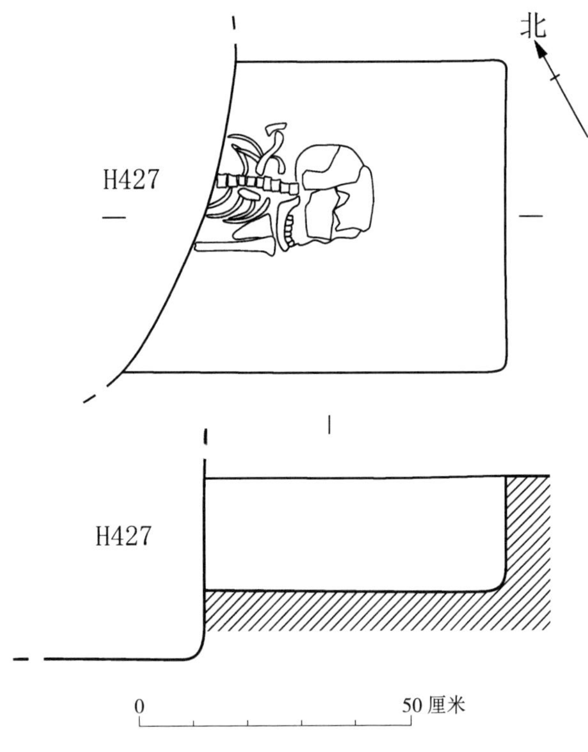

图二四二　大汶口文化M131平、剖面图

22.5、最大腹径19.9、高21.7厘米。（图二四一，3；图版一七五，5）

M130∶4，陶鼎。葬具。夹砂褐陶，敞口，方唇，宽折沿，弧腹较浅，三凿形足。腹部饰篮纹。口径31.0、最大腹径26.9、高24.0厘米。（图二四一，4；图版一七五，4）

M130∶5，陶鼎。葬具。夹砂红褐陶，敞口，方唇，折沿，深弧腹，三凿形足，通体饰绳纹。每个足的根部饰2个捺窝。口径20.8、最大腹径22.0、高29.8厘米。（图二四一，2；图版一七五，2）

M131

位于ⅢT4906近北壁处，开口于第8层下，打破第9层至生土，且被西周灰坑H427打破。长方形竖穴土坑墓，墓坑残长0.49～0.7、宽0.55、深0.2米。方向120°。填土呈灰褐色，土质较硬。墓坑内发现人骨架一具，胸椎以下部分被扰，葬式不详，头向东南，面向西南。骨架保存状况较差。经鉴定，墓主为年龄15～16岁的少年，性别不详。墓内未发现随葬品及葬具。（图二四二；图版一七六，1）

M132

位于ⅢT4906近北壁处，开口于第9层下，打破10层，且被西周灰坑H427打破。长方形竖穴土坑墓，墓坑长1.8、宽0.54、深0.2米。方向120°。填土呈灰褐色，土质较硬，含烧土颗粒。单人仰身直肢葬，头向东南，面向不详。头骨无，仅存部分肢骨。经鉴定，墓主人为年龄45～50岁的女性。墓内未发现随葬品及葬具。（图二四三；图版一七六，2）

M133

位于ⅢT4906近西壁处，开口于第8层下，打破第9层至生土，其西部被晚期灰坑破坏。长方形竖穴土坑墓，墓坑残长1.28～1.5、宽0.6、深0.15米。方向105°。填土呈灰褐色，土质较硬。单人仰身直肢葬，头向东南，面向不详。骨架保存状况较差。头骨无，仅存部分肢骨。经鉴定，墓主已成年，性别不详。墓内未发现随葬品及葬具。（图二四四；图版一七七，1）

M134

位于ⅢT4906中部近西壁处，墓坑开口于第8层下，打破第9层，且被开口于同一层位下的H431打破。长方形竖穴土坑墓，墓坑长1.75、宽0.6、深0.21米。方向105°。填土呈灰

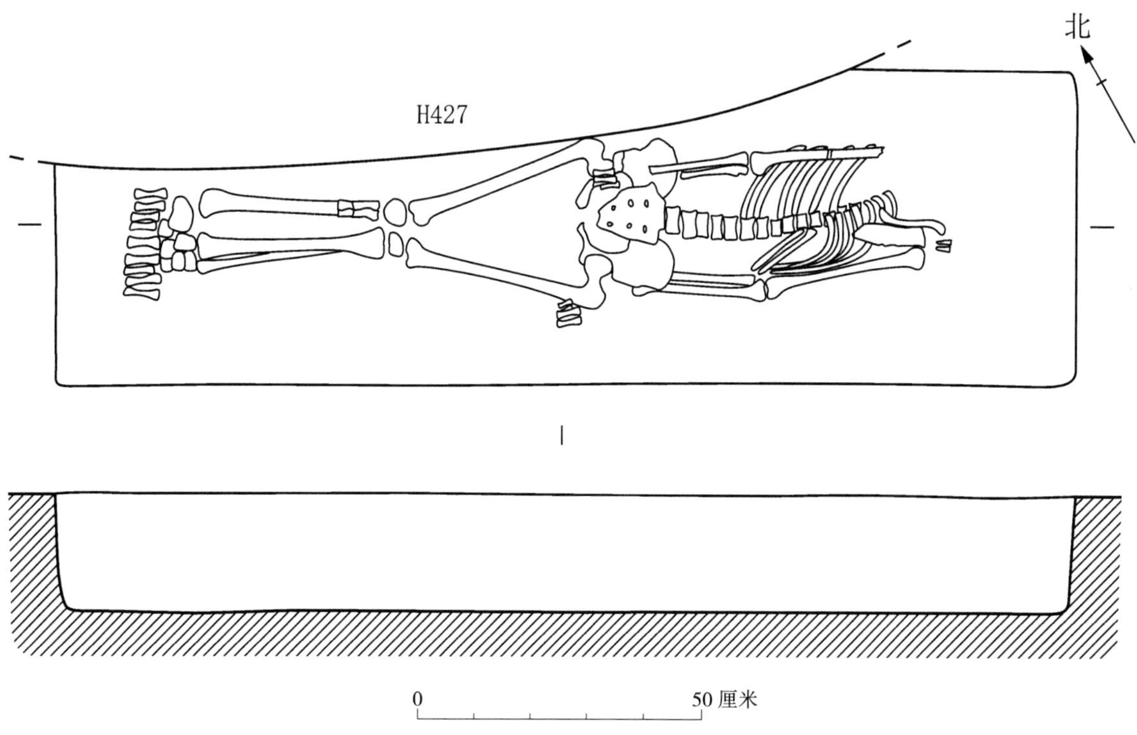

图二四三　大汶口文化 M132 平、剖面图

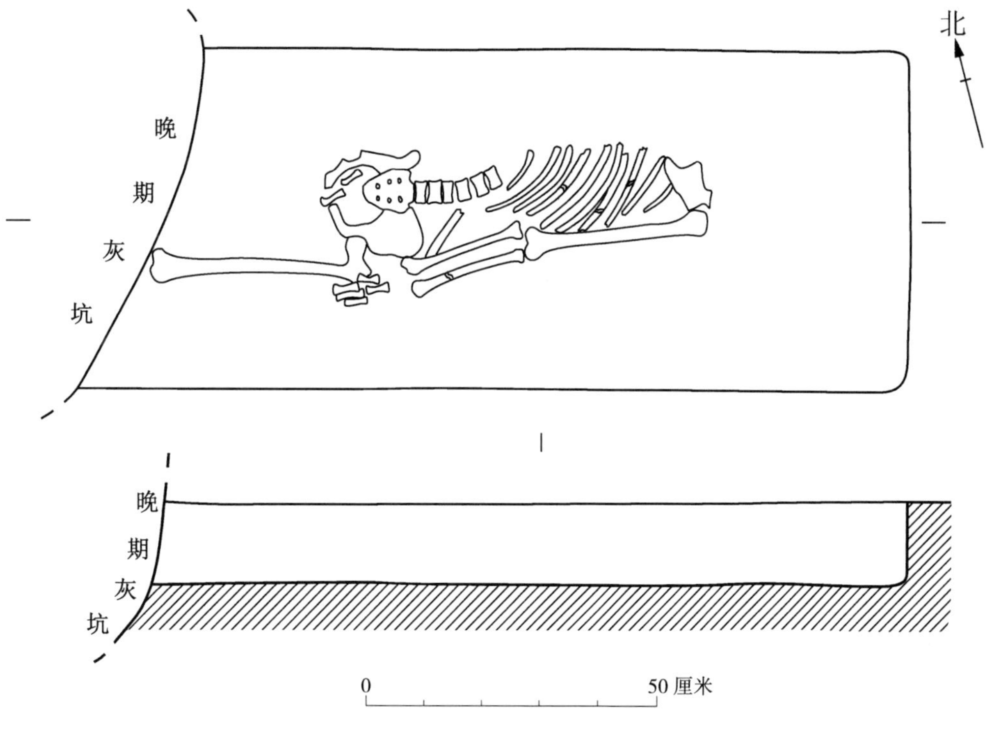

图二四四　大汶口文化 M133 平、剖面图

褐色，土质较硬。单人仰身直肢葬，头向东南，面向不详。骨架保存状况较差，仅存下颌骨及部分肢骨。经鉴定，墓主人为年龄45～50岁的女性。墓内未发现随葬品及葬具。（图二四五；图版一七七，2）

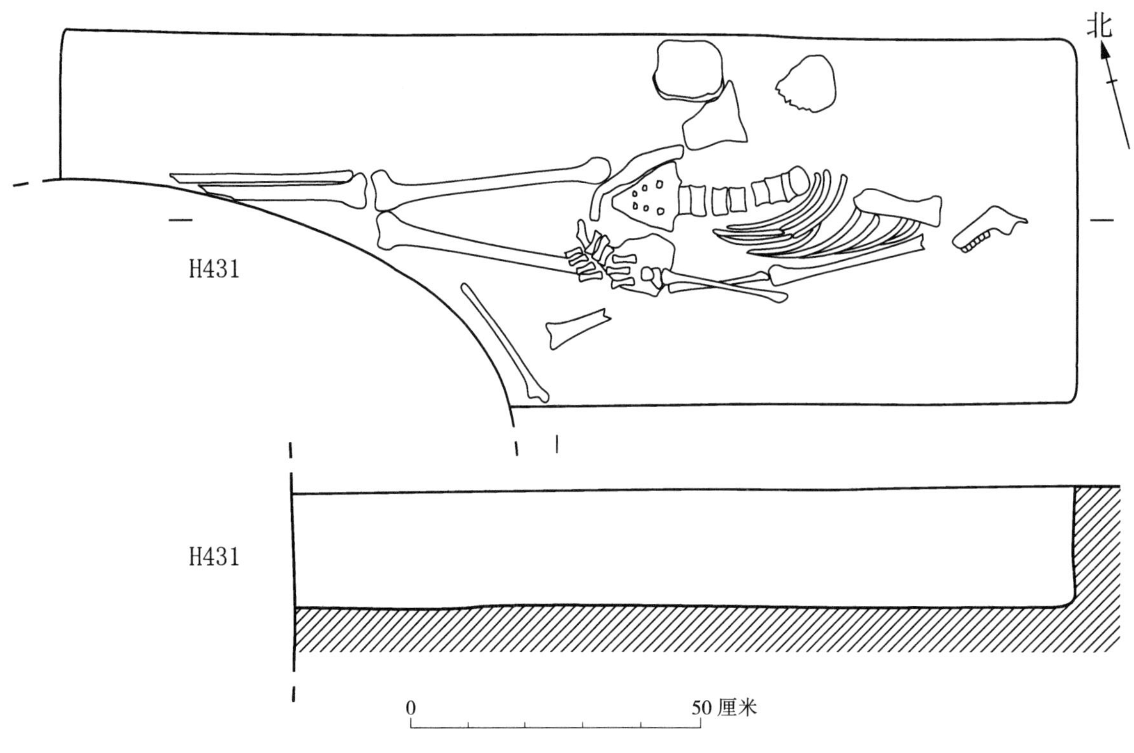

图二四五　大汶口文化M134平、剖面图

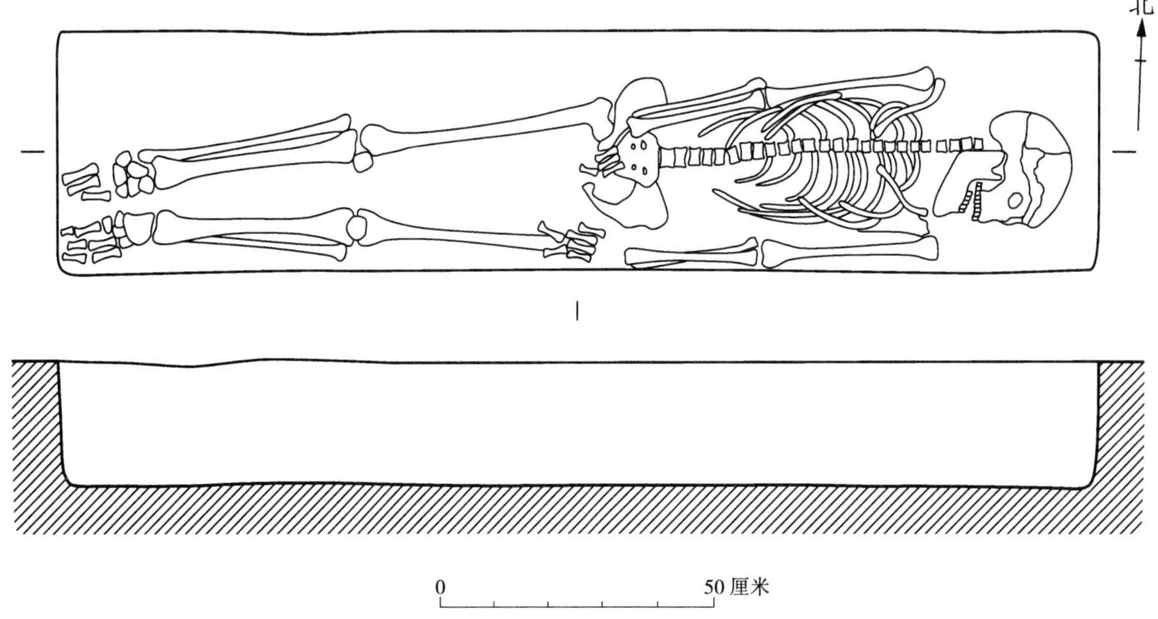

图二四六　大汶口文化M135平、剖面图

M135

位于ⅢT4906中部紧贴西壁处，部分进入ⅢT5006内，墓坑开口于第8层下，打破开口于同一层位的M136和第9层。长方形竖穴土坑墓，墓坑长1.9、宽0.42、深0.22米。方向88°。填土呈灰褐色，土质较硬，含烧土颗粒。单人仰身直肢葬，头向东，面向南。骨架保存状况较好。经鉴定，墓主人为年龄20～23岁的男性。墓内未发现随葬品及葬具。（图二四六；图版一七八，1）

M136

位于ⅢT4906中部近西壁处，开口于第8层下，打破第9层，被M135打破。长方形竖穴土坑墓，墓坑长2.4、宽1.0、深0.6米。四周有熟土二层台，东、南、西、北侧宽分别为0.35、0.29～0.3、0.18～0.2、0.17～0.21米，高0.39米。方向90°。填土呈灰褐色，土质较硬，含烧土颗粒。单人仰身直肢葬，头向东，面向南。骨架保存状况较好。经鉴定，墓主年龄约50岁，性别不详。随葬品17件，集中摆放于二层台的东侧，计陶豆3件，陶器座、鼎、器盖各2件，陶壶、鬶、三足杯、薄胎高柄杯、网坠各1件，獐牙2件，石斧1件。（图二四七；图版一七八，2）

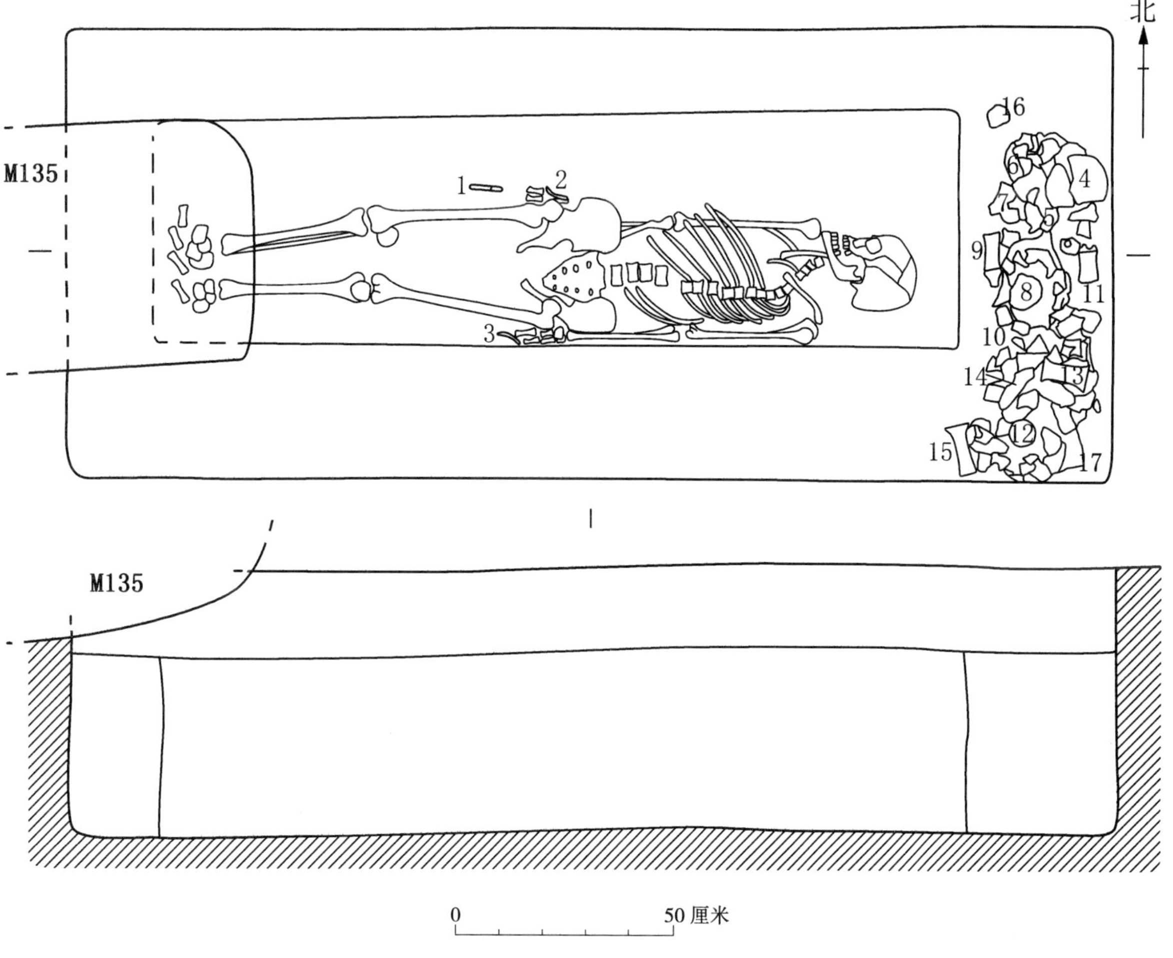

图二四七　大汶口文化M136平、剖面图

1. 石斧　2、3. 獐牙　4. 陶豆盘　5、7. 陶鼎　6. 陶壶　8. 陶豆　9、13. 陶器座　10. 陶鬶　11. 陶三足杯　12、17. 陶器盖　14. 陶薄胎高柄杯　15. 陶豆把　16. 陶网坠

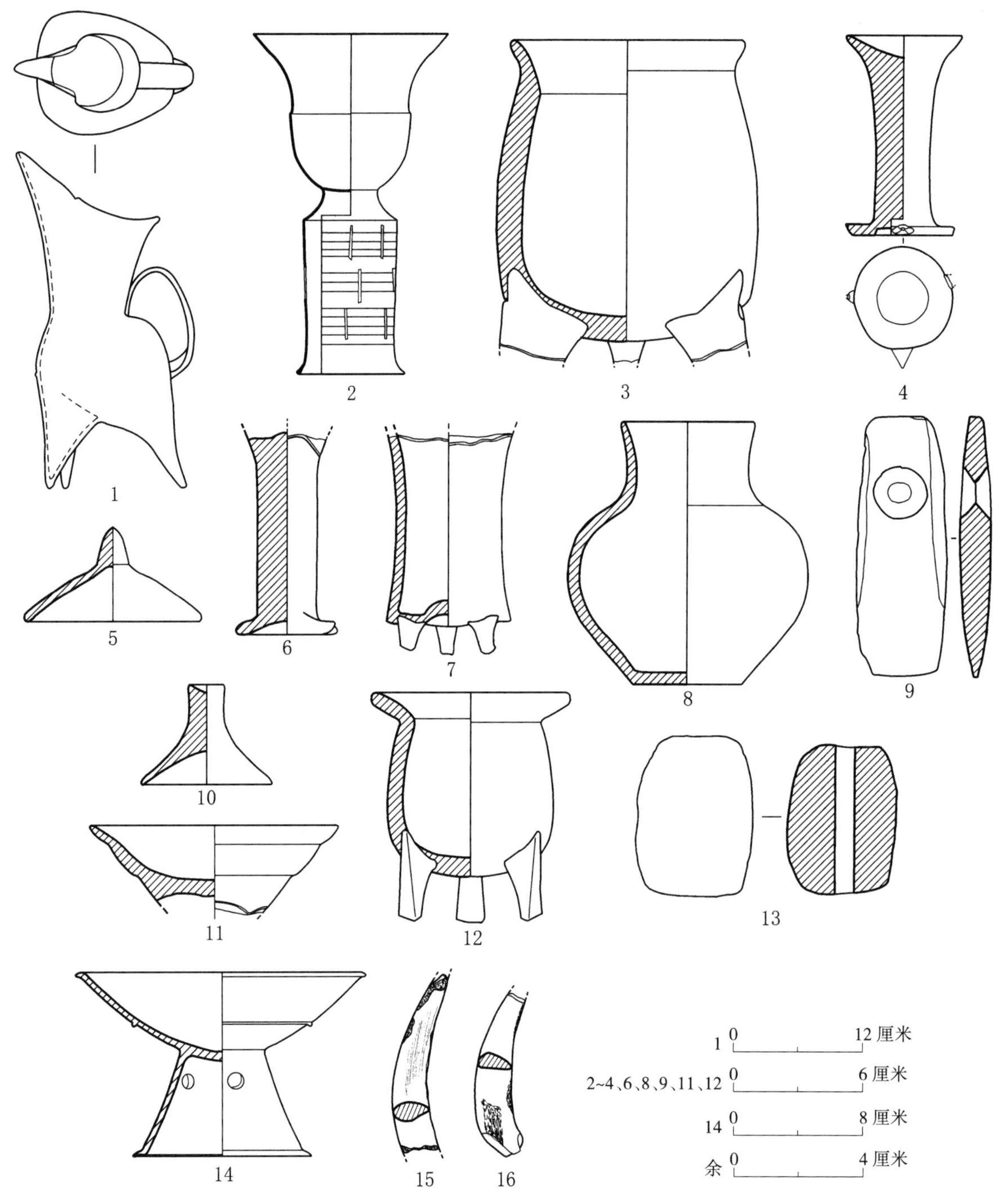

图二四八　大汶口文化M136出土器物

1. 陶鬶（M136∶10）　2. 陶薄胎高柄杯（M136∶14）　3、12. 陶鼎（M136∶7、5）　4、6. 陶器座（M136∶13、9）　5、10. 陶器盖（M136∶12、17）　7. 三足杯（M136∶11）　8. 陶壶（M136∶6）　9. 石斧（M136∶1）　11. 豆盘（M136∶4）　13. 陶网坠（M136∶16）　14. 陶豆（M136∶8）　15、16. 獐牙（M136∶2、3）

完整及可修复器物16件。

M136∶1，石斧。平面近梯形，上部比下部略窄，器身中部偏上有一钻孔系两面对钻而成，弧背弧刃，双面刃，通体磨制。长11.8、最宽处4.3、最厚处1.5厘米。（图二四八，9；图版一七九，1）

M136:2，獐牙。根部与尖部均残，磨制光滑。残长5.1厘米。（图二四八，15；图版一七九，2）

M136:3，獐牙。根部与尖部均残，磨制光滑。残长4.8厘米。（图二四八，16；图版一七九，3）

M136:4，陶豆盘。泥质黑陶，敞口，圆唇，斜弧腹略折，浅盘，底残。口径11.6、残高4.3厘米。（图二四八，11；图版一八〇，1）

M136:5，陶鼎。夹砂灰陶，侈口，方圆唇，折沿，深腹，圜底，凿形足。口径9.3、高10.4厘米。（图二四八，12；图版一八一，1）

M136:6，陶壶。泥质黑陶，口微侈，尖圆唇，高颈，鼓腹，平底。口径6.1、底径5.0、高11.9厘米。（图二四八，8；图版一八〇，3）

M136:7，陶鼎。夹砂红褐陶，侈口，折沿，深弧腹，圜底，三足足尖残。口径10.8、残高14.6厘米。（图二四八，3；图版一八一，2）

M136:8，陶豆。泥质黑陶，敞口方唇外翻，弧壁，矮柄，喇叭状圈足。柄部饰有3个镂孔，腹部饰有1道凸弦纹。口径18.4、足径11.2、高11.2厘米。（图二四八，14；图版一八〇，2）

M136:9，陶器座。夹砂红陶，直柄，矮圈足，足边缘残有一个尖状突起。底径4.8、残高9.3厘米。（图二四八，6；图版一八〇，4）

M136:10，陶鬶。体形瘦长，泥质黄白陶，冲天式长流，瘦腹、细把，三个袋状足较纤细。半环形把手，一端位于颈腹交接处，一端位于腹中部。最大腹径12.6、通高30.6厘米。（图二四八，1；图版一八一，3）

M136:11，陶三足杯。夹砂黑陶，口残，筒形腹，底内凹，附有三个小足。残高6.9厘米。（图二四八，7；图版一八〇，6）

M136:12，陶器盖。夹砂红陶，尖锥状捉手，盖壁斜弧。直径5.4、高2.8厘米。（图二四八，5；图版一七九，4）

M136:13，陶器座。夹砂灰褐陶，敞口，浅盘，高柄，平底内凹，底部边缘饰有三个尖状突起，一个完整，一个尖残，另一个几乎全残。口径5.4、底径4.6、高9.0厘米。（图二四八，4；图版一八〇，5）

M136:14，陶薄胎高柄杯。泥质黑陶，大敞口，杯身上腹内凹，下腹圆鼓，高直筒形圈足，下部略外撇。足上饰有细弦纹和长条形镂孔。口径9.2、足径5.2、通高15.4厘米。（图二四八，2；图版一八一，4）

M136:16，陶网坠。夹砂红褐陶，手制，近椭圆形，中部纵向穿一圆孔。长5.0、宽3.6、孔径0.6、厚3.3厘米。（图二四八，13；图版一七九，6）

M136:17，陶器盖。夹砂黑褐陶，圆柱状捉手，顶面略凹，盖壁斜弧。捉手径1.2、口径4.0、高3.0厘米。（图二四八，10；图版一七九，5）

M137

位于ⅢT4803西南角，墓坑开口于第8层下，打破第9层。长方形土坑竖穴墓，墓坑长

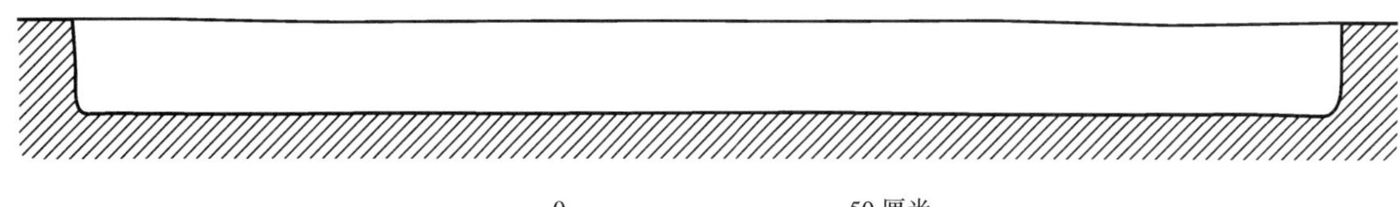

图二四九　大汶口文化 M137 平、剖面图
1、2. 獐牙　3、4. 陶豆

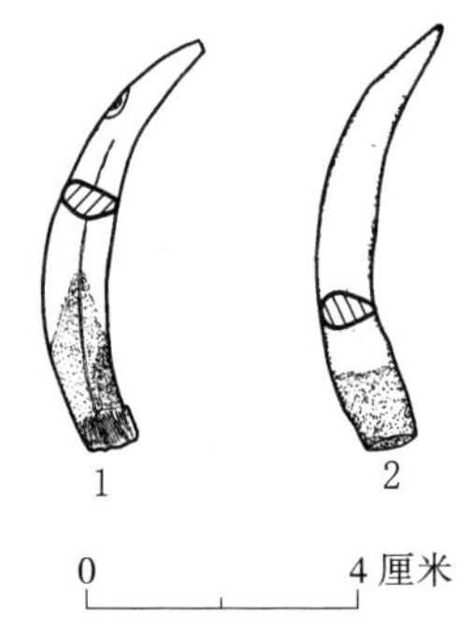

图二五〇　大汶口文化 M137 出土器物
1、2. 獐牙（M137∶1、2）

2.1、宽0.9、深0.15米。方向105°。填土呈红褐色花土，土质较硬。墓坑内发现的人骨遗骸被扰严重。葬式、头向等均不明。经鉴定，墓主已成年，性别不明。随葬品4件，2件陶豆均残无法修复，獐牙2件。（图二四九；图版一八二，1）

M137∶1，獐牙。尖部磨制光滑。残长5.8厘米。（图二五〇，1；图版一八二，2）

M137∶2，獐牙。尖部略残，磨制光滑。残长6.0厘米。（图二五〇，2；图版一八二，3）

M138

位于ⅢT4903东南角，部分进入东隔梁，开口于第9层下，打破10层。长方形竖穴土坑墓，墓坑长1.7、宽0.44、深0.15米。方向120°。填土呈黄褐色，土质较硬。墓坑内发现人骨遗骸，被扰严重。葬式、头向等均不明。经鉴定，墓主已成年，性别不明。随葬品5件，陶背壶、杯、豆各1件，獐牙2件。（图二五一；图版一八三，1）

完整及可修复器物3件。

M138∶1，獐牙。尖部磨制光滑。长7.2厘米。（图二五二，2；图版一八三，2）

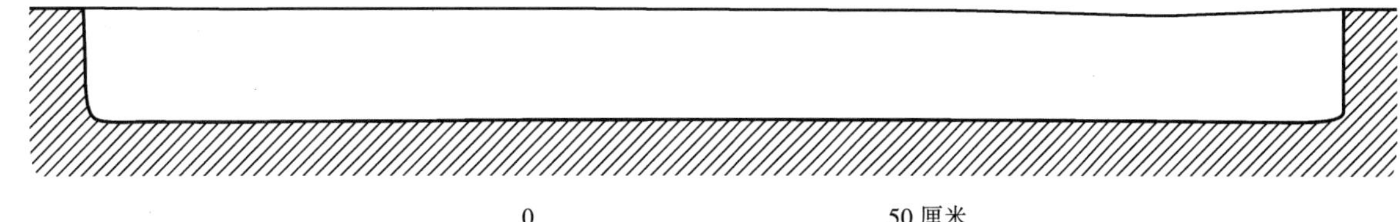

图二五一　大汶口文化 M138 平、剖面图

1、2. 獐牙　3. 陶背壶　4. 陶圈足杯　5. 陶豆

M138∶2，獐牙。尖部略残，磨制光滑。残长 5.9 厘米。（图二五二，3；图版一八三，3）

M138∶3，陶背壶。泥质黄褐陶，口、底均残，前腹较鼓突，背部略弧。残高 13.8 厘米。（图版一八三，4）

M138∶4，陶圈足杯。泥质黑陶，侈口，折沿，深弧腹，圈足。口径 8.4、底径 5.1、高 9.6 厘米。（图二五二，1；图版一八三，5）

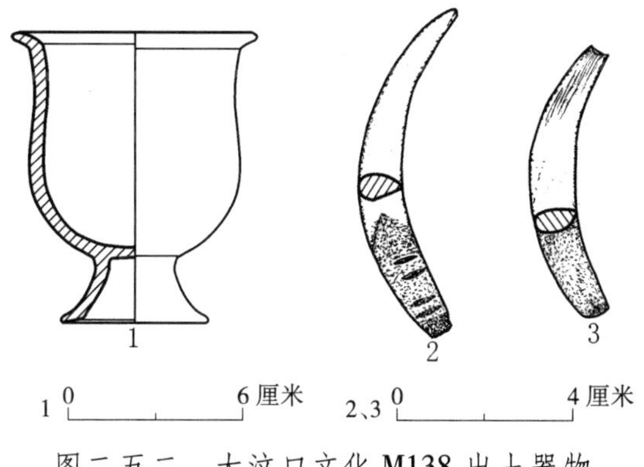

图二五二　大汶口文化 M138 出土器物

1. 陶圈足杯（M138∶4）　2、3. 獐牙（M138∶1、2）

M139

位于ⅢT4903 东南角，部分进入东隔梁和南壁，开口于第 9 层下，打破 10 层，且被开口于第 8 层下的 H410 打破。长方形竖穴土坑墓，墓坑长 1.9、宽 0.6～0.7、深 0.14～0.34 米。方向 105°。填土呈黄褐色，土质较硬。单人仰身直肢葬，头骨残，头向东南，面向不明。经鉴定，墓主为年龄 40～44 岁的女性。随葬品 20 件，多置于墓主身体左侧，计有陶豆 6 件，陶鼎 2 件，陶盆、筒形杯、薄胎高柄杯、罐、盉、鬶、圈足杯、背壶、纺轮各 1 件，獐牙 2 件，玉环 1 件。（图二五三；图版一八四，1～3）

完整及可修复器物 20 件。

M139∶1，玉环。主要成分为白色方解石。半环状，中孔对钻而成。直径 3.2、孔径 0.9～1.2、厚 0.3 厘米。（图二五四，6；图版一八四，4）

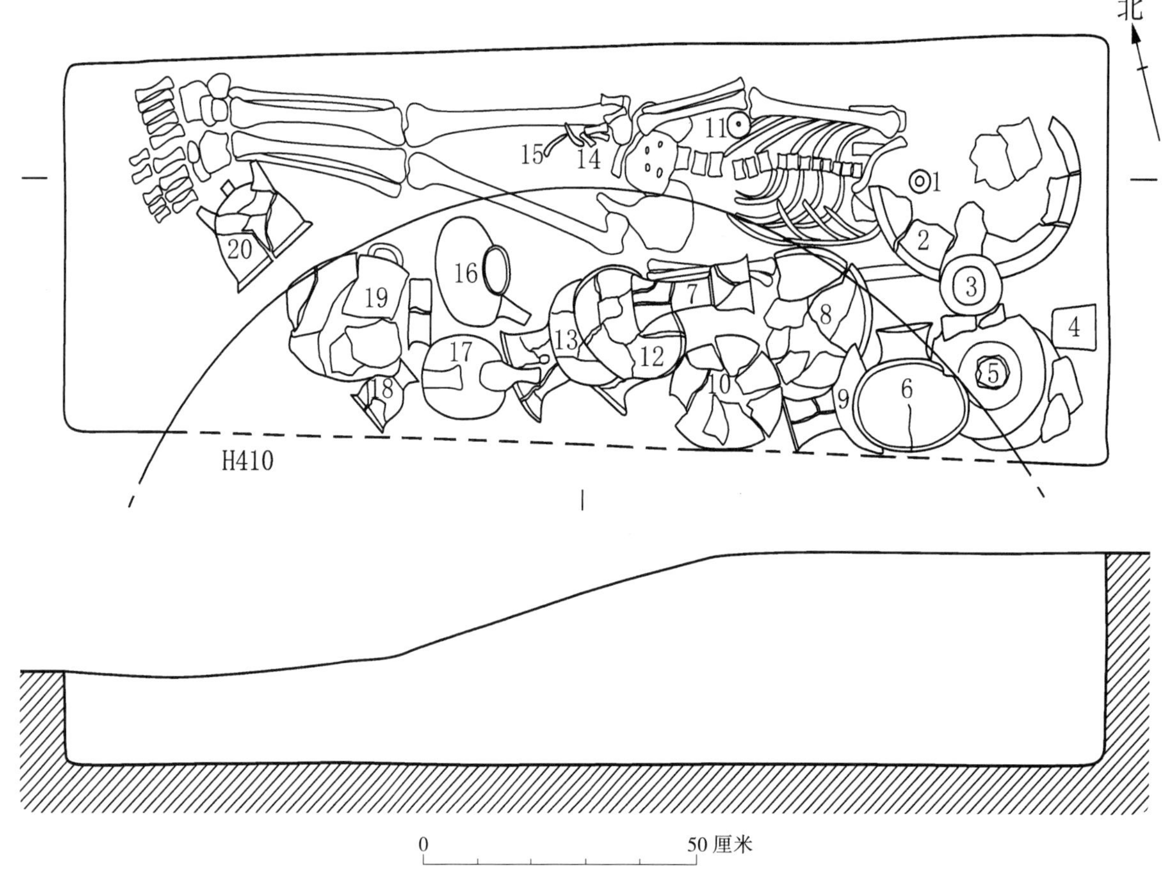

图二五三　大汶口文化 M139 平、剖面图

1. 玉环　2. 陶盆　3. 小陶鼎　4. 陶筒形杯　5、6、9、10、12、13. 陶豆　7. 陶薄胎高柄杯　8. 陶罐　11. 陶纺轮　14、15. 獐牙　16. 陶盉　17. 陶鬶　18. 陶圈足杯　19. 陶背壶　20. 陶鼎

M139∶2，陶盆。泥质黑陶，敞口，圆唇，宽折沿，弧腹内收，底残。口径 29.8、残高 14.4 厘米。（图二五四，5；图版一八五，1）

M139∶3，小陶鼎。泥质灰陶，侈口，圆唇，直颈内收，扁鼓腹，三个乳钉状小足。口径 6.3、最大腹径 12.6、通高 10.2 厘米。（图二五四，7；图版一八五，2）

M139∶4，陶筒形杯。夹砂黑褐陶，敞口，尖圆唇，斜直腹，平底。口径 8.8、底径 5.8、高 7.2 厘米。（图二五四，4；图版一八六，1）

M139∶5，陶豆。泥质黑陶，敞口，尖圆唇，折壁，盘腹较深，柄较矮，喇叭形圈足。柄部饰有 2 个对称的圆形镂孔。口径 20.4、足径 11.6、高 16.0 厘米。（图二五五，5；图版一八七，1）

M139∶6，陶豆。泥质黑陶，敞口，沿外折，弧壁，浅盘，高柄，喇叭形圈足。柄部饰有 2 个对称的圆形镂孔。口径 19.0、足径 12.6、高 17.4 厘米。（图二五五，8；图版一八七，2）

M139∶7，陶薄胎高柄杯。泥质黑陶，敞口，尖唇，杯身上腹弧收，杯底近平，高柄，喇叭形圈足。柄部饰有圆形及三角形镂孔组成的纹饰。口径 10.8、足径 7.5、高 20.0 厘米。（图二五四，1；图版一八六，4）

M139∶8，陶罐。泥质灰陶，侈口，尖圆唇，短折沿，鼓腹至底部弧收为平底。器腹饰有

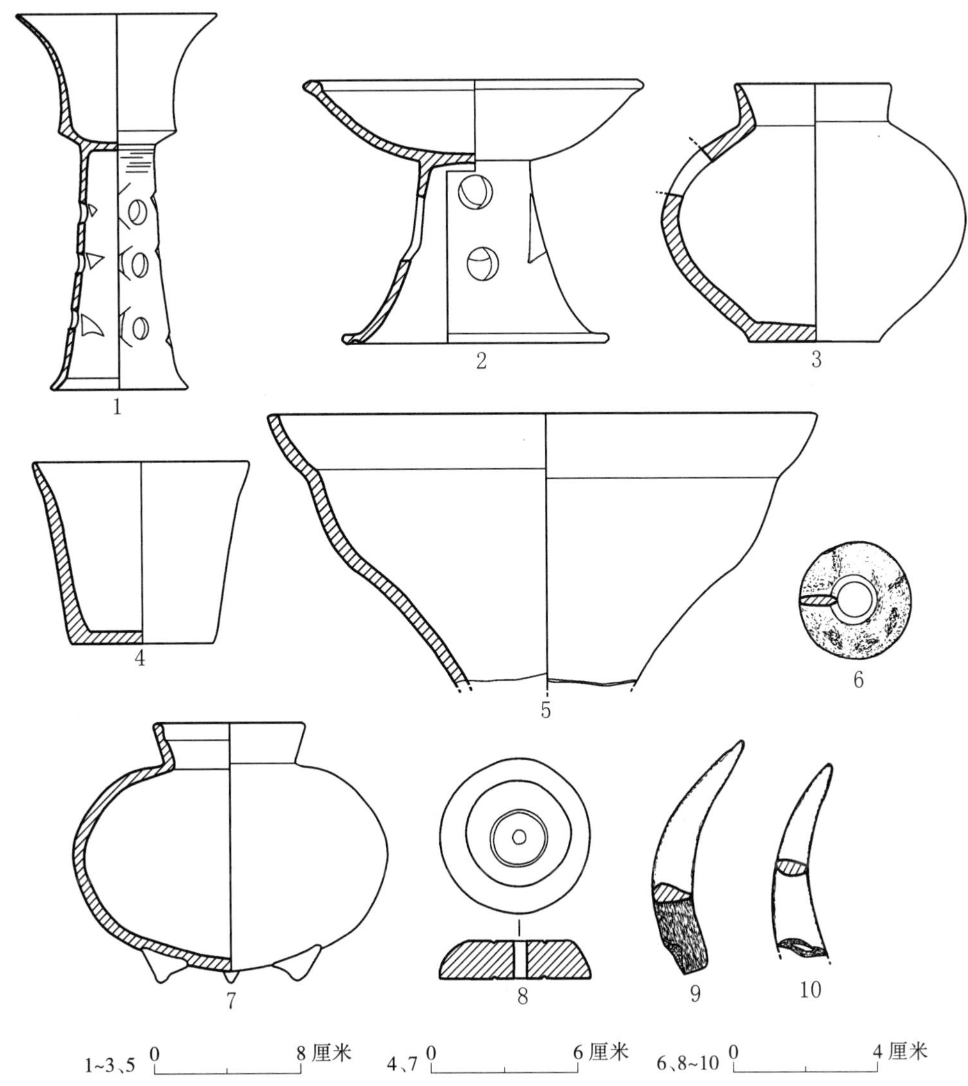

图二五四　大汶口文化 M139 出土器物

1. 陶薄胎高柄杯（M139:7）　2. 陶豆（M139:9）　3. 陶盉（M139:16）　4. 陶筒形杯（M139:4）　5. 陶盆（M139:2）　6. 玉环（M139:1）　7. 小陶鼎（M139:3）　8. 陶纺轮（M139:11）　9、10. 獐牙（M139:15、14）

4 道细弦纹。口径 14.0、底径 7.2、高 14.4 厘米。（图二五五，7；图版一八五，4）

M139:9，陶豆。泥质灰陶，敞口，圆唇，弧壁，浅盘，矮柄，喇叭形圈足。柄部饰有弧线三角形及圆形镂孔。口径 18.7、足径 14.0、高 14.0 厘米。（图二五四，2；图版一八七，3）

M139:10，陶豆。泥质黑陶，敞口，圆唇，折壁，高柄，喇叭形圈足。柄部饰有 2 个对称的圆形镂孔。口径 19.6、足径 12.8、高 17.0 厘米。（图二五五，9；图版一八七，4）

M139:11，陶纺轮。泥质灰陶，圆饼状，剖面呈不规则的梯形，两面平整，两侧圆弧。正、反两面各饰有一道细弦纹。直径 2.8 ~4.0、孔径 0.3、厚 1.0 厘米。（图二五四，8；图版一八六，3）

图二五五　大汶口文化 M139 出土器物

1. 陶鬶（M139∶17）　2. 陶背壶（M139∶19）　3. 陶鼎（M139∶20）　4、5、8～10. 陶豆（M139∶12、5、6、10、13）　6. 陶圈足杯（M139∶18）　7. 陶罐（M139∶8）

M139∶12，陶豆。泥质黑陶，敞口，尖圆唇，弧壁略折，矮柄，喇叭形圈足。唇下饰有一道细弦纹，柄部饰有2个对称的圆形镂孔。口径22.0、足径11.0、高11.6厘米。（图二五五，4；图版一八七，5）

M139∶13，陶豆。泥质灰陶，敞口，圆唇内卷，弧壁，矮柄，喇叭形圈足。柄部饰有圆形及弧线三角形镂孔。口径18.7、足径15.3、高14.0厘米。（图二五五，10；图版一八七，6）

M139∶14，獐牙。尾部残缺，磨制光滑。残长4.8厘米。（图二五四，10；图版一八四，5）

M139∶15，獐牙。尖部磨制光滑。残长6.0厘米。（图二五四，9；图版一八四，6）

M139∶16，陶盉。泥质灰陶，侈口，尖圆唇，束颈，扁鼓腹，平底，流残。口径8.6、底径7.2、高13.6厘米。（图二五四，3；图版一八五，5）

M139∶17，陶鬶。泥质灰陶，侈口，流较长，宽颈，扁腹，圜底，宽带状把手在背上，三凿形足。器腹饰有突棱一道，每个足的根部饰捺窝及刻槽各1个。最大腹径16.0、通高18.6厘米。（图二五五，1；图版一八六，5）

M139∶18，陶圈足杯。泥质黑陶，侈口，尖圆唇，折沿，深弧腹，喇叭形圈足。口径8.8、足径4.8、高10.0厘米。（图二五五，6；图版一八六，2）

M139∶19，陶背壶。夹砂红褐陶，侈口，尖圆唇，矮颈，宽圆肩，深弧腹，肩腹部饰有一对半环形双耳，两耳间壁略平直，另一侧腹较弧，正对两耳的腹另一侧的鸟喙状突纽残，平底。口径9.8、底径7.6、高24.6厘米。（图二五五，2；图版一八五，6）

M139∶20，陶鼎。夹砂灰陶，敞口，圆唇，折沿，鼓腹，平底，凿形足。每个足的根部有2个捺窝。口径12.4、通高14.2厘米。（图二五五，3；图版一八五，3）

M140

位于ⅢT4903近南壁，墓坑开口于第9层下，打破10层，被开口于同一层位下的M128打破。长方形竖穴土坑墓，墓口残，墓底长1.9、宽0.67~0.88、深0.28米。方向100°。填土呈黄褐色花土，土质较硬。单人侧身直肢葬，头向东南，面向西南。骨架保存较好。经鉴定，墓主为年龄40~44岁的女性。随葬品41件，集中置于墓主身体左侧，计有陶豆9件，陶壶4件，陶鼎3件，陶圈足杯、罐、背壶各2件，陶薄胎高足杯、盉、鬶、盆、纺轮各1件，獐牙2件，玉珠8件，玉佩2件，玉坠、锥各1件。（图二五六；图版一八八；图版一八九，1~4）。

完整及可修复器物41件。

M140∶1，玉珠。直径0.8、孔径0.25、厚1.0厘米。（图二五七，15；图版一九〇，1）

M140∶2，玉佩。长条形，上下端略弧，上端略残，正面有3个对钻的圆孔。长5.1、宽1.9~2.1、厚0.3厘米。（图二五七，9；图版一九一，1）

M140∶3，玉坠。主要成分为白色的方解石。长3.0、最宽处2.0、最厚处0.6厘米。（图二五七，8；图版一九一，3）

M140∶4，陶壶。泥质灰陶，侈口，尖唇，高颈略收，鼓腹，平底。口径7.4、底径6.2、高16.2厘米。（图二五七，3；图版一九二，1）

M140∶5，陶壶。泥质黑陶，侈口，圆唇，矮束颈，圆肩，鼓腹，平底。口径7.6、底径6.8、高11.6厘米。（图二五八，12；图版一九二，2）

M140∶6，陶鼎。夹砂红褐陶，敞口，尖圆唇，折沿，弧腹，圜底，三凿形足残。每个足的两侧饰有1道或2道刻槽。口径9.6、残高11.6厘米。（图二五八，4；图版一九三，1）

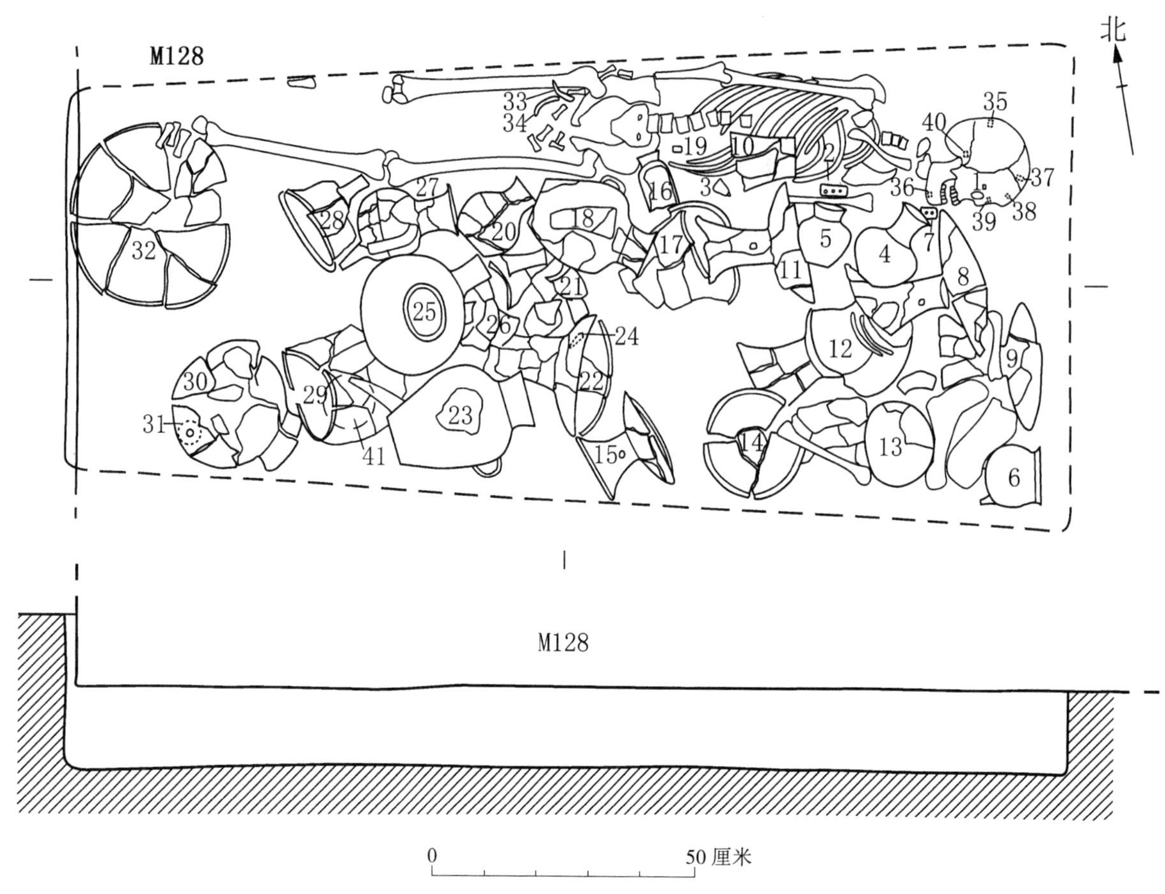

图二五六　大汶口文化 M140 平、剖面图

1、19、35～40. 玉珠　2、7. 玉佩　3. 玉坠　4、5、20、30. 陶壶　6、21、28. 陶鼎　8、9、11～15、22、41. 陶豆　10. 陶薄胎高柄杯　16、26. 陶圈足杯　17、29. 陶罐　18、23. 陶背壶　24. 玉锥　25. 陶盉　27. 陶鬶　31. 陶纺轮　32. 陶盆　33、34. 獐牙

M140:7，玉佩。浅灰绿色，主要成分为方解石，少呈蛇纹石。长条形，上下端略弧突，正面有 3 个大小不一两面对钻的圆孔。长 2.9、宽 1.2～1.6、厚 0.1～0.3 厘米。（图二五七，6；图版一九一，2）

M140:8，陶豆。泥质灰褐陶，敛口，圆唇，弧壁，高柄，喇叭形圈足。柄部饰圆形及弧线三角形镂孔。口径 22.4、足径 16.4、高 22.8 厘米。（图二五九，5；图版一九四，1）

M140:9，陶豆。泥质黑陶，敛口，圆唇，斜弧壁，柄较高，喇叭形圈足。柄部饰有 3 个对称的圆形镂孔。口径 18.0、足径 13.8、高 15.8 厘米。（图二五九，7；图版一九四，2）

M140:10，陶薄胎高柄杯。泥质灰褐陶，敞口，尖圆唇，弧腹，喇叭形圈足。足上 3 个长条形镂孔和 3 个圆形镂孔交错对称分布。口径 10.5、足径 6.8、高 10.6 厘米。（图二五九，4；图版一九五，4）。

M140:11，陶豆。泥质黑陶，口微敛，圆唇，弧壁，高柄，喇叭形圈足。柄部饰有 3 个对称分布的圆形镂孔。口径 20.4、足径 12.9、高 18.0 厘米。（图二五九，9；图版一九四，3）

M140:12，陶豆。夹砂黑陶，敞口，圆唇，折壁，高柄，喇叭形圈足。柄部饰有圆形及弧

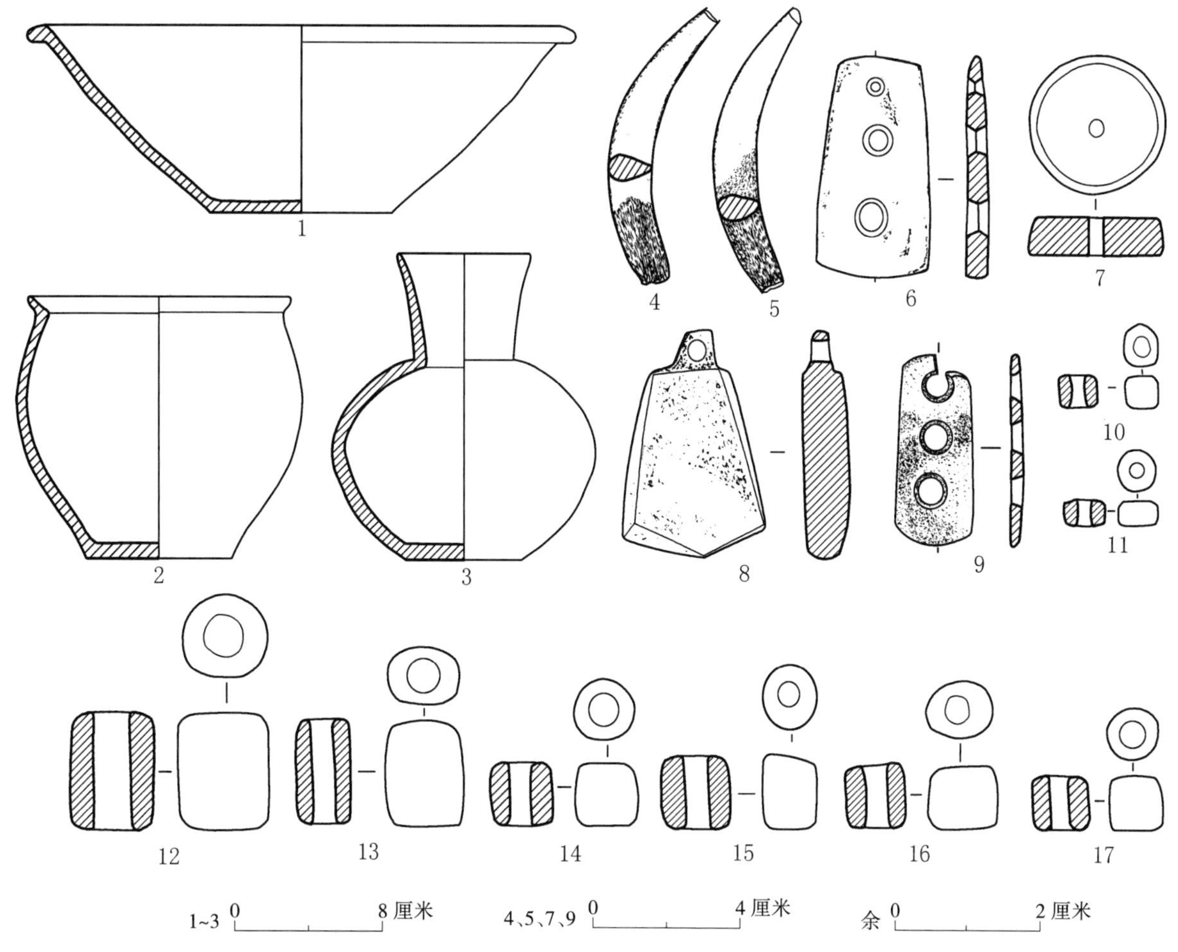

图二五七　大汶口文化M140出土器物

1. 陶盆（M140∶32）　2. 陶罐（M140∶17）　3. 陶壶（M140∶4）　4、5. 獐牙（M140∶33、34）　6、9. 玉佩（M140∶7、2）　7. 陶纺轮（M140∶31）　8. 玉坠（M140∶3）　10～17. 玉珠（M140∶40、39、37、19、36、1、38、35）

线三角形镂孔组成的纹饰。口径22.9、足径15.6、高23.8厘米。（图二五九，2；图版一九四，4）

M140∶13，陶豆。泥质黑陶，口微敛，圆唇，折壁，柄部及以下残。口径20.0、残高7.1厘米。（图二五九，12；图版一九三，5）

M140∶14，陶豆。泥质灰陶，敛口，圆唇，弧壁，柄较矮，喇叭形圈足。柄部饰有3个对称分布的圆形镂孔。口径17.2、足径13.8、高15.2厘米。（图二五九，6；图版一九四，5）

M140∶15，陶豆。泥质黑褐陶，敞口，圆唇略内卷，弧壁，矮柄，喇叭形圈足。柄部饰有3个不甚对称的圆形镂孔。口径17.3、足径12.0、高12.8厘米。（图二五九，8；图版一九四，6）

M140∶16，陶圈足杯。夹砂灰褐陶，侈口，尖唇，短折沿，深直腹，矮圈足。口径7.2、足径5.6、高10.3厘米。（图二五九，3；图版一九五，5）

M140∶17，陶罐。泥质灰陶，侈口，尖圆唇，短折沿，弧鼓腹至底部内收为平底。口径

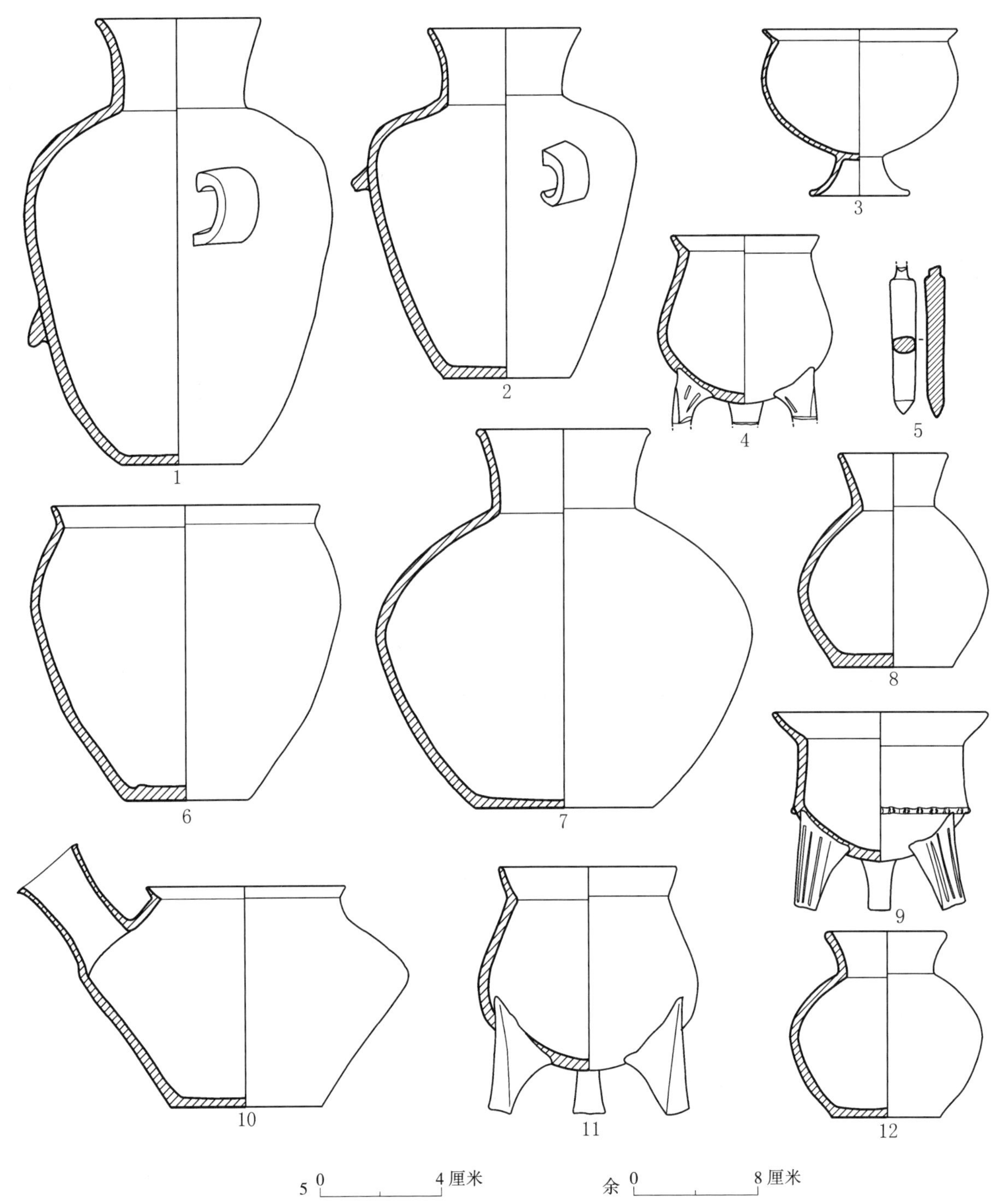

图二五八　大汶口文化M140出土器物

1、2. 陶背壶（M140∶23、18）　3. 陶圈足杯（M140∶26）　4、9、11. 陶鼎（M140∶6、28、21）　5. 玉锥（M140∶24）　6. 陶罐（M140∶29）　7、8、12. 陶壶（M140∶30、20、5）　10. 陶盉（M140∶25）

14.0、底径8.0、高14.0厘米。（图二五七，2；图版一九五，1）

M140∶18，陶背壶。夹砂灰陶，侈口，矮颈，鼓肩，肩腹部有一对半环形耳，两耳间器壁较平，另一侧鼓凸，正对两耳处的腹另一侧有一鸟喙状突纽，平底。口径9.6、底径8.1、高

图二五九　大汶口文化 M140 出土器物

1. 陶鬶（M140:27）　2、5～12. 陶豆（M140:12、8、14、9、15、11、22、41、13）　3. 陶圈足杯（M140:16）　4. 陶薄胎高柄杯（M140:10）

21.8厘米。（图二五八，2；图版一九二，5）

M140:19，玉珠。直径0.7~1.0、孔径0.4、厚1.35厘米。（图二五七，13；图版一九〇，2）。

M140:20，陶壶。泥质灰陶，侈口，圆唇，束颈，扁鼓腹，平底。口径7.0、底径7.6、高13.3厘米。（图二五八，8；图版一九二，3）

M140:21，陶鼎。夹砂红褐陶，敞口，折沿，弧鼓腹，圜底，凿形足。口径11.2、最大腹径14.0、通高15.2厘米。（图二五八，11；图版一九三，2）

M140:22，陶豆盘。泥质黑陶，敛口，圆唇，弧壁，浅盘，柄部以下残。口径17.8、残高5.8厘米。（图二五九，10；图版一九三，6）

M140:23，陶背壶。泥质黑陶，侈口，圆唇，矮颈，弧腹，肩腹部有一半环形竖耳，正对两耳的腹另一侧有一鸟喙状突纽，两耳间腹壁较平直，另一侧较鼓凸，平底。口径10.4、底径7.6、高27.6厘米。（图二五八，1；图版一九二，6）

M140:24，玉锥。略残。残长5.0厘米。（图二五八，5；图版一九一，4）

M140:25，陶盉。夹细砂灰陶，侈口，短折沿，鼓肩，斜直腹，平底，肩部有一流口较宽的管状流。口径13.1、底径9.6、高16.4、流口宽4.9厘米。（图二五八，10；图版一九六，1）

M140:26，陶圈足杯。泥质白陶，侈口，尖圆唇，短折沿，弧鼓腹，喇叭形圈足，胎质细腻，器壁极薄。口径12.4、足径6.4、高10.3厘米。（图二五八，3；图版一九五，6）

M140:27，陶鬶。泥质灰陶，短流，略向下倾斜，细高颈，扁腹，三个锥状实足，腹上有一宽半环形把手。腹中部饰突棱一道。最大腹径16.0、通高20.4厘米。（图二五九，1；图版一九六，2）

M140:28，陶鼎。夹砂红褐陶，侈口，宽折沿，腹壁较直，圜底，三个凿形足。腹下部饰有附加堆纹，每个足的正面均有3道刻槽。口径14.0、通高12.3厘米。（图二五八，9；图版一九三，3）

M140:29，陶罐。泥质灰褐陶，侈口，短折沿，鼓肩，弧腹，平底。口径17.2、底径8.0、高18.2厘米。（图二五八，6；图版一九五，2）

M140:30，陶壶。泥质灰陶，侈口，圆唇，高颈，鼓肩，弧腹，平底。口径11.0、底径11.4、高23.6厘米。（图二五八，7；图版一九二，4）

M140:31，陶纺轮。泥质黑褐陶，圆饼状，剖面呈梯形，两面平整，两端弧直。直径3.2~3.6、孔径0.4、厚1.0厘米。（图二五七，7；图版一九五，3）

M140:32，陶盆。泥质黑陶，敞口，卷唇，斜弧腹，平底。口径28.0、底径10.0、高10.0厘米。（图二五七，1；图版一九三，4）

M140:33，獐牙。尖端残，磨制光滑。残长7.4厘米。（图二五七，4；图版一九一，5）

M140:34，獐牙。尖端略残，磨制光滑。残长7.6厘米。（图二五七，5；图版一九一，6）

M140:35，玉珠。直径0.7、孔间0.3、厚0.1厘米。（图二五七，17；图版一九〇，3）

M140:36，玉珠。直径0.8、孔径0.3、厚1.0厘米。（图二五七，14；图版一九〇，4）

M140∶37，玉珠。直径1.1、孔径0.5、厚1.5厘米。（图二五七，12；图版一九〇，5）

M140∶38，玉珠。直径0.75～0.9、孔径0.3、厚0.8～0.9厘米。（图二五七，16；图版一九〇，6）

M140∶39，玉珠。直径0.5、孔径0.15、厚0.3厘米。（图二五七，11；图版一九〇，7）

M140∶40，玉珠。直径0.4～0.6、孔径0.2、厚0.4～0.5厘米。（图二五七，10；图版一九〇，8）

M140∶41，陶豆。夹砂灰陶，敞口，圆唇，弧壁，浅盘，豆盘以下残。口径24.0、残高4.2厘米（图二五九，11）

M141

位于ⅢT4906中部东壁处，部分进入东隔梁内，开口于第8层下，打破第9层至生土，被H436打破。长方形竖穴土坑墓，墓坑长2.1、宽0.91～0.95、深0.2米。方向95°。四周有熟土二层台，东、南、西、北侧宽分别为0.14、0.21、0.17、0.2米，高0.14米。填土呈灰褐色，土质较硬，含烧土颗粒。葬具为单棺，已朽蚀殆尽，仅剩棺痕，长1.75、宽0.5～0.56、高0.15米。单人仰身直肢葬，头向东，面向上。骨架保存状况较好。经鉴定，墓主为年龄45～50岁的女性。墓内未发现随葬品。（图二六〇；图版一九六，3）

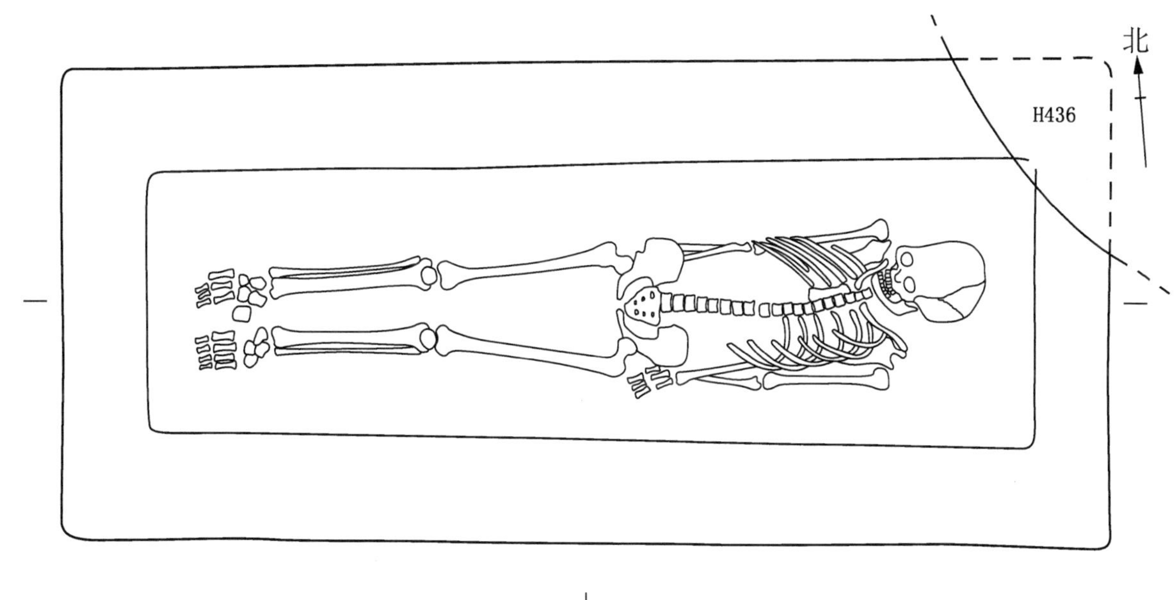

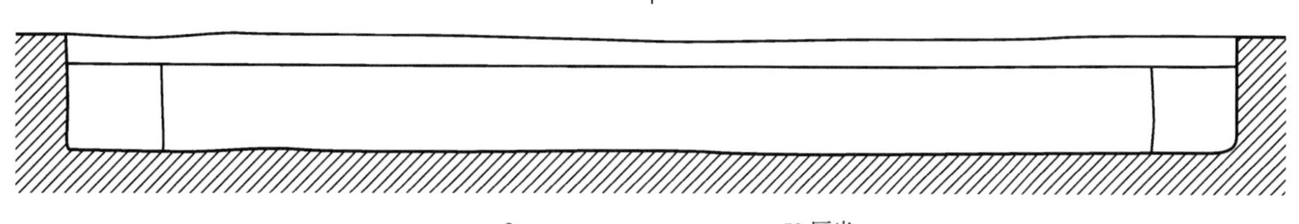

图二六〇　大汶口文化M141平、剖面图

M142

位于ⅢT5005东南角，墓坑开口于第8层下，打破第9层，且被开口于第5层下的J9打破。瓮棺葬，平面残存半圆形，墓口最大径0.52、最小径0.84、深0.19米。填土呈灰褐色，土质较硬。葬具为一倒扣于地面的陶鼎，三足残，鼎内残部分肢骨，为0～2岁婴儿。墓内未发现随葬品。修复葬具陶鼎1件。（图二六一；图版一九七，1、2）

M142∶1，陶鼎。葬具。夹砂红褐陶，侈口，方唇，唇面内凹，折沿，鼓腹，圜底，三足残，腹部饰有篮纹，底部钻有一孔。口径17.8、最大腹径15.5、残高12.8厘米。（图二六二，1；图版一九七，3、4）

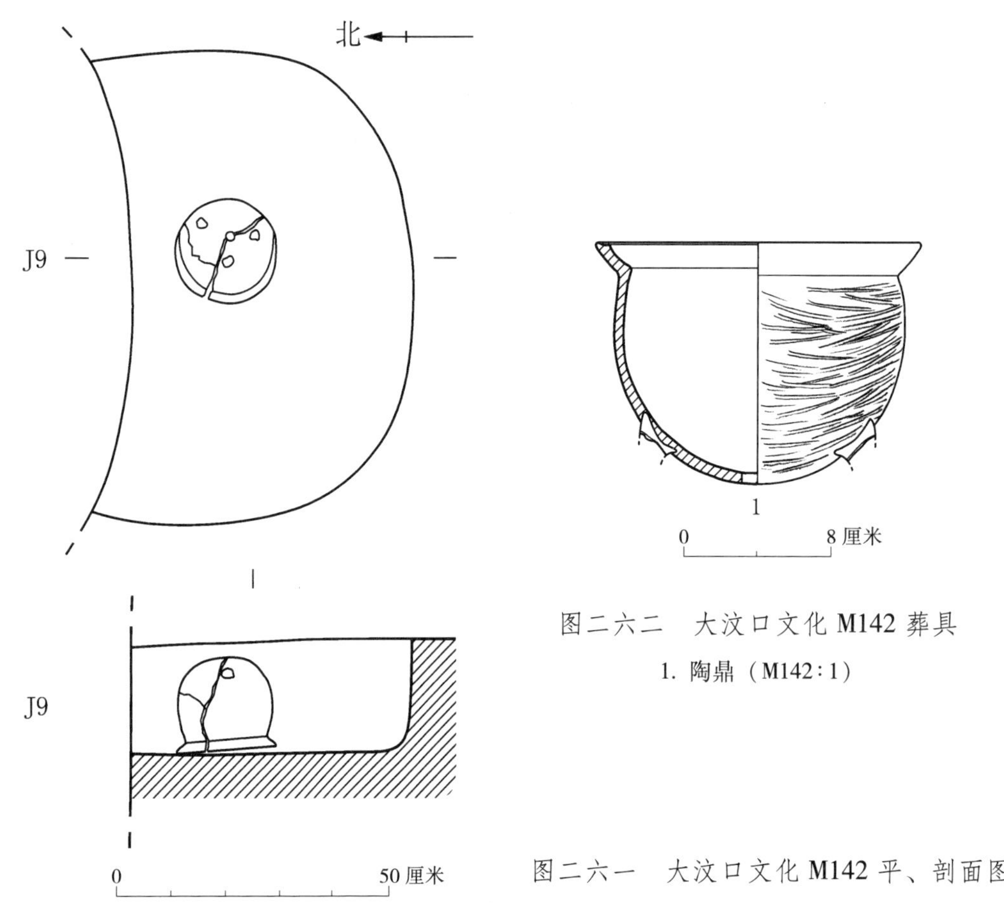

图二六二　大汶口文化M142葬具

1. 陶鼎（M142∶1）

图二六一　大汶口文化M142平、剖面图

M143

位于ⅢT4804中部略偏西南，墓坑开口于第9层下，打破10层至生土，且被开口于同一层位下的M82打破。长方形竖穴土坑墓，墓坑长1.94、宽0.68～0.8、深0.34～0.45米。方向100°。填土呈黄褐色，土质较硬。单人仰身直肢葬，头向东南，面向西南。骨架保存状况较好。经鉴定，墓主人为年龄35～39岁的女性。随葬品17件，多置于墓主身体左侧，计有陶豆5件，陶鼎3件，陶壶、圈足杯各2件，陶纺轮、盆各1件，獐牙2件，玉佩1件。（图二六三；图版一九八，1、2；图版一九九，1、2）

完整及可修复器物16件。

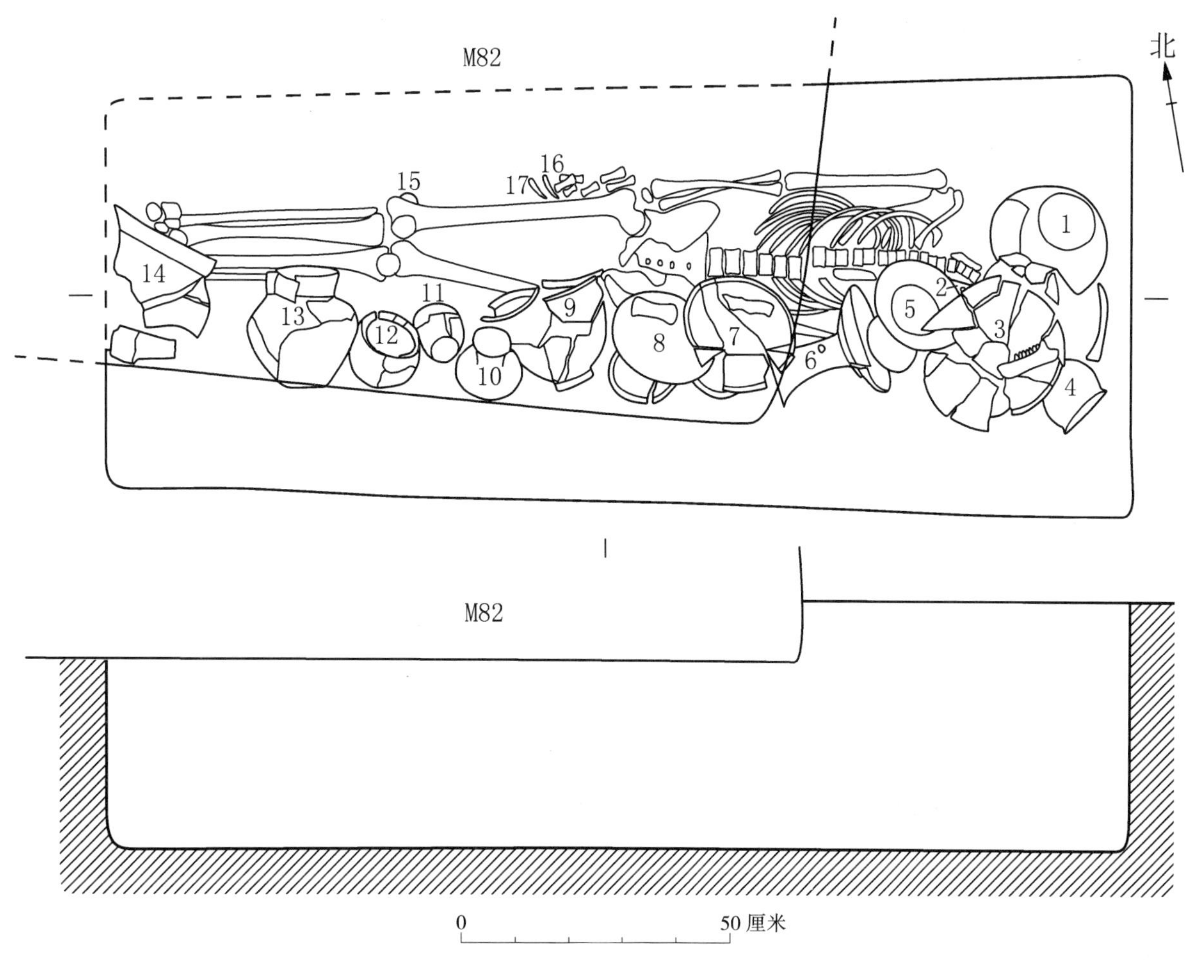

图二六三　大汶口文化 M143 平、剖面图

1. 陶盆　2. 玉佩　3、5～8. 陶豆　4、12、14. 陶鼎　9、11. 陶圈足杯　10、13. 陶壶　15. 陶纺轮　16、17. 獐牙

M143∶1，陶盆。夹砂红褐陶，敞口，方唇，弧腹，平底。口径 24.0、底径 11.0、高 10.8 厘米。（图二六四，1；图版二〇〇，1）

M143∶2，玉佩，主要成分为方解石。呈上端略窄下端略宽的长条形，正面 3 个两面对钻的圆形镂孔。长 5.2、宽 1.8～2.4、厚 0.2 厘米。（图二六五，11；图版一九八，3、4）

M143∶3，陶豆。泥质灰陶，敞口，沿外折，尖圆唇，弧壁，浅盘，高柄，喇叭形圈足。柄部饰有 2 个对称的圆形镂孔。口径 21.2、足径 13.6、高 19.8 厘米。（图二六五，2；图版二〇一，1）

M143∶4，陶鼎。夹砂红褐陶，侈口，方唇，折沿，颈微束，弧腹，圜底，三足残。器身饰有细绳纹。从残断处可看出，足与腹之间有数道为加固足部而刻划的刻槽。口径 10.0、最大腹径 11.2、残高 10.7 厘米。（图二六四，4；图版二〇〇，4）

M143∶5，陶豆。夹细砂灰陶，敞口，尖圆唇，折壁，高柄，喇叭形圈足。柄部饰有 4 个对称分布的圆形镂孔。口径 18.4、足径 12.8、高 17.2 厘米。（图二六五，3；图版二〇一，2）

M143∶6，陶豆。泥质灰陶，敞口，圆唇，折壁，豆柄高直，喇叭形圈足。柄部饰有 2 个

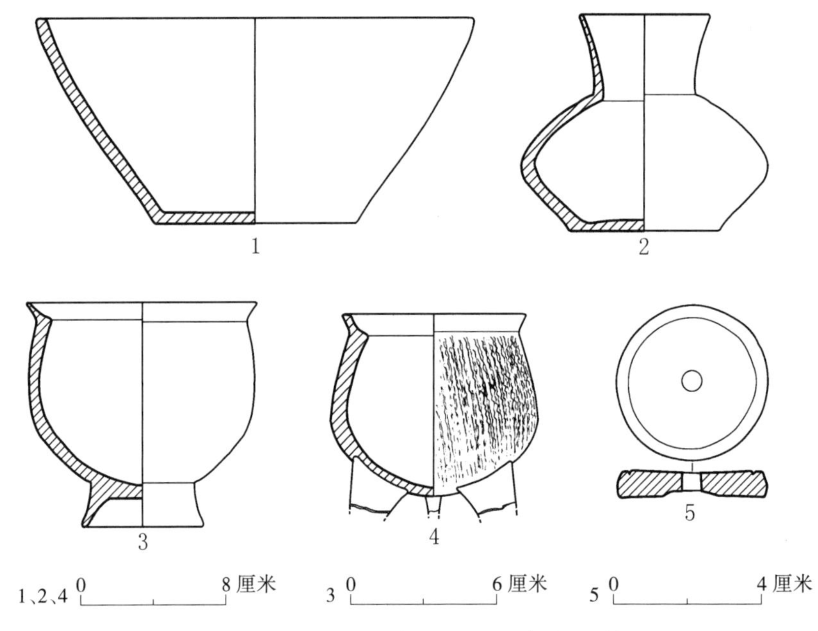

图二六四 大汶口文化 M143 出土器物

1. 陶盆（M143:1） 2. 陶壶（M143:10） 3. 陶圈足杯（M143:11） 4. 陶鼎（M143:4） 5. 陶纺轮（M143:15）

对称的圆形镂孔。口径 19.6、足径 12.8、高 20.4 厘米。（图二六五，1；图版二〇一，3）

M143:7，陶豆。泥质黑陶，口微敛，圆唇，弧壁，豆柄较粗矮，喇叭形圈足。柄部饰有 3 个对称的圆形镂孔。口径 19.6、足径 12.4、高 15.2 厘米。（图二六五，4；图版二〇一，4）

M143:8，陶豆。泥质黑褐陶，敞口，尖圆唇，矮柄，喇叭形圈足。柄部饰有 3 竖排对称分布的圆形镂孔。口径 19.0、足径 12.0、高 14.4 厘米。（图二六五，5；图版二〇一，5）

M143:9，陶圈足杯。泥质灰陶，侈口，短折沿，深弧腹，矮圈足。口径 15.6、足径 8.0、高 16.8 厘米。（图二六五，8；图版二〇〇，2）

M143:10，陶壶。泥质黑褐陶，侈口，尖圆唇，直颈微收，扁鼓腹，平底。口径 7.0、底径 8.0、最大腹径 13.2、高 11.4 厘米。（图二六四，2；图版二〇二，1）

M143:11，陶圈足杯。泥质灰陶，侈口，尖圆唇，折沿，弧鼓腹，圈足。口径 9.4、底径 5.0、高 9.0 厘米。（图二六四，3；图版二〇〇，3）

M143:12，陶鼎。夹砂红陶，侈口，尖圆唇，折沿，鼓腹，平底，三足残。足腹之间有数道为加固足部而刻划的刻槽。口径 11.2、残高 10.0 厘米。（图二六五，6；图版二〇〇，5、6）。

M143:13，陶壶。夹砂灰褐陶，直口微侈，斜直颈，鼓肩，弧腹，平底。口径 11.4、底径 8.4、高 19.0 厘米。（图二六五，7；图版二〇二，2）

M143:14，残陶鼎。夹砂红褐陶，口残，宽沿，束颈。残高 9.2 厘米。（图版二〇二，3）

M143:15，陶纺轮。夹砂红褐陶，圆饼状，剖面呈矩形，一面平整，一面圆孔处内凹，两侧略弧。直径 3.4 ~4.0、孔径 0.4、厚 0.6 厘米。（图二六四，5；图版二〇二，4）

M143:16，獐牙。尖部磨制光滑。长 5.1 厘米。（图二六五，10；图版二〇二，5）

M143:17，獐牙。尖部磨制光滑。长 6.6 厘米。（图二六五，9；图版二〇二，6）

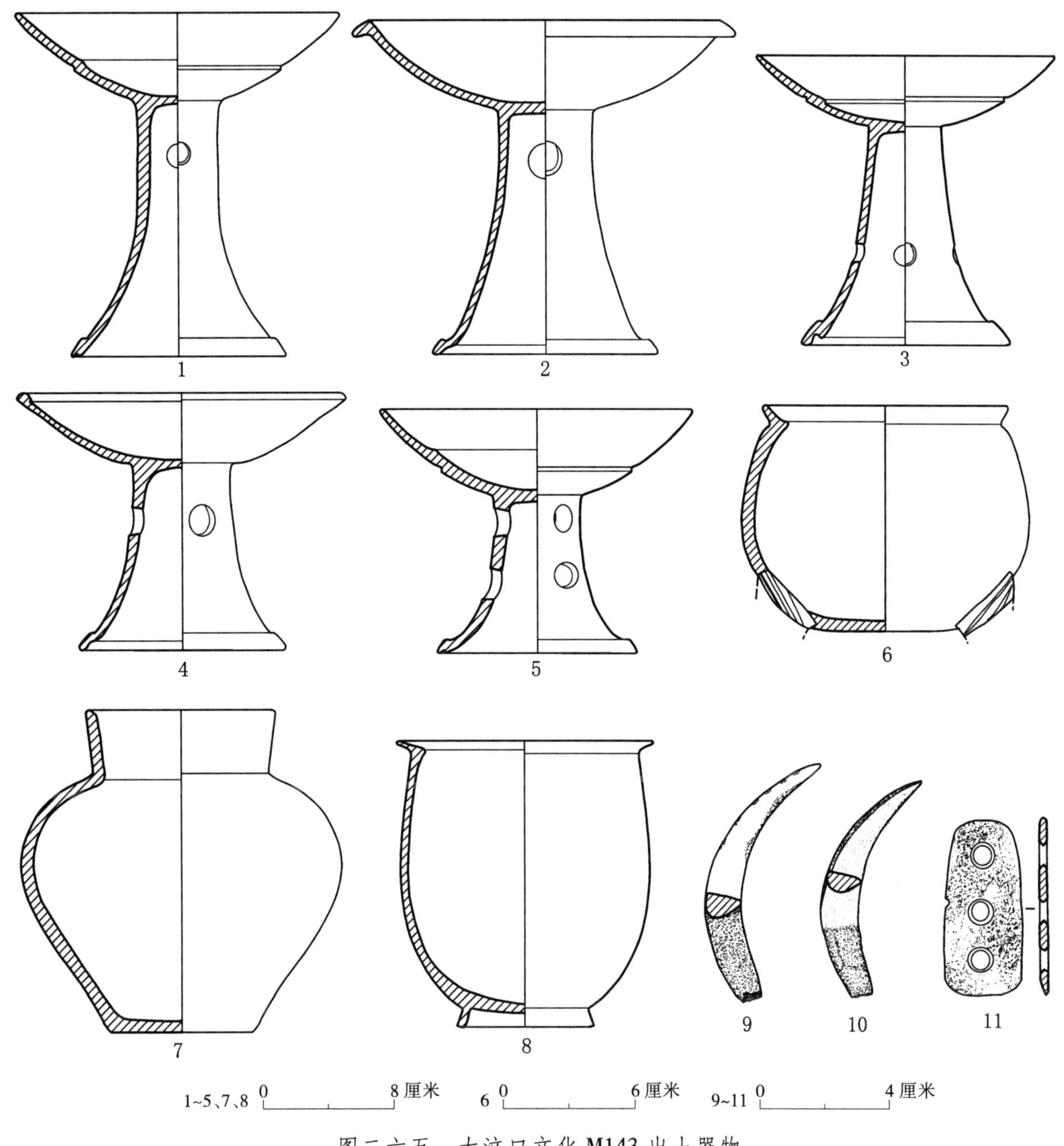

图二六五　大汶口文化 M143 出土器物

1～5. 陶豆（M143∶6、3、5、7、8）　6. 陶鼎（M143∶12）　7. 陶壶（M143∶13）　8. 陶圈足杯（M143∶9）
9、10. 獐牙（M143∶17、16）　11. 玉佩（M143∶2）

M144

位于ⅢT4905 西北角，开口于第 9 层下，打破第 10 层至生土，且被开口于同一层位下的 H433 打破。陶棺葬，墓坑长 1.95、宽 0.6、深 0.2 米。方向 90°。填土呈灰褐色，土质较硬。将鼎、釜等陶器打碎盖于人骨上用作葬具。单人仰身直肢葬，头向东，面向南。骨架保存状况较好。经鉴定，墓主人年龄约 30 岁，性别不详。修复葬具鼎、瓮、器盖 11 件。（图二六六；图版二〇三，1）

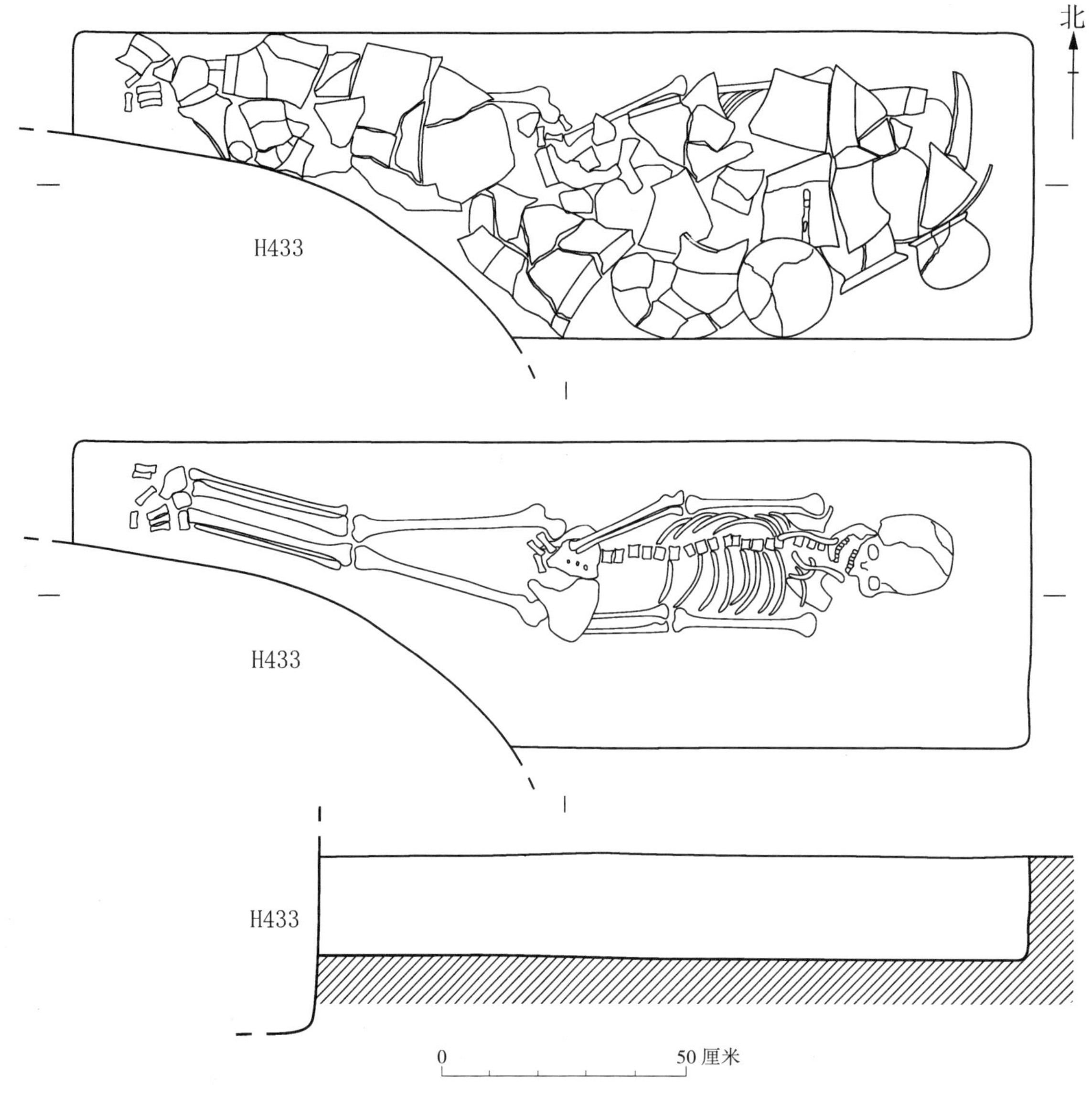

图二六六　大汶口文化 M144 平、剖面图

M144∶1，陶鼎。葬具。夹砂红褐陶，敞口，方唇，折沿，沿面内凹，弧腹，圜底，三足残。器身满饰浅篮纹。口径 12.4、残高 10.6 厘米。（图二六八，4；图版二〇三，2）

M144∶2，陶豆。葬具。夹砂红褐陶，敞口，圆唇，弧壁，豆柄残，残断处经打磨平整。口径 19.0、残高 9.3 厘米。（图二六八，3；图版二〇三，3）

M144∶3，陶器盖。夹砂红褐陶，敞口，弧壁，平顶。捉手径 8.9、口径 19.6、高 8.0 厘米。（图二六八，5；图版二〇三，4）

M144∶4，陶瓮。葬具。夹砂红陶，口、颈残，宽圆肩，深弧腹至底部略收，平底。肩腹部有一对鸡冠形鋬手。最大腹径 51.8、底径 18.0、残高 52.8 厘米。（图图二六七，1；图版二〇三，5）

M144∶5，陶鼎。葬具。夹砂红褐陶，敞口，宽折沿，弧腹，底及三足残。口径 20.1、残高 14.0 厘米。（图二六八，2；图版二〇四，1）

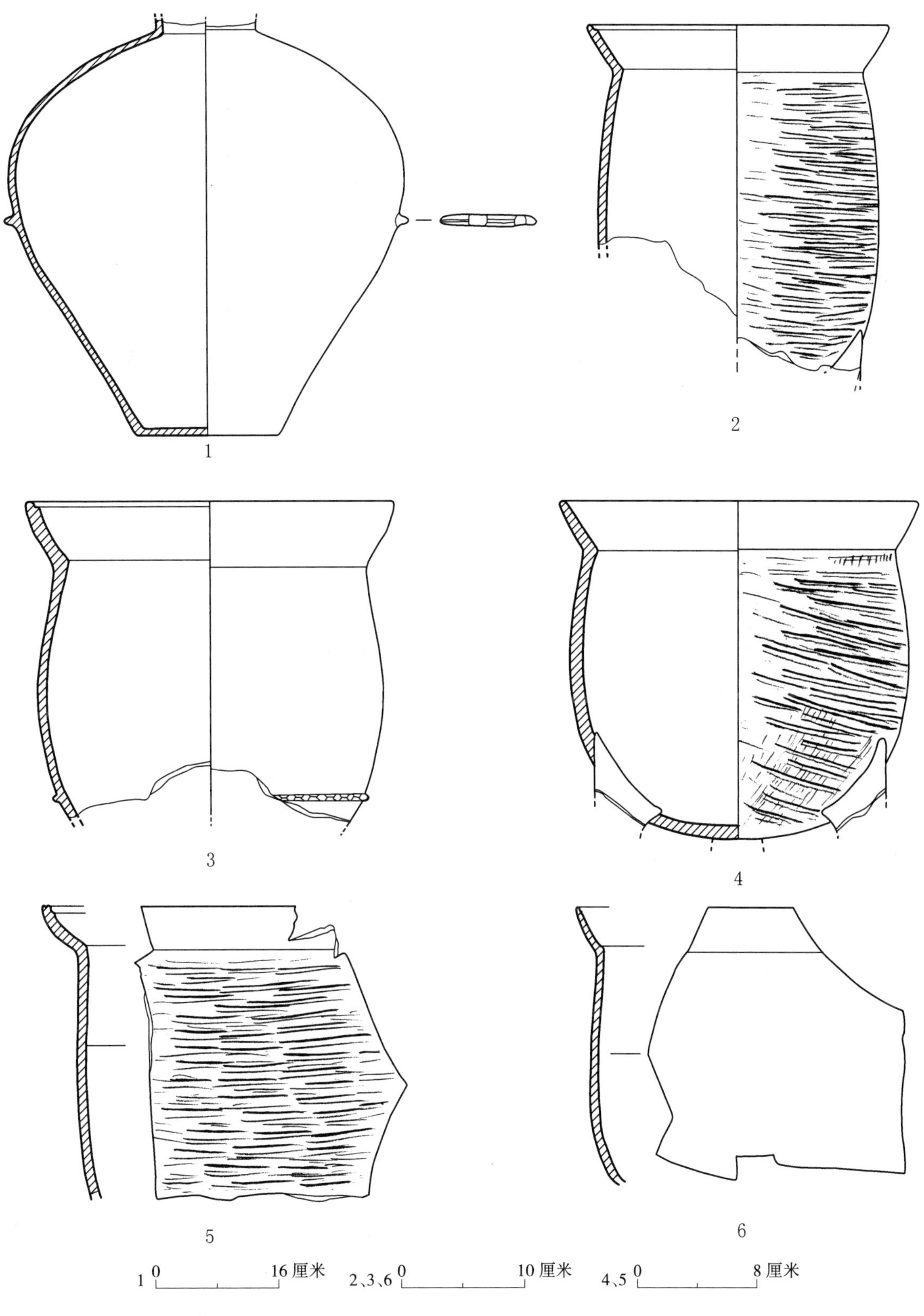

图二六七　大汶口文化 M144 葬具

1. 陶瓮（M144∶4）　2～6. 陶鼎（M144∶6、11、8、7、9）

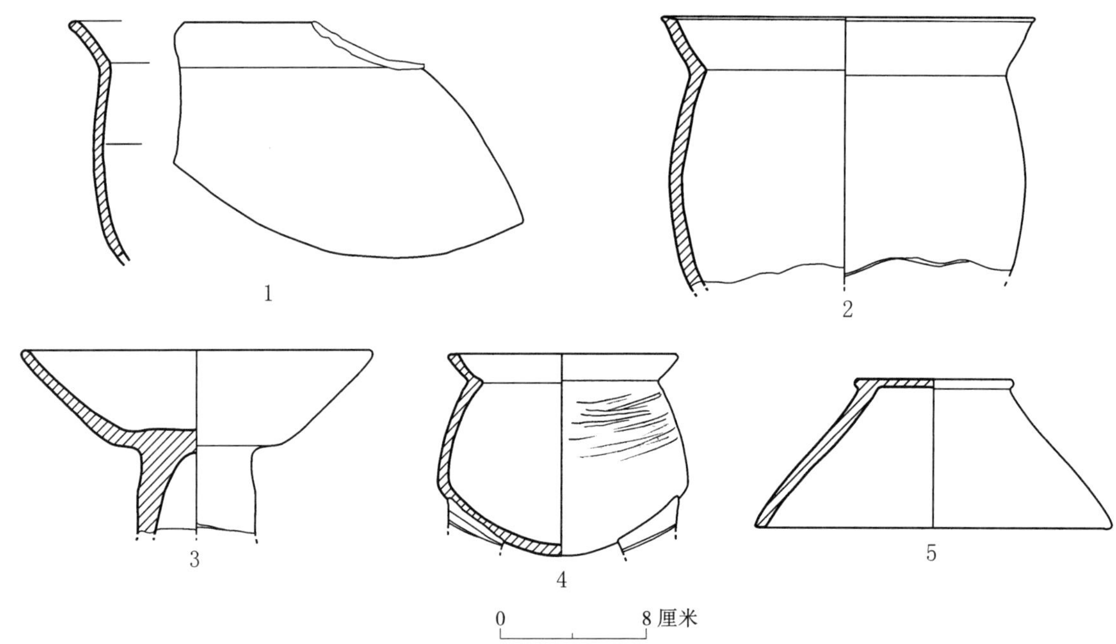

图二六八　大汶口文化M144葬具及其出土器物

1、2. 陶鼎（M144∶10、5）　3. 陶豆（M144∶2）　4. 陶鼎（M144∶1）　5. 陶器盖（M144∶3）

M144∶6，陶鼎。葬具。夹砂红褐陶，敞口，唇面微凹，宽折沿，深弧腹，底及三足残。腹部饰篮纹。口径25.0、残高27.0厘米。（图二六七，2；图版二〇四，2）

M144∶7，陶鼎。葬具。泥质灰陶，仅存口沿及腹部残片，敞口，沿面微凹，深弧腹，腹部饰篮纹。残高18.5厘米。（图二六七，5；图版二〇四，3、4）

M144∶8，陶鼎。葬具。夹砂红褐陶，敞口，圆唇，折沿，弧鼓腹，圜底，三足残。腹部饰有篮纹。口径23.2、残高21.2厘米。（图二六七，4；图版二〇四，5、6）

M144∶9，陶鼎。葬具。夹砂灰黑陶，仅存口沿及腹部残片，敞口，尖圆唇，折沿，弧腹。残高22.0厘米。（图二六七，6；图版二〇五，1、2）

M144∶10，陶鼎。葬具。夹砂夹蚌红褐陶，残存口、腹残片，敞口，圆唇，折沿，弧腹。残高12.8厘米。（图二六八，1；图版二〇五，3、4）

M144∶11，陶鼎。葬具。夹砂红褐陶，敞口，唇面微凹，宽折沿，深弧腹，底、足残。腹部饰一周附加堆纹。口径30.0、残高24.4厘米。（图二六七，3；图版二〇五，5、6）。

M145

位于ⅢT4805近南壁，墓坑开口于第9层下，打破10层及生土，被开口于同一层位下的H434打破。陶棺葬，墓坑长1.8、宽0.65～0.7、深0.1～0.2米。方向95°。填土呈黄褐色，土质较硬，含烧土颗粒及生土块。将鼎、釜等陶器打碎铺于人骨头、足之下及盖在人骨头、足之上。单人俯身直肢葬，头向东，面向南。头骨保存较差，肢骨保存较好。经鉴定，墓主人为年龄约20岁的女性。随葬品仅1件陶筒形杯。修复葬具鼎、釜各1件。（图二六九；图版二〇六，1）

M145∶1，陶筒形杯，带盖。侈口，圆唇，短折沿，深弧腹，平底。覆碟形器盖，矮喇叭

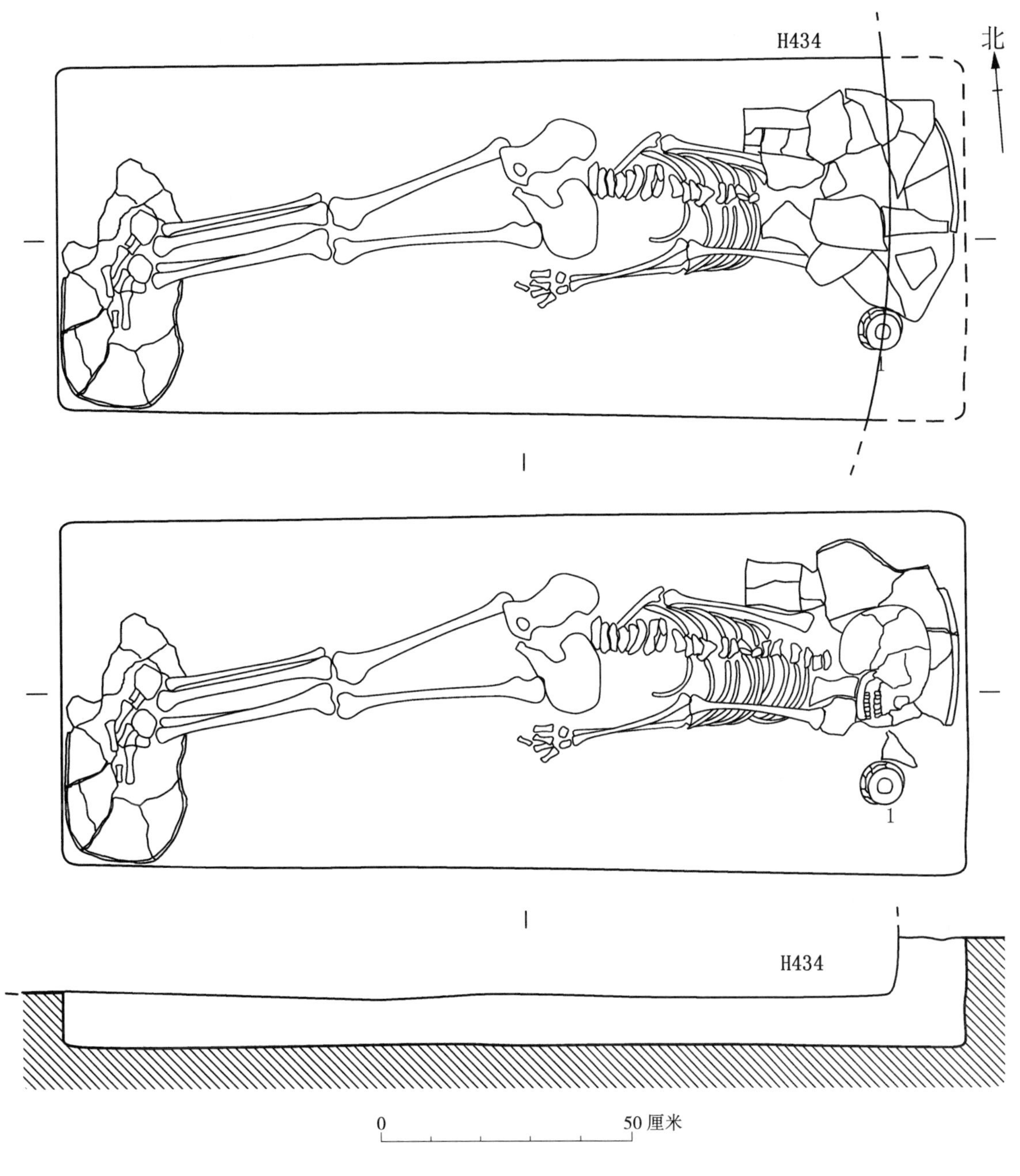

图二六九　大汶口文化 M145 平、剖面图
1. 陶筒形杯

形捉手，盖壁弧折。杯口径 7.8、底径 4.2、高 9.3 厘米；盖捉手径 3.0、口径 7.4、高 2.2 厘米。（图二七〇，1；图版二〇六，2）

M145∶2，陶釜。葬具。夹砂红陶，口微敛，方唇，深弧腹，平底。腹中部饰有一对鸡冠状鋬手，通体饰有篮纹。口径 39.3、底径 21.3、高 34.0 厘米。（图二七〇，3；图版二〇六，4）

M145∶3，陶鼎。葬具。夹砂红褐陶，残存圜底和足根部。腹部饰有凹弦纹。残高 18.3 厘米。（图二七〇，2；图版二〇六，3）

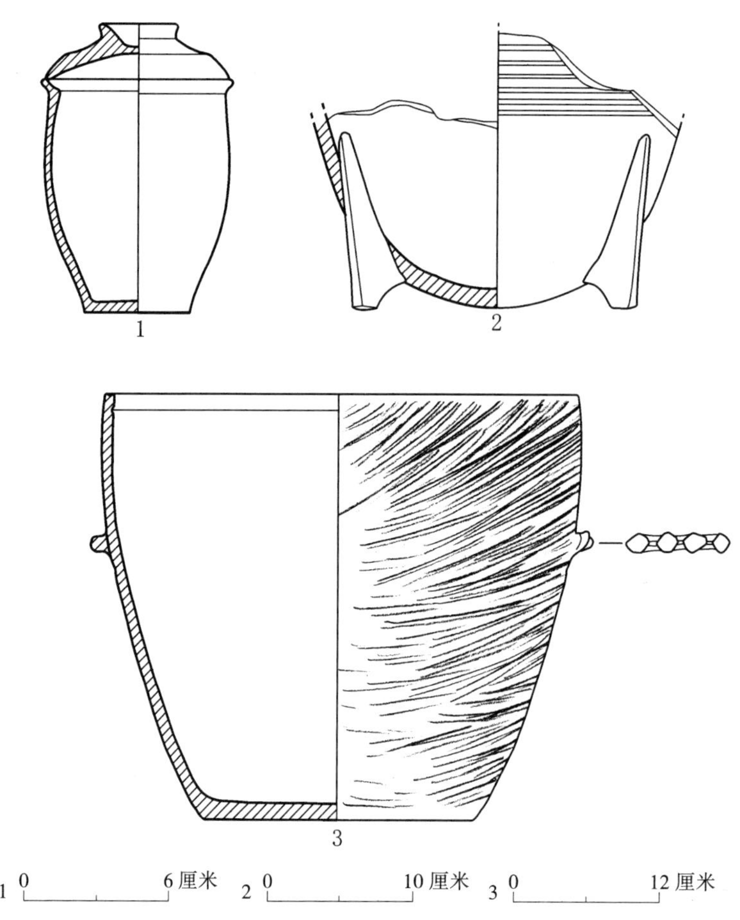

图二七〇 大汶口文化 M145 葬具及其出土器物

1. 陶筒形杯（M145:1） 2. 陶鼎（M145:3） 3. 陶釜（M145:2）

M146

位于ⅢT4804中部，墓坑开口于第9层下，打破第10层、生土，且被开口于同一层位下的M89所打破。长方形竖穴土坑墓，墓坑长2.0、宽0.65～0.7、深0.35～0.5米。方向100°。填土呈黄褐色，土质较硬。单人侧身直肢葬，头向东南，面向西南。骨架保存状况较好。经鉴定，墓主人为年龄45～50岁的女性。随葬品18件，多集中摆放于墓主身体左侧，计有陶豆6件，陶鼎、圈足杯、罐、壶各2件，陶鬶、盆各1件，玉环、玉饰各1件。（图二七一；图版二〇七，1、2）

完整及可修复器物18件。

M146:1，陶盆。泥质灰陶，敞口，方唇，腹壁斜直，平底。口径32.4、底径13.3、高14.8厘米。（图二七二，1；图版二〇八，1）

M146:2，玉环。略呈圆角方形。直径2.5～2.7、孔径0.7～0.8、厚0.1～0.2厘米。（图二七二，5；图版二〇七，3）

M146:3，陶鼎。夹砂灰陶，敞口，折沿，弧腹，圜底，足残。腹部饰有篮纹。口径10.0、最大腹径10.8、高11.0厘米。（图二七三，10；图版二〇八，5）

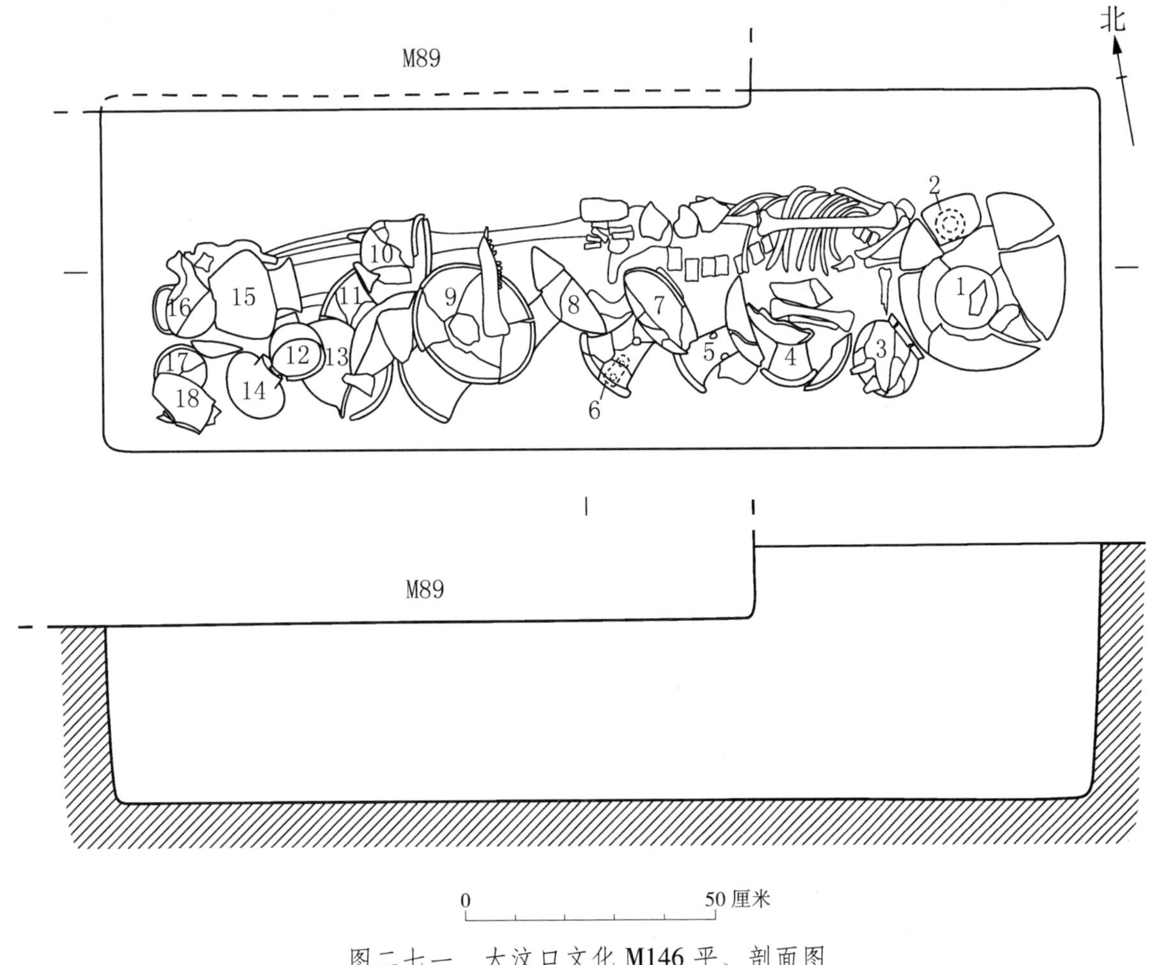

图二七一　大汶口文化M146平、剖面图

1. 陶盆　2. 玉环　3、10. 陶鼎　4、5、7～9、11. 陶豆　6. 玉饰　12、14. 陶圈足杯　13、18. 陶罐　15、17. 陶壶　16. 陶鬶

M146∶4，陶豆。泥质黑陶，敞口，圆唇，弧壁，矮柄，喇叭形圈足。柄上饰有3个圆形镂孔。口径21.6、足径12.8、高14.0厘米。（图二七三，4；图版二〇九，1）

M146∶5，陶豆。泥质黑褐陶，敞口，圆唇，弧壁，高柄，喇叭形圈足。柄部饰有3个对称的圆形镂孔。口径18.8、足径12.0、高16.9厘米。（图二七三，3；图版二〇九，2）

M146∶6：玉饰。长椭圆形，一端较尖细，一端圆钝。长3.8、最宽1.5、厚0.2厘米。（图二七二，6；图版二〇七，4）

M146∶7，陶豆。泥质灰陶，敞口，平沿，弧壁，高柄，喇叭状圈足。柄部饰有2个圆形镂孔。口径19.6、足径13.2、高17.2厘米。（图二七二，4；图版二〇九，3）

M146∶8，陶豆。泥质黑陶，敞口，圆唇，弧壁，高柄，喇叭形圈足。柄部饰有3个对称的圆形镂孔。口径18.2、足径12.0、高17.2厘米。（图二七三，2；图版二〇九，4）

M146∶9，陶豆。泥质黑陶，敞口，圆唇，弧壁，高柄，喇叭形圈足。柄部饰有2个对称的圆形镂孔。口径21.6、足径13.4、高21.2厘米。（图二七三，1；图版二〇九，5）

M146∶10，陶鼎。夹砂红陶，敞口，方唇，折沿，鼓腹，圜底，三凿形足。腹部饰有篮纹。口径11.2、通高14.7厘米。（图二七三，6；图版二〇八，4）

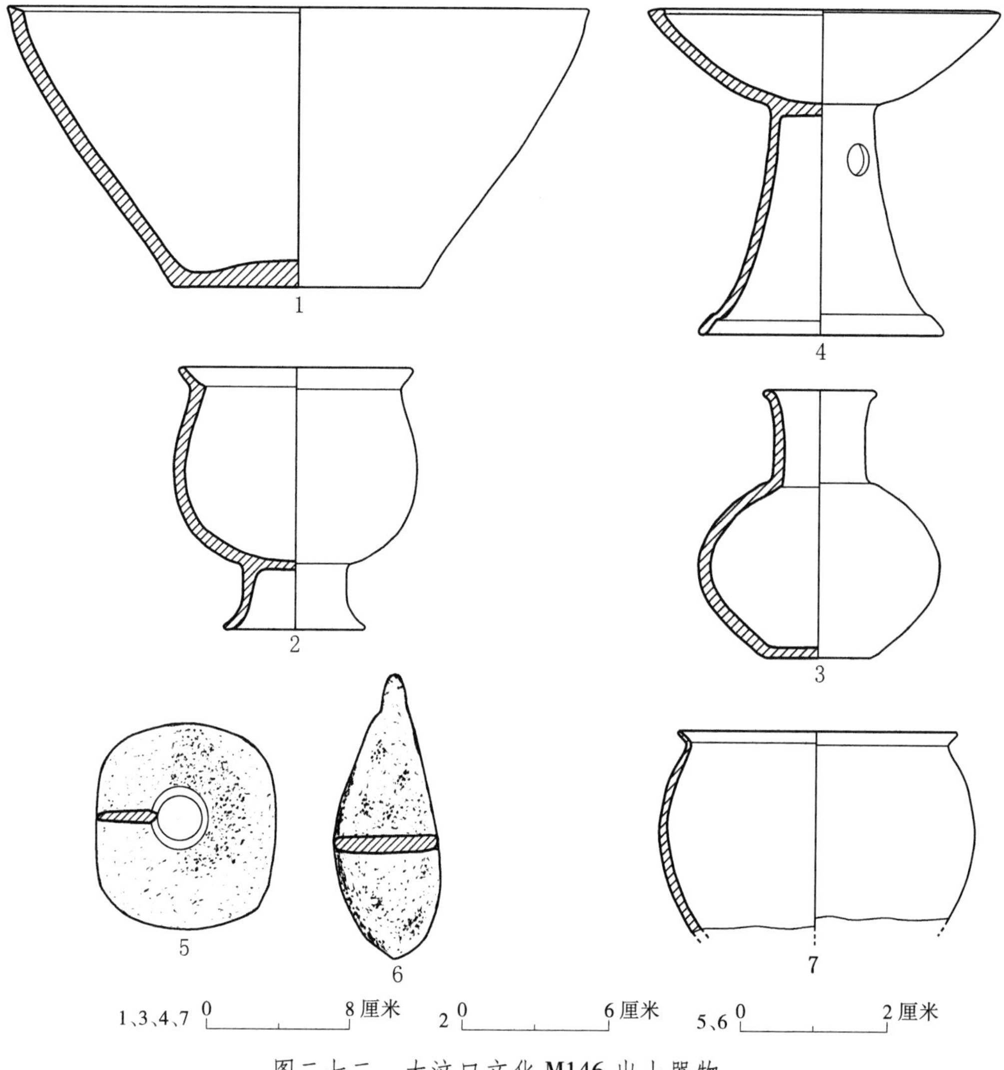

图二七二　大汶口文化 M146 出土器物

1. 陶盆（M146:1）　2. 陶圈足杯（M146:14）　3. 陶壶（M146:17）　4. 陶豆（M146:7）
5. 玉环（M146:2）　6. 玉饰（M146:6）　7. 陶罐（M146:18）

M146:11，陶豆。泥质黑陶，敞口，圆唇，折壁，矮柄，喇叭形圈足。柄部饰有 3 个圆形镂孔。口径 22.2、足径 12.0、高 12.4 厘米。（图二七三，7；图版二〇九，6）

M146:12，陶圈足杯。泥质白陶，侈口，短折沿，圆弧腹，喇叭形圈足。口径 10.8、足径 6.9、高 10.5 厘米。（图二七三，8；图版二一〇，4）

M146:13，陶罐。泥质灰陶，侈口，尖圆唇，折沿，沿面内凹，深弧腹，平底。口径 15.2、底径 7.6、高 14.0 厘米。（图二七三，9；图版二〇八，2）

M146:14，陶圈足杯。泥质黑陶，侈口，圆唇，折沿，弧鼓腹，矮圈足。口径 9.7、足径 5.8、高 10.5 厘米。（图二七二，2；图版二一〇，5）

M146:15，陶壶。侈口，圆唇，束颈，圆鼓肩，弧腹，平底。口径 11.0、底径 8.0、高 18.0 厘米。（图二七三，5；图版二一〇，1）

M146:16，陶鬶。夹细砂灰褐陶，短流，粗直颈，扁球形腹，三凿形足，宽带状环形把手在腹背上。腹中部有一道突棱，每个足的根部均有一个捺窝。最大腹径 15.6、高 19.2 厘米。

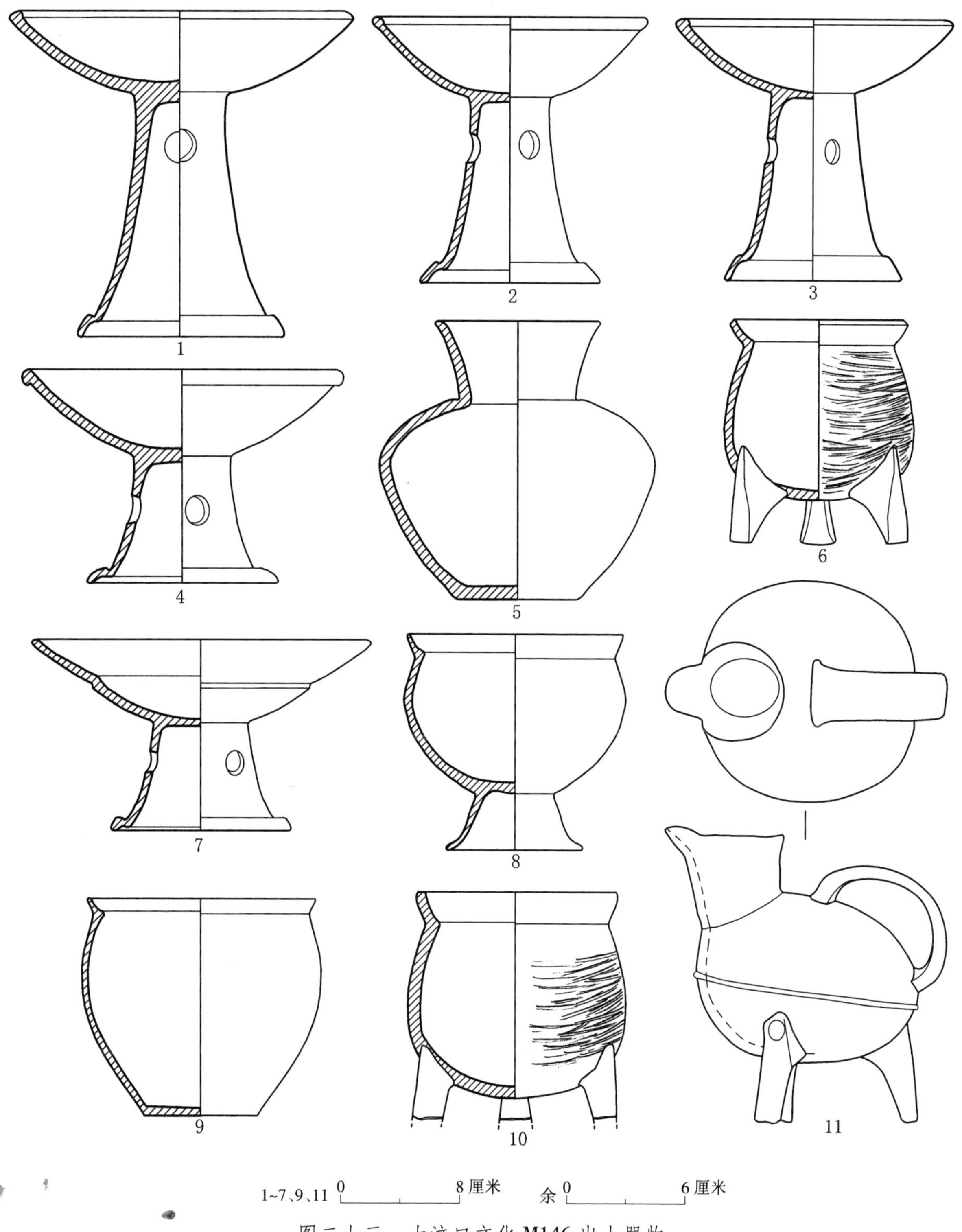

图二七三　大汶口文化M146出土器物

1～4、7. 陶豆（M146：9、8、5、4、11）　5. 陶壶（M146：15）　6、10. 陶鼎（M146：10、3）　8. 陶圈足杯（M146：12）　9. 陶罐（M146：13）　11. 陶鬶（M146：16）

（图二七三，11；图版二一〇，3）

M146：17，陶壶。夹砂黑陶，侈口，圆唇，高直颈，鼓腹，平底。口径6.0、底径5.6、高14.0厘米。（图二七二，3；图版二一〇，2）

M146∶18，陶罐。泥质灰陶褐，侈口，短折沿，圆肩，弧腹，底残。口径15.0、残高10.4厘米。（图二七二，7；图版二〇八，3）

M147

位于ⅢT4804西北部，墓坑开口于第9层下，打破第10层、生土。长方梯形竖穴土坑墓，墓口长2.1、宽0.7～0.9米，墓底长2.05、宽0.65～0.85米，坑深0.7米。方向100°。填土呈黄褐色，土质较硬。单人仰身直肢葬，头向东南，面向上。骨架保存状况较差，头骨残，肢骨不全。经鉴定，墓主人年龄约40岁，性别不详。随葬品24件，多置于墓主身体左侧，计有陶豆6件，陶壶4件，陶圈足杯3件，陶盆、罐、鼎、鬶、背壶、纺轮各1件，骨针、簪各1件，獐牙1件，蚌器1件，玉蝉1件。（图二七四；图版二一一，1）

完整及可修复器物22件。

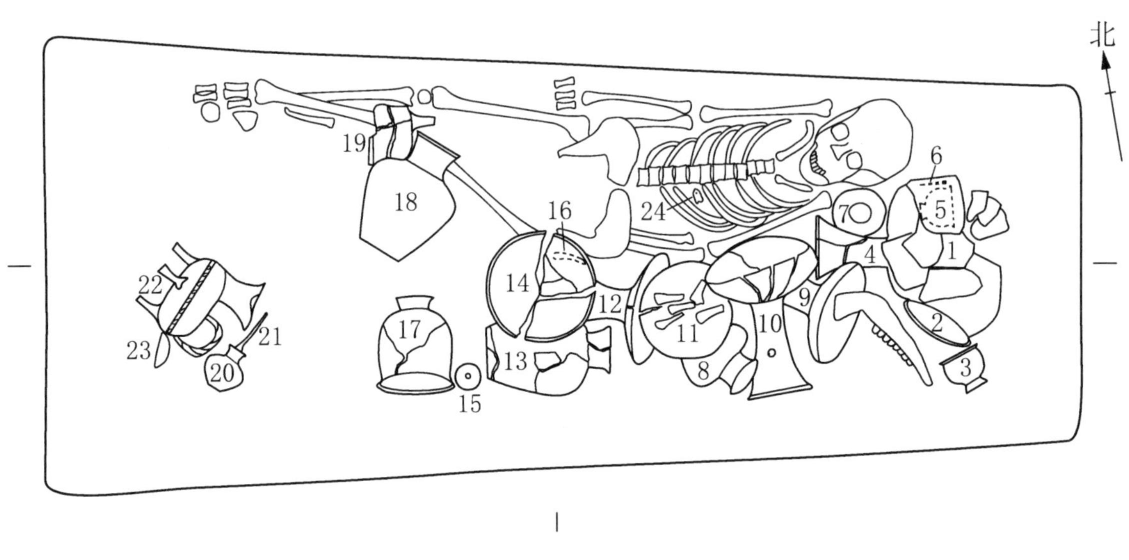

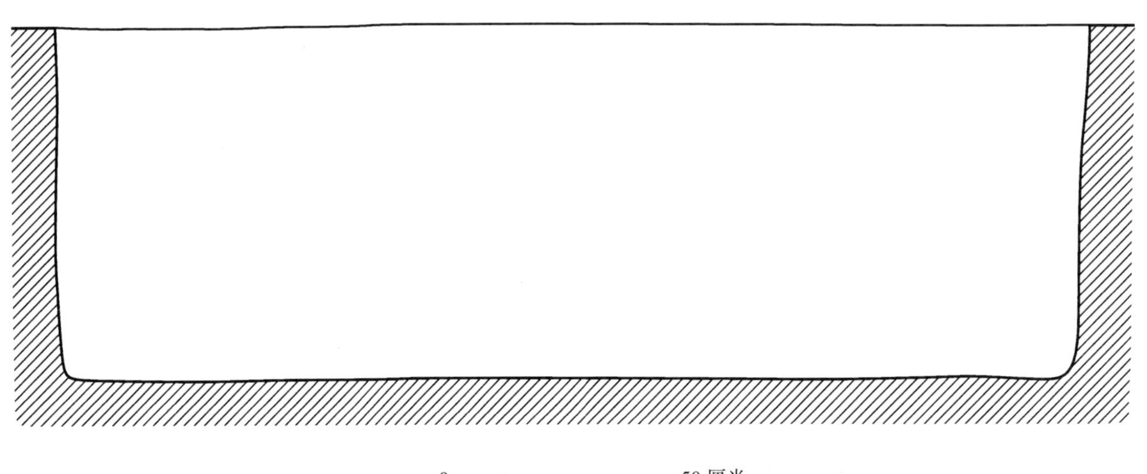

图二七四 大汶口文化M147平、剖面图

1. 陶盆 2. 陶罐 3、5、17. 陶圈足杯 4、9～12、14. 陶豆 6. 骨针 7、8、18、20. 陶壶 13. 陶背壶 15. 陶纺轮 16. 獐牙 19. 陶鼎 21. 骨簪 22. 陶鬶 23. 蚌器 24. 玉蝉

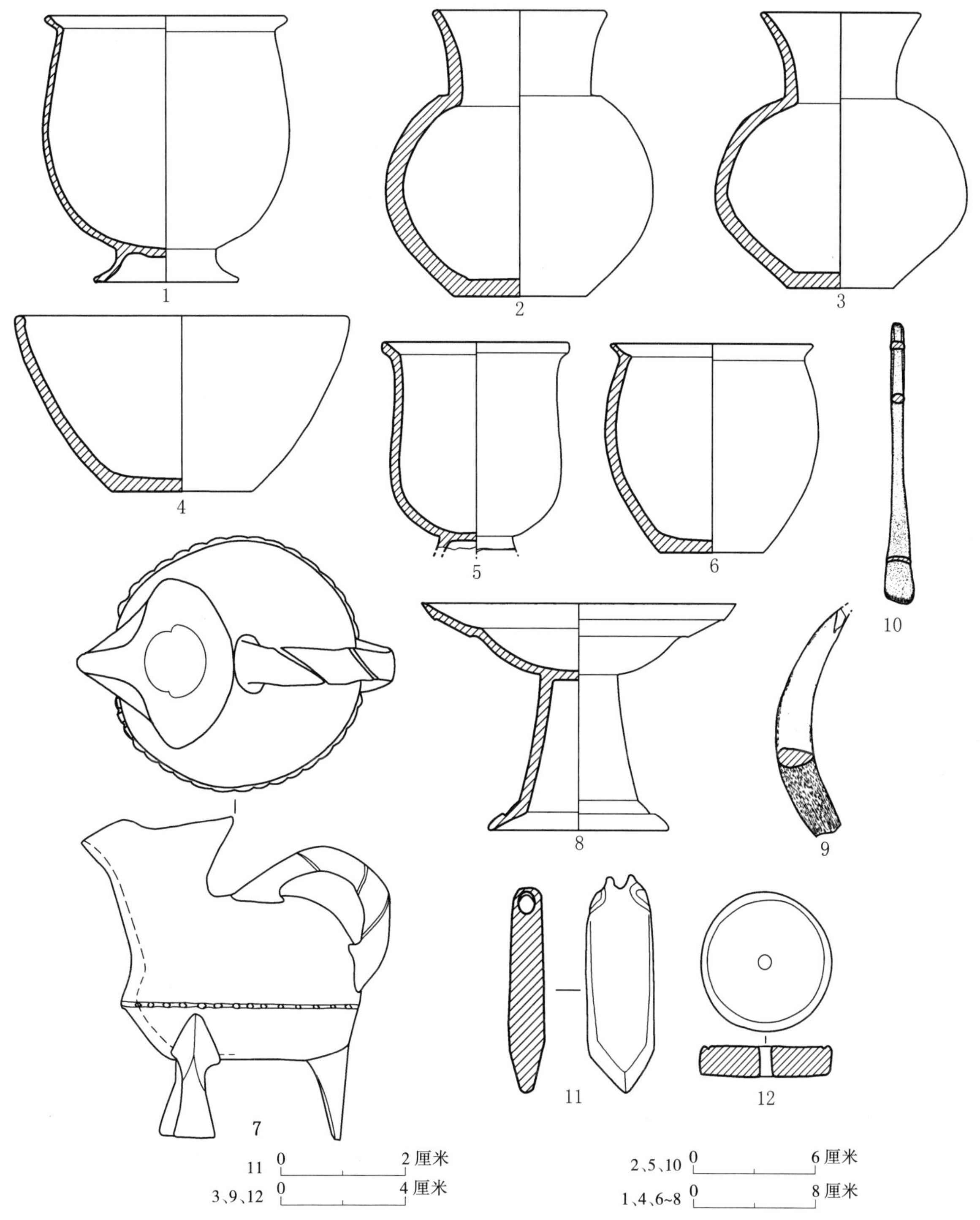

图二七五　大汶口文化 M147 出土器物

1、5. 陶圈足杯（M147∶17、5）　2、3. 陶壶（M147∶8、20）　4. 陶盆（M147∶1）　6. 陶罐（M147∶2）　7. 陶鬶（M147∶22）　8. 陶豆（M147∶12）　9. 獐牙（M147∶16）　10. 骨簪（M147∶21）　11. 玉蝉（M147∶24）　12. 陶纺轮（M147∶15）

M147∶1，陶盆。泥质灰褐陶，口微敛，圆唇，弧腹，平底。口径 20.9、底径 8.8、高 11.0 厘米。（图二七五，4；图版二一二，1）

M147∶2，陶罐。泥质灰陶，侈口，尖圆唇，短折沿，弧腹，平底。口径 12.9、底径 6.8、

高 12.9 厘米。（图二七五，6；图版二一二，2）

M147∶3，陶圈足杯。泥质白陶，侈口，折沿，沿面微凹，弧腹，喇叭形圈足。口径 9.6、足径 5.9、高 9.4 厘米。（图二七六，6；图版二一二，4）

M147∶4，陶豆。夹砂灰陶，敞口，卷沿，弧壁，高柄，喇叭形圈足。柄部饰有 3 个对称的圆形镂孔。口径 19.0、足径 13.4、高 20.8 厘米。（图二七六，1；图版二一三，1）

M147∶5，陶圈足杯。泥质黑陶，侈口，圆唇，短折沿，深弧腹，圈足残，残断处经打磨平整。口径 8.7、残高 9.8 厘米。（图二七五，5；图版二一二，5）

M147∶7，陶壶。泥质黑陶，口微侈，圆唇，直颈，扁鼓腹，平底。口 4.5、底径 3.8、高 9.4 厘米。（图二七六，7；图版二一四，1）

M147∶8，陶壶。泥质灰陶，侈口，圆唇，束颈，鼓腹，平底。口径 8.2、底径 6.3、最大腹径 12.8、高 13.5 厘米。（图二七五，2；图版二一四，2）

M147∶9，陶豆。泥质黑陶，敞口，圆唇，弧壁，高柄，喇叭形圈足。柄部饰有 2 个对称的圆形镂孔。口径 21.4、足径 14.0、高 19.2 厘米。（图二七六，3；图版二一三，2）

M147∶10，陶豆。夹砂黑褐陶，敞口，圆唇，折壁，高柄，喇叭形圈足。柄部饰有 3 个对称的圆形镂孔。口径 19.8、足径 15.6、高 22.0 厘米。（图二七六，2；图版二一三，3）

M147∶11，陶豆。夹砂黑褐陶，敞口，圆唇，弧壁，矮柄，喇叭形圈足。柄部饰有弧线三角形和半圆形镂孔组成的纹饰。口径 19.2、足径 12.9、高 16.8 厘米。（图二七六，5；图版二一三，4）

M147∶12，陶豆。泥质黑陶，敞口，尖唇，折壁，矮柄，喇叭形圈足。口径 20.4、足径 11.9、高 14.2 厘米。（图二七五，8；图版二一三，5）

M147∶13，陶背壶。泥质黑陶，侈口，圆唇，矮颈，圆肩，深腹，肩腹处有一对半环形宽耳，正对两耳的腹另一侧有一鸡冠形突纽，颈内侧有轮修痕迹。口径 8.8、底径 8.2、高 24.0 厘米。（图二七六，8；图版二一四，5）

M147∶14，陶豆。泥质黑褐陶，敞口，卷沿，弧壁，盘腹较深，矮柄，喇叭形圈足。柄部饰有半月形及弧线三角形镂孔组成的纹饰。口径 20.0、足径 14.4、高 17.6 厘米。（图二七六，4；图版二一三，6）

M147∶15，陶纺轮。泥质灰褐陶，平面呈圆形，剖面呈长方形。正面近边缘处有一周凹弦纹，中间有一圆孔。直径 4.2、孔径 0.4、厚 1.0 厘米。（图二七五，12；图版二一一，2）

M147∶16，獐牙。尖部略残，磨制光滑。残长 7.2 厘米。（图二七五，9；图版二一一，5）

M147∶17，陶圈足杯。泥质灰陶，侈口，方唇，折沿，沿面微凹，深弧腹，矮圈足。口径 15.2、足径 9.2、高 16.8 厘米。（图二七五，1；图版二一二，6）

M147∶18，陶壶。泥质灰陶，侈口，圆唇，高颈，宽肩，弧腹，平底。口径 9.2、底径 9.0、高 22.8 厘米。（图二七六，9；图版二一四，3）

M147∶19，陶鼎。夹细砂红褐陶，敞口，尖唇，折沿，直腹，圜底，三凿形足残，足上饰有两道或三道刻槽。口径 12.9、残高 10.7 厘米。（图二七六，10；图版二一二，3）

M147∶20，陶壶。泥质黑陶，侈口，束颈，鼓肩，弧腹，平底。口径 5.2、底径 3.4、高

图二七六　大汶口文化 M147 出土器物

1~5. 陶豆（M147∶4、10、9、14、11）　6. 陶圈足杯（M147∶3）　7、9. 陶壶（M147∶7、18）　8. 陶背壶（M147∶13）　10. 陶鼎（M147∶19）

8.6 厘米。（图二七五，3；图版二一四，4）

M147∶21，骨簪。上部扁鼓，下部略圆鼓。长 13.4 厘米。（图二七五，10；图版二一一，4）

M147∶22，陶鬶。夹砂红褐陶，短流，粗矮颈，腹上部呈半椭圆形，下部斜直，平底，三个凿形足，绳索纹把手在背上。腹部饰有一周附加堆纹。最大腹径 15.6、高 20.2 厘米。（图二七五，7；图版二一四，6）

M147∶24，玉蝉。长 3.5、最宽处 1.1、最厚 0.5 厘米。（图二七五，11；图版二一一，3）

M148

位于ⅢT4805 北隔梁内，开口于第 9 层下，叠压于 M160 上，且被开口于第 6 层下的 H392、开口于第 8 层下的 M84 打破。长方形竖穴土坑墓，墓坑残长 1.32、宽 0.7、深 0.2 米。方向 105°。填土呈黄褐色，土质较硬，含烧土块。单人仰身直肢葬，头向东南，面向不详。腰椎骨以上部分被破坏。骨架保存状况较差。经鉴定，墓主已成年，性别不详。随葬品 7 件，集中摆放于墓主身体左侧的下肢骨处，计有陶豆 3 件，陶壶 2 件，陶罐、薄胎高柄杯各 1 件。（图二七七；图版二一五，1）

完整及修复器物 7 件。

M148∶1，陶豆。泥质黑陶，直口，尖唇，折壁，高柄，喇叭形圈足。柄部饰有圆形及弧边三角形镂孔组成的纹饰。口径 22.9、足径 16.8、高 27.5 厘米。（图二七八，1；图版二一六，1）

M148∶2，陶壶。夹砂红褐陶，侈口，尖圆唇，长直颈，鼓肩，弧腹，平底。口径 6.0、底径 3.8、高 10.2 厘米。（图二七八，4；图版二一六，4）

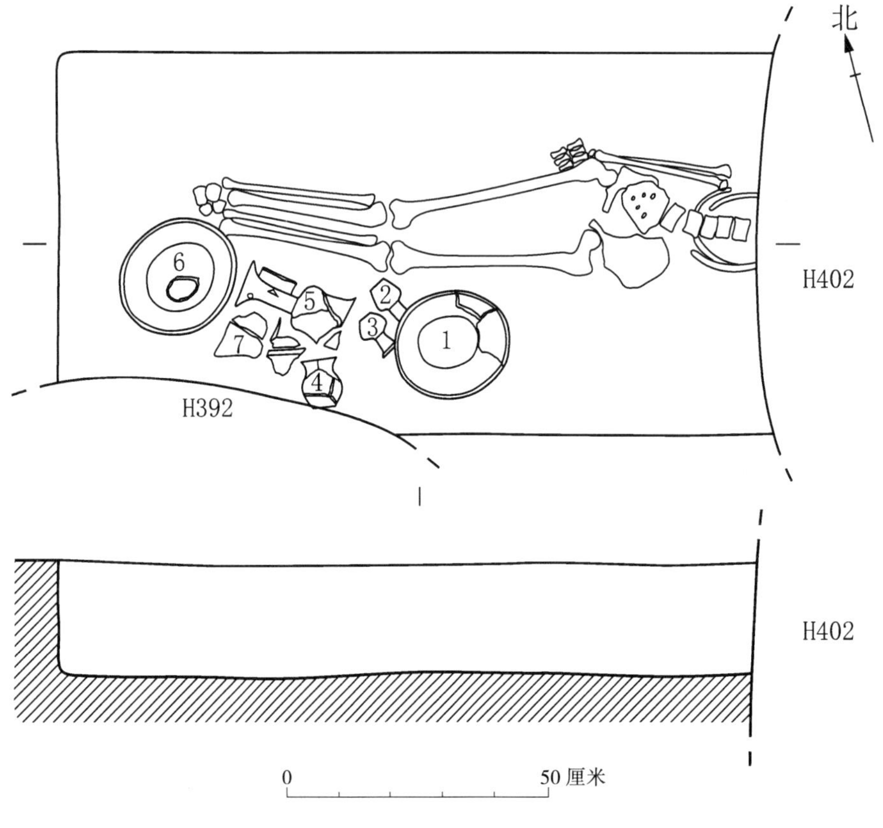

图二七七　大汶口文化 M148 平、剖面图

1、6、7. 陶豆　2、3. 陶壶　4. 陶罐　5. 陶薄胎高柄杯

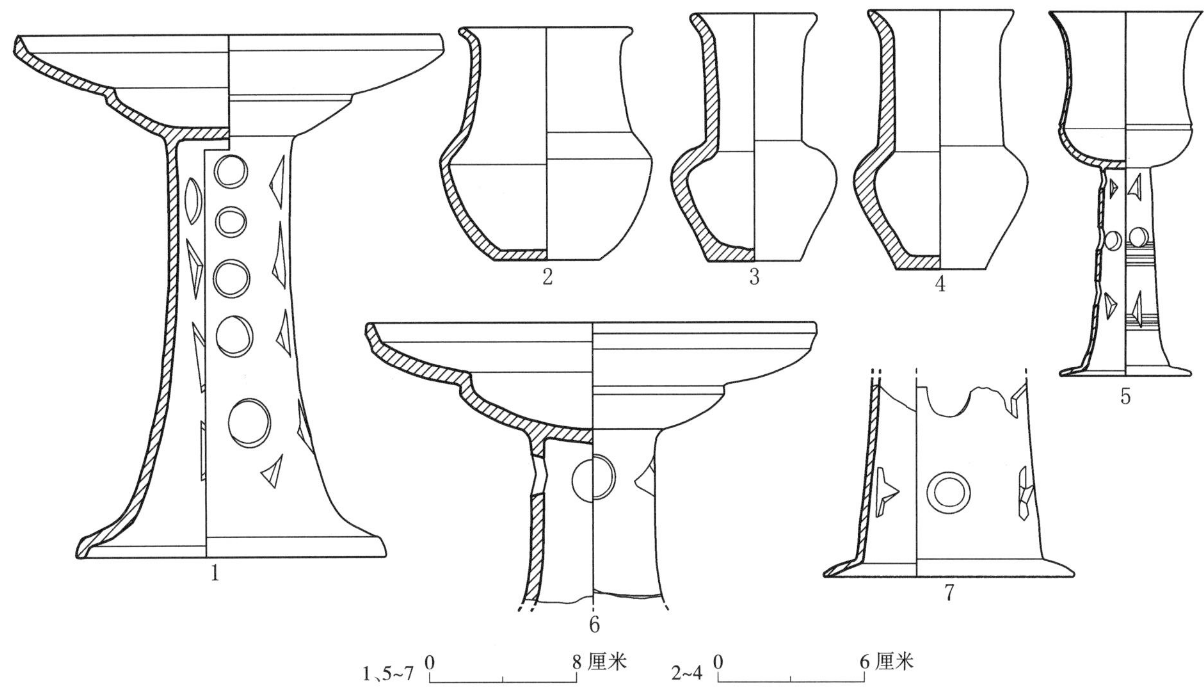

图二七八　大汶口文化M148出土器物

1、6、7. 陶豆（M148∶1、6、7）　2. 陶罐（M148∶4）　3、4. 陶壶（M148∶3、2）　5. 陶薄胎高柄杯（M148∶5）

M148∶3，陶壶。夹砂红褐陶，侈口，尖圆唇，长直颈，鼓肩，弧腹，平底。口径5.2、底径3.8、高9.8厘米。（图二七八，3；图版二一六，5）

M148∶4，陶罐。泥质黑陶，侈口，圆唇，粗颈，折肩，弧腹，平底。口径7.0、底径4.2、高9.2厘米。（图二七八，2；图版二一六，6）

M148∶5，陶薄胎高柄杯。泥质黑陶，侈口，尖唇，杯身上腹内收，杯底鼓突，高柄，贴地处外撇形成喇叭形圈足。杯身饰有一道凹弦纹，杯柄饰有三角形镂孔、圆形镂孔及凹弦纹组成的纹饰。口径8.4、足径7.6、高19.2厘米。（图二七八，5；图版二一五，2）

M148∶6，陶豆。夹砂灰陶，口微侈，尖圆唇，折壁，豆柄下部残。柄部饰有圆形及弧边三角形镂孔。口径24.4、残高14.6厘米。（图二七八，6；图版二一六，2）

M148∶7，陶豆。泥质灰陶，豆盘及豆柄上部残，粗柄，喇叭形圈足。柄部饰有圆形及三角形镂孔。足径13.9、残高10.4厘米。（图二七八，7；图版二一六，3）

M149

位于ⅢT4805西北角，墓坑开口于第9层下，打破生土，其东部和南部被晚期灰坑破坏。长方形竖穴土坑墓，墓坑残长1.3、宽0.37、深0.13米。方向110°。填土呈黄褐色，土质较硬，含烧土块。墓坑内发现人骨架遗骸，被扰严重，葬式不明，头向东南，面向不详。骨架保存状况较差。经鉴定，墓主人年龄为27~28岁的女性。墓内未发现随葬品及葬具。（图二七九）。

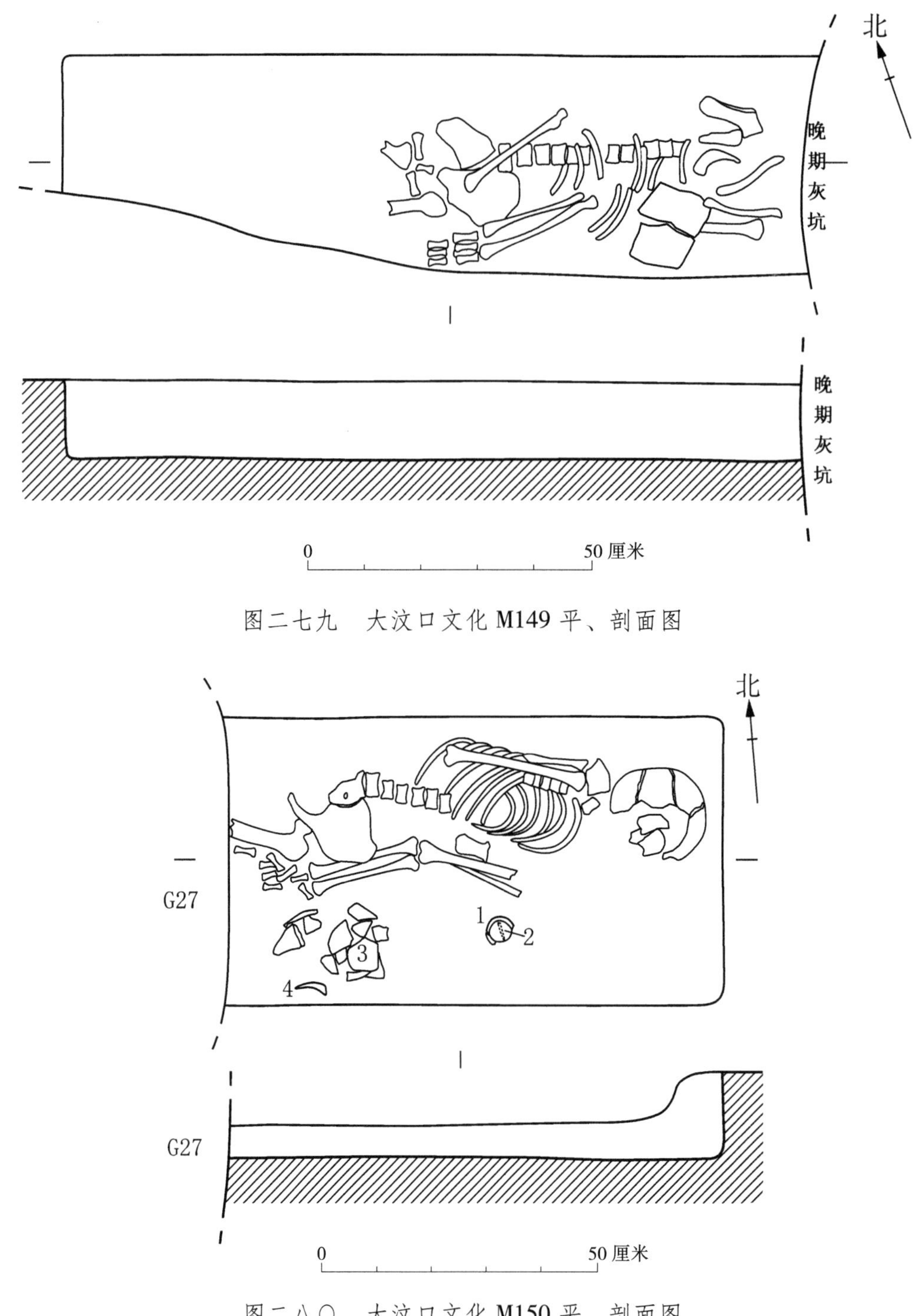

图二七九　大汶口文化M149平、剖面图

图二八〇　大汶口文化M150平、剖面图
1. 陶筒形杯　2. 骨针　3. 陶罐　4. 獐牙

M150

位于ⅢT4803中部，墓坑开口于第9层下，打破第10层、生土，且被开口于第8层下的G27打破。长方形竖穴土坑墓，墓坑残长0.9、宽0.5、深0.06～0.14米。方向95°。填土呈黄褐色，土质较硬。单人侧身直肢葬，盆骨以下部分被破坏，头向东，面向南。骨架保存较差。经鉴定，墓主已成年，性别不详。随葬品4件，主要摆放于墓主身体左侧，计有陶筒形杯、罐各1件，骨针1件，獐牙1件。（图二八〇；图版二一七，1）

完整及可修复器物2件。

M150∶1，陶筒形杯。泥质灰陶，敞口，尖圆唇，折沿，腹壁斜直，平底。近底部饰一道凹槽。口径4.6、底径4.4、高4.5厘米。（图二八一，1；图版二一七，2）

M150∶4，獐牙。尖部残断，残长4.0厘米。（图二八一，2；图版二一七，3）

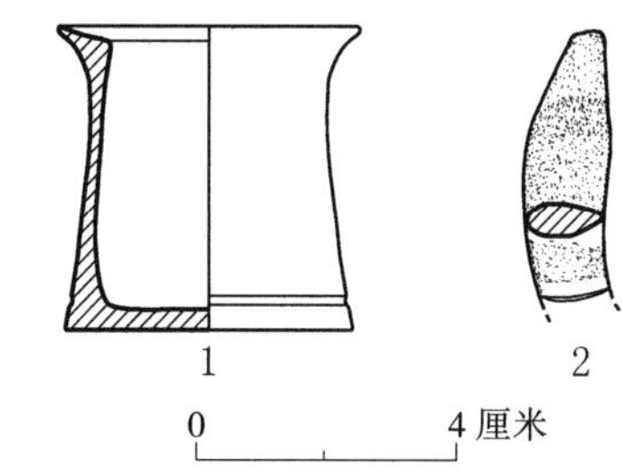

图二八一　大汶口文化M150出土器物
1. 陶筒形杯（M150∶1）　2. 獐牙（M150∶4）

M151

位于ⅢT4803中部略偏西处，墓坑开口于第9层下，打破第10层、生土。长方形竖穴土坑墓，墓坑长2.0，宽0.8～0.9、深0.28米。方向95°。填土呈黄褐色，土质较硬。单人仰身直肢葬，头向东，面向上。骨架保存完整。经鉴定，墓主人为年龄40岁的女性。随葬品25件，多置于墓主身体左侧，计有陶豆6件，陶筒形杯3件，陶罐、背壶各2件，陶盆、鬶、鼎、壶、纺轮、薄胎高柄杯各1件，玉珠4件，玉环1件，獐牙1件。（图二八二；图版二一八，1、2）

完整及可修复器物24件。

M151∶1，玉环。主要矿物成分为白色的方解石。钻孔为两面对钻，表面较粗糙，直径4.7、孔径2.1～2.3、厚0.2～0.5厘米。（图二八三，1；图版二一九，5）

M151∶2，玉珠。直径1.1、孔径0.2～0.3、厚0.3厘米。（图二八三，2；图版二一九，1）

M151∶3，玉珠。直径约1.3、孔径0.2～0.3、厚约0.3厘米。（图二八三，3；图版二一九，2）

M151∶4，陶盆。泥质黑灰陶，敞口，短沿，弧折腹，平底。口径18.8、底径8.2、高8.6厘米。（图二八四，1；图版二一九，7）

M151∶6，陶壶。泥质黑陶，侈口，圆唇，沿近平，粗高颈，圆肩，弧腹，平底。口径9.0、底径4.8、高15.0厘米。（图二八四，2；图版二二〇，1）

M151∶7，陶薄胎高柄杯。泥质黑陶，敞口，尖唇，杯身弧收，杯底鼓突，高柄，喇叭形圈足。柄部饰有三角形镂孔、半月形镂孔及细凹弦纹组成的纹饰。口径9.2、足径7.8、高19.6厘米。（图二八四，3；图版二二一，1）

M151∶8，陶背壶。泥质黑陶，侈口，圆唇，高颈，肩部有一个半环形耳，正对两耳的腹另侧饰一鸟喙状突纽，弧腹，平底。口径10.0、底径8.4、通高28.9厘米。（图二八五，1；图版二二〇，2）

M151∶9，陶筒形杯。泥质灰陶，直口，尖唇，直腹至下部弧收为平底，杯身饰有3道细弦纹，近底部饰一周凹槽。口径7.0、底径4.5、高9.8厘米。（图二八四，4；图版二二一，3）

M151∶10，陶罐。泥质灰陶，敞口，尖唇，折沿，深弧腹，下腹折收为平底。口径15.3、底径7.2、高17.4厘米。（图二八五，3；图版二二一，2）

M151∶11，陶纺轮。夹细砂灰褐陶，平面呈圆形，剖面呈梯形，两面较平，两端斜直。直

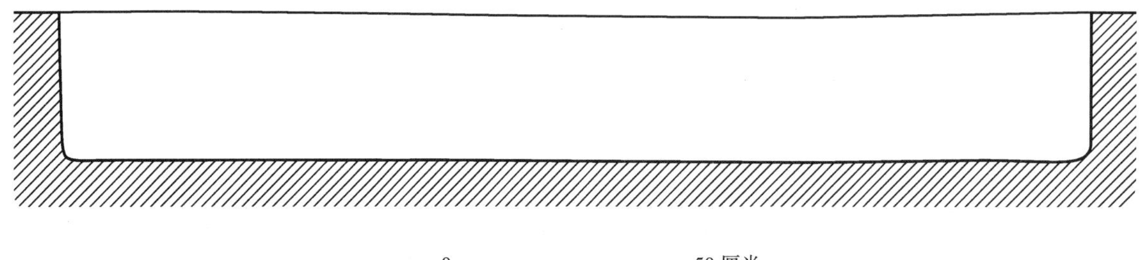

图二八二　大汶口文化 M151 平、剖面图

1. 玉环　2、3、23、25. 玉珠　4. 陶盆　5、10. 陶罐　6. 陶壶　7. 陶薄胎高柄杯　8、16. 陶背壶　9、17、24. 陶筒形杯　11. 陶纺轮　12、13、15、18、20、22. 陶豆　14. 獐牙　19. 陶鬶　21. 陶鼎

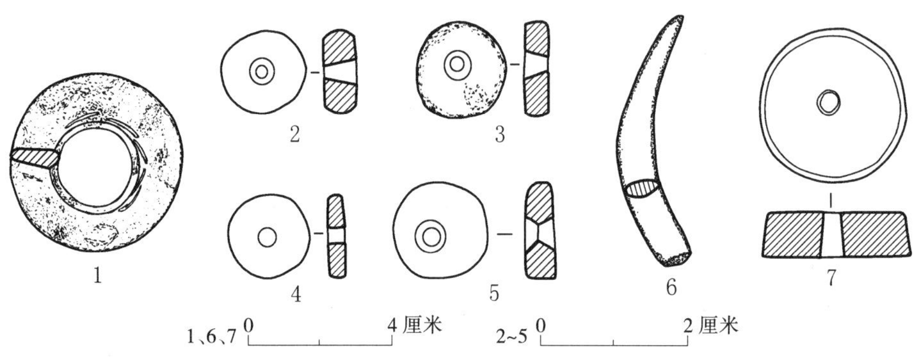

图二八三　大汶口文化 M151 出土器物

1. 玉环（M151∶1）　2~5. 玉珠（M151∶2、3、23、25）　6. 獐牙（M151∶14）　7. 陶纺轮（M151∶11）

径3.8~4.0、孔径0.5~0.6、厚1.2厘米。（图二八三，7；图版二一九，8）

M151∶12，陶豆。泥质灰褐陶，敞口，圆唇，折壁，高柄，喇叭形圈足。柄部饰有弧线三角形与圆形镂孔组成的纹饰。口径21.3、足径15.6、高20.8厘米。（图二八五，4；图版二二

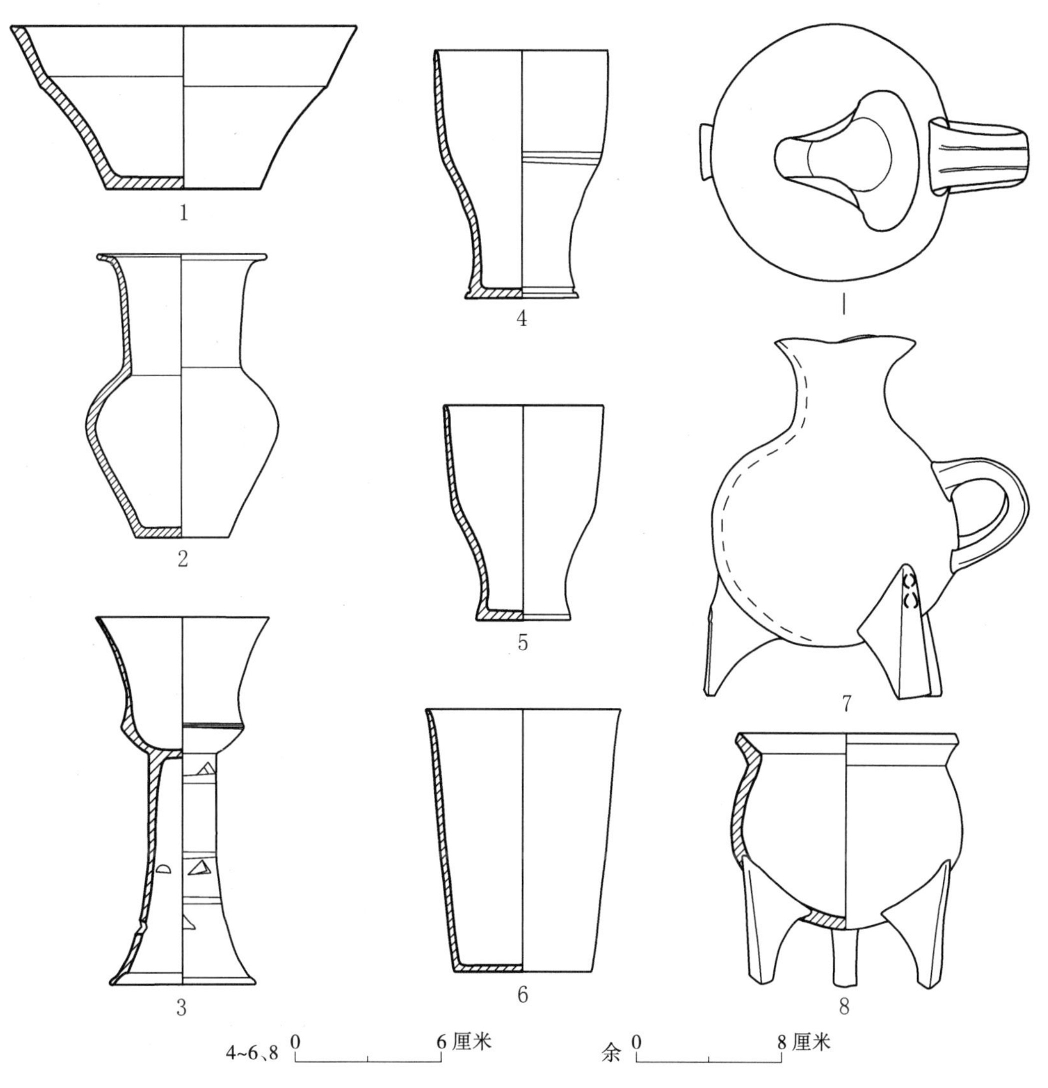

图二八四　大汶口文化M151出土器物

1. 陶盆（M151∶4）　2. 陶壶（M151∶6）　3. 陶薄胎高柄杯（M151∶7）　4～6. 陶筒形杯（M151∶9、17、24）　7. 陶鬶（M151∶19）　8. 陶鼎（M151∶21）

二，1）

M151∶13，陶豆。泥质灰陶，敞口，圆唇，弧腹至下部折成平台面，高柄，喇叭形圈足。柄饰有2竖排对称分布的圆形镂孔。口径22.7、足径14.7、高21.6厘米。（图二八五，5；图版二二二，2）

M151∶14，獐牙。磨制光滑。长6.6厘米。（图二八三，6；图版二一九，6）

M151∶15，陶豆。泥质黑陶，口微敛，圆唇，平沿，弧壁，浅盘，高柄，喇叭形圈足。柄部饰有3竖排圆形镂孔。口径20.9、足径14.4、高22.8厘米。（图二八五，6；图版二二二，3）

M151∶16，陶背壶。泥质黑陶，侈口，高直颈，肩两侧各饰有一半环形耳，两耳间器壁一侧略平，一侧圆弧，正对两耳略偏下方的腹另一侧饰一鸟喙状突纽，弧腹，平底。口径8.4、底径6.0、高24.0厘米。（图二八五，2；图版二二〇，3）

图二八五　大汶口文化M151出土器物

1、2. 陶背壶（M151∶8、16）　4～9. 陶豆（M151∶12、13、15、18、20、22）　3. 陶罐（M151∶10）

M151∶17，陶筒形杯。泥质黑陶，直口，尖唇，直腹内收为平底。近底部饰有一道凹弦纹。口径6.4、底径3.8、高8.5厘米。（图二八四，5；图版二二一，5）

M151∶18，陶豆。泥质灰陶，敞口，圆唇，折壁，高柄，喇叭形圈足。柄部饰有弧线三角纹及圆形镂孔组成的纹饰。口径22.4、足径15.6、高20.9厘米。（图二八五，7；图版二二二，4）

M151∶19，陶鬶。夹砂灰褐陶，短平流，矮颈，球形腹，宽带状半环形把手，圜底，三个凿形足。把手正面饰两道刻槽。每个足的根部饰有2个捺窝。最大腹径13.6、通高19.2厘米。（图二八四，7；图版二二〇，4）

M151∶20，陶豆。泥质灰褐陶，敞口，圆唇，折壁，粗高柄，喇叭形圈足。柄部饰有圆形镂孔、弧线三角形镂孔以及细弦纹组成的纹饰。口径23.8、足径17.8、高22.8厘米。（图二八五，8；图版二二二，5）

M151∶21，陶鼎。夹砂红褐陶，敞口，折沿，弧鼓腹，圜底，凿形足。口径9.2、通高10.0厘米。（图二八四，8；图版二一九，9）。

M151∶22，陶豆。敞口，圆唇，弧壁至下部折收成平底，高柄，喇叭形圈足。柄部饰有3竖排对称分布的圆形镂孔。口径21.8、足径14.0、高21.2厘米。（图二八五，9；图版二二二，6）

M151∶23，玉珠。直径1.1、孔径0.2、厚0.2厘米。（图二八三，4；图版二一九，4）

M151∶24，陶筒形杯。泥质褐陶，侈口，尖圆唇，斜直壁，平底。口径7.8、底径5.6、高10.4厘米。（图二八四，6；图版二二一，4）

M151∶25，玉珠。直径1.2、孔径0.2～0.3、厚0.3～0.4厘米。（图二八三，5；图版二一九，3）

M152

位于ⅢT4804西南部，墓坑开口于第9层下，打破第10层、生土。长方形竖穴土坑墓，墓坑长1.9、宽0.65～0.7、深0.4～0.65米。方向105°。填土呈黄褐色，土质疏松。单人侧身直肢葬，头向东南，面向西南。头骨破碎变形，肢骨保存较差。经鉴定，墓主人为年龄约40岁的女性。随葬品11件，多摆放于墓主身体左侧，计有陶豆2件，陶盆、钵、圈足杯、壶、罐、鼎、背壶各1件，獐牙1件，玉环1件。（图二八六；图版二二三，1、2）

完整及修复器物11件。

M152∶1，玉环。直径约4.4、孔径1.4、厚0.15厘米。（图二八七，4；图版二二三，3）

M152∶2，陶豆。泥质黑褐陶，敞口，沿外折，弧壁，高柄，喇叭形圈足。柄饰有2个对称的圆形镂孔。口径21.0、足径13.6、高20.9厘米。（图二八七，7；图版二二四，1）

M152∶3，陶盆。夹砂红褐陶，敞口，圆唇，斜腹，平底。器形制作不规整。口径26.2、底径12.8、高12.9厘米。（图二八七，5；图版二二四，4）

M152∶4，陶豆。泥质黑褐陶，敞口，圆唇，折壁，高柄，喇叭形圈足。柄饰有三角形和圆形镂孔组成的纹饰。口径20.2、足径12.4、高20.8厘米。（图二八七，2；图版二二四，2）

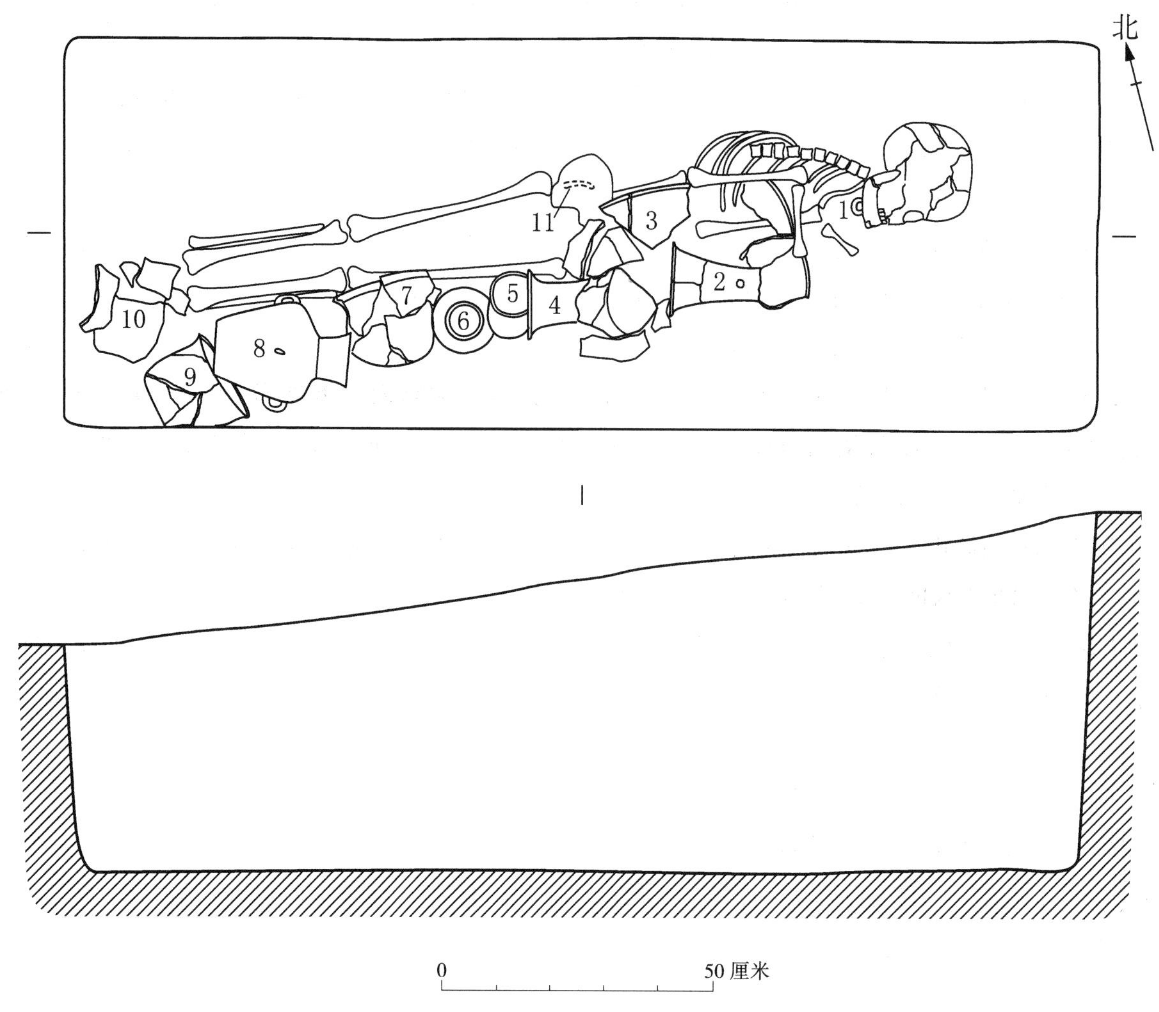

图二八六　大汶口文化M152平、剖面图

1. 玉环　2、4. 陶豆　3. 陶盆　5. 陶圈足杯　6. 陶壶　7. 陶鼎　8. 陶背壶　9. 陶罐　10. 陶钵　11. 獐牙

M152:5，陶圈足杯。泥质灰陶，侈口，圆唇，折沿，沿面内凹，弧腹，矮圈足。口径9.4、足径6.0、高9.6厘米。(图二八七，8；图版二二五，1)

M152:6，陶壶。侈口，尖圆唇，高颈，溜肩，扁鼓腹，大平底。口径7.5、底径7.8、高12.4厘米。(图二八七，3；图版二二五，2)

M152:7，陶鼎。夹砂红褐陶，敞口，尖唇，宽折沿，腹壁较直，圜底，宽扁足。每只足的足面刻有3道凹槽。口径16.0、高14.8厘米。(图二八七，6；图版二二五，3)

M152:8，陶背壶。泥质灰陶，口微侈，圆唇，高颈，肩腹部有一对半环形耳，两耳间腹壁平直，另一侧腹壁弧鼓，正对两耳的腹另一侧有一鸟喙状突纽，平底。口径10.2、底径8.8、高24.8厘米。(图二八七，1；图版二二四，3)

M152:9，陶罐。泥质灰褐陶，侈口，尖圆唇，短折沿，深弧腹，平底。口径14.0、底径8.8、高12.8厘米。(图二八七，9；图版二二五，4)

M152:10，陶钵。夹砂灰褐陶，口微敛，圆唇，弧壁，平底。口径20.8、底径10.6、高

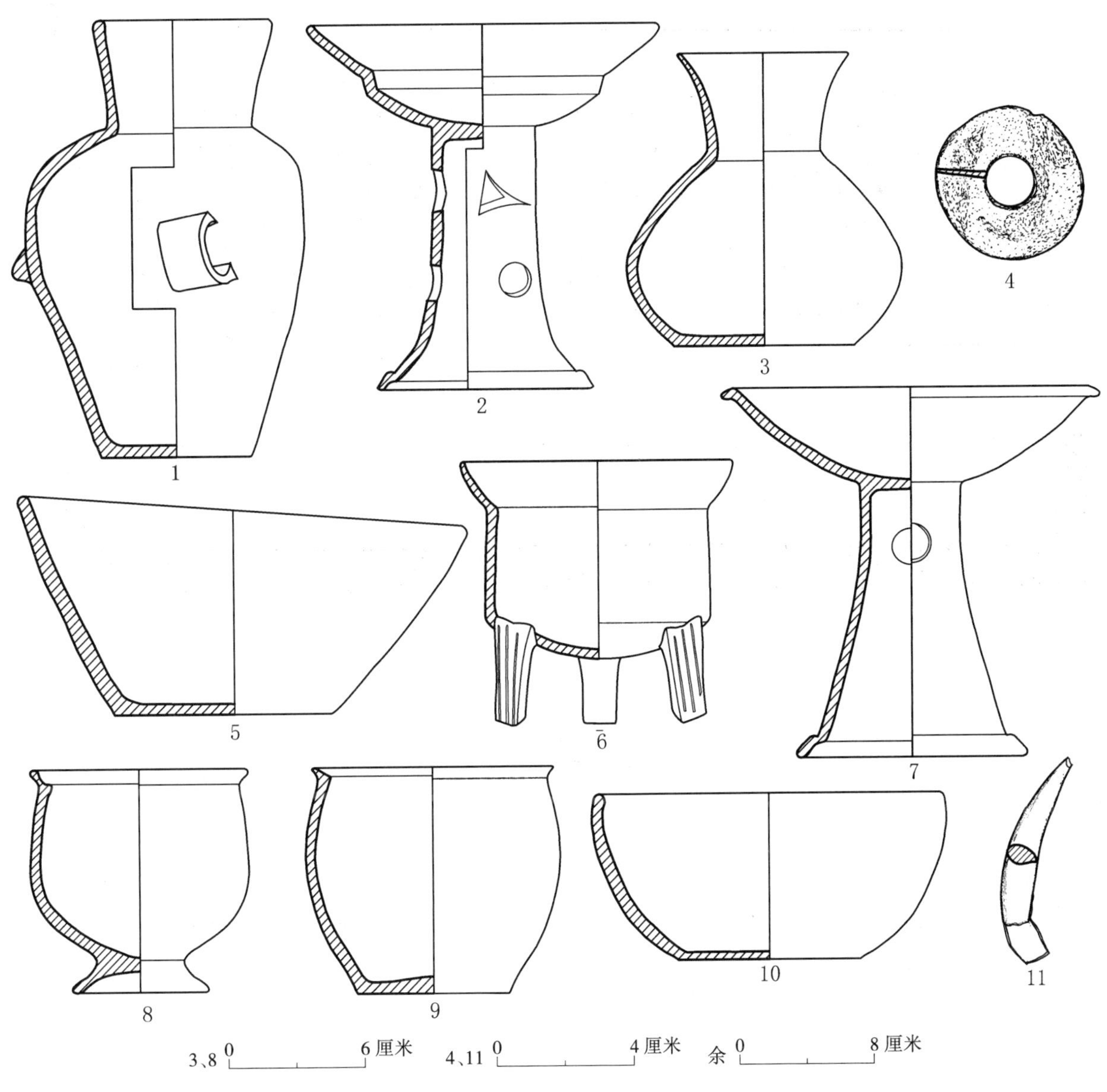

图二八七　大汶口文化 M152 出土器物

1. 陶背壶（M152∶8）　2、7. 陶豆（M152∶4、2）　3. 陶壶（M152∶6）　4. 玉环（M152∶1）　5. 陶盆（M152∶3）　6. 陶鼎（M152∶7）　8. 陶圈足杯（M152∶5）　9. 陶罐（M152∶9）　10. 陶钵（M152∶10）　11. 獐牙（M152∶11）

9.2 厘米。（图二八七，10；图版二二五，5）

M152∶11，獐牙。尖部及根部略残，磨制光滑。残长 5.8 厘米。（图二八七，11；图版二二五，6）

M153

位于ⅢT4805 中部略偏东南，开口于第 9 层下，打破第 10 层、生土。长方形竖穴土坑墓，墓坑长 1.89、宽 0.58～0.64、深 0.2 米。方向 110°。填土呈黄褐色，土质较硬，含烧土颗粒。单人仰身直肢葬，头向东南，面向不详。头骨残，肢骨保存较差。经鉴定，墓主已成年，性

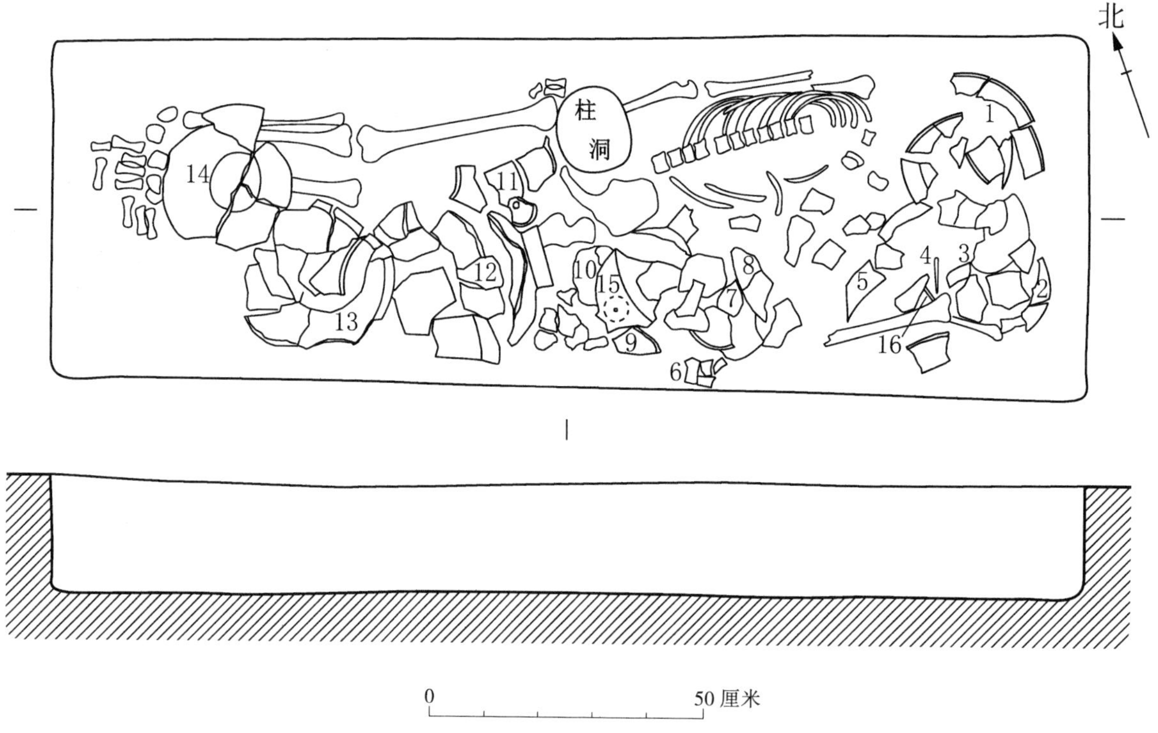

图二八八 大汶口文化M153平、剖面图

1. 陶盆 2、5、8. 陶豆 3. 薄胎高柄杯 4、16. 骨簪 6、13. 陶罐 7. 陶鼎 9. 陶鬶 10. 陶盉 11. 陶圈足杯 12. 陶背壶 14. 陶带把钵 15. 陶纺轮

别不详。随葬品16件，多摆放于墓主身体左侧，计有陶豆3件，陶罐2件，陶盆、薄胎高柄杯、鼎、鬶、盉、圈足杯、背壶、带把钵、纺轮各1件，骨簪2件。（图二八八；图版二二六，1）

完整及修复器物14件。

M153∶1，陶盆。泥质黑陶，敞口，卷唇，弧腹略折，底残。口径29.6、残高10.8厘米。（图二八九，12；图版二二七，1）

M153∶2，陶豆。泥质灰陶，口微敛，圆唇，弧壁，豆盘以下残。口径20.0、残高6.0厘米。（图二八九，7；图版二二七，4）

M153∶3，陶薄胎高柄杯。泥质黑陶，敞口，尖唇，杯身弧凹，喇叭形圈足。足上饰有不规则的圆形及三角形镂孔。口径10.5、足径7.8、高11.4厘米。（图二八九，9；图版二二七，2）

M153∶4，骨簪。尖端尖圆，顶端扁弧。长约11.9厘米。（图版二八九，14；图版二二六，3）

M153∶5，陶豆。泥质灰陶，敞口，圆唇，折壁，豆盘以下残。口径22.2、残高6.8厘米。（图二八九，4；图版二二七，5）

M153∶6，陶罐。泥质灰陶，侈口，尖唇，短折沿，深弧腹，平底。口径12.0、底径6.4、高13.0厘米。（图二八九，3；图版二二八，1）

M153∶7，陶鼎。夹砂红褐陶，侈口，折沿，弧腹，圜底，三凿形足。每个足的根部饰有2个捺窝，腹部满饰篮纹。口径11.5、最大腹径12.8、高14.4厘米。（图二八九，6；图版二二八，3）

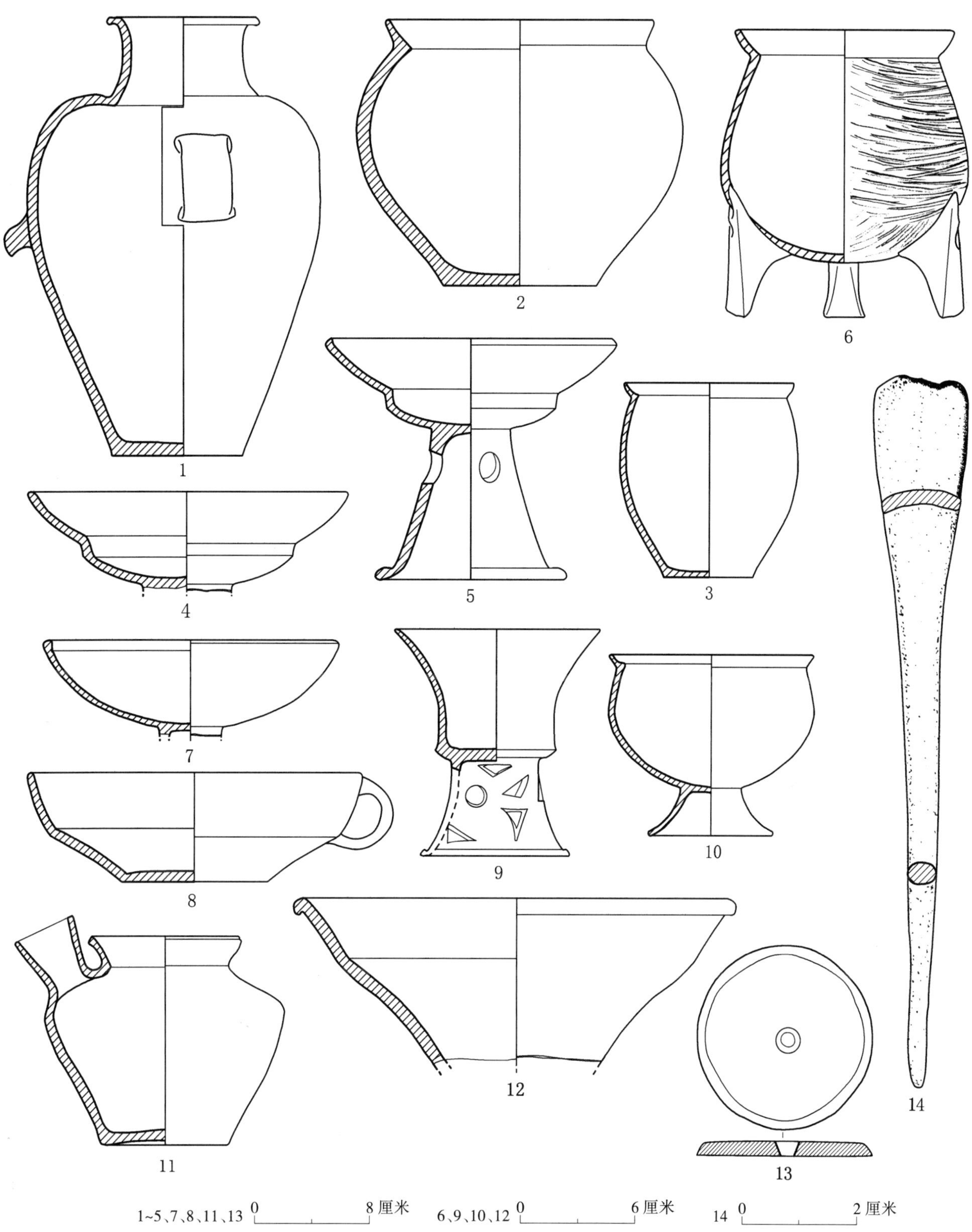

图二八九　大汶口文化M153出土器物

1. 陶背壶（M153∶12）　2、3. 陶罐（M153∶13、6）　4、5、7. 陶豆（M153∶5、8、2）　6. 陶鼎（M153∶7）　8. 陶带把钵（M153∶14）　9. 陶薄胎高柄杯（M153∶3）　10. 陶圈足杯（M153∶11）　11. 陶盉（M153∶10）　12. 陶盆（M153∶1）　13. 陶纺轮（M153∶15）　14. 骨簪（M153∶4）

M153∶8，陶豆。敞口，方圆唇，折壁，矮柄，喇叭形圈足。柄部饰有3个对称的圆形镂孔。口径19.6、足径13.2、高16.1厘米。（图二八九，5；图版二二七，6）

M153∶10，陶盉。泥质黑陶，侈口，圆唇，束颈，宽肩，弧腹至底部略收，平底略内凹，肩部一流，流口略宽至底部略缩。口径10.2、底径8.8、高15.6、流口宽4.4厘米。（图二八九，11；图版二二七，3）

M153∶11，陶圈足杯。泥质白陶，侈口，尖唇，短折沿，沿面微凹，弧鼓腹，小喇叭形圈足。口径10.8、足径6.6、高9.0厘米。（图二八九，10；图版二二八，4）

M153∶12，陶背壶。泥质灰陶，侈口，圆唇，沿近平，短颈，肩部半环形耳一对，正对两耳处的腹另一侧有一鸟喙状突纽，深腹，平底。口径10.4、底径9.0、高30.2厘米。（图二八九，1；图版二二六，2）

M153∶13，陶罐。泥质黄褐陶，侈口，尖圆唇，折沿，鼓腹，平底。口径18.4、底径10.8、高17.8厘米。（图二八九，2；图版二二八，2）

M153∶14，陶带把钵。泥质黑褐陶，敞口，圆唇，折腹内收，平底。口沿下有一半环形把手。口径23.0、底径10.0、高7.6厘米。（图二八九，8；图版二二八，5）

M153∶15，陶纺轮。泥质灰褐陶，平面呈圆形，剖面扁梯形，中有一孔。直径8.2～9.2、孔径0.7～1.1、厚约0.8厘米。（图二八九，13；图版二二八，6）

M154

位于ⅢT4903东壁处，部分进入ⅢT4803内，开口于第9层下，打破第10层、生土，且被开口于第8层下的G27打破。长方形竖穴土坑墓，墓坑长2.03、残宽0.63～1.1、深0.1～0.4米。方向95°。南北两面有熟土二层台，北宽0.19、南宽0.23～0.29、高0.19米。填土呈黄褐色花土，土质较硬。单人侧身直肢葬，头向东，面向南。头骨保存较好，肢骨不全。经鉴定，墓主为年龄约25岁的男性。随葬品20件，集中摆放于墓主身体左侧，计有陶豆4件，陶背壶2件，陶钵、鼎、筒形杯、鬶、圈足杯、罐各1件，玉珠4件，骨针1件，石斧1件，猪犬齿1件，蚌刀1件。（图二九〇；图版二二九，1～3）

完整及可修复器物17件。

M154∶1，玉珠。直径约0.7、孔径0.3、厚0.85厘米（图二九一，4；图版二三〇，1）

M154∶2，玉珠。直径约1.1、孔径0.2～0.4、厚约0.45厘米。（图二九一，3；图版二三〇，4）

M154∶3，玉珠。直径约1.1、孔径0.3、厚0.8～1.0厘米。（图二九一，6；图版二三〇，3）

M154∶4，骨针。顶端对钻一圆孔。（图二九一，7；图版二三〇，5）

M154∶5，陶钵。夹砂红陶，敞口，方唇，弧腹，平底。口径19.2、底径7.6、高8.4厘米。（图二九二，4；图版二三一，1）

M154∶6，石斧。主要矿物成分为方解石。平面近矩形，上部有一钻孔，系两面对钻而成，两面平整，双面刃。上端宽10.8、刃宽12.0、长17.6、孔径1.3～1.8厘米。（图二九一，1；

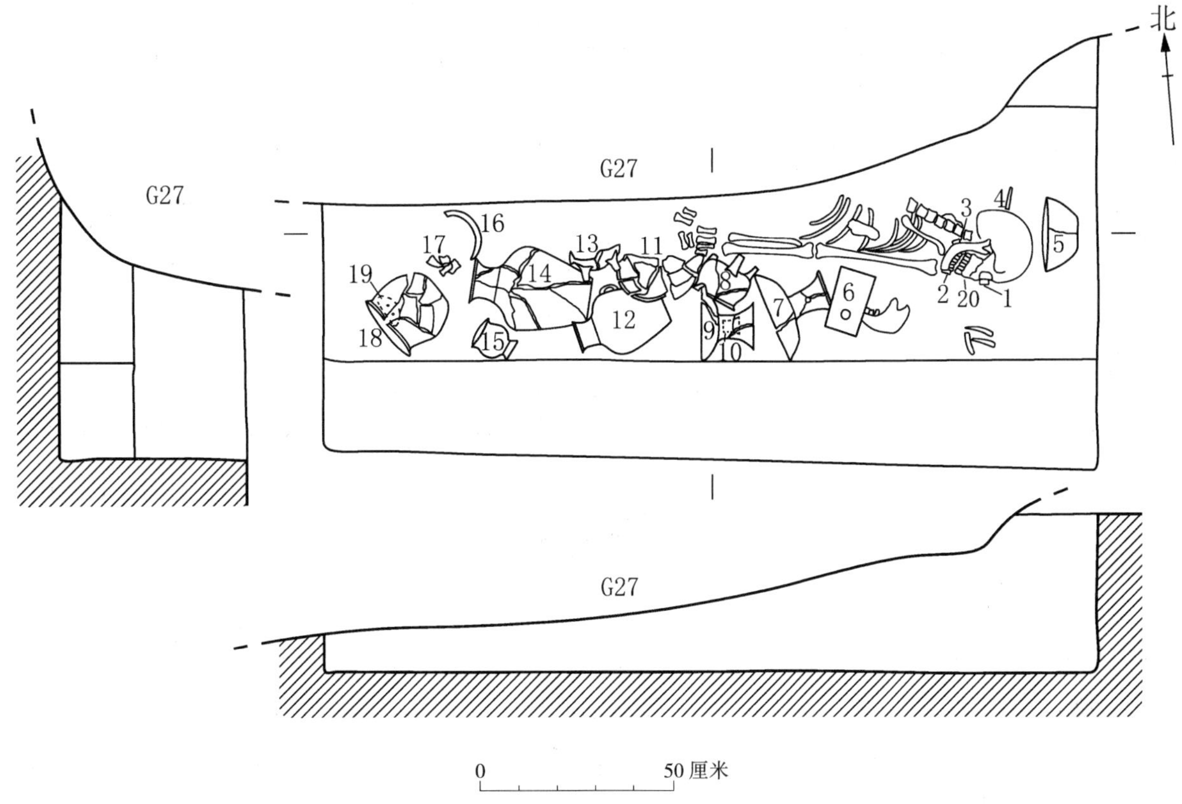

图二九〇　大汶口文化 M154 平、剖面图

1～3、20. 玉珠　4. 骨针　5. 陶钵　6. 石斧　7、9、11. 陶豆　8. 陶鼎　10. 陶筒形杯　12、14. 陶背壶　13. 陶鬶　15. 陶圈足杯　16. 猪犬齿　17. 陶豆圈足　18. 陶罐　19. 蚌刀

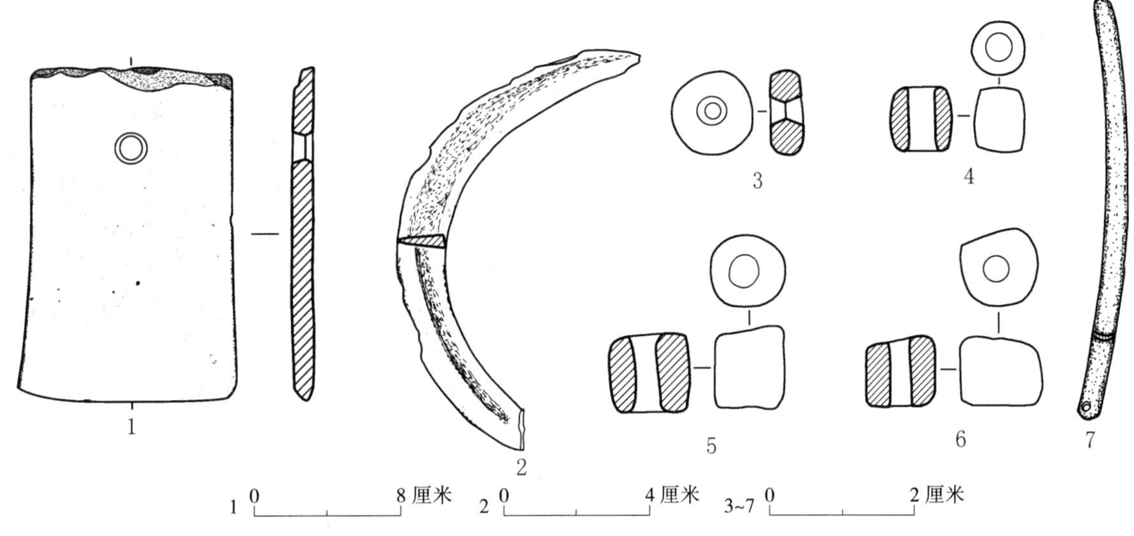

图二九一　大汶口文化 M154 出土器物

1. 石斧（M154:6）　2. 猪犬齿（M154:16）　3～6. 玉珠（M154:2、1、20、3）　7. 骨针（M154:4）

图二九二　大汶口文化 M154 出土器物

1、11. 陶背壶（M154∶14、12）　2. 陶圈足杯（M154∶15）　3. 陶鼎（M154∶8）　4. 陶钵（M154∶5）　5. 陶鬶（M154∶13）　6、7、9. 陶豆（M154∶7、9、11）　8. 陶筒形杯（M154∶10）　10. 陶罐（M154∶18）

图版二三〇，7）

M154∶7，陶豆。泥质灰陶，敞口，圆唇，折壁，柄较矮，喇叭形圈足。柄部饰 2 个对称的圆形镂孔。口径 23.6、足径 12.0、高 15.6 厘米。（图二九二，6；图版二三二，1）

M154∶8，陶鼎。夹砂红褐陶，敞口，圆唇，折沿，弧直腹，平底，凿形足。口径14.0、高13.4厘米。（图二九二，3；图版二三〇，8）

M154∶9，陶豆。夹砂灰陶，敞口，圆唇，弧壁，浅盘，高柄，喇叭形圈足，柄部饰有3个对称分布的圆形镂孔。口径17.6、足径12.7、高14.0厘米。（图二九二，7；图版二三二，2）

M154∶10，陶筒形杯。泥质灰陶，直口微侈，斜直腹略收，平底。近底部饰一道凹弦纹，口沿内侧有轮修痕迹。口径7.0、底径5.8、高7.5厘米。（图二九二，8；图版二三一，3）

M154∶11，陶豆。敞口，平沿，方圆唇，弧壁，浅盘，柄较短，喇叭形圈足。柄部圆形镂孔和三角形镂孔两两对称分布。口径23.3、足径12.0、高15.8厘米。（图二九二，9；图版二三二，3）

M154∶12，陶背壶。泥质红褐陶，口微侈，圆唇，颈较高，鼓肩，弧腹，肩腹部有一对半环形耳，正对两耳的腹另一侧有一鸟喙状突纽，两耳间腹部较平直，另一侧较鼓凸，平底。口径9.0、底径9.4、高24.6厘米。（图二九二，11；图版二三二，5）

M154∶13，陶鬶。夹砂灰陶，腹部以上残，圜底，凿形足。残高9.3厘米。（图二九二，5；图版二三一，5、6）

M154∶14，陶背壶。泥质黑陶，侈口，圆唇，短折沿，直颈较矮，肩两侧饰有一对半环形耳，正对两耳的腹另一侧饰有一个鸟喙状突纽。口径10.8、底径9.4、高31.3厘米。（图二九二，1；图版二三二，6）

M154∶15，陶圈足杯。泥质黑陶，侈口，尖唇，短折沿，弧腹，矮圈足。口径8.5、足径5.7、高10.7厘米。（图二九二，2；图版二三一，4）

M154∶16，猪犬齿。猪獠牙劈开磨制而成，较光滑。长9.5厘米。（图二九一，2；图版二三〇，6）

M154∶17，陶豆圈足。泥质黑陶。残高7.8厘米，足径7.2厘米。（图版二三二，4）

M154∶18，陶罐。泥质灰陶，侈口，尖圆唇，折沿，沿面微凹，深弧腹，平底。口径14.6、底径8.2、高15.2厘米。（图二九二，10；图版二三一，2）

M154∶20，玉珠。直径1.0、孔径0.4、厚0.9～1.0厘米。（图二九一，5；图版二三〇，2）

M156

位于ⅢT4906北部，部分进入北隔梁，开口第9层下，打破第10层、生土，墓坑被晚期灰坑破坏严重。长方形竖穴土坑墓，墓口残长1.3、宽0.6、深0.1米。方向105°。填土呈灰褐色，土质较硬，含烧土颗粒。墓坑内发现人骨架两具，北侧一具腰部以上部位被破坏，仰身直肢葬，头向东南，经鉴定，为年龄29～30岁的女性；南侧骨架紧贴女性墓主身体左侧的股骨以下处，仰身直肢，头向东南，面向东北，经鉴定，为4～5岁的幼儿。墓内随葬品仅1件獐牙，置于女性墓主的左手处。（图二九三；图版二三三）

M157

位于ⅢT4805西南角，墓坑开口于第9层下，打破第10层、生土。长方形竖穴土坑墓，

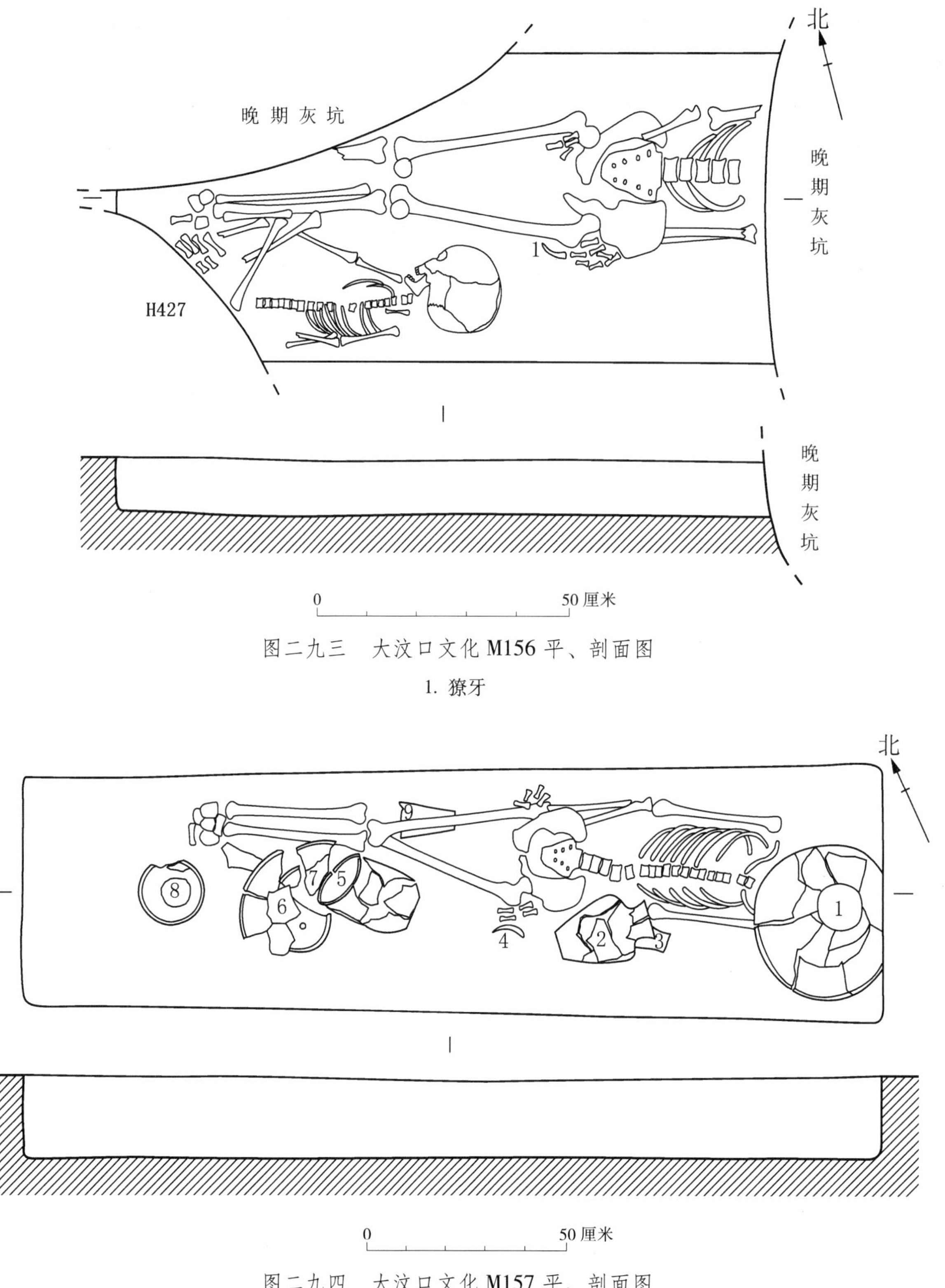

图二九三　大汶口文化M156平、剖面图

1. 獠牙

图二九四　大汶口文化M157平、剖面图

1. 陶盆　2. 陶壶　3、9. 陶筒形杯　4. 獐牙　5. 陶罐　6～8. 陶豆

墓口长2.2、宽0.59～0.63、深0.19米。方向115°。填土呈黄褐色，土质坚硬，含木炭灰及烧土颗粒。单人仰身直肢葬，头向东南，面向西南。头骨已变形，肢骨保存较好。经鉴定，墓主人为年龄24～26岁的男性。随葬品9件，多置于墓主身体左侧，陶盆倒扣在头骨上，计

有陶豆3件，陶筒形杯2件，陶盆、壶、罐各1件，獐牙1件。（图二九四；图版二三四，1）

完整及修复器物9件。

M157∶1，陶盆。夹砂灰陶，敞口，圆唇，短折沿，弧腹内收，平底。内侧近口沿处有轮修痕迹。口径34.2、底径11.7、高16.7厘米。（图二九五，8；图版二三四，2）

M157∶2，陶壶。泥质灰陶，侈口，短折沿，高直颈，鼓肩，弧腹内收，平底。口径10.0、底径6.4、高19.2厘米。（图二九五，5；图版二三五，1）

M157∶3，陶筒形杯。泥质灰陶，直口微侈，尖唇，短平沿，弧腹至底部略收，平底，近底部饰一道凹弦纹。口径6.5、底径4.5、高8.4厘米。（图二九五，6；图版二三四，4）

M157∶4，獐牙。尖部磨制光滑。残长6.4厘米。（图二九五，9；图版二三五，3）

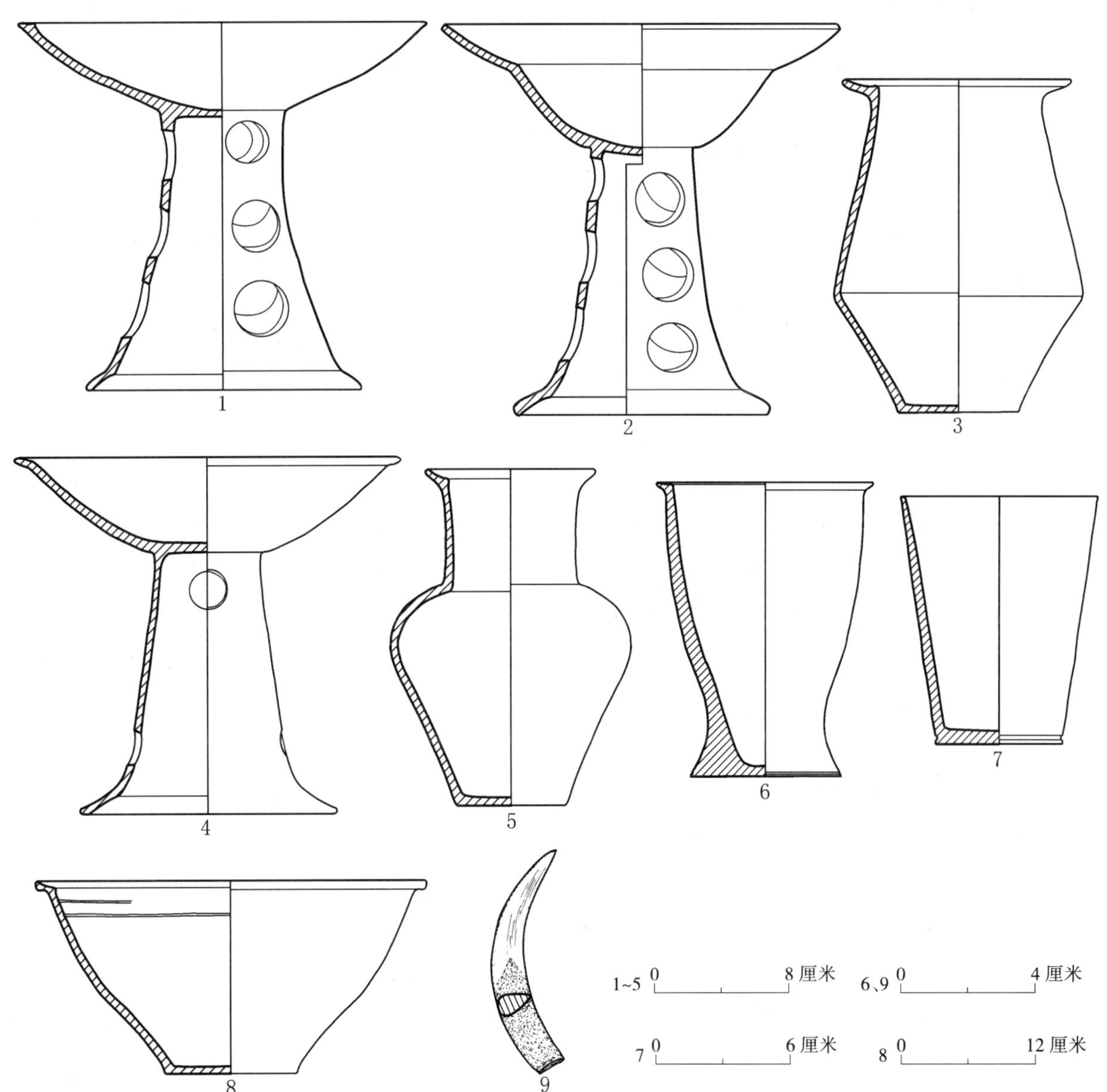

图二九五　大汶口文化M157出土器物

1、2、4. 陶豆（M157∶6、8、7）　3. 陶罐（M157∶5）　5. 陶壶（M157∶2）　6、7. 陶筒形杯（M157∶3、9）　8. 陶盆（M157∶1）　9. 獐牙（M157∶4）

M157∶5，陶罐。泥质灰陶，侈口，圆唇，折沿，沿面微凹，深直腹至下部折收为平底。口径13.6、底径7.2、高19.2厘米。（图二九五，3；图版二三五，2）

M157∶6，陶豆。敞口，方唇，沿面微凹，弧壁，浅盘，高柄，喇叭形圈足。柄部3竖排对称的圆形大镂孔。口径24.0、足径16.4、高21.0厘米。（图二九五，1；图版二三五，4）

M157∶7，陶豆。泥质黑褐陶，敞口，圆唇略外翻，弧壁，高柄，喇叭形圈足。柄部饰对称的圆形镂孔。口径22.8、足径15.0、高20.4厘米。（图二九五，4；图版二三五，5）

M157∶8，陶豆。泥质灰陶，敞口，宽折沿，弧壁，深盘，高柄，喇叭状圈足。柄部饰有3竖排对称分布的圆形大镂孔。口径23.1、足径14.7、高22.2厘米（图二九五，2；图版二三五，6）

M157∶9，陶筒形杯。夹砂黑褐陶，直口，尖圆唇，斜直腹，平底。近底部饰一道凹弦纹。口径8.7、底径5.7、高10.5厘米。（图二九五，7；图版二三四，3）

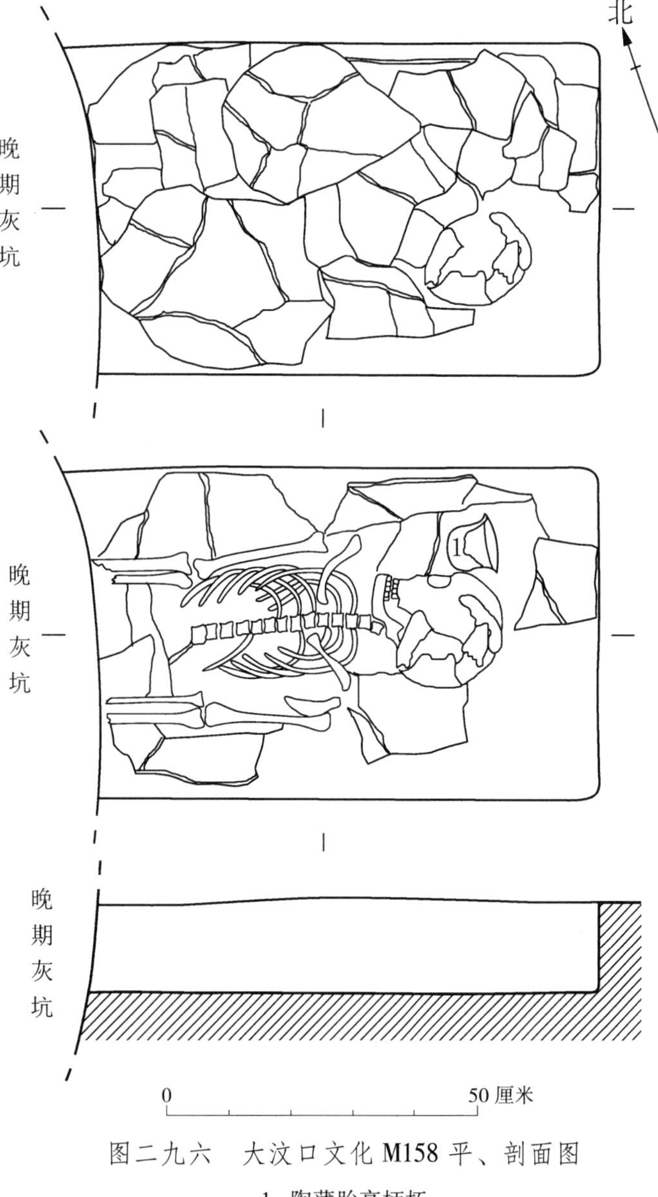

图二九六　大汶口文化M158平、剖面图
1. 陶薄胎高柄杯

M158

位于ⅢT4906西南角，墓坑开口于第9层下，打破第10层、生土，西部被晚期灰坑破坏。陶棺葬，墓坑残长0.86、宽0.5、深0.14米。方向110°。填土呈灰褐色，土质较硬，含烧土块。将釜等陶器打碎铺于墓底和盖于人骨之上用作葬具。单人仰身直肢葬，头向东南，面向东北，盆骨以下部位被破坏，骨架保存状况差，头骨及部分肢骨存。经鉴定，墓主为8～9岁的儿童，性别不详。随葬品薄胎高柄杯1件。修复葬具陶釜1件。（图二九六；图版二三六，1）

M158∶1，陶薄胎高柄杯。泥质黑陶，侈口，尖圆唇，杯身弧腹内收，杯身以下残。口径7.8、残高6.4厘米。（图二九七，1；图版二三六，2）

M158∶2，陶釜。葬具。夹砂黑褐陶，敞口，折沿，方唇，弧腹内收，小平底。器上腹饰突棱2道，下腹部饰突棱3道。器身遍饰篮纹。口径50.3、底径19.2、高40.0厘米。（图二九七，2；图版二三六，3）

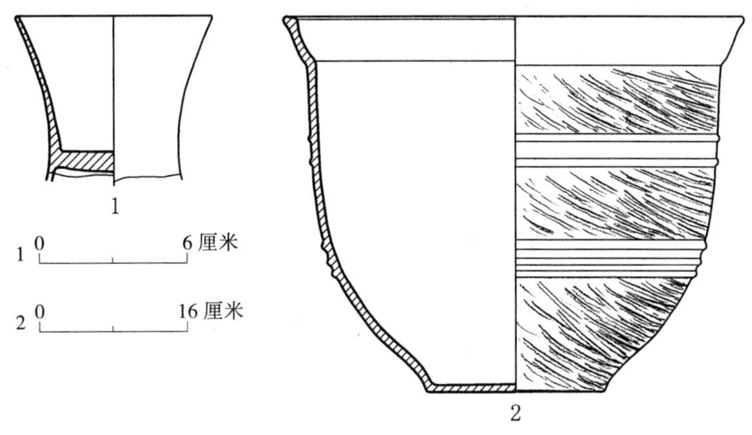

图二九七　大汶口文化 M158 葬具及其出土器物

1. 陶薄胎高柄杯（M158:1）　2. 陶釜（M158:2）

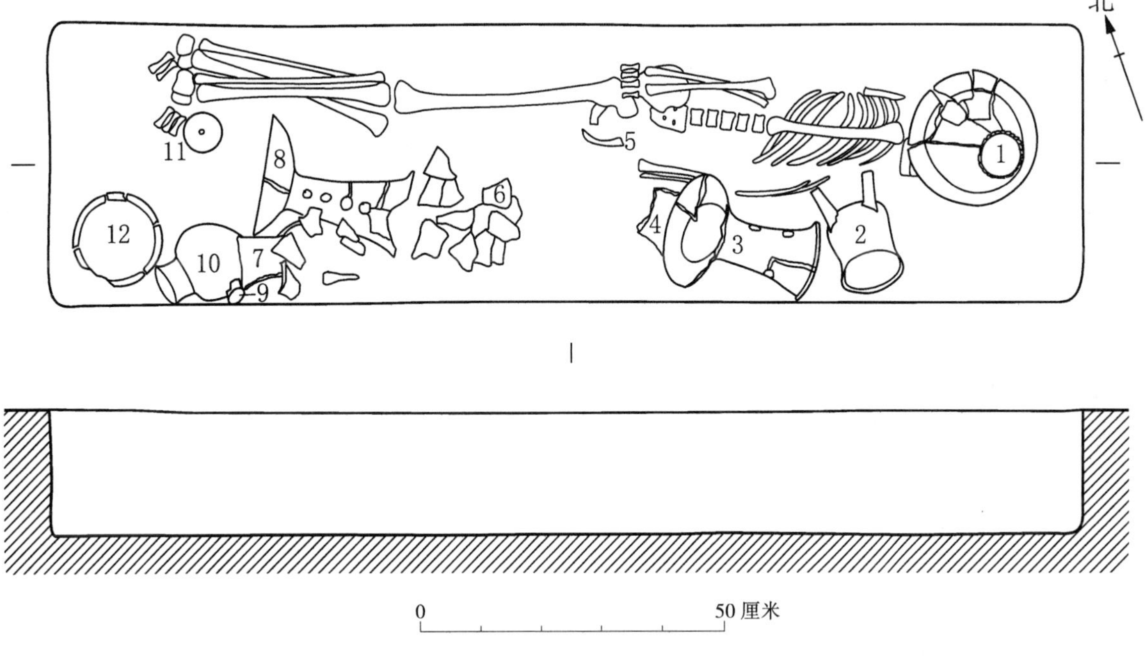

图二九八　大汶口文化 M159 平、剖面图

1. 陶盆　2. 陶鼎　3、4、6、8. 陶豆　5. 獐牙　7. 陶背壶　9、11. 陶筒形杯　10. 陶壶　11. 陶筒形杯　12. 陶罐

M159

位于ⅢT4803 西北角，墓坑开口于第 9 层下，打破第 10 层、生土。长方形竖穴土坑墓，墓坑长 1.69、宽 0.44、深 0.19 米。方向 110°。填土呈黄褐色花土，土质较硬。单人侧身直肢葬，头向东南，面向西南。骨架保存状况一般。经鉴定，墓主为年龄 45～50 岁的女性。随葬品 12 件，多置于墓主身体左侧，陶盆倒扣在头骨上，计有陶豆 4 件，陶筒形杯 2 件，陶盆、鼎、背壶、壶、罐各 1 件，獐牙 1 件。（图二九八；图版二三七，1）

完整及可修复器物12件。

M159∶1，陶盆。泥质灰褐陶，敞口，圆唇，宽折沿，弧腹，饼形底，底部边缘加工成花边状。口径23.1、底径10.1、高9.4厘米。（图二九九，4；图版二三七，2）

M159∶2，陶鼎。夹砂红陶，侈口，圆唇，折沿，弧腹，圜底，三凿形足。口径11.2、高

图二九九　大汶口文化M159出土器物

1、2、6、8. 陶豆（M159∶6、8、4、3）　3. 陶罐（M159∶12）　4. 陶盆（M159∶1）　5. 陶背壶（M159∶7）　7、12. 陶筒形杯（M159∶11、9）　9. 陶鼎（M159∶2）　10. 陶壶（M159∶10）　11. 獐牙（M159∶5）

14.8 厘米。（图二九九，9；图版二三七，3）

M159∶3，陶豆。泥质灰陶，敞口，尖圆唇，折壁，喇叭形圈足。柄部饰有 3 竖排对称分布的圆形镂孔。口径 21.6、足径 14.0、高 18.0 厘米。（图二九九，8；图版二三八，3）

M159∶4，陶豆。泥质灰陶，残存圈足，喇叭状，上饰有圆形镂孔。足径 13.6、残高 9.0 厘米。（图二九九，6）

M159∶5，獐牙。磨制光滑。长 6.8 厘米。（图二九九，11；图版二三八，6）

M159∶6，陶豆。夹砂黑陶，直口微侈，口腹间转折明显，弧壁，浅盘，高柄，喇叭形圈足。柄部饰有圆形和三角形镂孔组成的纹饰。口径 19.6、足径 14.0、高 23.6 厘米。（图二九九，1；图版二三八，2）

M159∶7，陶背壶。残。泥质黑褐陶，口微侈，圆唇，高颈，宽肩，肩部有两个半环形耳，两耳间腹部有一鸟喙状突纽，弧腹，平底。高 22.2 厘米。（图二九九，5；图版二三八，4）

M159∶8，陶豆。夹砂黑陶，口微敛，圆唇，弧壁，浅盘，粗高柄，喇叭形圈足。柄部饰有圆形镂孔和三角形镂孔组成的纹饰。口径 19.0、足径 16.4、高 22.4 厘米。（图二九九，2；图版二三八，1）

M159∶9，陶筒形杯。残存杯底，泥质黑褐陶。底径 4.6、残高 2.6 厘米。（图二九九，12）

M159∶10，陶壶。泥质灰褐陶，侈口，圆唇，高直颈，圆肩，弧腹，平底。口径 8.0、底径 6.0、高 15.2 厘米。（图二九九，10；图版二三八，5）

M159∶11，陶筒形杯。泥质灰陶，口残，斜直腹，平底。底径 5.0、残高 7.8 厘米。（图二九九，7；图版二三七，4）

M159∶12，陶罐。泥质灰陶，侈口，尖圆唇，短折沿，深弧腹，平底。口径 14.0、底径 8.0、高 16.9 厘米。（图二九九，3；图版二三七，5）

M160

位于ⅢT4804 南壁，墓坑开口于第 10 层下，打破生土，且被开口于第 8 层下的 M84 和开口于第 9 层下的 M148 打破。长方形竖穴土坑墓，墓坑长 1.7、宽 0.8、深 0.3 米。方向 95°。填土呈黄褐色，土质较硬。单人侧身直肢葬，头向东，面向南。头骨保存不佳，肢骨保存较好。经鉴定，墓主为年龄 40～44 岁的女性。随葬品 15 件，多置于墓主身体左侧及身体上，计有陶豆 3 件，陶罐、鼎各 2 件，陶圈足杯、盆、壶、背壶、鬶各 1 件，玉环 1 件，獐牙 2 件。（图三〇〇；图版二三九，1）

完整及修复器物 14 件。

M160∶1，陶豆。泥质黑褐陶，口微敛，圆唇，弧壁，高柄，喇叭形圈足。柄部饰有 4 个对称的圆形镂孔。口径 20.0、足径 12.8、高 17.3 厘米。（图三〇一，4；图版二四〇，1）

M160∶2，陶豆。泥质黑陶，口微敛，圆唇，弧壁，浅盘，柄较矮，喇叭形圈足。柄部饰有 3 个对称的圆形镂孔。口径 19.8、足径 14.0、高 16.9 厘米。（图三〇一，2；图版二四〇，2）

M160∶3，陶豆。泥质黑褐陶，敞口，圆唇，折壁，腹较深，柄较矮，喇叭形圈足。柄部

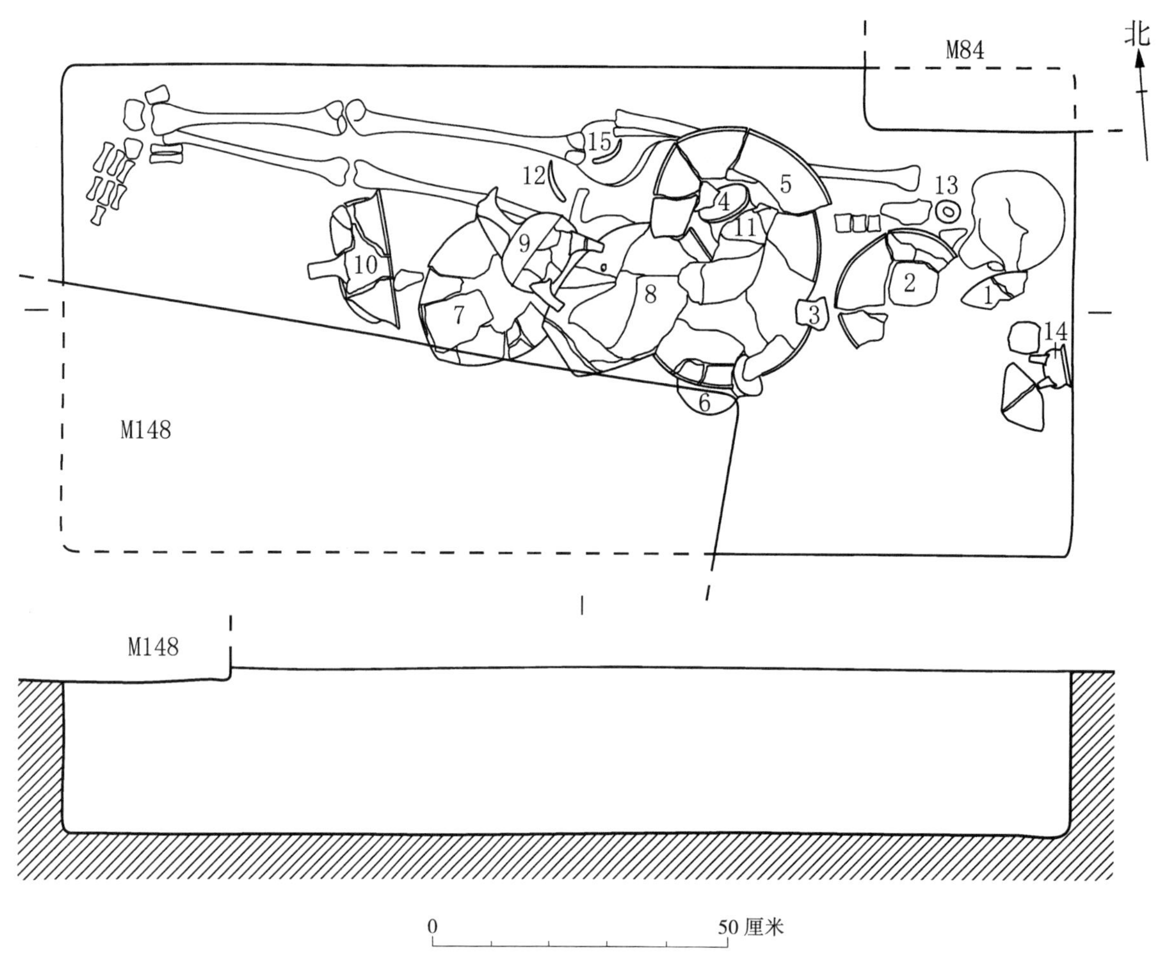

图三〇〇　大汶口文化 M160 平、剖面图

1～3. 陶豆　4. 陶圈足杯　5. 陶盆　6. 陶壶　7、11. 陶罐　8. 陶背壶　9. 陶鬶　10、14. 陶鼎　12、15. 獐牙　13. 玉环

饰有 3 个对称的圆形镂孔。口径 21.3、足径 12.4、高 16.8 厘米。（图三〇一，5；图版二四〇，3）

M160∶4，陶圈足杯。细泥白陶，侈口，尖唇，短折沿，沿面微凹，圆弧腹，喇叭形圈足。口径 10.2、足径 6.3、高 9.2 厘米。（图三〇一，9；图版二四〇，5）

M160∶5，陶盆。泥质灰陶，敞口，圆唇，卷沿，斜弧腹，平底。口径 33.3、底径 12.2、高 13.8 厘米。（图三〇二，1）

M160∶6，陶壶。泥质灰褐陶，侈口，圆唇，直颈略束，扁鼓腹，平底。口径 6.2、底径 6.3、高 12.8 厘米。（图三〇一，3；图版二四〇，6）

M160∶7，陶罐。泥质灰褐陶，侈口，尖圆唇，短沿，鼓腹至底部弧收为平底。口径 17.4、底径 8.6、高 15.8 厘米。（图三〇一，1；图版二四一，1）

M160∶8，陶背壶。泥质灰陶，侈口，圆唇，矮颈，鼓肩，弧腹，肩腹部有一对半环形耳，正对两耳的腹另一侧有一鸟喙状突纽，略残，平底。口径 9.2、底径 10.1、高 29.6 厘米。（图三〇一，7；图版二四一，3）

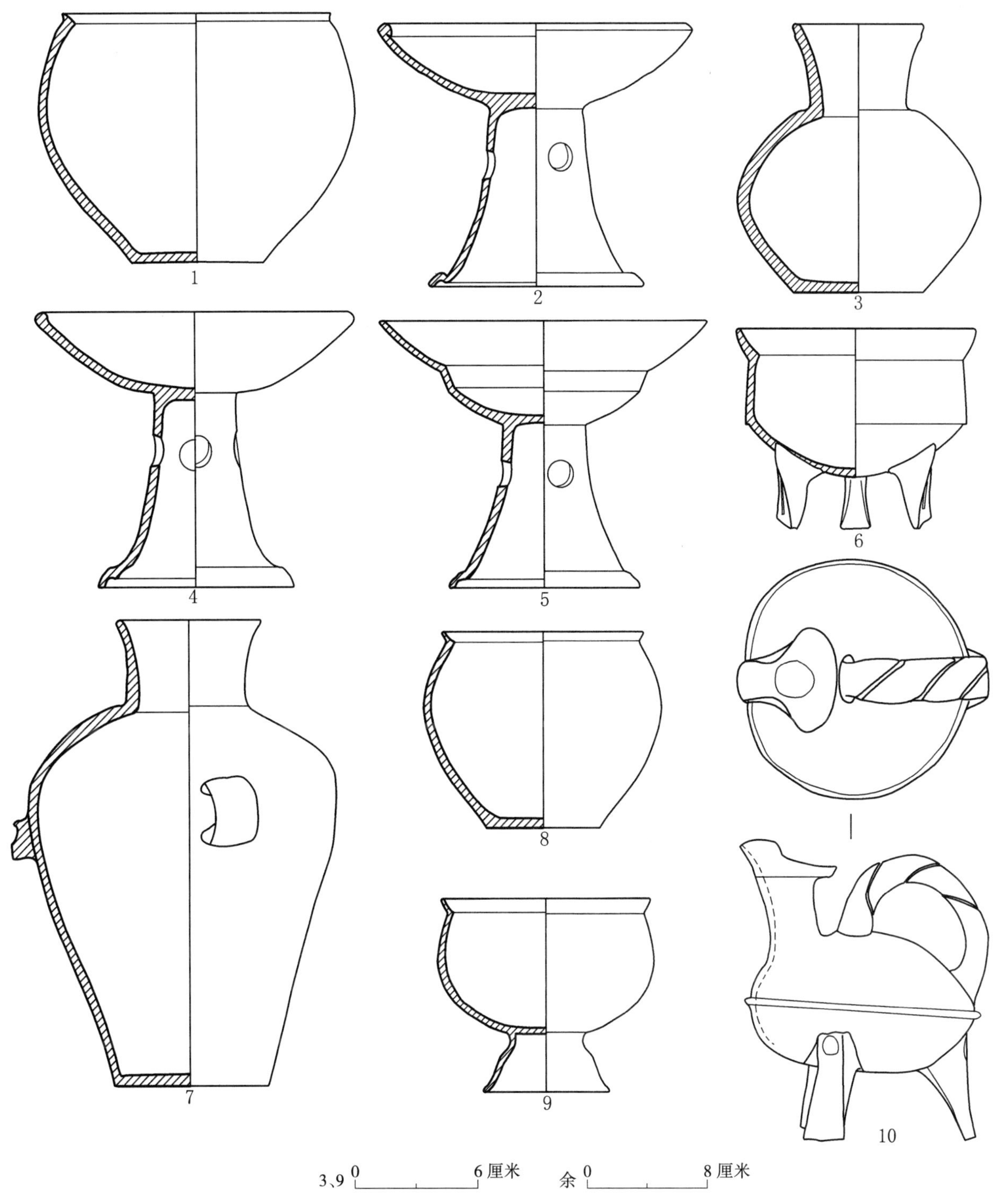

图三〇一　大汶口文化 M160 出土器物

1、8. 陶罐（M160∶7、11）　2、4、5. 陶豆（M160∶2、1、3）　3. 陶壶（M160∶6）　6. 陶鼎（M160∶10）
7. 陶背壶（M160∶8）　9. 陶圈足杯（M160∶4）　10. 陶鬶（M160∶9）

M160∶9，陶鬶。夹砂红褐陶，短流细颈，椭圆形腹，三个凿形实足，环形绳索状把手在腹背上。腹中部有一道突棱，每个足的根部有一捺窝。最大腹径 17.6、高 18.8 厘米。（图三〇一，10；图版二四一，4）

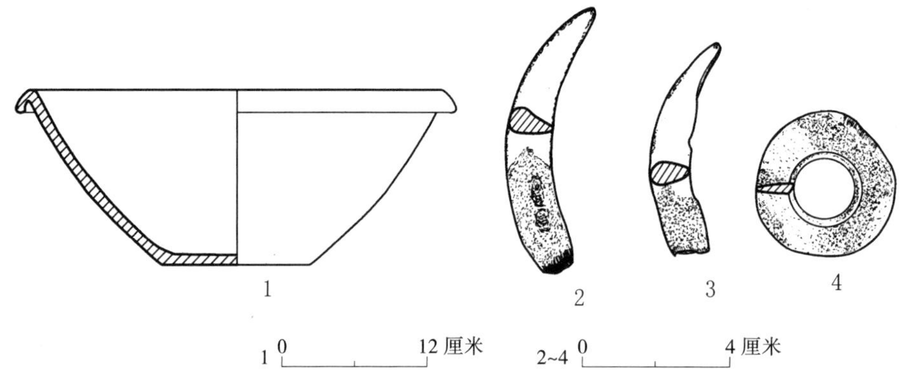

图三〇二　大汶口文化 M160 出土器物

1. 陶盆（M160:5）　2、3. 獐牙（M160:12、15）　4. 玉环（M160:13）

M160:10，陶鼎。夹砂褐陶，敞口，尖圆唇，宽折沿，直腹，圜底，凿形足。每个足的足面饰一道刻槽。口径 15.6、通高 12.6 厘米。（图三〇一，6；图版二四〇，4）

M160:11，陶罐。泥质黑陶，侈口，尖圆唇，短折沿，弧腹，平底。口径 13.0、底径 7.2、高 12.4 厘米。（图三〇一，8；图版二四一，2）

M160:12，獐牙。尖部磨制光滑。长 7.0 厘米。（图三〇二，2）

M160:13，玉环。单面钻孔，表面较粗糙。直径约 3.6、孔径 1.6 ~ 1.9、厚 0.1 ~ 0.3 厘米。（图三〇二，4；图版二三九，2）

M160:15，獐牙。尖部磨制光滑。长 5.6 厘米。（图三〇二，3；图版二三九，3）。

M270

位于ⅢT5002 东南角，开口于第 8 层下，打破第 9、10 层。长方形竖穴土坑墓，墓坑长 2.35、宽 0.92 ~ 1.1、深 0.45 米。四周均有熟土二层台，东、南、西、北宽分别为 0.21、0.21 ~ 0.23、0.31 ~ 0.35、0.14 ~ 0.28 米，高 0.2 米。方向 94°。填土呈浅黄色花土，土质较硬，含红烧土颗粒。未见葬具。单人仰身直肢葬，头向东，面向南。骨架保存状况较差。经鉴定。墓主为年龄约 40 岁的女性。随葬品 34 件，器物大多放置在东、南面的二层台上，獐牙位于右手处，计有陶高颈弧腹瓶 7 件，陶薄胎高柄杯 5 件，陶壶 4 件，陶厚胎高柄杯、筒形杯、器盖、残陶杯各 2 件，陶盉、罐、盆、背壶、鬶、簋形器、圈足杯、壶各 1 件，石纺轮 1 件，獐牙 1 件。（图三〇三；图版二四二；图版二四三，1、2）

共计修复陶器 25 件。

M270:1，石纺轮。平面呈圆形，剖面呈梯形，两面平整，两端较直。直径 5.0 ~ 5.4、孔径 0.6 ~ 0.8、厚 0.6 厘米。（图三〇四，3；图版二四四，1）

M270:2，陶盉。泥质黑陶，直口，圆唇，平沿，口沿下有一管状的斜长流，斜直壁，圜底，圈足。口径 9.0、足径 9.0、高 10.5、流口宽 1.5 厘米。（图三〇四，2；图版二四四，2）

M270:3，陶厚胎高柄杯。泥质黑陶，敞口，圆唇，短折沿，弧腹，细高柄，圈足。腹部饰有 2 道凹弦纹。口径 6.3、足径 6.6、高 15.0 厘米。（图三〇五，4；图版二四五，1）

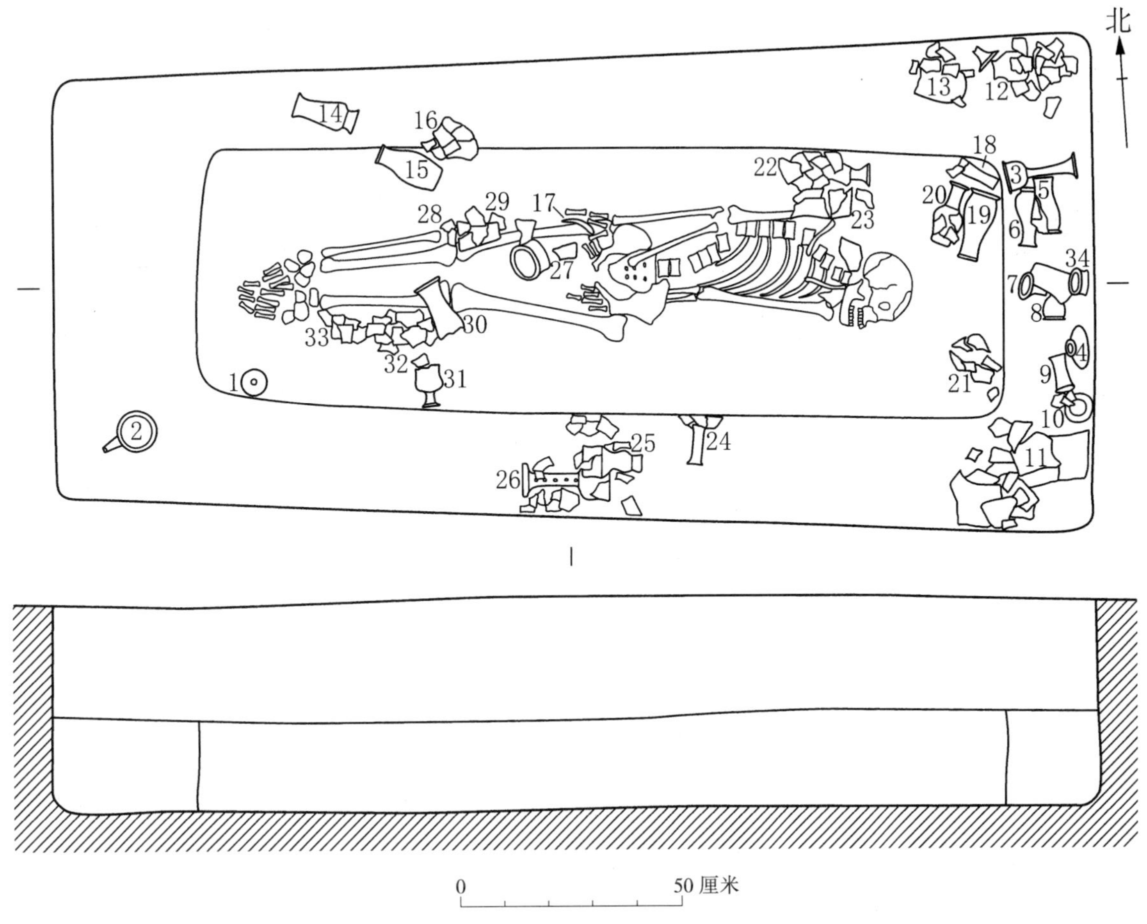

图三〇三　大汶口文化M270平、剖面图

1. 石纺轮　2. 陶盉　3、8. 陶厚胎高柄杯　4、7. 陶器盖　5、6、9、12、14、19、30. 陶高颈弧腹瓶　10. 陶罐　11. 陶盆　13. 陶鬶　15. 陶背壶　16. 陶簋形器　17. 獐牙　18、21. 残陶杯　20. 陶壶　22、24～26、31. 陶薄胎高柄杯　23、29、32、33. 陶壶　27、34. 陶筒形杯　28. 陶圈足杯

M270:4，陶器盖。覆碟形，泥质灰陶，喇叭形捉手，弧壁，直口。捉手径4.0、口径8.7、高3.1厘米。（图三〇四，5；图版二四四，4）

M270:5，陶高颈弧腹瓶。夹砂灰褐陶，侈口，尖圆唇，粗矮颈，下腹内收，底残。口径6.1、残高9.6厘米。（图三〇五，15；图版二四七，1）

M270:6，陶高颈弧腹瓶，带盖。器形不甚规整，夹砂黑褐陶，侈口，尖圆唇，粗矮颈，鼓肩，深腹，平底。覆碟形盖，捉手残，弧壁。杯口径5.8、底径5.9、高14.2厘米；盖口径5.9、残高2.7厘米。（图三〇五，3；图版二四六，6）

M270:7，陶器盖。覆豆形，泥质黑陶，喇叭形捉手，细高柄，弧壁，浅盘。盖捉手径6.0、口径6.9、高11.7厘米。（图三〇五，11；图版二四五，3）

M270:8，陶厚胎高柄杯。夹砂灰褐陶，侈口，尖圆唇，腹壁较直，细高柄，矮圈足。口径5.4、足径4.4、高12.0厘米。（图三〇五，10；图版二四五，2）

M270:9，陶高颈弧腹瓶。夹砂红褐陶，器形不甚规整，口及上腹部残，平底内凹。底径5.6、残高7.8厘米。（图三〇四，7；图版二四七，6）

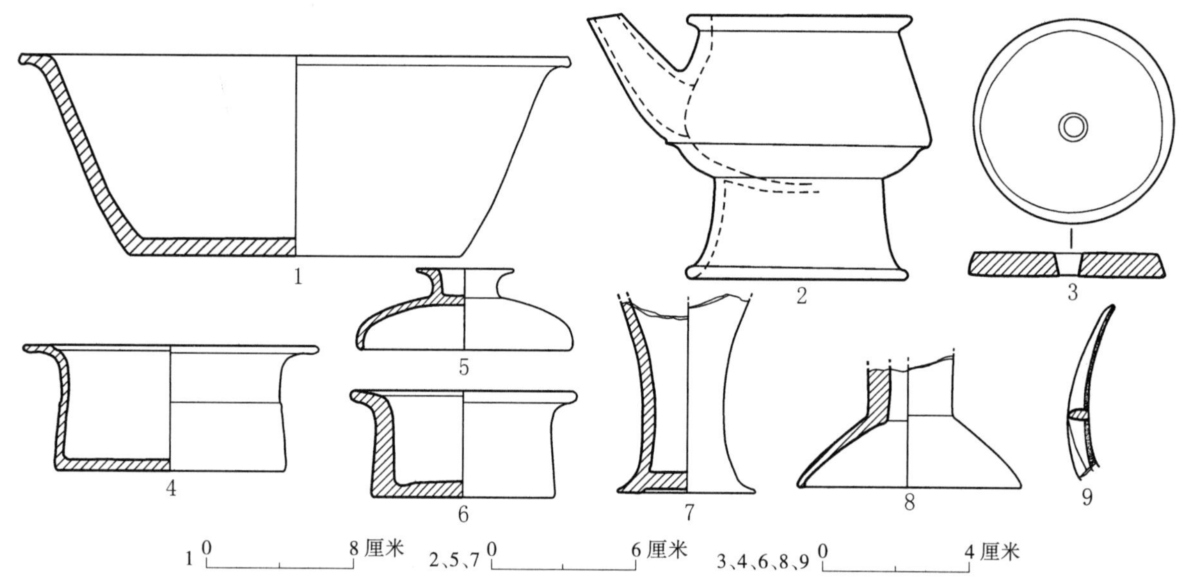

图三〇四　大汶口文化M270出土器物

1. 陶盆（M270∶11）　2. 陶盉（M270∶2）　3. 陶纺轮（M270∶1）　4、6. 陶筒形杯（M270∶27、34）　5. 陶器盖（M270∶4）　7. 陶瓶（M270∶9）　8. 陶杯（M270∶28）　9. 獐牙（M270∶17）

M270∶11，陶盆。泥质黑陶，敞口，圆唇，平沿，斜直腹，大平底。口径30.0、底径18.0、高10.6厘米。（图三〇四，1；图版二四四，3）

M270∶12，陶高颈弧腹瓶，带盖。夹砂黑褐陶，侈口，尖圆唇，粗矮颈，鼓肩，弧腹内收，平底。覆碟形盖，空心圆柱状捉手，弧壁，盖面有一圆形钻孔。瓶口径6.0、底径6.3、高14.0厘米；盖捉手径3.0、口径6.6、高4.0厘米。（图三〇五，2；图版二四七，5）

M270∶13，陶鬶。夹砂灰陶，平短流，敞口，直颈，筒形腹，宽带状环行把，凿形足。口径7.0～7.7、高16.0厘米。（图三〇五，16；图版二四五，4）

M270∶14，陶高颈弧腹瓶，带盖。夹砂黑褐陶。残剩器盖及瓶底。底径6.2、残高10.3厘米；盖捉手径2.6、口径6.6、高4.3厘米。（图版二四七，5）

M270∶15，陶背壶。夹砂灰陶，近直口，弧腹内收不规整，双耳位于肩下，呈半圆片状，中部有一小孔，正对两耳偏下方的腹另一侧饰一鸟喙状突纽，平底。口径4.6、底径5.7、高15.0厘米。（图三〇五，8；图版二四五，5）

M270∶17，獐牙。残断，磨制光滑。残长4.5厘米。（图三〇四，9）

M270∶19，陶高颈弧腹瓶。夹砂黑褐陶，侈口，尖圆唇，颈微束，鼓肩，弧腹内收，平底。口径6.1、底径5.5、高14.5厘米。（图三〇五，5；图版二四七，3）

M270∶22，陶薄胎高柄杯。泥质黑陶，敞口，杯身上腹弧凹，下腹鼓突，杯柄两端较细，中部略鼓，喇叭形圈足。腹部2个三角形镂孔和2个圆形镂孔交错分布。口径6.8、足径6.0、高19.0厘米。（图三〇五，6；图版二四六，1）

M270∶24，陶薄胎高柄杯。泥质黑陶，敞口，杯身略弧收，杯底近平，细高柄，中间略鼓，台式圈足。柄下部饰有三竖排对称的圆形镂孔。口径7.2、底径5.6、高18.0厘米。（图

图三〇五　大汶口文化M270出土器物

1、6、7、13、14. 陶薄胎高柄杯（M270∶26、22、24、31、25）　2、3、5、9、15. 陶高颈弧腹瓶（M270∶12、6、19、30、5）　4、10. 陶厚胎高柄杯（M270∶3、8）　8. 陶背壶（M270∶15）　11. 陶器盖（M270∶7）　12. 陶壶（M270∶33）　16. 陶鬶（M270∶13）

三〇五，7；图版二四六，2）

M270:25，陶薄胎高柄杯。泥质黑陶，敞口，杯身弧收，杯底略鼓突，高柄，中间鼓突，两端较细，台式圈足。柄部饰6行圆形镂孔，中间三行镂孔未凿穿。口径7.4、底径6.2、高16.4厘米。（图三〇五，14；图版二四六，3）

M270:26，陶薄胎高柄杯。泥质黑陶，敞口，深折腹，细高柄，中间微鼓，台式圈足。柄部3竖排圆形小镂孔和3竖排半圆形小镂孔交错分布，部分孔未钻透。口径7.6、足径6.2、高22.8厘米。（图三〇五，1；图版二四六，4）

M270:27，陶筒形杯。泥质黑陶，侈口，平沿，斜直腹，平底。口径8.0、底径6.3、高3.3厘米。（图三〇四，4；图版二四四，7）

M270:28，陶圈足杯。夹砂夹蚌黑陶，残存杯座，空心喇叭状圈足。足径6.2、残高3.4厘米。（图三〇四，8；图版二四四，5）

M270:30，陶高颈弧腹瓶。夹砂黑陶，手制，不甚规整，侈口，尖圆唇，颈微束，鼓肩，深弧腹内收，平底。口径6.2、底径6.0、高13.4厘米。（图三〇五，9；图版二四七，4）

M270:31，陶薄胎高柄杯。泥质黑陶，敞口，杯身上腹弧凹，下腹鼓突，细柄，喇叭形圈足。口径6.6、底径5.6、高12.8厘米。（图三〇五，13；图版二四六，5）

M270:33，陶壶。泥质黑陶，侈口，折沿，粗高颈，鼓肩，弧腹，平底。口径8.4、底径6.1、高15.0厘米。（图三〇五，12；图版二四五，6）

M270:34，陶筒形杯。泥质黑陶，侈口，圆唇，沿略折，直腹，平底。口径6.3、底径5.0、高2.8厘米。（图三〇四，6；图版二四四，6）

M271

位于ⅢT5003东北部，墓坑开口于第8层下，打破第9层、10层。长方形竖穴土坑墓，墓坑长1.8、宽0.56、深0.25米。方向98°。填土呈浅黄色花土，土质较硬，含烧土颗粒。单人仰身直肢葬，头向东，面向不详。骨架保存状况较差。经鉴定，墓主为年龄40~44岁的女性。随葬品16件，器物大多置于下肢骨左侧，獐牙位于右手处，头骨处倒扣一陶盆，玉环位于头部，压在陶盆下，计有陶豆5件，陶背壶、罐各2件，陶盆、鬶、鼎、圈足杯、纺轮各1件，玉环1件，獐牙1件。（图三〇六；图版二四八，1）

完整及可修复器物16件。

M271:1，陶盆。泥质红陶，敞口，方圆唇，折沿，折腹，平底。口径32.0、底径13.2、高16.8厘米。（图三〇七，11；图版二四九，1）

M271:2，陶鬶。泥质红褐陶，斜流上扬，流口较细，直颈，扁球形腹，底近平，宽带状把安于背上，凿形足。腹中部有一道突棱。最大腹径12.6、高22.0厘米。（图三〇七，7；图版二五〇，3）

M271:3，陶背壶。夹砂灰褐陶，侈口，沿面微凹，直颈，肩部一侧圆弧，一侧略平，弧腹，平底，肩腹两侧饰有一对半环形双耳，正对两耳的腹另一侧有一鸟喙状突纽。口径10.2、底径8.0、高28.4厘米。（图三〇七，3；图版二五〇，1）

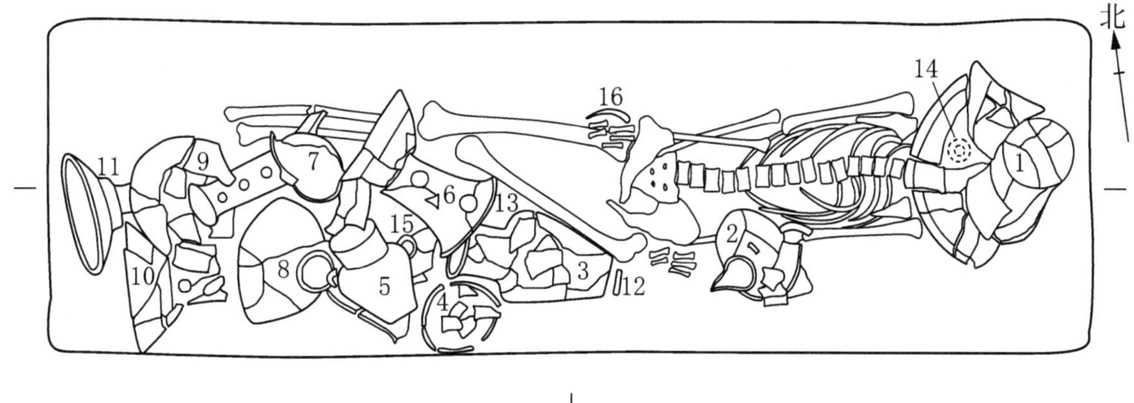

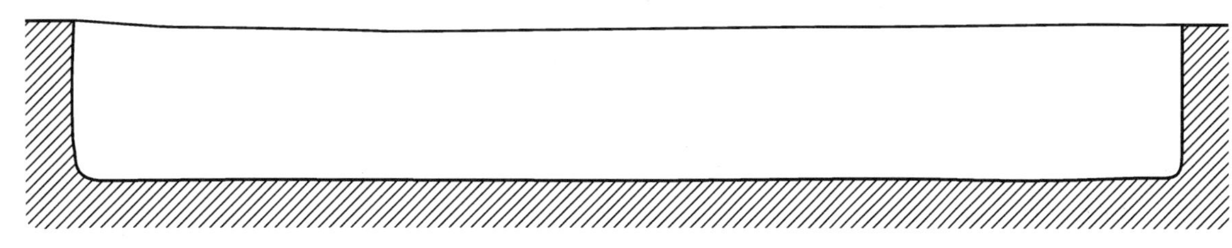

图三〇六　大汶口文化 M271 平、剖面图

1. 陶盆　2. 陶鬶　3、5. 陶背壶　4、15. 陶罐　6、8～11. 陶豆　7. 陶鼎　12. 陶纺轮　13. 陶圈足杯　14. 玉环　16. 獐牙

M271∶4，陶罐。泥质灰陶，侈口，方唇，折沿，深弧腹，下腹折收，平底。口径 13.6、底径 6.8、高 15.2 厘米。（图三〇八，2；图版二四九，3）

M271∶5，陶背壶。泥质黑陶，侈口，尖圆唇，短折沿，粗颈，两肩处有一对半环形耳，正对两耳处的腹另侧有一鸟喙状突纽，弧腹，平底。口径 8.9、底径 6.3、高 17.0 厘米。（图三〇八，1；图版二五〇，2）

M271∶6，陶豆。泥质黑陶，敞口，圆唇，宽沿，沿面微凹，弧壁，高柄，喇叭形圈足。柄部饰有圆形及弧边三角形的大镂孔。口径 23.0、足径 16.0、高 21.3 厘米。（图三〇七，2；图版二五〇，4）

M271∶7，陶鼎。夹砂夹蚌红陶，侈口，折沿，圆鼓腹，圜底，三个凿形足。腹部饰稀疏的篮纹，每个足的根部有 2 个捺窝。口径 10.2、最大腹径 12.4、高 15.4 厘米。（图三〇八，3；图版二四九，2）

M271∶8，陶豆。泥质黑陶，敞口，方唇，弧壁，浅盘，粗高柄，喇叭形圈足，豆柄上饰有 4 竖排三角形镂孔。口径 26.8、足径 17.6、高 22.4 厘米。（图三〇七，4；图版二五一，1）

M271∶9，陶豆。泥质黑陶，敞口，方唇，宽沿，折壁，粗高柄，喇叭形圈足。柄部饰有 2 竖排圆形镂孔。口径 23.0、足径 15.0、高 19.6 厘米。（图三〇七，5；图版二五一，2）

M271∶10，陶豆。泥质红陶，敞口，圆唇，斜沿，弧壁，盘较浅，粗高柄，喇叭形圈足。柄部饰有 3 竖排对称分布的圆形镂孔。口径 23.2、足径 15.8、高 24.0 厘米。（图三〇七，1；图版二五一，3）

图三〇七　大汶口文化M271出土器物

1、2、4、5、8. 陶豆（M271∶10、6、8、9、11）　3. 陶背壶（M271∶3）　6. 陶圈足杯（M271∶13）　7. 陶鬶（M271∶2）　9. 陶纺轮（M271∶12）　10. 玉环（M271∶14）　11. 陶盆（M271∶1）

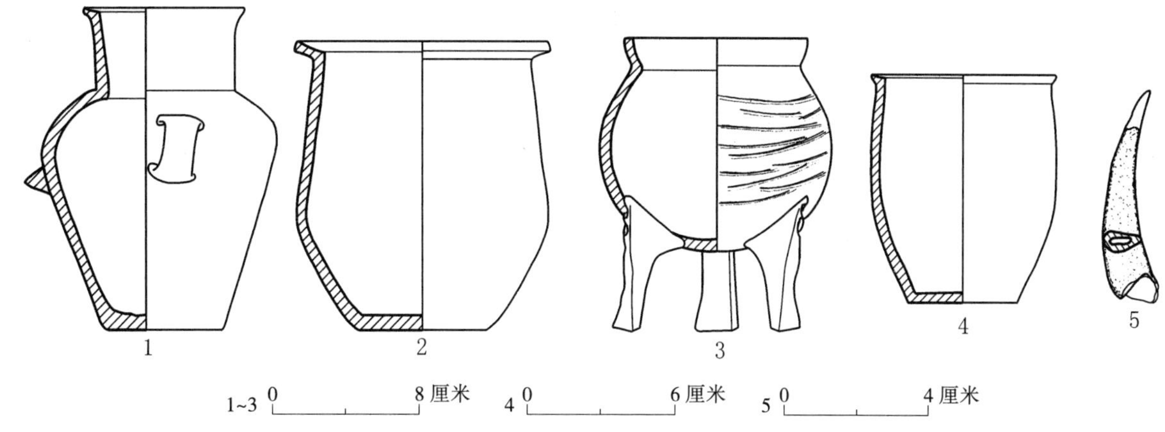

图三〇八　大汶口文化 M271 出土器物

1. 陶背壶（M271:5）　2、4. 陶罐（M271:4、15）　3. 陶鼎（M271:7）　5. 獐牙（M271:16）

M271:11，陶豆。泥质灰陶，敞口，方唇，宽沿，折壁，高柄，喇叭形圈足。柄部2竖排圆形镂孔和2竖排弦线三角形镂孔交错分布。口径20.4、足径12.9、高20.2厘米。（图三〇七，8；图版二五一，4）

M271:12，陶纺轮。泥质灰陶，平面呈圆形，剖面呈矩形，两面较平，两侧略弧，中间有一圆孔。直径3.9~4.2、孔径0.3~0.5、厚1.1厘米。（图三〇七，9；图版二四八，3）

M271:13，陶圈足杯。泥质黑陶，侈口，圆唇，平沿，腹内弧，喇叭形圈足。口径8.4、足径6.6、高12.0厘米。（图三〇七，6；图版二四八，2）

M271:14，玉环。直径3.4~3.6、孔径约1.3、厚0.15~0.3厘米。（图三〇七，10；图版二四八，4）

M271:15，陶罐。泥质灰陶，侈口，尖圆唇，短折沿，深弧腹至底部略收，平底。口径7.5、底径4.5、高9.0厘米。（图三〇八，4；图版二四九，4）

M271:16，獐牙。尾部残断，残长5.6厘米。（图三〇八，5；图版二四八，5）

M272

位于ⅢT5003偏东部，开口于第8层下，打破第9层、10层。长方形竖穴土坑墓，墓坑长1.93、宽0.6~0.69、深0.4米。方向100°。填土呈浅黄色花土，土质较硬，含烧土颗粒。单人侧身直肢葬，头向东南，面向西南。骨架保存状况较好。经鉴定，墓主为年龄约40岁的男性。随葬品4件，器物置于头部和下肢骨左侧，头骨上倒扣一陶盆，骨镞置于人的眼眶部位，计有陶盆、筒形杯、豆各1件，骨镞1件。（图三〇九；图版二五二，1）

完整及修复器物4件。

M272:1，陶盆。夹砂灰陶，敞口，斜直壁，平底。腹饰有稀疏的浅篮纹。口径24.4、底径10.4、高10.8厘米。（图三一〇，4；图版二五二，2）

M272:2，陶筒形杯。泥质灰陶，口残，弧腹，平底。底径5.3、残高5.3厘米。（图三一〇，2）

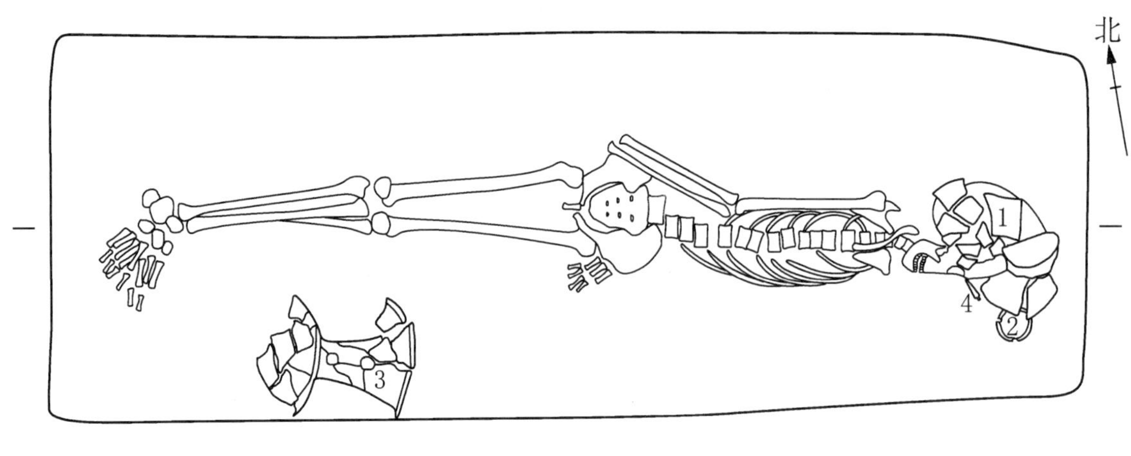

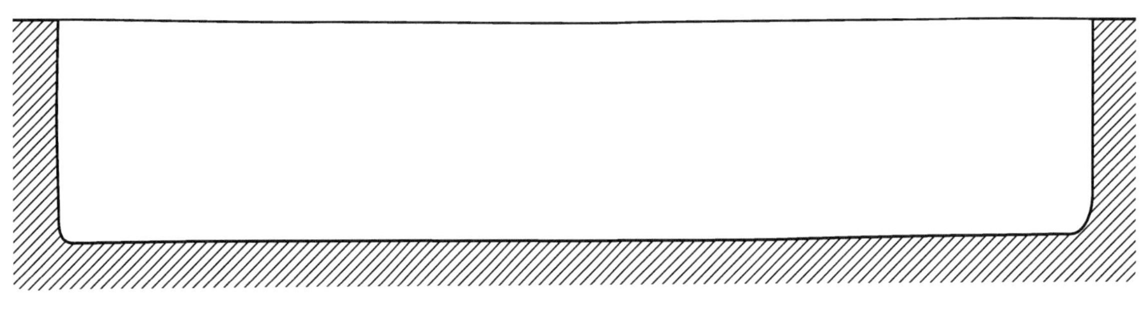

0　50厘米

图三〇九　大汶口文化M272平、剖面图

1. 陶盆　2. 陶筒形杯　3. 陶豆　4. 骨镞

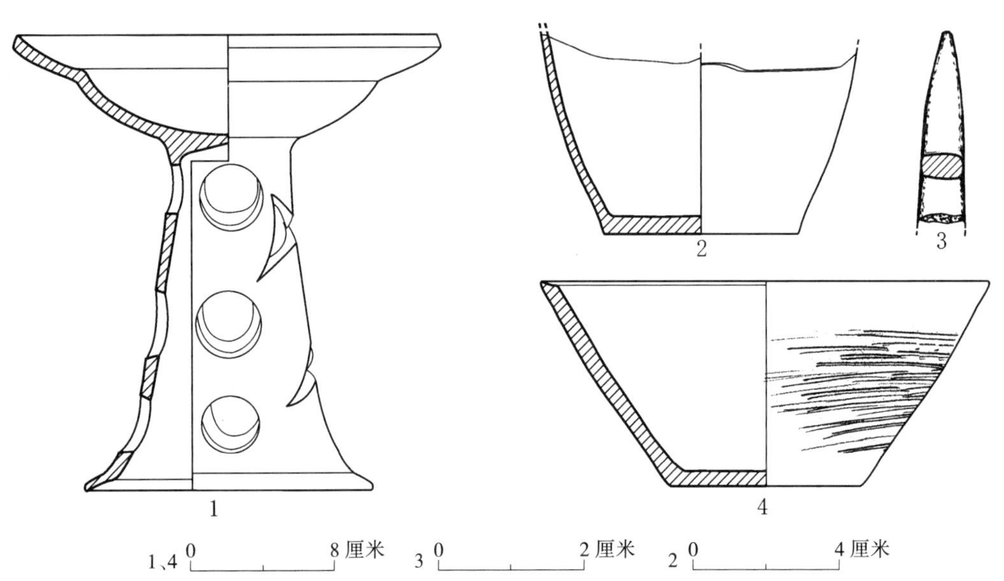

图三一〇　大汶口文化M272出土器物

1. 陶豆（M272∶3）　2. 陶筒形杯（M272∶2）　3. 骨镞（M272∶4）　4. 陶盆（M272∶1）

M272∶3，陶豆。泥质红褐陶，敞口，方唇，宽折沿，弧壁，粗高柄，喇叭形圈足。柄部饰有圆形及弧线三角形的大镂孔。口径23.1、足径15.6、高24.2厘米。（图三一〇，1；图版二五二，3）

M272∶4，骨镞。残存尖部，磨制光滑。残长2.5厘米。（图三一〇，3）

M273

位于ⅢT5004北部偏东，墓坑开口于第8层下，打破第9层、10层，其西部被晚期灰坑破坏。由于墓坑大部分被灰坑所破坏，形制不明，残长0.34～0.61、宽0.98、残深0.1米。方向101°。填土呈浅黄色花土，土质较硬，含烧土颗粒。墓坑内发现人骨架两具，南侧骨架使用陶棺，以陶鼎碎片作葬具；北侧骨架未见葬具。由于骨架保存状况极差，除仅能鉴别出南侧骨架的年龄在20岁左右外，其余关于两具骨架的葬式、头向、面向及性别等均不详。墓内未发现随葬品。葬具未能修复。（图三一一）

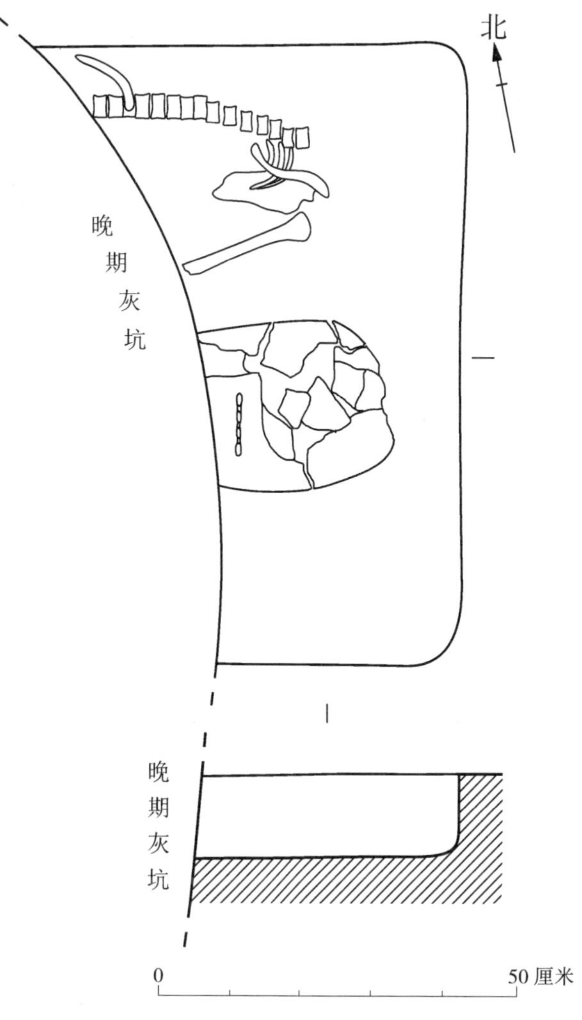

图三一一　大汶口文化M273平、剖面图

M274

因施工破坏严重，仅采集到头骨及数件陶器。其中，陶鼎很可能是葬具，但因无直接证据，暂按随葬品计。其中头骨显示墓主已成年，性别不详。

M274∶1，陶鼎。夹砂红陶，侈口，折沿，深弧腹，圜底。腹部饰一对鸡冠状鋬手。口径23.2、最大腹径23.0、高31.5厘米。（图三一二，1；图版二五三，1）

M274∶2，陶器盖。覆碗形，夹砂红褐陶，圆饼状捉手，边缘加工成花边状，弧壁。捉手径12.8、口径28.0、高10.0厘米。（图三一二，7；图版二五三，5）

M274∶3，陶筒形杯。泥质黑陶，口近直，尖唇，斜直腹，平底。近底处饰有一道凹弦纹。口径6.0、底径4.8、高6.6厘米（图三一二，6；图版二五三，6）

M274∶4，陶豆。泥质黑陶，钵形豆盘，侈口，圆唇，盘壁弧鼓，高柄，矮圈足。柄部饰有4个圆形镂孔。口径8.8、足径6.1、高13.8厘米。（图三一二，5；图版二五三，7）

M274∶5，陶鼎。夹蚌红褐陶，敞口，方唇，折沿，深弧腹，圜底，三凿形足。腹部饰有横向篮纹，腹下部有一道突棱。每个足的根部各饰有2个捺窝，足两侧各饰一道刻槽。口径31.4、通高28.5厘米。（图三一二，2；图版二五三，2）

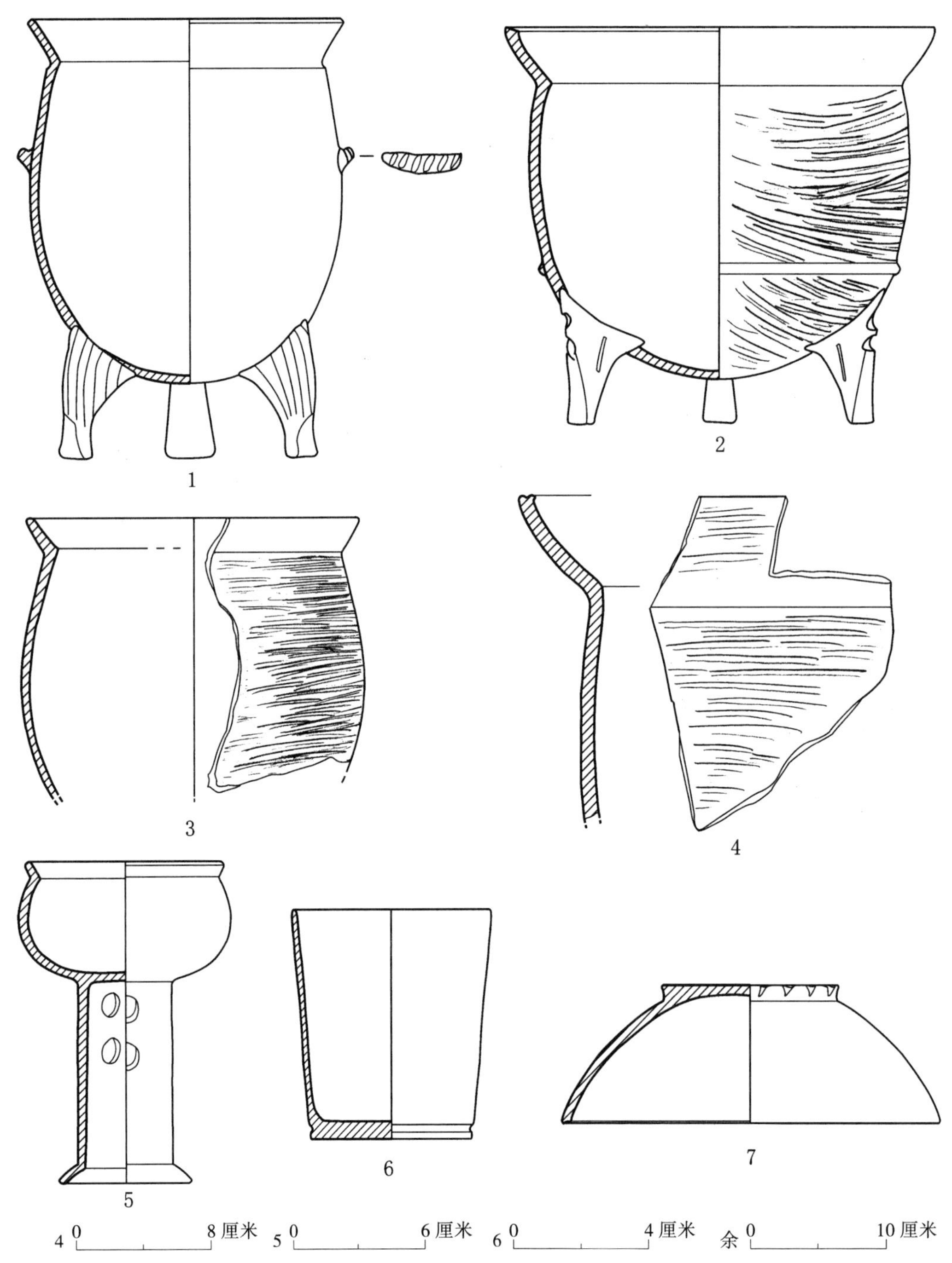

图三一二 大汶口文化 M274 出土器物

1～4. 陶鼎（M274∶1、5、7、6） 5. 陶豆（M274∶4） 6. 陶筒形杯（M274∶3） 7. 陶器盖（M274∶2）

M274∶6，陶鼎。夹砂灰黑陶，残存口沿及腹部残片，侈口，方唇，宽折沿。唇面有凹槽。残高 19.2 厘米。（图三一二，4；图版二五三，3）

M274∶7，陶鼎。夹砂夹蚌褐陶，残存口沿及腹部残片，侈口，方唇，折沿。口径 24.6、残高 19.8 厘米。（图三一二，3；图版二五三，4）

四　C区

有墓葬12座，其中M252、M253、M254、M255、M264、M265、M267等7座墓为二层台墓，余均为无二层台的竖穴土坑墓。

M252

位于ⅢT4908西南部，开口于第9层下，打破第10层。长方形竖穴土坑墓，墓坑长2.18、宽0.77、深0.3米。四周均有熟土二层台，东、南、西、北宽分别为0.18、0.14、0.13、0.22米，高0.2米。方向93°。填土呈黄褐色花土，土质较硬。未见葬具。单人仰身直肢葬，头向东，面向南。头骨破碎，肢骨保存状况较好。经鉴定，墓主为年龄19～23岁的女性。随葬品仅1件玉饰，置于墓主颈右侧。（图三一三；图版二五四，1）

M252∶1，玉饰。略呈上窄下宽的梯形，上部有一两面对钻的圆孔。长1.2、宽1.3～1.4、厚0.2～0.25厘米（图三一四，1；图版二五四，3）

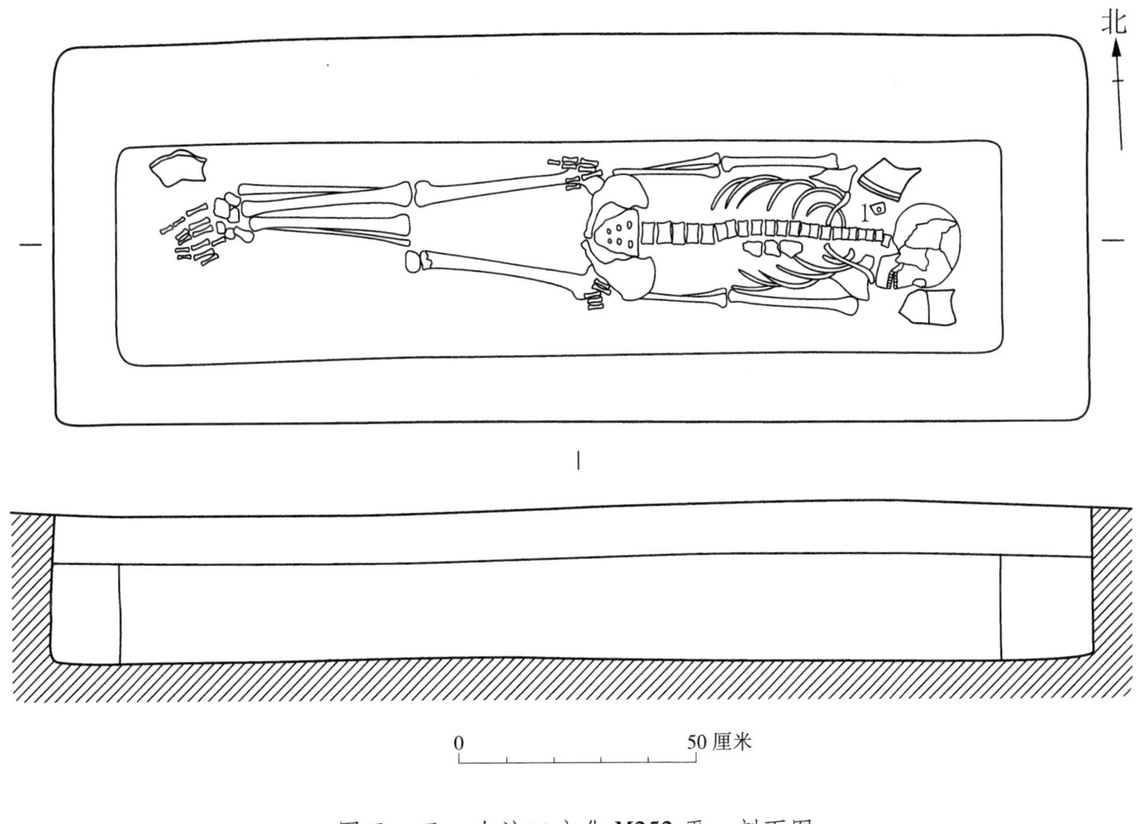

图三一三　大汶口文化M252平、剖面图

1. 玉饰

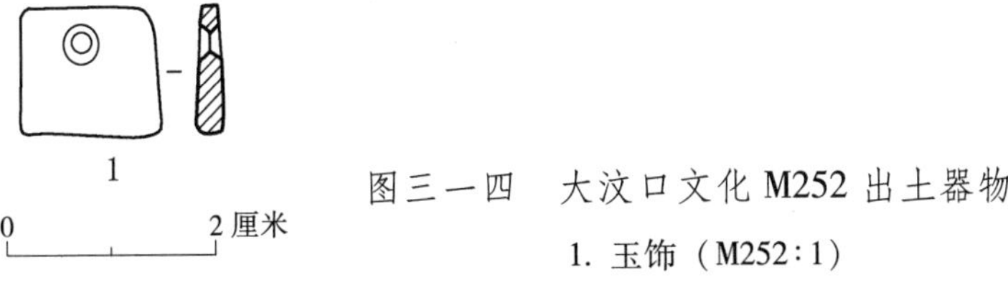

图三一四　大汶口文化M252出土器物

1. 玉饰（M252∶1）

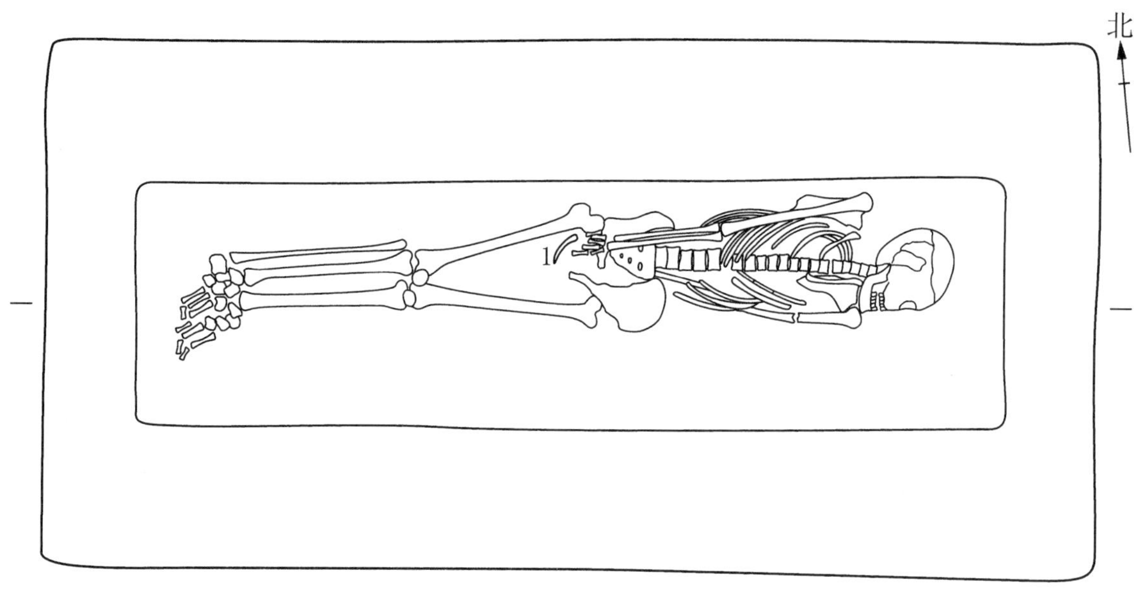

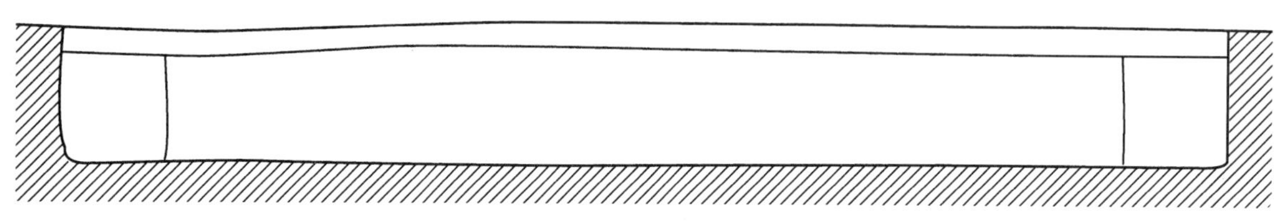

0 50厘米

图三一五 大汶口文化M253平、剖面图
1. 獐牙

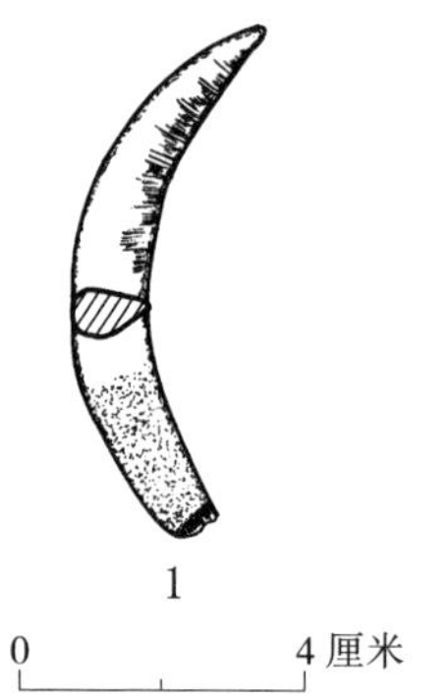

图三一六 大汶口文化M253出土器物
1. 獐牙（M253:1）

M253

位于ⅢT4908中部略偏西北，开口于第9层下，打破第10层。长方形竖穴土坑墓，墓坑长2.3、宽1.13、深0.25米。方向96°。四周均有熟土二层台，南、北宽0.3、东、西宽0.2、高0.2米。填土呈黄褐色花土，土质较硬。未见葬具。单人仰身直肢葬，头向东，面向南。头骨破碎，肢骨保存状况较好。经鉴定，墓主为年龄45～49岁的男性。随葬品仅1件獐牙，置于右手部。（图三一五；图版二五四，2）

M253:1，獐牙。完整，长约7.0厘米。（图三一六，1；图版二五四，4）

M254

位于ⅢT4908西北部，墓坑开口于第9层下，打破第10层。长方形竖穴土坑墓，墓坑长2.48、宽0.8、深0.35米。四周均有熟土二层台，东、南、西、北宽0.28、0.15、0.2、0.2

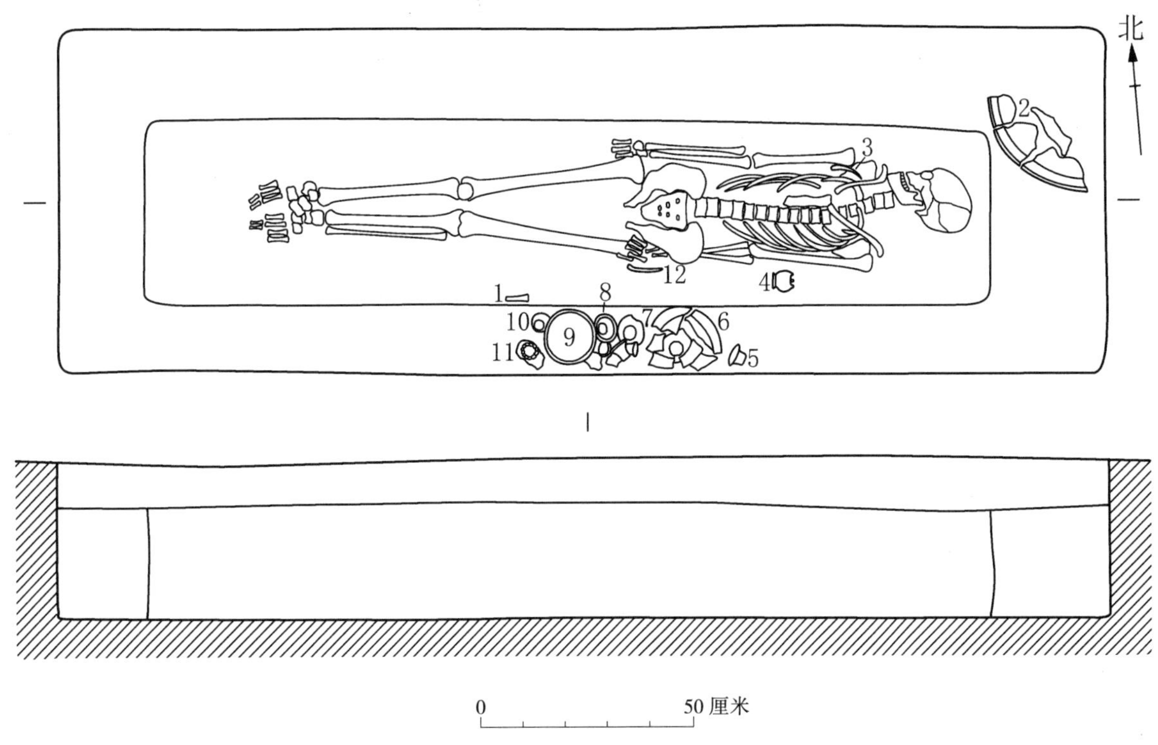

图三一七　大汶口文化 M254 平、剖面图

1. 骨凿　2. 陶盆　3、12. 獐牙　4. 陶鼎　5. 陶圈足杯　6. 陶豆　7、8、11. 陶器盖　9. 陶钵　10. 陶厚胎高柄杯

米。方向93°。填土呈黄褐色花土，土质较硬。未见葬具。单人仰身直肢葬，头向东，面向北。骨架保存状况较好。经鉴定，墓主为年龄约40岁的男性。随葬品12件，多置于东侧、南侧二层台上，獐牙位于右肩部及左手处。计有陶器盖3件，陶盆、鼎、圈足杯、豆、钵、厚胎高柄杯各1件，骨凿1件，獐牙2件。（图三一七；图版二五五，1）

M254∶1，骨凿。呈下端略窄的长条形，双面刃。长5.2、宽0.9～1.0、最厚处1.0厘米。（图三一八，8；图版二五五，2）

M254∶2，陶盆。泥质黑陶，敞口，方唇，宽折沿，沿面微凹，弧腹，平底。口径25.0、底径10.0、高6.4厘米。（图三一八，1；图版二五六，1）

M254∶3，獐牙。尖尾部略残。残长5.0厘米。（图三一八，9；图版二五五，3）

M254∶4，小陶鼎。夹砂红陶，侈口，圆唇，短沿，鼓腹略垂，底近平，三个实心矮足。口径4.0、最大腹径5.5、高5.2厘米。（图三一八，7；图版二五六，2）

M254∶5，陶圈足杯。泥质黑陶，残存喇叭状圈足。足径6.0、残高3.8厘米。（图三一八，6；图版二五五，5）

M254∶6，陶豆。泥质灰陶，敞口，圆唇，折沿，折壁，腹较深，豆柄残。口径16.0、残高8.0厘米。（图三一八，2；图版二五五，7）

M254∶7，陶器盖。泥质黑陶，圆饼状捉手，弧壁，口残。捉手径3.7、残高3.6厘米。（图三一八，3；图版二五六，6）

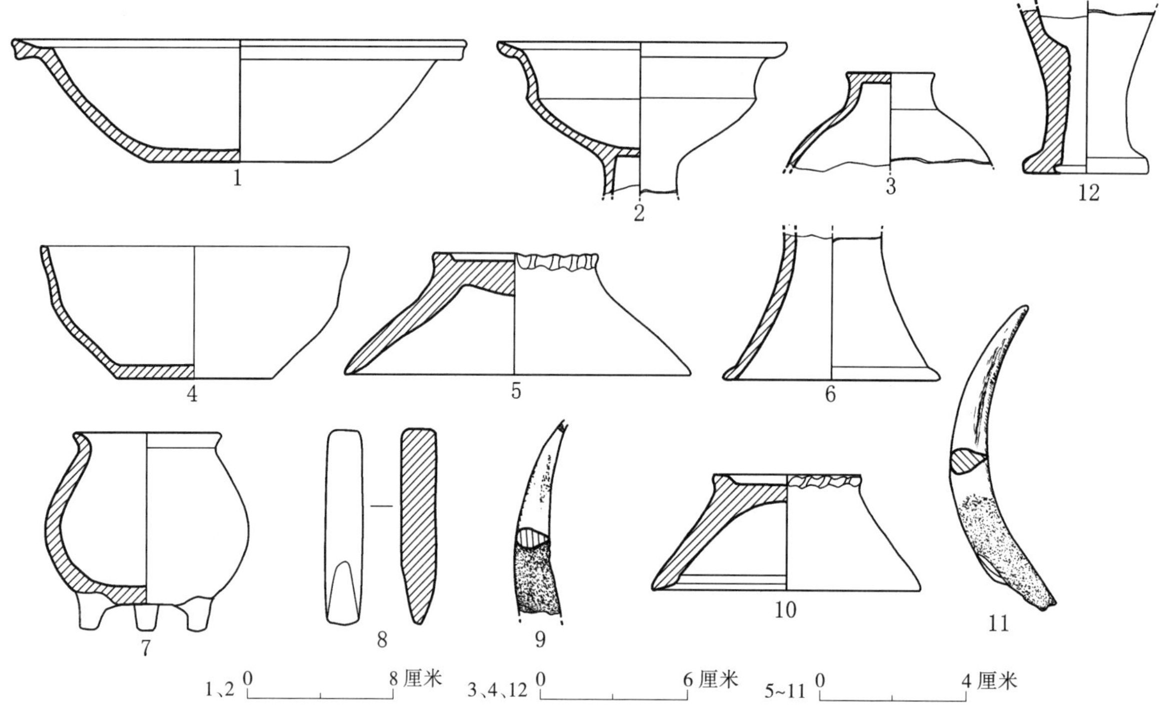

图三一八　大汶口文化M254出土器物

1. 陶盆（M254:2）　2. 陶豆（M254:6）　3、5、10. 陶器盖（M254:7、11、8）　4. 陶钵（M254:9）　6. 陶圈足杯（M254:5）　7. 小陶鼎（M254:4）　8. 骨凿（M254:1）　9、11. 獐牙（M254:3、12）　12. 陶厚胎高柄杯（M254:10）

M254:8，陶器盖。夹砂灰褐陶，覆碗形，圆形捉手，顶部略内凹边缘加工成花边状，斜直壁。捉手径4.0、口径7.2、高3.0厘米。（图三一八，10；图版二五六，4）

M254:9，陶钵。泥质灰陶，口微敞，弧腹略折，平底。口径12.6、底径6.0、高5.2厘米。（图三一八，4；图版二五六，3）

M254:10，陶厚胎高柄杯。夹砂灰褐陶，残存底部，空心柄，圈足。底径5.0、残高6.4厘米。（图三一八，12；图版二五五，6）

M254:11，陶器盖。夹砂灰褐陶，覆碗形，圆形捉手，顶部略内凹，边缘加工成花边状，斜直壁。捉手径4.4、口径9.4、高3.2厘米。（图三一八，5；图版二五六，5）

M254:12，獐牙。尖部磨制光滑。长8.0厘米。（图三一八，11；图版二五五，4）

M255

位于ⅢT4908北部偏西，墓坑开口于第7c层下，打破第9层。平面为略呈梯形的竖穴土坑墓，墓口长2.5、宽1.1～1.2、深0.36米。四周均有熟土二层台，东、南、西、北宽分别为0.27、0.29、0.3、0.22米，高0.3米。方向189°。填土呈灰褐色，土质疏松。单人仰身直肢葬，头向西南，面向东南。骨架保存状况一般。经鉴定，墓主为年龄约30岁的男性。未发现有随葬品。（图三一九）

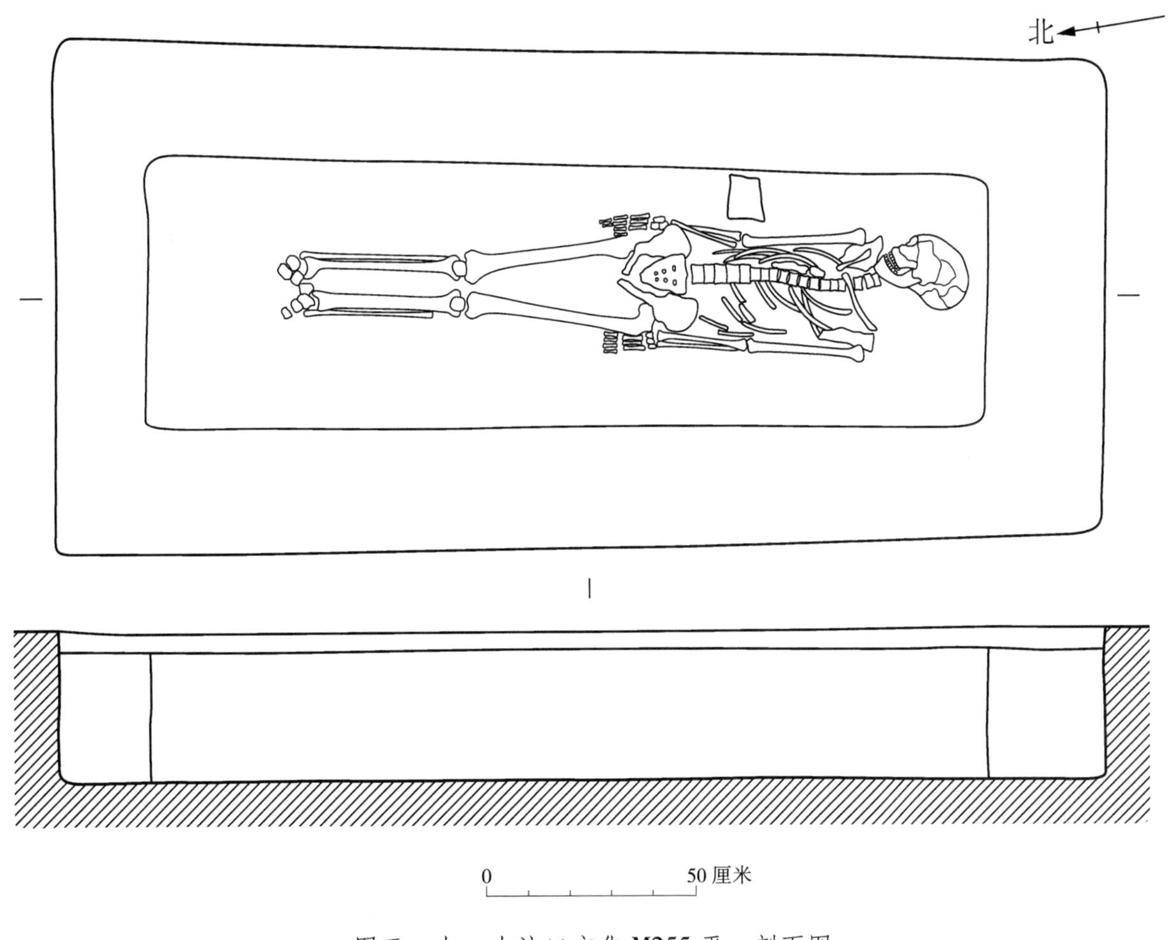

图三一九　大汶口文化M255平、剖面图

M256

位于ⅢT4908西北角，开口于第9层下，打破第10层。长方形竖穴土坑墓，墓坑长1.98、宽0.46～0.52、深0.26米。方向95°。填土呈黄褐色花土，土质较硬。单人仰身直肢葬，头向东，面向南。头骨破碎，肢骨保存状况较好。经鉴定，墓主为年龄19～23岁的男性。随葬品3件，头骨上倒扣一陶盆，獐牙置于左手处，另有一陶壶置于墓主头部左侧。（图三二〇；图版二五七，1）

M256∶1，陶盆。泥质黑陶，敞口，圆唇，宽折沿，弧腹，平底。口径20.0、底径7.8、高8.4厘米。（图三二一，2；图版二五七，2）

M256∶2，陶壶。泥质黑陶，侈口，尖圆唇，束颈，弧腹，平底。口径8.2、底径5.4、高13.4厘米。（图三二一，1；图版二五七，3）

M256∶3，獐牙。尖部略残，磨制光滑。残长6.3厘米。（图三二一，3；图版二五七，4）

M257

位于ⅢT4908近西壁处，开口于第8层下，打破第9层，同时打破8层、9层下开口的M267、M268。长方形竖穴土坑墓，墓坑长1.89、宽0.75、深0.25米。方向193°。填土呈褐色花土，土质较硬。单人仰身直肢葬，头向西南，面向东南。肋骨较凌乱，骨架保存状况较

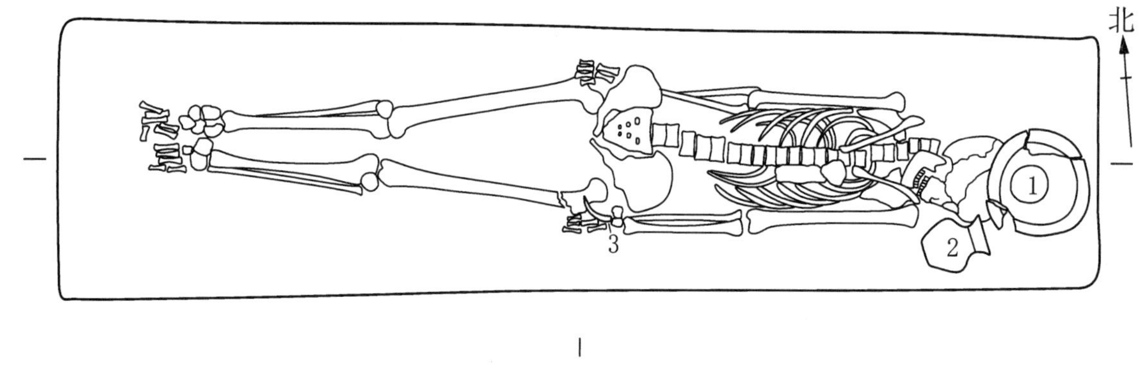

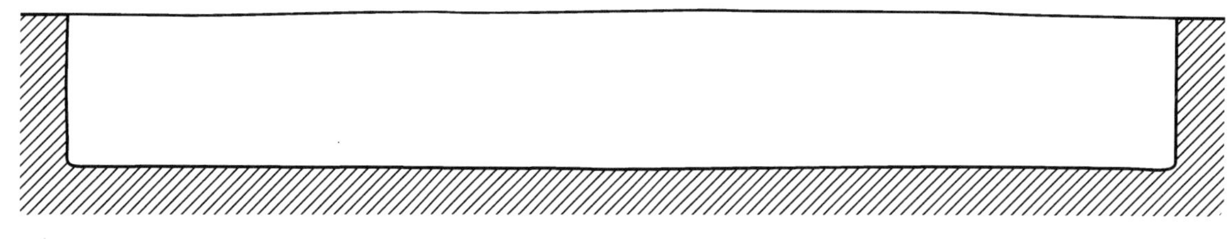

图三二〇　大汶口文化 M256 平、剖面图

1. 陶盆　2. 陶壶　3. 獐牙

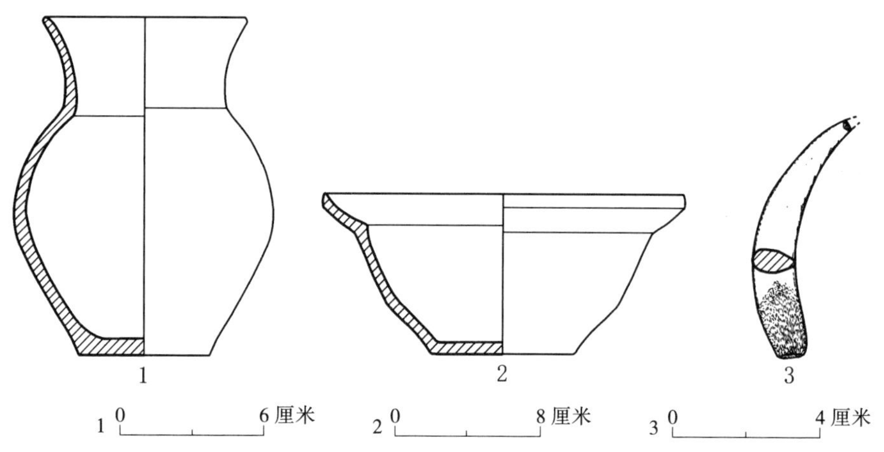

图三二一　大汶口文化 M256 出土器物

1. 陶壶（M256∶2）　2. 陶盆（M256∶1）　3. 獐牙（M256∶3）

差。经鉴定，墓主为年龄为 14～17 岁的青少年，性别不详。墓主头部有一堆碎陶片，不可修复。（图三二二；图版二五八，1）

M258

位于ⅢT4908 西南角，墓坑开口于第 8 层下，打破第 9 层，其西部被开口在第 8 层下的 H536 破坏。长方形竖穴土坑墓，墓坑残长 1.2、宽 0.5～0.55、残深 0.25 米。方向 97°。填土呈灰褐色，土质较硬。墓坑内发现人骨架一具，骨架保存状况较差，葬式、面向不详。经鉴定，墓主年龄10～15岁，性别不详。墓内未发现随葬品及葬具。（图三二三；图版二五八，2）

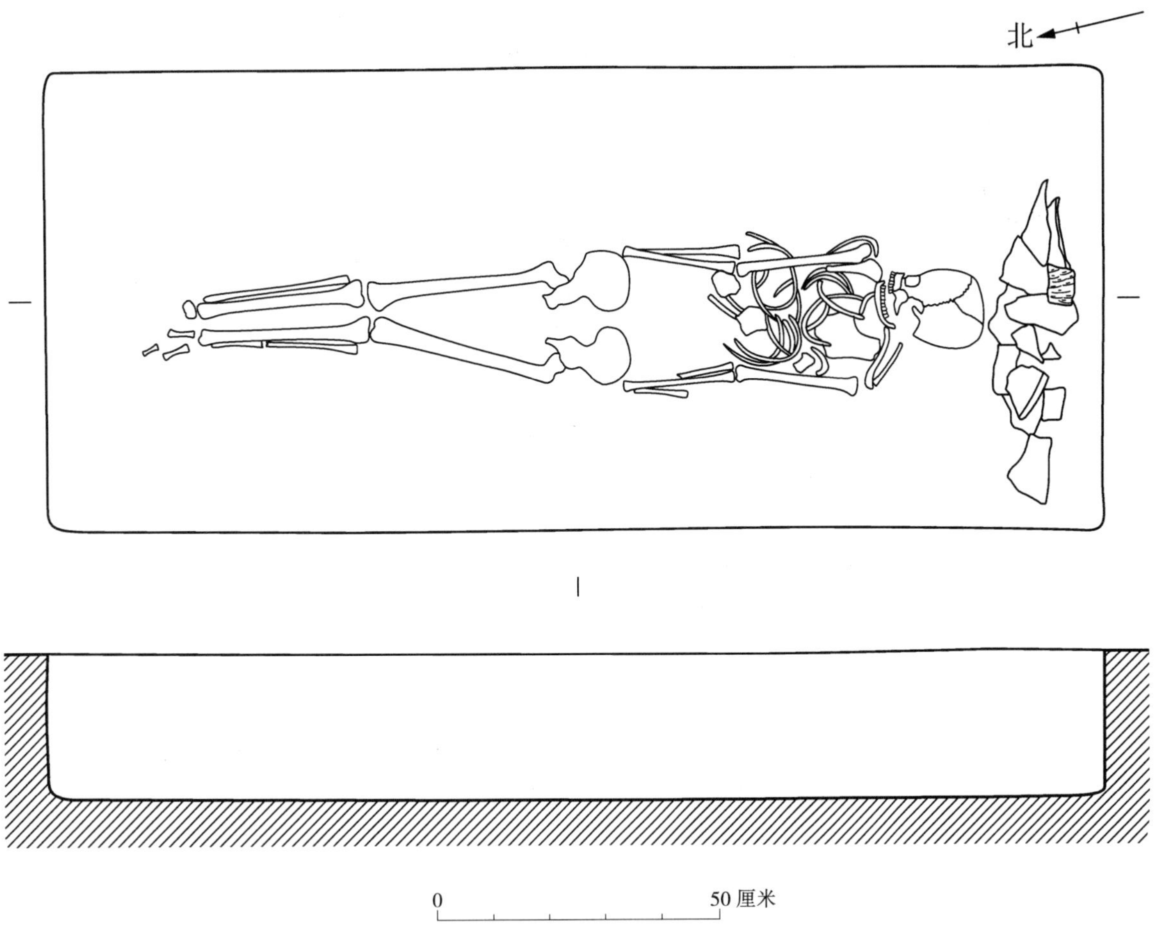

图三二二　大汶口文化M257平、剖面图

M264

位于ⅢT4908西南角，部分进入西壁，开口于第9层下，打破第10层，且被开口在第7c下的H527打破。长方形竖穴土坑墓，墓口长2.1、宽0.7～0.8、深0.65米。方向93°。四周均有熟土二层台，南、北宽0.19、东宽0.15、西宽0.08、高0.25米。填土呈黄褐色花土，土质较硬。未见葬具。单人仰身直肢葬，头向东，面向南。骨架保存状况较差。经鉴定，墓主年龄约30岁，性别不详。随葬品14件，集中置于墓主身体左侧盆骨以下部位，计有陶筒形杯6件，陶厚胎高柄杯、背壶各3件，陶盆、薄胎高柄杯各1件。（图三二四；图版二五九；图版二六〇，1）

完整及可修复器物14件。

M264∶1，陶背壶。泥质黑陶，残存底部，鼓腹，平底，腹部饰一鸟喙状突纽。底径6.0、残高12.0厘米。（图三二五，2；图版二六二，1）

M264∶2，陶盆。泥质黑陶，敞口，短折沿，折腹，平底。口径19.6、底径7.6、高7.2厘米。（图三二五，8；图版二六二，3）

M264∶3，陶薄胎高柄杯。泥质黑陶，敞口，杯腹较深，上腹略内收，下腹鼓突，柄上端

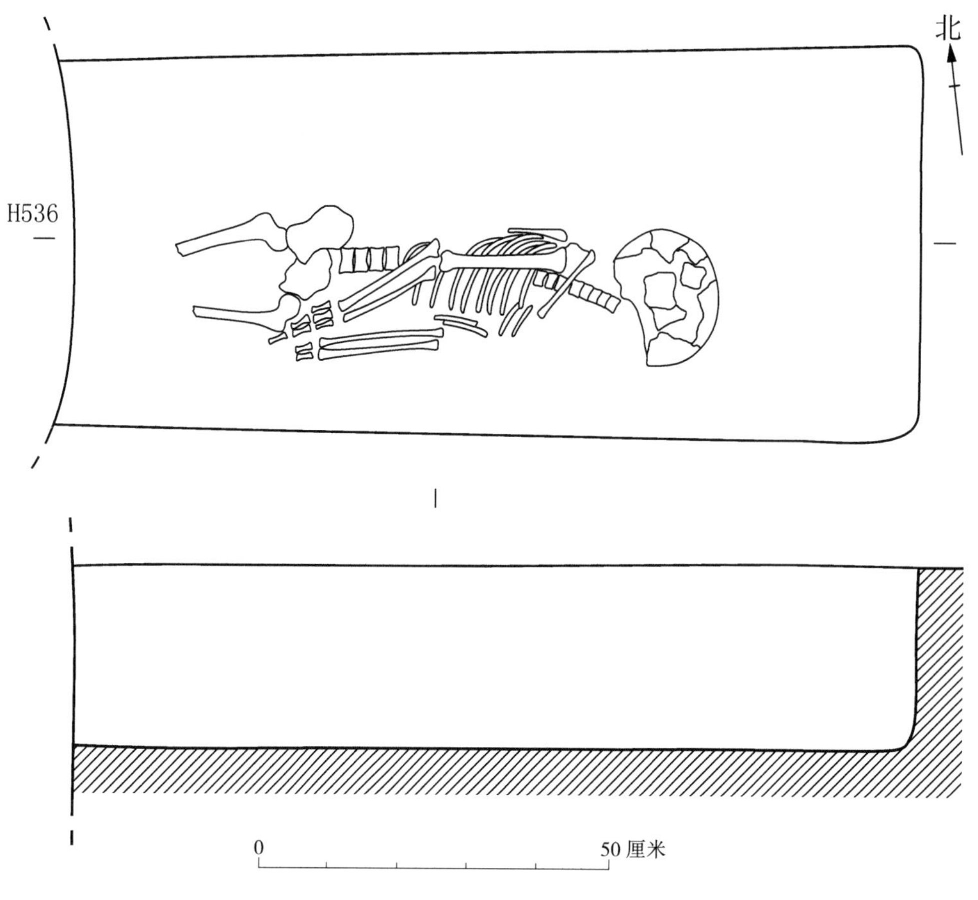

图三二三　大汶口文化 M258 平、剖面图

较细，下端较粗，台式圈足。柄部饰有菱形、三角形及圆形镂孔。口径 9.2、足径 7.2、高 18.4 厘米。（图三二五，4；图版二六〇，2）

M264∶4，陶厚胎高柄杯。泥质黑陶，直口微侈，尖圆唇，弧腹，细柄，圈足。口径 6.7、足径 4.0、高 8.0 厘米。（图三二五，6；图版二六二，4）

M264∶5，陶筒形杯，带盖。泥质黑陶，侈口，圆唇，折沿，深筒形腹，平底。覆碟形盖，喇叭形捉手，弧壁，盖面有一方形凿孔。瓶口径 7.6、底径 6.4、高 12.4 厘米；盖捉手径 4.3、口径 8.1、高 3.2 厘米。（图三二五，11；图版二六一，1）

M264∶6，陶筒形杯，带盖。泥质黑陶，侈口，圆唇，折沿，深筒形腹，平底。覆碟形盖，喇叭形捉手，弧壁，盖面有一方形钻孔。瓶口径 8.1、底径 6.6、高 12.0 厘米；盖捉手径 4.3、口径 8.2、高 3.2 厘米。（图三二五，13；图版二六一，3）

M264∶7，陶筒形杯，带盖。泥质黑陶，侈口，圆唇，折沿，沿面微凹，深筒形腹，平底。覆碟形盖，喇叭形捉手，弧壁，盖面有一方形钻孔。瓶口径 7.8、底径 6.8、高 13.0 厘米；盖捉手径 4.2、口径 8.1、高 3.2 厘米。（图三二五，12；图版二六一，2）

M264∶8，陶背壶。夹砂灰陶，侈口，尖圆唇，斜平沿，粗高颈，肩两侧附有一对环形小耳，正对两耳的腹另一侧有一鸟喙状突纽，平底。口径 6.6、底径 5.6、高 22.0 厘米。（图三二五，1；图版二六〇，3）

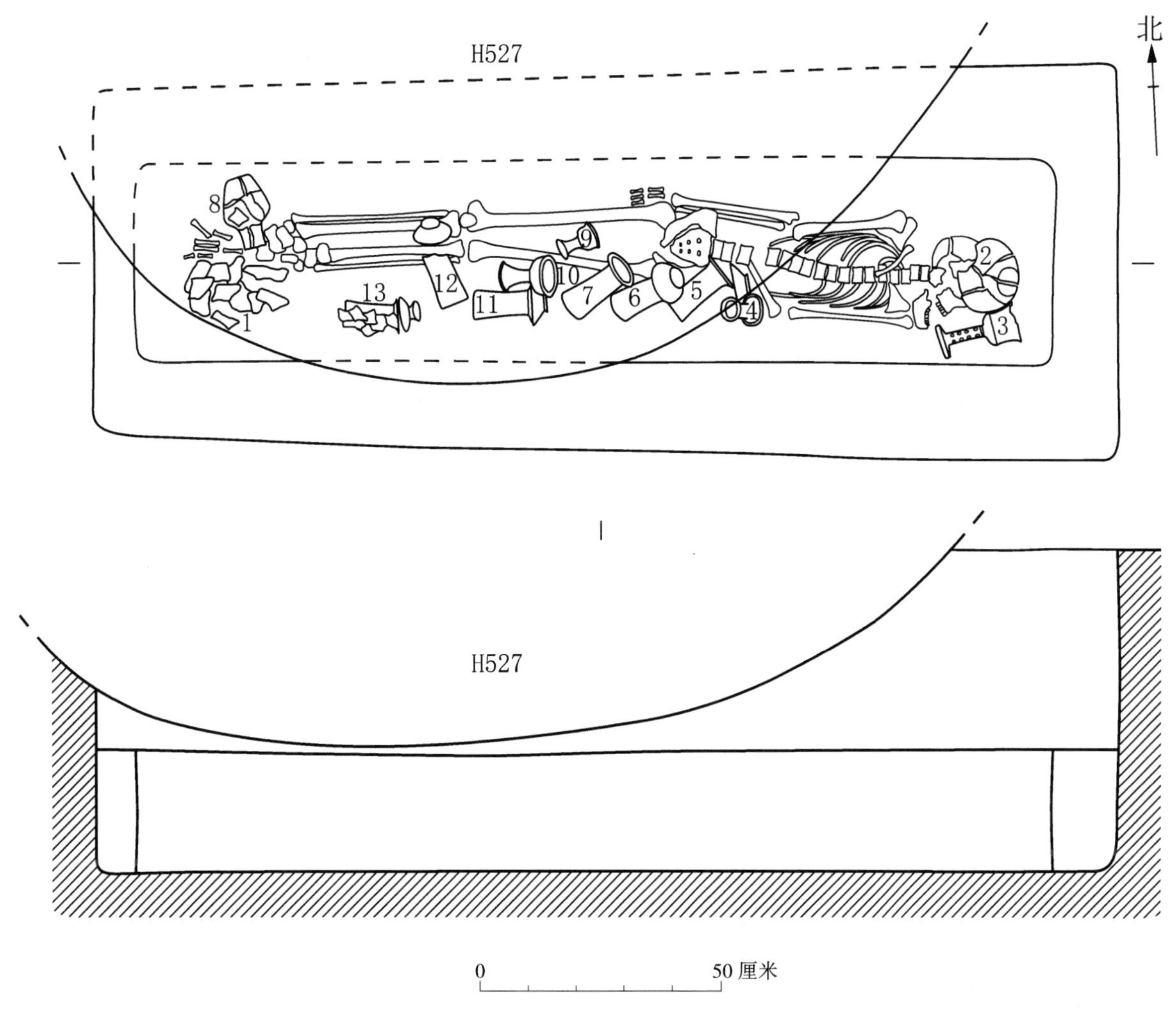

图三二四　大汶口文化 M264 平、剖面图

1、8、14. 陶背壶　2. 陶盆　3. 陶薄胎高柄杯　4、9、10. 陶厚胎高柄杯　5～7、11～13. 陶筒形杯

M264∶9，陶厚胎高柄杯。夹砂红陶，侈口，尖圆唇，弧腹，高柄，矮圈足。口径 6.5、足径 4.3、高 7.5 厘米。（图三二五，7；图版二六二，5）

M264∶10，陶厚胎高柄杯。夹砂灰陶，直口，尖圆唇，平沿，弧腹，细柄，圈足。腹部饰有细弦纹。口径 8.4、足径 6.0、高 10.0 厘米。（图三二五，5；图版二六二，6）

M264∶11，陶筒形杯，带盖。泥质黑陶，侈口，折沿，筒形腹，平底。覆碟形盖，喇叭形捉手，弧壁，盖面有一方形钻孔。瓶口径 7.6、底径 6.0、高 12.0 厘米；盖捉手径 4.2、口径 8.1、高 3.0 厘米。（图三二五，14；图版二六一，4）

M264∶12，陶筒形杯，带盖。泥质黑陶，侈口，折沿，深筒形腹，平底。覆碟形盖，喇叭形捉手，弧壁，盖面有一方形钻孔。瓶口径 7.4、底径 5.8、高 13.4 厘米；盖捉手径 4.1、口径 7.8、高 2.8 厘米。（图三二五，9；图版二六一，5）

M264∶13，陶筒形杯，带盖。泥质黑陶，侈口，折沿，深筒形腹，平底。覆碟形盖，喇叭形捉手，弧壁。瓶口径 8.0、底径 5.7、高 12.8 厘米；盖捉手径 4.0、口径 8.2、高 3.2 厘米。

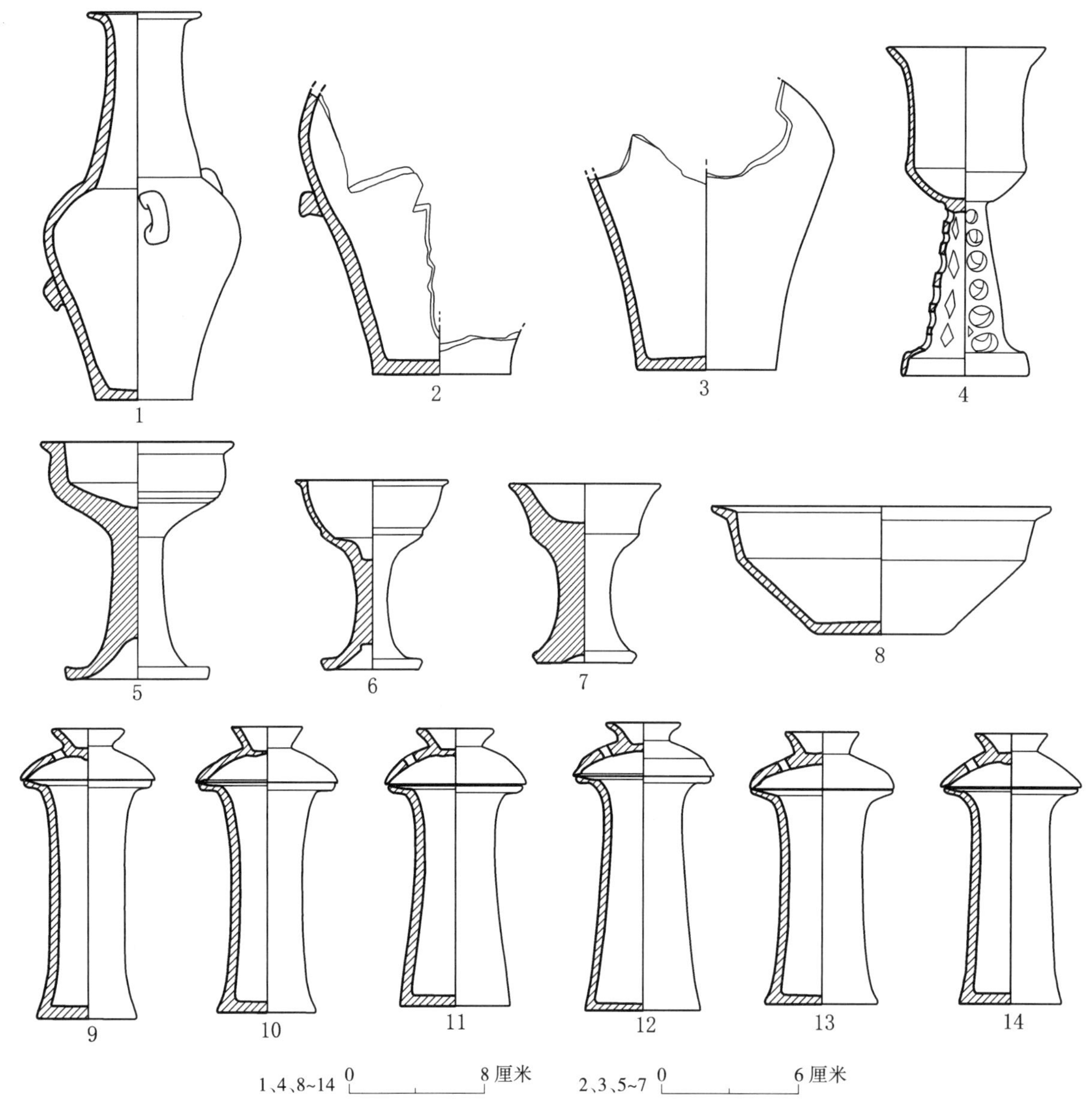

图三二五　大汶口文化M264出土器物

1～3. 陶背壶（M264∶8、1、14）　4. 陶薄胎高柄杯（M264∶3）　5～7. 陶厚胎高柄杯（M264∶10、4、9）
8. 陶盆（M264∶2）　9～14. 陶筒形杯（M264∶12、13、5、7、6、11）

（图三二五，10；图版二六一，6）

M264∶14，陶背壶。泥质黑陶，肩部以上残，鼓肩，弧腹内收，平底。底径6.0、残高12.2厘米。（图三二五，3；图版二六二，2）

M265

位于ⅢT4908西壁处，开口于第9层下，打破第10层，且被开口于第8层下的H527打破。长方形竖穴土坑墓，墓坑长2.26、宽0.75～0.87、深0.3米。方向93°。四周均有熟土二层台，东、南、西、北宽分别为0.17、0.08、0.19、0.12米，高0.2米。填土呈黄褐色花土，土质较硬。未见葬具。单人仰身直肢葬，头向东，面向南。骨架保存状况较好。经鉴定，墓主为约50岁的男性。随葬品13件，集中置于墓主下肢骨及足部，有陶厚胎高柄杯4件，陶背壶2件，陶杯、钵、罐、盆、器盖、薄胎高柄杯各1件，獐牙1件。（图三二六；图版二六三）

完整及可修复器物12件。

M265∶1，獐牙。尖部磨制光滑。残长7.0厘米（图三二七，10；图版二六四，6）

M265∶2，陶厚胎高柄杯。夹砂灰陶，口微侈，折沿，弧腹，高柄，矮圈足。口径7.2、足径7.5、高9.9厘米。（图三二七，6；图版二六四，4）

M265∶3，陶厚胎高柄杯。夹砂灰陶，口微侈，尖圆唇，沿近平，弧腹，细高柄，矮圈足。腹下部饰有1道凹弦纹。口径5.8、足径4.8、高10.1厘米。（图三二七，7；图版二六五，1）

M265∶4，陶厚胎高柄杯。夹砂红陶，直口微侈，尖圆唇，沿外折，弧腹，粗柄，平底。口径7.8、底径5.5、高9.3厘米。（图三二七，9；图版二六四，2）

M265∶5，陶厚胎高柄杯，带盖。侈口，弧腹略折，粗柄，矮圈足。覆豆形盖，喇叭形捉手，细柄，浅弧壁。杯口径5.8、足径3.1、高6.4厘米；盖捉手径4.5、口径6.3、高6.0厘米。（图三二七，8；图版二六四，3）

M265∶7，陶薄胎高柄杯。泥质黑陶，敞口，杯身上腹弧收，下腹鼓突，柄上细下粗呈竹

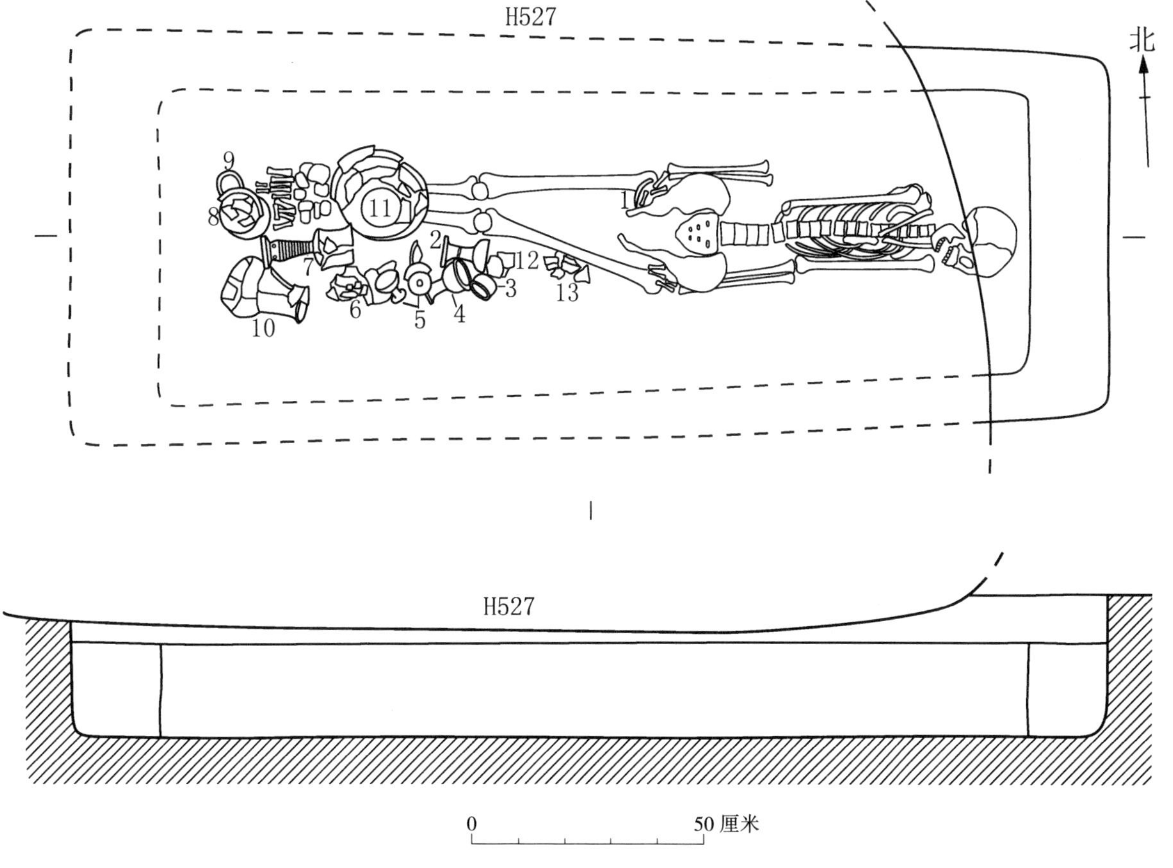

图三二六　大汶口文化M265平、剖面图

1. 獐牙　2～5. 陶厚胎高柄杯　6、10. 陶背壶　7. 陶薄胎高柄杯　8. 陶罐　9. 陶器盖　11. 陶盆　12. 陶钵　13. 陶杯

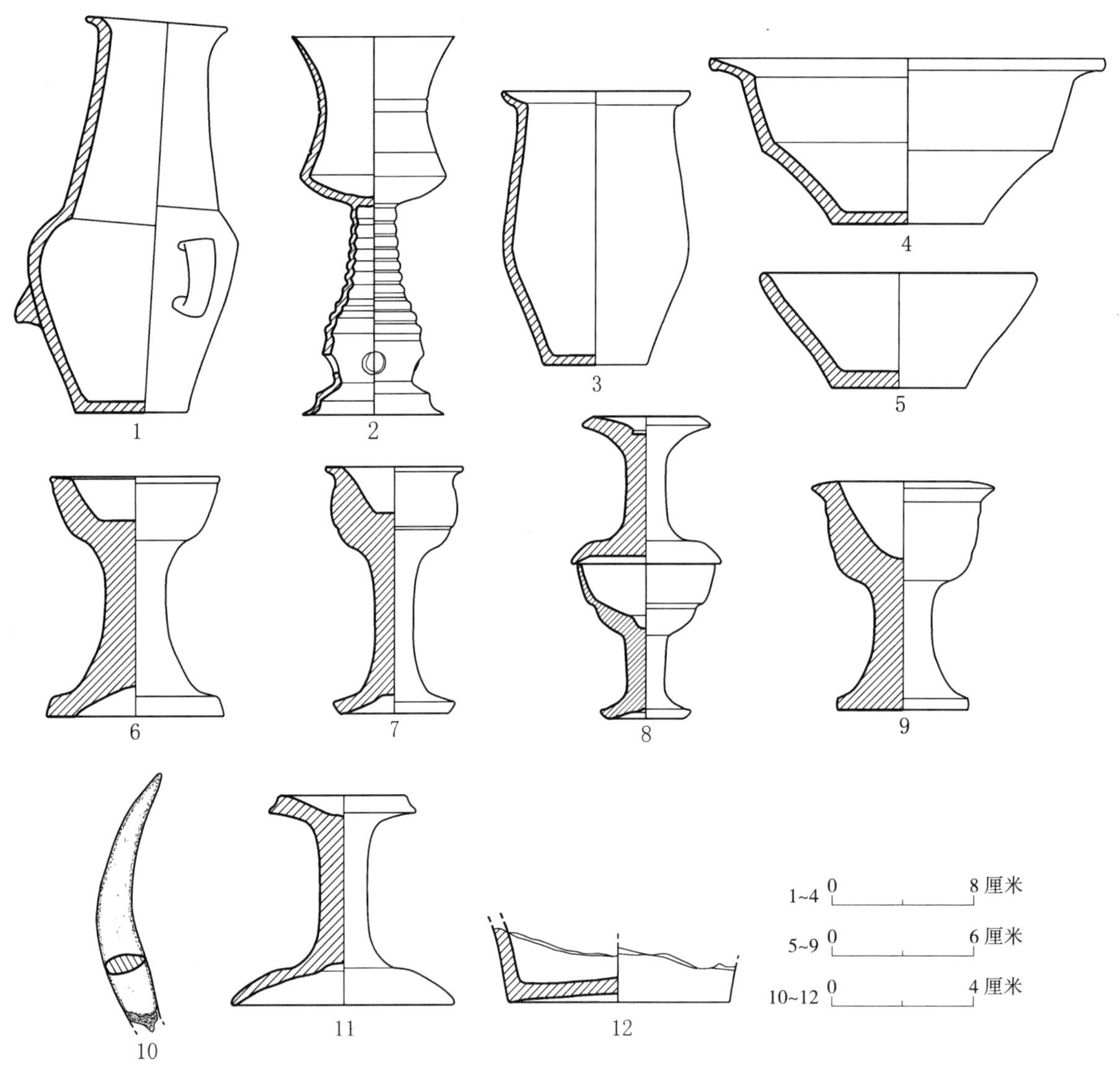

图三二七　大汶口文化 M265 出土器物

1. 陶背壶（M265∶10） 2. 陶薄胎高柄杯（M265∶7） 3. 陶罐（M265∶8） 4. 陶盆（M265∶11） 5. 陶钵（M265∶12） 6～9. 陶厚胎高柄杯（M265∶2、3、5、4） 10. 獐牙（M265∶1） 11. 陶器盖（M265∶ 9） 12. 陶杯（M265∶13）

节状，台式圈足。腹部饰有细弦纹，杯柄近底处饰有 4 个圆形镂孔。口径 9.3、足径 8.1、高 20.8 厘米。（图三二七，2；图版二六五，3）

M265∶8，陶罐。夹细砂黑陶，侈口，尖圆唇，折沿，深弧腹折收为平底。口径 10.8、底径 5.6、高 15.0 厘米。（图三二七，3；图版二六五，2）

M265∶9，陶器盖。泥质黑陶，喇叭形捉手，细高柄，弧腹。捉手径 5.8、口径 6.4、高 5.7 厘米。（图三二七，11；图版二六四，5）

M265∶10，陶背壶。夹砂黑陶，不甚规整，侈口，圆唇，粗高颈，前腹饱满，后腹扁平，肩两侧附有一对半环形耳，正对两耳处腹另一侧饰一鸟喙状突纽，平底。口径 8.0、底径 6.4、高 21.6 厘米。（图三二七，1；图版二六五，4）

M265∶11，陶盆。泥质灰陶，敞口，圆唇，宽折沿，折腹内收，平底。口径22.0、底径8.4、高9.2厘米。（图三二七，4；图版二六四，1）

M265∶12，陶钵。夹砂灰陶，敞口，圆唇，弧腹，平底。口径11.6、底径5.4、高4.8厘米。（图三二七，5）

M265∶13，陶杯。泥质黑褐陶，残存底部，平底内凹。底径6.3、残高2.0厘米。（图三二七，12）

M267

位于ⅢT4908西部，墓坑开口于第9层下，打破第10层，且被开口于第8层下的M257打破。长方形竖穴土坑墓，墓坑长2.03、宽0.9、深0.6米。方向99°。东、南、北三侧有熟土二层台，分别宽0.09、0.25、0.14米，高0.2米。填土呈黄褐色花土，土质较硬。未见葬具。单人仰身直肢葬，头向东，面向南。骨架保存状况较差。经鉴定，墓主年龄约50岁，性别不详。随葬品33件，集中置于墓主身体左侧，计有陶厚胎高柄杯12件，陶罐、豆各3件，陶圈足杯、筒形杯、背壶、壶各2件，陶盆、簋形器、薄胎高柄杯、鬶、鼎、器盖各1件，獐牙1件。（图三二八；图版二六六，1、2）

完整及可修复器物31件。

M267∶1，陶盆。泥质灰陶，敞口，圆唇，宽折沿，折腹内收，平底。口径28.8、底径10.8、高11.2厘米。（图三三〇，5；图版二六七，1）

M267∶2，陶厚胎高柄杯。泥质灰褐陶，直口微侈，平沿微凹，弧腹，细高柄，平底。腹部饰有3道凹弦纹。口径5.8、底径5.3、高9.1厘米。（图三二九，10；图版二六八，1）

M267∶3，陶厚胎高柄杯，带盖。侈口，尖圆唇，折沿，弧腹，细柄，矮圈足。覆豆形盖，捉手已残，细柄，盖壁斜弧。杯口径6.9、足径4.3、高8.1厘米；盖口径6.6、残高4.2厘米。（图三三〇，13；图版二六八，5）

M267∶4，陶厚胎高柄杯，带盖。泥质灰褐陶，杯口微侈，杯身厚胎，柄部以下残。覆豆形盖，喇叭形捉手，细柄，弧壁。杯口径5.8、残高3.5厘米；盖捉手径4.0、口径6.8、高5.7厘米。（图三二九，16；图版二六八，6）

M267∶5，陶圈足杯。夹砂黑陶，直口微侈，尖圆唇，沿外折，斜直腹，矮圈足。器身满饰方格纹。口径4.2、足径4.4、高7.3厘米。（图三三〇，12；图版二六七，5）

M267∶6，陶厚胎高柄杯。泥质黑陶，侈口，弧鼓腹，细柄，矮圈足。口径6.0、足径5.1、高9.8厘米。（图三二九，9；图版二六八，2）

M267∶7，陶簋形器，带盖。泥质黑陶，子母口微敛，口沿下饰有3个对称的小纽，弧腹近圜底，高圈足；覆碟形盖，喇叭形捉手，盖壁斜折。口径6.3、足径5.7、高9.0厘米；盖捉手径3.0、口径7.5、高1.8厘米。（图三二九，2；图版二七二，1）

M267∶8，陶厚胎高柄杯。夹砂红褐陶，侈口，尖圆唇，弧腹，细柄，矮圈足。口径5.8、足径4.2、高7.6厘米。（图三二九，12；图版二六八，3）

M267∶9，陶厚胎高柄杯。夹砂红褐陶，残碎，无法复原。

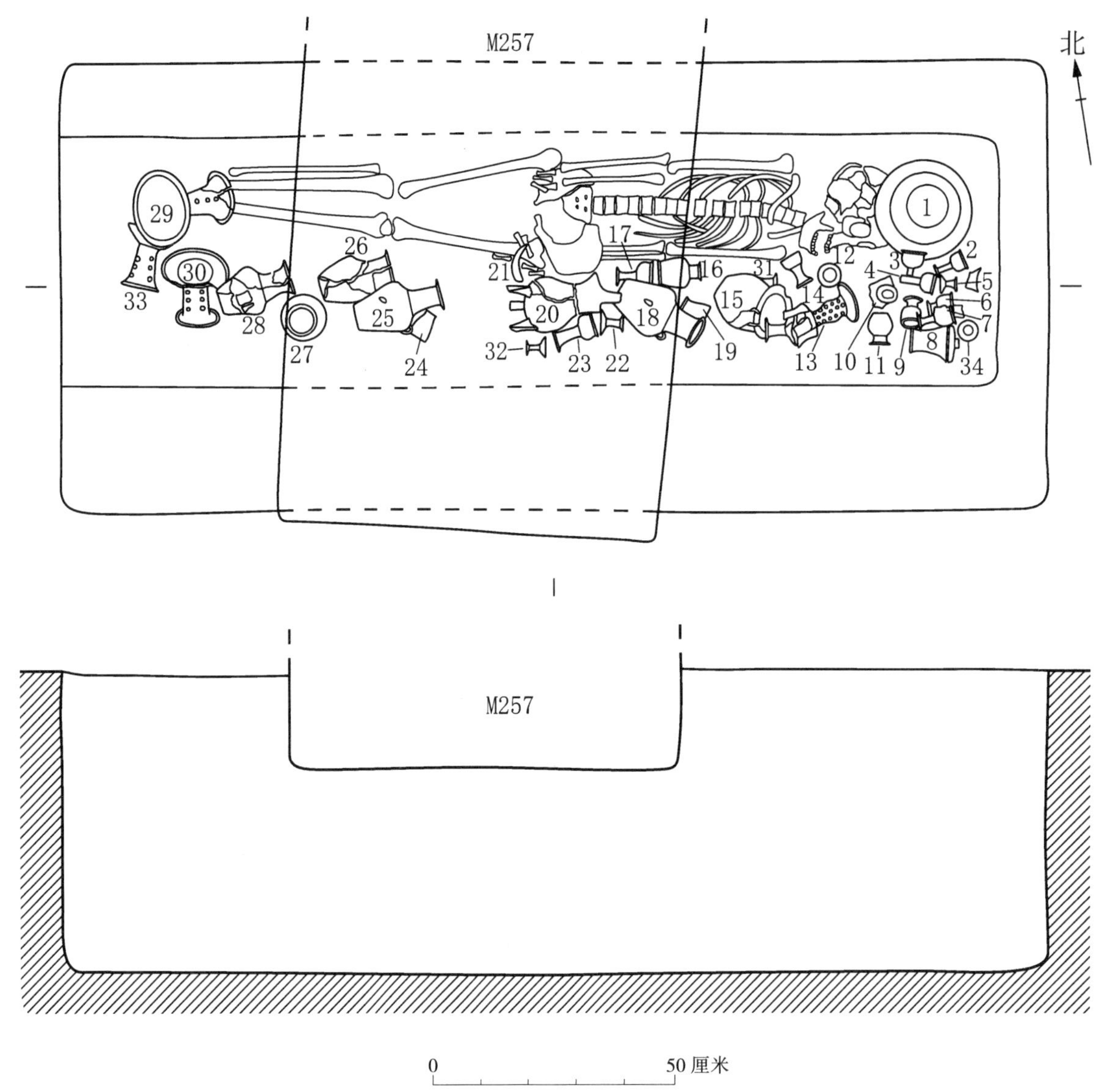

图三二八　大汶口文化 M267 平、剖面图

1. 陶盆　2~4、6、8、9、13、16、21、22、30、31. 陶厚胎高柄杯　5、15. 陶圈足杯　7. 陶簋形器　10、11、14. 陶罐　12. 陶薄胎高柄杯　17、24. 陶背壶　18、23. 陶筒形杯　19. 陶鬶　20. 獐牙　25、27. 陶壶　26. 陶鼎　28、29、32. 陶豆　33. 陶器盖

M267∶10，陶罐。泥质灰陶，侈口，尖圆唇，折沿，弧腹略垂，平底。口径 6.0、底径 3.6、高 6.0 厘米。（图三二九，4；图版二六七，3）

M267∶11，陶罐。泥质灰陶，侈口，短折沿，束颈，鼓腹，平底。口沿下饰有 2 个圆形镂孔。口径 4.6、底径 2.4、高 4.5 厘米。（图三二九，6；图版二六七，4）。

M267∶12，陶薄胎高柄杯，带盖。泥质黑陶，敞口，杯身上腹弧收，下腹鼓突，豆柄上部较细，下部鼓凸，台式圈足。腹及柄上部饰有细凹弦纹，柄部满饰圆形及菱形镂孔。杯口径 9.0、足径 8.0、高 17.4 厘米；盖口径 8.7、捉手径 5.6、高 7.8 厘米。（图三二九，5；图版二七一，1）

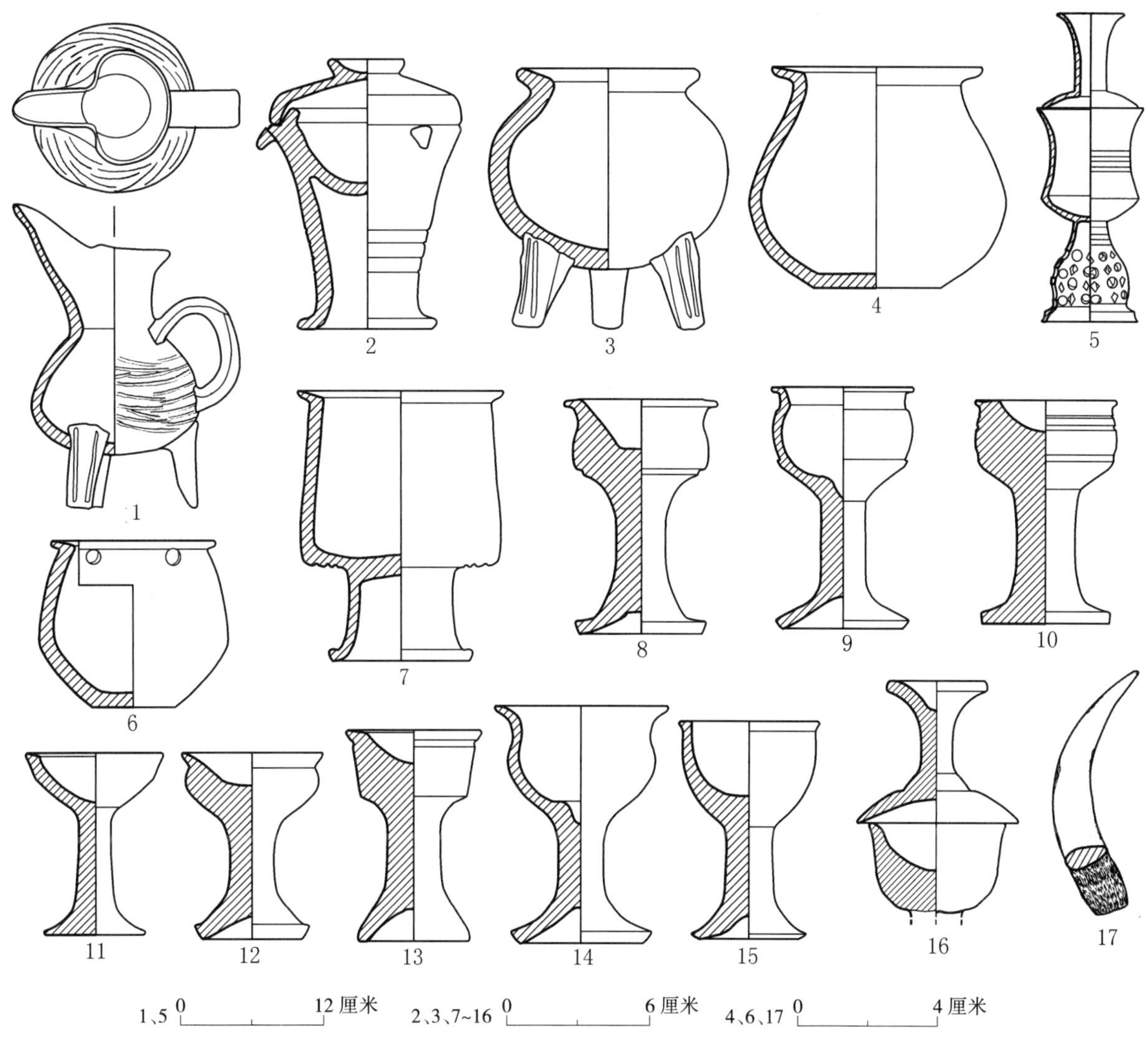

图三二九　大汶口文化 M267 出土器物

1. 陶鬶（M267 ：19）　2. 陶篡形器（M267 ：7）　3. 陶鼎（M267 ：26）　4、6. 陶罐（M267 ：10、11）　5. 陶薄胎高柄杯（M267 ：12）　7. 陶圈足杯（M267 ：15）　8～16. 陶厚胎高柄杯（M267 ：22、6、2、31、8、13、16、30、4）　17. 獐牙（M267 ：20）

M267∶13，陶厚胎高柄杯。泥质灰陶，侈口，尖圆唇，直壁，柄较粗，矮圈足。口沿下饰1道弦纹。口径5.6、足径4.6、高8.6厘米。（图三二九，13；图版二六八，4）。

M267∶14，陶罐。泥质黑陶，敞口，圆唇，折沿，深垂腹，平底。口径12.4、底径7.2、高14.8厘米。（图三三〇，8；图版二七二，2）

M267∶15，陶圈足杯。泥质黑陶，侈口，尖圆唇，折沿，斜直腹，圈足。腹足交接处有3道凹弦纹。口径8.4、足径5.7、高11.0厘米。（图三二九，7；图版二六七，6）

M267∶16，陶厚胎高柄杯。泥质黑陶，侈口，尖圆唇，弧直腹，细柄，矮圈足。口径7.2、足径5.2、高9.6厘米。（图三二九，14；图版二六九，1）

M267∶17，陶背壶。泥质灰陶，侈口，尖圆唇，粗高颈，鼓肩，肩两侧附有一对半环形小

图三三〇　大汶口文化 M267 出土器物

1、2. 陶背壶（M267:24、17）　3、4. 陶豆（M267:29、28）　5. 陶盆（M267:1）　6、9. 陶壶（M267:25、27）　7. 陶器盖（M267:33）　8. 陶罐（M267:14）　10、11. 陶筒形杯（M267:18、23）　12. 陶圈足杯（M267:5）　13. 陶厚胎高柄杯（M267:3）

耳，正对两耳偏下方的腹另一侧饰一鸟喙状突纽，弧腹，平底。口径 8.0、底径 6.2、高 21.8 厘米。（图三三〇，2；图版二七〇，1）

M267:18，陶筒形杯。泥质黑陶，直口，深弧腹至底部收为平底。口径 5.6、底径 3.4、高 7.3 厘米。（图三三〇，10；图版二六九，5）

M267:19，陶鬶。夹砂红褐陶，斜长流，粗颈，鼓腹，圜底，宽带状半环形把手，凿形足。每个足的根部刻有 2 道凹槽，腹部饰有稀疏的篮纹。最大腹径 13.8、高 24.6 厘米。（图

三二九，1；图版二七一，2）

M267:20，獐牙。完整，尖部磨制光滑。长6.5厘米。（图三二九，17；图版二七二，4）

M267:22，陶厚胎高柄杯。夹砂黑陶，直口微侈，尖圆唇，沿外折，弧鼓腹，细高柄，矮圈足。腹下饰有1道凹弦纹。口径5.2、足径5.1、高9.6厘米。（图三二九，8；图版二六九，2）

M267:23，陶筒形杯。泥质黑陶，直口，腹部至底略收，平底。口径5.3、底径2.7、高6.7厘米。（图三三〇，11；图版二六九，6）

M267:24，陶背壶。泥质灰陶，侈口，尖圆唇，折沿，高颈，鼓肩，肩两侧附有一对半环形小耳，正对两耳偏下方的腹另一侧饰一鸟喙状突纽，弧腹略收，平底。口径6.9、底径5.8、高24.0厘米。（图三三〇，1；图版二七〇，2）

M267:25，陶壶。泥质灰陶，侈口，尖圆唇，平沿，粗高颈，鼓肩，斜腹内收，平底。口径8.4、底径6.0、高18.5厘米。（图三三〇，6；图版二七〇，3）

M267:26，陶鼎。夹砂灰陶，侈口，圆唇，折沿，鼓腹，圜底，凿形足。每个足的两侧各饰2道刻槽。口径7.5、最大腹径9.9、高10.6厘米。（图三二九，3；图版二七二，3）

M267:27，陶壶。泥质灰陶，侈口，折沿，粗高颈，鼓肩，弧腹略收，平底。口径8.4、底径6.7、高16.4厘米。（图三三〇，9；图版二七〇，4）

M267:28，陶豆。泥质黑陶，敞口，圆唇，弧壁，浅盘，粗矮柄，喇叭形圈足。柄部2竖排圆形镂孔与2竖排三角形镂孔对称交错分布。口径16.8、足径11.8、高12.9厘米。（图三三〇，4；图版二七一，3）

M267:29，陶豆。泥质灰陶，敞口，圆唇，弧壁，浅盘，粗矮柄，喇叭形圈足。柄部2竖排圆形镂孔与2竖排三角形镂孔对称交错分布。口径16.8、足径11.1、高12.6厘米。（图三三〇，3；图版二七一，4）。

M267:30，陶厚胎高柄杯。泥质灰陶，侈口，平沿，弧腹，细高柄，矮圈足。口径6.0、足径4.2、高9.0厘米。（图三二九，15；图版二六九，4）

M267:31，陶厚胎高柄杯。夹砂灰陶，侈口，折沿，弧腹，细高柄，平底。口径5.7、底径4.2、高7.5厘米。（图三二九，11；图版二六九，3）

M267:33，陶器盖。覆钵形，夹砂灰陶，圆形捉手，边缘加工成花边状，弧壁。捉手径4.4、口径7.0、高2.8厘米。（图三三〇，7；图版二六七，2）

M268

位于ⅢT4908西北部，墓坑开口于第9层下，打破第10层，且被开口于第8层下的M257打破。长方形竖穴土坑墓，墓坑长1.82、宽0.71、深0.2米。方向97°。填土呈黄褐色花土，土质较硬。单人仰身直肢葬，头向东，面向南。盆骨、部分肢骨已不存，骨架保存状况较差。经鉴定，墓主为年龄约25岁的女性。随葬品仅1件陶盆，出土时倒扣于墓主头部。（图三三一；图版二七三，1）

M268:1，陶盆。夹砂红褐陶，敞口，方唇，斜直腹，平底。通体饰有篮纹。口径24.0、底径10.6、通高13.2厘米。（图三三二，1；图版二七三，2）

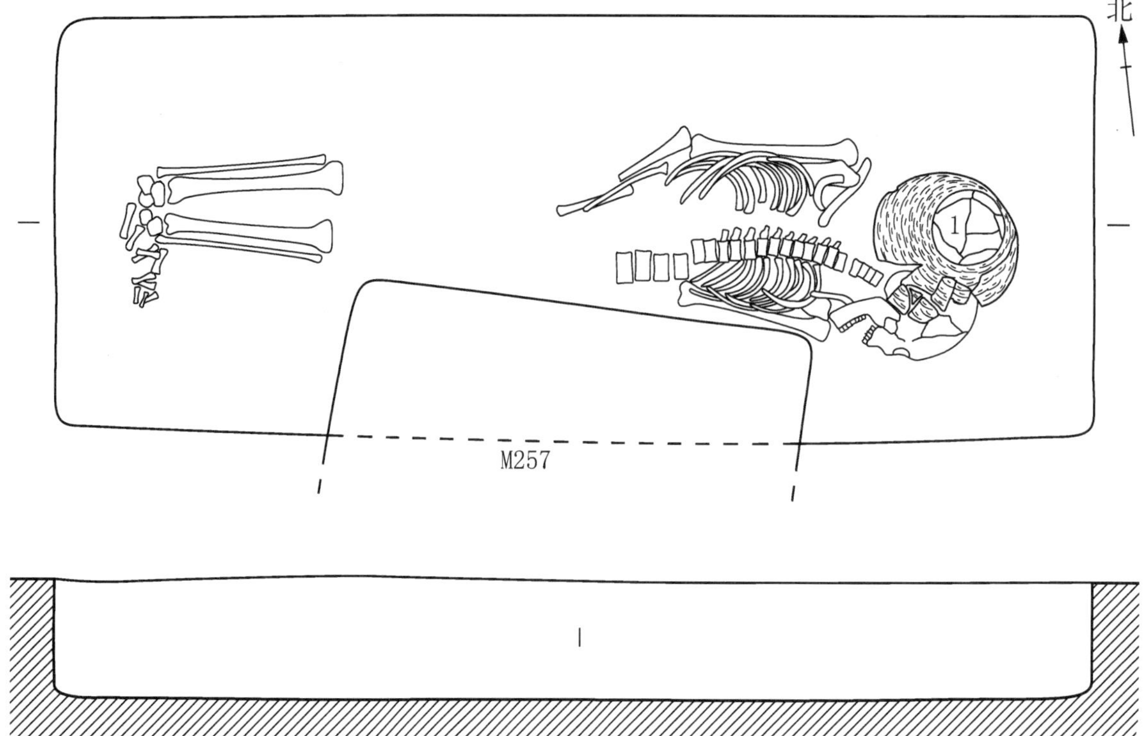

0 50厘米

图三三一 大汶口文化 M268 平、剖面图

1. 陶盆

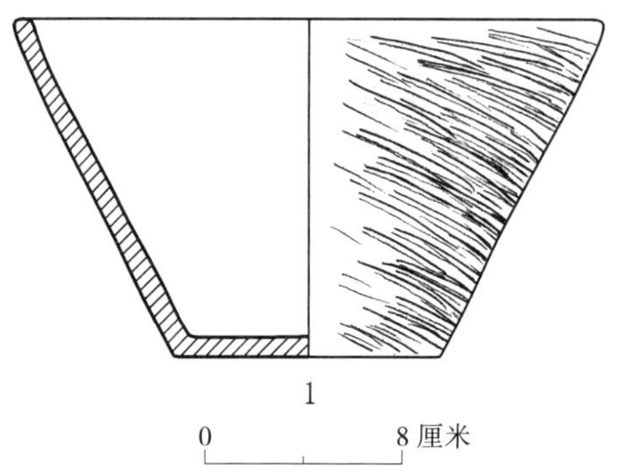

图三三二 大汶口文化 M268 出土器物

1. 陶盆（M268∶1）

M269

位于ⅢT4908 西南角，墓坑开口于第 8 层下，打破第 9 层，西部被开口在第 8 层下的 H536 破坏。长方形竖穴土坑墓，墓坑残长 1.1、宽 0.42、深 0.22 米。方向 95°。填土呈灰褐色，土质较硬。墓坑内发现人骨架一具，骨架保存状况较差，仅能鉴别出为一成年男性，头向、面向、葬式等均不详。未发现随葬品及葬具。（图三三三）

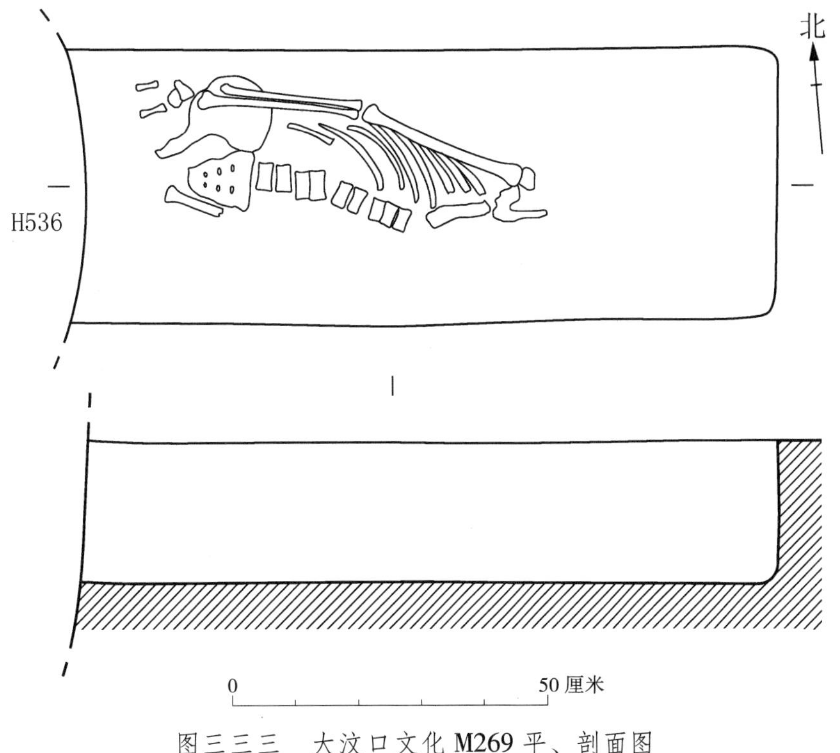

图三三三　大汶口文化M269平、剖面图

五　D区

墓葬26座，其中M230、M232～M237、M239、M246、M247、M263、M266等12座为陶［瓮］棺葬，M229、M231、M240、M241、M242、M243、M244、M245、M261、M262等10座墓为二层台竖穴土坑墓，M227、M228、M259、M260等4座墓为没有二层台的竖穴土坑墓。

M227

位于ⅢT4808东北角，开口于第8层下，打破第9、10层，且被西周灰坑H510及开口于第8层下的M261打破。长方形竖穴土坑墓，墓坑残长0.97～1.15、宽0.5、残深0.1米。方向83°。填土呈黄褐色夹杂黑色斑点，土质较硬。双人仰身直肢葬，头向东。北侧人骨头部及足部被破坏，南侧人骨足部被破坏，头部仅剩上下颌骨。经鉴定，南侧个体为一年龄约12岁的少年，性别不详；北侧个体为年龄12～16岁少年，性别亦不详。墓内未发现随葬品及葬具。（图三三四；图版二七四，1）

M228

位于ⅢT4808东北部，开口于第8层下，打破第9、10层。长方形竖穴土坑墓，墓坑长2.16、宽0.8～1.0、深0.33米。方向95°。填土呈杂黑色斑点的黄色土，土质较硬。单人仰身直肢葬，头向东，面向北。骨架保存状况较好。经鉴定，墓主为年龄40～44岁的男性。随葬品9件，其中一件陶盆置于墓主头部，其余置于墓主身体左侧，计有陶厚胎高柄杯4件，陶豆3件，陶盆、背壶各1件。（图三三五；图版二七四，2）

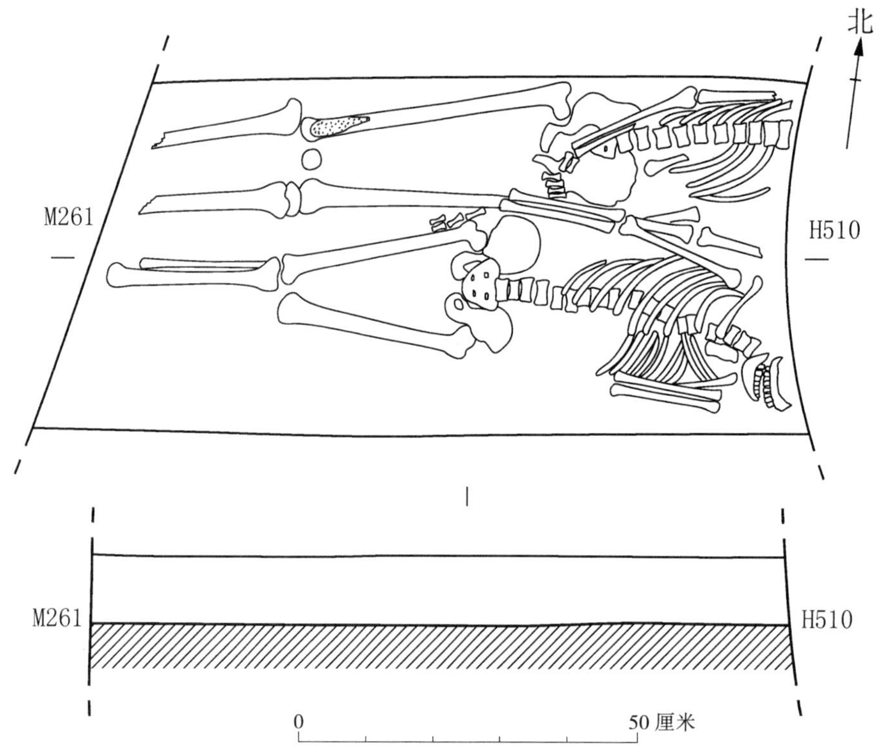

图三三四 大汶口文化 M227 平、剖面图

完整及可修复器物 7 件。

M228:1，陶盆。泥质灰褐陶，侈口，圆唇，宽折沿，弧折腹，平底。口径 18.4、底径 6.7、高 8.7 厘米。（图三三六，5；图版二七五，1）

M228:2，陶背壶。泥质黑陶，侈口，尖圆唇，高颈，上部较细，下部较粗，圆肩，深腹，肩腹处有两圆形耳，两耳间腹较平，腹另一侧较圆鼓，有一鸟喙状嘴。口径 5.9、底径 6.4、高 26.0 厘米。（图三三六，1；图版二七五，2）

M228:3，陶厚胎高柄杯。泥质黑陶，腹壁较薄，直口微侈，圆唇，沿面微凹，鼓腹，细高柄，喇叭形圈足。腹部饰有一道凹弦纹。口径 6.6、足径 4.5、高 8.5 厘米。（图三三六，7；图版二七五，5）

M228:4，陶厚胎高柄杯。泥质黑陶，侈口，尖圆唇，平沿，腹壁较薄，斜弧壁，细柄，喇叭形圈足。腹部饰一道凹弦纹。口径 7.2、足径 4.5、高 7.9 厘米。（图三三六，4；图版二七五，6）

M228:5，陶厚胎高柄杯。夹细砂黑陶，腹壁较厚，直口微侈，折沿，弧壁，细柄，喇叭形圈足。口径 6.3、足径 4.0、高 7.4 厘米。（图三三六，6；图版二七五，7）

M228:6，陶豆。泥质黑陶，敞口，圆唇，唇面微凹，浅盘，粗高柄，喇叭形圈足。柄部饰有圆形镂孔及三角形镂孔组成的纹饰。口径 16.8、足径 10.4、高 16.2 厘米。（图三三六，3；图版二七五，3）

M228:7，陶豆。夹砂红褐陶，敞口，圆唇，唇面微凹，斜壁，浅盘，高柄，喇叭形圈足。柄部饰有圆形镂孔及三角形镂孔组成的纹饰。口径 16.4、足径 10.4、高 16.3 厘米（图三三六，2；图版二七五，4）

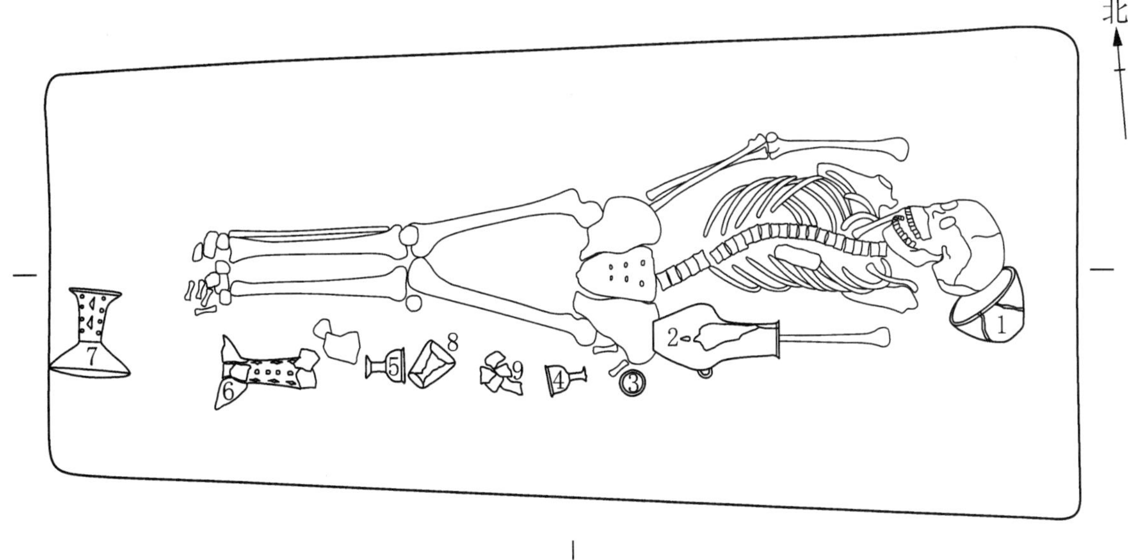

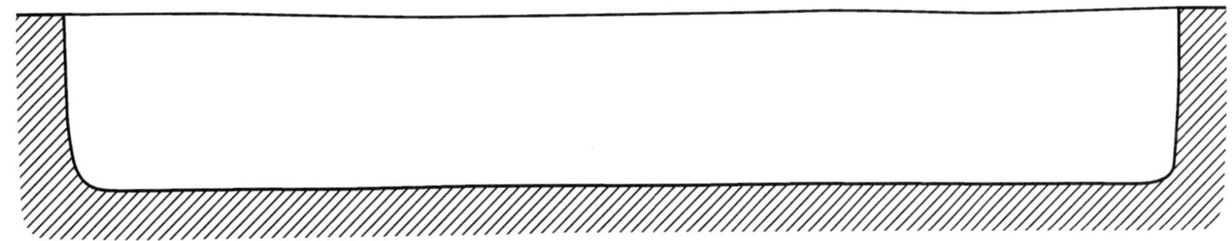

0　50厘米

图三三五　大汶口文化M228平、剖面图

1. 陶盆　2. 陶背壶　3～5、8. 陶厚胎高柄杯　6、7、9. 陶豆

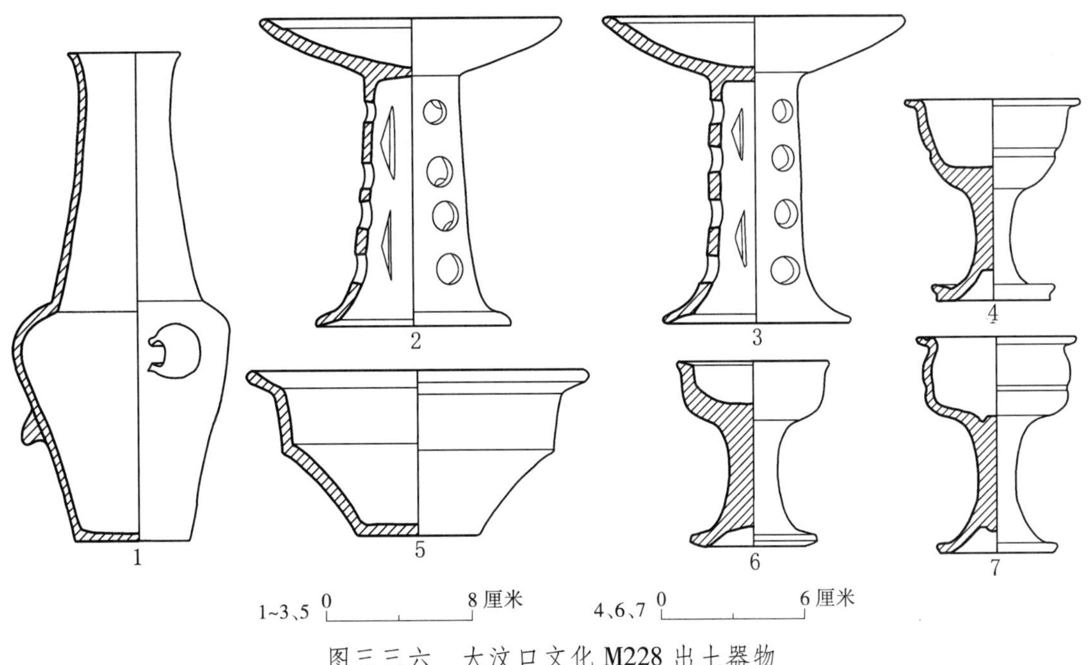

图三三六　大汶口文化M228出土器物

1. 陶背壶（M228：2）　2、3. 陶豆（M228：7、6）　4、6、7. 陶厚胎高柄杯（M228：4、5、3）　5. 陶盆（M228：1）

M229

位于ⅢT4808东隔梁处，部分进入ⅢT4708，开口于第8层下，打破第9层。长方形竖穴土坑墓，墓坑长2.45、宽1.4、深0.5米。方向95°。四周有熟土二层台，东、南、西、北宽分别为0.44、0.3、0.14、0.35米，高0.3米。填土为黄色花土，土质较硬，含有烧土颗粒。墓坑内发现人骨两具，北侧人骨为侧身直肢葬，头向东，面向南，骨架略残，经鉴定为年龄24～26岁的女性；南侧人骨为仰身直肢葬，头向东，面向南，除头骨外其余骨架保存较好，经鉴定为年龄45～49岁的男性。随葬品17件，器物主要置于东侧的二层台上和墓主足部，南侧骨架头部有一件陶盆，北侧骨架头部有一件陶盆和一件陶豆，计有陶豆5件，陶背壶3件，陶薄胎高柄杯、盆、罐各2件，陶壶、釜、带把杯各1件。（图三三七；图版二七六，1～3）

完整及可修复器物17件。

图三三七　大汶口文化M229平、剖面图

1、3、5、7、9. 陶豆　2、10、11. 陶背壶　4、6. 陶罐　8、17. 陶盆　12. 陶壶　13、15. 陶薄胎高柄杯　14. 陶带把杯　16. 陶釜

M229:1，陶豆。泥质灰陶，敞口，尖圆唇，唇面微凹，弧壁，豆柄细高，喇叭状圈足。柄部饰有2竖行8个圆形镂孔，间饰以三角形镂孔，有些镂孔未凿穿。口径21.8、足径15.0、高18.6厘米。（图三三八，11；图版二七七，1）

M229:2，陶背壶。泥质黑褐陶，侈口，细长颈，溜肩，深弧腹，下腹内收，平底，肩部两耳残，肩下侧有一小鸟喙状突纽。口径7.6、底径6.0、高24.8厘米。（图三三八，2；图版二七八，1）

M229:3，陶豆。泥质黑褐陶，敞口，尖圆唇，唇面微凸，折壁，浅盘，高直柄，喇叭状圈足。柄部饰有2竖行8个圆形镂孔，间饰以6个菱形镂孔和12个三角形镂孔。口径30.4、足径20.0、高23.4厘米。（图三三八，1；图版二七七，2）

M229:4，陶罐。泥质黑陶，侈口，圆唇，折沿微凹，溜肩，弧腹，下腹折收，平底。口径12.4、底径7.2、高14.4厘米。（图三三九，1；图版二七九，1）

M229:5，陶豆。泥质黑陶，敞口，圆唇，弧壁，浅盘，高柄，喇叭状圈足。柄上部饰3个对称的三角形镂孔，近足部饰3个对称的圆形镂孔。口径20.0、足径14.2、高17.6厘米。（图三三八，10；图版二七七，3）

M229:6，陶罐。泥质黑陶，侈口，方唇，折沿，溜肩，折腹，平底。颈、肩部饰5道细弦纹。口径13.6、底径5.6、高12.4厘米。（图三三九，2；图版二七九，2）

M229:7，陶豆。夹砂红褐陶，敞口，方圆唇，弧壁，浅盘，粗直柄，喇叭状圈足。柄部饰有圆形和三角形镂孔组成的纹饰。口径17.2、足径10.7、高15.6厘米。（图三三八，12；图版二七七，4）

M229:8，陶盆。泥质灰陶，敞口，圆唇，宽折沿，弧腹，平底。口径18.4、底径8.8、高8.4厘米。（图三三九，4；图版二七九，5）

M229:9，陶豆。残存豆盘，泥质黑陶，敞口，圆唇，折沿，弧壁。口径20.4、残高8.0厘米。（图三三八，8；图版二七七，5）

M229:10，陶背壶。泥质黑褐陶，侈口，圆唇，沿近平，细高颈，鼓肩，肩部饰一对半环形耳，正对两耳的腹另一侧饰一鸟喙状突纽，深弧腹，平底。颈部饰6道不规则凹弦纹。口径7.6、底径6.0、高24.0厘米。（图三三八，6；图版二七八，2）

M229:11，陶背壶。泥质黑陶，侈口，尖圆唇，沿近平，细高颈，鼓肩，肩部饰一对宽半环形耳，正对两耳的腹另一侧饰一鸟喙状突纽，弧腹略内凹，平底。颈部饰5道不规则凹弦纹。口径7.6、底径5.6、高28.4厘米。（图三三八，5；图版二七八，3）

M229:12，陶壶。泥质灰陶，侈口，圆唇，粗高颈，鼓肩，弧腹内收为平底。颈部饰有一周红色彩绘。口径9.2、底径6.4、高13.6厘米。（图三三九，3；图版二七九，3、4）

M229:13，陶薄胎高柄杯。泥质黑陶，侈口，尖唇，杯身上腹弧收，下腹鼓突，杯柄上端较细，下部弧鼓，矮圈足。柄部满饰圆形和菱形组成的大镂孔。口径9.3、足径8.4、高21.6厘米。（图三三八，3；图版二七八，6）

M229:14，陶带把杯。泥质黑陶，直口微内敛，圆唇，弧腹，平底，一侧有一宽扁状把手。口径9.2、底径6.8、高10.2厘米。（图三三八，9；图版二七七，6）

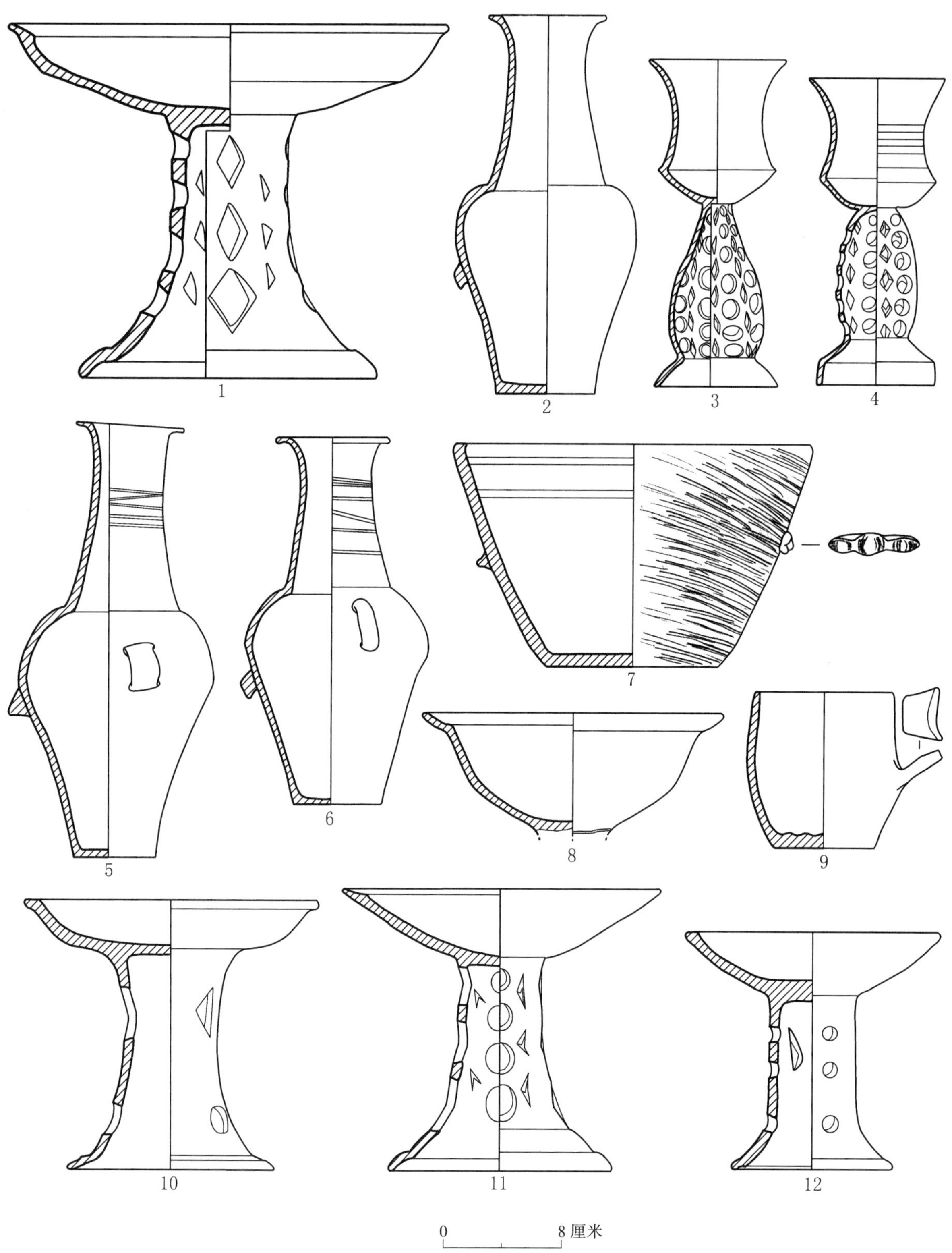

图三三八 大汶口文化 M229 出土器物

1、8、10～12. 陶豆（M229：3、9、5、1、7） 2、5、6. 陶背壶（M229：2、11、10） 3、4. 陶薄胎高柄杯（M229：13、15） 7. 陶釜（M229：16） 9. 陶带把杯（M229：14）

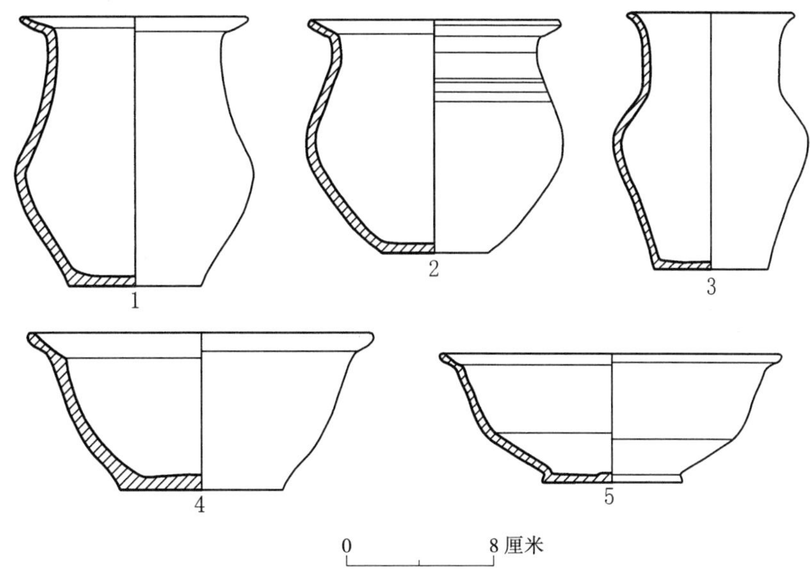

图三三九 大汶口文化 M229 出土器物

1、2. 陶罐（M229:4、6） 3. 陶壶（M229:12） 4、5. 陶盆（M229:8、17）

M229:15，陶薄胎高柄杯。泥质黑陶，侈口，尖唇，杯身上腹弧收，下腹鼓突，杯柄两端较细，中间弧鼓，台式圈足。杯身饰6道凹弦纹，柄部满饰圆形、菱形的大镂孔。口径9.2、底径8.0、高20.1厘米。（图三三八，4；图版二七八，5）

M229:16，陶釜。夹砂红褐陶，敞口，方唇，斜直腹，平底，腹部饰一对鸡冠状耳鋬，通体饰篮纹。口径24.0、底径11.6、高14.7厘米。（图三三八，7；图版二七八，4）

M229:17，陶盆。泥质灰陶，敞口，圆唇，折沿，弧腹至底部折收为平底。口径18.4、底径7.2、高6.8厘米。（图三三九，5；图版二七九，6）

M230

位于ⅢT4808略偏东北部，开口第8层下，打破第9、10层。陶棺葬，墓坑长1.36~1.4、宽0.42、深0.26米。方向115°。填土为夹黑色斑点的黄土，土质较硬。将陶鼎等打碎后盖于骨架上用作葬具。单人侧身直肢葬，头向东南，面向西南。骨架保存状况较差。经鉴定，墓主为年龄10~12岁的少年，性别不详。随葬品仅1件陶厚胎高柄杯。修复葬具陶鼎2件。（图三四〇；图版二八〇，1、2）

M230:1，陶厚胎高柄杯。夹细砂红陶，侈口，厚圆唇，弧腹，粗矮柄，平底。口径4.5、底径5.2、高9.3厘米。（图三四一，3）

M230:2，陶鼎。葬具。夹砂红褐陶，敞口，方唇，宽折沿，深弧腹，圜底，三凿形足。每个足的根部各饰有3个捺窝，器腹满饰绳纹。口径36.0、高36.4厘米。（图三四一，2；图版二八〇，3）

M230:3，陶鼎。葬具。夹砂夹蚌红褐陶，敞口，方唇，宽折沿，深弧腹，尖圜底，三凿形足。腹上部饰有一对鸡冠状鋬手；上下腹部各饰一周附加堆纹，腹部满饰篮纹。口径39.6、高40.2厘米。（图三四一，1；图版二八〇，4）

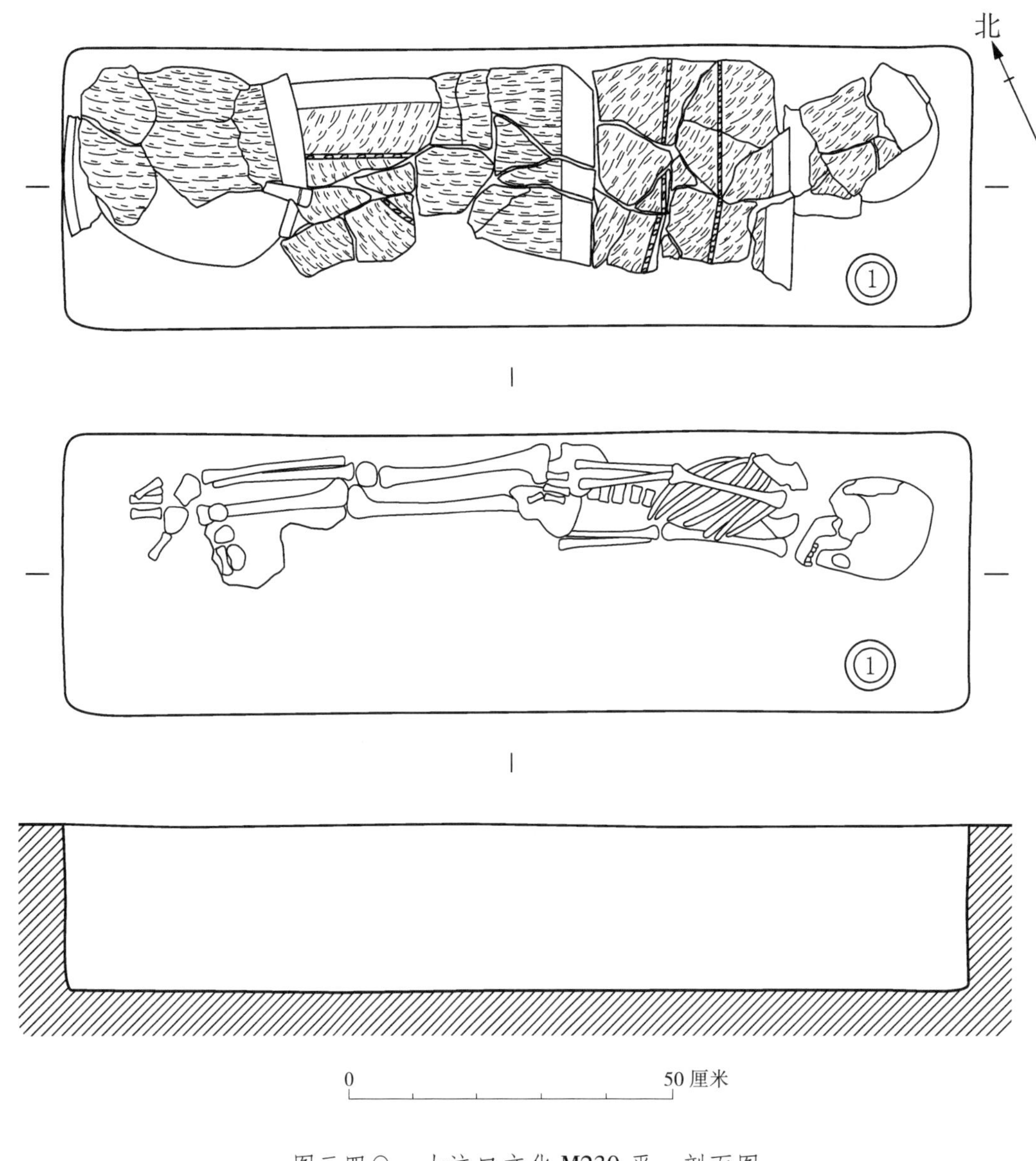

图三四〇　大汶口文化M230平、剖面图

1. 陶厚胎高柄杯

M231

位于ⅢT4808略偏东北部，开口于第8层下，打破第9、10层。平面略呈梯形的竖穴土坑墓，墓坑长2.1、宽1.1～1.2、深0.65米，北、南、西侧有熟土二层台，南、北侧二层台宽0.24米，西侧二层台宽0.14米，高0.3米。方向100°。填土为夹杂黑色斑点的黄土，土质较硬。单棺，棺木已朽，残留朽痕。单人仰身直肢葬，头向东南，面向上。骨架保存状况较好。经鉴定，墓主为年龄约40岁的女性。随葬品31件，集中放置于墓主身体左侧、足部以及二层台的北面和东南角，计有陶豆、高颈弧腹瓶各5件，陶厚胎高柄杯4件，陶圈足杯3件，陶筒形杯、器盖、壶各2件，陶彩陶杯、罐、薄胎高柄杯、背壶、鬶、盆各1件，獐牙1件，骨镞1件。（图三四二；图版二八一）

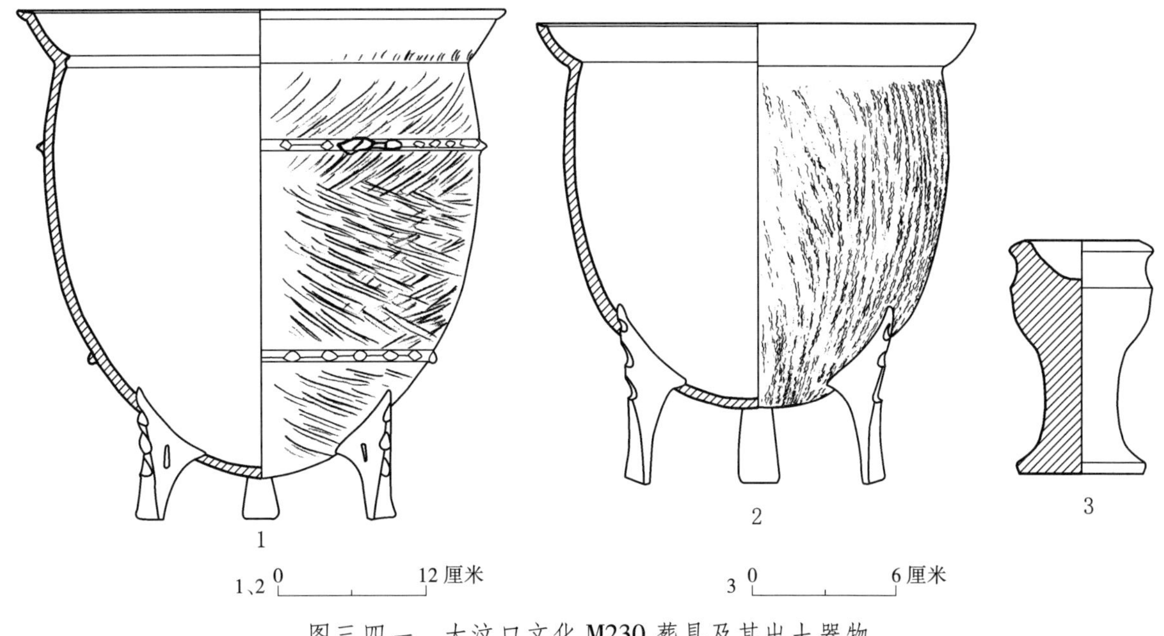

图三四一　大汶口文化M230葬具及其出土器物

1、2. 陶鼎（M230∶3、2）　3. 陶厚胎高柄杯（M230∶1）

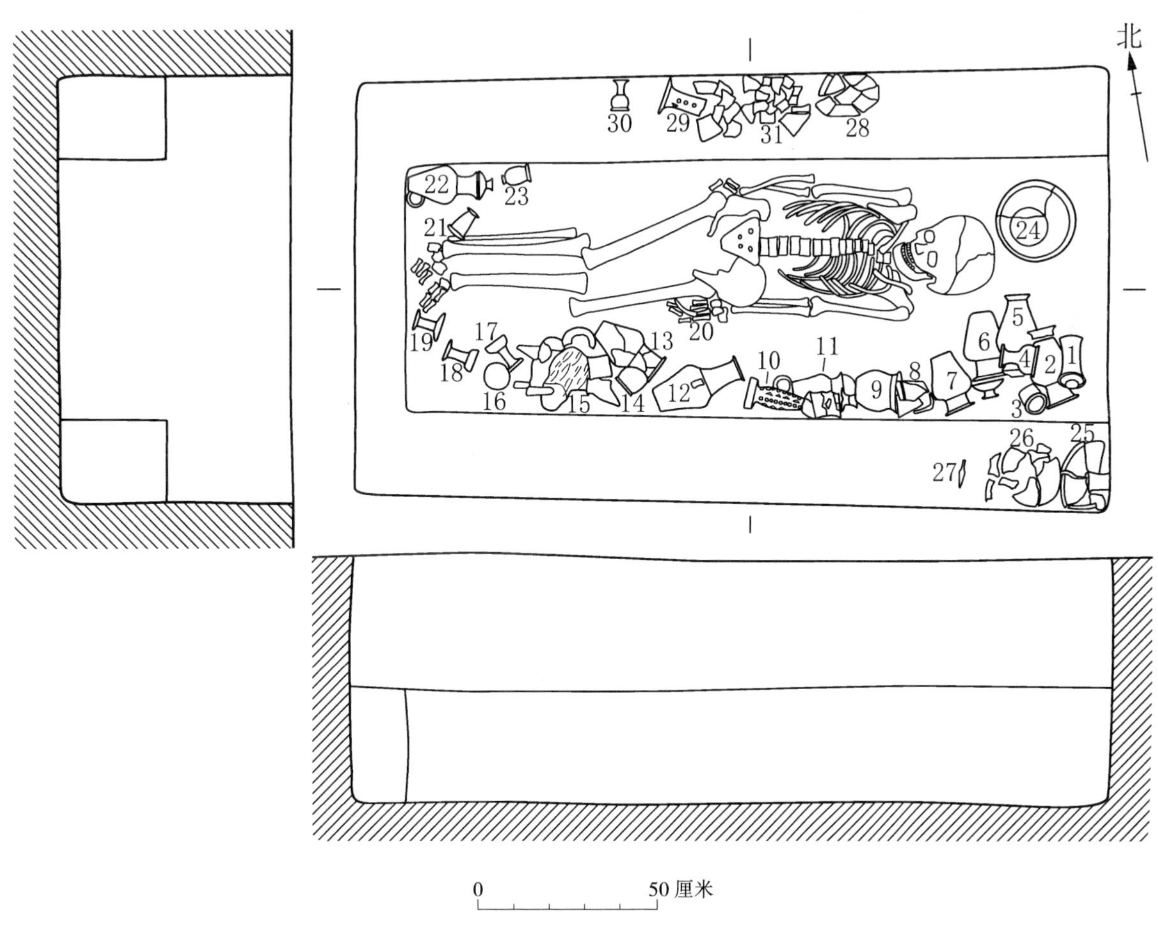

图三四二　大汶口文化M231平、剖面图

1、3. 陶筒形杯　2、5、6、11、22. 陶高颈弧腹瓶　4、17、18、30. 陶厚胎高柄杯　7、13. 陶壶　8. 彩陶杯　9. 陶罐　10. 陶薄胎高柄杯　12. 陶背壶　14、21、23. 陶圈足杯　15. 陶鬶　16、19. 陶器盖　20. 獐牙　24. 陶盆　25、26、28、29、31. 陶豆　27. 骨镞

完整及可修复器物31件。

M231∶1，陶筒形杯，带盖。泥质灰陶，侈口，折沿，腹部内弧，平底。覆碟形器盖，喇叭形捉手，盖壁斜弧。瓶口径7.6、底径6.6、高10.8厘米；盖捉手径3.5、口径7.5、盖高2.6厘米。（图三四三，15；图版二八二，1）

M231∶2，陶高颈弧腹瓶，带盖。夹砂灰陶，侈口，圆唇，平沿，高颈，鼓肩，弧腹内收，小喇叭形圈足。覆碟形器盖，喇叭形捉手，盖壁斜弧，盖面有一方形镂孔。瓶口径9.2、足径5.4、高15.6厘米；盖捉手径4.0、口径8.8、高3.8厘米。（图三四四，1；图版二八二，4）

M231∶3，陶筒形杯。夹砂黑褐陶，侈口，圆唇，平沿，斜弧腹，平底。口径6.1、底径6.3、高7.6厘米。（图三四三，16；图版二八二，2）

M231∶4，陶厚胎高柄杯。夹细砂红陶，侈口，圆唇，沿内凹，弧腹，细柄，平底。腹部饰1道突棱。口径8.5、底径5.3、高10.6厘米。（图三四三，18；图版二八三，1）

M231∶5，陶高颈弧腹瓶，带盖。夹砂黑褐陶，侈口，尖圆唇，平沿，粗直颈，鼓肩，弧腹内收，小喇叭形圈足。覆碟形盖，喇叭形捉手，盖壁斜弧。瓶口径9.4、足径5.6、高15.2厘米；盖捉手径4.6、口径8.8、高3.6厘米。（图三四四，4；图版二八二，5）

M231∶6，陶高颈弧腹瓶，带盖。夹砂灰陶，侈口，圆唇，平沿，粗直颈，鼓肩，弧腹内收，小喇叭形圈足。覆碟形盖，喇叭形捉手，盖壁斜弧、有一方形镂孔。瓶口径8.9、足径8.0、高15.6厘米；盖捉手径4.8、口径8.8、高4.0厘米。（图三四四，3；图版二八二，6）

M231∶7，陶壶。泥质黑陶，侈口，尖圆唇，粗直颈，鼓肩，弧腹，平底。口径8.8、底径5.4、高13.8厘米。（图三四四，7；图版二八三，5）

M231∶8，彩陶杯。泥质灰陶，口微侈，尖唇，筒形腹，平底。器口部及底部各饰一道红色彩绘，器腹中部饰一周四角星与曲线组合的红色彩绘纹饰。口径8.8、底径8.2、高13.2厘米。（图三四四，13；图版二八三，8、9）

M231∶9，陶罐。泥质灰陶，侈口，圆唇，折沿，溜肩，鼓腹，平底略向内凹。肩部饰2道凹弦纹。口径11.8、底径6.8、高12.7厘米。（图三四四，6；图版二八五，1）

M231∶10，陶薄胎高柄杯，带盖。泥质黑陶，敞口，尖圆唇，杯身上腹弧凹，下腹鼓突，高柄中部较粗，两端较细，台式圈足。柄部满饰圆形及菱形镂孔。盖捉手呈空心喇叭状，弧壁。捉手上饰有2个对称的圆形镂孔。杯口径8.8、足径8.0、高26.2厘米；盖捉手径3.6、口径8.2、高5.4厘米。（图三四三，1；图版二八四，1）

M231∶11，陶高颈弧腹瓶，带盖。夹砂黑陶，侈口，圆唇，沿略折，粗直颈，弧腹内收，小喇叭形圈足。覆碟形盖，喇叭形捉手，盖壁斜弧，盖面上有一长方形镂孔，近底处有一道细刻槽。瓶口径9.0、足径5.2、高15.2厘米；盖捉手径4.6、口径8.4、高3.4厘米。（图三四四，2；图版二八二，7）

M231∶12，陶背壶。夹砂黑陶，侈口，圆唇，沿略折，高直颈，鼓肩，肩部饰有一对半环形耳，正对两耳的腹另一侧有一鸟喙状突纽，弧腹内收，平底。口径7.0、底径6.4、高22.7厘米。（图三四三，9；图版二八四，2）

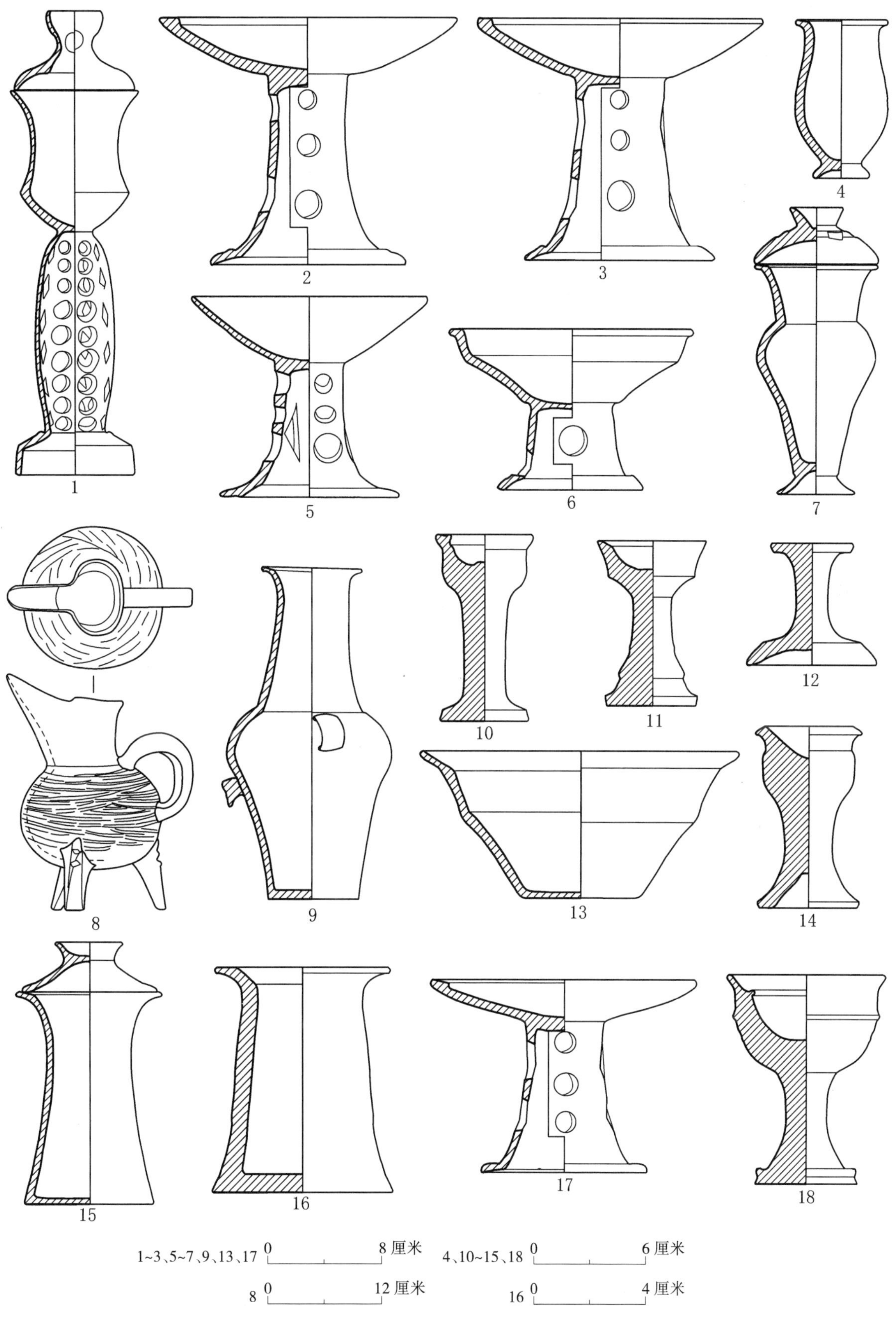

图三四三　大汶口文化 M231 出土器物

1. 陶薄胎高柄杯（M231∶10）　2、3、5、6、17. 陶豆（M231∶28、25、29、26、31）　4. 陶圈足杯（M231∶23）　7. 陶高颈弧腹瓶（M231∶22）　8. 陶鬶（M231∶15）　9. 陶背壶（M231∶12）　10、11、14、18. 陶厚胎高柄杯（M231∶18、17、30、4）　12. 陶器盖（M231∶19）　13. 陶盆（M231∶24）　15、16. 陶筒形杯（M231∶1、3）

M231∶13，陶壶。泥质黑陶，侈口，圆唇，折沿，高颈，鼓肩，弧腹内收，平底略内凹。颈部饰有4道细凹弦纹。口径8.0，底径5.0、高18.0厘米。（图三四四，5；图版二八三，6）

M231∶14，陶圈足杯。泥质黑陶，侈口，短沿，深弧腹，最大径在腹下部，圈足较高。腹部饰有4道凹弦纹，圈足上有3个对称的圆形镂孔。口径5.6、足径5.6、高10.6厘米。（图三四四，8；图版二八二，3）。

M231∶15，陶鬶。夹砂红褐陶，冲天式流，粗颈，圆鼓腹，圜底，半环形把手，凿形足。腹部满饰篮纹，每只足的根部饰有2个捺窝。最大腹径14.7、通高24.0厘米。（图三四三，8；图版二八四，3）

M231∶16，陶器盖。泥质灰褐陶，覆碟形，矮喇叭形捉手，盖壁斜弧。捉手径3.0、口径

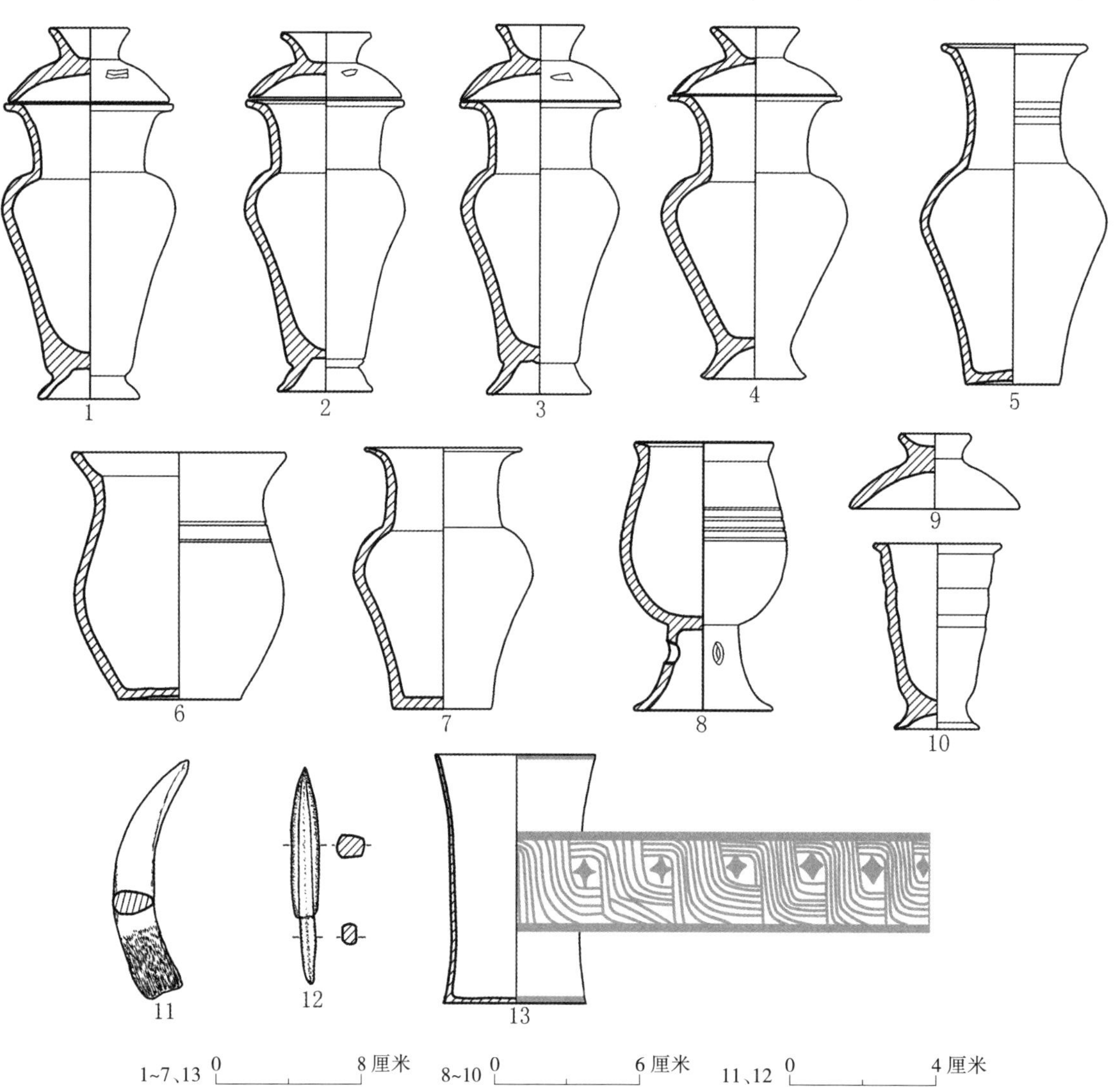

图三四四　大汶口文化M231出土器物

1～4. 陶高颈弧腹瓶（M231∶2、11、6、5）　5、7. 陶壶（M231∶13、7）　6. 陶罐（M231∶9）　8. 陶圈足杯（M231∶14）　9. 陶器盖（M231∶16）　10. 陶圈足杯（M231∶21）　11. 獐牙（M231∶20）　12. 骨镞（M231∶27）　13. 彩陶杯（M231∶8）

7.0、高3.0厘米。（图三四四，9；图版二八二，9）

M231∶17，陶厚胎高柄杯。夹细砂红陶，侈口，尖唇，折腹，细柄，平底。口径5.8、底径4.8、高8.4厘米。（图三四三，11；图版二八三，2）

M231∶18，陶厚胎高柄杯。夹砂灰褐陶，侈口，沿面微凹，腹部圆弧，细柄，平底。口径5.0、底径4.8、高9.5厘米。（图三四三，10；图版二八三，3）

M231∶19，陶器盖。覆豆形，泥质灰陶，圆形捉手，细柄，盖壁弧折。捉手径4.4、口径6.6、高6.3厘米。（图三四三，12；图版二八三，7）

M231∶20，獐牙。尖部磨制光滑，长6.3厘米。（图三四四，11）

M231∶21，陶圈足杯。夹细砂黑陶，直口微侈，圆唇，深弧腹，矮圈足。口径5.2、足径3.4、高7.3厘米。（图三四四，10）

M231∶22，陶高颈弧腹瓶。泥质黑陶，带盖，侈口，圆唇，沿近平，粗直颈，鼓肩，弧腹内收，小喇叭形圈足。覆碟形盖，喇叭形捉手，盖壁斜弧，盖面有一长方形镂孔。瓶口径8.6、足径5.4、高15.6厘米；盖捉手径3.6、口径8.6、高4.0厘米。（图三四三，7；图版二八二，8）

M231∶23，陶圈足杯。泥质红褐陶，侈口，折沿，深弧腹略垂，矮圈足。口径4.8、足径3.0、高8.1厘米。（图三四三，4）

M231∶24，陶盆。泥质黑陶，敞口，宽折沿，深折腹，平底。口径22.4，底径8.0、高10.0厘米。（图三四三，13；图版二八五，2）

M231∶25，陶豆。夹砂灰陶，敞口，圆唇，短平沿，弧壁，粗高柄，喇叭形圈足。柄部饰有对称分布的2竖排圆形镂孔和2竖排三角形镂孔。口径20.0、足径13.4、高16.4厘米。（图三四三，3；图版二八四，4）

M231∶26，陶豆。泥质黑陶，敞口，圆唇，短平沿，折壁，豆盘较深，粗矮柄，柄部饰有对称分布的2个圆形镂孔和2个三角形镂孔。口径17.3、足径10.2、高10.8厘米。（图三四三，6；图版二八五，3）

M231∶27，骨镞。两侧打磨较光滑。长5.8、最宽处0.8厘米。（图三四四，12）

M231∶28，陶豆。夹砂灰陶，敞口，圆唇，沿近平，弧壁，高柄，喇叭形圈足。柄部饰有对称分布的2竖排圆形镂孔和2竖排三角形镂孔。口径20.9、足径13.4、高16.8厘米。（图三四三，2；图版二八五，4）

M231∶29，陶豆。泥质灰陶，敞口，尖圆唇，弧壁，盘较深，粗矮柄，喇叭形圈足。柄部饰有圆形镂孔和三角形镂孔组成的纹饰。口径16.4、足径12.4、高13.6厘米。（图三四三，5；图版二八五，5）

M231∶30，陶厚胎高柄杯。夹砂红陶，侈口，尖圆唇外翻，腹部胎较厚，柄较粗，矮圈足。口径4.7、足径5.2、高9.2厘米（图三四三，14；图版二八三，4）

M231∶31，陶豆。夹细砂黑褐陶，敞口，圆唇，平沿略折，弧壁，浅盘，粗柄，喇叭形圈足。柄部饰有对称部分的2竖排圆形镂孔和2竖排三角形镂孔。口径18.8、足径11.4、高13.2厘米。（图三四三，17；图版二八五，6）

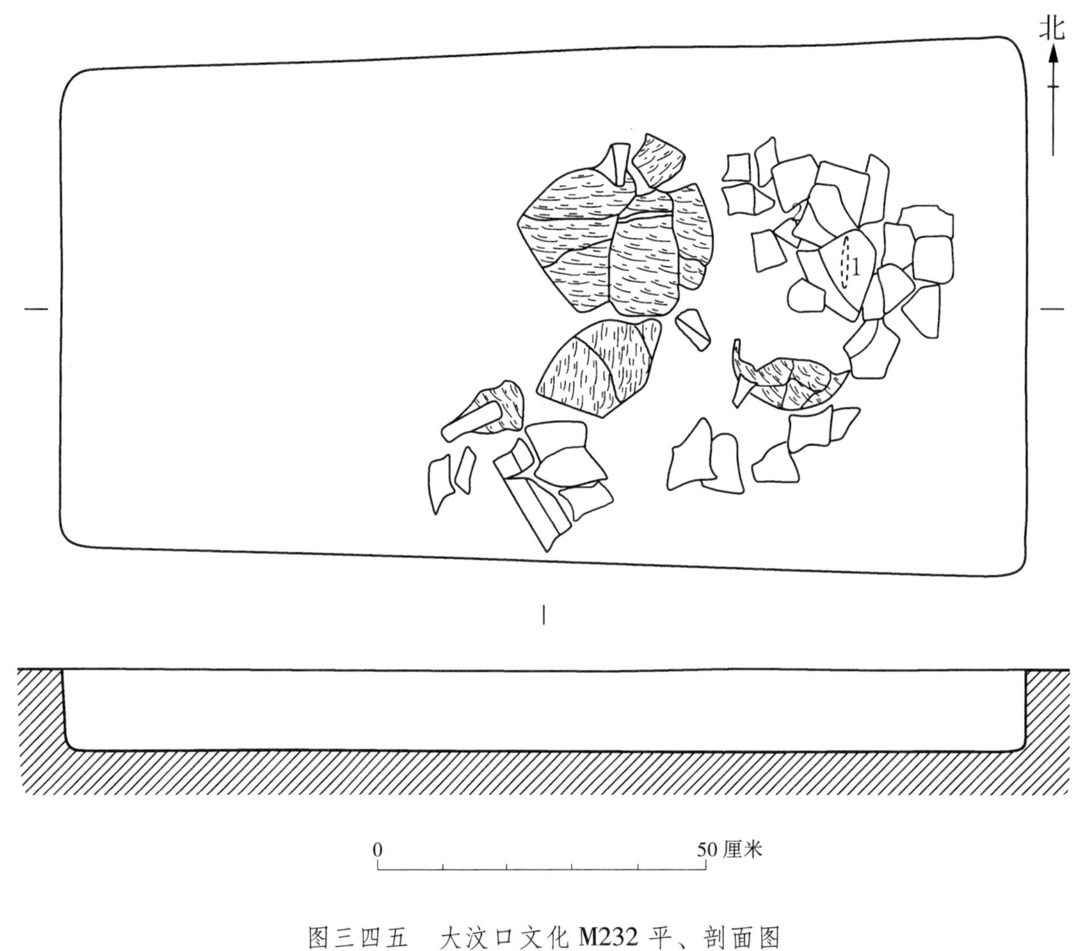

图三四五　大汶口文化 M232 平、剖面图

1. 骨针

M232

位于ⅢT4808 偏西北处，墓坑开口于第 8 层下，打破第 9、10 层。陶棺葬，墓坑长 1.45、宽 0.7 ~ 0.8、残深 0.12 米。方向 90°。填土呈夹黑色斑点的黄土，土质较硬。墓坑内发现有打碎的陶器，未发现有人骨。随葬品仅 1 件骨针。修复葬具陶鼎 6 件、器盖 1 件。（图三四五；图版二八六，1）

M232∶1，骨针。尾端残断，残长 5.2 厘米。（图三四六，8；图版二八六，2）

M232∶2，陶鼎。葬具。夹砂夹蚌红褐陶，侈口，方唇，唇面微凹，折沿，弧鼓腹，圜底，三凿形足。腹部饰有篮纹，每个足的根部各饰有 2 个捺窝。口径 17.6、最大腹径 18.0、高 19.3 厘米。（图三四六，7；图版二八六，3）

M232∶3，陶器盖。葬具。夹细砂红褐陶，圆形捉手，边缘一周捺窝，盖壁斜弧。捉手径 8.2、口径 17.4、高 6.4 厘米。（图三四六，4；图版二八七，6）

M232∶4，陶鼎。葬具。夹细砂红褐陶，敞口，方唇，折沿，圆弧腹，圜底，三凿形足。每个足的根部各饰有一个捺窝，腹部饰有篮纹。口径 16.0、最大腹径 17.3、高 21.2 厘米。（图三四六，3；图版二八六，4）

M232∶5，陶鼎。葬具。夹砂灰褐陶，方唇，敞口，唇面微凹，宽折沿，圆弧腹，圜底，

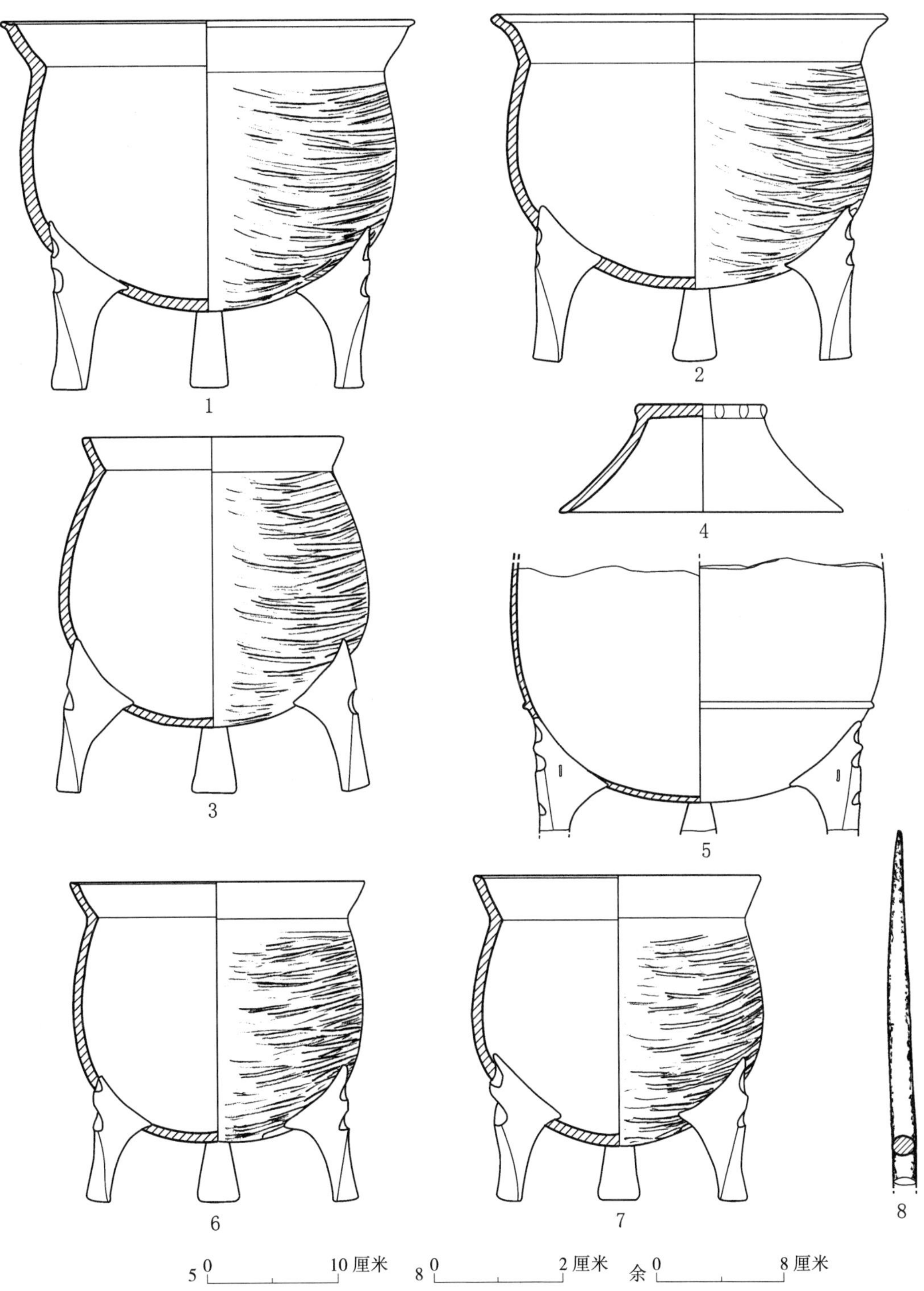

图三四六　大汶口文化 M232 葬具及其出土器物

1～3、5～7. 陶鼎（M232∶5、6、4、7、8、2）　4. 陶器盖（M232∶3）　8. 骨针（M232∶1）

三凿形足。每个足的根部各饰有 2 个捺窝，腹部饰有篮纹。口径 25.2、最大腹径 21.0 厘米，高 22.0 厘米。（图三四六，1；图版二八七，1）

M232∶6，陶鼎。葬具。夹砂灰褐陶，敞口，圆唇，唇面微凹，宽折沿，弧鼓腹，圜底，三凿形足。每个足的根部各饰有 2 个捺窝，腹部饰有篮纹。口径 24.0、最大腹径 21.0、高 20.8 厘米（图三四六，2；图版二八七，2）

M232∶7，陶鼎。葬具。夹砂灰褐陶，口残，圆弧腹，圜底，三凿形足，足尖残。每个足的根部各饰有 3 个捺窝，腹下部饰有一周凸弦纹。残高 20.0 厘米。（图三四六，5；图版二八七，3、4）

M232∶8，陶鼎。葬具。夹砂灰褐陶，敞口，方唇，折沿，沿面内凹，圆鼓腹，圜底，三凿形足。每个足的根部各饰有 2 个捺窝，腹部饰有篮纹。口径 18.0、最大腹径 16.2、高 18.9 厘米。（图三四六，6；图版二八七，5）

M233

位于ⅢT4809 东北角，部分进入北隔梁，开口于第 8 层下，打破 HT1 和第 9、10 层。瓮棺葬，墓口略呈圆角长方形，墓坑长 0.9、宽 0.5～0.55、深 0.16～0.17 米。方向 110°。填土呈灰褐色，土质较硬，含烧土颗粒。葬具为 3 只陶鼎，将其中的 2 只鼎鼎口相对放置，另一只鼎打碎铺于上面。瓮棺内发现婴儿骨架一具，经鉴定其年龄约 0～2 岁，性别不详。随葬品仅 1 件陶鼎，置于婴儿腰部。修复葬具陶鼎 3 件。（图三四七；图版二八八，1、2）

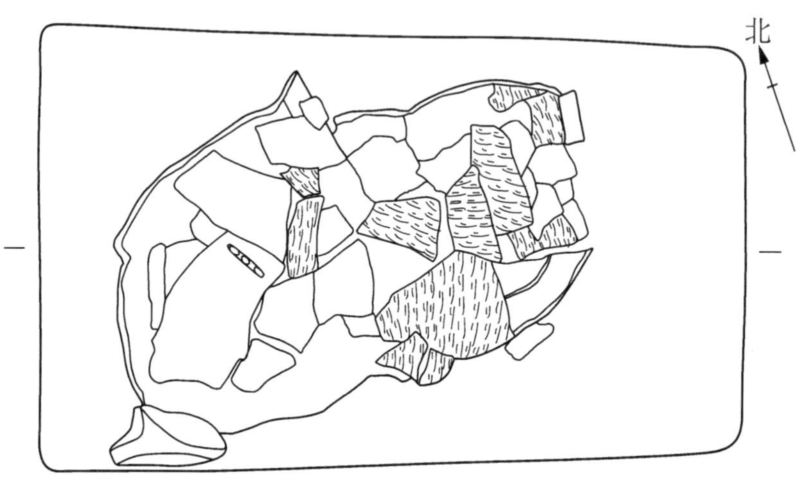

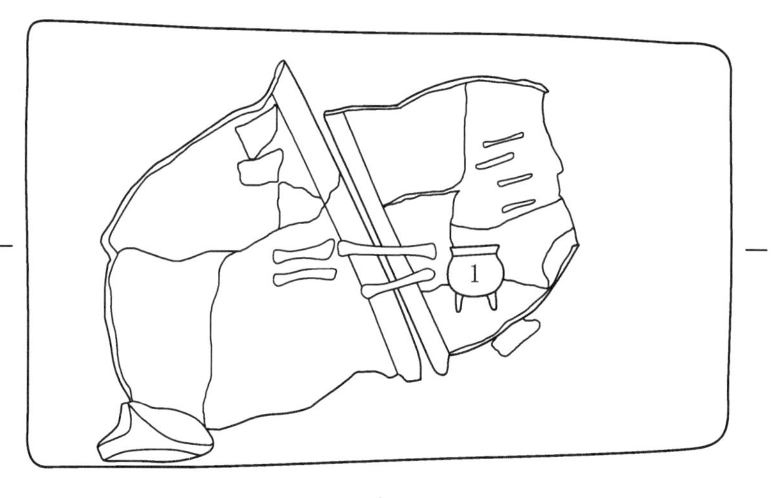

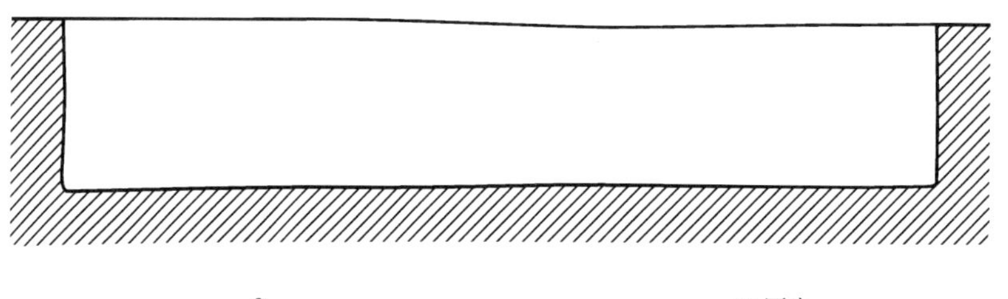

图三四七　大汶口文化 M233 平、剖面图

1. 陶鼎

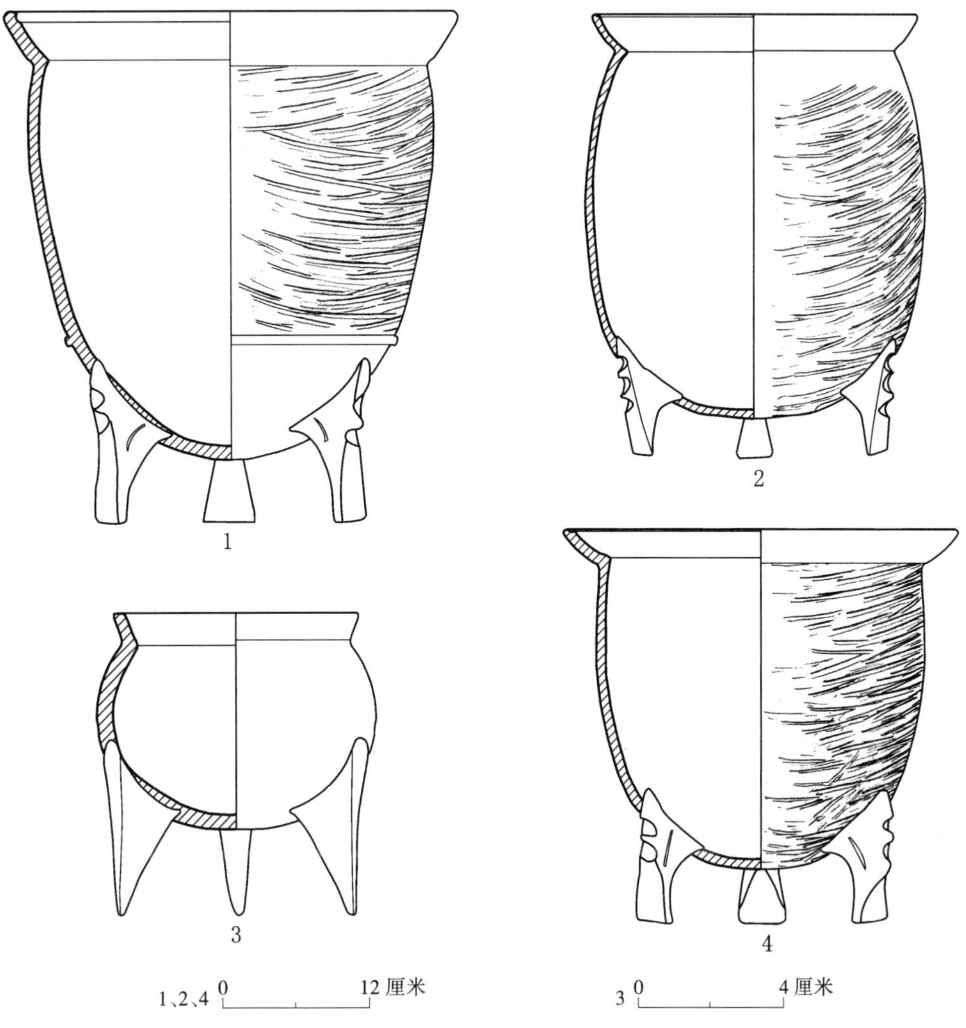

图三四八　大汶口文化M233葬具及其出土器物

1～4. 陶鼎（M233∶2、4、1、3）

M233∶1，陶鼎。夹砂红褐陶，侈口，方唇，折沿，圆鼓腹，圜底，侧三角形足。口径6.6、最大腹径7.6、高8.0厘米。（图三四八，3；图版二八九，4）

M233∶2，陶鼎。葬具。夹砂灰黑陶，敞口，圆唇，唇面微凹，宽折沿，深弧腹，尖圜底，三凿形足。腹部饰有篮纹，下腹部处有一周突棱，每个足的根部饰有2个捺窝，两侧各饰一道凹槽。口径36.6、最大腹径33.1、高40.8厘米。（图三四八，1；图版二八九，1）

M233∶3，陶鼎。葬具。夹砂红褐陶，敞口，方唇，唇面微凹，宽折沿，深弧腹，圜底，三凿形足。腹部饰有篮纹，每个足的根部饰有2个捺窝，两侧各饰一道凹槽。口径32.7、最大腹径27.3、高31.2厘米。（图三四八，4；图版二八九，2）

M233∶4，陶鼎。葬具。夹细砂红褐陶，侈口，方唇，唇面有一圈凹槽，宽折沿，深弧腹，圜底，三凿形足。每个足的根部各饰有3个捺窝，腹上部饰有篮纹。口径26.7、最大腹径28.2、高35.4厘米。（图三四八，2；图版二八九，3）

M234

位于ⅢT4809东北角，墓坑开口于第8层下，打破HT1、第9、10层，且被开口于第7b层下的H501打破。瓮棺葬，墓坑残长0.9、宽0.43、深0.27米。方向105°。填土呈灰褐色，土质较硬含烧土颗粒。在陶鼎内发现婴儿骨架一具，残剩少量肢骨，经鉴定，其年龄0～2岁，性别不详。墓内未发现随葬品。修复葬具陶鼎2件。（图三四九；图版二八八，3）

M234∶1，陶鼎。葬具。夹砂红褐陶，敞口，方唇，折沿内凹，圆弧腹，圜底，足部残断。每个足的根部残存2个捺窝，通体饰有篮纹。口径27.8、最大腹径28.4、残高28.3厘米。（图三五〇，1；图版二八九，5）

M234∶2，陶鼎。葬具。夹砂红褐陶，敞口，圆唇，宽折沿，弧腹，腹部以下残。腹部饰有篮纹。口径33.9、残高16.7厘米。（图三五〇，2；图版二八九，6）

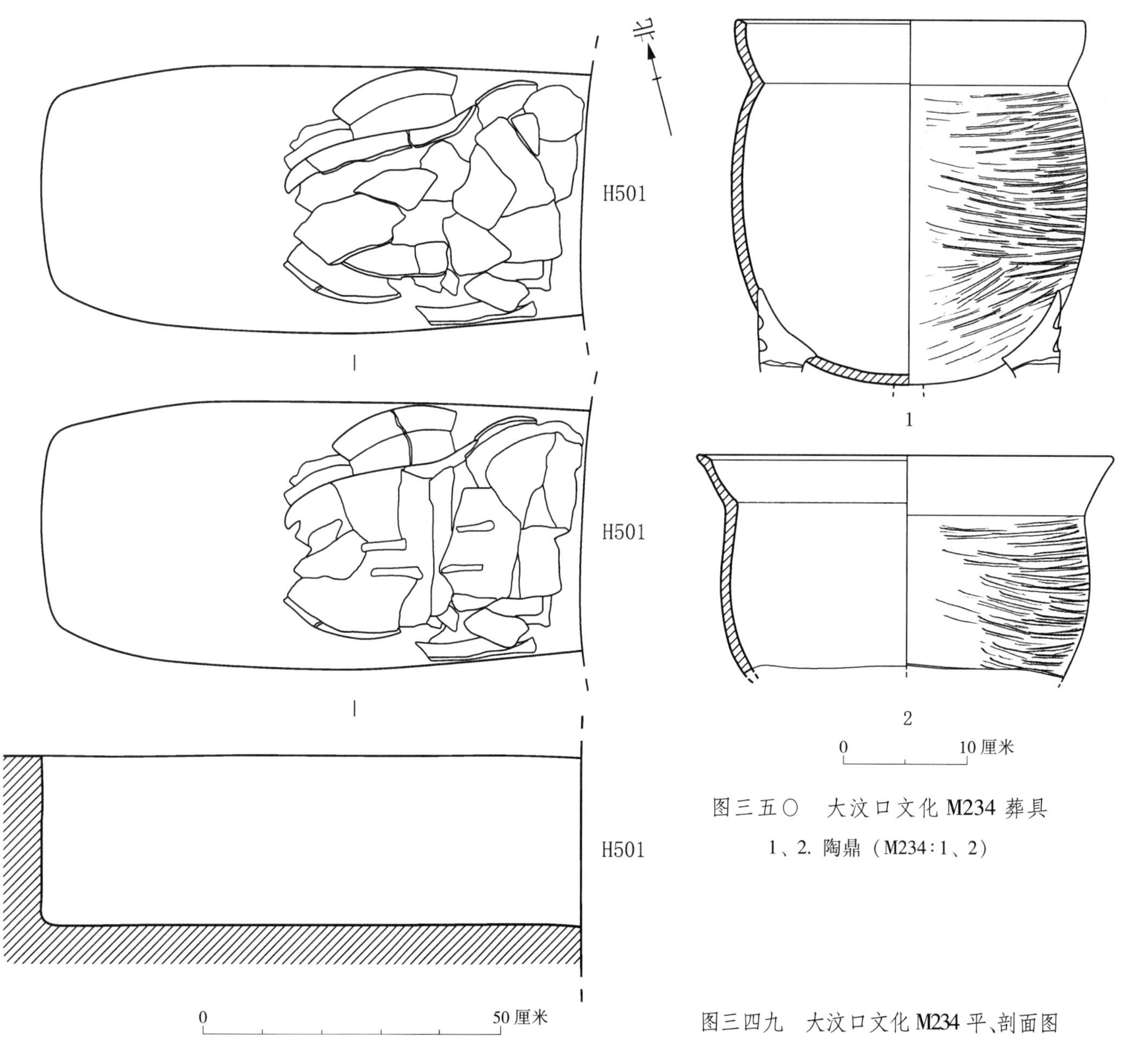

图三五〇 大汶口文化M234葬具
1、2. 陶鼎（M234∶1、2）

图三四九 大汶口文化M234平、剖面图

M235

位于Ⅲ T4809东北角，坑口开口于第8层下，打破HT1、第10层，且被开口于第7b层下的H501打破。瓮棺葬，墓坑残长0.95、宽0.54、残深0.46米。方向90°。填土呈灰褐色，土质较硬，含烧土颗粒。以鼎、瓮等陶器为葬具，棺内发现婴儿骨架一具，骨架保存状况较差，经鉴定，年龄0～2岁，性别不详。随葬品陶筒形杯1件。修复葬具陶鼎1件、陶瓮2件。（图三五一；图版二九〇，1、2）

M235∶1，陶筒形杯。夹砂黑陶，直口微侈，尖圆唇，斜直腹，平底。口径6.8、底径5.8、高6.4厘米。（图三五二，3；图版二九〇，5）

M235∶2，陶瓮。葬具。夹砂灰陶，口、颈部残，鼓肩，深弧腹，平底。腹部饰有一对鸡冠状鋬手。底径16.8、残高48.4厘米。（图三五二，2；图版二九〇，3）

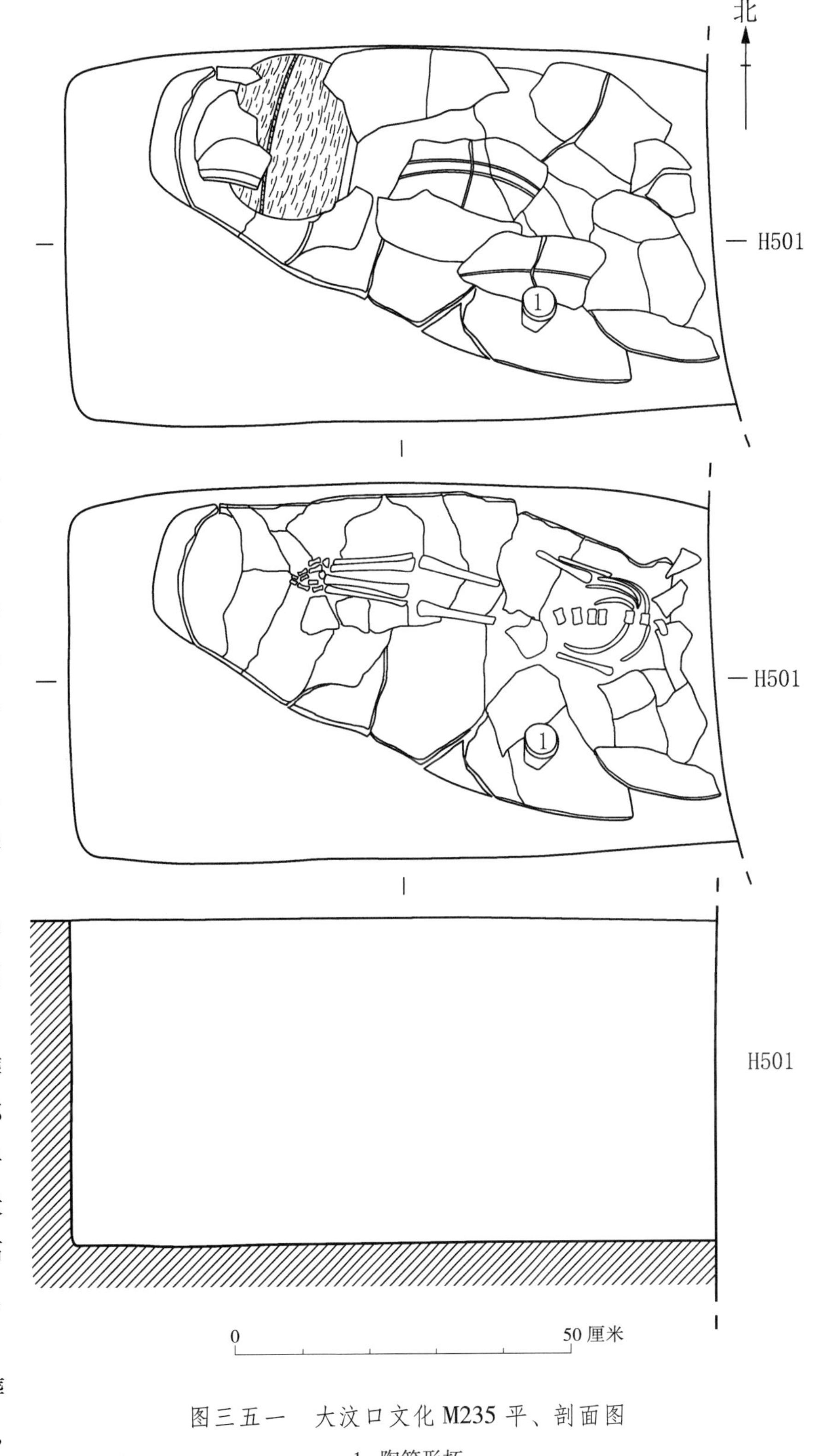

图三五一　大汶口文化M235平、剖面图
1. 陶筒形杯

M235∶3，陶鼎。葬具。夹砂红褐陶，敞口，方唇，折沿，沿面微凹，深弧腹，圜底，三凿形足。每个足的根部各有2个捺窝，腹部饰有一周附加堆纹，堆纹之上腹部饰横向篮纹，其下饰有斜向篮纹。口径21.6、最大腹径20.6、高24.8厘米。（图三五二，1；

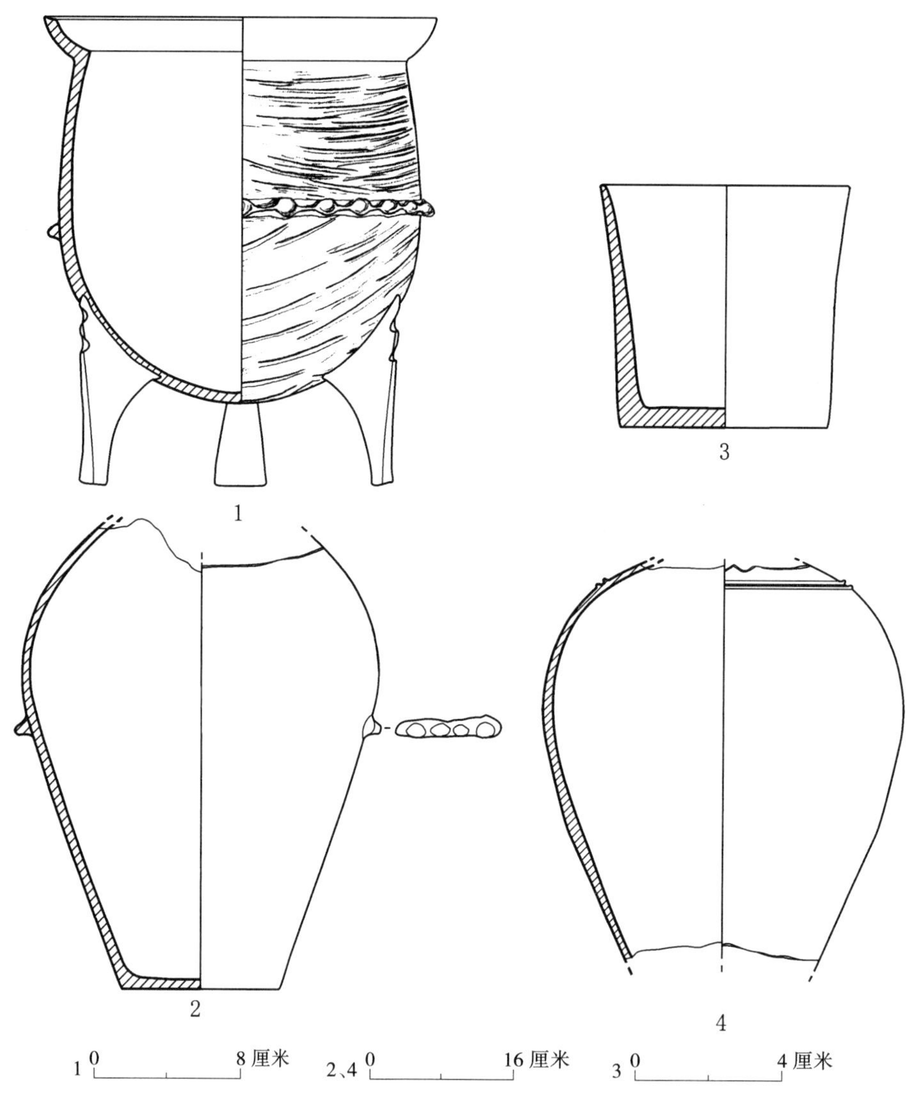

图三五二　大汶口文化M235葬具及其出土器物

1. 陶鼎（M235:3）　2、4. 陶瓮（M235:2、4）　3. 陶筒形杯（M235:1）

图版二九〇，4）

M235:4，陶瓮。葬具。夹砂灰陶，口、颈残，鼓肩，深弧腹，底残。肩部饰有2道凸弦纹。残高42.7厘米。（图三五二，4）

M236

位于ⅢT4809近北隔梁处，墓坑开口于第8层下，打破HT1、第10层。瓮棺葬，墓坑残长0.88、宽0.22～0.38、残深0.45米。方向97°。填土呈灰褐色，土质较硬，含烧土颗粒。葬具为2件陶鼎，墓内人骨保存较差，经鉴定，年龄0～2岁，性别不详。墓内未发现随葬品，葬具不可修复。（图三五三；图版二九一，1、2）

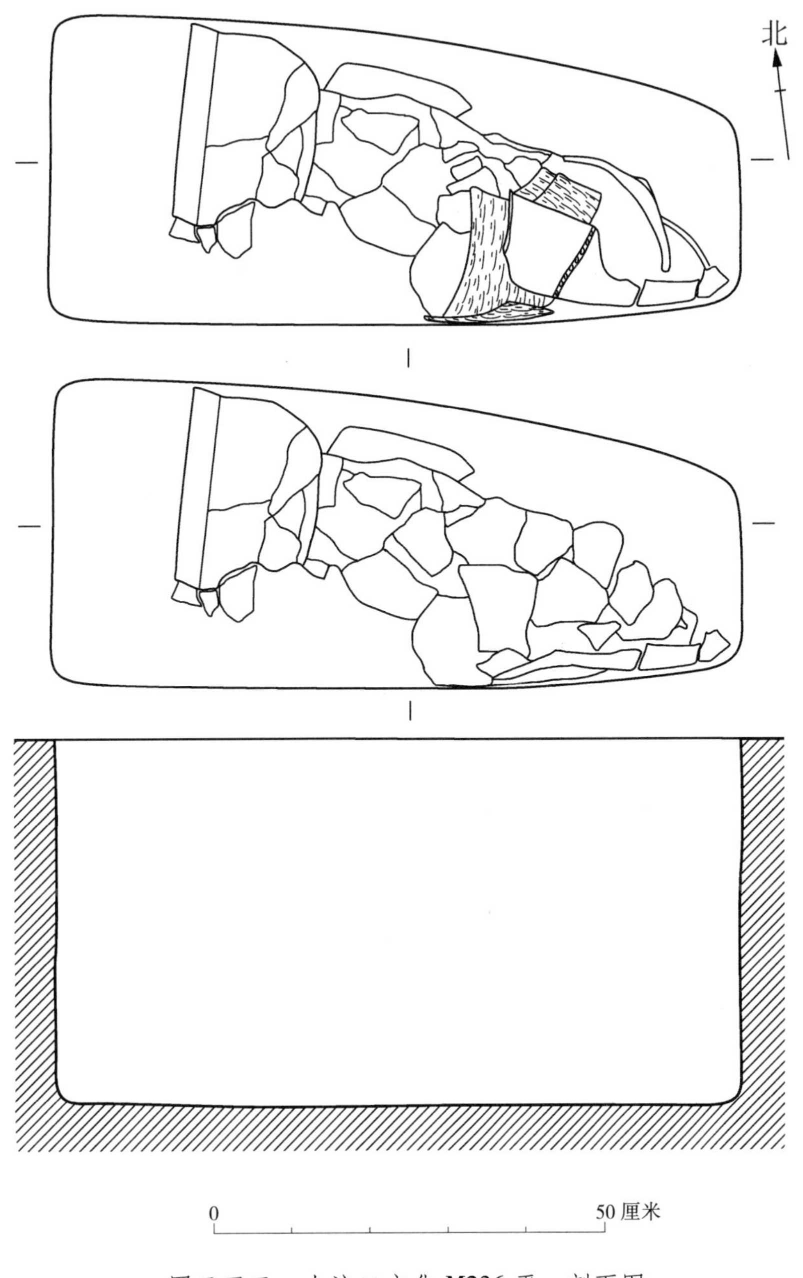

图三五三　大汶口文化 M236 平、剖面图

M237

位于ⅢT4808 紧贴南壁处，墓坑开口于第 8 层下，打破 HT1、第 9、10 层，且被开口于第 7b 层下的 H500 打破。瓮棺葬，墓坑残长 0. 61、宽 0.44、残深 0. 3 米。方向 80°。填土呈灰褐色，土质较硬，含烧土颗粒。葬具为陶鼎，其内发现婴儿骨架一具，骨架保存状况差，经鉴定，年龄 0 ~2 岁，性别不详。墓内未发现有随葬品，修复葬具陶鼎 3 件。（图三五四；图版二九一，3、4）

M237∶1，陶鼎。葬具。夹砂灰褐陶，敞口，圆唇，唇面内凹，折沿，沿面微凹，鼓腹，圜底，三凿形足。每个足的根部各饰有一道刻槽，下腹部饰有一周附加堆纹，堆纹之上腹部饰有横向篮纹。口径 25. 8、最大腹径 26. 3、高 27. 2 厘米。（图三五五，3；图版二九二，1）

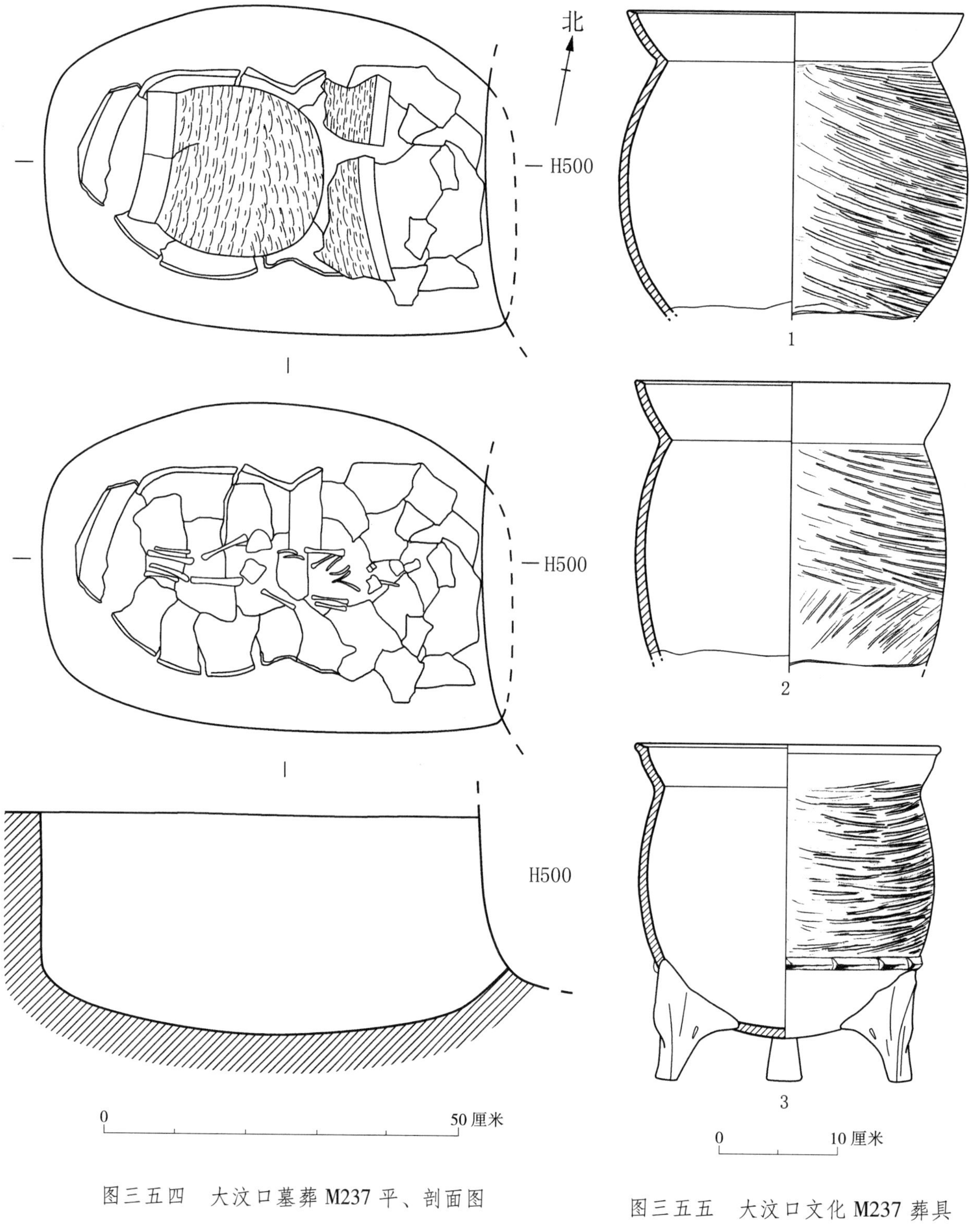

图三五四　大汶口墓葬 M237 平、剖面图

图三五五　大汶口文化 M237 葬具
1～3. 陶鼎（M237∶3、2、1）

M237∶2，陶鼎。葬具。夹砂红褐陶，敞口，方唇，折沿，沿面内凹，弧腹，底及三足残。腹部饰有篮纹。口径 26.4、残高 23.1 厘米。（图三五五，2；图版二九二，2）

M237∶3，陶鼎。葬具。夹砂红褐陶，敞口，方唇，折沿，沿面内凹，弧鼓腹，底及三足残。腹上部饰有横向篮纹。口径 28.2、残高 24.4 厘米。（图三五五，1；图版二九二，3）

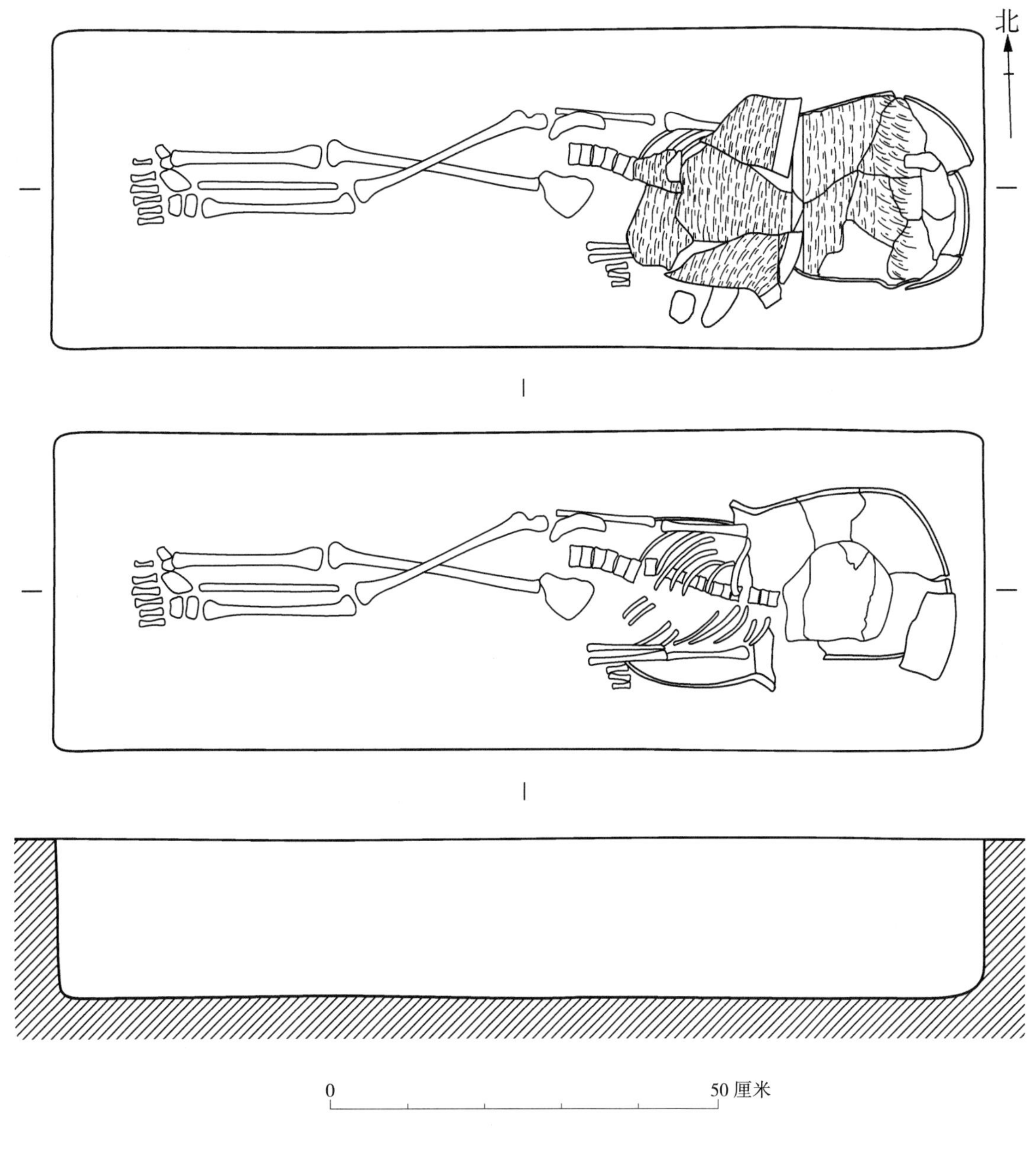

图三五六　大汶口文化 M239 平、剖面图

M239

位于ⅢT4708 西部，部分进入ⅢT4808 东隔梁，墓坑开口于第 8 层下，打破 HT1、第 10 层。陶棺葬，墓坑长 1.2、宽 0.4、深 0.2 米。方向 92°。填土呈灰褐色，土质较硬，含烧土颗粒。仅在骨架头部及胸部用碎陶片铺垫和覆盖。单人仰身直肢葬，头向东，面向南。骨架保存状况较差，头骨残缺，肢骨不全。经鉴定，墓主年龄约 6 岁，性别不详。修复葬具陶鼎 1 件。（图三五六；图版二九三，1、2）

M239∶1，陶鼎。葬具。夹砂红褐陶，敞口，方唇，唇面内凹，折沿，圆弧腹，圜底，三足残。通体饰有篮纹。口径 25.6、最大腹径 22.2、高 22.2 厘米。（图三五七，1；图版二九二，4）

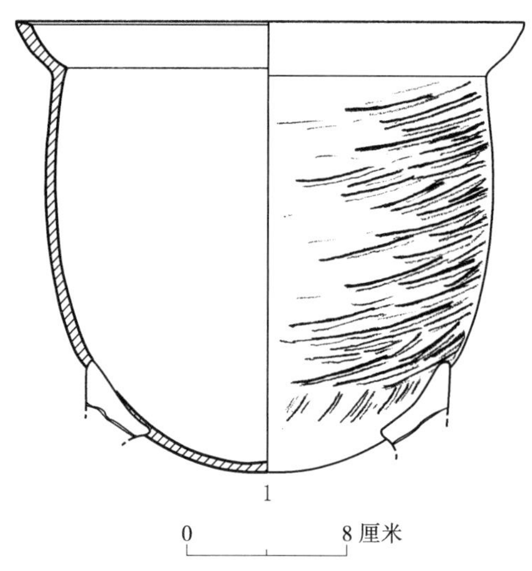

图三五七　大汶口文化 M239 葬具
1. 陶鼎（M239∶1）

M240

位于ⅢT4808东壁，部分进入东隔梁及ⅢT4708内，开口于第8层下，打破第9层，且被同叠压于第8层下的HT1叠压。长方形竖穴土坑墓，墓坑长2.5、宽0.9、深0.6米。方向95°。东、西两侧有熟土二层台，分别宽0.3、0.2米，高0.3米。填土为黄色花土，土质较硬。未见棺痕。单人侧身直肢葬，头向东，面向南。头骨破碎，肢骨保存基本完好。经鉴定，墓主为年龄约50岁的女性。随葬品19件，集中置于东侧二层台上及墓主身体的左侧，计有陶厚胎高柄杯5件（套），陶豆、背壶各2件，陶罐、薄胎高柄杯、小杯、盉、圈足杯、鼎、圈足罐、盆各1件，獐牙2件。（图三五八，图版二九四，1）

完整及可修复器物18件。

M240∶1，陶厚胎高柄杯。夹细砂红褐陶，敞口，尖圆唇，弧腹较深，细柄，喇叭形圈足。口径6.3、足径4.2、高7.0厘米。（图三五九，10；图版二九五，1）

M240∶2，陶豆。泥质红褐陶，子母口，弧壁，浅盘，高柄，喇叭形圈足。柄部饰有圆形及弧边三角形镂孔。口径5.0、足径6.4、高7.8厘米。（图三五九，13；图版二九五，6）

M240∶3，陶厚胎高柄杯。泥质灰陶，口近直，尖唇，深弧腹，腹部胎质较薄，细高柄，矮圈足。口径5.8、足径4.2、高8.6厘米。（图三五九，5；图版二九五，2）

M240∶6，陶罐。泥质黑陶，侈口，圆唇，折沿，沿面微凹，扁腹，平底。口径6.4、底径3.8、高7.1厘米。（图三六〇，2；图版二九七，1）

M240∶7，陶薄胎高柄杯，带盖。泥质黑陶，敞口，尖圆唇，杯身上腹弧凹，下腹鼓突，杯柄上部细，中部突鼓，下部内凹，喇叭形圈足。柄部饰有圆形、菱形镂孔及圆圈纹组成的纹饰，杯腹饰有5道凹弦纹。覆豆形盖，喇叭形捉手，细高柄，弧壁。杯口径9.6、足径8.2、高17.8厘米；盖捉手径6.4、口径9.4、高7.6厘米。（图三五九，1；图版二九五，8）

M240∶8，陶杯。夹砂红褐陶，侈口，尖圆唇，粗直颈，弧腹内收，平底微凹。口径4.0、

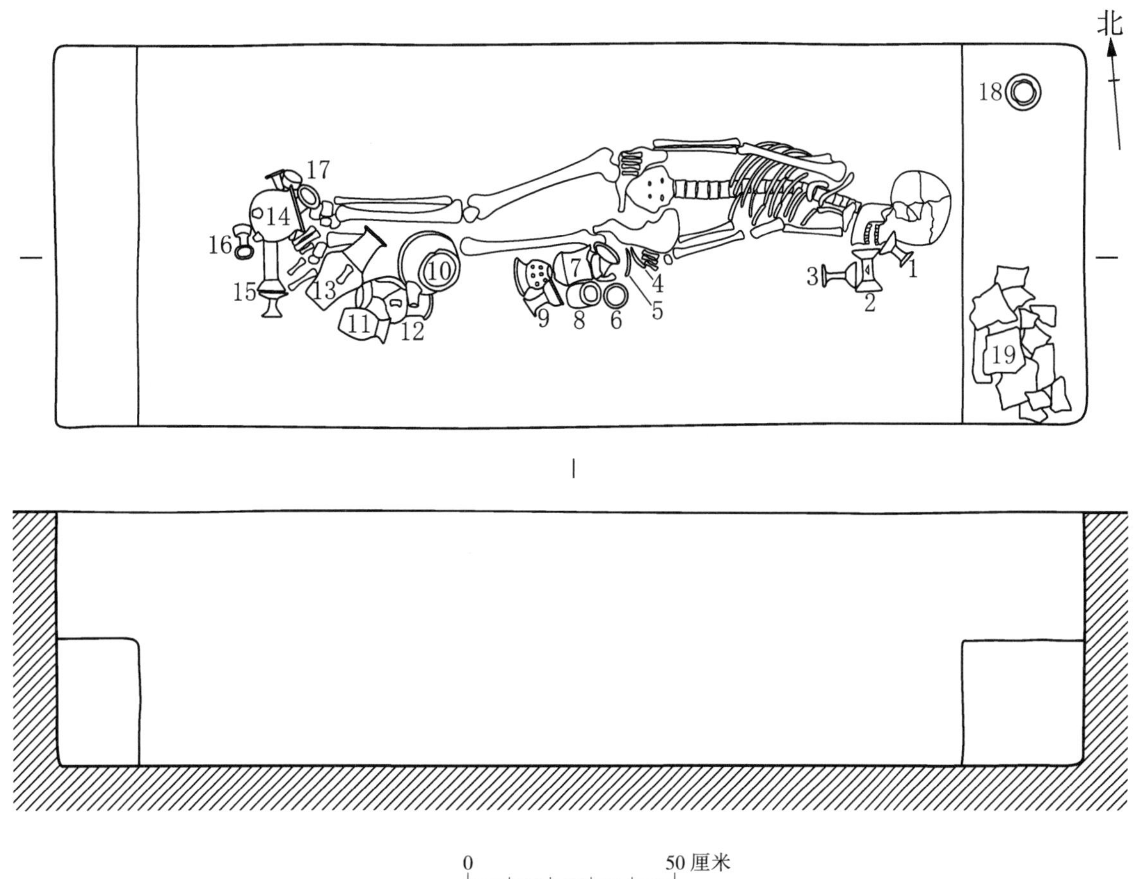

图三五八　大汶口文化 M240 平、剖面图

1、3、9、16、17. 陶厚胎高柄杯　2. 陶豆　4、5. 獐牙　6. 陶罐　7. 陶薄胎高柄杯　8. 陶杯　10. 陶盉　11. 陶圈足杯　12、13. 陶背壶　14. 陶鼎　15. 陶豆　18. 陶圈足罐　19. 陶盆

底径 3.2、高 6.4 厘米。（图三六〇，3；图版二九六，1）

M240∶9，陶厚胎高柄杯。泥质灰陶，侈口，平沿，弧腹，细高柄，平底内凹。口径 6.3、底径 4.2、高 7.8 厘米。（图三五九，9；图版二九五，3）

M240∶10，陶盉。泥质灰陶，侈口，斜长流，圆唇，粗直颈，弧腹至底部弧收为平底。腹部饰 3 道凹弦纹。口径 10.4、底径 7.6、通高 14.4 厘米（图三五九，12；图版二九七，3、4）

M240∶11，陶圈足杯。泥质黑陶，侈口，短折沿，深弧腹略垂，圈足较高。口径 5.4、足径 6.2、高 11.1 厘米。（图三五九，6；图版二九六，2）

M240∶12，陶背壶。泥质黑陶，侈口，沿近平，粗高颈，鼓肩，弧腹，平底，肩腹处有一对半环形耳，两耳间腹壁较平，正对两耳的腹另一侧有一鸟喙状突纽。口径 7.2、底径 5.1、高 18.2 厘米。（图三五九，7；图版二九六，3）

M240∶13，陶背壶。泥质红陶，侈口，折沿，圆鼓肩，弧腹，平底。肩腹处有一对半环形耳，正对两耳的腹另一侧有一凹形突纽。口径 7.3、底径 6.4、高 22.4 厘米。（图三五九，3；图版二九六，4）

M240∶14，小陶鼎。夹砂红褐陶，侈口，折沿，鼓腹，圜底，三个乳丁状小足。口径

8.6、最大腹径 11.8、高 11.4 厘米。（图三五九，11；图版二九七，6）

M240∶15，陶豆。泥质灰褐陶，侈口，平沿略凹，弧腹，高柄，喇叭形圈足。柄上部饰有2个对称的圆形镂孔。覆豆形盖，喇叭形捉手，细柄，弧壁。杯口径 7.2、足径 7.4、高 10.9 厘米；盖捉手径 4.8、口径 7.0、高 5.6 厘米。（图三五九，2；图版二九五，7）

图三五九 大汶口文化 M240 出土器物

1. 陶薄胎高柄杯（M240∶7） 2. 陶豆（M240∶15） 3、7. 陶背壶（M240∶13、12） 4、5、8～10. 陶厚胎高柄杯（M240∶17、3、16、9、1） 6. 陶圈足杯（M240∶11） 11. 小陶鼎（M240∶14） 12. 陶盉（M240∶10） 13. 陶豆（M240∶2）

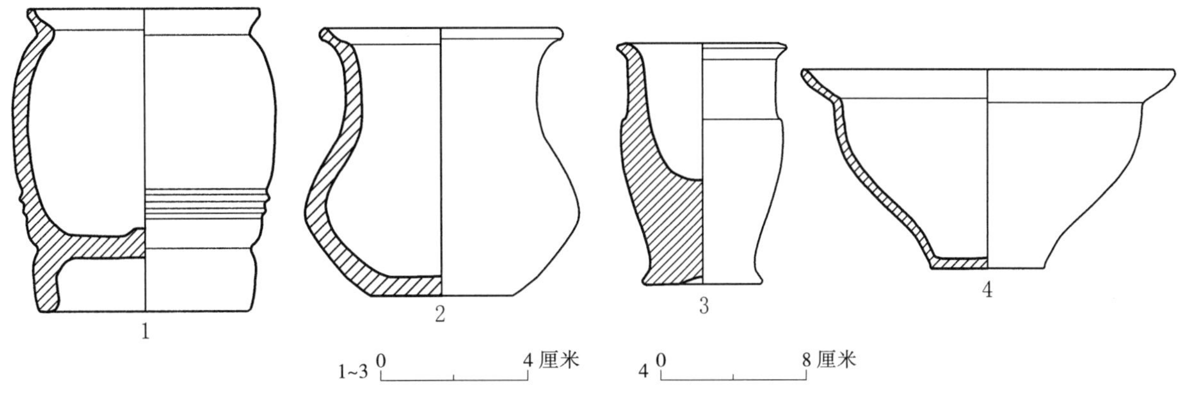

图三六〇　大汶口文化M240出土器物

1. 圈足罐（M240∶18）　2. 陶罐（M240∶6）　3. 陶杯（M240∶8）　4. 陶盆（M240∶19）

M240∶16，陶厚胎高柄杯。泥质红褐陶，侈口，平沿，弧腹，细柄，喇叭形圈足。口径5.1、底径4.4、高7.0厘米。（图三五九，8；图版二九五，4）

M240∶17，陶厚胎高柄杯，带盖。夹砂红褐陶，侈口，平沿，腹部胎质较厚，细柄，喇叭形圈足。覆豆形盖，圆饼状捉手，顶面微凹，细柄，盖壁略有起伏。杯口径5.8、足径4.4、高7.3；盖捉手径3.6、口径6.3、高5.0厘米。（图三五九，4；图版二九五，5）

M240∶18，陶圈足罐。泥质灰陶，侈口，圆唇，折沿，沿面微凹，深弧腹，圈足。下腹部饰5道凹弦纹，口径6.3、足径5.8、高8.0厘米。（图三六〇，1；图版二九七，2）

M240∶19，陶盆。泥质黑褐陶，敞口，圆唇，宽折沿，沿面微凹，弧腹至底部内收为小平底。口径20.4、底径6.2、高10.7厘米。（图三六〇，4；图版二九七，5）

M241

位于ⅢT4808东壁，部分进入东隔梁及ⅢT4708内，开口于第8层下，打破第9、10层。平面略呈梯形的竖穴土坑墓，墓坑长2.2、宽1.1~1.2、残深0.9米。方向96°。四周都有熟土二层台，东、南、西、北宽分别为0.16、0.15、0.17、0.35~0.43米，高0.21米。葬具为棺，已朽蚀殆尽，有棺痕。填土呈黄褐色，土质较硬。合葬墓，墓坑近北壁处为一成年侧身直肢葬（编号①），头向东，面向南。头骨破碎，肢骨保存状况较好。经鉴定，墓主为年龄31~34岁的女性，其左侧下肢骨处葬有一婴孩（编号②），残剩少量肢骨，肢骨上覆残碎陶片。经鉴定，年龄0~2岁。随葬品13件（套），集中置于墓主身体左侧，头骨上倒扣一陶盆，计有陶厚胎高柄杯2件（套），陶罐2件，陶筒形杯、背壶、盆、薄胎高柄杯、圈足杯、鼎各1件，绿松石佩1件，玉锥1件，骨匕各1件。（图三六一；图版二九八，1~3）

完整及可修复器物13件（套）。

M241∶1，陶筒形杯。泥质黑褐陶，侈口，深腹，腹壁略有起伏，平底内凹，手制，器形不甚规整。口径6.2、底径4.8、高8.1厘米。（图三六二，6；图版二九九，1）

M241∶2，陶背壶。泥质灰褐陶，侈口，沿近平，高直颈，鼓肩，肩部饰有一对半环形耳，

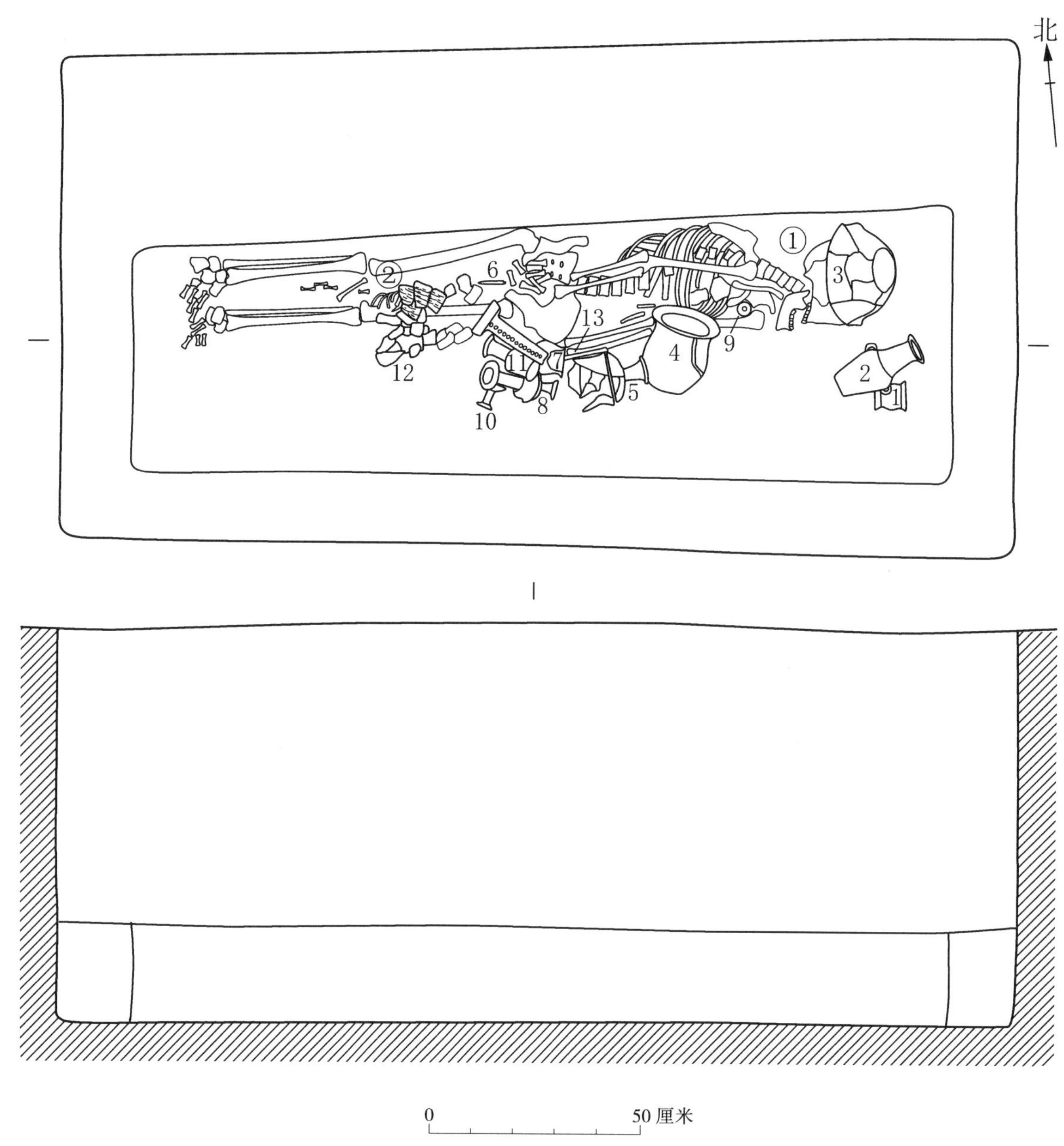

图三六一　大汶口文化M241平、剖面图

1. 陶筒形杯　2. 陶背壶　3. 陶盆　4、7. 陶罐　5. 陶薄胎高柄杯　6. 玉锥　8、10. 陶厚胎高柄杯　9. 绿松石佩　11. 陶圈足杯　12. 陶鼎　13. 骨匕（①、②为人骨编号）

正对两耳处的腹另一侧有一鸟喙状突纽，弧腹内收，平底。口径6.9、底径5.1、高20.4厘米。（图三六二，3；图版三〇〇，1）

M241∶3，陶盆。泥质灰陶，敞口，圆唇，折沿，沿面内凹，弧腹，平底。口径22.4、底径10.4、高8.6厘米。（图三六二，10；图版二九九，4）

M241∶4，陶罐。泥质黑陶，侈口，圆唇，折沿，沿面微凹，宽颈，深弧腹，平底。口径14.6、底径8.4、高16.4厘米。（图三六二，4；图版二九九，5）

M241∶5，陶薄胎高柄杯，带盖。泥质黑陶，敞口，尖唇，杯身上腹弧凹，底部鼓突，细高柄，台式圈足。柄部满饰圆形和三角形镂孔。覆豆形器盖，空心喇叭形捉手，弧壁。杯口径9.3、足径7.8、高26.2厘米；盖捉手径5.8、口径8.8、高8.0厘米。（图三六二，1；图版三〇〇，2）

M241∶6，玉锥。残长5.8厘米。（图三六二，12；图版二九八，6）

M241∶7，陶罐。泥质黑陶，侈口，短折沿，粗颈，鼓肩，弧腹，平底。口径5.4、底径3.6、高7.5厘米。（图三六二，5；图版二九九，3）

M241∶8，陶厚胎高柄杯，带盖。泥质黑陶，侈口，平沿，沿面微凹，腹部圆鼓，细高柄，喇叭形足。覆豆形盖，喇叭形捉手，细柄，盖壁斜弧。杯口径7.6、足径5.2、高11.6厘米；盖捉手径3.2、口径6.9、高6.3厘米。（图三六二，2；图版三〇〇，3）

M241∶9，绿松石佩。平面呈圆形，中有一孔，剖面一侧凸鼓，另一侧较平整。直径3.3、

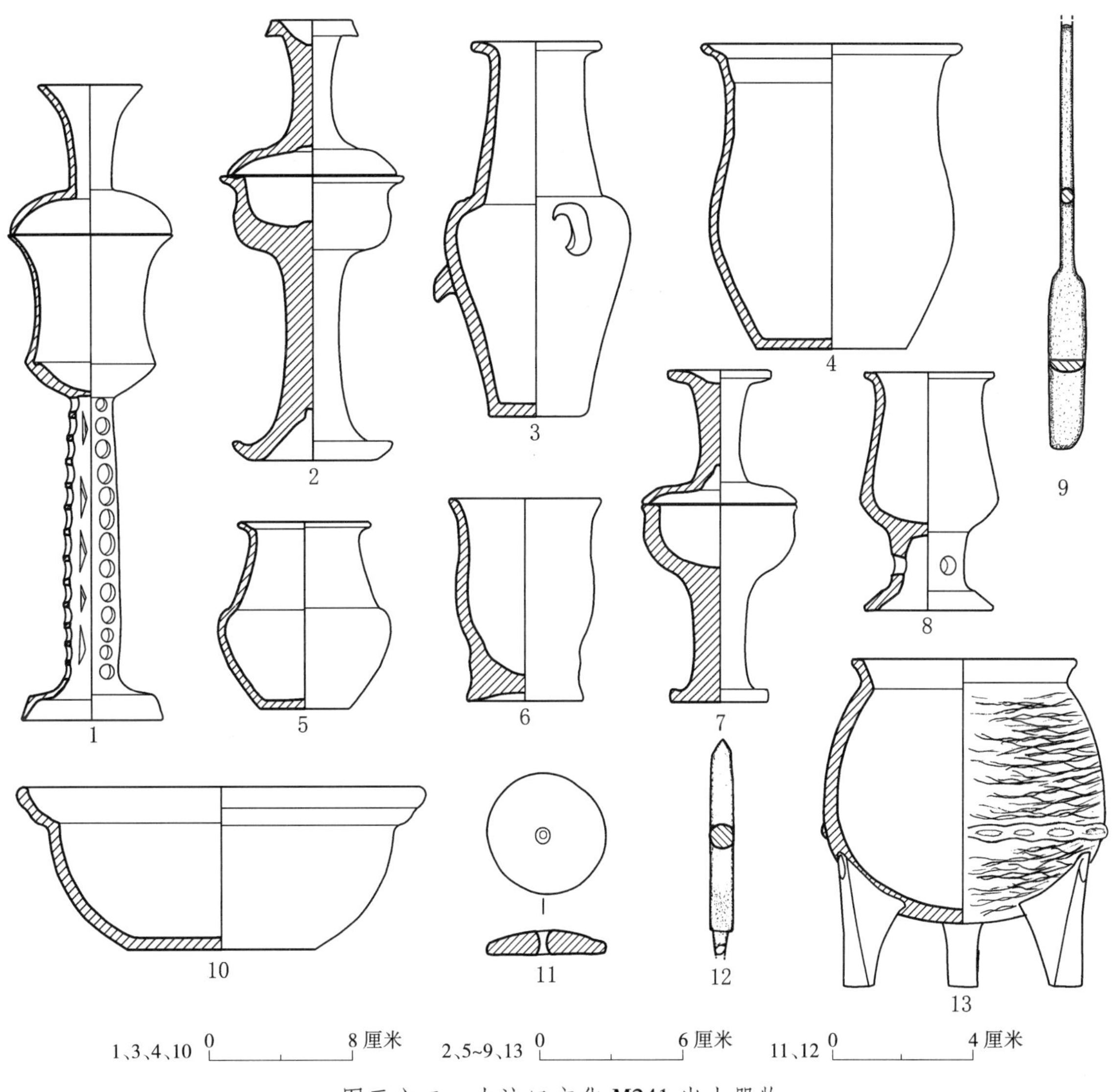

图三六二　大汶口文化M241出土器物

1. 陶薄胎高柄杯（M241∶5）　2、7. 陶厚胎高柄杯（M241∶8、10）　3. 陶背壶（M241∶2）　4、5. 陶罐（M241∶4、7）　6. 陶筒形杯（M241∶1）　8. 陶圈足杯（M241∶11）　9. 骨匕（M241∶13）　10. 陶盆（M241∶3）　11. 绿松石佩（M241∶9）　12. 玉锥（M241∶6）　13. 陶鼎（M241∶12）

孔径0.2～0.4、厚0.2～0.6厘米。(图三六二，11；图版二九八，4、5)

M241∶10，陶厚胎高柄杯，带盖。夹细砂红褐陶，直口，平沿，弧腹，高柄，平底。喇叭形捉手，覆豆形盖，盖壁斜弧，细柄。杯口径6.5、底径3.9、高8.0；盖捉手径4.4、口径6.4、高5.3厘米。(图三六二，7；图版三〇〇，4)

M241∶11，陶圈足杯。泥质灰陶，口微侈，圆唇，平沿，深垂腹，喇叭形圈足。足部饰有3个圆形镂孔。口径5.4、底径5.4、高9.6厘米。(图三六二，8；图版二九九，2)

M241∶12，陶鼎。夹砂红褐陶，侈口，折沿，圆鼓腹，圜底，三凿形足。器腹满饰稀疏的粗篮纹，腹中部偏下饰一周附加堆纹，每只足的根部均饰有1个捺窝。口径9.5、高13.2厘米。(图三六二，13；图版二九九，6)

M241∶13，骨匕。长17.2厘米。(图三六二，9；图版二九九，7)

M242

位于ⅢT4808东南角，部分进入东隔梁及ⅢT4708内，开口于第8层下，打破第9、10层。平面略呈梯形的竖穴土坑墓，长2.25、宽0.74～0.78、残深0.27米。方向96°。西、南、北侧有熟土二层台，分别宽0.15、0.14、0.14米，高0.16米。填土呈黄褐色，土质较硬。葬具为棺，已朽蚀殆尽，仅剩棺痕。单人仰身直肢葬，头向东，面向上。保存状况较好。经鉴定，墓主为年龄45～49岁的男性。随葬品22件，集中置于墓主身体左侧及西侧的二层台上，计有陶筒形杯5件，陶豆4件，陶厚胎高柄杯3件，陶背壶、器盖各2件，陶薄胎高柄杯、鬶、钵、圈足杯、杯各1件，獐牙1件。(图三六三；图版三〇一，1、2)

完整及可修复器物22件。

M242∶1，陶筒形杯，带盖。泥质灰褐陶，侈口，折沿，沿面微凹，束颈，斜直腹，平底。覆碟形器盖，矮喇叭形捉手，弧壁，盖壁上有一长方形镂孔。杯口径8.0、底径6.0、高12.6厘米；盖捉手径3.6、口径7.4、高2.9厘米。(图三六四，11；图版三〇二，1)

M242∶2，陶筒形杯，带盖。泥质灰褐陶，侈口，沿近平，沿面微凹，束颈，斜直腹，平底。覆碟形器盖，矮喇叭形捉手，盖壁斜弧，盖面上有一长方形镂孔。杯口径7.8、底径6.2、高12.0厘米；盖捉手径4.2、口径7.5、高2.8厘米。(图三六四，13；图版三〇二，2)

M242∶3，陶筒形杯，带盖。泥质灰褐陶，敞口，圆唇，平沿，沿面微凹，束颈，斜直腹，平底。覆碟形器盖，矮喇叭形捉手，盖壁斜弧，盖面上有一长方形镂孔。杯口径7.8、底径6.4、高13.8厘米；盖捉手径3.4、口径6.8、高2.5厘米。(图三六四，10；图版三〇二，3)

M242∶4，陶薄胎高柄杯。泥质黑陶，敞口，杯身上腹弧收，下腹鼓突且有折痕，细柄，喇叭形圈足。豆柄上饰有圆形镂孔及三角形镂孔组成的纹饰。口径9.2、足径7.6、高19.8厘米。(图三六四，3；图版三〇二，4)

M242∶5，陶背壶。夹砂灰陶，侈口，圆唇，折沿，细高颈，圆肩，肩部饰有一对半环形耳，正对两耳的腹另一侧有一鸟喙状突纽，弧腹略内收，平底。口径6.2、底径6.0、高24.0厘米。(图三六四，1；图版三〇二，5)

M242∶6，陶背壶。泥质灰陶，侈口，圆唇，折沿，细高颈，圆肩，腹部内收，平底，肩

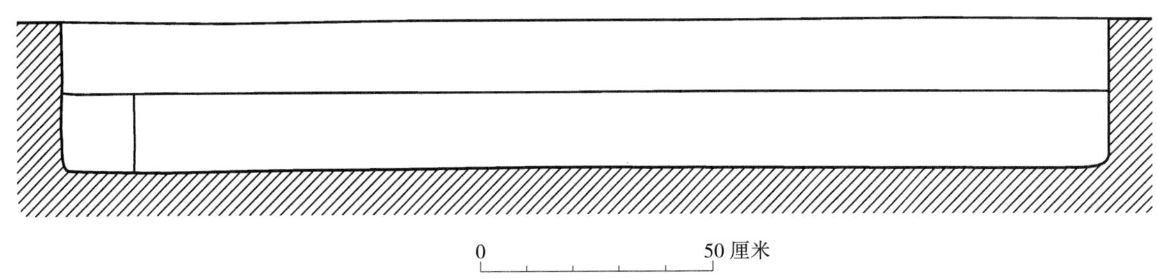

图三六三　大汶口文化M242平、剖面图

1～3、12、13. 陶筒形杯　4. 陶薄胎高柄杯　5、6. 陶背壶　7～9. 陶厚胎高柄杯　10. 獐牙　11. 陶鬶　14、18. 陶器盖　15. 陶圈足杯　16. 陶钵　17. 陶杯　19～22. 陶豆

部饰有一对半环形耳，正对两耳的腹另一侧有一鸟喙状突纽。口径6.7、底径6.4、高23.8厘米。（图三六四，2；图版三〇二，6）

M242:7，陶厚胎高柄杯。夹砂黑褐陶，侈口，平沿，弧腹，细柄，喇叭形圈足。腹部饰有1道凹弦纹。口径5.0、足径4.8、高8.6厘米。（图三六四，9；图版三〇四，1）

M242:8，陶厚胎高柄杯。泥质灰褐陶，侈口，平沿，弧鼓腹，细柄，平底，底面微凹。口径4.8、底径3.3、高5.7厘米。（图三六五，3；图版三〇四，2）

M242:9，陶厚胎高柄杯。泥质红褐陶，侈口，平沿，弧腹略折，细柄上部内收，平底。口径5.1、底径4.4、高6.8厘米。（图三六五，6；图版三〇四，3）

M242:10，獐牙。尖部磨制光滑。长7.1厘米。（图三六五，5；图版三〇四，6）

M242:11，陶鬶。夹砂红褐陶，侈口，斜长流，粗颈，球形腹，平底，凿形足，环行把，流下及颈部饰有一道附加堆纹，腹部满饰篮纹，每个足的根部饰2个捺窝。最大腹径15.3、通高24.3厘米。（图三六五，1；图版三〇一，3）

M242:12，陶筒形杯，带盖。泥质灰褐陶，侈口，平沿，沿面微凹，斜直腹，平底。覆碟形盖，喇叭形捉手，盖壁斜弧，盖面上有一长方形镂孔。杯口径8.0、底径6.0、高11.0厘米；盖捉手径4.0、口径7.0、高2.2厘米。（图三六四，14；图版三〇三，1）

M242:13，陶筒形杯，带盖。泥质灰陶，侈口，平沿，沿面微凹，束颈，斜直腹，平底。

覆碟形器盖，喇叭形捉手，盖面斜弧，盖面上有一长方形镂孔。杯口径7.5、底径6.0、高12.4厘米；盖捉手径3.4、口径7.0、高2.6厘米。（图三六四，12；图版三〇三，2）

M242∶14，陶器盖。泥质黑陶，覆豆形，喇叭形捉手，细柄，盖壁斜弧。捉手径5.4、口径6.6、高6.2厘米。（图三六五，7；图版三〇四，4）

M242∶15，陶圈足杯。夹砂红陶，胎质较厚，残剩喇叭形圈足。足径6.4、残高3.9厘

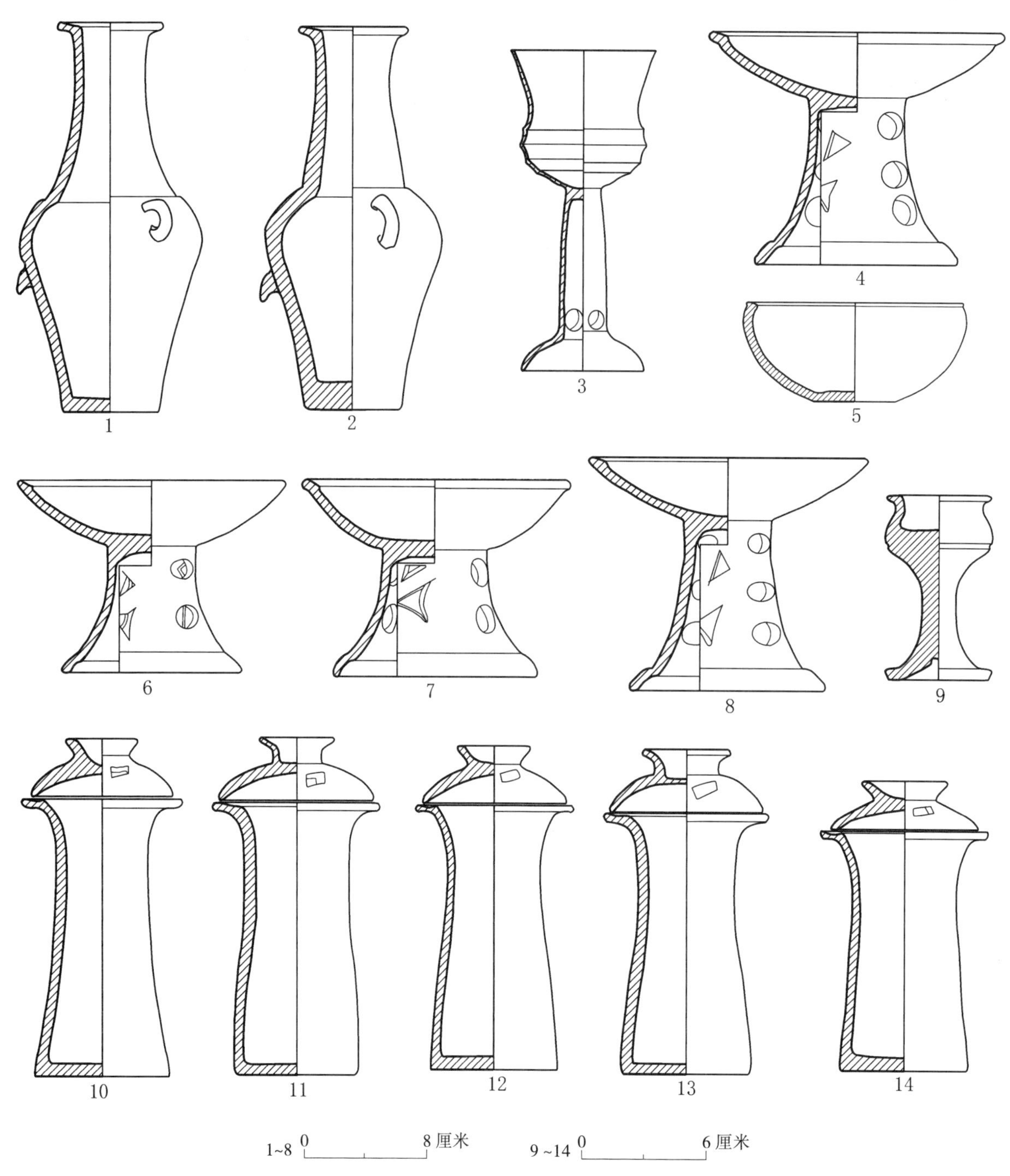

图三六四　大汶口文化M242出土器物

1、2. 陶背壶（M242∶5、6）　3. 陶薄胎高柄杯（M242∶4）　4、6~8. 陶豆（M242∶22、19、21、20）　5. 陶钵（M242∶16）　9. 陶厚胎高柄杯（M242∶7）　10~14. 陶筒形杯（M242∶3、1、13、2、12）

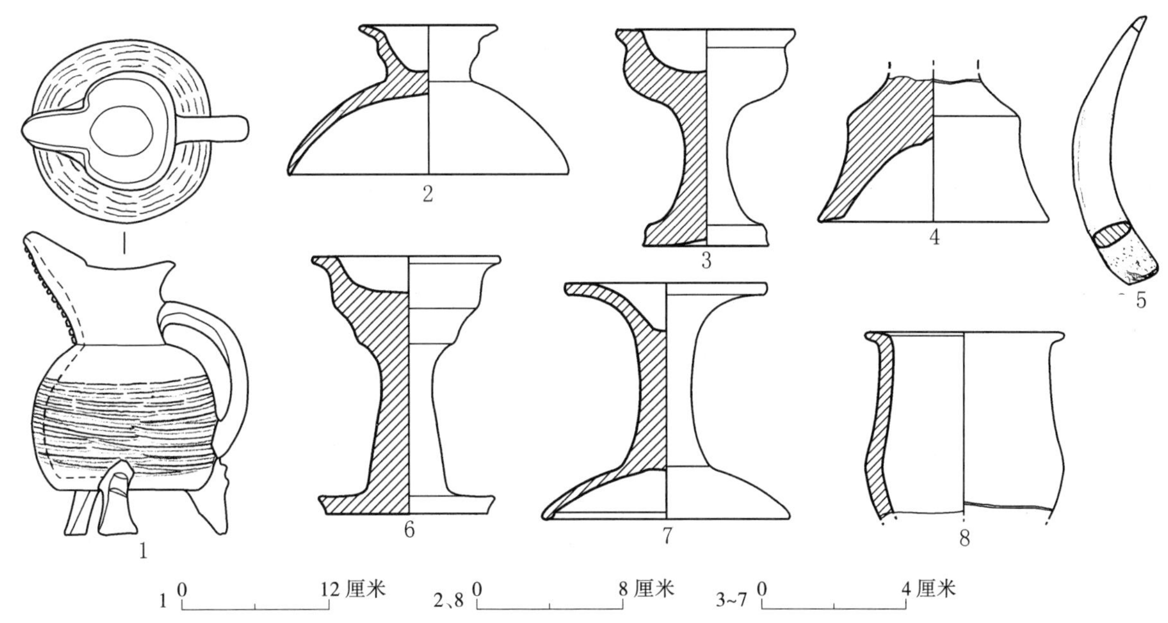

图三六五　大汶口文化 M242 出土器物

1. 陶鬶（M242∶11）　2、7. 陶器盖（M242∶18、14）　3、6. 陶厚胎高柄杯（M242∶8、9）　4. 陶圈足杯（M242∶15）　5. 獐牙（M242∶10）　8. 陶杯（M242∶17）

米。（图三六五，4；图版三〇四，5）

M242∶16，陶钵。泥质黑陶，敛口，圆唇，弧腹，平底。口沿下饰有一周细弦纹。口径 13.6、底径 5.2、高 6.1 厘米。（图三六四，5；图版三〇四，8）

M242∶17，陶杯。夹砂、夹蚌黑陶，侈口，圆唇，鼓腹，以下残。口径 11.1、残高 9.8 厘米。（图三六五，8）

M242∶18，陶器盖。泥质灰陶，覆碟形，喇叭形捉手，盖壁斜弧。捉手径 7.4、口径 15.0、高 8.0 厘米。（图三六五，2；图版三〇四，7）

M242∶19，陶豆。泥质红褐陶，敞口，圆唇，弧壁，浅盘，矮柄，喇叭形圈足，柄部 2 竖排圆形镂孔和 2 竖排弧边三角形镂孔对称分布。口径 17.1、足径 11.1、高 11.9 厘米。（图三六四，6；图版三〇三，3）

M242∶20，陶豆。泥质红褐陶，敞口，圆唇，弧壁，浅盘，粗柄，喇叭形圈足。柄部 3 竖排圆形镂孔和 2 竖排弧边三角形镂孔对称交错分布。口径 17.6、足径 12.2、高 14.4 厘米。（图三六四，8；图版三〇三，4）

M242∶21，陶豆。泥质红褐陶，敞口，圆唇，弧壁，浅盘，矮柄，喇叭形圈足。柄部 2 竖排圆形镂孔和 2 竖排弧边三角形镂孔对称交错分布。口径 16.4、足径 12.8、高 12.2 厘米。（图三六四，7；图版三〇三，5）

M242∶22，陶豆。泥质红褐陶，敞口，圆唇，弧壁，浅盘，粗柄，喇叭形圈足。柄部 3 竖排圆形镂孔和 2 竖排弧边三角形镂孔对称交错分布。口径 18.4、足径 12.4、高 14.4 厘米。（图三六四，4；图版三〇三，6）

M243

位于ⅢT4808中部略偏东南，开口于第8层下，打破第9、10层，且被开口于同一层位下的H515打破以及被第8层下的HT1叠压。平面为略呈梯形的竖穴土坑墓，墓坑长2.4、宽0.9～1.0、残深0.68米。方向96°。四周都有熟土二层台，东、南、西、北宽分别为0.27、0.21～0.28、0.27、0.22米，高0.28米。填土呈灰褐色，土质较硬。葬具为棺，已朽蚀殆尽，仅剩棺痕。单人仰身直肢葬，头向东，面向南。头骨破碎，肢骨保存状况较好。经鉴定，墓主为年龄40～44岁的女性。随葬品26件（套），集中置于墓主身体左侧、二层台的南侧及西南角，计有陶厚胎高柄杯6件（套），陶豆、壶各4件，陶器盖3件，陶圈足杯2件，陶盆、罐、薄胎高柄杯、鬶、杯、筒形杯、小鼎各1件。（图三六六；图版三〇五，1、2、4）

完整及可修复器物25件（套）。

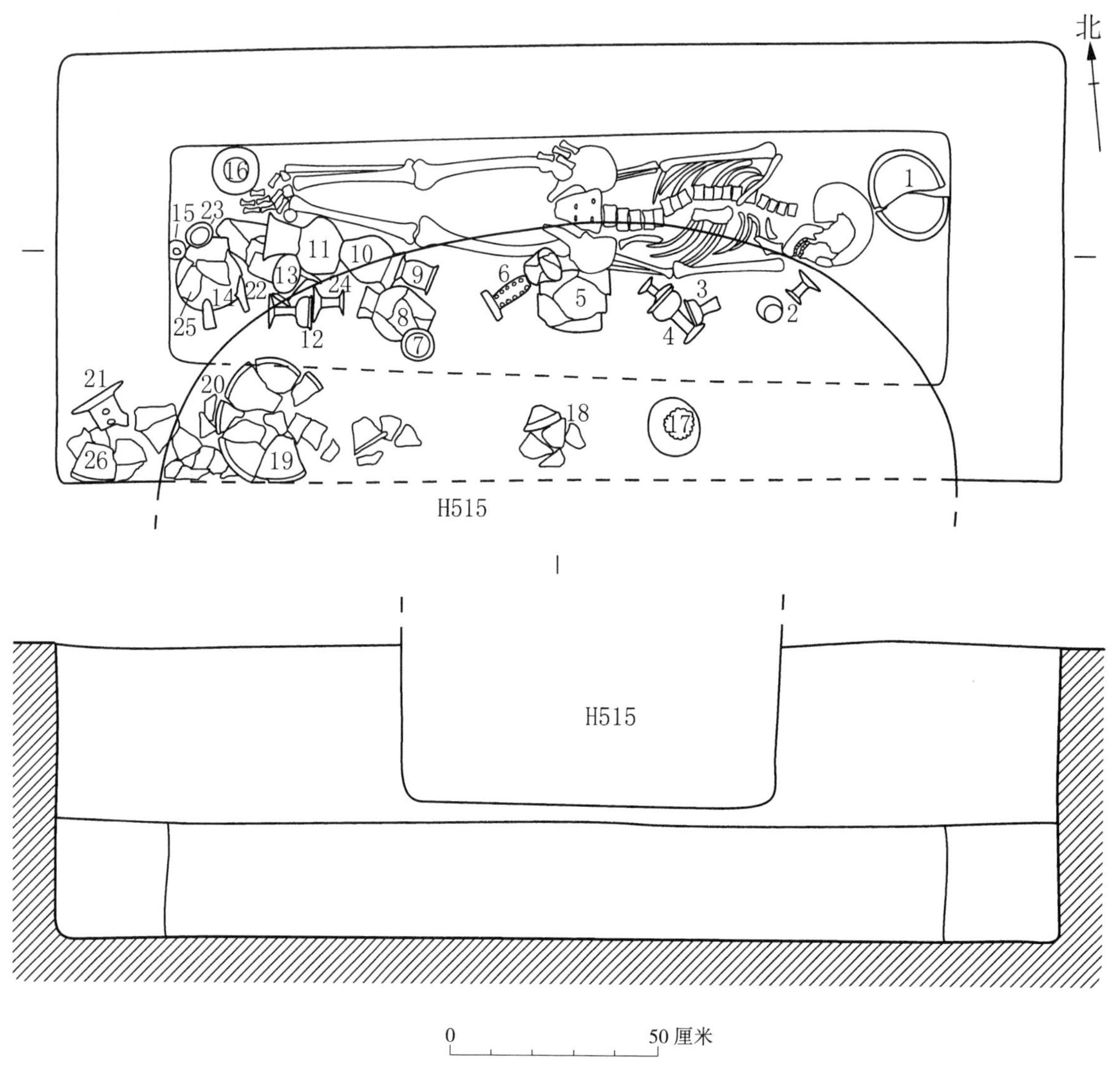

图三六六 大汶口文化M243平、剖面图

1. 陶盆 2～4、7、12、22. 陶厚胎高柄杯 5. 陶罐 6. 陶薄胎高柄杯 8、10、11、13. 陶壶 9、24. 陶圈足杯 14. 陶鬶 15. 陶杯 16、17、20. 陶器盖 18、19、21、26. 陶豆 23. 陶筒形杯 25. 小陶鼎

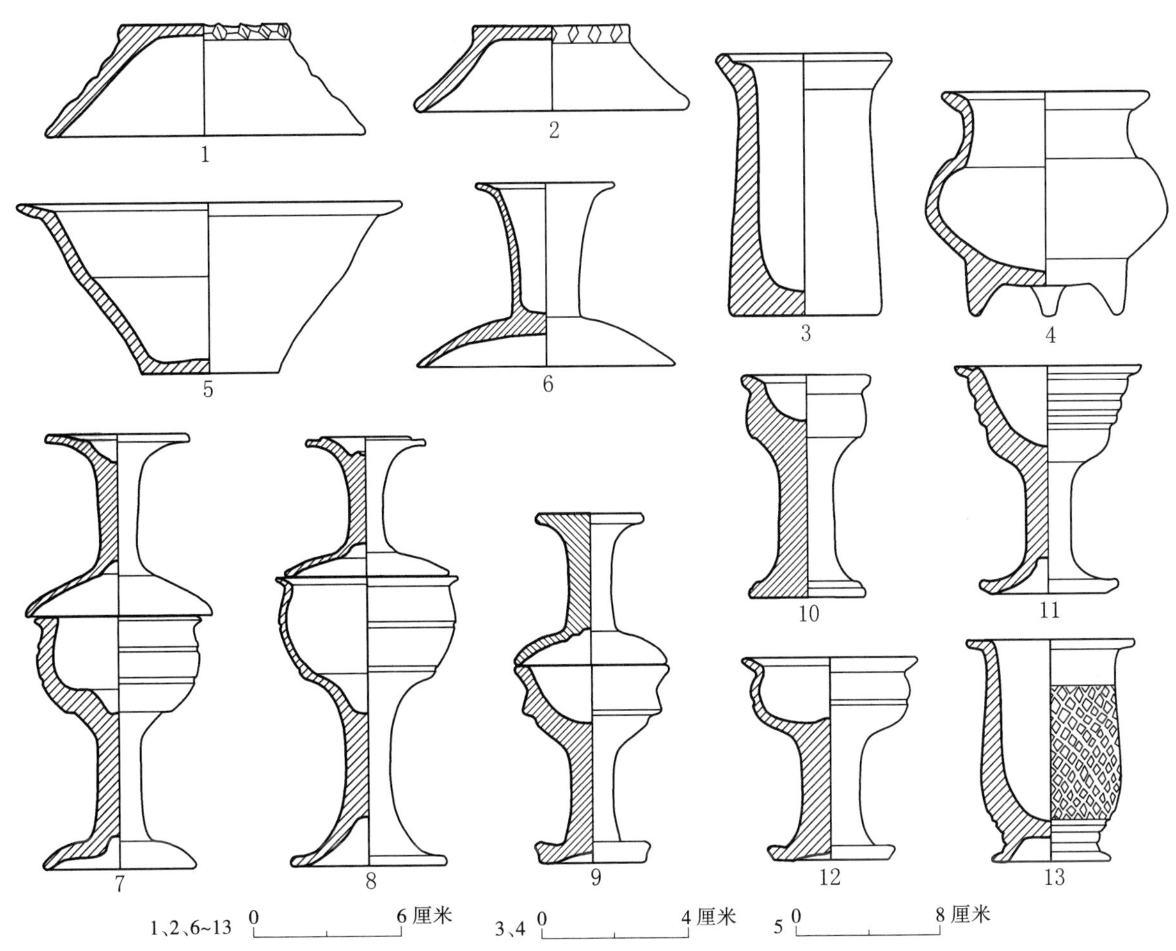

图三六七　大汶口文化 M243 出土器物

1、2、6. 陶器盖（M243∶17、16、20）　3. 陶筒形杯（M243∶23）　4. 小陶鼎（M243∶25）　5. 陶盆（M243∶1）　7～12. 陶厚胎高柄杯（M243∶12、4、2、22、7、3）　13. 陶圈足杯（M243∶9）

M243∶1，陶盆。泥质灰陶，敞口，圆唇，折沿，折腹，平底。口径 21.0、底径 7.4、高 9.0 厘米。（图三六七，5；图版三〇六，1）

M243∶2，陶厚胎高柄杯，带盖。泥质红褐陶，侈口，平沿，折腹，细柄，平底内凹。腹中部饰突棱一道。覆豆形器盖。夹砂灰褐陶，圆饼状捉手，细柄，弧壁。杯口径 6.2、底径 4.3、高 7.8 厘米；盖捉手径 4.1、口径 6.0、高 6.0 厘米。（图三六七，9；图版三〇八，1）

M243∶3，陶厚胎高柄杯。夹细砂灰陶，侈口，尖圆唇，折沿，弧腹，高柄，平底略内凹，腹部饰一道凹弦纹。口径 7.1、底径 4.5、高 8.0 厘米。（图三六七，12；图版三〇八，4）

M243∶4，陶厚胎高柄杯，带盖。泥质灰陶，侈口，尖圆唇，短折沿，弧鼓腹，细高柄，喇叭形圈足。腹部饰 2 道凹弦纹。覆豆形器盖，喇叭形捉手，细柄，盖壁斜弧。杯口径 7.5、足径 6.1，高 11.4 厘米；盖捉手径 4.8、口径 6.6、高 5.3 厘米。（图三六七，8；图版三〇八，2）

M243∶5，陶罐。泥质黑陶，侈口，圆唇，折沿，深腹，腹下部内折，平底。口径 12.5、底径 6.8、高 16.2 厘米。（图三六八，11；图版三〇九，1）

图三六八 大汶口文化M243出土器物

1. 陶鬶（M243∶14） 2、5、9. 陶豆（M243∶18、26、21） 3、6、7、10. 陶壶（M243∶13、8、11、10） 4. 陶薄胎高柄杯（M243∶6） 8. 陶器圈足（M243∶24） 11. 陶罐（M243∶5） 12. 陶杯（M243∶15）

M243∶6，陶薄胎高柄杯。泥质黑陶，敞口，上腹弧凹，下腹鼓突，高柄，上部略细，下部较粗，台式圈足。杯腹部饰有凹弦纹及4组斜线刻划纹。柄部满饰圆形及菱形镂孔组成的纹饰。口径9.0、足径7.4、高21.4厘米。（图三六八，4；图版三〇九，2）

M243∶7，陶厚胎高柄杯。泥质灰陶，侈口，尖唇，平沿微凹，细柄，喇叭形矮圈足。腹

部饰4道凹弦纹。口径7.8、足径4.5、高9.0厘米。(图三六七，11；图版三〇八，5)

M243:8，陶壶。泥质灰陶，侈口，平沿，粗颈，鼓肩，弧腹，平底。口径10.0、底径5.8、高17.0厘米。(图三六八，6；图版三〇六，2)

M243:9，陶圈足杯。泥质灰褐陶，侈口，圆唇，平沿，深弧腹，喇叭形矮圈足。腹部饰不甚规整的网格纹，足腹交界处饰有3道凹弦纹。口径6.9、足径4.8、高8.8厘米。(图三六七，13；图版三〇九，3)

M243:10，陶壶。泥质灰陶，侈口，尖圆唇，平沿，粗颈，圆肩，弧腹内收，平底。口径9.6、底径5.8、高16.0厘米。(图三六八，10；图版三〇七，1)

M243:11，陶壶。夹砂黄白陶，侈口，圆唇，短沿，喇叭形高颈，扁鼓腹，下部内折，平底。口径11.6、底径8.4、最大腹径14.2、高17.6厘米。(图三六八，7；图版三〇七，2)

M243:12，陶厚胎高柄杯，带盖。泥质红褐陶，直口微敛，平沿，腹部弧鼓，细高柄，喇叭形圈足。腹部饰有2道凹弦纹。覆豆形器盖。泥质黑陶，喇叭形捉手，细柄，盖壁斜弧。口径7.0、底径6.3、高10.0厘米；盖捉手径6.0、口径7.8、高7.2厘米。(图三六七，7；图版三〇八，3)

M243:13，陶壶。泥质黑陶，侈口，圆唇，平沿，高颈，鼓肩，深弧腹，平底。颈肩部饰有4道不规则的凹弦纹。口径8.8、底径6.3、高22.4厘米。(图三六八，3；图版三〇七，3)

M243:14，陶鬶。夹砂红褐陶，侈口，流略长，粗颈，球腹，圜底，半环形把手，三凿形足。每个足的根部饰有2个捺窝，器腹满饰篮纹。最大腹径15.6、通高22.8厘米。(图三六八，1；图版三〇五，3)

M243:15，陶杯。泥质黑陶，侈口，圆唇，直腹，腹以下部位残，残断处可见有打磨平整痕迹。腹部饰有凹弦纹及菱形刻划纹。口径6.4、残高7.2厘米。(图三六八，12；图版三〇九，5)

M243:16，陶器盖。覆盆形，夹砂灰褐陶，圆形捉手，边缘加工成花边状，盖壁斜弧。捉手径6.4、口径11.1、高3.4厘米。(图三六七，2；图版三〇六，3)

M243：17，陶器盖。覆盆形，夹细砂红褐陶，圆形捉手，边缘加工成花边状，盖壁略有起伏。捉手径6.8、口径13.0、高4.4厘米。(图三六七，1；图版三〇六，4)

M243:18，陶豆。泥质黑陶，敞口，尖圆唇，弧壁，高柄，喇叭形圈足底部出台。柄部饰有圆形及弧边三角形镂孔组成的纹饰。口径24.0、足径14.0、高21.8厘米。(图三六八，2；图版三〇七，4)

M243:20，陶器盖。泥质黑陶，覆豆形，高喇叭状空心捉手，弧壁。捉手径5.4、口径10.5、高9.2厘米。(图三六七，6；图版三〇六，5)

M243:21，陶豆。泥质灰褐陶，敞口，平沿，深盘，折壁，矮柄，喇叭形圈足。柄部饰有圆形及弧边三角形镂孔。口径20.2、足径11.23、高13.0厘米。(图三六八，9；图版三〇七，5)

M243:22，陶厚胎高柄杯。夹砂黑褐陶，侈口，短折沿，弧鼓腹，高柄，平底。口径5.3、底径4.8、高8.8厘米。(图三六七，10；图版三〇八，6)

M243:23，陶筒形杯。泥质灰褐陶，侈口，圆唇，折沿，沿面微凹，直筒形腹，平底。口

径4.4、底径4.0、高7.0厘米。(图三六七，3；图版三〇九，6)

M243:24，陶圈足杯。泥质黑陶，侈口，深弧腹，矮圈足。口径6.4、底径4.5、高8.9厘米。(图三六八，8；图版三〇九，4)

M243:25，小陶鼎。泥质黑陶，侈口，圆唇，扁鼓腹，底近平，附有三小足。口径6.0、最大腹径6.6、高5.9厘米。(图三六七，4；图版三〇六，6)

M243:26，陶豆。夹细砂灰陶，敞口，宽折沿，弧壁，豆盘较深，喇叭形圈足。柄部饰有圆形及弧边三角形镂孔。口径17.4、底径11.4、高15.2厘米。(图三六八，5；图版三〇七，6)

M244

位于ⅢT4808东南部，开口于第8层下，打破第9、10层，且叠压于同一层位的HT1下。平面为略呈梯形的竖穴土坑墓，墓口长2.35、宽0.82～1.0、残深0.76米。方向96°。西、南、北侧有熟土二层台，宽分别为0.26、0.2、0.2米，厚0.36米。填土呈灰褐色，土质较硬。葬具为棺，已朽蚀殆尽，有棺痕。单人侧身直肢葬，头向东，面向南。骨架保存状况较好。经鉴定，墓主为年龄约50岁的女性。随葬品11件，计有陶豆、背壶各2件，陶簋形器、罐、鬶、钵、薄胎高柄杯、器盖各1件，玉镯1件。填土中出土陶筒形杯1件。(图三六九；图版三一〇，1～4)

完整及可修复器物12件。

M244:1，玉镯。直径8.2、厚1.9厘米。(图三七〇，10；图版三一一，1)

M244:2，陶簋形器，带盖。泥质灰褐陶，子母口，口下部有3个对称小纽，斜直壁，喇叭形圈足。足部饰一行7个圆形或半圆形镂孔。器盖。泥质灰陶，小喇叭形捉手，斜直壁，口近直。器口径10.7、足径9.1、高14.4厘米；盖捉手径2.2、口径12.0、高8.8厘米。(图三七〇，9；图版三一一，3)

M244:3，陶豆。泥质黑褐陶，子母口，折壁，浅盘，高柄，喇叭形圈足。口径6.7、足径6.5、高9.9厘米。(图三七〇，6；图版三一二，1)

M244:4，陶豆，带盖。泥质黑陶，子母口，弧壁，浅盘，柄较矮，喇叭形圈足。器盖，小喇叭形捉手，弧壁，口近直。杯口径5.4、足径7.0、高7.7厘米；盖捉手径3.8、口径6.7、高3.2厘米。(图三七〇，5；图版三一二，2)

M244:5，陶薄胎高柄杯。泥质黑陶，敞口，尖圆唇，上腹弧凸，下腹弧鼓，细高柄，台式圈足。腹部饰有细凹弦纹，柄部饰有圆形及小三角形镂孔。口径8.9、足径7.6、高27.2厘米。(图三七〇，1；图版三一一，4)

M244:6，陶背壶。夹砂灰陶，侈口，折沿，圆肩，肩下一对环形耳，正对两耳处的腹另一侧有一鸟喙状突纽，弧腹，平底。口径6.6、底径5.8、高19.0厘米。(图三七〇，4；图版三一一，5)

M244:7，陶背壶。泥质灰陶，侈口，高颈，鼓肩，弧腹内收，肩腹部饰有一对半环形耳，正对两耳略偏下的腹另一侧饰一鸟喙状突纽，平底。口径7.4、底径6.6、高23.8厘米。(图三七〇，3；图版三一一，6)

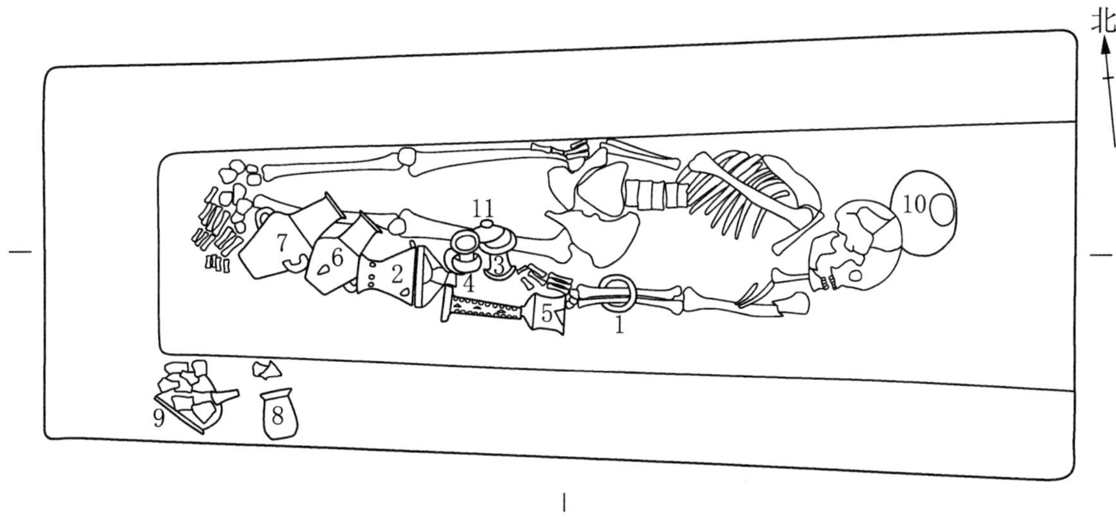

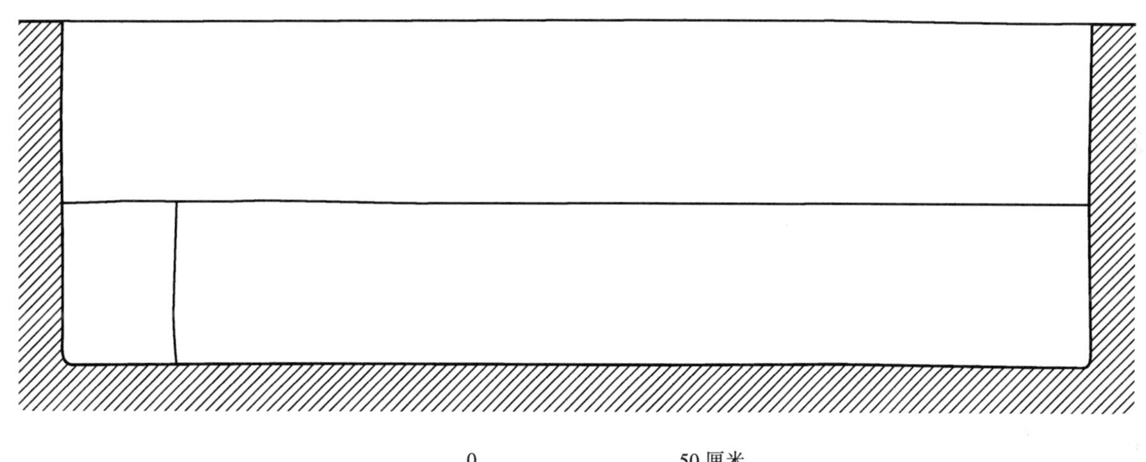

图三六九　大汶口文化 M244 平、剖面图

1. 玉镯　2. 陶簋形器　3、4. 陶豆　5. 陶薄胎高柄杯　6、7. 陶背壶　8. 陶罐　9. 陶鬶　10. 陶钵　11. 陶器盖

M244∶8，陶罐，泥质灰褐陶，侈口，折沿，束颈，弧腹略垂，平底。口径 10.2、底径 6.8、高 13.4 厘米。（图三七〇，12；图版三一一，7）

M244∶9，陶鬶。夹砂红褐陶，侈口，冲天式流，粗矮颈，圆腹，大平底。正对流嘴的一侧自颈腹之间跨附半环形把手，三柱状实心足。腹底部饰有附加堆纹，器身满饰浅篮纹。最大腹径 13.8、通高 24.4 厘米。（图三七〇，2；图版三一二，4）

M244∶10，陶钵。泥质黑陶，敛口，圆唇，弧腹内收，小平底。口径 16.2、底径 6.7、高 9.6 厘米。（图三七〇，8；图版三一二，5）

M244∶11，陶器盖。泥质黑陶，小喇叭形捉手，盖壁斜弧。捉手径 2.8、口径 7.0、高 2.7 厘米。（图三七〇，7；图版三一一，2）

M244∶01，陶筒形杯。夹砂红陶，胎质较厚，方圆唇，弧腹内收，平底略内凹。口径 4.8、底径 4.2、高 6.4 厘米。（图三七〇，11；图版三一二，3）

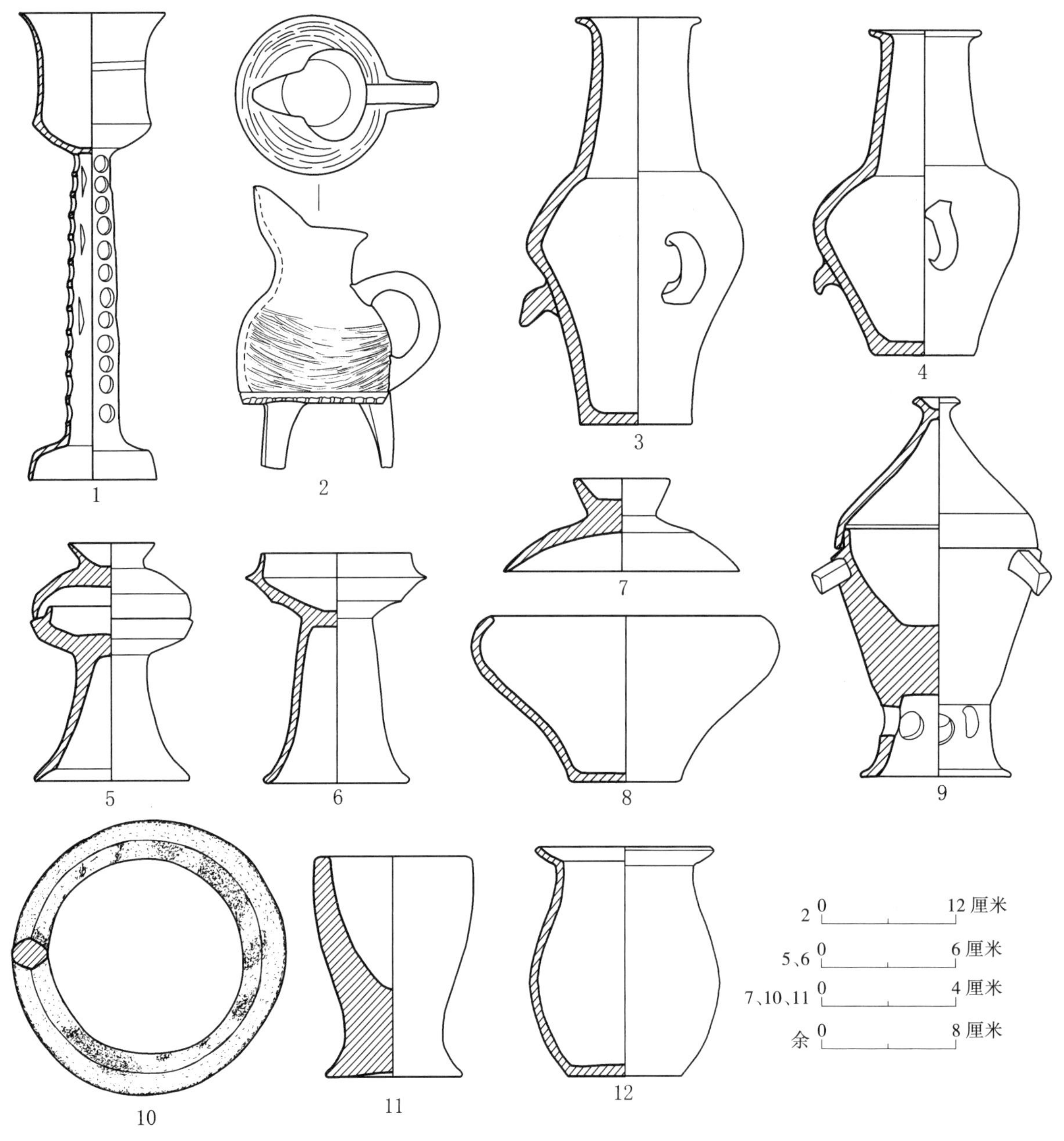

图三七〇　大汶口文化M244出土器物

1. 陶薄胎高柄杯（M244:5）　2. 陶鬶（M244:9）　3、4. 陶背壶（M244:7、6）　5、6. 陶豆（M244:4、3）　7. 陶器盖（M244:11）　8. 陶钵（M244:10）　9. 陶篮形器（M244:2）　10. 玉镯（M244:1）　11. 陶杯（M244:01）　12. 陶罐（M244:8）

M245

位于ⅢT4709、T4708、T4809、T4808四个探方的交界处，墓坑开口于第8层下，打破第9层。长方形竖穴土坑墓，墓坑长2.3、宽0.9、深0.6米。方向100°。西、南、北三侧有熟土二层台，宽分别为0.15、0.21、0.21米，高0.2米。填土为黄色花土，土质略硬。未见葬具。单人仰身直肢葬，头向东南，面向西南。头骨残缺，肢骨保存较好。经鉴定，墓主为年龄40~44岁的女性。随葬品18件，多集中置于墓主的头、足部以及二层台的西南角，计有陶

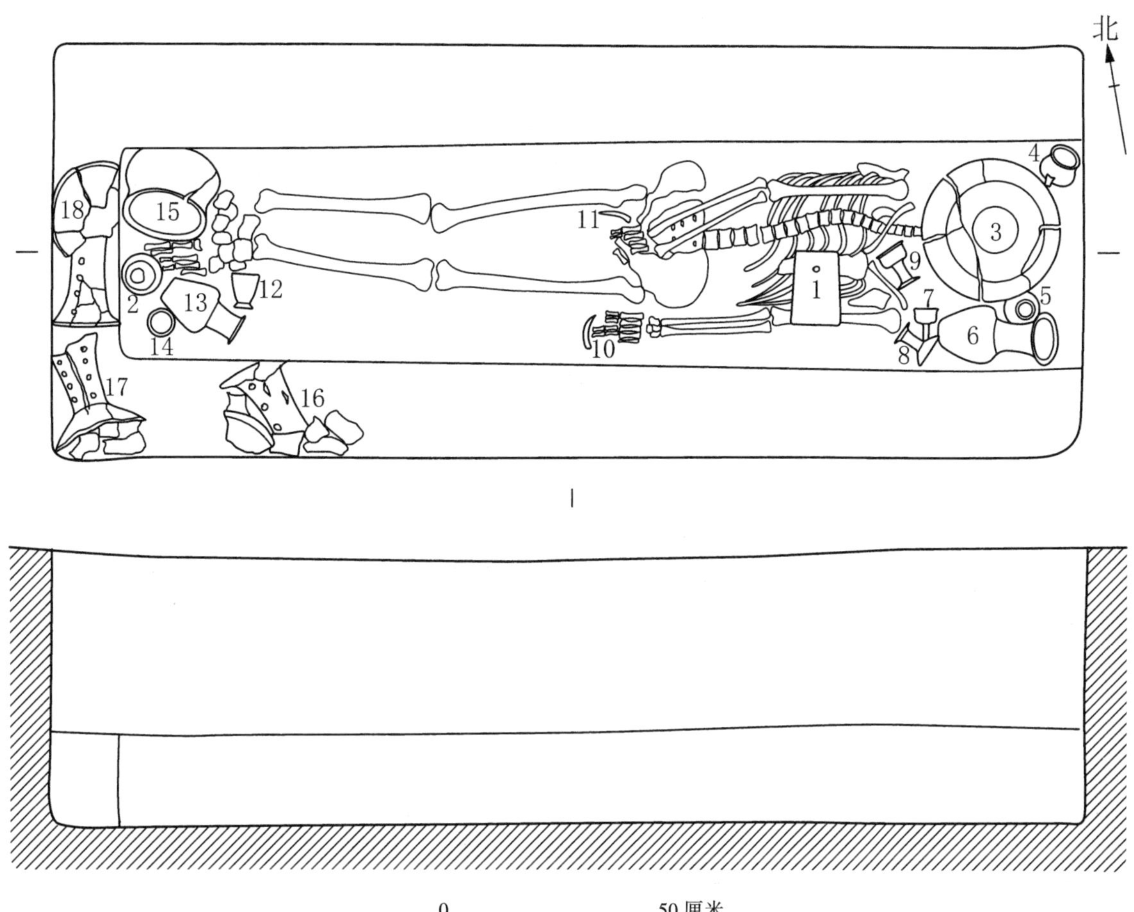

图三七一　大汶口文化 M245 平、剖面图

1. 石钺　2. 陶薄胎高柄杯　3. 陶盆　4. 陶鼎　5. 陶圈足杯　6、13、14. 陶壶　7～9. 陶厚胎高柄杯　10、11. 獐牙　12. 陶筒形杯　15. 陶罐　16～18. 陶豆

厚胎高柄杯、豆、壶各 3 件，陶薄胎高柄杯、盆、鼎、圈足杯、筒形杯、罐各 1 件，獐牙 2 件，石钺 1 件。（图三七一；图版三一三，1）

完整及可修复器物 18 件。

M245∶1，石钺。略呈上窄下宽的梯形，双面刃，上部有一单面钻形成的钻孔。长 16.0、宽 8.8～11.1、最厚 0.9、孔径 0.8～1.25 厘米。（图三七二，10；图版三一三，2）

M245∶2，陶薄胎高柄杯。泥质黑陶，侈口，尖圆唇，杯身上腹弧凹，下腹鼓突，高柄两端较细，中部微鼓，台式圈足。柄部满饰菱形及圆形相间的镂孔。口径 10.0、足径 9.1、高 22.0 厘米。（图三七二，2；图版三一三，3）

M245∶3，陶盆。泥质灰陶，敞口，宽折沿，折腹，平底。口径 30.2、底径 12.0、高 13.0 厘米。（图三七二，9；图版三一三，4）

M245∶4，小陶鼎。泥质红陶，侈口，短折沿，弧腹，大平底，三个实心锥状足。口径 6.2、最大腹径 7.6、高 6.6 厘米。（图三七二，3；图版三一三，5）

M245∶5，陶圈足杯。泥质灰陶，直口，平沿，斜直腹，矮圈足。口径 6.1、足径 4.0、高

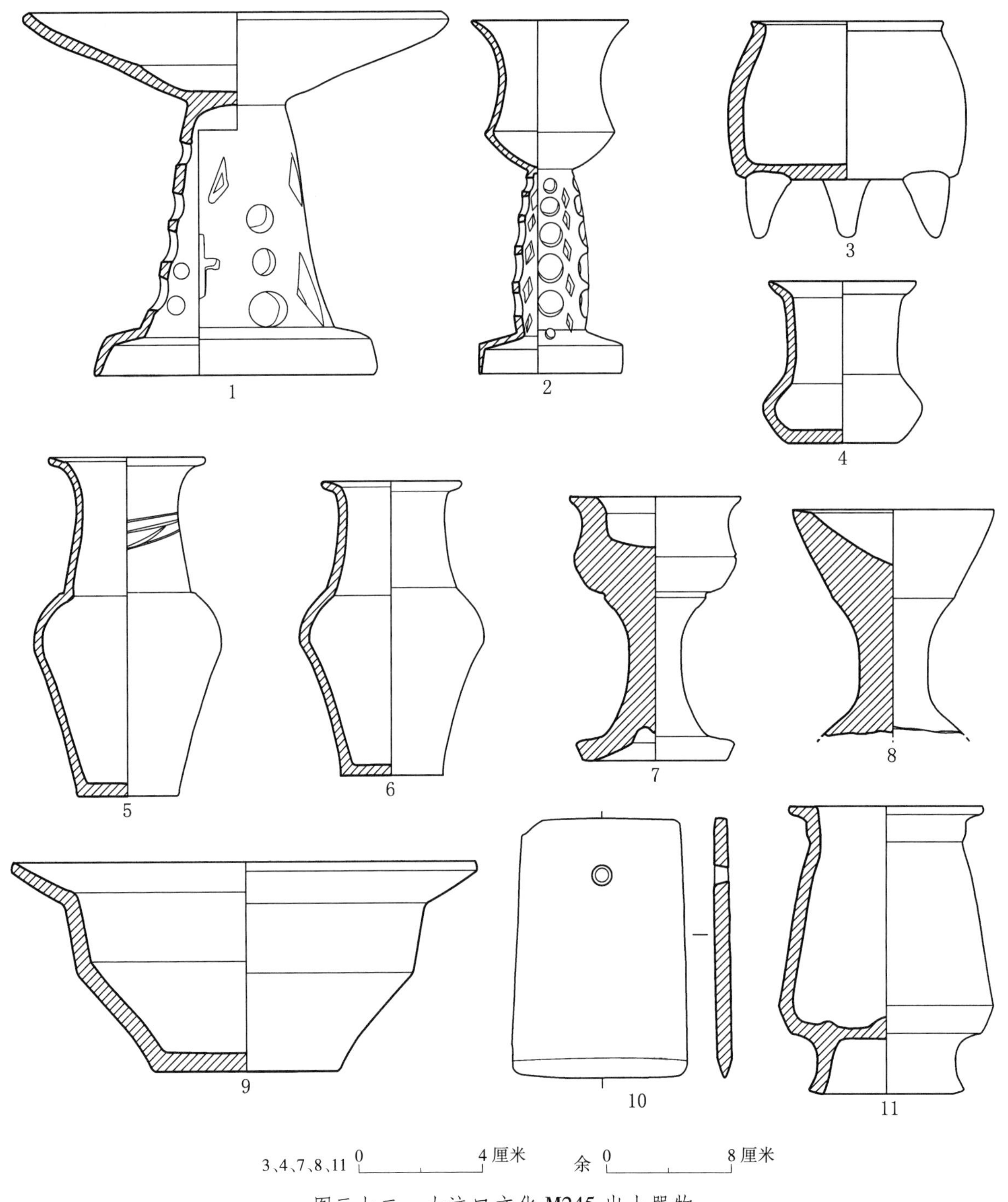

图三七二　大汶口文化 M245 出土器物

1. 陶豆（M245∶16）　2. 陶薄胎高柄杯（M245∶2）　3. 陶鼎（M245∶4）　4～6. 陶壶（M245∶14、6、13）
7、8. 陶厚胎高柄杯（M245∶9、8）　9. 陶盆（M245∶3）　10. 石钺（M245∶1）　11. 陶圈足杯（M245∶5）

8.9 厘米。（图三七二，11；图版三一四，1）

M245∶6，陶壶，侈口，折沿，高颈，鼓肩，弧腹内收，平底。颈部有数道不规则的弦纹。口径 9.9、底径 6.7、高 21.0 厘米。（图三七二，5；图版三一五，1）

M245∶7，陶厚胎高柄杯。夹砂灰陶，直口微侈，沿外折，弧鼓腹，细柄，矮圈足。腹部饰有 1 道凹弦纹，口径 4.5、足径 5.4、高 9.4 厘米。（图三七三，4；图版三一四，4）

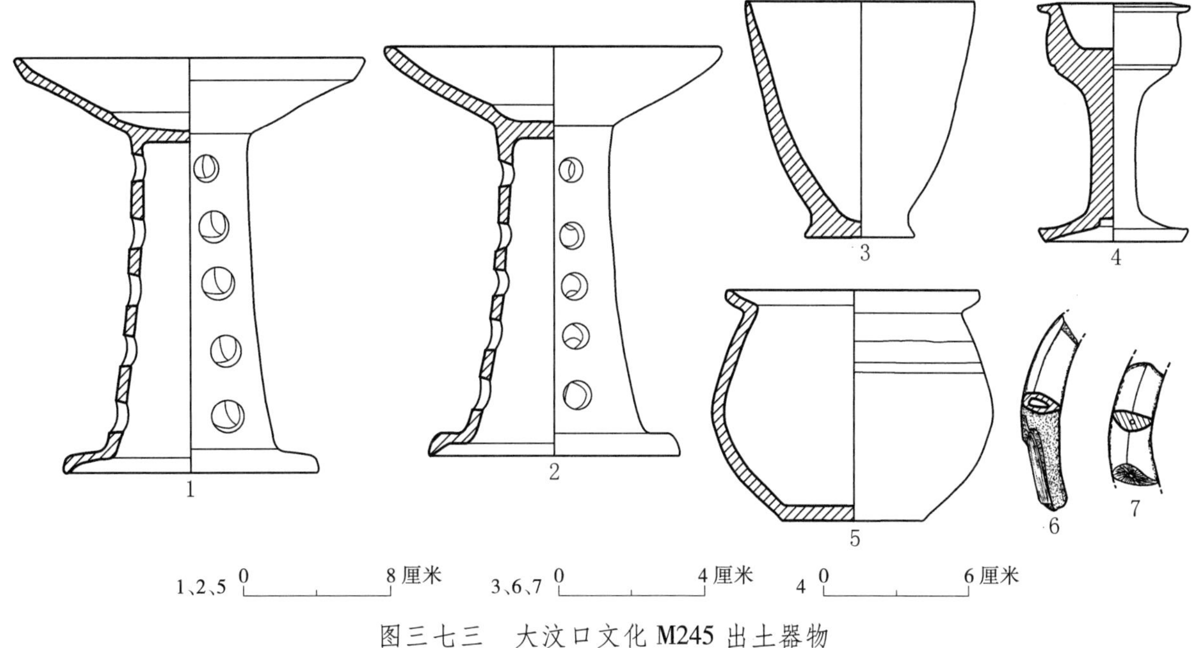

图三七三　大汶口文化 M245 出土器物

1、2. 陶豆（M245∶17、18）　3. 陶筒形杯（M245∶12）　4. 陶厚胎高柄杯（M245∶7）　5. 陶罐（M245∶15）
6、7. 獐牙（M245∶10、11）

M245∶8，陶厚胎高柄杯。夹砂红褐陶，侈口，斜腹，短柄，底残。口径 6.4、残高 7.0 厘米。（图三七二，8；图版三一四，5）

M245∶9，陶厚胎高柄杯。夹砂灰褐陶，侈口，尖圆唇，平沿，弧鼓腹，细柄，喇叭形圈足。腹部饰有 1 道凹弦纹，口径 5.4、底径 4.6、高 8.2 厘米。（图三七二，7；图版三一四，6）

M245∶10，獐牙。尖部和尾部残断，局部磨制光滑。残长 5.0 厘米。（图三七三，6）

M245∶11，獐牙。首尾似被锯断，切口平整，局部磨光。残长 3.2 厘米。（图三七三，7）

M245∶12，陶筒形杯。泥质黑陶，口近直，尖圆唇，斜直腹，平底。口径 6.2、底径 2.9、高 6.2 厘米。（图三七三，3；图版三一四，2）

M245∶13，陶壶。泥质黑陶，侈口，圆唇，短折沿，粗高颈，鼓肩，弧腹内收，平底。口径 9.0、底径 6.6、高 18.2 厘米。（图三七二，6；图版三一五，2）

M245∶14，陶壶。泥质黑陶，侈口，尖圆唇，折沿，粗直颈，扁鼓腹，平底。口径 4.6、底径 3.5、高 5.0 厘米。（图三七二，4；图版三一四，3）

M245∶15，陶罐。侈口，圆唇，折沿，弧鼓腹，平底，肩部饰有 3 道细凹弦纹。口径 13.6、底径 7.6、高 12.1 厘米。（图三七三，5；图版三一五，3）

M245∶16，陶豆。泥质灰陶，敞口，圆唇，斜直壁略内凹，粗高柄，台式圈足。柄部饰有圆形、三角形及十字形镂孔。口径 26.7、足径 17.6、高 22.7 厘米。（图三七二，1；图版三一五，4）

M245∶17，陶豆。夹砂灰褐陶，敞口，弧壁略折，浅盘，高柄，台阶状喇叭形圈足。柄部饰有 3 竖排对称分布的圆形镂孔。口径 18.8、足径 13.6、高 22.0 厘米。（图三七三，1；图版三一五，5）

M245∶18，陶豆。泥质灰陶，敞口，斜壁，浅盘，高柄，台阶状喇叭形圈足。柄上饰有 3 竖排对称分布的圆形镂孔。口径 18.0、足径 13.2、高 21.6 厘米。（图三七三，2；图版三一

五，6）

M246

位于ⅢT4708中部略偏北，墓坑开口于第8层下，打破第9层，且被开口于同一层位下的H504打破。陶棺葬，墓坑长1.8、宽0.43、深0.04～0.08米。方向105°。填土呈灰褐色，土质较硬，含烧土颗粒。将陶鼎打碎后铺于墓底及盖于骨架上用作葬具。单人仰身直肢葬，头向东南，面向不详。骨架保存状况较差，头骨无存。年龄为约15～17岁少年，性别不明。随葬品4件，置于墓主胸前及膝盖处，计有陶厚胎高柄杯、筒形杯、圈足杯、钵各1件。葬具未修复。（图三七四；图版三一六，1）

M246∶1，陶厚胎高柄杯。夹细砂灰陶，侈口，尖圆唇，沿外折，弧腹，腹部饰一道突棱，短柄，平底。口径4.2、底径3.4、高6.4厘米。（图三七五，1；图版三一六，4）

M246∶2，陶钵。夹砂夹蚌灰陶，敞口，圆唇，折沿，弧腹，近圜底。口径17.2、高8.9厘米。（图三七五，4；图版三一六，2）

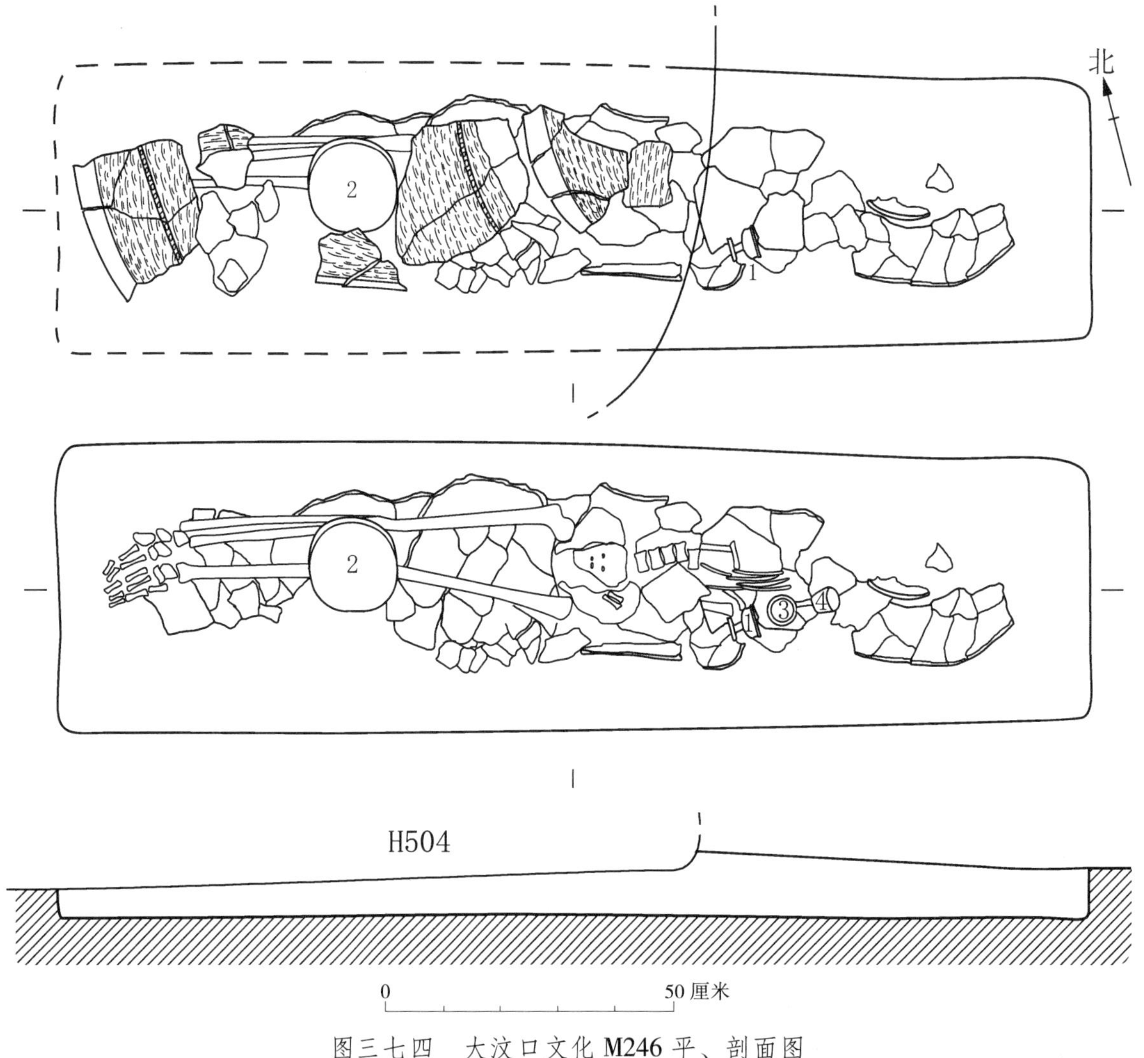

图三七四　大汶口文化M246平、剖面图

1. 陶厚胎高柄杯　2. 陶钵　3. 陶筒形杯　4. 陶圈足杯

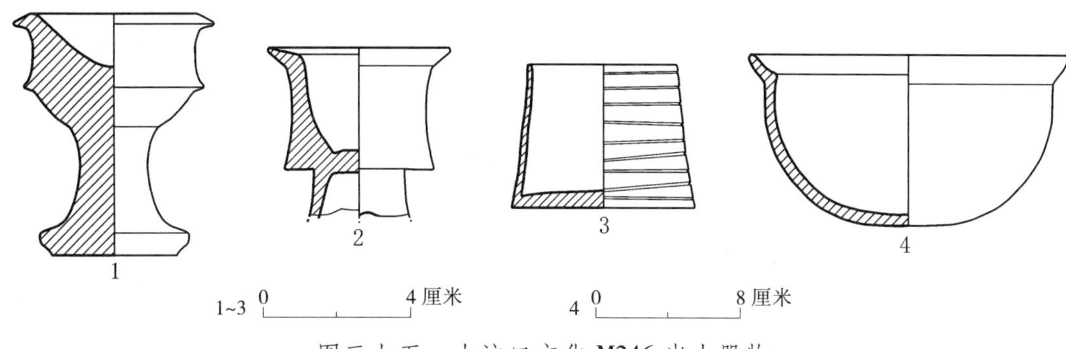

图三七五　大汶口文化 M246 出土器物

1. 陶厚胎高柄杯（M246:1）　2. 陶圈足杯（M246:4）　3. 陶筒形杯（M246:3）　4. 陶钵（M246:2）

M246:3，陶筒形杯。泥质黑陶，直口，斜直腹，平底。腹部饰9道凹弦纹。口径4.2、底径5.0、高3.8厘米。（图三七五，3；图版三一六，5）

M246:4，陶圈足杯。泥质黑陶，侈口，尖圆唇，折沿，弧直腹，圈足残。口径4.9、残高4.5厘米。（图三七五，2；图版三一六，6）

M246:5，陶鼎。葬具。侈口，宽折沿，弧腹。残高约22.3厘米。（图版三一六，3）

M247

位于ⅢT4708中略偏西，墓坑开口于第8层下，打破第9层，且被开口在第7层下的H517打破。瓮棺葬，墓口残长0.5、墓底长0.75、宽0.46、残深0.08~0.19米。方向97°。填土呈灰褐色，土质较硬，含烧土颗粒。葬具为陶鼎，在其内发现婴儿骨架一具，骨架保存状况差，年龄约刚出生，性别年龄不详。墓内未发现有随葬品。修复葬具陶鼎2件。（图三七六；图版三一七，1）

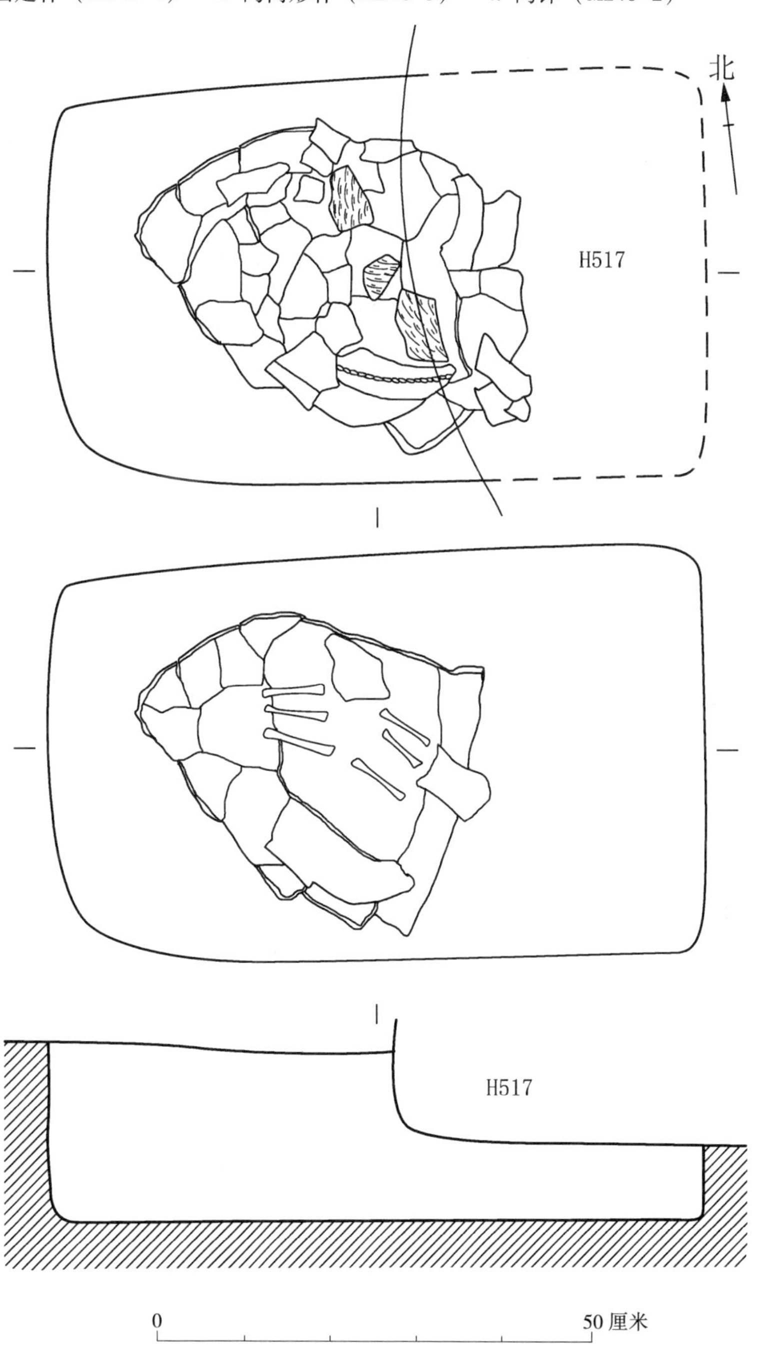

图三七六　大汶口文化 M247 平、剖面图

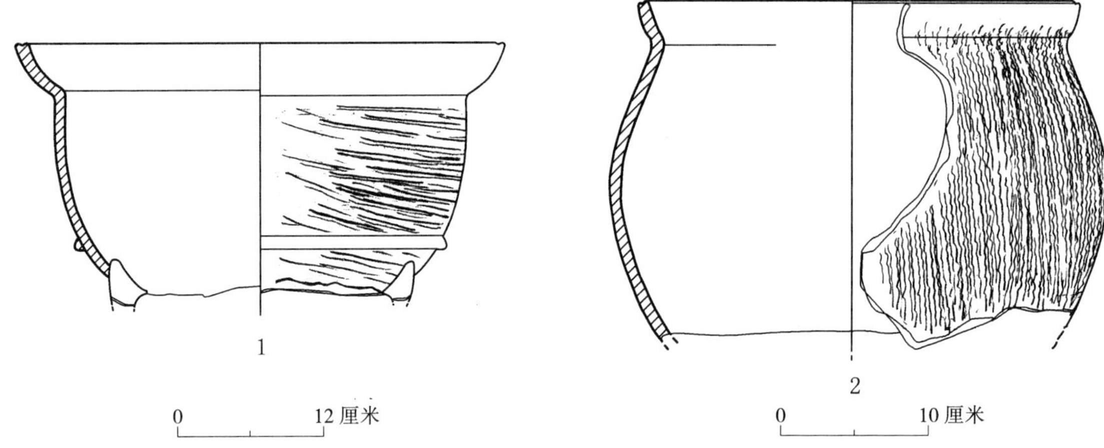

图三七七 大汶口文化 M247 葬具

1、2. 陶鼎（M247∶1、2）

M247∶1，陶鼎。葬具。夹砂夹蚌红褐陶，敞口，方唇，唇面内凹，折沿，鼓腹，底及三足残。腹部饰有一周突棱，凸棱上饰篮纹。口径 40.0、残高 20.0 厘米。（图三七七，1；图版三一七，2、3）

M247∶2，陶鼎。葬具。夹砂夹蚌红褐陶，侈口，方唇，唇面内凹，折沿，鼓腹，底及三足残。腹部饰绳纹。口径 30.0、最大腹径 34.0、残高 22.0 厘米。（图三七七，2；图版三一七，4、5）

M259

位于ⅢT4807 东南角，开口于第 8 层下，打破第 9、10 层，且被开口于同一层位下的 M262 及晚期灰坑 H525 打破。平面略呈梯形的竖穴土坑墓，墓坑残长 1.6、残宽 0.49 ~0.76、残深 0.17 米。方向 95°。填土呈灰褐色，土质疏松。墓坑内发现人骨架两具：北侧为侧身直肢葬，头向东，面向南，股骨以下被破坏，经鉴定为 45 ~49 岁的男性；南侧仰身直肢葬，头骨及趾骨被破坏，经鉴定为一成年女性，头向东，面向不详。随葬品 4 件，为陶钵 1 件，置于北侧人骨头部；獐牙 1 件置于北侧人骨右手处；龟甲 1 块，置于南侧人骨左下肢骨处；石斧 1 件置于南侧人骨右上肢骨下。（图三七八；图版三一八，1）

完整及可修复器物 3 件。

M259∶1，陶钵。泥质黑陶，敛口，圆唇，弧腹，平底。口径 13.6、底径 7.2、高 7.5 厘米。（图三七九，1；图版三一八，3）

M259∶2，獐牙。尖部略残，磨制光滑。残长 6.8 厘米。（图三七九，2；图版三一八，5）

M259∶3，龟腹甲残片。

M259∶4，石斧。近长条形，刃部不甚明显，有崩疤，中部略偏上有一个两面对钻形成的圆形钻孔。长 16.1、宽 6.0 ~6.6、最厚 1.6、孔径 1.0 ~1.6 厘米。（图三七九，3；图版三一八，4）

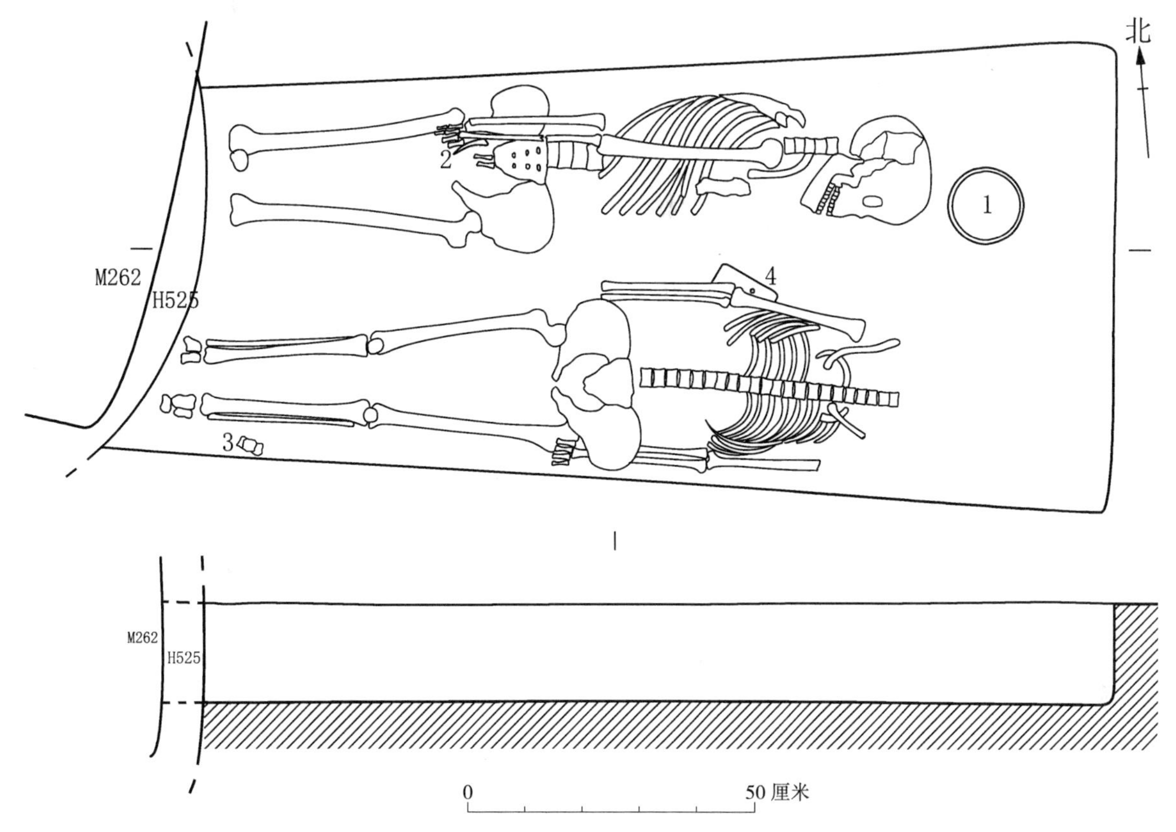

图三七八　大汶口文化 M259 平、剖面图

1. 陶钵　2. 獐牙　3. 龟甲　4. 石斧

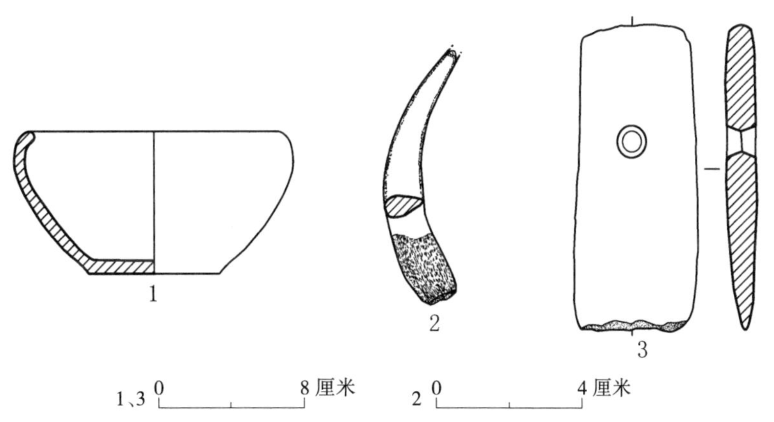

图三七九　大汶口文化 M259 出土器物

1. 陶钵（M259∶1）　2. 獐牙（M259∶2）　3. 石斧（M259∶4）

M260

位于Ⅲ T4807 东南角，墓坑开口于第 8 层下，打破第 9 层，且被开口于同一层位下的 M262 打破。长方形竖穴土坑墓，墓坑残长 2.0、宽 0.55～0.62、深 0.23 米。方向 90°。填土呈灰褐色，土质疏松。单人仰身直肢葬，头向东，面向南。头骨保存较好，肢骨不全。经鉴

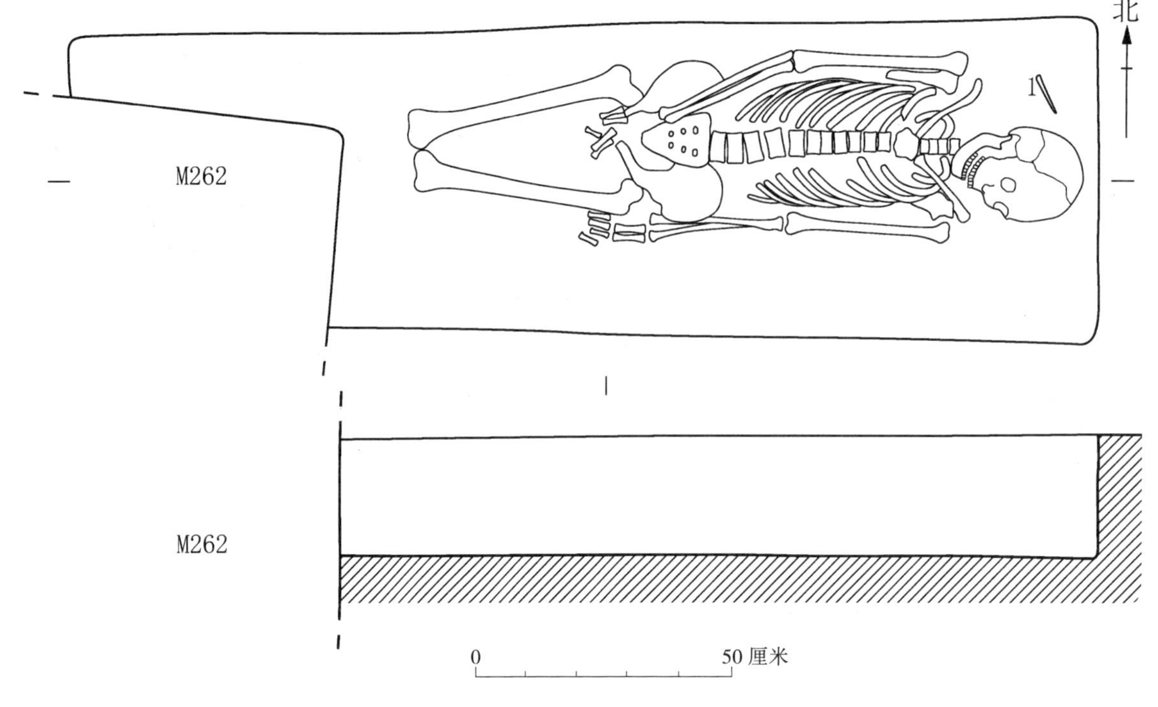

图三八〇　大汶口文化 M260 平、剖面图

1. 骨簪

定，墓主为年龄约 30 岁的男性。随葬品仅 1 件骨簪，置于墓主头部附近。（图三八〇；图版三一八，2）

M261

位于ⅢT4808 北部，部分进入北隔梁及ⅢT4807 内，墓坑开口于第 8 层下，打破第 9 层，且打破开口于第 8 层下的 M227。平面为略呈梯形的竖穴土坑墓，墓口长 2.36、宽 1.05～1.1、深 0.32 米。方向 105°。四周均有熟土二层台，东、南、西、北宽分别为 0.08、0.27、0.28、0.28～0.38 米，高 0.22 米。填土呈灰褐色，土质疏松。单人仰身直肢葬，头向东南，面向西南。骨架保存状况较好。经鉴定，墓主为年龄 40～44 岁的男性。随葬品 20 件，集中置于墓主的头、足部以及左侧下肢骨处，计有陶厚胎高柄杯 5 件，陶圈足杯 3 件，陶壶 2 件，陶盆、罐、器盖、杯、筒形杯各 1 件，獐牙 4 件，石斧 1 件。（图三八一；图版三一九，1）

完整及可修复器物 15 件。

M261∶1，陶盆。泥质黑陶，敞口，圆唇，宽折沿，弧腹，平底。口径 20.0、底径 6.5、高 9.9 厘米。（图三八二，5；图版三一九，2）

M261∶2，陶壶。泥质黑陶，侈口，尖圆唇，高颈，鼓肩，弧腹，平底。口径 8.4、底径 4.8、高 15.0 厘米。（图三八二，3；图版三一九，3）

M261∶3，陶厚胎高柄杯。夹砂灰褐陶，侈口，尖圆唇，沿外折，弧鼓腹，细高柄，喇叭形圈足。口径 3.7、足径 4.5、高 8.1 厘米。（图三八二，10；图版三二〇，1）

M261∶4，陶圈足杯。夹砂灰陶，侈口，圆唇，平沿，短颈微束，斜弧腹，至底部内收，

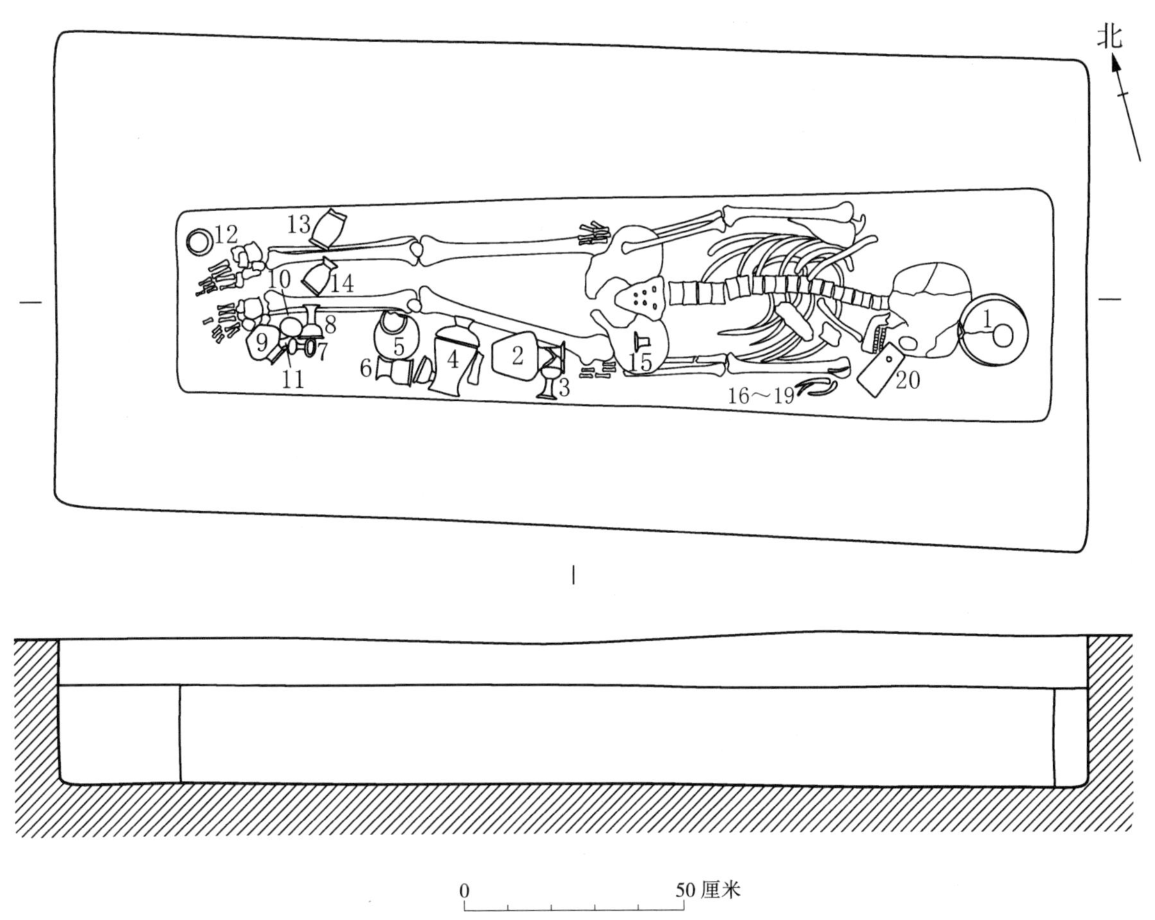

图三八一　大汶口文化 M261 平、剖面图

1. 陶盆　2、5. 陶壶　3、6～8、15. 陶厚胎高柄杯　4、13、14. 陶圈足杯　9. 陶罐　10. 陶器盖　11. 陶杯　12. 陶筒形杯　16～19. 獐牙　20. 石斧

矮圈足。口径 8.2、足径 6.3、高 11.8 厘米。（图三八二，2；图版三二一，4）

M261∶5，陶壶。泥质黑陶，侈口，高颈，鼓腹，平底。口径 8.4、底径 5.4、高 12.1 厘米。（图三八二，1；图版三二一，1）

M261∶6，陶厚胎高柄杯，带盖。夹砂黑陶，侈口，平沿，弧腹，细高柄，矮圈足。盖捉手残，细柄，弧壁。杯口径 7.0、足径 5.4、高 8.5 厘米；盖口径 6.2、残高 3.5 厘米。（图三八二，9；图版三二〇，2）

M261∶7，陶厚胎高柄杯。夹砂灰陶，侈口，尖圆唇，平沿，细柄，平底，腹部饰有 2 道凸棱。口径 5.7、足径 3.9、高 8.3 厘米。（图三八二，12；图版三二〇，3）

M261∶8，陶厚胎高柄杯。泥质灰陶，侈口，尖唇，沿外折，弧腹，细高颈，矮圈足，腹部饰有 1 道凹弦纹。口径 5.6、足径 4.8、高 8.7 厘米。（图三八二，11；图版三二〇，4）

M261∶9，陶罐。泥质陶，烧制不均匀，呈半边红褐、半边黑褐色。侈口，粗矮颈，鼓腹，平底。口径 7.4、底径 4.6、高 9.9 厘米。（图三八二，4；图版三二一，2）

M261∶10，陶器盖。夹砂灰陶，空心喇叭形捉手，弧壁。捉手径 4.0、口径 7.8、高 4.2

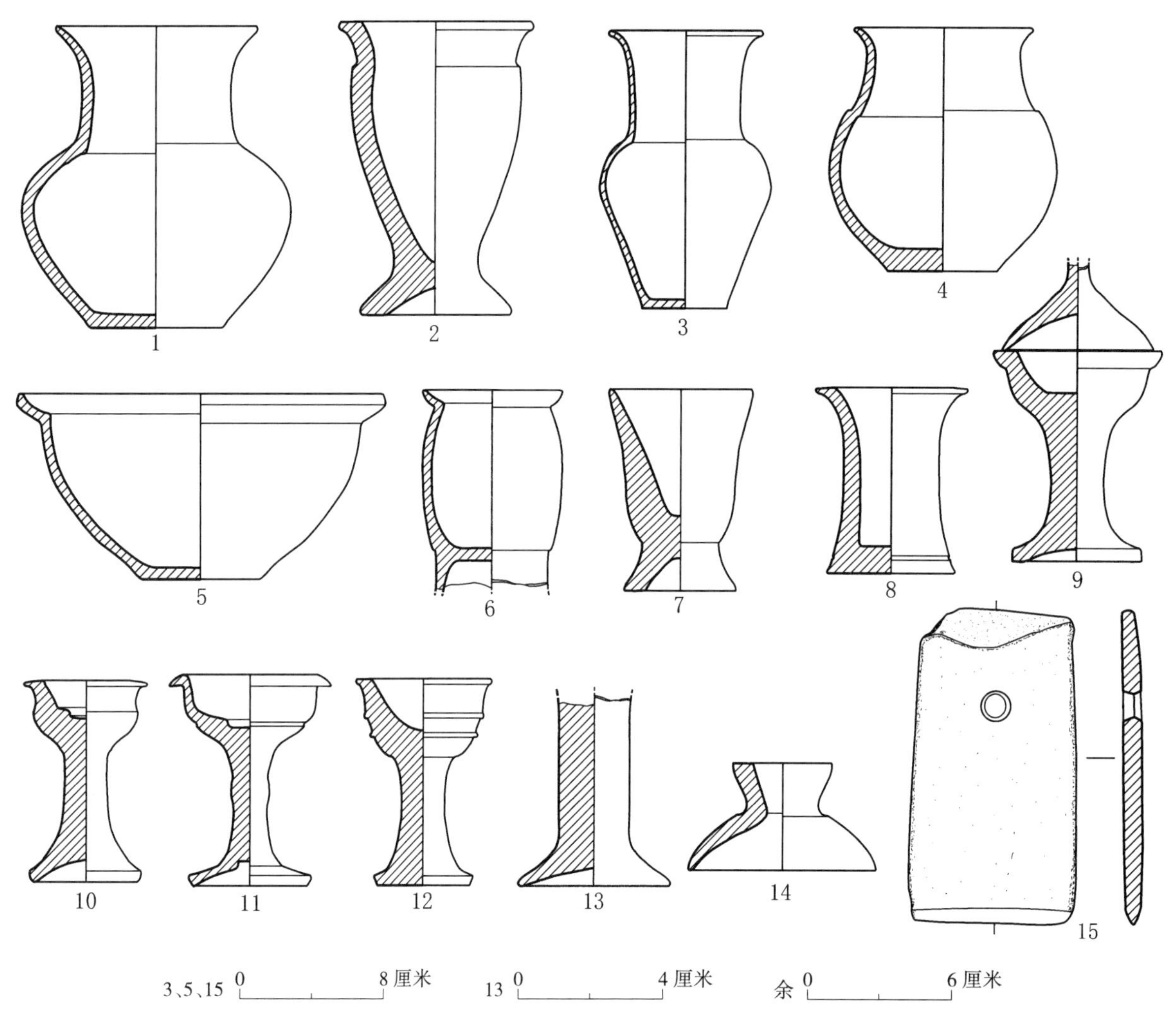

图三八二 大汶口文化 M261 出土器物

1、3. 陶壶（M261:5、2） 2、6、7. 陶圈足杯（M261:4、13、14） 4. 陶罐（M261:9） 5. 陶盆（M261:1） 8. 陶筒形杯（M261:12） 9~13. 陶厚胎高柄杯（M261:6、3、8、7、15） 14. 陶器盖（M261:10） 15. 石斧（M261:20）

厘米。（图三八二，14；图版三二〇，6）

M261:12，陶筒形杯。夹砂灰褐陶，侈口，沿略外折，弧壁略内收，平底。近底部饰有1道凹弦纹。口径6.3、底径5.3、高7.5厘米。（图三八二，8；图版三二一，3）

M261:13，陶圈足杯。泥质灰陶，侈口，尖唇，折沿，深弧腹，圈足残。口径5.8、残高7.7厘米。（图三八二，6；图版三二一，5）

M261:14，陶圈足杯。夹砂红陶，侈口，斜直腹内收为矮圈足。口径5.8、足径4.3、高7.8厘米。（图三八二，7；图版三二一，6）

M261:15，陶厚胎高柄杯。夹砂红褐陶，残剩直柄，矮圈足。足径4.2、残高5.0厘米。（图三八二，13；图版三二〇，5）

M261:20，石斧。略呈上窄下宽的梯形，双面刃，顶端较平整，中部偏上有一两面对钻形成的钻孔。长 17.0、宽 7.0 ~ 9.1、最厚 1.0、孔径 1.4 ~ 1.6 厘米。（图三八二，15；图版三一九，4）

M262

位于ⅢT4807 南壁处，开口于 8 层下，打破第 9 层，打破同一层位下的 M259、M260，且被开口于第 7 层下的 H525、H528 打破。平面为略呈梯形的竖穴土坑墓，墓坑长 2.23、宽 1.18 ~ 1.3、残深 0.53 米。方向 98°。四周都有熟土二层台，东、南、西、北宽分别为 0.17、0.3、0.2、0.2 米，高 0.28 米。填土呈灰褐色，土质疏松。葬具为棺，已朽蚀殆尽，有棺痕。单人仰身直肢葬，头向东，面向上。骨架保存状况较好。经鉴定，墓主为年龄约 35 岁的女性。随葬品 33 件，集中置于墓主身体左侧、南侧的二层台上，人头骨处倒扣一陶盆，计有陶筒形杯 10 件（其中 7 件带盖），陶高颈弧腹瓶 6 件（其中 4 件带盖），陶器盖 6 件，陶罐 3 件，陶背壶、鼎（足）各 2 件，陶盆、壶、薄胎高柄杯、豆各 1 件，獐牙 1 件。需要说明的是，该墓中出土的诸多器盖应为高颈弧腹瓶或筒形杯之盖，但由于出土时器物位置较凌乱，除非特别明确的为杯（瓶）盖为一套者给 1 个编号，其余杯（瓶）身与器盖均分开单独编号（图三八三；图版三二二，1 ~ 3）。

完整及可修复器物 33 件。

M262∶1，陶盆。泥质黑褐陶，口微敛，圆唇，弧腹，平底。口径 24.0、底径 10.2、高 10.2 厘米。（图三八四，2；图版三二三，1）

M262∶2，陶背壶。夹砂黑陶，侈口，尖圆唇，高颈，鼓肩，斜直腹，肩腹部有一对较大的半环形耳，正对两耳处的腹另一侧有一鸟喙状突纽，平底。口径 5.6、底径 4.6、高 18.0 厘米。（图三八四，8；图版三二四，1）

M262∶3，陶背壶。泥质黑陶，口近直，高直颈，鼓肩，弧腹，肩腹部有一对较大的半环形耳，正对两耳处腹侧有一鸟喙状突纽，已残，平底。口径 5.8、底径 5.2、高 14.8 厘米。（图三八四，15；图版三二四，2）

M262∶4，陶壶。泥质黑陶，侈口，圆唇，高颈，弧鼓腹，平底。口径 5.3、底径 3.6、高 8.0 厘米。（图三八四，17；图版三二四，3）

M262∶5，陶薄胎高柄杯，带盖。泥质黑陶，敞口，尖圆唇，杯身上腹弧收，下腹鼓突，细高柄，喇叭形矮圈足。柄上下端各饰一行镂孔，每行由两 2 个三角形镂孔和 2 个圆形镂孔交错分布而成。覆豆形器盖，喇叭状空心捉手，细柄，弧壁。杯口径 8.4、足径 7.2、高 21.6 厘米；盖捉手径 4.8、口径 7.6、高 7.2 厘米。（图三八四，1；图版三二四，4）

M262∶6，陶高颈弧腹瓶，带盖。夹砂灰陶，手制，不甚规整，侈口，粗高颈，鼓肩，斜弧腹至底部略收，平底。覆碟形盖，圆形捉手，盖壁斜弧，壁上有一圆形钻孔。瓶口径 6.0、底径 5.0、高 15.6 厘米；盖捉手径 2.6、口径 6.2、高 2.6 厘米。（图三八四，9；图版三二五，1）

M262∶7，陶罐。泥质黑陶，侈口，尖圆唇，折沿，弧折腹，平底。口径 5.6、底径 3.0、高 4.3 厘米。（图三八四，18；图版三二七，1）

M262∶8，陶筒形杯。泥质黑陶，直口微侈，斜直腹至底部略收，平底。口径 5.0、底径

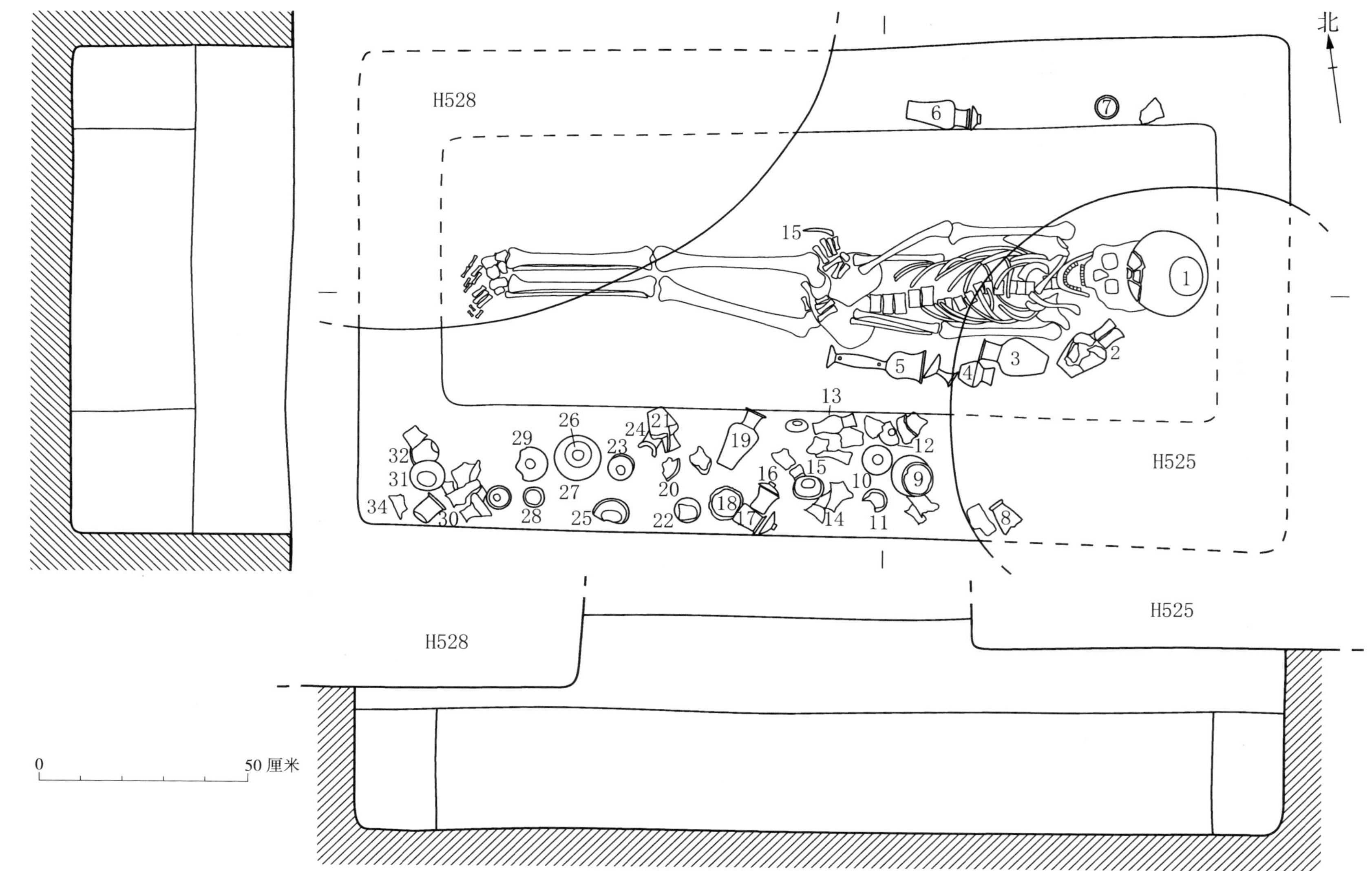

图三八三 大汶口文化 M262 平、剖面图

1.陶盆 2、3.陶背壶 4.陶壶 5.陶薄胎高柄杯 6、11~13、19、21.陶高颈弧腹瓶 7、9、32.陶罐 8、10、14、16、17、22、23、24、29、30.陶筒形杯 15、20、25、26、28、31.陶器盖 18.陶鼎 27.陶豆 33.獐牙 34.陶鼎足

图三八四　大汶口文化 M262 出土器物

1. 陶薄胎高柄杯（M262∶5）　2. 陶盆（M262∶1）　3、18. 陶罐（M262∶9、7）　4. 獐牙（M262∶33）　5. 陶豆（M262∶27）　6、7、14. 陶筒形杯（M262∶22、23、8）　8、15. 陶背壶（M262∶2、3）　9～13、16. 陶高颈弧腹瓶（M262∶6、19、21、11、13、12）　17. 陶壶（M262∶4）　19、20. 陶器盖（M262∶26、28）

3.2、高6.8厘米。（图三八四，14；图版三二六，8）

M262:9，陶罐。夹砂红陶，侈口，圆唇，折沿，弧鼓腹，平底。口径9.0、底径6.6、高9.6厘米。（图三八四，3；图版三二七，2）

M262:10，陶筒形杯，带盖。夹砂黑陶，侈口，圆唇，平沿，筒形腹，平底。覆碟形盖，圆形捉手，弧壁。杯口径6.6、底径5.2、高6.3厘米；盖捉手径2.2、口径6.6、通高3.1厘米。（图三八五，3；图版三二六，1）

M262:11，陶高颈弧腹瓶，带盖。夹砂灰陶，侈口，尖圆唇，折沿，高颈，鼓肩，弧腹至底部弧收为平底。盖为夹砂黑褐陶，覆碟形，圆形捉手，弧壁。杯口径6.6、底径4.6、高16.0厘米；盖捉手径2.4、口径6.4、高2.8厘米。（图三八四，12；图版三二五，6）

M262:12，陶高颈弧腹瓶，带盖。夹砂灰褐陶，侈口，尖圆唇，高颈，鼓肩，弧腹至底部略收，平底。盖为夹砂黑褐陶，覆碟形，圆形捉手，弧壁，盖面有一钻孔。瓶口径6.6、底径5.2；盖捉手径2.2、口径6.8、高2.7厘米；通高16.6厘米。（图三八四，16；图版三二五，3）

M262:13，陶高颈弧腹瓶，带盖。夹砂灰褐陶，侈口，尖圆唇，高颈，鼓肩，弧腹至底部略收，平底。器盖为覆碟形，夹砂黑陶，手制，不甚规整，圆形捉手，顶面有一圆孔，弧壁。盖捉手径2.5、孔径0.8、口径7.0、高3.0厘米；瓶口径6.0、底径4.8、通高15.2厘米。（图三八四，13；图版三二五，4）

M262:14，陶筒形杯。夹砂灰陶，残存腹、底，直腹，平底。（图三八五，7；图版三二三，5）

M262：15，陶器盖。夹砂黑褐陶。覆碟形，圆形捉手，弧壁，盖面有一钻孔。盖捉手径2.3、口径6.6、高2.6厘米。（图三八五，9；图版三二三，5）

M262:16，陶筒形杯，带盖。夹砂黑陶，侈口，圆唇，平沿，弧腹略收，平底。覆碟形盖，圆形捉手，弧壁。杯口径6.9、底径5.1、高6.0厘米；盖捉手径4.0、口径6.8、高2.4厘米。（图三八五，5；图版三二六，2）

M262:17，陶筒形杯，带盖。夹砂黑陶，侈口，圆唇，筒形腹，平底。覆碟形盖，圆形捉手，弧壁。杯口径7.2、底径5.6、高6.5厘米；盖捉手径2.4、口径7.1、高3.1厘米。（图三八五，1；图版三二六，3）

M262:18，陶鼎。夹砂红褐陶，仅残存底部，圜底，凿形足。残高6.6厘米。（图三八五，11；图版三二七，4）

M262:19，陶高颈弧腹瓶。夹砂黑褐陶，侈口，尖圆唇，粗高颈，鼓肩，弧腹至底部略收，平底。口径6.5、底径4.9、高15.9厘米。（图三八四，10；图版三二五，5）

M262:21，陶高颈弧腹瓶。夹细砂黑陶，侈口，圆唇，高颈，鼓肩，弧腹内收，平底。口径6.8、底径4.4、高16.4厘米。（图三八四，11；图版三二五，2）

M262:22，陶筒形杯。夹砂黑陶，侈口，折沿，直腹，平底。覆碟形盖，圆形纽，弧壁，盖面上有一钻孔。杯口径7.2、底径5.6、高6.6厘米；盖捉手径2.4、口径7.1、高2.4厘米。（图三八四，6；图版三二六，4）

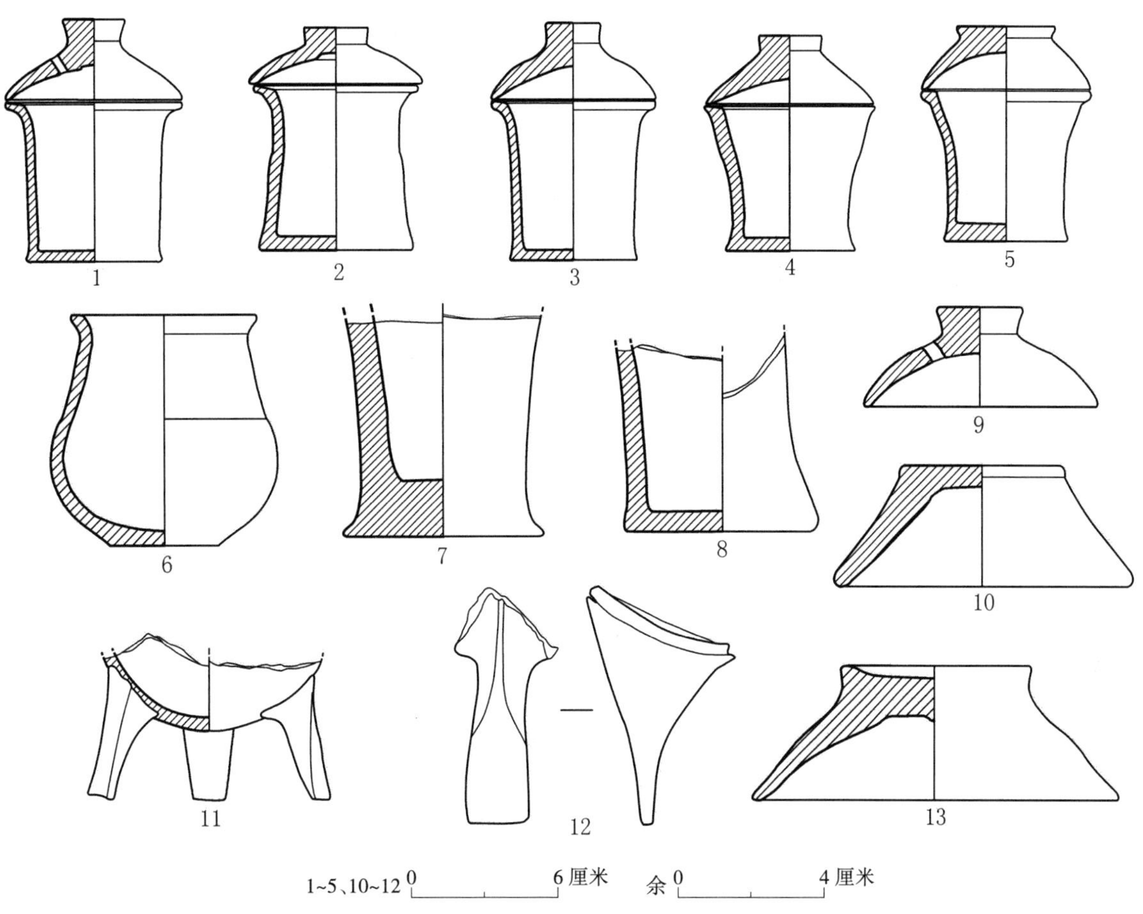

图三八五　大汶口文化M262出土器物

1~5、7、8. 陶筒形杯（M262：17、30、10、29、16、14、24）　6. 陶罐（M262：32）　9、10、13. 陶器盖（M262：15、31、25）　11. 陶鼎足（M262：18）　12. 陶鼎（M262：34）

M262：23，陶筒形杯。夹砂黑褐陶，侈口，折沿，弧凹腹，平底。覆碟形盖，圆形捉手，弧壁。杯口径7.0、底径5.4、高5.7厘米；盖捉手径2.4、口径6.7、通高3.0厘米。（图三八四，7；图版三二六，5）

M262：24，陶筒形杯。夹细砂黑陶，器形不甚规整，仅残存底部，平底。底径5.2、残高6.2厘米。（图三八五，8；图版三二六，9）

M262：25，陶器盖。夹砂灰褐陶，覆碟形，圆形捉手，顶面内凹，弧壁。捉手径5.2、口径10.2、高3.5厘米。（图三八五，13；图版三二三，2）

M262：26，陶器盖。夹砂黑陶，覆碟形，圆形捉手，弧壁。捉手径2.5、口径6.5、高2.6厘米。（图三八四，19；图版三二三，1）

M262：27，陶豆。泥质灰陶，敞口，圆唇，折腹，矮柄，喇叭形圈足，足上饰有6个圆形小镂孔。口径19.2、足径12.4、高11.6厘米。（图三八四，5；图版三二七，5）

M262：28，陶器盖。夹砂黑陶，手制，不甚规整，覆碟形，圆形捉手，弧壁。捉手径2.8、口径6.2、高2.5厘米。（图三八四，20；图版三二三，3）

M262:29，陶筒形杯。夹砂黑褐陶，侈口，平沿略斜，弧腹不甚规整，平底。覆碟形盖，圆形捉手，弧壁，盖面有一钻孔。杯口径 7.2、底径 5.4、高 5.7 厘米；盖捉手径 2.5、口径 6.9、高 2.7 厘米。（图三八五，4；图版三二六，6）

M262:30，陶筒形杯。夹砂黑陶，侈口，沿近平，直腹不甚规整，平底。覆碟形盖，圆形捉手，弧壁。杯口径 6.6、底径 6.2、高 6.6 厘米；盖捉手径 2.6、口径 7.2、高 2.1 厘米。（图三八五，2；图版三二六，7）

M262:31，陶器盖。覆钵形，夹砂灰陶，圆形捉手，弧壁。盖捉手径 6.6、口径 12.4、高 4.8 厘米。（图三八五，10；图版三二三，4）

M262:32，陶罐。泥质黑陶，侈口，圆唇，弧腹略垂，平底。口径 5.1、底径 3.0、高 6.1 厘米。（图三八五，6；图版三二七，3）

M262:33，獐牙。保存较完好，尖部磨制光滑。长 6.0 厘米。（图三八四，4；图版三二三，6）

M262:34，陶鼎足。夹砂红褐陶，凿形足。残长 9.3 厘米。（图三八五，12；图版三二七，6）

M263

位于ⅢT4708 西北角，部分进入北隔梁，开口于第 8 层下，打破第 9 层。长方形竖穴土坑墓，墓坑长 2.13、宽 0.5～0.6、深 0.2 米。方向 115°。填土呈灰绿色，土质较硬，含烧土颗粒。陶棺葬，将若干陶器打碎后将碎片铺于墓底及盖于骨架上用于葬具。单人仰身直肢葬，头向东南，面向上。头骨碎，肢骨保存较好。经鉴定，墓主为年龄约 20 岁的女性。修复葬具陶瓮、罐、鼎、背壶等共计 14 件。（图三八六；图版三二八，1）

M263:1，陶瓮。葬具。夹砂灰褐陶，口、颈残，圆肩，深弧腹，平底。腹两侧饰有一对鸡冠状鋬手。底径 13.3、残高 41.6 厘米。（图三八七，4；图版三二九，1）

M263:2，陶鼎。葬具。夹砂红褐陶，敞口，尖圆唇，唇面微凹，折沿，鼓腹下垂，三凿形足。口径 9.2、通高 13.6 厘米。（图三八八，7；图版三二八，2）

M263:3，陶背壶。葬具。夹砂红陶，侈口，圆唇，短颈，圆肩，弧腹，平底。肩腹部一对宽带式耳，正对两耳的腹另一侧有一鸟喙状突纽。口径 12.0、底径 11.6、高 32.8 厘米。（图三八七，1；图版三二九，3）

M263:4，陶鼎。葬具。夹砂红褐陶，敞口，尖圆唇，唇面微凹，折沿，深弧腹，圜底，三凿形足。每个足的根部各饰有 2 个捺窝，足两侧各饰一道刻槽。腹下部饰有一周附加堆纹，其上饰有横向篮纹。口径 32.8、高 35.0 厘米。（图三八八，1；图版三三〇，1）

M263:5，陶鼎。葬具。夹砂夹蚌红褐陶，敞口，方唇，折沿，圆鼓腹，圜底，三凿形足。每个足的根部各饰有 2 个捺窝，通体饰有横向篮纹。口径 22.4、通高 20.5 厘米。（图三八七，5；图版三三〇，2）

M263:6，陶罐。葬具。夹砂红褐陶，口微敛，圆唇内卷，短折沿，深弧腹，平底。腹部饰有一对鸡冠状鋬手。口径 26.0、高 31.3 厘米。（图三八七，3；图版三二九，4）

M263:7，陶鼎。葬具。夹砂红褐陶，敞口，方唇，折沿，弧腹，三凿形足。每个足的根部各饰

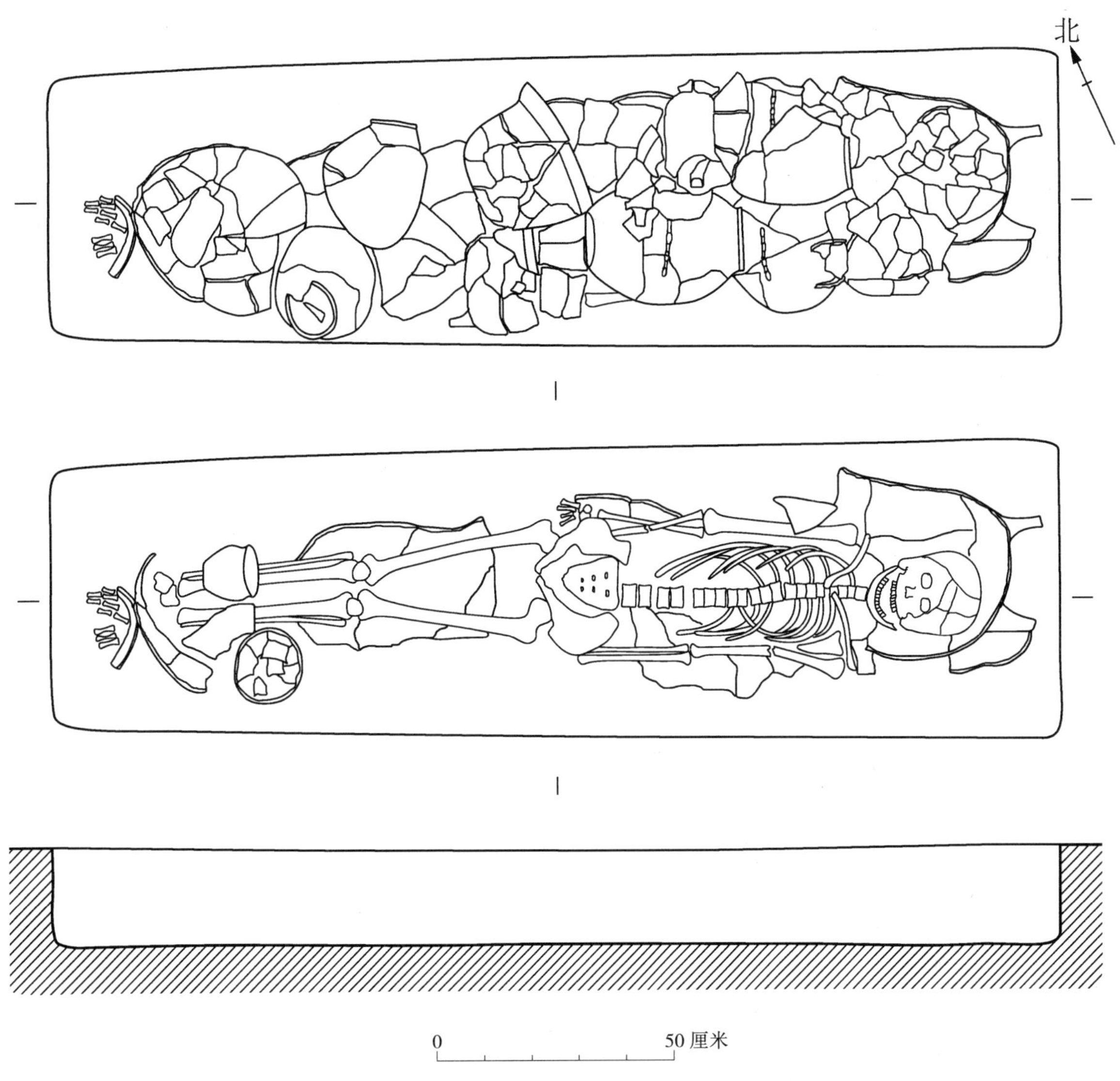

图三八六　大汶口文化 M263 平、剖面图

有2个捺窝，腹部饰篮纹。口径25.8、通高24.0厘米。（图三八八，4；图版三三〇，3）

M263∶8，陶罐。葬具。夹砂红陶，口、肩部残，弧腹，平底。肩腹部一对鸡冠状錾手。底径13.3、残高31.3厘米。（图三八七，2；图版三二九，2）

M263∶9，陶鼎。葬具。夹细砂灰褐陶，敞口，圆唇，折沿，深弧腹，圜底，三凿形足。每个足的根部各饰有2个捺窝，腹中下部饰稀疏绳纹。口径28.3、通高35.2厘米。（图三八八，2；图版三三〇，4）

M263∶10，陶鼎。葬具。夹砂红褐陶，敞口，方唇，折沿，弧腹，圜底，三足残。口径26.7、残高21.5厘米。（图三八七，6；图版三三一，1）

M263∶11，陶鼎。葬具。夹细砂红褐陶，敞口，方唇，折沿，深弧腹下垂，圜底，三凿形足，腹中下部饰稀疏篮纹。每个足的根部各饰有1个捺窝。口径18.0、通高24.0厘米。（图三八八，5；图版三三一，2）

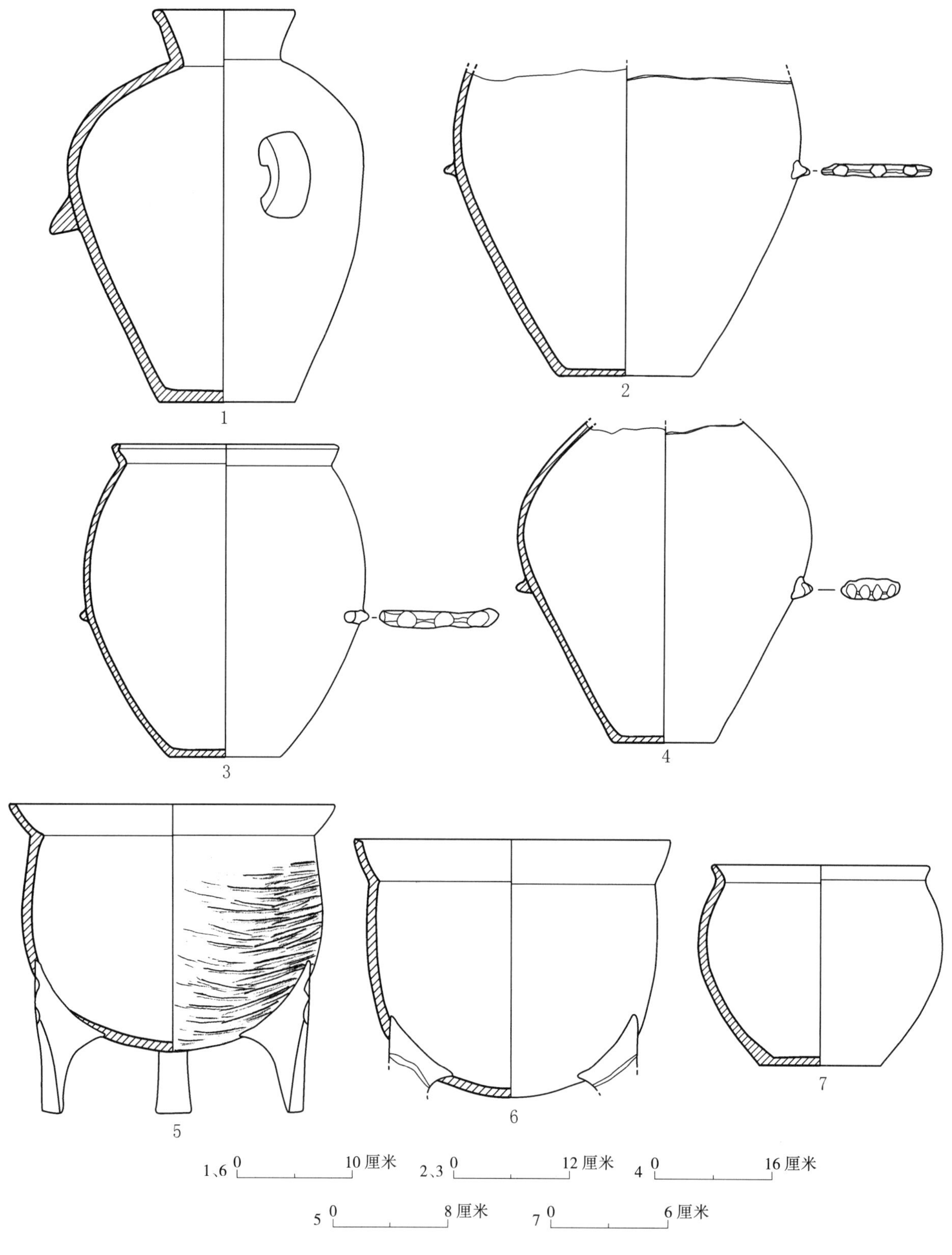

图三八七 大汶口文化 M263 葬具

1. 陶背壶（M263:3） 2、3. 陶罐（M263:8、6） 4. 陶瓮（M263:1） 5、6. 陶鼎（M263:5、10） 7. 陶罐（M263:14）

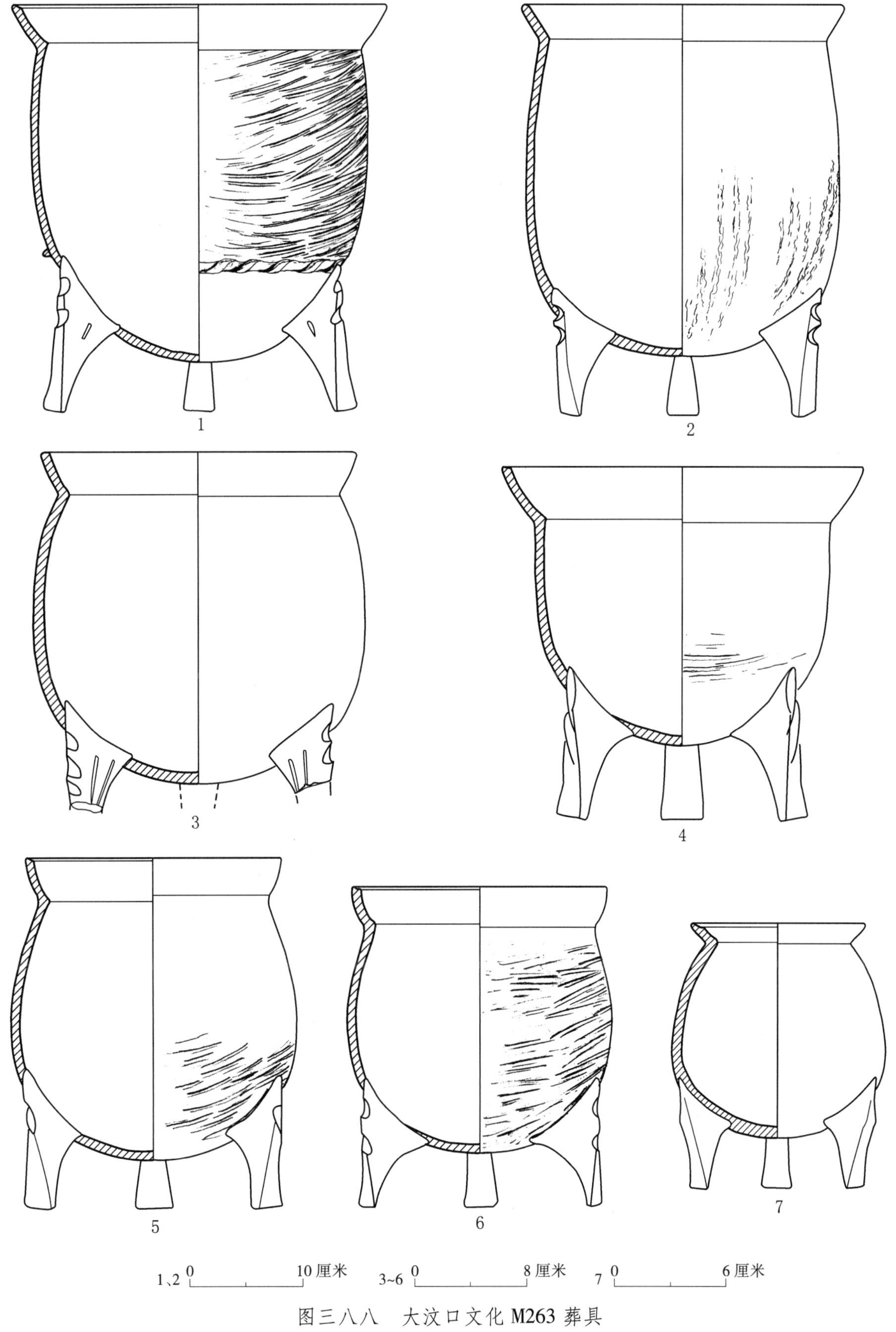

图三八八　大汶口文化 M263 葬具

1～7. 陶鼎（M263：4、9、12、7、11、13、2）

M263∶12，陶鼎。葬具。夹砂红褐陶，敞口，圆唇，折沿，弧鼓腹，圜底，三足的足尖残断。每个足的根部皆饰有捺窝，两侧各饰有 2 道刻槽。口径 22.2、残高 24.8 厘米。（图三八八，3；图版三三一，3）

M263∶13，陶鼎。葬具。夹砂红褐陶，侈口，方唇，折沿，深弧腹，圜底，三凿形足。每个足的根部各饰 2 个捺窝，通体饰有篮纹。口径 18.0、高 21.8 厘米。（图三八八，6；图版三三一，4）

M263∶14，陶罐。葬具。泥质黄褐陶，侈口，尖圆唇，短折沿，弧鼓腹，平底。口径 11.0、底径 6.2、高 9.9 厘米。（图三八七，7；图版三二八，3）

M266

位于ⅢT4709 中部略偏西，墓坑开口于第 8 层下，打破第 9、10 层。瓮棺葬，墓坑长 0.8、宽 0.4、深 0.15 米。方向 125°。填土浅灰色，土质较硬，含烧土颗粒。葬具为陶鼎，其内发现婴儿骨架一具，只残存零星的肢骨，年龄 0～2 岁，性别不详。未发现有随葬品。修复葬具陶鼎 1 件（图三八九；图版三三二，1）

M266∶1，陶鼎。葬具。夹砂灰褐陶，敞口，方唇，折沿，弧腹，腹底及三足残。下腹部饰突棱一道。口径 35.7、残高 24.6 厘米。（图三九〇，1；图版三三二，2）。

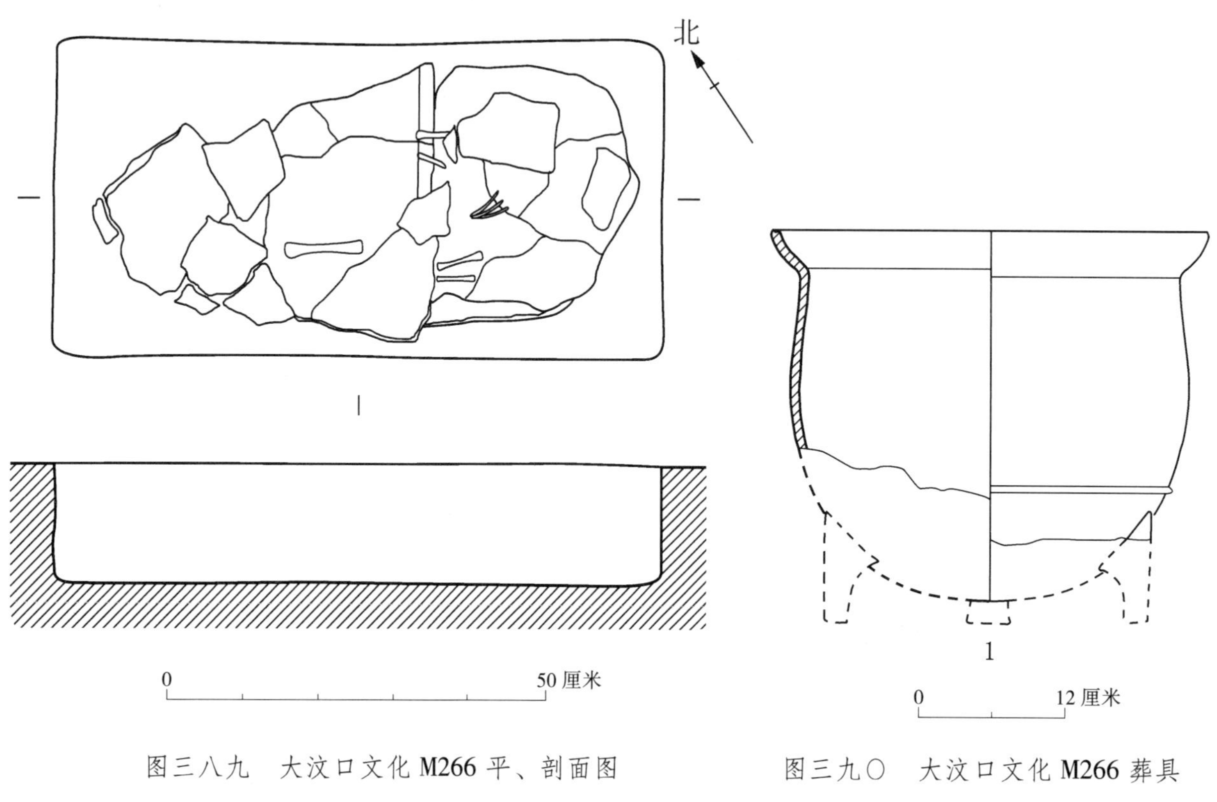

图三八九 大汶口文化 M266 平、剖面图

图三九〇 大汶口文化 M266 葬具
1. 陶鼎（M266∶1）

第三节　人骨研究

139 座大汶口文化墓葬出土人骨 146 例。笔者对出土人骨逐一进行性别、年龄鉴定，对保存情况较好的骨骼进行观察、测量及病理方面的研究，现将研究结果报告如下。

一　性别年龄鉴定及人口寿命研究

在进行性别鉴定时，以骨盆形态为主，结合颅骨、下颌骨及体骨的相关特征进行综合判定。在进行年龄鉴定时，以耻骨联合面形态变化和牙齿的萌出、磨耗情况为主，结合颅骨骨缝、骨骺的愈合情况等进行综合判定。

1. 性别年龄鉴定

共鉴定骨骼标本 146 例，性别明确者 86 例，因未成年或保存状况不佳不能对其性别进行鉴定的个体计 60 例，鉴定率为 58.9%；男性标本 35 例，女性标本 51 例，男女性别比为 1∶1.46。女性标本数量偏多，与男女两性理想比例相差很大。由于性别可鉴定率较低，仅为 58.9%，还不能就此判断该性别比即为当时该地古代居民的真实性别比。

2. 人口寿命研究

（1）死亡年龄分布统计

年龄段明确者 130 例，检定率为 89.04%。死亡率较高的主要是壮年期和中年期这两个阶段——其中中年期的死亡比例为 40.77%，所占比例最大；壮年期的死亡比例达 25.38%，具有相当高的比例。男女两性在壮年期、中年期的死亡比例相差不大。未成年即夭折的比例高达 23.08%，没有发现在老年期死亡的个体，这反映出当时的生活条件相当艰苦，医疗卫生条件恶劣，极少个体可以存活至老年期。

表 4-3-1　梁王城大汶口文化居民死亡年龄分布统计

年龄阶段	男性	（%）	女性	（%）	性别不明	（%）	合计	（%）
婴儿期（0-2）	0	0	0	0	15	31.25	15	11.54
幼儿期（3-6）	0	0	0	0	5	10.42	5	3.85
少年期（7-14）	0	0	0	0	10	20.83	10	7.69
青年期（15-23）	4	11.77	5	10.42	5	10.42	14	10.77
壮年期（24-35）	11	32.35	16	33.33	6	12.50	33	25.38
中年期（36-55）	19	55.88	27	56.25	7	14.58	53	40.77
老年期（56-X）	0	0	0	0	0	0	0	0
合计	34	100	48	100	48	100	130	100
成年（年龄不详）	1		3		10		14	
未判定（年龄不详）					2		2	
总计	35		51		60		146	

（2）平均寿命研究

将梁王城大汶口组出土的人骨视为同时出生而死于不同年龄阶段的一批人来编制简略生命表，详见表2。死亡概率由各年龄组死亡人数和尚存人数的比值计算所得，各年龄组的平均寿命分别代表存活到该年龄组的个体平均还可以存活多少年。

表4-3-2　梁王城组古代居民人口简略生命表

年龄组 X	死亡概率 （%） nqx	尚存 人数 lx	各年龄组 死亡人数 ndx	各年龄组内 生存人年数 nlx	未来生存人 年数累计 tx	平均预期寿命 ex
0 -	8.33	144	12	138	4369	30.34
1 -	4.55	132	6	516	4231	32.05
5 -	3.17	126	4	620	3715	29.48
10 -	7.38	122	9	587.5	3095	25.37
15 -	2.65	113	3	557.5	2507.5	22.19
20 -	10	110	11	522.5	1950	17.73
25 -	11.11	99	11	467.5	1427.5	14.42
30 -	13.64	88	12	410	960	10.91
35 -	32.89	76	25	317.5	550	7.237
40 -	58.82	51	30	180	232.5	4.559
45 -	100	21	21	52.5	52.5	2.5

注：仅可判断出成年的个体其年龄按照35岁统计，判断年龄为0～2岁的个体都归入“0－”组。

表4-3-3　梁王城组古代居民男性组人口简略生命表

年龄组 X	死亡概率 nqx	尚存人数 lx	各年龄组 死亡人数 ndx	各年龄组内 生存人年数 nlx	未来生存人 年数累计 tx	平均预期寿命 ex
0 -	0	35	0	35	1307.5	37.36
1 -	0	35	0	140	1272.5	36.36
5 -	0	35	0	175	1132.5	32.36
10 -	0	35	0	175	957.5	27.36
15 -	0	35	0	175	782.5	22.36
20 -	11.43	35	4	165	607.5	17.36
25 -	19.35	31	6	140	442.5	14.27
30 -	12	25	3	117.5	302.5	12.1
35 -	18.18	22	4	100	185	8.41
40 -	55.56	18	10	65	85	4.72
45 -	100	8	8	20	20	2.5

注：仅可判断出成年的个体其年龄按照35岁统计，判断年龄为0～2岁的个体都归入“0－”组。

表 4-3-4　梁王城组古代居民女性组人口简略生命表

年龄组 X	死亡概率（%） nqx	尚存人数 lx	各年龄组死亡人数 ndx	各年龄组内生存人年数 nlx	未来生存人年数累计 tx	平均预期寿命 ex
0-	0	51	0	51	1922.5	37.7
1-	0	51	0	204	1871.5	36.7
5-	0	51	0	255	1667.5	32.7
10-	0	51	0	255	1412.5	27.7
15-	0	51	0	255	1157.5	22.7
20-	11.76	51	6	240	902.5	17.7
25-	13.33	45	6	210	662.5	14.73
30-	10.26	39	4	185	452.5	11.67
35-	25.71	35	9	152.5	267.5	7.65
40-	61.54	26	16	90	115	4.43
45-	100	10	10	25	25	2.5

注：仅可判断出成年的个体其年龄按照35岁统计，判断年龄为0～2岁的个体都归入“0-”组。

由3组生命简表可以看出，邳州梁王城大汶口新石器古代居民的平均寿命为30.34岁，男性37.36岁，女性为37.70岁。全部人口的平均寿命比男女两性单独统计的平均寿命要低，这是因为，在计算全部人口的平均寿命时，包含了相当一部分的未成年个体，其性别无法判断。这部分早亡的个体放在全部人口中进行计算，使得全部人口的平均寿命低于分别计算的男性和女性的平均寿命。女性平均寿命比男性平均寿命长0.34岁，几乎无差异。

二　颅骨的非测量性形态特征研究

颅骨非测量性形态特征的观察标准依据《人体测量手册》[①] 的相关著述。

大汶口墓地中，可用于连续性形态特征观察所选用的颅骨标本（包括下颌骨）共计33例，其中男性个体14例，女性个体19例，均为已成年并且可以明确鉴定其性别的个体。

表 4-3-5　梁王城组男女两性颅骨非测量性形态特征的统计

观察项目	性别	体质特征
颅形	男（7）	椭圆1，卵圆1，五角形2，菱形2，盾形1
	女（12）	椭圆1，卵圆1，楔形1，五角形3，菱形4，盾形2
眉弓突度	男（11）	微显4，稍显6，中等1
	女（14）	微显9，稍显5
眉弓范围	男（10）	1级10
	女（15）	1级15

① 邵象清：《人体测量手册》，上海辞书出版社，1985年。

续表 4－3－5

观察项目	性别	体质特征
眉间突度	男（9）	不显6，稍显3
	女（13）	不显9，稍显4
前额	男（12）	平直2，中等4，倾斜6
	女（17）	平直7，中等10
额中缝	男（13）	无13
	女（16）	无16
前囟段	男（9）	直型1，微波型2，深波型4，锯齿型2，
	女（16）	微波型7，深波型9
顶段	男（9）	微波型1，深波型3，锯齿型4，复杂型1
	女（16）	微波型1，深波型4，锯齿型11
顶孔段	男（10）	微波型6，深波型3，复杂型1
	女（15）	微波型3，深波型5，锯齿型7
人字点段	男（11）	深波型4，锯齿型7
	女（14）	微波型1，深波型4，锯齿型9
眶形	男（5）	长方形1，斜方形4
	女（10）	圆形2，椭圆形3，长方形2，斜方形3
鼻根点凹陷	男（6）	0级2，1级4
	女（13）	0级10，1级3
鼻前棘	男（5）	Ⅰ级2，Ⅱ级3
	女（5）	Ⅰ级2，Ⅱ级3
梨状孔形状	男（4）	梨型2，圆形2
	女（5）	心型3，梨型2
梨状孔下缘	男（7）	鼻前窝型1，钝型6
	女（8）	锐型1，鼻前窝型2，钝型5
犬齿窝	男（5）	无4，弱1
	女（6）	无5，弱1
铲形门齿	男（12）	是12，否0
	女（7）	是7，否0
齿弓形状	男（9）	椭圆5，抛物线4
	女（11）	椭圆4，抛物线7
腭圆枕	男（10）	无7，嵴状型1，瘤状型2
	女（13）	无10，嵴状型2，瘤状型1
乳突	男（11）	小2，中等3，大6
	女（15）	特小2，小2，中等4，大7

续表 4-3-5

观察项目	性别	体质特征
枕外隆突	男（12）	1级6，2级6
	女（17）	0级2，1级11，2级4
矢状嵴	男（11）	有6，无5
	女（15）	有0，无15
翼区	男（6）	H型5，I型1
	女（4）	H型1，I型3
下颌圆枕	男（15）	无11，弱4
	女（14）	无13，弱1
下颌角区	男（15）	外翻7，直型7，内翻1
	女（18）	外翻6，直型7，内翻5
颏形	男（14）	方形11，圆形3
	女（17）	方形2，圆形14，尖形1

依观察结果，对大汶口新石器时期墓葬头骨的形态特征作简要描述。

男性中五角形（28.6%）、菱形（28.6%）的出现率较高；女性中菱形（33.3%）、五角形（25%）出现率也较高。男女合计，菱形、五角形最多，盾形、椭圆形、卵圆形次之，楔形最少。未发现一例圆形颅。

眉弓突度，均以稍显、微显为主，男性的眉弓突度略大于女性。男、女性的眉弓范围均为1级。男女两性的眉弓发育程度都比较弱，男性比女性略强。眉间突度主要集中在不显和稍显两个级别，男性大多数为不显，稍显略少。女性大多数为不显，稍显略少。可知梁王城大汶口文化人骨的眉间突度比较弱。

本文所研究头骨的前额，男性倾斜最多，中等其次，平直较少。女性以中等为主，平直其次。两性前额的形态分布符合性别差异的一般规律。

所有标本均无额中缝。

本文所研究的头骨，矢状缝前囟段，男性以深波型为主，微波型、锯齿型其次，女性深波型占56.25%，微波型占43.75%，此段波型男女两性表现得都较为简单；顶段，男性以锯齿型为最多，深波型其次，微波型和复杂型较少，女性锯齿型最多，深波型其次，微波型最少，此段波型男女两性都表现得较复杂；顶孔段，男性微波型最多，深波型其次，女性锯齿型最多，深波型和微波型其次，此段在男女两性间的差异比较大，男性较简单，女性较复杂；

人字点段，男性锯齿型最多，深波型其次，女性锯齿型最多，深波型其次，微波型最少，此段在男女两性间，表现的较复杂。由此可见，男女两性在矢状缝的前囟段、顶段、人字点段波型较一致，顶孔段略有差别。

可供观察的眶型中，在男性中大多数为斜方形眶，其余都为长方形眶，无圆形、椭圆形和方形眶的存在；女性，椭圆形、圆形、长方形和斜方形眶均有出现，无方形眶的存在。

鼻根点凹陷，男性以1级为主（占66.7%），0级次之（占33.3%），女性以0级为主（占76.92%），1级次之（占23.08%）。男性的鼻根凹较之女性略为发达。

鼻前棘男女两性的分布均以稍显为主（60%），不显次之（40%）。

梨状孔形状，男性为梨型和圆形各占一半，女性心型占大多数，其余为梨型。

男性的梨状孔下缘以钝型最多，鼻前窝型次之；女性的梨状孔下缘以钝型为最多，鼻前窝型和锐型次之。

多数标本观察不到犬齿窝，仅可观察到男性女性各一例有很弱的犬齿窝。

本文所观察的所有材料，上颌中门齿均表现出铲形门齿的特征。

齿弓形状，男性以椭圆形为主，抛物线形次之；女性以抛物线形为主，椭圆形次之。

绝大部分标本无腭圆枕，有少量标本有嵴状形和瘤状形的腭圆枕。

男性乳突以大为主，中等次之，小占少数，女性同样也以大为主，中等和小在其次，特小最少。在乳突的发育程度上，男性较为发达，但男女两性差异不大。

本文研究标本的枕外隆突，男性中等、稍显各占一半；女性稍显者最多，中等者其次，有少量缺如。

54.55%的男性有矢状嵴，女性则100%未观察到矢状嵴。

本文所研究的翼区，男性H型占绝大多数，I型仅见一例。女性I型多于H型。

绝大部分标本未观察到下颌圆枕。

下颌角形女性内翻的例数较多。

颏形男性以方形为主，其次为圆形。女性以圆形为主，其次为方形，有少量的尖形。

综上所述，梁王城遗址大汶口文化墓地颅骨的形态特征概况为：颅形以菱形、五角形为主，眉间突度和眉弓发育都较弱，颅顶缝不复杂，眶型以斜方、长方和椭圆为主，梨状孔下缘以鼻前窝型和钝型居多，两性鼻前棘分布均以稍显为主，上颌中门齿全部表现出铲形门齿的特征，鼻根凹以0级、1级为主，一半以上的男性有矢状嵴，两性腭型以抛物线和椭圆形为主。

女性颅骨与男性颅骨的非测量性状基本一致，只是女性在眉弓、鼻根凹、乳突、枕外隆突这几个特征上没有男性发达，前额男性倾斜的比例大于女性，下颌角形女性内翻的比例大于男性，颏形男性以方形为主，女性以圆形为主。这些差异应该属于性别上的差异，不存在种族意义上的区别。

三　颅骨测量性状的研究

1. 颅骨测量数据统计

邳州梁王城大汶口墓地中共出土男性颅骨标本35例，其中能够对其颅骨进行测量的计15例（图版三三三，1～7）。梁王城大汶口组男性颅骨主要测量项目的平均值如下表。

表4－3－6　梁王城组男性主要测量项目及指数的平均值

（长度：毫米；角度：度；指数：%）

平均值（例数）	项目	平均值（例数）	项目
1 颅骨最大长（g－op）	176.1（5）	鼻梁角（72－75）	——
5 颅基底长（n－enba）	106.33（3）	N∠ 面三角（∠pr－n－ba）	66.33（3）
8 颅骨最大宽（eu－eu）	140.64（7）	A∠ 面三角（∠n－pr－ba）	71.9（3）
9 最小额宽（ft－ft）	93.72（5）	B∠ 面三角（∠n－ba－pr）	41.77（3）
11 耳点间宽（au－au）	135（5）	8:1 颅长宽指数	79.62（4）
12 枕骨最大宽（ast－ast）	110.06（8）	17:1 颅长高指数	84.38（3）
7 枕骨大孔长（enba－o）	31.88（4）	17:8 颅宽高指数	105.84（3）
16 枕骨大孔宽	27.08（4）	9:8 额宽指数	66.79（5）
17 颅高（ba－b）	149.67（3）	16:7 枕骨大孔指数	85.05（4）
21 耳上颅高（po－po）	118.88（4）	40:5 面突指数	96.75（3）
23 颅周长（g－op－g）	51.5（1）	48:17 垂直颅面指数 pr	50.29（3）
24 颅横弧（po－b－po）	337（2）	48:17 垂直颅面指数 sd	52.28（3）
25 颅矢状弧（n－o）	370（2）	48:45 上面指数 pr	51.05（2）
26 额骨矢状弧（n－b）	130.4（5）	48:45 上面指数 sd	52.63（2）
27 顶骨矢状弧（b－l）	125.44（9）	48:46 上面指数 pr	69.21（4）
28 枕骨矢状弧（l－o）	112.25（4）	48:46 上面指数 sd	71.47（4）
29 额骨矢状弦（n－b）	115.9（5）	54:55 鼻指数	47.09（5）
30 顶骨矢状弦（b－l）	111.74（9）	52:51 眶指数 I R	83.02（4）
31 枕骨矢状弦（l－o）	99.2（4）	52:51 眶指数 I L	86.95（4）
40 面基底长（enba－pr）	103.03（3）	52:51a 眶指数 II R	84.58（2）
43 上面宽（fmt－fmt）	107.1（4）	52:51a 眶指数 II L	90.42（3）
44 两眶宽（ec－ec）	99.7（3）	54:51 鼻眶指数　R	60.73（4）
45 颧宽（zy－zy）	141.94（2）	54:51 鼻眶指数 L	64.29（3）
46 中面宽（zm－zm）	103.8（6）	54:51a 鼻眶指数 R	59.6（2）
47 全面高（n－gn）	124.88（4）	54:51a 鼻眶指数 L	68.01（3）
48pr 上面高（n－pr）	72.74（5）	SS:SC 鼻根指数	41.96（2）
48sd 上面高（n－sd）	75.06（5）	63:62 腭指数	91.32（8）
50 前眶间宽（mf－mf）	23.56（5）	45：0.5（1＋8）横颅面指数	89.61（1）
51 眶宽（mf－ec）R	41.83（4）	17：0.5（1＋8）高平均指数	93.68（3）
51 眶宽（mf－ec）L	39.65（4）	下颌骨指数	59.88（9）
51a 眶宽（d－ec）R	39.5（2）	65 下颌髁突间宽（cdl－cdl）	130.47（9）
51a 眶宽（d－ec）L	38.7（3）	66 下颌角间宽（go－go）	105.94（12）
52 眶高（Orb. Brea）R	34.73（4）	67 颏孔间宽	50.22（14）
52 眶高（Orb. Brea）L	35.3（5）	68 下颌体长	77.86（13）

续表 4－3－6

项目	平均值（例数）	项目	平均值（例数）
MH 颧骨高（zm－fmo）R	48.26（5）	68－1 下颌体最大投影长	106.77（11）
MH 颧骨高（zm－fmo）L	49.68（4）	69 下颌联合高（id－gn）	35.92（13）
MB 颧骨宽（zm－rim. Orb）	——	69－1 下颌体高 I R	33.81（15）
54 鼻宽	25.67（6）	69－1 下颌体高 I L	33.6（15）
55 鼻高（n－ns）	53.5（6）	下颌体高 II R	32.13（15）
SC 鼻最小宽	8.7（2）	下颌体高 II L	31.61（13）
SS 鼻最小宽高	3.65（2）	69－3 下颌体厚 I R	13.39（15）
60 上颌齿槽弓长（pr－alv）	50.76（7）	69－3 下颌体厚 I L	13.57（15）
61 上颌齿槽弓宽（ekm－ekm）	62.66（8）	下颌体厚 II R	16（15）
62 腭长（ol－sta）	45.45（8）	下颌体厚 II L	16.2（14）
63 腭宽（enm－enm）	41.44（8）	70 下颌枝高 R	61.27（9）
FC 两眶内宽（fmo－fmo）	97.66（5）	70 下颌枝高 L	61.63（10）
FS 鼻根点至两眶内宽之矢高（n tofmo－fmo）	13.86（5）	71 下颌枝宽　I－R	46.07（7）
DC 眶间宽（d－d）	25.9（2）	71 下颌枝宽　I－L	43.23（8）
鼻棘下点至中面宽之矢高（ss to zm－zm）	22.07（3）	71 下颌枝宽 II－R	41.37（6）
32 额侧角 I（∠n－m and FH）	80.13（4）	71 下颌枝宽 II－L	38.26（9）
额侧角 II（∠g－m and FH）	73.63（4）	71a 下颌枝最小宽 R	36.88（12）
前囟角 I（∠g－b and FH）	40.67（3）	71a 下颌枝最小宽 L	37.07（14）
前囟角 II（∠n－b and FH）	46.33（3）	79 下颌角	120.89（13）
72 总面角（∠n－pr and FH）	79.75（4）	68∶65 下颌骨指数	59.88（9）
73 中面角（∠n－ns and FH）	83.63（4）	71∶70 下颌枝指数 R	75.24（4）
74 齿槽面角（∠ns－pr and FH）	64.13（4）	71∶70 下颌枝指数 L	68.73（6）
77 鼻颧角（∠fmo－n－fmo）	147.23（4）	颏孔间弧	59.1（14）
SSA 颧上颌角（∠zm－ss－zm）	139.48（4）	下颌联合弧	37.65（13）

颅骨测量结果显示，梁王城大汶口组颅骨具有偏长的中颅结合高颅、狭颅的颅型，中等的上面高度、偏低的中眶型和中鼻型。

2. 与现代亚洲蒙古人种各地域类型的比较

将梁王城大汶口文化头骨的主要颅面部测量和指数项目的平均值与现代亚洲蒙古人种的变异范围进行比较。梁王城组的平均颅高很大，超出了现代亚洲蒙古人种的变异范围，与其相关的颅长高指数、颅宽高指数也大于其最高值。其余 14 项测量项目全部落在蒙古人种变异区域。据此，梁王城人骨应属于蒙古人种。

表4-3-7　梁王城头骨测量值与亚洲蒙古人种各类型的比较（男）

（长度：毫米；角度：度；指数：%）

项目	梁王城大汶口组	亚洲蒙古人种				
		北亚	东北亚	东亚	南亚	亚洲蒙古人种范围
1 颅长（g－op）	176.1	174.9－192.7	180.7－192.4	175.0－182.2	169.9－181.3	169.9－192.7
8 颅宽（eu－eu）	140.64	144.4－151.5	134.3－142.6	137.6－143.9	137.9－143.9	134.3－151.5
8:1 颅指数	79.62	75.4－85.9	69.8－79.0	76.9－81.5	76.9－83.3	69.8－85.9
17 颅高（ba－b）	149.67	127.1－132.4	132.9－141.1	135.3－140.2	134.4－137.8	127.1－141.1
17:1 颅长高指数	84.38	67.4－73.5	72.6－75.2	74.3－80.1	76.5－79.5	67.4－80.1
17:8 颅宽高指数	105.84	85.2－91.7	93.3－102.8	94.4－100.3	95.0－101.3	85.2－102.8
9 最小额宽（ft－ft）	93.72	90.6－95.8	94.2－96.6	89.0－93.7	89.7－95.4	89.0－96.6
32 额侧角（n－m and FH）	80.13	77.3－85.1	77.0－79.0	83.3－86.9	84.2－87	77.0－87.0
45 颧宽（zy－zy）	141.94	138.2－144.0	137.9－144.8	131.3－136.0	131.5－136.3	131.3－144.8
48sd 上面高（n－sd）	75.06	72.1－77.6	74.0－79.4	70.2－76.6	66.1－71.5	66.1－79.4
48:17 垂直颅面指数	52.28	55.8－59.2	53.0－58.4	52.0－54.9	48.0－52.2	48－59.2
48:45 上面指数 sd	52.63	51.4－55.0	51.3－56.6	51.7－56.8	49.9－53.3	49.9－56.8
77 鼻颧角(fmo－n－fmo)	147.23	147.0－151.4	149.0－152.0	145.0－146.6	142.1－146.0	142.1－152
72 总面角（n－pr and FH）	79.75	85.3－88.1	80.5－86.3	80.6－86.5	81.1－84.2	80.5－88.1
52:51 眶指数　右	83.02	79.3－85.7	81.4－84.9	80.7－85.0	78.2－81.0	78.2－85.7
54:55 鼻指数	47.09	45.0－50.7	42.6－47.6	45.2－50.2	50.3－55.5	42.6－55.5
SS:SC 鼻根指数	41.96	26.9－38.5	34.7－42.5	31.0－35.0	26.1－36.1	26.1－42.5

注：1）表中长度单位：毫米，角度：度，指数：百分比

2）亚洲蒙古人种组间变异值引自潘其风、韩康信：《柳湾墓地的人骨研究》，青海省文物管理处考古队、中国社会科学院考古研究所编《青海柳湾——乐都柳湾原始社会墓地》，文物出版社，1984年，261～303页。

将某个人群的主要颅面部测量和指数项目的平均值与现代亚洲蒙古人种各类型的变异范围进行比较时，并不是落在某一类型变异范围内的项目越多，就越能说明这一人群接近该类。在“达标”的项目数达到绝对优势的时候，可以说这一人群接近该类型。但如果落在各个类型内的项目数比较接近，只占相对优势的话，就应具体分析是哪些项目落在变异范围内了：那些在亚洲蒙古人种各类型之间变异范围重叠较小，差别明显的项目在区分各类型的时候具有较大的意义；反之，那些变异范围重叠的项目在分析时，作用不大。在各个亚型之间差异较大的项目，更具有鉴别意义。

下面将梁王城大汶口文化人骨的十七项主要颅面部测量和指数项目的平均值与现代亚洲蒙古人种各类型的变异范围进行比较：

与北亚蒙古人种相比较，梁王城人骨有10项测量值落在其变异区域，包括颅长、颅指数、最小额宽、额侧角、颧宽、上面高、上面指数、鼻颧角、眶指数、鼻指数。有7项超出了其变异区域，包括颅宽、颅高、颅长高指数、颅宽高指数、垂直颅面指数、总面角、鼻根指数。从北亚蒙古人种各个项目测量值的变异范围来看，“北亚类型的颅骨特征可概括为低颅、阔颅、颅型偏短、中鼻型”①，在现代亚洲蒙古人种的各类型里，颅高最小，颅宽最大，颅宽高指数、长高指数最小，垂直颅面指数较大，显示出明显的低颅高面倾向，此外还具有比其他亚洲蒙古人种大的总面角。与北亚蒙古人种几乎完全相反，梁王城大汶口人骨具有相当高的颅高，比较小的颅宽，其宽高指数、长高指数较大，垂直颅面指数较小。梁王城组人骨在颅高、颅宽、宽高指数、长高指数、垂直颅面指数、总面角6个项目上与北亚蒙古人种之间的差别比梁王城组人骨与北亚、东北亚、南亚三种类型之间的差别都要大。虽然梁王城大汶口文化人骨有10项测量值落在了北亚蒙古人种的变异范围内，但因其未落在变异范围内的7项数值与北亚蒙古人种差距非常大，可见，梁王城出土人骨与北亚蒙古人种相差较大。

与东北亚蒙古人种比较，有9项测量值接近或落在其变异范围内，为颅宽、颅指数（接近）、颧宽、上面高、上面指数、总面角（接近）、眶指数、鼻指数、鼻根指数。其余8项测量值均超出了其变异区域。东北亚蒙古人种，比较突出的特点是长颅、较大的额宽，梁王城组人骨显然与之不符，与东北亚蒙古人种存在较大差异。

与南亚蒙古人种比较，有6项测量值接近或落在其变异范围内，包括颅长、颅宽、颅指数、最小额宽、垂直颅面指数（接近）、上面指数。有11项超出了其变异区域，包括颅高、颅长高指数、颅宽高指数、额侧角、颧宽、上面高、鼻颧角、总面角、眶指数、鼻指数、鼻根指数。南亚蒙古人种比较突出的特点是低眶、阔鼻、低面，而梁王城人骨的眶指数、鼻指数与南亚蒙古人种相差很大；梁王城组的上面高数值要大于南亚蒙古人种的变异范围，据此，梁王城人骨与南亚蒙古人种相差甚远。

与东亚蒙古人种比较，有11项测量值接近或落在其变异范围内，包括颅长、颅宽、颅指数、最小额宽（接近）、上面高、垂直颅面指数、上面指数、鼻颧角（接近）、总面角（接近）、眶指数、鼻指数。有6项超出了其变异区域，包括颅高、颅长高指数、颅宽高指数、额侧角、颧宽、鼻根指数。由表4－3－7可以看出，梁王城大汶口文化人骨的颅高值，超出了亚洲蒙古人种的变异范围，如果忽略颅高过大给头骨各项测量值所带来的影响，梁王城人骨便只有额侧角、颧宽、鼻根指数三项未落入东亚蒙古人种的变异范围内了。综上所述，梁王城人骨的主要体质特征显示出其与现代东亚蒙古人种比较接近。

3. 与各相关古代组的比较

我们选取了大汶口文化墓葬中的15例男性头骨进行测量，计算各个项目的平均值，与新石器时期国内其他地点出土的几组人骨进行对比。对比组选取了山东泰安大汶口②、山东曲阜

---

① 魏东：《圩墩遗址新石器时代居民的人种学研究》，《文物春秋》2000年第5期。

② 张振标：《从野店人骨论山东三组新石器时代居民的种族类型》，《古脊椎动物与古人类》1980第1期。

西夏侯①、陕西华县元君庙②、青海乐都柳湾③、福建闽侯昙石山④、广西桂林甑皮岩⑤六组颅骨的相关数据，采用欧氏距离聚类的方法，进行分析。

聚类分析的原理是直接比较各事物之间的性质，将性质相近的归为一类，将性质差别较大的归入不同的类。聚类的原则是近似的聚为一类，即距离最近或最为相似的聚为一类。在人类学中使用聚类分析，实际上是选择最能够反映体质特征的人体测量项目，将这些测量值作为分类的依据，用以判断各组人骨的相似性。在最终得到的树状图中，首先聚合的是最相近的，依次类推。本次聚类采用的是组间连接的聚类方法，度量标准采用的是欧氏距离系数。欧氏距离系数计算公式为：

$$D_{ij} = \sqrt{\sum_{j=1}^{m} (X_{ij} - X_{kj})^2}$$

其中，i、k 代表颅骨组，j 代表测定项目，m 代表测定项目数。应用此方法计算所得的 Dij 函数值越小，说明两个颅骨组在形态特征上有可能越接近。

将要进行比较分析的各组新石器时代的人骨材料情况简述如下：

山东泰安大汶口组人骨材料出土于山东省泰安县大汶口文化墓地，属于大汶口文化的后期阶段。

西夏侯组的人骨材料出土于山东省曲阜东南的西夏侯遗址。该遗址属于大汶口文化晚期阶段，年代为公元前 2800 年 ~ 前 2200 年⑥。

华县组出土于陕西省华县柳子镇元君庙仰韶文化墓地。

昙石山组出土于福建闽侯昙石山遗址。遗址的年代为公元前 1300 年⑦。

甑皮岩组出土于广西省桂林市郊甑皮岩新石器时代遗址，甑皮岩遗址似以第二层钙华板为界，分为早晚两期：晚期年代大约在 7500 年左右，早期年代在 9000 年以上（指距今年代）⑧。

青海乐都柳湾组出土于青海省乐都县柳湾墓地，该墓地在文化上包含了半山、马厂、齐家三种不同的文化类型，各文化出土人骨体质类型相同，合并为一组。时代跨度从新石器时代到早期青铜时代。

采用如下数据进行对比分析：

---

① 颜訚：《西夏侯新石器时代人骨的研究报告》，《考古学报》1973 年第 2 期。

② 颜訚：《华县新石器时代人骨的研究》，《考古学报》1962 年第 2 期。

③ 潘其风、韩康信：《柳湾墓地的人骨研究》，青海省文物管理处考古队、中国社会科学院考古研究所编《青海柳湾——乐都柳湾原始社会墓地》，文物出版社，1984 年，261 ~ 303 页。

④ 韩康信、张振标、曾凡：《闽侯昙石山遗址的人骨》，《考古学报》1976 第 1 期。

⑤ 张银运、王令红、董兴仁：《广西桂林甑皮岩新石器时代遗址的人类头骨》，《古脊椎动物与古人类》1977 年 1 月。

⑥ 张之恒：《中国新石器时代文化》，南京大学出版社，1992 年。

⑦ 《中国大百科全书・考古学》，中国大百科全书出版社，1986 年。

⑧ 北京大学历史系考古专业^{14}C 实验室、中国社会科学院考古研究所^{14}C 实验室：《石灰岩地区碳—14 样品年代的可靠性与甑皮岩等遗址的年代问题》，《考古学报》1982 年第 2 期。

表4-3-8　梁王城组与先秦时期各古代组之比较

（长度：毫米；角度：度；指数:%）

项　目	泰安大汶口	西夏侯	华县	梁王城	昙石山	甑皮岩	乐都柳湾
1 颅骨最大长（g-op）	181.11	176.22	178.84	176.1	189.7	191.1	185.93
8 颅骨最大宽（eu-eu）	145.7	143.94	140.69	140.64	139.2	140.3	136.41
17 颅高（ba-b）	142.89	147.87	144.8	149.67	141.3	148.1	139.38
8:1 颅长宽指数	78.71	81.97	78.5	79.62	73.4	73.42	73.92
17:1 颅长高指数	78.41	83.91	80.43	84.38	73.8	77.5	74.74
17:8 颅宽高指数	97.46	105.07	103.9	105.84	99.5	105.56	100.96
9 最小额宽（ft-ft）	91.64	93.94	94.25	93.72	91	94.1	90.3
45 颧宽（zy-zy）	140.56	139.43	133.86	141.94	135.6	137.5	137.24
72 总面角（∠n-pr and FH）	83.6	84.38	83.61	79.75	81	85.7	89.21
77 鼻颧角（∠fmo-n-fmo）	149.8	145.03	145.18	147.23	143.8	147.2	146.49
48:17 垂直颅面指数（sd）	51.37	48.92	53.06	52.28	48.1	(43.15)	56.57
48pr 上面高（n-pr）	74.8	72.03	75.23	72.74	68	63.9	[75.69]
48:45 上面指数（sd）	54.31	[49.87]	57.79	52.63	50.2	(47.64)	57.6
54 鼻宽	27.5	27.66	28.52	25.67	29.5	27.6	27.26
55 鼻高（n-ns）	54.7	57.12	53.51	53.5	51.9	53	55.77
54:55 鼻指数	49.5	48.46	53.4	47.09	57	52.08	49.09
SS:SC 鼻根指数	33.6	31.05	37.24	41.96	37.4	30	36.9
51 眶宽（mf-ec）R	43.1	44.22	42.92	41.83	42.2	42.9	43.87
52 眶高（Orb. Brea）R	35.2	34.34	33.05	34.73	33.8	33.6	34.27
52:51 眶指数ⅠR	81.83	77.97	77.02	83.02	80	78.32	78.46

1. “（ ）”内为根据平均数计算所得的近似值。
2. “[ ]”内，柳湾组的上面高（n-pr）是在上面高（n-sd）平均值的基础上减掉2.5毫米得出的，西夏侯组的上面指数是将上面高（n-pr）的平均值加上2.5毫米后与颧宽（zy-zy）平均值相比得出的近似值。
3. 加下划线的数值取的是左侧数据。
4. 甑皮岩组数据引自朱芳武、苏曲之、蒋葵、李坤：《桂林甑皮岩时代遗址人骨的若干问题》，《解剖学研究》2001年第23卷第3期，鼻根指数（SS:SC）引自张银运、王令红、董兴仁：《广西桂林甑皮岩新石器时代遗址的人类头骨》，《古脊椎动物与古人类》1977年1月。

从颅骨的上述数据我们可以看出，山东泰安大汶口、陕西华县元君庙、山东曲阜西夏侯、江苏邳州梁王城几组颅骨均具有中颅、高颅、狭颅的特点。而昙石山和甑皮岩聚类群的颅骨在形态特征上表现出了非常明显的长颅、低面、阔鼻倾向。柳湾组颅骨具有长颅、正颅、狭颅相结合的特点，面部高而狭窄。

聚类分析得到如下结果：

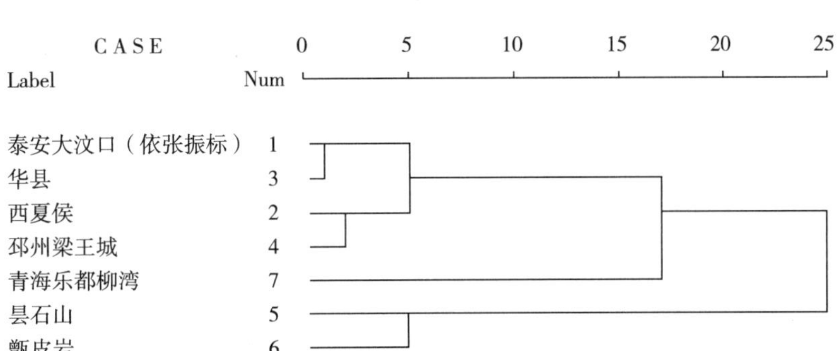

由聚类树形图可以看出：本文所选取的七组材料，基本上可以分为三个聚类群：

第一聚类群包括山东泰安大汶口、陕西华县元君庙、山东曲阜西夏侯、江苏邳州梁王城几个地点出土的人骨标本。第二聚类群包括昙石山、甑皮岩两组。上述两组的成员在 5 刻度内即产生聚合。青海柳湾与上述两个聚类群在形态上差异都比较大。

由聚类分析结果可知，梁王城大汶口墓地所出人骨的体质特征与同属大汶口文化的泰安大汶口、曲阜西夏侯非常接近，与属于仰韶文化的华县元君庙所出土人骨也非常接近。这与对颅骨的测量性状进行分析得出的结论完全一致，也进一步证明邳州梁王城大汶口墓地出土的人骨在体质特征上应属于“古中原类型”①。

四　古病理学的研究

1. 骨骼损伤

骨骼损伤是很常见的一大类骨骼病理现象，对这些损伤进行鉴定，常常可以为我们提供很多有用的信息，特别是对死者生前的健康状况、生活情况和致死原因等至关重要②。邳州大汶口墓地出土的人骨中，有 5 例发生骨折的标本，其中 3 例为肢骨骨折，1 例为颅骨骨折，1 例为椎骨压缩性骨折。

M82 出土南侧人骨右侧桡骨远端有骨折后愈合的痕迹，发生错位愈合，生成的骨痂与原骨，使得右侧桡骨远端体积增大，形状异常（图版三三四，1）。M93 出土人骨左侧尺骨近端发现骨折后发生错位愈合，在愈合处形成骨痂，使得尺骨近端变粗（图版三三四，2）。在 M159 出土人骨右侧肱骨中段观察到孔状骨折（图版三三四，3），骨折区内骨片完全断离脱落而造成孔洞，推测可能是被箭镞等刺穿。

M159 出土人骨，右侧顶骨顶结节下方塌陷性骨折，创口呈弧形（图版三三四，4），颅骨骨板全层骨折，创口圆弧弦长 27 毫米，骨板略微向颅内塌陷约 1.5 毫米，创口处产生几处新骨，但骨折处并未完全愈合，推测墓主在骨折发生后又存活了一段时间。

---

① 朱泓：《建立具有自身特点的中国古人种学研究体系》，《我的学术思想——吉林大学建校 50 周年纪念》，吉林大学出版社，1996 年。

② 朱泓：《古病理教案》（未刊）。

M153 出土人骨，其胸椎出现压缩性骨折，椎体受上下外力的挤压变扁，呈楔形（图版三三四，5）。

2. 骨骼的非特异性感染

梁王城大汶口文化墓地人骨发现有骨性关节炎、强直性脊柱炎、类风湿性关节炎、化脓性关节炎、化脓性脊髓炎等几种非特异性感染疾病。

（1）骨性关节炎

骨性关节炎又称为增生性、肥大性或退行性关节炎。发病年龄多在中年以后，好发生于负重大、活动多的关节，如髋、膝、踝，颈椎、腰椎等关节。病因尚未完全明了，一般认为与组织变性和长期磨损有关。早期主要累及关节软骨，发生变性，软骨板出现裂隙、软化或脱落，骨质裸露；以后软骨周围组织增生，骨赘形成，关节面骨质紧密，并可出现囊性病灶，关节缘呈唇样骨质增生。

大汶口文化墓地出土的死亡年龄在 35 岁以上的个体有 62 个，出现脊椎骨质增生的个体有 52 个，即死亡年龄在 35 岁以上的个体 83. 87% 都患有不同程度的骨质增生和脊椎病变，患脊椎病变的个体中绝大部分为腰椎病变。程度较轻的椎体边缘出现唇样骨质增生，较严重的会出现骨赘及椎间隙变窄的现象，甚至出现鸟嘴形的骨刺，并可融合，使脊椎外观变形。

骨质增生多发于负重大、活动多的关节，腰椎骨质增生病变的年轻化和普遍出现，说明腰部活动强度大、频率高，这或许反映出农业经济在人们的日常生活中占有重要的地位。

（2）强直性脊椎炎

强直性脊柱炎是一种以脊柱僵硬并逐渐变为强直为特征的慢性进行性炎性疾病，一般认为与类风湿性关节炎有关。多发于青壮年，男多于女，比例约为 7∶1。

M136 出土人骨患强直性脊柱炎，第四、五腰椎椎体间形成骨桥，小关节融合，脊柱发生强直，出现“竹节”样改变（图版三三五，1）。

M96、M113、M144 出土人骨胸椎患强直性脊柱炎，椎体和小关节都发生骨质融合，出现“竹节”样变化（图版三三五，2～4）。

（3）类风湿性关节炎

多发生于青壮年，女性比男性多 2～3 倍，好发部位为手足小关节，尤其是近侧指间关节、掌指关节及跖趾关节，其次为腕、肘、膝、踝、髋关节等。最初仅累及一、二个小关节，呈游走性，以后发展为多发性和对称性关节炎。患部首先出现骨质疏松，关节间隙变窄，关节面边缘侵蚀及骨质内小囊状破坏，严重者可发生关节畸形和骨性强直①。

M128（西）出土标本远节指骨底和中节指骨滑车间发生骨性强直，推测墓主患类风湿性关节炎（图版三三五，5）。

（4）化脓性骨髓炎

化脓性骨髓炎是一种常见的非特异性感染类骨炎症，可在骨骼上留下明显的痕迹②。

---

① 朱泓：《古病理教案》（未刊）。

② 同注①。

M97 出土标本的右侧胫骨、腓骨远端出现化脓性感染，在病变部位可见到坏死的骨组织和新骨形成同时并存的现象，推测其患化脓性脊髓炎（图版三三六，1～3）。

M238、M113 出土人骨右侧肱骨头出现瘘道，推测其患化脓性骨髓炎（图版三三六，4）。

M112 出土人骨患化脓性骨髓炎右侧腓骨中段有瘘道（图版三三六，5）。

（5）脊椎化脓性骨髓炎

脊椎化脓性骨髓炎属于化脓性骨髓炎的一种，但比较少见，患者多为成年人，男性约为女性的四倍。以腰椎最为常见，胸、颈椎次之。发病后可致使椎体骨质疏松，椎间隙狭窄，晚期骨质增生硬化，形成骨桥及椎体融合，但很少引起楔形变和后突畸形。病变累及椎弓者，晚期可呈现边缘锐利的骨质缺损①。

M92 出土人骨胸椎椎体出现骨质疏松的现象，边缘出现骨质缺损，锥孔处产生病变，椎体有窦道生成。推测其胸椎可能脊椎患化脓性骨髓炎（图版三三六，6～8）。

M93 出土人骨腰椎椎体出现空洞且有瘘道出现，推测其有可能患脊椎化脓性骨髓炎（图版三三六，9）。

3. 骨瘤

骨瘤较常见，多见于青少年，颅面部为其好发部位。位于颅面骨表面者，呈扁圆形骨性隆起，质地坚硬而固定，生长缓慢，骨骺愈合后即停止生长。属良性②。

在本文所观察标本中仅见一例，在 M121 出土标本颅骨矢状缝顶孔段附近，矢状缝的两侧各有一直径约 15 毫米的扁平骨块，应为骨瘤（图版三三五，6）。

4. 牙齿

（1）龋病和牙周病

龋病（dental caries）是在以细菌为主的多种因素影响下，牙体硬组织发生的一种慢性、进行性、破坏性的疾病③。牙周病是侵犯牙龈和牙周组织的慢性炎症，是一种破坏性疾病，其主要特征为齿槽萎缩致使牙根明显暴露。146 具人骨中，除去头骨不存在及无法观察的 60 具个体，有 86 具人骨标本可进行观察，患龋齿的个体共计 21 例，患牙周病的个体共计 14 例，因牙齿脱落情况很严重，所以未对大汶口墓地人骨龋齿和牙周病的患齿率进行统计。

表 4－3－9　患龋齿、牙周病的个体性别年龄分布表

	个体数	龋齿		牙周病	
	N	个体数		个体数	
		N	%	N	%
男性	35	6	17.1	2	5.7
女性	51	11	21.6	7	13.7
性别不明	60	4	6.7	5	8.3

① 朱泓：《古病理教案》（未刊）。

② 同注①。

③ 许彦枝、赵满琳、陈彦平：《口腔科疾病》，中国医药科技出版社，2007 年。

续表 4-3-9

	个体数	龋齿		牙周病	
	N	个体数		个体数	
		N	%	N	%
青年	14	1	7.1	1	7.1
壮年	33	6	18.2	2	6.1
中年	53	14	26.4	11	20.8

男女两性龋齿的患病率分别为17.1%和21.6%，牙周病的患病率分别为5.7%和13.7%。在青年期、壮年期和中年期，龋齿的患病率分别为7.1%、18.2%和26.4%，牙周病的患病率分别为7.1%、6.1%和20.8%。随年龄增长，龋齿、牙周病患病率有升高的趋势（图版三三七，1、2）。

（2）错颌畸形

极大部分错颌畸形是在儿童生长发育过程中，由先天的遗传因素或后天的环境因素，如疾病、口腔不良习惯、替牙异常等导致的牙、颌骨、颅面的畸形，如牙排列不齐、上下牙弓间的颌关系异常、颌骨大小形态位置异常等。这些异常机制是牙量与骨量、牙与颌骨、上下牙弓、上下颌骨、颌骨与颅面之间的不协调①。

本次研究的标本中，共观察到10例存在错颌畸形的标本。其中M81、M128［东］、M128［西］、M135、M256均为远中错颌（图版三三七，3）。M121为近中错颌。M98、M145、M129、M127均为中性错颌，表现为牙齿拥挤、排列不齐，个别牙齿的生长方向发生扭转（图版三三七，4）。

（3）根尖脓肿

根尖脓肿一般由根尖周病引起，根尖周病是发生在牙根尖周围组织的炎性疾病。患根尖周病后，根尖肉芽组织中心部分的细胞坏死、液化，可形成脓液，进而形成根尖周脓肿，根尖周脓肿自行破溃后，会在牙龈上形成窦道②。

本墓地出土人骨标本中，共观察到7例标本患根尖脓肿。分别为M88、M98、M143、M154、M159、M238、M250，均已在牙齿根尖处形成窦道（图版三三七，5）。

5. 其他病理现象

M92头骨的两侧眼窝上壁均有孔样病变，此种病变可能是由贫血造成，前文提及M92可能患脊椎化脓性脊髓炎，如罹患此病必然会影响造血机能，造成贫血，导致眼窝上壁的病变（图版三三七，6）。

五 拔齿、枕部人工变形及头骨穿孔现象

（1）拔齿

邳州梁王城大汶口文化墓葬中，拔齿现象有两种形态，一种是拔除上颌两颗侧门齿，一种是将上颌的左右犬齿与左右侧门齿同时拔除。

① 傅民魁：《口腔正畸学》，人民卫生出版社，2007年。

② 许彦枝、赵满琳、陈彦平：《口腔科疾病》，中国医药科技出版社，2007年。

在共计146例人骨中，有23例头骨不存在、37例因保存情况不好而无法观察、26例因年幼未到拔齿年龄而不计入统计。余下的60例可供观察的个体中，有拔齿现象的计33例，且拔除的牙齿绝大多数为双侧上颌侧门齿同时拔除（图版三三八，1），仅有5例［M92、M118、M121、M128（东）、M129］同时拔除了上颌侧门齿和犬齿（图版三三八，2、3），拔齿现象的出现率为55.5%，其中男性拔齿出现率为41.67%，女性拔齿出现率为69.23%。

（2）枕部人工变形

共观察到6例人骨出现枕部人工变形现象，且颅骨出现变形的部位都在人字缝附近（图版三三八，4、5），依颜訚先生关于头骨畸形的分类①，判断其为枕型。推测其形成原因当与婴儿期枕部受压的睡眠习惯有关。

（3）头骨穿孔

在M131的顶骨碎片上发现了穿孔的痕迹（图版三三八，6），因骨片断裂，仅可观察到半个孔，创口孔处的直径约为7毫米，孔的边缘平滑整齐，没有出现骨裂或骨折线，穿孔的打击方向与创伤处的切面并不垂直，呈一定的角度。创口如此平滑且孔周颅骨未见骨裂，推测该创伤不是在战争或是狩猎过程中形成，可能是故意为之。

六　身高的研究

对梁王城大汶口文化墓葬出土人骨的肢骨进行测量，其中男性18例，女性27例，依据《体质人类学》中所记录的利用长骨推算黄种人身高的公式，根据45例个体的肱骨、尺骨、桡骨、股骨、胫骨、腓骨的最大长求出身高平均值。成年男子的平均身高为167.6厘米，女性的平均身高为150.7厘米。

七　小结

1. 梁王城新石器时代居民，男性的平均寿命为37.36岁，女性为37.7岁，女性寿命较男性略长。

2. 梁王城大汶口组男性居民与女性居民在非测量性状上基本一致，在某些性状略有差异，应属于性别上的差异，不存在种族意义上的区别。

3. 梁王城大汶口文化居民具有偏长的中颅结合高颅、狭颅的颅型，中等的上面高，偏低的中眶型、中鼻型、正颌型。与现代亚洲蒙古人种各地域类型进行比较，与现代东亚蒙古人种比较接近。用聚类分析的方法将梁王城组与国内几组新石器时期人骨进行比较，梁王城组的体质特征与山东泰安大汶口、曲阜西夏侯、华县元君庙所出土人骨非常接近，应归属于先秦时期人种类型中的“古中原类型”。

4. 梁王城组人骨存在骨骼损伤、非特异性感染、骨瘤、龋齿、牙周病、错颌畸形等多种病理现象，同时在颅骨上还观察到了拔齿、枕部人工变形及头骨穿孔等现象。

5. 梁王城组居民成年男子的平均身高为167.6厘米，成年女性的平均身高为150.7厘米。

---

① 颜訚：《大汶口新石器时代人骨的研究报告》，《考古学报》1972第1期。

第四节　墓葬分期与墓地布局

一　器物形态分类及演变

大汶口墓地中出土的器物可大致分为随葬品和葬具两大类。

1. 随葬品

陶器以夹砂陶和泥质陶为主，陶色多灰陶、灰褐陶及红褐陶，有少量的红、白、黑陶，随葬品主要有陶鬶、豆、背壶、薄胎高柄杯、厚胎高柄杯、鼎、壶、罐、盆、瓶等。

1）鬶

陶鬶基本为实足鬶，完整器有21件，残器1件。另有袋足鬶3件。

①实足鬶

实足鬶以腹部形状及把手安装位置的不同，分为A、B两型。

A型　12件。以泥质或夹细砂的灰陶或灰褐陶为主，颈较细，椭圆形腹，圜底。器腹多素面，腹部常饰突棱一道。可分四式。

Ⅰ式　5件。短流，细颈，宽椭圆形腹，带状或绳索状把手多位于器腹正上方。

M118:12，泥质灰褐陶，小口，短流略向下斜。最大腹径14.4、高17.2厘米。（图三九一，1）

M129:13，泥质红褐陶，短流，细高颈。最大腹径13.8、通高17.2厘米。（图三九一，2）

Ⅱ式　3件。口变阔，颈变粗。

M146:16，夹细砂灰褐陶。最大腹径15.6、通高19.2厘米。（图三九一，3）

M147:22，夹砂红褐陶，腹上部呈半椭圆形，下部斜直，平底。腹部饰有一周附加堆纹。最大腹径15.6、高20.2厘米。（图三九一，4）

Ⅲ式　2件。长流较平，粗颈，腹部趋扁。

M139:17，泥质灰陶。最大腹径16.0、通高18.6厘米。（图三九一，5）

M112:17，泥质陶，陶色不均，黑、褐参半。最大腹径16.0、通高20.4厘米。（图三九一，6）

Ⅳ式　2件。长流上扬，粗高颈。

M89:5，夹砂红褐陶。最大腹径15.0、通高25.7厘米。（图三九一，8）

M271:2，泥质红褐陶。最大腹径12.6、高22.0厘米。（图三九一，7）

B型　10件。以夹砂红褐陶为主，粗颈，圆腹，圜底或平底。带状或绳索状把手一端位于颈、腹交界处，一端位于腹中下部。器腹多满饰篮纹。可分五式。

Ⅰ式　1件。短流，细颈，球形腹，圜底。

M151:19，夹砂灰褐陶，宽带状半环形把手，把手正面饰两道刻槽。最大腹径13.6、通高19.2厘米。（图三九二，1）

Ⅱ式　3件。长流，粗颈，圆腹，圜底。

M231:15，夹砂红褐陶，腹满饰篮纹。最大腹径14.7、通高24.0厘米。（图三九二，2）

M243:14，夹砂红褐陶，腹满饰篮纹。最大腹径15.6、通高22.8厘米。（图三九二，3）

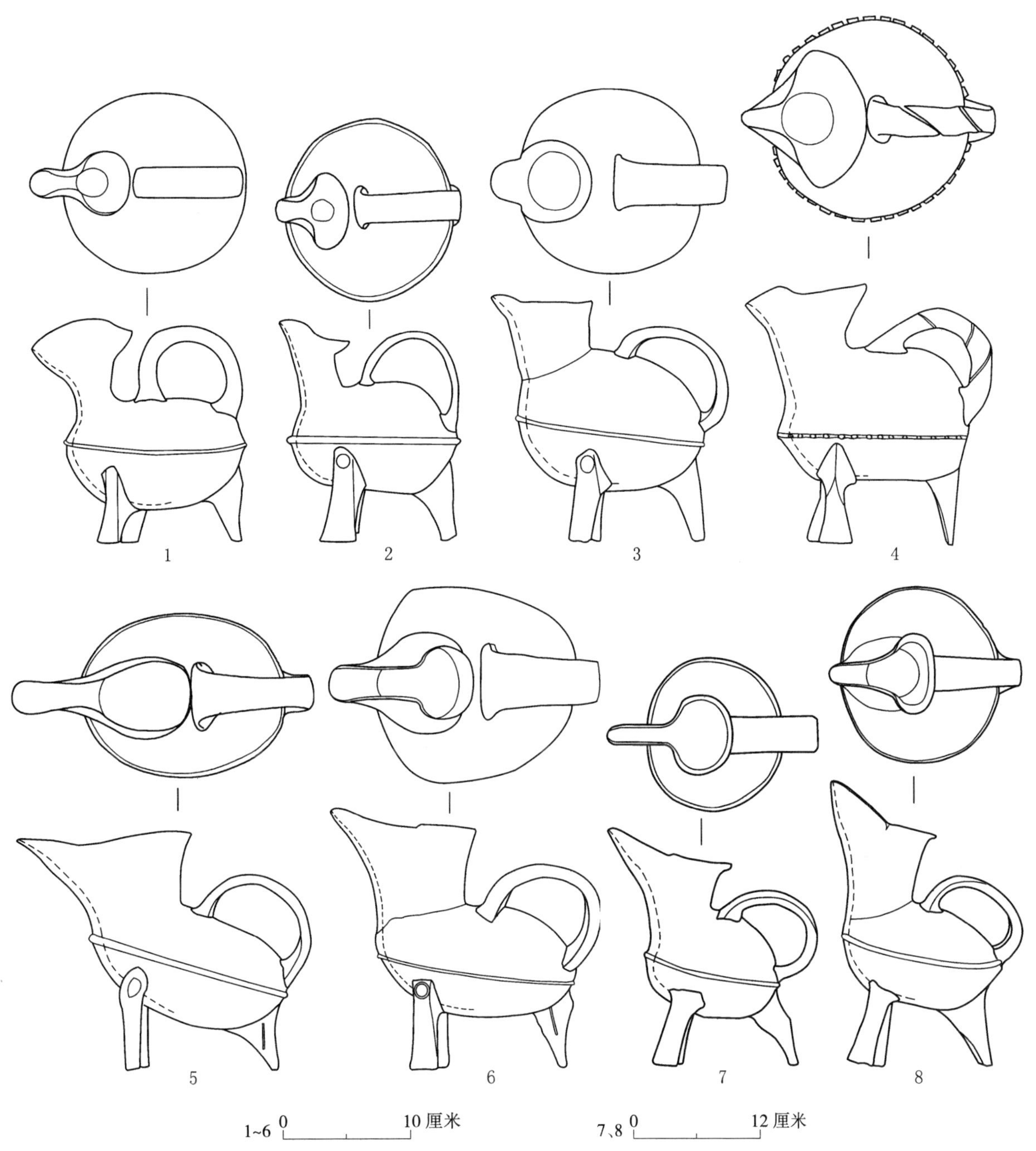

图三九一　大汶口文化墓地出土A型陶鬶

1、2. A型Ⅰ式（M118：12、M129：13）　3、4. A型Ⅱ式（M146：16、M147：22）　5、6. A型Ⅲ式（M139：17、M112：17）　7、8. A型Ⅳ式（M271：2、M89：5）

Ⅲ式　3件。平底，腹、底交界处的转折不甚明显。

M226：12，夹砂红褐陶。最大腹径14.7、高24.7厘米。（图三九二，4）

M225：19，夹砂红褐陶。最大腹径15.7、高25.3厘米。（图三九二，5）

Ⅳ式　2件。平底，腹、底交界处的转折明显。

M242：11，夹砂红褐陶。最大腹径15.3、通高24.3厘米。（图三九二，7）

M244:9，夹砂红褐陶。最大腹径 13.8、通高 24.4 厘米。（图三九二，6）

Ⅴ式　1 件。

M270:13，形似杯。夹砂灰陶，平短流，颈微束，筒形腹，宽带状环行把，三个凿形足。口径 7.0~7.7、高 16.0 厘米。（图三九二，8）

②袋足鬶

3 件。分别出自 M123、M126 和 M136。完整器仅 M136 出土的 1 件。

M136:10，泥质黄白陶，冲天式长流，瘦腹，细把，三袋足较纤细。最大腹径 12.6、通高 30.6 厘米。（参见图二四八，1）

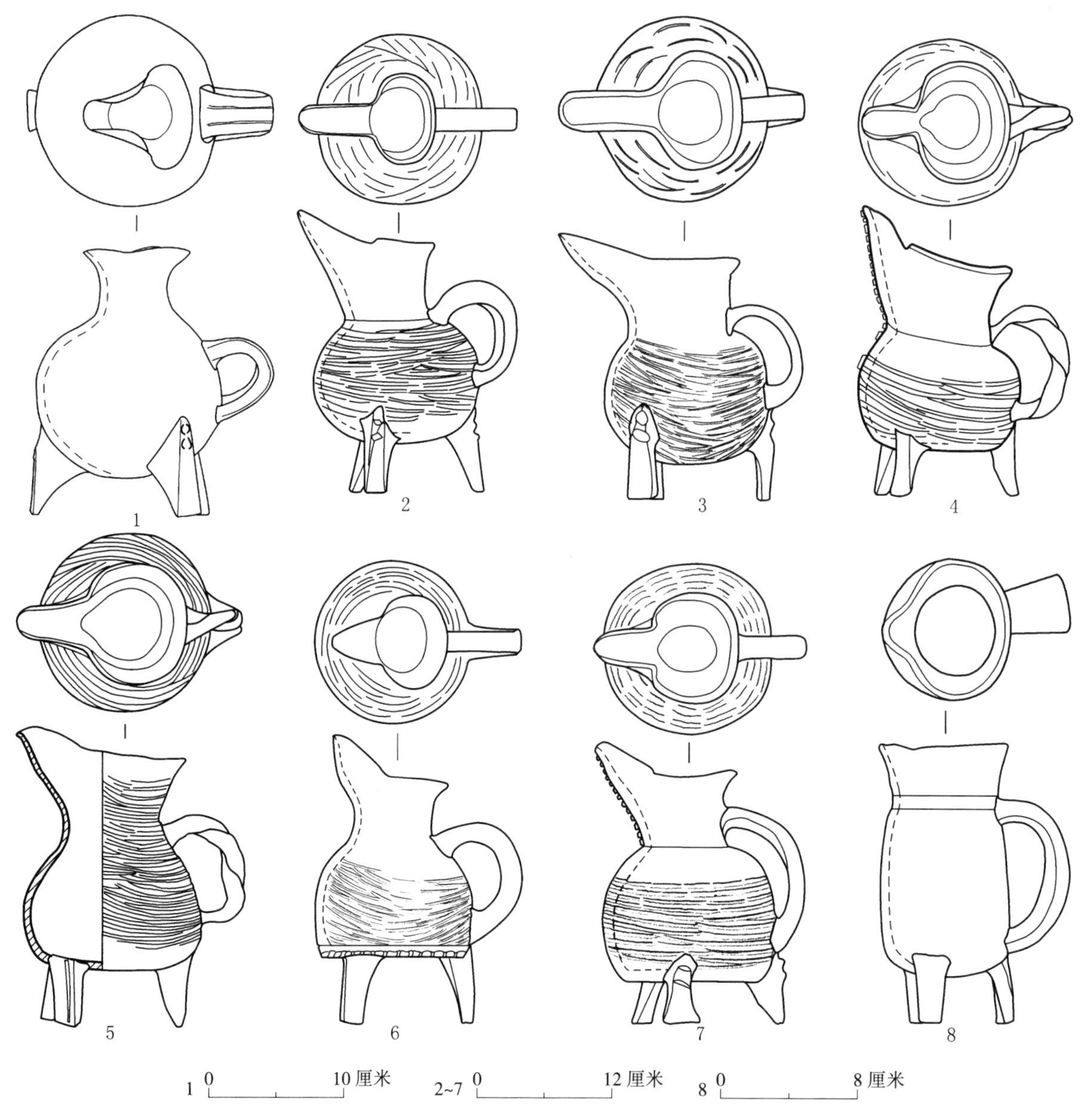

图三九二　大汶口文化墓地出土 B 型陶鬶

1. B 型Ⅰ式（M151:19）　2、3. B 型Ⅱ式（M231:15、M243:14）　4、5. B 型Ⅲ式（M226:12、M225:19）　6、7. B 型Ⅳ式（M244:9、M242:11）　8. B 型Ⅴ式（M270:13）

M126:6，泥质红陶，口、颈部残，半环形把手，三只空心状袋足。最大腹径 11.6、残高 15.5 厘米。(参见图二三四，4)

2) 豆

豆是大汶口文化墓地出土的典型器物之一，总计 178 件，其中可参与型式排队的有 154 件。陶豆以泥质灰、灰褐陶为主，少量的泥质红褐、红陶及夹砂灰陶等。早段的豆器形较小，圈足上的镂孔较少，随着时间的推移，豆的数量增多，柄部变高，镂孔增多，至晚段器形又趋向细小，数量剧减。根据豆柄的高矮，可将其分为 A、B 两型。

A 型 134 件。高柄豆。根据豆盘的特征又可将其分为两亚型。

Aa 型 89 件。豆盘为弧壁。可分为六式。

Ⅰ式 32 件。器形整体较小，敞口，浅盘，细柄，喇叭形圈足，柄部的镂孔不仅数量少且较小。

M120:2，泥质灰褐陶。口径 18.9、足径 12.0、高 17.6 厘米。(图三九三，1)

M118:4，泥质红褐陶。口径 20.2、足径 13.8、高 16.4 厘米。(图三九三，2)

Ⅱ式 23 件。器形整体变高大，与Ⅰ式比柄部增高，部分豆柄部的镂孔增多。

M146:9，泥质黑陶，柄部 2 个对称的圆形镂孔。口径 21.6、足径 13.4、高 21.2 厘米。(图三九三，3)

M140:8，泥质灰褐陶，柄部饰有圆形及弧线三角形镂孔组成的纹饰。口径 22.4、足径 16.4、高 22.8 厘米。(图三九三，4)

Ⅲ式 11 件。粗高柄，大喇叭形圈足，柄部镂孔增多变大，部分豆的柄部满饰圆形、弧线三角等形状的大镂孔。

M112:7，泥质红褐陶，柄部满饰圆形及弧边三角形的大镂孔。口径 21.3、足径 16.4、高 22.8 厘米。(图三九三，5)

M112:13，泥质灰陶，柄部饰有 3 竖排对称分布的圆形镂孔。口径 24.4、足径 15.8、高 22.0 厘米。(图三九三，6)

Ⅳ式 13 件。盘腹略深，柄趋于矮细，部分豆的喇叭形圈足底部出台，柄部的镂孔也不及Ⅲ式发达。

M238:7，泥质黑陶，柄部饰有圆形及三角形镂孔组成的纹饰。口径 24.7、足径 15.6、高 22.2 厘米。(图三九三，7)

M243:18，泥质黑陶，柄部饰有圆形及弧边三角形镂孔组成的纹饰。口径 24.0、足径 14.0、高 21.8 厘米。(图三九三，8)

Ⅴ式 6 件。器形整体趋于纤巧，浅盘，柄部粗直，矮喇叭形足贴地。

M125:9，泥质灰陶，柄部饰有圆形及半月形镂孔。口径 16.5、足径 9.6、高 13.4 厘米。(图三九三，9)

M125:7，泥质黑陶，柄部饰有圆形及半月形镂孔。口径 15.6、足径 9.6、高 12.6 厘米。(图三九三，10)

Ⅵ式 4 件。柄部宽矮，喇叭形圈足底部出台。

图三九三 大汶口文化墓地出土Aa型陶豆

1、2. Aa型Ⅰ式（M120∶2、M118∶4） 3、4. Aa型Ⅱ式（M146∶9、M140∶8） 5、6. Aa型Ⅲ式（M112∶7、M112∶13） 7、8. Aa型Ⅳ式（M238∶7、M243∶18） 9、10. Aa型Ⅴ式（M125∶9、M125∶7） 11、12. Aa型Ⅵ式（M242∶20、M242∶22）

M242∶20，泥质红褐陶，柄部饰有圆形和弧线三角形镂孔。口径 17.6、足径 12.2、高 14.4 厘米。（图三九三，11）

M242∶22，泥质红褐陶，柄部饰有圆形和弧线三角形镂孔。口径 18.4、足径 12.4、高 14.4 厘米。（图三九三，12）

Ab 型　45 件。豆盘为折壁。可分为五式。其演变规律与 Aa 型豆基本相同。

Ⅰ式　18 件。器形整体较小，敞口，盘腹较深，细柄较矮，喇叭形圈足。柄部饰有圆形、弧线三角形镂孔，数量少且较小。

M118∶6，泥质灰陶，柄部饰有 3 个对称的圆形镂孔。口径 20.4、足径 14.8、高 17.4 厘米。（图三九四，1）

M120∶3，泥质黑褐陶，柄部饰有圆形及弧线三角形的镂孔。口径 20.6、足径 12.4、高 18.0 厘米。（图三九四，2）

Ⅱ式　10 件。器形整体变高大，柄部增高，部分豆柄部的镂孔增多。

M140∶12，夹砂黑陶，柄部饰有圆形及弧线三角形镂孔组成的纹饰。口径 22.9、足径 15.6、高 23.8 厘米。（图三九四，3）

M147∶10，夹砂黑褐陶，柄部饰有 3 个对称的圆形镂孔。口径 19.8、足径 15.6、高 22.0 厘米。（图三九四，4）

Ⅲ式　10 件。盘腹变浅，粗高柄，大喇叭形圈足，柄部镂孔增多变大。

M151∶20，泥质灰褐陶，柄部饰有圆形镂孔、弧线三角形镂孔以及细弦纹组成的纹饰。口径 23.8、足径 17.8、高 22.8 厘米。（图三九四，5）

M89∶20，泥质灰陶，柄部饰有 3 竖排对称分布的圆形镂孔。口径 22.4、足径 15.2、高 20.6 厘米。（图三九四，6）

Ⅳ式　5 件。与Ⅲ式比柄部愈高略细。

M148∶1，泥质黑陶，柄部饰有圆形及弧边三角形镂孔组成的纹饰。口径 22.9、足径 16.8、高 27.5 厘米。（图三九四，7）

Ⅴ式　2 件。盘壁转折处变得不甚明显，柄部趋矮，镂孔与前 2 式相比略欠发达。

M229∶3，泥质黑褐陶，柄部饰有圆形、菱形及三角形镂孔组成的纹饰。口径 30.4、足径 20.0、高 23.4 厘米。（图三九四，8）

M229∶5，泥质黑陶，柄上部饰 3 个对称的三角形镂孔，近足部饰 3 个对称的圆形镂孔。口径 20.0、足径 14.2、高 17.6 厘米。（图三九四，9）

B 型　20 件。矮柄豆。可分五式。

Ⅰ式　7 件。器形整体较小，细柄，上部较直，下部外撇呈喇叭状。柄部镂孔数量少且小。

M129∶2，泥质灰陶，柄部饰有 3 个对称分布的圆形镂孔。口径 20.5、足径 12.0、高 15.4 厘米。（图三九五，1）

M120∶11，泥质红陶。口径 14.4、足径 10.4、高 12.2 厘米。（图三九五，2）

Ⅱ式　4 件。柄变粗，柄部的镂孔数量增多。

M139∶13，泥质灰陶，柄部饰有圆形及弧线三角形镂孔。口径 18.7、足径 15.3、高 14.0 厘米。（图三九五，3）

Ⅲ式 2 件。器形整体变得粗宽，粗直柄，镂孔增多变大。

图三九四 大汶口文化墓地出土 Ab 型陶豆

1、2. Ab 型Ⅰ式（M118∶6、M120∶3） 3、4. Ab 型Ⅱ式（M140∶12、M147∶10） 5、6. Ab 型Ⅲ式（M151∶20、M89∶20） 7. Ab 型Ⅳ式（M148∶1） 8、9. Ab 型Ⅴ式（M229∶3、M229∶5）

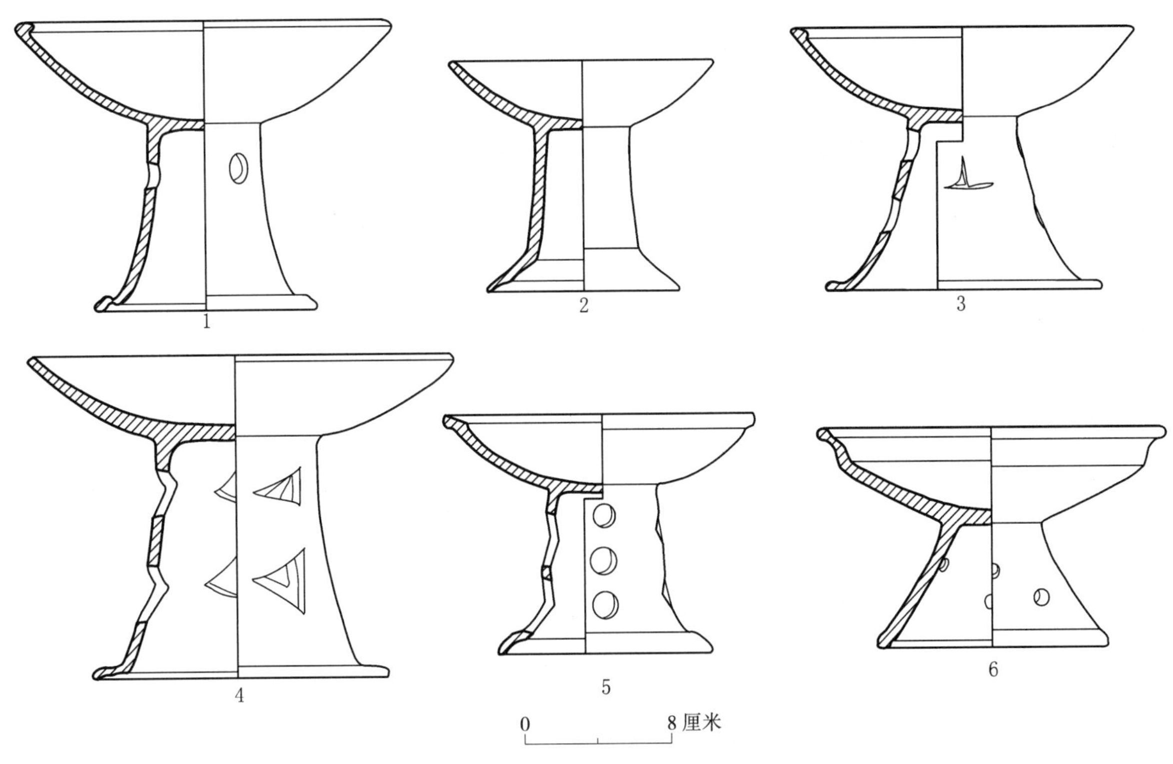

图三九五　大汶口文化墓地出土B型陶豆

1、2. B型Ⅰ式（M129∶2、M120∶11）　3. B型Ⅱ式（M139∶13）　4. B型Ⅲ式（M89∶21）　5. B型Ⅳ式（M267∶28）　6. B型Ⅴ式（M262∶27）

M89∶21，夹砂灰陶，柄部饰有大三角形镂孔。口径22.7、足径16.0、高17.2厘米。（图三九五，4）

Ⅳ式　5件。器形整体又趋于细小。

M267∶28，泥质黑陶，柄部圆形镂孔和三角形镂孔对称交错分布。口径16.8、足径11.8、高12.9厘米。（图三九五，5）

Ⅴ式　2件。器形整体愈矮，柄部不显，豆盘下接喇叭形圈足。柄部的镂孔细小。

M262∶27，泥质灰陶，圈足上饰有6个圆形小镂孔。口径19.2、足径12.4、高11.6厘米。（图三九五，6）

3）背壶

背壶也是大汶口墓葬中出土数量较多，具有典型分期意义的陶器种类之一，总计50件，其中完整器45件。以泥质灰陶、灰褐陶及黑陶为主，少量的泥质红陶，多为素面，仅个别背壶的颈部饰有弦纹。一般形态为粗颈，弧鼓肩，深腹内收，肩部附一对半圆形耳，正对的腹另一侧饰有一鸟喙状突纽。早期的背壶，泥质红陶与泥质灰陶各半，矮颈，形体宽胖，随着时间的推移，颈部变高，形体瘦长，以泥质灰褐、灰陶为主，制作不及早段规整。根据其整体形态可将其分为七式。

Ⅰ式　8件。直口略侈，圆唇，粗矮颈内收，弧肩，形体宽胖，肩两侧的双耳常又宽又大。

M118:9，泥质红陶，颈部饰凸弦纹一道。口径10.8、底径9.6、高30.0厘米。（图三九六，1）

M129:10，泥质灰陶。口径8.8、底径11.0、高21.8厘米。（图三九六，2）

Ⅱ式 7件。颈部略增高，肩部略鼓突，下腹弧收。

图三九六 大汶口文化墓地出土陶背壶

1、2. Ⅰ式（M118:9、M129:10） 3、4. Ⅱ式（M140:18、M147:13） 5. Ⅲ式（M151:8） 6. Ⅳ式（M89:6） 7、8. Ⅴ式（M231:12、M228:2） 9、10. Ⅵ式（M244:7、M262:2） 11. Ⅶ式（M270:15）

M140∶18，夹砂灰陶。口径9.6、底径8.1、高21.8厘米。（图三九六，3）

M147∶13，泥质黑陶，颈内侧有轮修痕迹。口径8.8、底径8.2、高24.0厘米。（图三九六，4）

Ⅲ式　9件。粗高颈，颈部上下等粗，弧鼓肩，下腹部内收，肩部的双耳变细小。

M151∶8，泥质黑陶。口径10.0、底径8.4、通高28.9厘米。（图三九六，5）

Ⅳ式　2件。颈下部略宽于颈上部。

M89∶6，泥质灰陶。口径9.2、底径8.0、高24.8厘米。（图三九六，6）

Ⅴ式　13件。颈部愈高，且颈下部明显宽于颈上部，颈、肩交界处的转折明显。

M231∶12，夹砂黑陶。口径7.0、底径6.4、高22.7厘米。（图三九六，7）

M228∶2，泥质黑陶。口径5.9、底径6.4、高26.0厘米。（图三九六，8）

Ⅵ式　5件。颈部略变矮，颈、肩交界处的转折变得不甚明显，器物的制作略显粗糙。

M244∶7，泥质灰陶。口径7.4、底径6.6、高23.8厘米。（图三九六，9）

M262∶2，夹砂黑陶。口径5.6、底径4.6、高18.0厘米。（图三九六，10）

Ⅶ式　1件。器形整体偏小，制作不甚规整，应为背壶的衰落期。

M270∶15，泥质灰陶，近直口，弧腹内收不规整，双耳位于肩下，呈半圆片状，中部有一小孔平底。口径4.6、底径5.7、高15.0厘米。（图三九六，11）

4）薄胎高柄杯

薄胎高柄杯又可称为黑陶杯，一般是用细泥黑陶制成，少数为细泥灰陶，器表经磨光。共计43件，完整器39件。按器形高矮可分为A、B两型。

A型　32件。器形较高。可分为八式。

Ⅰ式　6件。有少数的泥质灰陶或灰褐陶，胎壁略厚，敞口，尖圆唇，杯身内收成近平底，矮柄，喇叭形圈足。杯身及柄部常饰有圆形、长条形镂孔等。

M140∶10，泥质灰陶，足上3个长条形镂孔和3个圆形镂孔交错对称分布。口径10.5、足径6.8、高10.6厘米。（图三九七，1）

M92∶4，泥质黑陶，杯身饰有2道弦纹，柄部饰有3竖排小圆孔，每两排之间有一长条形镂孔。口径10.8、足径8.0、高15.4厘米。（图三九七，2）

Ⅱ式　3件。泥质灰陶或灰褐陶不见，全部为细泥黑陶，陶质细腻，表面透黑，器壁匀薄。杯的柄部增高，整体呈喇叭形外撇，部分杯的杯身底部向外弧鼓。杯柄多饰以小镂孔及细弦纹交错的纹饰。

M139∶7，柄部饰有圆形及三角形镂孔组成的纹饰。口径10.8、足径7.5、高20.0厘米。（图三九七，3）

M151∶7，柄部饰有三角形镂孔、半月形镂孔及细凹弦纹组成的纹饰。口径9.2、足径7.8、高19.6厘米。（图三九七，4）

Ⅲ式　3件。杯身上腹内收，下腹弧鼓，柄部增高，细直，贴地处外撇成喇叭形圈足。

M89∶13，柄部被6道凹弦纹分作5节，每节对称分布2个三角形镂孔。口径10.0、足径6.8、高26.8厘米。（图三九七，5）

图三九七　大汶口文化墓地出土A型陶薄胎高柄杯

1、2. A型Ⅰ式（M140∶10、M92∶4）　3、4. A型Ⅱ式（M139∶7、M151∶7）　5、6. A型Ⅲ式（M89∶13、M121∶1）　7、8. A型Ⅳ式（M243∶6、M231∶10）　9、10. A型Ⅴ式（M125∶2、M226∶16）　11、12. A型Ⅵ式（M262∶5、M114∶2）　13. A型Ⅶ式（M270∶24）　14. A型Ⅷ式（M136∶14）

M121:1，杯身及杯柄饰有细弦纹、圆形镂孔及三角形镂孔组成的纹饰。口径8.6、足径7.6、高22.0厘米。(图三九七，6)

Ⅳ式　9件。杯柄两头略收，中间弧鼓，柄部满饰圆形、半圆形及三角形等大镂孔，台式圈足，部分杯带盖。

M243:6，泥质黑陶，杯腹部饰有凹弦纹及4组竖刻划纹，杯柄上满饰圆形及菱形镂孔组成的纹饰。口径9.0、足径7.4、高21.4厘米。(图三九七，7)

M231:10，带盖，泥质黑陶，杯柄上满饰圆形空间及菱形镂孔。盖捉手呈空心喇叭状，弧壁，饰有对称的圆形镂孔。杯口径8.8、足径8.0、高26.2厘米；盖捉手径3.6、口径8.2、高5.4厘米。(图三九七，8)

Ⅴ式　3件。与Ⅳ式相近，仅柄部增高，细直。

M125:2，泥质黑陶，柄部饰有3竖排圆形镂孔，每组镂孔之间饰有3~5个竖行排列的弧线三角纹。口径10.0、足径8.0、高27.0厘米。(图三九七，9)

M226:16，带盖，杯盖捉手处饰有细弦纹，杯柄满饰圆形及三角形镂孔。杯口径9.3、足径7.8、高26.7厘米；杯捉手径5.8、口径9.3、高8.2厘米。(图三九七，10)

Ⅵ式　6件。杯柄略变矮，柄部镂孔的种类及数量较前一式大大减少，矮喇叭形圈足。

M262:5，带盖，柄上、下部饰有圆形及三角形镂孔。杯口径8.4、足径7.2、高21.6厘米；盖口径7.6、捉手径4.8、高7.2厘米。(图三九七，11)

M114:2，杯身饰有一周附加堆纹，柄部近底处饰有圆形及三角形镂孔。口径8.6、足径7.8、高24.0厘米。(图三九七，12)

Ⅶ式　1件。杯身变深，下腹内收成近平底，柄部较矮，台式圈足。

M270:24，柄下部饰有3竖排对称的圆形镂孔。口径7.2、足径5.6、高18.0厘米。(图三九七，13)

Ⅷ式　1件。大敞口，深圜腹，高直筒形圈足，下部略外撇。

M136:14，足上饰有细弦纹和长条形镂孔。口径9.2、足径5.2、高15.4厘米。(图三九七，14)

B型　7件。器形较矮。可分为三式。

Ⅰ式　3件。侈口，尖圆唇，深折腹，圈足肥润，一般两端略收，中部鼓突，圈足上满饰圆形、菱形、三角形等各类大镂孔。

M267:12，带盖，腹及柄上部饰有细凹弦纹，柄部满饰圆形及菱形镂孔。杯口径9.0、足径8.0、高17.4厘米；盖捉手径5.6、口径8.7、高7.8厘米。(图三九八，1)

M249:5，带盖，杯腹饰有细凹弦纹，折棱处饰一周小圆圈纹，杯柄满饰三角形镂孔及圆形镂孔。盖柄处饰有数道凹弦纹。杯口径8.8、足径7.2、高15.2厘米；盖捉手径5.6、口径8.4、高8.0厘米。(图三九八，2)

Ⅱ式　3件。与Ⅰ式相比，杯柄略有增高，柄部的镂孔不那么发达。

M265:7，柄部上细下粗呈竹节状，杯腹部饰有细弦纹，杯柄近底处饰有四个圆形镂孔。口径9.3、底径8.1、高20.8厘米。(图三九八，3)

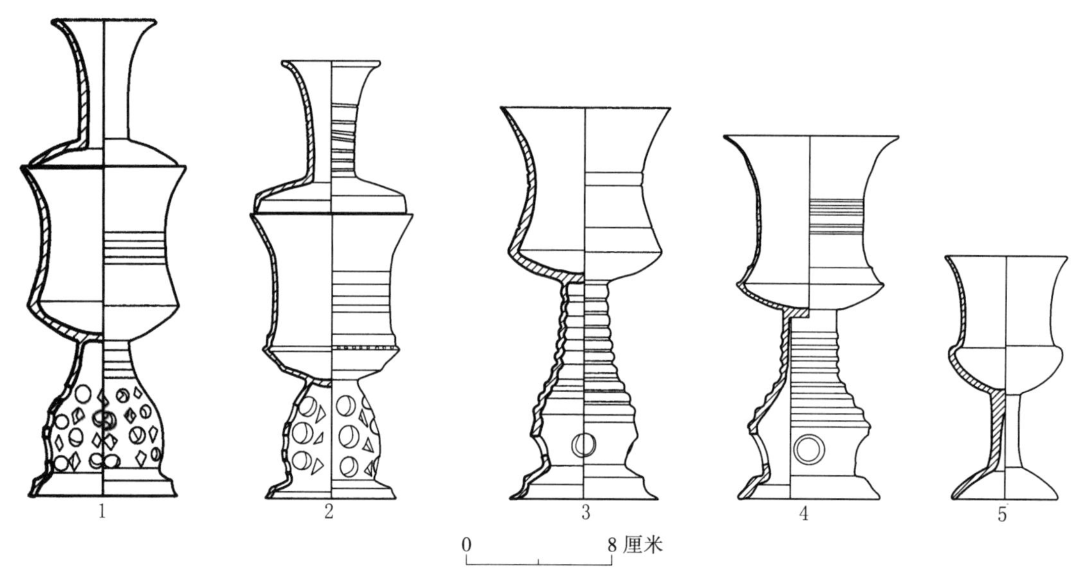

图三九八　大汶口文化墓地出土B型陶薄胎高柄杯

1、2. B型Ⅰ式（M267:12、M249:5）　3、4. B型Ⅱ式（M265:7、M106:14）　5. B型Ⅲ式（M270:31）

M106:14，杯身饰有数道凹弦纹，杯柄饰有数道圆滑的突棱，近底部有4个对称的圆形镂孔。口径9.6、足径7.8、高19.2厘米。（图三九八，4）

Ⅲ式　1件。杯腹变深，上腹内收，下腹弧鼓，细柄，不见镂孔。

M270:31，口径6.6、底径5.6、高12.8厘米。（图三九八，5）

5）盉

数量较少，仅7件。以泥质灰陶为主，素面。早期的盉多泥质红陶，矮颈、圆腹，流的口部比流、肩交接处宽，流管较粗，平底。晚期的盉颈部增高，流的口部变得比流、肩交接处窄，流管较细，且出现圈足流。可分为五式。

Ⅰ式　2件。侈口，短颈，弧鼓肩，平底。粗流管，流的口部宽于流、肩的交接处，平底。

M120:16，泥质灰陶。口径11.2、底径7.0、高12.2、流口宽3.8厘米。（图三九九，1）

Ⅱ式　2件。肩部变得更为鼓突，流的口部与流、肩交接处变得等宽。

M140:25，夹细砂灰陶。口径13.1、底径9.6、通高16.4、流口宽4.9厘米。（图三九九，2）

Ⅲ式　1件。颈部增高，流的口部略窄于流、肩的交接处，流管变细。

M112:14，泥质黑褐陶。口径10.2、底径8.4、高21.2、流口宽1.9厘米。（图三九九，3）

Ⅳ式　1件。颈部愈显宽厚，流管前窄后宽明显。

M240:10，泥质灰陶，腹部饰3道凹弦纹。口径10.4、底径7.6、高14.4、流口宽1.9厘米。（图三九九，4）

Ⅴ式　1件。圈足盉，器形矮小。

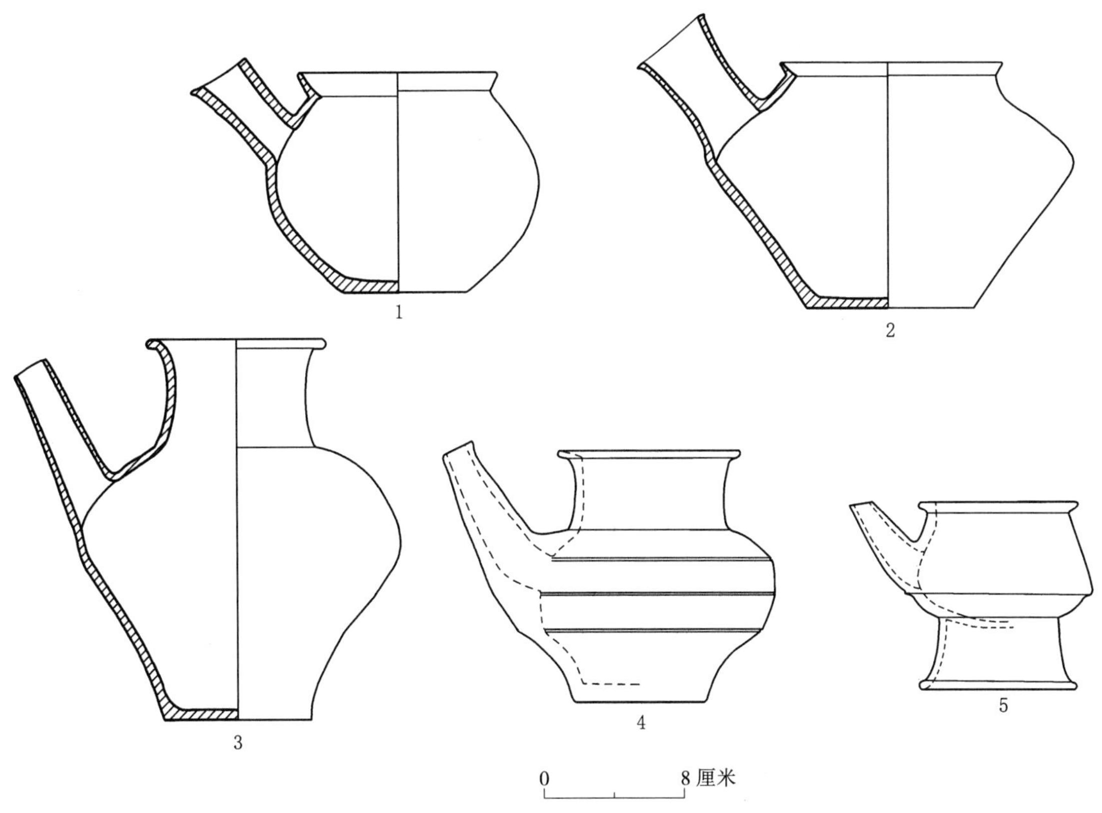

图三九九　大汶口文化墓地出土陶盉

1. Ⅰ式（M120∶16）　2. Ⅱ式（M140∶25）　3. Ⅲ式（M112∶14）　4. Ⅳ式（M240∶10）　5. Ⅴ式（M270∶2）

M270∶2，陶盉。泥质黑陶，直口，圆唇，平沿，口沿下有一管状的斜长流，斜直壁，圜底，圈足。口径 9.0、足径 9.0、高 10.5、流口宽 1.5 厘米。（图三九九，5）

6）壶

75 件，其中可供分型式的 67 件。壶多为泥质陶，少量的夹细砂陶。按壶的高矮可分为两型。

A 型　37 件。矮颈圆腹。按器形大小又可分为两亚型。

Aa 型　30 件。器形较小。可分为三式。

Ⅰ式　24 件。陶器的制作较规整，以泥质或夹细砂的灰陶为主，个别泥质红陶，口微侈，矮束颈，扁腹或扁圆腹，颈、肩处的转折一般较明显。

M110∶5，泥质红陶，颈部近口沿处饰 2 个对称的圆形小镂孔。口径 7.6、底径 6.7、高 11.6 厘米。（图四〇〇，1）

M147∶8，泥质灰陶。口径 8.2、底径 6.3、最大腹径 12.8、高 13.5 厘米。（图四〇〇，2）

Ⅱ式　5 件。陶器的制作不及Ⅰ式规整，以泥质或夹砂的灰褐、黑褐陶为主，颈略增高，腹加深，多圆弧腹。

M114∶14，夹砂黑陶。口径 7.7、底径 5.0、高 11.8 厘米。（图四〇〇，3）

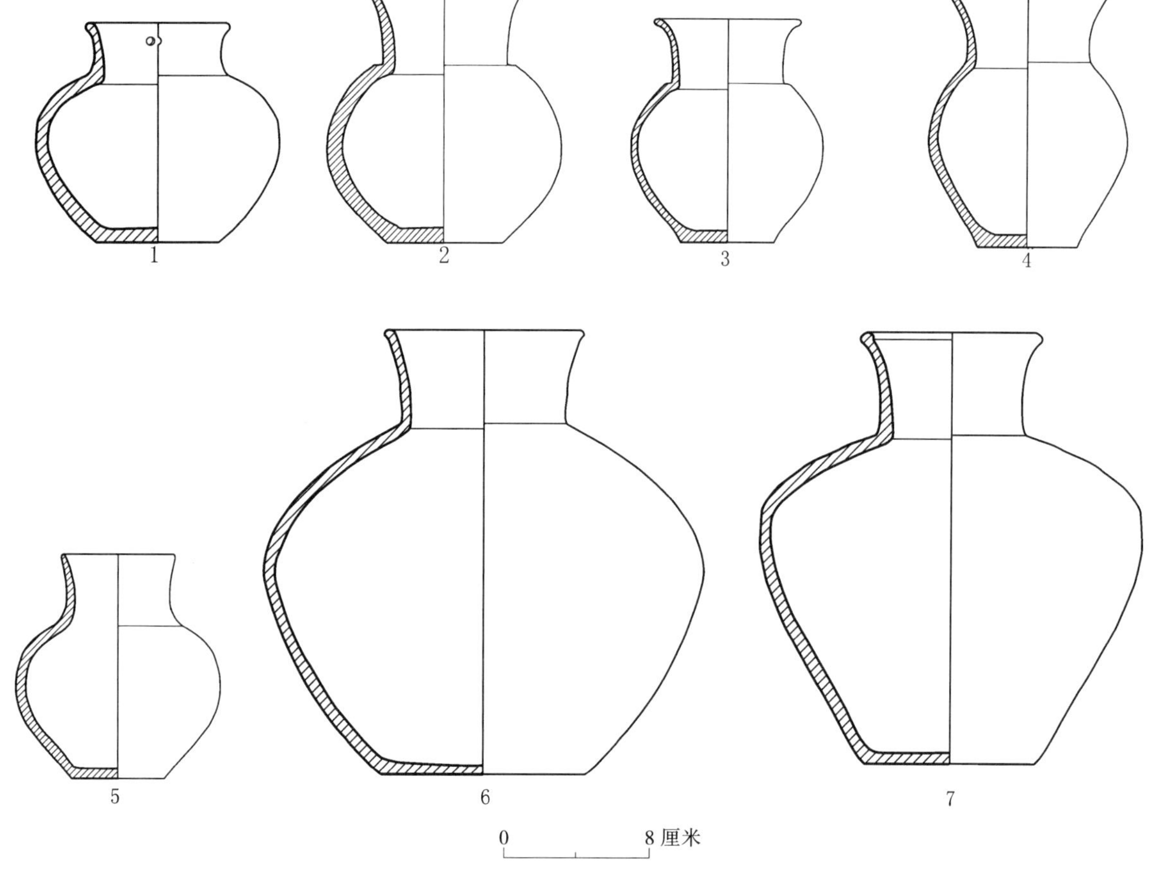

图四〇〇　大汶口文化墓地出土A型陶壶

1、2. Aa型Ⅰ式（M110:5、M147:8）　3、4. Aa型Ⅱ式（M114:14、M256:2）　5. Aa型Ⅲ式（M136:6）
6、7. Ab型（M140:30、147:18）

M256:2，泥质黑陶。口径8.2、底径5.4、高13.4厘米。（图四〇〇，4）

Ⅲ式　1件。陶器的制作较随意，颈、肩处的转折不明显。

M136:6，泥质黑陶。口径6.1、底径5.0、高11.9厘米。（图四〇〇，5）

Ab型　7件。器形较大，矮束颈，宽圆肩，弧腹，平底。因数量较少其演变规律不甚明显，在此便不再做式别的划分。

M140:30，泥质灰陶。口径11.0、底径11.4、高23.6厘米。（图四〇〇，6）

M147:18，泥质灰陶。口径9.2、底径9.0、高22.8厘米。（图四〇〇，7）

B型　30件。高颈深弧腹壶。可分五式。

Ⅰ式　2件。敞口，上宽下窄的喇叭形颈，折肩，斜直腹，平底。

M119:5，泥质黑陶。口径11.2、底径8.8、高18.8厘米。（图四〇一，1）

Ⅱ式　11件。侈口，高直颈，圆肩，弧腹，平底。

M151:6，泥质黑陶。口径9.0、底径4.8、高15.0厘米。（图四〇一，2）

M157:2，泥质灰陶。口径10.0、底径6.4、高19.2厘米。（图四〇一，3）

Ⅲ式　14件。高束颈，部分壶的颈上窄下宽，颈、肩交界处的转折明显，深弧腹内收。

M231∶13，泥质黑陶，颈部饰有4道细凹弦纹。口径8.0，底径5.0、高18.0厘米。（图四〇一，4）

M243∶13，泥质黑陶，颈肩部饰有4道不规则的凹弦纹。口径8.8、底径6.3、高22.4厘米。（图四〇一，5）

Ⅳ式　2件。颈部愈高，粗直颈，上窄下宽。

M225∶8，泥质黑褐陶。口径9.1、底径6.9、高24.4厘米。（图四〇一，6）

M226∶9，泥质黑陶，通体磨光。口径9.6、底径6.4、高23.8厘米。（图四〇一，7）

Ⅴ式　1件。

M270∶33，器体变小，器物的制作不甚规整，颈、肩处的转折不明显。口径8.4、底径6.1、高15.0厘米。（图四〇一，8）

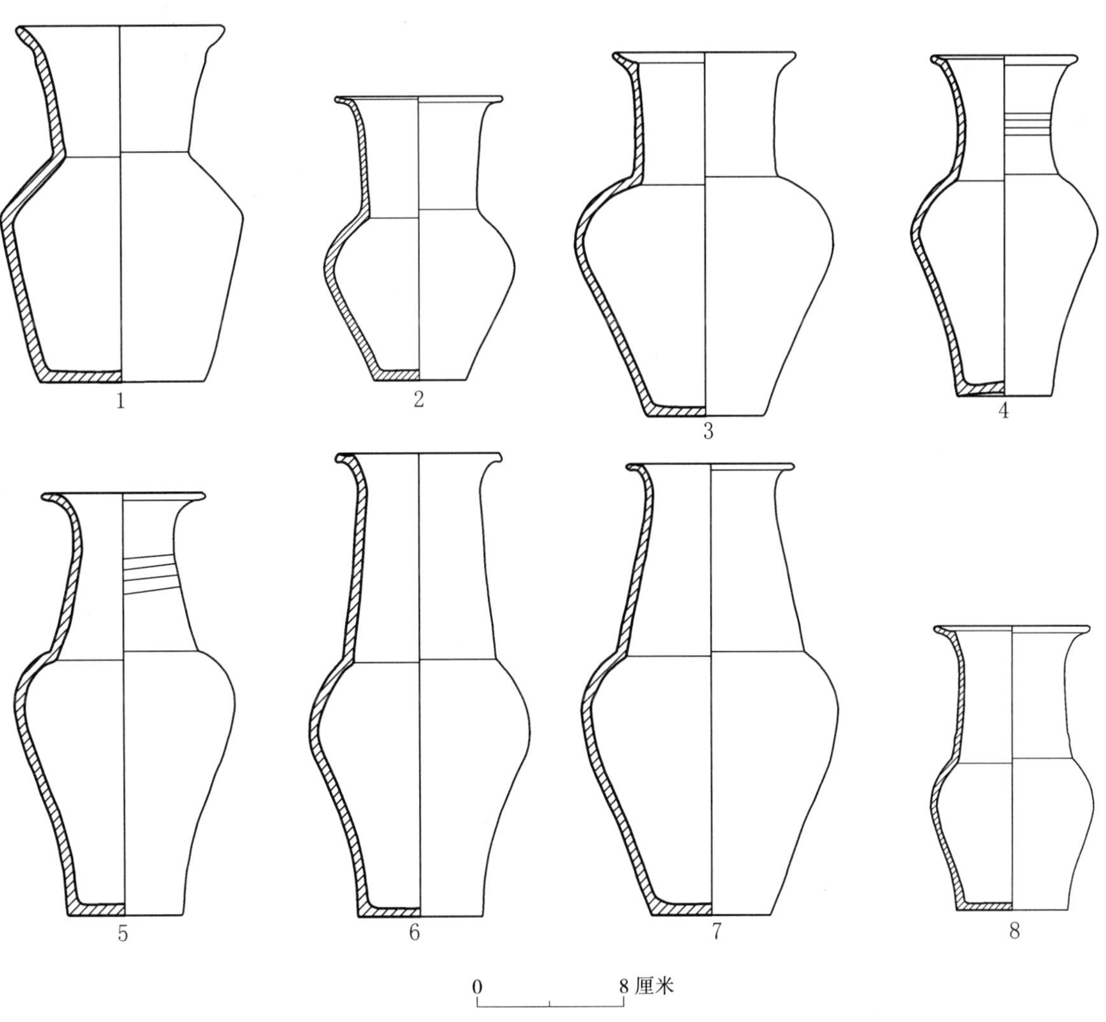

图四〇一　大汶口文化墓地出土B型陶壶

1.B型Ⅰ式（M119∶5）　2、3.B型Ⅱ式（M151∶6、M157∶2）　4、5.B型Ⅲ式（M231∶13、M243∶13）　6、7.B型Ⅳ式（M225∶8、M226∶9）　8.B型Ⅴ式（M270∶33）

7）盆

墓葬中共出土陶盆48件，其中可供分型、分式的40件。以泥质或夹砂的灰褐陶为主，少数泥质红陶。依据腹部特征可分为两型。

A型 19件，折腹盆。可分六式。

Ⅰ式 2件。敞口，圆唇，无沿，折腹处位于器中部偏上，平底。

M129:17，夹砂黑褐陶。口径31.6、底径10.8、高12.8厘米。（图四〇二，1）

Ⅱ式 1件。沿外折。

M120:1，泥质黑陶。口径22.4、底径8.0、高8.8厘米。（图四〇二，2）

Ⅲ式 1件。短折沿，盆腹变深。

M151:4，泥质黑灰陶。口径18.8、底径8.2、高8.6厘米。（图四〇二，3）

Ⅳ式 4件。器形整体较大，折沿变宽，深腹，折腹处位于器中部。

M271:1，泥质红陶。口径32.0、底径13.2、高16.8厘米。（图四〇二，4）

Ⅴ式 8件。宽折沿，盆腹变浅。

M245:3，泥质灰陶。口沿30.2、底径12.0、高13.0厘米。（图四〇二，5）

Ⅵ式 3件。器形整体变小，盆腹变浅，上腹部近直，折腹处位于器中部略偏下。

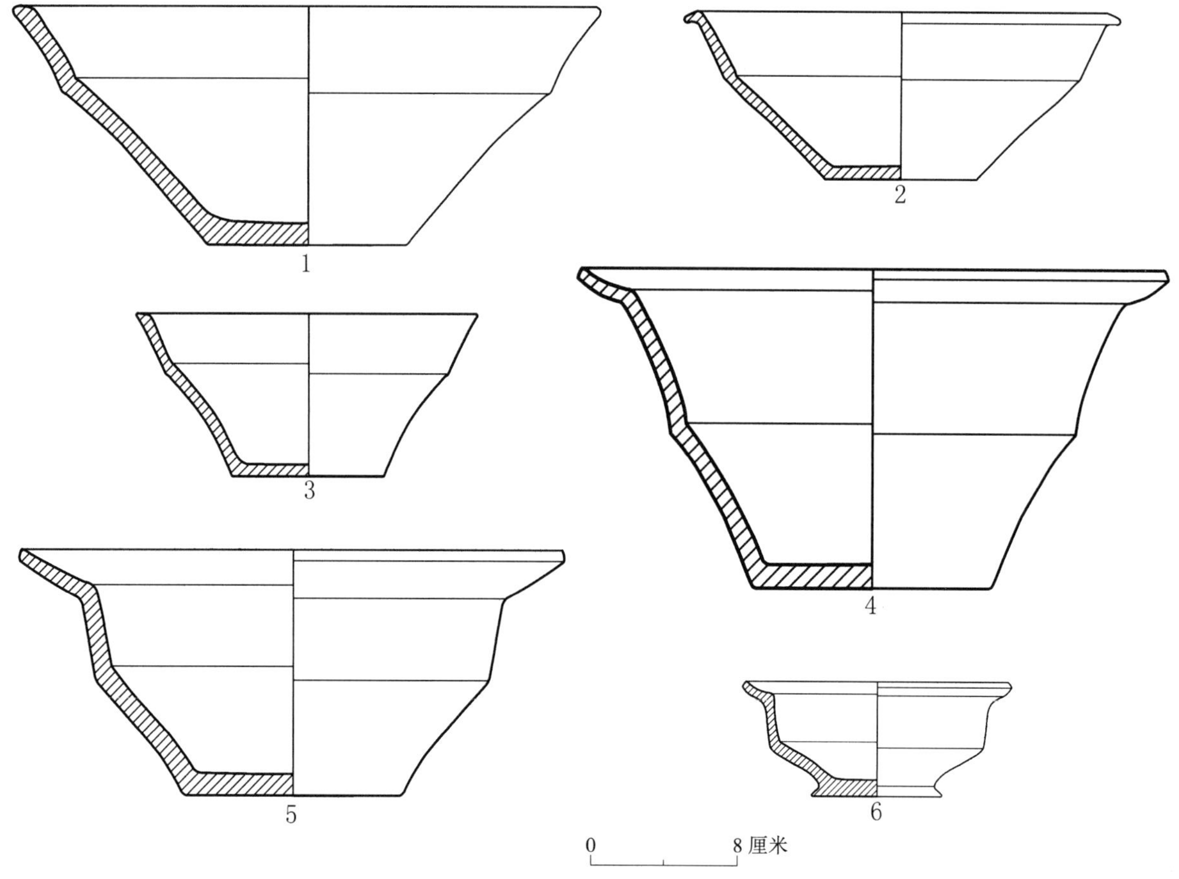

图四〇二 大汶口文化墓地出土A型陶盆

1. A型Ⅰ式（M129:17） 2. A型Ⅱ式（M120:1） 3. A型Ⅲ式（M151:4） 4. A型Ⅳ式（M271:1） 5. A型Ⅴ式（M245:3） 6. A型Ⅵ式（M248:4）

M248∶4，泥质黑陶。口径 14.7、底径 7.0、高 6.0 厘米。（图四〇二，6）

B 型　21 件。弧腹盆。可分六式。

Ⅰ式　11 件。敞口，圆唇或沿外卷，弧腹近直，平底。

M118∶1，泥质红陶。口径 32.9、底径 10.7、高 13.2 厘米。（图四〇三，1）

M160∶5，泥质灰陶。口径 33.3、底径 12.2、高 13.8 厘米。（图四〇三，2）

Ⅱ式　1 件。弧腹至底部略收。

M153∶1，泥质黑陶，底残。口径 29.6、残高 10.8 厘米。（图四〇三，3）

Ⅲ式　1 件。短折沿，盆腹较深。

M157∶1，夹砂灰陶，内侧近口沿处有轮修痕迹。口径 34.2、底径 11.7、高 16.7 厘米。（图四〇三，4）

Ⅳ式　3 件。宽折沿，弧腹至底部弧收甚多。

M240∶19，泥质黑褐陶。口径 20.4、底径 6.2、高 10.7 厘米。（图四〇三，5）

Ⅴ式　4 件。宽折沿略内凹，腹变浅，宽平底。

M241∶3，泥质灰陶。口径 22.4、底径 10.4、高 8.6 厘米。（图四〇三，6）

Ⅵ式　1 件。宽平沿，腹壁近直，大平底。

M270∶11，泥质黑陶。口径 30.0、底径 18.0、高 10.6 厘米。（图四〇三，7）

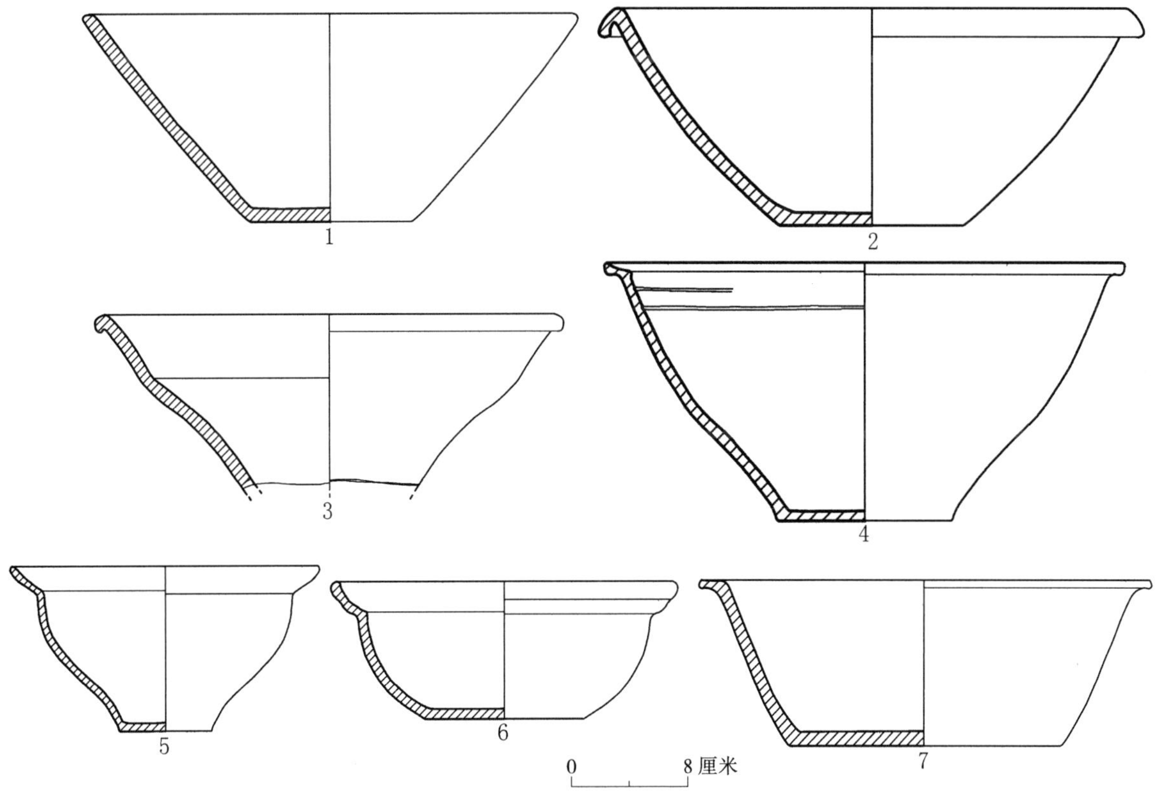

图四〇三　大汶口文化墓地出土 B 型陶盆

1、2. B 型Ⅰ式（M118∶1、M160∶5）　3. B 型Ⅱ式（M153∶1）　4. B 型Ⅲ式（M157∶1）　5. B 型Ⅳ式（M240∶19）　6. B 型Ⅴ式（M241∶3）　7. B 型Ⅵ式（M270∶11）

8）罐

墓葬中共出土陶罐67件，其中可供分型、分式的60件。早期的罐多泥质灰陶，器形较大，制作规整；随着时间的晚近，器形趋小，罐的形式也变得丰富多样，且以泥质的灰褐或黑褐陶为主。依器形特征可分三型。

A型 14件。垂（折）腹罐。可分六式。

Ⅰ式 3件。侈口，尖圆唇，深弧腹，垂腹不甚明显。

M154:18，泥质灰陶。口径14.6、底径8.2、高15.2厘米。（图四〇四，1）

Ⅱ式 4件。与Ⅰ式相近，仅腹略变深。

M151:10，泥质灰陶。口径15.3、底径7.2、高17.4厘米。（图四〇四，2）

Ⅲ式 1件。器形较大，宽折沿，深腹，垂腹处转折明显。

M157:5，泥质灰陶。口径13.6、底径7.2、高19.2厘米。（图四〇四，3）

Ⅳ式 1件。与Ⅲ式相近，垂腹的转折处较Ⅲ式较低。

M89:9，泥质黑陶。口径14.4、底径8.0、高18.8厘米。（图四〇四，4）

Ⅴ式 2件。器形变小，器物的制作不及前四式规整，束颈，上腹较直，下腹弧收，垂腹处的转折复又变得不甚明显。

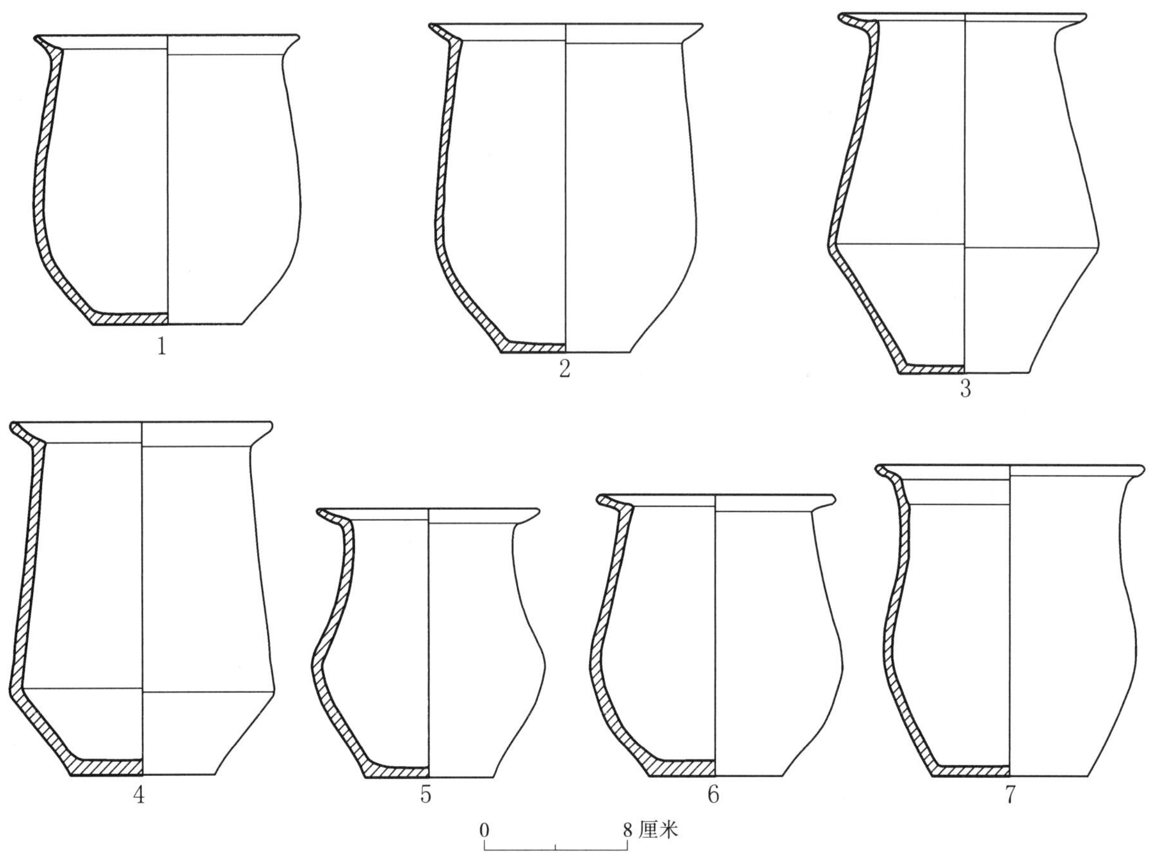

图四〇四 大汶口文化墓地出土A型陶罐

1. A型Ⅰ式（M154:18） 2. A型Ⅱ式（M151:10） 3. A型Ⅲ式（M157:5） 4. A型Ⅳ式（M89:9） 5、6. A型Ⅴ式（M229:4、M267:14） 7. A型Ⅵ式（M241:4）

M229∶4，泥质黑陶。口径12.4、底径7.2、高14.4厘米。（图四〇四，5）

M267∶14，泥质黑陶。口径12.4、底径7.2、高14.8厘米。（图四〇四，6）

Ⅵ式　3件。器形愈发显得不甚规整，垂腹处偏于器中部。

M241∶4，泥质黑褐陶。口径14.6、底径8.4、高16.4厘米。（图四〇四，7）

B型　16件。深腹罐。可分五式。

Ⅰ式　5件。侈口，尖唇，短折沿，深弧腹，最大径位于器腹上部。

M119∶2，泥质灰陶。口径12.0、底径6.6、高13.0厘米。（图四〇五，1）

Ⅱ式　3件。器形一般较大，沿略变宽，肩部变得宽鼓。

M140∶29，泥质灰褐陶。口径17.2、底径8.0、高18.2厘米。（图四〇五，2）

Ⅲ式　3件。器形略变小，肩部不及上式宽鼓，最大径略向下移。

M113∶3，泥质灰陶，口沿下有细弦纹。口径13.2、底径6.5、高14.4厘米。（图四〇五，3）

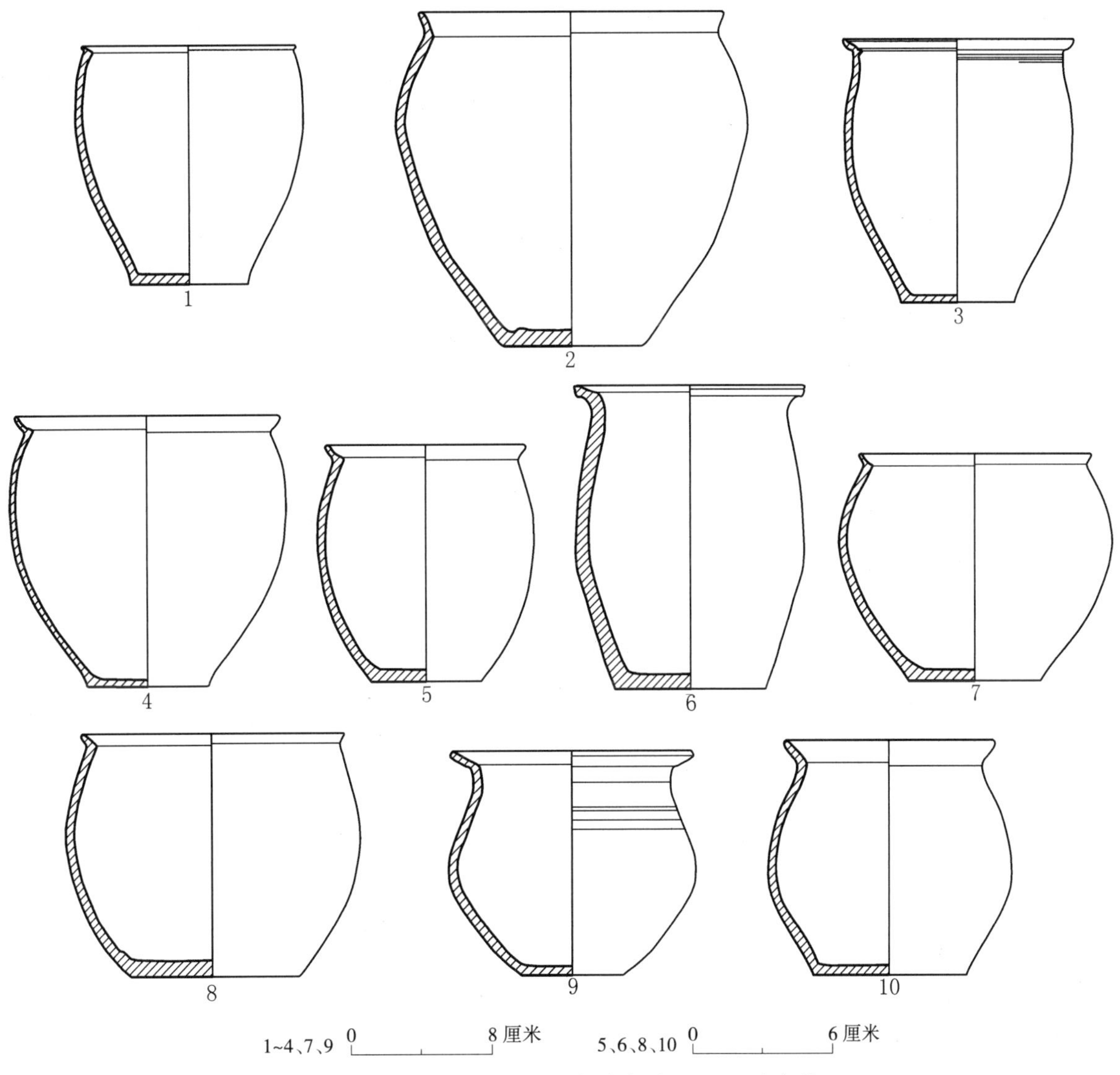

图四〇五　大汶口文化墓地出土B、C型陶罐

1. B型Ⅰ式（M119∶2）　2. B型Ⅱ式（M140∶29）　3、4. B型Ⅲ式（M113∶3、M126∶5）　5. B型Ⅳ式（M89∶2）　6. B型Ⅴ式（M238∶5）　7. C型Ⅰ式（M160∶11）　8. C型Ⅱ式（M93∶1）　9、10. C型Ⅲ式（M229∶6、M262∶9）

M126:5，泥质灰白陶。口径15.0、底径6.8、高14.8厘米。（图四〇五，4）

Ⅳ式　3件。器形较小，最大径接近器中部。

M89:2，泥质灰褐陶。口径8.7、底径4.6、高9.8厘米。（图四〇五，5）

Ⅴ式　2件。器物的制作不及前四式规整，折沿，方唇，器腹上、下等宽，最大径位于器中部。

M238:5，泥质黑褐陶，唇面有一道凹弦纹。口径9.8、底径6.5、高12.5厘米。（图四〇五，6）

C型　30件。圆腹罐。可分三式。

Ⅰ式　10件。侈口，尖圆唇，短折沿，圆鼓肩，弧腹，小平底，肩径与底径的比例明显。

M160:11，泥质黑陶。口径13.0、底径7.2、高12.4厘米。（图四〇五，7）

Ⅱ式　9件。与Ⅰ式相近，仅底变宽，肩径与底径的比变小。

M93:1，泥质灰陶，口径11.0、底径7.0、高10.0厘米。（图四〇五，8）

Ⅲ式　11件，宽折沿，器物的制作不及前两式规整，器物整体变小，器形也变得较丰富。

M229:6，泥质黑陶，颈、肩部饰5道细弦纹。口径13.6、底径5.6、高12.4厘米。（图四〇五，9）

M262:9，夹砂红陶。口径9.0、底径6.6、高9.6厘米。（图四〇五，10）

9）筒形杯

大汶口墓葬中出土筒形杯共60件，其中可分型、分式的58件。按器形特征分三型。

A型　32件。卷沿筒形杯。可分五式。

Ⅰ式　9件。以泥质灰陶为主，侈口，尖唇，短折沿，斜直腹，平底。

M121:5，泥质黑陶。口径4.2、底径4.2、高4.2厘米。（图四〇六，1）。

M89:12，泥质灰陶。腹部近底处饰有一道凹弦纹。口径5.2、底径5.2、高5.5厘米。（图四〇六，2）

Ⅱ式　3件。杯腹加深，部分带盖。

M231:3，夹砂黑褐陶。口径6.1、底径6.3、高7.6厘米。（图四〇六，3）

M231:1，泥质灰陶，覆碟形器盖。瓶口径7.6、底径6.6、高10.8厘米；盖捉手径3.5、口径7.5、盖高2.6厘米。（图四〇六，4）

Ⅲ式　11件。以泥质灰褐陶为主，胎质略变厚，圆唇，沿近平，多带盖，盖面常钻有一个方形或圆形的镂孔。

M242:12，泥质灰褐陶。杯口径8.0、底径6.0、高11.0厘米；盖口径7.0、捉手径4.0、高2.2厘米。（图四〇六，5）

Ⅳ式　7件。杯腹变浅，器形制作不甚规整。

M262:10，夹细砂黑褐陶，覆碟形盖。杯口径6.6、底径5.2、高6.3厘米；盖捉手径2.2、口径6.6、通高3.1厘米。（图四〇六，6）

M262:16，夹细砂黑褐陶，覆碟形盖。杯口径6.9、底径5.1、高6.0厘米；盖捉手径4.0、口径6.8、高2.4厘米。（图四〇六，7）

图四〇六 大汶口文化墓地出土陶筒形杯

1、2. A型Ⅰ式（M121∶5、M89∶12） 3、4. A型Ⅱ式（M231∶3、M231∶1） 5. A型Ⅲ式（M242∶12） 6、7. A型Ⅳ式（M262∶10、M262∶16） 8. A型Ⅴ式（M270∶27） 9. B型Ⅰ式（M119∶6） 10. B型Ⅱ式（M151∶24） 11. B型Ⅲ式（M125∶10） 12. B型Ⅳ式（M225∶9） 13. C型Ⅰ式（M107∶2） 14、15. C型Ⅱ式（M151∶17、M157∶3） 16. C型Ⅲ式（M89∶8） 17. C型Ⅳ式（M267∶18） 18. C型Ⅴ式（M226∶10）

Ⅴ式 2件。宽平沿，杯腹愈浅。

M270:27，泥质黑陶。口径8.0、底径6.3、高3.3厘米。（图四〇六，8）

B型 13件。直口筒形杯。可分四式。

Ⅰ式 6件。侈口，尖圆唇，斜直壁，杯腹较浅。

M119:6，泥质红褐陶。口径9.3、底径6.5、高6.6厘米。（图四〇六，9）

Ⅱ式 2件。杯腹变深。

M151:24，泥质褐陶。口径7.8、底径5.6、高10.4厘米。（图四〇六，10）

Ⅲ式 3件。口微敞，斜直腹至底部略收，杯壁不甚规整，略有起伏。

M125:10，泥质黑陶。口径6.6、底径4.1、高7.3厘米。（图四〇六，11）

Ⅳ式 2件。敞口，口下器腹即弧收，杯腹愈深，器形不甚规整。

M225:9，泥质黑陶。口径6.9、底径4.1、高8.1厘米。（图四〇六，12）

C型 13件。曲腹筒形杯。可分五式。

Ⅰ式 3件。胎壁较厚，直口微敛，尖圆唇，弧腹至底部略收。

M107:2，夹细砂灰褐陶。口径8.7、底径6.0、高10.5厘米。（图四〇六，13）

Ⅱ式 6件。胎壁略薄，直口或口微侈，弧腹至底部弧收甚多。

M151:17，泥质黑陶，近底部饰有一道凹弦纹。口径6.4、底径3.8、高8.5厘米。（图四〇六，14）

M157:3，泥质灰陶。口径6.5、底径4.5、高8.4厘米。（图四〇六，15）

Ⅲ式 1件。侈口，圆唇，短折沿。

M89:8，泥质灰褐陶。口径7.8、底径5.6、高9.4厘米。（图四〇六，16）

Ⅳ式 2件。直口，圆唇，弧腹至底部急内收，小平底。

M267:18，泥质黑陶。口径5.6、底径3.4、高7.3厘米。（图四〇六，17）

Ⅴ式 1件。器形趋小，胎壁变薄，口微敞，腹底弧收，带盖。

M226:10，泥质黑陶。口径6.7、底径3.8、通高6.7厘米；盖捉手径2.5、口径6.3、高3.2厘米。（图四〇六，18）

10）圈足杯

大汶口墓葬出土圈足杯共48件，其中可分型、分式的34件。依杯腹特征分两型。

A型 14件。圆腹杯，早期以泥质灰陶或细泥白陶为多，尤以细泥白陶的圈足杯最具特色。可分四式。

Ⅰ式 4件。宽圆腹，腹较深，喇叭形圈足极矮。

M118:10，泥质灰陶。口径14.8、足径7.8、高13.2厘米。（图四〇七，1）

Ⅱ式 7件。腹变浅，腹部圆鼓，喇叭形圈足抬高，以细泥白陶最具特色。

M160:4，细泥白陶。口径10.2、足径6.3、高9.2厘米。（图四〇七，2）

Ⅲ式 1件。与Ⅱ式相近，唯腹部不及Ⅱ式圆鼓。

M147:3，泥质白陶。口径9.6、底径5.9、高9.4厘米。（图四〇七，3）

Ⅳ式 2件。胎质变厚，弧腹，高圈足，不见泥质灰陶或白陶。

图四〇七　大汶口文化墓地出土A、B型陶圈足杯

1. A型Ⅰ式（M118:10）　2. A型Ⅱ式（M160:4）　3. A型Ⅲ式（M147:3）　4. A型Ⅳ式（M99:11）
5. B型Ⅰ式（M154:15）　6、7. B型Ⅱ式（M140:16、M120:19）　8、9. B型Ⅲ式（M112:12、M112:16）
10. B型Ⅳ式（M271:13）　11、12. B型Ⅴ式（M231:14、M267:15）　13. B型Ⅵ式（M226:15）

M99:11，泥质红陶。口径7.2、足径5.7、高9.8厘米。（图四〇七，4）

B型　20件。垂（折）腹杯。可分六式。

Ⅰ式　6件。侈口，尖圆唇，短折沿，深弧腹，垂（折）腹不显，矮圈足。

M154:15，泥质黑陶。口径8.5、足径5.7、高10.7厘米。（图四〇七，5）

Ⅱ式　5件。深腹略垂。

部分杯杯身下部略折收。

M140:16，夹细砂灰褐陶。口径7.2、足径5.6、高10.3厘米。（图四〇七，6）

部分杯杯身下部略呈垂腹状。

M120:19，泥质黑陶。口径7.2、底径5.1、高11.1厘米。（图四〇七，7）

Ⅲ式　3件。沿变宽，垂（折）腹明显，其中折腹杯的杯底近平。

M112∶12，泥质黑陶，器身饰有1道细弦纹。口径7.2、足径5.1、高9.0厘米。（图四〇七，8）

M112∶16，泥质黑陶。口径6.9、底径5.2、高9.3厘米。（图四〇七，9）

Ⅳ式　1件。为Ⅲ式中折腹杯的延续，杯身弧凹，至杯下部折收为平底，圈足抬高。垂腹处圆润的杯在本式中未见。

M271∶13，泥质黑陶。口径8.4、足径6.6、高12.0厘米。（图四〇七，10）

Ⅴ式　4件。

部分为折腹平底杯的延续，杯腹斜直，底近平。

M267∶15，泥质黑陶，腹足交接处有3道凹弦纹。口径8.4、足径5.7、高11.0厘米。（图四〇七，12）

部分为Ⅲ式垂腹杯的延续。

M231∶14，泥质黑陶，侈口，短沿，深弧腹，最大径在腹下部，圈足较高。腹部饰有4道凹弦纹，圈足上有3个对称的圆形镂孔。口径5.6、足径5.6、高10.6厘米。（图四〇七，11）

Ⅵ式　1件。不见折腹杯，为垂腹杯。小口，束颈，杯身上部斜直，下部弧鼓，喇叭形圈足外撇。

M226∶15，泥质黑陶。口径4.8、足径5.8、高10.0厘米。（图四〇七，13）

11）高颈弧腹瓶

出土的数量较少，总计17件，且集中出土于M231、M270等几座墓葬。一般为夹细砂的灰陶、灰褐陶，少数为红褐陶。一般形态为侈口，沿近平，高颈，圆鼓肩，下腹弧收。早期形态的瓶多为圈足，常附小盖，晚期腹部弧深，圈足变为平底，少见附盖。可分为三式。

Ⅰ式　6件。高颈，耸肩，颈、肩分界明显，弧腹略内凹，小喇叭形圈足。常附碟形器盖，小喇叭形捉手，盖壁斜弧，有的盖面上钻方形镂孔一个。

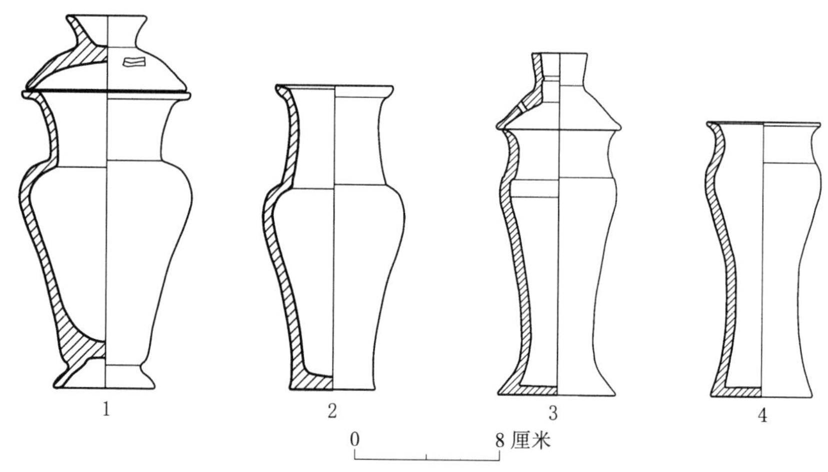

图四〇八　大汶口文化墓地出土陶高颈弧腹瓶

1. Ⅰ式（M231∶2）　2. Ⅱ式（M262∶21）　3、4. Ⅲ式（M270∶12、M270∶19）

M231∶2，带盖。夹砂灰陶。口径 9.2、底径 5.4、高 15.6 厘米；盖口径 8.8、捉手径 4.0、高 3.8 厘米。（图四〇八，1）

Ⅱ式　6 件。颈增高，腹部变深，下腹部内弧，平底。器盖少见。

M262∶21，夹砂灰陶。口径 6.2、底径 4.6、高 16.0 厘米。（图四〇八，2）

Ⅲ式　5 件。颈变矮，肩内收，颈、肩分界不明显，深弧腹内凹，平底变大。器盖捉手近圆柱形，盖壁斜直，盖面钻孔多圆形。

M270∶12，夹砂黑褐陶。杯口径 6.0、底径 6.3、高 14.0 厘米；盖顶径 3.0、口径 6.6、高 4.0 厘米。（图四〇八，3）

M270∶19，夹砂黑褐陶。口径 6.1、底径 5.5、高 14.5 厘米。（图四〇八，4）

12）厚胎高柄杯

大汶口墓葬出土厚胎高柄杯共 85 件（组），可分型、分式的 84 件（组）。此类杯的制作较粗糙，一般为夹砂的红褐、灰褐、灰陶，少量的泥质陶。依器底特征可分为 A、B 两型。

A 型　63 件。喇叭形足。可分三式。

Ⅰ式　11 件。胎壁较厚，口微侈，柄粗矮。

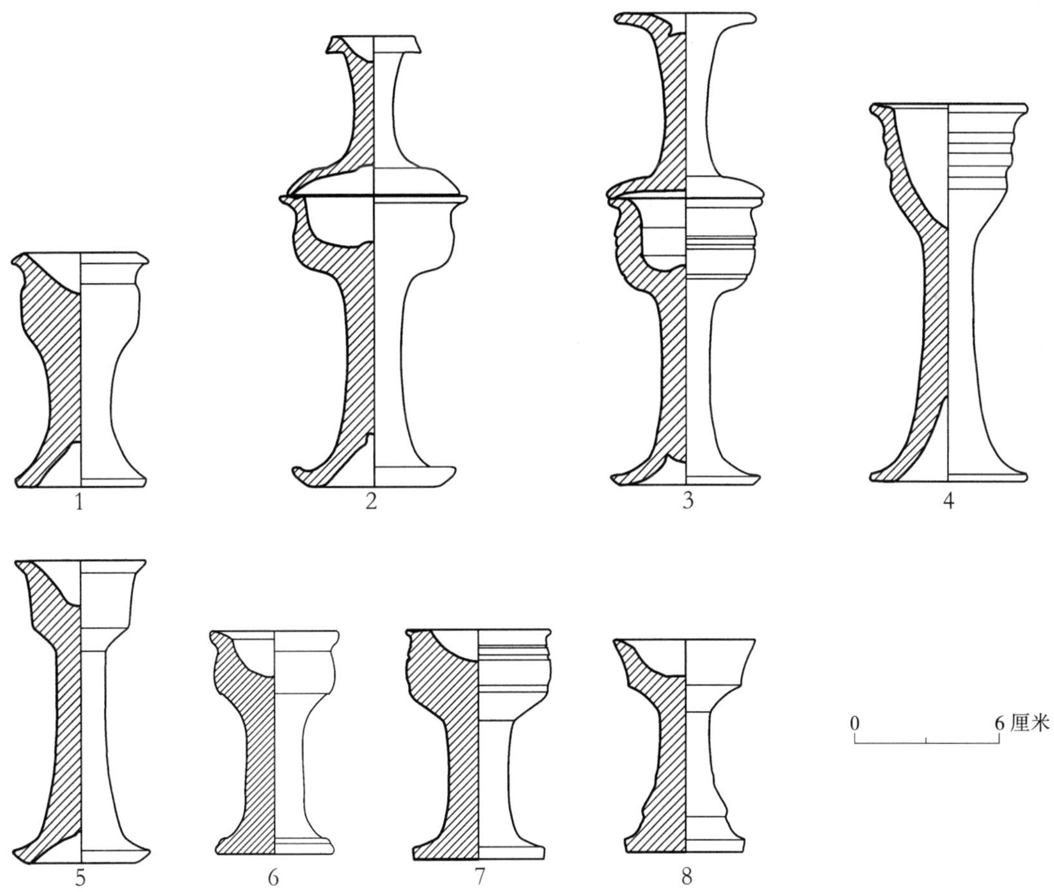

图四〇九　大汶口文化墓地出土陶厚胎高柄杯

1. A 型Ⅰ式（M231∶30）　2、3. A 型Ⅱ式（M241∶8、M225∶3）　4、5. A 型Ⅲ式（M270∶3、M270∶8）　6、7、8. B 型（M243∶22、M267∶2、M231∶17）

M231:30，夹砂红陶。口径4.7、足径5.2、高9.2厘米。（图四〇九，1）

Ⅱ式 50件。胎壁较薄，尖圆唇，沿近平，细高柄，喇叭形圈足的贴地处多外折。常附盖。盖柄细高，喇叭形捉手。

M241:8，带盖。泥质黑陶，覆豆形盖。杯口径7.6、足径5.2、高11.6厘米；盖口径6.9、捉手径3.2、高6.3厘米。（图四〇九，2）

M225:3，带盖。杯腹饰有3道凹弦纹，覆豆形盖。杯口径6.5、足径5.5、高11.3厘米；捉手径6.3、口径6.0、高7.3厘米。（图四〇九，3）

Ⅲ式 2件。杯身变浅，柄部愈显细长。

M270:3，陶杯，夹细砂黑陶。口径6.3、底径6.6、高15.0厘米。（图四〇九，4）

M270:8，夹砂灰褐陶。口径5.4、底径4.4、高12.0厘米。（图四〇九，5）

B型 21件。与A型形制相近，仅柄下部外撇成平底。因器物较少，形制变化不甚明显，在此择数例略加介绍，不再做型式的划分。

M243:22，夹砂黑褐陶。口径5.3、底径4.8、高8.8厘米。（图四〇九，6）

M267:2，泥质灰褐陶，腹部饰有3道凹弦纹。口径5.8、底径5.3、高9.1厘米。（图四〇九，7）

M231:17，夹细砂红陶。口径5.8、底径4.8、高8.4厘米。（图四〇九，8）

13）鼎

墓地出土的鼎主要有两类，一类为葬具，另一类为随葬品。用作随葬品的鼎体形一般较小，以夹砂陶为主，少量的泥质陶，陶色灰色、灰褐、红褐均有。按其器形可大致分为罐形鼎和盆形鼎两大类，此外还有各类异型鼎等。在一些早期墓葬中，多见罐形鼎和盆形鼎，且器物的制作比较规整，器形的风格较一致；晚期墓葬中，则多见异形鼎，且鼎变小，制作不甚规整，器形风格多样化。由于各类型的鼎延续时间不长，形制变化不甚明显，故在此仅择其典型略加介绍，不再做型、式的划分。

①罐形鼎

28件。

M129:15，夹砂红褐陶，敞口，折沿，弧腹，圜底，口径与最大腹径同宽，三个凿形足，足两侧各饰有刻槽一道，器腹饰有浅篮纹。口径11.2、残高11.4厘米。（图四一〇，1）

M153:7，夹砂红褐陶，侈口，折沿，弧腹，圜底，口径小于最大腹径，三凿形足，每只足根部饰有两个捺窝，腹部饰有篮纹。口径11.5、最大腹径12.8、高14.4厘米。（图四一〇，2）

M271:7，夹砂夹蚌红陶，侈口，折沿，圆鼓腹，圜底，腹部饰稀疏的篮纹，三个凿形足较高，足根部有两个捺窝。口径10.2、腹径12.4、高15.4厘米。（图四一〇，3）

M241:12，夹砂红褐陶，侈口，折沿，圆鼓腹，圜底，腹部饰一圈附加堆纹，三凿形足，每只足的根部均饰有一个捺窝，腹中部偏下饰一周附加堆纹。口径9.5、高13.2厘米。（图四一〇，4）。

M136:5，夹砂灰陶，侈口，方圆唇，折沿，深腹，圜底，三个凿形足。口径9.3、高10.4厘米。（图四一〇，5）

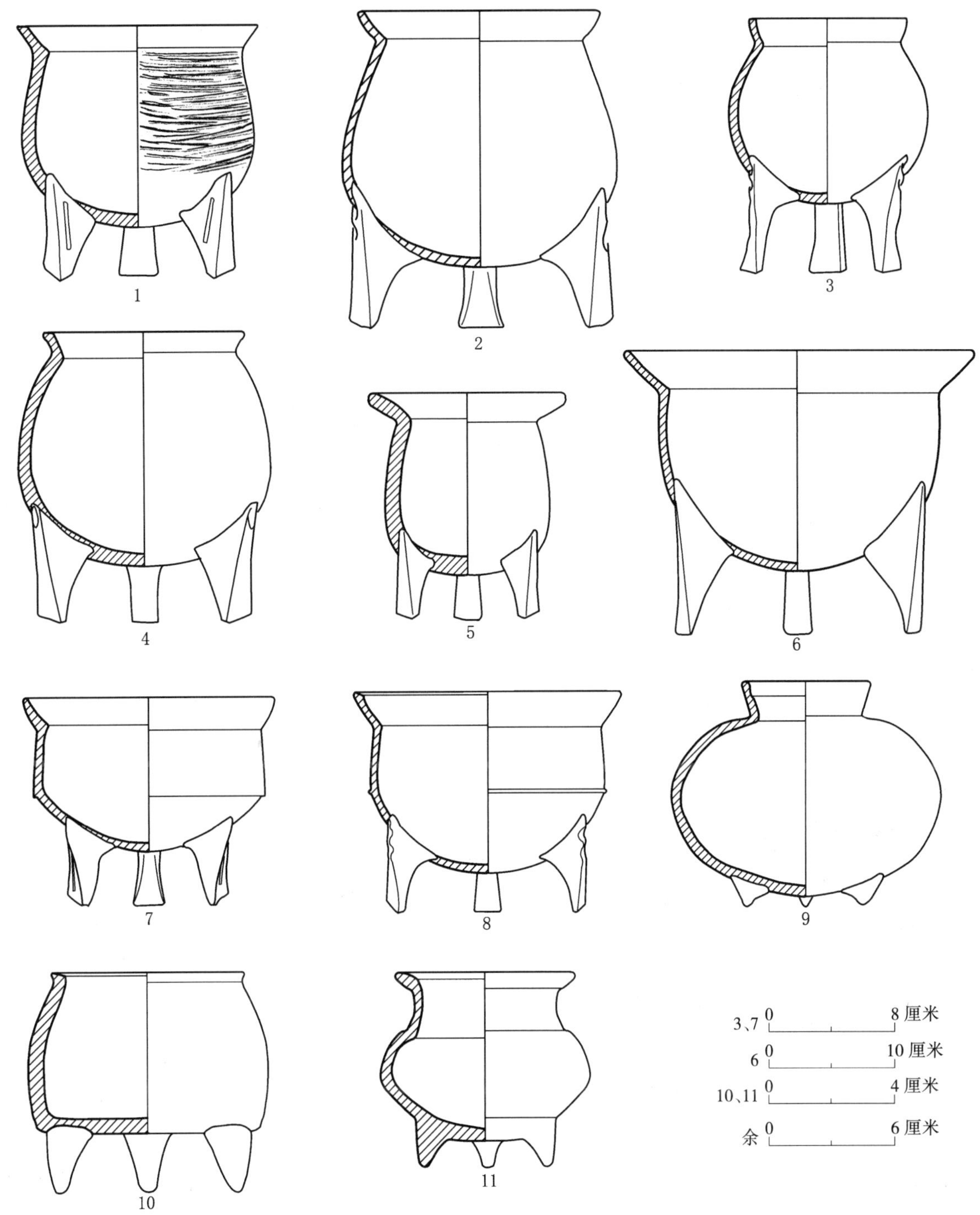

图四一〇　大汶口文化墓地出土陶鼎（随葬品）

1～5. 陶罐形鼎（M129:15、M153:7、M271:7、M241:12、M136:5）　6～8. 盆形鼎（M110:25、M160:10、M126:8）　9～11. 异形鼎（M139:3、M245:4、M243:25）

②盆形鼎

11件。

M110:25，夹砂红褐陶，侈口，宽折沿，弧腹，圜底，三凿形足。口径27.6、最大腹径21.8、高21.7厘米。（图四一〇，6）

M160:10，夹砂褐陶，敞口，圆唇，宽折沿，直腹圜底，三凿形足，每只足上饰一道刻槽。口径15.6、通高12.6厘米。（图四一〇，7）

M126:8，夹砂红褐陶，敞口，方唇，折沿，上腹壁较直，下腹壁弧收，圜底，凿形足。腹底饰有一道突棱，每只足的根部均饰有2个捺窝，器腹饰有细篮纹。口径16.8、残高10.0厘米。（图四一〇，8）

③异型鼎

7件。

M139:3，泥质灰陶，侈口，方圆唇，斜直颈，扁鼓腹，底部饰有三个乳钉状小足。口径6.3、最大腹径12.6、通高10.2厘米。（图四一〇，9）

M245:4，泥质红陶，侈口，平沿，鼓腹，平底，三个实心锥状足。口径6.2、最大腹径7.6、高6.6厘米。（图四一〇，10）

M243:25，泥质黑陶，侈口，圆唇，扁鼓腹，底近平，附有三小足。口径6.0、最大腹径6.6、高5.9厘米。（图四一〇，11）

2. 葬具

用作陶［瓮］棺葬葬具的器类主要是鼎、瓮、罐、釜四类。其中瓮、罐、釜出土的数量较少，且残器较多，缺乏进一步分期的条件。陶鼎出土的数量较多，共计52件，可参加型式分期的有48件。按其整体特征分为四型。

A型 6件。浅腹盆形鼎。可分两式。

Ⅰ式 2件。大敞口，圆唇略内卷，浅弧腹。

M130:4，夹砂褐陶，腹部饰篮纹。口径31.0、最大腹径26.9、高24.0厘米。（图四一一，1）

M130:2，夹砂灰褐陶，通体饰篮纹。口径31.0、最大腹径26.4、高23.8厘米。（图四一一，2）

Ⅱ式 4件。方唇略内凹，浅鼓腹。

M232:5，夹砂灰褐陶，腹部饰有篮纹。口径25.2、最大腹径21.0厘米，高22.0厘米。（图四一一，3）

M232:6，夹砂灰褐陶，腹部饰有篮纹。口径24.0、最大腹径21.0、高20.8厘米。（图四一一，4）

B型 10件。垂腹鼎。可分三式。

Ⅰ式 1件。短折沿，腹上部较直，底近平。

M3:4，夹砂灰褐陶，腹部满饰细绳纹。口径24.2、残高23.2厘米。（图四一二，1）

Ⅱ式 5件。敞口，宽折沿，束颈，深垂腹，圜底。

M21:1，夹砂红褐陶，口径20.6、最大腹径23.5、高31.1厘米。（图四一二，2）

M130:5，夹砂红褐陶，通体饰绳纹，每只足的根部饰2个捺窝。口径20.8、最大腹径22.0、高29.8厘米。（图四一二，3）

Ⅲ式 4件。腹变浅，器形整体显得宽扁。

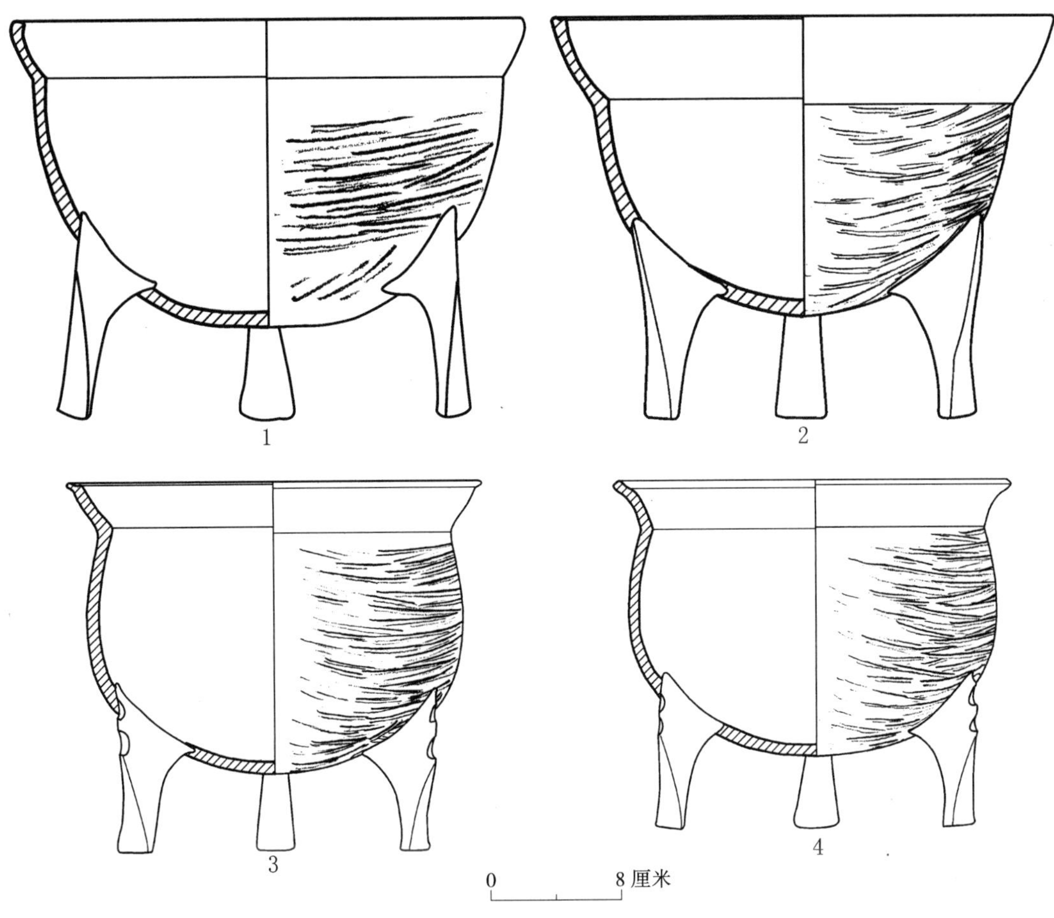

图四一一　大汶口文化墓地出土A型陶鼎（葬具）

1、2. A型Ⅰ式（M130∶4、M130∶2）　3、4. A型Ⅱ式（M232∶5、M232∶6）

M263∶13，夹砂红褐陶，通体饰有篮纹。口径18.0、高21.8厘米。（图四一二，4）

M232∶4，夹细砂红褐陶，腹部饰有篮纹。口径16.0、最大腹径17.3、高21.2厘米。（图四一二，5）。

C型　22件。圆腹鼎。可分两式。

Ⅰ式　8件。敞口，宽折沿，圆腹较深，腹近长方形。

M130∶3，夹砂灰褐陶，腹部饰篮纹。口径22.5、最大腹径19.9、高21.7厘米。（图四一二，6）

Ⅱ式　14件。腹变浅，腹部浑圆。

M237∶1，夹砂灰褐陶，腹部饰有附加堆纹及篮纹。口径25.8、最大腹径26.3、高27.2厘米。（图四一二，7）

M7∶6，夹砂褐陶，通体饰有篮纹，腹部有一周突棱。口径28.8、残高20.0厘米。（图四一二，8）

D型　10件。深腹型。可分三式。

Ⅰ式　6件。敞口，宽折沿，深弧腹，腹上下基本同宽，圜底。

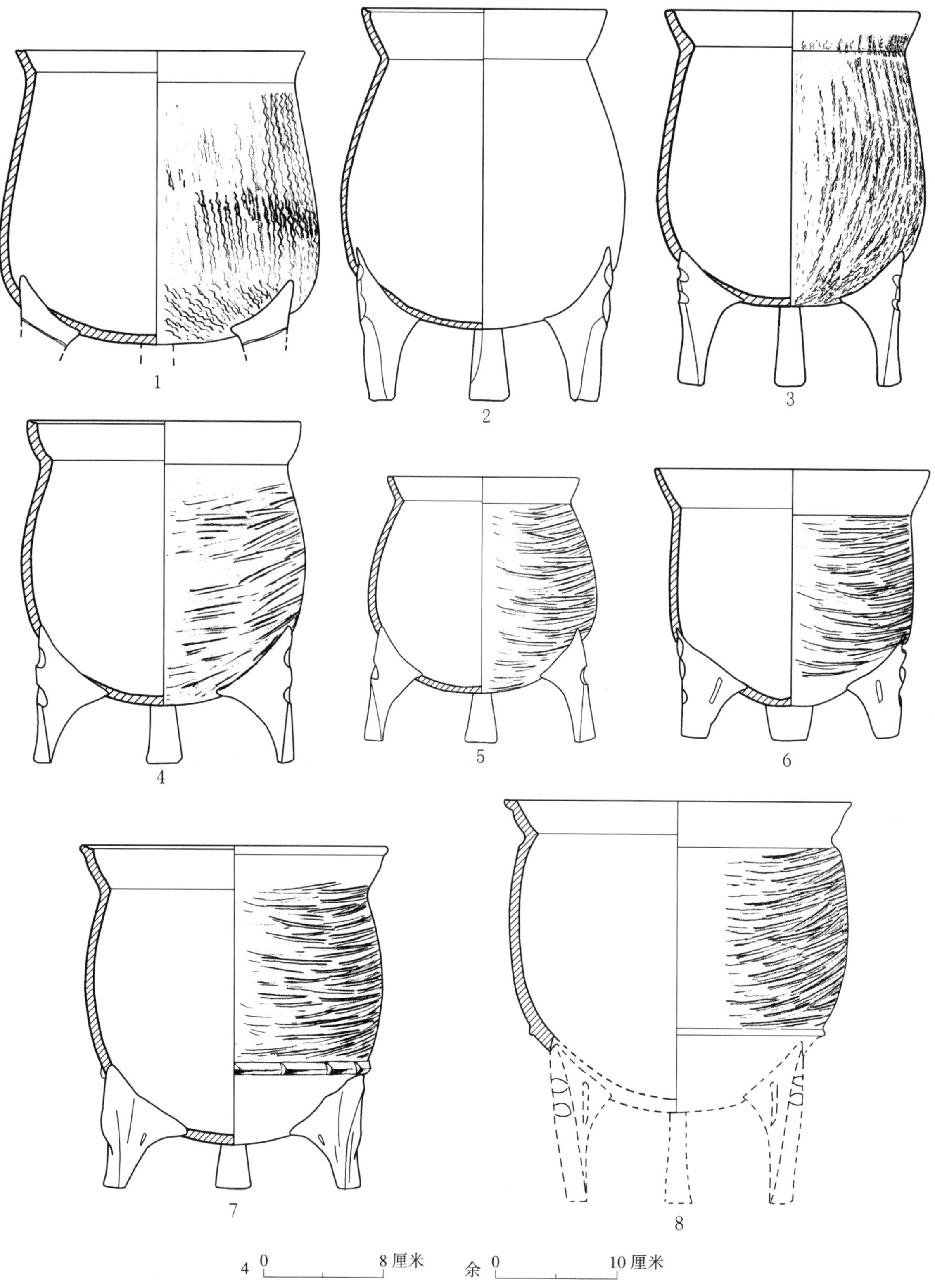

图四一二　大汶口文化墓地出土B、C型陶鼎（葬具）

1. B型Ⅰ式（M3∶4）　2、3. B型Ⅱ式（M21∶1、M130∶5）　4、5. B型Ⅲ式（M263∶13、M232∶4）　6. C型Ⅰ式（M130∶3）　7、8. C型Ⅱ式（M237∶1、M7∶6）

M115∶1，夹砂红褐陶，腹部饰篮纹。口径 29.3、最大腹径 25.2、高 34.8 厘米。（图四一三，1）

M115∶2，夹砂红褐陶，腹部饰斜向篮纹。口径 31.0、最大腹径 26.4、高 33.9 厘米。（图四一三，2）

Ⅱ式　2 件。与Ⅰ式基本相同，唯腹部上略宽下略窄。

M230∶2，夹砂红褐陶，器腹满饰绳纹。口径 36.0、高 36.4 厘米。（图四一三，3）

M233∶3，夹砂红褐陶，腹部饰有篮纹。口径 32.7、最大腹径 27.3、高 31.2 厘米。（图四一三，4）

Ⅲ式　2 件。腹变深，腹部上宽下窄明显，尖圜底。

M230∶3，夹砂夹蚌红褐陶，腹上部饰有一对鸡冠状鋬手；上下腹部各饰一周附加堆纹，腹部满饰篮纹。口径 39.6、高 40.2 厘米。（图四一三，5）

M233∶2，夹砂灰黑陶，腹部饰有篮纹，下腹部处有一周突棱。口径 36.6、最大腹径 33.1、高 40.8 厘米。（图四一三，6）

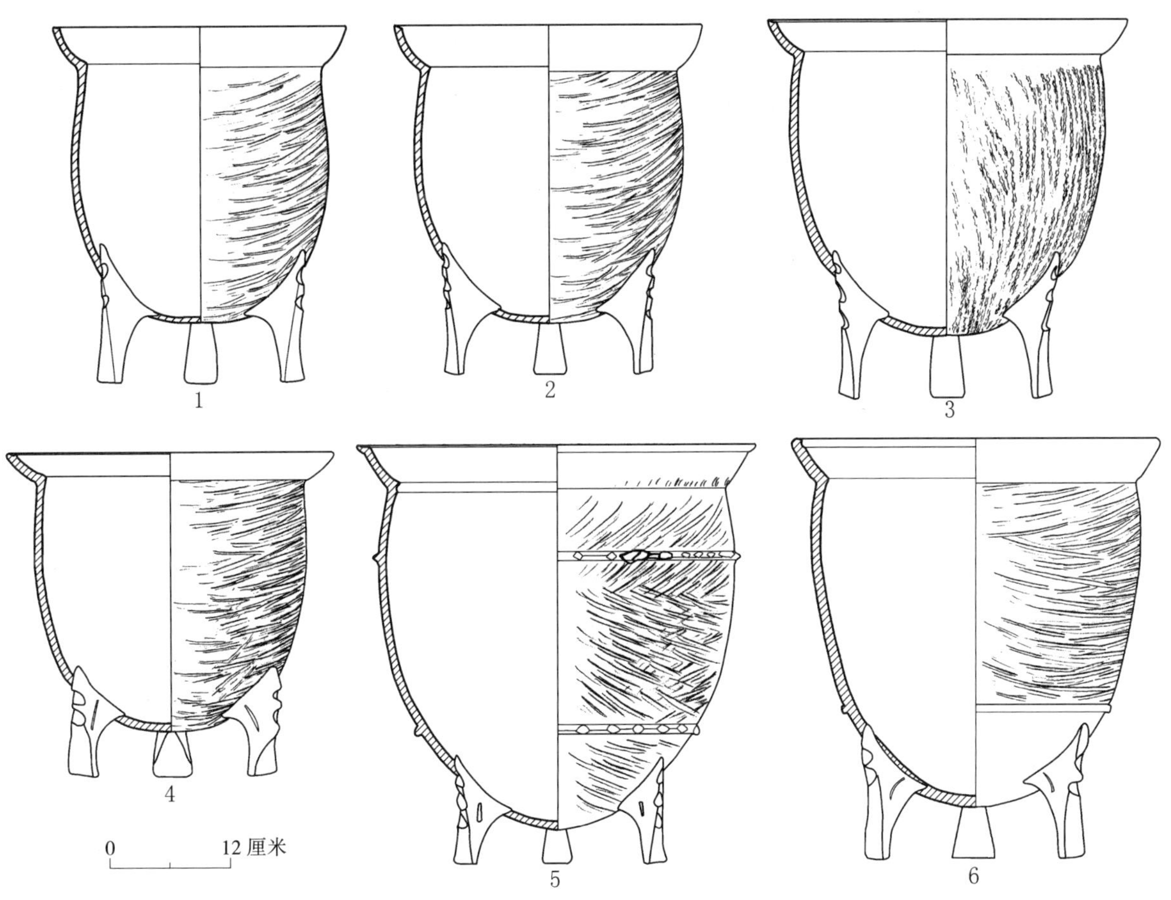

图四一三　大汶口文化墓地出土 D 型陶鼎（葬具）

1、2. D 型Ⅰ式（M115∶1、2）　3、4. D 型Ⅱ式（M230∶2、M233∶3）　5、6. D 型Ⅲ式（M230∶3、M233∶2）

二 墓葬的分组及其基本特征

139座墓葬中，陶［瓮］棺葬32座，其中M2、M21、M83等17座墓葬仅有葬具而无随葬品，M6、M145、M158、M232及M233等5座墓葬尽管随葬品和葬具共出，但随葬品不具备一般的分期特征，此22座陶［瓮］棺葬与那些出土具备典型分期特征器物的墓葬间缺乏可供比对的实物资料，其分组与分期将单独列出另述。M3、M4、M7、M230、M235、M246等6座墓葬出土的随葬品具有一般的分期特征，可参与大汶口墓地的一般性分组分期。M5、M236、M273等3座墓葬葬具及随葬品全无，M274无明确层位关系，在此不表。

除32座陶［瓮］棺葬外，其余107墓葬中，M84、M90、M94、M96、M103、M108、M127、M128、M131、M132、M133、M134、M135、M141、M149、M156、M216、M222、M227、M255、M257、M258、M260、M269（包括随葬品未修复者）等24座墓葬无随葬品，M87、M104、M123、M137、M219、M252、M253、M259、M268等9座墓葬的随葬品不具备一般的分期特征。故真正可根据随葬品形态特征进行分组的墓葬有80座（包括6座陶［瓮］棺葬）；可根据葬具的形态特征进行分组的墓葬为22座陶［瓮］棺葬。其中，对上述M3、M4、M7、M230、M235、M246等6座陶［瓮］棺葬的分组将兼及随葬品、葬具两者的特征。

据以上分析，可进行分组的墓葬有80座。根据这些墓葬出土的器物型式变化特征和组合关系，将80座墓葬分组如下。

第一组墓葬有M3、M4、M7、M82、M88、M107、M110、M116、M118、M119、M122、M129、M138、M154、M160、M235等共计16座。第一组墓葬的随葬品以灰陶、灰褐陶、红褐陶为主，有少量的红、白陶，黑陶基本不见。器物制法多轮制，器形较规整。随葬品的基本组合有A型Ⅰ式实足鬶，Aa型Ⅰ式、Ab型Ⅰ式和B型Ⅰ式豆，Ⅰ式背壶，Ⅰ式盉，Aa型Ⅰ式、Ab型Ⅰ式和B型Ⅰ式壶，A型Ⅰ式、B型Ⅰ式和C型Ⅰ式罐，A型Ⅰ式、B型Ⅰ式盆，A型Ⅰ、A型Ⅱ式和B型Ⅰ式、B型Ⅱ式圈足杯，B型Ⅰ式、C型Ⅰ式筒形杯等。其中，实足鬶均细颈、短流，扁椭圆形腹，腹部常饰有一周凸棱；豆的器形较小，豆柄细矮，柄部的镂孔小且数量较少；背壶和B型壶多短束颈，器形宽胖；Aa型壶器形较小，腹部扁圆；盆多无沿或短沿外折；罐的制作规整，腹部圆鼓，A型垂腹罐的转折处不甚明显；圈足杯多泥质灰陶，造型端庄，小矮圈足，有圆腹和深腹两类；而少量的细泥白陶圈足杯最具特色；盉矮颈，短折沿，流口部比流、肩交接处宽，流管较粗；筒形杯的杯腹较浅；盆形鼎和罐形鼎均有，器形较大。

第二组墓葬有M81、M85、M92、M93、M97、M101、M117、M120、M124、M140、M143、M146、M147、M152、M153等15座。该组墓葬的随葬品以灰陶、灰褐陶、红褐陶为主，红陶和白陶的数量减少，少量的黑陶。器物制法仍以轮制为主，器形整体变大。随葬品的组合与第一组相似，出现新的器形薄胎高柄杯。典型器物有A型Ⅱ式实足鬶，Aa型Ⅱ式、Ab型Ⅱ式豆，Ⅱ式背壶，Ⅱ式盉，B型Ⅱ式、C型Ⅱ式罐，A型Ⅱ式、B型Ⅱ式盆，A型Ⅲ式圈足杯，以及A型Ⅰ式薄胎高柄杯。其中，实足鬶的口部变阔，颈部变粗；豆的柄部变得粗高，镂孔变大、数量增多；背壶的颈部略增高，肩部略鼓突，下腹略内收；盆多短平沿；B型罐的器形增大，肩部圆鼓明显；B型圈足杯的垂腹趋于明显；盉的流口部与流、肩交接处等宽，肩部变宽；盆形鼎基本不见，罐形鼎的数量亦有所减少。新出现的薄胎高柄杯胎壁较厚，高柄较矮，柄部镂孔不甚发达。

第三组墓葬有 M98、M99、M111、M112、M113、M126、M139、M151、M157、M159、M272 等 11 座。该组墓葬仍以灰陶、灰褐陶、红褐陶为主，黑陶数量增多，白陶消失。随葬品的基本组合与前两组相比变化不大，新出现短流圆腹的实足鬶（B 型）。典型器物有 A 型Ⅲ式、B 型Ⅰ式实足鬶，Aa 型Ⅲ式、Ab 型Ⅲ式、B 型Ⅱ式、B 型Ⅲ式豆，Ⅲ式背壶，Ⅲ式盉，B 型Ⅱ式、B 型Ⅲ式罐，A 型Ⅱ式薄胎高柄杯，A 型Ⅲ式、B 型Ⅲ式盆，B 型Ⅱ式、C 型Ⅱ式筒形杯，A 型Ⅳ式、B 型Ⅲ式圈足杯。其中，A 型实足鬶的流愈长、颈愈粗，新出现的 B 型鬶短流，圆腹；豆的柄部愈显粗高，其上多满饰圆形、弧线三角形等大镂孔；背壶和 B 型壶的颈部增高明显，颈上、下部基本等宽，整个形体比前段显的修长；盆的沿部变宽，盆腹加深；A 型罐的转折处折痕明显；A 型圈足杯的数量骤减，不见细泥白陶圈足杯，B 型圈足杯数量较多；盉的颈部增高，腹部变深，流口部窄于流、肩交接处，流管较细；筒形杯的杯腹变深；薄胎高柄杯的胎壁变薄，柄杯增高，柄上端略细下端略粗，上饰圆形、三角形等小镂孔，高喇叭形圈足；盆形鼎不见，罐形鼎的数量亦极少。

第四组墓葬有 M89、M121、M148、M150、M230、M246、M271 等 7 座。该组墓葬出土的随葬品的陶系特征、陶器制法以及随葬品的组合和特征等与第三组相比变化不大，新出现卷沿筒形杯（A 型）和 B 型厚胎高柄杯。典型器物有 A 型Ⅳ式鬶，Ab 型Ⅳ式豆，Ⅳ式背壶，A 型Ⅲ式薄胎高柄杯，A 型Ⅳ式、B 型Ⅳ式罐，A 型Ⅳ式盆，A 型Ⅰ式、C 型Ⅲ式筒形杯，B 型Ⅳ式圈足杯，B 型厚胎高柄杯。主要变化如下：A 型实足鬶的长流抬高呈冲天状、背壶的颈部略呈上窄下宽形；盆多宽折沿；B 型罐的肩部不显，肩、腹上下等宽；垂腹圈足杯转折处的折痕愈加明显，圈足抬高；薄胎高柄杯的柄部细长且直，柄近底部外撇成小喇叭形圈足；新出现厚胎高柄杯的胎质较厚，柄粗且短。

第五组墓葬有 M105、M218、M223、M229、M231、M238、M240、M243、M245、M249、M250、M251、M254、M256、M264、M267 等 16 座。该组墓葬出土的随葬品与前四组相比，无论是陶系特征、陶器制法以及随葬品的组合和特征等，均发生了相当大的变化。就陶系特征而言，前四组常见的灰陶、灰褐陶及红褐陶的比例大大降低，黑褐陶和黑陶的数量明显增多。就制法而言，除薄胎高柄杯、鬶、壶等少数陶器仍采用轮制、器形较规整外，大多数陶器的制作不及前四组规整，尤其是杯、罐、背壶、豆、瓶等器物，局部手工捏制的地方较多，器形也趋于小型化。主要的随葬品组合为 B 型Ⅱ式鬶，Aa 型Ⅳ式、Ab 型Ⅴ式和 B 型Ⅳ式豆，Ⅴ式背壶，A 型Ⅳ式、B 型Ⅰ式薄胎高柄杯，Ⅳ式盉，Aa 型Ⅱ式壶，A 型Ⅴ式、A 型Ⅵ式和 C 型Ⅲ式罐，A 型Ⅱ式、A 型Ⅲ式、B 型Ⅲ式和 C 型Ⅳ式筒形杯，B 型Ⅴ式圈足杯，A 型Ⅰ式、A 型Ⅱ式厚胎高柄杯，Ⅰ式高颈弧腹瓶等。其中 B 型鬶为圆腹圜底，器腹常满饰篮纹；豆的数量减少，器形变小，柄变细矮，柄部镂孔衰落；背壶器形变小，粗高颈，上窄下宽，颈肩处的转折明显；A 型薄胎高柄杯的柄部粗高，两端略细，中间略鼓，柄部满饰圆形、弧线三角形等大镂孔，B 型薄胎高柄杯的柄部粗鼓，上面亦满饰各类大镂孔，圈足均呈台状；盆多宽折沿，深腹；A 型筒形杯的杯腹变深；各类壶、罐、圈足杯的器形变小，不甚规整的制作方法使得器形种类多样；高颈弧腹瓶多带盖，底为小矮圈足。

第六组墓葬有 M125、M226、M228、M241、M248、M261、M265 等 7 座。同样的，该组墓葬出土的随葬品在陶系特征、陶器制法以及随葬品的组合和特征等方面与第五组相比变化不大。典型器物有 B 型Ⅲ式鬶，Aa 型Ⅴ式豆，Ⅵ式背壶，A 型Ⅴ式薄胎高柄杯，B 型Ⅳ式壶，B 型Ⅴ式筒形杯，B 型Ⅵ式圈足杯等。主要变化有：B 型鬶的底部由圜底变为平底，但腹、底交界处的转折不明显；A 型薄胎高柄杯的柄部高直；盆腹部变浅，盆底变宽；A 型带盖筒形杯盛行；陶豆持续衰落。

第七组墓葬有 M106、M114、M225、M242、M244、M262 等 6 座。该组墓葬的出土器物继续延续了前两组的风格。典型器物有 B 型Ⅳ式鬶，Aa 型Ⅵ式、B 型Ⅴ式豆，A 型Ⅵ式盆，A 型Ⅵ式、B 型Ⅱ式薄胎高柄杯，A 型Ⅳ式、B 型Ⅳ式筒形杯，Ⅱ式高颈弧腹瓶。主要变化在于：B 型鬶为大平底，腹、底交界处的转折明显，并常在腹、底交界处饰以一周附加堆纹加以区别；背壶的制作愈显粗陋，颈、腹交界处的转折不甚明显；A 型薄胎高柄柄的柄部略变短，B 型则略有增高，但均已不见满饰杯柄的大镂孔，弦纹较发达；A 型筒形杯的杯身复又变浅，杯多手制；高颈弧腹瓶少见带盖，平底。

第八组墓葬仅 M270 一座。该墓中各类器形退化严重，器形粗陋，变形严重，但整体上墓葬的器物组合与前组基本一致。典型器物有 B 型Ⅴ式鬶，Ⅶ式背壶，Ⅴ式盉，A 型Ⅶ式、B 型Ⅲ式薄胎高柄杯，B 型Ⅴ式壶，B 型Ⅵ式盆，A 型Ⅴ式筒形杯，A 型Ⅲ式厚胎高柄杯。主要变化有圆腹实足鬶退化成杯状；背壶似手制，颈、肩无明显区分；高颈弧腹瓶和厚胎高柄杯均变得细长等。该墓中出土薄胎高柄杯的数量较多，但与前几组墓葬出土的高柄杯相比，器形整体变矮，柄部不见或少见镂孔；盉的底部呈圈足状。

第九组墓葬仅 M136 一座。该组墓葬与前面几组相比，器物组合与器形特征均已发生了较大的变化。延续八组的实足鬶不见，取而代之的为瘦长形的袋足鬶；薄胎高柄杯演化成薄胎束腰筒形圈足杯；小杯类多三足器，另见一种底部边缘有 3～4 个尖状突起、形似器座或小杯的器物。

此外，22 座仅出土葬具或葬具与随葬品共出但后者不具备一般分期意义的墓葬为 M2、M6、M21、M30、M83、M95、M109、M115、M130、M142、M144、M145、M158、M217、M232、M233、M234、M237、M239、M247、M263、M266。依据出土葬具特征（主要是鼎），可将其大致分为两组。

第一组墓葬有 M21、M30、M95、M109、M115、M130、M144、M217 等 8 座。这 8 座墓葬中，M21、M30 及 M130 出土的垂腹鼎（B 型鼎）形态相似，均为深垂腹；M95、M109、M130 及 M144 出土的圆腹鼎（C 型鼎）则多腹较深，近长方形；而 M115、M144 及 M217 三座墓中出土的深腹型鼎（D 型鼎）器形多接近，为深弧腹，腹上下基本同宽，圜底。根据类型学中桥联法及横联法的有关准则，可将以上 8 座墓葬的年代大致定为同一时段。

第二组墓葬有 M2、M6、M142、M232、M233、M234、M237、M239、M247、M263、M266 等 11 座。同样的，根据墓葬间同类器物的类比，我们可以发现 M142、M232 与 M263 同出有 A 型浅鼓腹鼎（Ⅱ式）；M6、M232、M247、M263 等出土垂腹鼎的腹部显得略鼓扁；

M232、M234、M237、M239 等墓葬中出土的圆腹鼎的腹部多浑圆，腹最大径位于器中部；M230 和 M233 的深腹鼎的腹下部趋窄，底呈尖圜状。

另外，M83、M145、M158 等 3 座墓葬的葬具仅有陶釜，故无法与其他墓葬进行比对，在此暂不进行分组。

以上是对两大类墓葬进行的分组，在每一大类中，各组墓葬间的器物组合相对比较稳定，器物变化的规律清晰，呈递次稳定变化的趋势。

三　墓葬分期与年代

1. 分期

在充分考察墓葬出土器物的形态特征及演变规律，并在此基础上对有关墓葬进行分类归组的同时，利用墓葬的层位关系则是进一步判断墓葬间相对早晚关系的唯一依据。

139 座大汶口墓葬，它们之间的打破或叠压关系主要有两类，一类为直接打破或叠压关系，另一类为间接叠压关系。

1）墓葬间的直接打破或叠压关系

主要有 11 组：

M82→M143　M89→M146　M114→M144　M128→M129、M140

M135→M136　M148→M160　M222→M223　M226→M238

M257→M267、M268　M262→M260　M261→M227

其中，出土典型器物且具有分期意义的为 M89→M146、M148→M160 和 M226→M238 三组。

2）墓葬间的间接叠压关系

主要在墓地的 D 区，在该区发现有面积较大的红烧土台，编号为 HT1。在 HT1 下，叠压着 M239、M240、M241、M242、M243、M244、M245 等 7 座墓葬，而在 HT1 本身，又被 M233、M234、M235、M236、M237 以及 M266 等 6 座墓葬打破。

通过以上两类的打破或叠压关系，我们可以得出以下两点：

1）在具有分期意义的 3 组直接打破关系中，M89 和 M148 同属第四组墓葬，它们分别打破属于第二组墓葬的 M146 和属于第一组墓葬的 M160；属于第六组墓葬的 M226 打破属于第五组墓葬的 M238。故第一组至第九组墓葬的相对早晚关系即可判断如下：第一组最早，第九组最晚，第二组至第八组居中依次演进。

2）通过 HT1 的间接叠压关系，可以确定 M239 等 7 座墓葬，相对年代要早于 M233 等 6 座墓葬。其中，M239 等 7 座墓葬中，除 M239 因出土器物不具备典型性外，M240、M243 和 M245 为第五组墓葬；M241 为第六组；M242 和 M244 为第七组，因此，M233 等 6 座墓葬的相对年代要晚于第七组。

此外，通过墓葬的开口层位，我们还可以看出：

1）第一组至第四组的墓葬中，除 M3、M4、M7、M230、M235 以及 M246 等 6 座陶［瓮］棺葬以及 M271、M272 开口于第 8 层下外，其余的墓葬均处于第 9 层下。其中，由于 M271 和 M272 所在的探方（ⅢT5003）位于大运河边上，在对此探方进行发掘时受河水冲蚀损毁严重，第 9 层已被完全破坏，这两座墓葬的开口层位被勉强划归为第 8 层下，直接打破第 10 层，结合出土的器物来看，M271 和 M272 分别归入第四和第三组应无大碍。至于 M3 等6 座瓮棺葬的层位问题在下文中将有详细解释。

2）第五组至第九组墓葬中，除 M105、M125、M254、M267 等 7 座墓葬位于第 9 层下外，其余的墓葬均位于第 9 层面上。从这一点看，第五组至第九组墓葬的年代也明显晚于第一组至第四组墓葬的年代。

因此，就西区墓地而言，第一组至第四组墓葬，其开口层位均应在第 9 层下①；第五组至第九组墓葬，除个别墓葬外，绝大多数开口于第 8 层下。

由此结合层位关系，再回头看上述其他几组打破关系，我们又可进一步确定 M128、M135、M222、M227、M260、M257 等墓葬的组别或介于哪几组之间，介于几组之间者归入最晚的组别。另外，在墓葬分组中将 M82 归入第一组，后发现 M82 打破被归入第二组的 M143，M82 被归入第一组的理由是仅有一件 Aa 型 Ⅰ 式壶，该型式的壶从第一组一直延续至第四组，故 M82 应归入第二组至第四组，现将其置于第四组。

至于陶［瓮］棺葬，由于缺乏可利用的打破关系，故只能从开口层位加以大致的判断。

经排查发现，第一组陶［瓮］棺葬中，除 M217 位于第9 层上之外，其余的墓葬均位于第 9 层下，故 M21、M30、M95、M109、M115、M130、M144 等 7 座墓葬的年代不会晚于上述的第四组墓葬；M217 的年代则要略晚于第四组墓葬。

第二组陶［瓮］棺葬中，所有的墓葬均位于第 9 层上，故该组墓葬的年代整体上要晚于第一组陶［瓮］棺葬，大致与上述第五组至第九组墓葬的年代相当。

另外，M3、M4、M7、M230、M235、M246 等 6 座陶［瓮］棺葬中，M3、M4 和 M7 尽管开口于第 8 层下，但这 3 座墓葬位于整个大汶口墓地东北部的居住区内，而居住区与墓葬区的层位关系并未统一；同时结合 M3 出土的 Aa 型壶、B 型圈足杯，M4 出土的 C 型筒形杯，M7 出土的 Aa 型壶、B 型圈足杯以及 Aa 型豆来看，这三座墓葬的年代应与上述九组墓葬中的第一、二组相当，并且由于它们与 M2、M5 及 M6 同为叠压于 F4 下的一批墓葬，故这 6 座墓葬的年代应该一致；M230、M235 和 M246 三者位于大汶口墓地内，同样开口于第 8 层下，其中 M230 和 M246 出土有厚胎高柄杯，这只能说明它们不早于上述九组墓葬中的第四组，结合层位来看，它们的年代应在第五至第九组墓葬之间。唯 M235 出土的筒形杯形态较早，可视为早期器物的遗留，但从开口层位以及叠压于 HT1 之上来看，其年代应晚于第七组墓葬。

以上通过随葬器物的共有特征、地层关系，大致确定了有关墓葬的相对早晚，下面将在以上讨论的基础上，进一步分析器物间型式的横向组合，并以不同组合的总体特征，确定其分期。

诚然，事物的具体发展过程总是不平衡的，各种器物的沿用时间也各有长短，各组之间器物的型式也常有交错共存现象，但早期墓葬不应出土晚期墓葬单位的型、式。因此，在对各典型墓葬出土器物进行型式登记的基础上，剔除晚期单位中的早期型式遗留，便可以得出表 4－4－1 所显示的两组特征较为明显的组合关系。

① M230、M235 和 M246 结合层位关系调整至第五组至第九组墓葬，下文详述。

表4-4-1　大汶口文化墓葬出土典型陶器组合关系表

组别（非陶瓮棺葬）	鬶		豆			背壶	薄胎高柄杯		盉	壶			罐			盆		圈足杯		筒形杯			厚胎高柄杯		高颈弧腹瓶	组别（陶瓮棺葬）	鼎（葬具）			
	A	B	Aa	Ab	B		A	B		Aa	Ab	B	A	B	C	A	B	A	B	A	B	C	A	B			A	B	C	D
一	Ⅰ		Ⅰ	Ⅰ	Ⅰ	Ⅰ			Ⅰ	Ⅰ		Ⅰ	Ⅰ	Ⅰ	Ⅰ	Ⅰ	Ⅰ	Ⅰ、Ⅱ	Ⅰ、Ⅱ		Ⅰ	Ⅰ				一	Ⅰ	Ⅰ Ⅱ	Ⅰ Ⅱ	Ⅰ
二	Ⅱ		Ⅱ	Ⅱ		Ⅱ	Ⅰ		Ⅱ		√			Ⅱ	Ⅱ	Ⅱ	Ⅱ	Ⅲ												
三	Ⅲ	Ⅰ	Ⅲ	Ⅲ	Ⅱ、Ⅲ	Ⅲ	Ⅱ		Ⅲ			Ⅱ、Ⅲ	Ⅱ、Ⅲ	Ⅲ		Ⅲ	Ⅲ	Ⅳ	Ⅲ		Ⅱ	Ⅱ								
四	Ⅳ			Ⅳ		Ⅳ	Ⅲ						Ⅳ	Ⅳ		Ⅳ			Ⅳ	Ⅰ		Ⅲ		√						
五		Ⅱ	Ⅳ	Ⅴ	Ⅳ	Ⅴ	Ⅳ	Ⅰ	Ⅳ	Ⅱ			Ⅴ、Ⅵ		Ⅲ	Ⅴ、Ⅵ	Ⅳ、Ⅴ		Ⅴ	Ⅱ、Ⅲ	Ⅲ	Ⅳ	Ⅰ、Ⅱ	√	Ⅰ	二	Ⅱ	Ⅲ		Ⅱ Ⅲ
六		Ⅲ	Ⅴ			Ⅵ	Ⅴ					Ⅳ		Ⅴ					Ⅵ			Ⅴ		√						
七		Ⅳ	Ⅵ		Ⅴ		Ⅵ	Ⅱ												Ⅳ	Ⅳ			√	Ⅱ					
八		Ⅴ				Ⅶ	Ⅶ	Ⅲ	Ⅴ			Ⅴ								Ⅴ			Ⅲ		Ⅲ					
九							Ⅷ																							

上述九组非陶［瓮］棺葬和两组陶［瓮］棺葬，前者的第一～第四组，第五组～第八组，以及第九组之间，后者的第一、二组之间，在器物组合以及器物之间的型式存在较大的差别，故它们的区分又可视为独立的发展期别。因此，我们可将梁王城遗址大汶口墓地的墓葬分为三期，第一、二期内又可细分为早、晚两段。其中第一期早段包括九组墓葬中的第一、二组，晚段为第三、四组，陶［瓮］棺葬的第一组属第一期，难以进一步区分早晚段；第二期早段包括九组墓葬的第五、六组，晚段包括第七、八组，同样陶［瓮］棺葬第二组属第二期，难以进一步区分早晚段。第三期为九组墓葬中的第九组，即 M136 以及 M135。此外，从墓葬开口层位来看，遗址西区墓地中所有 9 层下的墓葬，年代不会晚于第一期；9 层面上的绝大多数墓葬，年代不会早于第一期。梁王城遗址大汶口墓葬的分期及对应关系详见下表。

表 4－4－2　大汶口文化墓葬分组分期对应表

<table>
<tr><th>期别</th><th>段别</th><th>组别</th><th>非陶［瓮］棺葬</th><th>组别</th><th>陶［瓮］棺葬</th><th>无法分期</th></tr>
<tr><td rowspan="4">一</td><td rowspan="2">早段</td><td>一</td><td>M88、M107、M110、M116、M118、M119、M122、M129、M138、M154、M160</td><td rowspan="4">一</td><td rowspan="4">M2～M7（早段）、M21、M30、M95、M109、M115、M130、M144</td><td rowspan="9">⑨层下墓葬：M87、M94、M96、M103、M104、M108、M123、M127、M132、M145、M149、M156、M158、M252、M268、M253
⑨层面墓葬：M83、M84、M90、M131、M133、M134、M137、M141、M216、M219、M255、M258、M259、M269、M273、M274</td></tr>
<tr><td>二</td><td>M81、M82、M85、M92、M93、M97、M101、M117、M120、M124、M140、M143、M146、M147、M152、M153</td></tr>
<tr><td rowspan="2">晚段</td><td>三</td><td>M98、M99、M111、M112、M113、M126、M139、M151、M157、M159、M272</td></tr>
<tr><td>四</td><td>M89、M121、M128、M148、M150、M271</td></tr>
<tr><td rowspan="4">二</td><td rowspan="2">早段</td><td>五</td><td>M105、M218、M223、M227、M229、M231、M238、M240、M243、M245、M249、M250、M251、M254、M256、M264、M267</td><td rowspan="4">二</td><td rowspan="3">M142、M217、M230、M232、M239、M246、M247、M263</td></tr>
<tr><td>六</td><td>M125、M226、M228、M241、M248、M257、M261、M265</td></tr>
<tr><td rowspan="2">晚段</td><td>七</td><td>M106、M114、M225、M242、M244、M262</td></tr>
<tr><td>八</td><td>M222、M260、M270</td><td>M233、M234、M235、M237、M266、M236</td></tr>
<tr><td>三</td><td></td><td>九</td><td>M135、M136</td><td></td><td></td></tr>
</table>

上述的三期墓葬中，第一期墓葬是以扁圆腹实足鬶、较大型陶豆、宽胖背壶以及器形较大且规整的罐、壶、杯等为主要文化内涵的早期阶段，该阶段以泥质的灰陶、灰褐陶以及红褐陶为主，有部分的红陶、白陶，以及少量的黑陶；作为陶［瓮］棺葬葬具的鼎多深圜腹。第二期墓葬是以圆腹施篮纹实足鬶、小型陶豆、瘦长背壶、薄胎高柄杯、厚胎高柄杯、高颈弧腹瓶以及器形较小且制作不甚规整的杯、壶等为主要文化内涵的晚期阶段，该阶段器形整体较小，以泥质或夹砂的黑陶、黑褐陶为主，基本不见红陶和白陶，作为陶［瓮］棺葬葬具的鼎部分腹部变得圆鼓，部分底部变得尖圜。第三期墓葬中的瘦长袋足鬶及薄胎束腰筒形圈足杯等器形已接近龙山文化时期的同类器物。（图四一四）

图四一五B　梁王城遗址与建新遗址出土陶器的比较

第4）点中，梁王城遗址M114与M270属该遗址大汶口文化晚期晚段的墓葬，其出土的薄胎高柄杯与三里河遗址M279和M302形制接近，而M279和M302均属三里河遗址大汶口文化第2期的墓葬。故梁王城遗址大汶口文化墓葬最晚不会晚于三里河二期墓葬，大致与其第一、二期同时。

第5）点中，建新遗址与梁王城遗址从各遗址的早期至晚期基本都能找到器形比较一致的器物，故这两个遗址在年代及延续时间段上是基本一致的。

因此，综合上述五点，我们可以确定梁王城遗址大汶口文化墓地的时代大致与大汶口墓地的中晚期、邹县野店的第五期、三里河的第一、二期以及枣庄建新遗址的时代共时。

四 墓地布局

将上述分期结果标注在大汶口墓葬分布图（图四一六）中，我们可以清晰地看出：

第一期墓葬主要分布于两大区域：一是M2～M7、M21、M30等8座墓葬位于梁王城遗址大汶口文化堆积的居住区，以及居住区与墓葬区的交界处；另一处第一期墓葬集中分布的区域则是梁王城遗址大汶口墓地的B区，在其他三区中均不见有该期的墓葬。

第二期墓葬则主要分布于大汶口墓地的A、C、D三区，在B区的西北、西南及东南角也有零星分布，但不见于居住区。

第三期墓葬仅M135、M136两座，位于大汶口墓地B区的西南角。

上述三期墓葬的分布在遗址尤其是在墓地中显得整齐划一、早晚有序，早期除居住区外，墓葬分布主要集中在B区，而后随着时间的推移，墓葬区的范围逐渐向南、北扩大，这应是当时的居民精心规划、合理利用的结果。

第五节 小 结

墓葬葬俗一般来说包括生者对死者进行埋葬时的下葬礼俗和由此产生的单体墓葬固态形式，前者因时过境迁已无从考究，其踪迹仅在墓葬的形成过程中约略可见，后者则是考古发掘和研究的主要内容，主要包括墓葬形制、墓主研究和随葬品研究三部分。本文拟从这三部分入手，对梁王城遗址大汶口墓地的葬制葬俗，进行一个简单的总结和归纳。

一 墓葬形制

梁王城遗址大汶口墓葬分为成人墓和未成年人墓两大类，全部采用竖穴土坑埋葬。成人流行长方形竖穴土坑墓，个别陶棺葬；未成年人墓又可分为婴幼儿墓和青少年墓，前者全部为瓮棺葬，墓坑一般为不甚规则的圆角长方形或近似椭圆形；后者一部分为陶棺葬，一部分为长方形竖穴土坑墓。

长方形竖穴土坑墓共计107座，其中有二层台的竖穴墓共30座，均为成年人墓，除M125的二层台为生土外，余者均为熟土二层台。二层台分一面、两面、三面和四面四种，其中四面者居多，二层台墓比一般无二层台竖穴墓规模略大，长度多超过2米，最长达2.9米，宽度

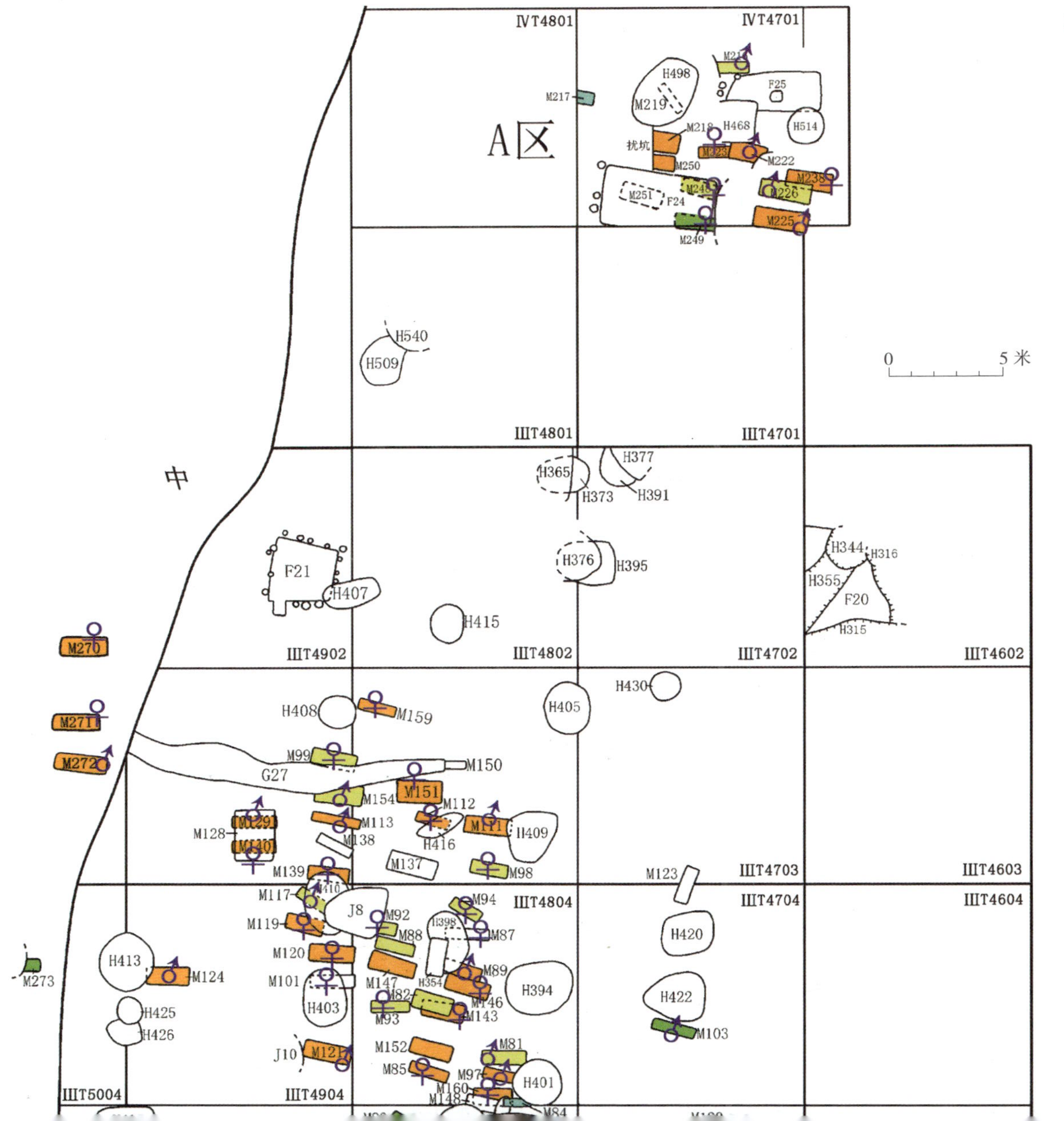
北
0
5米
A区
中
IVT4801
IVT4701
IIIT4801
IIIT4701
IIIT4902
IIIT4802
IIIT4702
IIIT4602
IIIT4703
IIIT4603
IIIT4804
IIIT4704
IIIT4604
IIIT5004
IIIT4904
F20
F21
F24
F25
G27
J8
J10
扰坑

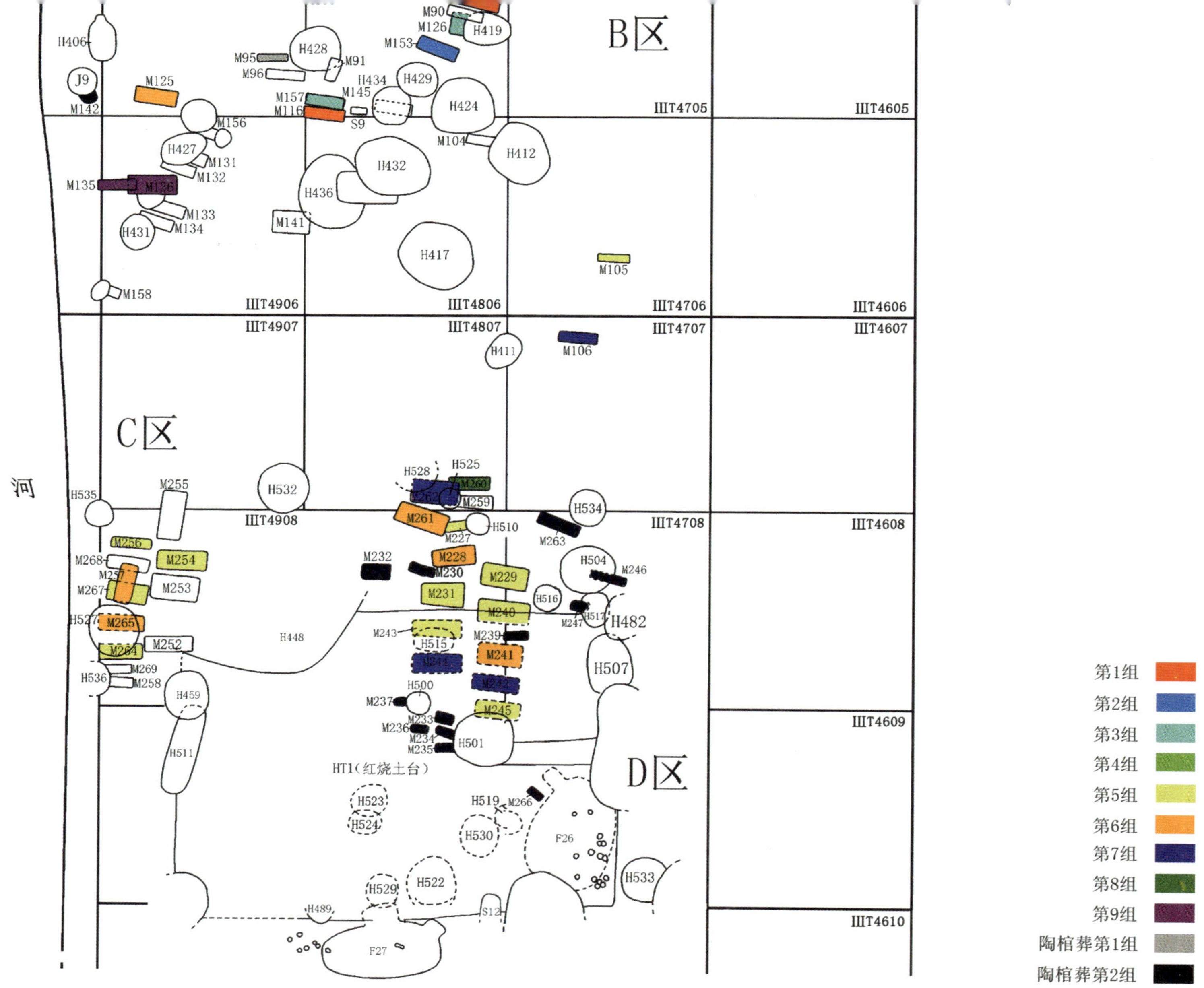

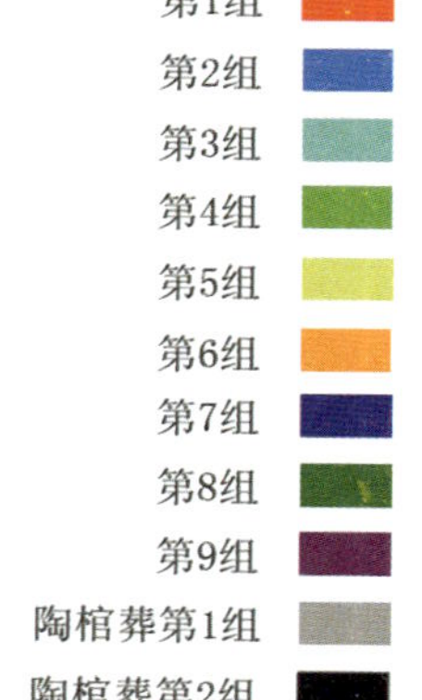

图四一六　梁王城遗址西区大汶口文化墓地各期墓葬分布图

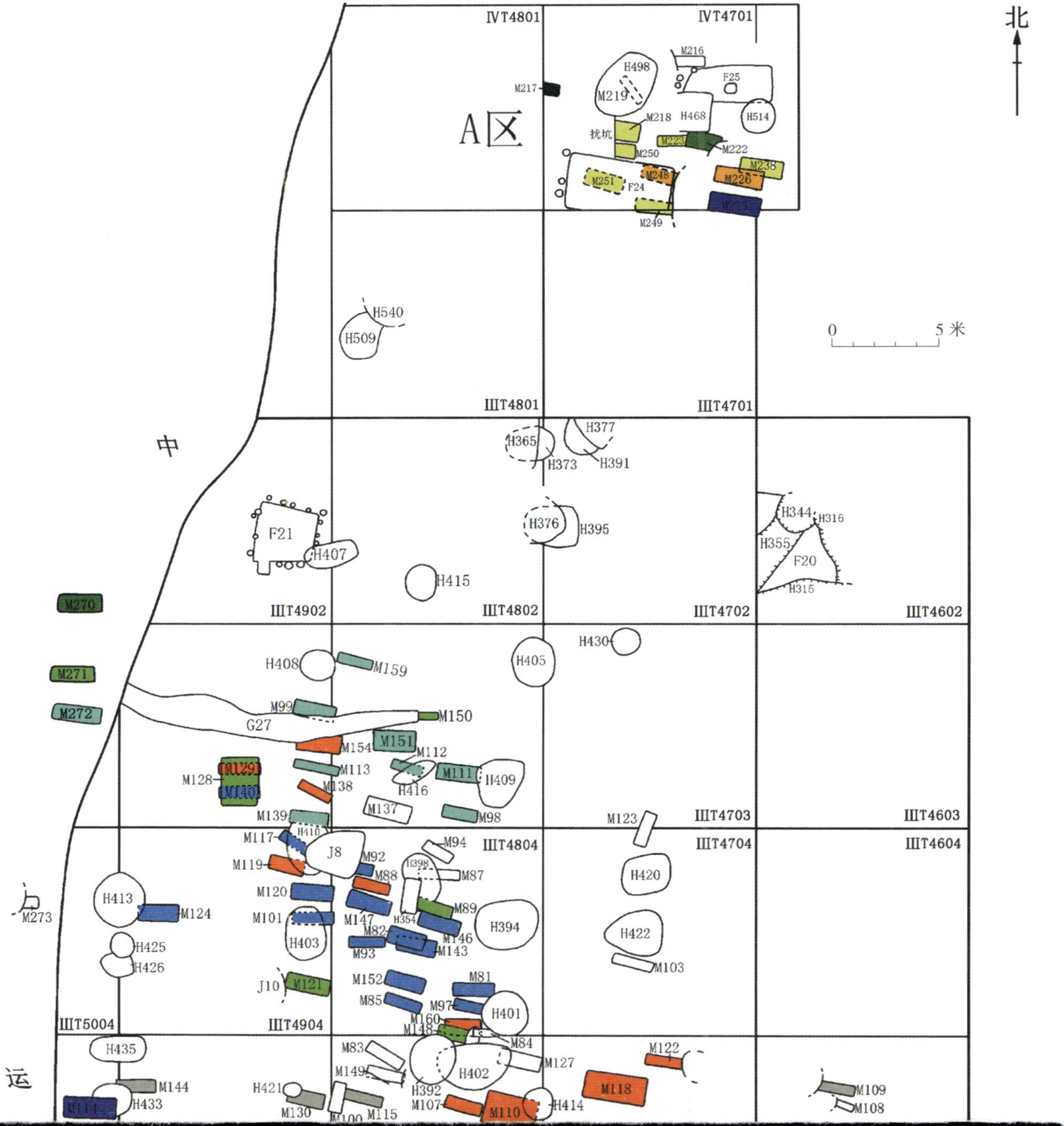

北

0 5 米

A区

ⅣT4801 ⅣT4701

ⅢT4801 ⅢT4701

ⅢT4902 ⅢT4802 ⅢT4702 ⅢT4602

ⅢT4703 ⅢT4603

ⅢT5004 ⅢT4904 ⅢT4804 ⅢT4704 ⅢT4604

中

运

M216 H498 F25 M217 M219 M218 H468 H514 扰坑 M223 M222 M250 M238 M248 M226 M251 F24 M225 M249

H540 H509

H365 H377 H373 H391 H376 H395 H344 H316 H355 F20 H315

F21 H407 H415

M270 M271 M272

H408 M159 H405 H430 M99 M150 G27 M151 M154 M112 M113 M111 H409 M128 M129 M138 H416 M140 M137 M98 M139 M123

M117 H410 M119 J8 M92 M94 M88 H398 M87 M120 M89 H394 H420 H413 M124 M101 M147 H354 M82 M146 M273 H403 M93 M143 H422 H425 H426 M103 M152 M81 J10 M121 M85 M97 H401 M160 M148 M84 M83 M127 M122 H435 M149 H402 M144 H421 M392 M118 M109 H433 M130 M107 M110 H414 M108 M111 M100 M115

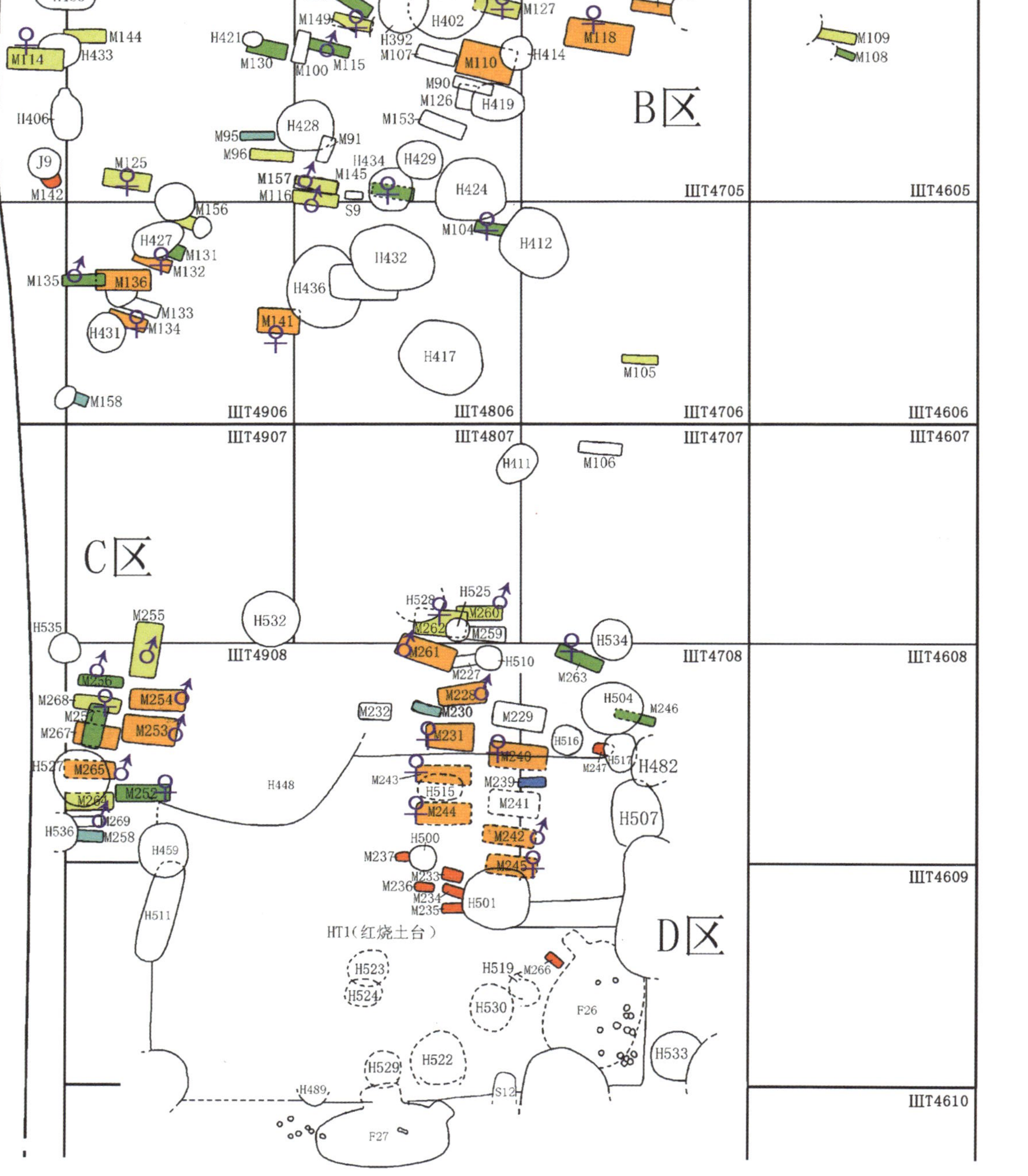

图四一七　梁五城遗址西区大汶口文化墓地墓主性别年龄分布示意图

多在1米左右，最宽者达1.83米。栾丰实先生认为："所谓熟土二层台，是墓室内葬具腐朽后遗留下来的一种特殊现象……如果墓内存在熟土二层台，一般可以认为是木质葬具腐朽之后遗留下来的特殊形态，并进一步反证木质葬具的存在……至于生土二层台，难以确定其原初是否存在木质棺椁。"①

葬具均为木质，由于朽蚀严重，仅个别见板灰痕迹。根据呈子②、尚庄③、三里河④等遗址葬具发现的情况看，其结构大致可分为顶底四壁均有木构、左右一侧或两侧有木构以及仅顶或底有木构三型。在梁王城遗址大汶口墓地，仅M110在墓底清理出比较清晰的"井"字形木质葬具痕迹，推测其可能为顶底四壁均有木构或仅底有木构。

二层台墓在墓地的四个区内均有分布，年代从一期跨至三期，随葬品的数量多寡不均，少则如M127、M141等无随葬品，多则如M110、M262等随葬品达二三十件。30座二层台墓葬中，人骨性别可鉴定的有23座，除M128为两成年男性合葬、M229为成年男女合葬、M241为成年女性与婴儿合葬外，余20座墓中，墓主为女性者13座，男性7座，男、女比例为1∶1.5，接近这批人骨中可鉴定个体的男女比例1∶1.46。墓主的年龄除M126可大致确定其已成年外，余均可进行判定，他们的年龄在25±～50±岁之间，均为成年人，尤以35±～44±岁所占比例最大，达48.4%。

无二层台竖穴墓共发现77座，仍以成年人墓为主，少数青少年墓。墓壁一般较直，底部较平坦，没有发现明显的葬具。墓葬一般长1.0～2.0、宽0.5～0.9米，最长者2.16米、最宽者达0.9米。此类墓葬的随葬品多寡不均，0～41件不等。

陶［瓮］棺葬共计32座，其中陶棺葬16座，瓮棺葬15座，情况不明者1座。陶棺葬是指在竖穴土坑墓中，将鼎、釜等陶器打碎铺于墓底或盖于骨架之上用作葬具，墓主多为青少年，有个别是成年人。此类墓的规模与无二层台竖穴墓相近，最长者2.13、最宽者0.8米；一般无随葬品，最多者5件；葬具主要为鼎—鼎、鼎—釜、鼎—壶、鼎—罐组合等，最多者葬具达14件。瓮棺葬的墓坑一般较小，多圆角长方形或椭圆形，长、宽一般在1米以内。常以陶鼎、罐或瓮等为葬具，将婴幼儿的尸骨置于陶器内，或是将2只鼎鼎口相对，其内置放尸骨。此类墓葬基本无随葬品，个别随葬1～2件小陶器或骨角器。

二　墓主情况分析

1. 头向

墓葬方向即墓主被埋葬时的头向。所有墓葬中，除M123、M128、M219、M255和M257为南北向外，其余134座墓葬均为东西向，方向73°～125°。具体到四区中，则略有差别。A、C、D区中，墓葬的方向多在100°以内，B区则多大于100°，以105°～110°数量最多。这种头向以东或东偏南为主的葬俗，与大汶口文化分布的大多数地区，如鲁东南、鲁中南、鲁西北

① 栾丰实：《史前棺椁的产生、发展和棺椁制度的形成》，《文物》2006年第6期。
② 昌潍地区文物管理组、诸城县博物馆：《山东诸城呈子遗址发掘报告》，《考古学报》1980年第3期。
③ 山东省文物考古研究所：《茌平尚庄新石器时代遗址》，《考古学报》1985年第4期。
④ 中国社会科学院考古研究所：《胶县三里河》，文物出版社，1988年。

等地一致。

2. 葬式

墓葬依其形成过程分为一次葬和二次葬两类，又可依墓主数量分为单人葬和合葬墓两类。

单人葬共计129座。除M107外，均为一次葬。按照墓主的姿势主要有仰身直肢、侧身直肢、俯身直肢以及屈肢葬四类。以仰身直肢葬数量最多，次为侧身直肢，屈肢葬多见瓮棺葬。M107仅留有少量人骨和残碎随葬品，极有可能为迁出葬。

合葬墓共计9座，均为二人合葬，未发现多人合葬墓。9座墓中，成人与儿童合葬墓4座，成人异性合葬墓3座，成人同性（男）合葬墓1座，青少年合葬墓1座。成人与儿童合葬墓中，成人均为女性，仰身直肢，儿童为5岁以下的婴幼儿，屈肢置于成年女性下肢骨处。成人异性合葬墓中，男性墓主均仰身直肢，置于墓坑中部或略偏南，女性墓主均侧身直肢，置于男性墓主身体右侧或紧贴墓坑北壁。成人同性合葬墓为同茔异穴（即各自有单独的葬具），东侧墓主年龄较西侧墓主略小，没有明显的证据进一步证明两位墓主之间的关系。

3. 性别年龄结构

大汶口墓地共鉴定骨骼标本146例，性别明确者86例，因未成年或保存状况不佳不能对其性别进行鉴定的个体计60例，鉴定率为58.9%；男性标本35例，女性标本51例，男女性别比为1∶1.46。女性标本数量偏多，与男女两性理想比例相差很大。由于性别可鉴定率较低，仅为58.9%，还不能就此判断该性别比即为当时该地古代居民的真实性别比。

死亡年龄主要集中在青年期、壮年期和中年期这三个阶段——其中中年期的死亡比例为40.77%，所占比例最大；壮年期的死亡比例达25.38%，具有相当高的比例。男女两性在壮年期、中年期的死亡比例相差不大。未成年即夭折的比例高达23.08%，没有发现在老年期死亡的个体。

从性别来看，A、B、C、D四区内墓主男女均有，性别分布不具备规律性；从死亡年龄看，青年期、壮年期和中年期在四区内均有分布，但A、B、C区内极少见单个婴幼儿墓葬，即6岁以下婴幼儿瓮棺葬集中分布于墓地D区以及居住区内。（图四一七）

4. 人骨特殊现象

这在本章第四节人骨研究中已有较为详细的统计，主要有拔齿、枕部人工变形、头骨穿孔以及人骨涂朱现象。

拔齿主要为双侧上颌侧门齿同时拔除，个别为同时拔除上颌侧门齿和犬齿。拔齿的出现率为55.5%，其中男性拔齿出现率为41.67%，女性拔齿出现率为69.23%。这些都基本符合海岱地区北辛—龙山文化时期人工拔齿的一般习俗。

枕部人工变形有6例，推测其形成原因均与婴幼儿时期枕部受压的睡眠习惯有关。

头骨穿孔仅1例，创口平滑孔周颅骨未见骨裂，可能是故意为之。但由于材料过少，缺乏进一步研究的条件。

个别墓葬的人骨上遗留有朱红色的遗迹。M106，墓主人右侧肱骨与尺骨、桡骨的关节处有朱红色，同墓出土的一件玉锥上亦有朱红色；M118墓主人右侧肋骨上有较大面积的朱红色痕迹，该墓出土的一件陶罐上亦发现有朱红色。经鉴定，其成分为赭石类矿物质。

三　随葬品分析

1. 类型及数量

139座墓葬中，有随葬品的（不包括葬具）占绝大多数，达97座，其余42座无随葬品。随葬器物在1~9件的墓葬居多，达50座；随葬品在10~19件的墓葬次之，有31座；随葬品在20~29件的墓葬再次之，有12座；随葬品在30件以上的最少，仅5座，其中M140达41件。另外，32座陶［瓮］棺葬中，葬具共66件，其中数量1~9件者30座，10件以上者2座。

墓葬共有出土器物1170件（其中葬具66件）。以陶器为主，共计1013件。陶器多为日常生活用品，在一些陶鼎、陶鬶内发现有长期烧水形成的水垢痕迹，器表亦有烟炱痕迹，少数为小型冥器。器类主要包括鼎、鬶、豆、背壶、壶、盉、罐、盆、筒形杯、圈足杯、高柄杯、钵、匜、器盖、器座、尊、纺轮、网坠等；骨蚌牙器次之，计有106件，包括有骨镞、骨凿、骨簪、骨针、骨匕、蚌器、蚌镰、獐牙牙器等；玉器42件，包括玉环、玉佩、玉坠、玉蝉、玉珠等；石器数量最少，仅9件，有石镞、石钺、石斧、石铲等。随葬品多摆放于墓主身体的左侧、头部或足部；有二层台的墓葬随葬品则多置于墓主左侧的二层台上。

用猪、獐、鹿、狗、猪、龟等动物骨骸作为随葬品的现象较为普遍。其中，以猪、獐的数量最多，猪骨主要有头骨、下颌骨、肱骨、髋骨、肩胛骨、颞骨、胫骨、髌骨、腓骨、跟骨、跗骨及经过磨制的下犬齿等猪的各部分骨骸。獐主要为獐的上犬齿，其摆放位置在下文中有详细总结。

除猪、獐外，还发现有鹿、狗、龟以及其他动物骨骼用作随葬品。如在M129出土的豆盘内发现有种鹿的桡骨残块；在M238墓主右肩处发现有小鹿的下颌残块；M7内发现有狗的下颌骨残块；M259内南侧墓主的左下肢骨处发现有龟腹甲残块；M99的豆内有龟背甲残片等。

此外还有蚌器，由于发现时均已呈腐朽粉末状，无法提取，难以得知其具体器形。

从随葬动物遗存的数量来看，随葬1件动物遗存的墓葬15座；随葬2件者10座；随葬3件者2座；随葬4件者4座；随葬5、6、7件者各1座；随葬8件者2座；随葬9件者1座；随葬11件者2座；随葬12、13、15件者各1座；随葬19件者2座；M118随葬件数最多，达20件。

2. 摆放位置

梁王城大汶口文化墓葬中随葬品摆放位置最显著的一个特征是器物多置于墓主身体的左侧。数量较少者仅置于头部或下肢、足部，数量多者沿墓主身体左侧密集摆放，有时甚至出现因随葬器物过多而将墓主遗骸挤至紧贴墓坑坑壁。有二层台的墓葬，随葬品仍多置于墓主身体周围（即棺内），少数置于二层台上（即棺外）者，也多置于头部的二层台上，亦有个别因随葬器物较多二层台四周均有摆放。

墓主的头部常倒扣一盆或钵，清理时发现或覆于面部或位于头骨上部，前者如M120、M157、M159等，后者如M110、M229等。

饰品则多在墓主人生前佩戴的位置周围，如M140的玉珠多出土于墓主头骨周围，可能生前为箍饰，玉佩、玉坠等多置于墓主胸部周围，可能为生前佩戴之用。生产工具主要为纺轮，随葬纺轮的墓主人多为女性，但也有个别为男性墓主，其位置并不固定；狩猎工具主要有

（石）骨镞，均为男性墓主所有，因数量较少，其位置亦未见规律可循。

獐牙的出土位置也比较固定。在42座墓葬中共计发现獐牙63件，其中随葬1件獐牙的墓葬有26座（獐牙置于墓主右手处11座，左手处9座，两手之间2座，豆盘内2座，身体左侧1座以及压于器物下1座），随葬2件獐牙的15座（墓主左右手各置一獐牙的5座，2件獐牙均置于左手处1座，均置于右手处4座，2件均压在器物下1座，左手处1件、右侧肩部1件者1座，左手处1件、豆盘内1件者1座，另外2座墓因被扰严重，出土位置不详。），随葬4件獐牙的仅M226一座，左右手处各置2件獐牙。经过鉴定的獐牙其代表的个体全部为雄性成年个体。

出土的猪、鹿、狗等动物骨骸多置于墓葬中的陶豆内，在18座墓葬的44件陶豆内有发现。极少数的猪骨骸置于杯或鼎内，经过磨制的猪犬齿常与獐牙一起置于墓主手部。

3. 彩绘陶与白陶

墓葬中发现有个别的彩绘陶，除M99出土的陶罐和M231出土的筒形杯上有明确的彩绘图案而确定为彩绘陶外，还有个别陶器在出土时发现器身有朱红色痕迹，如M118的一件陶罐，但M118的墓主人右侧肋骨上同样有较大面积的涂朱痕迹，经鉴定两者成分一致，且该陶器经修复拼对后发现朱绘痕迹并无规律可循，故难以断定陶器上的涂朱是彩绘，还是沾染了人骨上的朱色痕迹。

M99和M231出土的两件彩绘陶，均为灰陶胎上施红彩。M99∶9陶罐，口沿一周涂朱，肩部饰一周三组类似人的眼睛样图案；M231∶8筒形杯，口沿及底外侧均施一周细窄的朱红色彩带，腹中部饰一周六组四角星与折线纹组合的纹饰。不见大汶口文化彩陶中常见的红底黑彩或白彩，纹饰也不见典型的八角星纹、花瓣纹、网格纹等，这可能与地方类型有一定的关系。

梁王城遗址大汶口墓葬中发现的白陶仅圈足杯一种，共计5件，均出土于第一期墓葬中。白陶圈足杯一般器壁较薄，造型规整，出土它们的墓葬的随葬品数量，从5件至40件不等，圈足杯的出土位置，也无特殊之处，均置于墓主上半身左侧，因此，白陶圈足杯可能与薄胎高柄杯一样，做工虽然较为精细，但仍属于实用器。

四　陶［瓮］棺葬葬具组合

陶［瓮］棺葬的葬具主要有鼎、瓮、罐、釜等，其组合情况详见下表。

表4-5-1　陶［瓮］棺葬葬具组合情况一览表

墓号	所属类型	葬具数量（类型）	葬具组合	随葬品
M2	瓮棺	1	鼎	
M3	瓮棺	2	鼎—鼎	陶壶1、圈足杯1
M4	瓮棺	未修复	鼎	陶钵1、筒形杯1
M5	瓮棺	未修复	鼎	
M6	瓮棺	2	鼎—鼎	陶器盖1

续表 4－5－1

墓号	所属类型	葬具数量（类型）	葬具组合	随葬品
M7	陶棺	1	鼎	陶壶1、豆1、圈足杯1，玉管2，狗下颌首1
M21	瓮棺	1	鼎	
M30	瓮棺	1	罐	
M83	陶棺	1	釜	填土中小陶罐1、器盖1
M95	陶棺	3	瓮—鼎	
M109	陶棺	1	鼎	
M115	陶棺	3	罐—鼎	
M130	陶棺	5	鼎—鼎	
M142	瓮棺	1	鼎	
M144	陶棺	11	瓮—鼎—豆—罐—器盖	
M145	陶棺	2	釜—鼎	陶筒形杯1
M158	陶棺	1	釜	陶薄胎高柄杯1
M217	陶棺	2	瓮—鼎	
M230	陶棺	2	鼎—鼎	陶厚胎高柄杯1
M232	陶棺	7	鼎—鼎—器盖	骨针1
M233	瓮棺	3	鼎—鼎	小陶鼎1
M234	瓮棺	2	鼎—鼎	
M235	瓮棺	3	瓮—鼎	陶筒形杯1
M236	瓮棺	2	鼎—鼎	
M237	瓮棺	3	鼎—鼎	
M239	陶棺	1	鼎	
M246	陶棺	未修复	鼎	陶厚胎高柄杯1、圈足杯1、筒形杯1、钵1
M247	瓮棺	2	鼎—鼎	
M263	陶棺	14	鼎—背壶—罐—瓮	
M266	瓮棺	1	鼎	
M273	瓮棺	未修复		
M274	破坏严重	4	鼎—鼎	陶豆1、筒形杯1、器盖1

梁王城大汶口墓地发现的139座墓葬，从遗址早期一直延续至晚期，主要流行长方形竖穴土坑墓，葬式以单人一次仰身直肢葬为主，随葬品以日常生活用具为主，有一定数量的兽骨和少量的装饰品。遗址内部有明显的功能区分离现象，死者居住的墓地与生者活动的居址分开，反映了当时人们对死后世界的观念。墓地内部依时代早晚分区规划，每区内多存在基本垂直于墓葬方向的墓组，墓葬分布紧凑，应是墓主间生前血缘或婚姻关系在葬俗上的体现。

附表4－2－1　大汶口文化墓葬登记表

墓号	墓区	探方及层位	形制	尺寸（米）（长×宽－深）	方向（度）	性别	年龄（岁）	葬式	头向	面向	保存状况	随葬品/葬具	与周围遗迹关系
M2	居住	T2⑧	瓮棺葬	0.87～0.9×0.3～0.52－0.28	73	不详	0～2	侧身屈肢	不详	不详	仅存肋骨和部分趾骨	葬1	叠压于F4下
M3	居住	T2⑧	瓮棺葬	0.92～1.0×0.32～0.52－0.3	93	不详	3～5	侧身屈肢	不详	不详	保存差	2/葬2	叠压于F4下
M4	居住	T2⑧	瓮棺葬	1.1～0.93×0.56－0.35	98	不详	不详	侧身屈肢	不详	不详	保存差	2	叠压于F4下
M5	居住	T2⑧	瓮棺葬	0.74×－0.25	103	不详	0～2	侧身屈肢	不详	不详	保存差	葬具未修复	叠压于F4下
M6	居住	T2⑧	瓮棺葬	0.9～1.0×0.5－0.35	116	不详	1±	侧身屈肢	不详	不详	保存差	1/葬2	叠压于F4下，且被H13打破
M7	居住	T2⑧	陶棺葬	1.4～1.5×0.53～0.59－0.5	95	不详	3～5	侧身屈肢	东	南	保存差	5/葬1	叠压于F4下
M21	居住	T5⑩	瓮棺葬	0.3×0.3－0.32		不详	0±	屈肢			差	葬1	叠压于H09下
M30	居住	T11⑩	瓮棺葬	0.4×0.49－0.3		不详	0～2	屈肢			差	葬1	
M81	B区	ⅢT4804⑨	竖穴土坑墓	1.96×0.6－0.21	90	男	35±	仰身直肢	东	南	保存较好，右下肢骨不存	5	打H401打破
M82	B区	ⅢT4804⑨	竖穴土坑墓	1.8×0.8－0.1	100	北：女 南：男	南:29～30 北:35±	南：仰身直肢 北：侧身直肢	东南	西南	南：保存差 北：仅存肢骨，保存差	5	打破M143
M83	B区	ⅢT4805⑧	陶棺葬	1.58×0.6－0.03～0.15	125	不详	14～16	仰身直肢	东南	西南	保存差	葬1/填土2	
M84	B区	ⅢT4804⑧	竖穴土坑墓	1.2×0.29－0.16	90	不详	10±	侧身直肢	东	不详	保存差	无	打破M148、M160，被H401打破
M85	B区	ⅢT4804⑨	竖穴土坑墓	1.74×0.5－0.02～0.4	105	女	40～44	仰身直肢	东南	西南	保存较好	4	

续附表4－2－1

墓号	墓区	探方及层位	形制	尺寸（米）（长×宽－深）	方向（度）	性别	年龄（岁）	葬式	头向	面向	保存状况	随葬品/葬具	与周围遗迹关系
M87	B区	ⅢT4804⑨	竖穴土坑墓	1.9×0.5－0.04～0.3	85	女	成年	不详	东	不详	保存差	1；填土2	被H398打破
M88	B区	ⅢT4804⑨	竖穴土坑墓	1.7×0.54－0.18	105	不详	35±	仰身直肢	东南	南	保存较好	6	
M89	B区	ⅢT4804⑨	竖穴土坑墓	0.94～1.42×0.59－0.18～0.39	105	男	40～44	仰身直肢	东	南	保存较好	23	打破M146，被M354和H398打破
M90	B区	ⅢT4805⑧	竖穴土坑墓	1.7×0.45～0.6－0.2	110	不详	不详	仰身直肢	东南	北	保存较差	无	打破M126、M419
M92	B区	ⅢT4804⑨	竖穴土坑墓	0.7×0.55－0.39	100	女	30±	仰身直肢	东南	上	头骨较差，盆骨及以下部分不存	7	被J8打破
M93	B区	ⅢT4804⑨	竖穴土坑墓	1.7×0.5－0.23	90	女	35±	仰身直肢	东	南	头骨保存较差，肢骨保存较好	4	
M94	B区	ⅢT4804⑨	竖穴土坑墓	1.39×0.5－0.07～0.22	115	女	24～26	侧身直肢	东南	西南	仅存下颌骨及部分肢骨	无	
M95	B区	ⅢT4905⑨	陶棺葬	1.45×0.36－0.17	92	不详	9～10	仰身直肢	东	北	保存较差	葬3	
M96	B区	ⅢT4905⑨	竖穴土坑墓	1.6×0.41－0.07	102	女	35±	仰身直肢	东南	西南	头骨保存较差，肢骨保存较好	1	
M97	B区	ⅢT4804⑨	竖穴土坑墓	1.39～1.49×0.61－0.26	100	男	40～44	仰身直肢	东南	不详	仅存部分肢骨	5	被H401打破
M98	B区	ⅢT4803⑨	竖穴土坑墓	1.52×0.46～0.59－0.12	105	女	35±	仰身直肢	东南	西南	保存较好	1	
M99	B区	ⅢT4903⑨	竖穴土坑墓	1.9×0.69－0.27	105	女	29～30	仰身直肢	东南	西南	保存较好	19	被G27打破
M101	B区	ⅢT4904⑨	竖穴土坑墓	0.6～1.0×0.5～0.6－0.09～0.3	95	女	成年	仰身直肢	东南	不详	仅存部分肢骨	16	被H403打破
M103	B区	ⅢT4704⑨	竖穴土坑墓	2.0×0.42－0.11	110	男	20±	仰身直肢	东南	不详	仅存部分肢骨	2	

续附表 4-2-1

墓号	墓区	探方及层位	形制	尺寸（米）（长×宽-深）	方向（度）	性别	年龄（岁）	葬式	头向	面向	保存状况	随葬品/葬具	与周围遗迹关系
M104	B区	ⅢT4806⑨	竖穴土坑墓	1.33~1.42×0.4~0.5-0.13	110	女	20±	仰身直肢	东南	不详	头骨不存，余保存较好	1	被H412打破
M105	B区	ⅢT4706⑨	竖穴土坑墓	1.71×0.4~0.5-0.08	95	不详	30±	侧身直肢	东	南	仅存下颌骨及部分肢骨	4	
M106	B区	ⅢT4707⑨	竖穴土坑墓	1.95×0.5~0.6-0.14~0.16	95	北：女 南：不详	北:40± 南:4~5	北：侧身直肢 南：不详	东南	西南	北：保存较好 南：保存较差	16	
M107	B区	ⅢT4805⑨	竖穴土坑墓	1.9×0.67-0.07~0.1	105	不详	成年	单人二次葬	不详	不详	仅存部分残骨	2	
M108	B区	ⅢT4605⑨	竖穴土坑墓	0.77~0.85×0.4-0.1	105	不详	14~16	仰身直肢	东南	西南	保存较差	无	被晚期灰坑破坏
M109	B区	ⅢT4605⑨	陶棺葬	1.51~1.6×0.4-0.08	105	不详	30±	仰身直肢	东南	西南	仅存头骨残片及部分肢骨	葬1	被晚期灰坑破坏
M110	B区	ⅢT4805⑨	竖穴土坑墓，有二层台	2.9×1.48~1.64-0.5	100	不详	40±	仰身直肢	东南	上	仅头骨及部分肢骨保存较好	28	被H414打破
M111	B区	ⅢT4803⑨	竖穴土坑墓	2.12×0.82~0.85-0.1	105	男	40~44	侧身直肢	东南	西南	保存较好	21	被H409打破
M112	B区	ⅢT4803⑨	竖穴土坑墓	1.7 ×0.5-0.3	105	女	40~44	仰身直肢	东南	不详	头骨不存，仅存部分肢骨	19	被H416打破
M113	B区	ⅢT4903⑨	竖穴土坑墓	2.16×0.42~0.5-0.15	105	男	45~50	侧身直肢	东南	西南	保存较好	18	
M114	B区	ⅢT5005⑧	竖穴土坑墓，有二层台	2.48×0.95~1.1-0.63	92	女	35±	仰身直肢	南	上	保存较好	17	
M115	B区	ⅢT4805⑨	陶棺葬	1.8×0.45-0.21	110	男	20±	仰身直肢	东南	不详	仅存下颌骨及部分肢骨	葬3	被M100打破
M116	B区	ⅢT4805⑨	竖穴土坑墓	2.06×0.61-0.1	110	男	27~28	仰身直肢	东南	西南	保存较好	4	

续附表4-2-1

墓号	墓区	探方及层位	形制	尺寸（米）（长×宽-深）	方向（度）	性别	年龄（岁）	葬式	头向	面向	保存状况	随葬品/葬具	与周围遗迹关系
M117	B区	ⅢT4904⑨	竖穴土坑墓	1.44×0.5-0.12~0.2	115	男	27~28	仰身直肢	东南	不详	仅存左侧下颌及部分肢骨	7	被J8和H410打破
M118	B区	ⅢT4705⑨	竖穴土坑墓，有二层台	2.7×1.3~1.41-0.49	105	女	40~44	仰身直肢	东南	西南	保存较好	16	
M119	B区	ⅢT4904⑨	竖穴土坑墓	1.68×0.21~0.76-0.15~0.23	105	女	40~44	仰身直肢	东南	西南	下颌骨及部分肢骨保存较好	10	被H410打破
M120	B区	ⅢT4904⑨	竖穴土坑墓	1.85~1.9×0.65-0.6~0.7	95	女	45~50	仰身直肢	东	南	保存较好	20	
M121	B区	ⅢT4904⑨	竖穴土坑墓	2.1×0.9-0.12~0.21	105	男	40±	侧身屈肢葬	东南	西南	保存较差	16	
M122	B区	ⅢT4705⑨	竖穴土坑墓	1.68×0.46~0.5-0.14	105	不详	50±	仰身直肢	东南	上	存下颌骨，肢骨保存较差	11	被H418打破
M123	B区	ⅢT4704⑨	竖穴土坑墓	1.8×0.51~0.6-0.1	198	不详	成年	不详	不详	不详	仅存少部分肢骨	2	
M124	B区	ⅢT4904⑨	竖穴土坑墓	2.0×0.8~0.9-0.2	95	男	40±	仰身直肢	东	南	保存较好	3	被H413打破
M125	B区	ⅢT4905⑨	竖穴土坑墓，有二层台	2.5×0.8~0.95-0.67	95	女	35±	仰身直肢	东	南	头骨保存较差，肢骨保存较好	11	
M126	B区	ⅢT4805⑨	竖穴土坑墓，有二层台	0.52~1.69×1.1-0.36	105	不详	成年	不详	不详	不详	肢骨保存较差	10	被H419打破
M127	B区	ⅢT4805⑨	竖穴土坑墓，有二层台	2.1×0.63~0.69-0.3	105	女	29~30	仰身直肢	东南	上	头骨保存情况较差，肢骨保存情况较好	无	
M128	B区	ⅢT4903⑨	竖穴土坑墓，有二层台	2.3×1.83-0.4	195	东：男 西：男	东:30 西:45~50	侧身直肢	南	东：南 西：东	东：保存较好 西：保存较好	无	打破M129、M140
M129	B区	ⅢT4903⑨	竖穴土坑墓	2.0×0.53~0.69-0.23~0.64	98	男	45~50	侧身直肢	东	南	保存较好	18	被M128打破
M130	B区	ⅢT4905⑨	陶棺葬	1.73×0.7-0.2	110	不详	15~17	仰身直肢	东南	西北		葬5	被H412打破

续附表 4－2－1

墓号	墓区	探方及层位	形制	尺寸（米）（长×宽－深）	方向（度）	性别	年龄（岁）	葬式	头向	面向	保存状况	随葬品/葬具	与周围遗迹关系
M131	B区	ⅢT4906⑧	竖穴土坑墓	0.49～0.7×0.55－0.2	120	不详	15～16	不详	东南	西南	头骨保存较差肢骨不全	无	被H427打破
M132	B区	ⅢT4906⑨	竖穴土坑墓	1.8×0.54－0.2	120	女	45～50	仰身直肢	东南	不详	头骨无，大部分肢骨存	无	被H427打破
M133	B区	ⅢT4906⑧	竖穴土坑墓	1.28～1.5×0.6－0.15	105	不详	成年	仰身直肢	东北	不详	头骨无，仅存部分肢骨	无	被晚期灰坑破坏
M134	B区	ⅢT4906⑧	竖穴土坑墓	1.75×0.6－0.21	105	女	45～50	仰身直肢	东南	不详	仅存下颌骨及部分肢骨	无	被H431打破
M135	B区	ⅢT4906⑧	竖穴土坑墓	1.9×0.42－0.22	88	男	20～23	仰身直肢	东南	不详	保存较好	无	打破M136
M136	B区	ⅢT4906⑧	竖穴土坑墓，有二层台	2.4×1.0－0.6	90	不详	50±	仰身直肢	东	南	保存较好	17	被M135打破
M137	B区	ⅢT4803⑧	竖穴土坑墓	2.1×0.9－0.15	105	不详	成年	不详	不详	不详	仅存部分肢骨	4	
M138	B区	ⅢT4903⑨	竖穴土坑墓	1.7×0.44－0.15	120	不详	成年	不详	不详	不详	仅存部分肢骨	5	
M139	B区	ⅢT4903⑨	竖穴土坑墓	1.9×0.6～0.7－0.14～0.34	105	女	40～44	仰身直肢	不详	不详	肢骨保存较好，头骨不全	20	被H410打破
M140	B区	ⅢT4903⑨	竖穴土坑墓	1.9×0.67～0.88－0.28	100	女	40～44	侧身直肢	东南	西南	头骨已碎，肢骨存大部分	41	被M128打破
M141	B区	ⅢT4906⑧	竖穴土坑墓，有二层台	2.1×0.91～0.95－0.2	95	女	45～50	仰身直肢	东	上	保存较好	无	被H436打破
M142	B区	ⅢT5005⑧	瓮棺葬	0.52～0.84×0.52～0.54－0.19		不详	0～2	不详	不详	不详	残部分肢骨	葬1	被J9打破
M143	B区	ⅢT4804⑨	竖穴土坑墓	1.94×0.68～0.8－0.34～0.45	100	女	35～39	仰身直肢	东南	西南	保存较好	17	被M82打破
M144	B区	ⅢT4905⑨	陶棺葬	1.95×0.6－0.2	90	不详	30±	仰身直肢	东	南	头骨不佳，肢骨保存较好	葬11	被H433打破

续附表4-2-1

墓号	墓区	探方及层位	形制	尺寸（米）（长×宽－深）	方向（度）	性别	年龄（岁）	葬式	头向	面向	保存状况	随葬品/葬具	与周围遗迹关系
M145	B区	ⅢT4805⑨	陶棺葬	1.8×0.65～0.7－0.1～0.2	95	女	20±	俯身直肢	东	南	头骨较差，肢骨保存较好	1/葬2	被H434打破
M146	B区	ⅢT4804⑨	竖穴土坑墓	2.0×0.65～0.7－0.35～0.5	100	女	45～50	侧身直肢	东南	西南	保存较好	17	被M89打破
M147	B区	ⅢT4804⑨	竖穴土坑墓	2.1×0.7～0.9－0.7	100	不详	40±	仰身直肢	东南	上	头骨残，肢骨不全	24	
M148	B区	ⅢT4805⑨	竖穴土坑墓	1.32×0.7－0.2	105	不详	成年	仰身直肢	东南	不详	仅存部分肢骨	7	叠压于M160上被H392、M84、H402打破
M149	B区	ⅢT4805⑨	竖穴土坑墓	1.3×0.37－0.13	110	女	27～28	不详	东南	不详	仅存部分肢骨	无	被晚期灰坑破坏
M150	B区	ⅢT4803⑨	竖穴土坑墓	0.9×0.5－0.06～0.14	95	不详	成年	侧身直肢	东	南	头骨及部分肢骨	4	被G27打破
M151	B区	ⅢT4803⑨	竖穴土坑墓	2.0×0.8～0.9－0.28	95	女	40±	仰身直肢	东	上	保存较好	25	
M152	B区	ⅢT4804⑨	竖穴土坑墓	1.9×0.65～0.7－0.4～0.65	105	女	40±	侧身直肢	东南	西南	头骨破碎变形，肢骨保存较差	11	
M153	B区	ⅢT4805⑨	竖穴土坑墓	1.89×0.58～0.64－0.2	110	不详	成年	仰身直肢	东南	不详	头骨残，肢骨保存较差	16	
M154	B区	ⅢT4903⑨	竖穴土坑墓，有二层台	2.03×0.63～1.1－0.1～0.4	95	男	25±	侧身直肢	东	南	头骨保存较好，肢骨不全	20	被G27打破
M156	B区	ⅢT4906⑨	竖穴土坑墓	1.3×0.6－0.16	105	北：女 南：不详	北：29～30 南：4～5	北：仰身直肢 南：仰身直肢	东南	北：不详 南：东北	仅存部分肢骨	1	被晚期灰坑破坏
M157	B区	ⅢT4805⑨	竖穴土坑墓	2.2×0.59～0.63－0.19	115	男	24～26	仰身直肢	东南	西南	头骨已变形，肢骨保存较好	9	
M158	B区	ⅢT4906⑨	陶棺葬	0.8×0.5～0.14	110	不详	8～9	仰身直肢	东南	东北	头骨及部分肢骨存	1/葬1	被晚期灰坑破坏
M159	B区	ⅢT4803⑨	竖穴土坑墓	1.69×0.44－0.19	110	女	45～50	侧身直肢	东南	西南	保存较好	12	

续附表 4－2－1

墓号	墓区	探方及层位	形制	尺寸（米）（长×宽－深）	方向（度）	性别	年龄（岁）	葬式	头向	面向	保存状况	随葬品/葬具	与周围遗迹关系
M160	B区	ⅢT4804⑩	竖穴土坑墓	1.7×0.8－0.3	95	女	40～44	侧身直肢	东	南	头骨保存不佳，肢骨保存较好	15	被M84和M148打破
M216	A区	ⅣT4701⑧	竖穴土坑墓	1.22～1.41×0.5－0.18	90	男	27～28	仰身直肢	东	上	头骨保存较好，肢骨不全	无	被晚期灰坑破坏
M217	A区	ⅣT4701⑧	陶棺葬	0.7～0.8×0.6－0.15	100	不详	9～12	仰身直肢	东	南	保存较差	葬2	被晚期灰坑破坏
M218	A区	ⅣT4701⑧	竖穴土坑墓，有二层台	1.0～1.2×0.9－0.56	105	不详	40±	不详	东南	上	头骨及部分肢骨保存较好	5	被晚期灰坑破坏
M219	A区	ⅣT4701⑧	竖穴土坑墓	1.6×0.5－0.1	150	不详	不详	不详	东南	不详	仅存头骨碎片	1	
M222	A区	ⅣT4701⑧	竖穴土坑墓	1.7×0.8－0.22	95	男	40～44	仰身直肢	东南	不详	头骨残缺，肢骨保存较好	无	打破M223，被H468打破
M223	A区	ⅣT4701⑧	竖穴土坑墓	1.4×0.5－0.2～0.22	90	女	40～44	仰身直肢	东	不详	头骨无，存部分肢骨	5	被M222打破
M225	A区	ⅣT4701⑧	竖穴土坑墓	2.4×0.9－0.46	100	男	35～39	侧身直肢	东南	西南	头骨不全，肢骨保存较好	26	
M226	A区	ⅣT4701⑧	竖穴土坑墓	2.3×0.8～0.9－0.43	100	男	24～26	俯身直肢	东南	西南	保存较好	19	打破M238
M227	D区	ⅢT4808⑧	竖穴土坑墓	0.97～1.15×0.5－0.1	83	南、北均不详	南：12± 北：12～16	仰身直肢	东	不详	南：头骨、肢骨均不全。 北：头骨无，肢骨不全。	无	被H510及M261打破
M228	D区	ⅢT4808⑧	竖穴土坑墓	2.16×0.8～1.0－0.33	95	男	40～44	仰身直肢	东	北	保存较好	9	
M229	D区	ⅢT4808⑧	竖穴土坑墓，有二层台	2.45×1.4－0.5	95	北：女 南：男	北：24～26 南：45～49	北：侧身直肢 南：仰身直肢	东	南	北：头骨碎，肢骨保存较好 南：头骨上半部无	17	

续附表4－2－1

墓号	墓区	探方及层位	形制	尺寸（米）（长×宽－深）	方向（度）	性别	年龄（岁）	葬式	头向	面向	保存状况	随葬品/葬具	与周围遗迹关系
M230	D区	ⅢT4808⑧	陶棺葬	1.36～1.4×0.42－0.26	115	不详	10～12	侧身直肢	东南	西南	保存较差	1/葬2	
M231	D区	ⅢT4808⑧	竖穴土坑墓，有二层台	2.1×1.1～1.2－0.65	100	女	40±	仰身直肢	东南	上	保存较好	31	
M232	D区	ⅢT4808⑧	陶棺葬	1.45×0.7～0.8－0.12	90	无	无	无	无	无	无人骨	1/葬7	
M233	D区	ⅢT4809⑧	瓮棺葬	0.9×0.5～0.55－0.16～0.17	110	不详	0～2	不详	不详	不详	保存较差	1/葬3	打破HT1
M234	D区	ⅢT4809⑧	瓮棺葬	0.9×0.43－0.27	105	不详	0～2	不详	不详	不详	保存较差	葬2	被H501打破
M235	D区	ⅢT4809⑧	瓮棺葬	0.95×0.54－0.46	90	不详	0～2	不详	不详	不详	保存较差	1/葬3	打破HT1、被H501打破
M236	D区	ⅢT4809⑧	瓮棺葬	0.88×0.22～0.38－0.45	97	不详	0～2	不详	不详	不详	不存	葬具未修复	
M237	D区	ⅢT4808⑧	瓮棺葬	0.61×0.44－0.3	80	不详	0～2	不详	不详	不详	保存较差	葬3	被H500打破
M238	A区	ⅣT4701⑧	竖穴土坑墓	2.0×0.8－0.8	100	女	50～60	仰身直肢	东南	西南	头骨破碎，肢骨保存较好	10	未观察
M239	D区	ⅢT4708⑧	陶棺葬	1.2×0.4－0.2	92	不详	6±	仰身直肢	东	南	头骨残缺，肢骨不全	葬1	
M240	D区	ⅢT4808⑧	竖穴土坑墓，有二层台	2.5×0.9－0.6	95	女	50±	侧身直肢	东	南	头骨破碎，肢骨保存较好	19	叠压于HT1下
M241	D区	ⅢT4808⑧	竖穴土坑墓，有二层台	2.2×1.1～1.2－0.9	96	①号人骨：女 ②号人骨：不详	①号：31～34 ②号：0～2	①号：侧身直肢 ②号：不详	①号：东 ②号：不详	①号：南 ②号：不详	①号：头骨破碎，肢骨保存较好 ②号：残少量肢骨	13	
M242	D区	ⅢT4808⑧	竖穴土坑墓，有二层台	2.25×0.74～0.78－0.27	96	男	45～49	仰身直肢	东	上	保存较好	22	

续附表 4－2－1

墓号	墓区	探方及层位	形制	尺寸（米）（长×宽－深）	方向（度）	性别	年龄（岁）	葬式	头向	面向	保存状况	随葬品/葬具	与周围遗迹关系
M243	D 区	ⅢT4808⑧	竖穴土坑墓，有二层台	2.4×0.9～1.0－0.68	96	女	40～44	仰身直肢	东	南	头骨破碎，肢骨保存较好	26	叠压于 HT1 下
M244	D 区	ⅢT4808⑧	竖穴土坑墓，有二层台	2.35×0.82～1.0－0.76	96	女	50±	侧身直肢	东	南	头骨破碎，肢骨保存较好	11；填土 1	叠压于 HT1 下
M245	D 区	ⅢT4808⑧	竖穴土坑墓，有二层台	2.3×0.9－0.6	100	女	40～44	仰身直肢	东南	西南	头骨残缺，肢骨保存较好	18	
M246	D 区	ⅢT4708⑧	陶棺葬	1.77×0.43－0.09～0.15	105	不详	15～17	仰身直肢	东南	不详	头骨无，肢骨保存较差	葬具未修复；随 4	被 H504 打破
M247	D 区	ⅢT4708⑧	瓮棺葬	0.75×0.46－0.08～0.19	97	不详	0～1	不详	不详	不详	仅存残骨	葬 2	被 H517 打破
M248	A 区	ⅣT4701⑧	竖穴土坑墓	1.77×0.7－0.11～0.15	110	女	30±	仰身直肢	东南	西南	头部仅存下颌，肢骨保存较差	6	被 F245 晚期灰坑打破
M249	A 区	ⅣT4701⑧	竖穴土坑墓	1.7×0.6－0.14	100	女	19～23	仰身直肢	东	不详	头骨无，肢骨保存较好	8	被 F245 晚期灰坑打破
M250	A 区	ⅣT4701⑧	竖穴土坑墓，有二层台	0.9～0.94×0.8－0.34～0.4	94	不详	40±	侧身直肢	东	南	头骨破碎，肢骨不全	4	被晚期灰坑破坏
M251	A 区	ⅣT4701⑧	竖穴土坑墓	1.9×0.8－0.3	110	东：女 西：不详	东：40～44 西：1～2	东：仰身直肢 西：侧身直肢	东：东南 西：东南	东：西南 西：东北	东：头骨破碎，肢骨保存较好。西：保存不佳	5	被晚期灰坑破坏
M252	C 区	ⅢT4908⑨	竖穴土坑墓，有二层台	2.18～0.77－0.3	93	女	19～23	仰身直肢	东	南	头骨破碎，肢骨保存较好	1	
M253	C 区	ⅢT4908⑨	竖穴土坑墓，有二层台	2.3～1.13－0.25	96	男	45～49	仰身直肢	东	南	头骨破碎，肢骨保存较好	1	
M254	C 区	ⅢT4908⑨	竖穴土坑墓，有二层台	2.48～0.8－0.35	93	男	40±	仰身直肢	东	北	保存较好	12	
M255	C 区	ⅢT4908⑦c	竖穴土坑墓，有二层台	2.2×1.1～1.2－0.36	189	男	30±	仰身直肢	西南	东南	保存一般	0	

续附表4－2－1

墓号	墓区	探方及层位	形制	尺寸（米）（长×宽－深）	方向（度）	性别	年龄（岁）	葬式	头向	面向	保存状况	随葬品/葬具	与周围遗迹关系
M256	C区	ⅢT4908⑨	竖穴土坑墓	1.98×0.46～1.52－0.26	95	男	19～23	仰身直肢	东	南	头骨破碎，肢骨保存较好	3	
M257	C区	ⅢT4908⑧c	竖穴土坑墓	1.89×0.75－0.25	193	不详	14～17	仰身直肢	西南	东南	头骨破碎，肢骨不全	无	打破M267、M268
M258	C区	ⅢT4908⑧	竖穴土坑墓	1.2×0.5～0.55－0.25	97	不详	10～15	不详	不详	不详	头骨破碎，肢骨不全	无	被H536打破
M259	D区	ⅢT4807⑦c	竖穴土坑墓	1.6×0.49～0.75－0.17	95	北：男 南：女	北：45～49 南：成年	北：侧身直肢 南：仰身直肢	北：东 南：东	北：南 南：不详	北：头骨保存较好，肢骨不全。南：头骨无，肢骨不全	4	被M262、H525打破
M260	D区	ⅢT4807⑦c	竖穴土坑墓	2.0*0.55～0.62－0.23	90	男	30±	仰身直肢	东	南	头骨保存较好，肢骨不全	1	
M261	D区	ⅢT4808⑧	竖穴土坑墓，有二层台	2.36×1.05～1.1－0.32	105	男	40～44	仰身直肢	东南	西南	保存较好	20	打破M227
M262	D区	ⅢT4807⑧	竖穴土坑墓，有二层台	2.23×1.18～1.3－0.53	98	女	35±	仰身直肢	东	上	保存较好	34	打破M259、M260，被H525、H528打破
M263	D区	ⅢT4708⑧	陶棺葬	2.13×0.5～0.6－0.2	115	女	20±	仰身直肢	东南	上	头骨碎，肢骨保存较好	葬14	
M264	C区	ⅢT4908⑨	竖穴土坑墓，有二层台	2.13×0.7～0.8－0.65	93	不详	30±	仰身直肢	东	南	头骨碎，肢骨保存差	14	被H527打破
M265	C区	ⅢT4908⑨	竖穴土坑墓，有二层台	2.26×0.75～0.87－0.3	93	男	50±	仰身直肢	东	南	保存较好	13	被H527打破
M266	D区	ⅢT4709⑧	瓮棺葬	0.8×0.4－0.15	125	不详	0～2	不详	不详	不详	保存较差	葬1	
M267	C区	ⅢT4908⑨	竖穴土坑墓，有二层台	2.03×0.9－0.6	90	不详	50±	仰身直肢	东	南	保存较差	33	被M257打破

续附表 4－2－1

墓号	墓区	探方及层位	形制	尺寸（米）（长×宽－深）	方向（度）	性别	年龄（岁）	葬式	头向	面向	保存状况	随葬品/葬具	与周围遗迹关系
M268	C 区	ⅢT4908⑨	竖穴土坑墓	1.82×0.71－0.2	97	女	25±	仰身直肢	东	南	头骨破碎，肢骨不全	1	被 M257 打破
M269	C 区	ⅢT4908⑧	竖穴土坑墓	1.1×0.42－0.22	95	男	成年	不详	不详	不详	头骨无，肢骨不全	无	被 H536 打破
M270	B 区	ⅢT5002⑧	竖穴土坑墓，有二层台	2.35×0.91～1.1－0.45	94	女	40±	仰身直肢	东	南	保存很差	34	
M271	B 区	ⅢT5003⑧	竖穴土坑墓	1.8×0.56－0.25	98	女	40～44	仰身直肢	东	不详	头骨破碎，肢骨保存不佳	16	
M272	B 区	ⅢT5003⑧	竖穴土坑墓	1.93×0.6～0.69－0.4	100	男	40±	侧身直肢	东南	西南	保存较好	4	
M273	B 区	ⅢT5004⑧	陶棺葬（南侧人骨用）	0.3～0.61×0.98－0.1	101	南：不详 北：不详	南：20± 北：不详	南：不详 北：不详	南:不详 北:不详	南:不详 北:不详	北:仅存部分肢骨 南:仅存头骨，保存较差	葬具未修复	被晚期灰坑破坏
M274	B 区	采集				不详	成年				仅存头骨，保存很差	7	

附表4-2-2 大汶口文化墓葬出土器物登记表

墓	鬶		豆			背壶	薄胎高柄杯		盉	壶			罐			盆		圈足杯		筒形杯			厚胎高柄杯		高颈弧腹瓶	鼎（随葬品）	鼎（葬具）				其他出土器物	总计
号	A	B	Aa	Ab	B		A	B		Aa	Ab	B	A	B	C	A	B	A	B	A	B	C	A	B			A	B	C	D		
M2																													Ⅱ			1
M3										Ⅰ									Ⅰ									Ⅰ	Ⅱ			4
M4																						Ⅰ									钵1	2
M5																																0
M6																												Ⅱ	Ⅱ		器盖1	3
M7			Ⅰ							Ⅰ									Ⅰ										Ⅱ		玉珠2	6
M21																												Ⅱ				1
M30																															罐1（葬）	1
M81			Ⅱ							Ⅰ					$Ⅰ_2$																钵1	5
M82										Ⅰ																					残豆1、宽沿深腹豆2、小杯1	5
M83																															釜1（葬）、小罐（填土）、器盖（填土）	3
M84																																0
M85			Ⅱ												Ⅱ																壶1（残）、鬶1（残）	4
M87																															鼎1、纺轮1（填土）、骨针1（填土）	3
M88				Ⅰ						Ⅰ						Ⅰ			Ⅰ												鼎（未修复）1、壶（未修复）1	6
M89	Ⅳ			$Ⅳ_2$	Ⅲ	Ⅳ	Ⅲ				1		Ⅳ	Ⅳ						$Ⅰ_4$		Ⅲ		1		1					匜1、器座1、石钺1、骨器1、残豆2、圈足杯1（残）	23

续附表4－2－2

墓	鬶		豆			背壶	薄胎高柄杯		盉	壶			罐			盆		圈足杯		筒形杯			厚胎高柄杯		高颈弧腹瓶	鼎（随葬品）	鼎（葬具）				其他出土器物	总计
号	A	B	Aa	Ab	B		A	B		Aa	Ab	B	A	B	C	A	B	A	B	A	B	C	A	B			A	B	C	D		
M90																																0
M92							Ⅰ			Ⅰ							Ⅰ									1					纺轮1、骨针1、陶环1	7
M93			Ⅱ							Ⅰ	1				Ⅱ																	4
M94																																0
M95																													Ⅰ$_{2}$		罐1（葬）	3
M96																															罐1（未修复）	1
M97			Ⅱ	Ⅱ						Ⅰ								Ⅱ													骨匕1	5
M98														Ⅲ																		1
M99			Ⅱ$_{4}$	Ⅱ		Ⅲ						Ⅱ	Ⅱ				Ⅰ	Ⅳ$_{2}$								1					小罐1、陶环2、獐牙1、纺轮1、玉环1、蚌镰1	19
M101			Ⅱ$_{2}$	Ⅱ			Ⅰ																			1（残）					纺轮1、罐（残）3、圈足杯（残）1、盆（未修复）1、鬶（未修复）1、薄胎高柄杯（未修复）1、玉佩1、圆陶片1、獐牙1	16
M103																															鼎（未修复）1、盆（未修复）1	2
M104																															玉环1	1
M105							Ⅳ					Ⅱ											Ⅰ								残豆1	4

续附表4－2－2

墓	鬶		豆			背壶	薄胎高柄杯		盉	壶			罐			盆		圈足杯		筒形杯			厚胎高柄杯		高颈弧腹瓶	鼎（随葬品）	鼎（葬具）				其他出土器物	总计
号	A	B	Aa	Ab	B		A	B		Aa	Ab	B	A	B	C	A	B	A	B	A	B	C	A	B			A	B	C	D		
M106								Ⅱ				ⅡⅢ$_{2}$				Ⅵ							Ⅱ$_{5}$	1							残豆1、厚胎高柄杯盖1、纺轮1、玉锥1、獐牙1	16
M107			Ⅰ																			Ⅰ										2
M108																																0
M109																													Ⅰ			1
M110	Ⅰ		Ⅰ$_{4}$	Ⅰ$_{3}$		Ⅰ$_{2}$				Ⅰ$_{2}$	1			Ⅰ$_{2}$												3					钵1、纺轮1、玉环1、獐牙2、玉锥1、蚌器2、骨器2	28
M111			Ⅲ$_{2}$	Ⅱ$_{2}$		Ⅲ$_{2}$	Ⅱ						Ⅰ									Ⅱ$_{3}$									残豆1、器盖2、残罐1、残盆1、纺轮2、石镞1、骨镞1、石钺1	21
M112	Ⅲ		Ⅱ$_{3}$	Ⅲ$_{2}$		Ⅲ$_{2}$			Ⅲ				Ⅱ						Ⅲ$_{2}$							1					纺轮1、獐牙2、垂腹罐1、残豆2	19
M113			Ⅰ	Ⅰ$_{2}$		Ⅲ								Ⅲ							Ⅰ					2					器盖1、罐（未修复）1、骨镞5、獐牙2、蚌器1	18
M114			Ⅳ				Ⅵ			Ⅱ		Ⅲ			Ⅲ$_{2}$	Ⅴ								1		1					器座1、矮圈足杯1、瓮1、壶（未修复）1、鼎（未修复）1、獐牙1、猪大齿1、小杯1	17
M115																														Ⅰ$_{2}$	罐1（葬）	3

续附表4－2－2

墓	鬶		豆			背壶	薄胎高柄杯		盉	壶			罐			盆		圈足杯		筒形杯			厚胎高柄杯		高颈弧腹瓶	鼎（随葬品）	鼎（葬具）				其他出土器物	总计
号	A	B	Aa	Ab	B		A	B		Aa	Ab	B	A	B	C	A	B	A	B	A	B	C	A	B			A	B	C	D		
M116																						Ⅰ									器盖2、残豆1	4
M117										Ⅰ					Ⅱ											1					獐牙2、豆（未修复）1、蚌刀1	7
M118	Ⅰ		Ⅰ$_3$	Ⅰ		Ⅰ				Ⅰ				Ⅰ			Ⅰ	Ⅰ$_2$								1					纺轮1、玉环1、獐牙2	16
M119			Ⅰ$_2$	Ⅰ								Ⅰ$_2$		Ⅰ			Ⅰ		Ⅱ		Ⅰ					1						10
M120	Ⅰ		Ⅰ$_3$	Ⅰ	Ⅰ$_2$	Ⅱ			Ⅰ	Ⅰ				Ⅱ	Ⅱ	Ⅱ			Ⅱ							3					蚌刀1、獐牙1、纺轮1	20
M121				Ⅲ	Ⅱ	Ⅳ	Ⅲ													Ⅰ$_3$						1					子母口豆1、圈足小杯2、平底小杯1、纺轮1、器盖1、骨簪1、獐牙1	16
M122			Ⅰ$_3$							Ⅰ					Ⅰ$_2$			Ⅱ								2					纺轮1、豆（未修复）1	11
M123																															残杯1、鬶足1	2
M124							Ⅰ																								獐牙1、骨针1	3
M125		Ⅲ	Ⅴ$_2$				Ⅴ									Ⅴ					Ⅲ		Ⅰ	1	Ⅰ						壶1、玉环1	11
M126			ⅡⅢ				Ⅰ							Ⅱ	Ⅱ											1					残背壶1、残袋足鬶1、纺轮1、钵1	10
M127																																0
M128																																0
M129	Ⅰ		Ⅰ$_5$	Ⅰ$_2$		Ⅰ			Ⅰ						Ⅰ$_2$	Ⅰ										2					残壶1、獐牙1、钵1	18
M130																											Ⅰ$_2$	Ⅱ$_2$	Ⅰ			5

续附表4－2－2

墓	鬶		豆			背壶	薄胎高柄杯		盉	壶			罐			盆		圈足杯		筒形杯			厚胎高柄杯		高颈弧腹瓶	鼎（随葬品）	鼎（葬具）				其他出土器物	总计
号	A	B	Aa	Ab	B		A	B		Aa	Ab	B	A	B	C	A	B	A	B	A	B	C	A	B			A	B	C	D		
M131																																0
M132																																0
M133																																0
M134																																0
M135																																0
M136					Ⅴ		Ⅷ			Ⅲ																2					袋足鬶1、豆（未修复）1、器座2、器盖2、三足杯1、石斧1、残豆1、网坠1、獐牙2	17
M137																															獐牙2、豆（未修复）2	4
M138																			Ⅱ												獐牙2、豆（未修复）1、背壶（未修复）1	5
M139	Ⅲ		Ⅰ	Ⅰ$_2$	Ⅱ$_3$	Ⅰ	Ⅱ								Ⅰ				Ⅰ		Ⅰ					1					残盉1、残盆1、小鼎1、纺轮1、獐牙2、玉环1	20
M140	Ⅱ		Ⅰ$_2$Ⅱ	Ⅰ Ⅱ	Ⅰ	Ⅱ$_2$	Ⅰ		Ⅱ	Ⅰ$_3$	1			Ⅱ	Ⅱ		Ⅰ	Ⅱ	Ⅱ							3					残豆3、獐牙2、纺轮1、玉佩2、玉饰1、玉锥1、玉珠8	41
M141																																0
M142																													Ⅱ			1

续附表4-2-2

墓号	鬶		豆			背壶	薄胎高柄杯		盉	壶			罐			盆		圈足杯		筒形杯			厚胎高柄杯		高颈弧腹瓶	鼎（随葬品）	鼎（葬具）				其他出土器物	总计
	A	B	Aa	Ab	B		A	B		Aa	Ab	B	A	B	C	A	B	A	B	A	B	C	A	B			A	B	C	D		
M143			Ⅰ Ⅱ	Ⅱ$_2$	Ⅰ					Ⅰ	1						Ⅰ		Ⅱ							2					圈足罐1、陶鼎（残）1、纺轮1、獐牙2、玉佩1	17
M144																													Ⅰ$_3$	Ⅰ	残鼎5（葬）、残瓮1（葬）、残豆1（葬）、器盖1（葬）	11
M145																															带盖杯1、残鼎1（葬）、釜1（葬）	3
M146	Ⅱ		Ⅱ$_4$		Ⅰ$_2$					Ⅰ	1				Ⅱ		Ⅰ	Ⅰ Ⅱ								2					玉环1、玉饰1	17
M147	Ⅱ		Ⅰ$_2$ Ⅱ$_2$	Ⅰ Ⅱ		Ⅱ				Ⅰ$_3$	1				Ⅱ		Ⅰ	Ⅰ Ⅲ	Ⅰ							1					骨簪1、獐牙1、骨针（未修复）1、蚌器（未修复）1、玉蝉1、纺轮1	24
M148				Ⅳ$_3$			Ⅲ																								小壶2、小罐1	7
M149																																0
M150																				Ⅰ											罐（未修复）1、獐牙1、骨针1	4
M151		Ⅰ	Ⅲ$_3$	Ⅲ$_3$		Ⅲ$_2$	Ⅱ					Ⅱ	Ⅱ			Ⅲ					Ⅰ	Ⅱ$_2$				1					纺轮1、罐（未修复）1、玉珠4、獐牙1、玉环1	25
M152			Ⅱ	Ⅱ		Ⅱ				Ⅰ					Ⅱ		Ⅰ	Ⅱ								1					钵1、獐牙1、玉环1	11
M153				Ⅰ		Ⅱ	Ⅰ		Ⅱ					Ⅰ	Ⅰ		Ⅱ	Ⅱ								1					带把钵1、残豆2、鬶（未修复）1、纺轮1、骨簪2	16

续附表4－2－2

墓	鬶		豆			背壶	薄胎高柄杯		盉	壶			罐			盆		圈足杯		筒形杯			厚胎高柄杯		高颈弧腹瓶	鼎（随葬品）	鼎（葬具）				其他出土器物	总计
号	A	B	Aa	Ab	B		A	B		Aa	Ab	B	A	B	C	A	B	A	B	A	B	C	A	B			A	B	C	D		
M154			Ⅰ	Ⅰ	Ⅰ	Ⅰ$_{2}$							Ⅰ						Ⅰ		Ⅰ					1					钵1、残鬶1、石钺1、猪獠牙1、玉串饰4、豆（未修复）1、骨匕1、蚌刀1	20
M156																															獐牙(未修复)1	1
M157			Ⅱ Ⅲ									Ⅲ	Ⅲ				Ⅲ				Ⅱ	Ⅱ									獐牙1	9
M158																															残杯1、罐1(葬)	2
M159			Ⅲ		Ⅲ							Ⅱ	Ⅰ								Ⅱ										子母口豆1、盆1、残背壶1、残豆1、鼎1、獐牙1、残杯1	12
M160	Ⅰ		Ⅰ$_{2}$	Ⅰ		Ⅰ				Ⅰ					Ⅰ$_{2}$		Ⅰ	Ⅱ								1					鼎（未修复）1、獐牙2、玉环1	15
M216																																0
M217																														Ⅰ	瓮1（葬）	2
M218																							Ⅱ$_{2}$								盆2、器盖1	5
M219																															罐1	1
M222																																0
M223							Ⅳ								Ⅲ						Ⅲ										钵1、石刀1	5
M225		Ⅲ	Ⅴ				Ⅵ					Ⅲ$_{2}$Ⅳ			Ⅲ					Ⅱ	Ⅳ		Ⅰ$_{2}$ Ⅱ$_{7}$	2							厚胎高柄杯盖3、盖捉手1、盆1、兽牙1件	26

续附表 4－2－2

墓	鬶		豆			背壶	薄胎高柄杯		盉	壶			罐			盆		圈足杯		筒形杯			厚胎高柄杯		高颈弧腹瓶	鼎（随葬品）	鼎（葬具）				其他出土器物	总计
号	A	B	Aa	Ab	B		A	B		Aa	Ab	B	A	B	C	A	B	A	B	A	B	C	A	B			A	B	C	D		
M226		Ⅲ	Ⅴ									Ⅲ Ⅳ		Ⅴ	Ⅲ	Ⅴ			Ⅵ			Ⅴ	Ⅱ$_3$								厚胎高柄杯盖2，獐牙4、石斧1	19
M227																																0
M228			Ⅴ$_2$			Ⅴ										Ⅴ							Ⅱ$_3$								厚胎高柄杯（未修复）1、豆（未修复）1	9
M229			Ⅳ$_2$	Ⅴ$_2$		Ⅴ$_3$	Ⅳ$_2$						Ⅴ		Ⅲ	Ⅵ	Ⅳ														残豆1、釜1、带把杯1、壶1	17
M230																								1						Ⅱ Ⅲ		3
M231		Ⅱ	Ⅳ$_4$		Ⅳ	Ⅴ	Ⅳ					Ⅱ Ⅲ			Ⅲ	Ⅳ			Ⅴ	Ⅱ$_2$			Ⅰ	3	Ⅰ$_5$						厚胎高柄杯盖1、圈足杯2、器盖1、彩陶筒形杯1、獐牙1、骨镞1	31
M232																											Ⅱ$_2$	Ⅲ	Ⅱ$_2$		器盖1（葬）、骨针1、残鼎1（葬）	8
M233																										1				Ⅰ Ⅱ Ⅲ		4
M234																													Ⅱ		残鼎1	2
M235																					Ⅰ								Ⅱ		瓮2（葬）	4
M236																															鼎（未修复）2（葬）	2
M237																													Ⅱ$_3$			3
M238			Ⅳ									Ⅱ		Ⅴ		Ⅳ							Ⅱ	1							獐牙2、兽牙1、小罐1	10
M239																													Ⅱ			1

续附表4－2－2

墓	鬶		豆			背壶	薄胎高柄杯		盉	壶			罐			盆		圈足杯		筒形杯			厚胎高柄杯		高颈弧腹瓶	鼎（随葬品）	鼎（葬具）				其他出土器物	总计
号	A	B	Aa	Ab	B		A	B		Aa	Ab	B	A	B	C	A	B	A	B	A	B	C	A	B			A	B	C	D		
M240						$Ⅴ_2$		Ⅰ	Ⅳ						Ⅲ		Ⅳ		Ⅴ				Ⅰ $Ⅱ_4$			1					带盖豆1、子母口豆1、圈足罐1、厚胎小杯1、獐牙（未修复）2	19
M241						Ⅴ	Ⅴ						Ⅵ				Ⅴ		Ⅲ				Ⅱ	1		1					凹底杯1、小罐1、骨匕1、绿松石佩1、玉锥1	13
M242		Ⅳ	$Ⅵ_4$		Ⅳ	$Ⅴ_2$	Ⅵ													$Ⅲ_5$			Ⅱ	2							钵1、厚胎高柄杯盖1、器盖1、獐牙1、残杯1	22
M243		Ⅱ	$Ⅳ_2$		Ⅳ		Ⅳ					$Ⅱ_2$Ⅲ	Ⅵ			Ⅳ							$Ⅱ_5$	1		1					壶1、豆（未修复）1、矮圈足杯2、器盖3、筒形杯1、残杯1	26
M244		Ⅳ				$Ⅵ_2$	Ⅴ						Ⅵ																		子母口豆2、簋形器1、器盖1、钵1、玉镯1、厚胎杯1（填土）	12
M245			$Ⅳ_3$				Ⅳ					Ⅱ Ⅲ			Ⅲ	Ⅴ			Ⅴ		Ⅲ		$Ⅱ_2$			1					残厚胎高柄杯1、小壶1、石钺1、獐牙2	18
M246																								1							钵1、小杯1、残杯1	4
M247																												Ⅲ			残鼎1（葬）	2
M248							Ⅳ									Ⅵ								1							獐牙2、小罐1	6
M249								Ⅰ				Ⅱ Ⅲ											Ⅱ								矮圈足杯1、猪獠牙1、獐牙2	8

续附表4-2-2

墓	鬶		豆			背壶	薄胎高柄杯		盉	壶			罐			盆		圈足杯		筒形杯			厚胎高柄杯		高颈弧腹瓶	鼎（随葬品）	鼎（葬具）				其他出土器物	总计
号	A	B	Aa	Ab	B		A	B		Aa	Ab	B	A	B	C	A	B	A	B	A	B	C	A	B			A	B	C	D		
M250																	Ⅳ						Ⅰ Ⅱ								器盖1	4
M251										Ⅱ													Ⅱ								矮圈足杯1、匜1、獐牙1	5
M252																															玉饰1	1
M253																															獐牙1	1
M254																	Ⅴ									1					钵1、残豆盘1、残器盖1、残杯2、器盖2、骨凿1、獐牙2	12
M255																																0
M256										Ⅱ							Ⅴ														獐牙1	3
M257																																0
M258																																0
M259																															钵1、石斧1、獐牙1、	4
M260																															骨簪	1
M261										Ⅱ		Ⅲ					Ⅴ			Ⅰ			$Ⅱ_3$	1							残厚胎高柄杯1、残圈足杯1、矮圈足杯2、石钺1、器盖1、小罐1、陶杯（未修复）1、獐牙（未修复）4	20

续附表4－2－2

墓	鬶		豆			背壶	薄胎高柄杯		盉	壶			罐			盆		圈足杯		筒形杯			厚胎高柄杯		高颈弧腹瓶	鼎（随葬品）	鼎（葬具）				其他出土器物	总计
号	A	B	Aa	Ab	B		A	B		Aa	Ab	B	A	B	C	A	B	A	B	A	B	C	A	B			A	B	C	D		
M262					Ⅴ	Ⅵ$_2$	Ⅵ			Ⅱ					Ⅲ					Ⅳ$_7$	Ⅳ				Ⅱ$_6$	1（残）					獐牙1、杯盖6、小罐2、残筒形杯2、鼎足1、盆1	34
M263																											Ⅱ$_2$	Ⅱ Ⅲ$_2$	Ⅰ Ⅱ	Ⅰ	背壶1(葬)、罐2(葬)、瓮2(葬)、鼎1（葬）	14
M264						Ⅴ	Ⅳ									Ⅴ				Ⅲ$_6$			Ⅰ Ⅱ$_2$								残背壶2	14
M265						Ⅵ		Ⅱ						Ⅳ		Ⅴ							Ⅱ$_3$	1							厚胎高柄杯盖1、獐牙1、残杯底1、钵1、残背壶1	13
M266																													Ⅱ			1
M267		Ⅱ			Ⅳ$_2$	Ⅴ$_2$		Ⅰ				Ⅲ$_2$	Ⅴ		Ⅲ	Ⅴ			Ⅴ			Ⅳ$_2$	Ⅰ$_3$ Ⅱ$_5$	2		1					小罐1、豆（未修复）1、厚胎高柄杯（未修复）2、簋形器1、器盖1、獐牙1、厚胎圈足杯1	33
M268																															盆1	1
M269																																0

续附表 4－2－2

墓	鬶		豆			背壶	薄胎高柄杯		盉	壶			罐			盆		圈足杯		筒形杯			厚胎高柄杯		高颈弧腹瓶	鼎（随葬品）	鼎（葬具）				其他出土器物	总计
号	A	B	Aa	Ab	B		A	B		Aa	Ab	B	A	B	C	A	B	A	B	A	B	C	A	B			A	B	C	D		
M270		Ⅴ				Ⅶ	Ⅵ$_2$ Ⅶ	Ⅱ Ⅲ	Ⅴ			Ⅴ					Ⅵ			Ⅴ$_2$			Ⅲ$_2$			Ⅲ$_5$					厚胎高柄杯盖1、器盖1、残瓶1、残圈足杯1、獐牙1、纺轮1、瓶（未修复）1、壶（未修复）4、罐（未修复）1、杯（未修复）2、篚形器（未修复）1	34
M271	Ⅳ		Ⅲ$_2$	Ⅲ$_3$		Ⅱ Ⅲ							Ⅱ	Ⅳ		Ⅳ			Ⅳ							1					獐牙1、纺轮1、玉环1	16
M272				Ⅲ													Ⅰ														残杯1、骨镞1	4
M273																																0
M274																															鼎4（采）、罐形豆1（采）、杯1（采）、器盖1（采）	7

注：表内器物凡未注明质地者，均为陶器。

附表4-3-1　大汶口文化墓地人骨性别、年龄、病理鉴定表

男：♂　女：♀　年龄：岁

墓号	性别	年龄		墓号	性别	年龄	病理
M2	?	0~2		M149	♀	27~28	
M3	?	3~5		M150	?	成年	腰椎骨质增生
M5	?	0~2		M151	♀	40±	腰椎骨质增生
M6	?	1±		M152	♀	40±	腰椎骨质增生
M7	?	3~5		M153	?	成年	胸椎压缩性骨折
M21	?	0±		M154	♂	25±	颈椎骨质增生
M30	?	0~2		M156（北）	♀	29~30	
M81	♂	35±	拔除上颌两颗侧门齿，腰椎骨质增生	M156（南）	?	4~5	
M82（北）	♂	35±	北：桡骨下端为劈裂性骨折后错位愈合	M157	♂	24~26	
M82（南）	♀	29~30		M158	?	8~9	
M83	?	14~16		M159	♀	45~50	患脊椎关节炎，椎体出项压缩性骨折，右侧肱骨中段骨裂
M84	?	10±		M160	♀	40~44	腰椎骨质增生
M85	♀	40~44	拔除上颌双侧侧门齿，腰椎退行性变化	M216	♂	27~28	拔除上颌两颗侧门齿
M87	♀	成年	腰椎骨质增生	M217	?	9~12	
M88	?	35±	拔除上颌侧门齿	M218	?	40±	
M89	♂	40~44	拔除上颌两颗侧门齿	M219	?	?	
M92	♀	30±	拔除上颌两侧侧门齿及犬齿，胸椎化脓性骨髓炎，椎体出现骨质疏松症状，形成骨桥和骨质缺损，有瘘道生成。	M222	♂	40~44	腰椎骨质增生
M93	♀	35±	腰椎中间出现空洞，有瘘道，左侧尺骨上端有骨折后愈合的痕迹。	M223	♀	40~44	腰椎骨质增生
M94	♀	24~26	腰椎骨质增生	M225	♂	35~39	
M95	?	9~10		M226	♂	24~26	
M96	?	35±	拔除上颌侧门齿（仅能观察到左侧已拔除），脊椎患强直性脊柱炎	M227(南侧)	?	12±	

续附表 4－3－1

墓号	性别	年龄		墓号	性别	年龄	病理
M97	♂	40～44	腰椎骨质增生	M227(北)	?	12～16	
M98	♀	35±	拔除上颌两颗侧门齿	M228	♂	40～44	患严重的牙周病，腰椎骨质增生
M99	♀	29～30	可见拔除左上颌侧门齿	M229(北)	♀	24～26	
M101	♀	成年	腰椎骨质增生	M229(南)	♂	45～49	腰椎骨质增生
M103	♂	20±		M230	?	10～12	
M104	♀	20±		M231	♀	40±	腰椎骨质增生
M105	?	30±	腰椎骨质增生	M233	?	0～2	
M106（北）	♀	40±	腰椎骨质增生	M234	?	0～2	
M106（南）	?	4～5		M235	?	0～2	
M107	?	成年	患骨性关节炎	M236	?	0～2	
M108	?	14～16	拔除上颌两颗侧门齿	M237	?	0～2	
M109	?	30±		M238	♀	50～60	未观察
M110	?	40±	腰椎骨质增生	M239	?	6±	
M111	♂	40～44	骨性关节炎，拔除上颌双侧侧门齿	M240	♀	50±	腰椎骨质增生
M112	♀	40～44	腰椎骨质增生，右侧腓骨中段有瘘道，推测曾患化脓性脊髓炎	M241(成人)	♀	31～34	拔除上颌两颗侧门齿
M113	♂	45～50	腰椎骨质增生，胸椎患强直性脊柱炎	M241(婴儿)	?	0～2	
M114	♀	35±	拔除上颌两颗侧门齿，腰椎骨质增生	M242	♂	45～49	腰椎骨质增生
M115	♂	20±		M243	♀	40～44	腰椎骨质增生
M116	♂	27～28	患强直性脊柱炎	M244	♀	50±	腰椎骨质增生
M117	♂	27～28		M245	♀	40～44	
M118	♀	40～44	拔除上颌侧门齿及犬齿	M246	?	15～17	
M119	♀	为40～44	拔除上颌双侧门齿，胸椎、腰椎骨质增生	M247	?	0～1	
M120	♀	45～50	拔除上颌双侧门齿，椎骨多处病变	M248	♀	30±	
M121	♂	40±	拔除上颌侧门齿及犬齿，胸椎轻度骨质增生，胫骨、腓骨骨质损伤	M249	♀	19～23	

续附表 4－3－1

墓号	性别	年龄		墓号	性别	年龄	病理
M122	?	50±	牙周病	M250	?	40±	患严重的牙周病，拔除上颌两颗侧门齿
M123	?	成年		M251（成人）	♀	40～44	未观察
M124	♂	40±	腰椎骨质增生	M251（婴儿）	?	1～2	未观察
M125	♀	35±	拔除上颌两颗侧门齿，颈椎、腰椎均出项退行性变化	M252	♀	19～23	未观察
M126	?	成年	右侧肱骨下端有瘘道	M253	♂	45～49	未观察
M127	♀	29～30	拔除上颌两颗侧门齿	M254	♂	40±	未观察
M128（东）	♂	30±	可观察到右上颌拔除了犬齿及侧门齿，腰椎骨质增生	M255	♂	30±	
M128（西）	♂	45～50	拔除上颌两颗侧门齿，椎骨多处骨质增生	M256	♂	19～23	未观察
M129	♂	45～50	拔除上颌两颗侧门齿及左侧犬齿	M257	?	14～17	未观察
M130	?	15～17		M258	?	10～15	未观察
M131	?	15～16		M259（南）	♀	成年	拔除上颌两颗侧门齿，腰椎骨质增生
M132	♀	45～50	腰椎骨质增生	M259（北）	♂	45～49	腰椎骨质增生严重
M133	?	成年	腰椎骨质增生	M260	♂	30±	
M134	♀	45～50	腰椎骨质增生	M261	♂	40～44	腰椎骨质增生
M135	♂	20～23	腰椎轻度骨质增生	M262	♀	35±	腰椎骨质增生
M136	?	50±	腰椎“竹节样”变化	M263	♀	20±	未观察
M137	?	成年		M264	?	30±	未观察
M138	?	成年		M265	♂	50±	未观察
M139	♀	40～44	腰椎骨质增生	M266	?	0～2	
M140	♀	40～44	腰椎骨质增生	M267	?	50±	未观察
M141	♀	45～50	腰椎骨质增生	M268	♀	25±	未观察
M142	?	0～2		M269	♂	成年	未观察
M143	♀	35～39	拔除上颌侧门齿，胸椎、腰椎都出现骨质增生	M270	♀	40±	未观察
M144	?	30±	拔除上颌侧门齿，胸椎出现骨质融合	M271	♀	40～44	未观察
M145	♀	20±	拔除上颌两颗侧门齿	M272	♂	40±	未观察

续附表 4－3－1

墓号	性别	年龄		墓号	性别	年龄	病理
M146	♀	45～50	拔除上颌侧门齿，腰椎骨质增生	M273（北）	？	？	未观察
M147	？	40±		M273（南）	？	20±	未观察
M148	？	成年	腰椎骨质增生	M274	？	成年	

附表 4－3－2　大汶口文化墓地成年男性个体颅骨测量表

（长度：毫米；角度：度；指数:%）

项目＼墓号	81	111	113	121	124	128（东）	128（西）	129	135	154	157	216	225	254	256	平均值
1 颅骨最大长（g－op）	173	—	—	—	—	—	—	—	—	173	—	170	—	175.5	189	176.1
5 颅基底长（n－enba）	110	—	—	—	—	—	—	—	—	112	—	97	—	—	—	106.33
8 颅骨最大宽（eu－eu）	—	—	—	—	—	139.5	—	141.5	142	143	—	150.5	—	135	133	140.64
9 最小额宽（ft－ft）	—	—	—	—	—	—	—	97.1	—	92.4	—	93.2	—	90.3	95.6	93.72
11 耳点间宽（au－au）	132	—	—	—	—	—	—	135	136	—	—	137	—	135	—	135
12 枕骨最大宽（ast－ast）	106.2	—	—	117.2	—	109.6	—	—	112	110	—	109	—	107.5	109	110.06
7 枕骨大孔长（enba－o）	35.5	—	—	—	—	—	—	—	—	31	—	29.6	—	—	31.4	31.88
16 枕骨大孔宽	29.4	—	—	—	—	—	—	—	—	26.5	—	25.9	—	—	26.5	27.08
17 颅高（ba－b）	—	—	—	—	—	—	—	—	—	149	—	140	—	—	160	149.67
21 耳上颅高（po－po）	119	—	—	—	—	—	—	—	—	120	—	117.5	—	119	—	118.88
23 颅周长（g－op－g）	—	—	—	—	—	—	—	—	—	—	—	51.5	—	—	—	51.5
24 颅横弧（po－b－po）	—	—	—	—	—	—	—	341	—	—	—	333	—	—	—	337
25 颅矢状弧（n－o）	—	—	—	—	—	—	—	—	—	376	—	364	—	—	—	370
26 额骨矢状弧（n－b）	—	—	—	—	—	—	139	126	—	128	—	134	—	125	—	130.4
27 顶骨矢状弧（b－l）	—	—	—	126	116	125	130	—	116	131	—	120	—	130	135	125.44
28 枕骨矢状弧（l－o）	108	—	—	—	—	—	—	—	—	116	—	107	—	—	118	112.25
29 额骨矢状弦（n－b）	—	—	—	—	—	—	125.1	112.8	—	112.4	—	117.5	—	111.7	—	115.9
30 顶骨矢状弦（b－l）	—	—	—	110.8	108.5	112.3	118.2	—	110.7	112.7	—	104.2	—	106.3	122	111.74
31 枕骨矢状弦（l－o）	98.1	—	—	—	—	—	—	—	—	101	—	95	—	—	102.7	99.2
40 面基底长（enba－pr）	106.1	—	—	—	—	—	—	—	—	112	—	91	—	—	—	103.03
43 上面宽（fmt－fmt）	105.7	—	—	—	—	—	—	—	—	109.7	—	106	—	107	—	107.1
44 两眶宽（ec－ec）	97.4	—	—	—	—	—	—	—	—	104.2	—	97.5	—	—	—	99.7

续附表4－3－2

项目＼墓号	81	111	113	121	124	128（东）	128（西）	129	135	154	157	216	225	254	256	平均值
45 颧宽（zy－zy）	140.27	—	—	—	—	—	—	—	—	—	—	143.6	—	—	—	141.94
46 中面宽（zm－zm）	104.3	—	—	—	—	108.6	—	94	—	98.2	—	111.7	—	106	—	103.8
47 全面高（n－gn）	118.2	—	—	—	—	—	—	—	—	133	—	130.5	—	117.8	—	124.88
48 上面高（n－pr）	67.7	—	—	—	—	—	—	—	—	74.3	—	77.3	—	71.1	73.3	72.74
48sd 上面高（n－sd）	69.2	—	—	—	—	—	—	—	—	77.9	—	80.3	—	72.4	75.5	75.06
50 前眶间宽（mf－mf）	20.7	—	—	—	—	—	—	26	—	22.9	—	24.3	—	23.9	—	23.56
51 眶宽（mf－ec）R	41.3	—	—	—	—	—	—	—	—	42.9	—	40	—	—	43.1	41.83
51 眶宽（mf－ec）L	41.1	—	—	—	—	—	—	35.9	—	—	—	38.2	—	43.4	—	39.65
51a 眶宽（d－ec）R	40	—	—	—	—	—	—	—	—	39	—	—	—	—	—	39.5
51a 眶宽（d－ec）L	39.2	—	—	—	—	—	—	—	—	—	—	35.7	—	41.2	—	38.7
52 眶高（Orb. Brea）R	33.2	—	—	—	—	—	—	—	—	33.6	—	33.8	—	—	38.3	34.73
52 眶高（Orb. Brea）L	33.1	—	—	—	—	39.1	—	32.8	—	—	—	35.5	—	36	—	35.3
MH 颧骨高（zm－fmo）R	44.7	—	—	—	—	—	—	—	50.3	49.1	—	49.5	—	—	47.7	48.26
MH 颧骨高（zm－fmo）L	50.4	—	—	—	—	—	—	48.9	—	—	—	53.4	—	46	—	49.68
MB 颧骨宽（zm－rim. Orb）	—	—	—	—	—	—			—		—		—			—
54 鼻宽	24.7	—	—	—	—	—	—	—	26	22.4	—	27.3	—	26.6	27	25.67
55 鼻高（n－ns）	50	—	—	—	—	—	—	49.2	—	52.3	—	58.1	—	56.4	55	53.5
SC 鼻最小宽	8.7	—	—	—	—	—	—	—	—	—	—	8.7	—	—	—	8.7
SS 鼻最小宽高	3.1	—	—	—	—	—	—	—	—	—	—	4.2	—	—	—	3.65
60 上颌齿槽弓长（pr－alv）	52.5		—	46.1	—	—	—	44.2	53.5	58.2	—	47.3	—	—	53.5	50.76
61 上颌齿槽弓宽（ekm－ekm）	63.3	59	—	60.2	—	—	—	61.5	67.3	62.4	—	64.8	—	—	62.8	62.66
62 腭长（ol－sta）	45.9	45.4	—	43.1	—	—	—	42.9	49.5	47.8	—	44	—	—	45	45.45
63 腭宽（enm－enm）	42.1	42.2	—	42.3	—	—	—	40.4	45.2	38.1	—	42.2	—	—	39	41.44
FC 两眶内宽（fmo－fmo）	96.3	—	—	—	—	—	—	98	—	102.1	—	92.4	—	99.5	—	97.66
FS 鼻根点至两眶内宽之矢高（n tofmo－fmo）	15	—	—	—	—	—	—	12.9	—	15.9	—	12.8	—	12.7	—	13.86
DC 眶间宽（d－d）	25.6	—	—	—	—	—	—	—	—	—	—	—	—	26.2	—	25.9

续附表 4－3－2

项目 \ 墓号	81	111	113	121	124	128（东）	128（西）	129	135	154	157	216	225	254	256	平均值
鼻棘下点至中面宽之矢高（ss to zm－zm）	18.6	—	—	—	—	—	—	—	—	—	—	27.5	—	20.1	—	22.07
32 额侧角 I（∠n－m and FH）	79	—	—	—	—	—	—	—	—	82	—	81.5	—	78	—	80.13
额侧角 II（∠g－m and FH）	73	—	—	—	—	—	—	—	—	75.5	—	76	—	70	—	73.63
前囟角 I（∠g－b and FH）	—	—	—	—	—	—	—	—	—	45.5	—	37.5	—	39	—	40.67
前囟角 II（∠n－b and FH）	—	—	—	—	—	—	—	—	—	48	—	46	—	45	—	46.33
72 总面角（∠n－pr and FH）	79	—	—	—	—	—	—	—	—	75.5	—	84	—	80.5	—	79.75
73 中面角（∠n－ns and FH）	81.5	—	—	—	—	—	—	—	—	82	—	88	—	83	—	83.63
74 齿槽面角（∠ns－pr and FH）	69	—	—	—	—	—	—	—	—	58.5	—	68	—	61	—	64.13
75 鼻梁侧角（∠n－rhi and FH）	—	—	—	—	—	—	—	—	—	—	—	—	—	—	—	—
77 鼻颧角（∠fmo－n－fmo）	142.1	—	—	—	—	—	—	—	—	153.5	—	142.8	—	150.5	—	147.23
SSA 颧上颌角（∠zm－ss－zm）	143.3	—	—	—	—	—	—	—	—	143.5	—	130.5	—	140.6	—	139.48
鼻梁角（72－75）	—	—	—	—	—	—	—	—	—	—	—	—	—	—	—	—
N∠ 面三角（∠pr－n－ba）	67.5	—	—	—	—	—	—	—	—	72.3	—	59.2	—	—	—	66.33
A∠ 面三角（∠n－pr－ba）	75	—	—	—	—	—	—	—	—	69.3	—	71.4	—	—	—	71.9
B∠ 面三角（∠n－ba－pr）	37.5	—	—	—	—	—	—	—	—	38.4	—	49.4	—	—	—	41.77
8:1 颅长宽指数	—	—	—	—	—	—	—	—	—	82.66	—	88.53	—	76.92	70.37	79.62
17:1 颅长高指数	—	—	—	—	—	—	—	—	—	86.13	—	82.35	—	—	84.66	84.38
17:8 颅宽高指数	—	—	—	—	—	—	—	—	—	104.2	—	93.02	—	—	120.3	105.84
9:8 额宽指数	—	—	—	—	—	—	—	68.62	—	64.62	—	61.93	—	66.89	71.88	66.79
16:7 枕骨大孔指数	82.82	—	—	—	—	—	—	—	—	85.48	—	87.5	—	—	84.39	85.05
40:5 面突指数	96.45	—	—	—	—	—	—	—	—	100	—	93.81	—	—	—	96.75
48:17 垂直颅面指数 pr	—	—	—	—	—	—	—	—	—	49.87	—	55.21	—	—	45.8	50.29

续附表4-3-2

项目 \ 墓号	81	111	113	121	124	128（东）	128（西）	129	135	154	157	216	225	254	256	平均值
48:17 垂直颅面指数 sd	—	—	—	—	—	—	—	—	—	52.28	—	57.36	—	—	47.19	52.28
48:45 上面指数 pr	48.26	—	—	—	—	—	—	—	—	—	—	53.83	—	—	—	51.05
48:45 上面指数 sd	49.33	—	—	—	—	—	—	—	—	—	—	55.92	—	—	—	52.63
48:46 上面指数 pr	64.91	—	—	—	—	—	—	—	—	75.66	—	69.2	—	67.08	—	69.21
48:46 上面指数 sd	66.35	—	—	—	—	—	—	—	—	79.33	—	71.89	—	68.3	—	71.47
54:55 鼻指数	49.4	—	—	—	—	—	—	—	—	42.83	—	46.99	—	47.16	49.09	47.09
52:51 眶指数 I R	80.39	—	—	—	—	—	—	—	—	78.32	—	84.5	—	—	88.86	83.02
52:51 眶指数 I L	80.54	—	—	—	—	—	—	91.36	—	—	—	92.93	—	82.95	—	86.95
52:51a 眶指数 II R	83	—	—	—	—	—	—	—	—	86.15	—	—	—	—	—	84.58
52:51a 眶指数 II L	84.44	—	—	—	—	—	—	—	—	—	—	99.44	—	87.38	—	90.42
54:51 鼻眶指数 R	59.81	—	—	—	—	—	—	—	—	52.21	—	68.25	—	—	62.65	60.73
54:51 鼻眶指数 L	60.1	—	—	—	—	—	—	—	—	—	—	71.47	—	61.29	—	64.29
54:51a 鼻眶指数 R	61.75	—	—	—	—	—	—	—	—	57.44	—	—	—	—	—	59.6
54:51a 鼻眶指数 L	63.01	—	—	—	—	—	—	—	—	—	—	76.47	—	64.56	—	68.01
SS:SC 鼻根指数	35.63	—	—	—	—	—	—	—	—	—	—	48.28	—	—	—	41.96
63:62 腭指数	91.72	92.95	—	98.14	—	—	—	94.17	91.31	79.71	—	95.91	—	—	86.67	91.32
45:0.5（1+8）横颅面指数	—	—	—	—	—	—	—	—	—	—	—	89.61	—	—	—	89.61
17:0.5（1+8）高平均指数	—	—	—	—	—	—	—	—	—	94.3	—	87.36	—	—	99.38	93.68
下颌骨指数	61.83	—	57.94	—	56.95	—	66.89	—	69.47	56.98	—	54.89	56.29	—	57.72	59.88
65 下颌髁突间宽（cdl-cdl）	131	—	126	—	138.2	—	119.6	—	128.4	134.6	—	136.1	129.5	—	130.8	130.47
66 下颌角间宽（go-go）	108	—	107	—	114.2	—	100.2	105	108	106.3	103.4	109.3	108.5	93.4	108	105.94
67 颏孔间宽	52	47.2	47.8	51	47.7	—	51.1	51	55	51.6	49.6	51.2	49.1	49.5	49.3	50.22
68 下颌体长	81	—	73	75.5	78.7	—	80	83.5	89.2	76.7	71.8	74.7	72.9	79.7	75.5	77.86
68-1 下颌体最大投影长	102.2	—	109.4	94.7	112.5	—	107.6	—	112.2	111.3	—	101.3	114	107.6	101.7	106.77
69 下颌联合高（id-gn）	34.5	37.7	38.5	35.4	36.6	—	35.3	34	37.8	39.3	—	36.3	35	31.3	35.2	35.92
69-1 下颌体高 I R	32.2	34	33.6	31	33.8	40.7	34.9	32.5	36.5	35.2	29.8	33.9	35	32.7	31.4	33.81
69-1 下颌体高 I L	32.3	33.4	34.5	31	34.7	39.5	34.5	31.4	35.9	36.4	28.5	32.7	36.8	31.3	31.1	33.6
下颌体高 II R	31.7	33.5	31.7	30	31.2	37.2	33.1	32.8	35.4	32.9	28.7	32.3	32	29.8	29.7	32.13
下颌体高 II L	31.5	—	31.2	29.6	—	38.1	32.1	31	33.3	34.6	26.7	31.8	30.4	29.3	31.3	31.61

续附表 4－3－2

项目 \ 墓号	81	111	113	121	124	128（东）	128（西）	129	135	154	157	216	225	254	256	平均值
69－3 下颌体厚 I R	16	13.4	11.9	13.4	11	14.3	13.1	12.1	16.1	13.2	12.7	12.8	12.4	13.9	14.5	13.39
69－3 下颌体厚 I L	15.3	14	13	12.6	11.8	14.5	13.3	12.1	15.8	13.6	12.9	14.6	12.3	13.1	14.6	13.57
下颌体厚 II R	20	16	15.6	14.8	12.7	16.4	16.7	14.4	18.1	15.9	14.2	15.5	16.2	16	17.5	16
下颌体厚 II L	20	16.2	15.8	14.6	—	16.4	15.9	14.3	18.3	15.3	14.5	15.6	17	15.8	17.1	16.2
70 下颌枝高 R	62	—	56.1	—	62.8	—	61.8	61.1	66.1	—	—	60.5	61	60	—	61.27
70 下颌枝高 L	—	—	58.2	—	61.2	71.8	59.4	—	66.7	65.3	54.7	58	60	—	61	61.63
71 下颌枝宽 I－R	45.8	—	—	44.6	—	—	—	44.1	48.1	43.4	—	49.7	—	—	46.8	46.07
71 下颌枝宽 I－L	—	—	—	36.1	—	44.4	47.4	—	49.2	44.5	—	38.1	—	47.6	38.5	43.23
71 下颌枝宽 II－R	38.7	—	—	—	—	—	—	37.4	45	33.4	—	49.3	—	—	44.4	41.37
71 下颌枝宽 II－L	39.1	—	—	—	—	36.4	39	37	44.3	34.6	—	37	—	39.5	37.4	38.26
71a 下颌枝最小宽 R	38.7	38.6	29.8	36	36.1	—	—	36.8	44.7	32.4	—	37.8	35.1	37.9	38.6	36.88
71a 下颌枝最小宽 L	39.3	37.6	32.4	—	36	36.4	38.8	37.2	44.3	34.7	35.6	37	34.2	38.3	37.2	37.07
79 下颌角	113	—	132	111	126	—	121	120	114	127	119	120	128	121	119.5	120.89
68∶65 下颌骨指数	61.83	—	57.94	—	56.95	—	66.89	—	69.47	56.98	—	54.89	56.29	—	57.72	59.88
71∶70 下颌枝指数 R	73.87	—	—	—	—	—	—	72.18	72.77	—	—	82.15	—	—	—	75.24
71∶70 下颌枝指数 L	—	—	—	—	—	61.84	79.8	—	73.76	68.15	—	65.69	—	—	63.11	68.73
颏孔间弧	60	57	56	64	52	—	57.5	59	76	60	56	58	57	58	57	59.1
下颌联合弧	40	40	40	37	37	—	37.5	35	40	40	—	38	38	32	35	37.65

附表 4－3－3　大汶口文化墓地成年女性个体颅骨测量表

（长度：毫米；角度：度；指数：%）

项目 \ 墓号	82（北）	85	92	93	98	99	114	118	119	120	127	140	141	143	146	151	159	平均值
1 颅骨最大长（g－op）	182	—	163	—	159	177	—	162	—	—	—	—	179	179	175	168	164	170.8
5 颅基底长（n－enba）	—	—	—	—	—	—	—	100	—	—	—	—	—	—	113	—	—	106.5
8 颅骨最大宽（eu－eu）	—	—	158	154	—	145.5	146	146	—	144.5	145	—	137	130	142	145	—	144.82
9 最小额宽（ft－ft）	90.6	86.2	93.1	—	—	—	85.7	93.2	—	—	—	—	87.9	—	91.9	90.5	—	89.89
11 耳点间宽（au－au）	—	—	144	—	—	—	133	—	—	125	140.5	—	114	109.5	128	130	—	128
12 枕骨最大宽（ast－ast）	—	—	115.5	104	—	—	108	106.7	—	—	—	—	—	109	115.5	117.5	110	110.78
7 枕骨大孔长（enba－o）	—	—	—	—	—	—	33.9	32.2	—	35.8	—	—	—	—	37	—	—	34.73

续附表 4-3-3

墓号 项目	82（北）	85	92	93	98	99	114	118	119	120	127	140	141	143	146	151	159	平均值
16 枕骨大孔宽	—	—	—	—	—	—	29	27.2	—	28.3	—	—	—	—	24.1	—	—	27.15
17 颅高（ba-b）	—	—	—	—	—	—	149	138	—	145	—	—	—	—	152.5	—	—	146.13
21 耳上颅高（po-po）	—	—	122	—	110.5	—	123.2	113	—	—	—	—	112	—	124.8	107.2	—	116.1
23 颅周长（g-op-g）	—	—	515	—	—	—	—	—	—	—	—	—	—	—	—	—	—	515
24 颅横弧（po-b-po）	—	—	352	—	—	—	—	—	—	341	—	—	310	315	335	—	—	330.6
25 颅矢状弧（n-o）	382	—	—	—	—	—	—	350	—	—	—	—	—	310	362	—	—	351
26 额骨矢状弧（n-b）	128	130	127	—	121	130	—	125	—	—	—	—	126	132	125	120	128	126.55
27 顶骨矢状弧（b-l）	137	116	125	—	126	146	113	117	—	126.5	115	—	131	127	124	123	118	124.61
28 枕骨矢状弧（l-o）	108	—	—	—	—	—	104	113	—	110	—	—	—	105	110	—	—	108.33
29 额骨矢状弦（n-b）	105.3	117.6	113.4	—	100.1	114.1	—	110.3	—	—	102.4	—	110.3	114.8	108.7	106	110	109.42
30 顶骨矢状弦（b-l）	121.7	102.8	106.4	—	108.3	123.9	97.8	101.4	—	109.7	104.1	—	116	112.5	111.8	109	105.3	109.34
31 枕骨矢状弦（l-o）	98.2	—	—	—	—	—	90.8	99.4	—	100.6	—	—	—	92.4	98.5	—	—	96.65
40 面基底长（enba-pr）	—	—	—	—	—	—	87.4	92.7	—	—	—	—	—	—	109	—	—	96.37
43 上面宽（fmt-fmt）	102.9	100.8	104.2	—	98.2	—	102.2	106.1	—	—	—	—	97.6	—	103.3	104.2	—	102.17
44 两眶宽（ec-ec）	96	—	98	—	94	—	95	—	—	—	—	—	89.7	—	—	—	—	94.54
45 颧宽（zy-zy）	—	—	145.1	—	—	—	—	—	—	—	—	—	—	—	130	—	—	137.55
46 中面宽（zm-zm）	—	—	100	—	—	—	99.9	—	—	—	—	—	98	—	109	—	—	101.73
47 全面高（n-gn）	—	—	106.6	—	125	—	—	111.2	—	—	—	—	99.3	—	—	—	—	110.53
48 上面高（n-pr）	—	65.4	63.8	—	74.9	—	—	67.3	—	—	—	—	60.8	—	69.4	—	—	66.93

续附表4－3－3

墓号 / 项目	82（北）	85	92	93	98	99	114	118	119	120	127	140	141	143	146	151	159	平均值
48sd 上面高（n－sd）	—	68.9	65.7	—	76.1	—	—	69.4	—	—	—	—	61.7	—	71.9	—	—	68.95
50 前眶间宽（mf－mf）	—	—	20.2	—	15.3	—	20.4	—	—	—	—	—	21	—	20.7	21	16.2	19.26
51 眶宽（mf－ec）R	36	—	42.8	—	—	—	42.9	—	—	—	—	—	36.8	—	—	41	41.3	40.13
51 眶宽（mf－ec）L	—	42.9	41.3	—	39.9	—	42.2	—	—	—	—	—	37.8	—	44.3	—	—	41.4
51a 眶宽（d－ec）R	—	—	38.1	—	—	—	—	—	—	—	—	—	—	—	—	38.8	38.2	38.37
51a 眶宽（d－ec）L	—	37.3	38.1	—	36	—	—	—	—	—	—	—	—	—	40.2	—	—	37.9
52 眶高（Orb. Brea）R	35.3	—	31.7	—	—	—	35.6	36.1	—	—	—	—	—	—	—	34.1	32.8	34.27
52 眶高（Orb. Brea）L	—	30.2	31.7	—	36	—	35.6	—	—	—	—	—	29.5	—	35	—	—	33
MH 颧骨高（zm－fmo）R	44	—	44.1	—	—	—	—	51.6	—	—	—	—	44.9	—	—	47.7	—	46.46
MH 颧骨高（zm－fmo）L	—	46.6	43.8	—	45.5	—	—	—	—	—	—	—	39.4	—	43.3	—	—	43.72
MB 颧骨宽（zm－rim. Orb）	—	—	—	—		—	—	—	—	—	—	—	—	—	—	—	—	—
54 鼻宽	—	—	24.2	—	24.8	—	—	29.7	—	—	—	—	28.8	—	31.1	—	—	27.72
55 鼻高（n－ns）	—	45.6	48.5	—	58	—	47.4	55.1	—	—	—	—	46.2	—	51.6	—	—	50.34
SC 鼻最小宽	—	—	7.6	—	—	—	8.4	13.8	—	—	—	—	—	—	9.2	—	5.8	8.69
SS 鼻最小宽高	—	—	2	—	—	—	2	4.2	—	—	—	—	—	—	1.5	—	2	2.34
60 上颌齿槽弓长（pr－alv）	—	52.6	48.7	—	48.2	—	44	—	50.5	—	47.7	—	—	51.6	—	—	—	49.04
61 上颌齿槽弓宽（ekm－ekm）	—	61.8	66.9	—	63.3	—	63.7	65.9	63	—	65	—	—	57.7	—	—	—	63.41
62 腭长（ol－sta）	—	47.5	44.3	—	44.8	—	38.9	—	39	—	45.6	46	—	—	—	—	—	43.73
63 腭宽（enm－enm）	—	39.1	45.8	—	43.4	—	41.1	44.3	40	—	44.5	—	—	37.4	—	—	—	41.95
FC 两眶内宽（fmo－fmo）	95.4	92	94	—	91	—	93.6	97.7	—	—	—	—	88.7	—	96.3	97.4	—	94.01

续附表4－3－3

墓号 项目	82 （北）	85	92	93	98	99	114	118	119	120	127	140	141	143	146	151	159	平均值
FS 鼻根点至两眶内宽之矢高（n tofmo－fmo）	—	12.5	14.1	—	9.1	—	—	12.5	—	—	—	—	13.2	—	17.6	12	—	13
DC 眶间宽（d－d）	—	—	25.7	—	21.2	—	—	—	—	—	—	—	—	—	23.2	25	19.1	22.84
鼻棘下点至中面宽之矢高（ss to zm－zm）	—	—	20.9	—	—	—	22.6	—	—	—	—	—	20.9	—	—	—	—	21.47
32 额侧角 I（∠n － mand FH）	—	—	86	—	79.5	—	—	75	—	—	—	—	78.5	—	81	71.5	—	78.58
额侧角 II（∠g－m and FH）	—	—	83	—	70	—	—	73	—	—	—	—	75	—	77.5	64	—	73.75
前囟角 I（∠g－b and FH）	—	—	50	—	40.5	—	—	44	—	—	—	—	44	—	45	32.5	—	42.67
前囟角 II（∠n－b and FH）	—	—	55	—	48	—	—	48	—	—	—	—	47	—	54	43.5	—	49.25
72 总面角（∠n － pr and FH）	—	—	80	—	79	—	—	80	—	—	—	—	79	—	80	—	—	79.6
73 中面角（∠n － ns and FH）	—	—	82	—	83.5	—	—	82.5	—	—	—	—	80	—	85.5	—	—	82.7
74 齿槽面角（∠ns － pr and FH）	—	—	61	—	64	—	—	70	—	—	—	—	70	—	65	—	—	66
75 鼻梁侧角（∠n － rhi and FH）	—	—	—	—	—	—	—	—	—	—	—	—	—	—	—	—	—	—
77 鼻颧角（∠fmo － n －fmo）	—	—	—	—	—	—	—	—	—	—	—	—	—	—	—	—	—	—
SSA 颧上颌角（∠zm － ss －zm）	—	—	—	—	—	—	—	—	—	—	—	—	—	—	—	—	—	—
鼻梁角（72－75）	—	—	—	—	—	—	—	—	—	—	—	—	—	—	—		—	—

续附表4-3-3

项目＼墓号	82（北）	85	92	93	98	99	114	118	119	120	127	140	141	143	146	151	159	平均值
N∠面三角（∠pr-n-ba）	—	—	—	—	—	—	—	—	—	—	—	—	—	—	—	—	—	—
A∠面三角（∠n-pr-ba）	—	—	—	—	—	—	—	—	—	—	—	—	—	—	—	—	—	—
B∠面三角（∠n-ba-pr）	—	—	—	—	—	—	—	—	—	—	—	—	—	—	—	—	—	—
8：1 颅长宽指数	—	—	96.93	—	—	82.2	—	90.12	—	—	—	—	76.54	72.63	81.14	86.31	—	83.7
17：1 颅长高指数	—	—	—	—	—	—	—	85.19	—	—	—	—	—	—	87.14	—	—	86.17
17：8 颅宽高指数	—	—	—	—	—	—	102.05	94.52	—	100.35	—	—	—	—	107.39	—	—	101.08
9:8 额宽指数	—	—	58.92	—	—	—	58.7	63.84	—	—	—	—	64.16	—	64.72	62.41	—	62.13
16:7 枕骨大孔指数	—	—	—	—	—	—	85.55	84.47	—	79.05	—	—	—	—	65.14	—	—	78.55
40:5 面突指数	—	—	—	—	—	—	—	92.7	—	—	—	—	—	—	96.46	—	—	94.58
48：17 垂直颅面指数 pr	—	—	—	—	—	—	—	48.77	—	—	—	—	—	—	45.51	—	—	47.14
48：17 垂直颅面指数 sd	—	—	—	—	—	—	—	50.29	—	—	—	—	—	—	47.15	—	—	48.72
48：45 上面指数 pr	—	—	43.97	—	—	—	—	—	—	—	—	—	—	—	53.38	—	—	48.68
48：45 上面指数 sd	—	—	45.28	—	—	—	—	—	—	—	—	—	—	—	55.31	—	—	50.3
48：46 上面指数 pr	—	—	63.8	—	—	—	—	—	—	—	—	—	62.04	—	63.67	—	—	63.17
48：46 上面指数 sd	—	—	65.7	—	—	—	—	—	—	—	—	—	62.96	—	65.96	—	—	64.87
54:55 鼻指数	—	—	49.9	—	42.76	—	—	53.9	—	—	—	—	62.34	—	60.27	—	—	53.83
52：51 眶指数 I R	98.06	—	74.07	—	—	—	82.98	—	—	—	—	—	—	—	—	83.17	79.42	83.54
52：51 眶指数 I L	—	70.4	76.76	—	90.23	—	84.36	—	—	—	—	—	78.04	—	79.01	—	—	79.8
52:51a 眶指数 II R	—	—	83.2	—	—	—	—	—	—	—	—	—	—	—	—	87.89	85.86	85.65

续附表4-3-3

项目＼墓号	82（北）	85	92	93	98	99	114	118	119	120	127	140	141	143	146	151	159	平均值
52:51a 眶指数 II L	—	80.97	83.2	—	100	—	—	—	—	—	—	—	—	—	87.06	—	—	87.81
54:51 鼻眶指数R	—	—	56.54	—	—	—	—	—	—	—	—	—	78.26	—	—	—	—	67.4
54:51 鼻眶指数L	—	—	58.6	—	62.16	—	—	—	—	—	—	—	76.19	—	70.2	—	—	66.79
54:51a 鼻眶指数R	—	—	63.52	—	—	—	—	—	—	—	—	—	—	—	—	—	—	63.52
54:51a 鼻眶指数L	—	—	63.52	—	68.89	—	—	—	—	—	—	—	—	—	77.36	—	—	69.92
SS:SC 鼻根指数	—	—	26.32	—	—	—	23.81	30.43	—	—	—	—	—	—	16.3	—	34.48	26.27
63:62 腭指数	—	82.32	103.39	—	96.88	—	105.66	—	102.56	—	97.59	—	—	—	—	—	—	98.07
45:0.5（1+8）横颅面指数	—	—	90.4	—	—	—	—	—	—	—	—	—	—	—	82.02	—	—	86.21
17:0.5（1+8）高平均指数	—	—	—	—	—	—	—	89.61	—	—	—	—	—	—	96.21	—	—	92.91
下颌骨指数	—	—	58.5	—	—	—	62.15	59.17	68.88	65.87	63.98	—	—	66.18	64.94	62.09	77.03	64.88
65 下颌髁突间宽（cdl-cdl）	—	134.4	126.5	—	—	—	127.6	134.7	114.7	116.9	112.7	—	—	123	127.2	120.8	104.5	122.09
66 下颌角间宽（go-go）	—	—	102	—	103.5	—	101.8	105.4	97.7	111	93.9	—	101.2	90.7	96.2	107	88	99.87
67 颏孔间宽	54.5	47.6	50	—	48.6	—	47.8	50	47.4	46	46.4	—	45.8	50.8	49.2	49.2	45.4	48.48
68 下颌体长	—	—	74	—	80.1	—	79.3	79.7	79	77	72.1	82.4	70.5	81.4	82.6	75	80.5	77.97
68-1 下颌体最大投影长	—	105.8	98.5	—	—	—	102.1	103.2	94.5	109.2	99.7	—	—	103.1	101.4	98.3	111	102.44
69 下颌联合高（id-gn）	30.3	31.7	31.1	—	38.5	—	32.9	31	31.3	—	27.7	29.3	28.2	34.7	33.4	32.8	36.7	32.11
69-1 下颌体高 I R	30.5	31.3	30	—	35.7	—	29.4	29.5	30.1	—	29.4	—	27.9	31.8	30.9	34	35.5	31.23
69-1 下颌体高 I L	31	31.9	29.7	—	35.8	32.7	28.8	29.3	30.5	34.4	29.2	—	24.4	32.2	30.7	32.2	36	31.25
下颌体高 II R	—	—	28.3	27.2	30.6	—	28.9	30.1	29.3	—	22.2	—	28.1	30.6	29.4	33.5	29.8	29
下颌体高 II L	—	—	28.7	29.2	31.4	31.1	30.2	27.7	29.3	—	26	—	—	31.7	29.4	31.2	35.7	30.13

续附表4-3-3

项目 \ 墓号	82（北）	85	92	93	98	99	114	118	119	120	127	140	141	143	146	151	159	平均值
69-3 下颌体厚 I R	14.1	11.3	13.9	—	14.3	—	12.9	12.6	13.5	13.8	11.9	—	11.5	14.3	11.4	13.8	14	13.09
69-3 下颌体厚 I L	14.6	11.1	14.6	—	13.8	—	14.6	12.5	14.2	14	12.4	14.1	11.7	13.6	12.3	13.4	13	13.33
下颌体厚 II R	—	—	16.3	14.4	18.6	—	16	17.8	15.9	—	17	—	14.5	18.5	14.5	16	16	16.29
下颌体厚 II L	—	—	16.6	15.9	19.1	16.3	14.9	17.4	15.9	—	14.5	—	—	18.2	15	15.3	15.8	16.24
70 下颌枝高 R	—	—	61.6	54.8	—	—	54.6	62.7	60.4	52.1	49	—	—	69.5	57	61.4	55.7	58.07
70 下颌枝高 L	—	—	67.2	—	63.9	63.1	56.9	61	61	56.2	51.4	63.5	54.5	69.4	55.1	58.8	55.9	59.85
71 下颌枝宽 I-R	—	40	—	45.4	—	42.5	—	—	—	—	40.6	—	—	46.4	43.2	—	—	43.02
71 下颌枝宽 I-L	—	—	—	—	45.8	41.2	—	—	—	—	43	47	—	45.7	41.2	—	—	43.98
71 下颌枝宽 II-R	—	35	—	36.1	37.7	35.9	—	—	—	—	31.1	42	—	—	40.1	—	—	36.84
71 下颌枝宽 II-L	—	—	—	—	40.2	36	—	—	—	—	33	44	—	37.9	38.3	—	—	38.23
71a 下颌枝最小宽 R	—	34.7	38.3	36.2	37.3	34.8	35.8	36.8	38	35.9	31.2	41.7	30	—	39.4	37.7	35.7	36.23
71a 下颌枝最小宽 L	—	—	38.4	—	39.2	35.7	36.2	36.2	38.4	35.7	32.7	40.2	30.2	37	37.4	37.7	34.3	36.38
79 下颌角	—	—	114	—	121.5	—	118	112	104	134	129	112	126.5	112	111	118	128	118.46
68:65 下颌骨指数	—	—	58.5	—	—	—	62.15	59.17	68.88	65.87	63.98	—	—	66.18	64.94	62.09	77.03	64.88
71:70 下颌枝指数 R	—	—	—	82.85	—	—	—	—	—	—	82.86	—	—	66.76	75.79	—	—	77.07
71:70 下颌枝指数 L	—	—	—	—	71.67	65.29	—	—	—	—	83.66	74.02	—	65.85	74.77	—	—	72.54
颏孔间弧	64	52	57.5	—	57	—	63	61	57	55	53	—	55	61	62	60	55	58.04
下颌联合弧	32	13.5	33	—	38	—	35	32	30	—	27	28	31	36	33	33	38	31.39

附表4-3-4 大汶口文化墓地成年男性长骨测量表 （长度：毫米）

墓号＼项目	股骨最大长		胫骨最大长		腓骨最大长		肱骨最大长		尺骨最大长		桡骨最大长	
	R	L	R	L	R	L	R	L	R	L	R	L
M81	—	—	—	—	—	—	—	317	—	283	265	—
M89	441	—	—	—	—	—	310	307	246	244	226	228
M97	—	416	334	—	322	—	—	—	251	—	230	227
M103	—	426	359	—	—	—	—	—	—	—	238	—
M113	455	461	358	368	352	—	—	—	—	—	—	—
M116	—	453	—	367	—	—	—	—	260	—	—	233
M117	423	424	—	—	—	—	303	299	248	—	229	227
M121	—	—	396	—	—	372	—	—	—	—	—	—
M124	—	—	361	356	—	—	—	306	—	266	248	248
M128（东）	498	—	412	411	—	—	339	340	—	—	—	271
M128（西）	482	—	397.5	398	—	—	335	333.5	—	—	—	264
M129	424	425	—	352	—	—	—	—	258	—	238	—
M135	—	468	386.5	384	374	—	337	333	284	283	263	263.5
M157	451	450.5	—	368	364	362	315	312	—	—	244	243
M216	472	—	—	—	—	—	324	322	—		—	253
M222	459	455.5	366	370	—	356	331	328	275	272	253	252
M225	462.5	470	378.5	—	—	364	315	312	—	270.5	—	—
M226	464	462	402	400	—	396.5	325	324	281	277	260.5	256.5

附表4-3-5 大汶口文化墓地成年女性长骨测量表 （长度：毫米）

墓号＼项目	股骨最大长		胫骨最大长		腓骨最大长		肱骨最大长		尺骨最大长		桡骨最大长	
	R	L	R	L	R	L	R	L	R	L	R	L
M82（南）	—	—	—	—	—	—	—	—	—	—	205.5	—
M85	—	—	322.5	—	—	—	284	—	—	—	—	217
M87	—	—	—	—	—	—	275.5	270	245	—	228	222
M92	—	—	—	—	—	—	286	283	—	—	—	—
M94	—	—	—	—	—	—	—	271	—	217	—	197
M98	—	—	—	—	—	—	—	298	238	—	219	219
M99	407	411	325	325	—	—	—	—	236	231	213	—
M101			325	—	—	—	—	—	238.5	—	—	211
M106	430	429	—	—	—	—	—	300.5	243.5	—	228	228
M114	453	453	—	377	—	369	320	314	268	—	249	246
M118	458	456	375	374	—	—	321	315	257	254	—	240
M119	383.5	378.5	308	—	302.5	301	—	268	224	—	205	205

续附表 4－3－5

项目 墓号	股骨最大长		胫骨最大长		腓骨最大长		肱骨最大长		尺骨最大长		桡骨最大长	
	R	L	R	L	R	L	R	L	R	L	R	L
M120	444	—	—	—	—	—	—	—	257.5	—	—	—
M127	—	—	—	330	—	—	294	285	244	241	—	225
M134	—	—	—	—	—	—	—	—	—	—	—	233
M139	423	—	—	347	—	342	—	—	—	—	222.5	
M141	398	404	—	315	310	—	—	276	—	—	—	—
M143	460	460	—	383	379	—	—	—	266	259	249	242
M146	430	—	382	—	—	347	282	—	252	—	—	—
M149	—	—	—	—	—	286	—	—	—	240	224	219
M151	—	—	—	—	—	—	297	—	242	—	226	—
M156（北）	434	—	—	—	—	—	—	—	—	—	—	—
M159	386	388	311	311	—	—	264	—	—	—	202	—
M160	418	—	325	—	319	316	294	292	—	—	217	218
M223	410	410	—	—	—	—	—	—	243	—	224	219
M248	—	—	—	—	—	—	—	301	254	251	233	—

第五章　龙山文化遗存

由于遭到晚期地层的破坏，龙山文化地层堆积并不普遍连续，主要集中在T6、T7、T8、T9等探方内。发现遗迹包括有房址1座、灰坑22座、墓葬2座。（图四一八、四一九）

第一节　房屋建筑遗迹

龙山文化时期的房址仅发现一座，编号为F7。

F7

为浅地穴房址，分布于T8、T9的东部及东扩方内，开口于第9层下，打破第10层直至生土，并打破大汶口文化F8，东南部被G6打破。平面呈圆角长方形，东西长4.55、南北宽2.6、面积13.0平方米，深0.38米，距地表3.3米。共发现柱洞9个，由两个中心柱及七个边柱组成。房内发现了六具非正常死亡的人骨及一个头骨，且多有挣扎和叠压现象，葬式多为俯身葬。人骨分别编号为1～7号。（图四二〇；图版三三九，1、2；图版三四〇，1～3）

1号人骨，位于房址西北角，保存较好，俯身，头向西北，面向东北，下肢呈折叠状向左右敞开，似坐禅状，但俯身向下。其右侧下肢骨压在2号人骨的下肢骨上。经鉴定，为一年龄约35岁的女性。（图版三四〇，1）

2号人骨，位于房址中部偏西，保存较好，俯身直肢，头南脚北，上身贴近房址的中心柱洞，其盆骨压在4号人骨的下肢骨上。经鉴定，为一女性，已成年。

3号人骨，位于房址中部偏西北处，2号人骨的东边，保存较差，仅发现有头骨和部分上肢骨，头向西，面向北，部分上肢骨在头骨的南面，压在4号人骨的左侧脚趾骨之上。经鉴定，为一女性，已成年。

4号人骨，位于房址西部中间，保存较好，侧身，头向南，面向东，人骨上半部与下肢夹角近90°，上肢弯曲，平行置于前方，左侧下肢直伸，右侧下肢弯曲，4号人骨除被2号人骨叠压外，其左侧脚趾骨还被3号人骨的上肢骨压在下面。经鉴定，4号人骨的年龄约30岁，性别不详。（图版三四〇，2）

5号人骨，位于房址北部，保存较差，比较散乱，头骨较碎，头向东南，面向下。右侧下肢骨稍完整，其股骨的近端接近下颌骨。左侧的股骨与胫骨脱离，相距较远。上肢骨较零散。

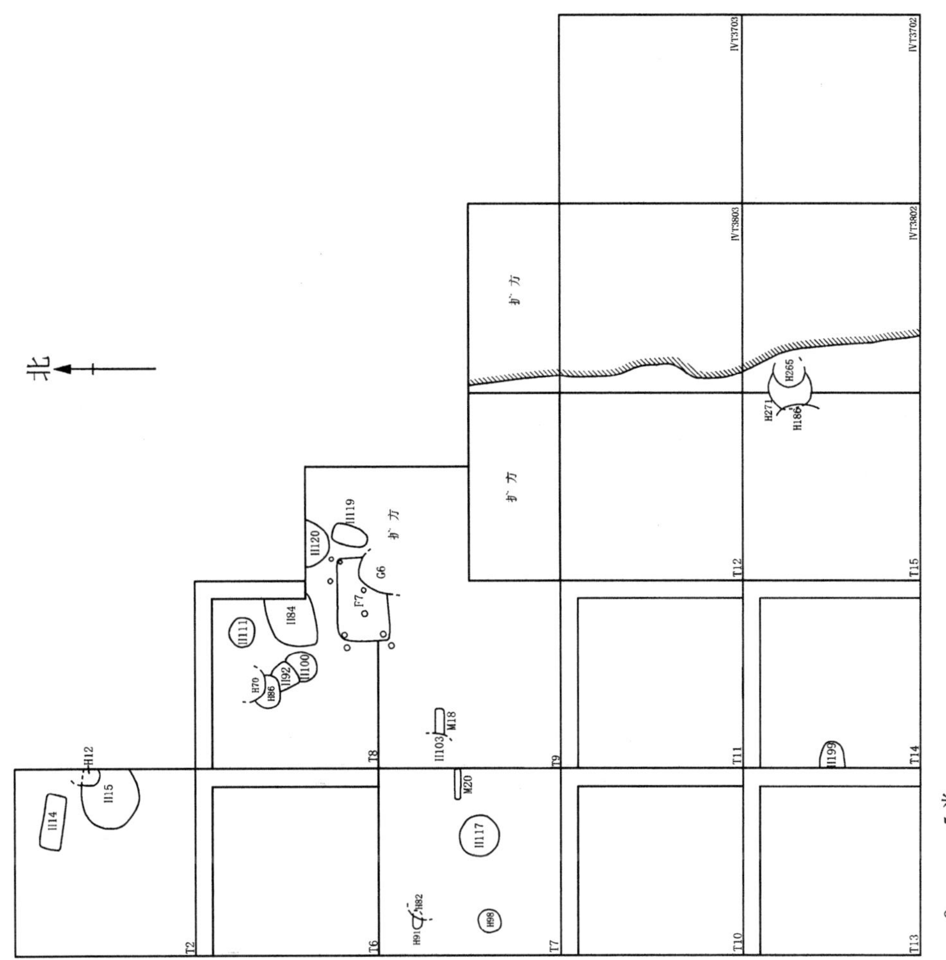

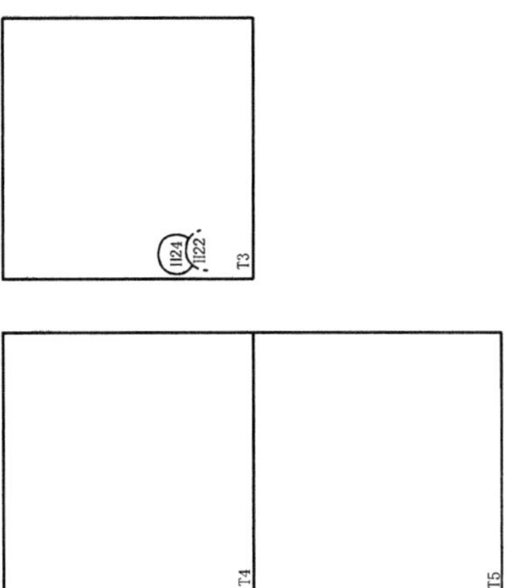

图四一八　梁王城遗址东区龙山文化遗迹平面分布图

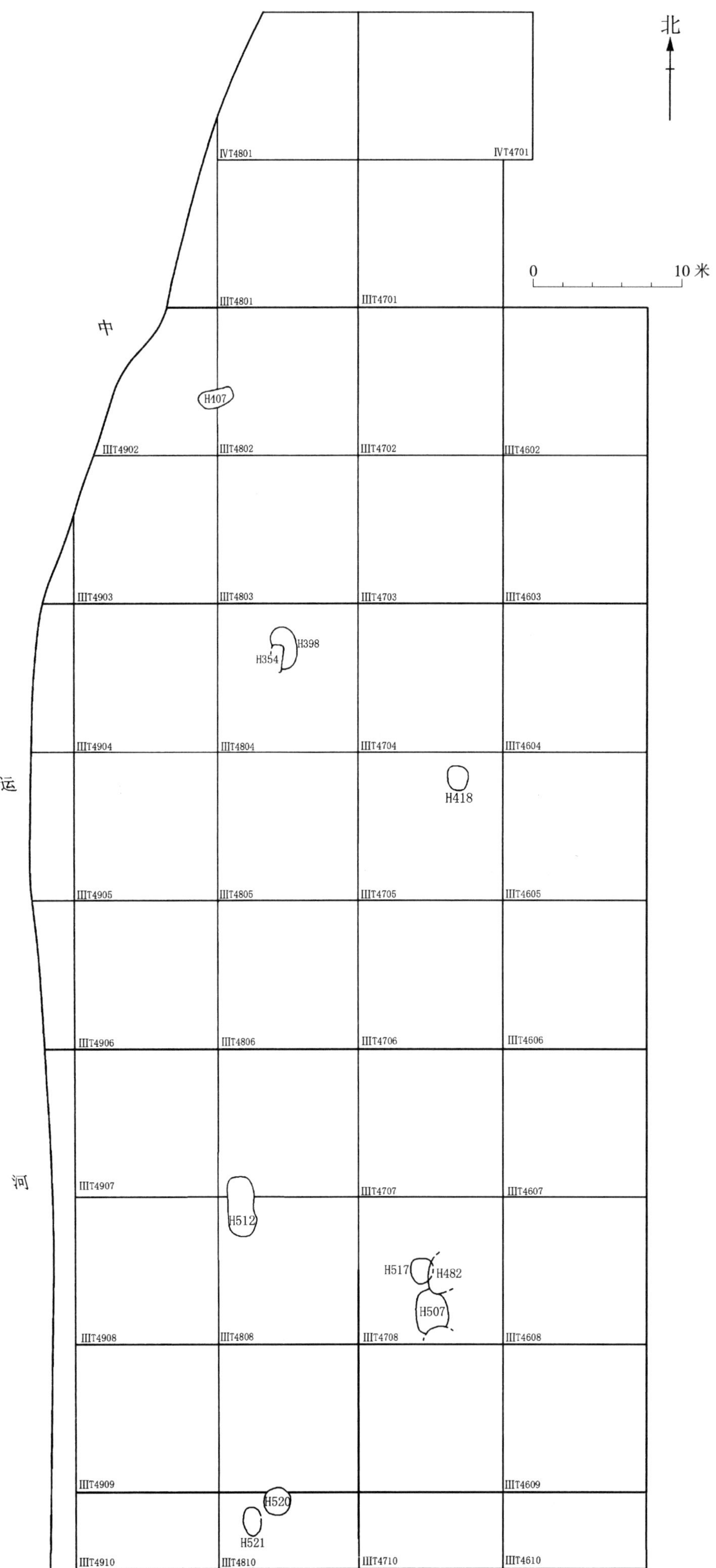

图四一九　梁王城遗址西区龙山文化遗迹平面分布图

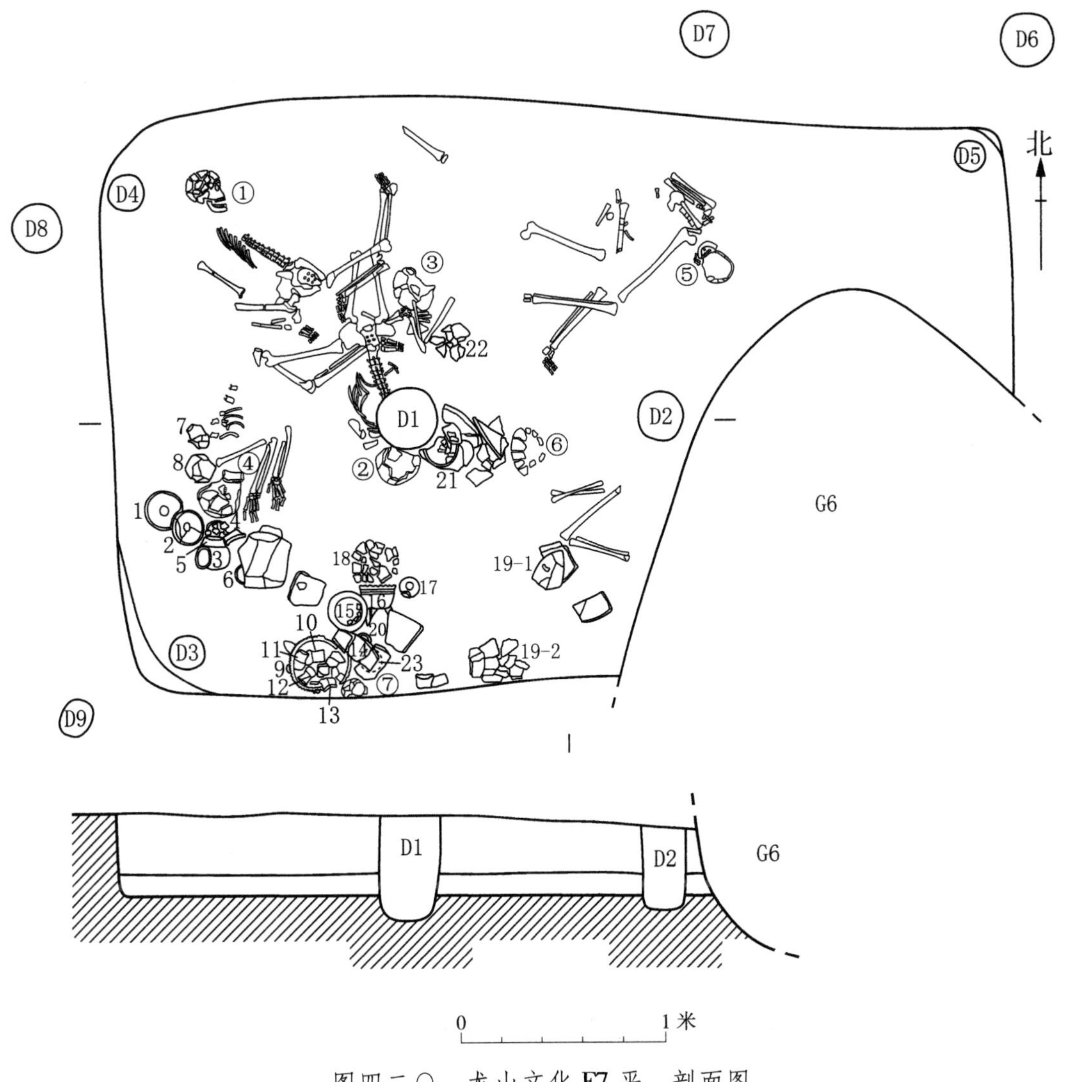

图四二〇　龙山文化F7平、剖面图

1、2、6、17. 陶器盖　3、5、13、18～20、22. 陶罐　4、9、15、16、23. 陶鼎　7、10、12. 陶觯形杯　8. 陶单把杯　11. 陶带流罐　14. 陶匜　21. 陶豆（①～⑦为七具人骨个体）

该具人骨排除被后期扰乱的可能，很明显是属于非正常死亡。经鉴定，为一女性，年龄约40岁。（图版三四〇，3）

6号人骨，位于房址的中部，保存较差，除去部分人骨可能被后期的G6所破坏，仅存头骨和小部分上肢骨及下肢骨。头骨破碎，面向不清。从残存的上肢骨和下肢骨的位置推测，死亡时应是头朝西，面向南，侧身屈肢。性别、年龄均无法判断。

7号人骨，位于房址的西南处，靠南壁，仅存头骨。经鉴定，年龄约40岁，性别不详。

在房址的西南部有两大堆炊饮器，多数比较完整，共计有器物23件，分别为陶罐7件，陶鼎5件，陶器盖4件，陶觯形杯3件、单耳杯、带流罐、匜及豆各1件。

完整及可修复器物20件。

F7∶1，陶器盖。泥质黑褐陶，覆碗形，圆形捉手，弧壁，敞口。捉手径6.6、口径20.0、高8.1厘米。（图四二一，3；图版三四一，1）

F7∶2，陶器盖。夹砂灰褐陶，覆碗形，圆形捉手，弧壁略折，敞口。器壁内有轮修痕迹。

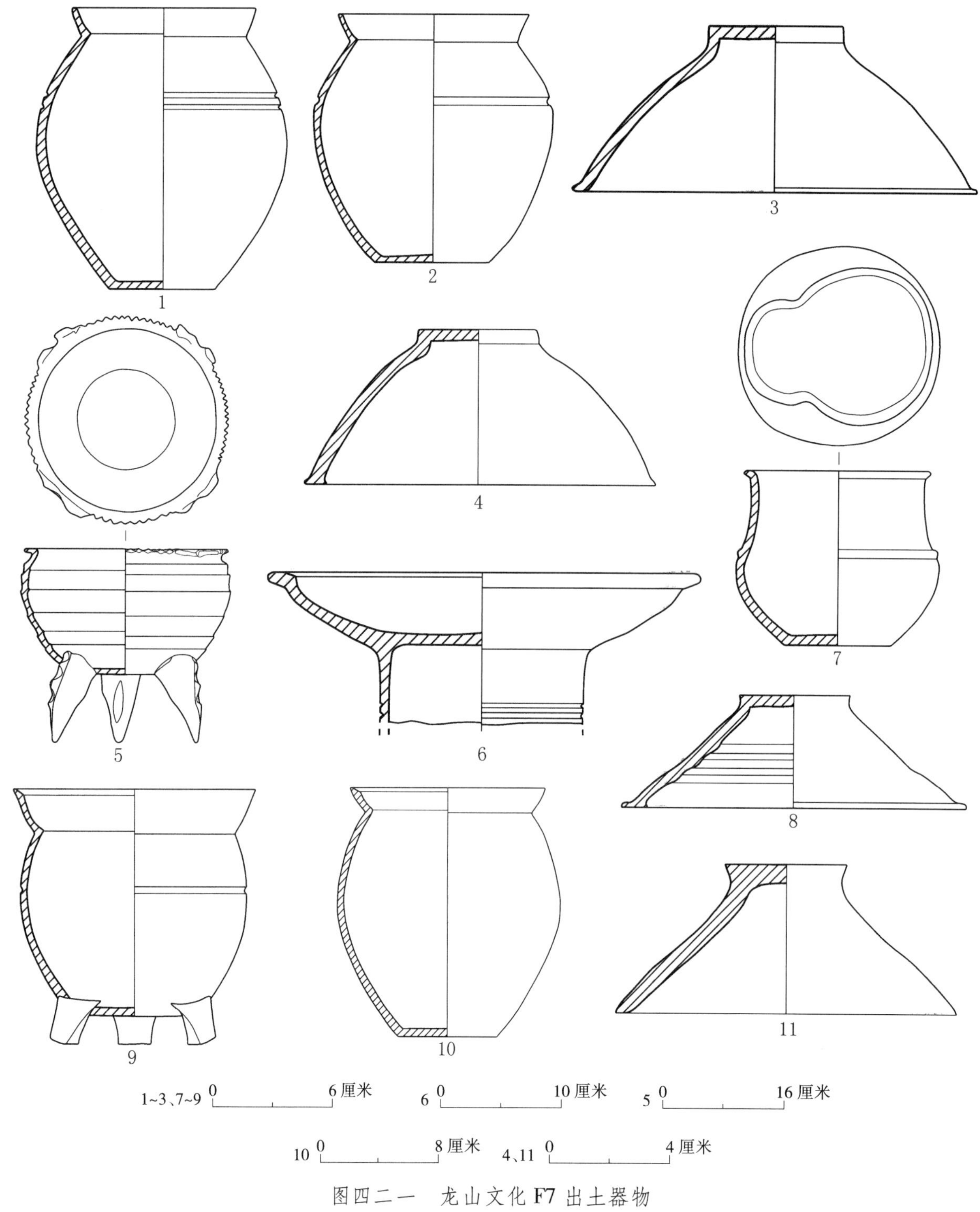

图四二一　龙山文化F7出土器物

1、2、10. 陶罐（F7:13、22、3）　3、4、8、11. 陶器盖（F7:1、17、2、6）　5、9. 陶鼎（F7:16、4）　6. 陶豆（F7:21）　7. 陶带流罐（F7:11）

捉手径5.4、口径17.1、高5.4厘米。（图四二一，8；图版三四一，2）

F7:3，陶罐。夹砂红褐陶，侈口，尖圆唇，折沿，深弧腹，平底。口径12.8、底径6.4、高16.0厘米。（图四二一，10；图版三四二，1）

F7:4，陶鼎。夹砂黑褐陶，敞口，宽折沿，器腹呈罐形，平底，三个矮凿形足。上腹部

饰一道凹棱。口径 12.0、高 12.1 厘米。（图四二一，9；图版三四三，5）

F7:5，陶罐。夹砂红褐陶，残碎。无法复原。（图版三四一，5）

F7:6，陶器盖。夹砂灰褐陶，覆碗形，圆形捉手，弧壁，敞口。捉手径 4.0、口径 11.2、高 4.8 厘米。（图四二一，11；图版三四一，3）

F7:7，陶觯形杯。夹砂红褐陶，侈口，尖圆唇，宽长颈，鼓肩，弧腹急内收为平底。口径 5.2、底径 4.0、高 8.8 厘米。（图四二二，4；图版三四四，1）

F7:8，陶单把杯。夹砂灰褐陶，侈口，尖唇，宽肩，弧腹，平底。半环状把手残。口径 7.2、底径 5.3、高 10.2 厘米。（图四二二，6；图版三四四，4）

F7:9，陶鼎。夹砂陶，烧制不均，红褐、黑褐参半，口微侈，短折沿，花边状唇，唇下饰有 4 个对称的鸡冠形耳鋬，器腹呈盆形，平底，3 个鬼脸式鼎足。腹部饰附加堆纹及突棱各 2 道。口径 26.3、高 24.5 厘米。（图四二二，1；图版三四三，1）

F7:10，陶觯形杯。泥质黑陶，侈口，尖圆唇，宽长颈，鼓肩，弧腹急内收为平底。颈部饰有 2 道凹棱，颈、肩部有 2 处明显的折痕。口径 5.6、底径 4.2、高 10.8 厘米。（图四二二，3；图版三四四，2）

F7:11，陶带流罐。夹砂灰陶，侈口，圆唇，阔短流，宽颈，鼓肩，弧腹，平底。肩部饰一突棱。口径最宽处 9.9、底径 5.3、高 8.4 厘米。（图四二一，7；图版三四二，6）

F7:12，陶觯形杯。泥质黑陶，侈口，尖唇，长颈，鼓肩，弧腹急收为平底。颈部饰 2 道凹棱，颈、肩部有 2 处明显折痕。口径 6.4、底径 4.1、高 14.1 厘米。（图四二二，5；图版三四四，3）

F7:13，陶罐。泥质黑褐陶，侈口，尖圆唇，折沿，深弧腹，平底。肩部饰有 2 道凹棱。口径 9.0、底径 5.3、高 13.5 厘米。（图四二一，1；图版三四二，2）

F7:14，陶匜。残，无法复原。（图版三四一，6）

F7:15，陶鼎。夹砂黑褐陶，敞口，尖圆唇，宽折沿，罐形腹，平底，3 个三角形足。腹饰数道弦纹，沿下饰鸡冠形耳鋬一对。口径 20.0、高 24.3 厘米。（图四二二，2；图版三四三，4）

F7:16，陶鼎。夹砂黑褐陶，盆形鼎，口微侈，短折沿，花边状唇，唇下饰有 2 对鸡冠形耳鋬，器腹呈盆形，平底，3 个鬼脸式鼎足。腹部饰附加堆纹及突棱各 2 道。口径 26.3、高 24.5 厘米。（图四二一，5；图版三四三，2）

F7:17，陶器盖。夹砂灰褐陶，覆碗形，圆形捉手，弧壁。捉手径 3.9、口径 11.6、高 5.0 厘米。（图四二一，4；图版三四一，4）

F7:18，陶罐。夹砂黑褐陶，侈口，尖圆唇，折沿，深弧腹，平底。口径 15.6、底径 8.0、高 22.0 厘米。（图四二二，7；图版三四二，3）

F7:19，陶罐。残，无法复原。

F7:20，陶罐。夹砂灰褐陶，侈口，宽折沿，弧腹，平底内凹。上腹部饰有 2 道凹棱。口径 12.3、底径 6.6、高 15.9 厘米。（图四二二，8；图版三四二，4）

F7:21，陶豆。夹砂灰陶，敞口，圆唇，弧壁，浅盘，粗柄，柄部以下残。口径 35.0、残高 12.5 厘米。（图四二一，6；图版三四三，6）

F7:22，陶罐。泥质灰陶，侈口，折沿，圆弧腹，平底。肩部饰一道凹棱。口径 9.6、底

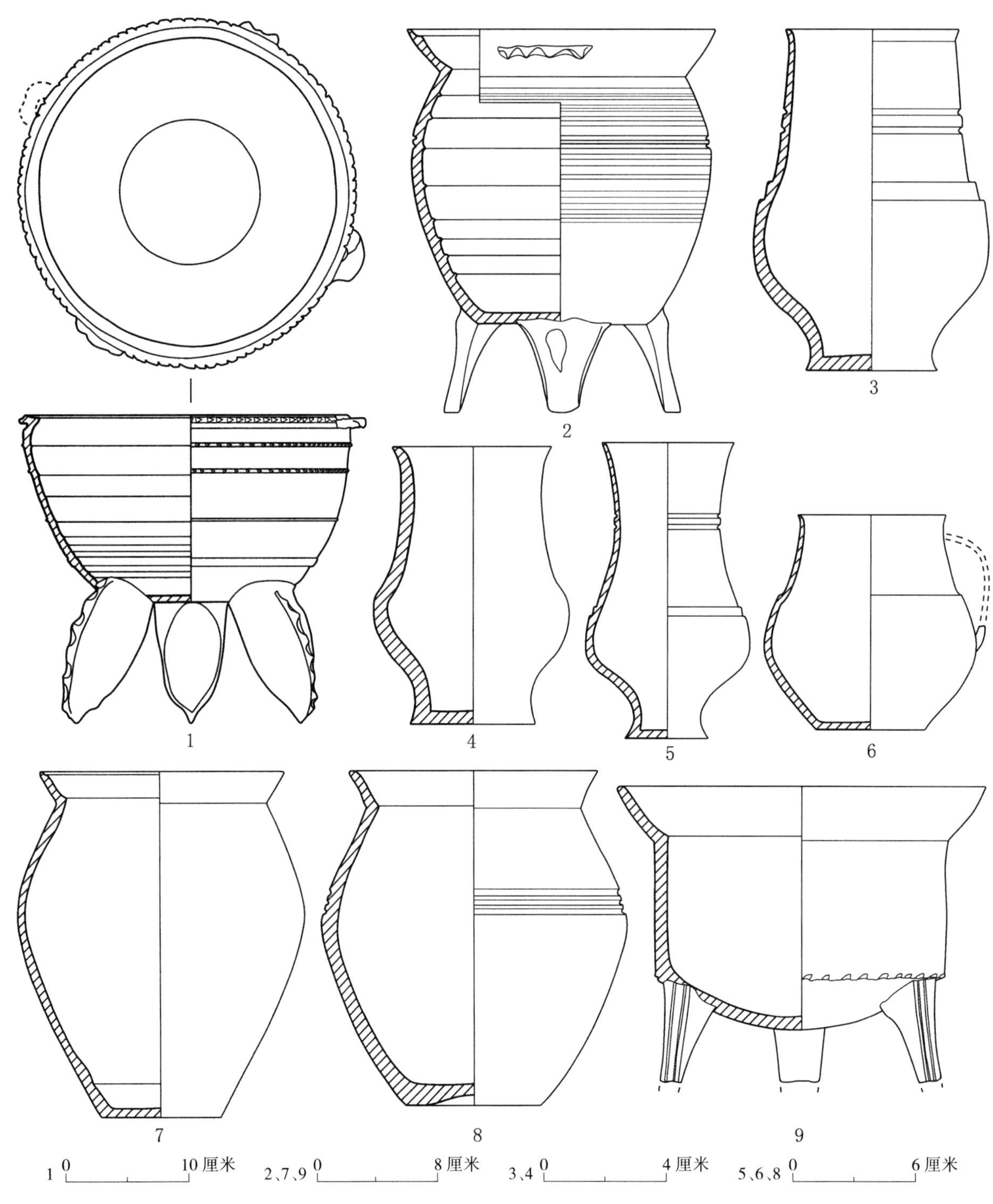

图四二二　龙山文化F7出土器物

1、2、9. 陶鼎（F7∶9、15、23）　3～5. 陶觯形杯（F7∶10、7、12）　6. 陶单把杯（F7∶8）　7、8. 陶罐（F7∶18、20）

径5.7、高12.0厘米。（图四二一，2；图版三四二，5）

F7∶23，陶鼎。夹砂红陶，敞口，宽折沿，直腹，圜底，三个凿形足，足尖残。腹底交界处饰一周附加堆纹，每只足的正面饰2道刻槽。口径24.0、残高18.6厘米。（图四二二，9；图版三四三，3）

第二节　灰　坑

1. 概况

共发现龙山文化时期灰坑22个，编号为H14、H15、H24、H84、H91、H92、H98、H100、H111、H117、H119、H120、H199、H271、H398、H407、H418、H507、H512、H517、H520、H521。这些灰坑在“金銮殿”高台上都有分布。依坑口的平面形状可分为圆形、椭圆形、长方形及不规则形四类，以圆形和椭圆形灰坑居多。坑壁分直壁和弧壁，坑底多为平底，少数为圜底。口径一般在0.8～3.0米之间，大的灰坑口径超过4米，小的不足0.3米。深度多在0.5米左右，浅的不足0.3米。

灰坑填土多灰土和黑褐色土。灰土一般较纯，土质较硬，包含物较少；黑褐色土常杂有烧土颗粒及炭屑，土质松软，出土遗物较多。从发掘的情况来看，龙山时代的灰坑多为生活垃圾坑，形制多不甚规整；极少数为废弃的窖穴，坑壁及坑底制作都较规整。

2. 举例

1）椭圆形

共计9个，分别为H84、H91、H111、H119、H199、H398、H407、H512、H517。

H91

位于T7北部偏西，开口于第9层下，被H82打破。坑口形状呈椭圆形，直壁，较规整，平底。坑口长径残长0.82、短径0.68米，坑底长径1.43、短径0.68米，深0.34米。坑内堆积为黑色土，土质较软。出土有纺轮、器盖、杯等陶器及残片。（图四二三；图版三四五，1）

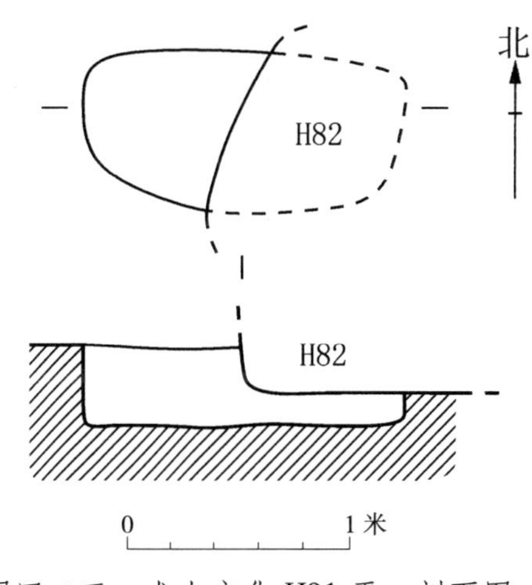

图四二三　龙山文化H91平、剖面图

H91:1，陶筒形杯。泥质灰陶，侈口，尖圆唇，深直腹内收，平底。口径3.8、底径3.4、高6.5厘米。（图四二四，5；图版三四五，2）

H91:2，陶纺轮。泥质褐陶，平面呈圆形，剖面呈上略宽下略窄的梯形，两端斜直，两面平整。直径6.5～6.8、孔径0.4、厚0.8厘米。（图四二四，1；图版三四五，4）

H91:3，陶纺轮。泥质灰陶，平面呈圆形，剖面一面微凸，一面略凹，两侧亦略凹。直径6.3～6.8、孔径0.4、厚0.6厘米。（图四二四，2；图版三四五，5）

H91:4，陶纺轮。泥质灰陶，平面呈圆形，剖面呈上略窄下略宽的梯形，两端斜直。直径4.7～5.3、孔径0.3、厚0.7厘米。（图四二四，6；图版三四五，6）

H91:5，陶器盖。泥质灰陶，器体变形严重，圆饼形捉手，弧壁，口微敛，沿面有一道凹槽。捉手径4.3、口径11.8～14.4、高3.3～5.9厘米。（图四二四，7；图版三四五，3）

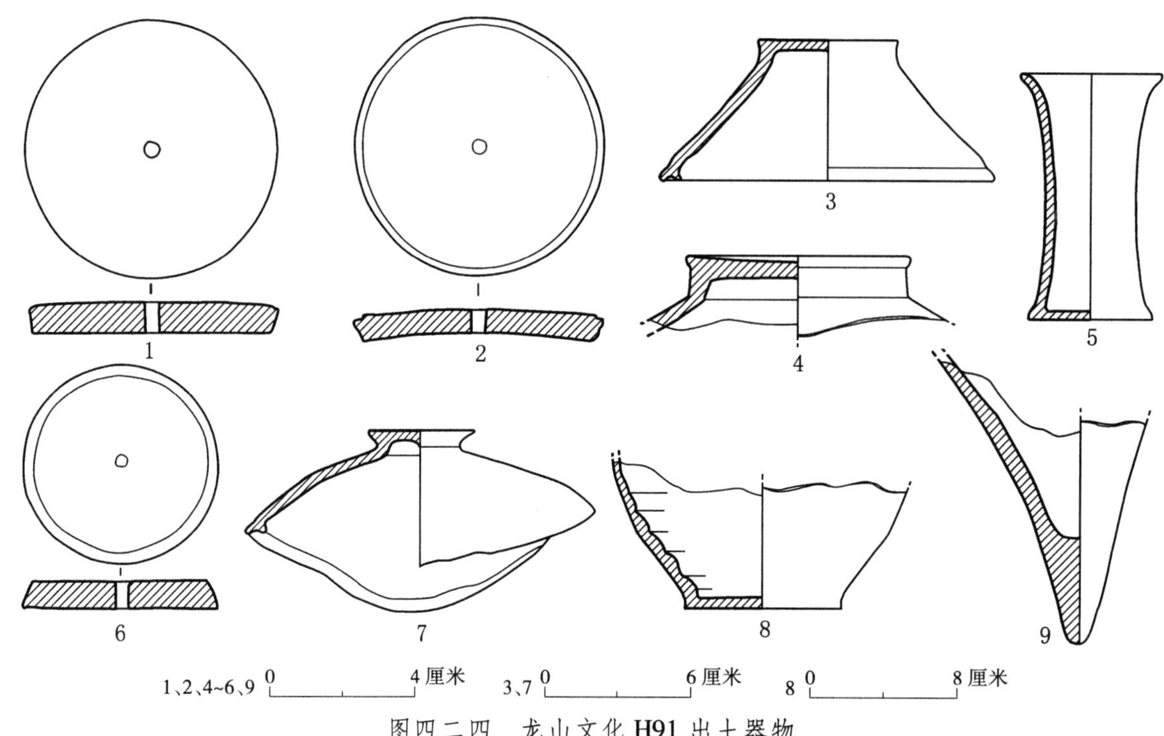

图四二四　龙山文化 H91 出土器物

1、2、6. 陶纺轮（H91:2、3、4）　3、4、7. 陶器盖（H91:6、9、5）　5. 陶筒形杯（H91:1）　8. 陶器底（H91:7）　9. 陶鬶足（H91:8）

H91:6，陶器盖。泥质灰陶，覆盆形，圆形捉手，弧壁，沿面有一道凹槽。捉手径 5.6、口径 13.6、高 5.6 厘米。（图四二四，3）

H91:7，陶器底。泥质灰陶，口沿及上腹部残，下腹弧收为平底。底径 8.4、残高 8.0 厘米。（图四二四，8）

H91:8，陶鬶足。夹砂灰陶。残长 7.4 厘米。（图四二四，9）

H91:9，陶器盖。泥质灰陶，捉手面略凹，下残。捉手径 6.0、残高 2.0 厘米。（图四二四，4）

H119

位于 T1 扩方的北部，开口于第 9 层下。坑口形状近椭圆形，斜直壁，较规整，底近平。坑口长径 2.0、短径 1.1 米，底径 1.7 米，坑深 0.6 米。坑内堆积为灰黑色土，土质松软，夹杂有细烧土颗粒。出土有甗、盆、罐、尊形器等陶器残片，以及经加工的骨角器等。（图四二五）

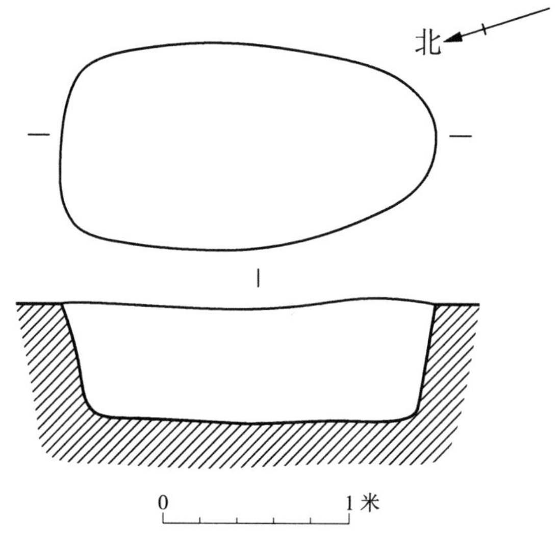

图四二五　龙山文化 H119 平、剖面图

H119:1，陶罐。夹砂黑陶，侈口，尖圆唇，折沿微凹，深弧腹，平底。口径 7.9、底径 4.7、高 10.8 厘米。（图四二六，15；图版三四六，1）

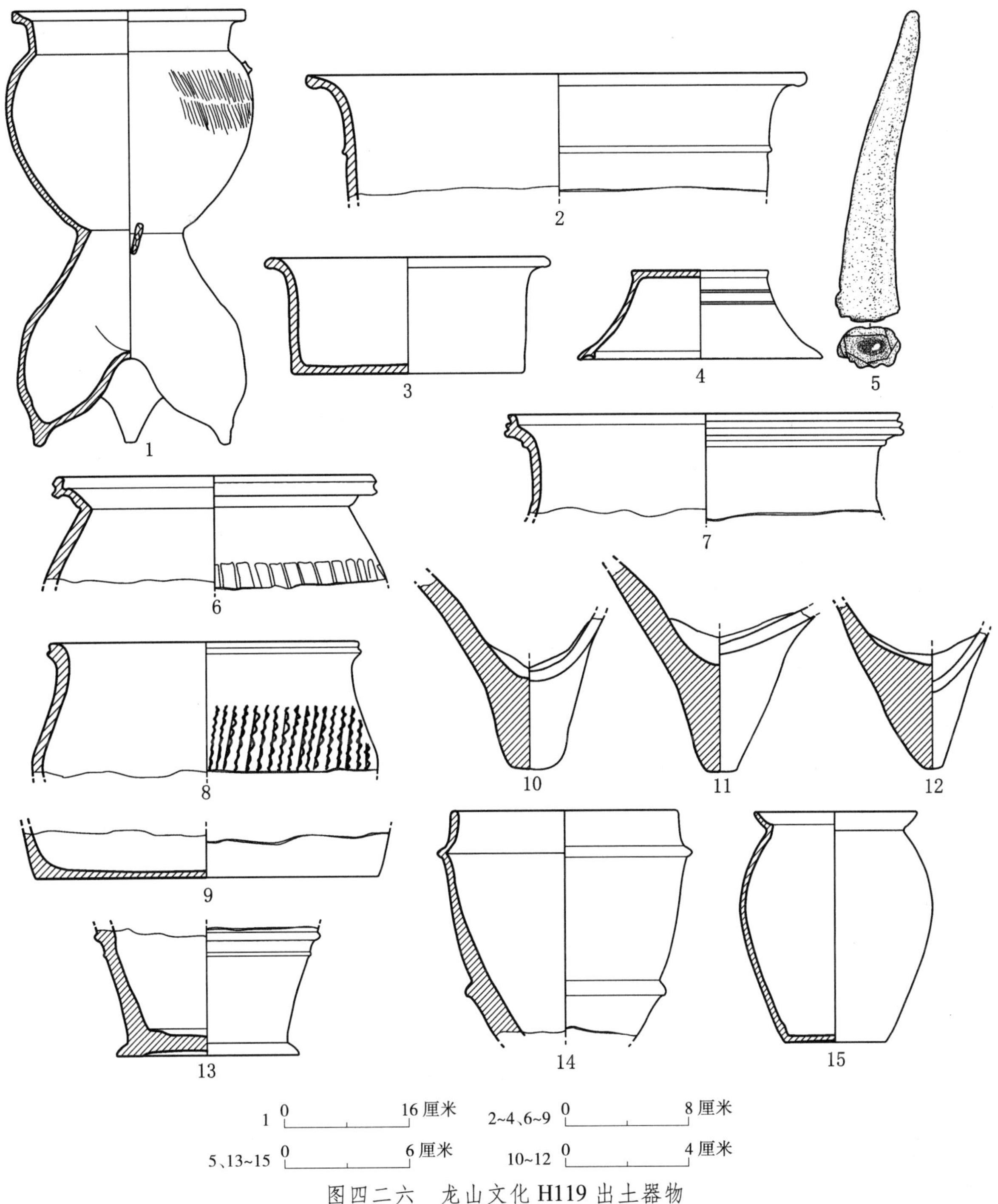

图四二六　龙山文化H119出土器物

1. 陶甗（H119∶5）　2、3. 陶盆（H119∶11、3）　4. 陶器盖（H119∶2）　5. 鹿角器（H119∶6）　6~8. 陶罐口沿（H119∶7、10、9）　9. 陶器底（H119∶8）　10~12. 陶鬲足（H119∶12~14）　13、14. 陶突棱尊（H119∶4、15）　15. 陶罐（H119∶1）

H119∶2，陶器盖。泥质灰陶，覆碗式，平顶，斜弧壁，沿面内凹。盖面饰2道凹弦纹。口径16.0、捉手径8.8、高5.6厘米。（图四二六，4）

H119∶3，陶盆。泥质黑陶，侈口，圆唇，直壁，平底。口径18.2、底径15.2、高7.2厘米。（图四二六，3）

H119∶4，陶突棱尊。泥质黑褐陶，口沿及上腹部残，下腹弧直，矮圈足。腹中部残有2

道突棱。底径 8.7、残高 6.0 厘米。(图四二六，13)

H119:5，陶甗。夹砂灰褐陶，敞口，方唇，折沿，矮颈，鼓腹，最大腹径略偏上，束腰，分裆，三袋状足。肩上部有盲鼻一对，腰上有三等分鸡冠形堆饰，上腹部饰稀疏绳纹，下腹素面。口径 29.6、高 53.6、最大腹径 32.0 厘米。(图四二六，1；图版三四六，2)

H119:6，鹿角器。器身打磨光滑，尾端有人工切断且打磨的痕迹。长 14.5 厘米。(图四二六，5)

H119:7，陶罐口沿。口微敛，圆唇，唇面内凹，束颈，鼓肩，肩部以下残。肩部饰有浅方格纹。口径 20.0、残高 7.2 厘米。(图四二六，6)

H119:8，陶器底。泥质灰褐陶，平底。底径 21.8 厘米。(图四二六，9)

H119:9，陶罐口沿。夹砂灰褐陶，口微侈，唇面一道凹弦纹，弧肩，肩部以下残。肩部饰细绳纹。口径 19.6、残高 8.4 厘米。(图四二六，8)

H119:10，陶罐口沿。夹砂灰褐陶，直口，直颈，颈部以下残。唇面有 2 道凹弦纹，唇下有一道突棱。口径 25.2、残高 6.6 厘米。(图四二六，7)

H119:11，陶盆。泥质黑陶，敞口，圆唇，直腹，底残。腹部饰突棱一道。口径 32.0、残高 7.2 厘米。(图四二六，2)

H119:12，陶鬲足。夹砂红褐陶。残长 6.0 厘米。(图四二六，10)

H119:13，陶鬲足。夹砂红褐陶。残长 6.4 厘米。(图四二六，11)

H119:14，陶鬲足。夹砂红褐陶。残长 5.4 厘米。(图四二六，12)

H119:15，陶突棱尊。泥质黑褐陶，直口，颈部不显，弧腹内收，底残。口沿下及下腹处各有一道突棱。口径 10.8、残高 10.5 厘米。(图四二六，14)

H199

位于 T14 西壁下。开口于第 9 层下，打破第 10 层。坑口形状呈半椭圆形，弧壁，坑底近平。坑口长径现存 1.43、短径 1.46 米，坑深 0.5 米。坑内堆积为深灰褐色土，土质疏松。出土有罐、鼎、纺轮等陶器残片。(图四二七)

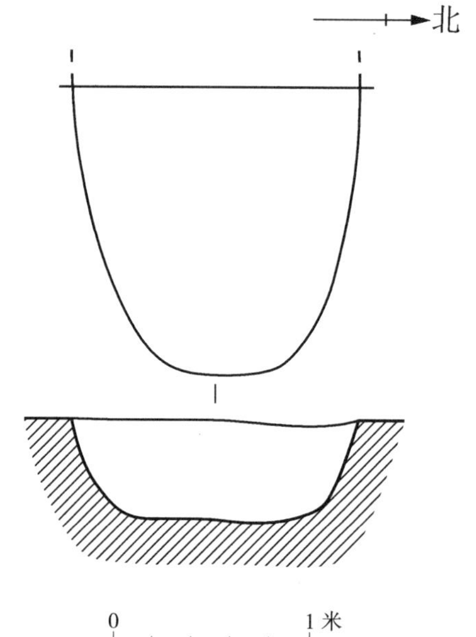

图四二七　龙山文化 H199 平、剖面图

H199:1，陶纺轮。夹砂褐陶，平面呈圆形，剖面呈上窄下宽的梯形，两端略弧，中有一圆孔。直径 4.6～5.3、孔径 0.5～0.6、高 1.5 厘米。(图四二八，6)

H199:2，陶罐口沿。夹砂黑陶，侈口，圆唇，弧腹。残高 11.7 厘米。(图四二八，1)

H199:3，陶鼎足。夹砂灰陶，侧三角形足，足根处有 2 个捺窝。残长 5.4 厘米。(图四二八，5)

H199:4，陶罐口沿。夹砂灰陶，沿部残，沿下及肩部饰粗篮纹。残高 10.0 厘米。(图四二八，2)

H199:5，陶器耳。夹砂灰陶，宽贯耳，耳面有 2 道刻槽、耳宽 5.4 厘米。(图四二八，4)

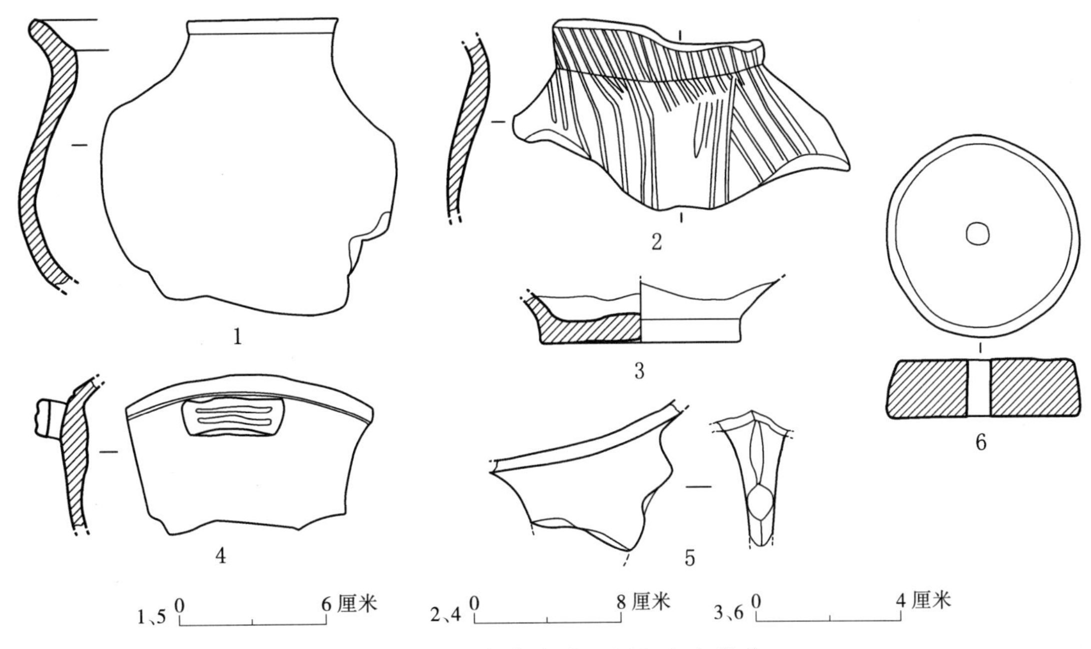

图四二八　龙山文化H199出土器物

1、2. 陶罐口沿（H199∶2、4）　3. 陶器底（H199∶6）　4. 陶器耳（H199∶5）　5. 陶鼎足（H199∶3）　6. 陶纺轮（H199∶1）

H199∶6，陶器底。夹砂灰陶，平底。底径5.4厘米。（图四二八，3）

H407

位于ⅢT4902东壁下，向东延伸入ⅢT4802内。开口于第8层下，打破F21。坑口形状呈不规则椭圆形，弧壁较规整，平底。坑口长径2.4、短径1.14米，坑深0.45～0.6米。坑内堆积灰褐色土，土质疏松，夹杂大量炭屑及烧土颗粒。出土大量的陶片，包括有罐、杯、鼎、鬶、盆、器盖等。（图四二九；图版三四七，1）

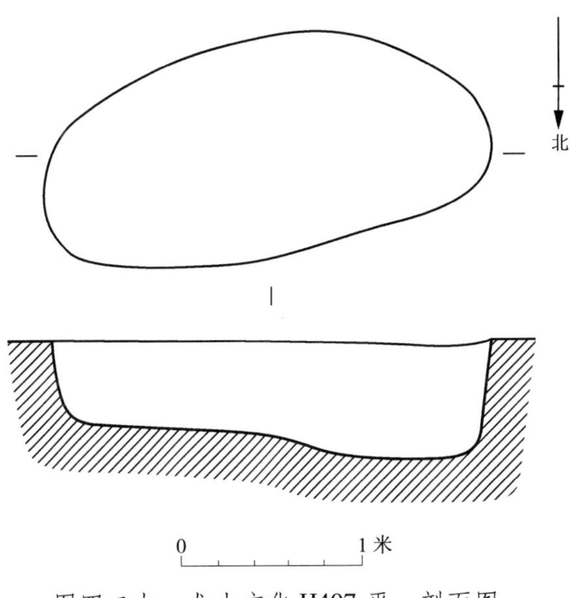

图四二九　龙山文化H407平、剖面图

H407∶1，陶三足盆。泥质红褐陶，敞口，沿外折，弧腹，平底，三矮扁足。口径17.4、高6.0厘米。（图四三〇，9；图版三四七，2）

H407∶2，陶觯形杯。泥质红陶，侈口，尖圆唇，高颈，鼓肩，腹以下急收为小平底，腹一侧有一只半环状耳，颈及肩部饰有凹弦纹。口径6.6、底径3.2、高14.4厘米。（图四三〇，3；图版三四八，1）

H407∶3，陶觯形杯。泥质褐陶，口沿残，高颈，鼓腹急收为小平底，底微内凹。底径3.7厘米，残高9.7厘米。（图四三〇，11；图版三四八，2）

H407∶4，陶三足罐。泥质褐陶，口残，高颈，鼓腹，平底，三锥状矮足。带把，把残，颈、腹处有2道折棱。残高7.8厘米。（图四三〇，10；图版三四八，5）

H407:5，陶鬶。夹砂褐陶，口、颈残，鼓腹，三实心锥状足，腹一侧的把手残，腹另一侧有盲鼻，下腹部饰突棱一道。残高18.0厘米。（图四三○，7；图版三四八，4）

H407:6，陶罐。夹砂红褐陶，侈口，圆唇，折沿，高颈微束，鼓腹，平底。口径8.4、底

图四三○ 龙山文化H407出土器物

1. 陶瓮（H407:8） 2、6. 陶鼎（H407:9、15） 3、4、11. 陶觯形杯（H407:2、14、3） 5、8. 陶罐（H407:16、6） 7. 陶鬶（H407:5） 9. 陶三足盆（H407:1） 10. 陶三足罐（H407:4）

径4.6、高12.2厘米。（图四三〇，8；图版三四八，6）

H407:7，陶鼎。夹砂灰褐陶，敞口，宽折沿略凹，鼓腹，平底，三足残。口径14.8、残高13.0厘米。（图四三一，2；图版三五〇，1）

H407:8，陶瓮。夹砂灰褐陶，侈口，圆唇，沿微卷，束颈，溜肩，深腹，下腹内收，平底。肩及下腹部各饰突棱一道，腹部饰凹弦纹三组，每组2道。下腹部饰粗篮纹。口径30.0、底径16.0、高64.0厘米。（图四三〇，1；图版三四七，4）

H407:9，陶鼎。夹砂褐陶，敛口，花边唇，平沿，沿面微凹盆形腹，平底，鬼脸式足。沿下饰有2对鸡冠形耳鋬，腹部饰有数道凹弦纹。口径32.8、高27.6厘米。（图四三〇，2；图版三五〇，2）

H407:10，陶罐。泥质红褐陶，广口，圆唇，高颈，鼓腹，腹以下残。腹部饰有刻划波浪纹、折线纹等。口径19.0、残高12.2厘米。（图四三一，1；图版三四七，1）

H407:11，陶器底。泥质黑陶，口沿及上腹部残，下腹弧收，矮圈足。底径14.0厘米，残高9.6厘米。（图四三一，7；图版三四九，7）

H407:12，陶器盖。夹砂褐陶，覆碗状盖，圆饼形捉手，周围捏压一周捺窝，弧壁。捉手径10.0、口径22.0、高7.2厘米。（图四三一，5；图版三四七，3）

H407:13，陶罐底。夹砂褐陶，口沿及上腹部残，下腹弧收，平底，底径12.8、残高11.2

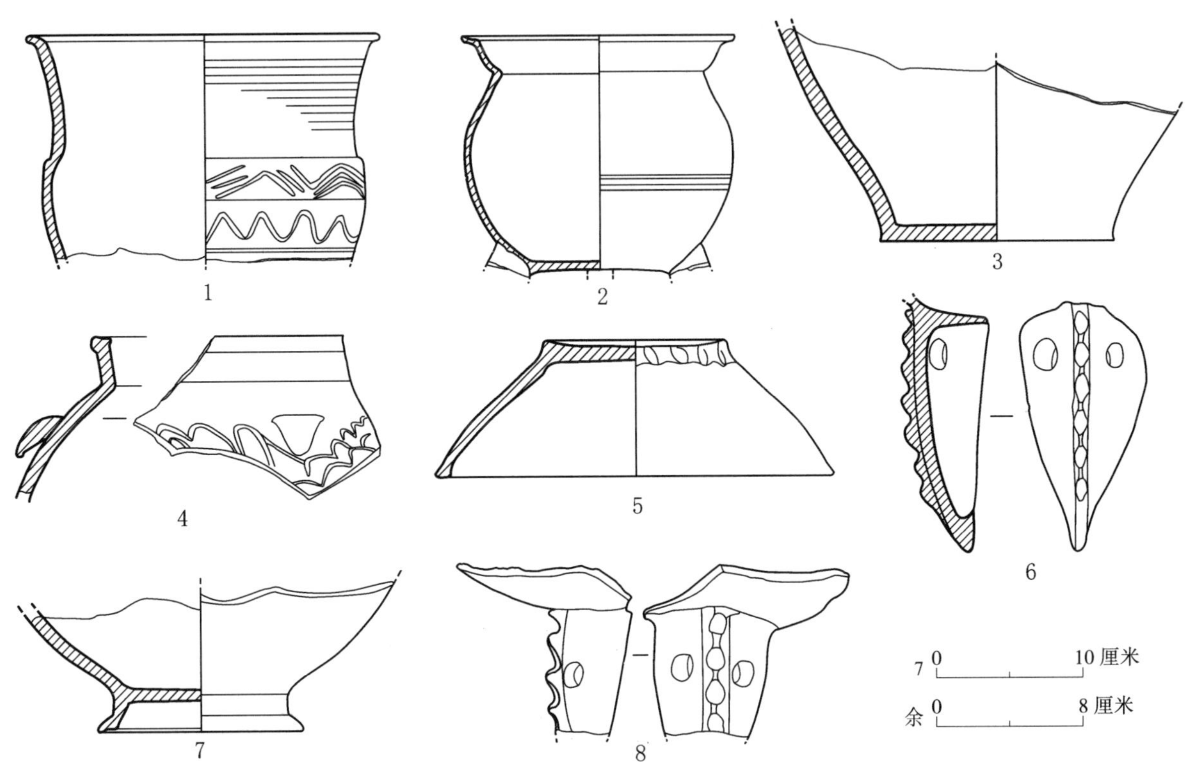

图四三一　龙山文化H407出土器物

1、4. 陶罐（H407:10、17）　2. 陶鼎（H407:7）　3. 陶罐底（H407:13）　5. 陶器盖（H407:12）　6、8. 陶鼎足（H407:19、18）　7. 陶器底（H407:11）

厘米。（图四三一，3；图版三四九，2）

H407∶14，陶觯形杯。泥质红褐陶，侈口，圆唇，高颈，鼓腹，腹以下残。口径7.2、残高11.0厘米。（图四三〇，4；图版三四八，3）

H407∶15，陶鼎。夹砂褐陶，敛口，花边唇，盆形腹，底及三足残。沿下有鸡冠状耳，腹部饰有数道凹弦纹。口径31.0、残高10.0厘米。（图四三〇，6；图版三五〇，3、4）

H407∶16，陶罐。泥质黑陶，侈口，圆唇，矮颈，弧肩，肩部以下残。肩部饰有2个对称的半环形小耳，肩、腹部饰有数道凸弦纹。口径30.6、残高16.8厘米。（图四三〇，5；图版三四九，3、4）

H407∶17，陶罐。泥质黑陶，侈口，圆唇，矮束颈，弧肩。肩部残一耳，饰有波浪纹。残高8.8厘米。（图四三一，4；图版三四九，5、6）

H407∶18，陶鼎足。鬼脸式，夹砂红褐陶。残高10.0厘米。（图四三一，8；图版三五〇，5）

H407∶19，陶鼎足。鬼脸式，夹砂红褐陶。残高13.0厘米。（图四三一，6；图版三五〇，6）

H512

位于ⅢT4808北部，开口于第7c层下，打破第10层。坑口形状近椭圆形。坑壁略弧，底近平。坑口长径4.16米，坑短径2.16米，坑深0.48米。坑内堆积为夹黑斑的黄色土，土质较硬。出土鼎、罐、鬶、杯、壶等陶器残片。（图四三二；图版三五一，1）

H512∶1，陶壶。泥质黑陶，侈口，沿外折，高直颈，鼓肩，弧腹内收，平底。口径7.6、底径6.0、高18.2厘米。（图四三三，4；图版三五一，2）

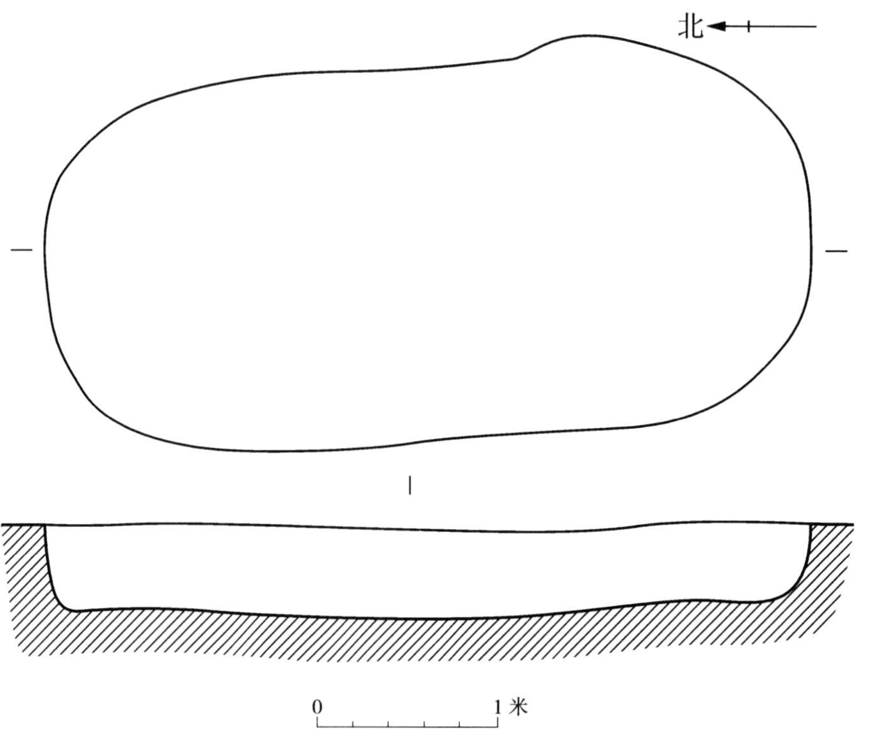

图四三二　龙山文化H512平、剖面图

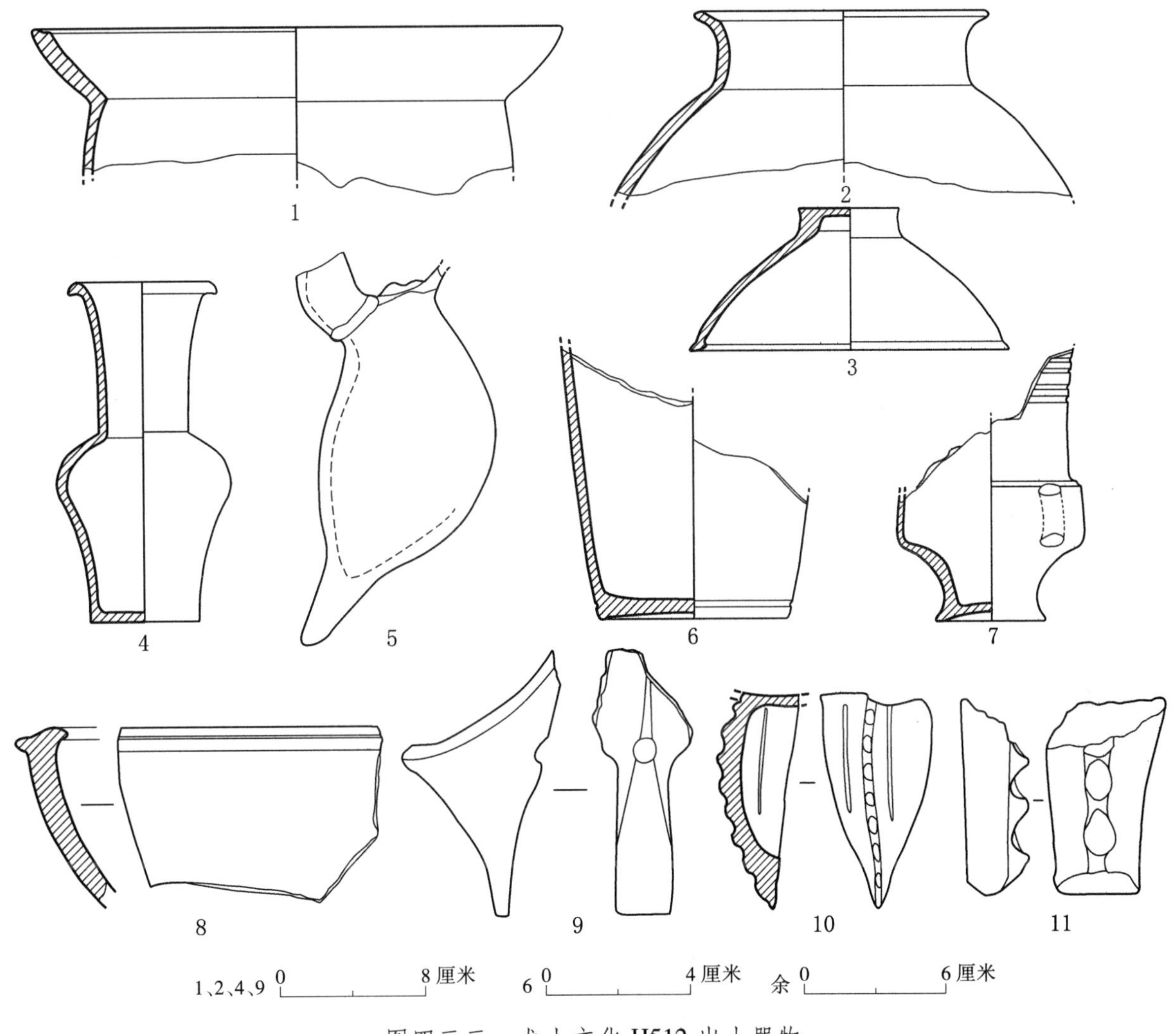

图四三三　龙山文化H512出土器物

1. 陶鼎口沿（H512∶6）　2. 陶罐口沿（H512∶5）　3. 陶器盖（H512∶4）　4. 陶壶（H512∶1）　5. 陶鬶足（H512∶3）　6. 陶杯（H512∶7）　7. 陶觯形杯（H512∶2）　8. 陶钵（H512∶11）　9～11. 陶鼎足（H512∶10、9、8）

H512∶2，陶觯形杯，泥质黑陶，口残，高颈，鼓腹急收成小平底，底内凹，腹部把手残。颈部饰有数道凹弦纹。残高11.0、底径4.5厘米。（图四三三，7；图版三五一，3）

H512∶3，陶鬶足。泥质褐陶，乳状大袋足。残高15.6厘米。（图四三三，5；图版三五一，5）

H512∶4，陶器盖。泥质灰陶，圆形捉手，弧壁。捉手径5.2、口径13.5、高5.7厘米。（图四三三，3；图版三五一，4）

H512∶5，陶罐口沿。夹砂黄褐陶，侈口，圆唇，窄折沿，矮直颈，弧肩，肩部以下残。口径16.0、残高9.6厘米。（图四三三，2；图版三五二，1、2）

H512∶6，陶鼎口沿。夹砂灰褐陶，侈口，方唇，宽折沿，溜肩，肩部以下残。口径29.6、残高8.8厘米。（图四三三，1；图版三五二，3、4）

H512∶7，陶杯。泥质灰陶，口沿残，斜直腹，平底内凹，近底处有一道凹弦纹。底径5.2、残高7.4厘米。（图四三三，6；图版三五二，5）

H512∶8，陶鼎足。夹砂红褐陶，宽扁形足，足面饰有一道附加堆纹，堆纹上残留3个捺

窝。残高 7.9 厘米。（图四三三，11；图版三五二，7）

H512∶9，陶鼎足。夹砂红褐陶，鬼脸式足。残高 8.8 厘米。（图四三三，10；图版三五二，8）

H512∶10，陶鼎足。夹砂灰褐陶，凿形足，足面有一捺窝。残高 14.3 厘米。（图四三一，9；图版三五二，6）

H512∶11，陶钵。夹砂黑陶，敛口，圆唇，沿外有一周突棱，弧腹，腹以下残。残高 6.9 厘米。（图四三三，8）

H517

位于ⅢT4708 中部，开口于第 7 层下，打破第 8 层。坑口形状近似椭圆形，斜壁，平底。坑口长径 1.9、短径 1.6 米，坑底长径 1.4、短径 1.1 米，坑深 0.46 米。坑内堆积为灰褐色土，土质疏松，夹杂有烧土颗粒和草木灰。出土鼎、杯等陶器残片。（图四三四）

H517∶1，陶鼎口沿。夹砂黑陶，敞口，圆唇，卷沿，折腹，下腹部残。沿下饰一鋬。残高 9.0 厘米。（图四三五，1）

H517∶2，陶鼎足。夹砂灰褐陶，宽扁状铲形足，足尖残。足面有 3 道刻槽。残高 6.7 厘米。（图四三五，4）

H517∶3，陶鼎足。夹砂灰褐陶，侧三角形足。足面饰 3 个捺窝。高 8.7 厘米。（图四三五，2）

H517∶4，陶鼎足。夹砂褐陶，鬼脸式足，残高 10.6 厘米。（图四三五，3）

②圆形

共计 9 个，编号分别为 H15、H24、H98、H100、H117、H120、H271、H418、H520。

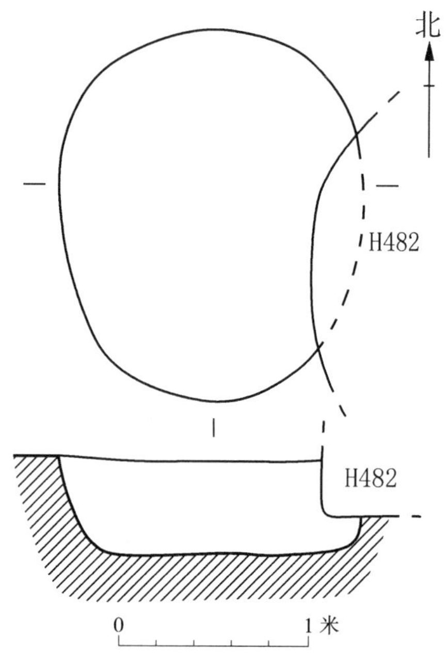

图四三四　龙山文化 H517 平、剖面图

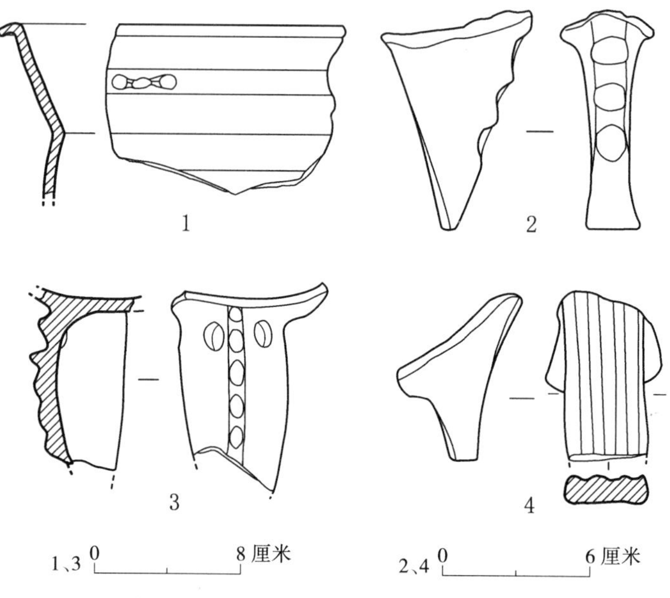

图四三五　龙山文化 H517 出土器物

1. 陶鼎口沿（H517∶1）　2～4. 陶鼎足（H517∶3、4、2）

H98

位于T7南部偏西，开口于第9层下，打破大汶口文化灰坑H105。坑口形状近似圆形，直壁，较规整，底近平。坑口径1.2～1.33、底径1.15～1.2、深约0.46米。坑内堆积为灰色土，土质松软，含烧土颗粒。出土有罐、杯、器盖等陶器残片以及石器等。（图四三六）

H98∶1，石锛。短梯形，单面弧刃，刃部锋利，两端平整顶端略崩损。长3.7、刃宽2.6厘米，厚0.9厘米。（图四三七，9）

H98∶2，陶罐。残存口、颈部，夹细砂灰褐陶，口近直，圆唇，沿面内凹，矮直颈，弧肩。唇面一道突棱。口径22.0、残高6.0厘米。（图四三七，5）

H98∶3，陶罐。残存口、颈部，夹细砂灰褐陶，侈口，沿面内凹，矮束颈，弧肩。唇面一道突棱。口径28.0、残高7.0厘米。（图四三七，4）

H98∶4，陶罐。残存口、颈部，夹细砂灰褐陶，口近直，沿面内凹，矮颈微束，弧肩。唇面饰2道凹弦纹，肩部饰2道凸弦纹。口径26.7、残高6.8厘米。（图四三六，3）

H98∶5，陶罐。残存口、颈部，夹细砂灰褐陶，侈口，沿面内凹，束颈，弧肩。唇面饰一道凹弦纹，肩部饰2道突棱。口径30.7、残高11.8厘米。（图四三七，1）

H98∶6，陶杯底。残存下腹及底部，泥质灰陶，直腹，平底内凹。底径7.4、残高4.2厘米。（图四三七，7）

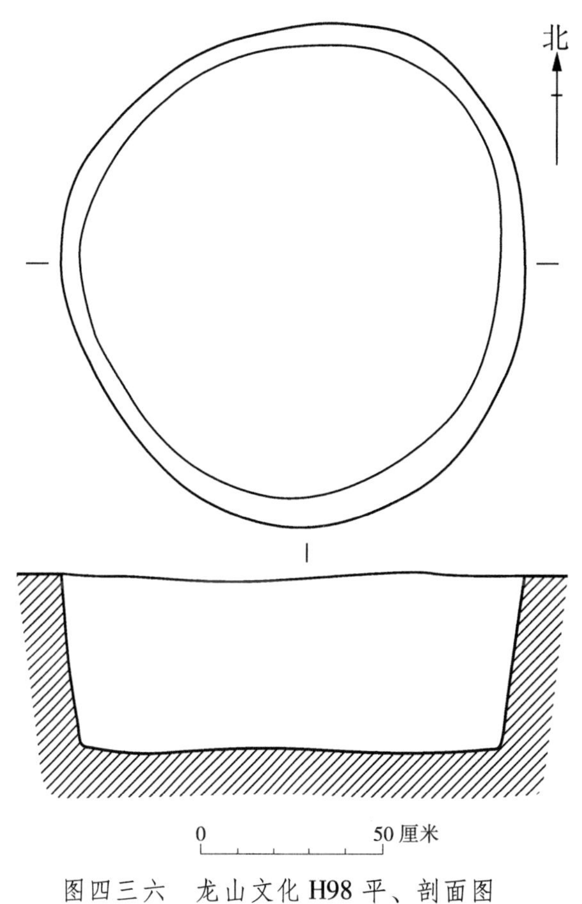

图四三六　龙山文化H98平、剖面图

H98∶7，陶尊口沿。残存沿部，泥质黑陶，直口，口下一道突棱。口径20.6、残高6.6厘米。（图四三七，2）

H98∶8，陶器盖。夹砂红褐陶，圆形捉手，捉手边缘刻划成花边状，盖壁近直。高5.7厘米。（图四三七，6）

H98∶9，陶盆底。泥质灰陶，斜直腹，平底。底径12.4、残高8.4厘米。（图四三七，8）

H100

位于T8中南部，开口于第9层下，打破大汶口文化H102，且被同一层位下的H92打破。坑口近圆形，斜直壁，底近平。坑口径1.76、底径1.2米，坑深约0.6米。坑内堆积为黑灰色土，土质松软。内含有盆、器盖等陶器及残片。（图四三八）

H100∶1，陶盆。泥质黑陶，侈口，圆唇，斜直腹，平底内凹。下腹部饰凸弦纹一道，器表

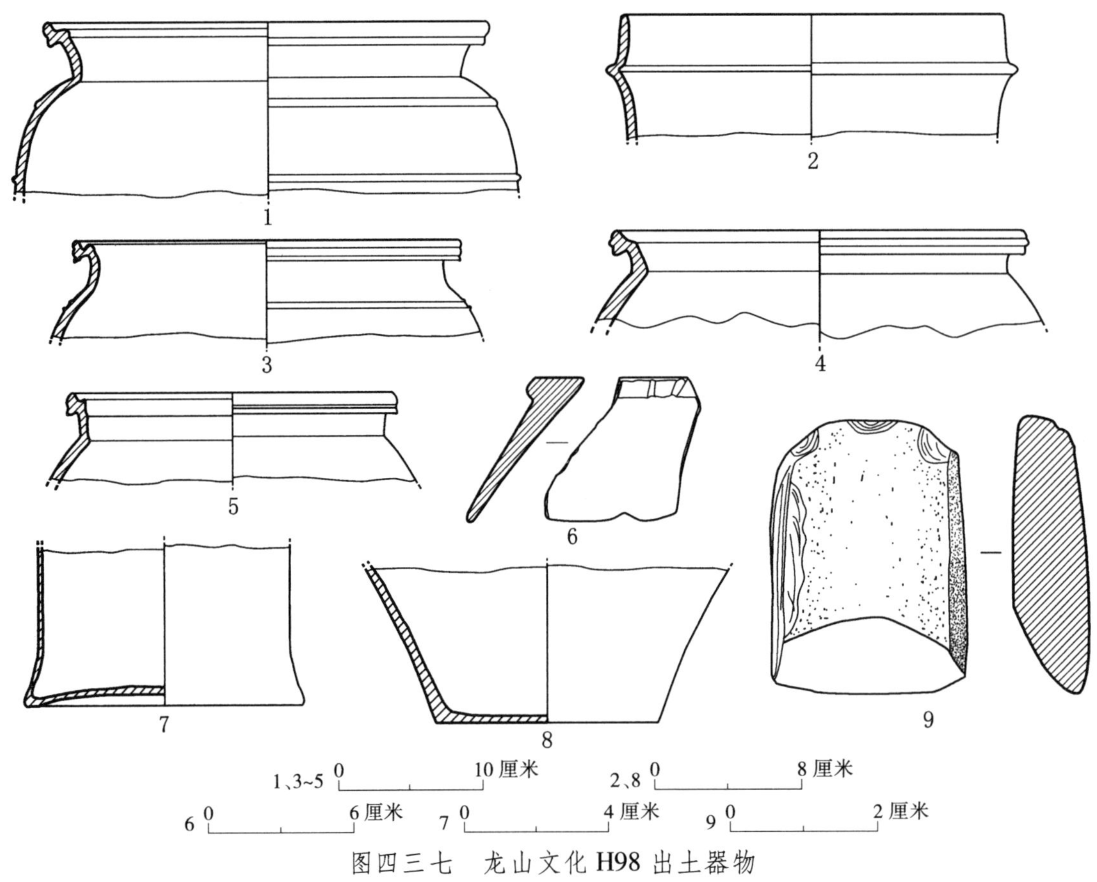

图四三七　龙山文化 H98 出土器物

1、3～5. 陶罐（H98∶5、4、3、2）　2. 陶尊口沿（H98∶7）　6. 陶器盖（H98∶8）　7. 陶杯底（H98∶6）　8. 陶盆底（H98∶9）　9. 石锛（H98∶1）

磨光，内外有轮修痕迹。口径 21.2、底径 16.4、高 8.6 厘米。（图四三九，1；图版三五三，1）

H100∶2，陶盆。泥质黑陶，侈口，圆唇，斜直腹，平底。下腹饰凸弦纹一道，器表磨光，内外有轮修痕迹。口径 18.2、底径 14.2、高 7.8 厘米。（图四三九，2）

H100∶3，陶器底。泥质黑陶，凹底，近底处饰一对盲鼻。底径 20.0、残高 5.2 厘米。（图四三九，3）

H100∶4，陶器纽。夹砂灰陶，中间粗，两头尖圆。长 5.4、最宽处 3.6 厘米。（图四三九，4）

H100∶5，陶器圈足。泥质黑陶，喇叭形足，器壁极薄。足径 20.8 厘米。（图四三九，6）

H100∶6，陶器盖。夹砂灰褐陶，捉手残，盖壁斜直。口径 14.4、残高 4.0 厘米。（图四三九，5）

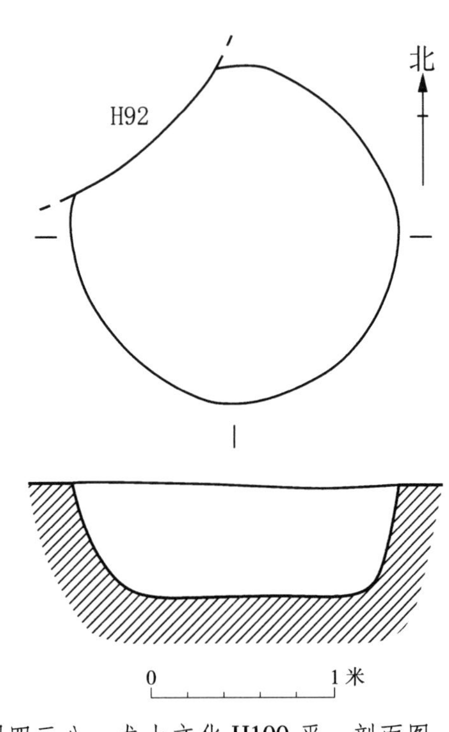

图四三八　龙山文化 H100 平、剖面图

H117

位于 T7 中部略偏东南，开口于第 9 层下。坑口形

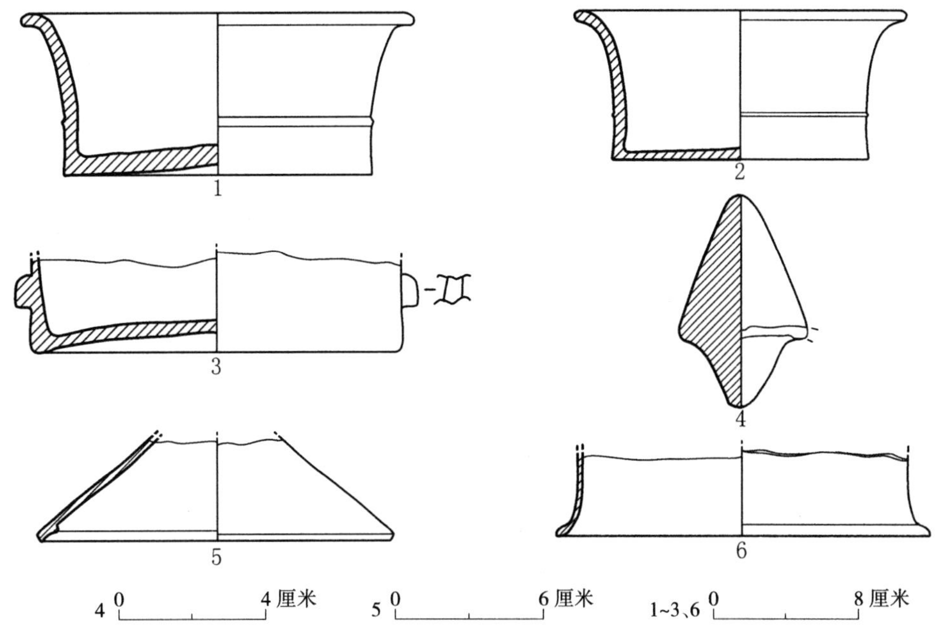

图四三九　龙山文化 H100 出土器物

1、2. 陶盆（H100∶1、2）　3. 陶器底（H100∶3）　4. 陶器纽（H100∶4）　5. 陶器盖（H100∶6）　6. 陶器圈足（H100∶5）

状近圆形，直壁，较规整，平底。坑口径 2.2、底径 2.04、深 0.67 米。坑内堆积为黑绿色土，土质较疏松，含较多的烧土颗粒及炭屑。出土有罐、器盖、网坠、鼎等陶器残片。（图四四〇）

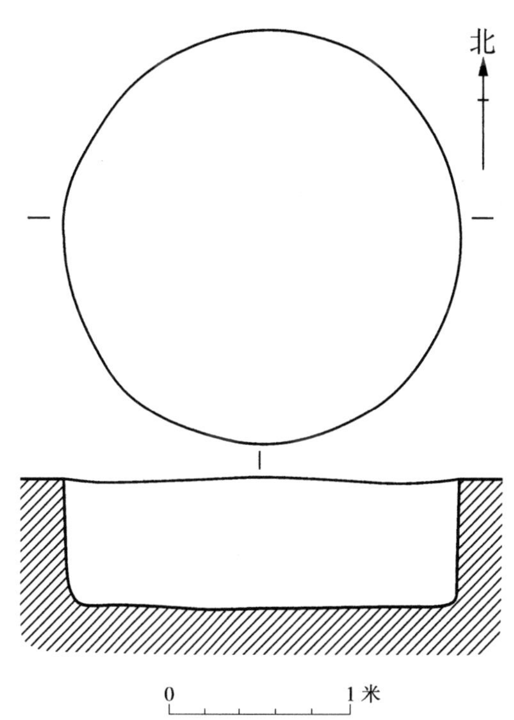

图四四〇　龙山文化 H117 平、剖面图

H117∶1，陶网坠。泥质灰陶，整体呈长方形，两端有凹槽各一道。长 6.0、宽 2.5、厚 0.5～0.6 厘米。（图四四一，6；图版三五三，2）

H117∶3，陶器盖。夹砂灰陶，覆盆形，圆形捉手，弧腹略收，直口，方唇，沿面内凹。捉手径 6.8、口径 9.3、高 5.4 厘米。（图四四一，3；图版三五三，3）

H117∶4，陶罐口沿。夹砂灰陶，口微侈，尖圆唇，束颈，弧肩，肩以下残。唇外饰鸡冠状堆饰。残高 7.2 厘米。（图四四一，4）

H117∶5，陶罐口沿。泥质红褐陶，直口，圆唇，唇面有一道凹槽，唇下外凸，颈微束。残高 8.1 厘米。（图四四一，1）

H117∶6，陶罐口沿。夹砂褐陶，口微侈，圆唇，束颈，弧肩。唇下及肩部各有一道凹槽。口径 14.0 厘米，残高 5.6 厘米。（图四四一，5）

H117∶7，陶鼎足。夹砂红褐陶，足正面呈鬼脸状。残长 6.0 厘米。（图四四一，2）

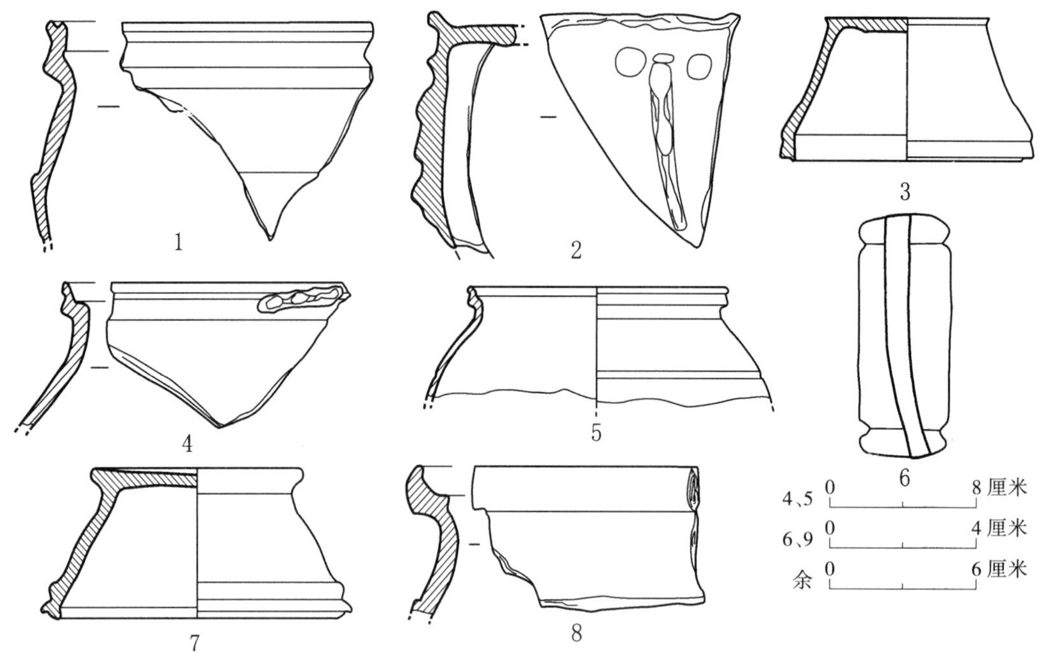

图四四一　龙山文化 H117 出土器物

1、4、5、8. 陶罐口沿（H117:5、4、6、8）　2. 陶鼎足（H117:7）　3、7. 陶器盖（H117:3、9）　6. 陶网坠（H117:1）

H117:8，陶罐口沿。夹砂灰陶，胎质较厚，口微敛，尖圆唇，束颈。残高 5.4 厘米。（图四四一，8）

H117:9，陶器盖。夹砂褐陶，覆盆形，圆形捉手略内凹，弧腹，敛口，尖圆唇，唇下突起。捉手径 8.6、口径 11.4、高 5.4 厘米。（图四四一，7）

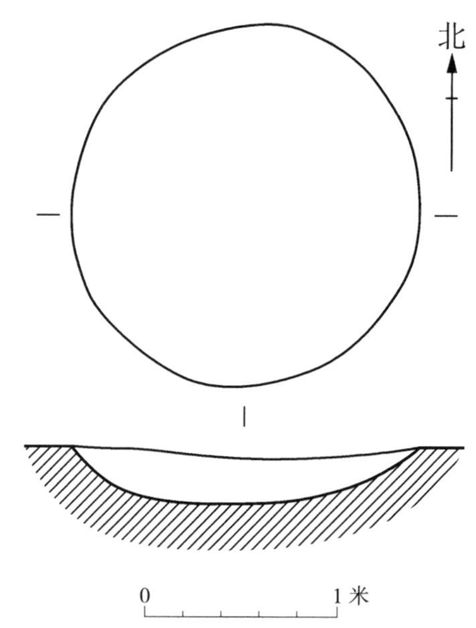

图四四二　龙山文化 H520 平、剖面图

H520

位于ⅢT4810 北隔梁中部，并延伸入ⅢT4809 内。开口于第 8 层下，打破大汶口文化 HT1。坑口形状近圆形，弧壁，圜底。坑口直径约 1.8、最深处约 0.25 米。坑内堆积为灰色土，土质较疏松，夹杂大量烧土颗粒。出土有鼎、罐等陶器残片。（图四四二）

H520:1，陶器口沿。夹砂灰陶，敛口，圆唇，弧腹。残高 5.5 厘米。（图四四三，2）

H520:2，陶鼎足。夹砂灰陶，宽扁形足，足正面有一道突棱，上残留有 5 个捺窝。残长 7.0 厘米。（图四四三，4）

H520:3，陶鼎足。夹砂灰褐陶，鬼脸式足。长 7.3 厘米。（图四四三，3）

H520:4，陶器口沿。敛口，圆唇，弧腹。残高 8.1 厘米。（图四四三，1）

H520:5，陶鬲足。夹砂灰褐陶，足尖残。残长 6.0 厘米。（图四四三，5）

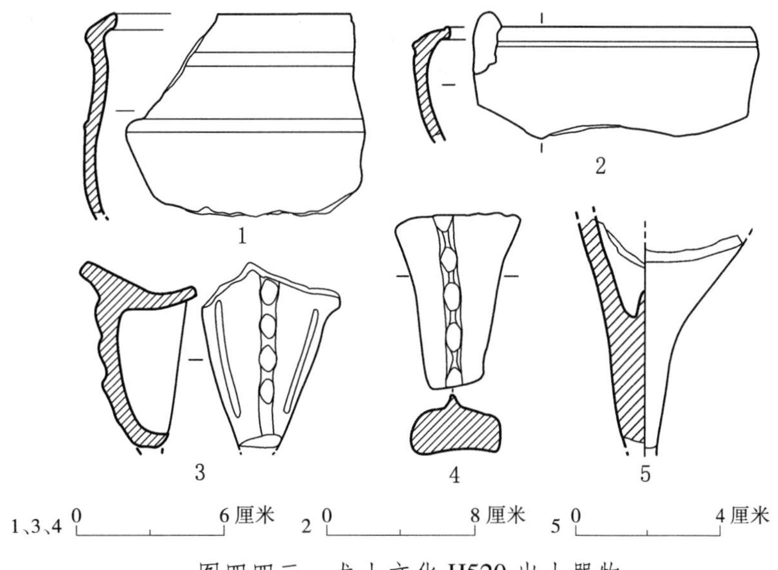

图四四三　龙山文化 H520 出土器物

1、2. 陶器口沿（H520:4、1）　3、4. 陶鼎足（H520:3、2）　5. 陶鬲足（H520:5）

③长方形

共计 2 个，编号分别为 H14 和 H92。

H14

位于 T2 东北部，开口于 F1 下，打破大汶口文化 F3。坑口形状为长方形，直壁，平底。坑口长 2.7、宽 1.05、深 0.65 米。坑内堆积为浅灰色土，土质疏松，夹杂一定数量的烧土颗粒。出土有鼎、罐、器盖等陶片以及经过加工的骨器等。（图四四四）

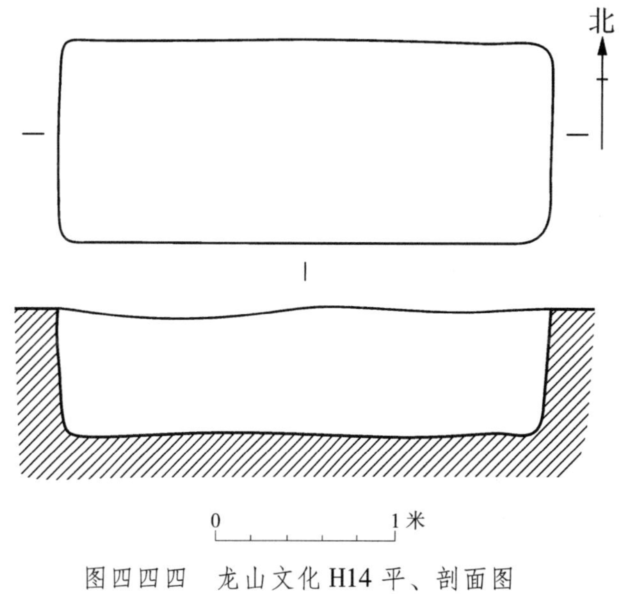

图四四四　龙山文化 H14 平、剖面图

H14:1，骨针。剖面呈圆形，尾端残断。残长 9.7 厘米。（图四四五，1）

H14:2，陶器盖。夹砂红褐陶，圆形捉手，顶面微凹，弧壁略折，口残。捉手径 7.4、残高 4.0 厘米。（图四四五，5）

H14:3，陶鼎足。夹砂褐陶，侧三角形，足根处饰 1 个捺窝。长 9.2 厘米。（图四四五，9）

H14:4，陶器盖。夹砂黑陶，圆形捉手，顶面微凹，弧壁，口残。捉手径 6.7、残高 2.1 厘米。（图四四五，4）

H14:5，陶鼎足。夹砂红褐陶，侧三角形，足根处饰 2 个捺窝。长 8.6 厘米。（图四四五，6）

H14:6，陶鼎足。夹砂褐陶，侧三角形，足根处饰 2 个捺窝。长 9.6 厘米。（图四四五，8）

H14:7，陶器口沿。磨光黑陶，直口，短折沿。颈下饰突棱。残高 8. 4 厘米（图四四五，3）。

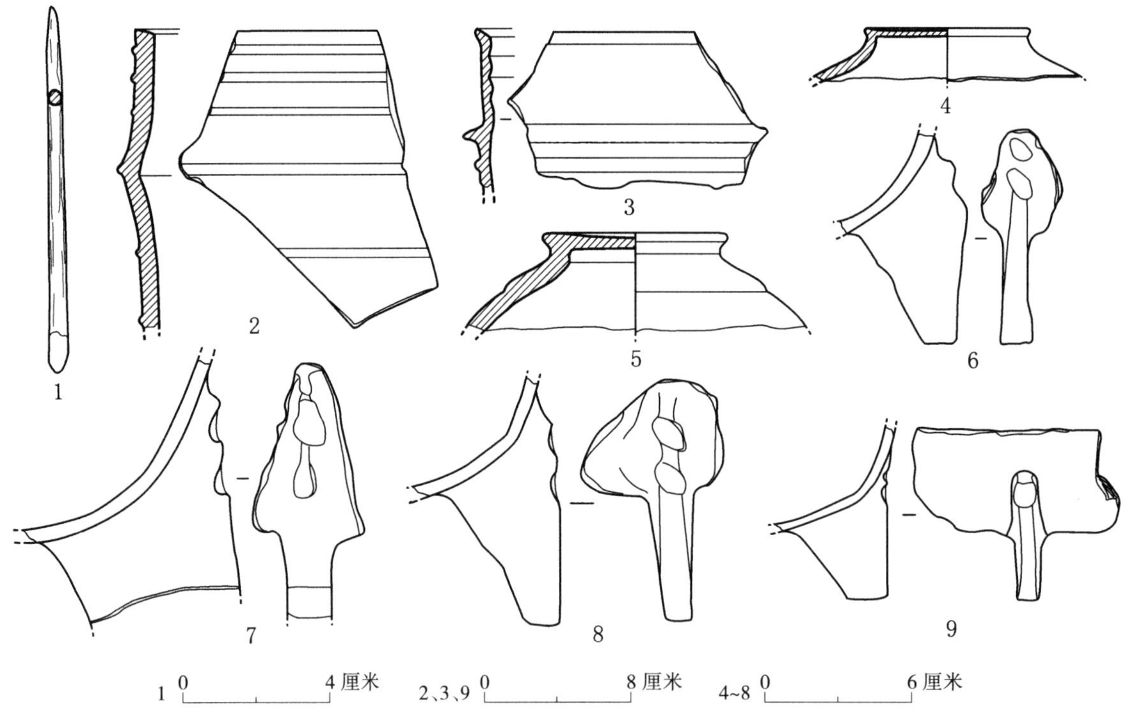

图四四五　龙山文化H14出土器物
1. 骨针（H14:1）　2、3. 陶器口沿（H14:9、7）　4、5. 陶器盖（H14:4、2）　6~9. 陶鼎足（H14:5、8、6、3）

H14:8，陶鼎足。夹砂红褐陶，侧三角形，足尖残。足根处饰2个捺窝。残长10.2厘米。（图四四五，7）

H14:9，陶器口沿。泥质黑陶，直口，方唇，折腹。腹部饰突棱。残高16.0厘米。（图四四五，2）

4）不规则形

共计2座，编号分别为H507和H521。

H507

位于Ⅲ T4708南部，开口于第7层下，打破大汶口文化HT1，其北部被H482打破，南部被晚期灰坑破坏。坑口现存部分不甚规则，弧壁，平底。坑口长径3.0、短径2.2米，坑深0.59米。坑内堆积为灰褐色土，土质略硬，夹杂较多的烧土颗粒及黑色草木灰。出土有罐、鼎等陶片。（图四四六）

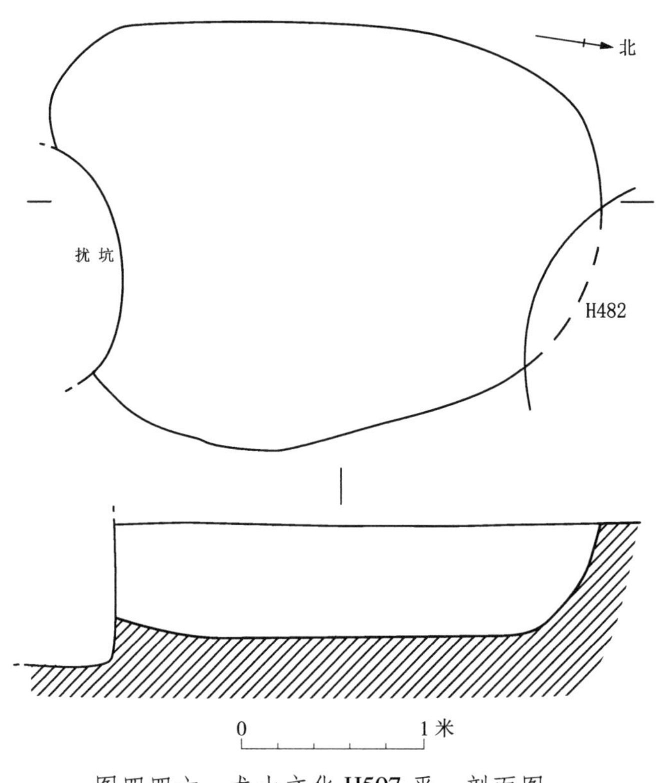

图四四六　龙山文化H507平、剖面图

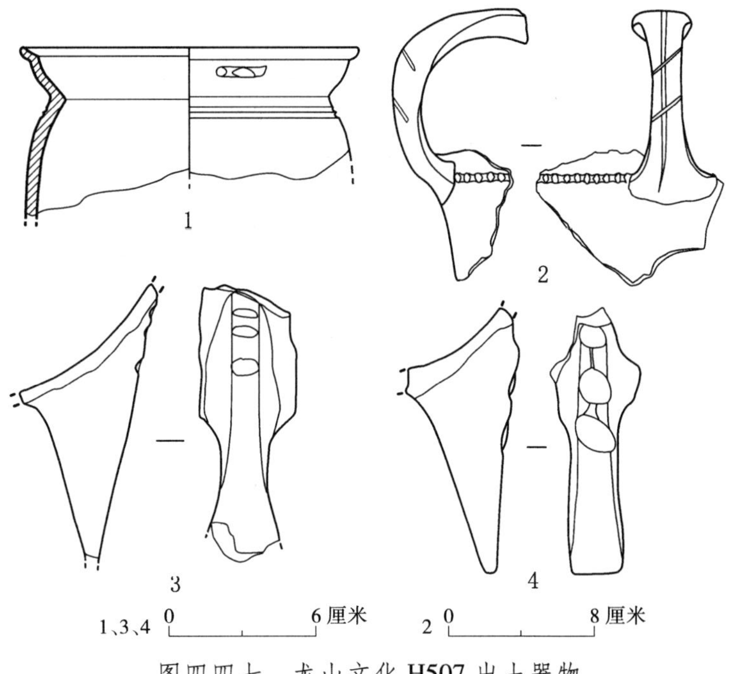

图四四七　龙山文化 H507 出土器物

1. 陶鼎口沿（H507∶4）　2. 陶器把（H507∶1）　3、4. 陶鼎足（H507∶2、3）

H507∶1，陶器把。夹砂灰黑陶，半环状。其上饰有 2 道交叉刻槽。把长 10.1 厘米。（图四四七，2）

H507∶2，陶鼎足。夹砂红褐陶，凿形足。根部饰有 3 个捺窝，残高 11.0 厘米。（图四四七，3）

H507∶3，陶鼎足。夹砂红褐陶，凿形足。根部饰有 3 个捺窝，高 10.5 厘米。（图四四七，4）

H507∶4，陶鼎口沿。夹砂黑陶，敞口，圆唇，宽折沿，沿面内凹，束颈，弧腹，腹以下残。口沿部饰一突纽，肩部饰有 2 道弦纹。口径 13.8、残高 6.6 厘米。（图四四七，1）

第三节　墓　葬

梁王城遗址龙山文化时期墓葬仅发现 2 座，为 M18 和 M20。

M18

位于 T9 的西北部，开口于第 9 层下，打破第 10 层，西部被 H103 打破。长方形竖穴土坑墓。残长 1.5、宽 0.45、深 0.3 米。方向 90°。坑内填土呈灰绿色，土质较硬。单人仰身直肢，头向东，面向北，双手弯曲向头。人骨架保存较差，股骨以下残。经鉴定，墓主为年龄 20～23 岁的男性。墓内未发现随葬品。（图四四八；图版三五四，1）

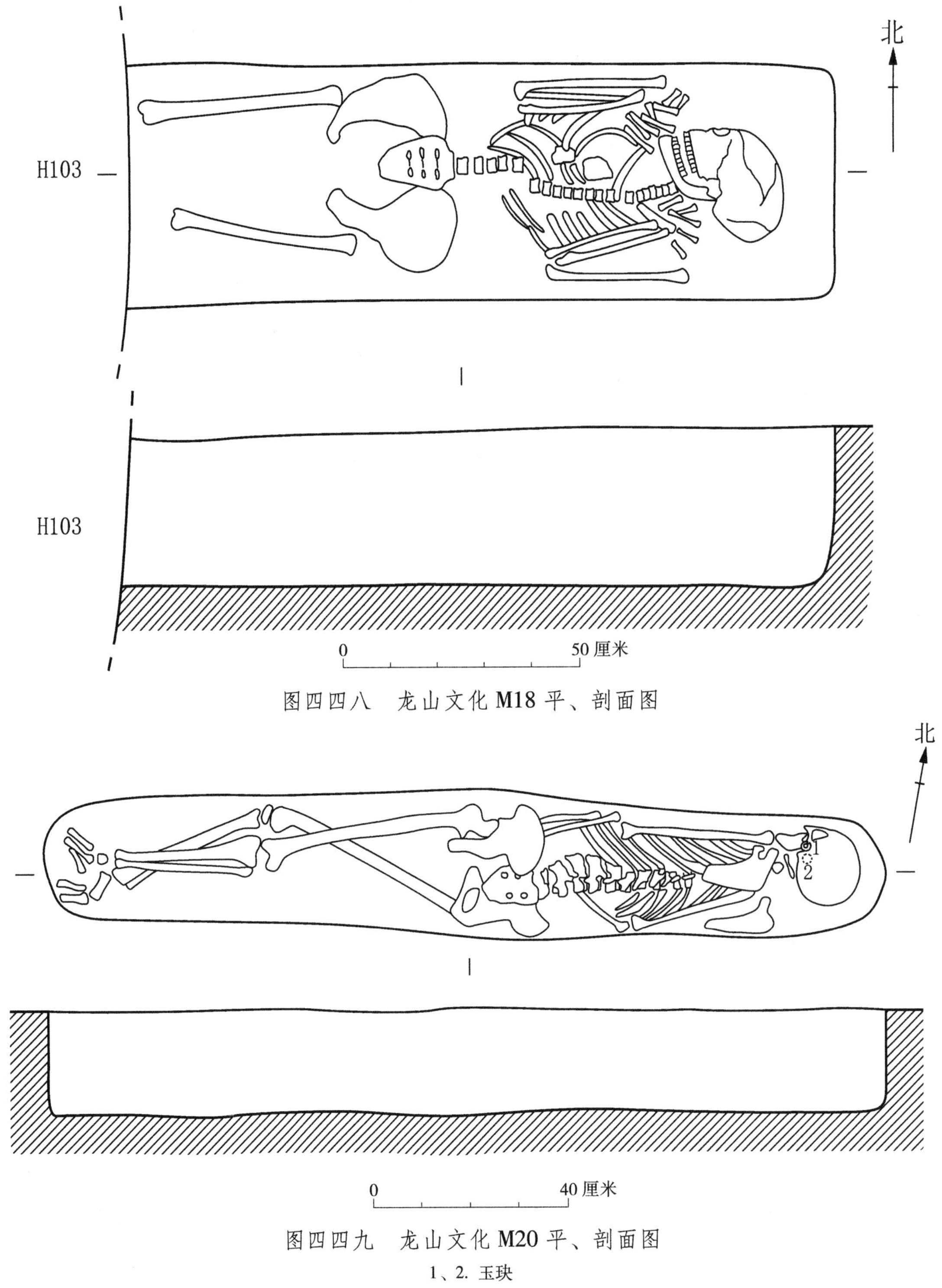

图四四八　龙山文化 M18 平、剖面图

图四四九　龙山文化 M20 平、剖面图

1、2. 玉玦

M20

位于 T7 中东部，开口于第 9 层下。竖穴土坑墓，平面为圆角长条形，墓口长 1.7、宽0.2～0.3、深 0.25 米。方向 80°。墓内填灰黑土。单人俯身直肢，头向东北，面向西北，两手置于腹前，下肢交叉，左侧下肢叠在右侧之上。人骨保存较好。经鉴定，墓主为年龄 24～26 岁的女性。随葬品仅 2 件玉玦，分别置于头骨两侧的耳部。（图四四九；图版三五四，2、3）

M20:1，玉玦。器身窄于孔径，边缘圆钝，圆孔为管钻而成。直径2.13、孔径0.8、缺口宽0.1～0.3、厚0.3厘米。（图四五〇，1）

M20:2，玉玦。器身窄于孔径，孔为单面钻。直径2.55、孔径0.8～0.9、缺口宽0.2～0.4、厚0.4厘米。（图四五〇，2）

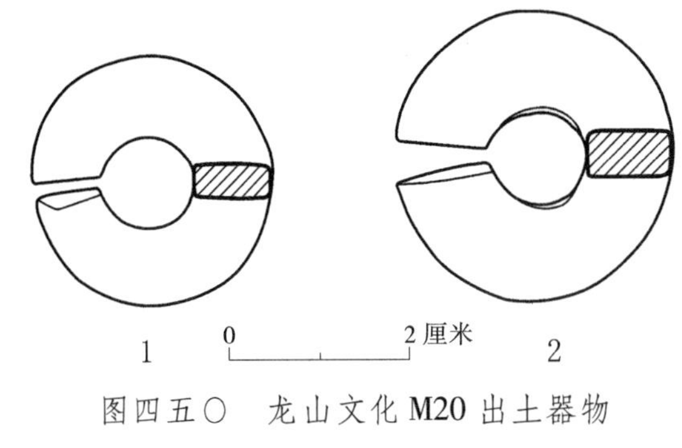

图四五〇　龙山文化M20出土器物

1、2. 玉玦（M20:1、2）

第四节　人骨研究

梁王城龙山文化遗址共发现两座墓葬（M20、M18），一座房址（F7）。共出土人骨9具，其中墓葬出土人骨2具，房址出土人骨7具。M20头骨、肢骨保存情况较好，均可进行测量，M18肢骨保存较好，可进行测量，头骨保存较差，不可测量，F7出土的7具人骨保存情况很差，均不能进行测量。

一　性别年龄鉴定

对出土的9具人骨进行性别、年龄鉴定，具体结果见表5-4-1。

表5-4-1　龙山文化墓葬及房址出土人骨性别、年龄鉴定表

男：♂　女：♀　年龄：岁

墓号	性别	年龄
M18	♂	20～23
M20	♀	24～26
F7:1	♀	40±
F7:2	♀	成年
F7:3	♀	成年
F7:4	?	35±
F7:5	♀	45±
F7:6	?	成年
F7:7	?	45±

二　颅骨的非测量性形态特征研究

可对M20的头骨进行非测量性状的观察，结果见表5-4-2。

表 5－4－2　M20 颅骨非测量性形态特征

观察项目	体质特征	观察项目	体质特征
颅形	菱形	梨状孔形状	圆形
眉弓突度	稍显	梨状孔下缘	钝型
眉弓范围	1 级	鼻前棘	Ⅰ级不显
眉间突度	稍显	眶形	斜方形
鼻根点凹陷	1 级	眶口平面位置的测定	锐角型
额中缝	无	眶下窝	1 级
额鼻缝形状	弧线型	犬齿窝	1 级弱
矢状缝前囟段	微波型	乳突	大
矢状缝顶段	锯齿型	乳突上嵴	小
矢状缝顶孔段	微波型	顶结节	后方
矢状缝人字点段	锯齿型	枕外隆突	1 级稍显
冠状缝前囟段	微波型	腭圆枕	瘤状型
冠状缝复杂形段	复杂型	腭横缝	前突型
冠状缝颞窝段	深波型	齿弓形状	抛物线形
人字缝人字点段	锯齿型	铲形门齿	无法观察
人字缝中段	复杂型	下颌圆枕	无
人字缝星点段	复杂型	颏形	圆形
骨缝愈合程度	3 级	颏孔形状	圆形
缝间骨	复杂型	前额	中等
翼区	H 型	矢状嵴	无
关节后突	大	下颌角形	内翻
鼻骨类型	Ⅰ型		

由上表可见，M20 的头骨为菱形，眉间突度、眉弓发育都较弱，具有较简单的颅顶缝、斜方的眶型、浅弱的犬齿窝、较浅的鼻根凹。

三　颅骨测量性状的研究

出土的 9 具人骨中，仅可对 M20 的头骨进行测量，测量数据如下：

表 5－4－3　M20 颅骨测量表

（长度：毫米；角度：度；指数:%）

项目	平均值	项目	平均值
1 颅骨最大长（g－op）	177	鼻梁角（72－75）	—
5 颅基底长（n－enba）	96	N∠ 面三角（∠pr－n－ba）	—
8 颅骨最大宽（eu－eu）	145	A∠ 面三角（∠n－pr－ba）	—

续表 5-4-3

项目	平均值	项目	平均值
9 最小额宽（ft-ft）	91.7	B∠ 面三角（∠n-ba-pr）	—
11 耳点间宽（au-au）	123.5	8:1 颅长宽指数	81.92
12 枕骨最大宽（ast-ast）	107.7	17:1 颅长高指数	75.14
7 枕骨大孔长（enba-o）	35.3	17:8 颅宽高指数	91.72
16 枕骨大孔宽	29.4	9:8 额宽指数	63.24
17 颅高（ba-b）	133	16:7 枕骨大孔指数	83.29
21 耳上颅高（po-po）	114	40:5 面突指数	100
23 颅周长（g-op-g）	512	48:17 垂直颅面指数 pr	53.71
24 颅横弧（po-b-po）	313	48:17 垂直颅面指数 sd	54.59
25 颅矢状弧（n-o）	369	48:45 上面指数 pr	54.17
26 额骨矢状弧（n-b）	125	48:45 上面指数 sd	56.11
27 顶骨矢状弧（b-l）	130	48:46 上面指数 pr	71.38
28 枕骨矢状弧（l-o）	111	48:46 上面指数 sd	73.93
29 额骨矢状弦（n-b）	111	54:55 鼻指数	51.93
30 顶骨矢状弦（b-l）	115.8	52:51 眶指数 I R	93.08
31 枕骨矢状弦（l-o）	94.8	52:51 眶指数 I L	92.09
40 面基底长（enba-pr）	96	52:51a 眶指数 II R	101.68
43 上面宽（fmt-fmt）	99.3	52:51a 眶指数 II L	99.72
44 两眶宽（ec-ec）	97	54:51 鼻眶指数 R	65.64
45 颧宽（zy-zy）	129.4	54:51 鼻眶指数 L	65.31
46 中面宽（zm-zm）	98.2	54:51a 鼻眶指数 R	71.71
47 全面高（n-gn）	123.9	54:51a 鼻眶指数 L	70.72
48 上面高（n-pr）	70.1	SS：SC 鼻根指数	19.3
48sd 上面高（n-sd）	72.6	63:62 腭指数	87.45
50 前眶间宽（mf-mf）	22.3	45：0.5（1+8）横颅面指数	80.37
51 眶宽（mf-ec）R	39	17：0.5（1+8）高平均指数	82.61
51 眶宽（mf-ec）L	39.2	下颌骨指数	—
51a 眶宽（d-ec）R	35.7	65 下颌髁突间宽（cdl-cdl）	—
51a 眶宽（d-ec）L	36.2	66 下颌角间宽（go-go）	—
52 眶高（Orb. Brea）R	36.3	67 颏孔间宽	49
52 眶高（Orb. Brea）L	36.1	68 下颌体长	—
MH 颧骨高（zm-fmo）R	45.8	68-1 下颌体最大投影长	—
MH 颧骨高（zm-fmo）L	46.9	69 下颌联合高（id-gn）	—
MB 颧骨宽（zm-rim. Orb）		69-1 下颌体高 I R	37.1
54 鼻宽	25.6	69-1 下颌体高 I L	38.3

续表 5－4－3

项目	平均值	项目	平均值
55 鼻高（n－ns）	49.3	下颌体高 II R	35.2
SC 鼻最小宽	5.7	下颌体高 II L	35.5
SS 鼻最小宽高	1.1	69－3 下颌体厚 I R	12.8
60 上颌齿槽弓长（pr－alv）	52	69－3 下颌体厚 I L	13.5
61 上颌齿槽弓宽（ekm－ekm）	65	下颌体厚 II R	16.5
62 腭长（ol－sta）	50.2	下颌体厚 II L	16.7
63 腭宽（enm－enm）	43.9	70 下颌枝高 R	—
FC 两眶内宽（fmo－fmo）	93.9	70 下颌枝高 L	60.2
FS 鼻根点至两眶内宽之矢高（n tof-mo－fmo）	15	71 下颌枝宽 I－R	—
DC 眶间宽（d－d）	25.5	71 下颌枝宽 I－L	43.7
鼻棘下点至中面宽之矢高（ss to zm－zm）	23.2	71 下颌枝宽 II－R	—
32 额侧角 I（∠n－m and FH）	75	71 下颌枝宽 II－L	38.8
额侧角 II（∠g－m and FH）	68	71a 下颌枝最小宽 R	—
前囟角 I（∠g－b and FH）	37	71a 下颌枝最小宽 L	38.7
前囟角 II（∠n－b and FH）	43	79 下颌角	—
72 总面角（∠n－pr and FH）	73	68:65 下颌骨指数	—
73 中面角（∠n－ns and FH）	82	71:70 下颌枝指数 R	—
74 齿槽面角（∠ns－pr and FH）	50.5	71:70 下颌枝指数 L	72.59
75 鼻梁侧角（∠n－rhi and FH）	—	颏孔间弧	—
77 鼻颧角（∠fmo－n－fmo）	—	下颌联合弧	—
SSA 颧上颌角（∠zm－ss－zm）	—		

四 与大汶口文化人骨的比较

将 M20 的各项测量值与大汶口墓地出土的女性头骨测量值进行对比，见表 5－4－4。

表 5－4－4 龙山文化与大汶口文化女性头骨测量值的比较

（长度：毫米；角度：度；指数:%）

项目	大汶口文化女性头骨			龙山文化女性头骨
	平均值	最小值	最大值	M20
1 颅骨最大长（g－op）	170.8	159	182	177
5 颅基底长（n－enba）	106.5	100	113	96
8 颅骨最大宽（eu－eu）	144.82	130	158	145

续表 5-4-4

项目	大汶口文化女性头骨			龙山文化女性头骨
	平均值	最小值	最大值	M20
9 最小额宽（ft-ft）	89.89	85.7	93.2	91.7
11 耳点间宽（au-au）	128	109.5	144	123.5
12 枕骨最大宽（ast-ast）	110.78	104	117.5	107.7
7 枕骨大孔长（enba-o）	34.73	32.2	37	35.3
16 枕骨大孔宽	27.15	24.1	29	29.4
17 颅高（ba-b）	146.13	138	152.5	133
21 耳上颅高（po-po）	116.1	107.2	124.8	114
23 颅周长（g-op-g）	515	515	515	512
24 颅横弧（po-b-po）	330.6	310	352	313
25 颅矢状弧（n-o）	351	310	382	369
26 额骨矢状弧（n-b）	126.55	120	132	125
27 顶骨矢状弧（b-l）	124.61	113	146	130
28 枕骨矢状弧（l-o）	108.33	104	113	111
29 额骨矢状弦（n-b）	109.42	100.1	117.6	111
30 顶骨矢状弦（b-l）	109.34	97.8	123.9	115.8
31 枕骨矢状弦（l-o）	96.65	90.8	100.6	94.8
40 面基底长（enba-pr）	96.37	87.4	109	96
43 上面宽（fmt-fmt）	102.17	97.6	106.1	99.3
44 两眶宽（ec-ec）	94.54	89.7	98	97
45 颧宽（zy-zy）	137.55	130	145.1	129.4
46 中面宽（zm-zm）	101.73	98	109	98.2
47 全面高（n-gn）	110.53	99.3	125	123.9
48 上面高（n-pr）	66.93	60.8	74.9	70.1
48sd 上面高（n-sd）	68.95	61.7	76.1	72.6
50 前眶间宽（mf-mf）	19.26	15.3	21	22.3
51 眶宽（mf-ec）R	40.13	36	42.9	39
51 眶宽（mf-ec）L	41.4	37.8	44.3	39.2
51a 眶宽（d-ec）R	38.37	38.1	38.8	35.7
51a 眶宽（d-ec）L	37.9	36	40.2	36.2
52 眶高（Orb. Brea）R	34.27	31.7	36.1	36.3
52 眶高（Orb. Brea）L	33	29.5	36	36.1
MH 颧骨高（zm-fmo）R	46.46	44	51.6	45.8
MH 颧骨高（zm-fmo）L	43.72	39.4	46.6	46.9
MB 颧骨宽（zm-rim. Orb）	—	—	—	—

续表 5－4－4

项目	大汶口文化女性头骨			龙山文化女性头骨
	平均值	最小值	最大值	M20
54 鼻宽	27.72	24.2	31.1	25.6
55 鼻高（n－ns）	50.34	45.6	58	49.3
SC 鼻最小宽	8.69	5.8	13.8	5.7
SS 鼻最小宽高	2.34	1.5	4.2	1.1
60 上颌齿槽弓长（pr－alv）	49.04	44	52.6	52
61 上颌齿槽弓宽（ekm－ekm）	63.41	57.7	66.9	65
62 腭长（ol－sta）	43.73	38.9	47.5	50.2
63 腭宽（enm－enm）	41.95	37.4	45.8	43.9
FC 两眶内宽（fmo－fmo）	94.01	88.7	97.7	93.9
FS 鼻根点至两眶内宽之矢高（n to fmo－fmo）	13	9.1	17.6	15
DC 眶间宽（d－d）	22.84	19.1	25.7	25.5
鼻棘下点至中面宽之矢高（ss to zm－zm）	21.47	20.9	22.6	23.2
32 额侧角 I（∠n－m and FH）	78.58	71.5	86	75
额侧角 II（∠g－m and FH）	73.75	64	83	68
前囟角 I（∠g－b and FH）	42.67	32.5	50	37
前囟角 II（∠n－b and FH）	49.25	43.5	55	43
72 总面角（∠n－pr and FH）	79.6	79	80	73
73 中面角（∠n－ns and FH）	82.7	80	85.5	82
74 齿槽面角（∠ns－pr and FH）	66	61	70	50.5
75 鼻梁侧角（∠n－rhi and FH）	—	—	—	—
77 鼻颧角（∠fmo－n－fmo）	—	—	—	—
SSA 颧上颌角（∠zm－ss－zm）	—	—	—	—
鼻梁角（72－75）	—	—	—	—
N∠面三角（∠pr－n－ba）	—	—	—	—
A∠面三角（∠n－pr－ba）	—	—	—	—
B∠面三角（∠n－ba－pr）	—	—	—	—
8:1 颅长宽指数	83.7	72.63	96.93	81.92
17:1 颅长高指数	86.17	85.19	87.14	75.14
17:8 颅宽高指数	101.08	94.52	107.39	91.72
9:8 额宽指数	62.13	58.7	64.72	63.24
16:7 枕骨大孔指数	78.55	65.14	85.55	83.29
40:5 面突指数	94.58	92.7	96.46	100

续表 5－4－4

项目	大汶口文化女性头骨			龙山文化女性头骨
	平均值	最小值	最大值	M20
48∶17 垂直颅面指数 pr	47.14	45.51	48.77	53.71
48∶17 垂直颅面指数 sd	48.72	47.15	50.29	54.59
48∶45 上面指数 pr	48.68	43.97	53.38	54.17
48∶45 上面指数 sd	50.3	45.28	55.31	56.11
48∶46 上面指数 pr	63.17	62.04	63.8	71.38
48∶46 上面指数 sd	64.87	62.96	65.96	73.93
54∶55 鼻指数	53.83	42.76	62.34	51.93
52∶51 眶指数 I R	83.54	74.07	98.06	93.08
52∶51 眶指数 I L	79.8	70.4	90.23	92.09
52∶51a 眶指数 II R	85.65	83.2	87.89	101.68
52∶51a 眶指数 II L	87.81	80.97	100	99.72
54∶51 鼻眶指数 R	67.4	56.54	78.26	65.64
54∶51 鼻眶指数 L	66.79	58.6	76.19	65.31
54∶51a 鼻眶指数 R	63.52	63.52	63.52	71.71
54∶51a 鼻眶指数 L	69.92	63.52	77.36	70.72
SS：SC 鼻根指数	26.27	16.3	34.48	19.3
63∶62 腭指数	98.07	82.32	105.66	87.45
45：0.5（1＋8）横颅面指数	86.21	82.02	90.4	80.37
17∶0.5（1＋8）高平均指数	92.91	89.61	96.21	82.61
下颌骨指数	64.88	58.5	77.03	—
65 下颌髁突间宽（cdl－cdl）	122.09	104.5	134.7	—
66 下颌角间宽（go－go）	99.87	88	111	—
67 颏孔间宽	48.48	45.4	54.5	49
68 下颌体长	77.97	70.5	82.6	—
68－1 下颌体最大投影长	102.44	94.5	111	—
69 下颌联合高（id－gn）	32.11	27.7	38.5	—
69－1 下颌体高 I R	31.23	27.9	35.7	37.1
69－1 下颌体高 I L	31.25	24.4	36	38.3
下颌体高 II R	29	22.2	33.5	35.2
下颌体高 II L	30.13	26	35.7	35.5
69－3 下颌体厚 I R	13.09	11.3	14.3	12.8
69－3 下颌体厚 I L	13.33	11.1	14.6	13.5
下颌体厚 II R	16.29	14.4	18.6	16.5
下颌体厚 II L	16.24	14.5	19.1	16.7

续表 5－4－4

项目	大汶口文化女性头骨			龙山文化女性头骨
	平均值	最小值	最大值	M20
70 下颌枝高 R	58.07	49	69.5	—
70 下颌枝高 L	59.85	51.4	69.4	60.2
71 下颌枝宽 I－R	43.02	40	46.4	—
71 下颌枝宽 I－L	43.98	41.2	47	43.7
71 下颌枝宽 II－R	36.84	31.1	42	—
71 下颌枝宽 II－L	38.23	33	44	38.8
71a 下颌枝最小宽 R	36.23	30	41.7	—
71a 下颌枝最小宽 L	36.38	30.2	40.2	38.7
79 下颌角	118.46	104	134	—
68:65 下颌骨指数	64.88	58.5	77.03	—
71:70 下颌枝指数 R	77.07	66.76	82.86	—
71:70 下颌枝指数 L	72.54	65.29	83.66	72.59
颏孔间弧	58.04	52	64	—
下颌联合弧	31.39	13.5	38	—

M20 的 40 项长度项目都在梁王城大汶口文化女性头骨的变异范围内，只有颅基底长、枕骨大孔宽、颅高、颧宽、前眶间宽（mf－mf）、眶宽（d－ec）R、眶高、鼻最小宽、鼻最小高 9 项超出了大汶口组女性头骨的变异范围，其中枕骨大孔宽、颧宽、眶高、鼻最小宽与大汶口墓地出土女性头骨最大、最小值的变异范围相差不到 1mm，前眶间宽（mf－mf）、鼻最小高与大汶口墓地女性头骨变异范围相差不到 2mm。

7 个可进行比较的角度项目中，额侧角 I（∠n－m and FH）、额侧角 II（∠g－m and FH）、前囟角 I（∠g－b and FH）、中面角（∠n－ns and FH）落在了大汶口文化女性头骨最小值与最大值的变异范围内，前囟角 II（∠n－b and FH）比大汶口女性头骨最小值仅小 0.5°，总面角（∠n－pr and FH）和齿槽面角（∠ns－pr and FH）与大汶口女性头骨的差异相对较大，总面角比大汶口最小值小 6°，齿槽面角（∠ns－pr and FH）比大汶口最小值小 10.5°。

指数项目中，龙山文化人骨与大汶口文化人骨一样具有圆颅与高颅相结合的颅型，在宽高指数上，大汶口人骨的变异范围涉及中颅（92～97.9）及狭颅（98～X），变异范围较大，龙山人骨（91.72）属阔颅型（X～91.9），但应属比较接近中颅型的阔颅型。因颅高、颧宽较小，导致垂直颅面指数和上面指数偏大于大汶口人骨变异范围，横颅面指数、高平均指数小于大汶口人骨。龙山人骨的眶高略大于大汶口人骨，眶宽略小于大汶口人骨，导致眶指数大于大汶口人骨。龙山人骨是面突指数偏大，属中颌型，与大汶口人骨的正颌型有一定差异。

在下颌骨可比较的项目中，除下颌体高略大于大汶口文化人骨，龙山人骨各个项目都在大汶口人骨的变异范围内。

由于大汶口文化可测量的女性人骨数量有限，计算出的大汶口文化变异范围偏小，加之龙山文化可测量标本仅有一例，即便二者属相同的体质类型，在比较中也可能出现龙山人骨落在大汶口人骨变异范围之外的情况。由上文对于各个项目比较可以看出，M20的绝大部分测量值都落在梁王城大汶口墓地女性头骨变异范围内或十分接近其上下限，因此可以说龙山文化墓地出土的女性颅骨与大汶口文化的女性颅骨属同一体质类型。

五　身高的研究

对M18、M20出土的肢骨进行测量，具体数据见表5－6－5。依据《体质人类学》中所记录的利用长骨推算黄种人身高的公式，根据2例个体的肱骨、尺骨、桡骨、股骨、胫骨、腓骨的最大长求出身高平均值。M18（男）的平均身高为164.5厘米，M20（女）的平均身高为159.6厘米。

表5－4－5　M18、M20人骨长骨测量表　（长度：毫米）

测量项目		M20	M18
股骨最大长	R	427	435
	L	421.5	434
胫骨最大长	R	—	—
	L	347	—
腓骨最大长	R	341	—
	L	342.5	—
肱骨最大长	R	312.5	318
	L	302	—
尺骨最大长	R	—	265
	L	—	263
桡骨最大长	R	—	243
	L	—	—

六　小结

通过对梁王城遗址龙山文化墓葬中出土的一例女性颅骨（M20）的观察和测量可知，该头骨应归属于蒙古人种。无论是在非测量性形态特征还是在测量性形态特征上都与在遗址大汶口文化人骨非常接近，只在颅高、颅基底长、颧宽、眶宽、眶高上与大汶口人骨有一定差异，与大汶口墓葬出土人骨应归属于同一体质类型。

第五节　出土遗物分析

梁王城遗址出土的龙山文化遗物数量较少，按质地分有陶器、石器、骨角器以及玉器四类。其中绝大部分为陶器，地层、灰坑及房址中均有出土；骨角器和石器的数量极少；玉器仅2件，均出土于墓葬中。以下按质料类别分述。

一　陶器

陶器按用途分生活用器、生产工具两大类。

陶质分夹砂和泥质两大类，夹砂陶的数量多于泥质陶，基本不见大汶口时期胎质细腻纯净的细泥陶。从总体上看，夹砂陶主要有鼎、鬶、罐、盆、甗、鬶等；泥质陶多杯、壶、尊等。

陶色有灰、褐、黑、红四类，以褐色数量最多。褐色包括有红褐、灰褐、黑褐等，此类陶色的陶器多为鼎、甗、鬶等炊器类及器盖、纺轮；灰色陶器常见于盆、罐类；黑色多见于尊等陶器器表；红色多见于各类陶杯的器表。

器表以素面为主，部分陶器器表磨光。常见的纹饰有凹凸棱（弦）纹、镂孔、附加堆纹、锯齿状纹、细绳纹、篮纹，以及小方格纹、波浪纹等。

凹凸棱（弦）纹是龙山文化陶器最常见的纹饰，其中又以凸棱纹数量最多。此类纹饰常饰于鼎、罐、尊、盆、盒等器物的腹部，数量为一道或数道不等。

附加堆纹是一种较为普遍的堆砌性纹饰，多施于鼎等器物的腹部，用于器物的加固。常见的纹样是在条带状泥条上饰以连续捺窝或指甲纹，另有鸡冠耳、盲鼻等。

另外，盆形鼎的口沿多捏塑成花边状，口沿下常饰一对或两对鸡冠耳形鋬；鼎足多呈“鬼脸状”。篮纹多浅拍于罐、瓮的腹上部或下部；细绳纹多见于甗颈、肩部及鬲足部。一些罐的肩部还饰有小方格纹、波浪纹、折线纹等。

陶器的制作方法以轮制为主，包括罐、尊、杯、壶等。少量的三足器及带耳、流、把手等附件的器物，一般是分别成型后再粘接复合而成。而鼎、盆、瓮等体形较大的器物，应是用泥条盘筑法制成，外壁拍打纹饰或辅以泥条加固，同时采用轮修的方法对器物进行修整。一些小器物直接用手捏制而成，器形不规整。

器物造型以三足器、平底器为主，圈足器少见，不见圜底器。主要器类有鼎、盆、盒、罐、瓮、鬶、甗、壶、杯、器盖以及纺轮等。

1. 生活用器

1）鼎

可参与分型式的有14件，其中完整器7件。依腹部形态可分两型。

A型　8件。罐形鼎。依口部特征又可分两亚型。

Aa型　7件。宽折沿，鼎身如罐，凿形足。分二式。

Ⅰ式　5件。腹较深，足较长。

F7∶15，夹砂黑褐陶，腹部饰有数道弦纹，沿下饰鸡冠形耳鋬一对。口径20.0、高24.3

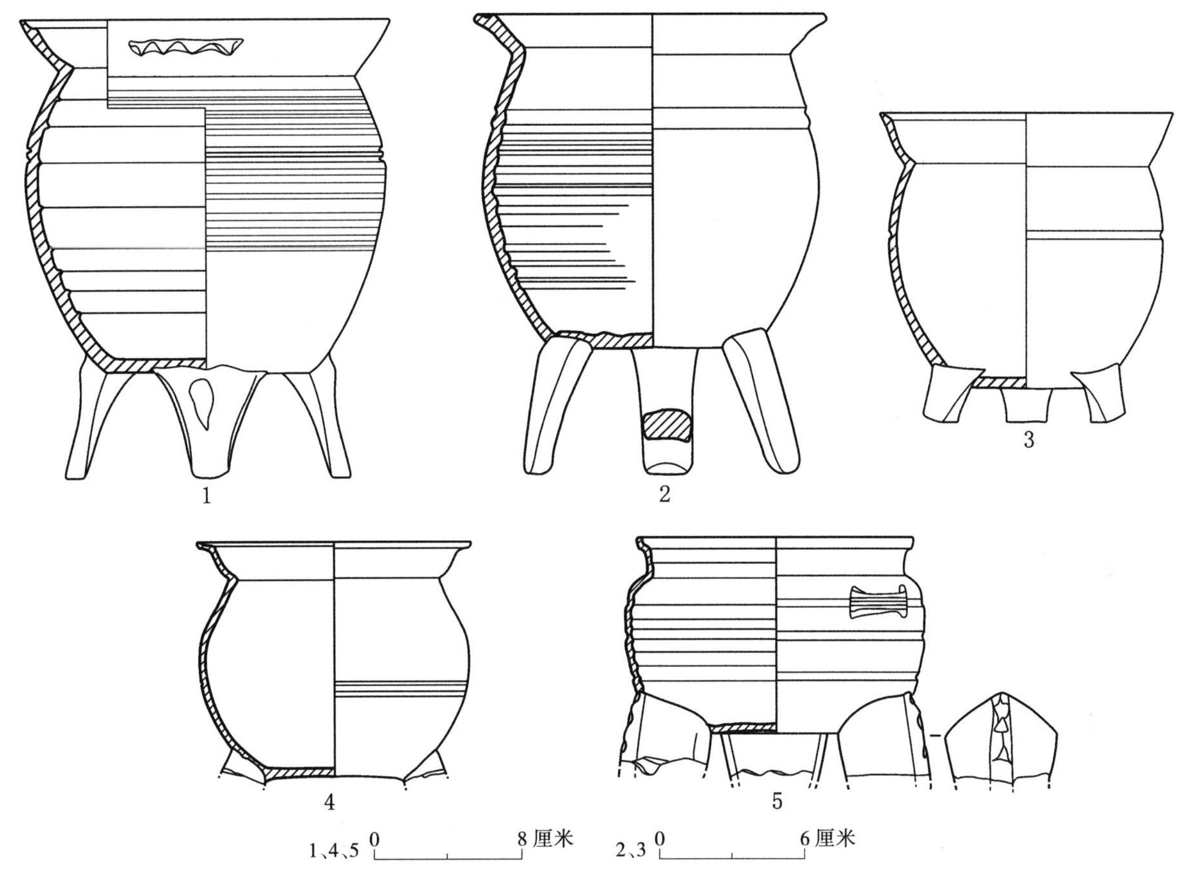

图四五一　龙山文化房址、地层及灰坑出土陶鼎
1、2. Aa型Ⅰ式（F7:15、T11⑧:2）　3、4. Aa型Ⅱ式（F7:4、H407:7）　5. Ab型（T4⑧:2）

厘米。（图四五一，1；参见图版三四三，4）

T11⑧:2，夹砂褐陶，器壁内有数道轮修痕迹。口径14.1、高18.3厘米。（图四五一，2；图版三五五，1）

Ⅱ式　2件。腹较Ⅰ式浅，短足。

F7:4，夹砂黑褐陶，上腹部饰一道凹棱。口径12.0、高12.1厘米。（图四五一，3；参见图版四三四三，5）

H407:7，夹砂灰褐陶，三足残。口径14.8、残高13.0厘米。（图四五一，4；参见图版三五〇，1）

Ab型　1件。

T4⑧:2，夹砂褐陶，短折沿，颈微束，罐形器腹，大平底，三足又宽又扁，足尖残断。器壁外侧饰有3道凹弦纹，内侧有数道轮修痕迹，肩部饰一对宽横鋬，每只足的正面饰数个捺窝。口径15.2、残高12.4厘米。（图四五一，5；图版三五五，2）

B型　6件。盆形鼎。依口、腹、足部特征亦可分为两亚型。

Ba型　2件。宽折沿，腹壁较直，圜底，凿形足。

F7:23，夹砂红陶，腹底交界处饰一周附加堆纹，每只足的正面饰2道刻槽。口径24.0、残高18.6厘米。（图四五二，1；参见图版三四三，3）

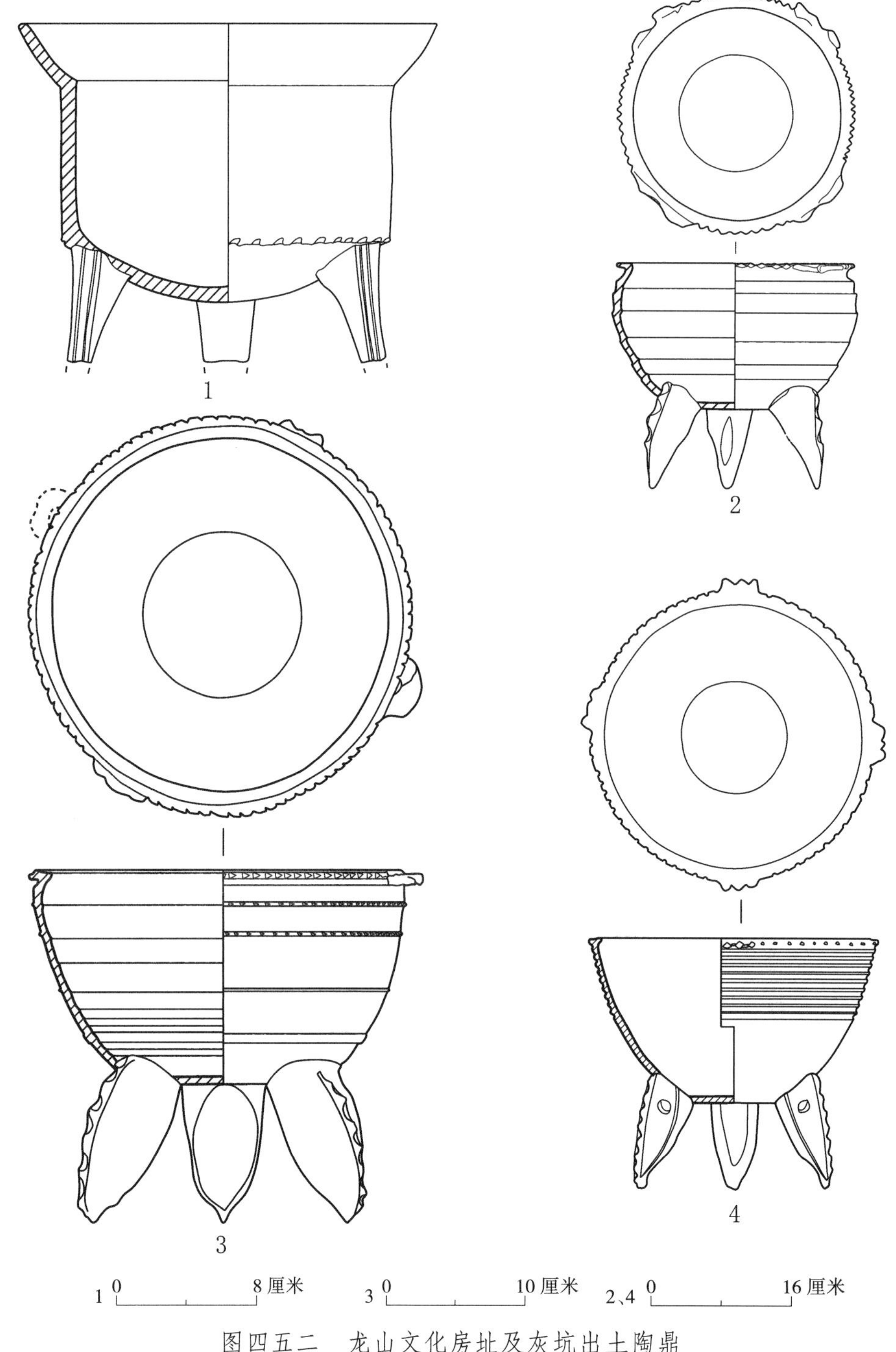

图四五二　龙山文化房址及灰坑出土陶鼎

1. Ba 型（F7:23）　2. Bb 型Ⅰ式（F7:16）　3. Bb 型Ⅱ式（F7:9）　4. Bb 型Ⅲ式（H407:9）

Bb 型　4 件。无沿或短折沿，口沿处多被捏塑成花边状，沿下常附 1 对或 2 对鸡冠耳状鋬，鼎腹外壁常饰有数道突棱或附加堆纹，内壁多有数道轮修痕迹，平底，鼎足多为“鬼脸式”足。依口径与最大腹径的比值可分为三式。

Ⅰ式　1 件。口径略小于最大腹径。

F7:16，夹砂黑褐陶，沿下饰有 2 对鸡冠形耳鋬，腹部饰附加堆纹及突棱各 2 道。口径 26.3、高 24.5 厘米。（图四五二，2；参见图版三四三，2）

Ⅱ式　1件。口径与最大腹径相当。

F7∶9，夹砂陶，烧制不均，红褐、黑褐参半，腹部饰附加堆纹及突棱各2道，唇下有4个对称的鸡冠形耳鋬。口径26.3、高24.5厘米。（图四五二，3；参见图版三四三，1）

Ⅲ式　2件。口径大于最大腹径。

H407∶9，夹砂褐陶，沿下饰有2对鸡冠耳状鋬，腹部饰有数道凹弦纹。口径32.8、高27.6厘米。（图四五二，4；参见图版三五〇，2）

另外，还发现有大量的鼎足，主要有“鬼脸式”鼎足、凿形足，以及少量的宽扁状长方形足、侧三角形足等。

“鬼脸式”鼎足　足面一般有两个圆形或长方形镂孔，足正面饰一纵向附加堆纹，上有捺窝。

ⅢT4608⑧∶1，夹砂红褐陶。残长15.3厘米。（图四五三，1；图版三五五，3）

H407∶19，夹砂红褐陶。残长13.0厘米。（图四五三，2；参见图版三五〇，6）

H520∶3，夹砂灰褐陶。残长7.3厘米。（图四五三，3；图版三五五，5）。

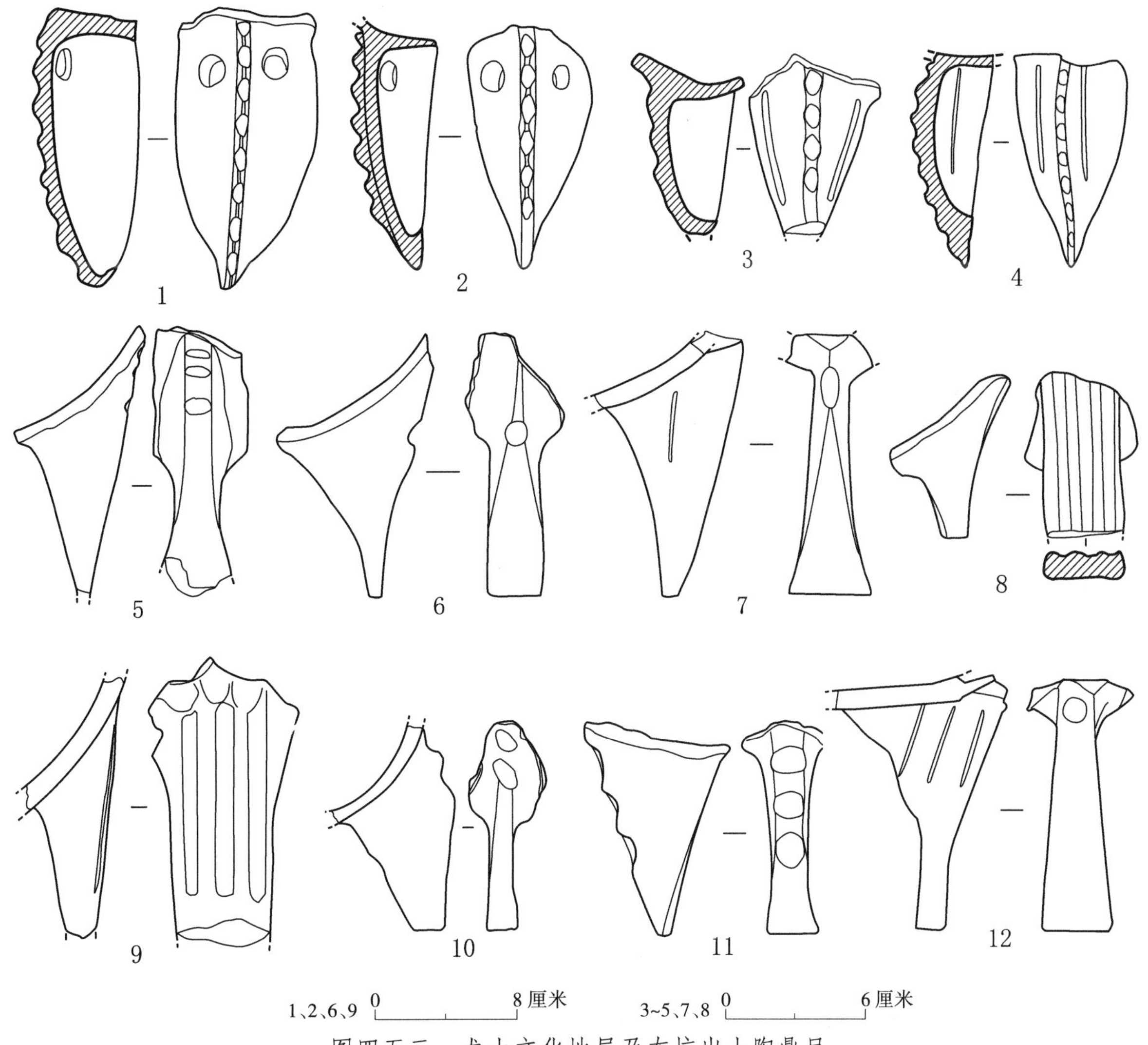

图四五三　龙山文化地层及灰坑出土陶鼎足

1~4.“鬼脸式”鼎足（ⅢT4608⑧∶1、H407∶19、H520∶3、H512∶9）　5~7. 凿形鼎足（H507∶2、H512∶10、T4⑧∶10）　8、9. 宽扁状长方形鼎足（H517∶2、T4⑧∶17）　10~12. 侧三角形鼎足（H14∶5、H517∶3、T4⑧∶8）

H512∶9，夹砂红褐陶。残长8.8厘米。（图四五三，4；参见图版三五二，8）

凿形鼎足　足正面常饰有1个或几个捺窝，两侧偶见细刻槽。

H507∶2，夹砂红褐陶，根部饰有3个捺窝。残高11.0厘米。（图四五三，5；图版三五五，4）

H512∶10，夹砂灰褐陶，足面有一捺窝。残长14.3厘米。（图四五三，6）

T4⑧∶10，夹砂灰褐陶，足两侧各有一道刻划纹，足面有一捺窝。残长10.5厘米。（图四五三，7）

宽扁状长方形足　足正面为长条形，其上常饰细刻槽。

H517∶2，夹砂灰褐陶，足面有3道刻槽，足尖残。残长6.7厘米。（图四五三，8；图版三五五，6）

T4⑧∶17，夹砂褐陶，足面有3道刻槽，足尖残。残长15.6厘米。（图四五三，9）

侧三角形足　与凿形足形态接近，足尖较窄。

H14∶5，夹砂红褐陶，足根处饰捺窝2个。残长8.6厘米。（图四五三，10）

H517∶3，夹砂灰褐陶，足面饰有3个捺窝。残长8.7厘米。（图四五三，11；图版三五五，7）

T4⑧∶8，夹砂褐陶，足两侧各饰3道刻槽，足跟处饰捺窝。残长10.2厘米。（图四五三，12）

2）罐

可参与分型式的有18件，其中完整器9件，依器物整体形态可分为四型。另有带流罐及三足小罐各1件。

A型　8件。侈口，折沿颈部不显，深腹。分两亚型。

Aa型　2件。整体瘦高，颈部不显。

F7∶18，夹砂黑褐陶。口径15.6、底径8.0、高22.0厘米。（图四五四，1；参见图版三四二，3）

H119∶1，夹砂黑陶。口径7.9、底径4.7、高10.8厘米。（图四五四，2；参见图版三四六，1）

Ab型　6件。整体矮胖。分二式。

Ⅰ式　仅1件。短折沿，沿面略凹，器腹浅圜。

T4⑧∶6，夹砂褐陶。口径8.1、残高6.3厘米。（图四五四，5）

Ⅱ式　5件。折沿略宽，器腹变深。

F7∶3，夹砂红褐。口径12.8、底径6.4、高16.0厘米。（图四五四，3；参见图版三四二，1）

F7∶22，泥质灰陶。口径9.6、底径5.7、高12.0厘米。（图四五四，4；参见图版三四二，5）

B型　小口，唇面略凹，短颈。未见完整器，可参与分型式的残器5件。分两亚型。

Ba型　4件。圆肩。

H98∶2，夹细砂灰褐陶。口径22.0、残高6.0厘米。（图四五四，6）

H98∶3，夹细砂灰褐陶。口径27.5、残高7.0厘米。（图四五四，7）

Bb型　仅1件。溜肩。

H407∶16，泥质黑陶，肩部饰有2个对称的半环形小耳，肩、腹部饰有数道凸弦纹。口径30.6、残高16.8厘米。（图四五四，8；参见图版三四九，3、4）

C型　2件。广口，高颈。

ⅢT4809⑧∶1，泥质黑陶。口径10.5、底径6.3、高9.6厘米。（图四五四，9）

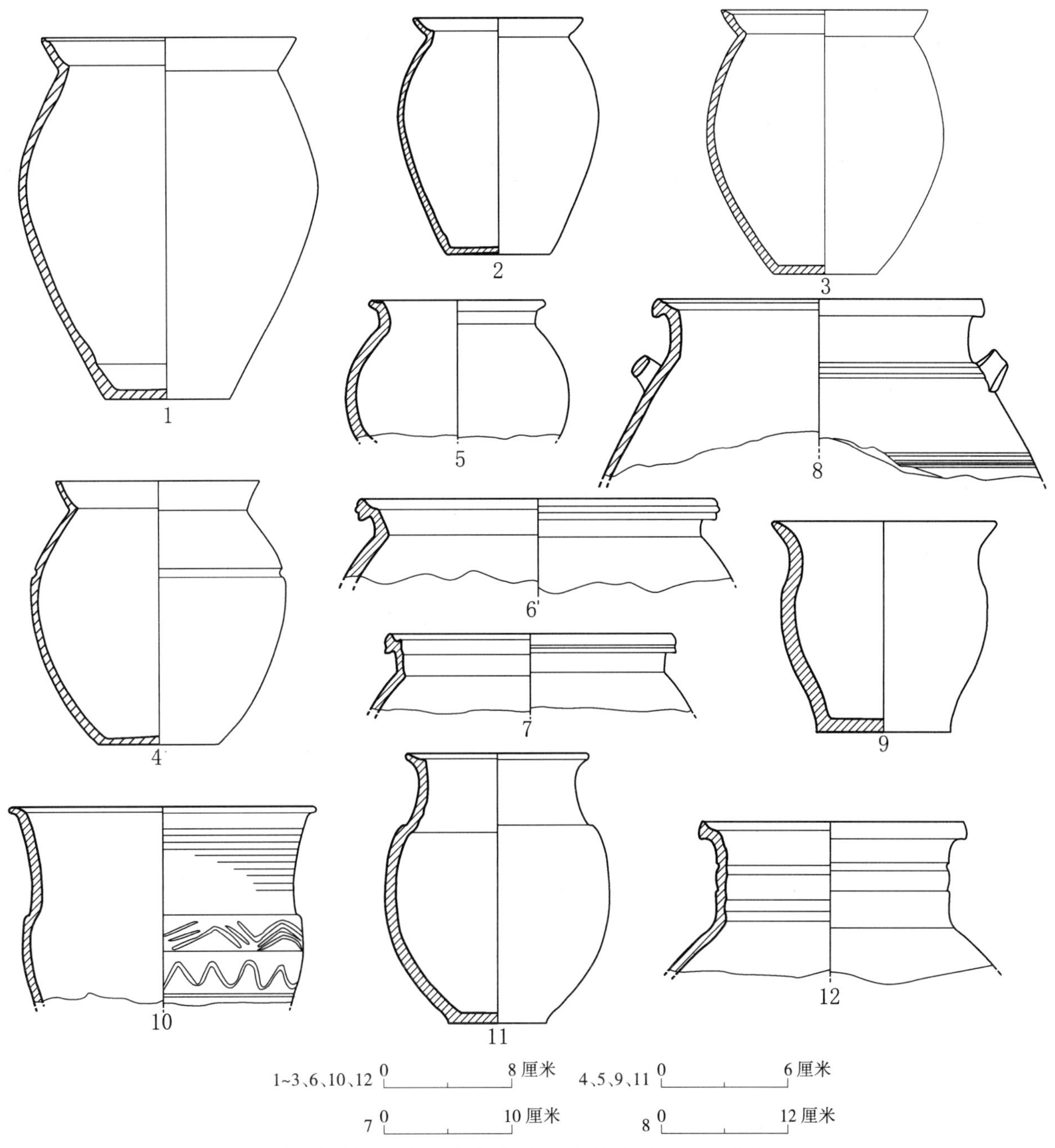

图四五四　龙山文化房址、灰坑及地层出土陶罐

1、2. Aa 型（F7:18、H119:1）　3、4. Ab 型Ⅱ式（F7:3、F7:22）　5. Ab 型Ⅰ式（T4⑧:6）　6、7. Ba 型（H98:2、H98:3）　8. Bb 型（H407:16）　9、10. C 型（ⅢT4809⑧:1、H407:10）　11、12. D 型（H407:6、ⅢT4608⑧:3）

H407:10，泥质红褐陶，腹部饰有刻划波浪纹、折线纹等。口径 19.0、残高 12.2 厘米（图四五四，10）。

D 型　侈口，高颈。完整器 1 件。

H407:6，夹砂红褐陶。口径 8.4、底径 4.6、高 12.2 厘米（图四五四，11；参见图版三四八，6）。

ⅢT4608⑧:3，夹砂黑陶，肩部以下残，颈部饰有 2 道凹弦纹。口径 16.4、残高 9.0 厘米（图四五四，12；图版三五六，1、2）。

带流罐　1件。

F7∶11，夹砂灰陶。口径最宽处9.9、底径5.3、高8.4厘米。（参见图四二一，7；参见图版三四二，6）

三足小罐　1件。

H407∶4，泥质褐陶，带把，颈、腹处有2道折棱。残高7.8厘米。（参见图四三○，10；参见图版三四八，3）

3）盆

6件。可分为平底盆和三足盆两类。

①平底盆

5件。可分四式。

Ⅰ式　1件。大敞口，深斜腹、小平底。

ⅢT4909⑧∶5，泥质灰黑陶。口径20.3、底径11.6、高10.3厘米（图四五五，1；图版三五六，5）

Ⅱ式　1件。较Ⅰ式比器腹变浅，底变宽。

T11⑧∶1，泥质灰黑陶。口径32.0、底径23.0、高10厘米。（图四五五，2；图版三五六，3、4）。

Ⅲ式　2件。敞口，腹较深，腹壁较直略内曲。

H100∶1，泥质黑陶，平底略内凹。下腹部饰凸弦纹一道，器表磨光，内外有轮修痕迹。口径21.2、底径16.4、高8.6厘米。（图四五五，3；参见图版三五三，1）

Ⅳ式　1件。直壁。

H119∶3，泥质黑陶，外壁上残留刮削痕迹。口径18.2、底径15.2、高7.2厘米。（图四五五，4）

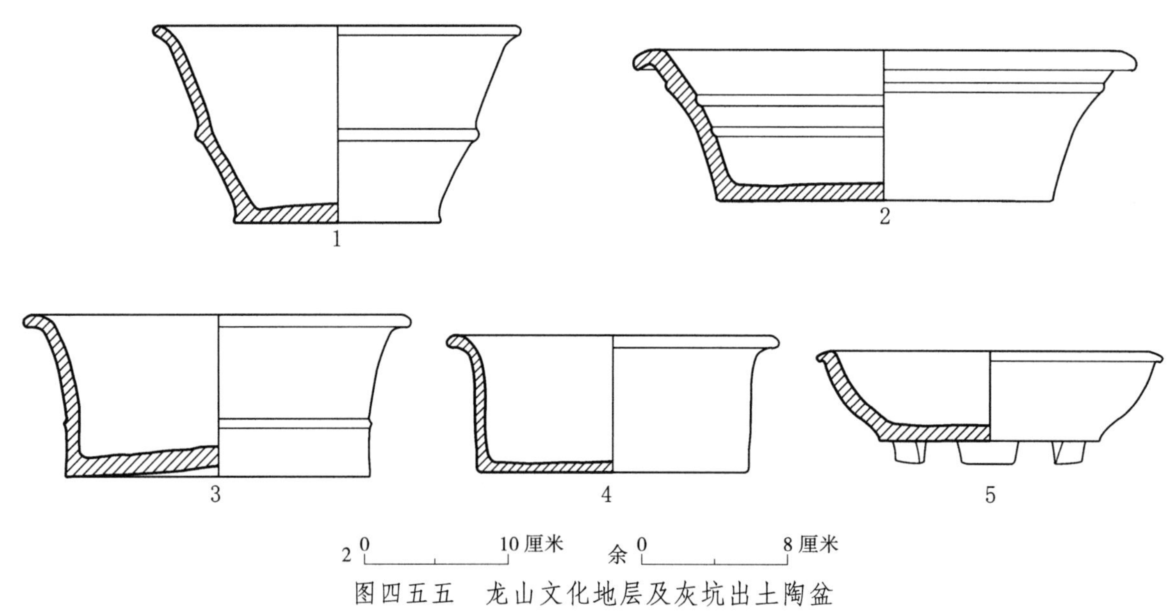

图四五五　龙山文化地层及灰坑出土陶盆

1. 平底盆Ⅰ式（ⅢT4909⑧∶5）　2. 平底盆Ⅱ式（T11⑧∶1）　3. 平底盆Ⅲ式（H100∶1）　4. 平底盆Ⅳ式（H119∶3）　5. 三足盆（H407∶10）

②三足盆

1件。

H407∶1，泥质红褐陶，敞口，沿外折，弧腹，平底，三矮扁足。口径17.4、高6.0厘米（图四五五，5；参见图版三四七，2）。

4）杯

13件。可大致分为觯形杯、单把杯和筒形杯三类。

①觯形杯

可参与分型式的器物有9件。侈口，高颈，鼓腹急内收，小平底。可分五式。

Ⅰ式　1件。腹部斜直，弧鼓不甚明显。

Ⅲ4909⑧∶6，泥质黑陶，口残，腹上部饰有2道凹弦纹。底径3.3、最大腹径7.2、残高8.6厘米。（图四五六，1）

Ⅱ式　2件。粗颈，口径小于最大颈径，颈、腹转折处不甚明显，腹部较圆鼓。

F7∶7，夹砂红褐陶。口径5.2、底径4.0、高8.8厘米。（图四五六，2；参见图版三四四，1）

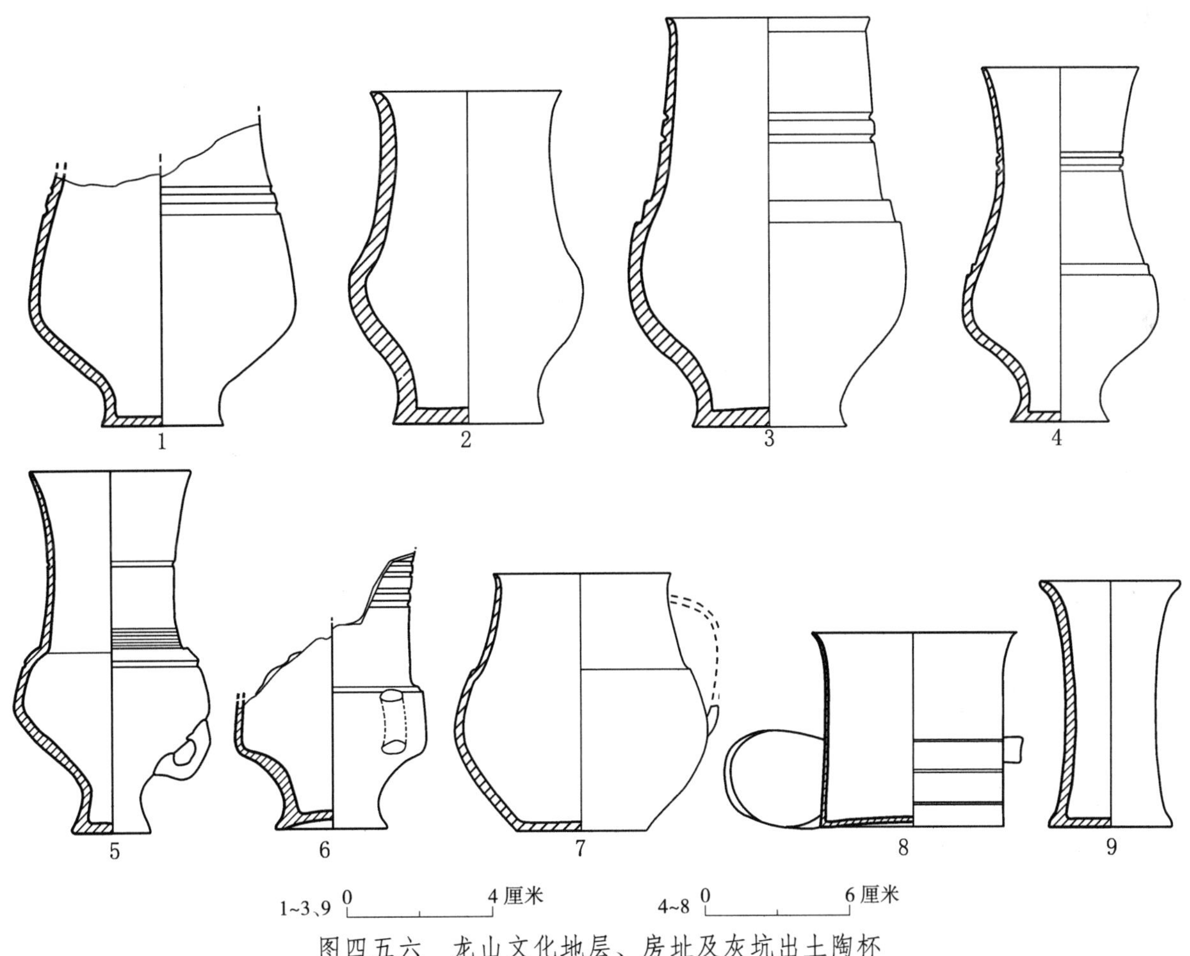

图四五六　龙山文化地层、房址及灰坑出土陶杯

1. 觯形杯Ⅰ式（Ⅲ式4909⑧∶6）　2、3. 觯形杯Ⅱ式（F7∶7、F7∶10）　4. 觯形杯Ⅲ式（F7∶12）　5. 觯形杯Ⅳ式（H407∶2）　6. 觯形杯Ⅴ式（H512∶2）　7、8. 单把杯（F7∶8、T2⑦∶3）　9. 筒形杯（H91∶1）

F7:10，泥质黑陶，颈部饰有2道凹棱，颈、肩部有2处明显的折棱。口径5.6、底径4.2、高10.8厘米。（图四五六，3；参见图版三四四，2）

Ⅲ式 1件 口径与最大颈径相当，下腹部弧收明显。

F7:12，泥质黑陶，侈口，颈部饰有2道凹棱，颈、肩部有2处明显的折棱。口径6.4、底径4.1、高14.1厘米。（图四五六，4；参见图版三四四，3）

Ⅳ式 4件。口径大于最大颈径，颈、腹转折处明显，腹部扁鼓，平底愈窄。

H407:2，泥质红陶，腹下侧有一只半环状耳，颈及肩部均饰有凹弦纹。口径6.6、底径3.2、高14.4厘米。（图四五六，5；参见图版三四八，1）

Ⅴ式 仅1件。腹壁近直，平底内凹。

H512:2，泥质黑陶，口残，腹部把手残。颈部饰有数道凹弦纹。残高11.0、底径4.5厘米。（图四五六，6；参见图版三五一，3）

②单把杯

2件。

F7:8，夹砂灰褐，杯身罐形，半环状把手残。口径7.2、底径5.3、高10.2厘米。（图四五六，7；参见图版三四四，4）

另一件杯身呈筒状。T2⑦:3，泥质黑陶，器壁极薄，口微侈，腹侧有一环状把手，正对把手的另一侧有一盲鼻。口径8.4、底径7.5、高7.5厘米。（图四五六，8；图版三五六，6）

③筒形杯

仅1件。

H91:1，泥质灰陶，侈口，尖圆唇，深直腹内收，平底。口径3.8、底径3.4、高6.5厘米。（图四五六，9；参见图版三四五，1）

5）器盖

20件。依器物的整体特征分为两型。

A型 5件。覆盆形。

T5⑧:3，泥质灰陶，平顶，斜腹，敞口，捉手边缘饰一周花边纹。捉手径8.4、口径15.6、高7.2厘米（图四五七，1）。

ⅢT4909⑧:4，平顶，圆饼状捉手外突，子母口，腹饰一道凹弦纹。捉手径9.3、口径20.2、高13.3厘米。（图四五七，2）

B型 16件。覆碗形。可分三式。

Ⅰ式 圆形捉手，捉手径较宽，器腹较浅。

T5⑧:2，泥质褐陶。捉手径7.5、口径11.4、高3.3厘米。（图四五七，5；图版三五六，7）

Ⅱ式 捉手径变窄，器腹变深。

F7:1，泥质黑褐。捉手径6.6、口径20.0、高8.1厘米。（图四五七，3；参见图版三四一，1）

Ⅲ式 捉手边缘外凸。

H91:5，泥质灰陶，器体变形严重，沿面有一道凹槽。捉手径4.3、口径11.8~14.4厘米，

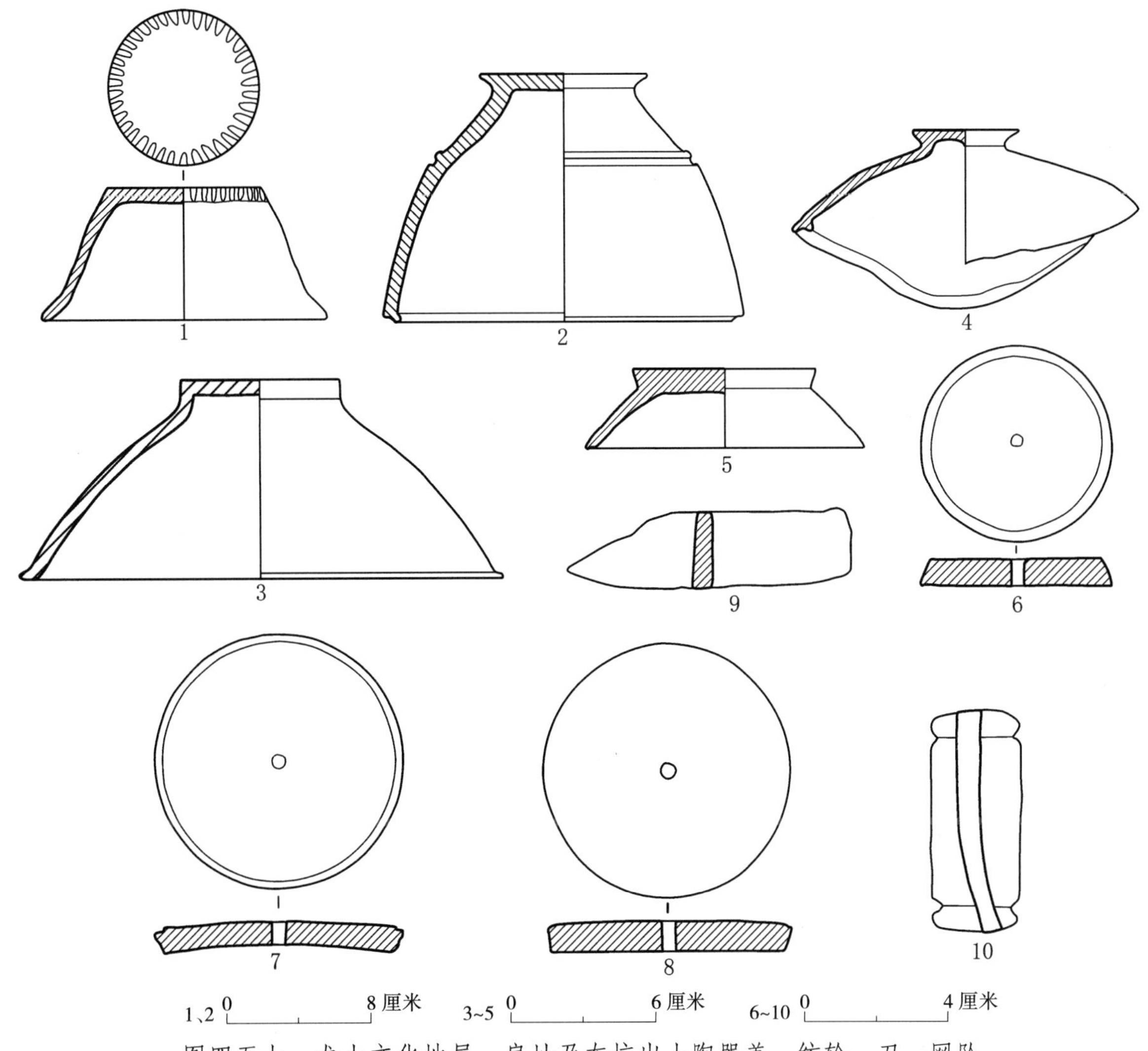

图四五七　龙山文化地层、房址及灰坑出土陶器盖、纺轮、刀、网坠

1、2. A 型器盖（T5⑧:3、ⅢT4909⑧:4）　3. B 型Ⅱ式器盖（F7:1）　4. B 型Ⅲ式器盖（H91:5）　5. B 型Ⅰ式器盖（T5⑧:2）　6～8. 纺轮（H91:2～4）　9. 刀（H117:2）　10. 网坠（H117:1）

高 3.3～5.9 厘米。（图四五七，4；参见图版三四五，3）

此外，还出土有极个别的鬶、甗、瓮、尊、壶等器物，详细资料可见上述各遗迹单位中出土的器物。

2. 生产工具

1）纺轮

4 件。剖面多呈梯形或长方形，中有一孔。

H91:2～4。（图四五七，6～8；参见图版三四五，4～6）

2）刀

1 件。

H117:2，泥质红褐陶，长条形，一端尖锐，用途不明。长 7.9、最宽处 2.0 厘米。（图四五七，9）

3）网坠

1件。

H117:1，泥质灰陶，整体呈长方形，两端有凹槽各一道。长6.0、宽2.5、厚0.5~0.6厘米。（图四五七，10；参见图版三五三，2）

二 石器

共5件。

1）锛

4件。整体多呈长方形或短梯形，单面刃为主，器表常有崩疤。

ⅢT4704⑧:1，整体略呈长方形，表面有崩疤，平顶，单面直刃，刃部锋利，磨制光滑。上宽3.5、刃宽4.2、长6.5、最厚处2.1厘米。（图四五八，1）

H98:1，短梯形，单面刃，刃部锋利，顶端略崩损。长3.7、刃宽2.6厘米，厚0.9厘米。（图四五八，2）

T2⑦:1，短梯形，下半部分残损。残长3.8、最厚处2.4厘米。（图四五八，3）

T5⑧:4，一侧及下半部分均残损。残长5.4、宽约7.2、最厚处1.2厘米。（图四五八，4；图版三五七，1）

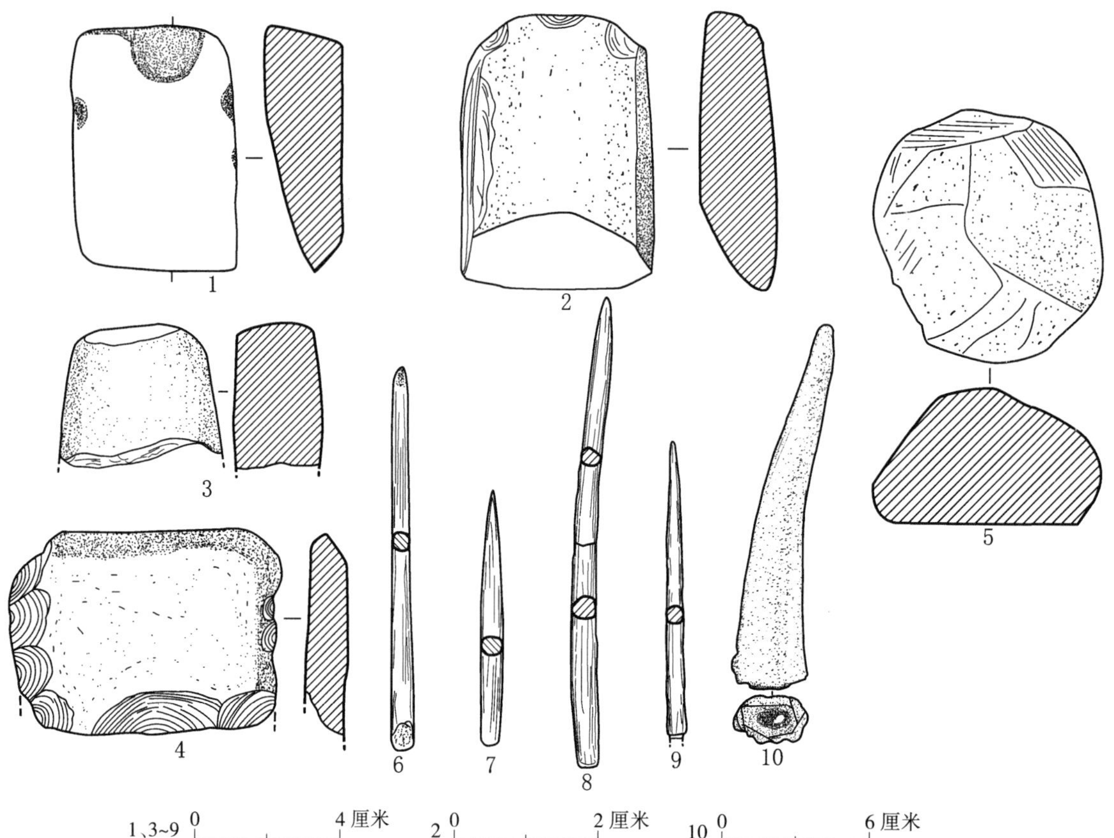

图四五八 龙山文化地层及灰坑出土石锛、球及骨针、鹿角器

1~4. 石锛（ⅢT4704⑧:1、H98:1、T2⑦:1、T5⑧:4） 5. 石球（H398:1） 6~9. 骨针（T5⑧:1、T5⑧:5、T7⑩:3、T7⑩:4） 10. 鹿角器（H119:6）

2）球　1件。

H398∶1，平面近圆形，弧顶，平底。长6.6、宽6.2、厚3.6厘米。（图四五八，5）

三　骨角器

骨、角器共6件，多选用动物骨骼，经刮削、磨制而成。

1）骨针

5件。均呈圆锥状。

H14∶1，剖面呈圆形，尾端残断。残长9.7厘米。（图版三五七，2）

T5⑧∶1，长10.1厘米。（图四五八，6；图版三五七，4）

T5⑧∶5，长6.8厘米。（图四五八，7；图版三五七，3）

T7⑩∶3，长12.4厘米。（图四五八，8；图版三五七，6）

T7⑩∶4，残长8.0厘米。（图四五八，9；图版三五七，5）

2）鹿角器

1件。

H119∶6，锥状，尾端有人工切断且打磨的痕迹。长14.5厘米。（图四五五，10）

四　玉器

玉器共计2件，均出土于M20中，详见第三节墓葬部分。

第六节　分期与年代

龙山文化时期的地层由于遭晚期地层的破坏较严重，遗迹现象及出土遗物的丰厚程度远逊于大汶口文化时期。其中，龙山文化的房址仅1座，墓葬2座，灰坑22座，除房址F7和少数灰坑如H91、H407、H512等出土较多的器物外，其他大部分灰坑及墓葬中均未出土或仅出土少量的碎陶片。此外，遗迹之间也缺乏可利用的打破关系。这些都给分期与年代判断带来了一定的困难。因此，我们根据已有的材料，只能对梁王城遗址龙山文化遗存的分期与年代作一个粗浅的分析。

考察上述各遗迹单位出土器物的组合及器物的形态特征，我们可以将其分为两大组。

第一组，以F7、T4⑧层、T5⑧层、T11⑧层、ⅢT4909⑧层出土的器物为代表，典型器有Aa型Ⅰ式、Ⅱ式鼎，Ba型鼎，Bb型Ⅰ式、Ⅱ式鼎，Aa型罐，Ab型罐，Ⅰ式、Ⅱ式平底盆，A型器盖，B型Ⅰ式、Ⅱ式器盖等。

第二组，以F7、H407、H119、H512、H98、H100、T2⑦层等出土的器物为代表，典型器有Ab型鼎，Bb型Ⅲ式鼎，B型罐，Ⅲ式、Ⅳ式平底盆，B型Ⅲ式器盖，以及觯形杯、甗、尊形器、瓮、三足盆等器物。

上述两组遗迹单位中，由于没有可利用的打破关系，因此，我们只能将之与周边地区同时期遗址出土的器物进行了比较，从而进行一个粗浅的分析。

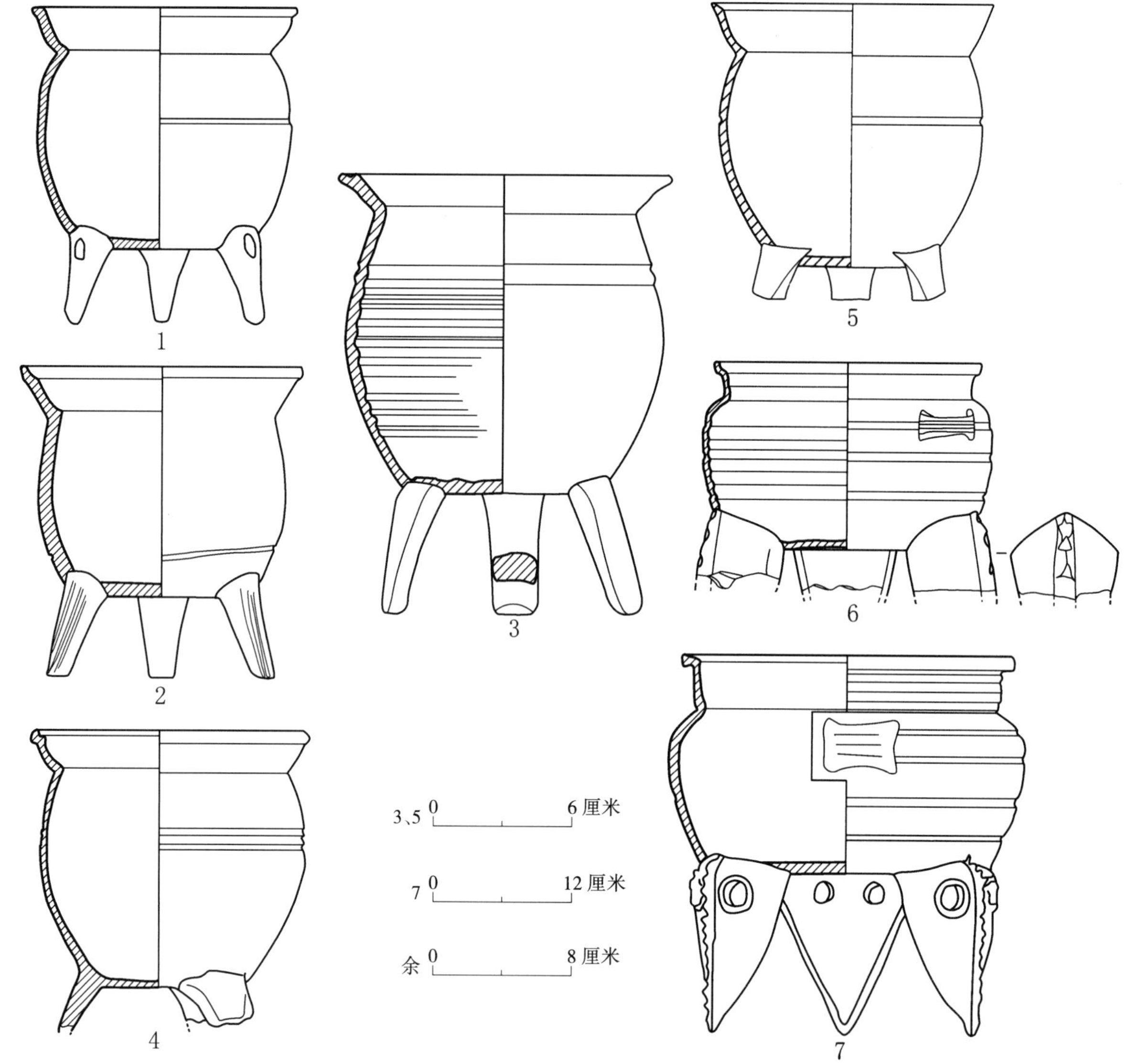

图四五九　梁王城遗址与其周边遗址出土龙山文化陶鼎的比较

1. 尹家城F204:23（Aa型Ⅱ式）　2. 西吴寺H4084:1（A型Ⅱ式）　3. 梁王城T11⑧:2（Aa型Ⅰ式）　4. 三里河H215:1（Ⅱ式鼎）　5. 梁王城F7:4（Aa型Ⅱ式）　6. 梁王城T4⑧:2（Ab型）　7. 尹家城H523:4（Ab型Ⅲ式）

将梁王城遗址龙山文化遗存与泗水尹家城①、兖州西吴寺②、胶县三里河③、诸城呈子④以及邹平丁公⑤等遗址出土的同时期器物进行比较，我们可以发现以下几点：

1）尹家城、西吴寺遗址出土的长凿形足罐形鼎，与梁王城遗址Aa型Ⅰ式鼎相似。如尹家城F204:23（图四五九，1）、西吴寺H4084:1（图四五九，2），与梁王城T11⑧:2（图四五九，3）相似，均为宽折沿，罐形腹，平底，凿形足较长。三里河遗址出土的短凿形足罐形

① 山东大学历史系考古教研室：《泗水尹家城》，文物出版社，1990年。

② 国家文物局考古领队培训班：《兖州西吴寺》，文物出版社，1990年。

③ 中国社会科学院考古研究所：《胶县三里河》，文物出版社，1988年。

④ 昌潍地区文物管理组等：《山东诸城呈子遗址发掘报告》，《考古学报》1980第3期。

⑤ 山东大学历史系考古专业等：《山东邹平丁公遗址试掘简报》，《考古》1989年第5期；《山东邹平丁公遗址第二、三次发掘简报，《考古》1992年第6期，《山东邹平丁公遗址第四、五次发掘简报》，《考古》1993年第4期。

鼎，与梁王城遗址 Aa 型Ⅱ式鼎相似。如三里河 H215∶1（图四五九，4）与梁王城 F7∶4（图四五九，5）等。此外，尹家城出土的鬼脸式足的罐形鼎，如 H523∶4（图四五九，7），与梁王城出土的 Ab 型鼎，如 T4⑧∶2（图四五九，6），除鬼脸式足的表现形式略有区别外，鼎身部分极为相似，均为短折沿，高颈，腹较浅，底近平等。

2）尹家城、西吴寺遗址出土的深腹罐，与梁王城遗址出土的 Aa 型罐极为相似，区别在于前二者罐身多拍印斜向篮纹，后者多素面，如尹家城 F3∶6（图四六〇，1）、西吴寺H653∶5（图四六〇，3）与梁王城 F7∶18（图四六〇，2）等。圆腹罐类中，梁王城与尹家城、呈子等遗址出土的同类器也有颇多相似之处，如梁王城 F7∶3（图四六〇，4）与尹家城 F3∶19（图四六〇，5），两者器腹均略深；梁王城 F7∶22（图四六〇，6）与呈子 T18∶24（图四六〇，7），两罐器腹浑圆。

3）呈子遗址出土的平底盆 M40∶1（图四六一，1），与梁王城遗址出土的Ⅰ式盆ⅢT4909⑧∶5（图四六一，2）相似，均为敞口，深弧腹。尹家城、西吴寺出土的平底盆 F205∶2（图四六一，3）、H701∶1（图四六一，4）与梁王城出土的Ⅱ式盆 T11⑧∶1（图四六一，6）相似，

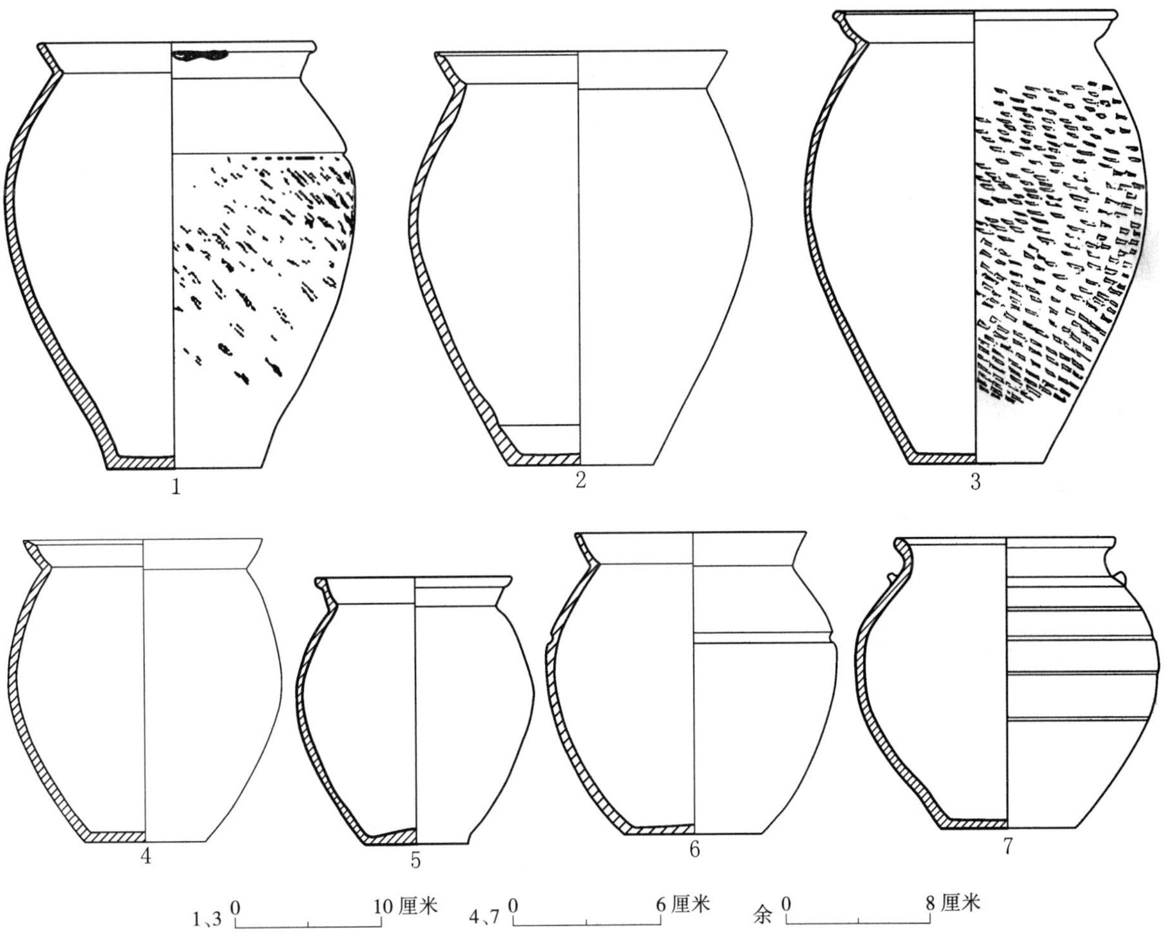

图四六〇　梁王城遗址与其周边遗址出土龙山文化陶罐的比较

1. 尹家城 F3∶6（A 型Ⅱ式）　2. 梁王城 F7∶18（Aa 型）　3. 西吴寺 H653∶5（Aa 型Ⅰ式）　4. 梁王城 F7∶3（Ab 型Ⅱ式）
5. 尹家城 F3∶19（A 型Ⅱ式）　6. 梁王城 F7∶22（Ab 型Ⅱ式）　7. 呈子 T18∶24（C 型Ⅲ式）

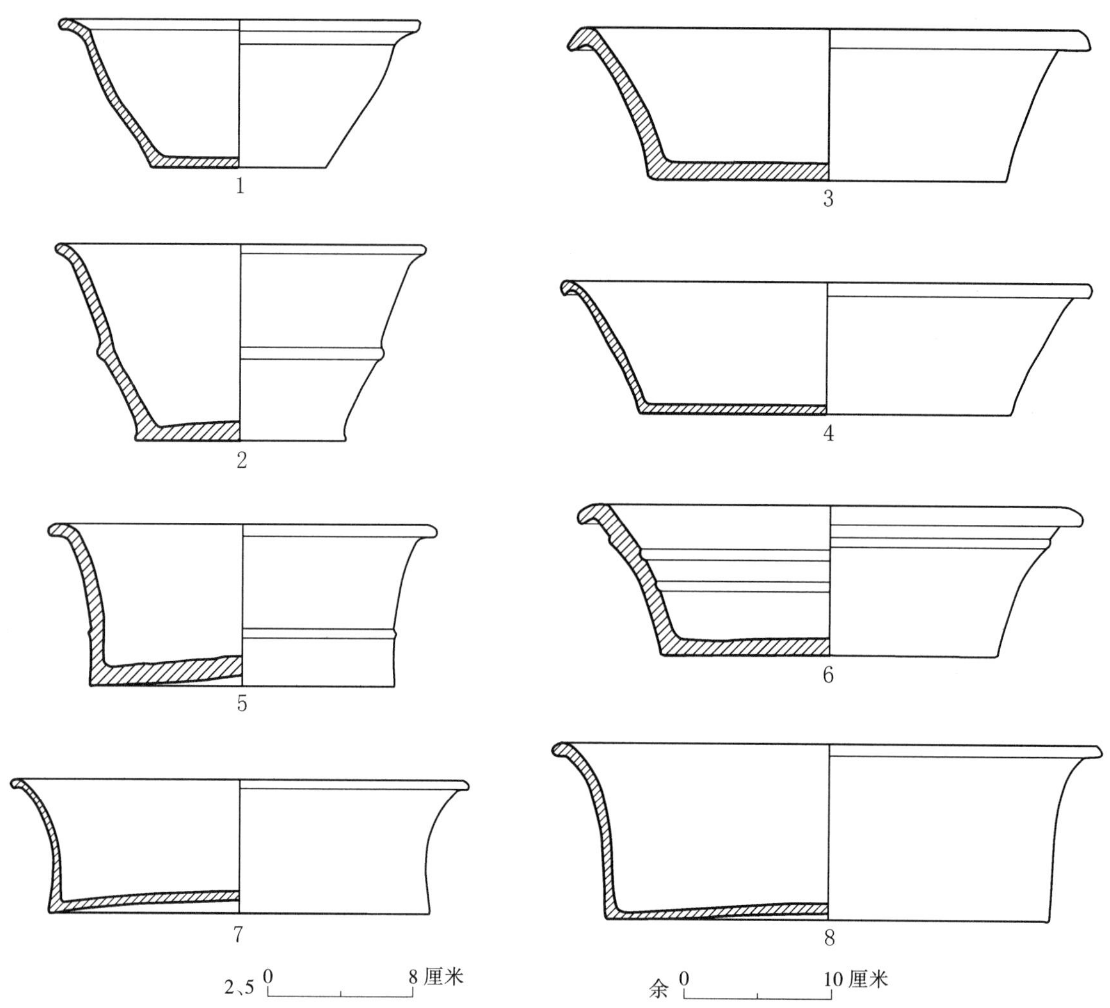

图四六一　梁王城遗址与其周边遗址出土龙山文化陶盆的比较

1. 呈子 M40:1（A型Ⅰ式） 2. 梁王城ⅢT4909⑧:5（Ⅰ式） 3. 尹家城 F205:2（A型Ⅱ式） 4. 西吴寺 H701:1（A型Ⅲ式） 5. 梁王城 H100:1（Ⅲ式） 6. 梁王城 T11⑧:1（Ⅱ式） 7. 西吴寺 H4048:1（A型Ⅴ式） 8. 尹家城 H560:1（A型Ⅴ式）

盆腹变浅，大平底。而梁王城出土的Ⅲ式盆如 H100:1（图四六一，5），则同样与上述两个遗址中出土的平底盆有相似之处，如尹家城 H560:1（图四六一，8）、西吴寺 H4048:1（图四六一，7），盆腹变深，腹壁趋直。

4）尹家城、西吴寺、梁王城三个遗址中出土的觯形杯，也颇多相似之处。其中，尹家城出土的 A 型Ⅱ式、Ⅲ式觯形杯 H784:7、M5:6（图四六二，1、3）与梁王城出土的Ⅱ式觯形杯 F7:10（图四六二，2）相似，口径明显大于最大颈径，阔颈，颈、肩部转折不甚明显，底略小。西吴寺出土的Ⅳ、Ⅴ式觯形杯 H445:9、M4003:4（图四六二，4、5）则分别与梁王城出土的Ⅳ、Ⅴ式觯形杯 H407:2、H512:2 相似（图四六二，6、7），口径等于或大于最大颈径，颈、肩处的转折明显，下腹弧收愈急，小平底。

5）梁王城遗址出土的罐形单把杯 F7:8（图四六三，3），与尹家城遗址出土的 A 型Ⅰ式单把杯 F5:4（图四六三，1）和西吴寺遗址出土的 C 型Ⅲ式单把杯 H4327:10（图四六三，2），尽管器

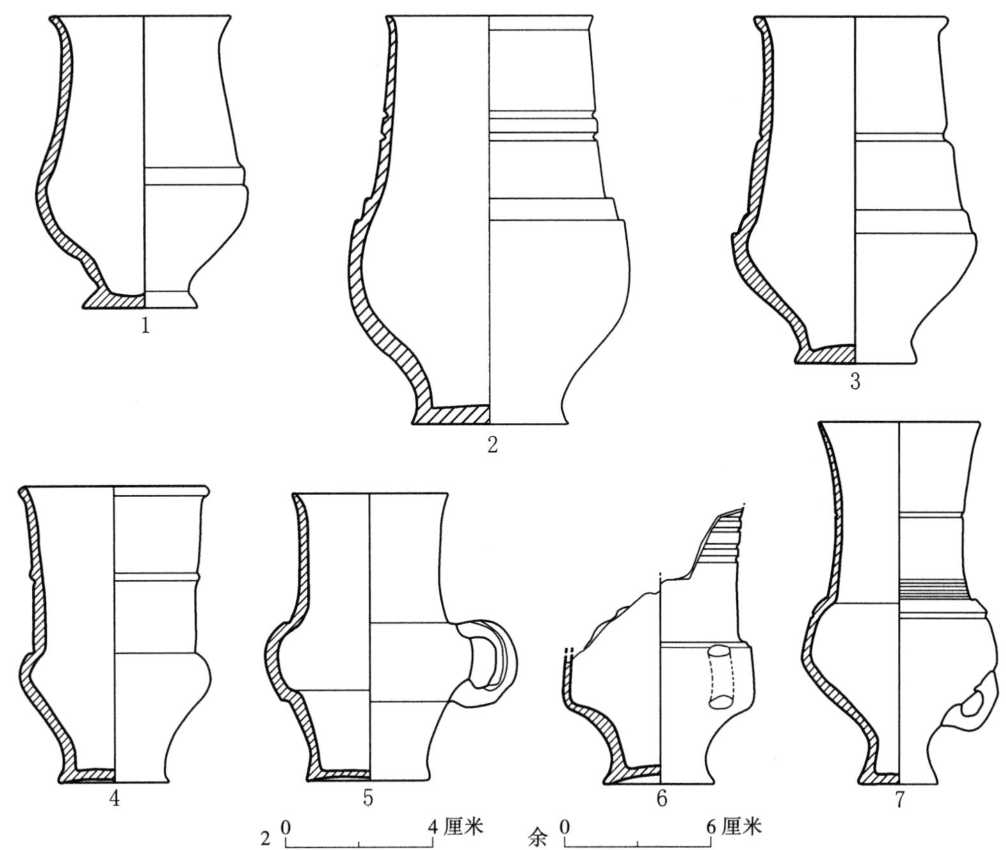

图四六二 梁王城遗址与其周边遗址出土龙山文化陶觯形杯的比较

1. 尹家城 H784∶7（A型Ⅱ式） 2. 梁王城 F7∶10（Ⅱ式） 3. 尹家城 M5∶6（A型Ⅲ式） 4. 西吴寺 H445∶9（Ⅳ式） 5. 西吴寺 M4003∶4（Ⅴ式） 6. 梁王城 H512∶2（Ⅴ式） 7. 梁王城 H407∶2（Ⅳ式）

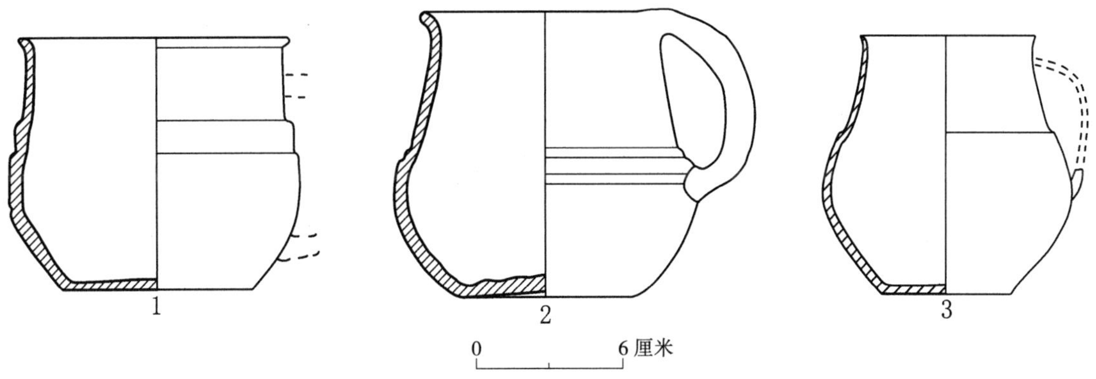

图四六三 梁王城遗址与其周边遗址出土龙山文化陶罐形单把杯的比较

1. 尹家城 F5∶4（A型Ⅰ式） 2. 西吴寺 H4327∶10（C型Ⅲ式） 3. 梁王城 F7∶8

型比后二者略显细巧，但整体造型，如罐形杯身、颈部略收、环形把手等诸方面还是颇为相似的。

6）梁王城出土的陶甗 H119∶5（图四六四，2），与尹家城出土的A型Ⅲ式甗 H67∶2（图四六四，1），尽管整体上看前者比后者略显宽胖，但两者的口、颈、腹、腰、足的形态及各部

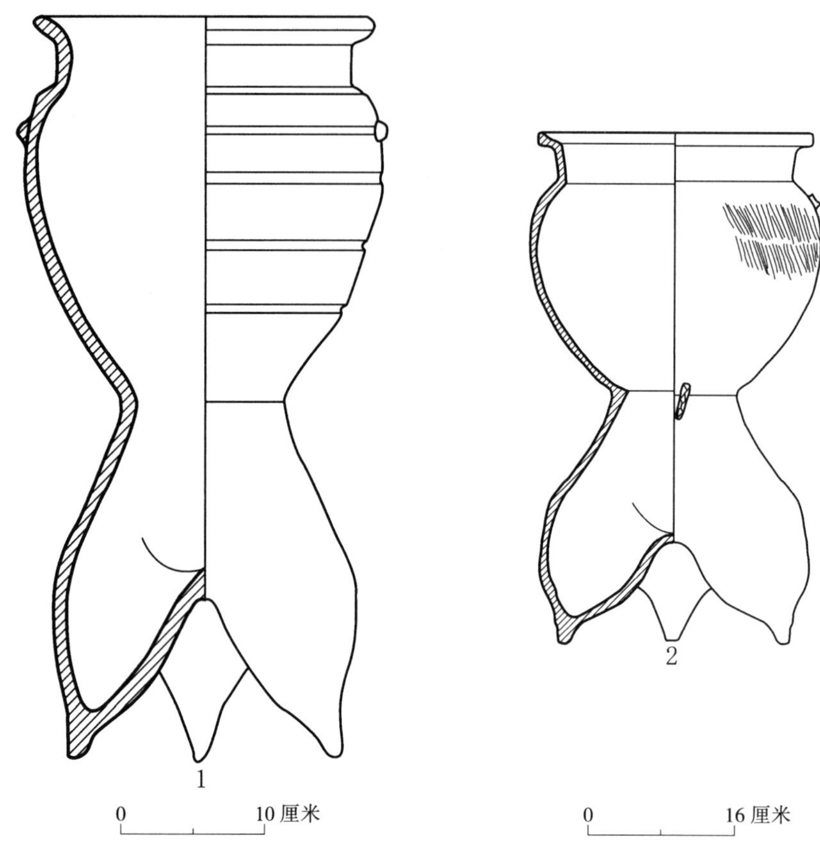

图四六四　梁王城遗址与其周边遗址出土龙山文化陶甗的比较

1. 尹家城 H67:2（A型Ⅲ式）　2. 梁王城 H119:5

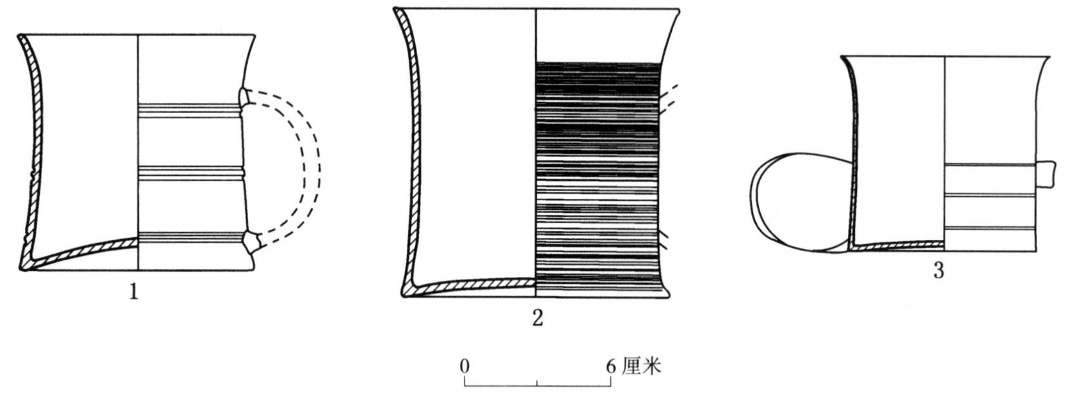

图四六五　梁王城遗址与其周边遗址出土龙山文化陶筒形带把杯的比较

1. 西吴寺 H1033:9（Ba型Ⅲ式）　2. 尹家城 H31:45（C型Ⅰ式）　3. 梁王城 T2⑦:3

分的比例分配都极为接近。

筒形带把杯（图四六五）、带流罐（图四六六）、器盖（图四六七）等，梁王城遗址与尹家城、西吴寺等遗址出土的同类器也颇多相似之处。

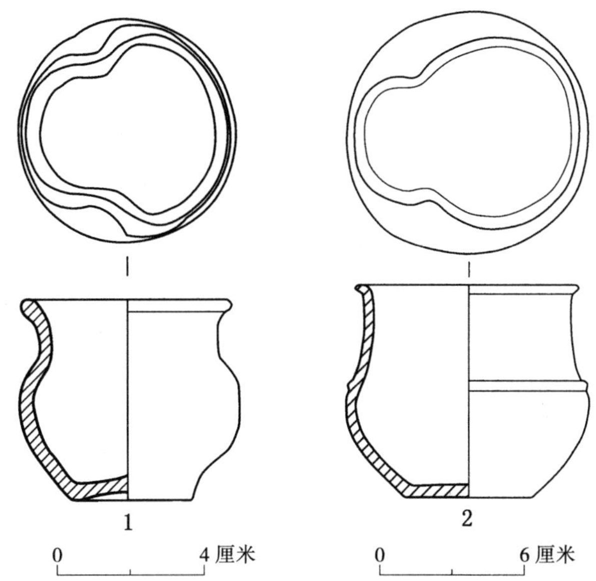

图四六六　梁王城遗址与其周边遗址出土龙山文化陶带流罐的比较

1. 尹家城 M134∶52（B 型）　2. 梁王城 F7∶11

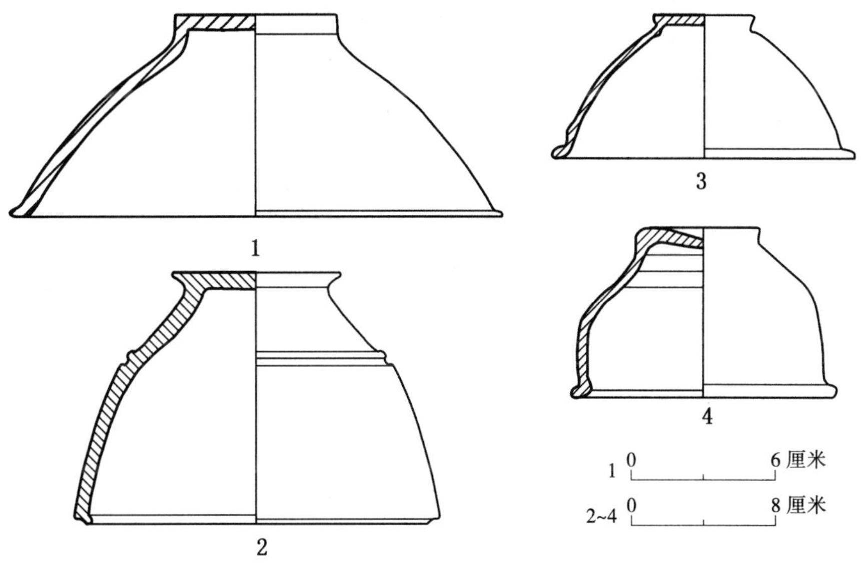

图四六七　梁王城遗址与其周边遗址出土龙山文化陶器盖的比较

1、2. 梁王城 F7∶1、ⅢT4909⑧∶4（B 型Ⅱ式、A 型）　3、4. 尹家城 F204∶21、H70∶2（Aa 型Ⅰ式、Ba 型Ⅱ式）

栾丰实在《海岱龙山文化的分期和类型》① 一文中，通过对尹家城、西吴寺、三里河、茌平尚庄、邹平丁公、诸城呈子、日照尧王城以及永成王油坊等遗址进行分析，将海岱地区龙山文化的典型遗址分为早、晚两个阶段，每个阶段对应各遗址的期别和段别（表5－5－1）。

① 栾丰实：《海岱龙山文化的分期和类型》，《海岱地区考古研究》，山东大学出版社，1997 年，第238 页。

表5－5－1　海岱龙山文化典型遗址分期对应关系表

<table>
<tr><th colspan="3">分期</th><th rowspan="2">尹家城</th><th rowspan="2">西吴寺</th><th rowspan="2">尚庄</th><th rowspan="2">丁公</th><th rowspan="2">三里河</th><th rowspan="2">呈子</th><th rowspan="2">尧王城</th><th rowspan="2">王油坊</th></tr>
<tr><th>阶段</th><th>期</th><th>段</th></tr>
<tr><td rowspan="5">早期阶段</td><td rowspan="2">一</td><td>1</td><td>1</td><td rowspan="2">1</td><td></td><td rowspan="2">1</td><td>1</td><td>1</td><td rowspan="2">1</td><td></td></tr>
<tr><td>2</td><td></td><td></td><td>2</td><td>2</td><td></td></tr>
<tr><td>二</td><td>3</td><td>2</td><td>2</td><td></td><td>2</td><td>3</td><td>3</td><td>2</td><td></td></tr>
<tr><td rowspan="2">三</td><td>4</td><td>3</td><td>3</td><td></td><td rowspan="2">3</td><td>4</td><td>4</td><td rowspan="2">3</td><td></td></tr>
<tr><td>5</td><td></td><td>4</td><td>1</td><td>5</td><td>5</td><td></td></tr>
<tr><td rowspan="5">晚期阶段</td><td rowspan="2">四</td><td>6</td><td>4</td><td>5</td><td rowspan="2">2</td><td rowspan="2"></td><td>6</td><td>6</td><td rowspan="2">4</td><td rowspan="2">1</td></tr>
<tr><td>7</td><td>5</td><td></td><td>7</td><td></td></tr>
<tr><td rowspan="2">五</td><td>8</td><td>6</td><td></td><td rowspan="2">3</td><td rowspan="2">4</td><td></td><td></td><td></td><td rowspan="2">2</td></tr>
<tr><td>9</td><td>7</td><td></td><td></td><td></td><td></td></tr>
<tr><td>六</td><td>10</td><td>8</td><td></td><td>4</td><td>5</td><td></td><td></td><td></td><td>3</td></tr>
</table>

通过排查我们可以发现：

1）尹家城遗址中，出土长凿形足罐形鼎的F204、深腹罐的F3、浅腹大平底盆的F205，以及罐形单把杯的F5，均为该遗址的第二段，即分期对应关系表中的第二期。出土鬼脸式罐形鼎的H23、带流罐的M134、筒形单把杯的H31和覆盆形器盖的H70，为遗址的第四段，对应关系表中的第四期。出土分裆袋足甗的H67、宽颈觯形杯的H784、M5等遗迹单位，属遗址的第五段，对应关系表中的第五期。

2）西吴寺遗址中，出土长凿形足罐形鼎H4084、深腹罐的H653和出土浅斜腹平底盆的H701，分别为遗址的第一、三段，对应关系表中的第一、三期。出土Ⅳ式觯形杯、单把罐形杯和单把筒形杯的H4327、H1033为遗址的第四段，对应关系表的第三期。出土曲腹盆的H4048和Ⅴ式觯形杯的M4003属遗址的第五段，对应关系表的第四期。

3）呈子遗址中，出土深斜腹平底盆的M40属该遗址的第一段，对应关系表的第一期；出土圆腹罐属该遗址的第三段，同样对应关系表的第一期。

根据对应关系表中，第一至第三期为龙山文化早期阶段，第四至第六期为龙山文化晚期阶段，我们可以看出，在梁王城遗址中，与尹家城、西吴寺、呈子遗址龙山文化早期阶段出土遗物相似的Aa型Ⅰ式、Ⅱ式鼎，Aa、Ab型罐，Ⅰ式、Ⅱ式平底盆，以及A型器盖等，也应属于龙山文化早期遗物，这些器物与上述第一组器物基本吻合。

同样，与尹家城、西吴寺、呈子遗址龙山文化晚期阶段出土遗物相似的鬼脸式罐形鼎、觯形杯、分裆袋足鬶、带流罐、带把杯以及覆盆形器盖等，为龙山文化晚期阶段的器物，属于上述第二组器物。

因此，T4⑧层、T5⑧层、T11⑧层、ⅢT4909⑧层等地层出土的器物的年代较早，大致为龙山文化早期；而H407、H119、H512、H98、H100等遗迹单位的年代较晚，大致为龙山文化晚期偏早、中阶段。其中，F7出土的器物中，罐形鼎、深腹罐及覆碗形器盖等多数均为龙山文化早期器物，但仍不乏觯形杯、带流罐等颇具龙山文化晚期偏早阶段特征的器物，因此，F7的年代大致为龙山文化中期略偏早。

附表5－2－1 龙山文化灰坑登记表

编号	探方	层位	形状	结构	尺寸（米）（长×宽－深）	与周围遗迹关系
H14	T2	⑦	长方形	直壁、平底	2.7×1.05－0.65	打破F3
H15	T2	⑦	圆形	弧壁、圜底	3.1－1.2	被H12打破
H24	T3	⑦	圆形	弧壁、锅形底	1.5－0.4	被H22打破
H84	T8	⑨	椭圆形	斜壁、圜底	2.6×1.8－1.26	打破H102
H91	T7	⑨	椭圆形	直壁、平底	1.43×0.68－0.34	被H82打破
H92	T8	⑨	圆角方形	斜壁、平底	2.05×1.7－0.37	被H86打破，打破H100
H98	T7	⑨	圆形	直壁、平底	1.2～1.33×0.46	打破H105
H100	T8	⑨	圆形	斜直壁、平底	1.76－0.6	打破H102，被H92打破
H111	T8	⑨	椭圆形	直壁、平底	1.7×1.55－0.45	打破F9
H117	T7	⑨	圆形	直壁、平底	2.2－0.67	无
H119	扩T1	⑨	椭圆形	斜直壁、平底	2.0×1.1－0.6	无
H120	扩T1	⑨	揭露部分呈半圆形	弧壁、平底	0.25－0.9	无
H199	T14	⑨	揭露部分呈半椭圆形	弧壁、底近平	1.45×1.4－0.4	无
H271	T15	⑧	圆形	直壁、平底	2.45－0.68	被H186、H265打破
H398	ⅢT4804	⑧	椭圆形	斜壁、圜底	2.75×1.86－0.53	打破M87、M89，被H354打破
H407	ⅢT4902	⑧	椭圆形	弧壁、平底	2.4×1.14－0.45～0.6	打破F21
H418	ⅢT4705	⑧	圆形	直壁、平底	1.4－0.32	打破M122
H507	ⅢT4708	⑦	不规则椭圆形	弧壁、平底	3.0×2.2－0.59	打破HT，被H482及扰坑打破
H512	ⅢT4808	⑦c	椭圆形	弧壁、近平	4.16×2.16－0.48	无
H517	ⅢT4708	⑦	椭圆形	弧壁、平底	1.9×1.6－0.46	打破M247
H520	ⅢT4810	⑧	圆形	弧壁、圜底	1.8－0.25	打破H529
H521	ⅢT4810	⑧	椭圆形	弧壁、平底	1.8×1.14－0.3	无

第六章　史前动物遗存分析*

一　背景

本次整理的动物遗存全部为梁王城遗址历年发掘所获，涉及的时代主要包含了两个阶段：大汶口文化时期和龙山文化时期，这两个阶段均出土有一定数量的动物遗存。考古工作者在发掘时仔细收集了每一件动物遗存，为进一步的室内整理打下了良好的基础。

我们在鉴定的过程中主要参考了山东大学考古系动物考古实验室的现生动物标本和部分古代动物标本，同时也参考了部分文献①。

二　大汶口文化时期动物遗存概况

出土动物遗存共332件（包含骨、角、蚌、牙制品），其中包括了3件人骨遗存。动物遗存分别出自地层、灰坑、房址、窑址和墓葬中，其中墓葬中出土了242件。

动物种属包括了丽蚌、帆蚌、两栖动物、鳖、龟、斑鹿、獐、猪、牛、狗等。具体如下：

1　软体动物门 Mollusca

1.1　瓣鳃纲 Lamellibranchia

1.1.1　真瓣鳃目 Eulamellibranchia

1.1.1.1　蚌科 Unionidae

1.1.1.1.1　丽蚌属 *Lamprotula*

发现材料共16件，全部为基本完整的壳，其中左侧6件，右侧10件，总重1083.7克。分别出自H20、H422、H524和ⅢT4708⑨。

从壳的形态特征判断，这些标本应该至少代表了3个不同品种的丽蚌。

1.1.1.1.2　帆蚌属 *Hyriopsis*

仅发现左侧壳残片1件，重60克，出自H524。

1.1.1.1.3　扭蚌属 *Arconaia*

---

* 本章执笔为山东大学考古系宋艳波。

① 伊丽莎白·施密德著、李天元译：《动物骨骼图谱》，中国地质大学出版社，1992年；刘月英等编著：《中国经济动物志——淡水软体动物》，科学出版社，1979年；盛和林著：《中国鹿类动物》，华东师范大学出版社，1992年；Elizabeth J. Reitz and Elizabeth S. Wing，*Zooarchaeology*，Cambridge University Press，1999。

发现材料共7件，全部为基本完整的壳，其中左侧5件，右侧2件，总重613克。分别出自H20、F26和H422。

1.1.1.1.4　蚌

残破不能明确种属的材料有9件，多数应为上述残破蚌壳残断下来的碎片，总重307.63克。分别出自H20、H420、H524和ⅢT4708⑨。

2　脊椎动物门 Vertebrata

2.1　两栖动物纲 Amphibian

发现材料共4件，全部为肢骨残段，总重0.78克。分别出自M126∶8鼎内、M118∶8豆内和M118头骨旁边。

2.2　爬行动物纲 Reptilia

2.2.1　龟鳖目 Testudoformes

2.2.1.1　龟科 Emydidae

发现材料共14件，全部为甲壳残块，其中背甲13件，腹甲1件，总重76.95克。灰坑、地层和墓葬中均有发现，分别出自H420、ⅢT4708⑨、M259和M99∶12豆内。所发现的甲壳均比较残破，很难进一步判断种属。

本次整理未发现属于龟的其他部位的骨骼。

2.2.1.2　鳖科 Trionychidae

仅发现1件背甲残块，重27.68克，厚6.01毫米，出自ⅢT4804⑨，种属不明确，应为一种大型鳖类。

本次整理未发现属于鳖的其他部位的骨骼。

2.3　哺乳动物纲 Mammalia

2.3.1　偶蹄目 Artiodactyla

2.3.1.1　鹿科 Cervidae

发现鹿类遗存共77件（包括角制品），灰坑、地层和墓葬中均有发现。其中犬齿全部出自墓葬中。我们根据保存状况较好的鹿角和犬齿等判断有斑鹿和獐这两个种的存在。

2.3.1.1.1　鹿属 *Cervus*

2.3.1.1.1.1　斑鹿 *Cervus nippon*

发现遗存共28件，灰坑、墓葬和地层中均有发现，包括有残破的角、头骨、下颌骨和部分四肢骨等。

灰坑、地层等遗迹中出土了：右侧角带头骨残块1件，右侧角残段1件（自然脱落），鹿角残块6件（其中2件带有明显的人工痕迹），左侧肩胛骨残块1件，右侧肩胛骨残块1件，右侧下颌带$P_3-M_2$1件，炮骨残块1件，炮骨远端残块1件（脱落关节），角镞1件，角制鱼钩1件，不明角制品1件。

墓葬中出土了：角镞5件、带有人工痕迹的鹿角残块1件，带有人工痕迹的桡骨远端2件（左右各一），左侧上颌带$P^2-M^3$1件，左侧髋骨1件，寰椎1件，枕髁1件。

全部标本至少代表了1个个体（其中1件鹿角为自然脱落，在计算最小个体数时并未将其统计在内）。

2.3.1.1.2　獐属 *Hydropotes*

2.3.1.1.2.1　獐 *Hydropotes inermis*

发现动物遗存共49件①，全部出自墓葬中，绝大多数为上犬齿残块。具体情况如下：右侧下颌带 $P_3-M_2$1件，左侧上犬齿24件，右侧上犬齿24件。其中2件犬齿烧过，1件在齿根处有明显磨痕。

全部标本至少代表了24个成年雄性个体。

2.3.1.2　牛科 Bovidae

2.3.1.2.1　黄牛属 *Bos*

2.3.1.2.1.1　黄牛属未定种 *Bos* Sp.

发现材料共3件，全部出自灰坑中。包括有：左侧黄牛角1件，肩胛骨残块1件和掌骨近端1件。

另有4件大型哺乳动物的脊椎和肋骨残块，我们推测也是属于牛的遗存。

全部标本至少代表了1个成年个体。

2.3.1.3　猪科 Suidae

2.3.1.3.1　猪属 *Sus*

2.3.1.3.1.1　家猪 *Sus scrofa domesticus*

发现材料共125件，灰坑、地层和墓葬中均有发现，包括头骨、上下颌骨、四肢骨、脊椎和牙齿等。具体如下：

灰坑、地层中出土有：右侧股骨远端1件（食肉动物咬痕），寰椎残块1件，左侧胫骨残块1件（两端关节脱落），右侧髋骨残块1件，上门齿残块1件，左侧下颌带 $M_2-M_3$1件，左侧下颌带 P_3-M_2（M_3未萌出）1件。

这些标本至少代表了4个不同年龄段的个体：6～13月龄1个，13～18月龄1个，18～25月龄1个，大于25月龄1个。

墓葬中出土情况如下：

M101:8豆盘内，左侧头骨带上颌 M^1-M^2（M^3未萌出）1件，重39.07克；

M101:7豆盘内，左侧下颌带 DM_1-M_1（M_2未萌出）1件，重45.6克；

M101:4豆盘内，右侧肩胛骨1件，右侧肱骨近端脱落关节1件，总重8.73克；

上述标本至少代表了2个不同年龄段的个体：6～13月龄1个，13～25月龄1个。

M110:23豆盘内，右侧肱骨（两端关节脱落）1件，右侧髌骨1件，总重156.04克；

M110:3豆盘内，左侧下颌带 $M_2-M_3$1件，左侧下颌带 $C-P_1$1件，总重159.43克；

M110:6、7，下颌带左侧 I_1-P_3，右侧 I_1-C，2件，重114克；

上述标本至少代表了2个不同年龄段的个体：小于1.5岁1个，大于2岁2个。

M112:13豆内，头骨带左侧上颌 $C-M^3$，1件，磨蚀严重，重187克；

① 遗址出土獐牙共63件，其中经鉴定的49件，未经鉴定的14件。下文所有的数据里都未包括14件未经鉴定者。

M112∶1 豆内，下颌带左侧 I_1-P_4和右侧 I_1-C，1 件，磨蚀严重，重 138 克；

M112∶1 豆内，下颌带左侧 DM_1-M_1（M_2未萌出），1 件，重 31.86 克；

M112∶6 豆内，头骨带左侧上颌 DM^3-M^2，1 件，重 33.45 克；

M112∶6 豆内，下颌残块，1 件，重 7.92 克；

上述标本至少代表了 3 个不同年龄段的个体∶6～13 月龄 1 个，13～18 月龄 1 个，大于 25 月龄 1 个。

M113∶13 豆内，左侧髋骨残块 1 件，左侧股骨近端（关节脱落）1 件，总重 23.94 克；

M113∶16 豆内，左侧肩胛骨残块 1 件，重 12.95 克；

M113 墓坑内出土左下颌带 DI_1-DM_3（M_1未萌出）1 件，左上颌带 DI^1-M^1（M^1正萌出）1 件，总重 60.77 克；

上述标本至少代表了 1 个小于 6 月龄的个体。

M118∶7 圈足杯内，左侧上颌带 $C-P^4$，1 件，磨蚀严重，重 28.18 克；

M118∶3 豆盘内，头骨残块 1 件，上前颌带门齿残块 1 件，左侧肱骨远端（关节脱落）1 件，左侧胫骨（两端关节脱落）1 件，左侧腓骨（未愈合）1 件，左侧跟骨（结节脱落）1 件，左侧距骨 1 件。总重 123.09 克。

M118∶6 豆盘内，左侧肱骨（两端关节脱落）1 件，左侧上颌残块 1 件，总重 47.23 克；

M118∶8 豆盘内，左侧下颌带 I_1-M_3，1 件，重 254 克；

M118∶4 豆盘内，寰椎残块 1 件，枢椎残块 1 件，颈椎残块 1 件，下颌残块 1 件，左侧胫骨近端脱落关节 1 件，总重 70.17 克；

上述标本至少代表了 3 个不同年龄段的个体：小于 1.5 岁 2 个，大于 2 岁 1 个。

M119∶3 豆盘内，右侧肱骨（两端关节脱落）1 件，重 21.08 克；

M119∶4 豆盘内，右侧肩胛骨 1 件，重 7.49 克；

上述标本至少代表了 1 个小于 1.5 岁的个体。

M120∶2 豆盘内，下颌带左侧 I_1-M_3（M_3正萌出），右侧 I_1，1 件，重 180 克；

M120∶5 豆盘内，颞骨残块，1 件，重 26.78 克；

M120∶10 豆盘内，左侧下颌残块 1 件，表面有砍痕和食肉动物啃咬痕迹，重 24.91 克；

上述标本至少代表了 18～25 月龄个体 1 个。

M126∶8 鼎内，右侧下颌带 $P_2$1 件，重 8.9 克；

M126∶7 豆盘内，右侧肱骨远端（关节脱落），1 件，重 7.57 克；

M126∶3 豆盘内，右侧胫骨近端（关节脱落）1 件，右侧腓骨 1 件，总重 10.92 克；

M126∶3 豆盘内，左侧下颌带 I_1-M_1（M_2未萌出）1 件，左侧茎突 1 件，总重 53.52 克；

上述标本至少代表了两个不同年龄段的个体∶6～13 月龄 1 个，大于 18 月龄个体 1 个。

M129∶2 豆盘内，右侧胫骨（两端关节脱落）1 件，右侧跟骨（结节脱落）1 件，右侧距骨 1 件，右侧股骨（两端关节脱落）1 件，总重 245.46 克；

M129∶9 豆盘内，左侧下颌带 P_2-M_2（M_3未萌出）1 件，重 105 克；

上述标本至少代表了 18～25 月龄个体 1 个。

M139:5 豆盘内，左侧头骨带上颌 I^2-C 1 件，左侧下颌带 $P_4$1 件，总重 102.88 克；

M139:13 豆盘内，左侧下颌带 $M_2$1 件，磨蚀严重，重 31.97 克；

M139:10 豆盘内，寰椎 1 件，下颌残块 1 件，头骨残块 4 件，总重 41.34 克；

上述标本至少代表了 1 个大于 18 月龄的个体。

M140:8 豆盘内，左侧股骨（两端关节脱落）1 件，左侧胫骨（近端关节脱落）1 件，左侧腓骨 1 件，左侧髌骨 1 件，总重 131.56 克；

M140:22 豆盘内，头骨残块 1 件，重 14.03 克；

M140 墓坑内出土下颌带左侧 I_1-M_2（M_3未萌出），右侧 I_1-I_2，1 件，重 204 克；

上述标本至少代表了 18～25 月龄个体 1 个。

M143:7 豆盘内，左侧上颌带 DM^2-M^2，1 件，重 23.46 克；

M143:8 豆盘内，右侧髋骨残块（未愈合）1 件，重 15.95 克；

M143:6 豆盘内，右侧跟骨（未愈合）1 件，右侧胫骨远端（关节脱落）1 件，右侧腓骨远端 1 件，右侧跗骨 1 件，总重 23.13 克；

上述标本至少代表了 1 个 13～18 月龄的个体。

M146:4 豆盘内，左侧胫骨（两端关节脱落）1 件，左侧腓骨 1 件，左侧跟骨（结节脱落）1 件，总重 60.27 克；

M146:5 豆盘内，顶骨残块 1 件，重 31.09 克；

上述标本至少代表了 1 个小于 2 岁的个体。

M147:9 豆盘内，下颌带左侧 I_1-M_3（M_3刚萌出），右侧 I_1-I_3，1 件，重 330 克；

M147:9 豆盘内，左侧上颌带 I^1-M^3（磨蚀严重）1 件，头骨残块 1 件，总重 240 克；

M147:11 豆盘内，左侧尺骨（结节脱落）1 件，左侧桡骨（远端未愈合）1 件，左侧第三掌骨（远端关节脱落）1 件，右侧距骨 1 件，右侧跟骨 1 件，右侧跗骨 1 件，右侧第三跖骨 1 件，近端趾骨 2 件，中间趾骨 3 件，末端趾骨 1 件，总重 222.99 克；

上述标本至少代表了 2 个不同年龄段的个体：2 岁左右 1 个，大于 2 岁 1 个。

M151:15 豆盘内，左侧下颌带 M_1-M_2（M_3未萌出）1 件，重 69.39 克；

M151:20 豆盘内，头骨带左侧上颌 P^4-M^2（P^4正萌出）1 件，重 80 克；

上述标本至少代表了 1 个 13～18 月龄的个体。

M152:4 豆盘内，头骨带左侧上颌 DM^1-M^2，1 件，重 110 克；

M152:2 豆盘内，左侧股骨远端（未愈合）1 件，左侧胫骨（两端关节脱落）1 件，左侧腓骨近端（未愈合）1 件，总重 84.53 克；

上述标本至少代表了 1 个 13～18 月龄个体。

M153:4，骨簪 1 件，猪的腓骨磨制而成；

M153:16，骨簪 1 件，猪的腓骨磨制而成；

上述标本至少代表了 1 个成年个体。

M145:6 石斧下，左侧下颌带 $C-M_2$（P_4未萌出）1 件，重 106 克；

M154 墓坑内出土左侧肩胛骨 1 件，左侧上颌 I^1-M^2（M^3未萌出）1 件，总重 174.45 克；

上述标本至少代表了 1 个 13～18 月龄标本。

M225:26，牙制品 1 件，猪的下犬齿残片磨制而成；

M238:6，牙制品 1 件，猪的下犬齿残片磨制而成；

M249:8，牙制品 1 件，猪的下犬齿残片磨制而成；

M261:16，牙制品 1 件，猪的下犬齿残片磨制而成；

M129:8，牙制品 1 件，猪的下犬齿残片磨制而成；

M114:17，牙制品 1 件，猪的下犬齿残片磨制而成；

上述标本至少代表了 6 个成年雄性个体。

M89:19 豆盘内，头骨带左侧上颌 DI^1-M^2，1 件，重 205 克；

M89:17 豆盘内，左侧肱骨远端 1 件，重 18.3 克；

上述标本至少代表了两个不同年龄段的个体：13～18 月龄 1 个，大于 18 月龄 1 个。

M99:12 豆盘内，左侧肱骨（两端关节脱落）1 件，左侧尺骨近端（未愈合）1 件，左侧跟骨 1 件，左侧第三跖骨 1 件，近端趾骨 1 件，末端趾骨 1 件，总重 101.81 克

上述标本至少代表了小于 18 月龄个体 1 个。

2.3.2　食肉目 Carnivora

2.3.2.1　犬科 Canidae

2.3.2.1.1　犬属 *Canis*

2.3.2.1.1.1　家犬 *Canis familiaris*

仅发现 2 件标本，全部出自地层中，包括：左侧下颌带 $P_1-M_2$1 件，左侧下颌犬齿 1 件。

全部标本至少代表了 1 个成年个体。

2.3.3　哺乳动物

灰坑、地层中出土了种属不明确的哺乳动物骨骼残块 11 件，墓葬中也出土了 52 件种属不明的哺乳动物骨骼残块。我们推测这些骨骼残块可能也属于上述鹿、猪或狗等动物的遗存；另外墓葬中还出土了骨匕（M97:5）1 件（大型食草动物肋骨制作而成）、骨簪（M121:4）1 件（大型哺乳动物肢骨块制作而成）、骨针（M92:1）1 件（哺乳动物肢骨残块制作而成），制作均比较精细，很难判断其原材料具体的种属。

三　龙山文化时期动物遗存概况

出土动物遗存共 24 件（包含了骨角制品）。分别出自房址、灰坑和地层中，种属包括有扭蚌、牛、马、狗、麋鹿、猪等。具体描述如下：

1　软体动物门 Mollusca

1.1　瓣鳃纲 Lamellibranchia

1.1.1　真瓣鳃目 Eulamellibranchia

1.1.1.1　蚌科 Unionidae

1.1.1.1.1　扭蚌属 *Arconaia*

仅发现 2 件壳残片，左右各一，总重 239 克，出自 T2⑦。

2 脊椎动物门 Vertebrata

2.1 哺乳动物纲 Mammalia

2.1.1 偶蹄目 Artiodactyla

2.1.1.1 牛科 Bovidae

发现材料共3件，包括有：左侧肱骨远端1件，右侧尺骨近端（关节脱落）1件，左侧跖骨近端1件，总重721克，全部出自H92。

该灰坑内另有1件大型哺乳动物髂骨残块，可能也为牛的遗存。

全部标本至少代表了1个个体。

2.1.1.2 鹿科 Cervidae

全部标本共8件，多为残断的鹿角，我们根据保存状况较好的鹿角特征判断出有麋鹿和斑鹿这两个种的存在，根据测量数据推断有一种小型鹿的存在，种属不明确。

2.1.1.2.1 麋鹿属 *Elaphurus*

2.1.1.2.1.1 麋鹿 *Elaphurus davidianus*

发现材料共3件，全部为残破的角，表面保留有明显的砍痕，断口均比较平整，其中一段角尖残块表面还有食肉动物啃咬的痕迹。总重508克，分别出自H119和H92。

由于只发现鹿角，且无法判断是否自然脱落，虽然鹿角经过人为加工，但是并不排除先民捡回自然脱落鹿角的可能性，所以本文在统计这一时期的最小个体数时并未将麋鹿统计在内。

2.1.1.2.2 鹿属 *Cervus*

2.1.1.2.2.1 斑鹿 *Cervus nippon*

仅发现1件角残块，表面有明显刻划痕迹，重137克，出自H119。

由于只发现鹿角，且无法判断是否自然脱落，虽然鹿角带有明显的人工痕迹，但是并不排除先民捡回自然脱落鹿角的可能性，所以本文在统计这一时期的最小个体数时并未将斑鹿统计在内。

2.1.1.2.3 小型鹿科

仅发现1件左侧跖骨，重32克，出自H119。由于没有发现相应的鹿角或犬齿，不能明确种属，记为小型鹿。至少代表了1个成年个体。

2.1.1.3 猪科 Suidae

2.1.1.3.1 猪属 *Sus*

2.1.1.3.1.1 家猪 *Sus scrofa domesticus*

发现材料共3件，包括有：寰椎1件，左上前颌1件，右下颌带DM_2-M_1（M_2未萌出）1件，总重96.26克，分别出自F7和H92。

全部标本至少代表了2个6~13月龄个体。

2.1.2 奇蹄目 Perissodactyla

2.1.2.1 马科 Equidae

仅发现1件，上颌带P^2-P^4，左右均有，重320克，出自H119。至少代表了1个成年个体。

2.1.3 食肉目 Carnivora

2.1.3.1 犬科 Canidae

2.1.3.1.1 犬属 *Canis*

2.1.3.1.1.1 家犬 *Canis familiaris*

仅发现1件右侧髋骨，重39.81克，出自F7。至少代表了1个成年个体。

2.1.4 哺乳动物

另有部分无法明确种属的标本，包括有：中型哺乳动物肋骨1件，骨制品4件（大中型哺乳动物肢骨残块磨制而成），可能也属于上文提到的猪、牛、马和狗等种属的遗存。

四 讨论与分析

（一）大汶口文化时期

1. 家养动物分析

（1）猪

出土数量较多，共125件，其中绝大部分出自墓葬中。

关于猪是否家养，到目前为止，已经有不少学者发表了一系列相关文章①，综合各位的研究成果，有学者将其总结概括为以下几个方面②：

形态学特征（包括泪骨形态、头骨比例、第三臼齿尺寸、齿列扭曲、犬齿发育与否、下颌联合部的长宽比例和角度等）；年龄结构分析；相对比例分析；文化现象观察；食性分析；病理学观察；古DNA分析。

针对梁王城遗址遗存的保存状况，本文将着眼点放在第三臼齿尺寸、年龄结构分析、相对比例分析和文化现象观察等四个方面进行讨论。

1）第三臼齿尺寸

本次整理的动物遗存中，M_3萌出且保存完整的标本只有1件（147:9豆盘内），其长宽分别为37.26毫米和15.85毫米；M^3萌出且保存完整的标本也只有1件（M112:13豆盘内），其长宽分别为33.49毫米和18.93毫米。与北阡遗址③家猪的平均值相比，M_3测量数据要偏大一些，而M^3的测量数据则要小一些，这两个数据都在北阡家猪测量数据的范围内；而与龙虬庄和西溪遗址的家猪④相比，无论是M_3还是M^3的测量数据都要偏小一些。从这一角度来说，梁王城大汶口文化时期的猪应该已经是家猪了。

2）年龄结构分析

① 袁靖：《中国新石器时代家畜起源的问题》，《文物》2001年第5期；袁靖：《考古遗址出土家猪的判断标准》，《中国文物报》2003年8月1日第7版；胡耀武、王昌燧：《家猪起源的研究现状与思考》，《中国文物报》2004年3月12日第7版；袁靖：《动物考古学研究的新发现与新进展》，《考古》2004年第7期；凯斯·道伯涅、袁靖等：《家猪起源研究的新视角》，《考古》2006年第11期；

② 罗运兵：《中国古代家猪研究》，中国社会科学院研究生院博士、学位论文，2007年5月。

③ 资料尚未发表。

④ 龙虬庄遗址考古队：《龙虬庄——江淮东部新石器时代遗址发掘报告》，科学出版社，1999年，第471页；西溪遗址动物遗存鉴定资料尚未发表。

根据上文的描述，灰坑、地层和房址中出土的标本至少代表了2个不同年龄段的个体：18～25月龄1个，大于25月龄1个；墓葬中出土的标本至少代表了36个不同年龄段的个体：小于1岁的有4个，大于1岁的有32个（其中大于2岁的有12个）。

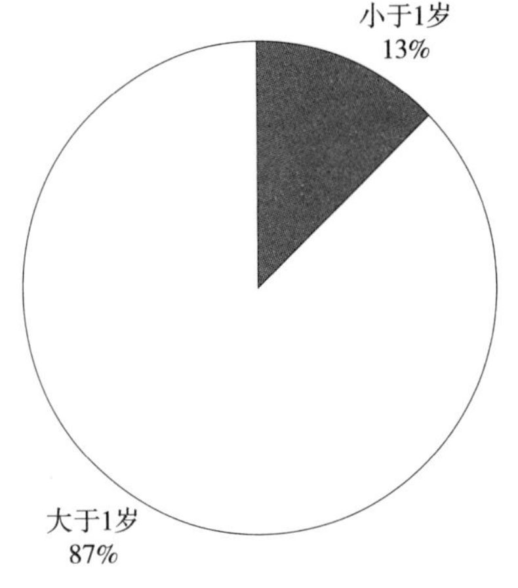

图四六八　大汶口文化时期猪的死亡年龄结构分布示意图

综合来看，属于大汶口文化时期的猪，小于1岁的比例较低，绝大多数为大于1岁的成年个体（图四六八）。从死亡年龄比较集中这一角度来说，我们认为当时的猪已经是家养的了，而且饲养水平比较高，大部分的猪都能够留待成年以后再进行宰杀。

另外，遗址中发现了6件人为加工过的猪下犬齿残片，犬齿显示出雄性猪的特征。根据现代饲养经验，家养的雄猪要到成年时犬齿才能发育完全，这与上文的分析也是相符的，当时先民有意识地将猪饲养到成年以后，再利用其硕大的犬齿加工器物。

3）相对比例分析

属于这一时期的动物遗存共329件（人骨排除在外），其中猪的数量是最多的，占了总数的38%；从哺乳动物的可鉴定标本数来看，猪的数量是最多的，占了60%（图四六九）；从哺乳动物最小个体数的数量来看，65个哺乳动物个体中，猪占了57%（图四七〇）。可见，无论是从可鉴定标本数还是最小个体数来看，猪的比例都是最高的，从相对比例这一角度来说，梁王城遗址的猪已经是家猪了。

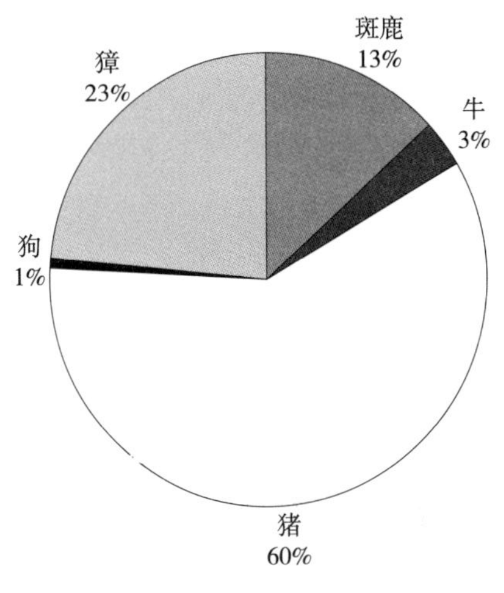

图四六九　大汶口文化时期哺乳动物可鉴定标本数分布示意图

4）考古学文化现象观察

125件猪的遗存中，有118件是出自墓葬中的，且绝大部分出自墓葬随葬器物内，这样的葬俗具有海岱地区大汶口文化随葬动物的一般特征，同时也显示出先民与猪之间的关系比较密切。从这一角度来说，梁王城遗址的猪应该是家猪。

综合以上四个方面，我们认为梁王城大汶口文化时期的猪已经是家猪了，而且先民饲养家猪的水平已经比较高，大部分家猪都是留待成年后再进行宰杀的。

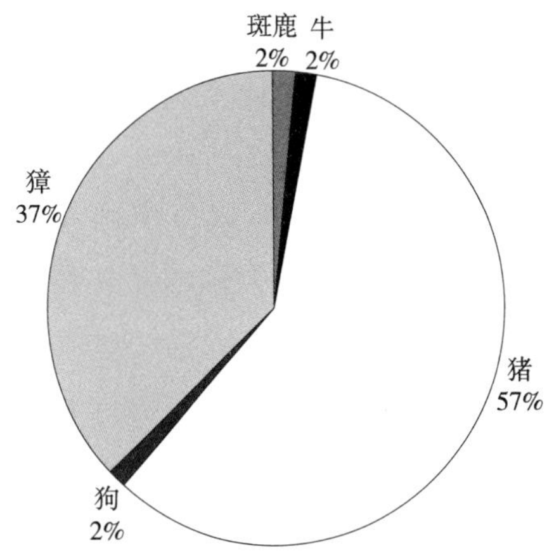

图四七〇　大汶口文化时期哺乳动物最小个体数分布示意图

（2）狗

这一时期虽然狗的遗存发现数量较少，但是鉴于家猪已经出现，而且部分家猪骨骼上还带有明显的食肉动物啃咬痕迹，我们推测应该是先民利用猪骨来饲养狗的证据。

（3）牛

这一时期的遗存数量较少，判断是否家养困难较大，但是遗址中发现了1件黄牛的角残块，所以我们推测这一时期的牛可能已经是家养动物了。

2. 环境分析

斑鹿喜栖于混交林、山地草原和森林边缘；獐喜栖于水边草丛、芦苇塘中①。这些动物种类的存在表明当时遗址附近靠近水域（湖沼），而且有着一定面积的森林或树林。

丽蚌、扭蚌、帆蚌等淡水蚌类的存在，表明遗址所处的自然环境比较优越，气候温暖湿润；从保存比较完整蚌壳的测量数据来看，这些蚌类应该生存于较大的水域中。

综合以上分析，我们推测梁王城大汶口文化时期先民生存的自然环境是比较优越的，遗址附近有一定面积的林木，同时还有较大面积的水域存在，先民们比较容易从周围的环境中获取肉食资源。

3. 骨骼表面痕迹与人工制品分析

墓葬外遗迹内发现的表面带有痕迹的标本数量较少，仅在T4708⑨内发现1件带有明显切割痕迹的鹿角尖残块，T4804⑨发现1件带有烧痕的鳖甲残块，T4708HT1内发现2件带有食肉动物啃咬痕迹的骨骼。

墓葬中出土的表面带有痕迹的标本数量较多，具体如下：

M120∶10豆盘内，猪左下颌残块，表面有砍痕和食肉动物啃咬痕迹；

M129∶1豆盘内，斑鹿桡骨远端，左右各一，骨体均见明显磨痕，断裂一端磨光，骨体有穿孔；

M110∶19，獐右上犬齿，齿根处有明显磨痕，且被火烧过；

M160∶15，獐左上犬齿，被火烧过；

M97∶5，骨匕，坯材为大型食草动物肋骨，磨制钻孔而成；

M121∶4，骨簪，坯材为大型哺乳动物肢骨残块，磨制而成；

M92∶1，骨针，坯材为大型哺乳动物肢骨残块，磨制而成；

M113∶4～8，均为角镞，为鹿角磨制而成；

M89∶15，鹿角残块，断口较平齐，表面有削磨痕迹；

M129∶8，猪下犬齿残片，有明显磨痕；

M114∶17，猪下犬齿残片，有明显磨痕。

从上文的描述中我们可以看出，大多数带有人工痕迹的标本都属于制作骨角牙制品过程中留下来的产物，因此我们可以通过存在于骨、角、牙质标本表面的痕迹来推断其制作工艺流程，梁王城先民们主要利用大型哺乳动物的肢骨残块、鹿角、猪和獐的犬齿等来制作相应的物品，有的制作比较精细，已经难以辨认出坯材的特征，有的却还保留有坯材的原始特征。

4. 生业经济分析

属于这一时期的329件动物遗存中（人骨排除在外），哺乳动物占了绝大多数（图

---

① 盛和林：《中国鹿类动物》，华东师范大学出版社，1992年。

四七一）；而无论是从哺乳动物的可鉴定标本数还是最小个体数来看，都是以家养的猪为主，占了一半以上（图四六九、四七〇）；单独统计墓葬外遗迹内出土的哺乳动物，可鉴定标本数以斑鹿为主（图四七二），最小个体数以家猪为主（图四七三）。从哺乳动物的肉食量来看①（这里的肉食量统计并未包含墓葬中发现的标本），是以家养的猪和牛为主的（图四七四）。

综合来看，大汶口文化时期，梁王城先民们是以家养动物（主要是家猪）作为主要的肉食来源，同时也猎获部分野生动物作为肉食的补充。

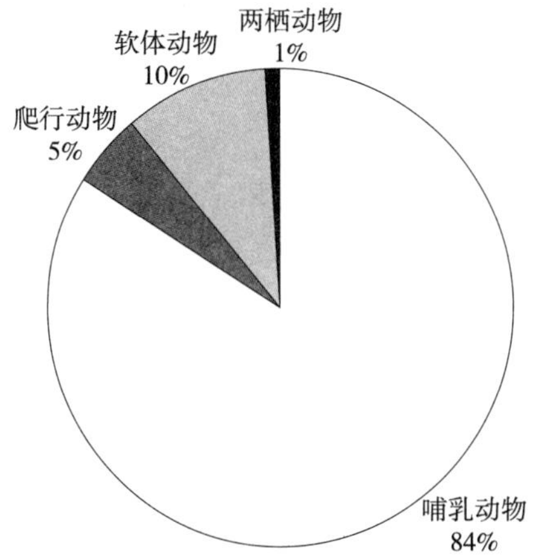

图四七一　大汶口文化时期动物数量分布示意图

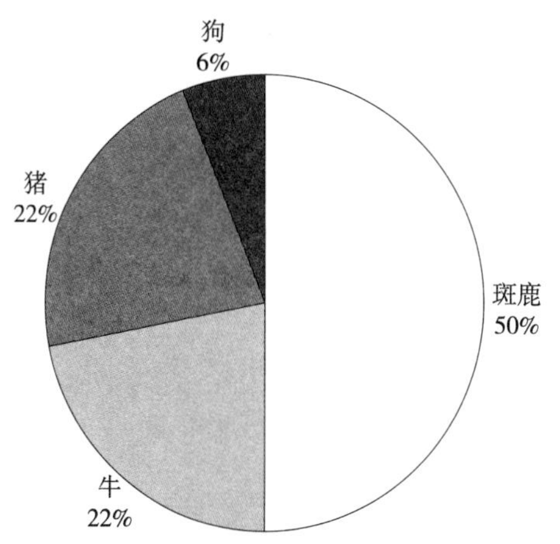

图四七二　大汶口文化时期墓葬外遗迹内出土哺乳动物可鉴定标本数分布示意图

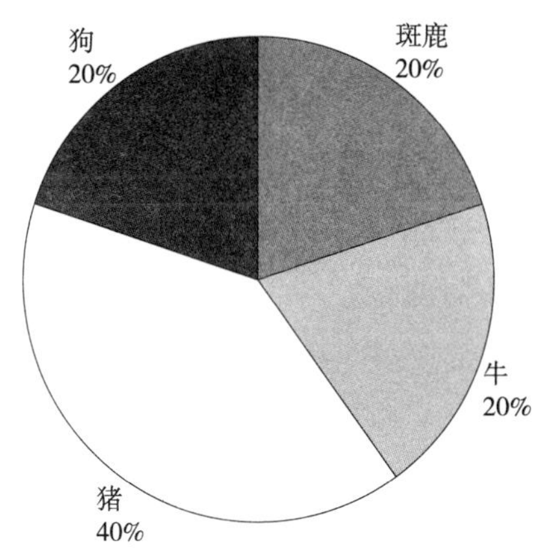

图四七三　大汶口文化时期墓葬外遗迹内出土哺乳动物最小个体数分布示意图

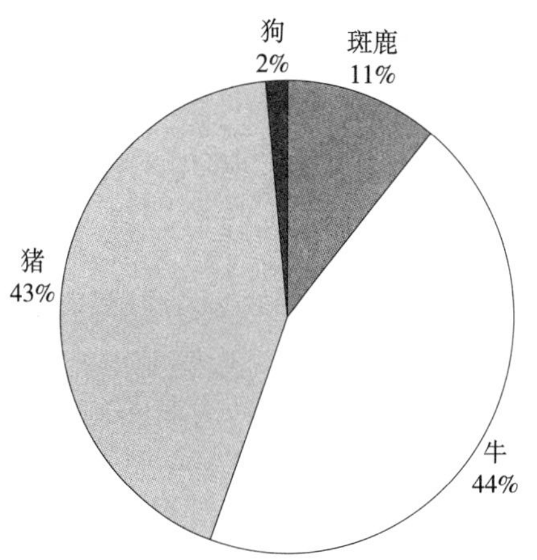

图四七四　大汶口文化时期哺乳动物肉量分布示意图

① 关于各种哺乳动物肉量的计算参照 Elizabeth J. Reitz and Elizabeth S. Wing，*Zooarchaeology*，Cambridge University Press，1999，p. 223. White，T. E. 的计算方法。体重数据参考以下文献：《中国猪种》编写组《中国猪种（一）》，上海人民出版社 1976 年；寿振黄《中国经济动物志（兽类）》，科学出版社，1962 年；盛和林《中国鹿类动物》，华东师范大学出版社，1992 年；邱怀《中国黄牛》，农业出版社，1992 年。幼年个体按照成年个体一半的标准进行统计。

5. 随葬动物分析

墓葬中随葬的动物遗存主要包括猪的头骨、上下颌骨、四肢骨、脊椎、肋骨和牙齿，两栖动物的肢骨，鹿的角、上颌骨、脊椎和四肢骨，獐的犬齿和下颌骨，龟的背甲和腹甲等。另外还有部分骨角牙制品。

从随葬动物种属来看，以獐和猪的遗存出土频率最高，在出有动物遗存的46座墓葬中，有42座出有獐的遗存，有25座出有猪的遗存，都占了一半以上；其中有15座墓葬同时出有猪和獐的遗存。而从数量上来看，猪有118件，獐则只有63件，明显的以猪为主。

墓葬中随葬的猪，大部分出自随葬器物内；25座墓中有17座出土猪的头骨和上下颌骨，其中13座还同时出有猪的四肢骨；只出土四肢骨的墓葬有3个；另外还有5座墓葬只出土了猪的下犬齿残片（牙制品）。

墓葬中随葬的獐，仅有2件是在豆盘内发现的；大部分为较完整的一侧上犬齿，其中随葬1个犬齿的有26座墓葬，随葬2个犬齿的有15座墓葬，随葬4个犬齿的有1座墓葬。由于獐的遗存仅在墓葬中发现，而且除了下颌骨和犬齿外并未发现其他部位的骨骼，所以在上文进行肉食量统计的时候并未将其计算在内。我们推断当时的先民可能并未将獐视作肉食对象，狩猎獐可能只是想要获得其锋利的犬齿，这也从一个侧面说明獐的犬齿在当时先民的意识中应该占有比较特殊的地位。

从随葬动物遗存数量来看，M124等15座墓葬只随葬1件动物遗存，M114等10座墓葬随葬2件，M120等2座墓葬随葬3件，M146等4座墓葬随葬4件，M152随葬5件，M101随葬6件，M112随葬7件，M129等2座墓葬随葬8件，M143随葬9件，M126等2座墓葬随葬11件，M110随葬12件，M140随葬13件，M154随葬15件，M147等2座墓葬随葬19件，M118随葬20件，M113随葬22件。随葬动物遗存数量的多少可能与墓葬的规模和墓主人的身份有关。

综合以上分析，大汶口文化时期梁王城先民一般选择猪、獐等种属随葬，也有部分先民同时以鹿角、龟甲和两栖动物肢骨随葬，既表现出海岱地区大汶口文化随葬动物的一般特征，又显示出一定的本地色彩；大多数墓葬只随葬1~2件动物遗存，少量墓葬随葬动物遗存数量较多，达到20余件，这样悬殊的差距，可能与墓葬的规模或墓主人的身份有关系。

（二）龙山时代

1. 家养动物分析

虽然属于这一时期的动物遗存数量较少，但是由于遗址本身是连续使用的，所以我们推断在龙山文化时期猪和狗是家养动物，牛和马可能为家养动物，其他则为野生动物。

2. 环境分析

本时期明确为野生动物的各种鹿类和扭蚌的存在，显示出与前一时期相似的气候环境特征，说明龙山文化时期遗址附近的自然环境比之大汶口文化时期并未发生太大变化，依然是比较温暖湿润，适合野生动物生存。

3. 骨骼表面痕迹与人类行为分析

本时期动物遗存表面痕迹主要存在于鹿角之上，至少可以说明当时先民是利用鹿角来制作各种物品的。

4. 生业经济分析

虽然属于这一时期的动物遗存发现数量不多，但是仍然可以稍作分析：从各类动物遗存出土频率来看，除了两件扭蚌，其他均为哺乳动物，哺乳动物比例为91.7%；从能够明确种属的哺乳动物可鉴定标本数来看，除了鹿角残块，其他哺乳动物遗存中牛和猪的数量是最多的，各为30%，狗、马和小型鹿科数量较少；从可鉴定标本数来看，牛、猪、马、狗和鹿的比例基本一致，各占20%。从哺乳动物的肉食量来看（参考标准见上文），明显是以牛为主的。

五　小结

综合以上分析，梁王城遗址从大汶口到龙山文化时期，自然地理环境并未发生太大变化，附近一直有着一定面积的树林和较大范围的水域，气候比较温暖湿润，野生动物资源比较丰富；先民的肉食来源始终是以家养动物（家猪）为主的，同时也会猎取一些野生哺乳动物（主要是鹿类），捕捞一些淡水蚌类来补充肉食；大汶口文化墓葬中随葬的动物种属、部位等都显示出海岱地区大汶口墓葬随葬动物的一般特征。

附表 6－0－1　大汶口文化遗迹出土动物遗骸登记表*

遗迹单位	出土位置	编号	动物种属	骨骼名称	部位	数量	左	右	重量	愈合情况	人工痕迹	咬痕	烧	长（毫米）	宽（毫米）	高（毫米）	齿列长（毫米）
ⅢT4708⑨		1	丽蚌	壳		1	1		8.81								
ⅢT4708⑨		2	丽蚌	壳		1		1	26.4								
ⅢT4708⑨		3	丽蚌	壳		1	1		11.93								
ⅢT4708⑨		4	丽蚌	壳		1	1		11.18								
ⅢT4708⑨		5	丽蚌	壳		1		1	13.74								
ⅢT4708⑨		6	丽蚌	壳		1		1	12.63								
ⅢT4708⑨		7	丽蚌	壳		1		1	4.07								
ⅢT4708⑨		8	蚌	壳残片		1			0.63								
ⅢT4708⑨		9	人	距骨		1			23.89								
ⅢT4708⑨		10	中鹿	肩胛骨残块		1		1	9.88								
ⅢT4708⑨		11	龟	背甲残片		11			66					厚3.7、3.3			
H505		1	斑鹿	角带头骨		1		1	92.25								
H373		1	中鹿	肩胛骨残块		1			26.28								
H394		1	中鹿	下颌带 P_3-M_2		1		1	24.65								P_3-M_2，54.85
H394		2	猪	髋骨残块		1		1	55.17								
H394		3	中型哺乳动物	下颌残块		1			50.89								
H394		4	牛	掌骨残块	近端	1	1		36.63								
ⅢT4804⑨		1	鳖	背甲残块		1			27.68				1	厚6.01			
ⅢT4804⑨		2	大型哺乳动物	腰椎残块		1			62.83								
H420		1	大型哺乳动物	肋骨残块		1			49.76								
H420		2	猪	下颌带 M_2-M_3		1	1		60.56								
H420		3	猪	胫骨残块		1	1		18.13	两端关节脱落							

＊ 表内编号一栏，有的是实验室号，有的是出土号。

续附表 6-0-1

遗迹单位	出土位置	编号	动物种属	骨骼名称	部位	数量	左	右	重量	愈合情况	人工痕迹	咬痕	烧	长（毫米）	宽（毫米）	高（毫米）	齿列长（毫米）
H420		4	猪	寰椎残块		1			27.14								
H420		5	龟	背甲残块		1			7.14					厚 2.81			
H420		6	蚌	壳残片		6			176								
H420		7		残骨		1			5.92								
ⅢT4701⑨		1	狗	下颌带 P_1-M_2		1	1		31.94					M_1 后下颌骨高 25.76			P_1-M_2，65.256
ⅢT4701⑨		2	猪	下颌带 P_3-M_2		1	1		39.2	M_3 未萌出							P_3-M_2，56.6
ⅢT4701⑨		3	中型哺乳动物	下颌残块		1			4.61								
ⅢT4701⑨		4		残骨		1			13.52								
ⅢT4708HT1		1	黄牛	角		1	1		539					底径 83.84			
ⅢT4708HT1		2	大型哺乳动物	肋骨残块		1			31.49			食肉动物咬痕					
ⅢT4708HT1		3	大型哺乳动物	肢骨残片		1			37.07								
ⅢT4708HT1		4	鹿	角尖残块		1			15.3								
ⅢT4708HT1		5	角制品			1			5.33								
ⅢT4708HT1		6	猪	股骨残块	远端	1		1	25.5			食肉动物咬痕					
H536		1	中鹿	炮骨残块	远端	1			41.51	关节脱落							
H536		2	中型哺乳动物	胸椎棘突残块		1		1	17.52								
H536		3	中型哺乳动物	肢骨残片		3			22.76								
H536		4	中型哺乳动物	下颌残块		1			9.95								
ⅢT4708⑨		1	鹿	角尖残块		1			28.31		切痕						
ⅢT4708⑨		2		残骨片		2			1.93								

续附表 6－0－1

遗迹单位	出土位置	编号	动物种属	骨骼名称	部位	数量	左	右	重量	愈合情况	人工痕迹	咬痕	烧	长（毫米）	宽（毫米）	高（毫米）	齿列长（毫米）
H516		1	猪	上门齿残块		1			5.27								
H272		5		斑鹿	角		1		1	88	自然脱落，小于90						
H20		1	丽蚌	壳残片		1	1		156								
H20		2	丽蚌	壳残片		1	1		174								
H20		3	丽蚌	壳残片		1		1	158								
H20		4	丽蚌	壳残片		1		1	148								
H20		5	丽蚌	壳残片		1		1	83								
H20		6	丽蚌	壳残片		1		1	82								
H20		7	扭蚌	壳残片		1		1	147								
H20		8	扭蚌	壳残片		1	1		69								
H20		9	蚌	壳残片		1			46								
M140		1	猪	下颌带左侧 I_1-M_2，右侧 I_1-I_3		1	1	1	204	M_3 未萌出							
M140		2	中鹿	髋骨残块		1	1		120								
M147	9 豆盘内	1	猪	下颌带左侧 I_1-M_3，右侧 I_1-I_3		1	1	1	330	M_3 刚萌出，雄性				下颌长 262			
M147	9 豆盘内	2	猪	上颌带 I^1-M^3		1	1		101	M^3 磨蚀严重							
M147	9 豆盘内	3	猪	头骨残块		1			139								
M120	5 豆盘内	1	猪	颞骨残块		1			26.78								
M118	7 杯内	1	猪	上颌带 $C-P^4$		1	1		28.18	磨蚀严重							$C-P^4$，60.67
M126	8 鼎内	1	人	距骨		1			12.14								
M126	8 鼎内	2	人	掌骨/跖骨		1			3.94								

续附表 6－0－1

遗迹单位	出土位置	编号	动物种属	骨骼名称	部位	数量	左	右	重量	愈合情况	人工痕迹	咬痕	烧	长（毫米）	宽（毫米）	高（毫米）	齿列长（毫米）
M126	8 鼎内	3	猪	下颌带 P_2		1		1	8.9								
M126	8 鼎内	4	中型哺乳动物	肢骨残片		1			8.99								
M126	8 鼎内	5	两栖动物	肢骨残片		2			0.27								
M118	3 豆盘内	1	猪	肱骨残块	远端	1	1		34.95	关节脱落							
M118	3 豆盘内	2	猪	胫骨残块		1	1		33.1	两端关节脱落							
M118	3 豆盘内	3	猪	腓骨		1	1		3.32	未愈合							
M118	3 豆盘内	4	猪	跟骨		1	1		9.36	结节脱落							
M118	3 豆盘内	5	猪	距骨		1	1		8.29								
M118	3 豆盘内	6	猪	上前颌带门齿		1	1		12.97	磨蚀严重							
M118	3 豆盘内	7	猪	头骨残块		1			21.1								
M118	头骨旁	1	两栖动物	肢骨残片		1			0.22								
M129	2 豆盘内	1	猪	胫骨残块		1		1	92.87	两端关节脱落							
M129	2 豆盘内	2	猪	跟骨		1		1	21.4	结节脱落							
M129	2 豆盘内	3	猪	距骨		1		1	16.19								
M129	3 豆盘内	1	猪	股骨		1		1	115	两端关节脱落							
M101	8 豆盘内	1	猪	头骨带上颌带 M^1-M^2		1	1		39.07	M^3 未萌出							
M140	8 豆盘内	1	猪	股骨		1	1		161	两端关节脱落							

续附表6－0－1

遗迹单位	出土位置	编号	动物种属	骨骼名称	部位	数量	左	右	重量	愈合情况	人工痕迹	咬痕	烧	长（毫米）	宽（毫米）	高（毫米）	齿列长（毫米）
M140	8 豆盘内	1	猪	胫骨残块		1	1		110	近端关节脱落				远端 25.79	28.6		
M140	8 豆盘内	2	猪	腓骨		1	1		10								
M140	8 豆盘内	3	猪	髌骨		1	1		11.56								
M118	6 豆盘内	1	猪	肱骨残块		1	1		42.68	两端关节脱落							
M118	6 豆盘内	2	猪	上颌残块		1	1		4.56								
M139	10 豆盘内	1	猪	寰椎残块		1			15.34								
M139	10 豆盘内	2	猪	下颌残块		1			8.17								
M139	10 豆盘内	3	猪	头骨残块		4			17.83								
M118	4 豆盘内	1	猪	寰椎残块		1			20.27								
M118	4 豆盘内	2	猪	枢椎残块		1			12.95								
M118	4 豆盘内	3	猪	颈椎残块		1			22.72								
M118	4 豆盘内	4	猪	下颌残块		1			8.49								
M118	4 豆盘内	5	猪	胫骨残块	近端	1	1		5.74	脱落关节							
M110	11 豆盘内	1	中型哺乳动物	肋骨残块		1			4.03								
M126	7 豆盘内	1	猪	肱骨残块	远端	1		1	7.57	关节脱落							
M113	13 豆盘内	1	猪	髋骨残块		1	1		15.32	未愈合							
M113	13 豆盘内	2	猪	股骨残块	近端	1	1		8.62	关节脱落							
M119	3 豆盘内	1	猪	肱骨残块		1		1	21.08	两端关节脱落							
M101	7 豆盘内	1	猪	下颌带 DM_1-M_1		1	1		45.6	M_2 未萌出							
M147	11 豆盘内	1	猪	尺骨		1	1		45.21	结节脱落							
M147	11 豆盘内	2	猪	桡骨残块		1	1		59.02	远端未愈合				近端 25.76	27.28		
M147	11 豆盘内	3	猪	距骨		1		1	12.91								

续附表6-0-1

遗迹单位	出土位置	编号	动物种属	骨骼名称	部位	数量	左	右	重量	愈合情况	人工痕迹	咬痕	烧	长（毫米）	宽（毫米）	高（毫米）	齿列长（毫米）
M147	11 豆盘内	4	猪	跟骨		1		1	19.94								
M147	11 豆盘内	5	猪	掌骨		1	1		28.16	远端关节脱落							
M147	11 豆盘内	6	猪	跗骨		1		1	7.96								
M147	11 豆盘内	7	猪	跖骨残块		1		1	30.28								
M147	11 豆盘内	8	猪	近端趾骨		2			10.02								
M147	11 豆盘内	9	猪	中间趾骨		3			7.4								
M147	11 豆盘内	10	猪	末端趾骨		1			2.09								
M147	11 豆盘内	11	中型哺乳动物	肢骨残片		1			6.07								
M147	11 豆盘内	12		残骨		1			2.71								
M146	5 豆盘内	1	猪	顶骨残块		1			31.09								
M120	2 豆盘内	1	猪	下颌带左侧 I_1-M_3，右侧 I_1		1	1	1	180	M_3 未完全萌出							
M118	8 豆盘内	1	两栖动物	肢骨残片		1			0.29								
M118	8 豆盘内	2	猪	下颌带 I_1-M_3		1	1		254								I_1-M_3，170
M126	3 豆盘内	1	猪	胫骨残块	近端	1		1	10.03	关节脱落							
M126	3 豆盘内	2	猪	腓骨		1		1	0.89								
M126	3 豆盘内	1	猪	下颌带 I_1-M_1		1	1		51.06	M_2 未萌出							
M126	3 豆盘内	2	猪	茎突		1			2.46								
M119	4 豆盘内	1	猪	肩胛骨残块		1		1	7.49								
M151	15 豆盘内	1	猪	下颌带 M_1-M_2		1	1		69.39	M_3 未萌出							M_1-M_2，39.48
M120	10 豆盘内	1	猪	下颌残块		1	1		24.91		砍痕	食肉动物咬痕					

续附表 6-0-1

遗迹单位	出土位置	编号	动物种属	骨骼名称	部位	数量	左	右	重量	愈合情况	人工痕迹	咬痕	烧	长（毫米）	宽（毫米）	高（毫米）	齿列长（毫米）
M154	左侧	1	猪	肩胛骨残块		1	1		15.55								
M154	左侧	2	中型哺乳动物	肋骨残块		8			16.37								
M154	左侧	3		残骨		2			6.16								
M89	19 豆盘内	1	猪	头骨带上颌带 DI^1-M^2		1	1		205	P^4 未萌出							
M89	17 豆盘内	1	中型哺乳动物	肋骨残块		9			32.99								
M89	17 豆盘内	2	中型哺乳动物	脊椎残块		7			30.01								
M89	17 豆盘内	3	猪	肱骨残块	远端	1	1		18.3								
M112		1	中型哺乳动物	肋骨残块		1			24.26								
M143	7 豆盘内	1	猪	上颌带 DM^2-M^2		1	1		23.46								
M110	23 豆盘内	1	猪	肱骨残块		1		1	148	两端关节脱落							
M110	23 豆盘内	2	猪	髌骨		1		1	8.04								
M110	23 豆盘内	3	中型哺乳动物	肋骨残块		2			7.86								
M112	13 豆盘内	1	猪	头骨带上颌带 $C-M^3$		1	1		187	磨蚀严重				M^3，33.49	18.93		
M152	4 豆盘内	1	猪	头骨带上颌带 DM^1-M^2		1	1		110								
M113	16 豆盘内	1	猪	肩胛骨残块		1	1		12.95								
M113	16 豆盘内	2	中型哺乳动物	肋骨残块		11			22.99								
M143	6 豆盘内	1	猪	跟骨		1		1	9.45	未愈合							
M143	6 豆盘内	2	猪	胫骨残块	远端	1		1	10.2	关节脱落							
M143	6 豆盘内	3	猪	腓骨残块	远端	1		1	1.6								
M143	6 豆盘内	4	猪	跗骨残块		1		1	1.88								
M152	2 豆盘内	1	猪	股骨残块	远端	1	1		38.48	未愈合							
M152	2 豆盘内	2	猪	胫骨残块		1	1		43.37	两端关节脱落							

续附表 6-0-1

遗迹单位	出土位置	编号	动物种属	骨骼名称	部位	数量	左	右	重量	愈合情况	人工痕迹	咬痕	烧	长（毫米）	宽（毫米）	高（毫米）	齿列长（毫米）
M152	2 豆盘内	3	猪	腓骨残块	近端	1	1		2.68	未愈合							
M154	石钺下	1	猪	下颌带 $C-M_2$		1	1		106	P_4 未萌出							
M99	12 豆盘内	1	猪	肱骨残块		1	1		60.59	两端关节脱落							
M99	12 豆盘内	2	猪	尺骨残块	近端	1	1		13.73	未愈合							
M99	12 豆盘内	3	猪	跟骨		1	1		23.24								
M99	12 豆盘内	4	猪	跖骨残块		1			1.86								
M99	12 豆盘内	5	猪	近端趾骨		1			0.75								
M99	12 豆盘内	6	猪	末端趾骨		1			1.64								
M99	12 豆盘内	7	龟	背甲残块		1			3.81								
M112	1 豆盘内	1	猪	下颌带左侧 I_1-P_4，右侧 I_1-C		1	1	1	138	磨蚀严重							
M112	1 豆盘内	2	猪	下颌带 DM_1-M_1		1	1		31.86	M_2 未萌出							
M154		1	猪	上颌带 I^1-M^2		1	1		68.45	M^3 未萌出							P^4-M^2，53.22
M110	3 豆盘内	1	猪	下颌带 M_2-M_3		1	1		153					M_3，37.26	15.85		
M110	3 豆盘内	2	猪	下颌带 C、P_1		1	1		6.43								
M110	3 豆盘内	3	中型哺乳动物	肋骨残块		1			5.34								
M113		1	猪	下颌带 DI_1-DM_3		1	1		35.67	M_1 未萌出							
M113		2	猪	上颌带 DI^1-M^1		1	1		25.1	M^1 刚萌出							
M110	7	1	猪	下颌带左侧 I_1-P_3，右侧 I_1-C		1	1	1	114								
M151	20 豆盘内	1	猪	头骨带上颌带 P^4-M^2		1	1		80	P^4 正萌出							
M146	4 豆盘内	1	猪	胫骨残块		1	1		44.8	两端关节脱落							

续附表6－0－1

遗迹单位	出土位置	编号	动物种属	骨骼名称	部位	数量	左	右	重量	愈合情况	人工痕迹	咬痕	烧	长（毫米）	宽（毫米）	高（毫米）	齿列长（毫米）
M146	4豆盘内	2	猪	腓骨		1	1		3.16								
M146	4豆盘内	3	猪	跟骨		1	1		12.31	结节脱落							
M112	6豆盘内	1	猪	头骨带上颌带 DM^3-M^2		1	1		34.55								
M112	6豆盘内	2	猪	下颌残块		1			7.92								
M139	13豆盘内	1	猪	下颌带 M_2		1	1		31.97	磨蚀严重							
M110	9豆盘内	1	中型哺乳动物	肋骨残块		1			9.59								
M129	9豆盘内	1	猪	下颌带 P_2-M_2		1	1		105	M_3 未萌出							
M140	12豆盘内	1	中型哺乳动物	肋骨残块		4			26.74								
M101	4豆盘内	1	猪	肩胛骨残块		1		1	6.27								
M101	4豆盘内	2	猪	肱骨残块	近端	1		1	2.46	脱落关节							
M101	4豆盘内	3	中型哺乳动物	肋骨残块		1			4.2								
M139	5豆盘内	1	猪	头骨带上颌带 I^2、C		1	1		101								
M139	5豆盘内	2	猪	下颌带 P_4		1	1		1.88								
M129	1豆盘内	1	中鹿	桡骨残块	远端	1		1	43.75		磨痕，一端磨光，骨体有穿孔			22.73	32.62		
M129	1豆盘内	2	中鹿	桡骨残块	远端	1	1		58.04		磨痕，一端磨光，骨体有穿孔			25.6	35.45		
M140	22豆盘内		猪	头骨残块		1			14.03								
M143	8豆盘内	1	猪	髋骨残块		1		1	15.95	未愈合							
M143	8豆盘内	2	中型哺乳动物	肋骨残块		1			4.84								

续附表 6-0-1

遗迹单位	出土位置	编号	动物种属	骨骼名称	部位	数量	左	右	重量	愈合情况	人工痕迹	咬痕	烧	长（毫米）	宽（毫米）	高（毫米）	齿列长（毫米）
ⅢT4805⑨		1	斑鹿	角残块		1			125								
F26		1	扭蚌	壳残片		1	1		115								
F26		2	扭蚌	壳残片		1		1	90								
H524		1	丽蚌	壳残片		1	1		62								
H524		2	帆蚌	壳残片		1	1		60								
H524		3	蚌	壳残片		1			85								
H422		1	丽蚌	壳残片		1		1	86								
H422		2	丽蚌	壳残片		1		1	46								
H422		3	扭蚌	壳残片		1	1		50								
H422		4	扭蚌	壳残片		1	1		73								
H422		5	扭蚌	壳残片		1	1		69								
H88		1	牛	肩胛骨残块		1			310								
Y1		1	鱼钩	可能为角制品		1											
T6	⑩	2	角镞			1											
ⅢT4801⑨		1	斑鹿	角残块		1											
H272		3	大型鹿	炮骨残块		1											
T2⑧		1	鹿角尖			1											
M153		4	猪	腓骨，磨制		1											
M153		16	猪	腓骨，磨制		1											
M238		6	小鹿	下颌带 P_3-M_2		1		1									P_3-M_2，35.28
M249		8	猪	下犬齿残片磨制		1											
M225		26	猪	犬齿残片磨制		1											
M113		4	角镞			1											
M113		5	角镞			1											
M113		6	角镞			1											

续附表6－0－1

遗迹单位	出土位置	编号	动物种属	骨骼名称	部位	数量	左	右	重量	愈合情况	人工痕迹	咬痕	烧	长（毫米）	宽（毫米）	高（毫米）	齿列长（毫米）
M113		7	角镞			1											
M113		8	角镞			1											
M121		4	骨簪	大型哺乳动物肢骨磨制		1											
M129		8	猪犬齿磨痕			1											
M89		15	鹿角残块锯断、削磨			1											
M114		17	猪犬齿磨痕			1											
M97		5	骨匕	大型食草动物肋骨磨制穿孔		1											
M259		3	龟	腹甲残块		1											
M92		1	骨制品	大型哺乳动物肢骨磨制		1											
M261		16	猪	犬齿残块		1											
M261		17	中鹿	上颌带 P^2-M^3		1	1										P^2-M^3，70.03
ⅢT4906⑨		1	鹿角磨制钻孔			1											
ⅢT4808⑨		6	狗	犬齿		1											
M154		5	中鹿	寰椎和枕髁各1件		2											
M113		10	獐	上犬齿		1	1										
M259		2	獐	上犬齿		1	1										
M160		15	獐	上犬齿		1	1						1				
M238		8	獐	上犬齿		1		1									
M151		14	獐	上犬齿		1	1										
M147		16	獐	上犬齿		1	1										
M143		16	獐	上犬齿		1		1									
M152		11	獐	上犬齿		1	1										

续附表 6 – 0 – 1

遗迹单位	出土位置	编号	动物种属	骨骼名称	部位	数量	左	右	重量	愈合情况	人工痕迹	咬痕	烧	长（毫米）	宽（毫米）	高（毫米）	齿列长（毫米）
M114		16	獐	上犬齿		1		1									
M139		14	獐	上犬齿		1		1									
M256		3	獐	上犬齿		1	1										
M226		11	獐	上犬齿		2	1	1									
M138		2	獐	上犬齿		1		1									
M137		2	獐	上犬齿		1		1									
M150		4	獐	上犬齿		1	1										
M249		1	獐	上犬齿		1		1									
M249		2	獐	上犬齿		1		1									
M254		3	獐	上犬齿		1		1									
M138		1	獐	上犬齿		1		1									
M137		1	獐	上犬齿		1		1									
M139		15	獐	上犬齿		1		1									
M159		5	獐	上犬齿		1		1									
M262		34	獐	上犬齿		1	1										
M267		20	獐	上犬齿		1	1										
M117		7	獐	上犬齿		1	1										
M265		1	獐	上犬齿		1		1									
M118		15	獐	上犬齿		2		2									
M117		6	獐	上犬齿		1	1										
M110		19	獐	上犬齿		1		1			齿根磨痕		1				
M101		14	獐	上犬齿		1		1									
M99		6	獐	上犬齿		1	1										
M124		2	獐	上犬齿		1		1									
M238		10	獐	上犬齿		1		1									

续附表 6－0－1

遗迹单位	出土位置	编号	动物种属	骨骼名称	部位	数量	左	右	重量	愈合情况	人工痕迹	咬痕	烧	长（毫米）	宽（毫米）	高（毫米）	齿列长（毫米）
M140		34	獐	上犬齿		1	1										
M140		33	獐	上犬齿		1		1									
M112		18	獐	上犬齿		1	1										
M157		4	獐	上犬齿		1	1										
M242		10	獐	上犬齿		1		1									
M226		3	獐	上犬齿		2	2										
M136		2	獐	上犬齿		1		1									
M136		3	獐	上犬齿		1	1										
M143		7	獐	上犬齿		1	1										
M248		1	獐	上犬齿		1	1										
M121		15	獐	上犬齿		1	1										
M110		6	猪	下门齿		1											

附表 6－0－2　龙山文化遗迹出土动物遗骸登记表*

遗迹单位	出土位置	编号	动物种属	骨骼名称	部位	数量	左	右	重量	愈合情况	人工痕迹	咬痕	烧	长（毫米）	宽（毫米）	高（毫米）	齿列长（毫米）
F3		1	猪	寰椎残块		1			24.09								
F3		2	猪	上前颌残块		1	1		13.45								
F3		3	鹿	角残块		1			17.8								
F3		4	狗	髋骨残块		1		1	39.81								
F3		5	中型哺乳动物	肋骨残块		1			6.06								
H119		6	麋鹿	角尖残块		1			56		锯断	食肉动物咬痕					
T2⑦		1	扭蚌	壳残片		1	1		171								

* 表内编号一栏，有的是实验室号，有的是出土号。

续附表6-0-2

遗迹单位	出土位置	编号	动物种属	骨骼名称	部位	数量	左	右	重量	愈合情况	人工痕迹	咬痕	烧	长（毫米）	宽（毫米）	高（毫米）	齿列长（毫米）
T2⑦		2	扭蚌	壳残片		1		1	68								
H92		1	麋鹿	角残块		1			228		砍痕、锯断						
H92		2	麋鹿	角残块		1			224		锯断						
H92		3	牛	肱骨残块	远端	1	1		248						79.28		
H92		4	牛	尺骨残块	近端	1		1	217	结节脱落							
H92		5	牛	跖骨残块	近端	1	1		256					50.85	49.31		
H92		6	大型哺乳动物	髂骨残块		1			138								
H92		7	猪	下颌带 DM_2-M_1		1		1	58.72	M_2 未萌出							
H119		1	马	上颌带左侧 P^2-P^4，右侧 P^2-P^4		1	1	1	320								
H119		2	鹿	角残块		1			153		削痕		1				
H119		3	斑鹿	角残块		1			137		划痕						
H119		4	小鹿	跖骨残块		1	1		32					近端 19.05，远端 14.57	近端 18.89，远端 20.6	147.87	
T7⑨		4	骨制品	磨尖		1											
T8⑨		1	鹿	角尖		1											
T5⑧		1	骨簪/锥	大型哺乳动物肢骨残片磨制		1											
T7⑨		3	骨簪/锥	大型哺乳动物肢骨残片磨制		1											
H14		1	骨簪/锥	大型哺乳动物肢骨残片磨制		1											

第七章　结　语

梁王城遗址自2004年春至2009年初共进行了六次发掘，揭露面积9505平方米，是黄淮地区近年来规模较大的一次考古发掘，也是南水北调东线先导工程——沂、沭、泗河洪水东调南下工程规模较大的考古发掘项目。其中，史前文化遗存是遗址的最重要部分之一，包括大汶口文化和龙山文化两部分，而以大汶口文化遗存为主，发现了房址、灰坑、墓葬以及一处作坊遗迹等，构成了一个相对完整的聚落单元。尤其是大汶口文化墓地，揭露的比较完整。墓葬不仅数量多，而且多数排列齐整，说明墓地经过了精心的规划和布局。通过对遗址大汶口文化和龙山文化遗存的分析研究，我们有以下一些初步的认识和思考。

一　大汶口文化遗存

（一）大汶口文化遗存的分期与年代

1. 分期

在报告的第三章和第四章中，已经分别对遗址的生活遗存和墓葬进行过比较详细的分期和相对年代小结。其中，生活遗存主要分为四期，第一期仅有零星灰坑，即H26、H187、H188三座灰坑。第二期主要有F3、F4、F8、F9、F10、F15、F17、F20、F21、Y1、G8、G10～G13、H25、H26、H409、H413、H416等遗迹，第三期主要有F24、F25、F26、F27、L4、H6、H20、H518、H519、H522、H523、H524、H533等遗迹，第四期主要有红烧土台HT1，以及H111、H261、H268、H272、H514、H530等遗迹。墓葬分为三期，第一期包括M88、M98、M111、M112、M121、M124等58座墓葬；第二期包括M105、M125、M225、M270等48座墓葬；第三期包括M135和M136两座。另有31座墓葬因缺乏分期条件而未进一步分期。三期墓葬中，第一、二期内又可依早晚关系各分为两组。

考察层位关系，我们可以发现有如下几点：

1）生活遗存的第二期中，H409打破M111，H413打破M124，H416打破M112，其中M111属于第一期第三组墓葬，M112和M124属第一期第二组墓葬；据此判断生活遗存的第二期年代不会早于第一期的第三组墓葬。生活遗存的第一期由于遗迹较少，与第一期第三组或更早阶段的墓葬没有直接的叠压打破关系，出土遗物与墓葬出土遗物也缺乏可比对性，故在此只能判断生活遗存的第一期大致比墓葬第一期的第三组略早或相当。

2）生活遗存的第三期中，F24叠压于M248、M249和M251之上，其中M249和M251属第二期第五组墓葬，M248 属第二期第六组墓葬。F24 的年代应不早于第二期第六组墓葬。同时结合 F24 的出土器物来看，F24 出土有绳纹圆腹鬶，从鬶的形态来看，应该介于墓葬出土 B 型陶鬶的Ⅱ、Ⅲ式之间；陶壶的颈部细长，肩部圆鼓，同墓葬出土的 B 型Ⅳ式陶壶；另一件矮颈壶的颈部愈宽，腹愈浅，形态上要晚于墓葬出土的 A 型Ⅱ式陶壶；圆腹罐也与墓葬出土的 C 型Ⅲ式罐接近或略晚，因此 F24 的相对年代与第二期第六组墓葬相当。故生活遗存的第二期约和墓葬的第二期第六组年代相当。

3）生活遗存的第四期中，红烧土台 HT1 下，叠压着 M239、M240、M241、M242、M243、M244、M245 等 7 座墓葬，其中除 M239 因出土器物不具备典型性外，M240、M243 和 M245 为第五组墓葬；M241 为第六组；M242 和 M244 为第七组，故 HT1 的年代应晚于墓葬第二期第七组，而 HT1 本身又被 M233、M234、M235、M236、M237 以及 M266 等 6 座墓葬叠压，这 6 座墓葬又属于墓葬第二期第八组，故生活遗存第四期的年代应介于墓葬第二期第七、八组之间，或与第八组相当。

综上所述，遗址中生活遗存分期与墓葬分期的大致关系对应如下：

生活遗存的一、二期相当于墓葬第一期第三组，个别遗存可能晚到第四组；三期相当于墓葬的第二期第六组；四期相当于墓葬的第二期第八组。因此，生活遗存的相对年代与墓葬基本是可以对应的，尚未发现与墓葬最早的第一期一、二组年代相当的生活遗存，可能在遗址中另有他处，囿于考古发掘尚未发现。

据以上分析，梁王城遗址生活遗存的分期刻度并未超出墓葬分期的范围，换言之，对墓葬的分期基本上了代表了梁王城遗址大汶口文化遗存的分期。

因此，梁王城遗址大汶口文化遗存可分为三期，第一期包括生活遗存的第一、二期和墓葬的第一期，第二期包括生活遗存的第三、四期和墓葬的第二期，第三期包括墓葬第三期。

表 7－0－1　梁王城遗址大汶口文化遗迹分期对应表

<table>
<tr><th>大汶口文化遗存分期</th><th colspan="2">大汶口文化墓葬分期</th><th>大汶口文化生活遗存分期</th></tr>
<tr><td rowspan="4">第一期</td><td rowspan="4">一期</td><td>第一组</td><td rowspan="2"></td></tr>
<tr><td>第二组</td></tr>
<tr><td>第三组</td><td rowspan="2">第一、二期</td></tr>
<tr><td>第四组</td></tr>
<tr><td rowspan="4">第二期</td><td rowspan="4">二期</td><td>第五组</td><td></td></tr>
<tr><td>第六组</td><td>第三期</td></tr>
<tr><td>第七组</td><td></td></tr>
<tr><td>第八组</td><td>第四期</td></tr>
<tr><td>第三期</td><td>三期</td><td>第九组</td><td></td></tr>
</table>

2. 年代

梁王城遗址大汶口文化遗存大体分为生活遗存和墓葬遗存。其中生活遗存有房址、灰坑、灰沟、窑址、作坊等遗迹，大体可以分为四期。墓葬遗存则发现丰富，数量众多，分组清晰，序列较为完整，可分为三期九组。从数量和空间的分布上看，墓地的延续时间较长。通过层位关系和器物型式对比分析可知，生活遗存的年代跨度包含于墓葬遗存的年代跨度之中。因此，墓葬遗存的年代基本上反映了遗址大汶口文化遗存的年代。

在前文墓葬分期的讨论中，我们已将梁王城遗址大汶口文化墓葬与泰安大汶口、邹县野店、胶县三里河、枣庄建新等周边的遗址进行了对比分析，我们认为认为墓地的时代大致相当于大汶口墓地的中晚期、邹县野店的第五期、三里河的第一、二期以及枣庄建新遗址。从这些遗址已测定的较多的碳十四年代数据，我们可以对梁王城遗址大汶口文化遗存的绝对年代进行一个大致的推定。

《中国考古学中碳十四年代数据集（1965－1991）》一书中，对大汶口遗址的绝对年代给出了14组数据，经树轮校正后，其年代跨度大致在距今6600～5600年间，很显然，此年代明显偏早。据高广仁、蔡凤书、黎家芳、王宇信、栾丰实等多位先生的研究，大汶口遗址的早、中期约相当于大汶口文化的中期，大汶口遗址的晚期则约相当于大汶口文化的晚期。而诸多的大汶口文化遗址的^{14}C数据表明，整个大汶口文化的年代约在距今6300～4500年之间，其中早期年代在距今6300～5500年，中期年代在距今5500～5000年，晚期年代在距今5000～4500年之间。由此可以看出，大汶口遗址的年代大致在距今5500～4500之间，而梁王城遗址的上限不会早于大汶口遗址的中期，故梁王城遗址大汶口墓地的时代上限不会超过距今5500年。

而在《邹县野店》报告中，野店四期的年代约在距今5200～5000年，五期的年代约在距今5000～4600年，梁王城遗址大汶口墓地的上限不早于野店四期，从而推出其最早年代亦在距今5200之后。

《郯县三里河》报告中，发掘者在讨论墓葬的年代下限时，认为对M301、M2110等墓葬的测年数据存在较大偏差，而不采用。报告中采取了与文化面貌比较相似的日照东海峪的两组测年数据，推定三里河大汶口文化的年代约在距今4500年，也即整个大汶口文化时代的下限。而梁王城遗址中，第二期墓葬中最晚的一座M270与三里河第二期墓葬内涵相似，而第三期墓葬M136已出现某些龙山文化的因素，故梁王城遗址大汶口墓葬的年代下限也应当在距今4500年左右，即与大汶口文化年代的下限相当或稍晚，因为出现了大汶口文化向龙山文化过渡阶段的一些文化特征。

综上所述，梁王城遗址大汶口文化遗存的年代范围约在距今5200～4500年之间。而在《枣庄建新》报告中，将建新遗址的年代范围划在距今5000～4500年，这一年代范围也恰好与上述考古类型学所得出的结论是大致符合的。

（二）苏北地区大汶口文化中晚期的新类型

栾丰实在《大汶口文化的分期和类型》① 一文中，对大汶口文化的分期、地方类型、文化特征以及年代等方面，进行了全面而系统的分析和梳理，将大汶口文化时期的海岱文化区细分为鲁中南区、苏北区、鲁东南区等八个小区。梁王城遗址位于江苏省邳州市境内，从行政区域上划为属苏北区。苏北区在大汶口文化的早、中阶段的材料比较丰富。早段主要为刘林

① 栾丰实：《大汶口文化的分期和类型》，《海岱地区考古研究》，山东大学出版社，1997。

类型，典型遗址有刘林和大墩子；中段则主要为花厅类型；晚段的遗址比较少，仅泗洪赵庄和安徽灵璧县的部分遗址进行过钻探和小规模的试掘，由于材料较少，栾丰实仅“暂以赵庄类型称之，详细的分析比较，还有待于材料全部公布之后”。王吉怀在《尉迟寺类型的学术意义》① 一文中也提到“苏北地区的大汶口文化（晚期阶段）还有待于开发”。因此，梁王城遗址大汶口文化晚期聚落遗存的发现，显然填补了苏北地区大汶口文化中晚期考古学文化的空白。

从时间上来说，梁王城遗址大汶口文化遗存承袭花厅类型而来，花厅墓地中出土的矮颈宽胖背壶、短折沿深圆腹罐、垂腹罐、曲腹筒形杯、直筒形杯、圈足杯等，都能在梁王城遗址大汶口文化的第一期早段中找到相近或同类器，两者在文化特征上有一定的延续性；梁王城遗址大汶口文化遗存的第三期，出土的瘦长袋足鬶及薄胎束腰筒形圈足杯等，已接近龙山文化早期的同类器，当为大汶口文化晚期向龙山文化过渡阶段。

从地域上来看，邳州尽管属于苏北，但从地理范围来说与鲁南特别是枣腾地区更为接近，其文化面貌与汶泗流域的大汶口、野店、西夏侯、岗上、西康留等遗址有相似之处，尤其是与枣腾地区的建新遗址，相似的地方就更多了。

如房址以浅半地穴式为主，有少量地面式建筑，形状多为长方形或方形，四周挖柱洞或基槽，多为单间。墓葬均多为竖穴土坑墓，少数墓葬使用木质葬具，墓主头向东或东南，葬式以单人仰身直肢葬为主；风俗习惯都有头骨枕部变形和拔牙习俗，墓主手握獐牙，墓内放置猪骨或用龟甲随葬；多数墓葬有数量不等的随葬品，以陶器为主，器物组合常见鼎、鬶、罐、豆、盉、盆、钵、背壶、壶、瓶、高柄杯、筒形杯、圈足杯以及器盖等。陶器特征方面，短流和长流实足鬶、矮颈宽胖和粗高颈窄肩瘦长的背壶、垂折腹和垂鼓腹陶罐、高颈长流陶盉、薄胎高柄杯、厚胎高柄杯、折腹双层盘形豆等，梁王城遗址与上述遗址尤其是建新遗址出土的同类器有颇多相似之处。

除此之外，梁王城遗址大汶口文化遗存尤其是墓葬出土的器物，还具有非常鲜明的自身区域特征。如M244出土的陶簋形器，由器盖和器身组成，器身子母口，沿外侧饰三个小錾，浅腹，下腹内收，矮假圈足；出土的白陶圈足杯，器壁很薄，造型规整，胎质细腻亮白，极少见于其他遗址；彩绘陶数量较少，但均为在灰陶上绘红彩，不见其他遗址常见的红底黑彩陶。墓葬的器物组合也有一定的地方特征，二期墓葬的常见器物组合有实足鬶、背壶、带盖筒形杯、高颈弧腹瓶、薄（厚）胎高柄杯等，基本不见袋足鬶、鼎、盉、平底或三足的觚形杯等常见的器物。尤其是墓地中出土的实足鬶，丰富多样，有自身的发展序列，且与薄胎高柄杯形成别有特色的组合，而墓葬中只有极个别的袋足鬶出现。这种不同的文化因素，是同一考古学文化在不同地域间差异性的体现，因此，以梁王城遗址为代表的大汶口文化遗存，应该是苏北地区大汶口文化中晚期的一个地方类型，或可名之为梁王城类型。

梁王城类型的分布范围主要在苏北鲁南地区，包括鲁南枣滕地区，东到临沂沂河附近，西达微山一代，北部覆盖滕州全境，南部包括江苏的邳州、新沂及徐州市区，安徽萧县和宿

① 山东大学考古学系编：《刘敦愿先生纪念文集》，山东大学出版社，1998年。

州的部分地区也有分布。已经发掘的遗址除梁王城外，还有枣庄建新、临沂大范庄、萧县花家寺、宿州古台寺等遗址，其主要器物组合为自身发展序列清楚的实足鬶、薄胎高柄杯，以及大量小筒形杯、厚胎高柄杯等随葬冥器，陶器器表以素面为主，篮纹占有一定比例。

（三）大汶口文化时期的聚落形态特征与演变

在“金銮殿”高台总面积约20000平方米的区域内，大汶口文化先民充分利用地形，聚落规划有序，布局紧凑，有居住区、作坊区和墓地之分，其中东部为居住区和作坊区，西部为墓地，二者相距不远，约50米左右。根据前文的分期结果，我们或可以对其聚落形态的特征与演变做一个简单的观察和小结。

整个遗址中相对年代最早的应为墓葬第一、二组，尚未发现与之年代相当的生活居住区，墓葬集中分布于西区中部，婴幼儿瓮棺葬分布于东区。

至第一期晚段，即墓葬第三、四组和生活遗存第一、二期，东区为居住区和作坊区、西区为墓葬区的格局已基本形成。本期发现的房址、作坊以及灰坑等生活遗迹基本分布于东区，个别灰坑位于西区。房址有浅地穴式和地面式两类；作坊规模较大，包括有窑址、灶炕、房址、水沟等功能齐全的各类遗迹；西区中部的墓地范围有所扩大，多为成年人墓葬，少数为青少年墓，墓地内未见婴幼儿瓮棺葬。此时墓葬的方向多大于100°，以105°～110°数量最多。

至第二期早段，即墓葬的第五、六组和生活遗存的第三期，东区房子断续沿用，西区也出现了分布较为零散的房子，F24、F25位于北侧，F26、F27位于南侧。推测此时一期墓地已基本不用，墓葬范围向南北扩展，或许是聚落进一步壮大，人类活动区域也进一步拓展，就出现了一些房址在墓地建造的情况，甚至是直接修建在原来的墓葬之上。该期灰坑分布范围广，数量增多。墓葬集中分布于墓地的A、C、D区内，仍以成年人为主，少数青少年墓，依旧未见婴幼儿瓮棺葬，此时墓葬的方向多在100°以内。

至第二期晚段，即墓葬的第七、八组和生活遗存的第四期，未发现房址遗迹，少量灰坑东、西区均有分布。此时在西区墓地的南部（即墓地D区）出现大面积的红烧土台一处，部分第五至第七组的墓葬叠压于其下，红烧土台之上有少数的婴幼儿瓮棺葬，此阶段的墓葬在墓地的C区不见，A区零星发现。

第三期仅M135和M136两座，从出土高流袋足鬶、薄胎束腰筒形圈足杯等器物看已基本进入龙山文化早期阶段。

由此可见，遗址第一期早段，为聚落的初始发展期，但是这一阶段的墓葬数量较多，其随葬品也不乏丰厚者，故与之相匹配的生活居住区也应该较为发达，需要日后更多的考古材料加以补充。遗址的第一期晚段、第二期早段，为聚落的兴盛期，此时居住区、作坊区和墓地规划有序，布局紧凑，尤其是墓葬在早期基础上向外扩散，分区埋葬，每区的墓葬间成组排列，逐渐形成了以血缘亲疏关系为纽带的氏族墓地。遗址的第二期晚段，聚落已呈衰落之势，房址不见，墓地D区大型红烧土台的出现意味着此时墓地可能已渐做他用，成人墓葬仅零星可见，少数婴幼儿瓮棺葬打破红烧土台，显得这一时期的聚落布局有些混乱。至遗址第三期，仅零星见有墓葬，已进入大汶口文化向龙山文化过渡时期。

尽管梁王城遗址大汶口文化时期的聚落前后延续了六七百年，但从房址及墓葬的规格来看，仍属一个普通的中小型聚落。从初始发展至完全衰落，聚落内部未见明显的贫富分化、阶级分层，呈现出一种较为平等而有序的发展态势。

二　龙山文化遗存

梁王城遗址龙山文化地层堆积不连续，遗迹及出土遗物的数量较少，这就给我们了解其文化特征和当时社会的发展状况带来了一定的局限。

1. 文化特征

栾丰实《海岱龙山文化的分期和类型》一文中，将海岱地区龙山文化划分为城子崖、姚官庄、尹家城、尧王城、杨家圈及王油坊等六个地方类型。而梁王城遗址所在的淮河下游地区，由于发掘材料寥寥，栾教授对该地区龙山文化是一个类型还是两个类型，以及该地区龙山文化的基本特征，并未下定论。在第四章中，我们已将梁王城遗址龙山文化时期的出土遗物与周边遗址进行了比较，发现它们与属于姚官庄类型的西吴寺、呈子和三里河遗址以及属于尹家城类型的尹家城遗址有着较为密切的联系。但是，梁王城遗址龙山文化时期的遗存也具有其他遗址所没有的特征。

如尹家城、西吴寺、三里河等遗址中常见且数量较多的鬼脸式或侧三角形足的罐形鼎，在梁王城遗址中基本不见，而凿形足的罐形鼎数量较多。梁王城遗址中出土的短沿或无沿的花边口状盆形鼎，基本不见于其他遗址，其他遗址出土的盆形鼎，多有宽弧沿，盆腹较浅，且口部少见捏塑成花边形。

另外龙山文化中早中期常见的袋足或实足鬶、肩部有双耳或四耳的高颈罐、宽三足的盆、陶匜以及桥形纽的器盖等，也基本不见或少见于梁王城遗址。

此外，将梁王城遗址龙山文化遗存与鲁豫皖地区的尉迟寺遗址进行比较发现，除了极个别的盆、器盖等，两者在陶器特征上也并无较多的相似之处。

因此，在海岱龙山文化地方类型的划分中，淮河下游地区不仅区别于上述六区中的任何一处，同时该区内还可细分为苏北区与鲁豫皖地区。但是，要进一步概括这两区龙山文化的特征，还期待以后发掘材料的进一步丰富。

2. 社会状况

梁王城遗址龙山文化时期发现的遗迹非常少，但F7的发现意义重大。在F7内，发现了7具非正常死亡的人骨，不似居室葬，也没有发现洪水、火灾或是房屋倒塌等现象，屋内生活用的陶器完整放置于房内，所有骨骸都做挣扎状，呈不规则的相互枕藉，多俯身，除一具性别不明外，几乎全部是妇女和未成年人。据此推测他们罹难于部落间的冲突。此类遗迹在龙山文化中非常罕见，为研究龙山文化时期的社会状况提供了新资料。

附录

梁王城遗址地层记录的环境演变与人类活动*

马春梅[1] 赵琳[1] 林留根[2] 田晓四[1] 黄铿[1] 周鑫[1] 朱诚[1]
(1. 南京大学地理与海洋科学学院 2. 南京博物院考古研究所)

环境考古学是20世纪30年代到40年代科学家从人类文化生态学研究中逐渐建立的一门学科，主要是研究古代文化与其所处的生态系统之间的动态关系，是目前PAGES核心计划研究全新世人地相互作用及环境演变的研究热点[1-3]。新石器考古遗址地层蕴含丰富的人类活动遗存和各种可靠测年的材料，还常保留有突发自然灾害留下的灾变事件地层，从而成为近些年国内外全新世环境考古与环境演变及人地关系研究的热点内容[4]。研究新石器时代的环境演变与文化演替，探讨其相互作用规律和机制，在协调人地关系方面都有积极的理论和现实意义，在可持续发展研究中也有借鉴意义。

我国东部自然环境要素演变最强烈和最敏感的地区之一是在北纬30°~40°之间[5]。苏北梁王城遗址区域正是处在这个敏感带上，冬夏季风更替、温度带的变化、黄河泛滥（公元900年以来，黄河泛滥的次数至少有53次①)、海侵等自然环境现象都发生在本研究区域。本课题组曾经对梁王城ⅢT3902探方南壁剖面上部自然淤积层采样，结合考古断代，并参照历史资料，通过分析重砂矿物和粒度两方面的实验结果，揭示出考古遗址中黄泛地层的沉积物特征[6]，但缺乏对整个遗址地层的研究。本文对该遗址2008年度发掘期间采集的完整地层材料进行多环境替代指标分析，着重探讨遗址地层揭示的人地关系变化特征。

一 研究区域概况

江苏邳州位于华北平原西南部，海拔25米左右。半湿润暖温带季风气候，四季分明，日照和雨量充足，年平均气温13.9℃，日照2350时，降水量903.6毫米，无霜期211天。梁王城遗址位于邳州市代庄镇李圩村西（图1、2），北纬34°30.665'，东经117°47.645′，中运河东岸，因其紧临汉代城址“梁王城”而得名。遗址为一处高出地表2~3米的长方形台地，呈南高北低走向，面积约为2万平方米。该遗址由南京博物院发现并发掘，是2005年度全国重要考古发现之一，是目前江苏境内面积最大的新石器时代遗址。从目前已发掘的4000平方米的地层看，该遗址包含大汶口文化、龙山文化、两周、北朝—隋、宋元及明清文化层，文化层年代延续距今近6000年[7-9]。

---

* 教育部博士点新教师基金（批准号：20070284067）、国家自然科学基金（批准号：40701190）与南京大学现代分析测试中心项目（0209001320）共同资助。

① 张建军：《江苏北部地区黄河南徙的环境效应》（硕士毕业论文），2000，南京大学，95-11。

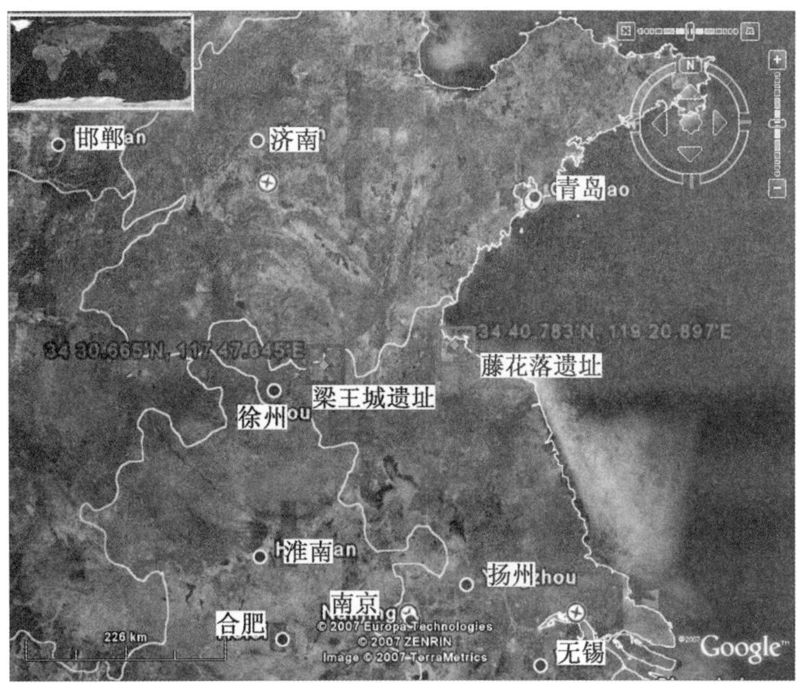

图1　苏北平原地形与梁王城遗址位置图（据 Google Earth 提供卫星照片修改）

图2　邳州梁王城遗址位置与地貌图（据 Google Earth 提供卫星照片修改）

二　研究材料与方法

1. 研究材料

2008 年 5 月，笔者通过实地调研发现ⅢT4802 探方北壁地层较完整清晰，便在剖面中间位置自下而上以 2 厘米间距重点采集了 156 个样品，又在邻近的ⅢT4604 探方北壁剖面补充采集⑥和⑦a层沉积物样品40个。样品野外采集后，装入塑料密封袋，运回实验室自然风干后待各种替代指标分析。

2. 实验方法

粒度分析在南京师范大学地理科学学院采用MALVERN激光粒度分析仪进行，得出每个样品中值粒径Md、平均粒径M_z、众数粒径M_o；根据国家海洋局1975年的标准[10]得出主要粒级分布的百分含量；按照Folk R. L.[11]提出的方法计算，并用其标准划分偏度SK、峰态KG、分选系数S_0等参数。磁化率测定在南京大学区域环境演变研究所完成，使用捷克AGICO公司产KLY 3型旋转磁化率仪完成磁化率测量。最后结果为样品的全样质量磁化率（SI），地球化学元素含量（Rb和Sr）在南京大学现代分析中心XRF（岛津公司产VP 320型x射线荧光光谱仪）方法测试。用Origin7.5制图软件绘出上述替代指标其随深度的变化曲线。

根据研究需要每层选取2～3个样品（共29个）进行孢粉分析，前处理采用的是HF处理法，步骤为：根据样品特点，每块样品取30～40克，外加石松孢子27 637粒，分别加HCl（10%）和KOH（10%）进行酸碱处理，分离洗水、离心集中，再进行冰醋酸和9∶1（醋酸酐和硫酸）混合液处理，进行超声波震荡，再过筛，加入分散剂，集中于试管中，最后制活动玻片，在显微镜下用高倍镜头进行观察、鉴定和统计，样品一般鉴定到300粒以上。根据各科属孢粉百分含量和浓度的变化，应用C2软件[12]制作了孢粉百分含量和浓度图谱。由于我们侧重于考古遗址的植被研究，孢粉百分比含量和浓度建立在所有的种属含量之上，包括水生植物花粉和蕨类植物孢子。

三 结果与分析

1. 剖面年代

由于受研究经费限制，本遗址剖面无绝对的测年数据。地层年代根据考古学的器物排比法确定，分别为：①耕土层，②明清时期文化层，③宋代文化层，④和⑤北朝—隋时期文化层，⑥战国时期文化层，⑦和⑧西周时期文化层，⑨大汶口时期文化层，⑩生土层。

2. 孢粉结果与分析

结果发现本剖面孢粉含量及浓度在接近地表较高，所含植物种属也较丰富，其余地层中浓度较低，可能和人类活动有关。主要的孢粉类型绝大多数是现今生长在亚热带地区栗、枫杨、胡桃、栎等植物，分属于30（科）属。裸子植物花粉有：Cupressaceae（柏科）、Ginkgoaceae（银杏）、*Pinus*（松属）；被子植物中乔木和灌木植物花粉有*Carpinus*（鹅耳枥属）、*Corylus*（榛属）、*Castanea*（栗属）、*Quercus*（栎属）、*Castanopsis*（栲属）、*Ulmus*（榆属）、*Acer*（槭属）、Hamamelidaceae（金缕梅科）、Convolvulaceae（旋花科）、*Pterocarya*（枫杨属）、*Juglans*（胡桃属）等。草本植物植物花粉有Gramineae（禾本科）、Compositae（菊科）、Umbelliferae（伞形科）、Chenopodiaceae（藜科）、*Polygonum*（蓼属）、Euphobiaceae（大戟科）、Labiatae（唇形科）、*Humulus*（葎草属）、Ranunculaceae（毛茛科）、Orchidaceae（兰科）、*Typha*（香蒲属）、Cyperaceae（莎草科）。蕨类植物孢子比较少，有*Pteris*（凤尾蕨属）、*Lycopodium*（石松属）、Polypodiaceae（水龙骨科）、*Monolites*（三缝孢）等。个别样品中发现有

Concentricytes（环纹藻属）孢子。由主要科属的孢粉百分比和浓度图谱（图3～图6）可以看出以下特点：

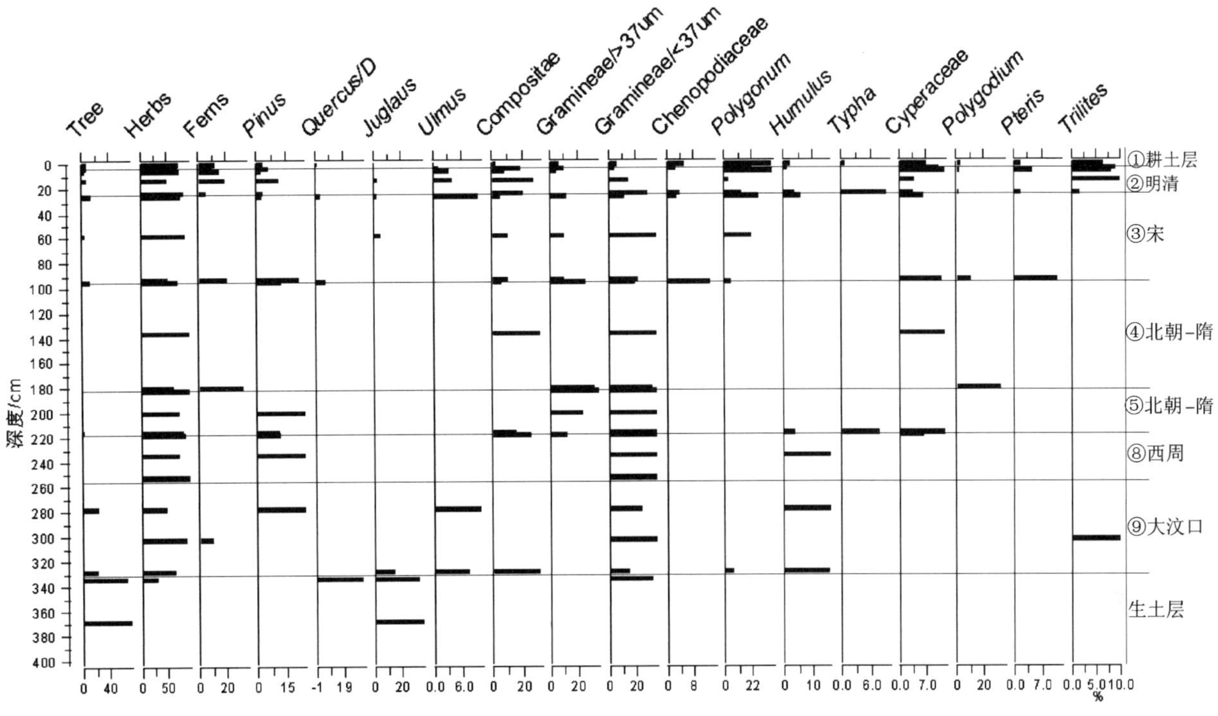

图3　梁王城遗址ⅢT4802探方北壁样品孢粉百分比图谱

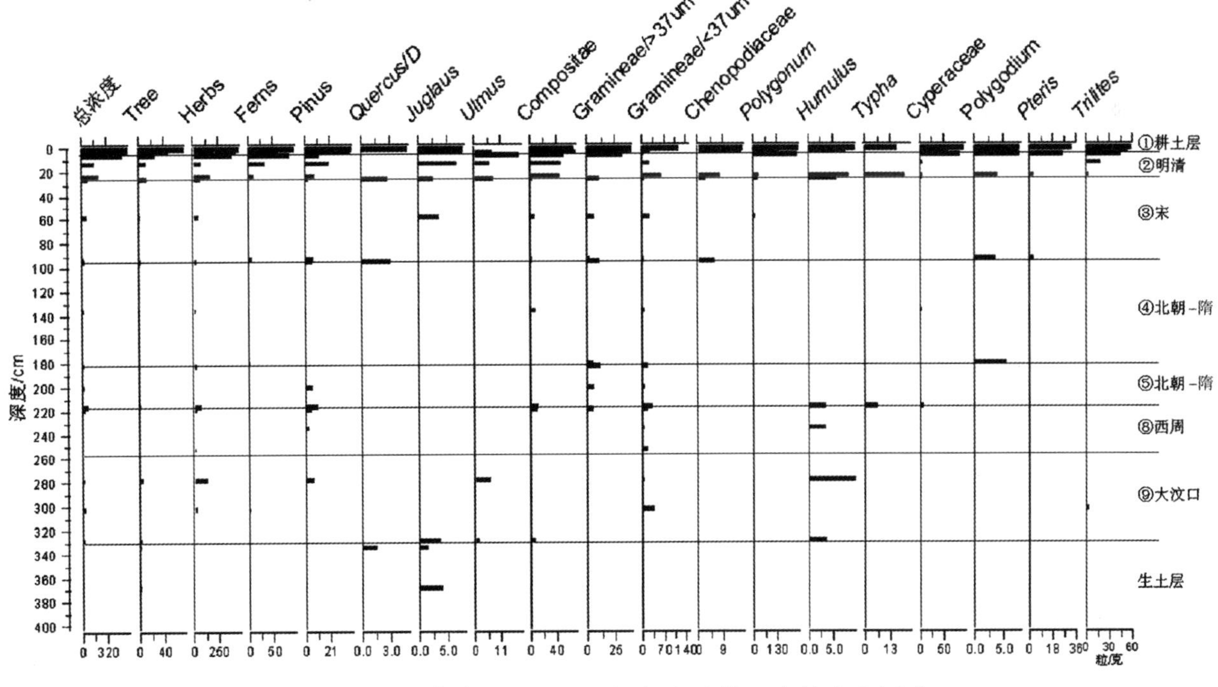

图4　梁王城遗址ⅢT4802探方北壁样品孢粉浓度图谱

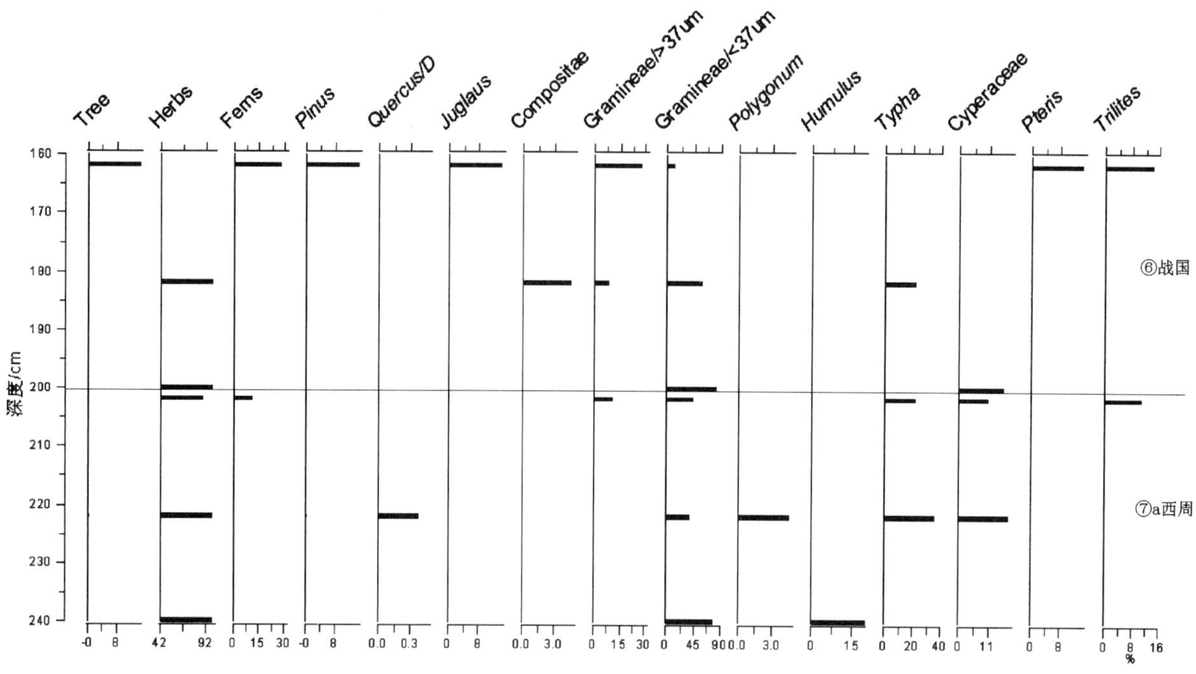

图5　梁王城遗址ⅢT4604探方北壁样品孢粉百分比图谱

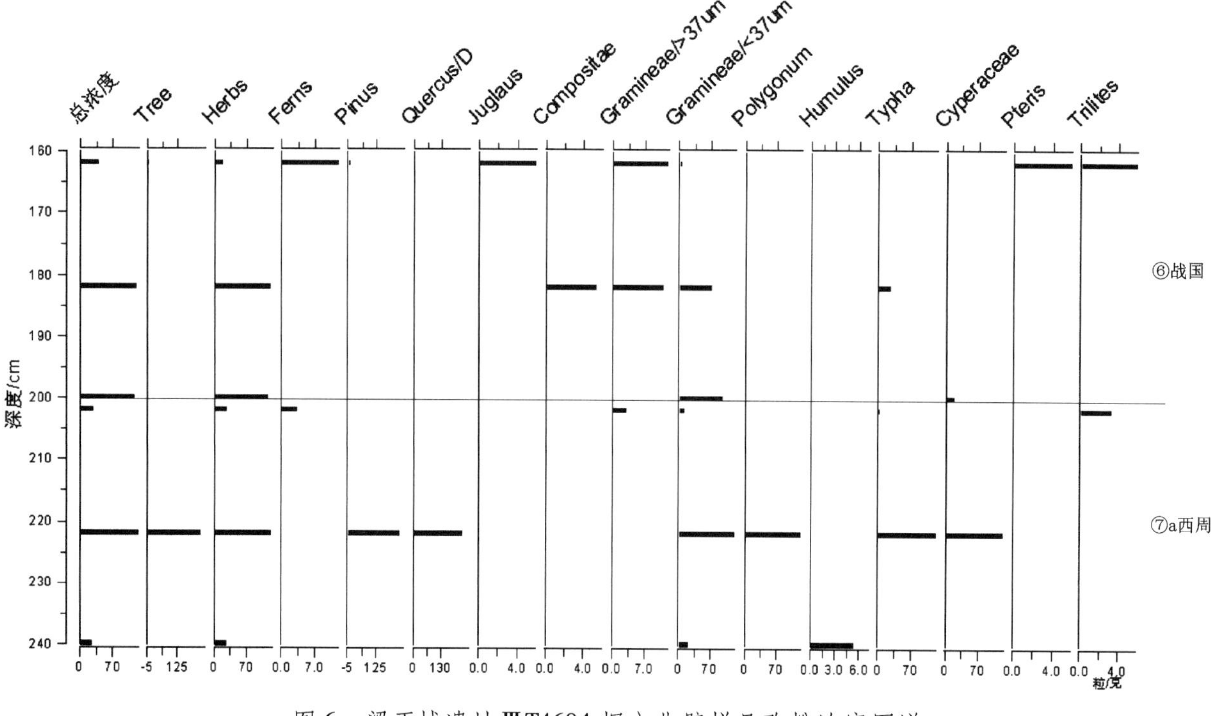

图6　梁王城遗址ⅢT4604探方北壁样品孢粉浓度图谱

1）从百分比看，除生土层和战国时期上部地层样品是以木本为主，其余均以草本为主。从浓度上看，耕土层浓度最高，达1820粒/克；其次为明清文化层；生土层孢粉浓度很低，只有0～5粒/克，说明研究区域在出现新石器文化的前夕环境较差，不适合植物生长。

2）大汶口文化时期出现较多的草本植物，如禾本科、菊科、葎草等，也出现一些木本植物如胡桃、榆树等，孢粉浓度上升至25～43粒/克，说明气候与环境条件好转。

3）西周早期孢粉浓度在 14～43 粒/克，以松、禾本科和葎草为主；到晚期，孢粉浓度大增，在ⅢT4604 探方深度 222 厘米处高达 59189 粒/克，并出现较多的水生草本如香蒲属、莎草科等，并发现有直径＞37 微米的禾本科花粉，说明气候温暖湿润，适合栽培作物生长。

4）战国时期孢粉浓度为 42～216 粒/克，早中期大于晚期，但晚期木本百分含量较高。

5）北朝—隋早期孢粉浓度（24～87 粒/克）大于晚期（16～46 粒/克），且早期出现较多的直径＞37 微米的禾本科花粉和水生草本花粉。

6）宋元时期孢粉浓度（33～91 粒/克）总体较北朝—隋时期稍大，早期时蕨类和草本较多，晚期时木本含量如榆科、落叶栎等有所增加。

7）明清时期孢粉浓度达 174～574 粒/克，中期较小。木本的浓度和百分含量都相对增加，但仍然以草本为主。

8）西周到现代耕土层中都出现直径＞37 微米的禾本科花粉，但大汶口文化时期没有发现，可能还没出现栽培植物。

3. 粒度结果与分析

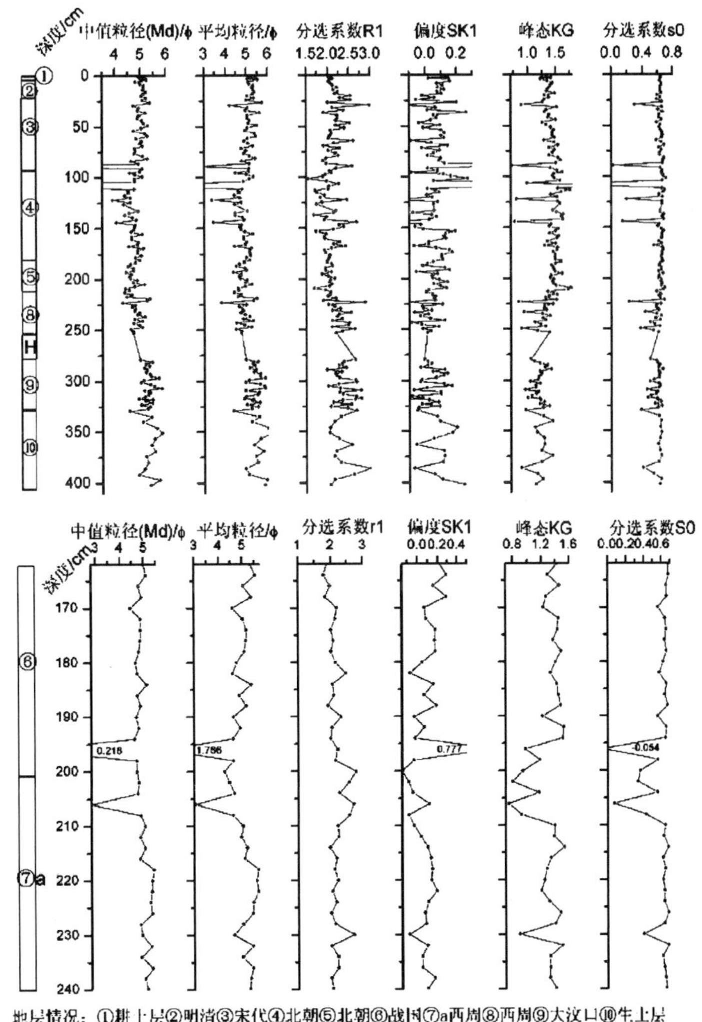

图7　梁王城遗址ⅢT4802 和ⅢT4604 探方北壁样品粒度参数曲线图

近年来，激光粒度分析使各粒级频率分布的显微变化显露出来，通过一些数学统计和图像处理方法把粒度的变化进行数字化分离，使之成为揭示古环境变化的替代指标[13]。从图7看出，梁王城遗址地层沉积相对较平均，平均粒径在5Φ左右，生土和大汶口文化层沉积粒度较细，但在西周晚期、战国早期、北朝—隋晚期和宋元早期均出现粒度粗、分选差的沉积事件，可能是气候冷干的结果。

4. 地球化学元素结果与分析

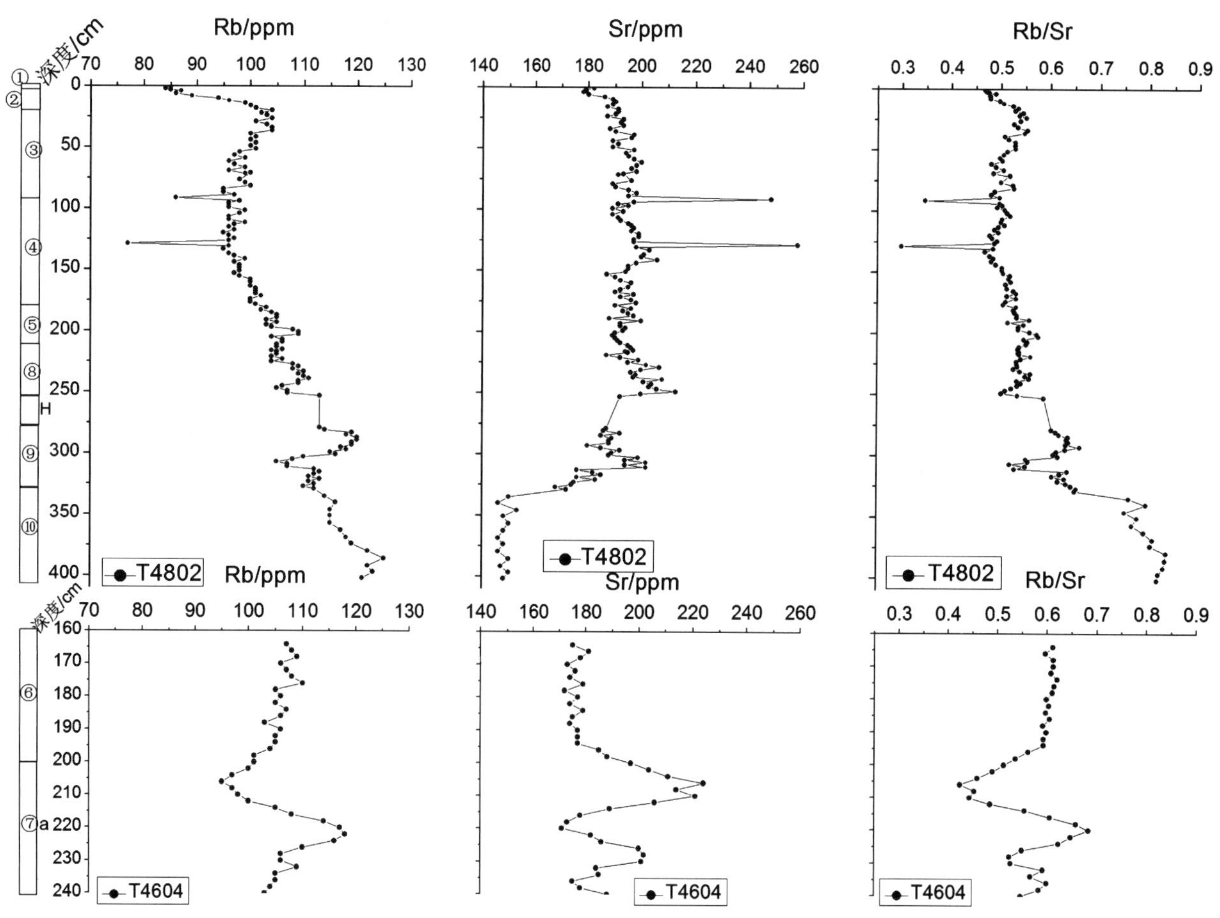

图8 梁王城遗址Rb、Sr元素和Rb/Sr曲线图

铷（Rb）和锶（Sr）是在地球化学行为方面既有明显差别又有联系的微量元素，Rb和Sr元素在表生环境下独特的地球化学性质已取得较多研究成果[14,15]。一般来说，湿热气候环境条件下，降水丰富，化学风化作用强烈，Sr的淋溶丢失程度大，Rb/Sr比值高，反之，气候干冷，Sr的淋溶丢失程度小，Rb/Sr比值低。近年来，朱诚等[16]对长江三峡库区中坝遗址地层的研究表明，Rb/Sr比的高值与古洪水层是一一对应的，这已从另一方面证明，Rb/Sr值的大小至少可以灵敏反映某一遗址剖面地层在不同时代降水量多寡和湿润程度的变化。

图8为梁王城遗址Rb、Sr元素和Rb/Sr曲线图，可以看出生土层（Rb/Sr平均值）、大汶口文化层（Rb/Sr平均值）和西周中期Rb/Sr值较大，应是降水量较大的反映，但在大汶口文化中期出现较明显的谷值，体现了降水量变小的波动过程。北朝—隋以来，Rb/Sr值变化较

小，但在北朝—隋中晚期和宋元早期出现 Rb/Sr 值极低值（<0.3），在西周时期也出现低谷，对比粒度数据可知，此为干冷事件的记录。

5. 质量磁化率结果与分析

磁化率是衡量沉积物在外磁场作用下被磁化难易程度的物理量。沉积物是在特定的沉积环境中形成的，记载了环境条件的变化，其所携带的磁性矿物则因其对环境的灵敏反映和记录的稳定性而成为较好的环境指示物质。磁化率作为表征物质磁学特征的物理量，能够判断样品记载的环境变化信息、分析古气候变化规律及其细节、推断样品形成过程的环境条件、为古环境研究提供可靠的磁学证据，而朱诚等[17]研究发现人类活动地层多为磁化率值高峰。

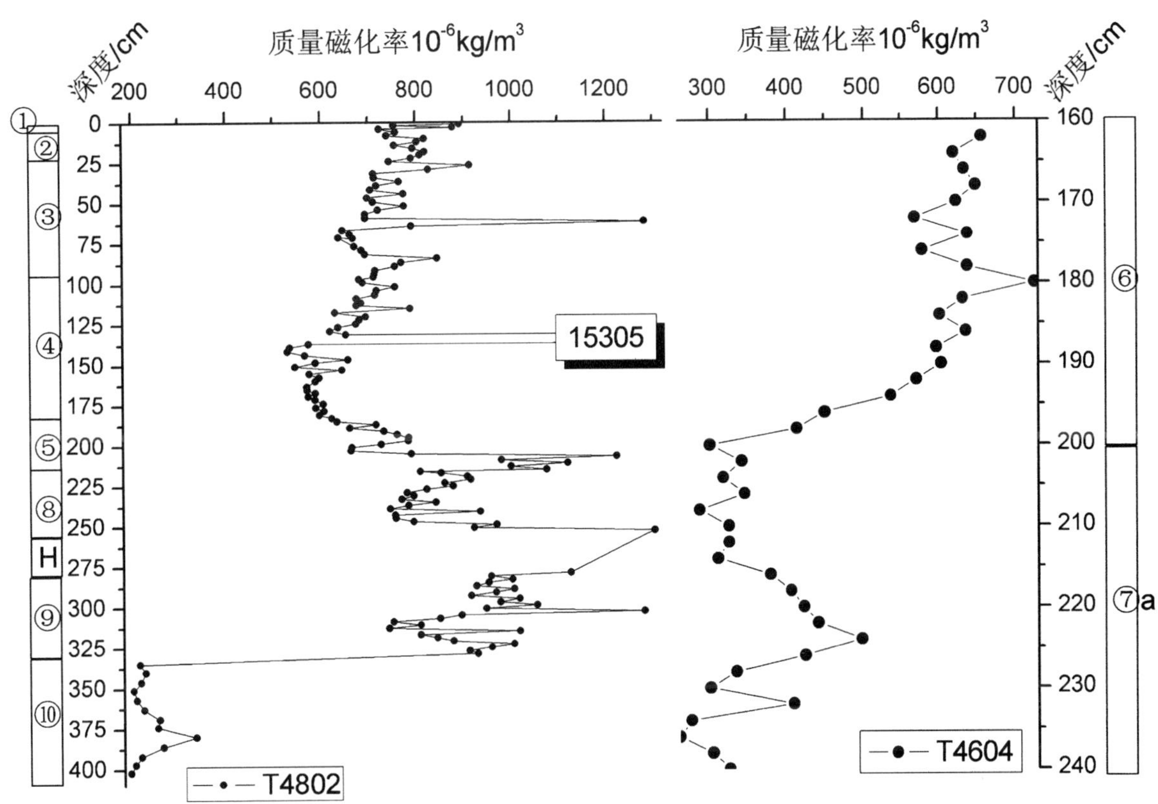

地层情况：①耕土层②明清③宋代④北朝⑤北朝⑥战国⑦a西周⑧西周⑨大汶口⑩生土层

图 9　梁王城遗址质量磁化率曲线图

梁王城遗址地层的质量磁化率曲线（图 9）表明：生土层磁化率值最低，为 200～340 × 10^{-6} 千克/立方米，远低于两剖面平均值（755 × 10^{-6} 千克/立方米），可能是未受人类活动影响、气候较冷湿的原因。大汶口时期磁化率值较高，波动剧烈，反映了气候温暖湿润、人类活动影响也加大；西周时期磁化率值总体也较高，但在ⅢT4802 剖面 240 厘米左右处出现低谷，体现了冷干事件，之后又显著上升，到西周晚期又下降剧烈，表现气候环境不稳定；战国和北朝—隋早期磁化率值整体较稳定（600 × 10^{-6} 千克/立方米左右），体现出较适宜的气候环境条件；北朝—隋晚期，磁化率增加，并在剖面 133 厘米处出现 15305 × 10^{-6} 千克/立方米的极高值，可能和人类活动有关。宋元时期，磁化率值整体呈增大趋势，在 61 厘米处出现峰值；明清层和耕土层磁化率大体在 700～900 $\times 10^{-6}$ 千克/立方米波动，体现了气候不稳定的特点。

6. 梁王城遗址地层记录的环境演变与人类活动信息

该遗址地层的孢粉、化学元素、粒度、质量磁化率等多环境替代指标分析揭示出研究区域环境演变与人类活动信息总结如下：

大汶口文化之前的地层记录的气候环境可能为冷湿，因孢粉数据显示植被稀少，但粒度、磁化率和 Rb/Sr 指标都显示出湿润的特点。大汶口文化时期，气候与环境条件好转，略显温暖湿润，但也有较大的波动。整体上，较适宜的气候为文化繁荣提供了前提条件。西周文化时期，气候整体上较温暖湿润。但在中期出现冷干事件，之后又变暖湿，到晚期又转为冷干，体现出不稳定的气候环境。此时期地层中出现栽培作物花粉。战国文化时期，较西周时期气候适宜，前半期较暖湿，后期较冷干，但总的看来，气候属于人类适宜期。北朝—隋时期，气候环境条件总体较适宜，早期较暖湿，人类栽培作物花粉含量相对较高，晚期转凉干，有显著的冷干事件。宋元时期，总体看气候环境较为适宜，但气候异常事件较多。明清时期孢粉浓度整体较高，但中期较小，木本百分含量也增加，体现出较好的气候条件，但也有波动。

四　讨论

从梁王城遗址考古发现看[7-9]，大汶口文化时期，制陶作坊结构、工艺水平和生产生活设施都可看出当时的生产技术较高，在遗址区，居址、作坊、墓葬、灰坑等齐全，说明生活状态是丰富多样的，苏北新石器遗址时空分布结果也说明[18]大汶口文化遗址分布广泛。西周时期，考古发掘成果主要是墓葬和简单的陪葬品，规模均不大，文化持续时间长，包含整个西周，但是晚期墓葬较少，主要是早、中期的。战国时期遗址文化层堆积最厚，考古发掘成果颇丰，发现有大型夯土台基（TJ1）和大型石础建筑（F5），文化表现为繁荣昌盛，较为适宜的气候对文化的繁荣产生一定的影响。从遗物出土情况来看，北朝—隋时期的生产力水平较高，反映在器物上制作精良，生活品位比较高，青瓷工艺讲究。宋元时期，处在历史时期的暖期和小冰期之间，从总的情况来看，气候较为适宜，但是旱涝频繁且交替出现，气候异常事件较多，特别是后期的黄河改道洪泛到了梁王城遗址区，1128 年大改道期间洪泛频繁，淹没了早期的文化器物。相对于其他区域，苏北的全新世自然地质记录研究相对薄弱，其中建湖庆丰剖面[19]和苏北盆地兴化市钻孔[20]研究较为详细。建湖剖面孢粉数据定量分析[19]显示，苏北全新世有三次大的降温期，分别为 9200～8900aBP、6600～6500、2600～2200aBP，兴化钻孔资料[20]也显示 7000～6000a BP 和 2000aBP 也出现显著的冷事件，与梁王城遗址地层多替代指标记录有一致性。

五　结论

梁王城遗址地层孢粉、质量磁化率、粒度和 Rb/Sr 多环境替代指标分析结果表明，该区域在大汶口文化产生前夕是冷湿的气候环境，大汶口文化时期气候与环境条件好转，略显温暖湿润，但也有较大的波动。西周时期，气候整体上较温暖湿润。但在中期出现冷干事件，之后又变暖湿，到晚期又转为冷干，体现出不稳定的气候环境。战国时期，较西周时期气候适宜，前半期较暖湿，后期较冷干，但总的看来，气候属于人类适宜期。北朝—隋时期，早期较暖湿，人类栽培作物花粉含量相对较高，晚期转凉干，有显著的冷干事件。宋元时期，总体看气候环境较适宜，但气候异常事件较多。明清时期孢粉浓度整体较高，但中期较小，木本百分含量也增加，体现出较好的气候条件，但也有波动。孢粉数据显示人类栽培植物在本地层中是从西周开始的。

梁王城遗址蕴含丰富的环境信息，但由于缺乏绝对年代数据和周边不受或少受人类活动干扰的地层记录资料，限制了研究的深入，将在以后的工作中完善。

致谢

野外调研和采样时得到了南京博物院考古研究所梁王城发掘队工作人员的帮助，在此表示感谢！

参考文献

[1] Zhongyuan Chen, Yongqiang Zong, Zhanghua Wang *et al.*, Migration patterns of Neolithic settlements on the abandoned Yellow and Yangtze River deltas of China, *Quaternary Research*, 2008, 70 (2): 301－314.

[2] James B. Innes, Yongqiang Zong, Zhongyuan Chen *et al.*, Environmental history, palaeoecology and human activity at the early Neolithic forager/cultivator site at Kuahuqiao, Hangzhou, eastern China. *Quaternary Science Reviews*, 2009, 28 (23－24): 2277－2294.

[3] Jungan Qin, David Taylor, Pia Atahan *et al.*, Neolithic agriculture, freshwater resources and rapid environmental changes on the lower Yangtze, China. *Quaternary Research*, 2011, 75 (1): 55－65.

[4] 朱诚：《对长江流域新石器时代以来环境考古问题的思考》，《自然科学进展》2005年第2期，第149～153页。

[5] 杨怀仁：《环境变迁研究》，河海大学出版，1996年，第130～137页。

[6] 黄铿、朱诚、马春梅等：《苏北梁王城遗址黄泛层初步研究》，《地层学杂志》2009年第33（4）期，第398～406页。

[7] 林留根、周润垦、张浩林等：《江苏邳州梁王城遗址发掘取得重大收获》，《中国文物报》2005年7月22日第1版。

[8] 林留根、周润垦、原丰等：《江苏邳州梁王城遗址第二次发掘获重要成果》，《中国文物报》2007年9月14日第5版。

[9] 南京博物院、徐州博物馆、邳州博物馆：《邳州梁王城遗址2006～2007年考古发掘收获》，《东南文化》2008年第2期，第24～28页。

[10] 徐馨、何才华、沈志达等编著：《第四纪环境研究方法》，《贵州科技出版社》1992年，第74～75页。

[11] Folk R. L. A review of grain size parameters. *Sedimentology*, 1966. 6: 73－93.

[12] Juggins. S. *C2 User guide. Software for ecological and palaeoecological data analysis and visualisation.* University of Newcastle, Newcastle upon Tyne, UK. 2003. 69.

[13] 张强、朱诚、姜彤等：《江苏海安青墩地区新石器时代环境考古》，《地理研究》2002年第4（23）期，第513～520页。

[14] 陈骏、安芷生、汪永进等：《最近800ka洛川黄土剖面中Rb/Sr分布和古季风变迁》，《中国科学D》1998年第28（6）期，第498～504页。

[15] Gallet S, Jahn B M, Torii M. Geochemical characterization of theLuochuan loess-paleosol sequence, China, and paleoclimatic implications. *Chemical Geology*, 1996, 133 (1～4): 67－88.

[16] 朱诚、郑朝贵、马春梅等：《长江三峡库区中坝遗址地层古洪水沉积判别研究》，《科学通报》2005 年第 50 (20) 期，第 2240 ~ 2250 页。

[17] 朱诚、赵宁曦、张强等：《江苏龙虬庄新石器时代遗址环境考古研究》，《南京大学学报（自然科学）》2000 年第 36 (3) 期，第 286 ~ 292 页。

[18] 顾维玮、朱诚：《苏北地区新石器时代考古遗址分布特征及其与环境演变关系的研究》，《地理科学》2005 年第 25 (2) 期，第 239 ~ 243 页。

[19] 唐领余、沈才明、赵希涛等：《江苏建湖庆丰剖面万年来的植被与气候》，《中国科学（B）》1993 年第 23 (6) 期，第 637 ~ 643 页。

[20] 张丽蓉、舒强、陈晔等：《新仙女木事件在苏北盆地得胜湖沉积物中的记录》，《地质科技情报》2011 年第 30 (1) 期，第 42 ~ 46 页。

后　记

想想会兴奋，会失眠，会让你在长夜里想工地上很多过去的事情，很多是琐碎的事，在床头糊墙的旧报纸上读新闻、下了一窝又一窝小崽的母狗是如何跟随你奔走于阡陌之间……即使再过去很多年，这些生了根的记忆不时会窜出新芽，闪现在脑海。这是考古人很难逃脱的宿命，像是我们天天必须面对的探方四壁。田野考古让人着魔，有很多苦和乐趣在里面，有很多谜和发现在里面，离开田野，是一个专业考古人的悲怆，考古人最幸福的事就是老死在探方里。

考古人的人生看起来很丰富，其实也很简单，一个人的一生也挖不了几处遗址，甚至也认识不了一个遗址，大多数情况下，是一个遗址上衰老了一代一代考古学家，就像古代墓地上埋了一辈一辈人一样。所以，我想考古学家的回忆可能都有共同点，即是哪个遗址我待了多长时间，哪个墓地我又待了多长时间；整理哪批资料花了几年时间，编写哪部报告花了几年时间。考古学家的人生就是一个个田野考古工地的连缀。

梁王城是一部用厚达五米的文化层堆积起来的史书。遇上它的考古人是幸运的。所以，有那么多人为解读它而不辞辛劳。翻开梁王城的照片，看到那么多的面庞曾经是那么稚嫩，八九年的光阴，时间在我们的脸上做了不少手脚，难以察觉。很多年轻的考古队员如今都已经是三十出头，奔四了，而我们的报告，才完成史前卷，工作量更大的历史卷还等着他们继续消耗着青春去编写。

我第一次到梁王城遗址实地考察是2003年的夏秋之交，时值中运河发洪水，整个遗址除了“金銮殿”高台及南北城墙，都在一片汪洋之中，仅仅露出一些玉米尖和叶杨的树梢。其时，国家即将开始实施南水北调东线调水工程，然真正到中运河梁王城遗址段施工时已经是五年以后的事情了。鉴于梁王城遗址的重要性及考古发掘工作需要耗费较长时间的客观规律，真要是等到工程施工再进行考古工作，时间肯定是不允许的，必须抢在工程之前进行发掘。为了在工程开工之前对遗址有全面的了解，于次年开始了正式的考古发掘工作，一干就是五年。期间，江苏省文物局领导、南京博物院院长龚良曾多次亲临考古现场，解决了发掘中遇到的诸多困难，对遗址的发掘及保护工作予以指导。

梁王城遗址地处江苏、山东两省交界处，位置偏僻，东西分别被邳苍分洪道和中运河所阻隔，交通经常受阻，考古工作条件和生活条件十分艰苦。考古队的驻地在李圩村废弃的小学校内，学校教室一般空间都较大，从队长到队员，都睡大通铺，通常是十来个人住在一间教室里，有的教室一半住人，一半做厨房。从驻地到工地步行需要约半小时时间。几易寒暑，当年在梁王城工地实习的莘莘学子都已步入社会，当年初出茅庐的姑娘小伙如今都已经成家立业结婚生子为人父母。梁王城除了文化层厚，还有夏天的洪水掩埋探方带来的泥沙厚，冬天的雪厚，每天落在考古队员身上的尘土厚，需要整理的资料厚。感谢所有考古队员为梁王城付出的辛劳。当然他们也得感谢梁王城，梁王城是个大课堂，是个难得的锻炼考古人能力的工地。从遗址的宏观掌控，到单个遗迹的划分，从墓坑的辨认到聚落的布局的思考，从错综复杂的地层关系到浩繁的资料整理分析，不仅能提高田野水平，更能让热爱考古事业的人找到考古的感觉。从梁王城走出来的很多年轻人，像周润垦、原丰、朱晓汀、马永强、胡颖芳，如今都已成为江苏考古的业务骨干，他们得感谢梁王城。邹厚本先生说："年轻人初出茅庐，俯首考古工地三到五年，才能真正理解考古，具备成为考古人的先决条件。"

梁王城遗址的发掘与保护要感谢的单位和个人很多。首先感谢江苏省文物局，可以说梁王城遗址的所有考古工作都是在省局的直接领导和组织下开展进行的，从局领导到博物馆处、文保处的领导及科员，都倾注了诸多的精力和心血；感谢南京博物院龚良院长、王奇志副院长，他们多次到工地进行考察和指导，并对发掘工作和遗址保护提出了很多的宝贵意见；还要特别感谢中水淮河规划设计研究有限公司的各位领导和工程师，他们是孟建川、周广盈等先生，正是由于他们对遗址的关心和重视，为考古发掘和文物保护争取了宝贵的时间，同时在经费上给予了大力的支持，才使得遗址的抢救性考古发掘工作得以顺利进行；感谢徐州贾汪区人大常委会主任朱蔚荣先生、邳州政协副主席贾宜强先生、邳州人防办主任谭长春先生以及戴庄镇镇长耿德彪先生，他们多次到工地慰问考古队员，嘘寒问暖，切切实实为考古队解决了许多困难。感谢邳州市文广新体局的薛以界、沈波和李岩局长，张言谊副局长，邳州博物馆的井浩然馆长、程卫副馆长等，他们在从遗址发掘到报告整理这近十年的时间里，在衣食住行等各方面对考古队给予极大的关心和支持。

另外，还要感谢山东大学考古系的宋艳波女士，对梁王城遗址出土的史前动物遗存进行了鉴定并撰写鉴定报告。感谢南京大学地理与海洋科学学院的朱诚教授、马春梅女士对梁王城遗址的地层孢粉等进行环境考古的鉴定并撰写研究报告。感谢南京大学黄建秋先生、董宁宁女士为本报告提供日、英文摘要。

最后要特别感谢本书的责任编辑谷艳雪女士，为本报告的体例及编辑排版付出了大量的心血和辛勤努力，保证了报告的及时出版。

梁王城发掘报告史前卷是集体劳动的成果，史前卷报告出版的同时，我们也正在夜以继日整理梁王城报告历史卷，争取早日出版，将梁王城遗址的全貌呈现给世人。显然，由于我们的研究水平有限，本报告定还存在不足之处，尚希望读者批评指正。

林留根

2013 年 9 月 28

Abstract

The Liangwangcheng site is located in Lixucun, Pizhou Town, Jiangsu Province, 37km north to the city. During April 2004 and January 2009, six seasons of excavations were conducted by Nanjing Museum together with Xuzhou Museum and Pizhou Museum, as part of heritage conversation of South – North Water Transfer Project.

An area of 9505m² has been excavated. 540 pits, 29 grooves, 274 burials, 27 houses, 5 roads, 12 animal pits, 4 kilns and 4 hearths have been discovered so far and there were over 4000 cultural relics including stone tools, pottery and porcelain wares, jade articles, bronze vessels, iron implements, and antler and bone tools. These evidences are of significance. Firstly, the Liangwangcheng site was suggested to be the biggest city in the north Jiangsu region during the Eastern Zhou Dynasty. The city layout was organised according to the ' double city ' model, consisting of an outer city and an inner palace – city. Such a spatial pattern was frequently found in capital sites of the Eastern Zhou Dynasty. Secondly, considerable deposits embracing burials, pits, animal burials, wells and roads were found, rendering detailed data to reconstruct past lifeway. Thirdly, the settlement could be traced back to the late Dawendou period, of which living area, production area and cemetery were distinctive. A wealth of assemblages from the Longshan period, the Yueshi culture and the Six Dynasties were also unearthed. This report mainly investigated prehistoric materials from the Liangwangcheng site, with focus on the Dawenkou and the Longshan cultures.

The northern part of Jiangsu Province, situated on Huanghai Plain, plays a vital part to explore the Dawenkou culture. The regional prehistory, however, has not been systematically established. The two sites, Liulin and Dadunzi, yield evidences regarding to early phases of the Dawenkou culture while the Huating site was occupied during the middle Dawenkou period. The Liangwangcheng site provides rich information about the later Dawendou period, moving towards our understanding of a complex cultural interaction at a regional scale during the Dawenkou period, especially concerning settlement type, burial style, social characteristics and its role in the regional network and beyond.

摘　要

梁王城遺跡は江蘇省邳州市戴荘鎮李圩村西部、邳州市南37キロ離れたところに位置する。南水北調東線による中運河河道を広げる事業のため、梁王城遺跡の西部約幅50～70メートル部分が河道の一部として、掘削されることになる。2004年4月から2009年1月にわたって南京博物院は徐州博物館・邳州博物館と考古隊を組み、六次緊急発掘調査を実施した。発掘面積は延べ9505平方メートル。

六次の調査によって各時期のピットが540基、溝が29基、墓が274基、住居址が27基、道路跡が5箇所、獣骨ピットが12基、窯跡が4基、竈が4基検出された。石器、土器、磁器、玉器、銅器、鉄器、骨角器など遺物が4000余り点出土した。三つの成果が挙げられる。一つ目は梁王城は東周時期において江蘇省北部における最大な城址で、なお東周における双城という都城のシステムを基にして、築造されている。二つ目は西周時期の遺構例えば墓、ピット、井戸、道路などが大量に検出された。三つ目は大汶口文化晩期に当たる集落が検出されており、中には居住区、生産区と墓地がある。また、龍山文化、岳石文化と六朝時期の遺物と遺構が豊富に発見された。本書では梁王城跡と先史時代の遺物と遺構のみが報告する。

江蘇省北部は安徽省北部、河南省東部、山東省南部と隣接しており、黄淮沖積平野に属し、大汶口文化分布の重点地域だ。劉林遺跡、大墩子遺跡、花庁遺跡が調査されてからの数十年間では、当地域における先史時代の考古研究はほぼ停滞しており、劉林遺跡と大墩子遺跡は皆大汶口文化早期にあたり、花庁遺跡は大汶口文化中期にあたり、大汶口文化晩期の資料は乏しい。梁王城遺跡の調査によって、発見された大汶口文化晩期に当たる集落がその空白を埋めることができた。これらの資料は、当地域における新石器時代文化、特に大汶口文化晩期集落の形態、埋葬制度、社会発展段階に対する認識、そして隣接地域における同時期の文化との関連などの重大な学術問題の検討には、非常に豊富な実物資料になる。

梁王城遗址发掘报告

史前卷

（下）

南京博物院 徐州博物馆 邳州博物馆 编著

主　编　林留根

副主编　周润垦　原　丰　胡颖芳

文物出版社

北京・2013

The Archaeological Excavation Report of the Liangwangcheng Site

A Volume for Prehistory Remains

(Ⅱ)

(With Abstracts in English and Japanese)

by

Nanjing Museum　Xuzhou Museum　Pizhou Museum

Cultural Relics Press

Beijing · 2013

图版目录

图版

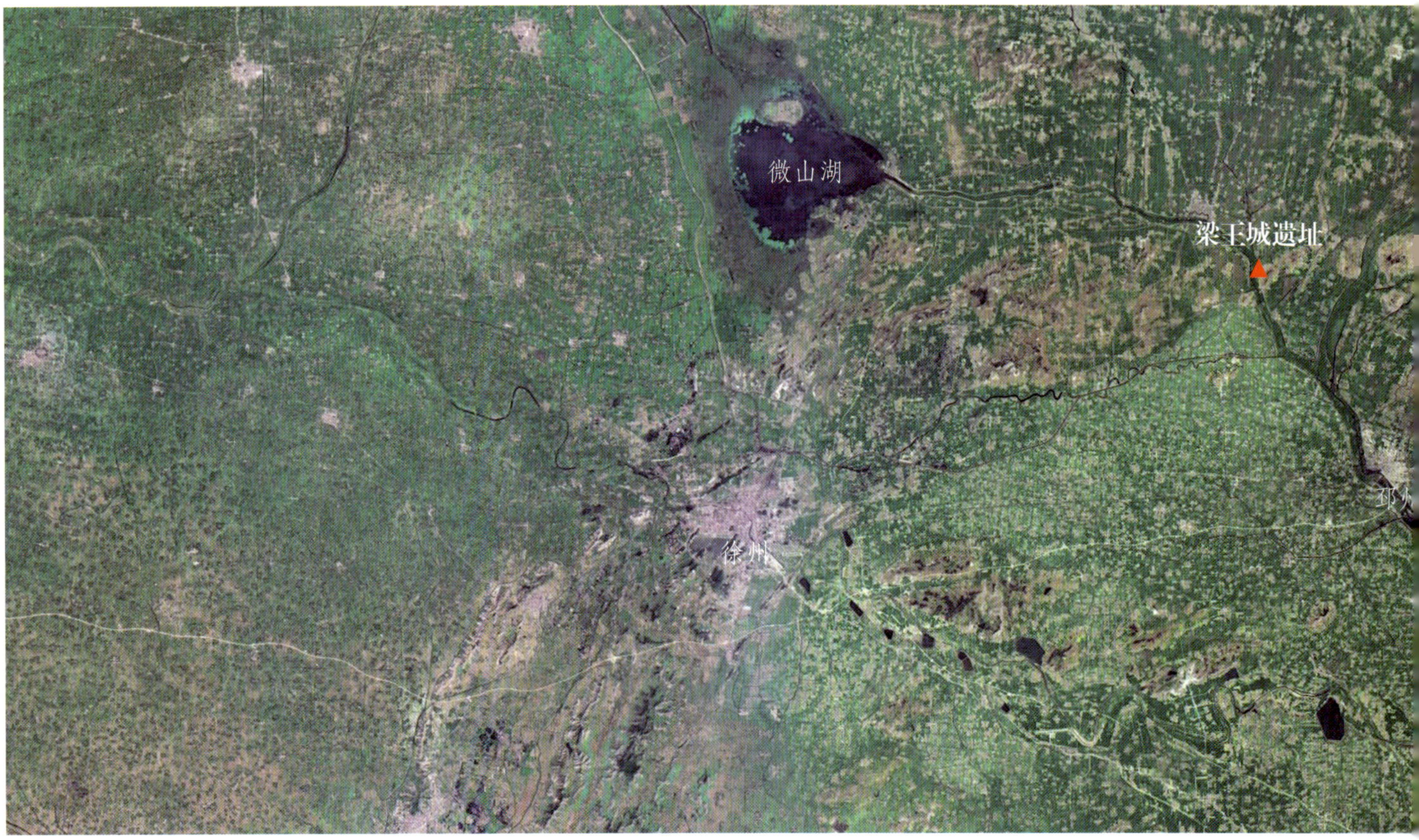

微山湖
梁王城遗址
徐州

1. 梁王城遗址卫星地图

2. 梁王城遗址远景（西北—东南）

图版一　梁王城遗址卫星地图及远景

1. “金銮殿”远景（南—北）

2. 中运河断崖（西—东）

图版二　梁王城遗址“金銮殿”远景及中运河断崖

1. 2004年发掘现场（南—北）

2. 2007年发掘现场（北—南）

图版三　梁王城遗址发掘现场

1. 2008年春发掘现场（西南—东北）

2. 2008年秋发掘现场（南—北）

图版四　梁王城遗址发掘现场

1. 2008年3月，国家文物局专家李伯谦（左四）、刘庆柱（左三）、赵福生（左六）先生检查工地工作

2. 李伯谦先生（左二）在观察出土陶片标本

图版五　专家领导考察

1. 2008年6月8日，中国文化遗产研究院张廷浩（左二）、孟宪民（右一）先生考察遗址

2. 2007年7月20日，淮河水利委员会专家考察工地（左一发改委专家史志平，中水淮河规划设计研究有限公司左二孟建川、右一周广盈）

图版六　专家领导考察

1. 2008年10月13日，南京博物院院长龚良（左一）到工地指导工作

2. 2004年12月，李民昌研究员（右一）现场鉴定龙山文化房址F7出土人骨

图版七　专家领导考察

1. 2005年，邹厚本先生（左三）及朱蔚荣（右一）、贾宜强（左二）、谭长春（左一）等领导考察工地

2. 2006年8月，徐州市委宣传部副部长高成富（左一）考察工地

图版八　专家领导考察

1. F3红烧土倒塌堆积和清理情况（东—西）

2. 鼎（F3：1）

3. 鼎（F3：2）

图版九　大汶口文化房址F3及其出土陶鼎

1. F8（北—南）

2. F4柱窝

3. 鼎（F8：1）

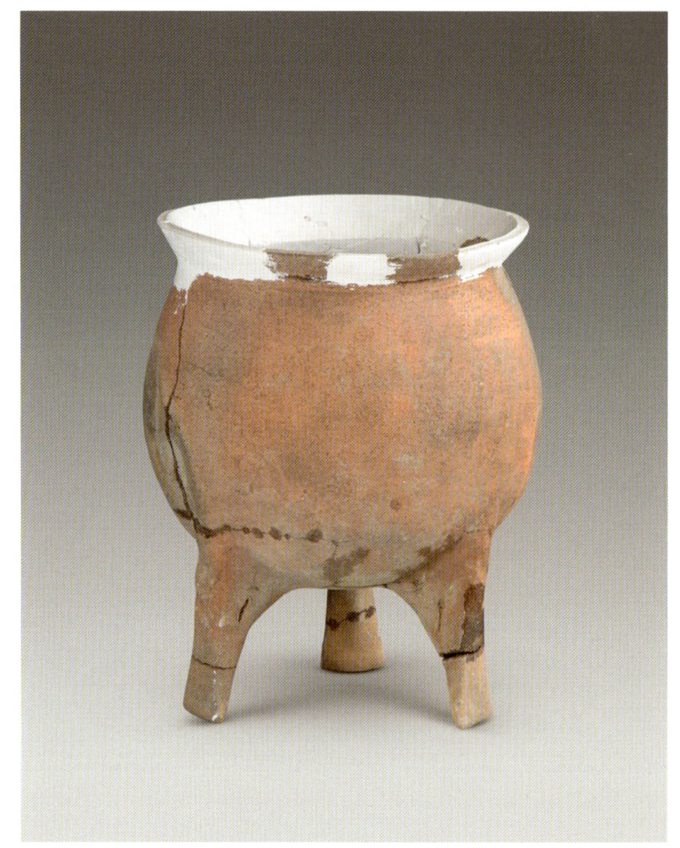

4. 鼎（F8：2）

图版一〇　大汶口文化房址F8及其出土陶鼎与F4柱窝

1. F9（北—南）

2. F10（北—南）

图版一一　大汶口文化房址F9和F10

图版一二　大汶口文化房址F24（西—东）

1. 壶（F24：1）

2. 罐（F24：2）

3. 筒形杯（F24：6）

4. 壶（F24：3）

5. 豆（F24：4）

图版一三　F24出土陶壶、罐、筒形杯、豆

1. F25清理情况（北—南）

2. F25红烧木骨泥墙块

3. 鼎（F25：1）

图版一四　大汶口文化房址F25及其出土陶鼎

1. F26（东—西）

2. F26墙体白灰墙面

图版一五　大汶口文化房址F26

1. 鼎（F26：2）

2. 鼎（F26：3）

3. 鼎（F26：5）

4. 鼎（F26：6）

5. 鼎（F26：16）

6. 鼎（F26：17）

图版一六　大汶口文化房址F26出土陶鼎

1. 鼎（F26：7）

2. 鼎（F26：9）

3. 鼎（F26：11）

4. 鼎（F26：19）

图版一七　大汶口文化房址F26出土陶鼎

1. 鼎（F27：1）

2. 鼎（F27：3）

3. 鼎（F27：5）

4. 鼎（F27：6）

5. 鼎（F27：7）

6. 鼎（F27：8）

图版一八　大汶口文化房址F27出土陶鼎

1. F15（南—北）

2. L4（南—北）

图版一九　大汶口文化房址F15和道路L4

图版二〇　大汶口文化作坊遗迹全景（北—南）

1. Y1双窑室倒塌情况（北—南）

2. Y1清理情况（南—北）

图版二一　大汶口文化陶窑Y1

1. 红烧土台HT1（东—西）

2. 红烧土台HT1与大汶口文化墓葬的叠压关系

3. H500坑壁上显示的HT1叠压第10层堆积的情况

图版二二　大汶口文化红烧土台HT1

1. 陶器盖（HT1①：1）

5. 陶豆柄（HT1①：4）

2. 陶器盖（HT1①：12）

6. 陶网坠（HT1①：10）

3. 陶器盖（HT1①：13）

7. 圆陶片（HT1①：8）

4. 陶鼎口沿（HT1①：22）

8. 石锤（HT1①：2）

图版二三　HT1出土陶器盖、鼎口沿、豆柄、网坠、圆陶片及石锤

1. 鼎足（HT1①：14）
2. 鼎足（HT1①：15）
3. 鼎足（HT1①：16）
4. 鼎足（HT1①：17）
5. 鼎足（HT1①：18）
6. 鼎足（HT1①：19）
7. 鼎足（HT1①：20）
8. 鼎足（HT1②：1）
9. 鼎足（HT1②：2）

图版二四　HT1出土陶鼎足

1. H261（南—北）

2. 陶厚胎高柄杯（H261：1）

3. 石锛（H261：2）正面

4. 石锛（H261：2）背面

图版二五　大汶口文化灰坑H261及其出土陶厚胎高柄杯、石锛

1. H391（北—南）

2. 瓮（H391：1）

3. 鼎（H391：2）正面

4. 鼎（H391：2）侧面

5. 大口尊形器（H391：3）

图版二六　大汶口文化灰坑H391及其出土陶瓮、鼎、大口尊形器

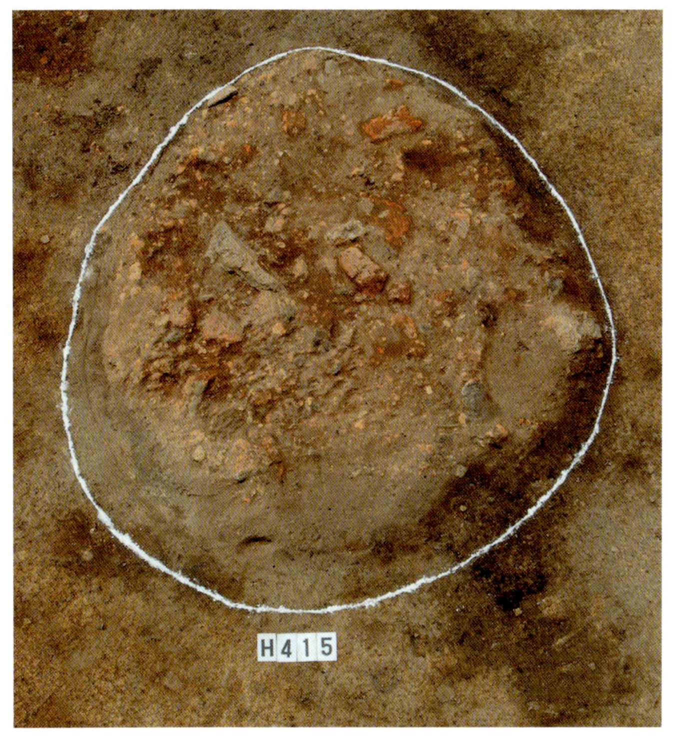

1. H415清理前

3. 鼎（H429：1）

2. H429（北—南）

4. 罐（H429：2）

5. 鬶（H429：3）

图版二七　大汶口文化灰坑H415与H429及其出土陶鼎、罐、鬶

1. H431（南—北）

2. 鼎（H431：1）

图版二八　大汶口文化灰坑H431及其出土陶鼎

1. H515（西—东）

4. 陶器盖（H515：2）

5. 陶器把（H515：27）

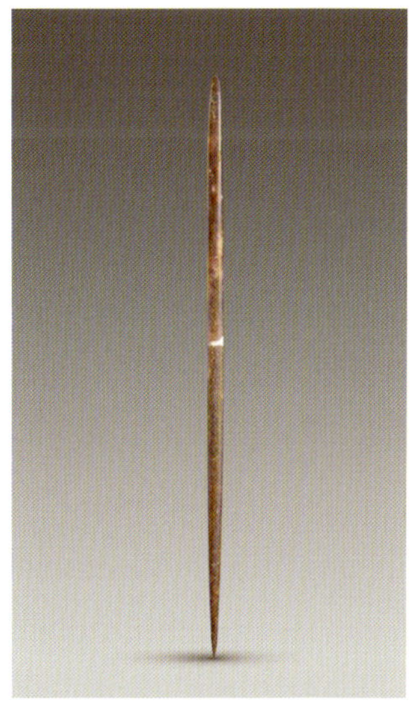

2. 骨针（H515：1）

3. 骨针顶部穿孔（H515：1）

6. 陶罐口沿（H515：28）

图版二九　大汶口文化灰坑H515及其出土骨针及陶器盖、器把、罐口沿

1. 网坠（H515：3）

2. 网坠（H515：4）

3. 网坠（H515：5）

4. 网坠（H515：6）

5. 网坠（H515：7）

6. 网坠（H515：8）

7. 网坠（H515：9）

8. 网坠（H515：10）

图版三〇　H515出土陶网坠

1. 网坠（H515：11）

5. 网坠（H515：15）

2. 网坠（H515：12）

6. 网坠（H515：16）

3. 网坠（H515：13）

7. 网坠（H515：17）

4. 网坠（H515：14）

8. 网坠（H515：18）

图版三一　H515出土陶网坠

1. 网坠（H515：19）

2. 网坠（H515：20）

3. 网坠（H515：21）

4. 网坠（H515：22）

5. 网坠（H515：23）

6. 网坠（H515：24）

7. 网坠（H515：25）

8. 网坠（H515：26）

图版三二　H515出土陶网坠

1. H516（北—南）

2. 陶纺轮（H516：1）

3. 陶箅（H516：2）

4. 石斧（H516：3）

图版三三　大汶口文化灰坑H516及其出土陶纺轮、箅及石斧

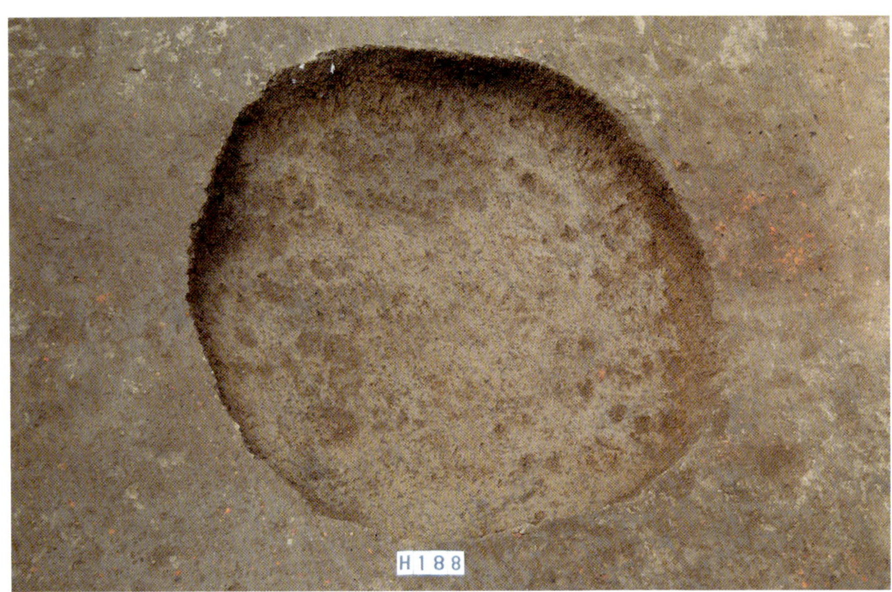

1. H188（东—西）

2. H504

3. H533（东—西）

图版三四　大汶口文化灰坑H188、H504、H533

1. 罐（H188：1）

4. 瓮（H188：4）

2. 鼎（H188：2）

3. 鼎（H188：3）

5. 鼎（H533：1）

图版三五　H188、H533出土陶罐、鼎、瓮

1. 鼎（ⅢT4801⑨：1）

2. 鼎（T2⑨：1）

3. 鼎（ⅢT4702⑨：2）

4. 鼎（T4⑨：2）

5. 鼎（T4⑨：1）

图版三六　大汶口文化地层出土陶鼎

1. 鼎（T2⑧：3）

2. 鼎（ⅢT4808⑨：8）

3. 鼎（ⅢT4809⑩：1）

4. 鼎（H518：1）

5. 鼎（ⅢT4804⑨：1）

6. 鼎（H435：3）

图版三七　大汶口文化地层及灰坑出土陶鼎

1. 罐（H419：4）

2. 罐（ⅢT4808⑨：2）

3. 罐（H268：1）

图版三八　大汶口文化灰坑及地层出土陶罐

1. 鬶（ⅢT4808⑩：1）

2. 鬶（F24：5）

3. 鬶（ⅢT5005⑨：1）

4. 鬶（ⅢT5005⑨：3）

图版三九　大汶口文化地层及房址出土陶鬶

1. 豆（ⅣT4701⑩：1）

4. 豆（ⅢT4808⑨：13）

2. 豆（ⅢT4802⑨：1）

3. 豆（ⅢT4808⑨：7）

5. 豆（ⅢT4909⑨：9）

图版四〇　大汶口文化地层出土陶豆

1. 厚胎高柄杯（ⅢT4808⑨：14）

2. 厚胎高柄杯（ⅢT4808⑨：9）

3. 圈足杯（ⅢT4805⑨：12）

4. 圈足杯（ⅣT4701⑩：2）

5. 筒形杯（H410：1）

6. 筒形杯（ⅢT4808⑨：4）

7. 筒形杯（H419：1）

8. 筒形杯（ⅢT4808⑨：3）

图版四一　大汶口文化地层及灰坑出土陶杯

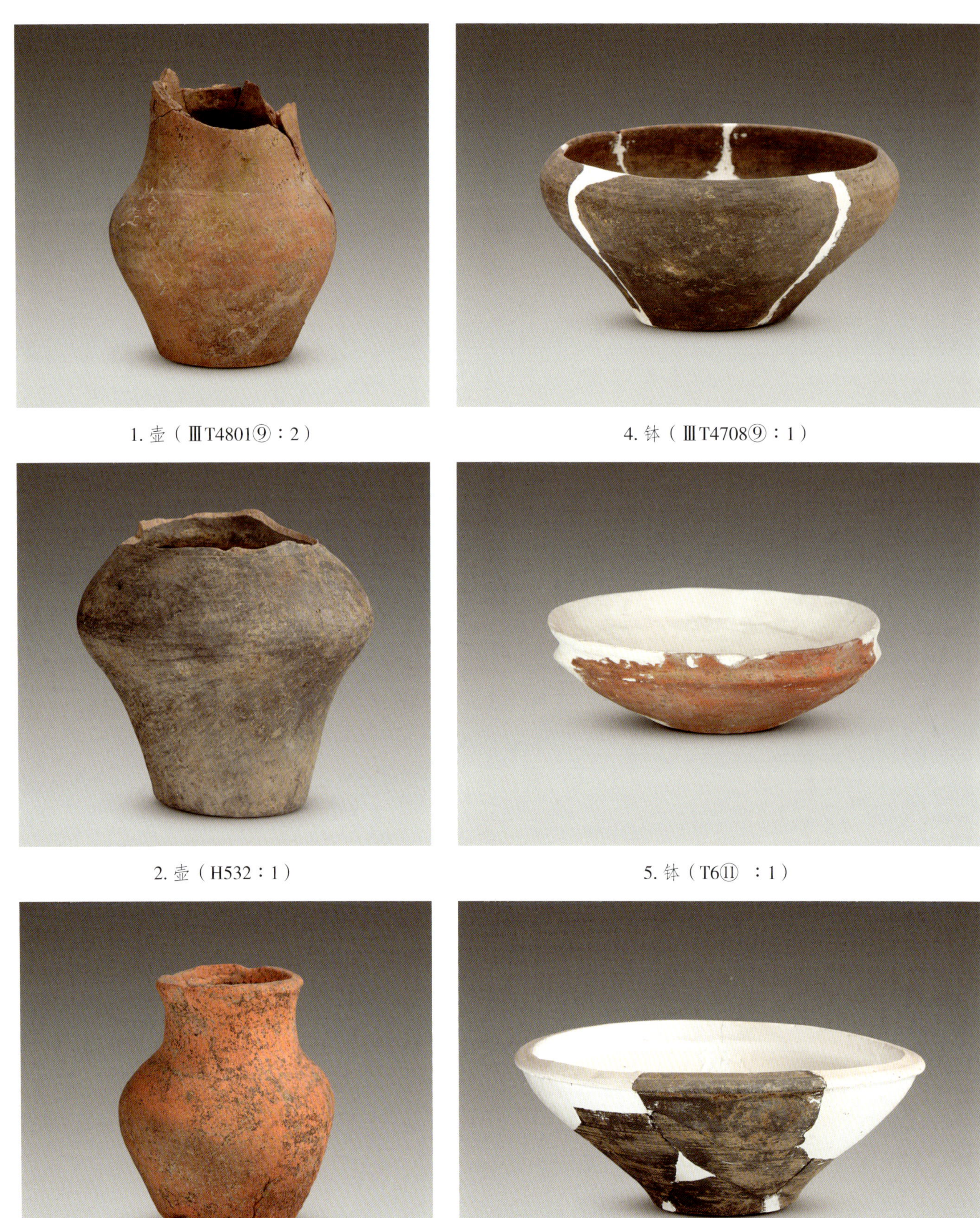

1. 壶（ⅢT4801⑨：2）

4. 钵（ⅢT4708⑨：1）

2. 壶（H532：1）

5. 钵（T6⑪ ：1）

3. 壶（ⅢT4802⑨：3）

6. 钵（T9⑩：2）

图版四二 大汶口文化地层及灰坑出土陶壶、钵

1. 盆（ⅢT4802⑨：2）

2. 盆（H530：1）

3. 器盖（ⅢT4708⑨：2）

4. 器盖（ⅢT4708⑨：1）

5. 器盖（ⅢT4805⑨：10）

6. 器盖（ⅢT4807⑩：1）

图版四三　大汶口文化地层及灰坑出土陶盆、器盖

1. 器盖（H532：5）

2. 器盖（ⅣT4702⑨：1）

3. 器盖（ⅣT4702⑨：2）

4. 器盖（H435：2）

5. 器盖（H532：2）

6. 器盖（H498：3）

图版四四　大汶口文化灰坑及地层出土陶器盖

1. 器盖（H405：1）

2. 器盖（H527：4）

3. 陶拍（ⅢT4805⑨：5）

4. 陶拍（H436：1）

5. 陶拍（ⅢT4805⑨：4）

6. 陶拍（ⅢT4805⑨：8）

图版四五　大汶口文化灰坑及地层出土陶器盖、拍

1. 纺轮（H20：2）

2. 纺轮（T6⑪：1）

3. 纺轮（ⅢT4803⑨：1）正面

4. 纺轮（ⅢT4803⑨：1）背面

5. 纺轮（ⅢT5005⑨：2）

6. 纺轮（ⅢT4805⑨：2）

图版四六　大汶口文化灰坑及地层出土陶纺轮

1. 网坠（ⅢT4809⑨：1）

2. 网坠（T2⑧：4）

3. 网坠（T8⑪：2）

4. 网坠（ⅢT4810⑨：1）

5. 网坠（T15⑨：1）

6. 陶环（T2⑨：2）

图版四七　大汶口文化地层出土陶网坠、环

1. 斧（T2⑧：5）

2. 斧（H20：1）

3. 斧（ⅢT4910⑨：2）

4. 斧（F27：9）

5. 钺（ⅢT4805⑨：1）

6. 钺（ⅢT4709⑨：1）

图版四八　大汶口文化地层、灰坑及房址出土石斧、钺

1. 铲（ⅢT4908⑨：4）

2. 铲（H527：1）

3. 铲（ⅢT4909⑨：2）

4. 铲（T13⑩：1）

5. 刀（T9⑪：2）

6. 镰（T12⑨：1）

图版四九　大汶口文化地层及灰坑出土石铲、刀、镰

1. 石锛（T14⑩：1）

2. 石锛（T9⑪：3）

3. 石锛（ⅢT4704⑨：1）

4. 石镞（ⅢT4804⑨：2）

5. 砺石（T9⑪：4）

6. 骨锥（T7⑪：3）

7. 骨锥（T2⑧：1）

图版五〇　大汶口文化地层出土石锛、镞、砺石与骨锥

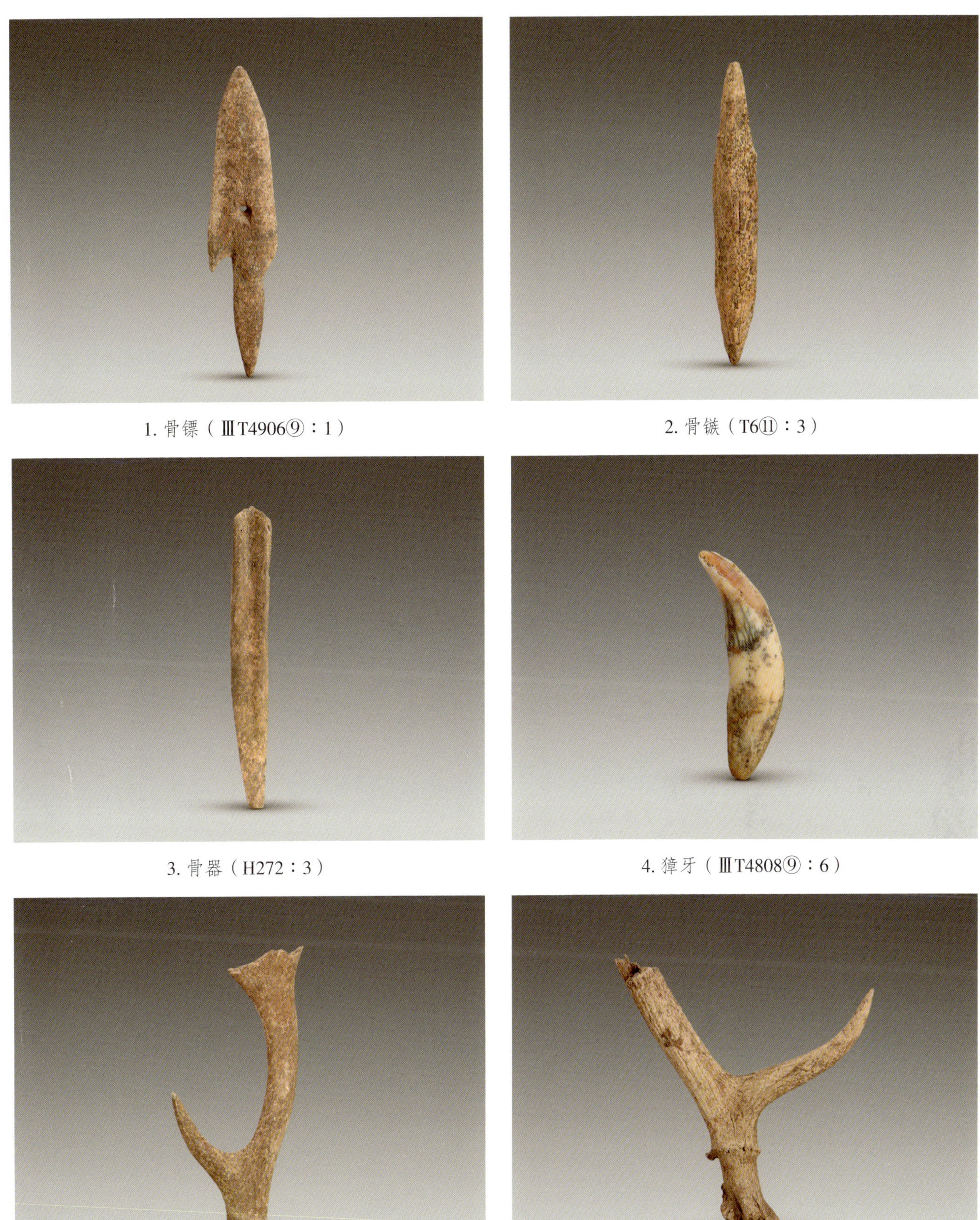

1. 骨镖（ⅢT4906⑨：1）

2. 骨镞（T6⑪：3）

3. 骨器（H272：3）

4. 獐牙（ⅢT4808⑨：6）

5. 鹿角形器（H405：2）

6. 鹿角形器（H534：1）

图版五一　大汶口文化地层及灰坑出土骨镞、镖及獐牙、鹿角形器

中 运 河

图版五二　2008年春季大汶口文化墓地全景（东—西）

图版五三　2008年秋季大汶口文化墓地全景（西—东）

图版五四　大汶口文化墓葬M240等一组墓葬（东—西）

图版五五　大汶口文化墓葬M227等一组墓葬（北—南）

M87
M97
M89
M146
M143
M82
M152

图版五六　大汶口文化墓葬M143等一组墓葬（西—东）

J8

M117

M119

M120

图版五七　大汶口文化墓葬M117等一组墓葬（西—东）

1. 鼎（M2：1）

3. 鼎（M3：4）

4. 壶（M3：1）

2. 鼎（M3：3）

5. 圈足杯（M3：2）

图版五八　大汶口文化墓葬M2和M3葬具陶鼎及M3出土陶壶、圈足杯

1. M4清理前（东—西）

2. M4清理后（西—东）

3. 筒形杯（M4：1）

4. 钵（M4：2）

图版五九　大汶口文化墓葬M4及其出土陶筒形杯、钵

1. M5（东北—西南）

2. M6清理前（西北—东南）

3. M6清理后（西北—东南）

图版六〇　大汶口文化墓葬M5、M6

1. M6葬具出土情况（西北—东南）

3. 鼎（M6：2）

2. 器盖（M6：1）

4. 鼎（M6：3）

图版六一　M6葬具陶鼎及其出土陶器盖

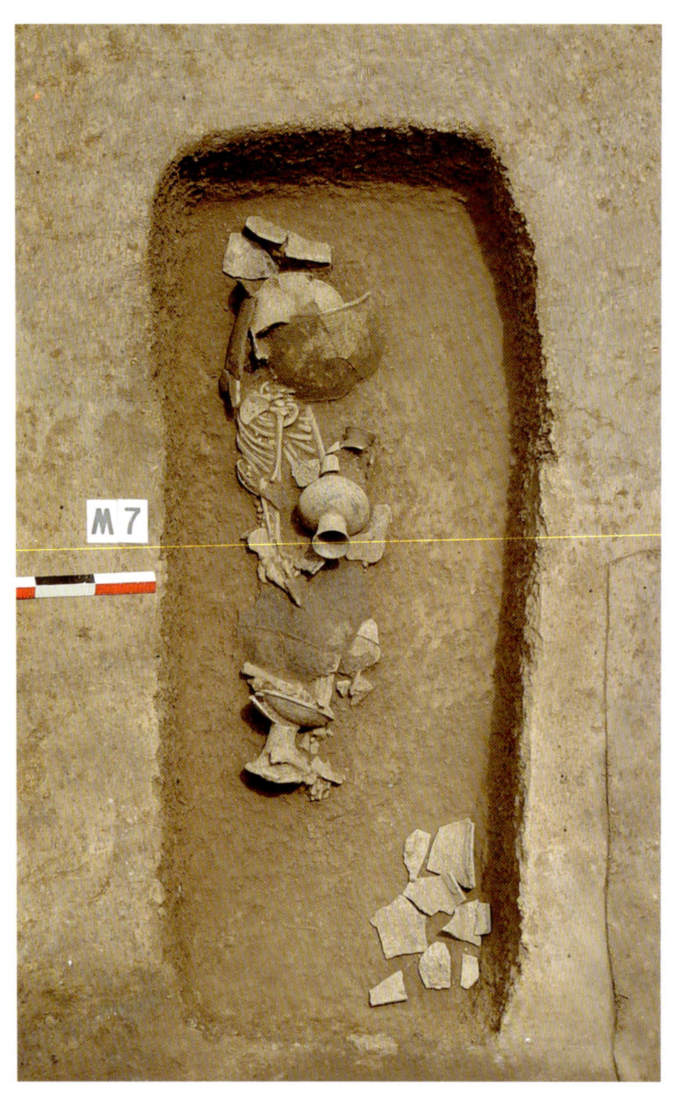

1. M7清理前（西—东）

2. M7清理后（西—东）

图版六二　大汶口文化墓葬M7

1. 圈足杯（M7：1）

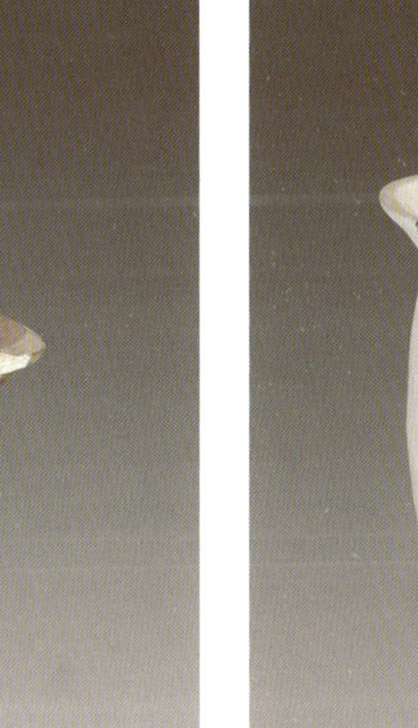

2. 壶（M7：2）

3. 豆（M7：3）

4. 鼎（M7：6）

图版六三　M7出土陶圈足杯、壶、豆及其葬具陶鼎

1. M21葬具陶鼎及其内人骨

2. 鼎（M21：1）

3. 婴儿骸骨

图版六四　大汶口文化墓葬M21葬具陶鼎及其内人骨

1. 婴儿骸骨

2. 罐（M30：1）

图版六五　大汶口文化墓葬M30葬具陶罐及其内人骨

1. M216（北—南）

2. M219（西南—东北）

3. 罐（M219：1）

图版六六　大汶口文化墓葬M216、M219及M219出土陶罐

1. M217瓮棺清理前（西北—东南）

2. M217瓮棺清理后（西北—东南）

3. 鼎（M217：1）

4. 瓮（M217：2）

图版六七　大汶口文化墓葬M217及葬具陶鼎、瓮

图版六八　大汶口文化墓葬M218（东北—西南）

1. 盆（M218：1）

2. 盆（M218：2）

3. 器盖（M218：3）

4. 厚胎高柄杯盖（M218：4-2）

5. 厚胎高柄杯（M218：5）

6. 厚胎高柄杯（M218：4-1）

图版六九　M218出土陶盆、器盖及厚胎高柄杯

1. M222（北—南）

2. M223（北—南）

图版七〇　大汶口文化墓葬M222、M223

1. 陶钵（M223：1）

2. 陶罐（M223：3）

3. 陶筒形杯（M223：4）

4. 陶薄胎高柄杯（M223：2）

5. 石刀（M223：5）

图版七一　M223出土陶钵、罐、杯及石刀

1. M225（东北—西南）

2. 厚胎高柄杯及盖

图版七二　大汶口文化墓葬M225及其出土陶厚胎高柄杯及盖

1. 盖纽（M225：1）

2. 器盖（M225：6）

3. 器盖（M225：25）

4. 器盖（M225：7）

5. 筒形杯（M225：9）

6. 筒形杯（M225：23）

7. 厚胎高柄杯（M225：3）

8. 厚胎高柄杯（M225：4）

图版七三　M225出土陶器盖、杯

1. 陶厚胎高柄杯（M225：10）

2. 陶厚胎高柄杯（M225：11）

3. 陶厚胎高柄杯（M225：12）

4. 陶厚胎高柄杯（M225：13）

5. 陶厚胎高柄杯（M225：14）

6. 陶厚胎高柄杯（M225：18）

7. 陶厚胎高柄杯（M225：22）

8. 陶厚胎高柄杯（M225：24）

9. 猪牙（M225：26）

图版七四　M225出土陶厚胎高柄杯及猪牙

1. 盆（M225：2）

2. 罐（M225：20）

3. 鬶（M225：19）

图版七五　M225出土陶盆、罐、鬶

1. 豆（M225：5）

3. 壶（M225：16）

2. 壶（M225：8）

4. 壶（M225：21）

图版七六　M225出土陶豆、壶

图版七七　M225出土陶薄胎高柄杯（M225：17）

M226

1. M226（东北—西南）

5 13 8 15 7 14 10

2. 小杯及杯盖

图版七八　大汶口文化墓葬M226及其出土陶杯及盖

1. 壶（M226：4）

2. 壶（M226：9）

3. 鬶（M226：12）

4. 薄胎高柄杯（M226：16）

图版七九　M226出土陶壶、鬶、杯

1. 盆（M226：1）

2. 筒形杯（M226：10）

3. 器盖（M226：5）

4. 器盖（M226：13）

5. 圈足杯（M226：15）

6. 厚胎高柄杯（M226：7）

7. 厚胎高柄杯（M226：8）

8. 厚胎高柄杯（M226：14）

图版八〇　M226出土陶盆、杯、器盖

1. 陶罐（M226：6）

2. 陶罐（M226：17）

4. 獐牙（M226：3）

5. 獐牙（M226：18）

3. 石斧（M226：2）

6. 獐牙（M226：11）

7. 獐牙（M226：19）

图版八一　M226出土陶罐、石斧及獐牙

1. M238（东北—西南）

2. 豆（M238：7）

3. 壶（M238：9）

图版八二　大汶口文化墓葬M238及其出土陶豆、壶

1. 陶罐（M238：2）

2. 陶罐（M238：5）

3. 陶厚胎高柄杯（M238：3）

4. 陶厚胎高柄杯（M238：4）

5. 陶盆（M238：1）

6. 獐牙（M238：8）

7. 獐牙（M238：10）

图版八三　M238出土陶罐、厚胎高柄杯、盆及獐牙

图版八四　大汶口文化墓葬M248（东北—西南）

1. 陶薄胎高柄杯（M248：3）

2. 陶厚胎高柄杯（M248：5）

3. 陶盆（M248：4）

4. 陶罐（M248：6）

5. 獐牙（M248：1）

6. 獐牙（M248：2）

图版八五　M248出土陶杯、盆、罐及獐牙

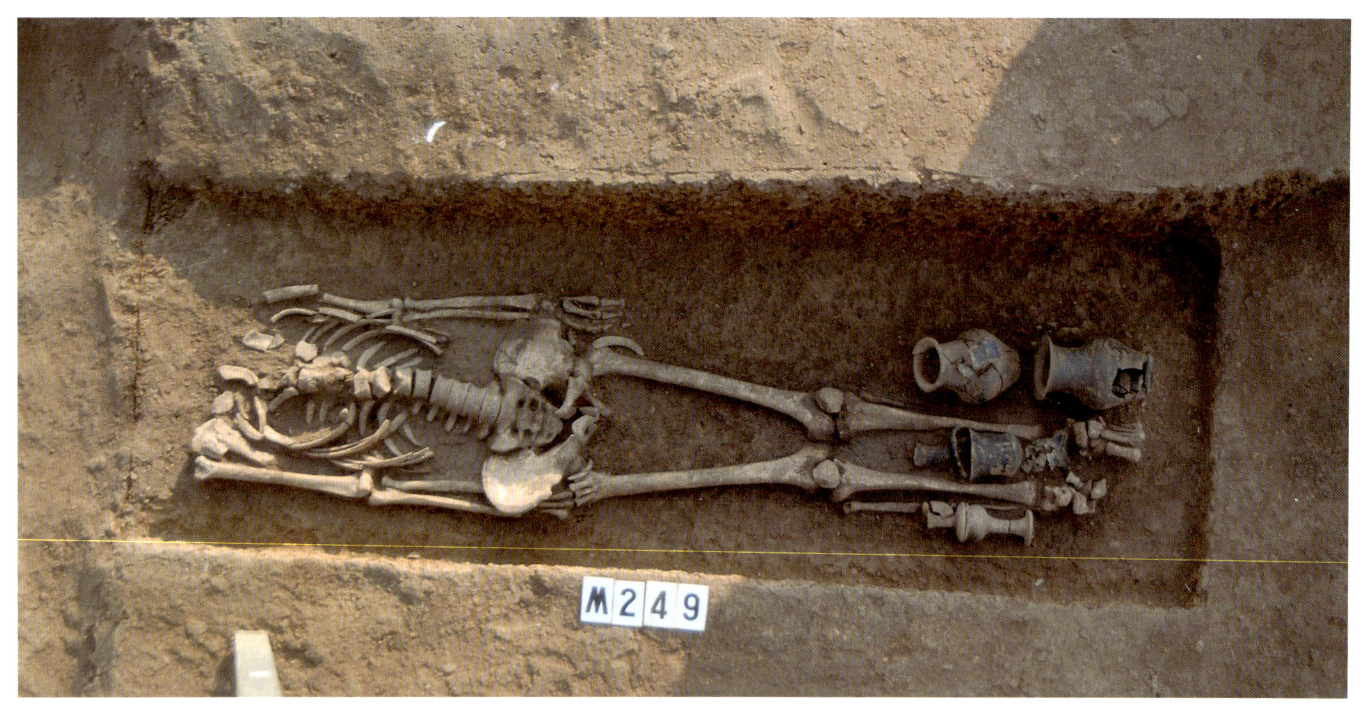

1. M249（东北—西南）

2. 猪獠牙（M249：8）

3. 獐牙（M249：1）

4. 獐牙（M249：2）

5. 陶圈足杯（M249：3）

图版八六　大汶口墓葬M249及其出土猪牙、獐牙及陶圈足杯

1. 壶（M249：4）

2. 壶（M249：6）

3. 薄胎高柄杯（M249：5）

4. 厚胎高柄杯（M249：7）

图版八七　M249出土陶壶、高柄杯

1. M250（北—南）

2. 盆（M250：1）

3. 器盖（M250：3）

4. 厚胎高柄杯（M250：2）

5. 厚胎高柄杯（M250：4）

图版八八　大汶口文化墓葬M250及其出土陶盆、器盖、厚胎高柄杯

1. M251（西南—东北）

2. 匜（M251：1）

3. 匜底部刻划痕（M251：1）

4. 厚胎高柄杯（M251：3）

图版八九　大汶口文化墓葬M251及其出土陶匜、厚胎高柄杯

1. 壶（M251：4）

2. 圈足杯（M251：5）

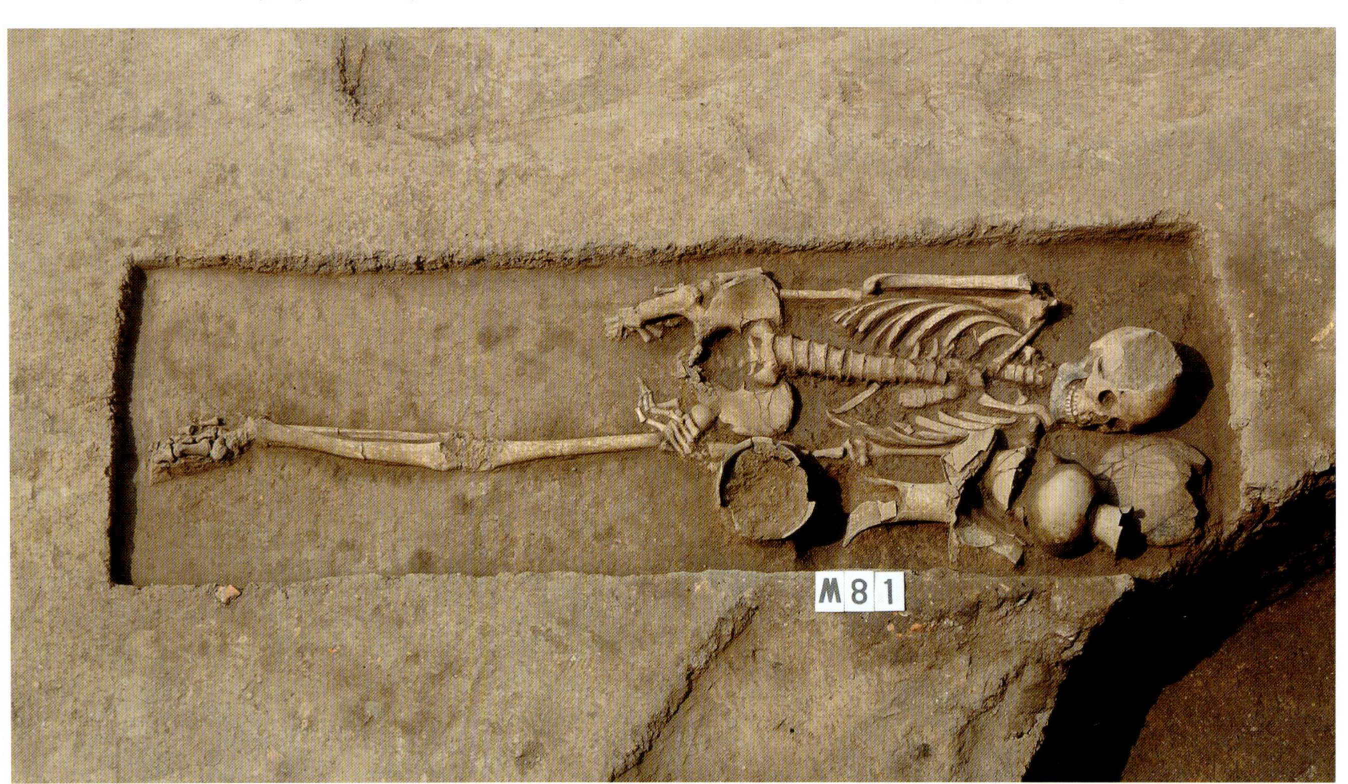

3. M81（南—北）

图版九〇　M251出土陶壶、圈足杯及大汶口文化墓葬M81

1. 钵（M81：1）

2. 罐（M81：5）

3. 罐（M81：3）

4. 壶（M81：2）

5. 豆（M81：4）

图版九一　M81出土陶钵、罐、壶、豆

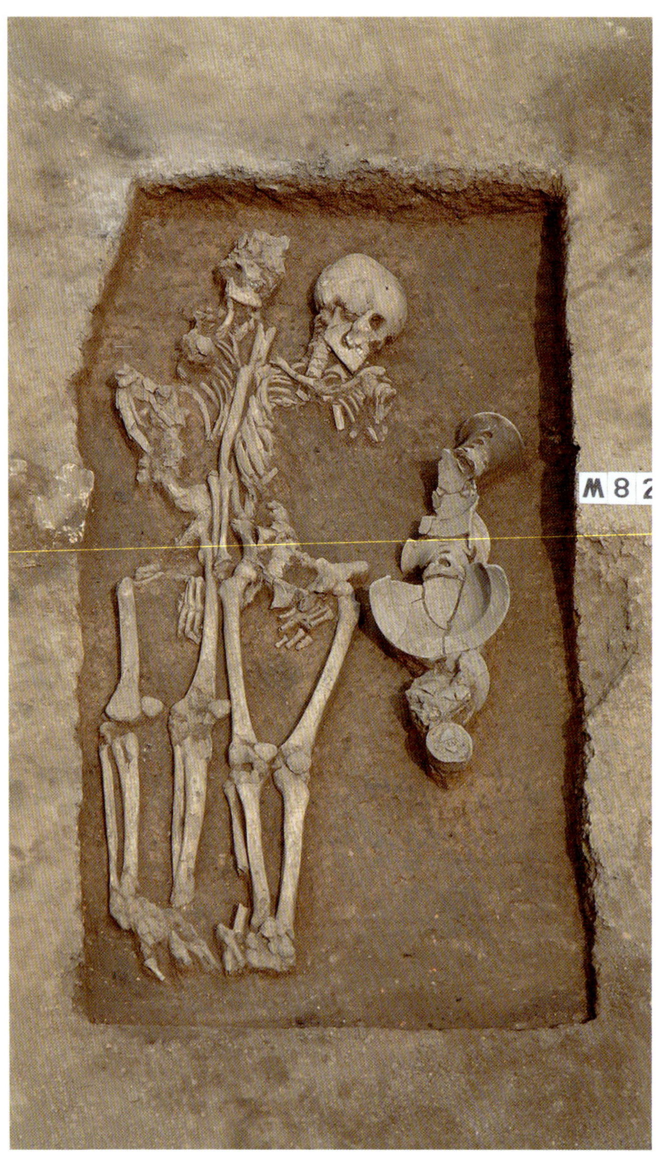

1. M82（西北—东南）

2. 豆（M82：1）

3. 豆（M82：2）

4. 筒形杯（M82：4）

5. 壶（M82：5）

6. 豆（M82：3）

图版九二　大汶口文化墓葬M82及其出土陶豆、筒形杯、壶

1. M83（西南—东北）

2. 釜（M83：1）

3. 罐（M83：01）

4. 器盖（M83：02）

图版九三　大汶口文化墓葬M83及其出土陶釜、罐、器盖

1. M85（西—东）

2. 罐（M85：1）

3. 豆（M85：2）

图版九四　大汶口文化墓葬M85及其出土陶豆、罐

1. M87（西北—东南）

2. 陶鼎（M87：1）

3. 骨针（M87：01）

4. 陶纺轮（M87：02）

图版九五　大汶口文化墓葬M87及其出土陶鼎、纺轮及骨针

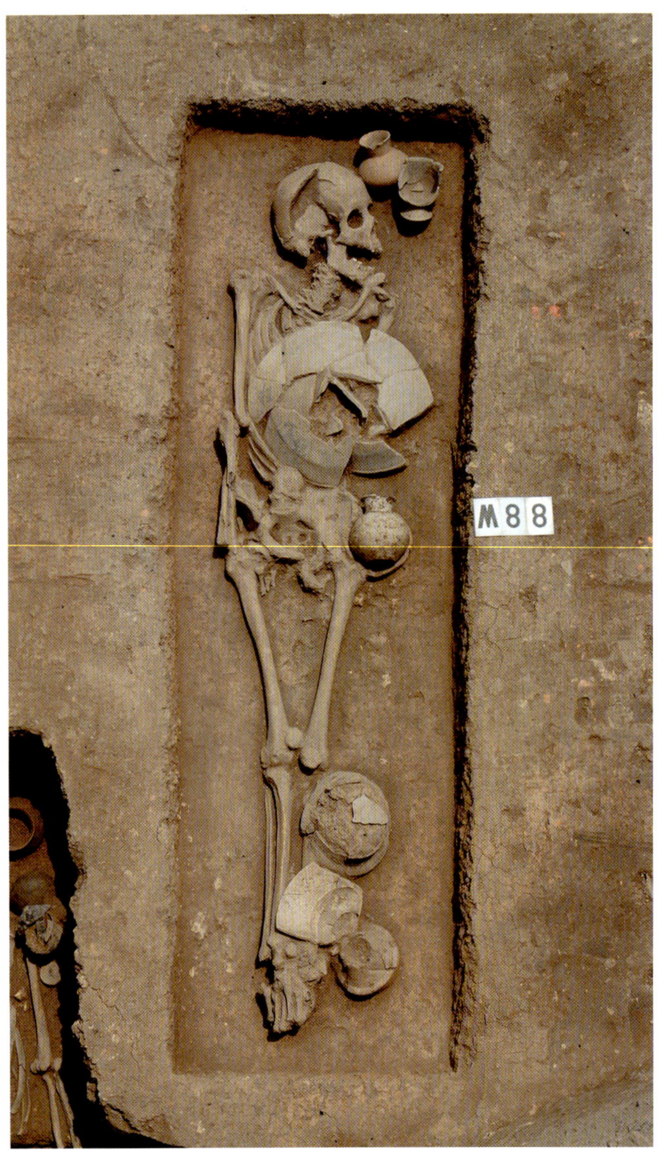

3. 圈足杯（M88：2）

1. M88（西北—东南）

4. 豆（M88：5）

2. 壶（M88：1）

5. 盆（M88：6）

图版九六　大汶口文化墓葬M88及其出土陶壶、圈足杯、豆、盆

M89

图版九七　大汶口文化墓葬M89（东北—西南）

1. M89局部（西南—东北）

2. 杯（M89：1）

3. 筒形杯（M89：4）

4. 筒形杯（M89：11）

5. 筒形杯（M89：8）

6. 筒形杯（M89：12）

7. 厚胎高柄杯（M89：16）

图版九八　大汶口文化墓葬M89及其出土陶杯

1. 陶罐（M89：2）

2. 陶罐（M89：9）

3. 陶壶（M89：10）

4. 陶器座（M89：7）

5. 陶盖纽（M89：18）

6. 骨器（M89：15）

7. 石钺（M89：14）

图版九九　M89出土陶罐、壶、器座、盖纽及骨器、石钺

1. 匜（M89：3）

2. 鬹（M89：5）

3. 背壶（M89：6）

4. 薄胎高柄杯（M89：13）

图版一〇〇　M89出土陶匜、鬹、背壶、薄胎高柄杯

1. 豆（M89：17）

3. 豆（M89：21）

4. 豆盘（M89：19）

2. 豆（M89：20）

5. 豆（M89：22）

图版一〇一　M89出土陶豆

图版一〇二　大汶口文化墓葬M92（西北—东南）

1. 陶薄胎高柄杯（M92：4）

2. 陶壶（M92：3）

3. 陶鼎（M92：2）

4. 陶盆（M92：6）

5. 陶环（M92：7）

6. 陶纺轮（M92：5）

7. 骨针（M92：1）

图版一〇三　M92出土陶薄胎高柄杯、壶、鼎、盆、环、纺轮及骨针

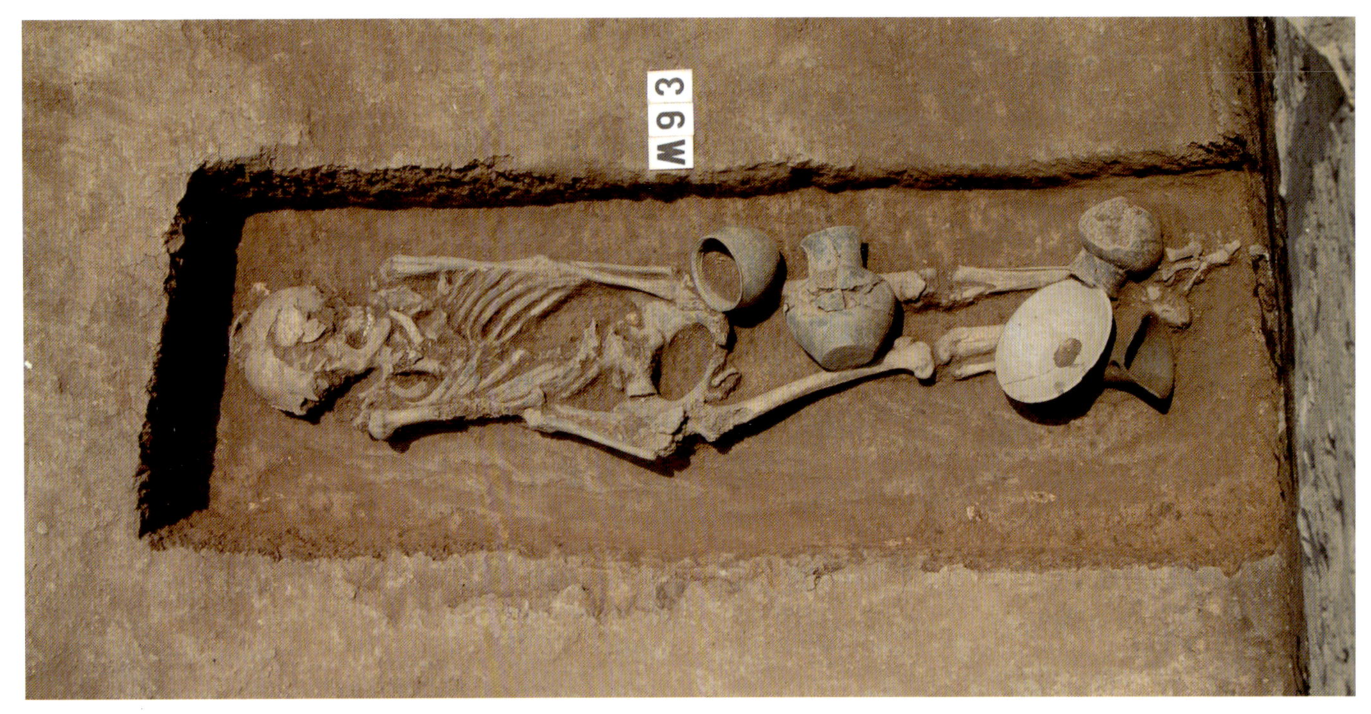

1. M93（北—南）

2. 罐（M93：1）

4. 壶（M93：2）

3. 豆（M93：4）

5. 壶（M93：3）

图版一〇四　大汶口文化墓葬M93及其出土陶罐、豆、壶

1. M94（东北—西南）

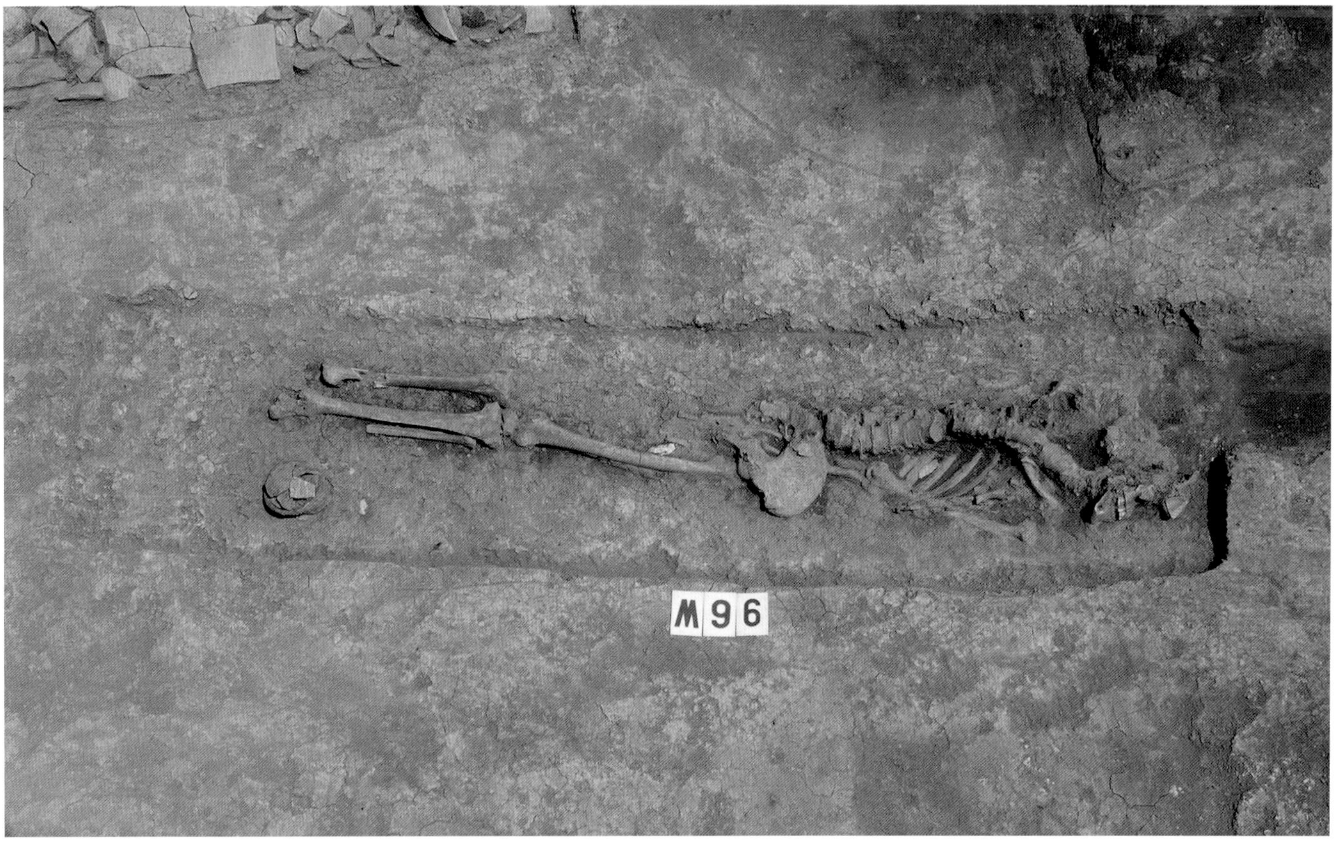

2. M96（西南—东北）

图版一〇五　大汶口文化墓葬M94、M96

1. M95（北—南）

2. 鼎（M95：1）

3. 鼎（M95：2）

4. 瓮（M95：3）正面

5. 瓮（M95：3）侧面

图版一〇六　大汶口文化墓葬M95及葬具陶鼎、瓮

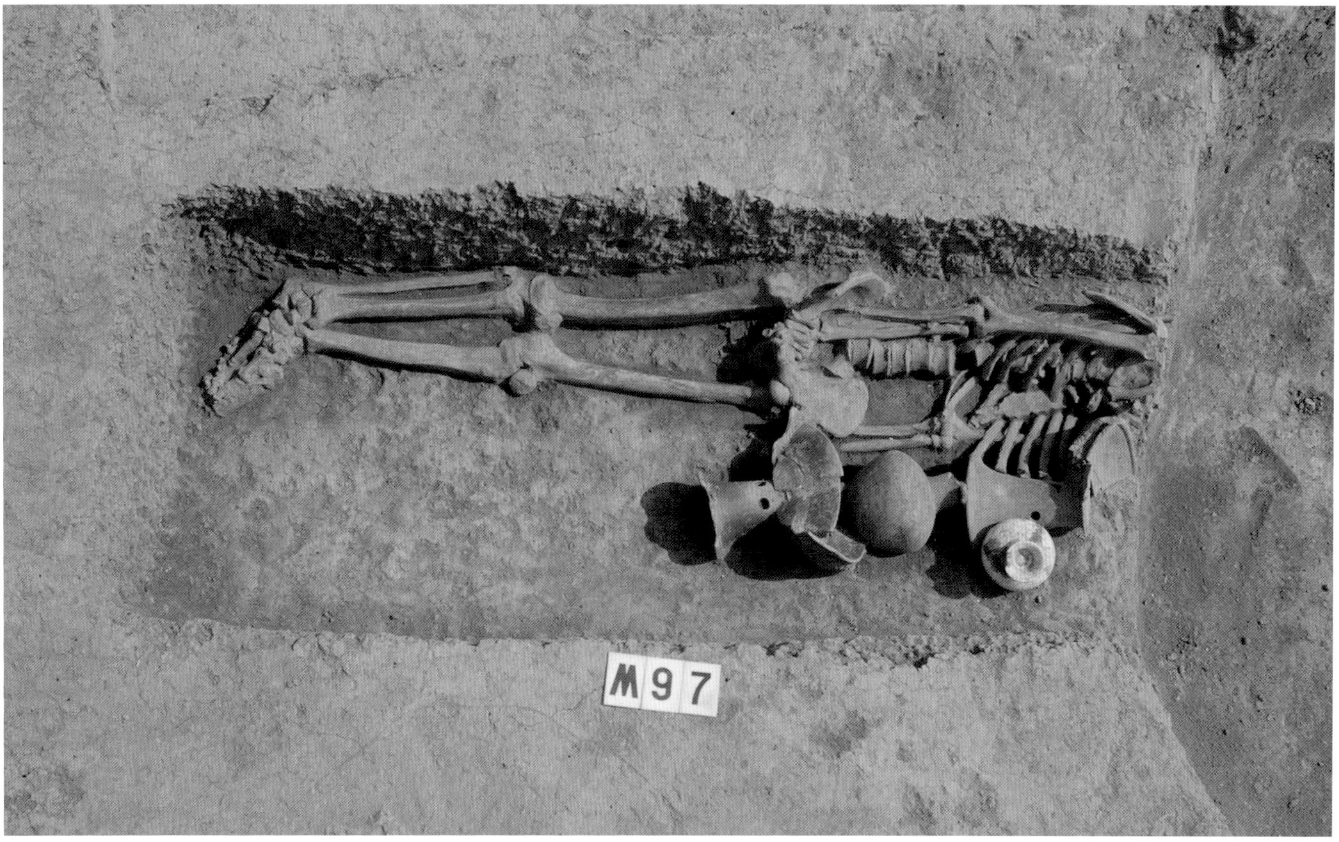

1. M97（西南—东北）

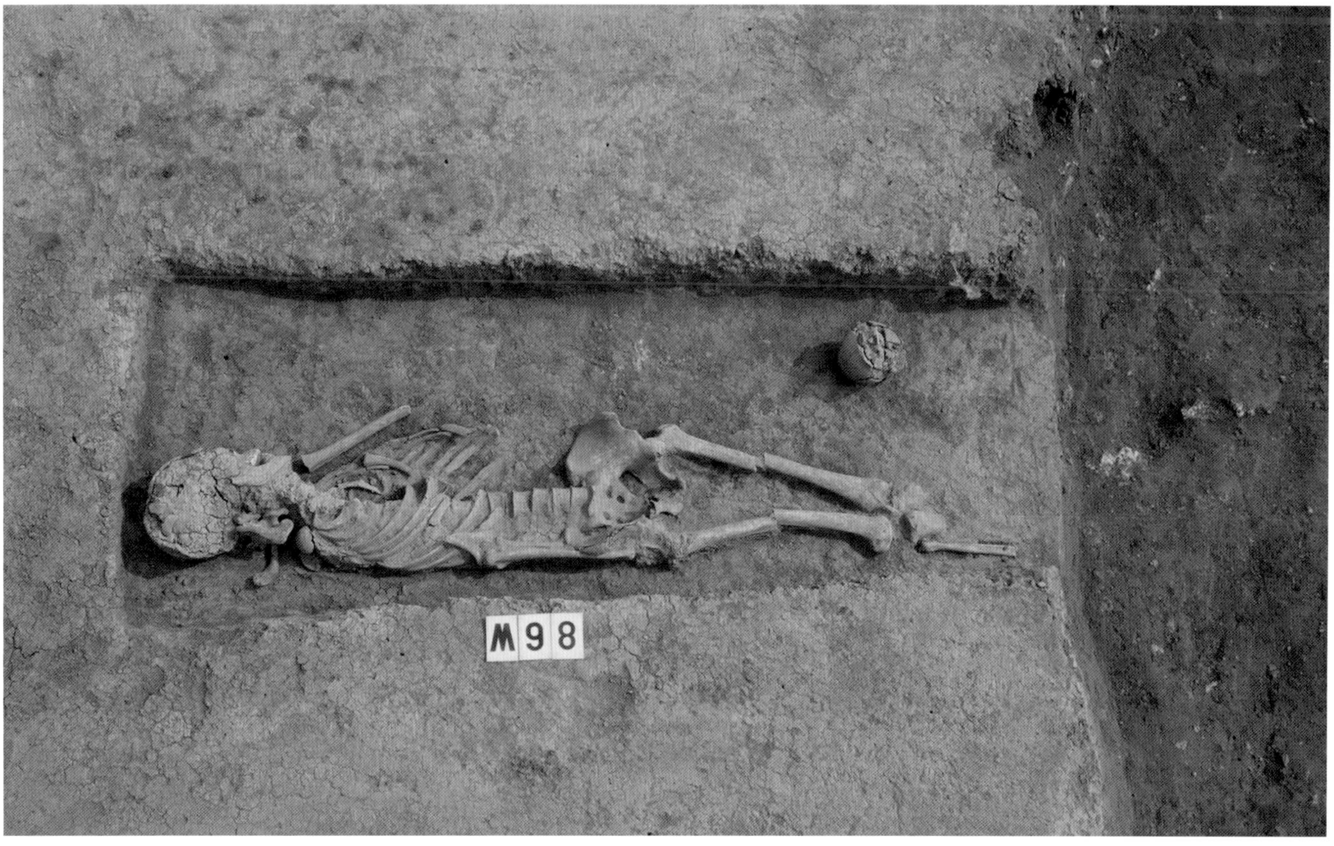

2. M98（东北—西南）

图版一〇七　大汶口文化墓葬M97、M98

1. 陶豆（M97：2）

4. 陶壶（M97：3）

2. 陶豆（M97：4）

5. 骨匕（M97：5）

3. 陶圈足杯（M97：1）

6. 陶罐（M98：1）

图版一〇八　M97出土陶豆、圈足杯、壶与骨匕及M98出土陶罐

1. M99（东北—西南）

2. 玉环出土情形（西北—东南）

3. 猪骨出土情形（东北—西南）

4. 蚌器出土情形

5. 獐牙（M99∶6）

6. 玉环（M99∶4）

7. 陶纺轮（M99∶17）

图版一〇九　大汶口文化墓葬M99及其出土猪骨、蚌器、獐牙、玉环、陶纺轮

1. 盆（M99：1）

2. 圈足杯（M99：7）

3. 圈足杯（M99：11）

4. 壶（M99：8）

5. 背壶（M99：10）

图版一一〇　M99出土陶盆、圈足杯、壶

1. 罐（M99：9）

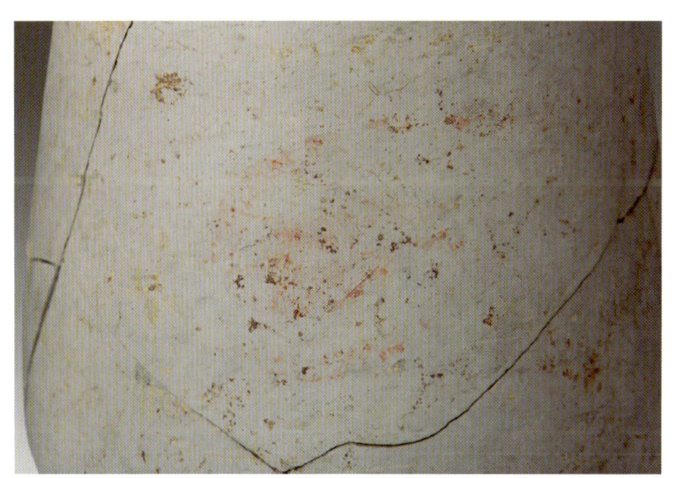
2. 罐腹部朱砂（M99：9）

3. 罐口沿部朱砂（M99：9）

4. 小罐（M99：5）

5. 环（M99：2）

6. 环（M99：3）

图版一一一　M99出土陶罐、环

1. 豆（M99：12）

2. 豆（M99：14）

3. 豆（M99：15）

4. 豆（M99：18）

5. 豆（M99：19）

6. 鼎（M99：16）

图版一一二　M99出土陶豆、鼎

1. M101（东北—西南）

2. 玉佩（M101：1）

3. 獐牙（M101：14）

4. 陶纺轮（M101：16）

5. 圆陶片（M101：3）

6. 陶罐（M101：12）

图版一一三　大汶口文化墓葬M101及其出土玉佩、獐牙及陶纺轮、圆陶片、罐

1. 豆（M101：4）

4. 薄胎高柄杯（M101：5）

2. 豆（M101：7）

5. 圈足杯（M101：6）

3. 豆（M101：8）

6. 鼎（M101：13）

图版一一四　M101出土陶豆、杯、鼎

1. M103（西南—东北）

2. M104（西南—东北）

3. 玉环（M104：1）

图版一一五　大汶口文化墓葬M103、M104及M104出土玉环

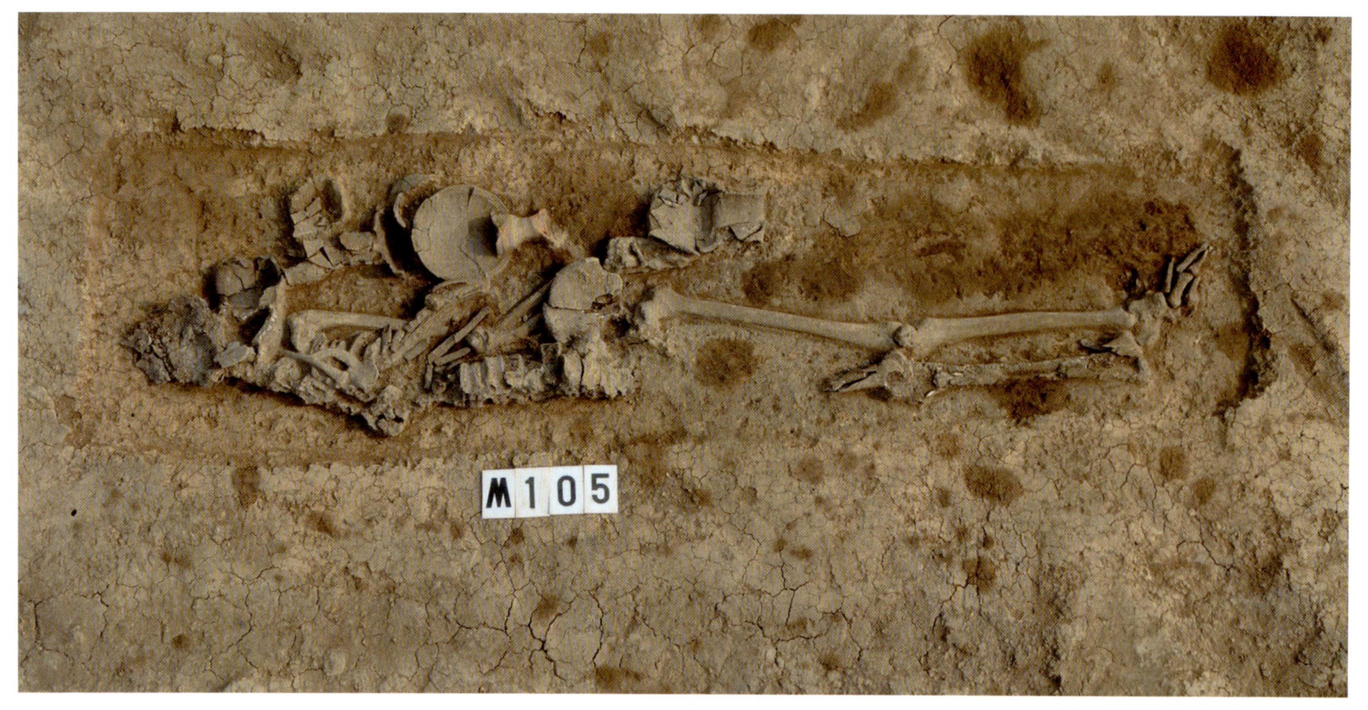

1. M105（北—南）

2. 薄胎高柄杯（M105：1）

3. 壶（M105：4）

4. 厚胎高柄杯（M105：2）

5. 豆盘（M105：3）

图版一一六　大汶口文化墓葬M105及其出土陶杯、壶、豆

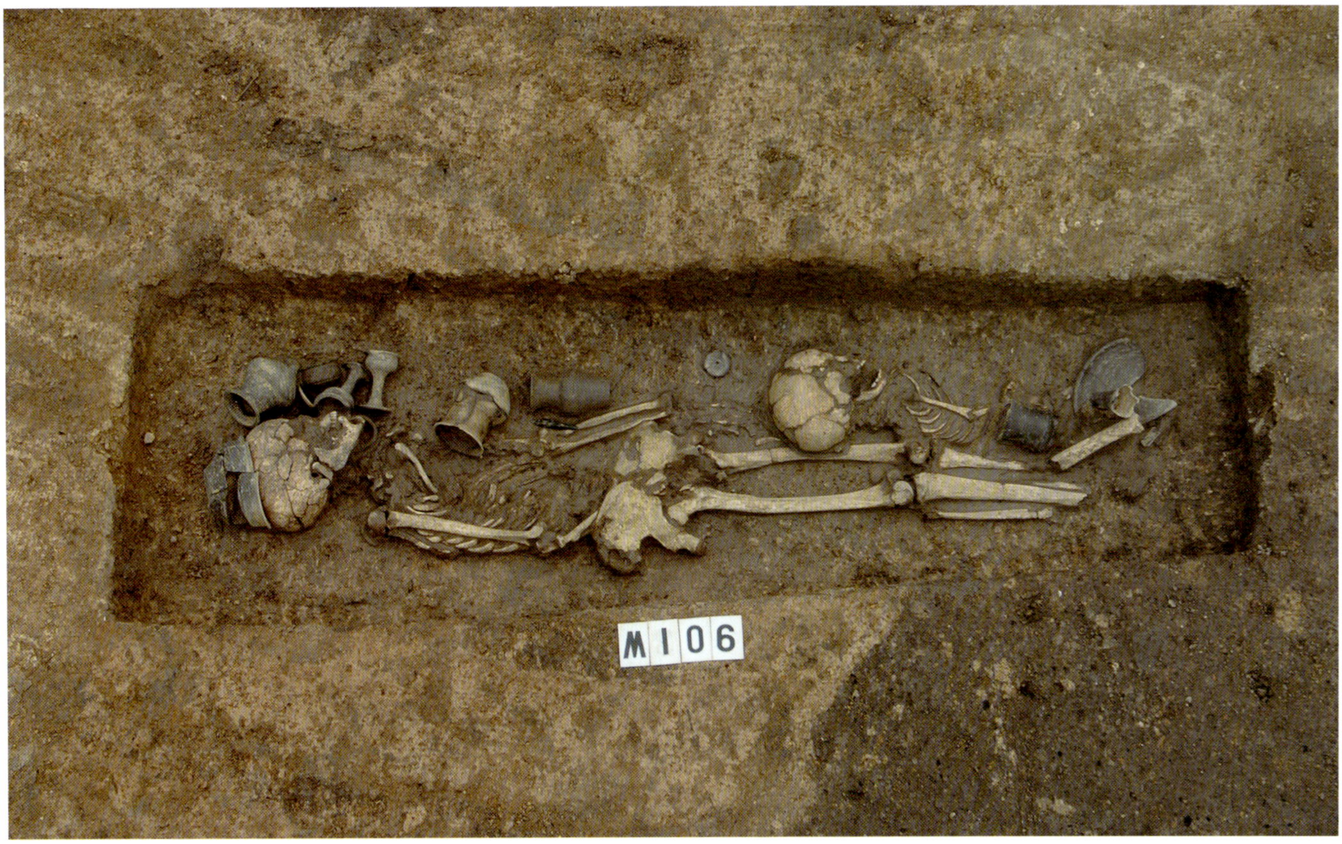

1. M106（北—南）

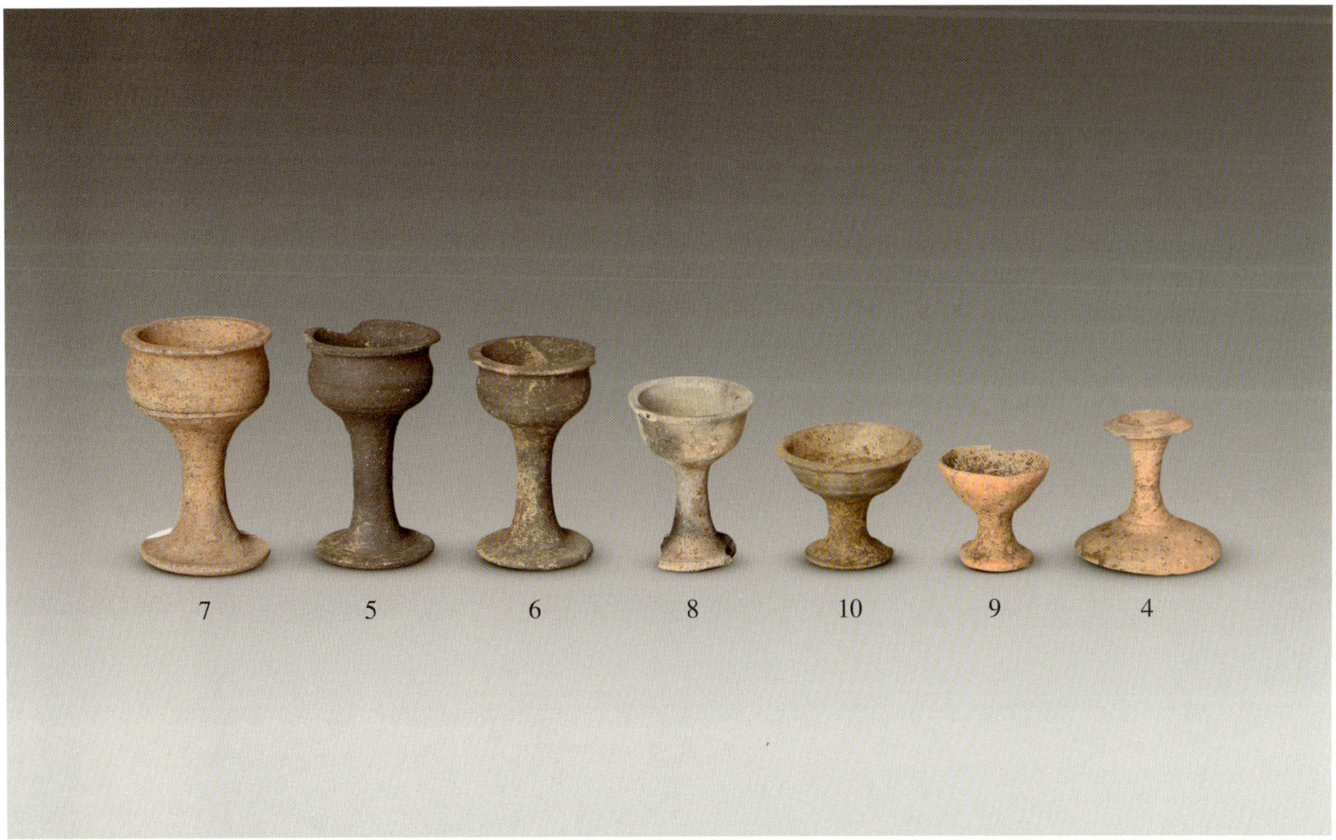

7　5　6　8　10　9　4

2. 厚胎高柄杯及盖

图版一一七　大汶口文化墓葬M106及其出土陶厚胎高柄杯及盖

1. 陶厚胎高柄杯（M106：5）

2. 陶厚胎高柄杯（M106：6）

3. 陶厚胎高柄杯（M106：7）

4. 陶厚胎高柄杯（M106：8）

5. 陶厚胎高柄杯（M106：9）

6. 陶厚胎高柄杯（M106：10）

7. 陶器盖（M106：4）

8. 陶纺轮（M106：13）

9. 玉锥（M106：1）

图版一一八　M106出土陶厚胎高柄杯、器盖、纺轮及玉锥

1. 盆（M106：2）

3. 壶（M106：3）

2. 薄胎高柄杯（M106：14）

4. 壶（M106：11）

5. 壶（M106：12）

图版一一九　M106出土陶盆、薄胎高柄杯及壶

1. M107（东北—西南）

2. M108（西南—东北）

3. 豆（M107：1）

4. 筒形杯（M107：2）

图版一二〇　大汶口文化墓葬M107、M108及M107出土陶豆、筒形杯

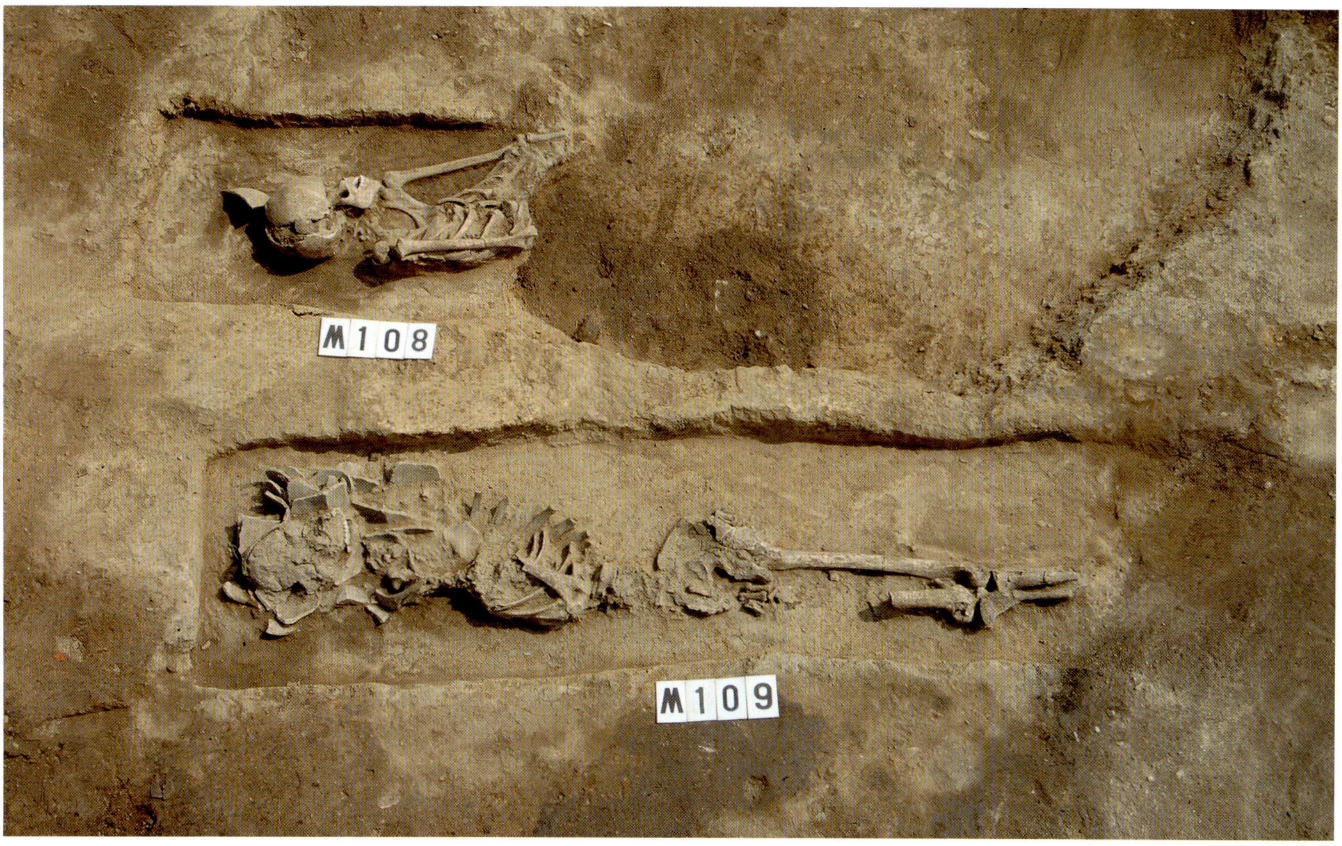

1. M109（东北—西南）

2. 鼎（M109：1）

图版一二一　大汶口文化墓葬M109及葬具陶鼎

图版一二二　大汶口文化墓葬M110（西南—东北）

1. M110葬具内情形（西南—东北）

2. 墓底残留的葬具朽痕（东北—西南）

图版一二三　大汶口文化墓葬M110

1. 豆盘内猪骨出土情形（东北—西南）

3. 豆盘内猪骨出土情形（东北—西南）

2. 陶豆出土时豆柄上的朱砂痕（东北—西南）

4. 蚌器出土情形

图版一二四　大汶口文化墓葬M110猪骨、陶豆及蚌器出土情形

1. 玉环（M110：1）

2. 玉锥（M110：13）

3. 猪下门齿（M110：6）

4. 獐牙（M110：19）

5. 陶钵（M110：2）

6. 陶纺轮（M110：14）

图版一二五　M110出土玉环、锥和猪牙、獐牙及陶钵、纺轮

1. 豆（M110：3）

2. 豆（M110：8）

3. 豆（M110：9）

4. 豆（M110：11）

5. 豆（M110：22）

6. 豆（M110：23）

图版一二六　M110出土陶豆

1. 豆（M110：24）

4. 壶（M110：5）

2. 背壶（M110：10）

5. 壶（M110：15）

3. 背壶（M110：17）

6. 壶（M110：21）

图版一二七　M110出土陶豆、壶

1. 鬶（M110：18）

2. 鼎（M110：25）

3. 鼎（M110：4）

4. 鼎（M110：27）

5. 罐（M110：12）

6. 罐（M110：20）

图版一二八　M110出土陶鬶、鼎、罐

1. M111（东北—西南）

2. 石钺（M111：1）

3. 石镞（M111：6）

4. 骨镞（M111：4）

5. 陶纺轮（M111：14）

6. 陶纺轮（M111：17）

图版一二九　大汶口文化墓葬M111及其出土石钺、镞和骨镞、陶纺轮

1. 器盖（M111：2）

2. 器盖（M111：7）

3. 薄胎高柄杯（M111：9）

4. 背壶（M111：12）

图版一三〇　M111出土陶器盖、薄胎高柄杯、背壶

1. 罐（M111：5）

2. 罐（M111：20）

3. 筒形杯（M111：13）

4. 豆（M111：16）

5. 豆（M111：19）

6. 豆制作痕（M111：19）

图版一三一　M111出土陶罐、筒形杯、豆

图版一三二　大汶口文化墓葬M112（西南—东北）

1. 豆盘出土猪骨情形（西南—东北）

2. 豆盘出土猪骨情形（西南—东北）

3. 獐牙（M112：19）

4. 陶纺轮（M112：11）

5. 陶圈足杯（M112：12）

6. 陶圈足杯（M112：16）

图版一三三　M112猪骨出土情形及其出土的獐牙和陶纺轮、圈足杯

1. 豆（M112：2）

2. 豆（M112：3）

3. 豆（M112：6）

4. 豆（M112：7）

5. 豆（M112：13）

6. 豆（M112：4）

图版一三四　M112出土陶豆

1. 鼎M112：5）

2. 盉（M112：14）

3. 鬶（M112：17）

4. 鬶（M112：17）俯视

图版一三五　M112出土陶鼎、盉、鬶

1. 背壶（M112：8）

2. 背壶（M112：10）

3. 罐（M112：9）

4. 罐（M112：15）

图版一三六　M112出土陶背壶、罐

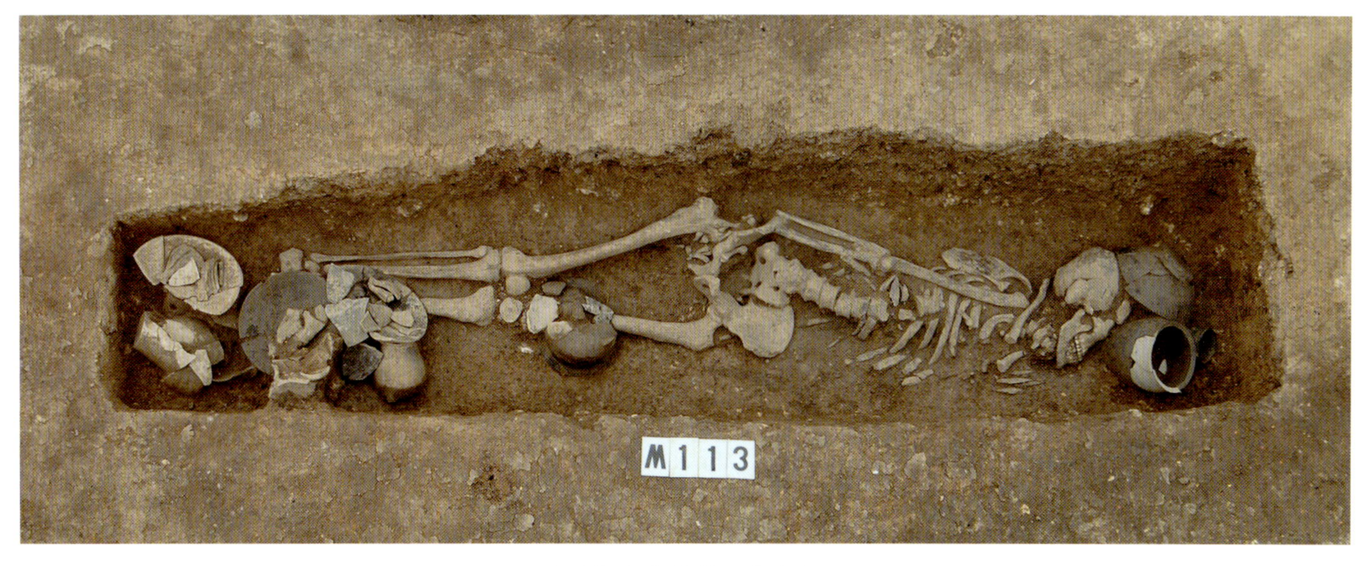

1. M113（西南—东北）

2. 豆盘内出土猪骨情形（东南—西北）

4. 骨镞（M113：4）

5. 骨镞（M113：5）

6. 骨镞（M113：6）

3. 骨镞出土情形（西北—东南）

7. 骨镞（M113：7）

8. 骨镞（M113：8）

9. 獐牙（M113：10）

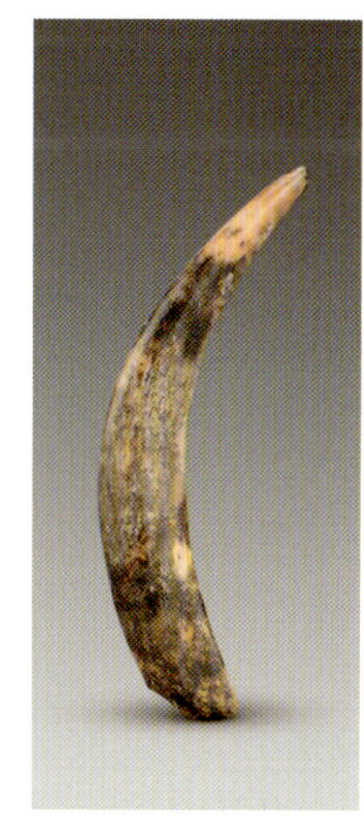

10. 獐牙（M113：18）

图版一三七　大汶口文化墓葬M113及其出土猪骨、骨镞、獐牙

1. 器盖（M113：1）

2. 筒形杯（M113：2）

3. 罐（M113：3）

4. 鼎（M113：9）

5. 鼎（M113：12）

图版一三八　M113出土陶器盖、筒形杯、罐、鼎

1. 豆（M113：13）

2. 豆（M113：14）

3. 豆（M113：16）

4. 背壶（M113：15）

图版一三九　M113出土陶豆、背壶

图版一四〇　大汶口文化墓葬M114（东—西）

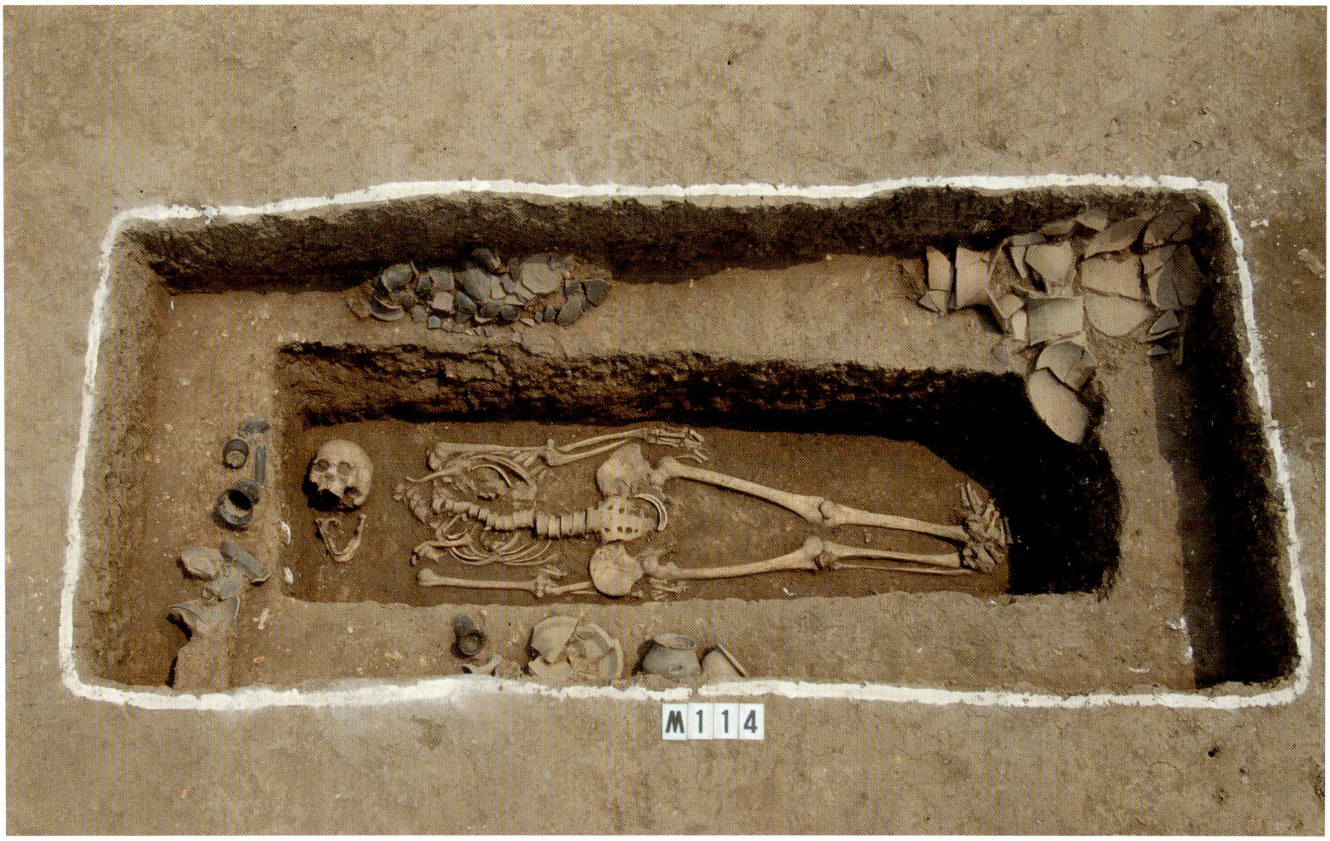

1. M114（北—南）

3. 獐牙（M114：16）

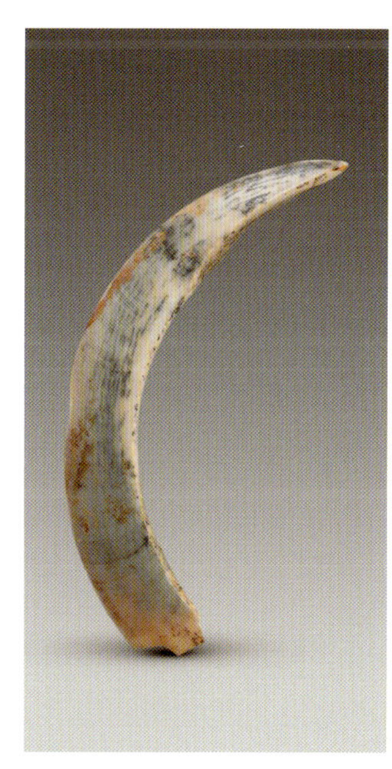

4. 猪犬齿（M114：17）

2. 头骨折断情况

图版一四一　大汶口文化墓葬M114及其出土獐牙、猪牙

1. 薄胎高柄杯（M114：2）

2. 壶（M114：13）

3. 壶（M114：14）

图版一四二　M114出土陶薄胎高柄杯、壶

1. 豆（M114：3）

2. 盆（M114：8）

3. 鼎（M114：10）

4. 瓮（M114：11）

图版一四三　M114出土陶豆、盆、鼎、瓮

1. 罐（M114：1）

2. 罐（M114：9）

3. 筒形杯（M114：7）

4. 圈足杯（M114：15）

5. 厚胎高柄杯（M114：6）

6. 器座（M114：5）

图版一四四　M114出土陶罐、杯、器座

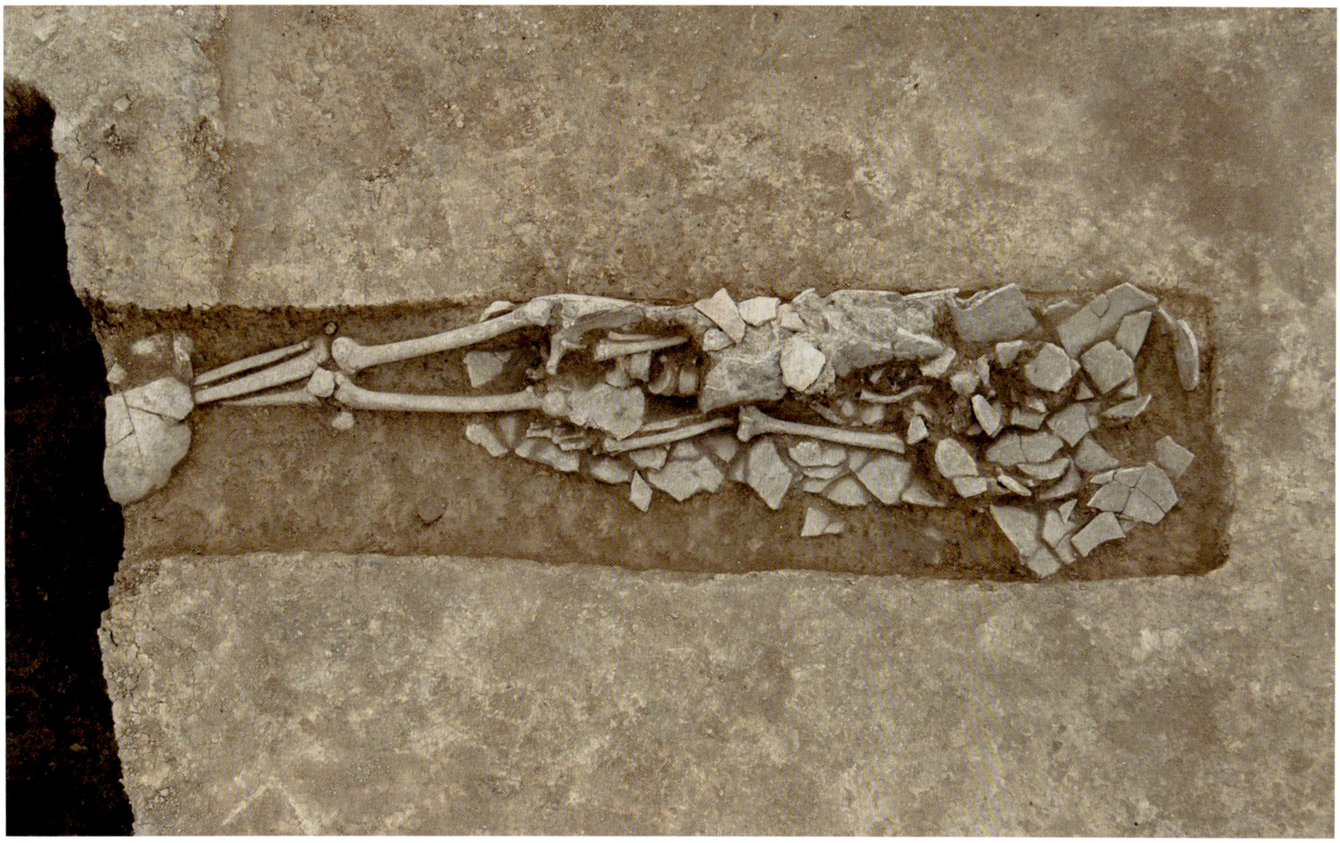

1. M115上层陶棺清理前（西南—东北）

2. M115上层陶棺清理后（西南—东北）

图版一四五　大汶口文化墓葬M115

1. 鼎（M115：1）

2. 鼎（M115：2）

3. 罐（M115：3）

图版一四六　M115出土陶鼎、罐

1. M116（西南—东北）

2. 器盖（M116：1）

3. 豆（M116：4）

4. 筒形杯（M116：3）

图版一四七　大汶口文化墓葬M116及其出土陶器盖、豆、筒形杯

1. M117（东北—西南）

2. 陶壶（M117：2）

3. 陶罐（M117：3）

4. 陶鼎（M117：4）

5. 獐牙（M117：6）

6. 獐牙（M117：7）

图版一四八　大汶口文化墓葬M117及其出土陶壶、罐、鼎及獐牙

1. M118（东北—西南）

2. 豆盘内出土猪骨情形（西南—东北）

4. 玉环（M118：2）

5. 陶纺轮（M118：13）

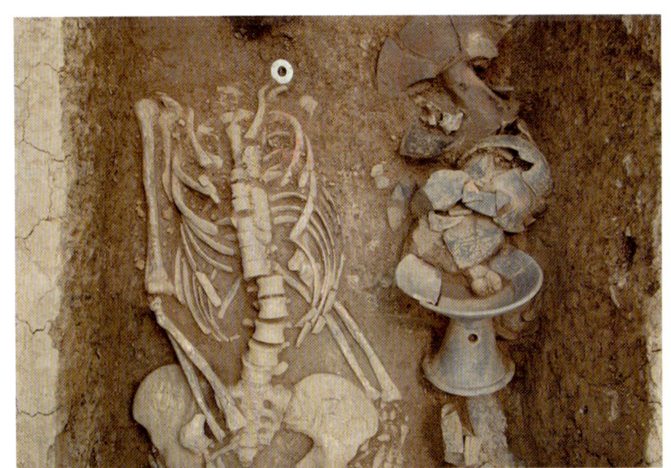

3. 豆盘内出土猪骨情形（西北—东南）

6. 獐牙（M118：15）

7. 獐牙（M118：16）

图版一四九　大汶口文化墓葬M118及其出土猪骨、玉环、陶纺轮、獐牙

1. 盆（M118：1）

4. 背壶（M118：9）

2. 罐（M118：11）

5. 圈足杯（M118：7）

3. 壶（M118：5）

6. 圈足杯（M118：10）

图版一五〇　M118出土陶盆、罐、壶、圈足杯

1. 豆（M118：3）

2. 豆（M118：4）

3. 豆（M118：6）

4. 豆（M118：8）

5. 鼎（M118：14）

6. 鬶（M118：12）

图版一五一　M118出土陶豆、鼎、鬶

1. M119（西南—东北）

2. 盆（M119：1）

3. 罐（M119：2）

4. 筒形杯（M119：6）

5. 圈足杯（M119：9）

图版一五二　大汶口文化墓葬M119及其出土陶盆、罐、杯

1. 豆（M119：3）

4. 壶（M119：5）

2. 豆（M119：4）

5. 壶（M119：10）

3. 豆（M119：8）

6. 鼎（M119：7）

图版一五三　M119出土陶豆、壶、鼎

1. M120（东北—西南）

2. M120局部

图版一五四　大汶口文化墓葬M120

1. 陶盆（M120：1）

3. 陶罐（M120：13）

2. 陶鬶（M120：6）

4. 陶罐（M120：15）

5. 陶圈足杯（M120：19）

6. 陶纺轮（M120：9）

7. 獐牙（M120：18）

图版一五五　M120出土陶盆、鬶、罐、圈足杯、纺轮及獐牙

1. 豆（M120：2）

2. 豆（M120：3）

3. 豆（M120：4）

4. 豆（M120：5）

5. 豆（M120：10）

6. 豆（M120：11）

图版一五六　M120出土陶豆

1. 鼎（M120：7）

2. 鼎（M120：8）

3. 鼎（M120：17）

4. 壶（M120：12）

5. 背壶（M120：14）

6. 陶盉（M120：16）

图版一五七　M120出土陶鼎、壶、盉

1. M121（东北—西南）

2. 陶薄胎高柄杯（M121：1）

3. 陶纺轮（M121：13）

4. 骨簪（M121：4）

5. 獐牙（M121：15）

图版一五八　大汶口文化墓葬M121及其出土陶薄胎高柄杯、纺轮及骨簪、獐牙

1. 筒形杯（M121：2）

2. 筒形杯（M121：5）

3. 筒形杯（M121：7）

4. 杯（M121：3）

5. 圈足杯（M121：6）

6. 圈足杯（M121：8）

图版一五九　M121出土陶杯

1. 背壶（M121：9）

2. 豆（M121：11）

3. 豆（M121：10）

4. 豆（M121：12）

5. 鼎（M121：14）

6. 器盖（M121：16）

图版一六〇　M121出土陶背壶、豆、鼎、器盖

1. M122（东北—西南）

2. 鼎（M122：1）

3. 鼎（M122：9）

4. 圈足杯（M122：2）

5. 纺轮（M122：4）

图版一六一　大汶口文化墓葬M122及其出土陶鼎、圈足杯、纺轮

1. 壶（M122：3）

2. 罐（M122：10）

3. 罐（M122：11）

4. 豆（M122：5）

5. 豆（M122：6）

6. 豆（M122：7）

图版一六二　M122出土陶壶、罐、豆

1. M123（东南—西北）

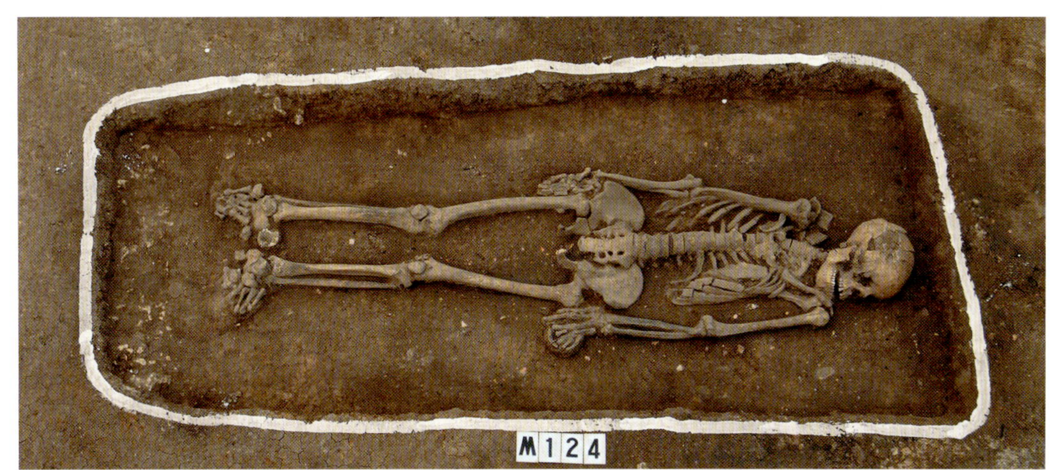

2. M124（北—南）

3. 陶鬶足（M123：2）

4. 陶筒形杯（M123：1）

5. 陶薄胎高柄杯（M124：1）

6. 獐牙（M124：2）

图版一六三　大汶口文化墓葬M123、M124及其出土陶鬶足、杯及獐牙

1. M125（东北—西南）

2. 陶薄胎高柄杯（M125：2）

3. 陶厚胎高柄杯（M125：3）

4. 陶厚胎高柄杯（M125：4）

5. 陶筒形杯（M125：10）

6. 玉环（M125：11）

图版一六四　大汶口文化墓葬M125及其出土陶杯、玉环

1. 盆（M125：1）

2. 高颈弧腹瓶（M125：5）

3. 壶（M125：6）

4. 鬶（M125：8）

5. 豆（M125：7）

6. 豆（M125：9）

图版一六五　M125出土陶盆、高颈弧腹瓶、壶、鬶、豆

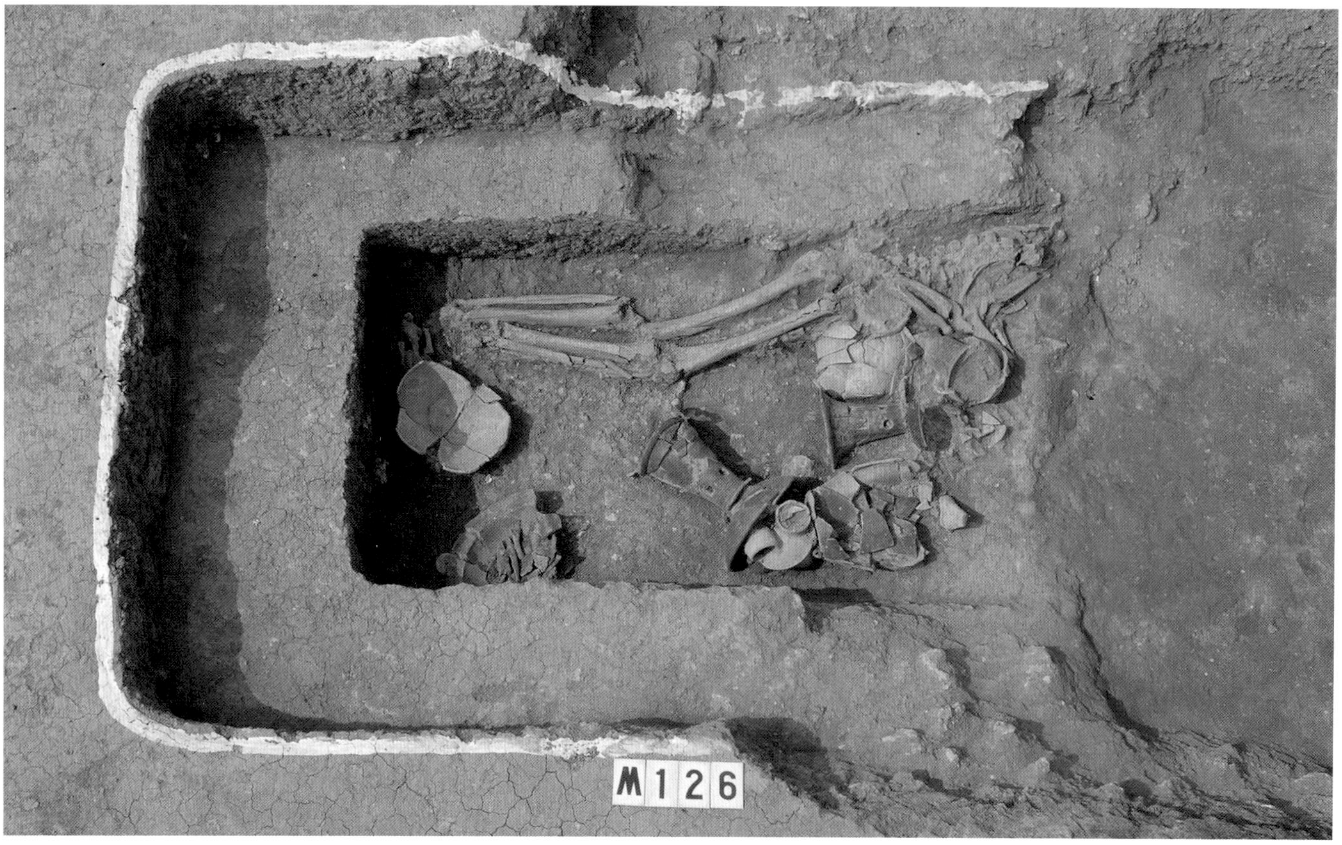

1. M126（西南—东北）

2. M126（东北—西南）

图版一六六　大汶口文化墓葬M126

1. 圈足杯（M126：1）

2. 纺轮（M126：10）

3. 背壶（M126：4）

4. 鼎（M126：8）

图版一六七　M126出土陶圈足杯、纺轮、背壶、鼎

1. 罐（M126：2）

2. 罐（M126：5）

3. 豆（M126：3）

4. 豆（M126：7）

5. 鬶（M126：6）

6. 钵（M126：9）

图版一六八　M126出土陶罐、豆、鬶、钵

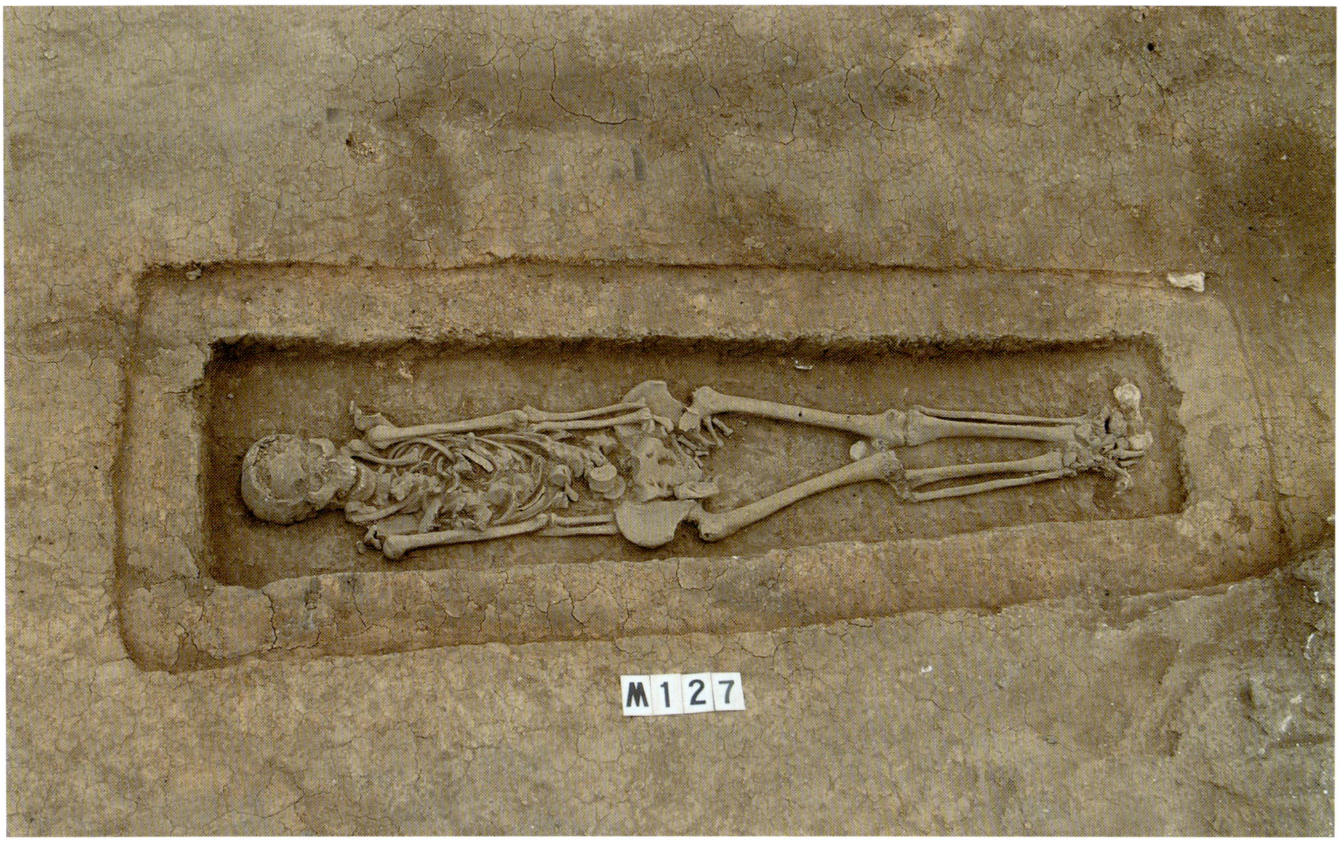

1. M127（东北—西南）

2. M128（西北—东南）

图版一六九　大汶口文化墓葬M127、M128

1. M129（东北—西南）

2. 豆盘内出土猪骨情形（西南—东北）

图版一七〇　大汶口文化墓葬M129

1. 豆（M129：1）

2. 豆（M129：2）

3. 豆（M129：3）

4. 豆（M129：6）

5. 豆（M129：7）

6. 豆（M129：9）

图版一七一　M129出土陶豆

1. 豆（M129：12）

2. 鬶（M129：13）

3. 罐（M129：11）

4. 罐（M129：16）

5. 背壶（M129：10）

6. 盉（M129：14）

图版一七二　M129出土陶豆、鬶、罐、背壶、盉

1. 陶鼎（M129：4）

2. 陶鼎（M129：15）

3. 陶盆（M129：17）

4. 陶盆（M129：18）

5. 陶壶（M129：5）

6. 獐牙（M129：8）

图版一七三　M129出土陶鼎、盆、壶及獐牙

1. M130清理前（西南—东北）

2. M130清理后（西南—东北）

图版一七四　大汶口文化墓葬M130

1. 鼎（M130：1）

2. 鼎（M130：5）

3. 鼎（M130：2）

4. 鼎（M130：4）

5. 鼎（M130：3）

图版一七五　M130葬具陶鼎

1. M131（东北—西南）

2. M132（东北—西南）

图版一七六　大汶口文化墓葬M131、M132

1. M133（西南—东北）

2. M134（西南—东北）

图版一七七　大汶口文化墓葬M133、M134

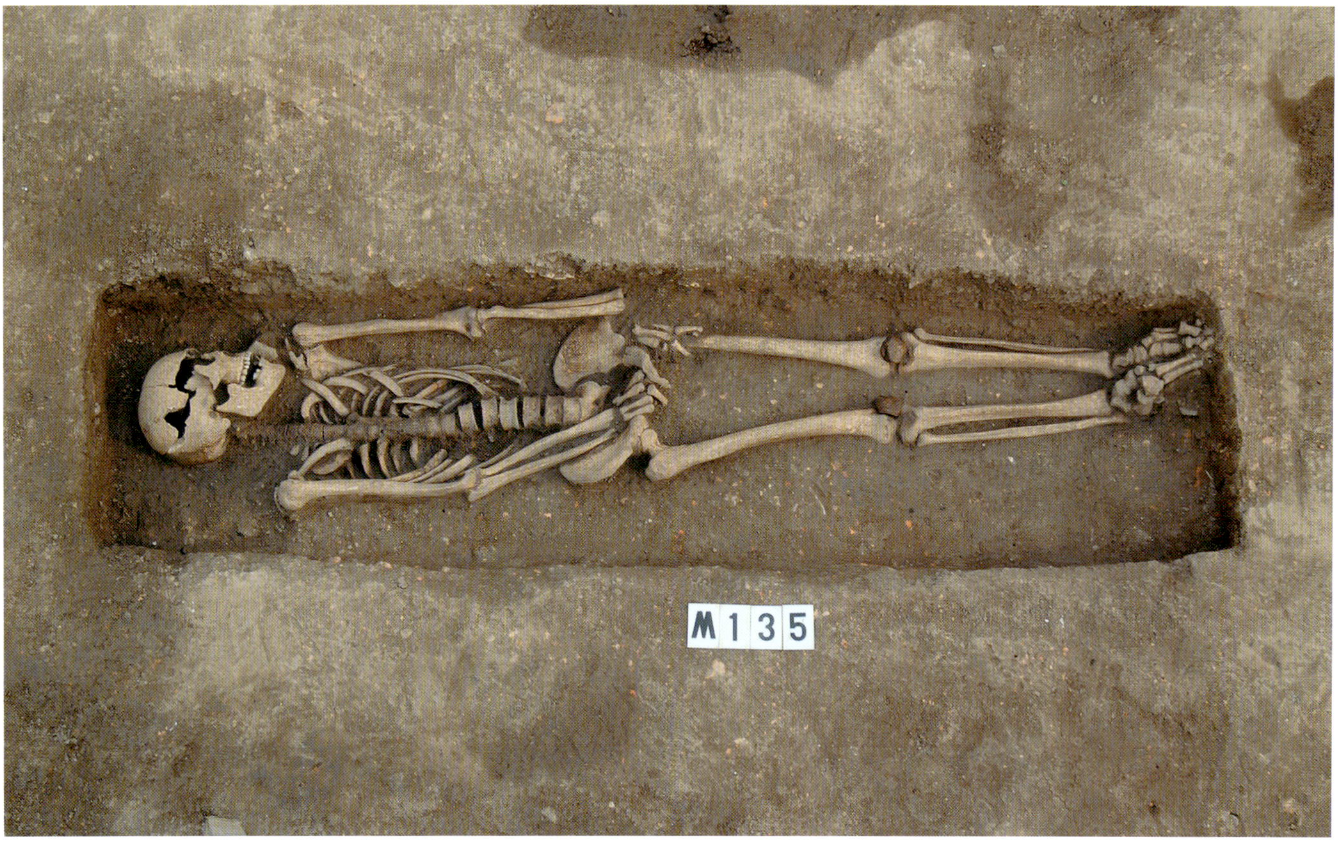

1. M135（北—南）

2. M136（北—南）

图版一七八　大汶口文化墓葬M135、M136

1. 石斧（M136：1）

4. 陶器盖（M136：12）

2. 獐牙（M136：2）

5. 陶器盖（M136：17）

3. 獐牙（M136：3）

6. 陶网坠（M136：16）

图版一七九　M136出土石斧、獐牙及陶器盖、网坠

1. 豆盘（M136：4）

2. 豆（M136：8）

3. 壶（M136：6）

4. 器座（M136：9）

5. 器座（M136：13）

6. 三足杯（M136：11）

图版一八〇　M136出土陶豆、壶、器座、三足杯

1. 鼎（M136：5）

2. 鼎（M136：7）

3. 鬶（M136：10）

4. 薄胎高柄杯（M136：14）

图版一八一　M136出土陶鼎、鬶、薄胎高柄杯

1. M137（东北—西南）

2. 獐牙（M137：1）

3. 獐牙（M137：2）

图版一八二　大汶口文化墓葬M137及其出土獐牙

1. M138（东北—西南）

2. 獐牙（M138：1）

3. 獐牙（M138：2）

4. 陶背壶（M138：3）

5. 陶圈足杯（M138：4）

图版一八三　大汶口文化墓葬M138及其出土獐牙及陶背壶、圈足杯

1. M139（东北—西南）

2. 豆盘内出土猪骨情形（西南—东北）

4. 玉环（M139：1）

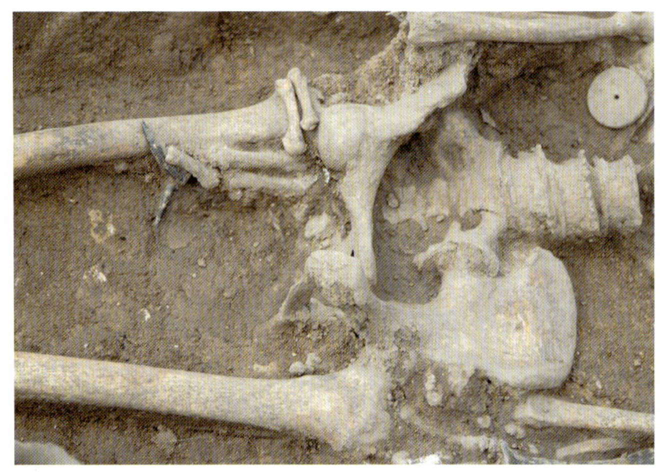

3. 獐牙出土情形（西南—东北）

5. 獐牙（M139：14）

6. 獐牙（M139：15）

图版一八四　大汶口文化墓葬M139及其出土猪骨、獐牙、玉环

1. 盆（M139：2）

2. 小鼎（M139：3）

3. 鼎（M139：20）

4. 罐（M139：8）

5. 盉（M139：16）

6. 背壶（M139：19）

图版一八五　M139出土陶盆、鼎、罐、盉、背壶

1. 筒形杯（M139：4）

2. 圈足杯（M139：18）

3. 纺轮（M139：11）

4. 薄胎高柄杯（M139：7）

5. 鬶（M139：17）

图版一八六　M139出土陶杯、纺轮、鬶

1. 豆（M139：5）

2. 豆（M139：6）

3. 豆（M139：9）

4. 豆（M139：10）

5. 豆（M139：12）

6. 豆（M139：13）

图版一八七　M139出土陶豆

图版一八八　大汶口文化墓葬M140（西南—东北）

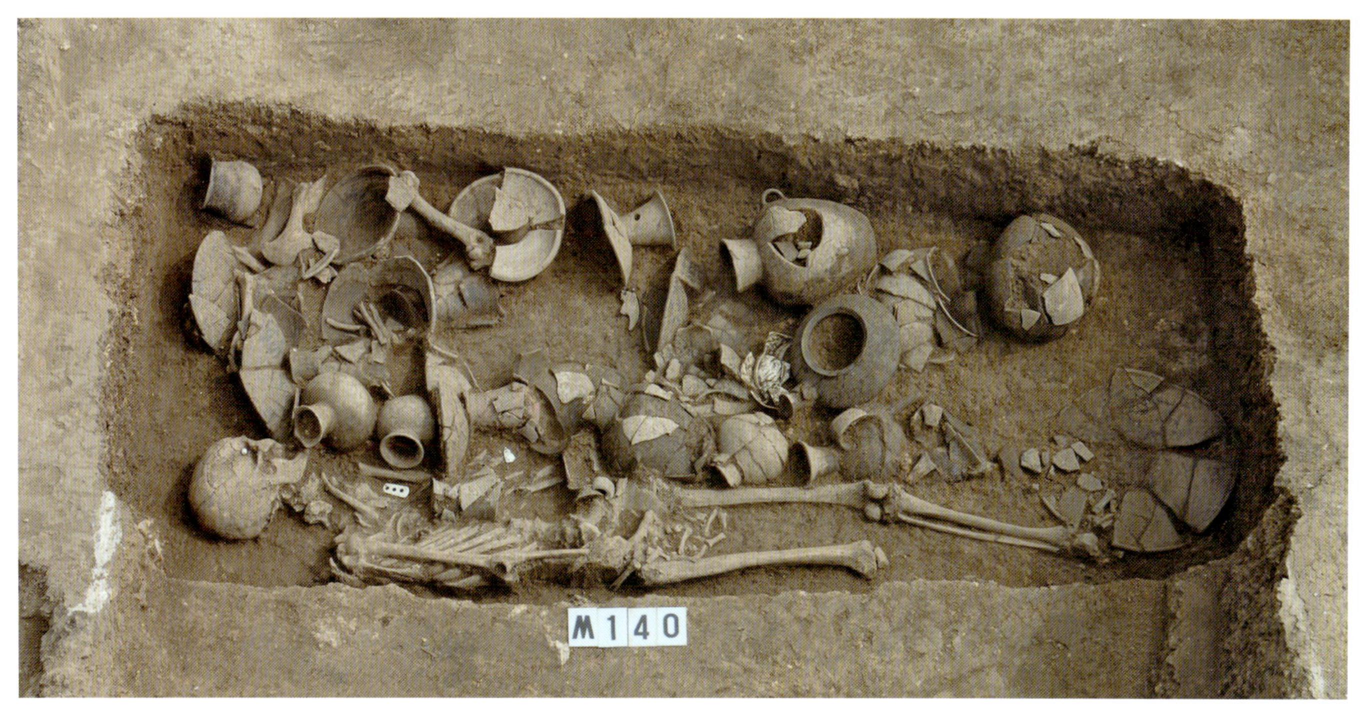

1. M140（东北—西南）

2. 玉珠出土情形（西南—东北）

3. 左眼眶上部玉珠出土情形

4. 头骨取走后玉珠出土情形

图版一八九　大汶口文化墓葬M140及玉珠出土情形

1. 玉珠（M140：1）

2. 玉珠（M140：19）

3. 玉珠（M140：35）

4. 玉珠（M140：36）

5. 玉珠（M140：37）

6. 玉珠（M140：38）

7. 玉珠（M140：39）

8. 玉珠（M140：40）

图版一九〇　M140出土玉珠

1. 玉佩（M140：2）

2. 玉佩（M140：7）

3. 玉坠（M140：3）

4. 玉锥（M140：24）

5. 獐牙（M140：33）

6. 獐牙（M140：34）

图版一九一　M140出土玉佩、坠、锥及獐牙

1. 壶（M140：4）

2. 壶（M140：5）

3. 壶（M140：20）

4. 壶（M140：30）

5. 背壶（M140：18）

6. 背壶（M140：23）

图版一九二　M140出土陶壶

1. 鼎（M140：6）

4. 盆（M140：32）

2. 鼎（M140：21）

5. 豆盘（M140：13）

3. 鼎（M140：28）

6. 豆盘（M140：22）

图版一九三　M140出土陶鼎、盆、豆

1. 豆（M140：8）

2. 豆（M140：9）

3. 豆（M140：11）

4. 豆（M140：12）

5. 豆（M140：14）

6. 豆（M140：15）

图版一九四　M140出土陶豆

1. 罐（M140：17）

2. 罐（M140：29）

3. 纺轮（M140：31）

4. 薄胎高柄杯（M140：10）

5. 圈足杯（M140：16）

6. 圈足杯（M140：26）

图版一九五　M140出土陶罐、纺轮、杯

1. 盉（M140：25）

2. 鬶（M140：27）

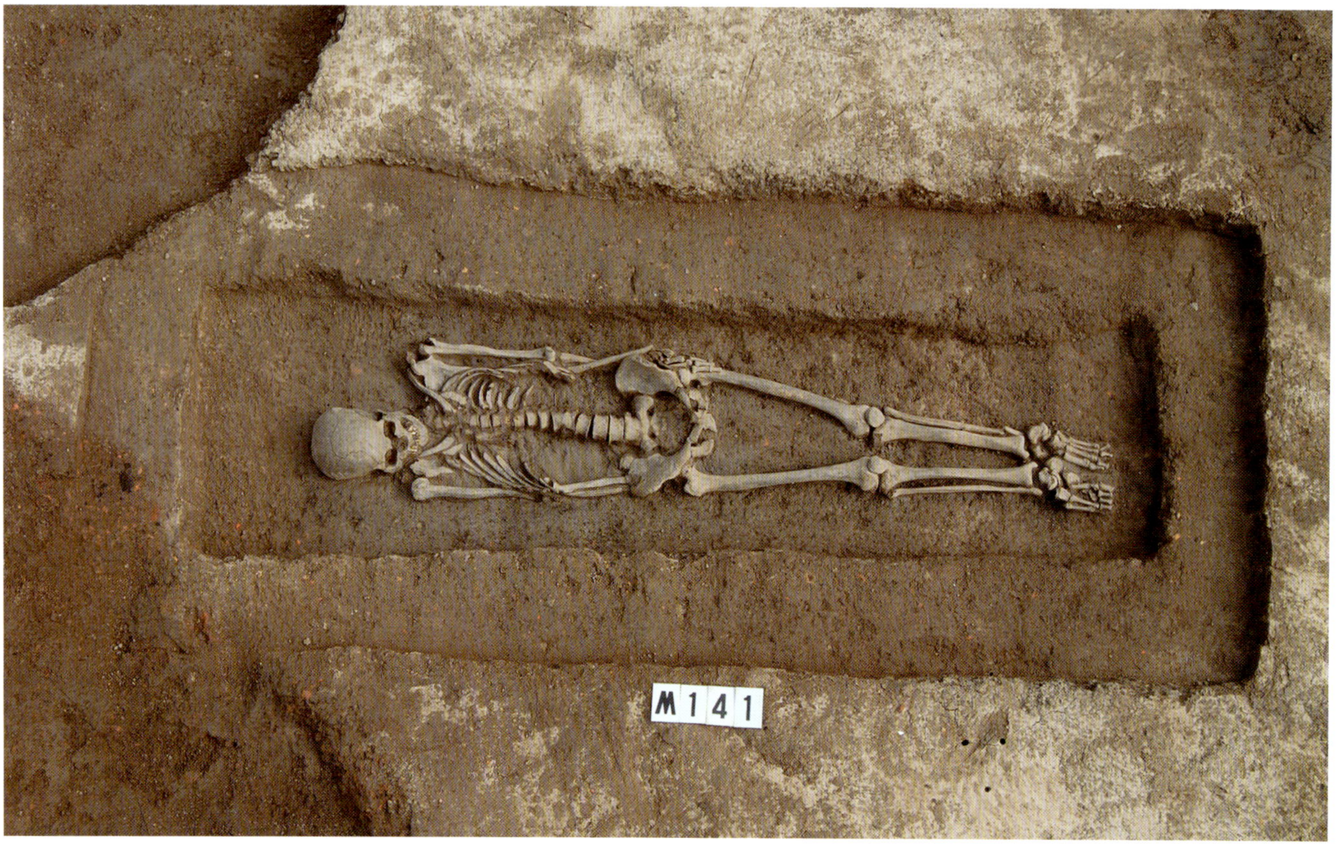

3. M141（北—南）

图版一九六　M140出土陶盉、鬶和大汶口文化墓葬M141

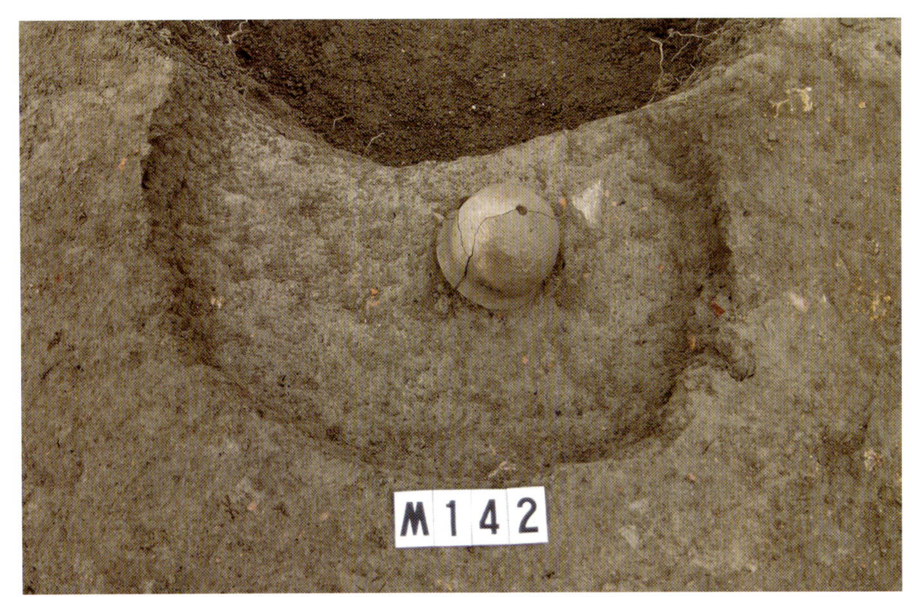

1. M142（南—北）

2. 婴儿骸骨

3. 鼎（M142：1）

4. 鼎底部穿孔（M142：1）

图版一九七　大汶口文化墓葬M142葬具陶鼎及其内骸骨

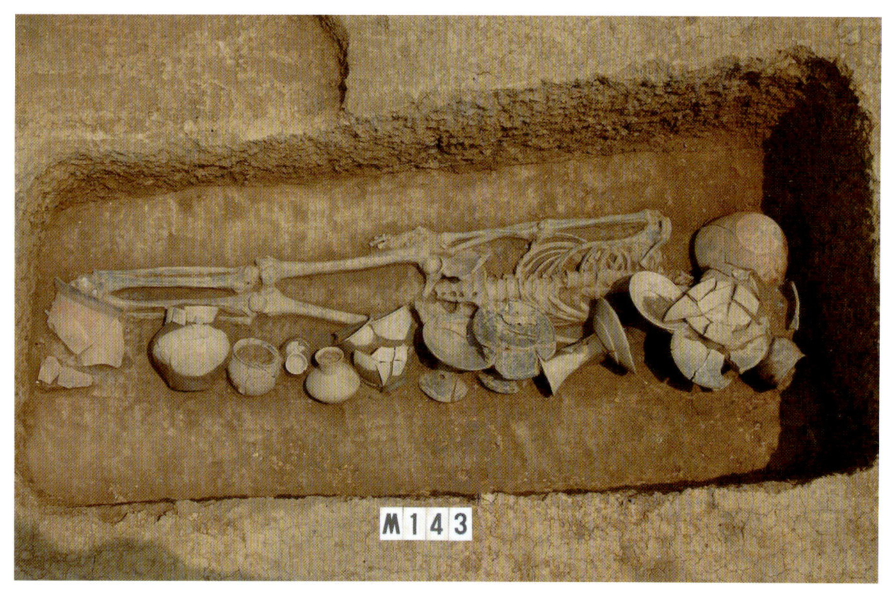

1. M143面部覆盆取掉之前（西南—东北）

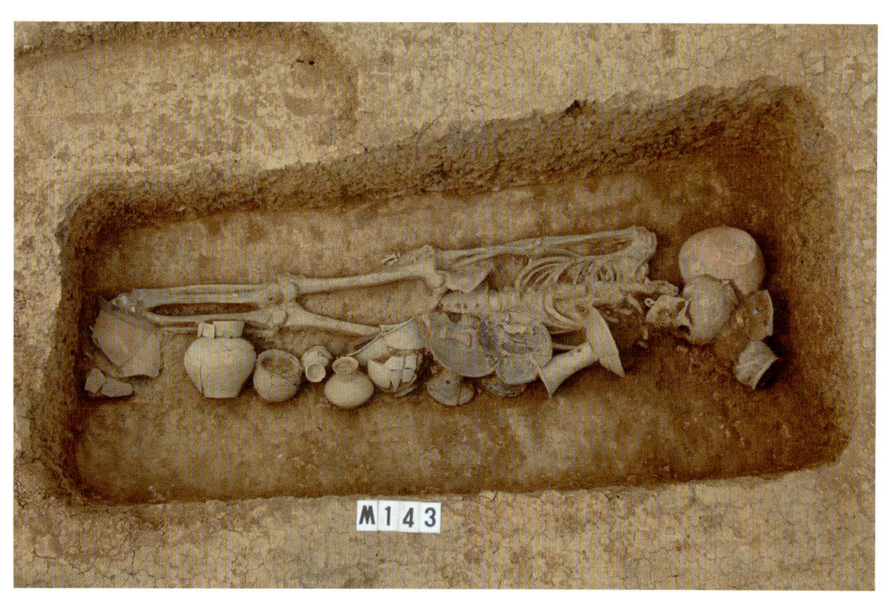

2. M143面部覆盆取掉之后（西南—东北）

3. 玉佩（M143：2）正面

4. 玉佩（M143：2）背面

图版一九八　大汶口文化墓葬M143及其出土玉佩

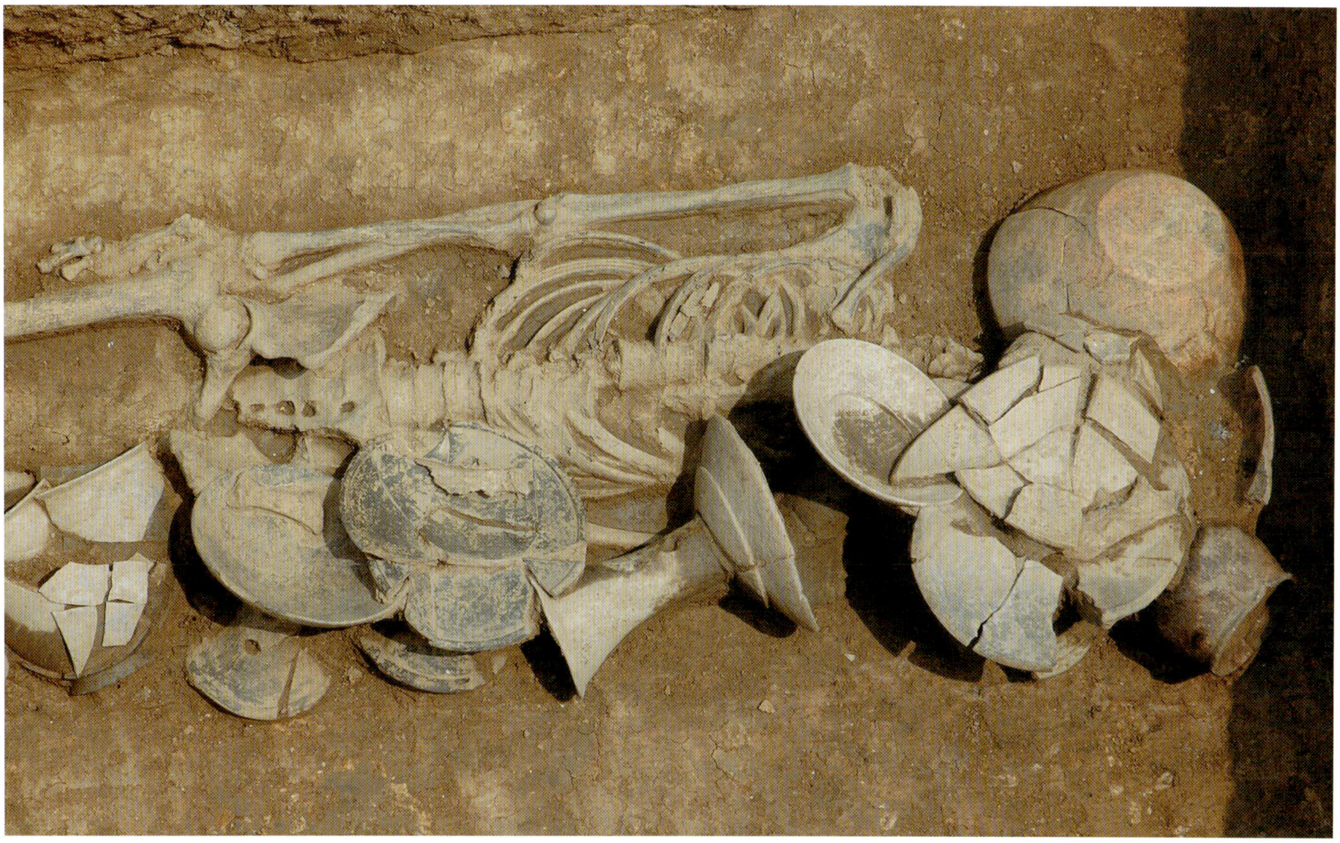

2. 豆盘内出土猪骨情形

2. 玉佩出土情形

图版一九九　M143猪骨及玉佩出土情形

1. 盆（M143：1）

4. 鼎（M143：4）

2. 圈足杯（M143：9）

5. 鼎（M143：12）

3. 圈足杯（M143：11）

6. 鼎底部安装鼎足情况（M143：12）

图版二〇〇　M143出土陶盆、圈足杯、鼎

1. 豆（M143：3）

3. 豆（M143：6）

4. 豆（M143：7）

2. 豆（M143：5）

5. 豆（M143：8）

图版二〇一　M143出土陶豆

1. 壶（M143：10）

2. 壶（M143：13）

3. 鼎（M143：14）

4. 纺轮（M143：15）

5. 獐牙（M143：16）

6. 獐牙（M143：17）

图版二〇二　M143出土陶壶、鼎、纺轮及獐牙

1. M144（北—南）

2. 鼎（M144：1）

3. 豆（M144：2）

4. 器盖（M144：3）

5. 瓮（M144：4）

图版二〇三　大汶口文化墓葬M144及其葬具陶鼎、豆、器盖、瓮

1. 鼎（M144：5）

2. 鼎（M144：6）

3. 鼎（M144：7）正面

4. 鼎（M144：7）侧面

5. 鼎（M144：8）正面

6. 鼎（M144：8）侧面

图版二〇四　M144葬具陶鼎

1. 鼎（M144：9）正面

2. 鼎（M144：9）侧面

3. 鼎（M144：10）正面

4. 鼎（M144：10）侧面

5. 鼎（M144：11）正面

6. 鼎（M144：11）侧面

图版二〇五　M144葬具陶鼎

1. M145（北—南）

2. 筒形杯（M145：1）

3. 鼎（M145：3）

4. 釜（M145：2）

图版二〇六　大汶口文化墓葬M145及其出土陶筒形杯、鼎、釜

1. M146（东北—西南）

2. 玉环出土情形（西南—东北）

3. 玉环（M146：2）

4. 玉饰（M146：6）

图版二〇七　大汶口文化墓葬M146及其出土玉环、玉饰

1. 盆（M146：1）

4. 鼎（M146：10）

2. 陶罐（M146：13）

5. 鼎（M146：3）

3. 罐（M146：18）

图版二〇八　M146出土陶盆、罐、鼎

1. 豆（M146：4）

2. 豆（M146：5）

3. 豆（M146：7）

4. 豆（M146：8）

5. 豆（M146：9）

6. 豆（M146：11）

图版二〇九　M146出土陶豆

1. 壶（M146：15）

2. 壶（M146：17）

4. 圈足杯（M146：12）

3. 鬶（M146：16）

5. 圈足杯（M146：14）

图版二一〇　M146出土陶壶、鬶、圈足杯

1. M147（东北—西南）

2. 陶纺轮（M147：15）

3. 玉蝉（M147：24）

4. 骨簪（M147：21）

5. 獐牙（M147：16）

图版二一一　大汶口文化墓葬M147及其出土陶纺轮、玉蝉、骨簪、獐牙

1. 盆（M147：1）

2. 罐（M147：2）

3. 鼎（M147：19）

4. 圈足杯（M147：3）

5. 圈足杯（M147：5）

6. 圈足杯（M147：17）

图版二一二　M147出土陶盆、罐、鼎、圈足杯

1. 豆（M147：4）

2. 豆（M147：9）

3. 豆（M147：10）

4. 豆（M147：11）

5. 豆（M147：12）

6. 豆（M147：14）

图版二一三　M147出土陶豆

1. 壶（M147：7）

4. 壶（M147：20）

2. 壶（M147：8）

5. 背壶（M147：13）

3. 壶（M147：18）

6. 鬶（M147：22）

图版二一四　M147出土陶壶、鬶

1. M148（东北—西南）

2. 薄胎高柄杯（M148：5）

图版二一五　大汶口文化墓葬M148及其出土陶薄胎高柄杯

1. 豆（M148：1）

2. 豆（M148：6）

3. 豆（M148：7）

4. 壶（M148：2）

5. 壶（M148：3）

6. 罐（M148：4）

图版二一六　M148出土陶豆、壶、罐

1. M150（南—北）

2. 陶筒形杯（M150：1）

3. 獐牙（M150：4）

图版二一七　大汶口文化墓葬M150及其出土陶筒形杯、獐牙

M151

1. M151（南—北）

2. M151局部（北—南）

图版二一八　大汶口文化墓葬M151

1. 玉珠（M151：2）
2. 玉珠（M151：3）
3. 玉珠（M151：25）
4. 玉珠（M151：23）
5. 玉环（M151：1）
6. 獐牙（M151：14）
7. 陶盆（M151：4）
8. 陶纺轮（M151：11）
9. 陶鼎（M151：21）

图版二一九　M151出土玉珠、环及獐牙与陶盆、纺轮、鼎

1. 壶（M151：6）

2. 背壶（M151：8）

3. 背壶（M151：16）

4. 鬶（M151：19）

图版二二〇　M151出土陶壶、鬶

1. 薄胎高柄杯（M151：7）

2. 罐（M151：10）

3. 筒形杯（M151：9）

4. 筒形杯（M151：24）

5. 筒形杯（M151：17）

图版二二一　M151出土陶杯、罐

1. 豆（M151：12）

2. 豆（M151：13）

3. 豆（M151：15）

4. 豆（M151：18）

5. 豆（M151：20）

6. 豆（M151：22）

图版二二二　M151出土陶豆

1. M152（东北—西南）

2. 玉环出土情形（西北—东南）

3. 玉环（M152∶1）

图版二二三　大汶口文化墓葬M152及其出土玉环

1. 豆（M152：2）

3. 背壶（M152：8）

2. 豆（M152：4）

4. 盆（M152：3）

图版二二四　M152出土陶豆、背壶、盆

1. 陶圈足杯（M152：5）

2. 陶壶（M152：6）

3. 陶鼎（M152：7）

4. 陶罐（M152：9）

5. 陶钵（M152：10）

6. 獐牙（M152：11）

图版二二五　M152出土陶圈足杯、壶、鼎、罐、钵及獐牙

1. M153（东北—西南）

2. 陶背壶（M153：12）

3. 骨簪（M153：4）

图版二二六　大汶口文化墓葬M153及其出土陶背壶、骨簪

1. 盆（M153：1）

2. 薄胎高柄杯（M153：3）

3. 盉（M153：10）

4. 豆（M153：2）

5. 豆（M153：5）

6. 豆（M153：8）

图版二二七　M153出土陶盆、薄胎黑陶杯、盉、豆

1. 罐（M153：6）

2. 罐（M153：13）

3. 鼎（M153：7）

4. 圈足杯（M153：11）

5. 带把钵（M153：14）

6. 纺轮（M153：15）

图版二二八　M153出土陶罐、鼎、杯、带把钵、纺轮

1. M154（北—南）

2. 猪骨出土情形（北—南）

3. 头骨取走后玉珠出土情形

图版二二九　大汶口文化墓葬M154及猪骨、玉珠出土情形

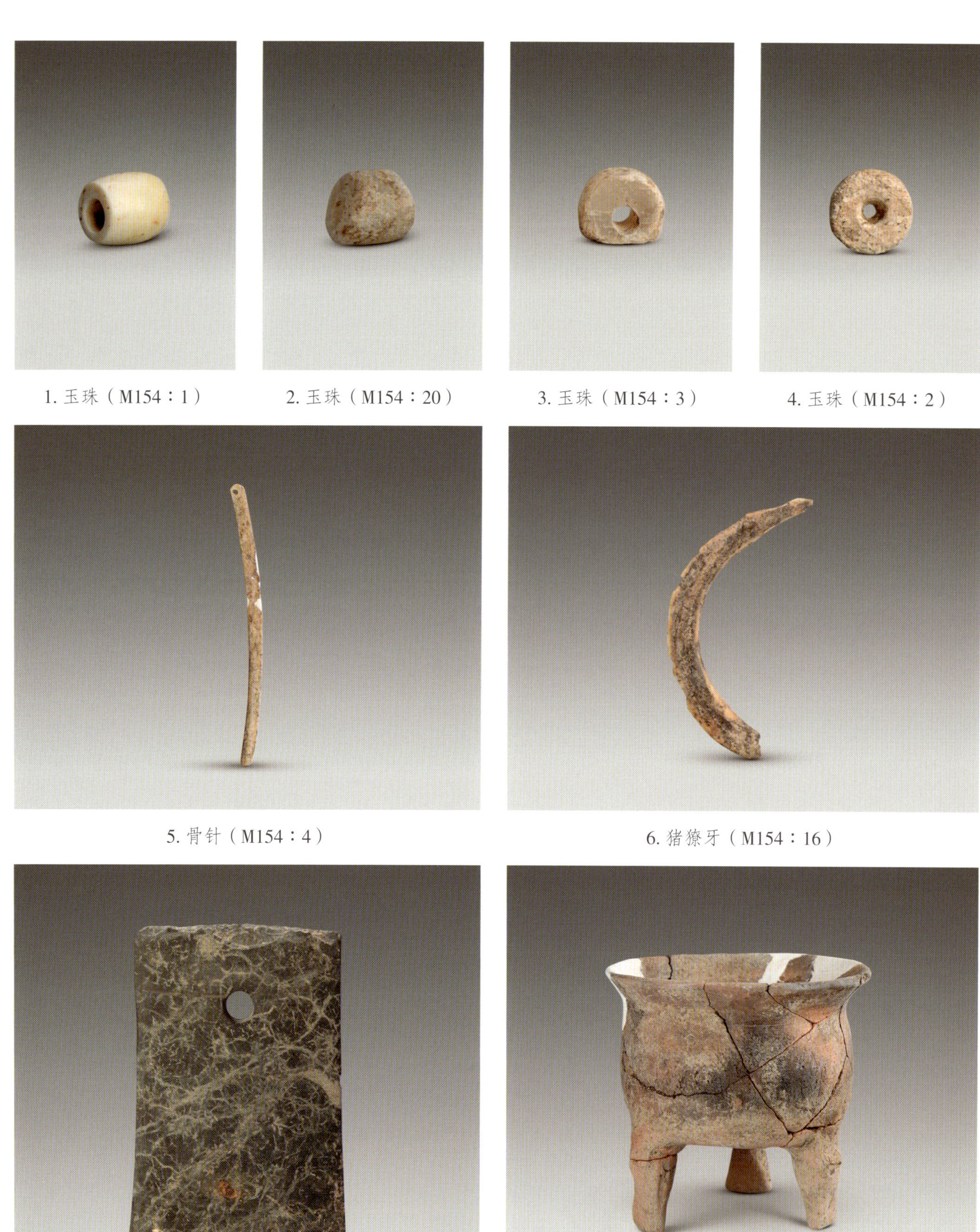

1. 玉珠（M154：1）
2. 玉珠（M154：20）
3. 玉珠（M154：3）
4. 玉珠（M154：2）
5. 骨针（M154：4）
6. 猪獠牙（M154：16）
7. 石钺（M154：6）
8. 陶鼎（M154：8）

图版二三〇　M154出土玉珠、骨针、猪牙、石钺及陶鼎

1. 钵（M154：5）

2. 罐（M154：18）

3. 筒形杯（M154：10）

4. 圈足杯（M154：15）

5. 鬶（M154：13）

6. 鬶内水垢（M154：13）

图版二三一　M154出土陶钵、罐、杯、鬶

1. 豆（M154：7）

2. 豆（M154：9）

3. 豆（M154：11）

4. 豆圈足（M154：17）

5. 背壶（M154：12）

6. 背壶（M154：14）

图版二三二　M154出土陶豆、背壶

图版二三三　大汶口文化墓葬M156（东北—西南）

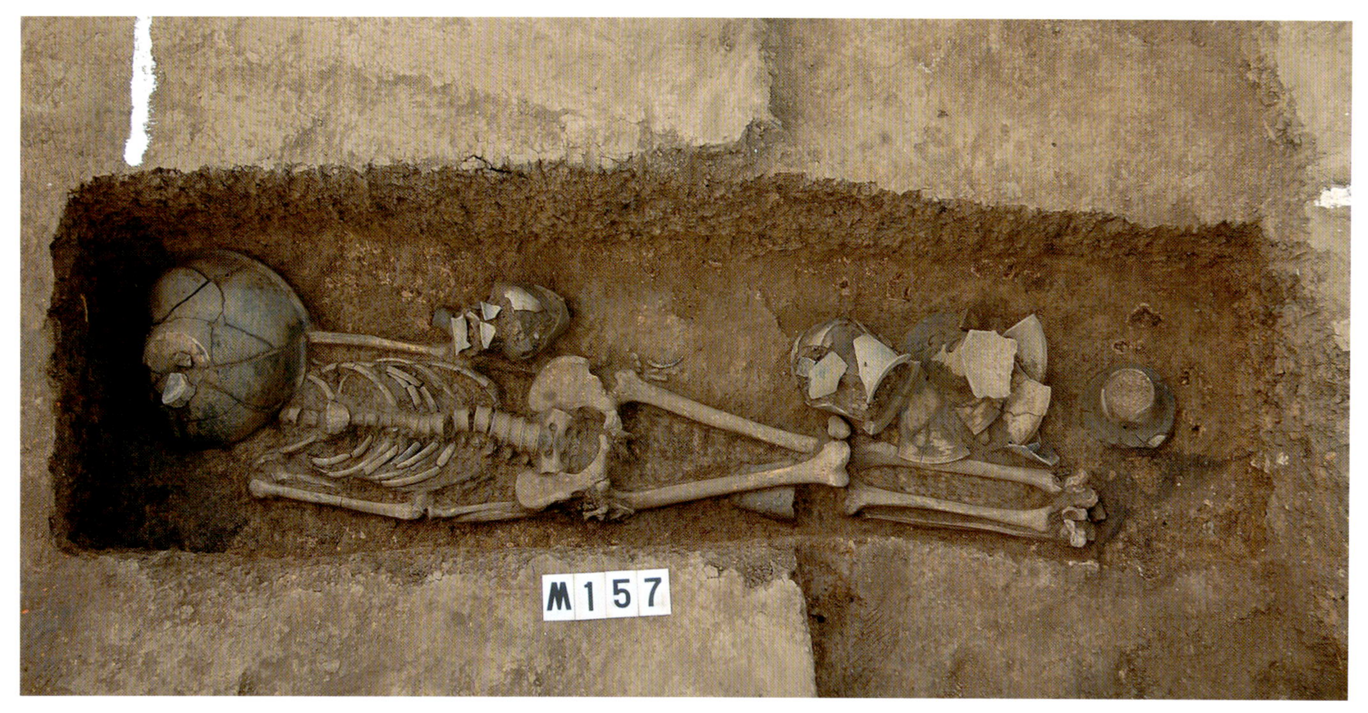

1. M157（东北—西南）

2. 盆（M157：1）

3. 筒形杯（M157：9）

4. 筒形杯（M157：3）

图版二三四　大汶口文化墓葬M157及其出土陶盆、筒形杯

1. 壶（M157：2）

4. 豆（M157：6）

2. 罐（M157：5）

5. 豆（M157：7）

3. 獐牙（M157：4）

6. 豆（M157：8）

图版二三五　M157出土陶壶、罐、豆及獐牙

1. M158（东北—西南）

2. 薄胎高柄杯（M158：1）

3. 釜（M158：2）

图版二三六　大汶口文化墓葬M158及其出土陶薄胎高柄杯、釜

1. M159（西南—东北）

2. 陶盆（M159：1）

4. 筒形杯（M159：11）

3. 鼎（M159：2）

5. 罐（M159：12）

图版二三七　大汶口文化墓葬M159及其出土陶盆、鼎、筒形杯、罐

1. 豆（M159：8）

2. 豆（M159：6）

3. 豆（M159：3）

4. 背壶（M159：7）

5. 壶（M159：10）

6. 獐牙（M159：5）

图版二三八　M159出土陶豆、壶及獐牙

1. M160（南—北）

2. 玉环（M160：13）

3. 獐牙（M160：15）

图版二三九　大汶口文化墓葬M160及其出土玉环、獐牙

1. 豆（M160：1）

2. 豆（M160：2）

3. 豆（M160：3）

4. 鼎（M160：10）

5. 圈足杯（M160：4）

6. 壶（M160：6）

图版二四〇　M160出土陶豆、鼎、圈足杯、壶

1. 罐（M160：7）

2. 罐（M160：11）

3. 背壶（M160：8）

4. 鬶（M160：9）

图版二四一　M160出土陶罐、背壶、鬶

图版二四二　大汶口文化墓葬M270（西—东）

25 22 26 24 31

1. 薄胎高柄杯

30 19 6 12 9 14-2 14-1

2. 高颈弧腹瓶

图版二四三　M270出土陶薄胎高柄杯、高颈弧腹瓶

1. 石纺轮（M270：1）

2. 陶盉（M270：2）

3. 陶盆（M270：11）

4. 陶器盖（M270：4）

5. 陶圈足杯（M270：28）

6. 陶筒形杯（M270：34）

7. 陶筒形杯（M270：27）

图版二四四　M270出土石纺轮及陶盉、盆、器盖、杯

1. 厚胎高柄杯（M270：3）

4. 鬶（M270：13）

2. 厚胎高柄杯（M270：8）

5. 背壶（M270：15）

3. 器盖（M270：7）

6. 壶（M270：33）

图版二四五　M270出土陶厚胎高柄杯、器盖、鬶、壶

1. 薄胎高柄杯（M270：22）

2. 薄胎高柄杯（M270：24）

3. 薄胎高柄杯（M270：25）

4. 薄胎高柄杯（M270：26）

5. 薄胎高柄杯（M270：31）

6. 高颈弧腹瓶（M270：6）

图版二四六　M270出土陶薄胎高柄杯、高颈弧腹瓶

1. 高颈弧腹瓶（M270：5）

2. 高颈弧腹瓶（M270：12）

3. 高颈弧腹瓶（M270：19）

4. 高颈弧腹瓶（M270：30）

5. 高颈弧腹瓶（M270：14）

6. 高颈弧腹瓶（M270：9）

图版二四七　M270出土陶高颈弧腹瓶

1. M271（北—南）

2. 陶圈足杯（M271：13）

3. 陶纺轮（M271：12）

4. 玉环（M271：14）

5. 獐牙（M271：16）

图版二四八　大汶口文化墓葬M271及其出土陶圈足杯、纺轮及玉环、獐牙

1. 盆（M271：1）

2. 鼎（M271：7）

3. 罐（M271：4）

4. 罐（M271：15）

图版二四九　M271出土陶盆、鼎、罐

1. 背壶（M271：3）

2. 背壶（M271：5）

3. 鬶（M271：2）

4. 豆（M271：6）

图版二五〇　M271出土陶背壶、鬶、豆

1. 豆（M271：8）

2. 豆（M271：9）

3. 豆（M271：10）

4. 豆（M271：11）

图版二五一　M271出土陶豆

1. M272（东北—西南）

2. 盆（M272：1）

3. 豆（M272：3）

图版二五二　大汶口文化墓葬M272及其出土陶盆、豆

1. 鼎（M274：1）

4. 鼎（M274：7）

2. 鼎（M274：5）

5. 器盖（M274：2）

3. 鼎（M274：6）侧面

6. 筒形杯（M274：3）

7. 豆（M274：4）

图版二五三　大汶口文化墓葬M274出土陶鼎、器盖、筒形杯、豆

1. M252（北—南）

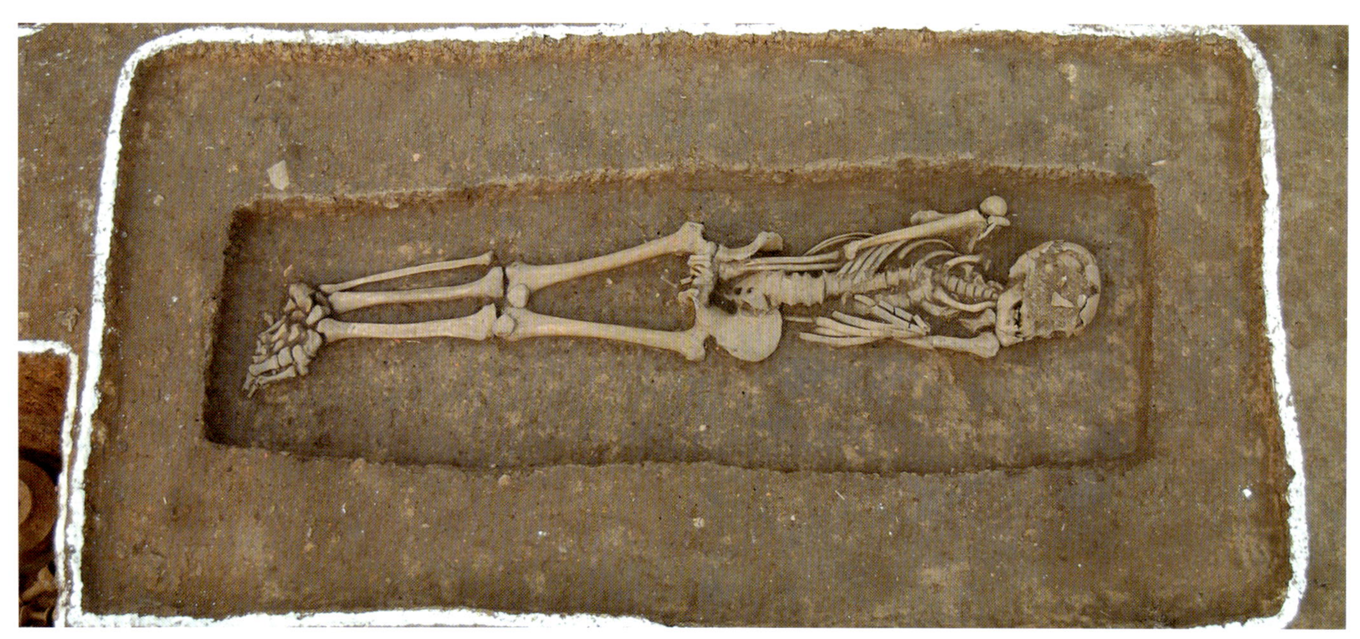

2. M253（南—北）

3. 玉饰（M252：1）

4. 獐牙（M253：1）

图版二五四　大汶口文化墓葬M252、M253及其出土玉饰、獐牙

1. M254（北—南）

2. 骨凿（M254：1）

3. 獐牙（M254：3）

4. 獐牙（M254：12）

5. 陶圈足杯（M254：5）

6. 陶厚胎高柄杯（M254：10）

7. 陶豆（M254：6）

图版二五五　M254出土骨凿、獐牙及陶杯、豆

1. 盆（M254：2）

2. 小鼎（M254：4）

3. 钵（M254：9）

4. 器盖（M254：8）

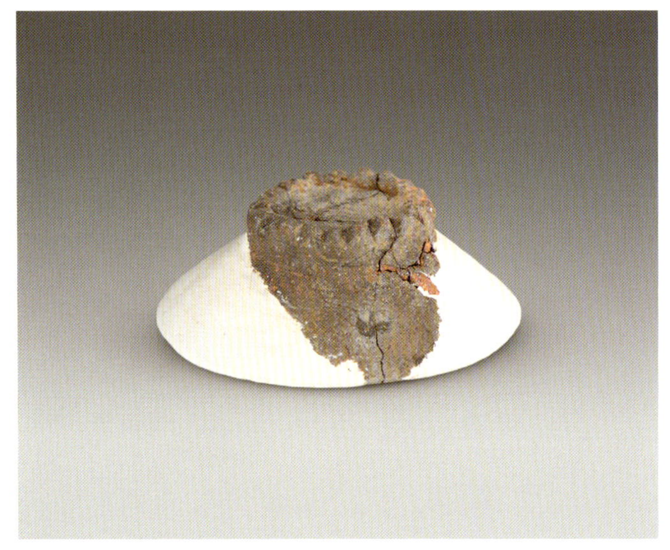

5. 器盖（M254：11）

6. 器盖（M254：7）

图版二五六　M254出土陶盆、鼎、钵、器盖

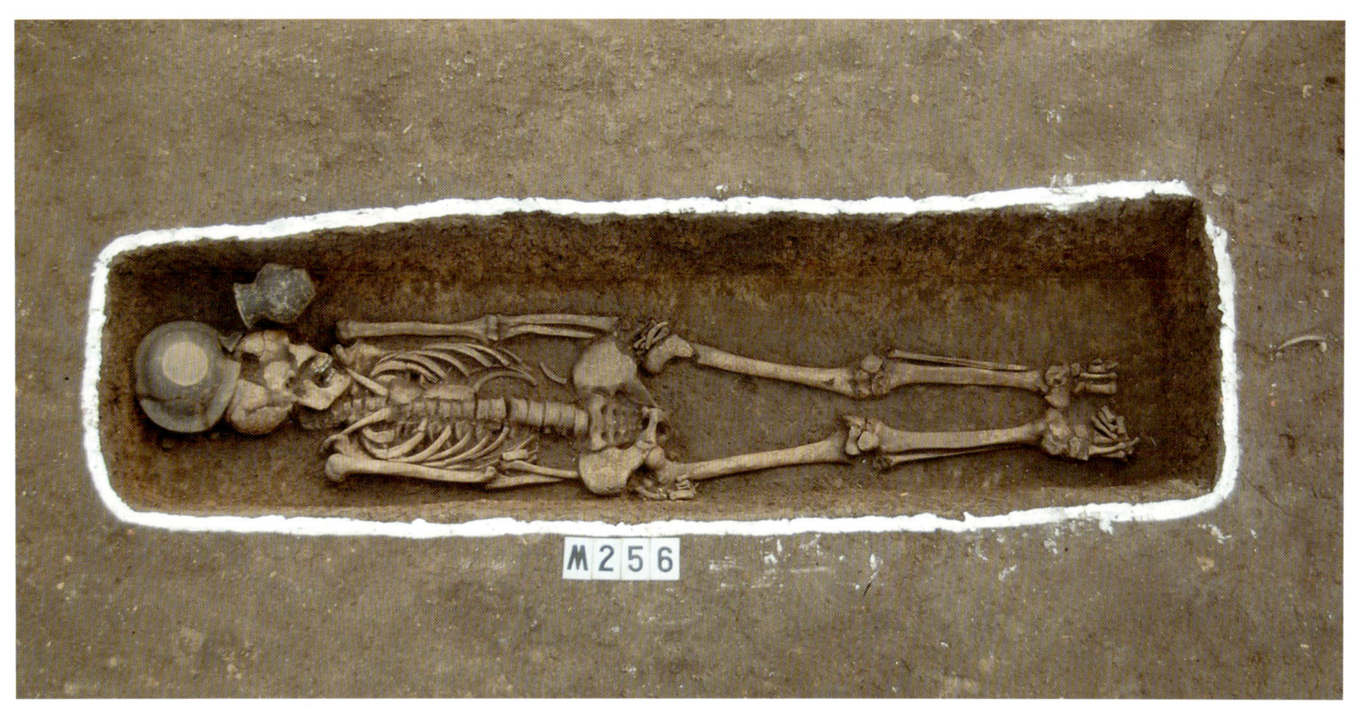

1. M256（北—南）

2. 陶盆（M256：1）

3. 陶壶（M256：2）

4. 獐牙（M256：3）

图版二五七　大汶口文化墓葬M256及其出土陶盆、壶及獐牙

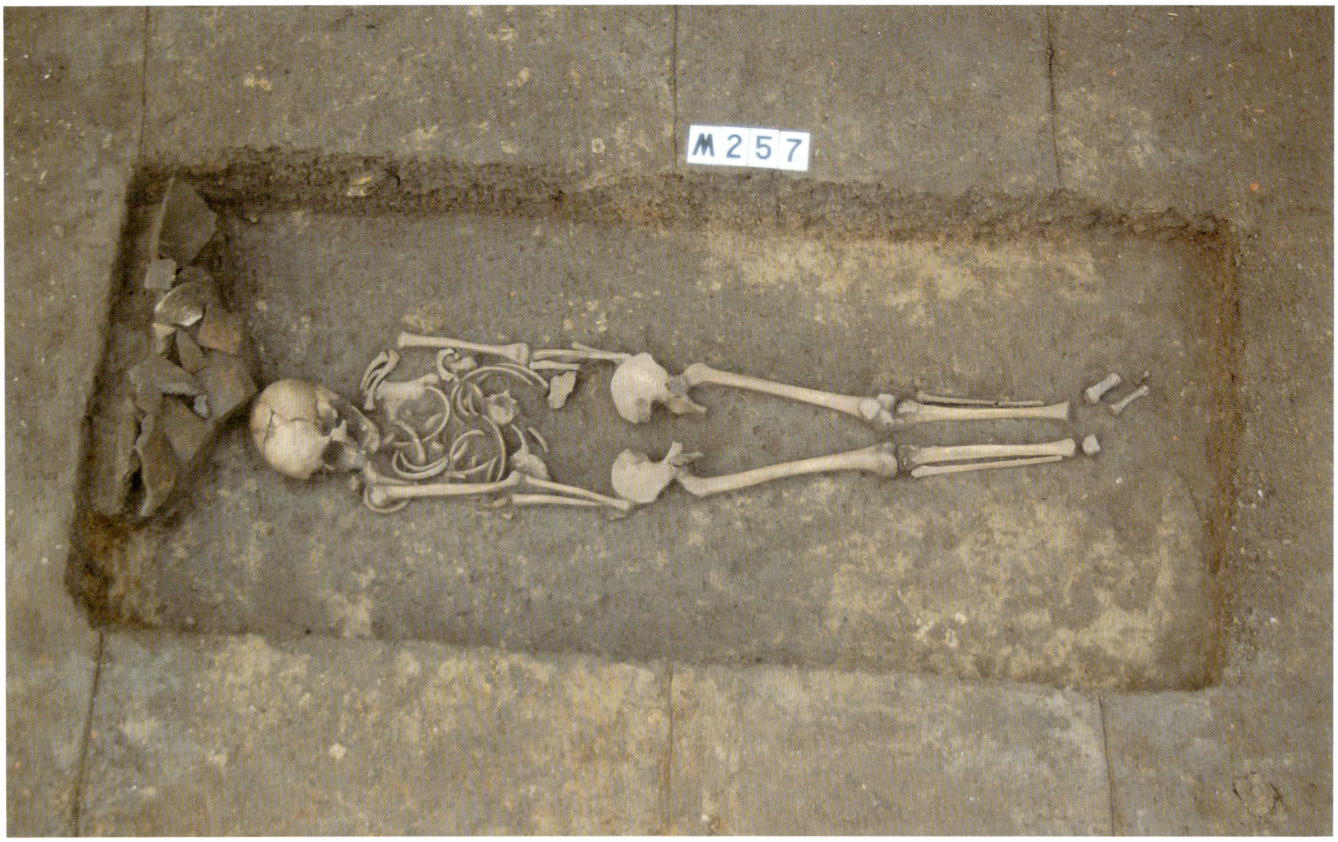

1. M257（东南—西北）

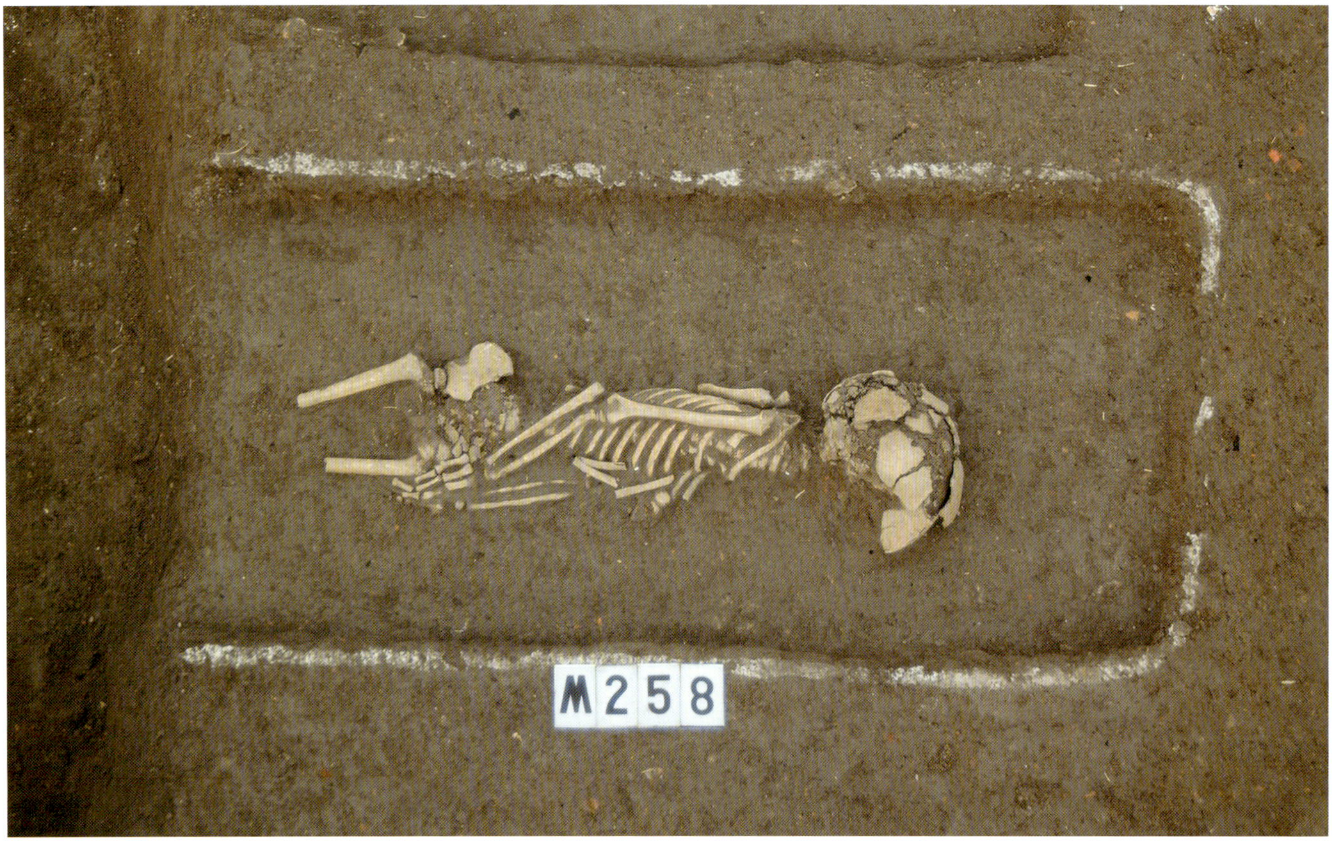

2. M258（西南—东北）

图版二五八　大汶口文化墓葬M257、M258

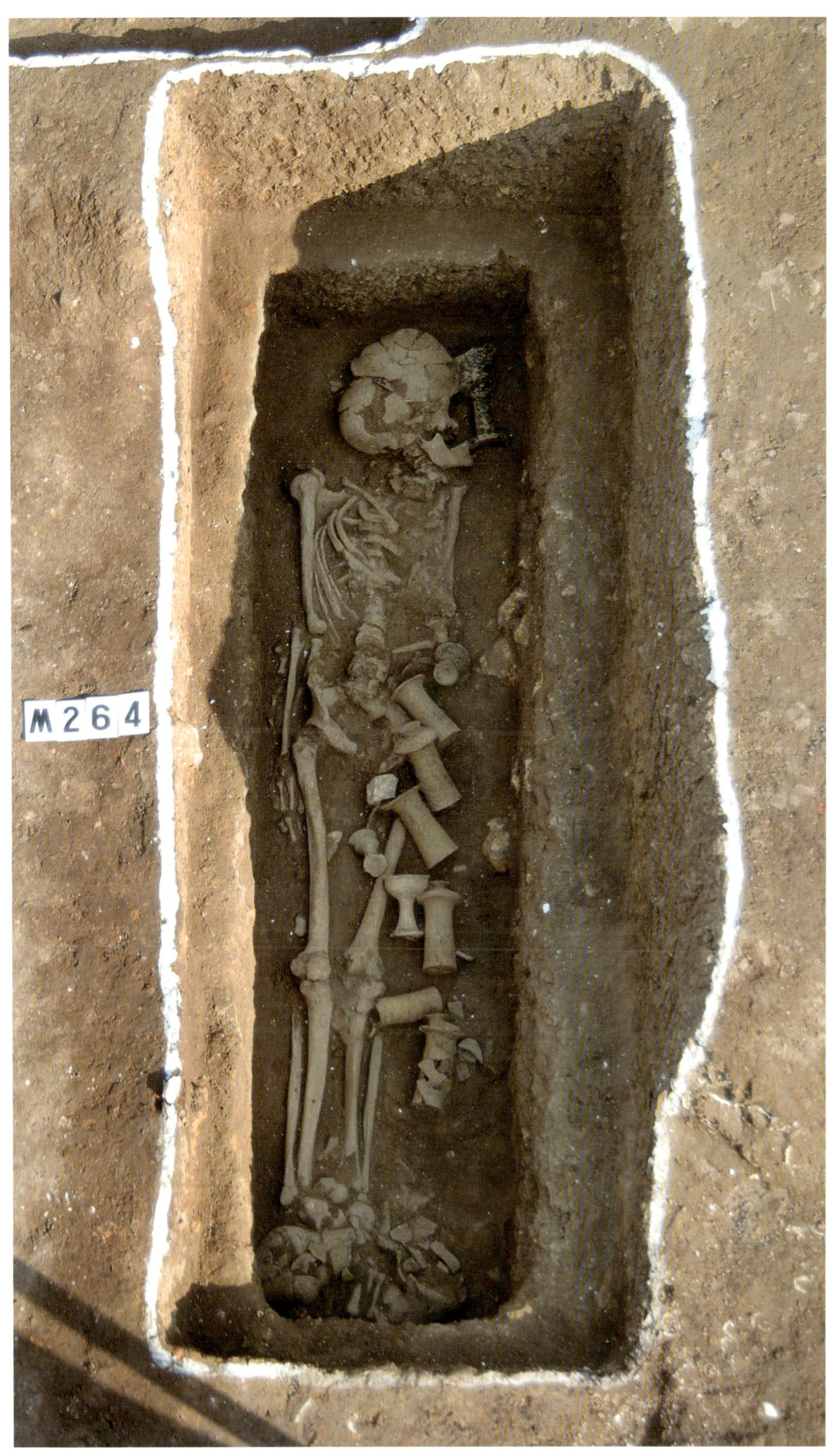

图版二五九　大汶口文化墓葬M264（西—东）

1. 筒形杯

2. 薄胎高柄杯（M264：3）

3. 背壶（M264：8）

图版二六〇　M264出土陶杯、背壶

1. 筒形杯（M264：5）

2. 筒形杯（M264：7）

3. 筒形杯（M264：6）

4. 筒形杯（M264：11）

5. 筒形杯（M264：12）

6. 筒形杯（M264：13）

图版二六一　M264出土陶筒形杯

1. 背壶（M264：1）

4. 厚胎高柄杯（M264：4）

2. 背壶（M264：14）

5. 厚胎高柄杯（M264：9）

3. 盆（M264：2）

6. 厚胎高柄杯（M264：10）

图版二六二　M264出土陶背壶、盆、厚胎高柄杯

图版二六三　大汶口文化墓葬M265（西—东）

1. 陶盆（M265：11）

2. 陶厚胎高柄杯（M265：4）

3. 陶厚胎高柄杯（M265：3）

4. 陶厚胎高柄杯（M265：2）

5. 陶器盖（M265：9）

6. 獐牙（M265：1）

图版二六四　M265出土陶盆、厚胎高柄杯、器盖及獐牙

1. 厚胎高柄杯（M265：5）

2. 罐（M265：8）

3. 薄胎高柄杯（M265：7）

4. 背壶（M265：10）

图版二六五　M265出土陶高柄杯、罐、背壶

1. M267（东北—西南）

2. M267出土各类小杯

图版二六六　大汶口文化墓葬M267及其出土各类小杯

1. 盆（M267：1）

2. 器盖（M267：33）

3. 罐（M267：10）

4. 罐（M267：11）

5. 圈足杯（M267：5）

6. 圈足杯（M267：15）

图版二六七　M267出土陶盆、器盖、罐、圈足杯

1. 厚胎高柄杯（M267：2）

2. 厚胎高柄杯（M267：6）

3. 厚胎高柄杯（M267：8）

4. 厚胎高柄杯（M267：13）

5. 厚胎高柄杯（M267：3）

6. 厚胎高柄杯（M267：4）

图版二六八　M267出土陶厚胎高柄杯

1. 厚胎高柄杯（M267：16）

2. 厚胎高柄杯（M267：22）

3. 厚胎高柄杯（M267：31）

4. 厚胎高柄杯（M267：30）

5. 筒形杯（M267：18）

6. 筒形杯（M267：23）

图版二六九　M267出土陶杯

1. 背壶（M267：17）

2. 背壶（M267：24）

3. 壶（M267：25）

4. 壶（M267：27）

图版二七〇　M267出土陶壶

1. 薄胎高柄杯（M267：12）

2. 鬶（M267：19）

3. 豆（M267：28）

4. 豆（M267：29）

图版二七一　M267出土陶薄胎高柄杯、鬶、豆

1. 簋形器（M267：7）

2. 罐（M267：14）

3. 鼎（M267：26）

4. 獐牙（M267：20）

图版二七二　M267出土陶簋形器、罐、鼎及獐牙

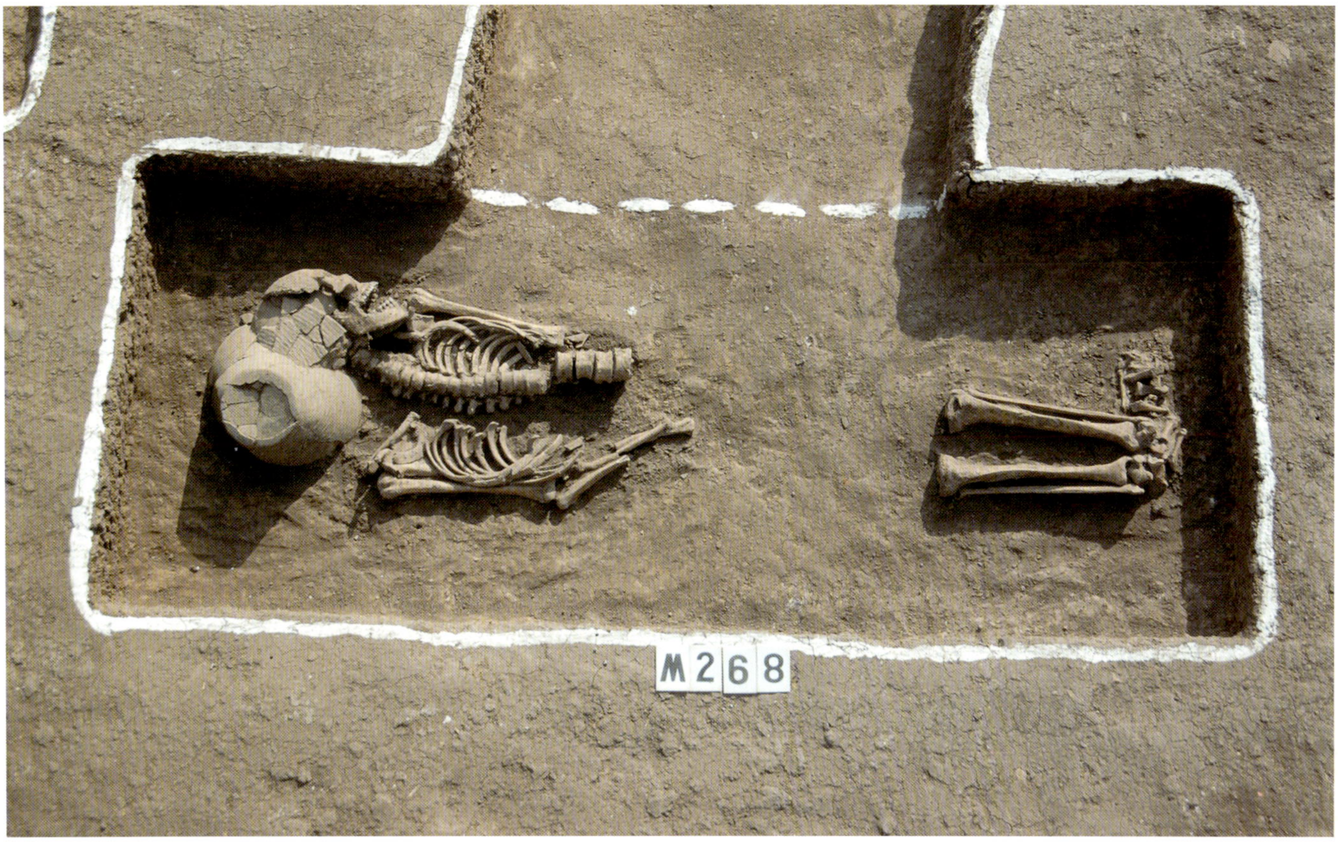

1. M268（北—南）

2. 盆（M268：1）

图版二七三　大汶口文化墓葬M268及其出土陶盆

1. M227（北—南）

2. M228（北—南）

图版二七四　大汶口文化墓葬M227、M228

1. 盆（M228：1）

3. 豆（M228：6）

2. 背壶（M228：2）

4. 豆（M228：7）

5. 厚胎高柄杯（M228：3）

6. 厚胎高柄杯（M228：4）

7. 厚胎高柄杯（M228：5）

图版二七五　M228出土陶盆、背壶、豆、厚胎高柄杯

1. M229（北—南）

2. M229局部（西—东）

3. M229局部（东—西）

图版二七六　大汶口文化墓葬M229

1. 豆（M229：1）

2. 豆（M229：3）

3. 豆（M229：5）

4. 豆（M229：7）

5. 豆盘（M229：9）

6. 带把杯（M229：14）

图版二七七　M229出土陶豆、带把杯

1. 背壶（M229：2）

2. 背壶（M229：10）

3. 背壶（M229：11）

4. 釜（M229：16）

5. 薄胎高柄杯（M229：15）

6. 薄胎高柄杯（M229：13）

图版二七八　M229出土陶背壶、釜、薄胎高柄杯

1. 罐（M229：4）

2. 罐（M229：6）

3. 壶（M229：12）

4. 壶颈部朱砂（M229：12）

5. 盆（M229：8）

6. 盆（M229：17）

图版二七九　M229出土陶罐、壶、盆

1. M230陶棺清理前（东北—西南）

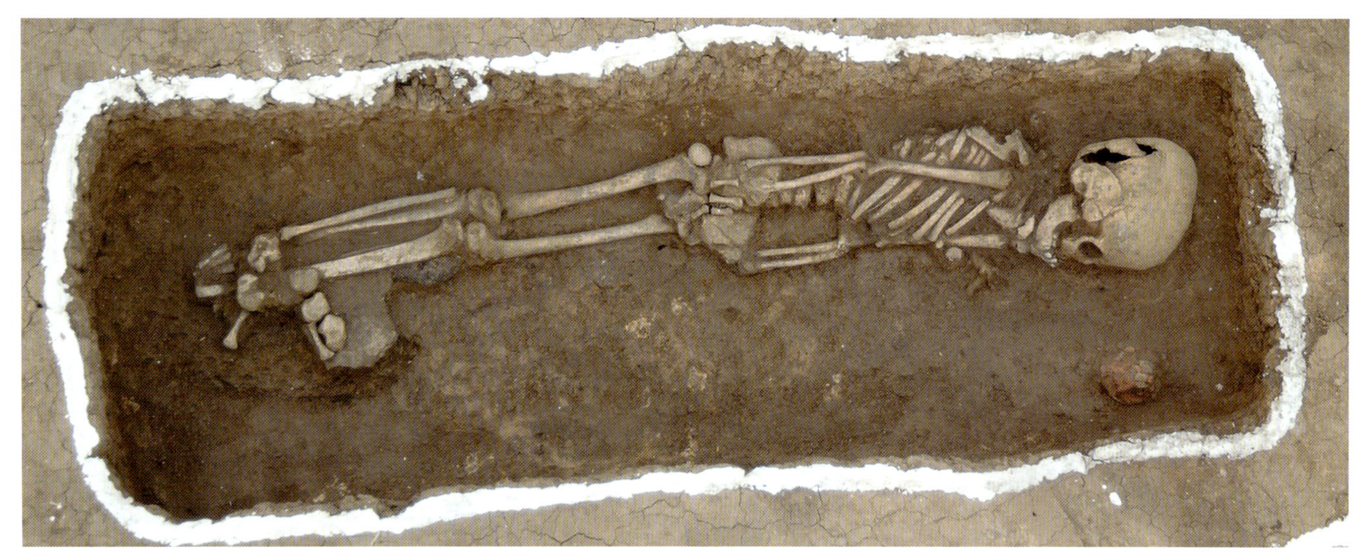

2. M230陶棺清理后（西南—东北）

3. 鼎（M230：2）

4. 鼎（M230：3）

图版二八〇　大汶口文化墓葬M230及其葬具陶鼎

图版二八一　大汶口文化墓葬M231（西北—东南）

1. 筒形杯（M231：1）　2. 筒形杯（M231：3）　3. 圈足杯（M231：14）

4. 高颈弧腹瓶（M231：2）　5. 高颈弧腹瓶（M231：5）　6. 高颈弧腹瓶（M231：6）

7. 高颈弧腹瓶（M231：11）　8. 高颈弧腹瓶（M231：22）　9. 器盖（M231：16）

图版二八二　M231出土陶杯、高颈弧腹瓶、器盖

1. 厚胎高柄杯（M231：4）

2. 厚胎高柄杯（M231：17）

3. 厚胎高柄杯（M231：18）

4. 厚胎高柄杯（M231：30）

5. 壶（M231：7）

6. 壶（M231：13）

7. 器盖（M231：19）

8. 彩陶杯（M231：8）

9. 杯身彩绘（M231：8）

图版二八三　M231出土陶杯、壶、器盖

1. 薄胎高柄杯（M231：10）

3. 鬶（M231：15）

2. 背壶（M231：12）

4. 豆（M231：25）

图版二八四　M231出土陶薄胎高柄杯、背壶、鬶、豆

1. 罐（M231：9）

2. 盆（M231：24）

3. 豆（M231：26）

4. 豆（M231：28）

5. 豆（M231：29）

6. 豆（M231：31）

图版二八五　M231出土陶罐、盆、豆

1. M232（北—南）

2. 骨针（M232：1） 　3. 陶鼎（M232：2）　4. 陶鼎（M232：4）

图版二八六　大汶口文化墓葬M232及其葬具陶鼎和随葬骨针

1. 鼎（M232：5）

2. 鼎（M232：6）

3. 鼎（M232：7）正面

4. 鼎（M232：7）侧面

5. 鼎（M232：8）

6. 器盖（M232：3）

图版二八七　M232葬具陶鼎、器盖

1. M233上层陶棺清理前（东北—西南）

2. M233下层陶棺清理后（东北—西南）

3. M234（东北—西南）

图版二八八　大汶口文化墓葬M233、M234

1. 鼎（M233：2）

2. 鼎（M233：3）

3. 鼎（M233：4）

4. 鼎（M233：1）

5. 鼎（M234：1）

6. 鼎（M234：2）

图版二八九　M233、M234葬具陶鼎及M233随葬陶鼎

1. M235上层陶棺清理前（西—东）

2. M235上层陶棺清理后（西—东）

3. 瓮（M235：2）

4. 鼎（M235：3）

5. 筒形杯（M235：1）

图版二九〇　大汶口文化墓葬M235及其葬具陶瓮、鼎与随葬陶筒形杯

1. M236上层陶棺清理前（西—东）

2. M236上层陶棺清理后（西—东）

3. M237上层陶棺清理前（西北—东南）

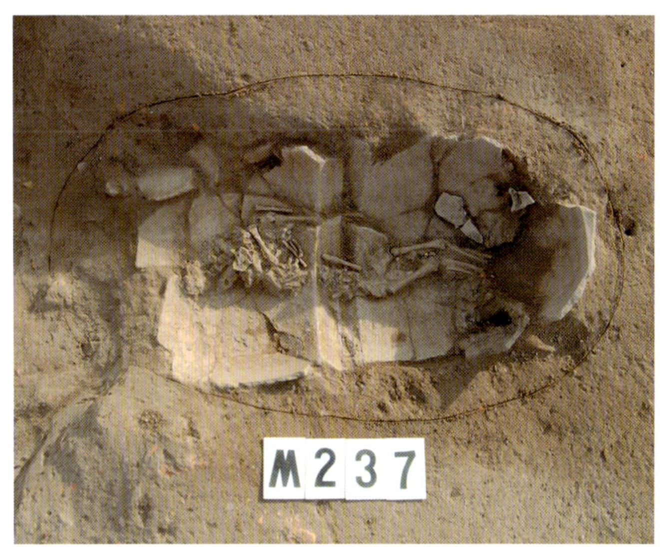

4. M237上层陶棺清理后（西北—东南）

图版二九一　大汶口文化墓葬M236、M237

1. 鼎（M237：1）

2. 鼎（M237：2）

3. 鼎（M237：3）

4. 鼎（M239：1）

图版二九二　M237、M239葬具陶鼎

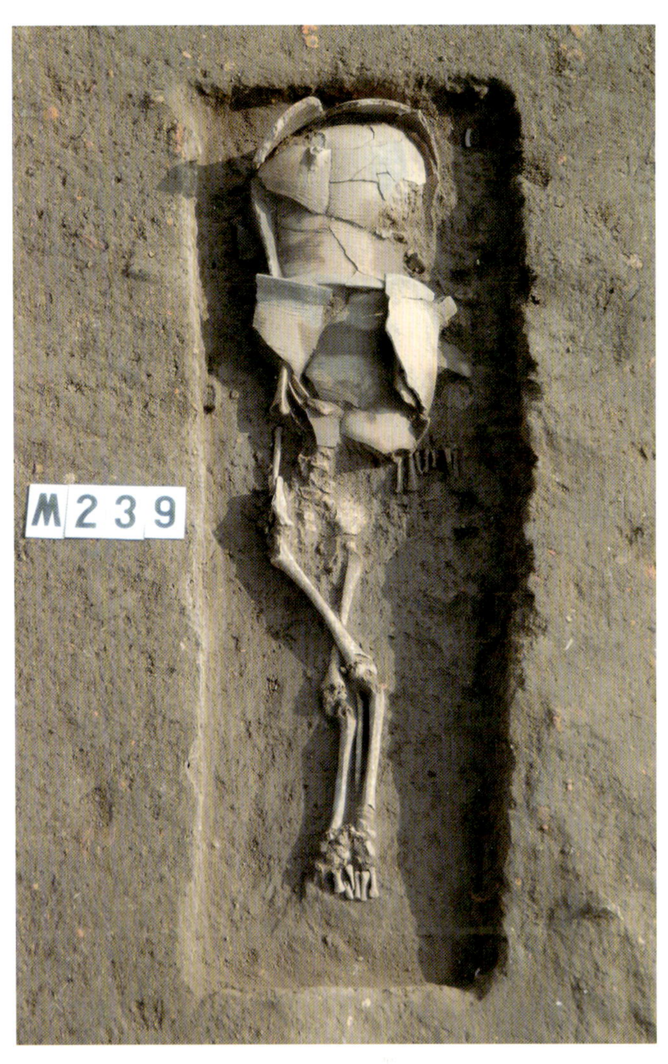

1. M239上层陶棺清理前（西—东）

2. M239上层陶棺清理后（北—南）

图版二九三　大汶口文化墓葬M239

图版二九四　大汶口文化墓葬M240（西—东）

1. 厚胎高柄杯（M240：1）

4. 厚胎高柄杯（M240：16）

7. 陶豆（M240：15）

2. 厚胎高柄杯（M240：3）

5. 厚胎高柄杯（M240：17）

3. 厚胎高柄杯（M240：9）

6. 豆（M240：2）

8. 薄胎高柄杯（M240：7）

图版二九五　M240出土陶杯、豆

1. 杯（M240：8）

2. 圈足杯（M240：11）

3. 背壶（M240：12）

4. 背壶（M240：13）

图版二九六　M240出土陶杯、背壶

1. 罐（M240：6）

2. 圈足罐（M240：18）

3. 盉（M240：10）

4. 盉底部（M240：10）

5. 盆（M240：19）

6. 小鼎（M240：14）

图版二九七　M240出土陶罐、盉、盆、鼎

1. M241（北—南）

2. 人骨头部覆盆情况（西—东）

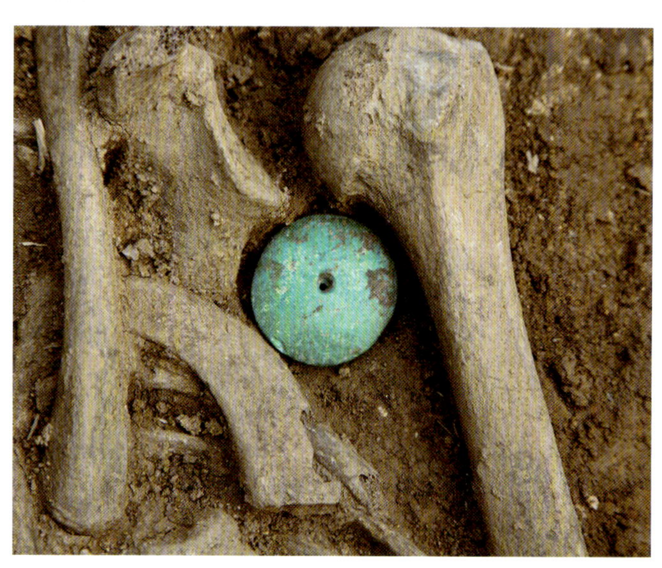

3. 绿松石佩出土情形（西—东）

4. 绿松石佩（M241：9）正面

5. 绿松石佩（M241：9）背面

6. 玉锥（M241：6）

图版二九八　大汶口文化墓葬M241及其出土绿松石佩、玉锥

1. 筒形杯（M241：1）

2. 圈足杯（M241：11）

3. 陶罐（M241：7）

4. 陶盆（M241：3）

5. 陶罐（M241：4）

6. 陶鼎（M241：12）

7. 骨匕（M241：13）

图版二九九　M241出土陶杯、罐、盆、鼎及骨匕

1. 背壶（M241：2）

2. 薄胎高柄杯（M241：5）

3. 厚胎高柄杯（M241：8）

4. 厚胎高柄杯（M241：10）

图版三〇〇　M241出土陶背壶、高柄杯

1. M242（西—东）

2. M242（东—西）

3. 鬶（M242：11）

图版三〇一　大汶口文化墓葬M242及其出土陶鬶

1. 筒形杯（M242：1）

2. 筒形杯（M242：2）

3. 筒形杯（M242：3）

4. 薄胎高柄杯（M242：4）

5. 背壶（M242：5）

6. 背壶（M242：6）

图版三〇二　M242出土陶杯、背壶

1. 筒形杯（M242：12）

2. 筒形杯（M242：13）

3. 豆（M242：19）

4. 豆（M242：20）

5. 豆（M242：21）

6. 豆（M242：22）

图版三〇三　M242出土陶筒形杯、豆

1. 陶厚胎高柄杯（M242：7）

2. 陶厚胎高柄杯（M242：8）

3. 陶厚胎高柄杯（M242：9）

4. 陶器盖（M242：14）

5. 陶圈足杯圈足（M242：15）

6. 獐牙（M242：10）

7. 器盖（M242：18）

8. 陶钵（M242：16）

图版三〇四　M242出土陶杯、器盖、钵及獐牙

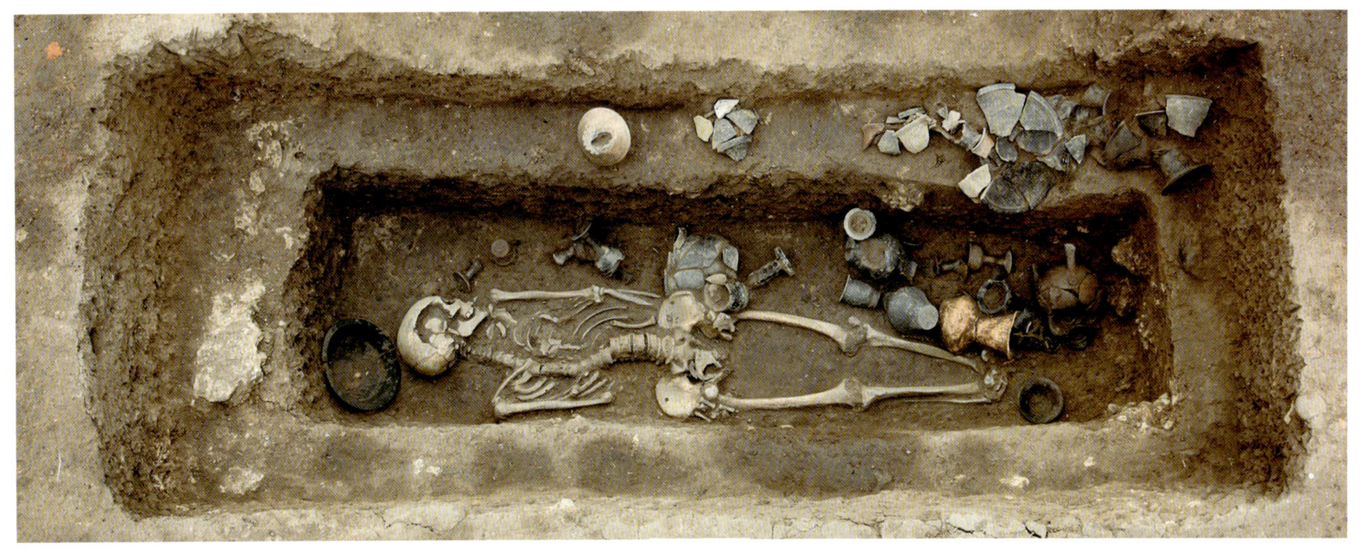

1. M243（北—南）

2. 陶薄胎高柄杯出土情形（北—南）

3. 鬶（M243：14）

4. 各类杯

图版三〇五　大汶口文化墓葬M243及其出土陶杯、鬶

1. 盆（M243：1）

2. 壶（M243：8）

3. 器盖（M243：16）

4. 器盖（M243：17）

5. 器盖（M243：20）

6. 小鼎（M243：25）

图版三〇六　M243出土陶盆、壶、器盖、鼎

1. 壶（M243：10）

4. 豆（M243：18）

2. 壶（M243：11）

5. 豆（M243：21）

3. 壶（M243：13）

6. 豆（M243：26）

图版三〇七　M243出土陶壶、豆

1. 厚胎高柄杯（M243：2）

2. 厚胎高柄杯（M243：4）

3. 厚胎高柄杯（M243：12）

4. 厚胎高柄杯（M243：3）

5. 厚胎高柄杯（M243：7）

6. 厚胎高柄杯（M243：22）

图版三〇八　大汶口文化墓葬M243出土陶厚胎高柄杯

1. 罐（M243：5）

2. 薄胎高柄杯（M243：6）

3. 圈足杯（M243：9）

4. 圈足杯（M243：24）

5. 杯（M243：15）

6. 筒形杯（M243：23）

图版三〇九　M243出土陶罐、杯

1. M244（南—北）

2. 陶簋形器出土情形（西—东）

3. 玉镯出土情形（西—东）

4. 陶薄胎高柄杯出土情形（西—东）

图版三一〇　大汶口文化墓葬M244及陶簋形器、薄胎高柄杯与玉镯出土情形

1. 玉镯（M244：1）

2. 陶器盖（M244：11）

3. 陶簋形器（M244：2）

4. 陶薄胎高柄杯（M244：5）

5. 陶背壶（M244：6）

6. 陶背壶（M244：7）

7. 陶罐（M244：8）

图版三一一　M244出土玉镯及陶器盖、簋形器、薄胎高柄杯、背壶、罐

1. 豆（M244：3）

2. 豆（M244：4）

3. 筒形杯（M244：01）

4. 鬶（M244：9）

5. 钵（M244：10）

图版三一二　M244出土陶豆、筒形杯、鬶、钵

1. M245（西北—东南）

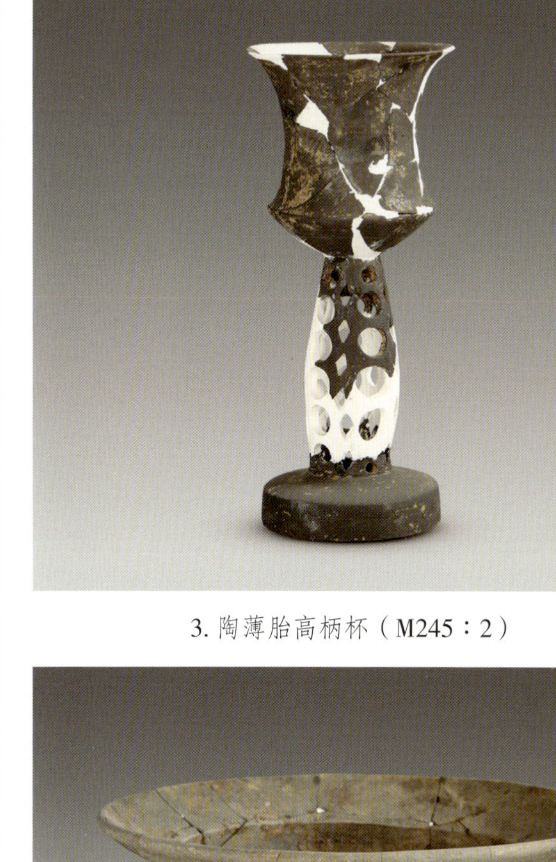

3. 陶薄胎高柄杯（M245：2）

4. 陶盆（M245：3）

2. 石钺（M245：1）

5. 小陶鼎（M245：4）

图版三一三　大汶口文化墓葬M245及其出土石钺及陶薄胎高柄杯、盆、鼎

1. 圈足杯（M245：5）

4. 厚胎高柄杯（M245：7）

2. 筒形杯（M245：12）

5. 厚胎高柄杯（M245：8）

3. 壶（M245：14）

6. 厚胎高柄杯（M245：9）

图版三一四　M245出土陶杯、壶

1. 壶（M245：6）

4. 豆（M245：16）

2. 壶（M245：13）

5. 豆（M245：17）

3. 罐（M245：15）

6. 豆（M245：18）

图版三一五　M245出土陶壶、罐、豆

1. M246上层陶棺清理前（西北—东南）

2. 钵（M246：2）

3. 鼎（M246：5）

4. 厚胎高柄杯（M246：1）

5. 筒形杯（M246：3）

6. 圈足杯（M246：4）

图版三一六　大汶口文化墓葬M246及其出土陶钵、鼎、杯

1. M247（西—东）

2. 鼎（M247：1）正面

3. 鼎（M247：1）侧面

4. 鼎（M247：2）正面

5. 鼎（M247：2）侧面

图版三一七　大汶口文化墓葬M247及葬具陶鼎

1. M259（北—南）

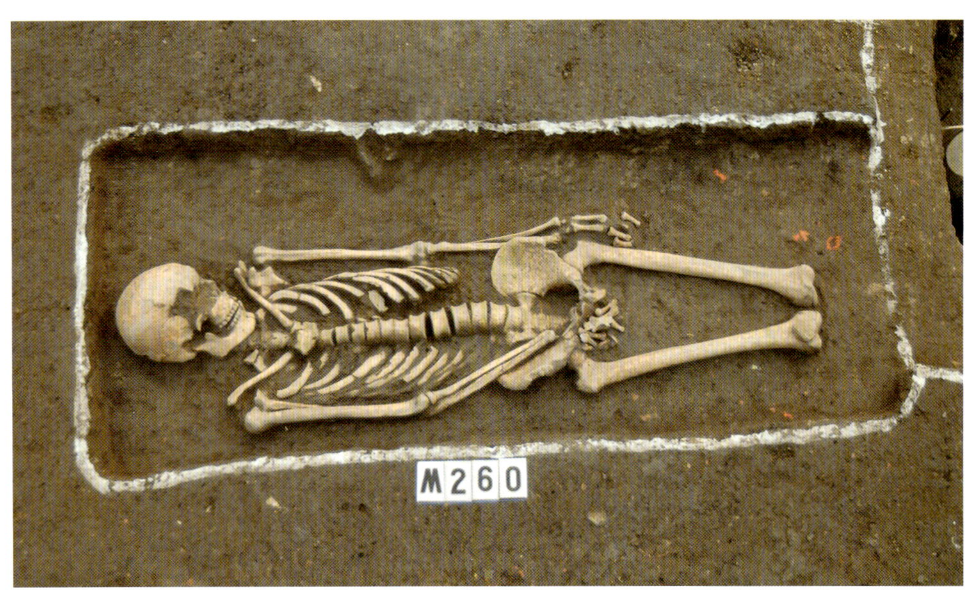

2. M260（北—南）

3. 陶钵（M259：1）

4. 石斧（M259：4）

5. 獐牙（M259：2）

图版三一八　大汶口文化墓葬M259、M260及M259出土陶钵、石斧、獐牙

1. M261（西北—东南）

3. 陶壶（M261：2）

2. 陶盆（M261：1）

4. 石钺（M261：20）

图版三一九　大汶口文化墓葬M261及其出土陶盆、壶及石钺

1. 厚胎高柄杯（M261：3）

4. 厚胎高柄杯（M261：8）

2. 厚胎高柄杯（M261：6）

5. 厚胎高柄杯（M261：15）

3. 厚胎高柄杯（M261：7）

6. 器盖（M261：10）

图版三二〇　M261出土陶杯、器盖

1. 壶（M261：5）

4. 陶圈足杯（M261：4）

2. 罐（M261：9）

5. 圈足杯（M261：13）

3. 筒形杯（M261：12）

6. 圈足杯（M261：14）

图版三二一　M261出土陶壶、罐、杯

1. M262（北—南）

2. 高颈弧腹瓶

3. 筒形杯

图版三二二　大汶口文化墓葬M262及其出土陶高颈弧腹瓶、筒形杯

1. 盆（M262：1）

2. 器盖（M262：25）

3. 器盖（M262：28）

4. 器盖（M262：31）

5. 筒形杯、器盖（M262：14、15）

6. 獐牙（M262：33）

图版三二三　M262出土陶盆、器盖、筒形杯及獐牙

1. 背壶（M262：2）

2. 背壶（M262：3）

3. 壶（M262：4）

4. 薄胎高柄杯（M262：5）

图版三二四　M262出土陶壶、薄胎高柄杯

1. 高颈弧腹瓶（M262：6）

2. 高颈弧腹瓶（M262：21）

3. 高颈弧腹瓶（M262：12）

4. 高颈弧腹瓶（M262：13）

5. 高颈弧腹瓶（M262：19）

6. 高颈弧腹瓶（M262：11）

图版三二五　M262出土陶高颈弧腹瓶

1. 筒形杯（M262：10）

2. 筒形杯（M262：16）

3. 筒形杯（M262：17）

4. 筒形杯（M262：22）

5. 筒形杯（M262：23）

6. 筒形杯（M262：29）

7. 筒形杯（M262：30）

8. 筒形杯（M262：8）

9. 筒形杯（M262：24）

图版三二六　M262出土陶筒形杯

1. 罐（M262：7）

4. 鼎（M262：18）

2. 罐（M262：9）

5. 豆（M262：27）

3. 罐（M262：32）

6. 鼎足（M262：34）

图版三二七　M262出土陶罐、鼎、豆

1. M263（东北—西南）

2. 瓮（M263：1）

3. 瓮（M263：8）

图版三二八　大汶口文化墓葬M263及其葬具陶瓮

1. 鼎（M263：2）

2. 罐（M263：14）

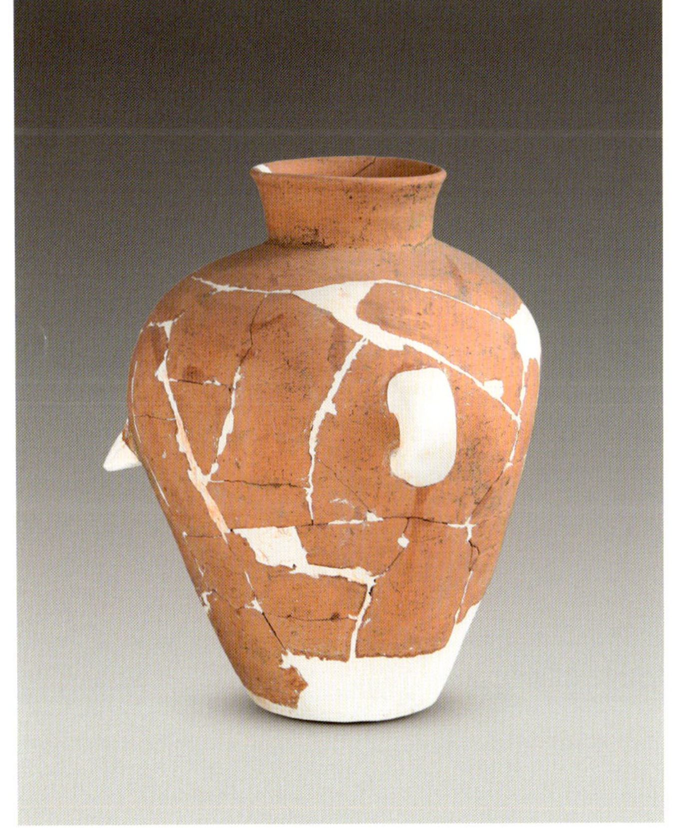

3. 背壶（M263：3）

4. 罐（M263：6）

图版三二九　M263葬具陶鼎、罐、背壶

1. 鼎（M263：4）

2. 鼎（M263：5）

3. 鼎（M263：7）

4. 鼎（M263：9）

图版三三〇　M263葬具陶鼎

1. 鼎（M263：10）

2. 鼎（M263：11）

3. 鼎（M263：12）

4. 鼎（M263：13）

图版三三一　M263葬具陶鼎

1. M266清理后（东北—西南）

2. 鼎（M266：1）

图版三三二　大汶口文化墓葬M266及其葬具陶鼎

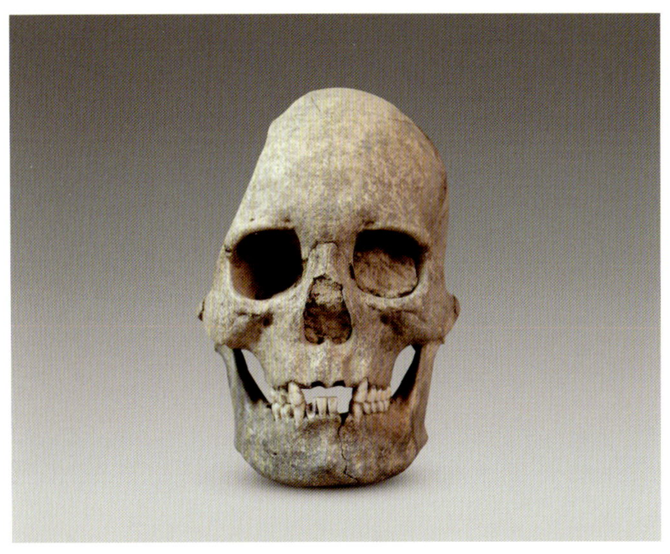

1. M82头骨正视图

2. M92头骨正视图

3. M92头骨侧视图

4. M92头骨顶视图

5. M216头骨正视图

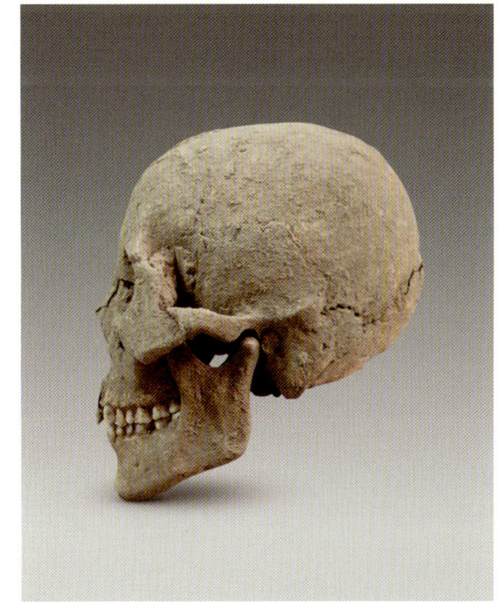

6. M216头骨侧视图

7. M216头骨顶视图

图版三三三　大汶口文化墓葬出土头骨视图

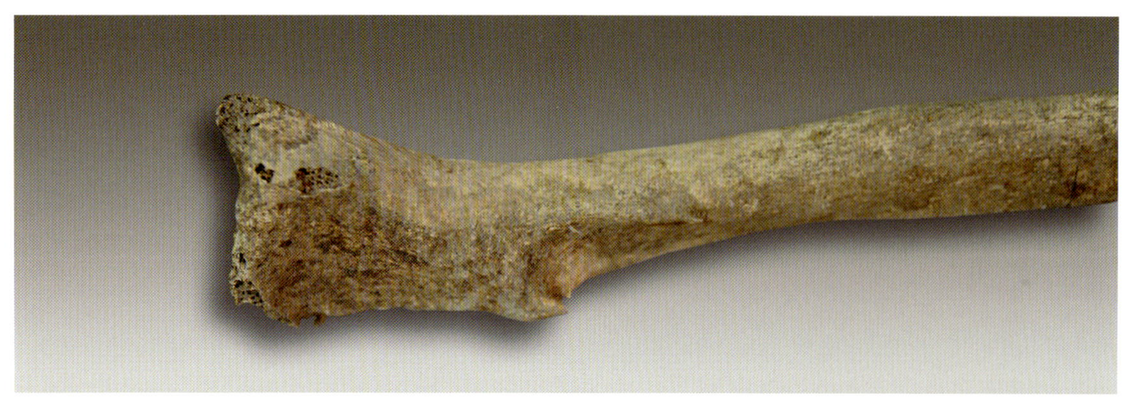

1. M82人骨（南）右侧桡骨远端骨折后发生错位愈合

2. M93人骨左侧尺骨近端骨折后发生错位愈合

3. M159人骨右侧肱骨中段孔状骨折

4. M159人骨颅骨塌陷性骨折

5. M153人骨胸椎压缩性骨折

图版三三四　大汶口文化墓葬出土人骨病理现象

1. M136人骨腰椎发生“竹节样”改变

2. M96人骨腰椎唇样骨质增生

3. M113人骨胸椎出现骨质融合，出现“竹节样”改变

4. M144人骨胸椎出现骨质融合，出现“竹节样”改变

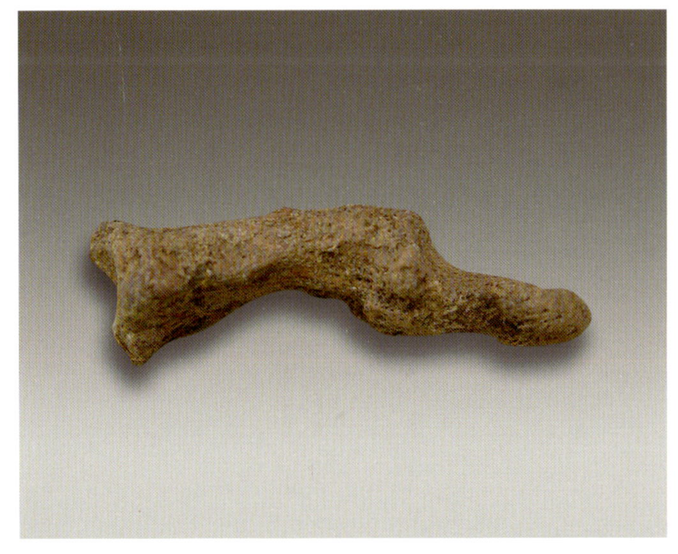

5. M128（西）人骨指骨患类风湿性关节炎

6. M121头骨矢状缝顶孔段附近及矢状缝的两侧各有一扁平的骨块

图版三三五　大汶口文化墓葬出土人骨病理现象

1. M97右侧胫骨、腓骨远端出现化脓性感染

2. M97右侧胫骨、腓骨远端出现化脓性感染

3. M97右侧胫骨、腓骨远端出现化脓性感染

4. M113人骨右侧肱骨头化脓性骨髓炎

5. M112人骨右侧腓骨中段有瘘道

6. M92出土人骨可能患脊椎化脓性骨髓炎

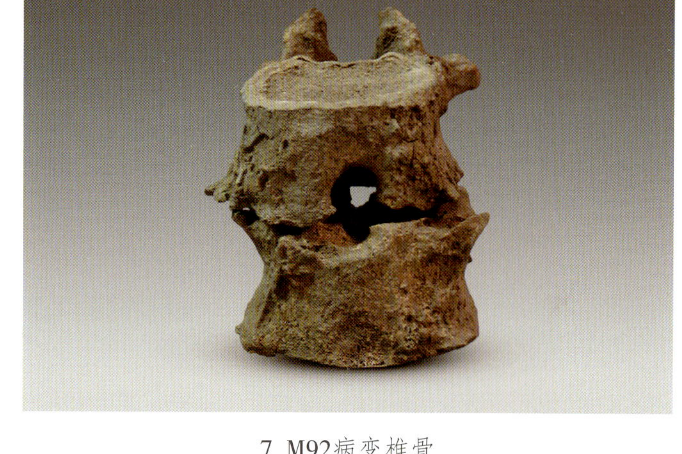

7. M92病变椎骨

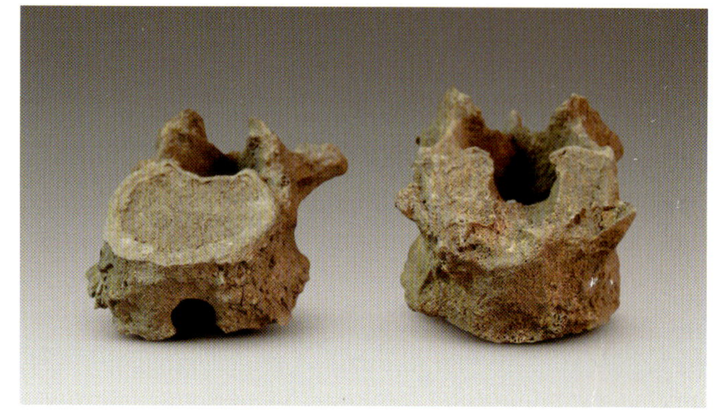

8. M92病变椎骨细部

9. M93出土人骨腰椎椎体出现空洞且有瘘道出现

图版三三六　大汶口文化墓葬出土人骨病理现象

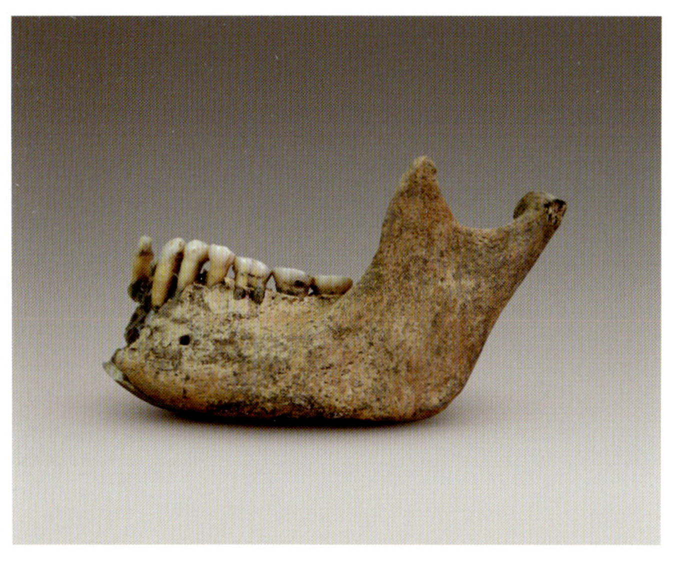

1. M98左下颌第二臼颊侧龋坏

2. M253患严重的牙周病

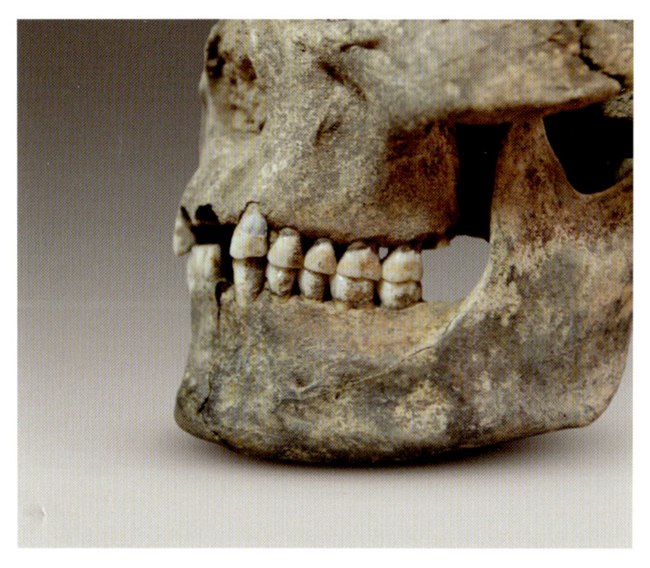

3. M81患轻度远中错颌

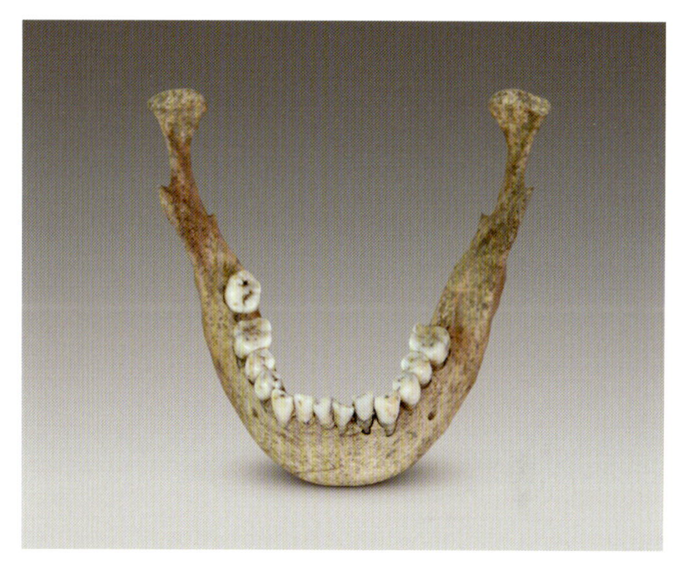

4. M127人骨下颌门齿及侧门齿齿列拥挤

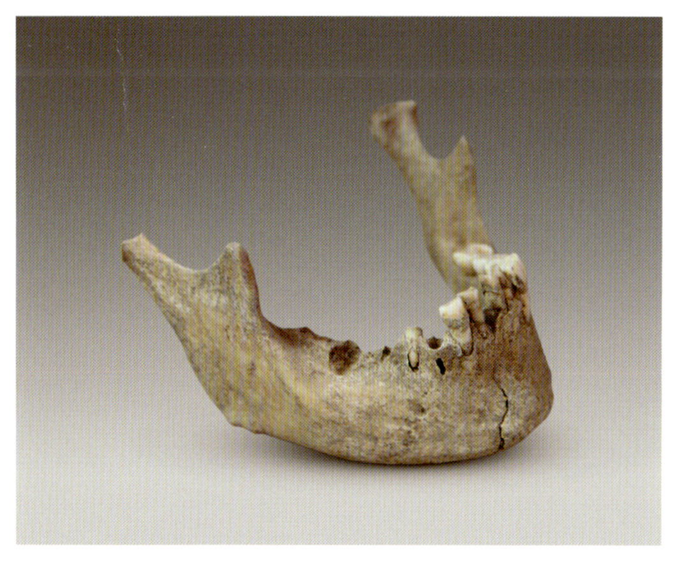

5. M98右下颌第一、二前臼齿患根尖脓肿

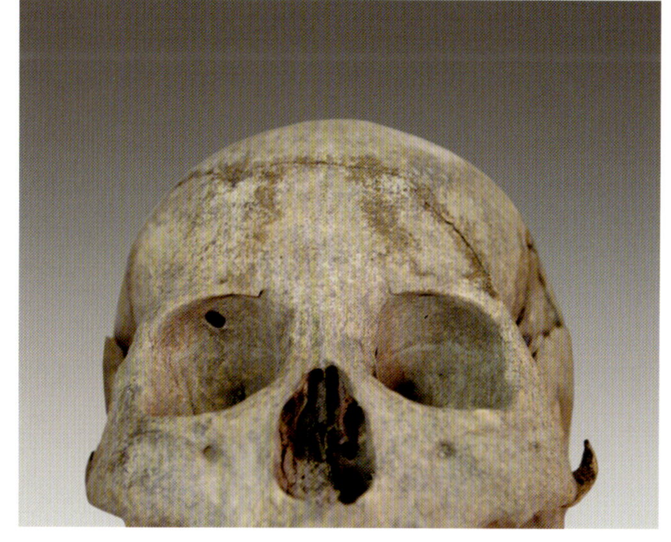

6. M92头骨的两侧眼窝上壁均有孔样病变

图版三三七　大汶口文化墓葬出土人骨病理现象

1. M81人骨拔除上颌侧门齿

4. M147人骨枕部人工变形，变形部位在人字缝附近

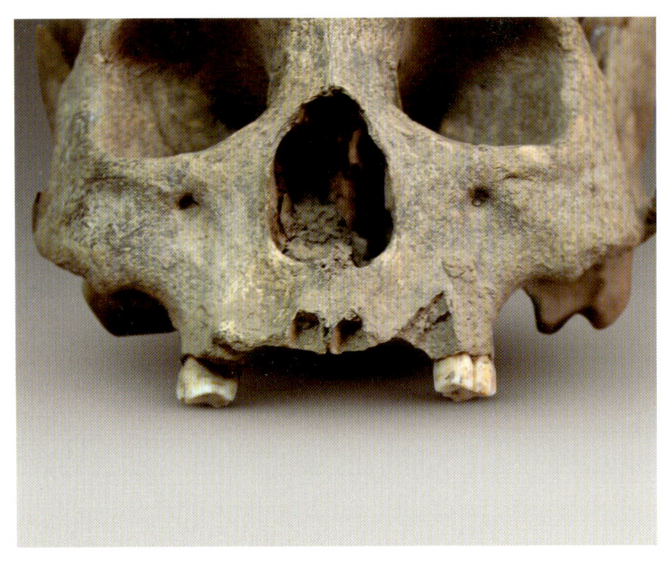

2. M92人骨拔除上颌侧门齿及犬齿

5. M118人骨枕部人工变形，人字缝附近扁平

3. M92人骨拔除上颌侧门齿及犬齿

6. M131头骨碎片上有穿孔的痕迹

图版三三八　大汶口文化墓葬出土人骨拔牙、枕部人工变形、头骨穿孔

1. F7（西—东）

2. F7局部（南—北）

图版三三九　龙山文化房址F7

1. F7①号人骨

2. F7④号人骨

3. F7⑤号人骨

图版三四〇　F7内人骨出土情形

1. 器盖（F7：1）

2. 器盖（F7：2）

3. 器盖（F7：6）

4. 器盖（F7：17）

5. 罐（F7：5）

6. 匜（F7：14）

图版三四一　F7出土陶器盖、罐、匜

1. 罐（F7：3）

2. 罐（F7：13）

3. 罐（F7：18）

4. 罐（F7：20）

5. 罐（F7：22）

6. 带流罐（F7：11）

图版三四二　F7出土陶罐

1. 鼎（F7：9）

2. 鼎（F7：16）

3. 鼎（F7：23）

4. 鼎（F7：15）

5. 鼎（F7：4）

6. 豆盘（F7：21）

图版三四三　F7出土陶鼎、豆

1. 觯形杯（F7：7）

2. 觯形杯（F7：10）

3. 觯形杯（F7：12）

4. 单把杯（F7：8）

图版三四四　F7出土陶杯

1. H91（北—南）

2. 筒形杯（H91：1）

3. 器盖（H91：5）

4. 纺轮（H91：2）

5. 纺轮（H91：3）

6. 纺轮（H91：4）

图版三四五　龙山文化灰坑H91及其出土陶筒形杯、器盖、纺轮

1. 罐（H119：1）

2. 甗（H119：5）

图版三四六　龙山文化灰坑H119出土陶罐、甗

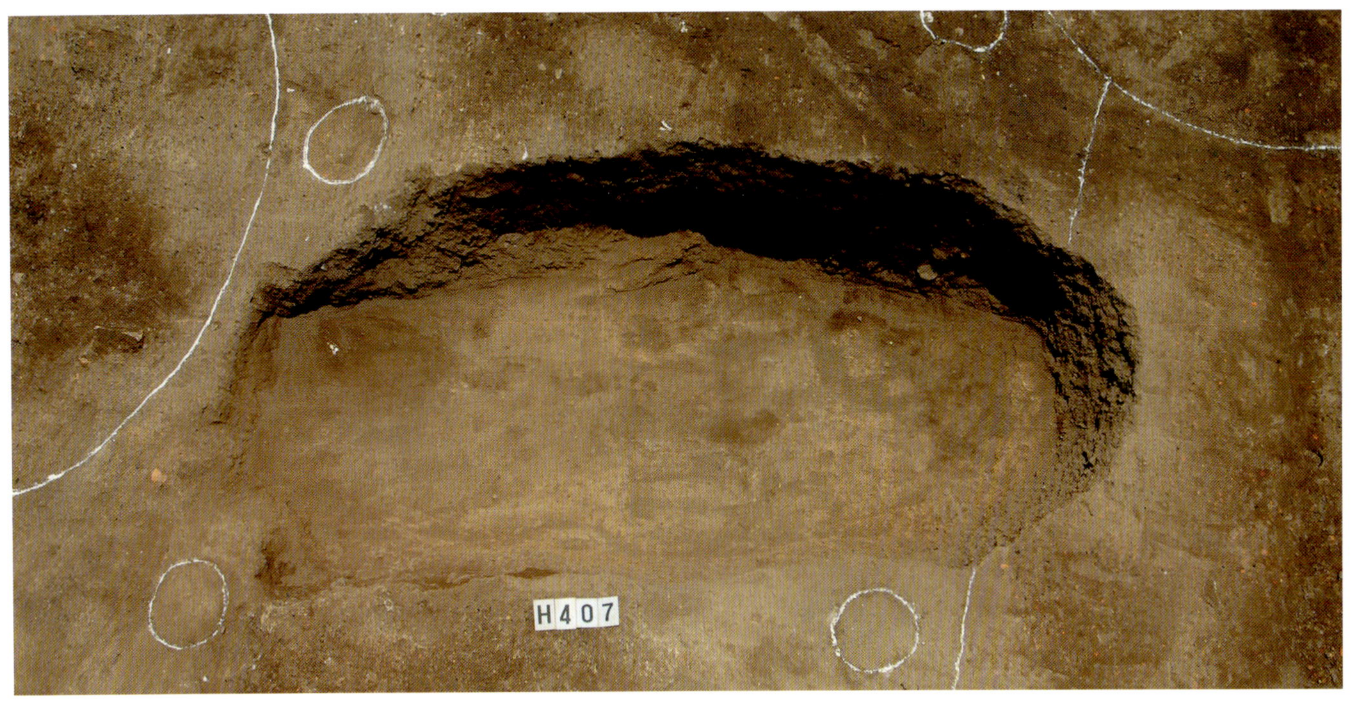

1. H407（南—北）

2. 三足盆（H407：1）

3. 器盖（H407：12）

4. 瓮（H407：8）

图版三四七　龙山文化灰坑H407及其出土陶三足盆、器盖、瓮

1. 鱓形杯（H407：2）

4. 鬶（H407：5）

2. 鱓形杯（H407：3）

5. 三足罐（H407：4）

3. 鱓形杯（H407：14）

6. 罐（H407：6）

图版三四八　H407出土陶鱓形杯、鬶、罐

1. 罐（H407：10）

2. 罐底（H407：13）

3. 罐（H407：16）正面

4. 罐（H407：16）侧面

5. 罐（H407：17）正面

6. 罐（H407：17）侧面

7. 器底（H407：11）

图版三四九　龙山文化灰坑H407出土陶罐、器底

1. 鼎（H407：7）

2. 鼎（H407：9）

3. 鼎（H407：15）正面

4. 鼎（H407：15）侧面

5. 鼎足（H407：18）

6. 鼎足（H407：19）

图版三五〇　龙山文化灰坑H407出土陶鼎

1. H512（西—东）

3. 觯形杯（H512：2）

2 壶（H512：1）

4. 器盖（H512：4）

5. 鬶足（H512：3）

图版三五一　龙山文化灰坑H512及其出土陶壶、觯形杯、器盖、鬶足

1. 罐口沿（H512：5）正面

2. 罐口沿（H512：5）侧面

3. 鼎口沿（H512：6）正面

4. 鼎口沿（H512：6）侧面

5. 杯底（H512：7）

6. 鼎足（H512：10）

7. 鼎足（H512：8）

8. 鼎足（H512：9）

图版三五二　H512出土陶罐、鼎口沿及杯底、鼎足

1. 盆（H00：1）

2. 网坠（H117：1）

3. 器盖（H117：3）

图版三五三　龙山文化灰坑H100出土陶盆及H117出土陶网坠、器盖

1. M18（北—南）

2. M20（西北—东南）

3. 玉玦出土情形（西北—东南）

图版三五四　龙山文化墓葬M18、M20

1. 鼎（T11⑧：2）

2. 鼎（T4⑧：2）

3. 鼎足（ⅢT4608⑧：1）

4. 鼎足（H507：2）

5. 鼎足（H520：3）

6. 鼎足（H517：2）

7. 鼎足（H517：3）

图版三五五　龙山文化地层及灰坑出土陶鼎

1. 罐口沿（ⅢT4608⑧：3）正面

2. 罐口沿（ⅢT4608⑧：3）侧面

3. 盆（T11⑧：1）正面

4. 盆（T11⑧：1）侧面

5. 盆（ⅢT4909⑧：5）

6. 单把杯（T2⑦：3）

7. 器盖（T5⑧：2）

图版三五六　龙山文化地层出土陶罐、盆、单把杯、器盖

1. 石锛（T5⑧：4）

2. 骨针（H14：1）

3. 骨针（T5⑧：5）

4. 骨针（T5⑧：1）

5. 骨针（T7⑩：4）

6. 骨针（T7⑩：3）

图版三五七　龙山文化地层及灰坑出土石锛、骨针